Ausschuß für Religionsrecht

Akademie für Deutsches Recht 1933-1945

Protokolle der Ausschüsse

Herausgegeben von Werner Schubert

Band XV

PETER LANG

Frankfurt am Main · Berlin · Bern · Bruxelles · New York · Oxford · Wien

Ausschuß für Religionsrecht

Nachtrag zu Band XIV (Völkerrecht)

Herausgegeben und mit einer Einleitung versehen
von Werner Schubert

PETER LANG
Europäischer Verlag der Wissenschaften

Die Deutsche Bibliothek - CIP-Einheitsaufnahme

Akademie für Deutsches Recht <München> :
Protokolle der Ausschüsse / Akademie für Deutsches Recht
1933 - 1945 / hrsg. von Werner Schubert .... - Frankfurt am Main ;
Berlin ; Bern ; Bruxelles ; New York ; Oxford ; Wien : Lang

Bd. 15. Ausschuß für Religionsrecht. Nachtrag zu Bd. XIV
(Völkerrecht) / hrsg. und mit einer Einl. vers. von Werner
Schubert. - 2003
ISBN 3-631-39411-X

Gedruckt mit Unterstützung der
Dr. Otto Bagge Gedächtnis-Stiftung, Kiel.

ISBN 3-631-39411-X

www.peterlang.de

Inhalt

Einleitung

I. Überblick über die Quellen

Die Protokolle des erst 1938 eingesetzten Ausschusses für Religionsrecht sind vollständig überliefert, und zwar in der stenographischen wie auch in der verkürzten, erheblich gestrafften Fassung, die an die Kommissionsmitglieder versandt wurde. Die Edition gibt die Langfassung der Protokolle wieder, da es bei der Brisanz der im Ausschuß behandelten Thematik (Staatskirchenrecht) auf die genauen Wortbeiträge ankommt. Sebastian *Schröcker* (Kommissionsmitglied) hat 1981 die Wortprotokolle als unzuverlässig kritisiert;[1] doch hat er andererseits zugegeben, daß, wenn der Leser den Zusammenhang der jeweiligen Äußerungen der Ausschußmitglieder berücksichtige, die Gefahr von Mißverständnissen weniger groß sei. Die dem Herausgeber erst jetzt bekanntgewordenen Äußerungen von Schröcker zur Protokollführung erschienen so wichtig, daß sie am Ende des Abschnitts wiedergegeben werden sollen. Die Referate und Diskussionsbeiträge können auch deshalb besonderes Interesse beanspruchen, als ein Großteil der Mitglieder des Ausschusses, vom Vorsitzenden, Stahn und dem 1941 verunglückten Leiter der Katholischen Abteilung des Reichskirchenministeriums, Joseph Roth, abgesehen, nach 1945 wichtige Positionen in der evangelischen Kirche, in der Justiz oder an den Universitäten innehatte. Leider sind nicht alle Referate zu den Akten gekommen, so daß, soweit vorhanden, auf andere Quellen zurückgegriffen werden mußte. – Erhalten geblieben ist auch der allerdings nicht sehr umfangreiche Schriftwechsel des Ausschusses sowie einige Unterlagen über die Vorgänge bei der Bildung des Ausschusses. Aus den langen Beratungen des Ausschusses über die Frage der Gültigkeit des österreichischen Konkordats von 1933/34 ließ der Ausschuß 1939 durch den Ausschußreferenten, Landgerichtsrat Dr. Keith, eine kurze Darstellung in der Zeitschrift der Akademie für Deutsches Recht und in den Nationalsozialistischen Monatsheften erscheinen, ohne daß dort kenntlich gemacht wurde, daß der Aufsatz eine Zusammenfassung der in den Beratungen vorgetragenen Argumente enthielt. Der letztere Text wird in der Edition wiedergegeben.[2] Leider waren über die Person von Keith keine biographischen Daten zu ermitteln gewesen. Möglicherweise handelt es sich bei *Keith* um den gleichnamigen Verfasser einer Dissertation von 1931, die einen kurzen Lebenslauf enthält. Auch über den Ausschußvorsitzenden Karl Heinrich *Meyer* aus dem preuß. Finanzministerium ließen sich außer den Angaben im Führerlexikon und in: „Wer ist's?“ keine weiteren Angaben zur Biographie ermitteln. Alle anderen maßgebenden Ausschußmitglieder sind biographisch hinreichend faßbar, insbesondere die Herren aus dem Reichskirchenministerium, über das

1 *Schröcker*, in: Der Staat 1981, S. 285 ff.

2 Der Aufsatz in der ZADR 1939, S. 478-483 ist mit Fußnoten versehen und insgesamt leichter zugänglich als die Abhandlung in den „Nationalsozialistischen Monatsheften“.

Heike *Kreutzer* erst kürzlich eine umfassende Darstellung veröffentlicht hat,[3] die die Kurzbiographien von Jörg *Winter* in seinem Werk: „Die Wissenschaft vom Staatskirchenrecht im Dritten Reich" (Frankfurt a.M. 1989) und die weiterführenden Hinweise von *Schröcker* für die Ministerialbeamten erheblich ergänzt.[4] Im übrigen hat *Winter* in der genannten Arbeit fast alle Beratungsgegenstände des Ausschusses besprochen und *Schröcker* in seinem Besprechungsaufsatz auf weitere Aspekte hingewiesen, so daß mit der Herausgabe der Protokolle die Arbeiten des Ausschusses leicht überprüfbar sind. Die Kontroverse zwischen Schröcker und Winter beruht auf der unterschiedlichen Sicht des unmittelbar betroffenen Zeitzeugen und des Wissenschaftlers, der das vorhandene schriftliche Quellenmaterial nachträglich auswertet. Ob in dem Werk von Winter eine „parthische Attacke" zu sehen ist,[5] mag der Leser der Quellenedition entscheiden. Nach *Schröcker* war Winters Arbeit „eine parthische Attacke gegen die Wissenschaft vom Staatskirchenrecht im Dritten Reich; aber ihre Parther-Pfeile verwunden nicht, weil sie nicht treffen. Trotzdem gilt auch für diese Wissenschaft der im gemeinen und im kanonischen Recht, also im ius utrumque anerkannte Rechtsgrundsatz: Audiator et altera pars! ‚Altera pars' sind die Männer der Wissenschaft vom Staatskirchenrecht im Dritten Reich, mit denen mich nur noch die Erinnerung verbindet ...".

Anhang: Äußerungen S. *Schröckers* zu den Protokollen und Niederschriften, in: Der Staat, Bd. 20 (1981), S. 285-287: „Die Verwaltung der Akademie bat den Vorsitzenden, sich für die Sitzungen der Reichstagsstenographen zu bedienen. Beim deutschen Reichstag bestand noch das Stenographenbüro, obwohl seit dem ersten Präsidialkabinett des Reichskanzlers Brüning im Jahre 1930 der Reichstag nur noch selten zusammentrat und keine Parlamentsdebatten mehr mitzustenographieren waren; die beschäftigungslos gewordenen Reichstagsstenographen sollten nunmehr anderweitig beschäftigt werden. Vor jeder Sitzung forderte deshalb der Sekretär des Ausschusses vom Leiter des Stenographenbüros beim Reichstag einen Stenographen an. Da die Sitzungen einen ganzen Tag oder auch zwei Tage dauerten, wurden in der Regel mehrere Stenographen eingeteilt, die sich gegenseitig ablösten. Die Stenographen nahmen ihre Stenogramme mit in das Stenographenbüro des Reichstags. Dort wurde eine maschinenschriftliche Übertragung hergestellt. Das Stenogramm blieb im Stenographenbüro, die maschinenschriftliche Übertragung wurde mit einem Durchschlag an die Akademie für Deutsches Recht übersandt und gelangte hier an den Sekretär des Ausschusses. Dessen Aufgabe war es, den Text unter Beschränkung auf das Wesentliche zu kürzen und aus der direkten Rede in die indirekte Rede zu übertragen; für diese Arbeit bediente er sich der ihm zugewiesenen Gerichtsreferendare. Die Aufzeichnungen über die Aussprache wurden so stark gekürzt, daß die Bearbeitung nur etwa ein Zehntel des Umfangs der maschinenschriftlichen Übertragung des Stenogramms ausmachte. Nach dem von den Gerichtsreferendaren nach der Weisung des Sekretärs mit Farbstift bearbeiteten Durchschlag wurde eine Reinschrift auf Matrize und von dieser wurden Abzüge hergestellt. Das Original der ma-

3 Heike *Kreutzer*, Das Reichskirchenministerium im Gefüge der nationalsozialistischen Herrschaft, Düsseldorf 2000.

4 *Schröcker*, aaO., S. 284 ff.

5 *Schröcker*, aaO., S. 300.

schinenschriftlichen Übertragung des Stenogramms, der mit Farbstift bearbeitete Durchschlag und ein Abzug des auf Matrize übertragenen gekürzten Textes wurden gelocht und in einem Ordner abgelegt. Je einen Abzug erhielten der Vorsitzende, die Mitglieder und die ständigen Gäste des Ausschusses.

In dem jedem Band des Bundesarchivs vorangestellten Inhaltsverzeichnis werden die Aufzeichnungen über die Aussprachen als „Stenographische Protokolle“ bezeichnet; die von der Matrize hergestellten Abzüge führen die Bezeichnung „Niederschrift“. Diese Inhaltsverzeichnisse wurden übernommen aus den entsprechenden Ordnern der Akademie für Deutsches Recht. Weder die stenographischen Protokolle noch die Niederschriften tragen eine Unterschrift; nicht einmal ein Handzeichen oder ein Beglaubigungsvermerk sind vorhanden. Es ist im allgemeinen vorgeschrieben oder üblich, daß Sitzungsprotokolle vom Vorsitzenden und vom Schriftführer unterschrieben werden, die dadurch die Verantwortung für ihre Richtigkeit übernehmen; beim Ausschuß für Religionsrecht war das nicht der Fall. Die „stenographischen Protokolle“ und die „Niederschrift“ sind deshalb keine Protokolle, die den Beweis erbringen für den Ablauf der Sitzung oder gar für die richtige Wiedergabe der Ausführungen der Sitzungsteilnehmer. Sie sind deshalb nicht ohne weiteres, sondern nur nach sorgfältiger Prüfung als Dokumente verwertbar. Bei ihrer Verwertung sind die besonderen Umstände zu berücksichtigen, unter denen sie entstanden sind:

Im Reichstag war es üblich gewesen, daß mehrere Stenographen gleichzeitig eingesetzt wurden, die nach der Debatte ihre Stenogramme verglichen und Lücken sowie Zweifel über den Wortlaut beseitigten. Im Ausschuß für Religionsrecht war jeweils nur ein Stenograph tätig. Bei den Reichstagsverhandlungen war den Stenographen der Gesprächsstoff vertraut; das Fachgebiet des Ausschusses war ihnen fremd. Der Leiter des Stenographenbüros beim Reichstag bat deshalb die Akademie, den zu den Sitzungen entsandten Stenographen die Referate zugehen zu lassen, damit sie sich einlesen und so auf die nächste Sitzung vorbereiten konnten. Fachlich bedingte Mißverständnisse und Hörfehler waren trotzdem nicht ausgeschlossen. Die Interpunktion war Sache des Stenographen; ein Komma oder ein Punkt an falscher Stelle oder die Weglassung von Anführungszeichen konnten den Sinn verändern. War die Äußerung eines Gesprächsteilnehmers scherzhaft oder ironisch gemeint, dann war dies für die übrigen Teilnehmer an seinem Gesichtsausdruck und am Tonfall erkennbar; im Stenogramm kam dies nicht zum Ausdruck. Die versehentliche Auslassung des Namens des Redners in einer Aussprache konnte dazu führen, daß seine Ausführungen als diejenigen seines Vorredners erschienen. Die Namen der Teilnehmer waren den Stenographen, jedenfalls in den ersten Sitzungen, nicht bekannt; sie richteten sich nach einem auf ihrem Platz befindlichen Sitzplan, der aber nicht immer eingehalten wurde. Auch ihre seit langer Zeit bestehende Unterbeschäftigung konnte die einst hochstehende Fertigkeit der Reichstagsstenographen beeinträchtigt haben.

Anders als die Reichstagsverhandlungen waren die stenographischen Aufzeichnungen in den Sitzungen auch nicht dazu bestimmt, gedruckt zu werden und für die interessierte Öffentlichkeit als Dokumente zu dienen. Sie hatten – und die Stenographen wußten das – nur einen vorübergehenden Zweck: bei der Herstellung der Niederschrift verwendet zu werden. Die Niederschrift hatte ebenfalls nur einen kurzlebigen Zweck: den

Mitgliedern des Ausschusses als Gedächtnisstütze zu dienen, weil die Aussprache über ein Referat, das in der einen Sitzung gehalten wurde, häufig erst in der nächsten Sitzung stattfand oder fortgesetzt wurde. Auch bei der Herstellung der Niederschrift konnten Fehler unterlaufen, denn auch der Sekretär und sein Gerichtsreferendar waren keine Fachleute des Staatskirchenrechts. Diese Umstände erklären es auch, weshalb weder die stenographischen Protokolle noch die Niederschriften irgendwelche Unterschriften, Handzeichen oder Beglaubigungsvermerke tragen, durch die jemand eine Verantwortung für ihre Richtigkeit übernommen hätte.

Die Ausschußmitglieder erhielten keine Kenntnis vom Stenogramm und seiner maschinenschriftlichen Übertragung; sie bekamen nur die „Niederschrift“. Schon die Niederschrift über die Eröffnungssitzung löste lebhaften Widerspruch aus: Heckel und Stalmann übersandten sogleich Klarstellungen und schlugen für ihre Diskussionsbeiträge andere Fassungen vor. Ein Vergleich dieser Klarstellungen und der vorgeschlagenen Neufassungen mit der Niederschrift zeigt, wie erheblich der Unterschied war zwischen dem, was der Redner hatte sagen wollen, und dem, was darüber aufgezeichnet worden war. An der Sachlichkeit und Gewissenhaftigkeit der Stenographen, des Sekretärs und seiner Gerichtsreferendare zweifelte niemand; es handelte sich um Unzulänglichkeiten, die sich bei dem hier angewandten Verfahren ergeben konnten.

II. Die Gründung des Ausschusses und das Ende der Beratungen Anfang 1941

Die Anregung, einen Ausschuß für Religionsrecht zu begründen,[6] geht auf Joseph Roth (Abteilungsleiter für die katholischen Angelegenheiten im Reichskirchenministerium) zurück. In einem Schreiben („privat“) an den Reichsminister und Präsidenten der Akademie Frank (München) vom 27.10.1937 wies Roth auf folgendes hin: „Die Kenntnis des Kirchenrechts, insbesondere auch des canonischen Rechts ist heute – fast kann man sagen – zum Monopol der *kirchenlichen* und *geistlichen* Kirchenrechtslehrer geworden, die auch an den staatlichen Universitäten canonisches Recht nicht bloß lehren, sondern auch vertreten (Hilling, Sägmüller, Eichmann, Königer, E. Schneider, Gescher, Bierbaum, A. Scharnagl usw.). – Die Lehrer und Vertreter des Staatskirchenrechts und die Kenner des canonischen Rechts außerhalb des römisch-katholischen Klerus sind sehr wenige. Lehrstühle des Kirchenrechts außerhalb der kath. theol. Fakultäten, z.B. der Lehrstuhl, den U. Stutz an der Berliner Universität inne hatte, sind mangels geeigneter Nachfolger seit langem unbesetzt. – Junge nationalsozialistische Studenten werden kaum mehr auf das Gebiet des Kirchenrechts geführt. – Dies alles hat zur Folge, daß es an nationalsozialistisch eingestellten zuverlässigen Kennern des Staatskirchenrechts und des canonischen Rechts mangelt. Dieser Mangel macht sich besonders fühlbar an den Stellen, die Kirchenpolitik zu treiben haben und mit kirchenrechtlich durchgebildeten Na-

6 Die folgenden Vorgänge ergeben sich aus der Akte des BA Berlin, R 61/261; hierzu auch *Winter*, aaO., S. 70 ff.; *Schröcker*, aaO., S. 270 ff. In der genannten Akte findet sich auch der Vermerk, das Schreiben von Roth und der Vermerk von Weber.

tionalsozialisten besetzt sein sollten (Kirchenministerium, Ausw. Amt, Vatikanabteilung, Deutsche Botschaft am Vatikan, Geh. Staatspolizei, Abtlg. Kirchen usw.). Der Mangel an kirchenrechtlichen Sachkennern hat sich bei uns seit Abschluß des Reichskonkordats bitter fühlbar gemacht und gerächt. Die nationalsozialistische Kirchenpolitik, insbesondere natürlich gegenüber der römisch-katholischen Kirche wird heute von kirchenrechtlich durchgebildeten nationalsozialistischen Juristen nicht gefördert und unterstützt, weil solche nicht vorhanden sind. Wie notwendig wäre es z.B., den Ansichten der Kanonisten im Konkordatsrecht, bezüglich des Rechtscharakters der Konkordate usw. entgegenzutreten! Wie notwendig wäre es, den Ansichten des heute führenden römischen Kanonisten Ottaviani (Institutionis juris publ. Ecclesiastici, II Vol., Vatikan 1936) über das Verhältnis von Staat und Kirche usw. entgegenzutreten."

Der Ausschuß sollte die Aufgabe haben: „1. Die wenigen nicht gebundenen Kirchenrechtslehrer und Kenner des kanonischen Rechts auf dem Boden des Nationalsozialismus zusammenzuführen. – 2. Junge nationalsozialistische Juristen für Kirchenrecht und Kirchenpolitik zu interessieren, anzuregen und vorzubereiten für spätere Stellungen, an denen sie ihr Wissen im Dienste des nationalsozialistischen Staates verwerten können. – 3. Durch wissenschaftliche Arbeiten die nationalsozialistische Kirchenpolitik zu unterstützen. – 4. Den Kanonisten und Kurialisten zu entgegnen."

Als Nationalsozialisten müßten „wir uns bewußt sein, daß zu unseren heftigsten Gegnern die katholische Kirche in Rom und im Lande gehört – eine ihrer stärksten Waffen sind Kirchenrecht und Kirchenpolitik. Man kann den Gegner nicht bekämpfen und niederringen, wenn man ihn nicht kennt, wenn man in diesem Falle nicht Bescheid weiß um das canonische Recht und um die Grundsätze der römischen Kirchenpolitik. Die römisch-katholische Kirche in Deutschland ist noch auf lange Zeit hinaus keine quantité negléable. Sie ist da und ist mächtig, man muß sie sehen und muß mit ihr rechnen. Darum müssen auch und gerade im nationalsozialistischen Deutschland jene Kräfte formiert werden, die an geeigneter Stelle eingesetzt werden können zum Kampf für das Dritte Reich auch auf kirchenpolitischem Gebiet. Auch darin sehe ich eine Aufgabe der Akademie für Deutsches Recht."

Bevor von der Akademie die Anfrage beantwortet wurde, hatte Eugen Graf *von Quadt-Isny*,[7] 1933 Wirtschaftsminister in der bayerischen Landesregierung und Mitglied des Reichstags, ebenfalls an Frank unter dem 11.12.1937 geschrieben und diesem ein an

7 Über Quadt-Isny vgl. Bernd *Haunfelder*, Reichstagsabgeordnete der Deutschen Zentrumspartei 1871-1933. Biographisches Handbuch und Hist. Photographien, 1999, S. 236; ferner K. *Schwendt*, Die Bayr. Vokspartei, in: E. Matthias/R. Morsey, Das Ende der Parteien, 1960, S. 498 ff. – Quadt-Isny (1887-19.10.1940) war nach seiner Teilnahme am Ersten Weltkrieg in der Wirtschaft tätig. 1932 kam er für die Bayr. Volkspartei in der Reichstag; vom 25.4.-27.6.1933 bayr. Wirtschaftsminister. Von 1933 bis zu seinem Tod gehörte er zunächst als Gast, ab 1937 als Mitglied der NSDAP dem Reichstag an. Am 4.7.1933 unterzeichnete er die im Auftrag der Landesparteileitung der Bayr. Volkspartei erlassene Erklärung zur Auflösung der Partei (Voraussetzung war die Freilassung von 1.917 Schutzhäftlingen der NSDAP); 1935 erhielt Quadt-Isny wie viele andere Honoratioren den Rang eines SS-Hauptsturmführers im Stab des SS-Hauptamtes. Er wurde jedoch nicht als überzeugter Nationalsozialist angesehen, vertrat vielmehr die Auffassung, daß man die Parteiformationen nicht „den anderen" überlassen sollte. Nach 1933 in zahlreichen Fällen Hilfe für Standesgenossen.

ihn gesandtes Schreiben von Kardinal Faulhaber von 19.6.1937 übermittelt:[8] „Geehrter Herr Graf! Die Anregung des Herrn Reichsministers Dr. Frank, zur Wiedererweckung lebensvoller Beziehungen zwischen Staat und Kirche die Akademie für Deutsches Recht einzuschalten, ist ohne Zweifel ein genialer Vorschlag. Die Aussprache über die Rechtsbeziehungen zwischen Kirche und Staat ist auf ein totes Gleis geraten und auch die kirchenpolitische Praxis hat sich fest gefahren. Das ist auf die Dauer kein gesunder Zustand und beide Teile müssen wünschen, daß der tote Punkt überwunden und die lebensvollen und vertrauensvollen Beziehungen wieder hergestellt werden. – Die Akademie für Deutsches Recht wäre berufen, von hoher juristischer Warte aus Klarheit zu schaffen über die grundlegenden Rechtsfragen, die in den Verhandlungen mit dem Kirchen- und Innenministerium immer wiederkehren und die nicht auf dem Wege staatlicher Diktatur, sondern in einer für die kirchliche wie für die staatliche Seite annehmbaren Form erklärt werden sollten, damit sie nicht jeder Richter und jeder Rechtsanwalt und jede Gestapo nach eigener Willkür auslegen könne. Ich denke zunächst an die Umgrenzung der Begriffe: Was heißt Körperschaft des öffentlichen Rechtes? Ist die Kirche, die nicht in allem der Staatsaufsicht untersteht, in gleicher Weise dem öffentlichen Rechte pflichtig wie ein ganz vom Staat abhängiger Verband, etwa der Reichsverband der deutschen Presse oder der Gemeindetag? Oder die Frage: Was heißt: „innerhalb der Grenzen des für alle geltenden Gesetzes“, können damit alle Urrechte und Eigenrechte der Kirche in kirchlichen Fragen und für Mitglieder der Kirche aufgehoben werden, die doch ohne Zweifel an anderen Stellen des Reichskonkordates anerkannt sind? Oder die Frage: Mit welcher Reichweite ist das RK innerstaatliches deutsches Recht? Lehnt der staatliche Konkordatspartner Vorzensur und Placet kirchlicher amtlicher Veröffentlichungen und auch die Säkularisation ab? Können herkömmliche Prozessionen nicht bloß via facti, sondern auch via juris umgelegt oder verboten werden? Wird in Artikel 9, wo das Amtsgeheimnis der Seelsorge geschützt wird, auch der Verwaltung der Seelsorge, also dem Bischof und dem Ordinariat, das Recht zuerkannt, unter Berufung auf dieses Amtsgeheimnis Aussagen über die Seelsorge vor Gericht zu verweigern? Ist die bischöfliche Kurie verpflichtet, auf Anforderungen die Personalakten und andere kirchliche Akten auszuliefern? – Es wäre für den kulturpolitischen Frieden im Deutschen Reich, den wir doch alle wünschen, eine große Wohltat, wenn über diese und ähnliche Grundfragen für beide Teile Rechtsklarheit geschaffen würde. Solange aber die von der Bischofskonferenz aufgestellten drei Bischöfe [Berning, Hauck, Preysing] den Auftrag haben, die Verhandlungen mit der Reichsregierung zu führen, verlangt die kollegiale Disziplin, daß ich von mir aus nicht eigene Anträge stelle oder eigene Verhandlungen führe. Auf kirchlicher Seite rechnet man immer noch damit, daß die früher abgebrochenen Verhandlungen über Artikel 31 und andere Konkordatsfragen doch wieder aufgenommen werden, Verhandlungen, die ungleich bessere Aussichten auf ein positives Ergebnis hätten, wenn etwa das Kirchenministerium, das bisher ohne jeden Erfolg verhandelte, die Akademie für Deutsches Recht in seinem Namen verhandeln ließe. Ein förmlicher Antrag an den Herrn Präsidenten der Akademie für Deutsches Recht, Herrn Reichsmini-

8 Abschrift in der Akte des BA Berlin R 61/261 Bd. 40-42; auch bei L. *Volk*, Akten Kardinal Michael von Faulhabers 1917-1945, Bd. 2: 1935-1945, Mainz 1978, S. 357 ff. abgedruckt.

ster Dr. Frank, kann nur vom Vorsitzenden der Bischofskonferenz, Herrn Kardinal Bertram, oder vom Apostolischen Nuntius in Berlin, Exzellenz Orsenigo, nicht aber von mir gestellt werden. Ich bitte deshalb, sehr geehrter Herr Graf, die Gründe zu würdigen, die mich gezwungen haben, diesen Brief an Ihre eigene Anschrift, nicht an die Anschrift des Herrn Reichsministers Dr. Frank, zu richten. – gez.: Kardinal Faulhaber."

In seinem Schreiben an Frank wies Quadt-Isny darauf hin,[9] daß Frank in einem Gespräch mit ihm am 15.6.1937 von sich aus auf den Plan zu sprechen gekommen sei „unter Umständen die Akademie für Deutsches Recht zwecks Besprechung und evtl. Bereinigung der Beziehungen zwischen Staat und katholischer Kirche in geeigneter Weise einzuschalten". In „Befolgung dieser Anregung" habe er „am darauffolgenden Tage in München Herrn Kardinal Faulhaber aufgesucht und es sei draufhin der Brief entstanden, welchen er Frank am 22.6.1937 zum Lesen übergeben habe. Obwohl sich der Reichsamtsleiter Dr. Lasch[10] anläßlich meiner Rücksprache mit ihm am 22.7.1937 von diesem Brief Abschriften habe anfertigen lassen, übersandte Quadt-Isny nochmals eine Abschrift dieses Briefes. Weiterhin wies er auf sein Zusammentreffen mit Frank am 12.10.1937 auf einer Zugfahrt von Berlin nach München hin: „Sie sprachen damals von der etwaigen Möglichkeit eines Zusammentreffens eines Beauftragten des Kardinals mit Ihnen in unauffälliger Weise, vielleicht in Ihrem Schliersee'er Haus." „Ohne Ihren diesbezüglichen Entschließungen irgendwie vorgreifen zu wollen", halte er es „aber bezüglich seiner eigenen Person für notwendig, in geeigneter Form dem Kardinal gegenüber eine endgültige Klärung darüber zu schaffen, ob diese von mir seinerzeit überbrachte Anregung einen hochoffiziellen Charakter hatte und dabei z.B. etwa mit Wissen unseres Führers erfolgte, oder ob Sie auch in der Folgezeit lediglich auf anderweitigen, mir erteilten Sondierungsauftrag zurückzuführen war."[11]

In den von Ludwig *Volk* herausgegebenen Akten Kardinal Michael von Faulhabers ist aus dem Nachlaß des Kardinals (stenographische Notizen) noch folgendes über die

9 BA Berlin R 61/261, Bl. 6 f.

10 Über Karl Lasch, Direktor der ADR, *Schubert*, in: Bd. I der Reihe, 1986, S. LVII f.

11 In dem Brief heißt es dann weiter: „Infolge des mich in hohem Maße ehrenden Vertrauens, das ich trotz meiner früheren politischen Einstellung genieße und auch als besondere Auszeichnung empfinden darf, halte ich es als völlig angängig, daß ich gelegentlich als Verbindungsmann eingeschaltet werde. Andererseits glaube ich aber auch, Ihrer Zustimmung sicher sein zu können, daß ich nichts versäumen darf, um auf der anderen Seite den Rahmen genau abzustecken, innerhalb welchem ich mich zu bewegen habe. Ich weiß nun aber, daß die Tatsache des vom Herrn Kardinal an mich gerichteten Briefes in den Kreisen einiger deutschen Bischöfe bekannt wurde und muß infolgedessen die Möglichkeit befürchten, daß ihm vielleicht in einem späteren Zeitpunkt und bei sich bietender Gelegenheit ein anderer Charakter beigemessen werden könnte, als er vielleicht sogar dem Kardinal selber bei Abfassung dieses Briefes an mich vorschwebte. Deshalb möchte ich um Ihr Einverständnis bitten, daß ich nunmehr in einem von mir an den Herrn Kardinal zu richtenden Brief diese Zusammenhänge abschließend vorsorglich nochmals festhalte. – Da ich selbstverständlich in meiner manchmal exponierten Stellung besonderen Wert darauf legen muß, daß der für mich zuständige Gauleiter des Traditionsgaues von München und Oberbayern, Herr Staatsminister Adolf *Wagner*, über meine politische Tätigkeit auf dem Laufenden bleibt, berichte ich ihm hierüber in gewissen Zeitabständen. Ich hatte hierzu am 22. v.M. in München in längerer Aussprache Gelegenheit mit dem Ergebnis, daß auch Herr Staatsminister Wagner entsprechenden Wert darauf legt, gerade auch meine Beziehungen zu kirchlichen Kreisen nach jeder Richtung hin von etwaigen Mißverständnissen frei zu wissen."

weiteren Vorsprachen von Quadt mitgeteilt, in denen dieser über seine Kontaktversuche zum Regierungslager berichtete:[12] „23. Juni 1937: Zum 3. Mal [vorgesprochen]. War in Berlin, Episcopus dort lehnt alles ab, es sei der Vernichtungskampf im vollen Gang. Darum nicht zu Bertram und Orsenigo [gegangen], sondern direkt zu Frank: Er werde es dem Führer vortragen, sich auf mich berufen, werde nicht nachgeben. Ob wohl ein Episcopus in den Kirchenrechtsausschuß eintreten werde? – Responsum: Der Plan ist ausgezeichnet. Im Großen auch nur gewollt zu haben. Nicht einseitiges Diktat, sondern Verhandlungen. Auch wenn wenig Aussicht, es muß versucht werden. Wenn kein Reichskonkordat mehr, müssen wir doch miteinander leben. Man kann die Episcopi nicht einfach totschlagen, sie werden da sein. Sein [= *Hitlers*] religiöser Standpunkt: Gott, Christentum, Kirche. Er findet in allem bestätitgt. – Er: Unverbindlich, beide Teile bleiben frei. Man solle uns nicht nachsagen, wir hätten die Hand zurückgewiesen. Kerrl erklärt Frank, er sei sehr froh, wenn etwas geschehe. – 23. Juli 1937: Wieder hier. Er habe sich erkundigt, was geschehen. Frank nicht da, aber dafür Lösch [Lasch]: Die Zustimmung des Führers ist noch nicht erholt. Dann werde Quadt es selber tun, erklärte er sich bereit. Ob aber Kirchenminister sich nicht übergangen fühle? Kerrl hat es ja gerade bei uns beantragt. Ich erzähle von den Schwierigkeiten inzwischen: Haussuchung beim Bischof von Trier. P. Rupert Mayer im Polizeigefängnis und Stadelheim. Mundelein sollte in einer 2. Rede richtigstellen und erklären. – 21. Oktober 1937: Nach längerer Zeit, Frank weicht der Sache aus. Quadt: Das geht doch nicht, wenn man einen Mann damit befaßt. Reiste nach Bayreuth, aber niemand wolle es dem Führer vorlegen. Dort habe Kerrl meinen Brief gelesen. – Ich: Fulda habe abgelehnt. Berlin hat entschieden. Breslau: Die werden uns ein Diktat geben. Freiburg wußte davon und lehnte ab. Freiburg war in Tutzing bei Hackelsberger und hatte dort von Quadt gehört und schriftlich später abgelehnt. Außerdem hier die Prozesse vorbereitet. Er glaubte, die seien endgültig geschlossen."

Nach Schröcker hat damit Quadt-Isny fünf Gespräche mit Kardinal Faulhaber, ein Gespräch mit Kardinal Preysing, zwei Gespräche mit Frank und ein Gespräch mit Lasch, dem Direktor der Akademie für Deutsches Recht geführt. Wie Schröcker mit Recht feststellt,[13] ergeben die Akten des Ministeramts Frank „keinen Anhaltspunkt dafür, daß Frank irgendetwas unternommen hat, um die ihm von dem Grafen zugeschriebene Anregung zu verwirklichen. Es ist aber auch aus rechtlichen Gründen unwahrscheinlich, daß Frank eine solche Anregung gegeben hat: Durch das Gesetz über die Akademie für Deutsches Recht und die ihm als Anlage beigegebene Satzung waren ihre Aufgaben und ihr Wirkungskreis festgelegt; eine Vermittlung zwischen Staat und Kirche waren nicht vorgesehen. Dazu hätte es einer Erweiterung ihres Aufgaben- und Wirkungskreises bedurft und damit einer Änderung des Gesetzes und der Satzung. Nach der Satzung hätte zwar ein Kirchenrechtsausschuß gebildet werden können und dieser hätte die in dem Brief des Kardinals aufgeworfenen Rechtsfragen erörtern und eine Stellungnahme erarbeiten können; seine Stellungnahme wäre aber für die beiden Konkordatspartner unverbindlich gewesen und hätte deshalb keine ‚Klarheit' geschaffen. Das Reichskirchenmini-

12 *Volk*, aaO., S. 358 f. (Fn. 8).

13 *Schröcker*, aaO., S. 281.

sterium hätte der Akademie auch nicht die Zuständigkeit übertragen können, in seinem Namen mit kirchlichen Stellen über die Ausführung von Konkordatsbestimmungen zu verhandeln und sie hätte nicht als Schiedsstelle zwischen Staat und Kirche tätig werden können."

Am 17.12.1938 fand dann im Reichskirchenministerium eine Besprechung zwischen Weber und Roth über die Frage der Einsetzung eines Ausschusses für kirchenrechtliche Fragen statt. Ob ihnen hierbei das Schreiben Quadt-Isnys bekannt war, ist aus den Akten nicht ersichtlich. In dem Gesprächsvermerk Webers heißt es:[14] „Ich ging aus von dem Schreiben, das Herr Ministerialrat Roth kürzlich an Herrn Reichsminister Dr. Frank gerichtet hat. Herr Roth teilte mir mit, daß er selbst wie auch der Staatssekretär Muhs einen derartigen Ausschuß für kirchenrechtliche Fragen in der Akademie für dringend erwünscht hielte. Der Reichsminister Kerrl habe sich, als ihm von den Herren Muhs und Roth darüber Vortrag gehalten worden sei, dahin geäußert, daß er den Fragen des Kirchen*rechts* nur nebengeordnete Bedeutung beimesse, er aber im übrigen gegen die Gründung eines solchen Ausschusses keine Bedenken geäußert. – Bei dieser Gelegenheit darf ich bemerken, daß auch die für die evangelische Kirchenpolitik verantwortlichen Referenten des Kirchenministeriums, Ministerialrat Stahn und Oberregierungsrat Dr. Ruppel ihr großes Interesse für einen derartigen Ausschuß bezeugt haben. – Herr Ministerialrat Roth war mit mir darin einig, daß der Ausschuß klein und intim zu halten ist. Er wird gelegentlich als Gesamtausschuß, im übrigen aber auch nach den beiden großen Konfessionen aufgeteilt zu arbeiten haben. Für seine Benennung faßten wir den Namen ‚Ausschuß für Religionsrecht' ins Auge, womit auch der Anregung des Herrn Ministers Rechnung getragen wäre, die Bezeichnung „Kirchen" und die damit verbundene Verengung des Gesichtskreises nicht im Zusammenhang mit dem neuen Ausschuß auftauchen zu lassen. – In sehr vorsichtiger Form habe ich sodann mit Herrn Roth die mir bekannte Interessennahme des Kardinals Faulhaber an den Arbeiten des etwa zu gründenden Ausschusses erörtert. Hierzu erklärte Ministerialrat Roth kategorisch, daß eine irgendwie geartete Beteiligung des Kardinals Faulhaber oder von Vertrauensleuten von ihm weder von seinem (Roth's) Standpunkt aus noch, wie er wisse, von dem des Herrn Reichsministers Kerrl aus in Betracht komme. Hier sei jede Möglichkeit eines Gespräches, sei es auch auf dem Boden eines Akademie-Ausschusses, ausgeschlossen, während sie gegenüber gewissen anderen Bischöfen und Kardinälen unter Umständen bestehe." Als Mitglieder schlug Roth für die katholische Sektion den Professor Dr. Barion in Braunsberg, sich selbst und ihn, Weber, vor. Für den Vorsitzenden des Ausschusses hatten sie noch keinen Vorschlag bereit. Die „Persönlichkeit des Professors Stutz" wurde von Roth abgelehnt, „einmal wegen des Alters von Stutz zum anderen, weil seine Interessen ausgesprochen historisch sind und ihm das politische Fingerspitzengefühl, das in diesem Falle erforderlich wäre, fehlt." Im übrigen waren Weber und Roth sich darüber einig, „daß der Vorsitz einer kirchenpolitisch möglichst neutralen Persönlichkeit zu übertragen" wäre.

---

14 BA Berlin, R 61/261, Bl. 15.

Am 25. März 1938 schrieb dann Reichsminister Kerrl an den „lieben Parteigenossen[15] Frank“: „Meine Sachbearbeiter haben mir über die Besprechungen, die Professor Dr. *Weber* als Sekretär der Forschungsabteilung der Akademie für Deutsches Recht über die Möglichkeit einer wissenschaftlichen Behandlung kirchenrechtlicher Fragen durch die Akademie mit Ihnen geführt hat, Vortrag gehalten. Eine wissenschaftliche Bearbeitung staatskirchenrechtlicher und kirchenrechtlicher Fragen ist m.E. für den Staat von Nutzen, denn die Kirche ist ihrerseits immer bestrebt, ihre kirchenrechtliche Auffassung auch in wissenschaftlicher Form darzulegen und dadurch zur Geltung zu bringen. Ich begrüße es deshalb, wenn die Akademie für Deutsches Recht sich der Behandlung kirchenrechtlicher Fragen in nationalsozialistischem Sinne annimmt. Bei den bestehenden Schwierigkeiten hinsichtlich des Verhältnisses von Staat und Kirche halte ich es jedoch für angezeigt, daß diese Arbeit zunächst in der Stille und unter Beschränkung auf den kleineren Kreis von Sachkennern geschieht und daß auch ihre Erkenntnisse nicht in amtlicher Form bekanntgegeben werden.“

Daraufhin teilte Frank Kerrl am 27.4.1938 mit, daß er sich freue, „daß Sie die Erörterung staatskirchenrechtlicher und kirchenrechtlicher Fragen in einem Arbeitsgremium der Akademie für Deutsches Recht gutheißen. Ihren Anregungen für die Ausgestaltung dieser Arbeiten soll dabei gern entsprochen werden.“ Die Frage des Vorsitzes durch Herrn Ministerialrat Dr. Meyer vom preuß. Finanzministerium wurde auf Anregung des Reichskirchenministeriums im Juni/Juli 1938 geklärt. Am 2.8.1938 fand im preuß. Finanzministerium eine erste Beratung der katholischen Sektion des Ausschusses unter dem Vorsitz von Meyer mit Roth und Barion unter Beisein von Weber statt. Man gelangte zu[16] einer „umfangreichen Liste von Beratungsgegenständen“, u.a. sollten behandelt werden das Verfahren, das bei der Ablehnung eines Bischofskandidaten durch die Reichsregierung Platz greifen mußte (Berechtigung der Kurie, einen Bischofsverweser einzusetzen, Fall Aachen), Grundsätze, die in dem nach der Entscheidung des Führers als konkordatsfrei zu betrachtenden Raum des Landes Österreich zu beachten sind, das „nihil obstat“ und Fragen der Konkordatstechnik (Behandlung durch Barion). Außerdem sollte ein „Gerippe derjenigen Fragen aufgeworfen werden, die im Verhältnis zwischen Staat und katholischer Kirche im Vordergrunde stehen und in absehbarer Zeit zu einer Klärung gelangen müßten“.

Als nach sechs Tagungen des Ausschusses eine weitere Session für den 10. und 11.1.1941 angesetzt worden war, erhielt die Leitung der Akademie Mitteilung von einem Schreiben von Lammers (Reichskanzlei) vom 3.1.1941 an Frank. In diesem Schreiben heißt es:[17] „Dem Führer ist bekanntgeworden, daß in der Akademie für Deutsches Recht ein Religionsrechtsausschuß arbeitet. Der Führer hält jedoch die religionspolitische Lage für derart unklar, daß er für eine Tätigkeit des Ausschusses keine Veranlassung sieht. Ich empfehle Ihnen, den Ausschuß zwar nicht aufzulösen, jedoch seine Arbeiten einzustellen.“ Daraufhin wurde die für den 10. und 11.1.1941 anberaumte Sitzung von Emge sofort abgesetzt.

---

15 BA Berlin, R 61/261, Bl. 20.

16 Vermerk von *Weber*, in: R 61/261, Bl. 34.

17 BA Berlin R. 61/272.

Zu dem Ende der Ausschußarbeiten schreibt Schröcker,[18] der Vorsitzende des Ausschusses sei „bestürzt" gewesen und fährt dann fort „Der Leiter der katholischen Abteilung des Reichskirchenministeriums, Roth, hatte drei Jahre zuvor angeregt, den Ausschuß ins Leben zu rufen; jetzt war er es, der die Entscheidung Hitlers herbeigeführt hatte und sich im privaten Gespräch auch dazu bekannt. An der Gründung und an der Tätigkeit des Ausschusses hatte er sich zunächst lebhaft beteiligt, dann aber mehr und mehr sich auf eine bloße Anwesenheit in den Sitzungen zurückgezogen. Er ließ es nicht einmal mehr zu, daß ich ein auf seinen Vorschlag hin anhand der Akten ausgearbeitetes Referat über die Bistumsverweser vortrug, in dem Rechtsfragen der Anwendung der politischen Klausel im Altreich und in den neuen Reichsgebieten behandelt werden sollten. Die geistige Führung in den Aussprachen war auf die Vertreter der Wissenschaft übergegangen und Roth beklagte sich darüber im privaten Gespräch. Er wünschte die Beendigung der Ausschußtätigkeit und hatte den Vorsitzenden nachdrücklich, aber vergeblich davor gewarnt, eine neue Sitzung anzuberaumen. Um diese zu verhindern, vermied er es, sich über den Reichskirchenminister an den Präsidenten der Akademie zu wenden. Der unmittelbare Weg zu Hitler stand ihm auch nicht mehr zur Verfügung, obwohl dieser ihn aus den ersten Jahren der nationalsozialistischen Bewegung persönlich kannte. Als Weg zu Hitler stand ihm seine Verbindung zum Stellvertreter des Führers Reichsminister Rudolf *Heß* zur Verfügung. Er kann sich an diesen unmittelbar oder an dessen Kirchenreferenten, Ministerialrat Kurt *Krüger* gewandt haben; dieser hätte den Vorschlag auf seinem Dienstwege über Heß an Hitler weitergeleitet. Von Krüger war kein Widerspruch zu erwarten, denn er war nicht zum Mitglied des Ausschusses berufen worden, obwohl nach der Verwaltungsordnung der Akademie bei der Zusammensetzung der Ausschüsse auch Vertreter der Parteidienststellen berücksichtigt werden sollten und er durch seinen im Jahre 1938 erschienenen „Kommentar zum Reichskonkordat" sein Interesse an den im Ausschuß behandelten Fragen bekundet hatte. Auf kirchlicher Seite war dieser Kommentar mehr beachtet worden: Der Vorsitzende der Fuldaer Bischofskonferenz Kardinal *Bertram* befaßte sich damit in einer dem neugewählten Papst Pius XII. vorgelegten Denkschrift vom 4. März 1939. – Die Begründung der Entscheidung Hitlers entsprach der Auffassung Roths: Der Ausschuß hatte die religionsrechtlichen Fragen klären sollen; eine wesentliche Voraussetzung dafür war inzwischen weggefallen durch die unklar gewordene religionspolitische Lage. Die von ihm herbeigeführte Entscheidung des höchsten Inhabers der politischen Macht bereitete dem Ausschuß ein gewichtigeres Ende, als seine nicht an die Öffentlichkeit gerichtete und durch den Krieg ohnehin schon schwer beeinträchtigte Tätigkeit erwarten ließen."

III. Die Zusammensetzung des Ausschusses

Die Zusammensetzung des Ausschusses für Religionsrecht ist in mehrfacher Hinsicht außerordentlich interessant. Im Gegensatz zu den meisten anderen Ausschüssen war im Ausschuß nur das Kirchenministerium vertreten, nicht aber andere Ministerien, die an

18 *Schröcker*, aaO., S. 288 f.

den Kirchenfragen ein großes Interessen hatten, wie das Propagandaministerium und das Innenministerium. Nicht vertreten waren ferner die allerdings in sich zerstrittenen Leitungsgremien der evangelischen Kirche und die katholische Kirche, deren Vertreter sich allerdings kaum mit dem aus dem Klerus stammenden Ministerialrat Roth und Regierungsrat Schröcker an einen Tisch gesetzt hätten. Dies alles zeigt, daß der Religionsrechtsausschuß kaum über die erforderliche Autorität verfügte, die notwendig gewesen wäre, die existentiellen Probleme insbesondere der Deutschen Evangelischen Kirche, aber auch des Verhältnisses der katholischen Kirche zum nationalsozialistischen Staat anzugehen.

Über den Vorsitzenden des Ausschusses Karl Heinrich Meyer, Ministerialdirektor im preuß. Finanzministerium, ließ sich kaum etwas auffinden. Es ist zu vermuten, daß er in der Weimarer Zeit an den Verhandlungen über das preuß. Konkordat und über die grundlegenden Gesetze über die Stellung der evangelischen Kirche beteiligt war. Als Leiter der für die Staatsleistungen an die Kirchen zuständigen Abteilung des preußischen Finanzministeriums war Meyer mit den staatskirchenrechtlichen Problemen in weitem Umfang vertraut.

Vom Kirchenministerium kamen in den Ausschuß Roth und Stahn, ferner Haugg, Ruppel und Schröcker.

Joseph *Roth,* ein nicht laisierter katholischer Priester der Erzdiözese München, stand der verfaßten katholischen Kirche zeitlebens ablehnend, zuletzt feindlich gegenüber:[19] „Geprägt von dem religiös überhöhten Erlebnis der Schützengraben-Gemeinschaft und beschämt von der vermeintlich unpatriotischen Rolle des politischen Katholizismus im Zusammenhang mit der Friedensresolution der Reichstagsmehrheit“, so *Besier*, „verfolgte er die Zentrumspartei mit glühendem Haß. Obwohl seine Generation in den Wirren revolutionärer Aufstände ein zweites Mal für die Nation gekämpft habe, sei sie ‚entlassen‘ worden und daraufhin auseinandergefallen. Vor diesem Hintergrund betätigte sich Roth als aktiver Mitbegründer des rassenantisemitisch orientierten und ‚großdeutsch völkischen Schutz- und Trutzbundes‘ ... und fand schließlich zur NSDAP, auf deren Parteitagen vor 1933 er die Messe zelebrierte. Auf ausdrücklichen Wunsch Hitlers, den er seit dessen Münchener Zeit kannte, trat er allerdings nie der Partei bei. Die im Frontsoldatentum gewachsene Überzeugung eines interkonfessionellen Christentums der utopisch verklärten deutschen Volksgemeinschaft harmonierte gut mit dem ‚positiven Christentum‘ des Parteiprogramms.“ Für ihn wie für Albert Hartl war nach dessen Worten[20] „Faschismus und Nationalsozialismus ein Werkzeug in der Hand Gottes zur

---

19 Hierzu die Kurzbiographie unter V.; das folgende nach G. *Besier*, Die Kirchen und das Dritte Reich. Spaltungen und Abwehrkämpfe 1934-1937, Berlin 2001, S. 300 f.

20 Zitiert nach *Besier*, aaO., S. 300. Albert Hartl (1904-1983), ein abtrünniger kath. Priester, war von 1935 bis 1941 im Reichssicherheitshauptamt für die Bespitzelung der kath. Kirche verantwortlich (A. *Meyer-Zollitsch*, Nationalsozialismus und Evang. Kirche in Bremen, 1985, S. 299). H. veröffentlichte unter dem Pseudonym *Anton Holzer* das Werk: „Priestermacht“. – Hartl urteilte in einem im Nachlaß enthaltenen Schriftstück über Roth folgendermaßen: „Josef, [...] der glühende Patriot und Kriegsfreiwillige des Ersten Weltkrieges, einer der ersten und treuesten Mitkämpfer Adolf Hitlers, der Ministerialdirigent und Leiter der katholischen Abteilung im Reichskirchenministerium, einer der eifrigsten und begabtesten Publizisten im Dritten Reich und zugleich einer der gewichtigsten wissenschaftlichen Ratgeber Alfred Rosenbergs bei der Entwicklung und Verkündigung der nationalsozialistischen Weltan-

Überwindung und Vernichtung der äußeren Macht der Kirche und zur Rückführung der Kirche in den Schoß urchristlicher Religiösität".[21]

Roth im Ministeramt zugeordnet war Sebastian *Schröcker*, ebenfalls geweihter katholischer Priester und habilitierter Kirchenrechtler. Nach dem Krieg war Schröcker in der Verwaltungsgerichtsbarkeit tätig, zuletzt seit 1955 als Richter am Oberverwaltungsgericht in Berlin.

Stahn vertrat die Evangelische Abteilung des Reichskirchenministeriums, die er seit 1938 leitete. Im Gegensatz zu Roth verfügte Stahn über gute Kontakte zu seiner Kirche, in deren Augen er als „bewußt evangelisch und kirchlich eingestellte Persönlichkeit" galt. Loyal gegenüber der Kirche war auch Erich *Ruppel,* der es nach 1945 bis zum rechtskundigen Vizepräsidenten des Landeskirchenamts Hannover brachte. Kirchentreu war auch der aus dem preuß. Kultusministerium hervorgegangene Albrecht *Stalmann,* Präsident der Klosterkammer Hannover bis 1955. Stahn, Ruppel und Stalmann, der mit dem ebenfalls aus der Provinz Hannover stammenden Vorsitzenden Meyer gut bekannt war, hatten das volle Vertrauen des Kirchenministers Kerrl, der seine politische Heimat ebenfalls in der Provinz Hannover hatte.

Zu den Ministerialbeamten kamen noch die Kirchenrechtler Hans *Barion,* Ernst *Forsthoff,* Johannes *Heckel* und Werner *Weber,* der als Sekretär der Klasse II der Akademie für die Etablierung des neuen Ausschusses zuständig war. Das katholische Kirchenrecht vertrat im Ausschuß vor allem *Barion*, der wegen seiner scharfen Kritik am Reichskonkordat von 1933 in einer geheimen Denkschrift für ein gutes Jahr von der päpstlichen Konzilskongregation (August 1934-Oktober 1935) suspendiert worden war. Als Mitglied der NSDAP seit dem 1.5.1933 stand Barion auf dem „Boden des National-

---

schauung, dieser Josef Roth aber auch, der gläubiger katholischer Priester bis an sein Lebensende war, [...] der geheime und geheimnisvolle Beziehungen zum Nuntius und Kardinalstaatssekretär Pacelli, dem späteren Papst Pius XII., unterhielt und bisher noch nicht gewürdigte Einflüsse auf das politische Weltgeschehen ausübte" (zitiert nach *Besier,* aaO., S. 997 (Fn. 108)).

21 *Schröcker,* aaO., S. 444, weist darauf hin, daß Roth in persönlicher Verbindung mit Hess gestanden habe und führt dann fort: „Heß flog am Mai 1941 nach England. Roth geriet in den Verdacht, Mitwisser gewesen zu sein. Er sollte an dem Tag verhaftet werden, an dem er ertrank; sein Briefwechsel mit Heß wurde beschlagnahmt. Es wurde deshalb auch die Vermutung geäußert, er könne sein Boot bewußt in den Rattenberger Innstrudel gesteuert haben." – Weitere Einzelheiten über Roth, dessen Tod und Beerdigung finden sich bei *Volk,* aaO., S. 794 ff. (Vermerke aus dem Nachlaß Faulhaber); hier heißt es S. 795: ... Eine formelle Suspension oder Exkommunikation ist nach Vereinbarung der beiden in Frage kommenden Ordinarien nicht erfolgt, weil er eine Ziviltrauung ablehnte, öffentlich zu der Frage „Partei und Kirche" sich nicht mehr äußerte – wenigstens nicht mit Namen – und weil er bei verschiedenen Gelegenheiten, wie beim Schülerfest in Passau, Mitschülern gegenüber Äußerungen machte, als ob er seiner Arbeit im Dienste der Partei überdrüssig sei und in Fragen, in denen er allein entscheiden könne, eine kirchenfreundliche Haltung einnehmen wolle. Tatsächlich wurde mir von einzelnen, besonders von Ordensherren, die ihn besuchten, im Laufe der Jahre bestätigt, er sei ihnen freundlich an die Hand gegangen. Einem Mitschüler gegenüber äußerte er: „Es ist furchtbar schwer, mit einem Fuß stehe ich in Dachau, mit dem anderen in der Exkommunikation." Andererseits ist auch richtig und beim Zwittercharakter einer solchen Stellung unvermeidlich, daß Josef Roth „gar viele in die Rechte der Kirche verletztende Schriftstücke verfaßte und unterzeichnete, wie der Herr Bischof von Münster in seiner Predigt vom 20. Juli 1941 sagte ...". Kritische Ergänzungen bei *Schröcker,* S. 435 f.

sozialismus“ (so die NSDAP-Ortsgruppe München-Siegestor am 29.3.1939)[22] und trat nach einer Beurteilung der Gauleitung München-Oberbayern von 1939 an „jederzeit voll und ganz für Bewegung und Staat ein“. Politische Bedenken gegen seine Berufung auf einen theologischen Lehrstuhl in München bestanden insoweit nicht. Der Reichsamtsleiter des NS-Dozentenbundes, Ministerialdirektor Dr. Schultze, verwies 1937 auf die positive Stellungnahme Barions zum Sterilisationsgesetz. Bereits vor 1933 hätte Barion „Zentrumskreise abgelehnt. An seiner positiven Haltung zum Nationalsozialismus bestehen keine Zweifel, so daß er im Sinn des Nationalsozialismus als wirksame Kraft in der kath. theol. Fakultät der Universität München eingesetzt werden kann“. In den Ausschußberatungen war Barion, abgesehen von seiner konkordatskritischen Haltung, den Belangen seiner Kirche gegenüber durchaus loyal eingestellt. Seine Referate und Debattenbeiträge zeigen, daß der umfassend gebildete Hochschullehrer zu den scharfsinnigsten und qualifiziertesten katholischen Kirchenrechtlern seiner Generation gehörte.[23] Ein gleiches gilt auch für die evangelischen Kirchenrechtler Heckel, Weber und auch Forsthoff, die bei ihren Referaten und Diskussionbeiträgen die Interessen ihrer Kirche nicht außer acht ließen. Aus den Beratungen des Ausschusses ist auf der Grundlage eines Referats das schon in der NS-Zeit sehr bedeutsam angesehene Werk von W. *Weber* hervorgegangen: „Die politische Klausel in den Konkordaten, Staat und Bischofsmacht“(1939). Dieses Werk ist 1966 in einem Neudruck erschienen. Zu diesem Buch urteilte Barion in einem Schreiben an Meyer am 31.1.1940, dieses müsse tatsächlich als aus den gemeinschaftlichen Beratungen hervorgegangen betrachtet werden.[24]

Als der altkatholische Pfarrer a.D.L.K. *Poczatek* seine Aufnahme in den Ausschuß betrieb,[25] bat Meyer das Kirchenministerium um eine Stellungnahme. Roth teilte daraufhin dem Vorsitzenden mit, Poczatek habe vor drei Jahren Pressereferent im Kirchenministerium werden wollen. Seine Übernahme sei damals abgelehnt worden, seines Wissens auch aus dem politischen Grund, daß Poczatek einmal bei einer dem Zentrum nahestehenden Pressekorrespondenz tätig gewesen sei. Am 9.1.1939 lehnte Frank die Aufnahme von Poczatek im Ausschuß ab. – Ebenfalls Ende 1938 regte der Nationalsozialistische Rechtswahrerbund die Aufnahme des Konsistorialrats Friedrich *Riehm* (s. Nachtrag) in den Ausschuß an. Im März 1939 teilte daraufhin Keith für die Akademie Riehm mit, an einer Erweiterung des Ausschusses werde im Augenblick nicht gedacht. Auf diese Weise wurde bis zum Schluß die Linie verfolgt, den Ausschuß über die ursprünglichen Mitglieder hinaus nicht zu erweitern.

---

22 Das folgende Zitat nach *Besier*, S. 419 (Fn.). Über die Vorgänge um Barion, die zur Auflösung der Münchener theologischen Fakultät führten G. *Schwaiger*, Das Erzbistum München und Freising im 19. und 20. Jht., München 1989, S. 356 ff.; ferner H. *Böhm*, Die Theologische Fakultät der Univ. München, in: *Schwaiger*, Das Erzbistum München und Freising, Bd. 1198, S. 684 ff.

23 Über Barion vgl. auch Peter *Krämer*, Theologische Grundlegung des kirchlichen Rechts. Die rechtstheologische Auseinandersetzung zwischen Hans Barion und Joseph Klein im Lichte des II. Vatikanischen Konzils, Trier 1977.

24 Das folgende nach BA Berlin R 61/262.

25 BA Berlin R 61/264.

IV. Die Beratungen des Ausschusses

Die Einsetzung des Religionsrechtsausschusses erfolgte zu einem Zeitpunkt, als das Interesse Hitlers an den Kirchenfragen[26] bereits erheblich nachgelassen hatte. Dem am 16.7.1935 begründeten Ministerium für kirchliche Angelegenheiten unter der Leitung von Kerrl war es nicht gelungen, mit dem Gesetz zur Sicherung der Deutschen Evangelischen Kirche die Gegensätze innerhalb der evangelischen Kirche auszugleichen oder zu beseitigen. Das Gesetz ermächtigte den Kirchenminister,[27] „zur Wiederherstellung geordneter Zustände in der DEK und in den Landeskirche ... Verordnungen mit rechtsverbindlicher Kraft zu erlassen". Mit der Errichtung von Kirchenausschüssen und des aus acht Personen bestehenden Reichskirchenausschusses war es nicht gelungen, die miteinander konkurrierenden Leitungsorgane der DEK zu vereinigen. Pläne Kerrls, eine Art Staatskirchenregiment zu errichten, scheiterten am Widerstand der Partei (Hess) und von Frick, Goebbels, Himmler und Heydrich. Die von Hitler am 15.2.1937 angeordneten Kirchenwahlen wurden abgesetzt. So verblieb es bis Kriegsbeginn bei „einem unübersichtlichem Nebeneinander"[28] von Kirchenministerium, VKL (Vorl. Kirchenleitung) II, Reichsbruderrat und Lutherrat sowie einigen noch bestehenden DC-Leitungsorgangen. – Das Reichskonkordat mit der katholischen Kirche vom 20.7.1933 gestand der katholischen Kirche „Rechte und Freiheiten"[29] zu, wie sie so umfassend von keiner Weimarer Regierung angeboten worden waren. Gleichwohl trat die Gegnerschaft des Nationalsozialismus gegen die katholische Kirche vor allem in Prozessen gegen Priester und Ordensgeistliche wegen Devisenvergehen (ab März 1935) und wegen Sittlichkeitsverbrechen katholischer Geistlicher und Ordensgeistlicher (ab März 1936) bald offen zutage. Am 21.3.1937 wurde die Enzyklika Pius XI. „Mit brennender Sorge" in 11.500 deutschen Pfarreien verlesen. Zu einer Kündigung des Konkordats und damit zu einem großen „Gegenschlag" gegen die Kirche kam es jedoch nicht. Hitler überließ die Kirchenfragen „nachgeordneten Partei- und Regierungsstellen, die weiterhin einen kaum im voraus zu berechnenden Kurs zwischen Repression und Duldung einschlugen".[30]

Der Ausschuß befaßte sich im wesentlichen mit elf Themen und einigen Anfragen. Da Jörg *Winter* die Referate und die Diskussionen in seinem Werk von 1979 bereits ausführlich referiert hat,[31] sollen hier nur einige weiterführende Hinweise gegeben werden.

1. Der erste und dann in mehreren weiteren Sitzungen behandelte Beratungsgegenstand war die Frage der Unwirksamkeit des österreichischen Konkordats von 1933/34,[32]

---

26 Es wird davon abgesehen, hier einen Überblick über die sehr reichhaltige Literatur zum Thema: „Nationalsozialismus und Kirche" zu geben. Eine gute Einführung m.w.N. bringt J. *Mehlhausen* in der Theol. Realenzyklopädie, Bd. 24 (1994), S. 43 ff.; zum Kirchenrecht Bd. 8 (1989), S. 730 ff. (M. Honecker). Die derzeit aktuellsten Darstellungen enthalten die Werke von *Besier* und *Kreutzer*.

27 RGBl. I 1935, S. 1178.

28 *Mehlhausen*, aaO., S. 61.

29 *Mehlhausen*, aaO., S. 58.

30 *Mehlhausen*, aaO., S. 63.

31 *Winter*, aaO., S. 82 ff.

32 Zur Entstehung des Konkordats Josef *Kremsmair*, Der Weg zum österr. Konkordat von 1933/34, Wien 1980; zur Konkordatsfrage ferner Alfred *Innerthaler*, Das Ende des Konkordats und das Schicksal wichtiger Konkordatsmaterien in der NS-Zeit, in: H. Paarhammer/F. Pototschnig/A. Rinnerthaler

zu der *Barion* ein Referat vorlegte und Martin *Heckel* eine von dessen Ansichten abweichende Stellungnahme abgab. Der Ausschuß ließ durch *Keith*, den Sekretär des Ausschusses, wie bereits erwähnt, zwei Aufsätze über das österreichische Konkordat veröffentlichen, in denen die in den Beratungen hervorgetretenen Ansichten referiert wurden, wobei jedoch die von Barion entwickelte Auffassung den größeren Raum einnahm. Insgesamt ließen die Veröffentlichungen hinreichend deutlich erkennen,[33] „daß von keiner dieser Theorien aus ein zwingendes Argument für den Fortbestand des österreichischen Konkordats möglich ist. Und das ist ja der eigentliche Zweck."

2. Zur Bestandskraft der evangelischen Kirchenverträge[34] lagen vor die Referate von *Stahn* und von *Forsthoff*. Während *Stahn* abschließend feststellte: „Man kann nicht von einer völligen Vernichtung dieser Verträge, aber auch von einer starken Beschädigung sprechen, die einzelne Artikel sogar schon ins Mark getroffen hat", kam *Forsthoff* zu differenzierteren Ergebnissen.[35] Zu berücksichtigen ist, daß *Forsthoff* sein Referat umgearbeitet und 1939 in der „Deutschen Rechtswissenschaft"[36] veröffentlicht hat. Zusätzlich zur Interpretation des Referats von Forsthoff hat *Winter* noch die staatskirchenrechtlichen und staatstheoretischen Abhandlungen von Forsthoff aus der Zeit um 1933[37] herangezogen. Am 17.2.1939 gab *Stahn* noch einen Überblick über die evangelischen Kirchenverträge; das Korreferat von Forsthoff ist nicht überliefert. *Winter* faßt die Position der Ausschußmitglieder dahin zusammen:[38] „Stärker noch als dies bereits im Zusammenhang mit dem österreichischen Konkordat der Fall war, ist ihre Neigung [d.h. der Kommissionmitglieder] spürbar, die Bestandskraft der Kirchenverträge unter den Bedingungen des Dritten Reiches ausschließlich unter dem Gesichtspunkt der politischen Opportunität und der staatlichen Ordnungsanliegen zu beurteilen. Einhellig wird ein einseitiges Vorgehen des Staates zur Ordnung selbst der inneren Verhältnisse der evangelischen Kirche für zulässig gehalten, ja sogar teilweise empfohlen. Soweit an den Bestimmungen der Kirchenverträge festgehalten werden soll, geschieht dies ausdrücklich aus Gründen der Praktikabilität, um keine rechtsfreien Räume aufbrechen zu lassen."

3. Zum Themenkreis des „Nihil obstat" referierte *Weber* am 3.12.1938.[39] Da sein Referat nicht zu den Akten gekommen ist, muß auf die veröffentlichte und wahrscheinlich geänderte und erweiterte Fassung des Vortrags in der ZStW zurückgegriffen werden. Bei diesem Vortrag ging es um die Auslegung und Handhabung des Art. 7 des Reichskonkordats:[40] „Zur Annahme einer Anstellung oder eines Amtes im Staat oder bei einer von ihm abhängigen Körperschaft des öffentlichen Rechts bedürfen Geistliche des

---

(Hrsg.), 60 Jahre österreichisches Konkordat, München 1994, S. 179 ff.; Kl. *Scholder*, in: Zeitschrift für evang. Kirchenrecht, Bd. 20 (1975), S. 230-243.

33 So *Barion* in einem Brief an Keith vom 26.4.1939 (BA Berlin, R 61/280, Bl. 33).

34 Texte bei E.R. *Huber*/W. *Huber*, Staat und Kirche im 19. und 20. Jahrhundert. Dokumente zur Geschichte des deutschen Staatskirchenrechts, Bd. IV, Berlin 1988, S. 535 ff.

35 Diskussion über diese Vorträge in der Sitzung vom 2.12.1938; hierzu *Winter*, aaO., S. 94 ff.

36 Bd. 4 (1939), S. 141-155.

37 Zu eventuellen Meinungsänderungen Forsthoffs, vgl. *Winter*, aaO., S. 97 f.

38 *Winter*, aaO., S. 114.

39 ZStW Bd. 99 (1939), S. 193 ff.

40 Zitiert nach *Huber/Huber*, aaO., S. 505 ff.

Nihil obstat ihres Diözesanordinarius sowie des Ordinarius des Sitzes der öffentlich-rechtlichen Körperschaft. Das Nihil obstat ist jederzeit aus wichtigen Gründen kirchlichen Interesses widerrufbar." und dessen Verhältnis zu Art. 19. Letztere Bestimmung lautet: „Die katholisch-theologischen Fakultäten an den staatlichen Hochschulen bleiben erhalten. Ihr Verhältnis zur kirchlichen Behörde richtet sich nach den in den einschlägigen Konkordaten und dazugehörigen Schlußprotokollen festgelegten Bestimmungen unter Beobachtung der einschlägigen kirchlichen Vorschriften. Die Reichsregierung wird sich angelegen sein lassen, für sämtliche in Frage kommenden katholischen Fakultäten Deutschlands eine der Gesamtheit der einschlägigen Bestimmungen entsprechende Praxis zu sichern." Nach *Weber* war damit eine Regelung des Fakultätswesens getroffen, „die das Länderkonkordatsrecht verdrängt und es durch eine reichseinheitliche, ebenso für das bisher konkordatsfreie Land Württemberg mit der katholisch-theologischen Fakultät in Tübingen wie für Preußen, Bayern und Baden geltende Neuordnung ersetzt." Weitere Spezialregelungen waren seiner Meinung nach in den Art. 22, 27 und 28 für die Religionslehrer der öffentlichen Schulen und für die Militär-Anstaltsgeistlichen enthalten. Insgesamt sah *Weber* in Art. 7 keine die katholische Kirche begünstigende Generalklausel:[41] „Jedenfalls kann der vereinbarten Fassung des Art. 7 RK keine Regelung entnommen werden, die das Problem des *Nihil obstat* unter Beseitigung der hergebrachten Differenzierungen auf einen völlig neuen Generalnenner gebracht hätte. Vielmehr tritt diese Bestimmung, so wie sie heute gilt, nur mit bescheidener Subsidiarität den unberührt gebliebenen Sonderreglungen älterer Herkunft zur Seite." In der Diskussion meldete insbesondere *Forsthoff* Bedenken gegen die Ansichten Webers zum Verhältnis des Art. 19 gegenüber den Länderkonkordaten an.

In der Folgezeit befaßte sich der Ausschuß mit der Stellung des Kirchenrechts an den Universitäten und auf der Grundlage eines Referats von *Barion* über die institutionellen Änderungen in der Lage der katholisch-theologischen Universitätsfakultäten bzw. der staatlichen philosophisch-theologischen Hochschulen seit Kriegsbeginn Anfang 1940 mit der Abdrängung des Theologiestudiums auf kirchliche Anstalten.[42] Bei *Barion* und in der Diskussion kam vor allem die schwierige Stellung der theologischen Fakultäten innerhalb der Universitäten und speziell des Kirchenrechts insbesondere auch in der juristischen Ausbildung zur Sprache.[43]

4. Über die politische Klausel in den Konkordaten referierte *Weber* am 29.4.1939 woran sich am 1.7.1939 eine längere Diskussion anschloß.[44] *Weber* veröffentlichte das

---

41 *Weber*, aaO., S. 244.

42 Protokoll der Sitzung vom 19.1.1940.

43 Zur Schließung der Münchener Theol. Fakultät vgl. den Nachweis Fn. 22. – Zu der Lage in Österreich J. *Kremsmair*, Nationalsozialistische Maßnahmen gegen kath.-theol. Fakultäten in Österreich, in: M. Liebmann, H. Paarhammer, A. Rinnerthaler (Hrsg.), Staat und Kirche in der Ostmark, Frankfurt a.M. 1998, S. 133 ff.

44 Zu dieser Beratungsmaterie *Winter*, aaO., S. 145 ff. – Die politische Klausel war u.a. in Art. 6 des preuß. Konkordats von 1929 enthalten. Die Klausel findet sich für das Reichskonkordat in Art. 14 Abs. 2 Nr. 2: „Außerdem besteht Einvernehmen über folgende Punkte: ... 2. Die Bulle für die Ernennung von Erzbischöfen, Bischöfen, eines Koadjutors cum iure successionis und eines Praelatus nullius wird erst ausgestellt, nachdem der Name des dazu Ausersehenen dem Reichsstatthalter in dem zuständigen Lande mitgeteilt und festgestellt ist, daß gegen ihn Bedenken allgemein politischer Natur nicht

nicht in den Akten überlieferte Referat – erhalten geblieben sind die Thesen Webers – in einer erweiterten Fassung noch 1939 (Neudruck Aalen 1966). Das Werk fand ein für die Kriegszeit außerordentlich breites Echo; von den Besprechungen wird im vorliegenden Band die Rezension von Barion mitgeteilt. In dem Referat und in der Diskussion ging es um die Bedeutung des Bischofseides und um die eventuellen inhaltlichen Grenzen des Einspruchsrechts des Staates. Im Gegensatz zu anderen Kommissionsmitgliedern vertrat *Weber* eine sehr etatistische Interpretation, so daß *Kaiser* in seinem Werk über die politische Klausel von 1949 von einem „Rückfall in ein antiquiertes Staatskirchentum" sprach.[45] Das Problem spielte bei der Besetzung des Bistums Aachen 1937/38 eine erhebliche Rolle.[46] Die Kirche verfolgte den Einspruch der preußischen Regierung gegen den zum neuen Bischof gewählten Pfarrer von Kevelaer Wilhelm Holtmann nicht weiter, sondern umging die politische Klausel, indem sie Hermann Joseph Sträter zum Administrator (Bischofsvikar) für Aachen ernannte. Über diese Praxis fand im Ausschuß eine kürzere Aussprache statt.

5. Die Beschäftigung mit dem Doyennat des Nuntius ging darauf zurück, daß Hitler beim Neujahrsempfang im Januar 1939 an der Begrüßungsansprache des Nuntius Anstoß genommen und die Frage aufgeworfen hatte,[47] „ob er es hinnehmen müsse, daß der Nuntius als Sprecher des Diplomatischen Korps auftrete". Daraufhin erhielt *Schröcker* den Auftrag, für die Stellungnahme des Reichskirchenministers gegenüber dem Auswärtigen Amt diese Frage rechtlich zu prüfen. Im Ausschuß erstattete *Schröcker* ein Referat über dieses Thema, das in einer von *Roth* erheblich veränderten Fassung ohne sein Wissen veröffentlicht wurde.[48]

6. Ausführlich befaßten sich *Stalmann* und *Schröcker* mit den älteren Einzelleistungen an Religionsgesellschaften insbesondere aus historischer Sicht und unter dem Gesichtspunkt der Ablösung oder Abschaffung der staatlichen Patronate oder nach Dotationsrecht begründeten Leistungen.[49] Das Ergebnis der Ausschußberatungen sollte Grundlage sein für den Entwurf eines Gesetzes zur Regelung und Ablösung überholter und unübersichtlich gewordener Rechtsverhältnisse auf dem Gebiet des Staatskirchenrechts, eine Rechtsmaterie, die bis heute noch nicht in allen Bundesländern bereinigt

---

bestehen." Nach dem Schlußprotokoll zum Konkordat vom 20.7.1933 bestand „Einverständnis darüber, daß, sofern Bedenken allgemein politischer Art bestehen, solche in kürzester Zeit vorgebracht werden. Liegt nach Ablauf von 20 Tagen eine derartige Erklärung nicht vor, so wird der Heilige Stuhl berechtigt sein, anzunehmen, daß Bedenken gegen den Kandidaten nicht bestehen. Über die in Frage stehenden Persönlichkeiten wird bis zur Veröffentlichung der Ernennung volle Vertraulichkeit gewahrt werden. – Ein staatliches Vetorecht soll nicht begründet werden."

45 Joseph *Kaiser*, Die politische Klausel der Konkordate, Berlin u. München 1949, S. 89.

46 Hierzu Dieter *Albrecht*, Kath. Kirche im Dritten Reich. Eine Aufsatzsammlung hrsg. von D. Albrecht, S. 1976, S. 134 ff.

47 *Schröcker*, aaO., S. 295.

48 Das Referat ist entgegen *Schröcker*, aaO., S. 296, in den Akten erhalten (BA Berlin, R 61/238 ff.). Die Druckfassung befindet sich in: Reich und Reichsfeinde, Hamburg, Bd. 4 (1943), S. 237-246; zur Diskussion im Ausschuß *Winter*, aaO., S. 159 ff.

49 Zu den Referaten und den Diskussionen (28. und 29.4.1939) *Winter*, aaO., S. 132 ff.

ist.[50] Zudem wurde im Ausschuß scharfe Kritik an der Rechtsprechung des Reichsgerichts, aber auch der Verwaltungsgerichte in Patronats- und Baulastsachen geübt.

7. Am 28.4.1939 referierte *Heckel* über: „Die Geschichte der Körperschaftsfrage"[51] während *Ruppel* das auch in einer überarbeiteten Fassung veröffentlichte Referat hielt:[52] „Die Behandlung der Religionsgesellschaften als Körperschaften des öffentlichen Rechts in der neueren Gesetzgebung." *Ruppel* ging insbesondere auf die Möglichkeit ein, daß der Staat seine Aufsichtsbefugnisse gegenüber den Kirchen als Körperschaften des öffentlichen Rechts ausweitete. *Winter* stellt abschließend zu den Referaten und der Diskussion fest:[53] „Es erweist sich damit, daß alle staatskirchenrechtlichen Öffnungsmodelle, deren sich der nationalsozialistische Staat formal bedient, jenseits aller Inhalte, die sich historisch mit ihnen verbinden, nur eine instrumentale Funktion im Dienste einer kirchenfeindlichen Religionspolitik haben." Allerdings ist aus den Beratungen nicht klar ersichtlich, inwieweit Ruppel sich mit diesen Entwicklungen identifizierte oder diese sogar guthieß.

8. Das Referat von *Forsthoff*: „Die Widmung zu kirchlichen Zwecken", das leider nicht überliefert ist, wurde 1940 als Abhandlung über die „Res sacrae" veröffentlicht.[54] Wie Bernhard *Keihl* in seinem Buch über: „Das staatliche Recht der Res sacrae" 1977 feststellt,[55] war „dieser Aufsatz ein entscheidender Schritt hin zu einer von der Rechtslehre heute fast ausnahmslos anerkannten rechtsbegrifflichen Erfassung der Res sacre als öffentliche Sachen des staatlichen Verwaltungsrechts".

9. Mehrere Referate befaßten sich mit der staatskirchenrechtlichen Lage in den von Deutschland neu erworbenen Gebieten (Sudetenland, Memelgebiet).[56] Der Ausschuß lehnte, von einer analogen Anwendung der politischen Klausel abgesehen, eine Ausdehnung des Reichskonkordats auf diese als „konkordatsfreie Räume" bezeichneten Gebiete ab. Anfang 1940 hielten *Wahl* ein Referat über die Rechtslage der evangelischen Kirche im ehemaligen Polen und in Danzig, *Roth* ein solches über die Lage der katholischen Kirche in Danzig und *Schröcker* über diejenige der katholischen Kirche im früheren Polen. Alle diese Referate sind im vorliegenden Band wiedergegeben.[57]

---

50 Dem Herausgeber liegt eine Ausarbeitung von Winfried C.J. *Eberstein*: „Das Patronat in der Nordelbischen Kirche" von 2001 vor.

51 Nach Schröcker ist das Referat erschienen in: Feldpostbrief der Juristischen Fakultät München, Folge 3 (Wehrmachtsfernbetreuung der Univ. München), S. 27 ff.

52 *Ruppel*, Archiv für evang. Kirchenrecht, Bd. 5 (1941), S. 1 ff.

53 *Winter*, aaO., S. 132 ff.; Zitat S. 145.

54 In: Archiv für öffentl. Recht NF 31 (1940), S. 209-254; zur Diskussion *Winter*, aaO., S. 161 ff.

55 *Keihl*, aaO., S. 3.

56 Für die Ausschußarbeiten vgl. die Nachweise bei *Winter*, aaO., S. 156. Zur Lage in der Tschechoslowakei außer dem Referat von W. Weber (Sitzung vom 2.12.1938) *Hoyer*, Festschrift Eichmann, Paderborn 1940, S. 373 ff.; *Gerber*, Zeitschrift für osteuropäisches Recht, 1938, S. 271 ff.; W. *Weber*, ZADR 1939, S. 450 ff.

57 *Wahl* veröffentlichte 1940 noch: Rechtsprobleme der Unierten Ev. Kirche in Polen (Posen und Westpreußen) zur polnischen Zeit, Archiv für Ev. Kirchenrecht, Bd. 4 (1940), S. 105 ff.; Rechtliche Betrachtung zum Endkampf der deutschen ev. Gemeinden der Evang.-Augsburgischen Kirche in der Republik Polen gegen die polnische Kirchenleitung, in: Auslandsdeutschtum und evangelische Kirche, Jahrbuch 1940, S. 1-48.

10. Am 17.2.1939 behandelte der Ausschuß eine Eingabe des Bremer Landesbischofs Hans *Weidemann*, der den Ausschußvorsitzenden auf das Verbot der Aufnahme von Geistlichen in die NSDAP hinwies und eine Einwirkung des Ausschusses auf eine Beseitigung der Ausnahmebehandlung des geistlichen Standes erbat.[58] *Weidemann* bezog sich auf eine Notiz in der Zeitschrift: „Das Evangelische Deutschland" vom 4. Dezember 1938, Nr. 49, S. 416 (Kirchliche Rundschau für das Gebiet der Deutschen Evangelischen Kirche, hrsg. von Prof. D.A. Hinderer), in dem es heißt: „Der im Rahmen der Akademie für Deutsches Recht neu gebildete ‚Ausschuß für Religionsrecht' hat seine Arbeit aufgenommen. Das Kampfblatt für gottgläubiges Deutschland, – ‚Nordland', veröffentlicht über Entwicklung, Stand und Bedeutung der Aufgaben auf diesem Gebiet grundsätzliche Ausführungen, die nach Mitteilung des Blattes aus maßgeblicher Feder stammen." Am Ende des Nordlandsartikels heißt es: „Durch die Zugehörigkeit zu einer bestimmten Religionsgesellschaft oder zum Priesterstand einer Kirche sollen die Rechte und Pflichten eines deutschen Volksgenossen weder vermehrt noch vermindert werden. Die Religionsgesellschaften im Nationalsozialistischen Staate können ihre religiösen Ziele jedoch nur verfolgen, wenn und solange sie sich im Rahmen des § 24 des Programms der NSDAP halten."[59] Der den „Deutschen Christen" angehörige *Weidemann* (1895-1976) war 1922 Stiftsinspektor und Assessor an der theologischen Fakultät in Göttingen sowie Hilfsprediger geworden. 1925 wurde er Pastor in Bremke bei Göttingen, 1926 am Bremer Dom und 1934 Bremer Landesbischof.[60] Wegen erheblicher Unregelmäßigkeiten und Eigenmächtigkeiten wurde er 1938 aus dem Bremer Staatsrat entlassen sowie aus der Partei ausgeschlossen. Hitler entschied jedoch schon im Juni 1938, die Sanktionen gegen Weidemann aufzuheben. Jedoch wurde er im Oktober 1941 wegen Veruntreuung und weiterer Disziplinarvergehen von seinem Amt suspendiert. Der Ausschuß, dem die Vorgänge 1938 bekannt gewesen sein dürften, nahm keine Stellung zu dem rein politischen Problem der Parteimitgliedschaft von Geistlichen und teilte durch den Vorsitzenden am 26.2.1936 dem Landesbischof folgendes mit:[61] „Entsprechend meinem Schreiben vom 20. Januar ds. Js. habe ich die Frage, ob der Ausschuß für Religionsrecht versuchen soll, auf die Behandlung der Geistlichen hinsichtlich ihrer Aufnahme in die NSDAP Einfluß zu nehmen, im Ausschuß zur Sprache gebracht. Der Ausschuß ist als Einrichtung der Akademie für Deutsches Recht nur mit Rechtsfragen und rechtspolitischen Fragen befaßt. Dagegen ist die aufgeworfene Frage rein *politischer* Natur. Der Ausschuß ist daher der Auffassung, daß der ihm erteilte Arbeitsauftrag eine Stellungnahme zu jener Frage nicht zuläßt." Interessant ist die kurze Debatte über die Eingabe von *Weidemann* vor allem deswegen, weil Barion im Gegensatz zu Meyer das genannte Verbot für die „absolut richtige Maßnahme" hielt.

---

58 Der Schriftwechsel mit Weidemann ist im BA Berlin, R 61/262 enthalten (hieraus auch der Auszug aus der Kirchlichen Rundschau). Zur Ausschußberatung *Winter,* aaO., S. 128 ff.

59 Dieser Artikel wird im Anschluß an die Protokolle vom 17./18.2.1938 wiedergegeben.

60 Über Weidemann vgl. A. *Meyer-Zollitsch,* Nationalsozialismus und evang. Kirche in Bremen, Bremen 1984, S. 62 ff., 74 ff., 84 ff., 110 ff., 142 ff., 176 ff., 215, 260 ff., 284 ff., 319 ff., 351 ff.; H. *Schwarzwälder,* in: Berühmte Bremer, München 1972, S. 245 ff.; A. *Röpke* (Hg.), Bremische Kirchengeschichte im 19. und 20. Jahrhundert, Bremen 1994.

61 BA Berlin, R 61/262.

Ferner brachte Meyer ein Schreiben des Oberkonsistorialrats Friedrich *Wienecke* (Ev. Oberkirchenrat)[62] zur Sprache, in dem dieser die Behandlung der religiösen Aufgaben im Strafrecht (Religionsdelikte) anregte[63] und sein Buch „Charaktererziehung im Nationalsozialismus" beifügte. – Ferner befaßte Meyer den Ausschuß mit Fragen der Besteuerung der kleineren Kirchen aufgrund einer Anfrage von Martin Willkomm,[64] der an der Theologischen Hochschule der Ev.-Luth. Freikirche in Sachsen und anderen Ländern tätig war. – Unter den in den Akademieakten überlieferten Schreiben an Meyer finden sich auch Briefe vom 1.3. und 15.5.1939 von General a.D. *Kündiger* (zu dieser Zeit beschäftigt beim Veröffentlichungs-Amt der christlichen Wissenschaft/Chr. Science für Deutschland) mit der Bitte,[65] eine Entschließung darüber zu treffen, daß die christliche Wissenschaft in Deutschland als Religion zu gelten hat.

Endlich ist noch darauf hinzuweisen, daß sich ein Unterausschuß des Nationalitätenrechtsausschusses „Volkskirchliches Recht" mit staatskirchenrechtlichen Fragen befaßt hat.

11. Weitere Themen waren für den 10. und 11.1.1941 vorgesehen: Referat von *Weber* über „Föderalismus und Einheitskirchentum in der Deutschen evangelischen Kirche;[66] im Anschluß daran sollte eine Aussprache unter besonderer Berücksichtigung der Verhältnisse im Wartheland stattfinden; Lage der evangelischen Kirche im Elsaß, in Elsaß-Lothringen und in Luxemburg (Referat von *Wahl*), Referat über dasselbe Thema von *Roth*; Referat über das Kirchenbeitragswesen von *Schröcker* (Korreferent: *Stalmann*) und über das Thema: „Sind nach Art. 14 Abs. 2 des preuß. Konkordats die dinglichen Sicherungen, die für die Dotationen auf Grund der früheren Zirkumsskriptionsbullen bestehen, fortgefallen?" (Referat von *Roth*).[67]

12. *Winter* spricht in seiner zusammenfassenden Würdigung der Ausschußberatungen von der geringen „praktischen Relevanz der Tätigkeit des religionsrechtlichen Ausschusses" und fährt dann nach einer positiven Bewertung der wissenschaftlich erarbeiteten Referate und sachlichen Diskussionen fort:[68] „Über dieser positiven Bilanz darf nun freilich nicht vergessen werden, daß sich die Ausschußmitglieder getreu ihrem Auftrag, der Politik des Reichskirchenministeriums zu dienen, stets als Gegenspieler vor allem der ‚Kurialjuristen' betrachten. Ihr Interesse richtet sich nicht nur auf einen Ausgleich zwischen den staatlichen und kirchlichen Positionen, sie bemühen sich vielmehr

---

62 BA Berlin, R 61/264. Über Wienecke vgl. Nachtrag.

63 Und zwar im Anschluß an Aufsätze von *Klee* im Deutschen Strafrecht 1938, S. 145 ff., 378 ff. und in „Nordland" 1938, S. 257. Über Karl Klee vgl. J. *Regge*/ W. *Schubert*, Quellen zur Reform des Straf- und Strafprozeßrechts, II. Abt., Bd. 2,1 1988, S. XXX.

64 Schreiben und sonstige Unterlagen im BA Berlin, R 61/262. Zur Thematik vgl. W. *Weber*, Die kleinen Religionsgemeinschaften im Staatskirchenrecht des nationalsozialistischen Regimes, Gedächtnisschrift für Walter Jellinek, München 1955, S. 110 ff.

65 BA Berlin, R 61/263.

66 Hierzu W. *Weber*, Föderalismus und Einheitskirchentum in der Deutschen Evangelischen Kirche, Archiv für Evang. Kirchenrecht, Bd. 4 (1940), S. 225 ff.

67 Hingewiesen sei noch auf die Arbeiten des Unterausschusses des Nationalitätenrechtsausschusses: Volkskirchliches Recht (1938) mit dem *Referat von Hans Barion*: Die seelsorgliche Betreuung völkischer Minderheiten nach katholischem Kirchenrecht (hierzu Bd. XIV der Reihe).

68 *Winter*, aaO., S. 171 f., 172 f.

um theoretische Schützenhilfe für die kirchenpolitischen Ziele und Maßnahmen des Staates. Sie wissen sich dabei dem totalen Staat verpflichtet, der sich kraft seiner absoluten Souveränität berechtigt führt, alle innerstaatlichen Lebensbereiche selbstherrlich zu regeln. Auf diese Weise rechtfertigen sie teilweise mit gewagten juristischen Konstruktionen die Eingriffe in die inneren Verhältnisse der evangelischen Kirche und nehmen den Konkordaten und Staatskirchenverträgen ihre verpflichtende Kraft. Wenngleich die Mitglieder des Ausschusses nicht zu antikirchlichen Scharfmachern des Dritten Reiches gezählt werden können, so steht doch auch für sie der ‚Primat des Politischen' gegenüber den durch Vertrag oder Gesetz gesicherten Rechtspositionen der Kirchen außer Frage. Alle Sorgfalt der juristischen Argumentation in Einzelfragen und die kritische Distanz zu einzelnen kirchenpolitischen Maßnahmen des Staates oder der Partei können darüber nicht hinwegtäuschen."

Dem hielt *Schröcker* entgegen:[69] „Aus der Zusammenarbeit von Wissenschaft und Praxis ergab sich die praktische Bedeutung des Ausschusses: Die Vertreter der Wissenschaft erfuhren, welche staatskirchenrechtlichen Fragen aktuell waren, und die Praktiker erfuhren von den Fachgelehrten, welche Lösungen die Wissenschaft dafür bereit hatte. Dem Vorsitzenden schwebte als praktisches Ergebnis die Erarbeitung eines Gesetzentwurfs vor; dazu kam es nicht. Die nachträgliche Veröffentlichung eines Referats aber war trotz der Aussprache, die darüber stattgefunden hatte, nicht die Stellungnahme des Ausschusses, sondern eine wissenschaftliche Arbeit, für deren Inhalt der Verfasser selbst die letzte Entscheidung und wissenschaftliche Verantwortung hatte. Aus diesem Grunde wurde der Ausschuß in der kurzen Zeit seines Bestehens und noch darüber hinaus zum Mittelpunkt der Wissenschaft vom Staatskirchenrecht im Dritten Reich."

Beide Urteile, die auf der eingangs zitierten unterschiedlichen Sichtweise der Autoren beruhen, schließen sich nicht völlig aus. Insgesamt ist in dem Werk von *Winter*, der die Referate in aller Vorsicht auch wertet, keine „parthische Attacke", wie *Schröcker* meint, zu sehen, auch wenn zuzugeben ist, daß die Deutung der Referate und Protokolle immer noch und immer wieder ein hohes Maß zeitgeschichtlicher Sensibilität erfordert.

V. Die Mitglieder und Mitarbeiter des Ausschusses für Religionsrecht

Barion, Hans (geb. 16.12.1899 in Düsseldorf; gest. 15.5.1973 in Bonn). Abitur am städt. Rethel-Gymnasium in Düsseldorf. Studium der Theologie in Bonn, zuletzt im Priesterseminar in Köln, wo er am 14.8.1924 zum Priester geweiht wurde. Nach längerer Tätigkeit in der Seelsorge 1928 Promotion bei Albert Koeniger (Bonn) über: „Die Verfassung der fränkisch-deutschen Synoden des frühen Mittelalters" (Teildruck Neuss 1929). 1928 bis 1930 Studien in Rom an der Gregoriana. Hier Promotion zum Dr. iur. canonica. 1930 Habilitation in Bonn mit der Arbeit: „Das fränkisch-deutsche Synodalrecht des frühen Mittelalters". Die Antrittsvorlesung: „Rudolph Sohm und die Grundlegung des Kirchenrechts" fand weit über den Kreis der Fachkollegen große Beachtung. Ab 1931 Lehrtätigkeit an der staatl. Philosophisch-Theologischen Akademie in Braunsberg. 1933

69 *Schröcker,* aaO., S. 287 f.

Eintritt in die NSDAP nicht ohne Anraten des ermländischen Bischofs Kaller (zus. mit den anderen Mitgliedern des Lehrkörpers). Nov. 1933 Ernennung zum ord. Prof.; 20.8.1934 Suspension durch die päpstliche Konzilskongregation (Dienstenthebung). Die Suspension soll erfolgt sein, weil Barion „in Berlin in einem größeren Kreis geäußert habe, das Reichskonkordat sei zu stark für die Kirche und zu schwach für den Staat'" (*Schröcker,* aaO., S. 30; Bericht der Geheimen Staatspolizeistelle Königsberg). Okt. 1935 Aufhebung der Suspension, nachdem sich Barion verpflichtet hatte, „künftig in und außerhalb seiner Lehrtätigkeit vorbehaltlos dem kirchlichen Geist zu entsprechen" (S. 33). 1938 Ruf an die Universität München gegen den Willen der Theol. Fakultät und des Erzbischofs von München. Ernennung zum planmäßigen ord. Prof. zum 1.7.1938. Nach einem Einspruch des Heiligen Stuhls verhängte Kardinal Faulhaber am 12.10.1938 ein Verbot an die Theologiestudenten, die Vorlesungen Barions zu besuchen. Febr. 1939 wurde die Theol. Fakultät in München mit Ende des Wintersemesters 1938/39 geschlossen. Zum Sommersemester 1939 wurde Barion auf den kirchenrechtlichen Lehrstuhl an der Theol. Fakultät der Universität Bonn (als Nachfolger seines Lehrers Koeniger) berufen. Im März 1939 hatte Barion eine neue missio canonica erhalten. Nach Kriegsende wurde Barion die Fortsetzung seiner Lehrtätigkeit verwehrt. Die Hauptvorwürfe waren: sein Beitritt zur NSDAP, seine Suspension und seine Berufung nach München. Bei der Entnazifizierung kam er in die Gruppe V (Entlastete): „Dennoch verweigerte das Kultusministerium des Landes Nordrhein-Westfalen ihm die Rückkehr auf seinen Lehrstuhl. Das Verwaltungsgericht Düsseldorf verurteilte das Land am 1.12.1949, ihn wieder als Professor einzusetzen; das Oberverwaltungsgericht Münster gab der Berufung des Landes am 10.9.1950 statt. In einem zweiten Verfahren (1952/53) vertrat das Verwaltungsgericht Düsseldorf zunächst die Meinung, Barion gehe davon aus, er sei bei dem für die Universität Bonn zuständigen Diözesanbischof, nämlich dem Kölner Erzbischof ‚genehm'; Barion korrigierte diese Auffassung dahin, er sei nach seiner Meinung wohl auch in Köln – aus kirchen-*politischen* Gründen – nicht genehm, jedoch mit den Mitteln des Konkordatsrechts unangreifbar. Die Klage wurde am 5.2.1953 abgewiesen, die Berufung am 14.6.1956 durch das OVG Münster, die Beschwerde gegen die Nichtzulassung der Revision am 24.9.1957 zurückgewiesen" (*Böckenförde,* aaO., S. 2). – *Werke:* Bibliographie bei Barion, aaO., S. 681 ff. – Veröffentlichungen aus der Zeit von 1933-1945: Kirche oder Partei? Der Katholizismus im Neuen Reich, Europ. Revue, Bd. 9 (1933), S. 401 ff.; Die Nationalsynode im fränkisch-deutschen Synodalrecht des frühen Mittelalters, in: Staatl. Akademie Braunsberg, Vorlesungsverzeichnis Sommersemester 1934; Die observanzmäßige Verpflichtung der Mennoniten in den Marienburger Werdern zur Mittragung der evangelischen Kirchenbaulast; Braunsberger Vorlesungsverzeichnis Wintersemester 1936/37 und SS 1937, Die kirchliche Betreuung völkischer Minderheiten. Eine konkordatsrechtliche Untersuchung, in: Jahrbuch der ADR, Bd. 5 (1938), S. 25 ff.; Konkordat und Codex, in: Festschrift für Ulrich Stutz, 1938, S. 371 ff.; Doppelsprachige Konkordate. Eine konkordatstechnische Studie, Deutsche Rechtswissenschaft, Bd. 5 (1940), S. 226 ff.; Der Rechtsbegriff Rudoph Sohms. Zur 100. Wiederkehr von Sohms Geburtstag, Deutsche Rechtswissenschaft, Bd. 7 (1942), S. 47 ff.; Sacra Hierarchia. Die Führungsordnung der kath. Kirche. Feldunterrichtsbrief Febr. 1944, hrsg. von der kath.-theol. Fakultät der Rheinischen Friedrich-Wilhelm-Universität Bonn.

– *Quellen:* Heinrich *Flatten*, Archiv für kath. Kirchenrecht, Bd. 142 (1973), S. 7 ff.; *Böckenförde,* in: Hans Barion, Kirche und Kirchenrecht. Gesammelte Aufsätze, hrsg. von W. Böckenförde, 1984, S. 1 ff.; Sebastian *Schröcker,* Der Fall Barion, in: Barion, aaO., S. 25 ff.; Gerhard *Reifferscheid*, Das Bistum Ermland und das Dritte Reich, Köln, Wien 1975, bes. S. 45 ff., 64 ff.

Dieckmann, Wilhelm Dr., (geb. 9.7.1908 in Peine; im Krieg vermißt).Ev. Jurist, Gerichtsreferendar in Hildesheim, Amtsgerichtsrat; seit 1.5.1937 Mitglied der NSDAP (Nr. 4.236.050). – Quellen: Heike Kreuzer, Das Kirchenministerium im Gefüge der nationalsozialistischen Herrschaft, 2000, S. 338.

Forsthoff, Ernst (geb. 13.9.1902 in Duisburg/Laar als Sohn eines ev. Pfarrers; aufgewachsen in Mülheim a.d. Ruhr; gest. 13.8.1974 in Heidelberg). Nach dem Ersten Weltkrieg Studium der Rechtswissenschaften an den Universitäten Freiburg, Marburg und Bonn, hier 1923 Promotion zum Dr. iur. 1930 Habilitation in Freiburg für öffentliches Recht in Freiburg/Breisgau; ord. Prof. 1933 in Frankfurt/Main, 1935 in Hamburg, 1936 in Königsberg, 1941 in Wien (hier wegen seiner kirchentreuen Haltung auf den Widerspruch des nationalsozialistischen Reichsstatthalters Lehrverbot), 1943 in Heidelberg. 1945 von der amerikanischen Militärregierung entlassen, anschl. in der Landesverwaltung von Schleswig-Holstein tätig. 1951 Rückkehr nach Heidelberg; 1960-1963 Präsident des Supreme Constitutional Court der Republik Zypern in Nikosia; anschl. wieder in Heidelberg. Richter am Verwaltungsgerichtshof Baden-Württemberg; Mitglied mehrerer Sachverständigenkommissionen der Bundesregierung (Wahlrecht, Raumordnung, Baurecht) und des Arbeitskreises „Eisenbahnrecht der Deutschen Bundesbahn“. 1967 Emeritierung. – *Schriften:* Schriftenverzeichnisse in den Festschriften von 1967 und 1972 (hier auch ein Nachtrag für die Zeit von 1927 bis 1965; S. 536 ff.). Kirchenpolitische und kirchenrechtliche Aufsätze bis 1945: Zur Konkordatsfrage, Reformierte Kirchenzeitung 1927, S. 130 f.; Ökomenisches, in: Die Standarte, Bd. V, Berlin 1930, S. 302 ff.; Die Friedensfrage und die evangel. Kirche, in: Der Ring. Politische Wochenschrift 1930, S. 236 f.; Die kath. Kirche und die deutschen Minderheiten, ebd., S. 246 f.; Gegen ein evangl. Konkordat, in: Deutsches Volkstum, Monatsschrift für das deutsche Geistesleben 1933, S. 788 ff.; Die staatl. Totalität und die evangel. Kirche, Deutsches Adelsblatt 1933, S. 825 f.; Die Verträge zwischen Staat und evangel. Kirche, Deutsche Rechtswissenschaft 1939, S. 141 f.; Res sacrae, Archiv des öffentl. Rechts 1940, S. 209-254; Die Verkündung und das Kirchenrecht, Archiv für evangel. Kirchenrecht 1941, S. 18 ff. – *Quellen:* H. *Schneider*, NJW 1972, S. 1654; H. *Quaritsch,* NJW 1974, S. 2120; W. *Weber,* AÖR 1972, S. 420 ff.; K. *Doehring,* AÖR 1974, S. 650; P. *Häberle*, ZSchwR 1976, S. 477 ff.; P. *Egbert,* Zeitschrift für Beamtenrecht 1975, S. 273; Chr. *Heinze,* Bayr. Verwaltungsblätter 1974, S. 552 f.; E. *Paul,* Die öffentl. Verwaltung 1974, S. 273 f.; *Vogel,* Die Verwaltung 1975, S. 5 f.; *Hollerbach,* AÖR 1960, S. 241 ff. (über die verfassungsrechtliche Position von F.). K. *Doehring,* in: Juristen im Portrait, 1988, S. 340 ff.; M. *Stolleis,* Geschichte des öffentl. Rechts in Deutschland, Bd. 3, 1999; M. *Stolleis* (Hg.), Juristen 1995 (F. Hermann); R. *Mußgnug,* Bad. Biographien, Bd. 1 (1982), S. 121 f.; Hans H. *Klein,* Staatslexikon, 7. Aufl. Bd. 2 (1986), Sp. 649 m.w.N.

Haugg, Werner (geb. 20.2.1908 in Berlin; gest. 9.4.1977). 1930 erstes, 1934 zweites jur. Staatsexamen, anschl. Gerichtsassessor am LG Berlin (1937 LG-Rat). Mitglied der NSDAP seit dem 1.5.1933. Aug. 1935 Wechsel in das Reichskirchenministerium (hier keine Beförderung). Haugg war in drei Referaten tätig, u.a. Referent des Staatssekretärs H. Muhs. 1939 veröffentlichte er Aufsätze unter dem Titel: „Gegen religiöse Zersplitterung"; positive Einstellung zu den Freikirchen, insbes. zu dem Bund der Baptisten. 1940 erschien: Das Ministerium für kirchl. Angelegenheiten, Schriften zum Staatsaufbau (Teil II, Heft 44). 1945 Justitiar bei der Kirchenleitung des Bundes Evangelisch-Freikirchlicher Gemeinden in Bad Pyrmont; 1948 Regierungsrat beim Schulkollegium Düsseldorf; 1951 im Kultusministerium von Nordrhein-Westf. (1952 Oberregierungsrat; 1955 Regierungsdirektor; 1956 Ministerialrat; 1957 Ministerialdirigent und Leiter der Abt.: Wissenschaft, Forschung und geistliche Angelegenheiten); 1961 stellvertretender Leiter des Landesamtes für Forschung, 1971 dessen Leiter. 1971 Versetzung in den Ruhestand. – *Quellen:* H. *Kreutzer,* Das Reichskirchenministerium im Gefüge der nationalsozialistischen Herrschaft, Düsseldorf 2000, S. 156 ff.; Auskunft des Hauptstaatsarchivs Düsseldorf.

Heckel, Johannes Wilhelm Otto (geb. 24.11.1889 in Kammerstein/Mittelfranken als Sohn eines Pfarrers in Fürth; gest. 15.12.1963 in Tübingen). Besuch der Gymnasien in Dünkelsbühl und Ansbach; Studium der Rechtswissenschaften in München (unter v. Amira und Dyroff). Nach Teilnahme am Ersten Weltkrieg Assessorexamen, anschl. beschäftigt beim Ev.-Lutherischen Landeskirchenamt in München, 1920 beim Konsistorium Berlin-Brandenburg, später beim Ev. Oberkirchenrat. Habilitation unter Ulrich Stutz. Ord. Prof. 1928 in Bonn (für öffentl. Recht, insbes. Kirchenrecht). 1934-1957 in München. – *Schriften:* Werkeverzeichnis aus dem Gebiet des Kirchenrechts und der kirchl. Rechtsgeschichte in der Festschrift von 1959; Veröffentlichungen aus der Zeit zwischen 1933 und 1945: Recht und Gesetz, Kirche und Obrigkeit in Luthers Lehre vor dem Thesenanschlag, ZRG Kan. Abt., Bd. 28 (1937), S. 285 ff.; Der Einbruch des jüdischen Geistes in das deutsche Staats- und Kirchenrecht durch F. J. Stahl, HZ 1937, S. 506 ff.; Cura religionis, ius in sacra, ius circa sacra, in: Festschrift für Ulrich Stutz, 1938, S. 224 ff.; Wehrverfassung und Wehrrecht des Großdeutschen Reichs, 1939. – *Quellen:* Glückwunsch in AöR 1959, S. 490 f.; Siegfried *Grundmann,* Zeitschrift für Evangel. Kirchenrecht, 1964, S. 2 ff.; AÖR 1964, S. 113 ff.; ZRG Kan. Abt., Bd. 50 (1964), S. 15 ff.; H. *Krause,* Jb. der Bayr. Akademie der Wissenschaften 1964, S. 173 ff.; *ders.,* NDB, Bd. 8 (1969), S. 180; M. *Stolleis,* Geschichte des öffentl. Rechts in Deutschland, 1999.

Keith. Referent bei der Akademie für Deutsches Recht. – Wahrscheinlich identisch mit Dr. Franz Keith (geb. am 29.12.1906 in Iserlohn als Sohn eines Kaufmanns). 1926 Abitur am Realgymnasium in Essen-Bredeney. Studien der Rechswissenschaften an den Univ. zu Freiburg, Köln, Berlin und Münster. 1930 erstes Staatsexamen; 1931 Promotion in Münster über das Thema „Die analoge Anwendung der Regeln über die Stellvertretung auf den Besitzerwerb durch Besitzdiener gemäß § 854 Abs. 1 BGB".

Meyer, Karl Heinrich (geb. 11.12.1880 in Harburg als Sohn eines Obersten; gest. während des Krieges). Nach dem Abitur an einem humanistischen Gymnasium Studium der Rechtswissenschaften. 1904 Referendar, 1908 Assessorexamen. Im Krieg Kriegsgerichtsrat. 1924 Regierungsrat, 1927 Ministerialrat, 1933 Ministerialdirektor im preuß. Finanzministerium (zuständig u.a. für den Haushalt). – *Quellen:* Degeners Wer Ist's?, 10. Ausg., Berlin 1935, S. 1069; Führerlexikon 1934/35; Jörg *Winter,* Die Wissenschaft vom Staatskirchenrecht im Dritten Reich, Frankfurt a.M. 1979, S. 74.

Roth, Joseph (geb. 2.8.1897 in München; auf einer Faltbootfahrt auf dem Inn während eines Urlaubs mit seinem Schwager verunglückte R. bei Rattenberg/Tirol am 5.7.1941 tödlich). Besuch des humanistischen Gymnasiums in Passau (1916 Abitur). Kriegsfreiwilliger, Teilnahme als Frontkämpfer (Infanterist im 19. Bayr. Reserve-Infanterie-Regiment, 5. Kompanie; zuletzt Unteroffizier und Offiziersaspirant). April bis Sept. 1919 im Wehrregiment München. 1919 Aufnahme des Theologie- und des Philosophiestudiums in München (1922 von Kardinal Faulhaber zum Priester geweiht). Bis Mitte 1924 II. Kooperator in Indersdorf bei Dachau; Okt. 1924 Kaplan an der Pfarrei St. Ursula in München-Schwabing. Während des Studiums Mitbegründer des Deutsch-Völkischen Schutz- und Trutzbundes; Redner für den „Bund Bayern und das Reich", den Bund Oberland und endlich für die NSDAP. 2.9.1923 Ansprache zur Fahnenweihe als Mitglied des „Bundes Bayern und Reich" auf dem großen Deutschen Tag in Nürnberg auf der Deutschherrenwiese. Seit 1921 Publikationen im Völkischen Beobachter, in „Bayern und Reich", in „Deutsche Freiheit", in „Deutschlands Erneuerung" und in: „Rütlischwur". Anfang 1934 beamteter Studienrat für kath. Theologie an der Maria-Theresia-Realschule in München (auch Unterricht als Religionslehrer an der NS-Oberschule in Feldafing). Aufgrund einer Empfehlung Rosenbergs Aug. 1935 Eintritt in das Reichskirchenministerium, für den er trotz erheblicher Bedenken des Kardinals Faulhaber das „Nihil obstat" erhielt. April 1936 Ernennung zum Ministerialrat, anschl. zum Ministerialdirigenten (Leiter der kath. Abt.). Das im April 1936 erneut erbetene Nihil obstat erhielt Roth nicht, ohne daß er laiiziert, suspendiert oder exkommuniziert wurde. Lediglich das Celebret wurde ihm versagt. Nach H. *Kreutzer,* Das Reichskirchenministerium im Gefüge der nationalsozialistischen Herrschaft, Düsseldorf 2000, S. 179 lassen die von Roth während seiner Tätigkeit im Ministerium unterzeichneten Schriftstücke und Erlasse keine „die kath. Kirche begünstigenden Inhalte oder mildernde Tendenzen erkennen": „Vielmehr sind sie gegen die Kirche in ihren äußeren Machtpositionen gerichtet. Das offensichtlich kirchenfeindliche Verhalten Roths führte dazu, daß Faulhaber keine Briefe mehr beantwortete, die von Roth unterzeichnet waren, und Bischof Berning sich gegenüber Bertram weigerte, an Verhandlungen teilzunehmen, an denen Roth ebenfalls zugegen sein würde. Im innerkirchlichen Raum hatte Faulhaber Roth vor dessen Tod abschätzig mit einem ‚Fahnenflüchtling' oder ‚Überläufer'" verglichen. – *Werke* (unvollständige Bibliographie bei H. *Kreutzer,* S. 331 ff.): Katholizismus und Judenfrage, München 1923; Fahneneid der Wehrbereiten. Predigt vom 2.9.1923, in: Bayern und Reich 1923, Nr. 21, S. 2 f.; Für Gott und Vaterland. Ein offenes Wort in ernster Sache, 1925; Katholischer Pazifismus? Gedanken über Eigenpersönlichkeit und Eigenrechtlichkeit des Staates. Ein Wort an Vernunft und Gewissen, 1926; Der Weg der Frontsoldaten, in: Gelbe Hefte 1929, S. 319 ff.; Ohne Verfasserangabe: Katholizismus und Nationalsozialismus. Zum Friedensschluß zwischen der Kurie und dem Faschismus, in: Völkischer Beobachter (VB) vom 21.2.1929, S. 1 f.; *anonym:* Für den Katholizismus gegen das Konkordat, VB vom 25.6.1929, S. 1; Gedanken zum Münchener Stahlhelmtag, Gelbe Hefte 1930, S. 114 ff.; Feminismus im öffentlichen Leben der Gegenwart, Gelbe Hefte 1932, S. 441 ff.; ohne Verf.angabe, Das Konkordat von Papen, Flammenzeichen Nr. 31, vom 5.8.1933, S. 244 ff.; Ein Jahr Reichskonkordat, ebd., Nr. 38 vom 22.9.1934; *Berg,* Walter (Pseudonym), Die Kirche ist alt geworden, in: Deutscher Glaube. Monatsschrift der Deutschen Glaubensbewegung 1935, S. 135 ff.; *Berg,* Walter: Zwei Jahre Reichskonkordat, ebd., S. 314 ff.; *Richter,* Alfred (Pseudonym), Parteiprogramm der NSDAP und Reichskonkordat. Zum dritten Jahrestag der Unterzeichnung des Reichskonkordats, Deutschlands Erneuerung 1936, S. 464 ff.; ohne Verf., Kirchenverträge in der neuen Volksordnung, Deutsche Freiheit vom 20.7.1936; *Berger,* Walter, Vier Jahre Reichskonkordat, Deutsche Freiheit 1937, Folge 22, S. 1 f.; *Richter,* Alfred, Das Verhältnis zwischen dem Staat und der katholischen Kirchen, römisch-katholisch, geschichtlich und nationalsozialistisch gesehen. Eine Stellungnahme zu einem Werk von Ottaviani, Deutschlands Erneuerung 1936, S. 736 ff.; ohne Verf., Konkordatsfragen. Gegen irreführende Propaganda, Essener Nationalzeitung vom 7.3.1937; ohne Verf., Treuepflicht und Reichskonkordat, VB, Norddeutsche Ausg. vom 22.3.1937; ohne Verf., das Schicksal der Konkordate. Ein Überblick über die Konkordate des 19. Jhts., Berliner Tageblatt vom 20.6.1937; ohne Verf., Wer hat das Konkordat gebrochen? Der Dolchstoß gegen das Reich, Der Angriff vom 21.7.1937; ohne Verf., Das Reich und die Kirche, Nordland vom 15.7.1938, S. 162; ohne Verf., Kirchenrecht – Staatskirchenrecht – Religionsrecht, Nordland vom 13.11.1938, S. 257; Die Katholische Kirche und die Judenfrage. Sitzungsberichte der 4. Münchner Arbeitstagung des Reichsinstituts für Geschichte des neuen Deutschlands (Forschungen zur Judenfrage, Bd. 4), Hamburg 1940, S. 163 ff.; Das napoleonische Konkordat in Elsaß und Lothringen, Nationalsozialistische Monatshefte 11 (1940), S. 700 ff. – *Quellen:* H. *Kreutzer,* aaO., S. 161 ff. m.w.N. (auf S. 161 Fn. 269), 331 ff. die Bibliographie; G. *Besier,* Die Kirchen und das Dritte Reich, Bd. 3, 2001.

Ruppel, Erich (geb. 25.1.1903 in Wuppertal-Elberfeld; Schwiegersohn des 1933 zwangspensionierten Generalsuperintendenten Johannes Eger; gest. 7.7.1975). Nach dem Abitur am Wuppertaler Gymnasium 1921 Studium der Rechtswissenschaften in Tübingen, Göttingen und Bonn; hier Promotion über das Thema: „Die richterliche Strafzumessung nach den Strafrechtsentwürfen 1925 und 1927“. Nach dem Assessorexamen 1929 Richter an den Amtsgerichten Barmen und Stettin sowie am LG Wuppertal. 1931 Eintritt in die kirchl. Verwaltung, zunächst beim Konsistorium in Münster/Westf. und dann in Magdeburg. Anschl. Tätigkeiten beim Kirchenbundesamt, bei der zentralen Dienststelle des Deutschen Evangel. Kirchenbundes (später Kirchenkanzlei der Deutschen Evangel. Kirche) und beim Evangel. Oberkirchenrat. 1935 Eintritt in die geistliche Abt. des Reichs- und des Preuß. Erziehungsministeriums, kurz danach in das Reichsministerium für die kirchlichen Angelegenheiten (zuletzt Ministerialrat). R. bearbeitete gemeinsam mit Stahn das Referat I der Evangel. Abt. „Verfassung und Verwaltung“ sowie eigenständig das Referat II „Vermögensangelegenheiten“. Ab April 1939 Wehr- und Kriegsdienst. Nach Gefangenschaft und vorübergehender Tätigkeit in der Wirtschaft wurde R. 1947 in die Kanzlei des hann. Landesbischofs D. Lilje berufen (1952 Mitglied des Landeskirchenrats), die er bis 1958 leitete. Mitarbeit an Vorbereitung, Abschluß und Verwirklichung des Loccumer Staatskirchenvertrags vom

19.3.1955. März 1958 Ernennung zum jur. Dirigenten und Leiter des jur. Abt. im Landeskirchenamt Hannover. März 1965 Ernennung durch den Kirchensenat zum rechtskundigen Vizepräsidenten des Landeskirchenamts (Ruhestand seit Febr. 1968). R. stand beim Kirchenminister Kerrl in großem Ansehen, während ihn der Staatssekretär Muhs weniger schätzte. H. *Kreutzer*, Das Reichskirchenministerium im Gefüge der nationalsozialistischen Herrschaft, Düsseldorf 2000, S. 155 f., schreibt zur Tätigkeit Ruppels in der NS-Zeit: „Trotz der Wertschätzung seitens des Ministers war R. als Referent im Ministerium weder Parteigänger der Kerrlschen Kirchenpolitik noch ein Vertreter der Bekennenden Kirche. Vielmehr hatten der Pietismus im Elternhaus in Wuppertal, die lutherische Frömmigkeit in seiner Heimatgemeinde und der aktive Bibelkreis in der Schule bei ihm die christl. Bindung gefördert, die während seiner Studentenzeit durch sein Engagement im Zentralverband der Deutschen Christlichen Studentenvereinigung wachsen konnte. Er sah deshalb seine Funktion in der Verwaltung darin, die Verbindungen zwischen Kirche und Staat aufrechtzuerhalten, Kontakte zu pflegen. Dadurch wollte er vermittelnd wirken, um letztlich der Kirche zu dienen. Viele Fragen, Beschwerden und Pläne wurden zwischen Ruppel und Stahn auf der einen und den Referenten der Kirchenkanzlei auf der anderen Seite direkt geregelt. Damit gab es hier ein Gegengewicht zum Präsidenten der Kirchenkanzlei Friedrich Werner, der dem Staatssekretär Muhs gegenüber völlig willfährig war." – *Werke:* Bibliographie in der Festschrift für E. Ruppel von 1968; danach veröffentlichte er u.a. noch Beiträge in den Festschriften für Ulrich Scheuner und Werner Weber. – *Quellen:* K. *Müller,* Erich Ruppel – Versuch einer Würdigung, in: Festschrift 1968, S. 9 ff.; A. Frh. v. *Campenhausen,* E. R. zum 70. Geburtstag, in: Zeitschrift für Evangel. Kirchenrecht 1973, S. 107 f.; J. *Frank,* Nachruf auf E. R., ebd. 1975, S. 226 ff.; G. *Besier,* Die Kirchen und das Dritte Reich, Bd. 3, 2001.

Schröcker, Sebastian (geb. 1.9.1906 in Lehel bei München; gest. 5.4.1992 in Berlin). Besuch der Volksschule in Laim, anschl. des Ludwigsgymnasiums in München und ab 1920 des humanistischen Gymnasiums in Freising (1925 Abitur). Ab 1925 Studium der Rechtswissenschaften in München, 1929 erstes Staatsexamen. 1931 Promotion zum Dr. beider Rechte über das Thema: „Die Kirchenpflegschaft. Die Verwaltung des Niederkirchenvermögens durch Laien seit dem ausgehenden Mittelalter." 1929-1932 Studium der kath. Theologie (Juni 1932 prakt. theol. Prüfung), März und Juni 1933 empfing Sch. die höheren Weihen im Dom zu Freising. 1935 Promotion zum Dr. theol.: „Die Verwaltung des Ortskirchenvermögens nach staatl. und kirchl. Recht." 1936 Habilitation über: „Anstaltsbegriff im Kirchenrecht. Der Einfluß der deutschen Rechtswissenschaft des 19. Jhts. auf die kanonistische Korporationslehre." (Schüler von Eduard Eichmann). 1938 zweite juristische Staatsprüfung. Ernennung zum Dozenten für Kirchenrecht an der Universität München; Verbot des Kardinals Faulhaber gegenüber den Theologiestudenten, die Lehrveranstaltungen Schröckers zu besuchen. Als Konsequenz dieses Vorlesungsboykotts wurde die kath.-theol. Fakultät in München geschlossen. 1939 wurde Schrökker der kath.-theol. Fakultät die Universität Wien als Dozent für Kirchenrecht zugewiesen. Ende 1938 war er in das Reichskirchenministerium eingetreten und war hier zuständig für die kath. Bereiche, insbes. für Finanz- und Vermögensrecht, Stiftungs- und Schulangelegenheiten sowie für die Fragen des Staatskirchenrechts. 1943 Ernennung zum Regierungsrat. – Nach Rückkehr aus der engl. Kriegsgefangenschaft (1945) 1952

Verwaltungsgerichtsrat am Verwaltungsgericht in Braunschweig, 1953 Oberverwaltungsgerichtsrat am OVG in Lüneburg, 1955 Richter am Bundesverwaltungsgericht in Berlin. – *Quellen:* H. *Kreutzer,* Das Reichskirchenministerium im Gefüge der nationalsozialistischen Herrschaft, 2000, S. 182 ff. – Der Nachlaß von Schröcker befindet sich im Privatbesitz.

Stahn, Julius (geb. 11.11.1898 in Berlin; gest. 26.5.1945 in Landsberg/Warthe auf dem Marsch in ein russ. Gefangenenlager an Typhus). Schwiegersohn des Stettiner Konsistorialpräsidenten Paul Gerhard Wahn. Teilnahme an Frontkämpfen von Januar 1917 bis Januar 1919; Teilnahme an den Spartakuskämpfen in Berlin 1919/20. 1926 bis Febr. 1928 Gerichtsassessor, anschl. beurlaubt zur Beschäftigung beim Konsistorium der Mark Brandenburg; seit 5.11.1928 Konsistorialassessor unter Übernahme in die Allgem. Verwaltung der Evangel. Kirche der Altpreußischen Union. Aug. 1930 – Sept. 1933 Hilfsarbeiter im preuß. Ministerium für Wissenschaft, Kunst und Volksbildung; Dez. 1930 Ernennung zum Konsistorialrat, Okt. 1933 zum Ministerialrat. Seit Juli 1935 im Reichskirchenministerium tätig; 1938 Ernennung zum Ministerialdirigenten (Leiter der Ev. Abt.); nach dem Tod von Roth übernahm er auch die Leitung der Kath. Abt. Nach dem Tod von Kerrl hätte die Parteikanzlei es gerne gesehen, „wenn der in Kirchenkreisen gelittene Stahn die Geschäfte des Ministeriums geführt hätte, und Muhs weiterhin Staatssekretür geblieben wäre. Zudem glaubte man in der Staatskanzlei, besser mit Stahn zusammenarbeiten zu können als mit dem als sprunghaft geltenden Muhs“. Jedoch wurde nach einer Einigung zwischen Bormann und Lammers Muhs mit der Führung der Geschäfte des Ministeriums beauftragt (*Kreutzer,* S. 147). Stahn verfügte über gute kirchl. Kontakte. In den Augen der Kirche galt er als „bewußt evangel. und kirchlich eingestellte Persönlichkeit“, so ein Schreiben des Ev. Oberkirchenrats vom Mai 1933 (*Kreutzer,* S. 147). – *Quellen:* Heike *Kreutzer,* Das Kirchenministerium im Gefüge der nationalsozialistischen Herrschaft, 2000, S. 146 ff.; G. *Besier,* Die Kirchen und das Dritte Reich, Bd. 3, 2001.

Stalmann, Albrecht (geb. 19.6.1880 in Soltau als Sohn eines Pastors; gest. am 23.11.1967). Besuch des Gymnasiums in Celle. Nach dem Einjährigen-Examen Lehre in Hamburg bei einem Brasilien-Exportgeschäft; 1901 Abitur am Matthias-Claudius-Gymnasium in Wandsbek. Nach dem Assessorexamen war er am Konsistorium der Hann. Landeskirche tätig (1910-1913). 1913 Einberufung in das preuß. Kultusministerium, hier ab 1917 Referent im Rang eines Konsistorialrats; ab 1920 Ministerialrat. 1931 übernahm er (zunächst kommissarisch) das Präsidentenamt der Klosterkammer Hannover, das er bis 1955 innehatte. Stalmann verhinderte den Erlaß einer nationalsozialistisch geprägten Kirchenordnung für die Lüneburger Damenklöster (Nachweis bei Jörg *Winter,* Die Wissenschaft vom Staatskrichenrecht im Dritten Reich, 1979, S. 75). – *Quellen:* Auskunft der Klosterkammer Hannover; A. *Stalmann:* Die Klosterkammer und der Hannoversche Klosterfonds unter der Herrschaft der NSDAP. – Zwölfjähriger Kampf um das Bestehen der Klosterkammer, 1945 (masch.); Ansprache zum 50jährigen Dienstjubiläum des Präsidenten der Klosterkammer Hannover Dr. h. c. Albrecht Stalmann am 14. Juni 1954 (gedr. Manuskript); Andreas *Franitza,* Der Allgemeine Hannoversche Klosterfonds und die Klosterkammer Hannover. Untersuchung zur rechtsgeschichtlichen Entwicklung, 2000.

Wahl, Hans (geb. 13.1.1900 in Freiburg/ Breisgau; gest. 14.10.1946 in Erlangen, Dr. iur.). Jurist im Dienst des Deutschen Evangelischen Kirchenbundesamts seit 1930, OKR Kirchl. Außenamt der DEK 1934, Oberkonsisorialrat ebd. 1938. 1923 Mitglied der NSDAP; 1937 wieder Parteianwärter. Mitglied des Nationalsozialistischen Rechtswahrerbundes seit 1934. – *Quellen*: Auskunft des Evang. Zentralarchivs in Berlin.

Weber, Werner (geb. 31.8.1909 in Wülfrath/Rheinland; gest. 29.11.1976 in Göttingen). Aufgewachsen in Velbert und Marl/Westf. Studium der Rechtswissenschaften in Marburg, Berlin und Bonn, 1928 Promotion bei Carl Schmitt über: „Parlamentarische Unvereinbarkeiten" (AÖR 1930, S. 161 ff.). 1930 Assessor im preuß. Wissenschaftsministerium (zuletzt Oberregierungsrat; zuständig für „Kleine Religionsgesellschaften"; Justitiar für die kath. Rechtssachen). 1933 Versetzung in die Abteilung Volksbildung (hier zuständig für Musikwesen, Naturschutz und Referent für die Kath.-Theolog. Fakultäten). Von 1930 Lehrbeauftragter an der Handelshochschule Berlin. 1935 o. Prof. für öffentl. Recht ebd. (Nachfolger von C. Schmitt), 1942-1948 in Leipzig, 1949 in Göttingen (Lehrstuhl für Staatsrecht, Verwaltungsrecht und Staatskirchenrecht). Mitglied zahlreicher Ausschüsse sowie des Bremer und Niedersächsischen Staatsgerichtshofs. – *Werke:* Schriftenverzeichnis in der Festschrift von 1974, S. 1005 ff. Veröffentlichungen zum Kirchenrecht bis 1945: Die Entwicklung des neuen evangel. Staatskirchenrechts, DJZ 1936, Sp. 88 ff.; Staatskirchenrecht, Textausg. der neueren staatskirchenrechtl. Bestimmungen mit Verweisungen und einem Sachverzeichnis sowie mit einleitenden und verbindenden Bemerkungen, 1936; Neues Staatskirchenrecht, als Band 2 der Textausg. staatskirchenrechtl. Bestimmungen, 1938; Das Nihil obstat. Beiträge zum Verhältnis von Staat und kath. Kirche, Zeitschrift für die gesamte Staatswissenschaft, Bd. 99 (1939), S. 193 ff.; Neues Staatskirchenrecht in der Ostmark und im Sudetenland, ZADR 1939, S. 450 ff.; Die politische Klausel in den Konkordaten. Staat und Bischofsamt (Nr. 3 der Schriftenreihe der Akademie für Deutsches Recht, Gruppe Verfassungs- und Verwaltungsrecht), Hamburg 1939 (Neudruck der Ausg. 1966); Föderalismus und Einheitskirchentum in der Deutschen Evangel. Kirche, Archiv für ev. Kirchenrecht, Bd. 4 (1940), S. 225 ff.; Besprechung des Buches von Werner *Haugg:* „Das Reichsministerium für die kirchlichen Angelegenheiten", Archiv für ev. Kirchenrecht, Bd. 4 (1940), S. 343. Die staatskirchenrechtliche Entwicklung seit 1933 (Vortrag vor rechtskundigen Beamten der evangl. Kirche zu Wittenberg und Eisenach am 24.4. u. 17.5.1941), erstmals veröffentlicht unverändert in der Festgabe für Rudolf Smend, 1952, S. 365 ff. – *Quellen:* Archiv für öffentl. Recht, Bd. 102 (1977), S. 470 ff. (H. *Schneider)*; NJW 1977, S. 372 (*Schmitt-Assmann*); DÖV 1976, S. 850 (*Zieger*); H. *Schneider,* in: In memoriam Werner Weber (Göttinger Universitätsreden, Heft 62), 1977 (Gedenkrede), hier S. 28 f. Bibliographie für 1974-1976.

Ausschuß für Religionsrecht

I. Protokoll der Sitzung vom 28.9.1938 (Österreichisches Konkordat von 1934. – Besetzung des Bischofssitzes in Aachen – Sicherung des Stoffes)

Vizepräsident Professor Dr. Emge: Meine Herren! Ich habe die Ehre, im Namen des zu seinem Bedauern verhinderten Präsidenten der Akademie für Deutsches Recht, Herrn Reichsministers Dr. Frank, die heutige konstituierende Sitzung des Ausschusses für Religionsrecht – so vorläufig genannt; vielleicht wird man eine andere Bezeichnung wählen – zu eröffnen. Dabei liegt es mir ob, Herrn Ministerialdirigent Dr. Stahn als Vertreter des Herrn Reichsministers Kerrl auf das herzlichste zu begrüßen und ihm für sein Erscheinen und das dadurch an den Arbeiten dieses Ausschusses bekundete Interesse seines Ministers zu danken. Ferner habe ich die Ehre, Herrn Ministerialdirektor Dr. Meyer als Vorsitzenden und Sie, meine Herren, als Mitglieder des Ausschusses willkommen zu heißen und Ihnen im voraus den Dank der Akademie dafür auszusprechen, daß Sie sich zur Mitarbeit in dem Ausschuß für Religionsrecht zur Verfügung gestellt haben.

Die Aufgabe, die dem Ausschuß für Religionsrecht im Einverständnis mit dem Herrn Minister für die kirchlichen Angelegenheiten übertragen worden ist, ist schwierig, aber auch äußerst bedeutsam. Das Verhältnis der christlichen Kirchen zum nationalsozialistischen Staat hat seine endgültige Gestalt noch nicht gewonnen. Die großen Gegensätze erscheinen durch die Schärfe des politischen Tageskampfes in noch härterem Licht. Es wird die Aufgabe des Ausschusses sein, fernab von dem Lärm des Tages- und Kleinkampfes in freier, ruhiger wissenschaftlicher Arbeit den Rechtsstoff zu sichten, Fundamente zu finden und zu errichten, auf denen das Gebäude einer künftigen neuen, echten *Einigung zwischen dem Reich und den Kirchen gegründet werden kann.* Daher soll auch die Arbeit des Ausschusses *nicht an die breite Öffentlichkeit gebracht werden, sondern erfolgreich in der Stille wirken.* Die Zusammensetzung des Ausschusses gibt die Gewähr dafür, daß die zahlreichen schwierigen Fragen richtig erkannt und eine Behandlung erfahren werden, *die uns dem erstrebten Ziel näher bringen wird,* eine dauernde Befriedung des Verhältnisses der christlichen Kirchen zu unserm Dritten Reich zu erlangen. Der Präsident der Akademie und die Mitglieder der Akademie wünschen Ihnen hierzu einen vollen Erfolg.

Ministerialdirigent Dr. Stahn: Herr Reichsminister Kerrl und Herr Staatssekretär Muhs, die leider am Erscheinen verhindert sind, haben mich beauftragt, dem Ausschuß die besten Grüße und die besten Wünsche für seine Arbeiten zu übermitteln.

Vizepräsident Professor Dr. Emge: Ich danke Ihnen und darf Sie nunmehr bitten, Herr Ministerialdirektor Meyer, den Vorsitz zu übernehmen und in die Tagesordnung einzutreten.

Ministerialdirektor Dr. Meyer: Herr Präsident, meine Herren! Ich danke zunächst Ihnen, Herr Präsident, für die außerordentlich freundlichen und – ich kann nur sagen – ermunternden Worte, die Sie bei Bildung des Ausschusses – und ich sage auch noch: für Religionsrecht – im Auftrage des Herrn Präsidenten der Akademie für Deutsches Recht soeben an uns gerichtet haben. Ich danke Ihnen auch für meine im Namen des Herrn Präsidenten der Akademie vollzogene Ernennung zum Vorsitzer dieses Ausschusses, und ich danke Ihnen schließlich im Namen meiner Mitarbeiter für deren Ernennung zu Mitgliedern.

Herr Präsident, wir wissen die Ehre zu schätzen, die uns dadurch zuteil geworden ist, daß wir berufen worden sind, an den aktuellen Fragen auf dem Gebiete des Religionsrechts mitzuarbeiten, und wir versprechen und versichern, auf dem Gebiet, auf dem wir unsere Arbeit aufnehmen, unsere ganze Kraft einzusetzen, um die Erwartungen, die von dem Herrn Präsidenten der Akademie für Deutsches Recht in uns gesetzt werden, auch zu rechtfertigen. Ich bitte Sie, Herr Präsident, dem Herrn Präsidenten der Akademie für Deutsches Recht, der weitschauend diesen Ausschuß für Religionsrecht ins Leben gerufen und durch unsere Berufung uns – ich muß wirklich sagen – ein ganz besonderes Maß von Vertrauen geschenkt hat, unseren warm empfundenen Dank dafür auszusprechen.

Ich danke dem Ministerialdirigenten Stahn als Vertreter des Herrn Reichsministers für die kirchlichen Angelegenheiten für seine sehr freundlichen Worte, die er soeben zu unserer Begrüßung an uns gerichtet hat. Der Herr Reichsminister für die kirchlichen Angelegenheiten hat die Bildung dieses Ausschusses lebhaft begrüßt und hat sich mit meiner Ernennung zum Vorsitzenden einverstanden erklärt. Wie ich ihn kenne, bin ich überzeugt, daß er den Arbeiten des Ausschusses sein warmes Interesse schenken wird. Ich spreche ihm hiermit den aufrichtigen Dank des Ausschusses aus und bitte Sie, Herr Ministerialdirigent, die Liebenswürdigkeit zu haben, diesen Dank Ihrem Herrn Minister zu übermitteln.

Nun, meine Herren Mitglieder des Ausschusses für Religionsrecht, ich bin auch in Ihrer Schuld. Sie haben sich in sehr liebenswürdiger Weise sofort bereit erklärt, Ihre Zeit, Ihre Arbeitskraft, Ihre reichen Erfahrungen und Ihre Kenntnisse in den Dienst des Ausschusses zu stellen. Dafür Ihnen jetzt in diesem Augenblick, in dem wir unsere Arbeit beginnen wollen, von ganzem Herzen zu danken, ist mir eine besonders liebe und angenehme Pflicht, die ich hiermit erfülle.

Gestatten Sie mir nun, daß ich, bevor wir zur Arbeit zusammentreten, einige grundlegende Ausführungen mache. Es wird für viele von Ihnen nichts Neues sein, was ich bringe; aber ich halte doch einige grundlegende Bemerkungen für notwendig, um unserer Arbeit eine gewisse Grundlage zu geben. Ich möchte Ihnen zunächst einiges über die Stellung des Ausschusses sagen, und da glaube ich nichts Besseres an die Spitze meiner Ausführungen stellen zu können als das Gesetz, von dem wir unser Dasein herleiten, – das Gesetz über die Akademie für Deutsches Recht vom 11. Juli 1934, das in § 2 sagt: "Aufgabe der Akademie ist, die Neugestaltung des deutschen Rechtslebens zu fördern und in enger, dauernder Verbindung mit den für die Gesetzgebung zuständigen Stellen das nationalsozialistische Programm auf dem gesamten Gebiet des Rechts zu verwirklichen."

Auf den Ausschuß für Religionsrecht angewendet, bedeutet das, daß der Ausschuß berufen ist, in einer ganz engen, unmittelbaren Fühlung mit dem zuständigen Ressort, d.h. also dem Reichsminister für die kirchlichen Angelegenheiten, auf dem Gebiete des katholischen und evangelischen Kirchenrechts, darüber hinaus aber auch auf dem Gebiete des Rechtes der Weltanschauungen, der Synagogengemeinden usw. die aktuellen Fragen, die der Nationalsozialismus auf dem Gebiete des Religionsrechts aufwirft, nach bewährten wissenschaftlichen Methoden zu fördern. Wir sind danach – ich glaube es so ausdrücken zu können – berufen, den Herrn Kirchenminister zu unterstützen, ihn zu beraten und ihm das Rüstzeug zu verschaffen, dessen er bedarf. Ich kann aus meiner eigenen Erfahrung sagen, daß es vorkommt, daß in Meinungsverschiedenheiten zwischen Staat und Kirche die Kirche die wissenschaftliche Seite in den Vordergrund rückt und der Staat doch nicht so in der Lage ist, so tief zu schürfen, weil ihm der erforderliche Apparat nicht zur Verfügung steht. Da sind wir nun berufen einzuspringen, um dem Kirchenminister zu helfen. Wir sind also eine gutachtende, beratende, vorschlagende Stelle. – Aber nichts hindert uns – und da darf ich wiederum auf das Gesetz oder vielmehr die Satzung der Akademie für Deutsches Recht, die dem Gesetz beigefügt ist, zurückgehen –, auch die Initiative ergreifen. In § 1 Abs. 2 der Satzung heißt es, daß zu dem Wirkungskreis der Akademie unter sehr vielen anderen Punkten auch die Ausarbeitung, Begutachtung, Vorbereitung und Anregung von Gesetzentwürfen gehört.

Dabei sind wir ein wissenschaftliches Gremium. Wir sind keine Vereinigung von Ressortvertretern. Die Herren und ich, die Ministerien angehören, sind nicht den Instruktionen ihres Ressorts unterworfen. Natürlich sind sie in ihrer Eigenschaft als Ministerialvertreter dem Ausschuß ganz besonders wertvoll, und ich kann sagen, daß die Arbeit des Ausschusses für Religionsrecht ohne die Herren des Kirchenministeriums überhaupt nicht denkbar wäre. Sie sind aber nicht Kommissare; die Verbindung ist eine losere, man könnte sie vielleicht als Verbindungsoffiziere bezeichnen, die in Personalunion im Ministerium wie im Ausschuß verankert sind.

Wir sind auch keine politische Stelle. Gewiß, ich weiß, daß gerade das Religionsrecht mit der Politik stark verknüpft ist; wenige Fragen wird es geben, die ganz frei davon sind. Aber der Kirchenminister bedarf einer politischen Beratung nicht; er treibt die Politik, die dem Willen des Führers entspricht, und wenn er einmal des Rates bedürfte, so würde er ihn sich nicht beim Ausschuß für Religionsrecht zu holen brauchen.

Dabei sind wir nun aber selbstverständlich eine staatliche Stelle, und *wenn es einmal zu Meinungsverschiedenheiten oder gar zu einem Kampf zwischen Staat und Kirche kommt, so ist es außer aller Frage, daß wir auf der Seite des Staates kämpfen, gewissermaßen als dessen Anwalt, berufen, unter der Autorität des Präsidenten der Akademie und damit des Reichskanzlers, der ihn ernannt hat, die nationalsozialistische Weltanschauung auf diesem Gebiet zu fördern oder besser: das Religionsrecht der nationalsozialistischen Anschauung anzupassen.*

Ich werde mich bemühen, diesen schönen Charakter, diese ansprechende Gestalt, die der Ausschuß hat, hochzuhalten. Ich könnte mir denken, daß bei Ausschüssen, die ausschließlich aus Ressortvertretern zusammengesetzt sind, der Charakter verwässert wird und der Ausschuß entarten kann. Es wird aber zu meiner Aufgabe gehören, darüber zu wachen, daß das in unserm Ausschuß nicht geschieht.

Die Zusammensetzung des Ausschusses bürgt meines Erachtens dafür, daß der Ausschuß den Aufgaben, die ich eben mit erlaubt habe zu umreißen, gewachsen ist. Wiederum darf ich auf die Satzung der Akademie für Deutsches Recht zurückgreifen und feststellen, daß nach dem § 2 Abs. 2 in die Ausschüsse der Akademie für Deutsches Recht hervorragende Sachverständige aus den Kreisen der Rechtswissenschaft und Praxis berufen werden sollen. Ich habe danach dem Herrn Präsidenten der Akademie diesen Kreis von Herren vorgeschlagen. Er setzt sich zusammen aus *drei Beamten des Kirchenministeriums: dem Leiter der evangelischen Abteilung*, Herrn Ministerialdirigent *Dr. Stahn*, der zugleich der dienstälteste Beamte nach dem Herrn Staatssekretär ist, *dem Leiter der katholischen Abteilung, Herrn Ministerialrat Roth*, und einem dritten Herrn, Herrn *Ministerialrat Dr. Ruppel* von der evangelischen Seite. Diesen praktischen Flügel, wenn ich diesen Ausdruck gebrauchen darf, habe ich noch durch einen Beamten verstärkt, der mit derselben Sachkunde der Praxis kommt wie die eben genannten Herren, nachdem er nämlich wohl etwa 20 Jahre in der *kirchlichen* Abteilung des Kultusministeriums gearbeitet hat, nämlich durch Herrn *Präsident Stalmann*. Er macht dieses Gremium der Praxis auf vier voll.

Diesem Gremium stehen vier Universitätsprofessoren gegenüber, die sich sämtlich in Lehre und Forschung einen Namen gemacht haben, zum Teil auch praktisch erheblich mitgewirkt haben wie z.B. Herr Professor *Dr. Heckel an dem Vertrag mit den evangelischen Landeskirchen vom Mai 1931*. Es sind außer dem genannten Herrn Professor Heckel Herr Professor *Dr. Barion*, bisher Direktor der Akademie in Braunsberg, *inzwischen nach München versetzt*, Herr Professor *Dr. Forsthoff*, Dekan der juristischen Fakultät in Königsberg, und Herr Professor *Dr. Weber*, langjähriger Referent im Kultusministerium in einschlägigen Sachen, Kirchenfragen, Schulfragen, Fragen der Kunst, jetzt Professor an der Wirtschaftshochschule in Berlin.

Ich glaube, diese Vermählung von Wissenschaft und Praxis ist glücklich und ich als derjenige, der durch den Vorschlag des Herrn Präsidenten der Akademie die Ehe geschlossen hat, werde mich bemühen, sie zu einer harmonischen und – wenn ich hinzufügen darf – an Erzeugnissen reichen zu gestalten.

Ob dieser Kreis noch erweitert werden wird, kann ich im Augenblick noch nicht sagen. Ich mache kein Hehl daraus, daß ich ihn ein klein wenig größer gestalten wollte. Ich mache auch kein Hehl daraus – ich bitte, daraus zu entnehmen, wie großen Wert ich darauf lege, daß wir Vertreter von Ministerien haben –, daß ich noch zwei Herren hinzunehmen wollte. Diese Herren haben aber infolge übermäßiger Belastung mit Arbeit den Vorschlag leider nicht annehmen können. Überdies stellte ich aus Vorgängen über die Bildung dieses Ausschusses inzwischen fest, daß geradezu Wert darauf gelegt wird, ihn klein zu halten. Ich muß auch anerkennen, daß die Beweglichkeit des Ausschusses dadurch gehoben wird, und daß die Verhandlungen sich glatter abspielen, als wenn das Gremium zu groß ist. Dagegen beabsichtige ich, von Fall zu Fall in besonders wichtigen Fragen, die aber etwas außer der Reihe liegen – z.B. auf dem Gebiete des Kirchensteuerrechts –, Mitarbeiter heranzuziehen, ohne dem Herrn Präsidenten vorzuschlagen, sie zu Mitgliedern zu ernennen.

Unterausschüsse beabsichtige ich zunächst nicht einzusetzen. Es ist davon die Rede gewesen, auch von einer itio in partes, nämlich nach der katholischen und der evangelischen Seite. Ich glaube aber, da das Gremium verhältnismäßig klein ist, wird das nicht nötig sein. Es ist ja auch so, daß im allgemeinen an jeder Frage des evangelischen Kirchenrechts auch die katholische Seite und an jeder Frage des katholischen Kirchenrechts auch die evangelische Seite, und an Fragen, die weder evangelischer noch katholischer Art sind, sämtliche Herren interessiert sind. Jeder, der in der Praxis steht, weiß, daß schon, um Berufungen zu vermeiden, es nützlich ist, die andere Seite zu kennen.

Wenn ich nun noch auf unsere *Tätigkeit*, die wir auszuüben haben, kurz eingehen darf, so ist die *Voraussetzung Liebe zur Arbeit*. Von Ihnen meine Herren, weiß ich, daß Sie diese Voraussetzung erfüllen. Ich kenne Sie teils persönlich, teils aus Ihren Schriften, und ich sage mir, daß sich keiner mit Kirchenrecht befaßt haben würde, wenn er nicht Befriedigung daraus zöge und ihn nicht ein innerer Drang dazu hinführte. Ich kann Sie aber versichern, daß auch ich diese Neigung mitbringe. Ich darf hier vielleicht einflechten: aus dem Studium der Geschichte heraus, und zwar gerade aus dem Studium der *Geschichte der Beziehungen zwischen Staat und Kirche bin ich aus Interesse zur Sache, unterstützt durch meine Tätigkeit im preußischen Finanzministerium, in kirchlichen Fragen immer weiter vorgedrungen* bis in die aktuellen Fragen der neuen Zeit; denn auf keinem Gebiete wohl sind Vergangenheit und Gegenwart, die Geschichte und die neuzeitlichen Probleme so miteinander verschlungen wie auf dem des Religionsrechts. Wer sollte die neuzeitlichen großen Fragen meistern und auch nur würdigen können, der nicht in die Kirchengeschichte eingedrungen wäre, der nicht die Probleme früherer Zeit in sich aufgenommen hätte, der nicht wüßte, worum es ging in dem Kampf der römischen Päpste mit den deutschen Königen, in der Reformation, diesem eigenartigen Vorgange, bei dem – von allem Dogmatischen abgesehen – gewissermaßen aus der alten Kirche Stücke herausgeschnitten und den Ländern einverleibt wurden, und der nicht wüßte, worum es ging im 30jährigen Krieg und bei den großen Säkularisationen auf Grund des Reichsdeputationshauptschlusses!

Die Geschichte leitet hinein bis in die Gegenwart, und wenn ich da nun in die letzten Jahrzehnte zurückschaue, die ich selbst erlebt habe, dann bieten sich meinem Blick drei noch offene, jedenfalls nicht ganz geschlossene Zeitabschnitte: die Zeit bis zur Beendigung des Weltkrieges, die Monarchie, eng mit der evangelischen Kirche verknüpft, die Zeit, die wir uns gewöhnt haben als Systemzeit zu bezeichnen, also die parlamentarische Republik und die Zeit des Dritten Reiches, des Führerstaates. Diese drei Abschnitte reihen sich zeitlich aneinander. Sie sind aber keineswegs hermetisch gegeneinander abgeriegelt und abgeschlossen. Manches ragt aus dem ersten Abschnitt in den zweiten, ja sogar auch aus dem ersten in den dritten, und andererseits ist gerade in diesem dritten Abschnitt, im Dritten Reich, die Entwicklung so machtvoll und rasch gewesen, daß vieles, was aus dem ersten und zweiten Abschnitt formell noch besteht, inhaltlich bereits geborsten oder sogar tot ist. Die Zeit, in der wir leben, ist ein schlagender Beweis dafür, daß die formellen Gesetze, Verordnungen usw. oft viel schwächer sind als die tatsächliche Entwicklung, und da es im Leben der Völker Ereignisse gibt, die alles, was sich ihnen entgegenstellt, auch Gesetze, Verordnungen, ja Verträge, über den Partner der anderen Seite hinweg über Bord werfen.

Ich bin deshalb, ohne das näher erläutern zu können, was mir am Herzen lag Ihnen zu sagen, der Meinung, daß sich uns hier ein sehr buntscheckiges Bild bietet, und wir wissen keineswegs in jedem Falle, was rechtens ist, und von dem, was formell noch besteht, was lebensfähig ist. Ich glaube, daß viele Probleme der Lösung harren, und daß wir um Arbeit nicht verlegen sein werden, wenn wir uns bemühen, sie zu finden.

Ich weiß, daß es Leute gibt, die gerade auf dem Gebiete des Religionsrechts am liebsten die Wissenschaft zurückdrängen möchten, die am liebsten einen Strich unter die Vergangenheit zögen und nach dieser Zäsur, ohne die Vergangenheit zu kennen oder kennen zu lernen, etwas Neues aufbauen möchten. Ich brauche in diesem Gremium nicht auszuführen, daß das ein hoffnungsloses Beginnen wäre. Völlig gleichgültig ist dabei, wie der einzelne zur Kirche steht, ob er ihr Gegner oder ihr Freund ist, ob er die Trennung von Kirche und Staat anstrebt oder die Staatskirche oder ein Mittelding, oder ob er der Meinung ist, daß die Beziehungen zwischen Staat und Kirche durch Gesetze oder durch Verträge zu regeln sind. Das spielt keine Rolle. Das eine steht fest: daß in der jetzigen Zeit irgend etwas geschehen muß. Irgendeine Regelung ist unerläßlich, aber auch unmöglich ohne vorbereitende Arbeit, und die, glaube ich, liegt uns ob. Wir werden versuchen müssen, das Material zu sichten und ein Arbeitsprogramm aufzustellen.

So glaube ich denn, wir können getrost an die Arbeit gehen. Schwierigkeiten werden uns nicht erspart bleiben. Sie sind dazu da, überwunden zu werden. Ich hoffe, wenn wir mit Eifer und Fleiß uns unserer Arbeit unterziehen, dann werden wir auch eine schöne innere Befriedigung empfinden, und welch ein schöneres Glück gäbe es schließlich auf Erden als das Bewußtsein, seine Pflicht getan und dem Vaterland gedient zu haben, jeder an seiner Stelle und jeder nach seiner besten Kraft.

Ich glaube, daß ich damit meine Ausführungen beschließen darf, und würde nun vorschlagen, die Pause eintreten zu lassen.

(Pause.)

Referat von Roth: Der Werdegang des österreichischen Konkordats 1934.

Mit dem Aufgehen Österreichs im Großdeutschen Reich im März 1938 mußten auch wichtige kirchenpolitische Maßnahmen und Entscheidungen getroffen werden, z.B. *die Auflösung der österreichischen Gesandtschaft beim hl. Stuhl*, demgemäß auch die *Auflösung der einst im Jahre 1530 errichteten Apostolischen Nuntiatur in Wien*, der ältesten Vertretung des hl. Stuhls auf deutschem Boden (der letzte Wiener Nuntius Cicognani verließ kurz vor dem 10. April endgültig Wien, um in der Folgezeit als Nuntius nach National-Spanien zu gehen). Vor allem aber tauchte die Frage nach dem Schicksal des von Österreich im Jahre 1934 geschlossenen *Konkordats* auf.

Unter den vielen nach dem Weltkrieg vom Hl. Stuhl erwirkten Konkordaten ist das mit der "Republik Österreich" geschlossene verhältnismäßig spät zustande gekommen. In den früheren geistigen und nationalen Kreisen Österreich bestand vor 1918 eine starke Abneigung gegen ein Konkordat. Die üblen Erfahrungen mit dem alten österreichischen Konkordat von 1855 wirkten nach. Wegen der großen Rechte, die in diesem Konkordate der österreichischen Kirche, namentlich auf schulpolitischem und eherechtlichem Gebiet, eingeräumt waren, hatte 1867 das österreichische Abgeordnetenhaus die Aufhebung dieses Konkordats gefordert, 1868 wurde sie beschlossen; nach der Dogmatisierung der päpstlichen Unfehlbarkeit wurde es am 30. Juli 1870 "wegen grundlegender Änderung des anderen Kontrahenten" von dem frommen Kaiser Franz Josef I. gekündigt und für aufgehoben erklärt. Dabei blieb es trotz des heftigen Einspruchs des Papstes Pius IX. und seiner Verdammung der österreichischen Staatsgesetze, die 1874 an die Stelle des Konkordats getreten waren.

Nach dem Weltkrieg bemühte sich der Hl. Stuhl, Österreich erneut in den Kreis der Konkordatsabkommen einzuziehen, jedoch erwiesen sich die damaligen teils marxistischen, teils auf die Zugeständnisse der Marxisten und freigesinnten Demokraten angewiesenen klerikalen Regierungen als unsichere Partner. Selbst Bundeskanzler Prälat Seipel entfaltete in dieser Frage keinen besonderen Eifer. Die mit dem Kriegsende aufgerollte Anschlußfrage schuf weitere Unsicherheiten. Mit der Machtergreifung des Nationalsozialismus im Reich 1933 erfuhren die Konkordatsverhandlungen mit Österreich dann aber eine auffällige Beschleunigung. Schon am 5. Juni 1933, zur selben Zeit also, in der die reichsdeutschen Bischöfe in Fulda über das Reichskonkordat berieten, konnte das österreichische Konkordat in der Vatikanstadt von dem Bundeskanzler Dollfuß und dem damaligen Justiz- und Unterrichtsminister Schuschnigg einerseits und dem Kardinalstaatssekretär Pacelli andererseits unterzeichnet werden. *Eine Veröffentlichung und Annahme durch die gesetzlichen österreichischen Körperschaften unterblieb indes.* Fast ein ganzes Jahr lang wurde das Konkordat von der österreichischen Bundesregierung nicht der weiteren verfassungsmäßigen Behandlung zugeführt, da der österreichische Nationalrat nach der von der Bundesregierung vertretenen These der sogenannten "Selbstausschaltung" infolge der Amtsniederlegung seiner drei Präsidenten als suspendiert galt und überdies bei den damals im Nationalrat bestehenden Majoritätsverhältnissen die Annahme des Konkordats nicht zu erwarten war.

Die verfassungsmäßige Behandlung hätte gemäß Artikel 50 des Bundesverfassungsgesetzes in der Fassung von 1929 (BGBl. Nr. 1/1930) darin bestanden, daß das Konkordat als politischer und gesetzändernder Staatsvertrag zur Erlangung seiner Gültigkeit dem Nationalrat zur Genehmigung vorzulegen gewesen wäre, wobei der bezügliche Beschluß, im Hinblick auf den gleichzeitig verfassungsändernden Charakter des Staatsvertrages, nur in Anwesenheit von mindestens der Hälfte der Mitglieder des Nationalrats mit einer Mehrheit von 2/3 der abgegebenen Stimmen hatte gefaßt werden können; außerdem hätte der Beschluß des Nationalrats dem vorgeschriebenen weiteren Verfahren (Vorlage an den Bundesrat) unterzogen werden müssen.

Erst im Zusammenhang mit der Entwicklung, die zur Verfassung von 1934 geführt hat, wurde das Konkordat weiter behandelt.

Während bis dahin dem wiederholt geäußerten Verlangen nach Wiederzusammentritt des Nationalrats stets mit dem Hinweis auf die Unmöglichkeit der Einberufung infolge der sogenannten "Selbstausschaltung" begegnet worden war und man inzwischen, gestützt auf diese Behauptung, mit Verordnungen auf Grund des seinerzeit nur für ganz bestimmte wirtschaftliche Zwecke erlassenen kriegswirtschaftlichen Ermächtigungsgesetzes von 1917 (BGBl. 307/1917) regiert hatte, wurde nun auf einmal durch eine ebenfalls auf dieses Gesetz gestützte Verordnung vom 24. April 1934 (BGBl. I Nr. 238/1934) das *Bundesgesetz über die Geschäftsordnung des Nationalrats in der Weise geändert, daß trotz dem Nichtvorhandensein* eines Präsidenten der Wiederzusammentritt des Nationalrats ermöglicht wurde.

Dieser Vorgang war durchaus verfassungswidrig. Den Versuch des zuletzt zurückgetretenen Präsidenten des Nationalrats, diese Körperschaft dadurch wieder flott zu machen, daß er in seiner Eigenschaft als letzter Präsident den Nationalrat wieder zusammenrief, hatte die Bundesregierung mit Polizeigewalt verhindert. Andererseits hatte sich die Bundesregierung auch ständig geweigert, von der durch Artikel 18 Absatz 3-5 des Bundesverfassungsgesetzes in der Fassung von 1929 gegebenen Möglichkeit Gebrauch zu machen, den Nationalrat durch eine Notverordnung des Bundespräsidenten wieder in Aktion zu setzen. Dafür waren in der Zwischenzeit alle möglichen gesetzlichen Maßnahmen auf Grund des kriegswirtschaftlichen Ermächtigungsgesetzes getroffen worden, was dem Ermächtigungsbereich dieses Gesetzes durchaus widersprach und vollkommen verfassungswidrig war. Namentlich war auch die Anwendung des kriegswirtschaftlichen Ermächtigungsgesetzes zum Erlaß der vorerwähnten Verordnung, mit der die Geschäftsordnung des Nationalrats geändert wurde, ein offenkundiger Mißbrauch dieses kriegswirtschaftlichen Ermächtigungsgesetzes.

Es kam hinzu, daß der auf Grund dieser Machenschaften zusammenberufene Nationalrat *nicht mehr die Zusammensetzung hatte, in der er aus den letzten Wahlen hervorgegangen war;* er war vielmehr nur ein Rumpfparlament, da alle Mandate der Sozialdemokratischen Partei inzwischen durch eine ebenfalls auf das vorerwähnte kriegswirtschaftliche Ermächtigungsgesetz gestützte Verordnung vom 16. Februar 1934 (BGBl. I Nr. 100/1934) als erloschen erklärt worden waren.

Dieses Rumpfparlament trat nun am 30. April 1934 zu einer Sitzung zusammen, bei der zuächst von der Großdeutschen Volkspartei und dem Landbund – den beiden auf nationalem Boden stehenden Parteien –, feierliche Erklärungen abgegeben wurden, in denen die Verfassungsmäßigkeit des ganzen Vorgangs ausdrücklich bestritten wurde, worauf sämtliche Abgeordnete der beiden genannten Parteien mit Ausnahme eines einzigen Abgeordneten des Landbundes, der zugleich eine wichtige staatliche Stellung bekleidete, die Sitzung verließen, so daß für die weiteren Verhandlungen und Beschlußfassungen nur mehr der erwähnte Abgeordnete des Landbundes und die Abgeordneten der regierenden Christlich-Sozialen Partei sowie des Heimatschutzes, zusammen 76 Abgeordnete, zurückblieben.

Diese 76 Abgeordneten beschlossen nun das sogenannte Bundesverfassungsgesetz über außerordentliche Maßnahmen im Bereich der Verfassung (BGBl. Nr. 255/1934), durch dessen Artikel I die oben angegebenen Bestimmungen des Artikels 50 des Bundesverfassungsgesetzes in der Fassung von 1929 über die Mitwirkung des Nationalrats bei Staatsverträgen aufgehoben wurde. Darin lag neben den verfassungswidrigen Modalitäten der Einberufung auch noch die weitere sehr wesentliche Verfassungswidrigkeit, daß – wie bereits eingangs erwähnt – nach Artikel 44 Abs. 1 des Bundesverfassungsgesetzes von 1929 Verfassungsgesetze nur in Anwesenheit von mindestens der Hälfte der Mitglieder des Nationalrats mit einer Mehrheit von 2/3 der abgegebenen Stimmen beschlossen werden konnte, der Nationalrat aber nach § 1 der Wahlordnung aus 165 Abgeordneten bestand, sodaß für einen verfassungsändernden Beschluß die Anwesenheit von mindestens 83 Abgeordneten erforderlich gewesen wäre.

Nachdem das Bundesverfassungsgesetz vom 30. April 1934 auch noch dem ebenfalls, d.h. aus den gleichen Gründen wie der Nationalrat, als Rumpfkörperschaft zusammengetretenen Bundesrat vorgelegt worden war und dieser keinen Einspruch erhoben hatte, wurde es noch am 30. April veröffentlicht, sodaß der Tag des Inkrafttretens der 1. Mai 1934 war.

Noch in der Nacht vom 30. April zum 1. Mai 1934 fand dann der mit dem päpstlichen Nuntius Sibilia vorbereitete Austausch der Konkordatsratifikationen statt und bereits am 1. Mai 1934 wurde das Konkordat im BGBl. bekannt gegeben. Bundeskanzler Dollfuß erließ noch am gleichen Tag einen Aufruf, in dem es hieß: "Die innige Verbundenheit des österreichischen Volkes mit dem christlichen Väterglauben fand darin ihren stärksten Ausdruck, daß in der ersten Stunde des neuen Österreich um die vergangene Mitternacht, als die neue Verordnung des Bundesstaates Österreich Gesetz wurde, der Präsident des österreichischen Bundesstaates (Miklas) das Konkordat unterzeichnete. Der erste Regierungsakt im neuen Österreich war die feierliche Sanktion des Vertrages mit dem hl. Stuhl, der alle wichtigen Kirche und Staat gemeinsam berührenden Fragen im katholischen Bundesstaat Österreich für alle Zukunft regelt" (Amtliche "Wiener Zeitung" vom 2. Mai 1934).

Aus dieser Darstellung ergibt sich, daß das österreichische Konkordat *vollkommen verfassungswidrig zustande gekommen war.* Diesen Standpunkt vertraten nicht nur die österreichischen Nationalsozialisten, die Anhänger der anderen nationalen Parteien und die sonstigen Gegner der österreichischen Regierung, sondern auch *alle ersten Juristen Österreichs* (vgl. hierzu besonders die Abhandlung von Gürke über "Die Österreichische Verfassung 1934" im Archiv des öffentlichen Rechts, Neue Folge, Band 25 Seite 178 ff.)

Diesen Standpunkt hätte auch die deutsche Reichsregierung im Frühjahr 1938 einnehmen können, um vom österreichischen Konkordat frei zu sein. Damit wäre eine neue und starke moralische Verurteilung des ganzen verflossenen, mit dem Namen Dollfuß und Schuschnigg verknüpften Systems in Österreich verbunden gewesen. Es erschien jedoch aus außenpolitischen und anderen Gründen nicht zweckmäßig, daß das Reich eine Entscheidung getroffen hätte über die Rechtsmäßigkeit oder Rechtswidrigkeit eines Vertrages, an dessen Abschluß es selbst nicht beteiligt war und der immerhin 4 Jahre lang die Grundlage für eine Reihe von Maßnahmen und Rechtsgeschäften abgegeben hatte. Es erschien auch unerwünscht, mit dem vatikanischen Vertragspartner und seinen juristischen Helfershelfern in aller Welt in eine staatsrechtliche Diskussion einzutreten über einen Vertrag, dessen Rechtskraft der hl. Stuhl für die Vergangenheit anerkannt hatte und in der Zukunft auf alle Fälle verteidigt hätte. Durch die Erklärung der Nichtanerkennung des österreichischen Konkordats auf Grund seines verfassungswidrigen Zustandekommens wäre außerdem die Rechtswidrigkeit der bis dahin auf Grund des Konkordats erfolgten Rechtsakte ausgesprochen worden. Es wäre eine große Rechtsunsicherheit entstanden und eine ausdrückliche Legalisierung der Vergangenheit wäre nicht zu umgehen gewesen.

Für die Reichsregierung war es naheliegend und bequemer, *das österreichische Konkordat mit dem 13. März 1938 als erloschen anzusehen*, weil es untrennbar mit einer politischen Ordnung verbunden war, die der 13. März 1938 vernichtete und weil es von einem selbständigen österreichischen Staate, also unter staatsrechtlichen Voraussetzungen abgeschlossen war, wie sie seit der Wiedervereinigung Österreichs mit dem Reich nicht mehr bestehen.

Referat des Herrn Professors Dr. Barion: Die konkordatsrechtliche Lage Österreichs.

Die konkordatsrechtliche Lage Österreichs bis zur Wiedervereinigung mit dem Reich war bestimmt durch das Konkordat vom 5. Juni 1933/1. Mai 1934 (ÖK). Über die Tragweite der Wiedervereinigung für dieses Konkordat liegt bisher nur eine ausdrückliche öffentliche Äußerung beteiligter amtlicher Stellen vor, die von Kard. *Innitzer*-Wien am 6. April d.J. zugleich namens des gesamten österreichischen Episkopats veröffentlichte Erklärung. Sie besagt in Abschnitt 2: "Für die Zukunft verlangen die österreichischen Bischöfe a) in allen das *Österreichische Konkordat* betreffenden Fragen keine Änderung ohne vorausgehende Vereinbarung mit dem Hl. Stuhl." – Diese Forderung ist formell durch große Zurückhaltung gekennzeichnet: Sie gibt sich als Forderung der Bischöfe, nicht des Hl. Stuhles; sie beschränkt sich auf die Methode der Abänderung und verzichtet auf das Verlangen der Aufrechterhaltung des ÖK in seiner jetzigen Form; sie läßt offen, ob aus einem noch bestehenden Rechtszustand die Folgerung gezogen oder nur die kirchlichen Bedingungen hinsichtlich der materiellen Grundlage und der Methode für eine Neuordnung der staatskirchlichen Lage Österreichs angedeutet werden sollen.

Trotzdem will sie unverkennbar das ÖK als Ausgangspunkt für diese Neuordnung und die Verständigung mit dem Hl. Stuhl als für die Neuordnung notwendig hinstellen.

Die Auffassung der Reichsregierung (RR) über die jetzige Rechtskraft des ÖK muß aus ihren Maßnahmen erschlossen werden. Hier ist vor allem zu nennen das Ehegesetz vom 6. Juli 1938, das die in Art. VII ÖK enthaltene Anerkennung der kirchlichen Eheschließung für den staatlichen Bereich und die daraus sich ergebenden Forderungen stillschweigend beseitigt. Diese und ähnliche Fälle erlauben zum mindesten die Folgerung, daß sie die durch das ÖK bewirkte Bindung des Staates an das Einverständnis mit dem Hl. Stuhl für bestimmte Gebiete als erloschen betrachtet; ob sie darüber hinaus das ÖK grundsätzlich als hinfällig ansieht, läßt sich nicht entscheiden.

Der Unterschied zwischen der in den angedeuteten staatlichen Maßnahmen zum Ausdruck kommenden staatlichen und der durch die österreichischen Bischöfe vertretenen kirchlichen Auffassung ist mithin zur Not juristisch noch ausgleichbar. Er ist jedoch vorhanden und wird in absehbarer Zeit zu einer Auseinandersetzung führen. Hierfür soll die Frage geprüft werden, wie die Lage Österreichs konkordatsrechtlich zu beurteilen ist.

I. Die Rechtskraft des ÖK nach der Wiedervereinigung.

1. Die kirchliche Stellungnahme zu der Frage einer Nachfolge des neuen Staates in das Konkordat des untergegangenen ist festgelegt durch die Konsistorialansprache Benedikts XV. vom 21. November 1921 (AAS 13, 1921, 521/522).

Diese Erklärung läßt sich unmittelbar auf die vorliegende Frage nicht anwenden, weil die in ihr enthaltene sehr flüchtige Skizzierung der verschiedenen Nachfolgefälle den Fall des völligen Untergangs eines Konkordatsstaates nicht berücksichtigt. Man muß sich hierfür auf das Prinzip beziehen, das den mehr beispielshalber genannten Einzelmöglichkeiten zu Grunde liegt: "...res inter alios acta neque emolumentum neque praejudicum ceteris affert." Hier ist zum Ausdruck gebracht, daß ein Konkordat von der Kirche primär nicht als ein auf das Staatsgebiet radizierter Vertrag, sondern als ein Vertrag mit einem bestimmten Staat als einem politischen Subjekt angesehen wird. Bei dem Wegfall dieses bestimmten Staates fällt auch das Konkordat weg.

Diese Auffassung wird in der maßgebenden kirchlichen Literatur bestätigt. Al. Ottaviani, institutiones iuris publici ecclesiastici 2^2, Rom 1936, nr. 394,4° (S. 357-359) erklärt ein Konkordat für hinfällig bei Untergang des betreffenden Staates unter Berufung auf die Richtlinien Benedikts XV. und auf die völkerrechtlichen Sätze über die Nachfolge in Verträge. Den gleichen Standpunkt vertritt Henri *Wagnon*, Concordats et droit international, Gembloux 1935, 349-361, unter Berufung auf die gleichen Gründe.

Nach kirchlicher Auffassung fällt also bei Untergang eines Staates das von ihm geschlossene Konkordat fort; weder die Kirche noch der Nachfolgestaat können es einseitig fortsetzen, und einer Kündigung bedarf es nicht.

Die Behandlung des ÖK als erloschen kann mithin notfalls gegenüber dem Hl. Stuhl durch Verweis auf die kirchliche Auffassung gestützt werden. Eine Beschränkung auf diese formale Begründung unterliegt jedoch großen Bedenken. Es ist nicht angängig, eine staatliche Stellungnahme auf kirchliche Argumente zu stützen; und die Berufung auf die kirchliche Auffassung kann mit einem Verweis auf die staatliche Praxis retorquiert werden, da seitens Preußens bzw. des Reiches in anderen Fällen die Nachfolge in ein von dem Rechtsvorgänger geschlossenen Konkordat durchgeführt oder in Anspruch genommen worden ist (vgl. die Zirkumskriptionsbullen De salute animarum vom 16.6.1821; Provida solersque vom 16.8.1821; Impensa Romanorum Pontificum vom 26.3.1824; die Weitergeltung des französischen Konkordats von 1801 in Elsaß-Lothringen und zwar auf Druck der Reichsregierung). Für diese Haltung des Staates kann vielmehr nur eine eigenständige Begründung ausreichen.

2. Die völkerrechtliche Begründung genügt formal dieser Forderung. Sie läßt sich folgendermaßen zusammenfassen: Für die Weitergeltung eines Konkordats nach Untergang eines Staates sind maßgebend die völkerrechtlichen Grundsätze über die Staatensukzession bei Verträgen. Danach ist zu unterscheiden, ob sie iura personalia oder auf ein bestimmtes Territorium radiziert sind; durchweg eine selbsttätige Nachfolge in die letzteren Verträge bejaht, in die ersteren verneint. Da Konkordate den personalen Verträgen zugerechnet werden, kann nach der herrschenden völkerrechtlichen Lehre eine selbsttätige Sukzession in Konkordate nicht statthaben (vgl. E.R.

Huber, Verträge zwischen Staat und Kirche im Deutschen Reich, Breslau 1930, 137-139; ähnlich für das ÖK J.W. *Garner*, The American Journal of international law 32, 1938, S. 437-438).

Dieser Auffassung hat *Huber* aus zwei Gründen widersprochen. Das erste Argument entnimmt er der Praxis, insbesondere dem Schicksal des französischen Konkordats von 1801, das auf dem linken Rheinufer auch nach 1814/1815 fortgalt, und den Zirkumskriptionsbullen von 1821 und 1824, die ebenfalls trotz des Staatenwechsels in Kraft geblieben seien. Indes sind diese Tatsachen nicht ganz eindeutig; eine communis opinio läßt sich aus ihnen nicht konstruieren. Der Grund hierfür ist, daß beide Partner jeweils nur unter dem Gesichtspunkt ihrer eigenen Leistungen die Frage zu betrachten pflegen. Das zeigt sich sehr deutlich bei *Garner* hinsichtlich der Frage der Weitergeltung des österreichischen Handelsvertrages mit den USA, dessen Fortsetzung er wegen der darin gewährten Privilegien von dem Einverständnis der USA abhängig macht. Konkordatsrechtlich steht Benedikt XV. auf dem gleichen Standpunkt; er argumentiert von den Privilegien aus, die die Kirche in den früheren Konkordaten gewährte. Diese Argumentation aus der Praxis ist mithin nur schlüssig für den Partner, der durch den Wegfall des Vertrages günstiger gestellt wird als durch den Fortbestand. Die Praxis erlaubt daher weder mit *Huber* die Feststellung, daß Konkordate bei Staatensukzessionen aufrechterhalten werden, noch die umgekehrte Feststellung der herrschenden Lehre, daß sie hinfällig werden, sondern nur die Feststellung, daß bei Sukzessionsfällen der durch den Vertrag bzw. das Konkordat begünstigte Partner für seine Aufrechterhaltung, der benachteiligte für seinen Fortfall eintritt. Eine widerspruchsfreie Begründung kann mithin nicht aus der Praxis, sondern nur aus theoretischen Erwägungen abgeleitet werden.

Diese können nach *Huber* – das ist sein zweiter Einwand gegen die herrschende Lehre – nicht durch die Anwendung der völkerrechtlichen Sätze über die Nachfolge in Verträge auf Konkordate gewonnen werden. Er sieht in diesen im Unterschied zu den völkerrechtlichen Verträgen als Abmachungen zwischen nach Menschen und Gebiet verschiedenen Verbänden Abmachungen zwischen zwei Mächten, die unter verschiedenen Gesichtspunkten die gleichen Menschen und das gleiche Gebiet beherrschen. Das Konkordat muß nach ihm daher zu den inneren Rechtsbeziehungen und zu dem "tatsächlichen Bestand" des betreffenden Gebietes gerechnet werden, und teilt dessen Schicksal. Ohne daß es eines Neuabschlusses bedürfte, werde es Vertrag des erwerbenden oder neuerrichteten Staates. Im Unterschied zu dem sonstigen inneren Recht sei es aber auch nicht einseitig abänderbar, sondern könne abgesehen von der Berufung auf die Clausula rebus sic stantibus nur durch vereinbarliche Abmachung geändert oder gelöst werden.

Dieser Argumentation muß zugegeben werden, daß in der Tat die Einreihung eines Konkordats unter die völkerrechtlichen Verträge rechtlich nicht möglich und politisch vom kirchlichen wie vom staatlichen Standpunkt aus nicht erwünscht ist. Die Begründung für den Wegfall eines Konkordats bei Untergang des Staates kann mithin nicht durch einfache Bezugnahme auf die Sätze des Völkerrechts über die Nachfolge in Verträgen gewonnen werden.

Indes auch bei Anerkennung der Kritik *Hubers* an der herrschenden Lehre bleibt nicht als einzige andere Möglichkeit seine Auffassung vom Konkordat als lokalisiertem und darum von dem neuen Staat zu übernehmenden Vertrag. Sowohl seine wie die Auffassung der herrschenden Lehre sehen einseitig ein Konkordat als entweder persönlichen oder lokalisierten Vertrag an, während es in Wirklichkeit ein zwar auf ein genau umschriebenes Gebiet radizierter, aber zwischen der Kurie und einem bestimmten politischen Willensträger abgeschlossener Vertrag ist, sodaß mit dem Wegfall dieses Willensträgers der Vertrag selbst hinfällig wird. Entscheidend ist also für die Fortdauer eines Konkordats die politische Kontinuität des staatlichen Partners. Wieweit dieser Gesichtspunkt überhaupt geeignet ist, in die völkerrechtliche Betrachtung der Nachfolge in Verträge eingeführt zu werden, kann dahingestellt bleiben; ebenso brauchen hier die verschiedenen möglichen Verzweigungen für die Konkordate nicht betrachtet zu werden; für das ÖK ist unbestreitbar durch die Wiedervereinigung die politische Kontinuität unterbrochen. Das Urteil über seine Rechtskraft muß daher lauten: Durch die Wiedervereinigung ist das ÖK wegen Wegfall des staatlichen Vertragspartners erloschen; einer Kündigung bedarf es nicht; eine einseitige Berufung auf das ÖK ist nicht möglich.

Eine etwaige staatliche Äußerung zu der Frage muß sich hierauf beschränken; die Bezugnahme auf völkerrechtliche Sätze kann leicht zu ausgedehnter juristischer Polemik führen, die Berufung auf die kirchliche Auffassung ist politisch nicht zulässig und sachlich nicht vor Widerspruch gesichert. Der Vollständigkeit halber sei noch gefragt, ob man das ÖK als nicht rechtskräftig ratifiziert für kraftlos erklären soll. Dieser Vorschlag übersieht, daß diese Berufung auf das verfassungswidrige und darum der Rechtskraft entbehrende Vorgehen der früheren österreichischen Regierung eigens ausgesprochen werden muß; schon darum wie auch, weil dieses Argument doch erheblichen Bedenken unterliegt und nicht auf das ÖK eingeschränkt werden kann, ist es besser, darauf zu verzichten.

II. Die jetzige staatskirchenrechtliche Lage Österreichs

1. Keine Ausdehnung des Reichskonkordats (RK) auf Österreich. Die Frage, ob das Konkordat des neuen Staates von selbst auf das Gebiet des untergegangenen Staates ausgedehnt werde, wird kaum behandelt. *Wagnon* S. 357-360 spricht sich unter Bezugnahme auf vereinzelte Äußerungen früherer Autoren dafür aus, weil, abgesehen von dem Fall, daß der erwerbende Staat durch die Neuerwerbung zu einem völlig anderen Staat werde, die Bejahung der Ausdehnung nur eine logische Folgerung aus der Auffassung des Konkordats als eines den iura personalia zuzurechnenden Vertrages sei, und weil die neueren Konkordate jede ausdrückliche Einschränkung auf das bei Abschluß des Vertrages vorhandene Staatsgebiet vermissen lassen. Dem könne die gegenteilige Stellungnahme der Kurie etwa hinsichtlich der französischen Konkordate von 1516 (Reunionen) und 1801 (formelle Ausdehnung auf Savoyen 1860) nicht entgegenstehen, weil sie aus einer Zeit stamme, wo die Frage auch völkerrechtlich noch nicht klar erkannt gewesen sei.

Diese Berufung auf das Völkerrecht, nach dem die Verträge personeller Natur den Grenzen des Staates solange folgen, als er trotz Neuerwerbs oder Verkleinerung der gleiche bleibe, reicht indes nicht aus. Der angedeutete Satz ist weder allgemein völkerrechtlich anerkannt (Garner) noch überhaupt aus den unter I. angeführten Erwägungen ohne weiteres auf Konkordate anwendbar. Die entscheidende Frage ist, ob das betreffende Konkordat auf ein bestimmtes Gebiet begrenzt ist oder nicht. Diese Frage muß für das RK mit Ausnahme der Bestimmungen über die Militärseelsorge, die einen ausgesprochenen Personalverband betreffen, bejaht werden. Daß im RK wie übrigens auch in den anderen Nachkriegskonkordaten eine ausdrückliche Beschränkung auf das zur Zeit des Vertragsabschlusses gegebene staatliche Gebiet nicht enthalten ist, ist, abgesehen von der praktischen Unmöglichkeit, in einem Konkordat die Frage des Neuerwerbs von Gebieten zu erörtern, eine petitio principii; man kann umgekehrt ebenso die Abstellung auf das staatliche Territorium als solches und unabhängig von seinem Stand bei Vertragsabschluß vermissen. Die Entscheidung zwischen beiden Möglichkeiten wird kirchenrechtlich zugunsten der zweiten fallen; für die Kirche ist das territoriale Substrat eines Konkordats nicht das Staatsgebiet, sondern die betreffenden Provinzen, wie sie die Unterscheidung von staatlicher und kirchlicher Gebietseinteilung schon seit dem Altertum vertritt. Staatsrechtlich fehlt ein Ansatzpunkt für die Entscheidung, sie kann nicht erschlossen, sondern muß gefällt werden. Konkordatsrechtlich muß überall dort Begrenzung auf das bei Vertragsabschluß gegebene Gebiet angenommen werden, wo die Zirkumskription der Diözesen und Provinzen einen integrierenden Bestandteil der konkordatären Regelung ausmacht. Das ist beim RK der Fall; außerdem kann man bei ihm noch auf seinen besonderen Charakter als eines Rahmenkonkordates hinweisen, das für viele Fragen territorial begrenztes Reichsrecht schafft. Hier ist die Möglichkeit der territorialen Begrenzung innerhalb des gleichen politischen Verbandes verwirklicht, sodaß jedenfalls beim RK die Ausdehnung auf neuerworbenes Gebiet, nicht von selbst, sondern nur auf ausdrückliche Festsetzung hin angenommen werden könnte. Aus der Tatsache, daß das RK und das Preußische Konkordat auch in den preußischen Anteilen fremder Diözesen und nicht in den außerpreußischen Anteilen der Erzdiözese Breslau gilt, ohne daß dies eigens festgelegt wird, läßt sich dagegen nichts entnehmen. Es ist dies nicht eine Folge aus der grundsätzlichen und darum besonderer Hervorhebung nicht bedürftigen Bindung an die staatliche Grenze, sondern ergibt sich aus der ausdrücklichen Festsetzung der Präambeln (RK Abs. 2; PK Abs. 1).

Abschließend läßt sich daher feststellen, daß eine Ausdehnung des RK auf Österreich eigens vereinbart werden müßte; eine Erklärungspflicht der RR besteht, solange sie diese Ausdehnung nicht wünscht, nicht.

2. Die kirchenrechtliche Lage Österreichs: In Österreich sind demnach zur Zeit weder die Beschränkungen der staatlichen noch die der kirchlichen Rechte, die im RK bzw. ÖK festgelegt waren, in Kraft. Hierzu ist für die kirchlichen Rechte noch eine Feststellung zu treffen, während die staatlichen nicht betrachtet zu werden brauchen. Auf den Gebieten, auf denen der Staat keine eigenständigen Rechte beansprucht, auf dem Gebiet der res mere ecclesiasticae, können staatliche Rechte nur durch Vereinbarung mit dem Hl. Stuhl neu begründet werden. Dazu sind praktisch zu rechnen: die Ämterbesetzung, insbesondere die Besetzung der Bischofsstühle, und die Ausbildung bzw. die Anforderungen an die Vorbildung der Geistlichen (staatliche Fakultäten; selbständige Regelung des Studiums). Für diese Gebiete würde eine einseitige Geltendmachung der bisherigen staatlichen Rechte als Anerkennung des konkordatären Zustandes gedeutet werden können und wohl müssen.

III. Ergebnisse.

1. Eine ausdrückliche staatliche Erklärung zum Erlöschen des ÖK ist nicht notwendig; die Begründung für seinen Wegfall darf weder in dem Verweis auf die kirchliche Auffassung, noch in der Berufung auf die Regeln des Völkerrechts gesucht werden, sondern muß auf den Wegfall des Vertragspartners gestützt werden.

2. Das RK kann auf Österreich weder einseitig noch gar automatisch ausgedehnt werden; eine besondere Erklärung der RR darüber, daß sie es für Österreich nicht anerkennt, ist daher nicht nötig.

3. Wenn es bei diesem Zustand bleiben soll, muß der Staat auf die bisherigen Rechte betreffend Ämterbesetzung und Ausbildung der Theologen in Österreich verzichten; wenn er sie trotzdem in Anspruch nimmt, liegt darin eine stillschweigende Anerkennung des ÖK oder der Ausdehnung des RK auf Österreich. Dieser Folgerung kann er nur ausweichen, indem er darüber eine Sondervereinbarung anstrebt.

Vorsitzender: Ich danke den beiden Herren für die sehr interessanten Ausführungen. Ich bin ihnen mit äußerstem Interesse gefolgt und muß sagen, daß sie eine tief schürfende und ausgezeichnete Vorbereitung verraten.

Es fragt sich nun, ob eine Aussprache zu diesen Vorträgen gewünscht wird. Ich selbst hätte eine Fülle von Fragen zu stellen.

Roth: Als Ergänzung aus der kirchenpolitischen Praxis und zur Abrundung des Ganzen möchte ich zu dem Vortrag des Herrn Barion noch folgendes hinzufügen.

Herr Barion hat bereits darauf hingewiesen, daß zu der Frage der Weitergeltung des österreichischen Konkordats in der Erklärung des Kardinals Innitzer aus Rom Stellung genommen worden ist, worin es heißt: "Es dürfen in allen das österreichische Konkordat betreffenden Fragen keine Änderungen ohne vorhergehende Vereinbarung mit dem Heiligen Stuhl eintreten." Dann erfolgte am 14. Juni 1938 eine Note des Heiligen Stuhls an die Deutsche Reichsregierung, dessen Hauptsatz lautet: "Im Hinblick darauf, daß eine Abänderung des bisherigen Rechtszustandes in Österreich nur auf dem Wege vereinbarlicher Regelungen statthaben kann, sollten Verhandlungen aufgenommen werden." Die Deutsche Reichsregierung hat darauf nicht geantwortet, und zwar deshalb nicht, weil diese Note von einer falschen Voraussetzung ausgeht, nämlich von einer Weitergeltung des Konkordats.

Im Juli ist dann auf eine entsprechende Vorlage hin die Entscheidung des Führers gefallen, die folgendes besagt:

1. Das österreichische Konkordat ist mit dem 13. März 1938 von selbst erloschen, weil der staatliche Vertragspartner in Wegfall gekommen ist.

2. Eine Ausdehnung des Reichskonkordats auf Österreich kommt nicht in Frage, weil das Reichskonkordat auf das alte Reichsgebiet und seine Verhältnisse abgestellt ist.

3. Österreich ist ein konkordatsfreier Raum.

Auf die verschiedenen Gesetze und Verordnungen, die inzwischen von der Reichsregierung erlassen worden sind, ist nun keine Protestnote eingegangen. In Betracht kommen hier das Ehegesetz vom 6. Juli und die Aufhebung der theologischen Fakultät Innsbruck, deren Erhaltung und Zusammensetzung im österreichischen Konkordat ausdrücklich gewährleistet war. Man kann daraus schließen, daß auch die Kurie das österreichische Konkordat als erloschen ansieht.

Ende Juli erhielten wir einen Bericht von unserer Botschaft am Vatikan, worin gesagt wird, man gebe im Vatikan zu, daß das österreichische Konkordat formalrechtlich nicht mehr in Kraft sei, weil einer der beiden vertragschließenden Teile nicht mehr existiere; jedoch dürfe man nicht verkennen, daß durch das Konkordat die katholische Kirche auf österreichischem Boden ein genau umschriebenes und gesetzlich anerkanntes Recht erworben habe. Diese Tatsache könne nicht aus der Welt geschafft werden; man würde sonst das verletzen, *was der Kirche auf Grund des Naturrechts und des Völkerrechts zustehe.*

Die Frage der Ausdehnung des Reichskonkordats auf Österreich ist von kirchlicher Seite in keiner Weise erwogen worden. Es steht wohl auch nicht zu erwarten, daß die Kurie mit einer neuen Note bei uns vorstellig werden wird. Der Grund liegt meines Erachtens darin, daß sich die Kirche machtlos sieht. Das Problem, welche kirchenrechtliche Lage zur Zeit in Österreich herrscht, wird bei den kommenden Haushaltsberechnungen akut werden, möglicherweise aber auch schon vorher, wenn nämlich die Frage der Neubesetzung einer Bischofsstelle auftaucht.

Ruppel: Ich möchte eine Frage anschneiden, die für die evangelischen Staatsverträge von Bedeutung sein kann. Bei der Bildung von Groß-Hamburg hatte ich mich mit der Frage der Rechtsnachfolge befaßt und bin dabei auf die bei Stutz häufiger anzutreffende Scheidung zwischen der staatsrechtlichen und der kirchenrechtlichen Seite gestoßen. Wenn ich mich recht entsinne, vertritt Stutz hinsichtlich der Geltung des französischen Konkordats für Elsaß-Lothringen den Standpunkt, daß die Bindung der Vertragspartner aufgehört habe, daß aber das Staatsrecht und das Kirchenrecht, das auf Grund des Konkordats von den Vertragspartnern geschaffen worden sei, weiter gelte. Diese Frage kann auch für Österreich von Bedeutung werden.

Der *Vorsitzende* weist als Parallelfall auf die Einverleibung von Lübeck und Birkenfeld hin und wirft die Frage auf, ob auch in diesem Falle die mit Lübeck abgeschlossenen Staatsverträge hinfällig geworden seien.

Von Bedeutung erscheine ihm in diesem Zusammenhang auch die Tatsache, daß in dem preußischen Konkordat die schlesisch-tschechische Grenze nicht erwähnt sei. Dagegen sei in dem Konkordat gesagt, daß die bisherigen Zirkumskriptionsbullen bestehen bleiben, soweit nicht die nachfolgenden Bestimmungen etwas anderes enthielten. Nach meiner Ansicht müßte sich in irgendeiner Bulle eine Bestimmung über die schlesische Grenze finden.

Barion ist der Ansicht, daß das preußische Konkordat für die Diözese Breslau auch hinsichtlich der in die Tschechei hineinreichenden Teile dieser Diözese gelte, nicht aber für die in Preußen liegenden Gebiete, die zu einer tschechischen Diözese gehörten. Wenn z.B. der Erzbischof von Breslau einen Generalvikar für den tschechischen Anteil bestelle, brauche er ihn nicht in

Berlin anzuzeigen. Es frage sich, ob man von diesem Beispiel aus auf die Maßgeblichkeit oder Nichtmaßgeblichkeit der staatlichen Grenze für die Geltung des Konkordats argumentieren könne.

Der *Vorsitzende* hält den Gedanken, daß das Konkordat eines bestimmten Staates automatisch auch in dem von diesem Staat eroberten Lande in Geltung trete für abwegig.

Stalmann hebt hervor, daß die Frage, ob ein Konkordat erloschen sei, nicht nach völkerrechtlichen Grundsätzen entschieden werden könne, sondern daß es darauf ankomme, ob der Vertragsgegner derselbe geblieben sei. Bei der Einverleibung von Hannover in Preußen im Jahre 1866 habe man gesagt, daß die hannoversche und die preußische Regierung ihrem Wesen nach die gleiche sei. Demgemäß sei die Weitergeltung des Konkordats in Hannover ohne weiteres von Preußen und Rom anerkannt worden. Im Jahre 1919 habe Preußen auch Wert auf die Weitergeltung des Konkordats in den abgetretenen Gebieten gelegt, allerdings aus außenpolitischen Gründen. Einmal wollte man die reichen Dotationen, die Breslau erhielt, erhalten; zum anderen habe man Wert darauf gelegt, die Bevölkerung von Eupen-Malmedy, Posen und vom Saargebiet unter deutschen Bischöfen zu belassen.

Barion folgert daraus, daß man mit der Verweisung auf die bisherige Praxis sehr vorsichtig sein müsse.

Heckel schließt sich hinsichtlich der praktischen Folgerungen des Ausführungen des Herrn Barion an. In der rechtlichen Beurteilung der Konkordate sei er aber anderer Meinung. In der Frage, zu welcher Kategorie von Verträgen die Konkordate gehörten, gebe es verschiedene Auffassungen. Stutz vertrete die Meinung, daß die Konkordate überhaupt keine rechtlich verbindende Kraft hätten, sondern nur eine moralische Bindung der Vertragspartner bezweckten; jeder Partner könne, ohne einen Rechtsbruch zu begehen, die Vereinbarungen abändern, da es über Staat und Kirche kein gemeinsames Recht gebe. Die Heranziehung völkerrechtlicher Grundsätze sei also nicht möglich, da Staat und Kirche keine gleichartigen Gebilde seien. Diese Auffassung werde auch heute noch gelegentlich vertreten. Nach seiner Ansicht sei sie jedoch abzulehnen. Allerdings *gebe er zu, daß es ein gemeinsames Recht für Staat und Kirche nicht gebe. Dennoch halte er es für durchaus denkbar, zwischen Staat und Kirche rechtliche Beziehungen herzustellen*, sofern beide Teile in einem Vertrag ihren gemeinsamen Rechtswillen ausdrücklich kundtun. Soweit ein solcher gemeinsamer Rechtswille nicht ausdrücklich bestehe, sei eine rechtliche Bindung nicht vorhanden. Da die Kirche einen ganz anderen Maßstab als der Staat anlege, könne ein gemeinsames Rechtsdenken nur in gewissen peripheren Angelegenheiten ad hoc entstehen. Wenn sich herausstelle, daß der eine Partner auf einem bestimmten Gebiet eine andere Meinung vertrete als der andere, sei damit die rechtliche Bindung erloschen.

Beim Mangel einer ausdrücklichen Vereinbarung zwischen dem Deutschen Reich und der Kurie habe also die Reichsregierung freie Hand, eine Regelung von sich aus vorzunehmen. Eine Bindung an das österreichische Konkordat bestehe nicht. Die Berufung der Kurie auf das Naturrecht würde voraussetzen, daß der deutsche Staat der vatikanischen Auffassung huldige. Das sei aber nicht der Fall. Die heutige Lage sei also die, daß das Deutsche Reich vollkommen frei sei; die Kirche allerdings auch. Wie weit die Kirche dem Deutschen Reich entgegenkommen könne und wolle, sei eine Machtfrage, keine Rechtsfrage.

In der praktischen Folgerung schließe er sich den Ausführungen des Herrn Barion an. *Es sei an der Zeit, die Frage der Stellenbesetzung, des theologischen Nachwuchses und der finanziellen Leistungen ins Auge zu fassen. Der Staat begehe keinen Rechtsbruch, wenn er diese Frage einseitig regele.* Der Fall Schlesien könne nicht verallgemeinert werden, da er einen besonderen Ausnahmefall darstelle. Hinsichtlich Polens und Breslaus lägen zahlreiche Äußerungen zwischen dem Nuntius und der deutschen Regierung vor, deren gründliche Studierung sich empfehle, wenn man nicht mit einer diplomatischen Note überrascht werden wolle.

Stalmann weist darauf hin, daß nach seiner Erinnerung die Kurie in der Nachkriegszeit bis zum Abschluß des preußischen Konkordats anerkannt habe, daß die Abkommen aus dem vorigen Jahrhundert noch in Geltung seien. Pacelli habe wiederholt gedroht, die Kurie könnte erklären, daß dieses Abkommen mit der königlich preußischen Regierung abgeschlossen worden sei und nicht mit dem republikanischen Staat. Das Reich habe darauf erklärt, daß es der Kurie unbenommen bleibe, einen Bischof einzusetzen, er sei dann aber nur kirchlich eingesetzter Bischof mit rein kirchlichen Funktionen; Dotationen bekomme er vom Staat nicht; auch die Pfarrer erhielten keine Rechtsansprüche gegen die Kirchengemeinden usw. Die Reichsregierung habe erklärt, daß sie für die preußische Regierung keine Erklärung abgeben könne.

Weber macht darauf aufmerksam, daß sich aus dem Art. 14 des Reichskonkordats eine gewisse Begrenzung der Geltung des Konkordats auf das Reichsgebiet ergebe, indem hier der Kreis der Bistümer, auf den sich das Konkordat beziehe, limitativ aufgeführt sei.

Der Ansicht, daß das Reichskonkordat nicht automatisch auch auf Österreich Anwendung finde, könnte ein Bedenken entgegengehalten werden. Das Dritte Reich gehe von der Einheit des nationalsozialistischen Staates, der nationalsozialistischen Volksordnung und des nationalsozialistischen Reichsgedankens aus. Wenn nun auf der Grundlage des Reichskonkordats für den weit überwiegenden Teil Großdeutschlands, nämlich für das alte Reichsgebiet, eine bestimmte Haltung des Reiches gegenüber der Kirche vorgeschrieben oder beobachtet werde, dann könnte eine automatische Ausdehnung dieses gegenseitigen Habitus von Staat und Kirche auf Österreich gefolgert werden.

Der *Vorsitzende* gibt weiter zu bedenken, daß das Reichskonkordat auch vor den drei großen Ländern Preußen, Bayern und Baden haltmache und sie bestehen lasse. Man könnte also von einer ungerechten Behandlung sprechen, wenn das österreichische Konkordat nicht weiter in Geltung bleiben solle, zumal es von einer ähnlichen Regierung abgeschlossen sei, wie sie seinerzeit in den drei genannten Ländern bestanden habe.

Barion vertritt demgegenüber die Ansicht, daß eigentlich die Länderkonkordate durch das Reichsstatthaltergesetz hinfällig geworden seien, da durch dieses Gesetz die Länder ihre Eigenstaatlichkeit verloren hätten. Das Reichskonkordat bedeute weniger eine Ergänzung der Länderkonkordate als eine neue Grundlage für sie, indem es sie neu begründe.

Im übrigen habe er nicht die Absicht gehabt, die Frage des österreichischen Konkordats abschließend zu behandeln. Es gebe verschiedene Einzelfragen, die noch ausführlich zu besprechen seien und möglichst bald geklärt werden müßten, z.B. die Besetzung einer Bischofsstelle. Auch die Aufhebung der theologischen Fakultäten in Innsbruck und Salzburg bedeute noch keine konstruktive Politik. Nach seiner Meinung werde die Kirchenpolitik des Deutschen Reiches überhaupt einer gewissen grundsätzlichen Betrachtung bedürfen. Wenn das Deutsche Reich es für zweckmäßig oder notwendig halten sollte, seine Maßnahmen durch Vereinbarungen mit der Kurie zu treffen, dann werde es auf juristisch einwandfreie Argumente angewiesen sein. Hinsichtlich des Religionsunterrichts z.B. könne man nicht sagen, daß die Kurie unsere Argumente als unwiderleglich betrachtet habe; sie habe nur erklärt, daß sie praktisch nichts machen könne.

Roth hält auch als vordringlich die Frage der Besetzung einer freiwerdenden Bischofsstelle, die Ausbildung der Geistlichen und die finanzielle Frage. In der Frage der Besetzung einer Bischofsstelle sei das Kirchenministerium zu einer bestimmten Ansicht gelangt.

Heckel schlägt vor, den Mitgliedern des Ausschusses aufzugeben, ihre Auffassungen in den einzelnen Fragen darzulegen, um der Reichsregierung die verschiedenen Gesichtspunkte unterbreiten zu können. Wenn sich die Reichsregierung zu einer bestimmten Auffassung bekenne, müsse sie sie auch konsequent durchhalten.

Als weitere Aufgabe des Ausschusses komme eine Stellungnahme zu den von der Reichsregierung beabsichtigten Maßnahmen in Frage. Wenn die Regierung eine bestimmte Maßnahme plane, sollte der Ausschuß auf die rechtlichen Folgerungen und Konsequenzen hinweisen, die sich aus dieser Maßnahme auf Grund des kanonischen und sonstigen Rechts ergäben.

Weber bittet, sich nicht auf die Einholung der Auffassungen der einzelnen Ausschußmitglieder zu beschränken, sondern eine Stellungnahme des Ausschusses herbeizuführen. Insofern werde es notwendig sein, den Punkt 1 der heutigen Tagesordnung auch noch in der nächsten Sitzung zu behandeln, um dann zu einer abschließenden Stellungnahme des Ausschusses zu gelangen. Als vordringlich sehe auch er die drei genannten Fragen an. Er halte es für angezeigt, eine grundsätzliche Stellungnahme herbeizuführen, noch bevor ein konkreter Fall sich ereigne.

Barion hält es für notwendig, die Österreich betreffenden Fragen in zwei Gruppen aufzuspalten: in Angelegenheiten, für die der Staat ein alleiniges Entscheidungsrecht oder Mitbestimmungsrecht beanspruche, und in Angelegenheiten rein innerkirchlicher Natur. Die Fragen der Ämterbesetzung und der Ausbildung der Geistlichen seien als Fragen innerkirchlicher Natur anzusehen, während die Finanzfragen erheblich den Staat angingen.

Der *Vorsitzende* faßt das Ergebnis der Aussprache dahin zusammen, daß das Sitzungsprotokoll den Ausschußmitgliedern zugeleitet und ihnen Gelegenheit gegeben werden soll, sich bis zur nächsten Sitzung zu den in dem Referat Barion aufgeworfenen Fragen zu äußern, insbesondere zu der Frage der Ämterbesetzung, der Frage der Ausbildung der Geistlichen und der Ernennung von Professoren und der Frage der Dotationen. Im übrigen werde die Aussprache in der nächsten Sitzung fortgesetzt.

Punkt 2 der Tagesordnung: Die Besetzung des Bischofsitzes in Aachen

Barion: Nach dem Tode des Bischofs von Aachen war konkordatsmäßig die Dreierliste aufgestellt und eingereicht worden. Das Kapitel hat seine Wahl getroffen und gefragt, ob Bedenken bestehen. Der Staat hat die Frage bejaht. Daraufhin hat der Heilige Stuhl einen Verweser eingesetzt. Für den Außenstehenden erhebt sich hier die Frage, ob darin ein Rückzug des Heiligen Stuhls oder ein geschickter Schachzug zu erblicken ist, durch den das Kirchenministerium in die Verteidigung gedrängt wird.

Eine andere Frage ist, ob dieses Verfahren der Einsetzung eines Verwesers nicht ein Anzeichen für die Möglichkeit ist, die politische Klausel des preußischen Konkordats auch für künftige Fälle zu umgehen, denn innerkirchlich gesehen gilt der Administrator ebenso viel wie der regierende Bischof.

Eine weitere Frage ist, wie man sich praktisch zu dem Administrator stellen soll. Zunächst ist die Frage aufzuwerfen, ob es überhaupt konkordatsgemäß ist, auf diese Weise die normale Bischofsverfassung praktisch außer Kraft zu setzen. Im preußischen Konkordat ist der Administrator als administratore provisorio bezeichnet; es wird also ausdrücklich auf einen vorläufigen Zustand hingewiesen. Man kann daraus entnehmen, daß das Ziel des Konkordats die Bischofsverfassung ist. Es fragt sich, ob man die Kurie darauf hinweisen soll oder kann. Wenn man nun aber den Administrator vereidigt, dann bedeutet das eine gewohnheitsrechtliche Weiterentwicklung des Konkordatsrechtes dahin, daß wahlweise neben dem Bischof der Administrator gestellt werden kann. Konkordatsrechtlich gesehen müßte bei der Beanstandung die Kurie dem Kapitel eine neue Dreierliste einreichen, aus der das Kapitel erneut wählen müßte.

Roth: Ich darf hinzufügen, wie wir diesen Fall praktisch gelöst haben. Wir haben die Kurie wissen lassen, daß wir zwar gegen die Person des Bistumsverwesers nichts hätten, daß wir aber eine Wiederholung eines solchen Falles nicht hinnehmen könnten, da eine solche Maßnahme dem Geist und Sinn des Konkordats widerspreche. Die Kurie hat daraufhin nicht geantwortet. Wir haben den Bischofsverweser nicht vereidigt, weil wir den provisorischen Charakter nicht verwischen wollen und auch in unserer Stellungnahme nicht eine staatliche Anerkennung erblickt werden soll. Kirchenpolitisch ist es für uns nicht von weiterer Bedeutung, ob es ein Bischof oder ein Verweser ist. Wichtig ist allein, ob und die betreffende Person angenehm ist oder nicht.

Forsthoff hält es für angezeigt, diese Frage grundsätzlich zu erörtern und zu lösen und sich nicht auf ad hoc-Abkommen zu beschränken. Auch das Staatsrecht kennt solche Fälle des Provisoriums, z.B. die Vertretung des Reichspräsidenten nach dem Gesetz vom Dezember 1932 auf Grund der Weimarer Verfassung.

Der *Vorsitzende* bemerkt, daß er mit Herrn Professor Heyer, dem Bearbeiter des preußischen Konkordats, diese Frage besprochen habe. Heyer sei der Ansicht, daß im Falle der Ablehnung die Methode zu wiederholen sei, indem die Kurie gemäß den Bestimmungen des Konkordats über die freundschaftliche Erledigung von Meinungsverschiedenheiten veranlaßt werde, eine neue Dreierliste einzureichen. Das bei Aachen angewandte Verfahren widerspreche dem Geist des Konkordats; die Vertragspartner hätten die Pflicht, den Vertrag nicht zu umgehen, sondern zu erfüllen. Zum mindesten sollte betont werden, daß ein solcher Fall nicht wieder vorkommen dürfe.

Weber hält die vom Kirchenministerium getroffene Entscheidung für richtig, und zwar nicht nur deshalb, weil der jetzige Bischofsverweser eine der Staatsregierung angenehme Person sei, sondern auch deshalb, weil es sehr schwierig sei, die Kurie zu veranlassen, eine von ihr getroffene Entscheidung wieder rückgängig zu machen. Die preußische Regierung könne erklären, daß sie eine konkordatsgemäße Haltung eingenommen habe, während beim Partner eine solche Haltung zu vermissen gewesen sei.

Bevor man jedoch erkläre, daß genehme Verweser weniger genehmen Bischöfen vorzuziehen seien, müsse man sich darüber klar werden, welche Positiva in der normalen Bischofsverfassung liegen. Man werde zu dem Ergebnis kommen, daß die Bischofsverfassung nicht zu Unrecht vom Konkordat garantiert worden sei, und daß der Bistumsverweser nicht zu Unrecht nur als vorläufig gedacht sei. Zur Aufhellung dieser Frage werde man auf die Systemzeit zurückgehen müssen, in der der Bistumsverweser auch eine Rolle gespielt habe und ein besonderes Gesetz zur Vorbeugung von Mißbräuchen ergangen sei.

Durch den Einspruch sei der gute Glaube des Vatikans zerstört. In künftigen Fällen werde sich der Staat auch nicht durch eine persönliche Zuneigung zu dem Verweser abhalten lassen dürfen, die grundsätzlich notwendigen Maßnahmen zu treffen.

Der *Vorsitzende* hält es für eigentümlich, daß das Konkordat die Bistumsverweser nicht der politischen Klausel unterwerfe, und daß es auch keine Bestimmung darüber enthalte, ob und in welchen Fällen ein Bistumsverweser nicht ernannt werden dürfe.

Heckel betont, daß die ordentliche Kirchenverfassung immer die Einsetzung eines Bischofs zum Ziele habe. Das gehe schon daraus hervor, daß der Verweser nur zur Anzeige verpflichtet sei.

Roth wirft in diesem Zusammenhang die Frage auf, in welchen Fällen die Ernennung eines Bistumsverwesers möglich sei. Er erinnere daran, daß der Bischof von Württemberg des Landes verwiesen worden sei. Es frage sich, ob auch in diesem Fall ein Bistumsverweser ernannt werden könne. Allerdings sei dieser Fall nicht praktisch geworden, da Württemberg einen Weihbischof besitze.

Er wäre dem Ausschuß dankbar, wenn er die Frage der Einsetzung eines Bistumsverwesers einmal grundsätzlich behandelte.

Barion hebt hervor, daß für die Ernennung eines Administrators ein ziemlich weites Feld offen sei. Man könne einen Administrator auch bei Vorhandensein eines Bischofs bestellen.

In Aachen seien drei Grundsätze des preußischen Konkordats labil gemacht worden: einmal die *ordentliche Bischofsverfassung, ferner die Bestellung der Bischöfe durch Wahl*, die gegebenenfalls zu wiederholen sei, *und schließlich die politische Klausel*, indem die Kurie zu der Beanstandung keine Stellung genommen habe.

Der *Vorsitzende* weist noch darauf hin, daß die Bischofswahl ein altes Recht der Domkapitel sei, und daß die Ernennung von Bistumsverwesern durch die Kurie eine schwere Schwächung deutscher Stellen bedeuten würde.

Zu der Frage der Bistumsverweser soll noch einmal Stellung genommen werden, um eine abschließende Stellungnahme des Ausschusses herbeizuführen, die dann dem Kirchenministerium zugeleitet werden soll.

Punkt 3 der Tagesordnung: Sichtung des Stoffes. a) katholisches Kirchenrecht.

Roth: Es ergeben sich hier viele Probleme, die den Ausschuß insgesamt interessieren:

1. Die grundsätzliche Frage des Verhältnisses zwischen Staat und Kirche überhaupt, die allerdings einen stark politischen Einschlag hat.

2. Die verschiedenen Systeme: Trennung von Staat und Kirche oder Staatskirchentum.

3. Gesetz oder Vertrag?

4. Rechtliche Bedeutung des Punktes 24 des Programms der NSDAP.

5. Das gesamte Staatskirchenrecht, das einstweilen in verschiedenen Gesetzen niedergelegt ist, wozu auch das Konkordatsrecht sowie das von der Kirche gesetzte Recht gehört, soweit der Staat daran interessiert ist und davon berührt wird.

6. Das Konkordatsrecht, und zwar zunächst formal; die sprachliche Gestaltung des Reichskonkordats.

7. Reichskonkordat und Länderkonkordate; Konkordat und Codex Juris canonici; Auslegung der Konkordate; Reichskonkordat und Weimarer Verfassung. Ich erinnere daran, daß das Reichskonkordat sich weitgehend mit den Entwürfen aus den Jahren 1924 und 1926 deckt, und daß die Entwürfe auf die Weimarer Verfassung zurückgehen. Dagegen glaube ich sagen zu können, daß das Reichskonkordat in keiner Weise mit den Gedanken einer nationalsozialistischen Volksordnung übereinstimmt. Man muß es als außenpolitisches Instrument ansehen, als welches es auch abgeschlossen worden ist, und nicht im Hinblick auf die einzelnen Bestimmungen.

8. Sodann gibt es Einzelfragen in großer Zahl:

a. Die gegenseitigen diplomatischen Vertretungen der Reichsregierung und des Vatikans.

b. Die rechtliche Stellung des Nuntius im allgemeinen und als Doyen des diplomatischen Corps im besonderen.

c. Der Rechtscharakter der Kirche, der Stifte, Anstalten usw.

d. Das Vermögensrecht der Kirche, kirchliches Eigentum, Kirchensteuer, Pflicht- und freiwillige Leistungen des Staates an die Kirche.

e. Ablösungen, Dotationen, Amortisationsgesetze, Patronatsrecht.

f. Die geistlichen Privilegien, Zeugnisverweigerungsrecht der Geistlichen, Freiheit von der allgemeinen Wehrpflicht, Befreiung von öffentlichen Ämtern.

g. Geistliche als Staatsbeamte, Religionslehrer, Theologieprofessoren, Militärgeistliche.

h. Die Frage des nihil obstat, die Frage der missio canonica.

i. Kirchliche Verwaltungsbezirke, Zirkumskriptionen, Angleichung von Staaten, die aneinander grenzen.

k. Errichtung von kirchlichen Stiftungen, Ämtern, Kirchengemeinden, Diözesen.

l. Besetzung von Kirchenämtern, Bistümern usw.

m. Voraussetzungen bei den Kandidaten, Einspruchsrecht des Staates gegen Bischöfe usw. Treueid der Bischöfe.

n. Ausbildung der Geistlichen, Knaben- und Priesterseminare, theologische Fakultäten, kirchliche Lehranstalten, Ordenshochschulen, römische Hochschulen, der Titel des Dr. theol., Orden religiöser Gesellschaften.

o. Der Religionsunterricht an den Volks- und höheren Schulen.

p. Das Eherecht, kanonisches und staatliches.

q. Seelsorge beim Militär, in Krankenhäusern und Strafanstalten.

r. Die katholische Aktion, katholische Vereinigungen und Organisationen.

s. Das Religionsrecht und die völkischen Minderheiten, kirchenpolitische Parität.

t. Das Verhältnis von Kirche und Staat in anderen Ländern (vergleichendes Staatskirchenrecht), die Konkordate anderer Länder, die Lateranverträge in ihrer Bedeutung für die außeritalienischen Länder.

Als besonders aktuell möchte ich bezeichnen die Frage des Österreichischen Konkordats, die Frage des Bistumsverwesers und die Frage des nihil obstat, die uns immer wieder in Einzelfällen beschäftigt.

b) Evangelisches Kirchenrecht

Stahn: Ein großer Teil der soeben vorgetragenen Punkte betrifft auch die evangelische Abteilung. Von den Fragen, die hinsichtlich der evangelischen Kirche aktuell sind, möchte ich folgende herausstellen:

1. Die *Frage der Geltung der evangelischen Staatsverträge*. Es ist zu erwägen, hierzu eine Stellungnahme des Ausschusses herbeizuführen. Diese Frage ist auch materiell interessant, denn es befinden sich in den evangelischen Staatsverträgen viele Bestimmungen, deren Gültigkeit bezweifelt werden kann, weil die Materie von Reichsgesetzen zum Teil oder ganz geregelt worden ist. Auch formell ist durch das Reichsstatthaltergesetz heute eine andere Lage gegeben.

2. Die *Rückwirkung der sogenannten kleinen Reichsreform auf die Landeskirchengrenzen und das Verhältnis der Landeskirchen zum Staat*. Es entsteht die Frage, welches Konkordat gilt, wenn ein Gebietsteil eines deutschen Staates zu einem anderen deutschen Staat kommt.

3. *Die Frage der Staatsleistungen für Kultuszwecke*. Diese Frage, die beide Abteilungen angeht, bereitet zur Zeit erhebliche Schwierigkeiten.

4. Die *Stellung der Kirche als Körperschaft des öffentlichen Rechts in der neueren Gesetzgebung*. Auch diese Frage beginnt, aktuell zu werden. Bei der Verleihung des Treudienst-Ehrenzeichens hat der Führer erklärt, daß der Dienst in der evangelischen Kirche kein öffentlichrechtlicher Dienst ist. Ist die evangelische Kirche noch Körperschaft des öffentlichen Rechts, oder ist sie eine juristische Person sui generis geworden?

Weber führt als weitere Frage die Vereinheitlichung des Kirchenaustrittsrechts an. Zur Zeit gebe es 17 verschiedene Rechte.

Stahn bittet, das Kirchenaustrittsrecht zurückzustellen, da es sich hier um eine politische Frage handle.

Heckel hält eine wissenschaftliche Bearbeitung der aufgeführten Fragen nur dann für erfolgreich, wenn feststehe, welche politische Linie gegenüber der Kirche eingenommen wird. Der Ausschuß bedürfe also für seine Arbeit gewisser Unterlagen von der politischen Leitung des Reiches, wenn er zu den einzelnen Fragen eine Stellungnahme herbeiführen wolle.

Roth weist auf weitere vom Ausschuß zu behandelnde Fragen hin: das Judenrecht und das Recht der Weltanschauungsgruppen. Auch diese Fragen, die außerhalb der beiden großen Kirchenabteilungen stünden, könnten in Zukunft von Bedeutung werden.

Der *Vorsitzende* wirft abschließend die Frage der Bezeichnung des Ausschusses auf. Die Bezeichnung "Ausschuß für Religionsrecht" sei gewählt worden, weil der Ausdruck "Ausschuß für Kirchenrecht" zu eng erscheine, da er nur die evangelische und katholische Kirche erfassen würde. nach seiner Ansicht sei die Bezeichnung "Ausschuß für Religionsrecht" am treffendsten, obwohl sie nicht besonders schön sei.

Es wird beschlossen, das Sitzungsprotokoll den Mitgliedern des Ausschusses zuzusenden. Die Ausschußmitglieder werden gebeten, zu den Punkten 1 und 3 ihre Meinungen sowie Ergänzungen und Wünsche zu äußern. Die weitere Behandlung des Punktes 2 soll auf Grund eines vom Vorsitzenden zu erstattenden Berichts in einer späteren Sitzung erfolgen.

Für die nächste Sitzung wird folgende Tagesordnung vorgesehen: 1. Besprechung der Punkte 1 und 3 der heutigen Sitzung.

2. Die evangelischen Staatsverträge. Referent: Stahn, Korreferent: Forsthoff.

3. Die Körperschaftsfrage. Referent: Ruppel, Korreferent: Weber.

(Schluß der Sitzung: 18.45 Uhr.)

II. Sitzung vom 2.12.1938

1. Protokoll vom 2.12.1938 (Der modus vivendi zwischen der Tschechoslowakei und dem Vatikan. – Die österreichische Konkordatsfrage – Die evangelischen Kirchenverträge)

Vorsitzender (Ministerialdirektor Dr. Meyer): Meine Herren! Ich eröffne die zweite Tagung des Ausschusses für Religionsrecht und begrüße Sie herzlich. Als ich vorhin diesen Saal betrat und Sie, meine Herren, wiedersah, kam mir unwillkürlich die Erinnerung an unser letztes und – ich darf hinzufügen – erstes Zusammensein in diesem Raum. Die Erinnerung an die Konstituierung unseres Ausschusses durch Herrn Prof. Dr. Emge als Vertreter des Herrn Präsidenten der Akademie. Mir kam die Erinnerung an jenen Tag des 28. September 1938, d.h. an den Tag, den man, seitdem er hinter uns liegt, als einen der schwersten Krisentage, ich kann vielleicht sagen, den schwersten Krisentag der ganzen letzten Zeit zu bezeichnen pflegt. In der Tat, wenn ich daran zurückdenke, dann muß ich sagen: Die politische Atmosphäre jenes heißen, sommerlichen Herbsttages war mit Elektrizität und Phosphor geladen. Erst gegen Abend trat eine Beruhigung, eine Entspannung ein durch die Mitteilung, daß die großen Vier am nächsten Tage in München zusammentreten würden, um über den Frieden zu beraten. Ich darf wohl sagen: Wir alle sind dankbar dafür, daß uns damals der Friede erhalten geblieben ist. Aber es wird Ihnen so gehen wie mir: Die Erinnerung an unsere erste Zusammenarbeit wird sich für uns alle verknüpfen mit der Erinnerung an jene sorgenvollen Stunden. Sie haben damals, als wenn nichts geschehen wäre, ruhig Ihre Pflicht in den Stunden, in denen wir zusammen waren, getan, eine Pflicht auf wissenschaftlicher, ruhiger Grundlage, und ich glaube, darin ist ein sehr schönes Zeichen zu erblicken, daß deutsche Männer, komme, was auch kommen mag, bis zuletzt die Arbeit, die in der Heimat zu leisten ist, verrichten, auch wenn sie wie viele unter Ihnen vielleicht schon am nächsten Tage oder wenige Stunden später an einer anderen Stelle eine andere Pflicht zu erfüllen haben. Ich danke Ihnen dafür und gebe der Hoffnung Ausdruck, daß es in Deutschland immer so bleiben möchte.

Meine Herren! Ich habe dann noch etwas anderes auf dem Herzen. Im Sommer vorigen Jahres habe ich das Amt des Vorsitzenden – jetzt sagt man Vorsitzers – des Ausschusses übernommen in der Hoffnung, daß ich dieses Amt auch neben der vielen Arbeit, die mir als Leiter der Etatabteilung im Preußischen Finanzministerium obliegt, sachlich wahrnehmen könne. Ich habe gewußt, daß gerade die Monate, die zuerst kommen würden, Oktober, November und Dezember in meiner Stelle besonders arbeitsreich sind. Ich muß leider hinzufügen, daß die Arbeit in diesem Jahre infolge der Unruhe, die überall herrscht, infolge des Umbruchs, der Anpackung zahlreicher Projekte und Probleme überhaupt jedes Maß überschreitet. Es ist so gewesen, daß ich kaum noch zum Mittagessen kommen konnte, weil eine Sitzung die andere jagte. Ich sage das nicht, um es hier hervorzuheben – ich weiß, daß es an anderen Stellen ebenso ist; Sie sind auch nicht mit Arbeit verschont –, sondern ich sage das nur, weil ich etwas darunter leide. Ich habe Zweifel, ob ich das Amt so werde versehen können, wie ich es mir dachte; denn ich bin der Meinung, daß der Vorsitzer nicht nur die formelle Verbindung zwischen den Mitgliedern des Ausschusses herzustellen hat, sondern daß er berufen ist, die Arbeiten der Mitglieder, den Stoff, den diese zusammentragen, selbst in sich aufzunehmen und zu durchdringen, damit er auch, wenn es sein muß, in der Lage ist, ihn nach außen zu vertreten und die Verbindung zwischen den Mitgliedern herzustellen, wenn sich etwa Meinungsverschiedenheiten ergeben sollten. Es ist nun eine spätere Sorge, ob ich auf die Dauer in der Lage sein werde, das Amt zu behalten. Aber es ist so, daß die Arbeit jetzt zurückgeht und im Laufe des Januar wieder ihren normalen Stand erreicht. Dann hoffe ich, mein Amt anders versehen zu können als bisher. Wenn das nicht der Fall sein sollte, wenn etwa infolge der ganzen Unruhe der Zeit die Arbeit sich wieder häufen sollte, dann würde ich nochmals Sie fragen, ob Sie mich weiter behalten wollen; denn ich muß auch von meinem Standpunkte aus sagen: Ich würde nicht bereit sein, nur ein formeller Vorsitzender zu bleiben, sondern ich muß Ihr Mitarbeiter werden. Wie gesagt, ich hoffe, das werden zu können; aber ich kann das im Augenblick noch nicht überblicken.

Meine Herren! Nun noch einige andere Punkte! Die Geschäftsgebarung im Ausschuß ist ja so, daß das, was hier gesagt wird, festgehalten wird, daß die Referate, aber auch die Zwiegespräche protokolliert werden. Dann wird daraus von Herrn Landgerichtsrat Dr. Keith und seinen Mitarbeitern eine verkürzte Niederschrift in indirekter Rede zurechtgestellt und den Herren wird diese Niederschrift übersandt. Ich bemerke dazu, daß es wohl unmöglich ist, die Urschrift der Protokolle den Herren zuzustellen; denn das würde zu weit führen, das würde sehr bald Räume füllen. Nun ist ja ein Fall vorgekommen, in dem Prof. Heckel es doch vorgezogen hat, die Niederschrift, die ihm übersandt worden war, in etwas anderer Form zu den Akten zu bringen. Darum wollte ich Sie einmal fragen: Ziehen Sie es etwa vor, daß dieses verkürzte Protokoll den Herren zunächst nur, wie das früher im Reichstag und Landtag der Fall war, zur Durchsicht übersandt wird, damit sie in der Lage sind, Änderungen vorzunehmen oder das Protokoll durch ein anderes zu ersetzen? Das würde allerdings mit sich bringen, daß jedes Protokoll zunächst nur dem Sprecher, noch nicht den anderen Herren, wie es bisher geschehen ist, übersandt wird. Ich verstehe ja, daß ein Stoff, der rein wissenschaftlicher Natur ist, oft durch eine Nuance, durch irgend etwas in der indirekten Rede ein anderes Gesicht bekommt, als ein Protokoll in direkter Rede, das hier aufgenommen worden ist. Also ich habe dafür vollstes Verständnis und wollte nur einmal von den Herren wissen, wie wir diese Frage nach Ihrer Meinung am besten regeln. Ich weiß nicht, ob einer der Herren da einen besonderen Wunsch hat.

Heckel: Ich würde es an und für sich begrüßen, wenn der Modus Platz griffe, daß man eine kurze Aufzeichnung dessen, was hier gesagt worden ist, zunächst einmal persönlich bekommt, damit man das so stilisieren kann, wie es der eigenen Meinung entspricht. Ich möchte also in keiner Weise das Protokoll beanstanden, das mir übersandt worden ist. *(Meyer:* Nein, das hatten Sie auch gesagt!) Aber es ergeben sich sehr viele Nuancen gerade auf diesem ungemein schwierigen Gebiet des Staatskirchenrechts, und mancher Satz wirkt anders ausgesprochen, vielleicht auch nicht ausgesprochen. Es kommt auf die Betonung eines Wortes unter Umständen an. Ich habe bei anderen Ausschüssen der Akademie die Erfahrung gemacht, daß die Protokolle, die hier aufgenommen und uns dann zugesandt worden sind, eigentlich einen ziemlichen Ballast, und zwar einen toten Ballast darstellen, wenn es nicht so ist, daß diejenigen Herren, die eben Wert darauf legen, das, was sie hier gesagt haben, vielleicht verkürzt, aber doch in einer im wesentlichen der Diskussion entsprechenden Fassung zur endgültigen Formulierung zu geben.

Vorsitzender: Es kann ja auch kommen, daß eine Äußerung im Laufe der Debatte ein anderes Gesicht bekommt.

Stalmann: Ich würde doch vorschlagen, daß wir unsere Ausführungen vorher zu Gesicht bekommen, damit wir noch Änderungen vornehmen können. Ich habe mir auch erlaubt, meine Ausführungen, die mir zugesandt worden sind, zu ergänzen.

Weber: Ich bitte zu berücksichtigen, daß naturgemäß in der Akademie eine große Anzahl von Protokollen anfallen. Ich glaube, es vergeht kein Tag, an dem nicht mehrere Ausschüsse nebeneinander tagen. Ich bitte zu bedenken, daß es eine ungeheure Vergrößerung des Schreibwerks bedeutet, wenn man vorher alle diese verkürzten Protokolle den einzelnen Mitgliedern zugehen läßt.

Ich gebe zu, daß im Kirchenrechtsausschuß die Dinge besonders schwierig liegen und die Worte besonders vorsichtig zu wägen sind. Aber ich weiß nicht, ob es nicht genügt, daß den Herren Mitgliedern des Ausschusses die Möglichkeit bleibt, durch einen zu den Akten gegebenen Nachtrag oder durch eine Bemerkung, wie sie Herr Kollege Heckel eingereicht hat, etwaige Zweifel richtigzustellen. Im allgemeinen wird das vielleicht nicht möglich sein. Ich persönlich würde auch darüber hinwegsehen können, wenn diese oder jene Bemerkung von mir in dem Protokoll nicht so auftaucht, wie ich sie etwa gedruckt abliefern möchte. Eine so grundsätzliche Bedeutung haben die Protokolle ja nicht. Ich möchte also sozusagen vom Standpunkt der Akademie aus doch gegen das hier vorgeschlagene Verfahren gewisse Bedenken erheben. Der Apparat, der der Akademie zur Verfügung steht, ist keineswegs etwa so umfangreich, wie der Apparat, der früher den Parlamenten zur Verfügung stand. Das Schreibwerk in der Akademie ist sowieso schon groß genug.

Vorsitzender: Herr Professor, ich darf darauf gleich erwidern. Wenn es nun dazu kommt, daß ein Herr das ihm übersandte Protokoll ändert, dann ist ja die Arbeit dieselbe; denn dann muß das nun vervielfältigt und den Herren ja doch auch übersandt werden; dann hat jeder zwei Stücke. Das ist auch nichts, wenn damit zu rechnen ist, das der eine oder der andere Herr es dann doch vorzieht zu ändern. Ich kann mir vorstellen, daß gerade ein Gelehrter, bei dem es schließlich in einer etwas diffizilen, nicht alltäglichen Materie, wie gesagt, auf jede Nuance ankommen muß, doch diesen Wunsch hat.

Keith: Ich halte das durchaus für richtig, was Herr Prof. Weber sagte und möchte es unterstreichen: Der Akademie steht ein umfangreicher Apparat in dieser Form nicht zur Verfügung. Aber ich habe Ihnen, Herr MinDir., schon gesagt, daß ich gerade wegen der besonderen Schwierigkeit dieses Ausschusses schon einen anderen Weg wählen würde. Dann würde ich nur folgenden Weg für möglich halten, daß man den Herren, soweit die in umfangreicherer Weise gesprochen haben, auch eine Durchschrift dessen übersendet, was sie tatsächlich gesagt haben; denn es kommt leider häufig vor, daß einzelne Herren, die zu den Dingen Stellung nehmen, nach einer Zeit, wenn sie das wörtlich stenographiert wieder vor sich sehen, es gar nicht mehr als ihr Kind annehmen wollen. Dann kommt das Korrekturbedürfnis. Dem kann natürlich in der Niederschrift nicht stattgegeben werden; das ist nicht möglich. Ich bin der Auffassung, daß die Akademie auch in ihrer technischen Abteilung so weit besetzt ist, daß die ja doch immerhin nicht unverständlichen Referate, die hier gehalten werden, wohl sinngemäß wiedergegeben werden. Aber trotzdem, um den Herren zu zeigen, daß das, was hier zusammengeschrieben worden ist, auch dem entspricht, was sie gesagt haben, müßte man ihnen dann doch schon, soweit es überhaupt technisch möglich ist – ich kriege nur 4 bis 5 Durchschläge –, ihre Ausführungen zusenden. Man müßte also ein Exemplar des Protokolls auseinanderschneiden und den Herren ihre Ausführungen zuschicken, um ihnen zu zeigen: das hast du wirklich gesagt, das ist wörtlich aufgenommen. Wenn dann natürlich noch Änderungen vorgenommen werden, dann liegt das eben nicht an der technischen Bearbeitung, sondern an der verschiedenen Auffassung, die sich im Laufe der Zeit dazu gebildet hat.

Barion: Ich möchte fragen, ob man bei diesem Korrekturbedürfnis nicht mit in Rechnung stellen müßte, daß ja diese ganzen Niederschriften völlig vertraulich sind. Es ist ja doch nicht so, auch nicht auf der Seite der Mitglieder, daß die Niederschriften in die Öffentlichkeit kommen. Wenn man also hier etwas sagt, was in der Hitze des Gefechts vielleicht nicht in der vollen Abgeklärtheit der akademischen Reife herauskommt, so kann das doch in keiner Weise nach außen hin benutzt werden. Infolgedessen würde also eigentlich eine solche komplizierte Apparatur, die darauf hinausliefe, alles in eine restlos druckfertige Form zu bringen, doch vielleicht mehr hindern als nützen.

Keith: Es soll lediglich eine Erinnerungsstütze für die Herren sein; es hat nicht den Zweck, den Herren nachher als Gegenbeweis vorgelegt zu werden, um festzustellen: du hast das und das gesagt. Das ist nicht der Sinn der Sache. *(Barion:* Das meine ich auch!)

Vorsitzender: Ich bin ja lange genug im Ministerium, um zu wissen, wie es früher im Landtag und Reichstag gemacht worden ist. Da war es ja noch anders. Da bekam man die Niederschrift und dann wurde lustig darin herumkorrigiert. So ist es ja gemacht worden, und das wurde dann gedruckt. Dieses Verfahren hatte aber, wie gesagt, einen anderen Zweck. Die Niederschrift hatte schließlich den Zweck, als Dokument da zu sein, und sie konnte auch einmal geändert werden. Es ist ja so: man spricht rasch, verbessert sich; es kommen Zwischenrufe, man korrigiert sich usw.

Ruppel: Ein Protokoll, in dem alles darinsteht, was hier gesagt worden ist, ist meines Erachtens nicht von allzu großem Wert. Ich möchte doch zu erwägen geben, ob es nicht schon zu viel ist, daß die Protokolle jeweils den einzelnen Herren zugeschickt werden sollen.

Weber: Das entspricht der Übung der Akademie, und es entspricht auch einem weitgehenden, weit verbreiteten Bedürfnis.

Ruppel: An einer anderen Stelle habe ich folgende Übung gefunden. Da wurde mitgeschrieben, gleichzeitig aber sämtlichen Herren, die gesprochen hatten, ein Formular überreicht mit der Bitte, sie sollten das, was sie gesagt hätten, kurz skizzieren. Wer nicht davon Gebrauch machen wollte, konnte es lassen. Für den Fall, daß die Akademie sich entschließen könnte, die Stenogramme den Rednern zuzuschicken, würde ich diesen Modus jedenfalls für möglich halten in dem Sinne, daß doch immerhin die einzelnen Redner die Möglichkeit haben, schon in einer kurzen Skizzierung auszuarbeiten, worauf sie in ihren ganzen Ausführungen Wert legen. Dann bleibt auch für Herrn LGR Keith eine gewisse Richtlinie bezüglich seines Exzerpts.

Keith: Ich bin ja bereit, weil ich die besondere Schwierigkeit der Materie nicht verkennen will, neben dem Entwurf meiner Niederschrift das Protokoll zuzusenden. Dieses Protokoll kommt dann natürlich als Zettelwerk an. Ich kann nur ein Exemplar zerschneiden lassen. Dann würden also, sagen wir einmal, längere Ausführungen des Herrn Prof. Barion oder des Herrn Prof. Weber oder des Herrn Vorsitzenden dem Entwurf der Niederschrift beiliegen.

Heckel: Ich habe jahrelang Konkordatsverhandlungen in Preußen mitgemacht, und ich weiß, welche große Bedeutung ein sorgfältiges Protokoll für die spätere Auslegung gewisser Bestimmungen eines Vertragswerks oder einer Richtlinie, die der Ausschuß aufstellt, oder dergleichen haben kann. Deshalb läge mir daran, daß in einem Protokoll das, was ein Redner gesagt haben will, auch im Sinne dieses Redners niedergelegt wird. Wie das technisch zu machen ist, läßt sich leicht klären. Ich glaube, es bestehen da keine übermäßigen Schwierigkeiten, wenn sie ein Exemplar zerschneiden und gleichzeitig den Herren aufgeben, sich innerhalb eines Zeitraums von drei Tagen zu äußern. Sie brauchen gar nicht vorher die Niederschrift selber zu entwerfen. Sie schikken dem betreffenden Redner nur das Stenogramm seiner Rede zu, und er muß es innerhalb dreier Tage einliefern. Dann machen Sie die Niederschrift. Das ist keine Erschwerung, sondern eine Erleichterung.

Keith: Das würde eine Erleichterung sein. Das hatte ich auch schon mit Herrn MinDir. Meyer besprochen. Da meinte Herr MinDir. Meyer, das sei den Herren nicht zuzumuten. *(Heckel:* Doch, das ist zuzumuten!)

Vorsitzender: So habe ich das nicht gemeint. Wenn die Herren das wollen, können wir das so machen.

Keith: Das habe ich den Herren auch nicht zumuten wollen; so will ich sagen.

Heckel: Ich darf bemerken, daß das früher bei der staatsrechtlichen Vereinigung auch gemacht worden ist. Wer sich eben innerhalb der drei Tage nicht äußert, der bekam das, was er gesagt hatte. *(Meyer:* Das ist eine Möglichkeit!) Es ist für Sie, Herr LGR Keith, eine Erleichterung. Dagegen bin ich auch der Meinung des Herrn Ruppel: ein Protokoll, in dem alles steht, was hier gesagt worden ist, ist praktisch wertlos, ist noch weniger Wert als ein Parlamentspapier mit den ganzen Reden. Aber auf der anderen Seite halte ich ein Protokoll, in dem die Leute, die nun glauben, diese schwierigen Dinge mit der nötigen Verantwortung behandeln zu müssen, sich auf ihre eigene Meinung festgelegt sehen, für wertvoll im Interesse der künftigen Weiterarbeit. Ich glaube, es ist keine Erschwerung für Sie, wenn Sie dieses Verfahren wählen.

Vorsitzender: Dann wollen wir es so machen, d.h. nur bei den Herren, die das wünschen.

Keith: Darf ich noch eines sagen! Es ist ja so: Bei den vorbereiteten Referaten, die hier gehalten werden, waren die Herren ja bisher meistens so freundlich, uns eine Niederschrift zur Verfügung zu stellen. Die habe ich dann wörtlich abziehen lassen. Also da besteht kein Zweifel. Lediglich bei der Diskussion ist eine Schwierigkeit entstanden. Nun ergibt sich aus dem Sinn der Rede, daß man in der Rede mehr sagt, als man nachher schreiben würde, und daß das natürlich bei der Niederschrift etwas zusammengedrängt wird. Wenn ich nun den Herren das zuschicke, was sie tatsächlich gesagt haben, also das gesprochene Wort, und wenn sie das für richtig finden und wenn ich mich nun hinsetze, die Sache bearbeite und gebe die Niederschrift meinem Referendar, der sie durcharbeitet, so ist nachher doch die Gefahr vorhanden, daß die Herren das, was sie gesagt haben, nicht richtig ausgedrückt finden.

Heckel: Ich meine erstens, daß ich das nur denen zuschicken würde, die am Schluß der Sitzung den Wunsch aussprechen. Den übrigen brauchen Sie es nicht zuschicken, namentlich bei kleinen Zwischenbemerkungen usw. ist das gar nicht erforderlich. Zweitens: Wenn Sie dann in der Zusammenziehung dessen, was in der ausführlichen und persönlichen Bearbeitung von den Herren gesagt worden ist, nach der Meinung des Autors nicht ganz das Richtige getroffen haben, wird er es am Anfang der nächsten Sitzung sagen.

Barion: Ich habe das nicht ganz verstanden. Wenn man den Rednern ihre wörtlichen Ausführungen zuschickt, was soll der betreffende Redner damit tun?

Heckel: Er kann darin noch einiges streichen, was er zu weit ausgeführt hat. *(Meyer:* In indirekte Rede umändern!*)* Dann schickt er es uns zurück.

Barion: Also er gibt das Original wieder und schreibt: Das und das möchte ich nicht in das Protokoll hineingebracht haben; das ist mir im Eifer des Gefechts entfallen.

Vorsitzender: Er soll nicht inhaltlich ändern, sondern nur eine Kürzung vornehmen.

Weber: Das ist eine Korrektur des Stenogramms. Es bleibt Stenogramm. Das Stenogramm geht dem Betreffenden zu, und er hat die Möglichkeit, das Stenogramm zu korrigieren. Aber mehr tut er nicht. Die Zusammenfassungsarbeit erfolgt hier. Er kann auf diese Weise dem Referenten des Ausschusses die Arbeit erleichtern und auch schon die Zusammenfassung bieten, die in das zu vervielfältigende Protokoll aufgenommen werden soll.

Heckel: Es soll Stenogramm bleiben, und hier wird dann die Zusammenfassung vorgenommen.

Vorsitzender: Also das würde die Methode sein, wie sie im Landtag und Reichstag früher geübt wurde. Wollen wir so prozedieren?

Barion: Ich wäre an sich mehr dafür, das nicht zu tun. Das bedeutet ja praktisch, daß jede mündliche Verhandlung durch eine schriftliche Verhandlung gewissermaßen ergänzt wird und daß man nachher gezwungen ist, die ganze Niederschrift noch einmal genau durchzuarbeiten, weil man nie sicher ist, ob das, was man in der Erinnerung hat, in dem zweiten schriftlichen Teil plötzlich geändert worden ist. Das ist für mich eine große Erschwerung. Ich komme mit meinem Gedächtnis gut zurecht und brauche das Protokoll nicht durchzulesen. Jetzt bin ich gezwungen, das Protokoll von A bis Z nochmals durchzulesen.

Keith: Ich darf dazu auf eines hinweisen. Es kann natürlich die Diskussionsgrundlage dadurch etwas verschoben werden. Es ergibt sich ja aus Rede und Gegenrede, daß meinetwegen der A, der zuerst etwas gesagt hat, nachher denkt: "Donnerwetter, diese Sache von mir ist etwas schief". Nach mehrmaligem Hin und Her erkennt er das selbst.

Barion: Wenn es so geht, daß A zuerst redet, dann B repliziert, sieht nachher A unter Umständen etwas ein, und dann verbessert er sich, und dann hängt B auf einmal in der Luft. Das ist doch in der Replik so.

Vorsitzender: Schwierigkeiten ergeben sich, das ist keine Frage.

Heckel: Dann bleibt nur übrig, daß Sie die Möglichkeit eröffnen, eine sogenannte Klarstellung oder etwas Ähnliches vorzunehmen. Das halte ich für das Beste.

Forsthoff: Ich bitte dabei folgendes zu bedenken. Ich persönlich bin heute in der Lage, kein Manuskript zu haben, sondern nur Stichworte. Mit ist erst gestern das Referat des Herrn Dr. Stahn zugängig gemacht worden. Ich wäre nun natürlich sehr dankbar, wenn meine Ausführungen mitstenographiert würden und wenn ich nachher Gelegenheit hätte, sie zu überarbeiten. Diese meine Ausführungen sind keine Diskussionsäußerung, sondern ein Referat, das ich aus Zeitgründen nicht schon selbst in schriftlicher Ausarbeitung vorlegen kann.

Vorsitzender: Dagegen bestehen keine Bedenken. Wenn ein zusammenhängendes Referat des Referenten, das noch nicht schriftlich fixiert ist, hier gehalten wird, dann würde ich das auch für die richtige Methode halten. Ich glaube, in einem solchen Falle würde das auch der Absicht des Herrn Prof. Barion nicht widersprechen.

Barion: Aber es muß verhindert werden, daß, wenn man z.B. auf irgendeine Äußerung erwidert, nachher die grundlegende Äußerung im Protokoll korrigiert wird und infolgedessen die Antwort evtl. im Protokoll in der Luft hängt.

Vorsitzender: Herr Prof. Heckel, dann bleiben wir doch dabei, daß Herr Dr. Keith es so macht wie bisher, daß es aber jedem Herren überlassen ist, Klarstellungen vorzunehmen.

Keith: Wobei natürlich Klarheit darüber besteht, daß diese Klarstellung nicht von vornherein ein Vorwurf gegen meine Formulierungstätigkeit ist; denn dann müßte ich nebenbei die Urschriften im einzelnen vergleichen lassen, und dann würden die Herren sehen, daß meine Formulierung doch ihre Berechtigung hat.

Vorsitzender: Das liegt ja auch daran, daß, wie gesagt, Schreiben und Sprechen etwas verschiedenes ist. Ich weiß doch, daß man sogar mit Protokollen nicht einverstanden gewesen ist, die nun unweigerlich Wort für Wort mitgeschrieben worden sind. Es liegt ja auch daran, daß man, wenn man eine Idee entwickelt, nicht immer gleich den Nagel auf den Kopf trifft, sondern erst dann, wenn man sie sich selbst zurechtgeredet hat. Damit wollen wir diesen Punkt verlassen. Wir werden die Sache auch weiterhin so handhaben wie bisher.

Meine Herren! Wir können nun vielleicht einmal sehen, wie wir hinsichtlich der Tagesordnung prozedieren wollen. Auf der Tagesordnung ist als erster Punkt vorgesehen: Der Modus vivendi zwischen Tschecho-Slowakei und Vatikan, von Herrn Prof. Weber zu erörtern. Daran soll sich anschließen eine Stellungnahme zu der österreichischen Frage, also zur Konkordatsfrage; Referate der Herren MinRat Roth und Prof. Dr. Barion. Ich halte es auch für zweckmäßig, daß das verbunden wird. Wir haben als zweiten Punkt auf der Tagesordnung die evangelischen Kirchenverträge, die die Herren Stahn und Forsthoff behandeln sollen. Drittens steht auf der Tagesordnung das nihil obstat. Referent ist Herr Prof. Dr. Weber. Vierter Punkt der Tagesordnung ist die Aussprache über die Sichtung des Stoffes. Ferner sind noch in Aussicht genommen für spätere Sitzungen folgende Referate: die Körperschaftsfrage, die von den Herren Ruppel, Weber und Heckel zu behandeln wäre.

Heckel: Darf ich dazu etwas sagen? Ich habe nachträglich noch an Herrn MinDir. Meyer geschrieben, daß ich gern auf die rechtsgeschichtliche Entwicklung des öffentlichen Körperschaftsbegriffs eingehen möchte. Das würde, glaube ich, eine Art Einleitung zu dem sein, was die Herren dann über das geltende Recht – Sie werden sich doch im wesentlichen auf das geltende Recht beschränken – zu sagen haben. An und für sich wäre ja der Berufene für diese Frage Herr Kollege Forsthoff, der darüber schon gearbeitet hat; aber da Herr Forsthoff nun hier über die evangelischen Verträge schon zu handeln hat und da ich von einer etwas anderen geschichtlichen Methode aus das historische Thema anpacke, könnte das eine Ergänzung zu Ihren Arbeiten sein, Herr Kollege Forsthoff. Ich glaube, es wäre nicht ganz ohne Wert, wenn ich die rechtsgeschichtliche Entwicklung zunächst vornehmen würde. *(Meyer:* Sie meinen: als erstes?) Entweder als erstes oder als drittes!

Weber: Ich würde vorschlagen, wenn es sich ermöglichen ließe, daß Herr Kollege Heckel sein Referat schon heute hält, so daß uns zu unseren Referaten ein gewisser Zeitraum bleibt und wir darauf aufbauen können.

Vorsitzender: Heute oder morgen in dieser Tagung!

Weber: Jedenfalls noch in dieser Tagung. Das wäre sehr zu begrüßen.

Vorsitzender: Ich weiß nicht, ob das möglich ist, ob Sie, Herr Prof. Heckel, sich darauf vorbereitet haben.

Heckel: Ich hatte das zuerst vorgesehen. Nun hängt dies auch etwas mit der Zeit zusammen. Wenn wir uns hier über die anderen Themen, die alle sehr wichtig sind, ausführlicher unterhalten sollten, wird für dieses rechtshistorische Thema, glaube ich, die Zeit nicht mehr ausreichen. Es ist immerhin so, daß ich dafür mindestens wahrscheinlich eine Stunde brauchen würde. Wenn dann noch eine Aussprache kommt oder Fragen gestellt werden, dann kommt es nicht so zur Geltung, wie es wünschenswert wäre. An und für sich hatte ich nämlich denselben Gedanken wie Sie, daß man das Historische vorwegnimmt und in der nächsten Stunde das andere vornimmt. Aber man kann es doch in derselben Tagung machen.

Vorsitzender: Wir müssen ja sehen, wie es mit der Zeit wird. Als weiteres Thema ist vorgesehen die Entwicklung der Nuntiaturen unter besonderer Betonung der Entwicklung in Deutschland, und zwar für eine der nächsten Sitzungen.

Heckel: Das ist ein allgemeines Thema, das ich in der nächsten Sitzung noch nicht behandeln würde. Ich möchte dieses Thema der Nuntiaturen gern behandeln auf Grund der Akten, die angefallen sind. Sie waren ja schon so gütig, etwas zu tun. Ich würde aber auch Ihnen, Herr MinRat Roth, äußerst verpflichtet sein, wenn Sie mir bei der Erlaubnis, die Akten einzusehen, irgendwie behilflich sein könnten.

Roth: Sie liegen zum größten Teil im Auswärtigen Amt.

Heckel: Eben! Ich dachte es mir so, daß ich dieses Referat erst halte, wenn ich die Akten dort durchgearbeitet habe. Das kostet natürlich erhebliche Zeit, und das läßt sich nicht von heute auf morgen machen.

Vorsitzender: Ich wollte dieses Thema auch nur einmal erst genannt haben. Die Sache geht ihren Gang. Dann ist weiter angeregt worden, die sprachliche Gestaltung der Konkordate zu behandeln. Darüber würden Sie, Herr Prof. Barion, in einer der nächsten Tagungen berichten?

Barion: Ja, das kann von mir aus schon in der nächsten Tagung geschehen. Die nächste Tagung würde ja nicht vor Weihnachten sein? *(Zustimmung.)*

Vorsitzender: Dann bliebe als letztes noch das Thema: Konkordat und Weimarer Verfassung. Herr MinRat. Roth, darüber würden Sie in einer der nächsten Sitzungen Bericht erstatten.

Roth: Ja, das ist ein Vorschlag.

Vorsitzender: Das sind also die Themen, die vorgesehen sind. Dazu darf ich sagen: Wenn die Herren irgendwelche Wünsche in dieser Beziehung haben, ich bin für alles dankbar.

Roth: Es kann sein, daß gerade im Zusammenhang mit der Neuordnung im Sudetengebiet ganz aktuelle Fragen erörtert werden müssen. Auch heute können sich im Anschluß an das Referat des Herrn Prof. Weber vielleicht manche Gesichtspunkte ergeben, die sich dann zu Vorschlägen für Referate schon in der nächsten Sitzung verdichten; denn politisch ist alles im Fluß, und in mancher Beziehung muß noch neues geschaffen werden. Vielleicht ergibt sich im Anschluß an das Referat etwas Neues.

Vorsitzender: Das ist zweifellos aktuell. Da würde ich doch vorziehen, Herr Dr. Keith, daß wir vielleicht das, was noch außerhalb der Tagesordnung zu erörtern sein würde, morgen behandeln. Ich würde jetzt eigentlich lieber erst einmal in die Tagesordnung eintreten. Wenn es Ihnen recht ist, Herr Prof. Weber, würden wir mit Ihrem Referat anfangen. Wir würden also erst einmal über die tschecho-slowakische Lage oder vielmehr über die Lage im Sudetenland einiges hören und dann sehen, wie wir uns an die österreichische Frage heranpirschen.

Forsthoff: Ich habe nicht ganz verstanden. Wird Herr Prof. Heckel nun heute oder morgen referieren, oder will man diese Frage zurückstellen?

Es folgt Punkt 1 der Tagesordnung: Der modus vivendi zwischen Tschecho-Slowakei und Vatikan.

Weber: Ich habe nur ein kleines Einleitungsreferat für die Diskussion zu halten, nämlich über den tschecho-slowakischen modus vivendi.

Nach dem Weltkriege knüpfte der Vatikan schon verhältnismäßig früh, nämlich am 16. Oktober 1919, und zwar als erste auswärtige Macht, mit der Tschecho-Slowakei diplomatische Beziehungen an, und es wurden Nuntien und Gesandte ausgetauscht. Die tschecho-slowakische Regierung selbst glaubte zunächst, das österreichische Konkordat von 1855 weiter zugrunde legen zu können. Sie legte darauf deshalb besonderen Wert, weil in diesem Konkordat eine Reihe wertvoller Repräsentationsrechte dem Staate eingeräumt waren. Diese Praxis fand aber eine lebhafte Ablehnung beim Vatikan, und die berühmte Konsistorialansprache des Papstes von 1921 bezieht sich wohl im wesentlichen auch auf die Verhältnisse in der Tschechos-Slowakei. Es werden hier ja die Ansprüche der Nachfolgestaaten zurückgewiesen, einfach in die alten Konkordate, insbesondere das von 1855, eintreten zu können.

Überhaupt waren die Beziehungen zwischen der Tschecho-Slowakei und dem Vatikan im Anfang sehr gespannt. Die hussitische tschechische Nationalkirche wurde von der Regierung im September 1920 offiziell anerkannt, und das rief beim Vatikan begreiflicherweise eine lebhafte Mißstimmung hervor. Nebenbei darf ich bemerken, daß diese tschechische Nationalkirche im Jahre 1933 etwa 790.000 Mitglieder zählte bei annähernd 15 Millionen Einwohnern im ganzen, von denen 77,5 % der katholischen Kirche angehören.

Weiter verschlechterten sich die Beziehungen, als die tschechische Regierung im Jahre 1925 das Fest des heiligen Nepomuk unter den öffentlichen Feiertagen strich und statt dessen Feiern zu Ehren des Häretikus Hus einführte. Dieses Fest wurde am 6. Juli 1925 begangen. Die Spannung wurde in diesem Zusammenhang so groß, daß der Nuntius abberufen wurde. Später aber näherte man sich wieder einander; die Verhandlungen über eine Regelung der gegenseitigen Beziehungen wurden aufgenommen. Sie führten dazu, daß am 17. Dezember 1927 ein Dokument paraphiert wurde, das dann durch Notenwechsel ratifiziert wurde, das nicht in dem üblichen Wege, der bei den Konkordaten beobachtet worden ist, sondern durch Notenwechsel abschloß, und zwar am 22. Februar 1928 in der Note des Kardinal-Staatssekretärs Gaspari. In dieser Bestätigungsnote heißt es u.a.: "Le Saint-Siège est bien sûr, que le même esprit animera aussi l'examen des autres questions pendantes, qui n'ont pas été réglées par le présent modus vivendi, et de toutes autres questions qui pourraient surgir pour l'avenir." Es wird hier angedeutet, daß also eine ganze Reihe von Fragen noch in der Schwebe geblieben ist und daß die Hoffnung besteht, auch diese Fragen in dem gleichen versöhnlichen Geiste noch in Zukunft zu lösen.

Gerade hier liegt der Punkt, weshalb dieses damals abgeschlossene Dokument auch den eigentümlichen Namen modus vivendi bekommen hat und nicht etwa als convention oder concordat oder ähnliches bezeichnet worden ist. Man hat diesen Namen gewählt, um hervorzuheben, daß es sich um eine bloße vorläufige Regelung handelt, die noch durch eine endgültige ergänzt oder abgelöst werden muß, und zweitens um eine Regelung, die nicht die Beziehungen zwischen Staat und Kirche einigermaßen universell regelt. Denn dann würde dieses Dokument den Namen eines concordat oder einer convention solennelle verdienen –, sondern daß hier nur einige wenige Punkte aus den zu regelnden Beziehungen herausgegriffen worden sind. Also der bloß vorläufige Charakter und der ausschnitthafte Charakter dieser Regelung hat jenem Dokument den Namen modus vivendi eingetragen.

In der Tat handelt es sich hier um eine verhältnismäßig kurze, auf wenige Punkte beschränkte Regelung. Im einzelnen sind in dem modus vivendi folgende Punkte behandelt. Einmal die Diözesanzirkumskription und die Diözesandotation. Dann wird einiges über die in der Tschecho-Slowakei sequestierten Kirchengüter ausgesagt. Schließlich sind einige Bestimmungen über die Orden und religiösen Genossenschaften getroffen. Dann ist als vielleicht mit das Wichtigste die politische Klausel formuliert worden, und schließlich wird ein Bischofseid eingeführt. Also die weitschichtigen Fragen, die daneben noch im Reichskonkordat geregelt sind, werden hier überhaupt nicht berührt: die Schule, der Religionsunterricht, geschweige denn Ehefragen und dergleichen mehr.

Was die Diözesanzirkumskription angeht, so wird in Artikel 1 dieses modus vivendi der Grundsatz aufgestellt, daß beide Teile dafür sorgen werden, darauf hinzielen werden, daß kein Teil der tschecho-slowakischen Republik von einem Bischof abhängt oder zu einer Diözese gehört, deren Sitz sich außerhalb der Staatsgrenzen befindet, und umgekehrt soll ebenfalls angestrebt werden, daß in der Tschecho-Slowakei keine Diözese besteht, die in ihren Grenzen über das Gebiet des tschecho-slowakischen Staates hinübergreift.

Diese Zielsetzung erfordert allerdings noch weitgehende Durchführungsmaßnahmen. Denn die Übergriffe der Diözesen teilweise von Deutschland nach der Tschecho-Slowakei, aber auch von der Tschecho-Slowakei nach Deutschland, waren ja nicht unbeträchtlich. Um das Ziel zu verwirklichen, wurde eine Kommission eingesetzt. Diese Kommission sollte innerhalb von zwei Monaten zusammentreten, wenigstens organisiert werden und dann die Frage der Diözesanzirkumskription auf der Grundlage des vereinbarten Grundsatzes regeln. Gleichzeitig wurde übrigens eine zweite Kommission eingesetzt, die sich mit der Frage der Diözesandotation zu beschäftigen hatte. Über die Grundzüge dieser Dotation ist allerdings in dem modus vivendi selbst nichts enthalten. Die erste, die Zirkumskriptionskommission sollte eine vatikanische Kommission sein, vom Heiligen Stuhl eingesetzt und aus Delegierten aller interessierten Diözesen zusammengesetzt, unter dem Vorsitz des Nuntius in Prag, während die zweite, die Dotationskommission, unter der Leitung der tschecho-slowakischen Republik gebildet werden und sich ebenfalls aus Vertretern der Diözesen sowie aus Sachverständigen zusammensetzen sollte.

Das ist die Frage der Diözesanzirkumskription und -dotation. Wie gesagt, bei der Zirkumskription wird ein Grundsatz aufgestellt, bei der Dotation wird überhaupt inhaltlich nichts gesagt. Für beide Fragen werden Kommissionen eingerichtet. Ich werde auf die Frage der Zirkumskription am Schluß noch einmal zurückkommen.

Zum andern befaßt sich der modus vivendi, der übrigens nur in französischer Sprache abgefaßt worden ist, mit der Frage der sequestrierten Kirchengüter. Dabei scheint es sich im wesentlichen um Kirchengüter in der Slowakei zu handeln, und zwar um solche Kirchengüter, die zu ehemals ungarischen Diözesen gehören. Diese Kirchengüter hatte die tschecho-slowakische Republik schon sehr bald nach ihrer Entstehung unter Sequestration gestellt. Für diese sequestrierten Kirchengüter wird festgestellt, daß ihr Sequestrationsregime nur vorläufig sein soll. Es wird also zu einem provisorischen umgewandelt, und zwar insofern, als es durch die nach Artikel 1 zu treffenden Vereinbarungen über Dotation und Zirkumskription abgelöst werden soll. Bis diese Ablösung erfolgt sein könne, solle die Verwaltung dieser sequestrierten Kirchengüter einer Kommission übertragen werden, unter dem Vorsitz des betreffenden Bischofs, also doch schon eine verschleierte Rückgabe des sequestrierten Kirchengutes, allerdings von provisorischem Charakter.

Drittens befaßt sich der modus vivendi mit den Orden und religiösen Genossenschaften. Hier wird eine Regelung getroffen, die der in Artikel 15 Abs. 2 und 3 des Reichskonkordats gleicht. Es wird hier nämlich der Grundsatz aufgestellt, daß die Niederlassungen von Orden und religiösen Kongregationen in der Tschecho-Slowakei nicht von Ordensoberen abhängig sein sollen, die außerhalb der Tschecho-Slowakei ihren Sitz haben, und daß, falls es nicht möglich sein könne, in der Tschecho-Slowakei eigene Ordensprovinzen zu bilden, dann wenigstens eine direkte Abhängigkeit gegenüber der Ordenszentrale begründet werden solle. Ferner wird hier bestimmt, daß die Provinzialoberen und die Chefs der Niederlassungen, die direkt von der Generalniederlassung abhängen, die tschecho-slowakische Staatsangehörigkeit besitzen sollen. Die Regelung entspricht, wie ich schon sagte, einigermaßen genau der des Art. 15 Abs. 2 und 3 des Reichskonkordats.

Weiter befaßt sich der modus vivendi mit einer politischen Klausel, und zwar einer politischen Klausel für die Diözesanbischöfe und Erzbischöfe, natürlich auch für die Koadjutoren cum jure successionis und schießlich für den Armeebischof. Im übrigen wird eine politische Klausel oder etwas Ähnliches nicht eingeführt. Hierüber wird gesagt, daß der Heilige Stuhl, bevor er zur Ernennung der Erzbischöfe, Bischöfe, Koadjutoren und des Armeebischofs schreitet – von einer Wahl oder dergleichen durch die Domkapitel ist hier überhaupt nicht die Rede –, den Namen des Kandidaten der tschechischen Regierung mitteilen wird, um sich zu vergewissern, daß die Regierung keine Gründe politischen Charakters gegen diesen Kandidaten zu erheben hat. Die genannten kirchlichen Amtsträger bzw. Kandidaten müssen außerdem die tschecho-slowakische Staatsangehörigkeit besitzen.

Nun wird des weiteren der Terminus, der Begriff der politischen Bedenken, der raison de caractère politique näher erläutert. Es heißt hier, daß man unter Einwendung politischen Charakters alle diejenigen Einwendungen zu verstehen habe, die sich auf die Sicherheit des Staates beziehen, z.B. so heißt es hier, daß der erwählte Kandidat sich einer irredentistisch-politischen oder einer separatistischen Aktivität schuldig gemacht habe, oder daß er sich gegen die Verfassung oder den ordre public, die öffentliche Ordnung des Landes, vergangen habe. Hier wird also die politische Klausel spezialisiert. Anscheinend stehen für die Tschecho-Slowakei doch die Fragen der irredentistischen und separatistischen Politik sehr stark im Vordergrunde; sie werden hier besonders erwähnt. Aber diese Spezifizierungen werden nur par exemple erwähnt: oder Verstöße gegen die Verfassung, also ein hochverratsähnliches Verhalten, oder gegen die öffentliche Ordnung des Landes, den ordre public. Soweit die politische Klausel.

Ich kann übergehen die kurze Bestimmung über den militärischen Ordinarius, die hier noch angefügt ist. Sie spielt keine Rolle.

Schließlich kommt die Formulierung eines Bischofseides, den Erzbischöfe, Bischöfe und Koadjutoren cum jure successiones zu leisten haben, und zwar haben sie diesen Bischofseid abzulegen, bevor sie ihre Funktionen übernehmen. Sie haben, wie es hier heißt, abzulegen le serment de fidélité à l'Etat czecoslovaque, einen Treueid gegenüber dem tschecho-slowakischen Staate. Dieser Treueid ist nun interessanterweise in lateinischer Sprache formuliert. Ich darf die Formel verlesen: "Iuro et promitto, sicuti decet Episcopum, fidelitatem Reipublicae Cecoslowachiae necnon nihil me facturum quod sit contra salutem, securitatem, integritatem Reipublicae."

Es ist also ein Treueid, der sich auf die tschecho-slowakische Republik bezieht und der ferner das Versprechen in sich schließt, daß der Eidesleistende nichts tun werde, was gegen das Wohl, die Sicherheit und die Integrität der Republik gerichtet sei. – Soweit der Inhalt des tschecho-slowakischen modus vivendi.

Nun darf ich noch einmal kurz eingehen auf die Diözesanzirkumskription. In der Tschecho-Slowakei bestanden eine ganze Reihe von Diözesen. Uns interessieren nur diejenigen, die in dem an Deutschland angrenzenden Teil eine Rolle spielen. Dabei handelt es sich um zwei Erzdiözesen mit im ganzen 6 Diözesen und um die apostolische Administratur Turnau. An sämtlichen dieser Diözesen ist jetzt das Deutsche Reich beteiligt. Es ist also die Erzdiözese Prag mit Prag, Budweis, Königsgrätz und Leitmeritz, dann die Erzdiözese Olmütz mit Olmütz und Brünn und schließlich die apostolische Administratur Turnau. Somit haben wir 7 kirchliche Amtsbezirke, an denen jetzt das Deutsche Reich beteiligt ist. Bei Turnau handelt es sich um die Gebiete bei Engerau und Treben. Ich habe nun durch ein der Akademie befreundetes Institut einmal eine Diözesanskizze mit der alten und der neuen Reichsgrenze anfertigen lassen, die hier zur Verfügung steht. Dabei ergibt sich folgendes: Die früheren Übergriffe der Erzdiözese Breslau in das tschecho-slowakische Gebiet sind jetzt beseitigt. Die Erzdiözese Breslau ist jetzt vollständig auf deutschem Gebiet. *(Roth: Nicht ganz!)* – Soweit sie nicht auf Polen übergreift.

Roth: Und auch noch nach der Tschecho-Slowakei. Die Erzdiözese Breslau greift noch hinüber in die Tschecho-Slowakei und nach Polen.

Weber: Das ist aus dieser etwas gröberen Skizze nicht zu ersehen. Jedenfalls ist der wesentlichste Teil jetzt in Deutschland.

Im einzelnen haben wir von der Erzdiözese Olmütz einen erheblichen Teil jetzt innerhalb der Grenzen des Deutschen Reiches.

Vorsitzender: Leider verteilt auf Preußen und Sudetengau. Das ist bei der Dotation interessant.

Weber: Der Distrikt Leobschütz gehörte ja früher schon zur Erzdiözese Olmütz. Aber immerhin handelt es sich hier um ein sehr kompaktes Gebiet, das von dieser Diözese zum Deutschen Reich gekommen ist.

Von der Diözese Königsgrätz haben wir einen nicht unbeträchtlichen Randstreifen erhalten. Dann haben wir von der Diözese Leitmeritz den größten Teil jetzt innerhalb unserer Grenzen, vor allen Dingen auch den Bischofssitz selbst, während bei allen übrigen der Bischofssitz außerhalb der deutschen Reichsgrenzen liegt. Also es sind immerhin 6 kirchliche Amtsbezirke, die in das Deutsche Reich hinübergreifen, während sich der Bischofssitz außerhalb des Deutschen Reiches befindet. Leitmeritz, wo sich der Bischofssitz in Deutschland befindet, ist, wie gesagt, jetzt fast vollständig dem Deutschen Reiche zuzuzählen.

Die Erzdiözese Prag hat ebenfalls eine erhebliche Ecke an das Deutsche Reich abtreten müssen. Nicht unbeträchtlich sind auch die Einbrüche in der Diözese Budweis, während etwa der Teil, der von Brünn für das Deutsche Reich in Anspruch genommen wird, nicht so erheblich ist.

Es ist nun eine sehr eigenartige Situation, auf die man die Grundsätze des Art. 1 des modus vivendi durchaus anwenden könnte. Über die Durchsetzung dieser Grundsätze haben zwar Verhandlungen stattgefunden, soweit ich gehört habe. Es hat auch gelegentlich so geschienen, als ob man mit der neuen Abgrenzung der Diözesen schon ziemlich weit gediehen sei. Ich entsinne mich zum mindesten, daß einmal im preußischen Kultusministerium die Notwendigkeit als bestehend erachtet wurde, zu protestieren, damit die Tschecho-Slowakei sich nicht mit dem Vatikan über eine endgültige Diözesanzirkumskription einige, ohne daß die deutschen Interessen dabei durch Beteiligung deutscher Unterhändler berücksichtigt wurden. Zu einem Abschluß ist aber die Tätigkeit jener Kommission nicht gelangt. Es ist also noch die alte und ursprüngliche Diözesanzirkumskription, die wir hier vorfinden, und es wäre eigentlich jetzt eine wichtige Aufgabe, die Grundsätze des Artikels 1 durchzuführen.

Dabei müßte allerdings, wie mir scheint, eine sehr weitgehende Neuzirkumskription der Diözesen erfolgen. Ich kann diese Skizze gleich einmal herumgehen lassen.

Vorsitzender: Können wir sie nicht vervielfältigen?

Weber: Das wäre eventuell möglich.

Vorsitzender: Aber sie ist offenbar nicht ganz richtig.

Weber: Wenn man diese Karte betrachtet, so kommt man eigentlich auf Grund der unmittelbaren Anschauung zu dem Ergebnis, daß, wenn man Wert darauf legt, mit der jetzigen Tschecho-Slowakei zu einer Bereinigung der Diözesangrenzen zu kommen, ganz einschneidende Änderungen der Zirkumskription erfolgen müssen. Es ist natürlich eine Frage, ob man unter den gegebenen heutigen Umständen noch Wert darauf legt, ein klares Abschneiden der Diözesangrenzen mit der Reichsgrenze zu erzielen. Indessen dürfte unser Interesse an einer solchen Bereinigung heutzutage größer sein als das der Tschecho-Slowakei, insofern wenigstens, als eben die Bischofssitze sich vorwiegend – bis auf Leitmeritz – auf tschecho-slowakischem Gebiet befinden, während wir nur in ganz beschränktem Umfange von einer deutschen Bischofsstadt eine Einwirkungsmöglichkeit auf tschecho-slowakisches Gebiet haben.

Vorsitzender: Das wäre zunächst eine Schilderung der Lage.

Stalmann: Herr Prof. Weber, es ging einmal durch die deutsche Presse, der Vatikan und die tschecho-slowakische Regierung hätten sich über die endgültige Regelung der Grenzen geeinigt, Breslau hätte Johannisberg endgültig verloren. Ist es nun einmal so weit gewesen, oder hat man auf deutschen Einspruch hin die Sache fallen lassen?

Vorsitzender: Vielleicht äußert sich zunächst Herr Roth zu den Ausführungen von Herrn Prof. Weber.

Roth: Vielleicht darf ich die Ausführungen des Herrn Prof. Weber ergänzen auf Grund der Kenntnis verschiedener Akten usw. Die Zeit von 1928, also dem Abschluß des modus vivendi, bis 1937 war ausgefüllt mit umfangreichen Besprechungen, Verhandlungen dieser Kommission, namentlich der Diözesanzirkumskriptionskommission, die in Nr. 1 des modus vivendi vorgesehen war. Außerdem war diese Zeit angefüllt mit einem Notenkrieg zuerst zwischen der preußischen Regierung und dann der deutschen Reichsregierung und dem Vatikan. Zunächst hat die preußische Regierung und dann später die Reichsregierung dagegen protestiert, daß diese Bestimmung von Nr. 1 des modus vivendi getroffen wurde ohne Hinzuziehung der preußischen Regierung, die ja auch mit ein Interesse hatte, weil ja die Gebiete um Freiwaldau und Johannisberg usw. der preußischen Erzdiözese Breslau unterstanden. Kurzum, es ging hin und her, und wir haben ganz energisch protestiert.

Auf dem Höhepunkt war der Notenkrieg im Jahre 1936. Die deutsche Reichsregierung hat sich fest behauptet, und es kann immerhin als ein kirchenpolitischer Erfolg angesehen werden, daß in der Bulle – wie sie heißt, weiß ich nicht –, die im September 1937 herauskam und nun sozusagen als Ausführungsbestimmung zu Nr. 1 des modus vivendi, betreffend Diözesanzirkumskription, angesprochen werden kann, tatsächlich dieser Nr. 1 des modus vivendi Rechnung getragen wurde, also die Grenzangleichung zwischen den politischen und kirchlichen Grenzen durchgeführt wurde gegenüber Ungarn, Österreich, Rumänien, aber nicht gegenüber Deutschland. Es heißt in dieser Bulle von 1937: Die Regelung dieser Frage gegenüber dem Deutschen Reich bleibt für später vorbehalten.

Nun ist es interessant, jahrelang hat man gekämpft, und Ungarn ist unterlegen. Ich kann mich erinnern, daß der Fürstprimas von Ungarn, [Jusztinian] Serédi [1927-1945], beim Vatikan fast unter die Räder gekommen wäre, weil er, dessen Gebiet weit in die Tschecho-Slowakei hineinreichte, gegen diese Angleichung der Diözesangrenzen an die politischen Grenzen protestierte. Er verlor nämlich dadurch einen ganz großen Teil, eigentlich den größten Teil seiner Diözese Gran. Also Ungarn hat nachgegeben, ebenso die rumänische Regierung, selbstverständlich auch die österreichische Regierung, nur nicht die deutsche Regierung.

Nun ist es für den Vatikan heute sehr peinlich, daß er, nachdem diese ganze Frage von 1928 bis 1937, also fast über 9 Jahre nicht geregelt werden konnte, nun ausgerechnet diese Diözesanangleichung der politischen Grenzen in dem Zeitpunkt durchführte, wo ein Jahr später eigentlich alles über den Haufen geworfen wurde. Namentlich ist die Frage auch wieder bei Ungarn akut. Wir sind natürlich jetzt gerechtfertigt; denn hätten wir nachgegeben, dann wäre das ja peinlich für uns.

Eine zweite Frage spielte hier noch hinein. Es handelte sich bei diesem Notenkrieg zwischen dem Heiligen Stuhl und uns nicht bloß um die Diözesanzirkumskription, sondern auch um die Bischofsgüter des fürstbischöflichen Stuhles Breslau. Breslau hat große Güter in dem jetzt zu Deutschland gekommenen, früher tschecho-slowakischen Gebiet um Freiwaldau usw. Diese gehören nun alle zu Deutschland. Die tschecho-slowakische Bodenreform wollte diese Güter des fürstbischöflichen Stuhles Breslau natürlich auch erfassen. Aber es ist der deutschen Regierung zusammen mit dem Erzbischof von Breslau gelungen, die Sache so lange hinauszuschieben, auch über diese Bulle vom September 1937 hinaus, daß eigentlich jetzt insofern alles sehr erfreulich für uns ausgegangen ist.

In dieser Bulle von 1937 sagt der Heilige Stuhl auch, daß es sehr im Interesse des Heiligen Stuhles liege, daß die Diözesangrenzen an die politischen Grenzen angeglichen würden, weil es nur so den Diözesanen möglich ist, ungestört mit ihrem Bischof usw. brieflich und persönlich zu verkehren. Man fühlt da heraus, daß diese Angleichung der Diözesangrenzen an die politischen Grenzen fast noch mehr im Interesse des Vatikans gelegen ist als im Interesse eines Staates, namentlich eines starken Staates. Aus diesem Grunde legen wir auch kein so großes Tempo in der Frage der neuen Diözesanzirkumskription ein.

Ich darf noch folgendes erwähnen. Unter den 3,5 Millionen Deutschen, die nun zu uns gekommen sind, sind etwa 3,2 Millionen katholisch, 130.000 evangelisch, 20.000 Altkatholiken, dann Konfessionslose usw. Also der weitaus größere Teil gehört der katholischen Kirche an. Dabei ist interessant – aber es fällt aus dem Rahmen heraus –, den sudetendeutschen Katholizismus zu untersuchen. Er ist ganz eigenartig. Er ist nicht in dem Sinne romverbunden wie weite Gebiete des Altreichs. Das hat verschiedene Zusammenhänge. 9/10 von Böhmen waren schon einmal evangelisch. Dann ist die Gegenreformation gekommen, und die hat mit äußerem Erfolg gearbeitet, so daß heute fast alles wieder katholisch ist, nur nicht in diesem Sinne, wie Rom es gern wünscht. Es waren schon starke volkskatholische Bewegungen um Professor Winter herum, die Vereinigung Staffelstein, Jugendbewegung usw. Aber dieser sudetendeutsche Katholizismus will heute eigene sudetendeutsche Diözesen, und Troppau, Eger ...

Vorsitzender: Die auch nicht nach Altdeutschland hineinragen?

Roth: – die möglichst nicht nach Altdeutschland hineinragen. Leitmeritz bleibt natürlich, vor allem aber Eger.

Vorsitzender: Obwohl einige im Augenblick schon hineinragen.

Roth: Wir hören da nicht gut bei Neugründungen von Diözesen. Das ganze Egergebiet war bis 1803 oder 1806 bei der Diözese Regensburg und ist erst dann zur Diözese Prag gekommen. Die Sudetendeutschen wollen eine eigene Diözese Eger – *(Vorsitzender:* Eger war doch verpfändet!) – Ja, von Ludwig dem Bayern – und wollen drüben eine eigene Diözese Troppau. Bei diesem zweiten Gebiet wollen wir überhaupt nicht gern hören. Es gäbe da schwierige Verhandlungen. Denn die ganzen großen Güter des Erzbischofs von Breslau kämen dann in eine fremde Diözese zu liegen usw.

Vorsitzender: Nun wollen Sie das an sich herankommen lassen. Sie wollen nichts unternehmen?

Roth: Sie müssen an uns herankommen wegen der Gelder. Der tschecho-slowakische Staat hat die Congrua aus dem Religionsfond bezahlt. Wir wollen auch nicht heran, einen Teil des Religionsfonds zurückzufordern von Prag, denn damit übernähmen wir nur Lasten und Verpflichtungen, der ist zum größten Teil passiv, und zwar 1928 mit 300.000 Tschechenkronen gegenüber dem tschechischen Staat. Heute ist es so, daß durchaus freiwillig vom Reiche an die Geistlichen bezahlt wird, unabhängig von einer späteren Regelung. Da kommt die große Frage herein, wie diese Dinge nun geregelt werden sollen. Es schweben verschiedene Projekte.

Vorsitzender: Das ist anders gelagert als in Österreich, wo das ganze Land einverleibt ist, während hier die Köpfe tschechisch geblieben sind und die Diözesen meistens gespalten sind und nun ein anderer Territorialherr da ist, der in irgendeiner Weise doch etwas tun muß.

Roth: Interessant ist auch, daß der Jesuitenorden der erste war, der seine Niederlassungen, die im sudetendeutschen Gebiete liegen und zur tschechischen Ordensprovinz gehören, bereits von der tschechischen Ordensprovinz gelöst und der ostdeutschen Provinz, Sitz Berlin, zugeordnet hat. Die anderen Orden haben bisher noch nichts unternommen, aber der Jesuitenorden ist gleich in den ersten Tagen nach der politischen Änderung gekommen und wollte Einreiseerlaubnis für die Tschecho-Slowakei haben.

Die Diözesanzirkumskription an der schlesisch-sudetendeutschen Grenze läuft so: Der Kessel von Glatz gehört nach wie vor zu Prag. Dann gehörte bisher schon das reichsdeutsche Gebiet um Leobschütz herum zur Diözese Olmütz. Die Diözese Breslau umgekehrt reichte hinüber in bisher tschechisches Gebiet bei Johannisberg und bei Karwin-Oderberg. Dieses früher tschechische Gebiet um Karwin-Oderberg ist nun zum Teil an Polen gekommen. Ein Teil, und zwar östlich von Mährisch-Ostrau blieb bei der Tschecho-Slowakei, und dieser politisch tschecho-slowakische Anteil gehört kirchlich nach wie vor zu Breslau. Nun habe ich gehört – bestimmte Nachrichten haben wir noch nicht –, daß die Polen, als sie in Karwin einmarschierten, bereits einen vom Kattowitzer Bischof abgesandten Vertreter mit sich führten, der gleich die kirchliche Verwaltung übernommen hat, wenigstens so illegal. Man versteht natürlich das Bestreben, das fortzusetzen, was sich schon 1919 für den polnischen Anteil der Diözese Breslau getan hatte, nämlich sofort alles zu unternehmen, um ein neues Bistum, das Bistum Kattowitz, zu errichten. Der Bischof von Kattowitz hat nun auch gleich seinen Generalvikar, den Administrator, in das Wolsagebiet gesandt, und das wird über kurz oder lang auch rechtlich vollkommen zur Diözese Kattowitz geschlagen werden.

Vorsitzender: Nun betreuen doch im Augenblick die in der Tschechei sitzenden Bischöfe noch ihre deutschen Lämmer? *(Roth: Ja!)* Aber man läßt das auch ruhig, man will da nicht eingreifen?

Roth: Von den tschechischen Bischöfen brauchen wir nicht allzuviel zu befürchten.

Vorsitzender: Auch in einer rein politischen Hinsicht nichts?

Roth: Die tschechischen Pfarrer sind zum großen Teil von selber gegangen oder vertrieben worden, soweit sie in deutschem Gebiet waren.

Vorsitzender: Die anderen sind deutschen Stammes? *(Roth*: ja, zum großen Teil!) Die tschechischen Stammes sind weggegangen?

Roth: Die sind zum großen Teil von selber weggegangen.

Vorsitzender: Deutschstämmige Bischöfe sind nicht dort?

Roth: Wir haben einen deutschstämmigen Bischof, den Bischof in Leitmeritz. Die Diözese in Leitmeritz gehört zum weitaus größten Teil zu Deutschland. Der Bischof kann bleiben. Das war eigentlich der einzige tschecho-slowakische Bischof. Die anderen nämlich waren tschechische Bischöfe und slowakische Bischöfe der Gesinnung nach, und der war ganz staatstreu, er war nicht deutsch. Vielleicht hat er diesen Bischofseid so sehr auf sich wirken lassen, worin er versprechen mußte, bei keiner irredentistischen und separatistischen Bewegung etwas zu unternehmen. Er war praktisch der einzige staatlich gesinnte Bischof, die andern waren völkisch, und er war der einzige tschecho-slowakische Bischof. Er ist ziemlich unbedeutend. Allerdings hat er einen tschechischen Generalvikar sofort abgesetzt und durch einen deutschen ersetzt.

Vorsitzender: Vielleicht geht er mit den Grenzen. Es gibt ja solche Leute.

Roth: Er hat uns auch sofort ein Glückwunschtelegramm geschickt, uns seine Dienste angeboten, er begrüße den Herrn Minister usw., – ziemlich devot.

Vorsitzender: Meine Herren! Es ist die Frage, was nun in Sudetendeutschland, wenn ich von der österreichischen Frage ausgehen darf, zu geschehen hat. Die Lage ist ja eigentlich wenig praktisch.

Roth: Es wäre zu überlegen. Brennend ist nicht so sehr die Frage der Diözesanzirkumskription, sondern brennend ist die Frage der finanziellen Versorgung der Geistlichen.

Vorsitzender: Und eventuell die politische Klausel?

Roth: Wir legen heute im allgemeinen keinen besonderen Wert mehr darauf, daß ein Bischof einen Treueid leistet.

Vorsitzender: Es wäre im Augenblick auch nur der eine Bischof, über den wir Gewalt hätten.

Roth: Was will so ein Mann machen?

Weber: Aber die Ausbildung der Geistlichen, die Anstellungsvoraussetzungen für die Geistlichen und für sonstige geistlichen Funktionäre usw. Das spielt eine große Rolle.

Roth: Dazu darf ich vielleicht folgendes sagen. Die Geistlichen der Diözese Prag studierten bisher in Prag an der deutschen theologischen Fakultät der Universität Prag. Die Universität Prag hatte zwei theologische Fakultäten, eine tschechische katholische und eine deutsche katholische, ob noch eine evangelische oder hussitische, weiß ich nicht.

Ruppel: Es gibt noch eine hussitische. Die Geistlichen der tschechischen Nationalkirche studierten an der hussitischen Fakultät.

Vorsitzender: Was heißt nun jetzt "hussitische"? Gehört das zur tschechischen?

Roth: Tschechisch ist ein politischer Begriff, hussitisch ist ein mehr kirchlich-konfessioneller Begriff.

Ruppel: Es gab früher eine evangelische Kirche in Böhmen, gewissermaßen in der Tschecho-Slowakei. Als diese ein eigenes Land wurde, spaltete sich die Kirche sofort in einen tschechisch-evangelischen Teil und in die deutsche evangelische Kirche in Böhmen, Mähren, Schlesien. Die wollten sich ursprünglich mit der österreichischen evangelischen Kirche zusammentun. Das verbot aber der tschechische Staat, und die Evangelischen in Böhmen haben sich nun nach dem Weltkriege, als sie aus dem Rahmen der evangelischen Kirche Großösterreichs herausfielen, auf ihre spezielle böhmische Tradition und die Tradition der mährischen Brüder besonnen. Die haben eine eigene Fakultät in Prag, und bei denen ist, so viel ich weiß, die tschechische Nationalkirche zu Gast.

Vorsitzender: Man kann sagen, daß die Hussiten evangelische Tschechen sind.

Ruppel: Ja! Die tschechische evangelische Kirche hat sich auf die hussitische Tradition als Vorläuferin der Reformation und auch auf die böhmische Brüdertradition berufen.

Vorsitzender: Es leuchtet natürlich ein, daß die Hussiten evangelisch sind; denn die hussitische Bewegung ist ja eine Luther vorhergehende Bewegung gewesen.

Ruppel: Die Hussiten sind gewissermaßen die Vorgänger der Brüdergemeinden. (*Keith:* Etwas belastete Vorfahren!)

Vorsitzender: Es ist klar, daß sie evangelisch sein müssen. Sie sind eben nur vollkommen reduziert worden durch die Entwicklung im Zuge der Gegenreformation.

Roth: Also diese deutsche katholisch-theologische Fakultät hatte als Hörer in der Hauptsache die deutschen Theologiestudenten aus dem deutschen Anteil der Diözese Prag, also die Theologen aus dem Egergebiet.

Vorsitzender: Nun sind doch – habe ich das recht verstanden? – drei theologische Fakultäten in Prag! *(Roth:* Ja, aber auch zwei Universitäten!) Zwei Universitäten, aber drei theologische Fakultäten! *(Ruppel:* Und eine tschechische evangelische!) Das ist die hussitische. *(Ruppel:* Ja!) Es ist das aber kein offizieller Ausdruck.

Ruppel: Ich weiß nicht, wie die sich nennen. Die tschechische evangelische Kirche hat wohl den Namen "Brüderkirche". *(Roth:* Böhmische Brüderkirche!)

Vorsitzender: Böhmische Brüder nennen wir doch auch die Herrenhuter.

Ruppel: Ja, es sind auch die Vorgänger.

Vorsitzender: Offiziell heißen sie, soviel ich weiß, Böhmische Brüder. *(Weber:* Herrenhuter Brüdergemeinde!)

Ruppel: Sie heißen Brüdergemeinde.

Vorsitzender: Die Hussiten waren eben eine Bewegung, die damals sowohl antikirchlich war – Luther war ja zunächst noch antikirchlich – als auch völkisch – glaube ich sagen zu können –, wie auch sozial gegen den Adel.

Ruppel: Ja, da waren vor allen Dingen auch Unterströme; denn in der berühmten Schrift Luthers "De instituendis ministris" befaßt sich gerade Luther mit einer Anfrage dieser Leute, die sie wegen ihrer Priester an ihn gerichtet hatten. Diese Geistlichen waren in Mailand geweiht, mußten aber einen Eid schwören, daß sie Rom treu bleiben würden. Wenn sie dann in Böhmen wieder auftauchten, revozierten sie. Das war auf die Dauer ein unhaltbarer Zustand, und infolgedessen hat Luther in dieser Schrift gesagt, sie brauchten ihre Geistlichen nicht in Mailand weihen zu lassen, sondern sie könnten sie von einem eigenen Bischof oder auch von der Gemeinde weihen lassen. Diese Brüdergemeinden existieren also zu Luthers Zeit und haben sich von dieser hussitischen Tradition her gebildet und durch die Reformation weiterentwickelt. Sie sind dann vertrieben worden und zum Teil vom Großen Kurfürst, von Zinzendorf usw. aufgenommen worden.

Vorsitzender: Kann man nun sagen, daß die evangelischen Tschechen und die Evangelischen böhmischen oder vielmehr deutschen Ursprungs in der Tschechei, in Böhmen sich verschmolzen haben?

Ruppel: Nein, sie waren früher im österreichischen Staat kaum vereinigt, haben sich aber nach dem Weltkrieg sofort geschieden.

Vorsitzender: Aber die hussitische Bewegung ist doch auf Deutschland übergesprungen, nicht wahr? *(Heckel:* Das kann man eigentlich nicht sagen! – *Ruppel:* Mehr in Form von Raubzügen!) Die hussitische Bewegung ist aber doch ohne weiteres auf Deutschland übergegangen.

Ruppel: Mehr in Form von Raubzügen, oder die Hussiten sind in der Gegenreformation vertrieben worden.

Vorsitzender: So daß wir also nur Überbleibsel in den Böhmischen Brüdern haben!

Ruppel: Aber Zinzendorf hat eine eigene Theologie gehabt.

Vorsitzender: Die gehören nicht zu den Räubern.

Roth: Ich darf nun fortfahren. – Also, das Schicksal der katholisch-theologischen Fakultät hängt natürlich zusammen mit dem Schicksal der deutschen Universität in Prag überhaupt. Da waren lange Verhandlungen hin und her, und nun bleibt, soviel ich weiß, die Universität in Prag sitzen.

Vorsitzender: Das habe ich offiziell im Kultusministerium gehört. Brünn bleibt auch, wie es ist.

Roth: Die Theologiestudenten des sudetendeutschen Anteiles der Diözese Olmütz studieren bisher in Olmütz und sind nun übernommen worden in der Diözesan-Seminar des Erzbischofs von Breslau, das dieser für seinen sudentendeutschen Anteil in Weidenau hat. Wieviele Sudetendeutsche Theologen in diese bischöfliche Anstalt Weidenau eingetreten sind, wissen wir noch nicht. Im übrigen habe ich gehört, daß viele Theologiestudenten, die in dem engen sudetendeutschen Grenzgürtel der Diözese Budweis, Brünn usw. wohnen, nach Regensburg abgewandert sind. Es ist das in einer gewissen Beziehung mißlich. Wir konnten zu keinen Direktiven kommen, weil so lange Zeit das Schicksal der deutschen Universität Prag im Ungewissen lag. Als es hieß, sie käme nach Reichenberg, wollten wir folgendes machen: Wir wollten in Reichenberg ein Generalseminar für diese sudetendeutschen Studenten errichten, und die Theologen sollten alle in die theologische Fakultät oder Akademie, wie man sie nennen kann, hinübergehen. *(Meyer:* Staatliche Akademie!*)* Ja, das wäre eben die theologische Fakultät; sie besteht an der deutschen Universität. Alles das hat sich zerschlagen. Wir können heute wohl nicht erreichen, daß die Olmützer Theologiestudenten und die Theologiestudenten aus Budweis und Brünn nach Prag gehen. Also das alles ist in der Schwebe. In Prag wird an der theologischen Fakultät, soviel ich weiß, nicht gelesen; ob an anderen Fakultäten, weiß ich nicht. Die Studenten sind entweder zu Hause oder haben sich, um kein Semester zu verlieren, an irgendeine österreichische oder deutsche Universität, an eine philosophisch-theologische Hochschule oder Fakultät verkrümelt. Es ist alles vollkommen richtungslos auf diesem Gebiete, weil das für die Hochschulen zuständige Ministerium keine klaren Absichten erkennen läßt.

Barion: Seine klaren Absichten für sich behält! *(Heiterkeit.)*

Vorsitzender: Selbst das ist mir nicht klar.

Barion: Ich habe mich bei dem Referenten des Herrn Ministers Rust erkundigt. Es waren bereits mehrere Aussprachen über diese Dinge; aber es ist noch nichts zu erreichen gewesen.

Vorsitzender: Eine ähnliche Stellungnahme, wie sie der Führer hinsichtlich der österreichischen Verhältnisse abgegeben hat – also konkordatsloser Zustand usw. –, ist hinsichtlich Sudetendeutschlands nicht eingenommen worden?

Roth: Eine solche Stellungnahme ist einstweilen nicht eingenommen worden, und zwar deswegen nicht, weil ja der modus vivendi an sich sehr wenig beinhaltet.

Vorsitzender: Es liegt hier anders als in Österreich, wo man gerade eben ein Konkordat mit sehr weitgehendem Inhalt beschlossen hatte.

Roth: Also es ist zweifellos in dem Lande auch ein konkordatsfreies Gebiet.

Vorsitzender: Ja, formell nicht ganz! *(Roth: Wieso?)* Der modus vivendi ist durch die tatsächliche Entwicklung und nach der Stellungnahme, die die Kurie selbst vertritt, hinweggefegt worden, kann man sagen.

Barion: Darf ich eine Frage stellen, die mich interessiert! Wie würde man sich denn dazu stellen, wenn der Heilige Stuhl von sich aus automatisch anordnet, daß diese ganze in deutsches Gebiet übergegangene Abspaltung der Theologen selbständig würde, daß er also von sich aus die Jurisdiktion den tschechischen Bischöfen entzieht, also von sich aus einfach, ohne die Frage der Zirkumskription irgendwie zu berühren, erklärt, daß die jetzige Grenze des Deutschen Reiches zunächst einmal Generalgrenze für die deutsch-tschechischen Bistümer ist in dem Sinne, daß alles, was rein deutsches Gebiet ist, darunter fällt, daß also kein Bischof mehr in das andere Land juristisch hineinregieren kann? *(Meyer:* Wenn das die Kurie täte!) Also daß der Heilige Stuhl etwa die Zirkumskription gar nicht mehr im einzelnen angreift und der deutschen staatlichen Grenze diese Wirkung beilegte, so daß jenseits der Grenze die Jurisdiktion der tschechischen Bischöfe automatisch aufhörte!

Roth: Er muß die Jurisdiktion doch irgendwem geben.

Vorsitzender: Er muß sie dem einen wegnehmen und dem anderen zulegen.

Barion: Daß er dann die von tschechischen Bischöfen eingesetzten und von hier aus dann ja offensichtlich stillschweigend taxierten und damit sanierten (sanktionierten?) Generalvikare seinerseits mit der nötigen Jurisdiktion versieht.

Roth: Die sind von uns noch nicht anerkannt. *(Barion:* Aber auch nicht beanstandet!) Wir warten ab, daß die kommen. Sie werden demnächst kommen. Sie sind benannt. *(Meyer:* Sind Ihnen benannt?) Ja, mitgeteilt! Der Olmützer Bischof hat uns mitgeteilt: Er hat jetzt diesen und jenen, diesen Probst und jenen Pfarrer usw. mit gewissen Vollmachten versehen.

Stalmann: Hat der Olmützer dieselben genommen, die er früher schon für das preußische Gebiet genommen hatte, und der Prager ebenfalls?

Roth: Nein, Prag hat einen anderen. Für Olmütz ist der Nathan benannt und genommen worden.

Stalmann: Der wurde genommen auch für den neuen Teil.

Roth: Für den neuen Teil von Olmütz. – Wir warten, bis die Leute an uns herankommen; denn die Gelder werden ja jetzt zunächst nicht mehr bezahlt. Bis dahin wurden sie noch bezahlt.

Vorsitzender: Auch gerade die Diözesandotationen?

Roth: Ja, sie wurden bis jetzt von uns noch freiwillig bezahlt, weil am 5. die Wahl ist und man dem naturgemäß Rechnung tragen mußte.

Vorsitzender: Und hinterher will man sie nicht mehr bezahlen?

Roth: Wie sollen wir dazu kommen? Wir warten, bis die an uns herankommen.

Vorsitzender: Das ist zu verstehen. Aber das werden sie ja.

Roth: Das werden sie tun, und dann können wir sagen: Wieso, seid ihr legitimiert? Dann sagen sie: sie sind vom Bischof ernannt. Wir erklären: Dabei sind wir nicht gefragt worden, und dann lassen wir sie zunächst gehen.

Barion: Ich bin mir noch nicht ganz klar. Es ist doch so, soweit ich eben gehört habe – dieser Gesichtspunkt war mir auch neu –, daß es vom staatlichen Interesse aus völlig belanglos ist, ob, sagen wir, die Diözesangrenzen mit den staatlichen Grenzen zusammenfallen.

Roth: Daß das völlig belanglos ist, habe ich nicht gesagt.

Barion: Es kam so heraus, daß das Interesse der Kurie dabei groß wäre.

Roth: Groß ist es; aber das ist ein Unterschied.

Vorsitzender: Wenn die Kurie das nun täte?

Barion: Wenn die Kurie diesen Teil der Frage einfach damit erledigt, daß sie sagt: "Die deutsche Reichsgrenze konstituiert jetzt auch die Jurisdiktionsgrenze" – im übrigen ist das Kirchenrecht elastisch genug, um dafür zu sorgen, daß in rein seelsorgerischer Direktion die Belange des deutschen Restteils gewahrt werden können –, so würde damit noch dieser Punkt der Verhandlung erledigt sein. Es würde sich nur darum handeln, innerhalb des Deutschen Reiches die Diözesen miteinander auszutauschen und neue Grenzen zu ziehen. Oder würden Sie vorhaben, bei der Kurie dagegen zu protestieren, daß man dem Bischof von Olmütz für Deutschland die Jurisdiktion gegeben hat?

Roth: Meines Erachtens kann man doch einem Bischof die Jurisdiktion nicht nehmen, ohne daß man irgendeinen anderen benennt, der für diesen Teil eine Jurisdiktion ausübt. Meinetwegen wird die Jurisdiktion dem Bischof von Prag entzogen. Dann muß doch in dem gleichen Augenblick jemand anders benannt werden, der diese Jurisdiktion ausübt.

Barion: Das wird praktisch der Administrator sein. *(Roth:* Er muß aber benannt werden!) Das würde man dann machen. Ich glaube ja nicht, daß die Kurie es so machen würde. Mich persönlich würde diese Erwägung überhaupt nicht im geringsten genieren, wenn es mir aus anderen Gründen zweckmäßig erschiene, einen solchen Schritt zu tun. Sie können nach meiner Meinung unmöglich bei der Kurie dagegen protestieren, daß man den Bischof von Olmütz bei der Jurisdiktion in Deutschland beteiligt ...

Roth: Das nicht; aber ich sehe nicht ein, wie es möglich wäre, einem Bischof die Jurisdiktion zu nehmen.

Barion: Das sehen Sie kirchenrechtlich nicht ein. Staatsrechtlich gesehen können Sie sich darüber gar nicht verwundern. Rein staatsrechtlich gesehen, muß es Ihnen völlig egal sein, wenn man für die nötige Jurisdiktion in Zensurfällen usw. sorgt. Das kann den Staat nicht interessieren. Die Kurie hat an sich Möglichkeiten, das in einer Form zu machen, daß rein kirchlich der Betrieb vollständig weiterläuft, ohne daß nach außen hin jemand da ist. Es ist nach außen hin ein diözesanfreies Gebiet, wo auch kein Administrator ist.

Roth: Theoretisch ist das möglich; aber in der Praxis nicht. Ich wüßte kein Gebiet, das nicht irgendwie mit irgendeiner Persönlichkeit versehen wäre, die die rechtmäßige kirchliche Jurisdiktion übertragen erhalten hat.

Barion: Das ist selbstverständlich ganz klar; aber ich meine: nach außen hin.

Roth: Die Jurisdiktion eines Generalvikars oder Kommissars oder Bischofs erstreckt sich doch nicht bloß auf rein innerkirchliche Dinge – was weiß ich, was es da alles gibt –, sondern doch auch auf Geschäfte, die ihn notwendig mit dem Staat in irgendeiner Form in Verbindung bringen.

Barion: Das ist an sich der springende Punkt, wer da zuerst derjenige sein muß, der diese Geschäfte in den Vordergrund schiebt. Ob das nun wirklich notwendig die kirchliche Stelle sein muß, die diese gemischten Geschäfte in den Vordergrund schiebt und infolgedessen zuerst an Sie herankommt, ist mir nicht unbedingt klar. Ich würde also im ganzen gesehen eine Taktik, die von vornherein als absolut fest einsetzt, daß der Staat derjenige ist, der länger den Mund halten kann, nicht für ausreichend halten. Man müßte sich wenigstens als Reserve überlegen, was man tun wird, wenn aus irgendwelchen Gründen auf diesem Restgebiet die Kirche in der Lage ist, nun verhältnismäßig lange auch den Mund zu halten.

Roth: Sie wird nicht den Mund halten. Im Einzelnen sind sie mit allen möglichen Dingen schon an uns herangetreten. Die Hauptsache sind die Gelder.

Vorsitzender: Also Sie sind sicher, daß die deswegen sofort kommen werden?

Roth: Das glaube ich sicher. Einzelne sind ja schon gekommen. Wir wollen aber einstweilen noch nichts machen, weil wir natürlich mit einem einzelnen, meinetwegen mit dem Vertreter des Bischofs in Trautenau, dem Kopp, der vom Königsgrätzer Bischof ernannt wurde, nicht anfangen können. Diese Frage werden wir generell zu regeln haben. Dazu müssen wir alle Vertreter hier haben. Einzelne sind schon gekommen.

Stalmann: Ich habe eigentlich den Eindruck, daß hier der Staat vorangehen muß. Wie war das früher in Preußen im Allgemeinen Landrecht? Nach dem Allgemeinen Landrecht stand einem auswärtigen Bischof nicht das Recht zu, seine bischöflichen Befugnisse auszuüben, sondern er mußte an sich einen Vertreter für das preußische Gebiet bestellen. An sich war der Erzbischof von Prag auch Erzbischof für preußisches Gebiet, der Erzbischof von Olmütz auch Erzbischof für preußisches Gebiet; aber er durfte seine Befugnisse nicht ausüben, er mußte einen Vertreter bestellen. Der Staat trat an ihn heran und sagte: "Wer soll der Vertreter sein?" Wenn hier der Sitz drüben auf tschechischer Seite ist, kann sich der Staat auf den Standpunkt stellen: Auch du übst für die jetzt an Deutschland gefallenen Gebiete bischöfliche Befugnisse aus; nenne mir einen Vertreter. Auf diese Weise erreicht man, daß wir diese Frage regeln und daß diese Frage dann nicht von Rom aus geregelt werden muß.

Vorsitzender: Aber nun den tschechischen Bischöfen zu sagen: "Ernennt einen Vertreter", ist doch mißlich.

Stalmann: Der uns natürlich genehm ist!

Vorsitzender: Immerhin, schon die bloße Ernennung will mir nicht recht in den Kopf.

Stalmann: Ja, dann kommen wir dahin, daß es Rom macht.

Roth: Nein, gar nicht! Einstweilen haben es die tschechischen Bischöfe gemacht, zwei oder drei. Die anderen werden noch kommen.

Stalmann: Sie sind Ihnen genehm. Aber Sie können sagen: der und der paßt uns nicht.

Roth: Dann warten wir eben. Die kommen tropfenweise an, wir haben bereits einige Benennungen und warten, bis die anderen fünf auch kommen, und dann – mittlerweile haben wir uns über die politische Zuverlässigkeit der einzelnen erkundigt – geben wir entscheidende Erklärungen ab. Das machen wir schon.

Forsthoff: Gehen Sie davon aus, daß das Reichskonkordat sich darauf erstreckt? *(Roth: Ja.)*

Vorsitzender: Ich wollte diese beiden Fragen, die uns in der vorigen Sitzung intensiv beschäftigt haben, gerade hinsichtlich Österreichs, aufwerfen. Erstens ob, wenn ich von der Tschechei sprechen darf, der modus vivendi mit dem Einmarsch vom 1. Oktober hinweggefegt ist oder ob zweitens etwa das deutsche Reichskonkordat in den sudetendeutschen Gebieten in Kraft getreten ist, wobei ich hinzufüge, daß mir – wenn ich einmal laut denken darf – das eher denkbar erschiene, aber nur gefühlsmäßig, als hinsichtlich Österreichs, weil hier nur Stücke übergegangen sind, und zwar verhältnismäßig kleine Stücke, die sich an deutsche katholische Gebiete anschmiegen, in denen Bischöfe eingesetzt sind. Wollen wir diese Fragen untersuchen, Herr Prof. Forsthoff?

Forsthoff: Ich würde doch empfehlen, daß wir da hineingehen. Ganz allgemein möchte ich folgendes sagen: Ich bin gar nicht so sehr beglückt über die sogenannten konkordats- und rechtslosen Räume. Das sieht im Augenblick vielleicht sehr praktisch aus; man kann vielleicht das eine oder andere tun, was man sonst nicht tun könnte. Aber ich finde einmal eine allgemeine Verpflichtung bei der Übernahme eines solchen Gebietes, auch für die kirchliche Betreuung zu sorgen, *(Meyer: Richtig!)* und ich finde, daß es eine allgemeine Volksobhutspflicht ist, die wohl dazu zwingen wird, die Dinge ernst zu nehmen. Nun liegt der Fall Österreich ja ganz anders als der Fall Sudetenland. Im einen Falle ist ein Staat untergegangen; darüber haben wir uns in der vorigen Sitzung verständigt. Im anderen Fall hat sich das Deutsche Reich auf Kosten eines bestehenbleibenden Staates bereichert. Die Dinge liegen insofern auch ernst, als man hier eine unselige Erbschaft antreten würde, wenn wir uns bejahend dazu stellen würden, wie das im Falle Österreich geschehen ist. Aber man müßte meines Erachtens – ich will keine Lösung vorschlagen; dazu sind die Dinge im Augenblick zu kompliziert – diese Frage doch in unsere Erwägungen einbeziehen und damit die Überlegungen anfangen, daß wir uns fragen: was wird denn nun?

Vorsitzender: Das ist mir eigentlich aus der Seele gesprochen. Wenn ich das noch einschalten darf: An sich hat ein Staat, der sich einen anderen einverleibt, die Pflicht, die neuen Leute, die in seinen Herrschaftskreis eintreten, zu betreuen. Er muß auch Wert darauf legen, daß sich alles in vollem Frieden vollzieht, daß er niemand vor den Kopf stößt, niemand in seinen Eigenheiten stört und verletzt. Darum habe ich auch rein empfindungsgemäß zunächst das Gefühl, daß etwas geschehen müßte. Natürlich ist das eine hochpolitische Frage.

Roth: Wenn man von konkordatsfreien Räumen spricht, was heißt das? Man kann doch diese ganzen Angelegenheiten auch mit Gesetz regeln. Das Ziel ist eben, diese kirchlichen Angelegenheiten nicht mit einem neuen Konkordat zu regeln, sondern durch ein Gesetz.

Vorsitzender: Das ist mir sehr interessant. Damit kommen wir vielleicht zu Möglichkeiten, die Meinungsverschiedenheiten, oder wie Sie es nennen wollen, die sich auch schon durch die Schriftsätze der Herren Dr. Barion und Dr. Heckel, soweit es sich um Österreich handelt, ziehen, zu klären, d.h., wenn ich recht empfunden habe, die Meinungsverschiedenheiten darüber, wie man diese Frage liquidiert, die Frage: Vertrag oder Gesetz? Ich weiß nicht, ob es nicht vielleicht an der Zeit ist, daß wir jetzt, nachdem wir die Lage übersehen – ich glaube, es hat sich gerade durch diese formlose Debatte doch ein sehr schöner Überblick über die tatsächlichen Verhältnisse in Österreich und Sudetenland herausgeschält –, zurückgehen auf die österreichische Frage. Ich weiß nicht, ob es nicht das Richtige wäre, die beiden Herren sich einmal aussprechen zu lassen und uns in diesem Punkte gewissermaßen einen Extrakt ihrer ja bereits schriftlich niedergelegten Auffassungen zu geben.

Barion: Darf ich einmal kurz dazu rein vom Standpunkt des modus procedendi aus folgendes sagen! Herr Landgerichtsrat Keith hat mir schon geschrieben, daß gewünscht werde oder geplant sei, gewissermaßen einen Extrakt der letzten Besprechung dieser Frage und eventuell auch dessen, was sich heute dazu ergibt, in einer abschließenden Stellungnahme festzulegen. So hatte ich das wenigstens verstanden.

Keith: Ich habe ja nur – wenn ich das bemerken darf – den Wunsch des Herrn Roth im Einvernehmen mit dem Herrn Vorsitzenden weitergegeben. Aber vielleicht kann Ihnen Herr Roth selbst sagen, wie er sich das denkt.

Barion: Wir haben darüber kurz gesprochen. Ich würde doch vielleicht vorschlagen, daß wir das Ganze jetzt aufspalten und nicht immer jeder dann gleich zu sämtlichen Fragen Stellung nimmt, sondern eben numeriert, daß man zunächst einmal im Hinblick auf die abschließende Stellungnahme als Punkt 1 jetzt das österreichische Konkordat nimmt und sich ganz in concreto fragt – das muß meines Erachtens das praktische Ziel der Ausschußverhandlungen sein -: Was sollen wir, wenn etwas veröffentlicht wird, als Begründung für den Standpunkt publizieren, daß das österreichische Konkordat mit dem Untergang des österreichischen Staates erloschen ist? Über die Begründung ist ja ein Zwiespalt entstanden, und darum müßte man jetzt unter völligem Absehen davon, was man von dem Reichskonkordat hält und wie man diese Frage sonst regeln will, einmal rein konkret die Frage stellen: Was soll man als Begründung für den Wegfall des österreichischen Konkordats angeben?

Vorsitzender: Das als erste Frage, und dann als weitere Frage?

Barion: Dann würde man als weitere Frage, die allerdings auch zunächst einmal geklärt werden müßte, erörtern, was man etwa über diese kirchenrechtliche, staatskirchenrechtliche Bilanz hinaus für Österreich tun will, wie man darüber denkt und wie das in Zukunft geregelt werden soll – denn die Betrachtung über das Reichskonkordat gehört in gewisser Weise schon zu dem kommenden Punkt –, ob man in der Beziehung überhaupt etwas in die Öffentlichkeit bringen will, ob man also in dieser Stellungnahme sich darauf beschränken will, aus dem ersten Teil meines Referats und aus dem Referat des Herrn Roth eine gemeinsame Stellungnahme zu formulieren und die Sache so zum Abschluß zu bringen, oder ob man darüber hinaus noch weitere Vorschläge machen und erörtern will. Das wäre eine Frage für sich. Dann wäre noch kurz zu erörtern, ob das Reichskonkordat gelten soll, bzw. aus welchen Gründen. Der springende Punkt ist weniger die Entscheidung, daß es nicht gilt – darüber sind wir uns alle einig –, jedenfalls nicht automatisch gilt, als vielmehr die Entscheidung darüber, was man als endgültige Begründung dafür nehmen will; denn wir werden in der Öffentlichkeit bei der Darlegung dieses Punktes nicht die heterogenen Gründe nebeneinanderstellen können und sagen können: was sollen wir uns weiter den Kopf darüber zerbrechen, für welche Begründung wir uns entscheiden. Das wäre verkehrt und würde auch nicht der Würde des Ausschusses entsprechen; denn wir müssen ja einmal zu einem klaren Urteil darüber kommen, welcher Gedankengang hinter dieser These stehen soll.

Vorsitzender: Und als dritte Frage wäre dann noch zu erörtern, wie der Zustand nun zu regeln wäre, ob durch Gesetz oder Vertrag. *(Barion:* Das ist eine Frage für sich!) Ich sehe ja, daß von der Praxis her das Wort "Gesetz" schon gefallen ist.

Barion: Das ist eine Frage, die man nicht auf Österreich abstellen kann. Ich glaube auch nicht, daß das Kirchenministerium so denkt, daß man in Deutschland mit dem Reichskonkordat arbeitet und in Österreich mit Gesetz, sondern ich glaube, daß diese ganze Frage irgendwie von einer Gesamtkonzeption her getragen werden muß, bei der man offen lassen kann, wieweit das im einzelnen schon durchgeführt werden kann. Es ist so, daß man jedenfalls die Frage "Gesetz oder Vertrag?" eigentlich nicht mit österreichischem Material bestreiten kann. Da gibt es nicht eine ausgesprochen vereinzelte Lösung, die nach meiner Meinung einen grundsätzlichen kirchenpolitischen Wert im wesentlichen nicht beanspruchen kann und die die Gefahr mit sich bringt, daß der Ausschuß seine ganze Arbeit doch etwas zu sehr unter dem unmittelbaren Gesichtspunkt des Tages auffaßt. Aber das können die Herren des Ministeriums besser beurteilen als wir, weil sie dauernd in den Geschäften stehen. Was der Ausschuß leisten müßte und wohl auch in gewisser Weise leisten könnte, wäre ja, daß er die Dinge eben etwas in die großen Zusammenhänge einzuordnen versucht; denn sonst setzen wir uns der Gefahr aus, daß man nachher einmal von unseren Arbeiten sagt: Es ist alles ganz nett und schön, es ist unmittelbar recht brauchbar; aber Beiträge, die man etwa nach einem Jahr oder nach zwei Jahren auch noch mit Nutzen heranziehen könnte, haben diese Sitzungen eigentlich nicht erbracht. Es müßte doch vermieden werden, daß man nach zwei Jahren sagt: was sollen wir mit diesen Protokollen anfangen; alles das ist ausgesprochenermaßen nur von dem Gesichtspunkt des Dezember 1938 aus diktiert gewesen.

Vorsitzender: Das leuchtet mir ein. – Nun noch eines! Nachdem in Österreich die praktische Frage vom Führer dahin entschieden ist, daß ein konkordatsloser Zustand besteht, ist für diese Frage, mit welcher Begründung das Konkordat als erloschen anzusehen ist, überhaupt noch Raum?

Barion: Das ist rein unter dem praktischen Gesichtspunkt zu beurteilen, den Herr MinRat Roth anregte, daß man in der Mappe eine Stellungnahme, eine Präzision hat.

Vorsitzender: Das kam schon in der vorigen Sitzung zum Ausdruck.

Barion: Ich glaube auch, daß in Rom – wenn ich das sagen darf – der vatikanische Korreferent des Herrn MinRats Roth, Herr Pater Leiber bis jetzt, soviel ich weiß, auf dem Standpunkt steht, daß die Sache noch nicht ganz geklärt sei, daß es also zwei Möglichkeiten gebe: Entweder gelte das österreichische Konkordat noch, oder es gelte gar nichts. Das Reichskonkordat lehnt er völlig ab, wie ich mir habe erzählen lassen. Ob das österreichische Konkordat noch gilt und was nun eigentlich ist, sieht er noch nicht als völlig geklärt an, auch nicht durch das Stillschweigen der Reichsregierung auf die Note des Vatikans vom Juni. Er hat soviel ich weiß, die Sache abhängig gemacht von der Innsbrucker Frage. Pater Leiber scheint in diesem Punkte doch eben jedenfalls de facto die Gedankengänge, die Aufspaltung auch zugrunde zu legen, die ich in meinem Referat zugrunde gelegt hatte: Aufspaltung von rein kirchlichen Sachen und gemischten Angelegenheiten, die ich nicht verstanden wissen wollte von den üblichen kirchenrechtlichen Voraussetzungen her, sondern rein vom Staate aus gesehen, wobei man also sagen kann, daß z.B. die Frage der theologischen Erziehung und dergleichen angesichts der ganzen Haltung, die der Staat heutzutage in soundsovielen Erlassen und Stellungnahmen und mehr oder weniger offiziellen Äußerungen zum Christentum überhaupt einnimmt, nicht als eine Angelegenheit von öffentlichem Interesse betrachtet werden kann. Pater Leiber ist, denke ich, auch der Meinung, daß die theologische Erziehung genau so wie etwa die Frage der christlichen Feiertage usw. dem Staat als bar jedes öffentlichen Interesses erscheinen muß, wenn er nicht selbst mit seinen Äußerungen in Konflikt kommen will.

Er sieht also bei der Ehegesetzgebung etwas, was infolgedessen auch gemischten Charakter trägt, praktisch gesehen. Wenn der Staat in der Ehegesetzgebung einseitig vorgeht, würde er darin, glaube ich, etwas sehen, was zwar eine grobe Verletzung des vertrauensvollen Zusammenarbeitens usw. ist, womit der Staat aber etwas tut, was auf einem Gebiet liegt, das herkömmlicherweise vom Staat und von der katholischen Kirche schon seit vielen Jahrzehnten geregelt worden ist, wo er also im Grunde nicht in ein bisher der Kirche überlassenes oder von ihm der Kirche wieder zugeschobenes Gebiet eingreift, sondern in ein Gebiet, das rein praktisch tatsächlich gemischter Natur ist. Ich habe das alles nicht von Herrn Pater Leiber selbst, sondern es ist mir durch dritte Hand vermittelt worden. Jedenfalls glaube ich, daß man von Rom aus in der Ehegesetzgebung nicht eigentlich einen Bruch, sagen wir, ein völliges Hinwegräumen des österreichischen Konkordats sieht, sondern eine genau lokalisierte und begrenzte Übertretung oder Durchbrechung bestimmter Vorschriften des Konkordats, wobei das Konkordat als Ganzes noch nicht unbedingt berührt ist, so daß von Rom aus gesehen diese Frage offengelassen würde. Vielleicht – das weiß ich nicht – ist durch die Innsbrucker Geschichte eine Schwierigkeit entstanden. Da hat man wohl inzwischen die Jesuitenanstalt aufgehoben, nicht die Fakultät, sondern die päpstliche Ersatzfakultät, die wohl in der vorigen Woche auch verschwunden ist. Jedenfalls bis zur vorigen Woche hat man in Rom anscheinend die Frage offengelassen, ob das österreichische Konkordat nicht doch noch gilt. Offiziell war man, soweit ich von Bekannten gehört habe, die in Rom waren, bis Ende Oktober in Rom noch der Meinung: geklärt ist die Frage noch nicht. Man wartet immer noch, daß die deutsche Regierung etwas tun würde, um diese Frage endgültig zu klären.

Vorsitzender: Auch in Kenntnis der Erklärung des Führers?

Barion: Die kennen sie ja nicht.

Roth: Die kennen sie nicht. Darum sehe ich – um einmal von der Praxis aus etwas dazu zu sagen – unsere Aufgabe darin, daß irgendeiner von uns mit seinem Namen oder sonst irgendeiner in die Öffentlichkeit tritt mit einer Abhandlung, von der man nicht weiß, wer dahintersteckt, mit einer Abhandlung, die besagt: das österreichische Konkordat ist erloschen.

Vorsitzender: Da treffen sie sich vollkommen.

Barion: Die Frage müßte jetzt geklärt werden.

Vorsitzender: Damit würde die erste Frage zur Debatte gestellt, mit welcher Begründung das österreichische Konkordat für erloschen erklärt wird.

Roth: Nicht so sehr – wohl auch, aber nicht in erster Linie – von der kirchenpolitischen Praxis her! Es wäre doch zunächst mehr eine Sache der Auseinandersetzung der Vertreter der verschiedenen Meinungen.

Vorsitzender: Ich würde damit auch auf das kommen, was ich schon sagen wollte, daß wir in jeder prominenten Frage doch zu irgendeinem Abschluß kommen wollen, der dann motiviert wird durch die schriftlich niedergelegten Äußerungen und Referate der einzelnen Herren. Denn nur dann hat unsere Arbeit doch Zweck, wenn wir mit einem solchen Ergebnis aufwarten können.

Heckel: Darf ich eine Frage stellen! Wenn also jemand von uns einen solchen Aufsatz veröffentlichen würde, was würde dann der kirchenpolitische Effekt sein, den Sie sich davon versprechen? Die Kurie würde sagen: das ist eine Privatarbeit von dem und dem; an die halten wir uns nicht. Bezüglich der Frage des vatikanischen Standpunktes würde sich, glaube ich, doch daraus nichts weiter ergeben, und bezüglich des Standpunktes der deutschen Regierung würde auch nichts daraus folgen, wenn der Mann eben als Gelehrter spricht. Ich bin mir noch nicht ganz klar darüber, welches der praktische Nutzen eines solchen Aufsatzes sein wird. Ich weiß nicht recht, welche praktische Tendenz Sie damit verfolgen.

Vorsitzender: Sie wollten wohl nur so eine Art wissenschaftlicher Propaganda? *(Roth:* Jawohl, und eine Auflockerung!*)* Also es soll eine Ansicht vertreten werden, die eventuell dazu Veranlassung gibt, daß jemand erwidert, der anderer Ansicht ist, oder daß einer sich anschließt, wobei noch immer die Möglichkeit bestehen bliebe, daß das vielleicht auch etwas offiziöser von der Akademie aus gestaltet würde.

Roth: Es kommt darauf an, wo es herauskommt.

Vorsitzender: Ich habe das so aufgefaßt, daß Sie das nur erst einmal lancieren wollten.

Roth: Jawohl! Wir haben auf der einen Seite eine gewisse Verpflichtung, auch die politische Entscheidung des Führers rechtlich zu unterbauen, und zweitens die Verpflichtung, den Vertretern des kanonischen Rechtes, die immer noch in einzelnen Zeitschriften andere Meinungen kundtun, auch einmal von deutscher Seite, von einem deutschen Gelehrten her, Antwort nach der Richtung hin zu geben: so fassen wir die Sache auf!

Vorsitzender: Falls nicht – wenn ich das einschalten darf – die Lage sogar so ist, daß vielleicht die Reichsregierung – ich will nicht gerade sagen, der Führer; aber die offizielle Stelle in Deutschland – der Meinung ist: es ist mir ganz egal, mit welcher Begründung das österreichische Konkordat erloschen ist; die tatsächlichen Verhältnisse sind so, daß es eben nicht mehr lebensfähig ist. Ich könnte mir denken, daß es in der jetzigen Zeit Fälle gibt, in denen man die Begründung gar nicht hören will. Das weiß ich nicht; aber es ist ja auch egal.

Roth: Gewiß! Wir werden, glaube ich, leichter einer offiziellen Begründung enthoben, wenn die ganze Frage sozusagen offiziös oder auch privat in die Öffentlichkeit gekommen ist.

Vorsitzender: Das läßt sich natürlich hören.

Barion: Soviel ich mich erinnere, hatten Sie nicht gesagt, daß das à tempo veröffentlicht werden soll, sondern wenn diese Stellungnahme abgeschlossen ist. Der Zeitpunkt zu dem diese Sache dann lanciert wird, blieb dahingestellt.

Vorsitzender: Der Gedankengang ist der, dafür zu sorgen, daß man es erst mal hat, aufgespeichert liegen hat.

Roth: Damit man nicht innerhalb von 24 Stunden plötzlich einen Artikel losläßt, der dann ohne Zweifel alle Spuren der 24stündigen Arbeit in sich trägt.

Vorsitzender: Ich denke mir unsere Arbeit gerade so, daß wir Vorrat in den prominenten kirchlichen Fragen der Zeit sammeln. Es braucht nicht gleich verwertet zu werden. Ich weiß, daß Sie alle derselben Ansicht sind wie ich, daß wir nicht den Ehrgeiz haben, nun gleich stürmisch, bahnbrechend unsere Ansichten hinauszuschmettern. Wir haben uns ja in stiller Weise konstituiert, und wir sind berufen, erst einmal stille Arbeit zu leisten. Daß sich diese Arbeit, wenn sie gut ist, irgendwie einmal rentieren wird, wenn nicht hundertprozentig, so doch in einem gewissen Umfange, das möchte ich eigentlich bei dem Eifer und dem Ernst, den ich bei sämtlichen Herren mit Freude habe feststellen können, annehmen.

Roth: Es ist so! Angenommen, es kommt morgen im Osservatore Romano irgendeine große Darstellung: "Das österreichische Konkordat gilt weiter", dann wäre es doch gut, wenn wir so weit gerüstet sind, daß wir innerhalb eines Zeitraumes von zwei Tagen – man wird natürlich das, was vorbereitet ist, nach gewissen Richtlinien hin etwas nuancieren müssen usw. – sofort eine prompte und klare Gegenantwort geben können. Ich erinnere nur daran – ohne im einzelnen auf die Qualität der Expektorationen einzugehen –, wie damals kurz nach Unterzeichnung des Reichskonkordats im Osservatore Romano eine öffiziöse Stellungnahme erschien und Tags darauf bereits im Völkischen Beobachter – oder in zwei Tagen – die Antwort darauf.

Vorsitzender: Was wertvoller ist, als wenn der Völkische Beobachter diese Anwort von sich aus gebracht hätte!

Roth: Erstens das und vielleicht erst nach drei Wochen gebracht hätte; denn solange die Suppe warm ist, muß sie gegessen werden. Wir müssen das soweit vorbereitet haben, daß wir es tatsächlich sofort in die Öffentlichkeit geben können.

Vorsitzender: Dann würden wir jetzt so weit sein, daß wir die Frage, mit welcher Begründung das österreichische Konkordat erloschen ist, zur Debatte stellen. Da würden ja doch wohl die Herren am ehesten berufen sein, dazu das Wort zu ergreifen.

Barion: Darf ich vielleicht noch einmal rein zum modus procedendi das Wort ergreifen. Ich hatte an sich die Sache aufgegliedert in drei Unterpunkte: erstens die rein kirchenrechtliche Betrachtung der Dinge, dann die ausgesprochen staatsrechtliche oder staatskirchenrechtliche Betrachtung des derzeitigen österreichischen Konkordats, und dann drittens meine eigene Theorie dazu. Nun würde ich meinen, daß man auch da wieder die einzelnen Punkte für sich nimmt, daß man also zunächst einmal den kirchenrechtlichen Komplex für sich betrachtet und fragt, ob er so, wie er ist, verbesserungsbedürftig ist, ob er ganz verkehrt oder richtig ist, daß man also diesen Punkt für sich nimmt, daß insofern jedenfalls dieser Unterteil, dieser Komplex damit abgeschlossen ist, so daß wir die Sache eben einmal aufspalten, damit nicht irgend etwas übersehen wird. Dann kommen wir zunächst in eine allgemeine Debatte hinein, wobei ich vielleicht vorschlagen möchte, so unterzuteilen, daß man jetzt einfach fragt: erstens wie ist es mit dieser rein kirchenrechtlichen Stellung, soll sie geändert werden oder soll sie bleiben?

Vorsitzender: Das sind Unterfragen der anderen von mir lancierten Frage? *(Barion: Jawohl!)* Damit bin ich sehr einverstanden, wenn die Herren derselben Ansicht sind. Würden Sie dazu jetzt das Wort ergreifen, Herr Prof. Barion?

Barion: Ich würde von mir aus nichts dazu zu sagen haben.

Vorsitzender: Welcher der Herren würde dazu gern etwas sagen?

Heckel: Ich möchte die Darlegungen von Herrn Barion, soweit ich mit dem sehr beschränkten Münchner Material, das mir zur Verfügung stand, in der Lage war, sie nachzuprüfen, in diesem Punkte für durchaus zutreffend halten. Was ich nicht weiß, ist, ob nicht in gewissen preußischen Ministerialakten noch Material dazu vorhanden ist. Herr Stahn hat ja in seiner Äußerung gewisse Dinge angedeutet: Stellungnahme von Pacelli mit der Drohung, die alte Zirkumskriptionsbulle gelte nicht mehr, weil sie mit der monarchischen Regierung abgeschlossen sei. Ich weiß also nicht, ob man nicht die sogenannte kirchliche Stellungnahme durch aktenmäßiges Material ergänzen kann. Wenn in den preußischen Akten darüber etwas vorhanden ist, könnte das vielleicht mit Nutzen angebracht werden. Zur Darstellung selber habe ich nichts zu sagen.

Stalmann: Ich glaube, diese Äußerungen von Pacelli sind nicht schriftlich, sondern immer gesprächsweise erfolgt. Ob er sie irgendwie zu Papier gebracht hat, weiß ich nicht. Das sind gelegentlich Äußerungen von Kaas. Das kann man nicht verwerten.

Heckel: Ob nicht in einer Note, die Pacelli an die preußische Regierung geschickt hat, irgend etwas darüber steht?

Stalmann: Das glaube ich nicht, aber man könnte nachsehen.

Barion: Ich glaube, daß der offizielle kuriale Standpunkt für die deutschen Verhandlungen der war, daß man es peinlichst vermied, sich irgendwie festzulegen. Ich weiß, daß Professor Schneider in Münster einen Aufsatz über Zirkumskriptionsbullen 1921 veröffentlicht hat. Ich weiß nicht, welche These er damals vertrat. Jedenfalls hat er einen Rüffel bekommen, dessen Pointe die war, daß es im jetzigen Augenblick vom kirchlichen Standpunkt aus unerwünscht wäre, irgendwelche Veröffentlichungen zu bringen, in denen, sei es die Gültigkeit, sei es die Ungültigkeit, behauptet wurde, sondern man wollte von kirchlicher Seite diesen Punkt ausgesprochen in der Schwebe lassen. Ich glaube deshalb auch nicht, daß man sich in Noten darüber thesenhaft ausgesprochen hat.

Vorsitzender: Das scheint mir auch so zu sein. Ihre Auffassung, Herr Professor Barion, ist ja im Referat niedergelegt.

Barion: Ich habe Herrn Landgerichtsrat Keith auch geschrieben, daß ich diesen Teil von mir aus zur Verfügung stelle, wenn diese Sache vom Ausschuß aus irgendwie veröffentlicht werden soll.

Der wichtigere Punkt war der zweite, die staatskirchenrechtliche bzw. völkerrechtliche Begründung, wobei man die Vorfrage zu klären hat, ob man in die Veröffentlichung nicht ausdrücklich hineinsetzen soll, daß der kirchliche Standpunkt rein als eine Illustration der Billigkeit der Führerentscheidung gegenüber der Kirche dargelegt wird, daß man also in diese Veröffentlichung später hineinbringt, daß für den Staat diese kirchenrechtlichen Erwägungen nicht maßgebend sind, daß er seine Entscheidungen nach eigenen Gesichtspunkten trifft, daß die rein kirchenrechtlichen Erwägungen dem Verfasser des Artikels nur insofern interessant sind, als damit gezeigt ist, daß die Entscheidung über den Wegfall des österreichischen Konkordats auch vom rein kirchlichen Standpunkt aus keinerlei Bedenken unterliegt, daß aber das nicht der maßgebende Gesichtspunkt für den Staat gewesen sei. Das wäre rein zur Frage der Einkleidung. Das habe ich im Referat kurz angedeutet.

Der maßgebende Teil wäre also zunächst die völkerrechtliche Legitimation. Dazu habe ich gesagt, daß der methodischen Forderung, daß eine eigenständige Begründung gegeben werden müsse, eine völkerrechtliche Betrachtungsweise genügt. Diese habe ich skizziert. Die weitere Frage wäre, ob die beiden Richtungen der völkerrechtlichen Betrachtungsweise richtig getroffen sind, ob es noch mehr Richtungen gibt, oder ob man das ergänzen will.

Vorsitzender: Wollen wir dies, was wir jetzt erörtern, in Form eines Extraktes noch einmal sehr viel kürzer festlegen, damit wir das immer wieder in kurzer Form zur Hand nehmen können, oder ist das überflüssig? Ich weiß nicht, ob Sie fühlen, was ich sagen will: daß wir das Ergebnis der Klärung, die sich vollzieht *(Forsthoff:* Ein Gedankenstenogramm!), ad memoriam festhalten. Für Sie ist das vielleicht nicht so nötig wie für mich.

Barion: Ich würde es begrüßen, wenn Herr Landgerichtsrat Keith sich der Mühe unterziehen würde, das Ergebnis des Stenogramms des Auszugs schon in die Form einer solchen Stellungnahme zu bringen.

Keith: Ich würde gern dazu bereit sein, aber es hängt alles mit der Form der Veröffentlichung zusammen. Herr Professor Weber hatte den Gedanken aufgeworfen, aber ich kann natürlich nicht unter meinem Namen einen solchen Artikel ergehen lassen.

Barion: Ich würde das für eine Möglichkeit halten. Nachher wird es ja nicht einem einzelnen zugeschrieben, sondern es ist eine Arbeit der kämpfenden Mannschaft.

Keith: Bei diesen Arbeiten ist es im allgemeinen so gewesen, daß sie auch nach außen als Ausschußarbeit in der Form in Erscheinung traten, daß unter dem Namen des Vorsitzenden oder der Akademie mitgeteilt wird: Der Ausschuß ist in folgenden Punkten zu den und den Ergebnissen gekommen. Aber es fragt sich, ob es in diesem Falle so geschehen soll.

Forsthoff: Vielleicht ist Herr Barion oder Herr Heckel so freundlich, das Ergebnis zusammenzufassen. Die können es am leichtesten, weil sie am meisten in den Dingen drinstehen. Dann soll es natürlich im Namen des Ausschusses geschehen.

Vorsitzender: Aber zunächst doch nur einmal für uns? *(Forsthoff:* Natürlich!) Die Frage, ob, wie, wo und unter welchem Namen man davon Gebrauch macht, ist eine andere.

Roth: Nehmen wir an, es erscheint unter dem Namen Barion, dann würde das ganz anders auf den Vatikan wirken *(Barion:* Auch auf mich!), als wenn es unter dem Namen von Prof. Heckel geht, nicht wissenschaftlich, sondern politisch.

Vorsitzender: Aber auf diese Nuance kann es sehr ankommen. Es kann in einem Fall sehr gut sein, den Namen Barion darunter zu setzen, in einem andern Fall kann es bedenklich sein. Da ist es besser, es unterschreibt einer, der nicht bekannt ist.

Barion: Ich glaube, daß es überhaupt nicht so sein wird. Jeder, der es unterschreibt, tut dies als Vertreter der kämpfenden Mannschaft. Wenn Sie, Herr Keith, z.B. als Sekretär des Ausschusses den Aufsatz herausgeben, würden Sie nichts herausgeben, würden Sie nichts unterschreiben, was ein anderer gearbeitet hat, sondern es bleibt ja eine gemeinschaftliche Stellungnahme, wo die verschiedensten Beiträge zu einem Ganzen vereinigt werden, und die Redaktion des ganzen halten ich für eine wichtige und keineswegs mechanische Arbeit, aber für eine Arbeit, die für mich ein sacrificium intellectus bedeuten würde. Mein Referat habe ich mir wohl überlegt, und ich halte es so für richtig. Der Ausschuß kann daraus nehmen, was er will, aber ich bin nicht bereit, anstelle meines Referats einen in wichtigen Punkten völlig geänderten Aufsatz als meinen Aufsatz herauszugeben.

Vorsitzender: Wir würden dann jetzt die völkerrechtlichen Punkte behandeln. Hinsichtlich der staatsrechtlichen Stellungnahme waren wir uns schon einig geworden.

Barion: Im völkerrechtlichen Punkte besteht ein Differenz. Ich würde zunächst fragen, ob diese Schilderung der allgemein-wissenschaftlichen Lage, die ich zusammenfassend gegeben habe, so in die Öffentlichkeit gehen kann. Ich habe geschildert, daß man den Standpunkt vertritt, daß nach der herrschenden völkerrechtlichen Lehre eine selbsttätige Sukzession bei Konkordaten nicht statthaben kann. Es fragt sich, ob man sagen könnte, daß damit die herrschende völkerrechtliche Lehre getroffen ist.

Heckel: Ich glaube schon, aber ich muß gestehen, daß das nur ein allgemeiner Eindruck ist, den ich habe. Ich bin zu einer speziellen Nachprüfung dieser völkerrechtlichen Frage in München noch nicht gekommen. Mein allgemeines Wissen auf dem Gebiet würde mich aber dahin führen, das zu bejahen. Da ich aber nicht in eine spezielle Prüfung dieser Frage eingetreten bin, müßte ich mir eventuell vorbehalten, wenn der Wunsch besteht, da nachzuschauen.

Barion: Ich halte das für sehr wichtig. In den Aufsatz als solchen kann man nicht solche Details mit riesenhaften Anmerkungen hineinsetzen. Es handelt sich darum, daß solche Thesen nicht nachher torpediert werden können, indem man den Betreffenden in der unangenehmsten Weise wissenschaftlich bloßstellt. Ich habe das als herrschende Lehre genommen, – *(Vorsitzender:* Aber auch als Ihre Ansicht!) – nein, als herrschende Lehre, und habe als Gegentypus Huber genommen, und zwar unter dem Gesichtspunkt, daß Huber, soweit ich in der Eile feststellen konnte, fast der einzige ist, der diesen Standpunkt so vertritt, daß die Konkordate territorial gebunden sind. Ich habe den Eindruck, daß die ganze Stellungnahme Hubers, in sich gesehen, sehr beachtlich ist und daß man sie nicht einfach beiseite schieben und sich auf die herrschende Lehre zurückziehen kann. In der Öffentlichkeit wird man davon ausgehen müssen, daß die herrschende Lehre sagt: Die Konkordate sind Personalverträge, fallen weg. Man wird auch den Widerspruch von Huber erwähnen müssen, ohne daß man Huber zu nennen braucht. Man darf aber die Gegenauffassung von Huber nicht als belanglos unterschlagen. Es wäre die Frage zu klären, ob die von mir typisierte Diskussionslage thesenhaft vereinfacht in der Öffentlichkeit erscheinen könnte, oder ob dann ein Hohngelächter auf seiten der Wissenschaft losgeht. Die Frage, welcher Ansicht man sich anschließt, müßte in der Diskussion getrennt werden.

Stalmann: Herr Roth hat keine eingehenden Ausführungen darüber gemacht, ob das Konkordat, staatsrechtlich gesehen, noch rechtsgültig ist. Es hat nur ausgeführt, daß es bedenklich wäre, daß das Reich sich nicht mehr darauf berufen könnte. Aber im Rahmen eines Aufsatzes könnte man untersuchen, ob staatsrechtlich gesehen das österreichische Konkordat überhaupt rechtsgültig ist. Das wäre eine gesonderte Abhandlung.

Barion: Man muß nach meiner Meinung entweder schreiben: Die Sache ist juristisch belanglos, weil unter Verfassungsbruch zustande gekommen, oder man muß sagen: Die Sache ist aus völkerrechtlichen Gründen unhaltbar. Man kann aber, ohne sich lächerlich zu machen, nicht zuerst hingehen und sagen: Das Konkordat gilt überhaupt nicht, zweitens aber noch nachweisen wollen, warum es nicht gilt, auch wenn es noch gelten würde.

Vorsitzender: Man könnte auch sagen: Erstens ist es erloschen, zweitens, wenn es nicht erloschen wäre, würde es jetzt erlöschen.

Roth: Man müßte das Konkordat nicht bloß mit einem Geschütz unter Feuer nehmen, sondern unter ein Trommelfeuer mit mehreren Geschützen in drei oder vier ganz verschiedenen, unabhängig voneinander erscheinenden Veröffentlichungen, einmal in der Akademie für Deutsches Recht, dann wieder wo anders. Nach außen hin braucht gar nicht in Erscheinung zu treten, daß dahinter ein strategischer Plan steht.

Weber: Das Argument, daß das Konkordat nicht gültig geworden ist, ist aber außerordentlich bedenklich, weil dann nämlich das ganze frühere Recht auflebt, das das Konkordat außer Kraft setzen wollte. Ich weiß nicht, ob Sie ein Interesse daran haben, die ganzen Folgen auf sich zu nehmen. Denn dann muß man scharf prüfen. Wenn das Argument zieht, daß das Konkordat nicht rechtskräftig geworden ist, dann interessieren die Argumente des Erlöschens insofern nicht mehr, als dann das frühere Recht wieder auflebt. Dann haben Sie Gesetze von 1874, schließlich das Konkordat von 1855 in gewissen Auswirkungen usw. Ich würde meinen, daß man dieses Argument für unseren Bedarf völlig fallen läßt, weil man sich unter Umständen in Verwicklungen verstrickt, die sehr peinlich sein können.

Barion: Was Herr Roth gesagt hat, ist, politisch gesehen, sehr prägnant. Man könnte in einem Aufsatz sagen, daß der Akt des Führers, politisch gesehen, eine erlösende Tat bedeutet, indem er einen groben Verfassungsbruch aus der Welt schafft. Das ist also politisch gerechtfertigt. Weiter kann man aber sagen, daß man, rein juristisch gesehen, einen Strich ziehen muß. Von da aus nimmt man dann die Dinge juristisch. Ich würde das nicht einfach unter den Tisch fallen lassen.

Vorsitzender: Man könnte es nur hinwerfen: Es wird von vielen Seiten behauptet, wir wollen ganz davon absehen, denn es ist erloschen.

Ruppel: Ich weiß nicht, ob wir mit dieser Frage zu einem abschließenden Ergebnis kommen und ob es Aufgabe des Ausschusses ist, in dieser Frage zu einem abschließenden Ergebnis zu kommen. Das ist eine Angelegenheit, bei der die Initiative bei Herrn Roth liegen müßte, und die er dann doch auch außerhalb des Ausschusses unter Beteiligung des Herrn Vorsitzenden mit den in Betracht kommenden Herren regeln könnte. Viel wichtiger wäre, daß wir uns erst über die Frage der völkerrechtlichen Begründung klar würden. Ich würde gern hören, wie der Streit, der völkerrechtlich zwischen Herrn Barion und Herrn Heckel besteht, geschlichtet wird, ob einer nachgibt oder ob man sich auf mittlerer Linie verständigen kann. Die Frage ist auch für viele andere Dinge von großer Bedeutung. Sie wirkt sich aus auf den modus vivendi und spielt bis zu einem gewissem Grade auch in die Erwägungen über die evangelischen Kirchenverträge hinein.

Vorsitzender: Das ist wohl nur gekommen durch Sie, Herr Stalmann, nachdem Sie die Frage der Gültigkeit in die Debatte geworfen haben, die sehr interessant ist. Aber ich wollte das auch beschränken auf die Kontroverse zwischen den Herren Professoren.

Barion: Dann handelt es sich darum, ob es richtig ist, wenn man von der Typisierung ausgeht, wobei Huber gemeint ist als der die Dinge juristisch am besten durchdenkende Vertreter der Gegenmeinung.

Heckel: Ich meine, das ist geglückt. Es ist für mich heute insofern eine neue Situation gegeben, als ich nicht gewußt habe, daß das, was hier gesagt worden ist, auch öffentlich verwertet werden soll. Eine erschöpfende Nachprüfung unter dem Gesichtspunkt, den Herr Barion als richtig hervorgehoben hat, nämlich ob der Autor das Wesentliche so sagt, daß man es in der Öffentlichkeit vertreten kann, habe ich bezüglich des völkerrechtlichen Teils nicht vorgenommen. Daß es aber richtig ist, die herrschende völkerrechtliche Meinung auf der einen Seite und Huber als Repräsentanten einer anderen und wichtigen Ansicht einander gegenüberzustellen, ist auch mir außer Zweifel. Also ich würde die Anlage des Referats auch in diesem Punkt für geglückt erachten.

Vorsitzender: Und nun die Stellungnahme dazu! Zunächst werden die bestehenden Rechtsanschauungen dargelegt. Das sind doch nur zwei.

Barion: Professor Heckel und ich, wir weichen voneinander ab und auch von Huber und der herrschenden Lehre, so daß im ganzen vier vorhanden sind. Professor Heckel und ich, wir verhalten uns ungefähr wie konvex und konkav. Ich möchte mich vorläufig heraushalten und zuhören.

Heckel: Ich habe meine Stellungnahme in dieser schriftlichen Äußerung niedergelegt. Ich bin der Meinung, der Unterschied zwischen Herrn Barion und mir ist bezüglich der Weitergeltung des österreichischen Konkordats für die Praxis unerheblich, weil ich der Auffassung bin, daß die Handlungen, die die Staatsregierung schon vorgenommen hat, deutlich genug sind, um zu zeigen, daß sie von dem österreichischen Konkordat abgerückt ist.

Bezüglich der Beurteilung der Konkordate im allgemeinen bin ich der Auffassung, daß die Subsumption der Konkordate unter die Personalverträge – ein Begriff, der aus dem Völkerrecht übernommen wird und auf ein anderes Gebiet sinngemäß angewandt wird – nicht unbedenklich ist, weil es sich bei den Konkordaten um eine ganz besondere Art von Verträgen handelt, die nicht auf die völkerrechtliche Ebene auch nur sinngemäß geschoben werden können, und zwar deshalb, weil diese Konkordate nach ihrer sachlich-regulativen Leistung wesentlich innerpolitisch sind, wobei sich nun aber vermöge der völkerrechtlichen Stellung der Kurie mit dieser Bindung eines innerpolitischen Teiles der Volksordnung eine außenpolitische Bindung verbindet, so daß gewisse Teile der inneren Volksordnung zugleich einer außenpolitischen Intervention offenstehen. Wir haben solche Verträge im Völkerrecht heute im allgemeinen nicht, in denen solche delikaten Fragen der Volkswerdung mit außenpolitischer Bindung behandelt werden. Alles, was wir an völkerrechtlichen Verträgen haben, bezieht sich mehr oder minder auf Fragen der Technik, auf einzelne Verwaltungsfragen, die für das seelische Werden des Volkes relativ unwichtig sind. Hier dagegen haben wir es mit einem ganz delikaten Punkte der Volkswerdung zu tun. Gerade in unserem Lande mit der konfessionell schweren Vergangenheit seit dem 30jährigen Kriege leben wir in diesem delikaten Punkte unter der politischen und kirchlichen Intervention des Auslandes. Ich bin also der Meinung, daß wir allen Anlaß haben, aus unserer konkreten Situation heraus diesen singulären Charakter der Konkordate mit aller Entschiedenheit zu betonen und allgemeine Rechtssätze über das Erlöschen von Konkordaten beim Untergang eines Staates nach Möglichkeit abzuwehren und zu sagen: Für uns ist nicht maßgebend, was die Kurie mit Rumänien gemacht hat, was sie mit Rußland machen würde, was sie mit Frankreich gemacht hat, sondern für uns ist wichtiger die besondere deutsche Rechtsgeschichte auf dem Gebiete des Staatskirchenrechts, also wie sich die Kurie zu uns in der Praxis verhalten hat. Denn wir als besonderes Volk legen gerade auf diese besondere Entwicklung höchsten Wert. Dabei rückt nun freilich die Konkordatspraxis des 19. Jahrhunderts in Deutschland etwas mehr in den Vordergrund, als es der Fall wäre, wenn ich einfach sagen würde: Konkordate sind Personalverträge.

Politisch-historische Präzedenzfälle haben ja ein ganz besonderes Gewicht dann, wenn es sich um solche völkisch-delikaten Gebiete handelt. Nun ist meine Auffassung die: Wenn es möglich ist, einen Standpunkt zu finden, der diese preußisch-deutsche Konkordatspraxis des 19. Jahrhunderts erklärt, der aber die günstigste Lösung für den Staat gibt, so würde ich mich aus rein politischen Erwägungen für diese Lösung entscheiden und nicht für einen Standpunkt, der demjenigen der Kurie nahekommt, daß nämlich die Verträge automatisch erlöschen. Ich meine, wenn ein Staat untergegangen ist, so ist es durchaus möglich, daß man der Kurie zumutet, sich bei den Verträgen, die sie in bezug auf ein bestimmtes Gebiet geschlossen hat, festhalten zu lassen, vorausgesetzt, daß das ganze kirchenpolitische System sich nicht grundlegend ändert. Das war bei den Zirkumskriptionsbullen in Hannover der Fall, das war auch der Fall bezüglich des Elsaß. Ich bin also der Meinung, man kann der Kurie unter gewissen Voraussetzungen, auf die ich hier nicht näher eingehen will, weil sie für unsere konkrete Frage praktisch keine Bedeutung haben, zumuten, ein Eintrittsrecht des Staates in die Verträge anzuerkennen. Dagegen gibt es selbstverständlich keine Eintrittspflicht des Staates, weil kein Staat bezüglich der Gestaltung seiner Volksordnung sich durch andere Staaten binden lassen kann. Das ist ja bei Österreich ganz deutlich. Aber ich sehe nicht ein, wenn man das eine ablehnt, daß man dann nicht auf der anderen Seite doch sagen kann: Wir behalten uns vor, ein Eintrittsrecht geltend zu machen.

Wenn ich die Frage vor mir habe, ob ich die eine oder die andere These vertreten soll – automatisches Erlöschen oder Betonung eines Eintrittsrechts unter Ablehnung einer Eintrittspflicht –, dann würde ich die Präzedenzfälle, die sich in dem Sinne kirchenpolitisch oder staatspolitisch deuten lassen, in diesem Sinne interpretieren. Darum meine ich, es wäre jedenfalls politisch nicht sehr erwünscht, zu sagen: Wir stellen uns auf den Standpunkt, das österreichische Konkordat ist automatisch erloschen. Erstens würde man dann mit gewissen Präzedenzfällen uns entgegentreten können, und wir hätten die auszuräumen. Aber das ist eine Frage für sich. Zweitens aber weiß man nicht, was die Zukunft einmal bringt. Wir würden uns eventuell gewisse Möglichkeiten verbauen, wenn wir von Staats wegen diesen günstigeren Standpunkt zugunsten des allgemeineren aufgeben würden. Für das österreichische Konkordat ist die Frage nach meiner Meinung mit der einen genau wie mit der anderen These erledigt, indem die Staatsregierung durch konkludente Tatsachen dargelegt hat, daß sie nicht damit einverstanden ist. Gewiß mag die Kurie sagen: Das ist für mich noch nicht klar genug, wenn Ihr in der Ehegesetzgebung einen anderen Standpunkt einnehmt. Wenn sich das aber so im Laufe der nächsten Zeit häuft, wird man doch sehen, daß die Kurie allmählich klarer darüber ist.

Was den Standpunkt des Wegfalls der Verträge betrifft, den man bei Ottaviani findet, so ist vom kurialen Standpunkt aus mir das durchaus begreiflich. Die Kurie ist auf Grund der Erfahrungen des 19. Jahrhunderts, oder jedenfalls der Schriftsteller, der sich auf diese Erfahrungen stützt, der Meinung, bei einer Neuordnung kommt man ohne Vereinbarungen mit der Kurie nicht aus. Das ist auch, auf ganz Europa, namentlich auf die Praxis der katholischen Länder gesehen, nicht unzutreffend gewesen. Für Deutschland, jedenfalls für Preußen, stimmt es nur bis zu einem gewissen Grade nicht, und bezüglich der künftigen Politik bin ich der Meinung – die habe ich auch angedeutet –, wir sollten versuchen, ein eigenes Staatskirchenrecht im Wege von Staatsgesetzen zu bauen, und uns nicht so sehr von dem Vereinbarungsgedanken leiten lassen. Das ist aber eine Frage, die trifft erst spätere Probleme, die wir noch zu erörtern haben. Ich habe das alles ausführlich in meinem Gutachten niedergelegt.

Ich möchte nur sagen: Ich gebe durchaus zu, daß man zwei Auffassungen vertreten kann. Ich möchte die Auffassung von Herrn Barion nicht als durchaus falsch bezeichnen, aber wenn ich die Wahl habe zwischen zwei Möglichkeiten, würde ich diejenige nehmen, die das staatliche Recht begünstigt.

Barion: Mir ist noch nicht klar, wie die Begründung lauten soll. Will man in dem Artikel schreiben, das österreichische Konkordat ist darum erloschen, weil die Reichsregierung von ihrem Eintrittsrecht keinen Gebrauch gemacht hat, und damit vindizieren, daß der Vatikan die Pflicht hat, bei einer Staatennachfolge zu warten, was der andere tut, während er völlig abhängig ist und sagen muß: Es ist weggefallen, weil der Betreffende nicht will, oder es besteht weiter, weil der Betreffende wohl will?

Weber: Kann der Vatikan nicht auch ein Eintrittsrecht für sich in Anspruch nehmen mit ungefähr denselben Gründen?

Heckel: Das kann er nicht, weil es sich um eine Frage der inneren Souveränität handelt und der Vatikan ist kein Teilhaber der inneren Souveränität.

Barion: Man müßte den zweiten Punkt so begründen: Daß das Völkerrecht dies und das sagt, ist verhältnismäßig belanglos. Entscheidend ist, daß die Fragen der kirchlichen Ordnung zur Volksordnung gehören. Hier greift der Gesichtspunkt der absoluten Souveränität des Staates durch. Infolgedessen ist es also dem Staat grundsätzlich überlassen, darüber zu entscheiden, ob er ein solches Konkordat eines untergegangenen Staates übernehmen will oder nicht.

Heckel: Das ist die These, die ich vertrete. Ich bin nicht der Meinung, daß die Kurie unter allen Umständen gezwungen ist, ein solches Eintrittsrecht anzuerkennen, sondern da würde ich den auch im Völkerrecht anerkannten Gesichtspunkt der Zumutbarkeit annehmen. Den hat die Kurie auch praktiziert. Sie beruft sich immer auf die Klausel rebus sic stantibus.

Vorsitzender: Dann ist es kein hundertprozentiges Eintrittsrecht.

Heckel: Es kommt darauf an, ob es zumutbar ist, und ob es zumutbar ist, ist häufig eine Frage der Macht, des Machtkampfes zwischen den beiden Parteien.

Barion: Dieser Gesichtspunkt müßte irgendwie in der Begründung zum mindesten der Wurzel nach angelegt sein. Man kann diesen Artikel nicht etwa so aufsetzen, daß die anderen daraus deduzieren, daß man ein einseitiges Recht des Staates, über die Fortdauer des Konkordates zu entscheiden, in Anspruch nimmt. Man wird zugeben müssen, daß, rein propagandistisch gesehen, die Kurie, wenn die diese Konsequenz daraus zieht, daß sie völlig rechtlos ist und daß es nur in der Hand des Deutschen Reiches liegt, beim österreichischen Konkordat zu verbleiben, verhältnismäßig leicht bei naiven Gemütern mit dieser Gegenüberstellung einen gewissen Eindruck machen würde. Man müßte über die reine These hinaus klarlegen, warum die Kurie Unsinn redet, wenn sie diese Gegenüberstellung vollziehen würde, daß sie nichts zu sagen hat und der Staat allein zu entscheiden hat.

Heckel: Das muß man selbstverständlich begründen.

Keith: Man kann ja sagen, der eine Staat ist bestehen geblieben, während der andere Staat untergegangen ist.

Weber: Ich glaube, daß wir im Ausgangspunkt einig sind, nämlich darin, den nach unserer politischen Überzeugung richtigsten Weg zu finden, um zu einer Beurteilung der konkreten Lage des österreichischen Konkordates zu gelangen. Wenn man dem Ziele des Eintrittsrechtes des Staates zusteuert, dann geht man von einer Situation aus, in der unter Umständen der Staat ein Interesse daran hat, in einen Zustand einzutreten, der günstiger ist als der, den er in künftigen Verhandlungen oder in einer einseitigen Staatsgesetzgebung möglicherweise erreichen wird. Ich glaube, daß es im allgemeinen glücklich gewesen wäre, wenn man in den Jahren nach dem Weltkrieg ein solches Eintrittsrecht gehabt hätte. Die Tschecho-Slowakei würde damals gern ein solches Eintrittsrecht geltend gemacht haben, und der Papst würde wahrscheinlich seine Konsistorialansprache von 1921 nicht gehalten haben, wenn er nicht nach der damaligen Machtverteilung die Möglichkeit gesehen hätte, zu günstigeren Abschlüssen zu gelangen als denen, die er aus dem 19. Jahrhundert vorfand.

Die Situation ist aber heute, wie mir scheint, eine andere. Die Situation ist die, daß der Vatikan durchweg – nicht nur in Deutschland – kaum Aussicht haben wird, seine Situation zu verbessern, so daß in aller Regel den staatlichen Interessen damit gedient ist, wenn der Staat von einer tabula rasa ausgehen kann und die Alternative tabula rasa oder Eintrittsrecht in der gegenwärtigen politischen Machtkonstellation praktisch keine ausschlaggebende Bedeutung besitzt. So ist die Situation heute eine vollkommen andere als nach dem Weltkriege. Damals hätte man mit dem Eintrittsrecht einem positiven Bedürfnis auf staatlicher Seite entsprochen. Heute scheint mir das nicht mehr der Fall zu sein, im Gegenteil. Gewiß stellen wir von unserem Standpunkt aus fest: Der Staat hat deshalb ein Eintrittsrecht, das der Kirche versagt wird, weil er Souveränitätsbeschränkungen eingegangen ist. Aber die Kirche stellt immerhin von ihrem Standpunkt aus auch fest, daß sie Souveränitätsbeschränkungen eingegangen ist, indem sie in der Freiheit der Ämterbesetzung, der Diözesanabgrenzung sich Beschränkungen auferlegt hat. Gewiß lassen wir von unserem Standpunkt aus diese Beschränkungen nicht mit unseren staatlichen Souveränitätsbeschränkungen vergleichen. Aber wir können auf der anderen Seite der Kirche nicht verwehren, daß sie wenigstens mit diesem Argument operiert, daß sie sich in einer durchaus entsprechenden Lage befindet, daß sie ebenfalls ein solches Eintrittsrecht für sich in Anspruch nehmen könnte.

Das sind die Bedenken, die ich gegen diese Lehre vom rein praktischen Gesichtspunkt aus habe, und ich frage, ob man damit nicht wenigstens in der gegenwärtigen Situation Schwierigkeiten heraufbeschwört, denen man nicht ausgesetzt ist, wenn man auf der glatten Leugnung der Weitergeltung besteht. Die Schwierigkeiten – auch juristische und propagandistische Schwierigkeiten – sind um so geringer, als man hier im Grunde genommen den Vatikan auf eine festgelegte Meinung, auf seine eigene Meinung mit festnagelt, die er, wenn er in seiner Entschließung frei wäre, heute nicht mehr gelten lassen möchte, die er aber gelten lassen muß, nachdem er sie einmal mit solcher Wucht praktisch durchgesetzt hat, wie es nach dem Weltkriege geschehen ist.

Forsthoff: Vom allgemeinen, völkerrechtlichen Standpunkte aus würde sich meines Erachtens die Auffassung des Herrn Prof. Heckel schwerlich begründen lassen; von daher ist sie ja auch gar nicht begründet worden. Man braucht sich nur folgenden Fall zu denken. Die Kurie hat keinen diplomatischen Verkehr mit einem Staat aus irgendeinem Grunde, der Staat verleibt sich einen anderen ein, der ein Konkordat hat und kommt jetzt mit der Forderung an die Kurie, ich trete in das Konkordat ein. Ein solches Verlangen würde allgemeinen Grundsätzen des Völkerrechts widersprechen und angreifbar sein. Aber Herr Prof. Heckel hat das nicht von daher, sondern aus einer besonderen Tradition der Entwicklung zwischen Staat und Kirche vom 19. Jahrhundert her behauptet. Ich würde das immerhin für sehr erwägenswert halten; aber man müßte sich dann natürlich die Präzedenzfälle genauer ansehen und sich fragen: Liegt hier nur eine Art Novation vor, oder liegt hier ein wirklicher Eintritt vor? Ich möchte mir also meine Stellungnahme offen lassen, könnte mich dafür entscheiden, wenn ich die Präzedenzfälle wirklich kennte; aber es überschreitet, glaube ich, unsere Aufgabe, daß wir nun noch in eine Einzelerörterung hierüber eintreten.

Heckel: Die Frage der Novation ist eine Frage der juristischen Konstruktion. Wenn man die früheren Präzedenzfälle studiert, kann man nicht gut sagen, es habe hier eine völkerrechtliche Novation stattgefunden. Das müßte sich irgendwie auch in dokumentarischen Akten niederschlagen. Für mich ist die Geschichte die: Ich gehe davon aus, daß man alles vermeiden sollte, der Kurie eine souveräne Stellung im Sinne der allgemeinen Souveränitätslehre zuzuerkennen. Die Kurie ist ein Religionsverband mit gewissen historischen, diplomatischen und sonstigen Rechten. Sie hat aber keine staatsähnliche Stellung, sondern sie ist etwas ganz anderes. Wenn die Kurie sagt: "Ich habe mich auch in meinen Freiheitsrechten beschränken müssen", so ist das kein Argument, das gegenüber dem anderen von Bedeutung wäre, daß der Staat sich in seinen Souveränitätsrechten hat beschränken müssen; denn jede Beschränkung der staatlichen Souveränität geht eben dem Staat an die Nieren. Dagegen die Frage, wieweit die Kurie sich bei der Freiheit der Ämterbesetzung einschränken mußte oder nicht – sie läßt sich ja nur sehr wenig einschränken –, würde erst dann an das Herz des kirchlichen Verbandes gehen, wenn den geistlichen Amtsträgern die Erfüllung ihrer Heilsaufgabe irgendwie staatlicherseits durch Verträge unmöglich gemacht würde. Davon ist gar keine Rede. Also in dem Punkt der spezifischen religiösen Interessen hat sich die Kurie noch niemals dem Staate gegenüber etwas vergeben. Wenn ich infolgedessen den Gedanken des Eintrittsrechts vertrete, so will ich damit zum Ausdruck bringen: Dieser Religionsverband muß sich anders behandeln lassen als ein völkerrechtliches Subjekt. Wenn ein Religionsverband auf einem bestimmten Gebiete eines Staates seine kirchliche Organisation errichtet hat und der staatliche souveräne Verband sagt: "Diesen Status akzeptiere ich nicht", muß der Religionsverband sich dem fügen, wenn die Heilsaufgabe der Kirche dadurch nicht betroffen ist.

Also meine These geht davon aus – ich gebe zu, es ist eine These, die nicht rein juristischen Erwägungen entsprungen ist, sondern sie geht von Vorstellungen aus, die natürlich bedingt sind durch die religiöse und politische Erziehung, die unsereiner hat und die einem andere Worte in den Mund legt, als sie etwa derjenige gebrauchen würde, der diese Erziehung nicht erhalten hat –, also ich gehe davon aus, daß die Kirche kein souveräner Verband ist und daß sich infolgedessen ein solcher Religionsverband in einer besonderen Lage befindet, daß die These vom Eintrittsrecht des Staates dem Gedanken der staatlichen Souveränität günstiger ist als die andere These, die man daneben hat. Ich gehe dabei nicht bloß von den Präzedenzfällen des 19. Jahrhunderts aus, sondern auch von einer bestimmten Betrachtung der Konkordate. Diese Betrachtung der Konkordate ist für mich nicht bloß bezüglich des österreichischen Konkordats wichtig, sondern z.B. auch für die Frage: soll man einen Nuntius in einem Lande zulassen oder soll man ihn nicht zulassen? Mir ist ganz klar, daß die preußischen Könige mit Absicht und mit gutem Instinkt keine Nuntien in Berlin zugelassen haben. In dem Augenblick, in dem wir einen Nuntius haben, haben wir hier eine innerpolitische Instanz mit exterritorialer Funktion, die das ganze Kirchenwesen zentralistisch beaufsichtigt in einer Weise, wie es vorher in Deutschland gar nicht denkbar war. Ich weiß von katholischen Kollegen, wie dieser Zentralismus einer solchen Kontrollinstanz sich bis in die harmlosesten Beziehungen der Konfessionen untereinander in Deutschland ausgewirkt hat. Also diese besondere Konzeption des Konkordats, die ich habe, zwingt mich dann dazu, in logischer Fortsetzung dieser Konstruktion zu einem solchen Eintrittsrecht und zu einer Verneinung der Eintrittspflicht zu kommen.

Barion: Ich würde es sehr begrüßen, wenn diese Begründung nunmehr als das Ergebnis der Ausschußsitzung festgelegt würde.

Heckel: Eine Schwäche meiner Ausführungen besteht natürlich darin, daß die These, wie ich sie vertrete, wissenschaftlich, soviel ich weiß, noch nicht hervorgetreten ist (*Barion*: Neu ist sie sicher!), daß ich also mit einer neuen These komme, die sich nicht auf eine communis opinio stützen kann. Unter gewissen Umständen ist die Berufung auf die communis opinio ein politischer Vorteil, ist höchst bequem, indem man sagt: es geht nach Schema F. Die andere Frage ist die, ob wir nicht vom Standpunkte des völkischen Reiches aus eben einen neuen Gedanken in die Debatte werfen sollten.

Roth: Damit sind wir an das Kernproblem herangekommen. Das ist die Frage nach dem Rechtscharakter der Konkordate überhaupt. (*Zustimmung.*) Wenn man natürlich verschiedene Auffassungen hat, der eine diese, der andere jene Auffassung, dann muß natürlich auch die Begründung, mit der man ein Konkordat als erloschen ansieht, verschieden sein. Von der Praxis aus möchte ich nun sagen: Ich glaube, es ist gar nicht notwendig, daß sich der Ausschuß auf die eine oder andere Meinung, Begründung usw. festlegt, sondern ich komme zurück auf den Vergleich, den ich vorhin gemacht habe. Wir müssen im gegebenen Augenblick ein Trommelfeuer auf das Konkordat loslassen von verschiedenen Seiten, mit verschiedenen Geschützen; der eine schießt mit dem Geschütz, also mit der Begründung, der andere mit einer anderen Begründung und der Dritte mit einer dritten Begründung. Eine Ablehnung des österreichischen Konkordats wird Herr Heckel anders begründen als Herr Barion und Herr Barion anders als vielleicht Herr Stalmann, wenn man auf den Vorschlag des Herrn Stalmann zurückgreifen will. Das ist aber mehr theoretisch. (*Heckel:* Herr Gürck z.B.!) Jawohl, den könnte man haben. Das wäre die These, daß das österreichische Konkordat überhaupt eigentlich noch nie rechtswirksam gewesen sein könnte.

Vorsitzender: Das hatten wir ja zunächst noch aus dem Bereich der Erörterungen herausgelassen.

Weber: Das war doch nur interessant, solange es noch einen Kampf in Österreich gab, einen Kampf gegen das Konkordat im selbständigen Staat Österreich.

Vorsitzender: Wie Sie ja auch schon ausgeführt haben, Herr Roth, daß man sich bewußt nicht darauf berufen will (*Roth: Ja!*), daß das eigentlich nichtig ist, weil das wieder alle möglichen Folgen nach sich ziehen könnte, auch für die Zwischenzeit usw. Diesen Punkt wollen wir infolgedessen ganz herauslassen.

Keith: Für die Frage, wie sich der Ausschuß dazu stellt, dürfte auch folgender Gesichtspunkt von Bedeutung sein. Die Auffassung, die Herr Prof. Heckel vorgetragen hat, ist neu, und eine neue Auffassung vertritt ja immer am besten der, der sie geboren hat, auch wissenschaftlich. Es könnte eine Situation kommen, daß Entgegnungen, Repliken usw. erfolgen. Für die Ausschußarbeiten würde ich es persönlich für richtiger oder zweckmäßiger halten – auch für die politischen Folgerungen –, wenn man sich auf die allgemeine Meinung, die ja auch der Vatikan selbst vertreten hat, berufen könnte. Ich würde vorschlagen, daß der Ausschuß der Auffassung des Herrn Prof. Barion beitritt, wobei dann Herr Prof. Heckel die Möglichkeit hätte, seine Auffassung persönlich zu vertreten.

Barion: Wenn der Ausschuß sich schon nicht darüber klarwerden kann, wird in der Öffentlichkeit erst recht die ganze Geschichte zerredet werden. Ich würde das für bedenklich halten und würde es begrüßen, wenn die Auffassung des Herrn Prof. Heckel als Begründung unter diese These gesetzt würde. Der zweite Punkt, die völkerrechtliche Bestandsaufnahme, ist dann im wesentlichen fixiert. Es handelt sich jetzt, nachdem man die Dinge, wie sie von einem Gesamtüberblick über die wissenschaftliche Diskussion aus zur Zeit liegen, überschaut, bloß noch darum, was man jetzt als eigentlich entscheidenden Gesichtspunkt dafür angeben will, daß das österreichische Konkordat erloschen ist.

Vorsitzender: Wir müssen uns aber dann für eine Ansicht entscheiden. (*Barion:* Das meine ich auch!)

Keith: Der Punkt zwei, der sich auf die völkerrechtliche Lage bezieht, verliert aber ganz erheblich an Bedeutung, wenn man nicht Ihrer Auffassung folgt, sondern der des Herrn Prof. Heckel. Sie stützen sich gar nicht auf das Völkerrechtliche. Aus dem Völkerrechtlichen heraus würde man Ihnen sogar Gegenargumente entgegenhalten können.

Heckel: Auch Herr Barion stützt sich nicht auf die völkerrechtliche Natur der Verträge, sondern Herr Barion legt in dem Punkt 2 die bisherigen Meinungen dar und lehnt alle beide in Punkt 3 ab. Ich lehne sie auch ab, aber unter anderen Gesichtspunkten. Zum Beispiel bezüglich des Herrn Huber habe ich andere Gesichtspunkte als Sie. Wir sind beide darin einig, daß Huber mit seiner Konstruktion nicht recht hat, aber von ganz anderen Gesichtspunkten aus, weil ich sage: Die Souveräne können nicht automatisch durch einen anderen gebunden werden, während Herr Barion von seiner These aus sagen muß: Es handelt sich um einen Personalvertrag in bezug auf ein bestimmtes Gebiet, und wenn die Person wegfällt, ist der Vertrag erledigt. Also das sind ganz verschiedene Auffassungen. Ob Sie nun im Ausschuß die eine oder die andere These annehmen – ich möchte das mehr für mich sagen –, ist ganz unerheblich. Das Argument, daß die herrschende Meinung eine andere ist, ist tatsächlich wichtig. Es werden ja die wissenschaftlichen Meinungen nicht nach der Mehrheit bemessen, sondern – so haben wir es immer gehalten – nur nach dem Gewicht.

Ruppel: Ich sehe noch nicht, aus welchem Grunde Herr Heckel für ein Eintrittsrecht und nicht für den Wegfall des Konkordats operiert. Ich neige auch grundsätzlich der Auffassung des Herrn Prof. Heckel zu, die in ihrer Gesamttendenz dahin geht, den Konkordaten nicht nur eine völkerrechtlich verbindende Kraft, sondern auch sonst ihre verbindliche Kraft in gewissem Grade oder im wesentlichen zu nehmen. Hierum handelt es sich aber in unserer Diskussion speziell nicht. Jedenfalls kann das Reich auch nach meiner Auffassung das Reichskonkordat jederzeit kündigen, aus wichtigen Gründen oder wegen der clausula rebus sic stantibus oder auch meinetwegen nur kraft seiner Souveränität. Das ist möglich; wir treten damit wieder in den früheren Zustand zurück. Dieser Punkt spielt natürlich bei dem österreichischen Konkordat auch jederzeit die Rolle, die ihm zukommt. Wir suchen doch aber hier nach einer spezifischen Erklärung für die Situation, die in Österreich besonders eingetreten ist, nämlich für die Situation, daß das Reich in dem neu gewonnenen Gebiet ein Konkordat vorfindet. Was ist nun das Spezifische? Wollen Sie sich jetzt dazu äußern, Herr Prof. Heckel?

Heckel: Die Frage des Eintritts ist natürlich eine akademische Frage, in unserem Rahmen vollkommen; denn ich komme ja genau dazu, eine Eintrittspflicht zu verneinen. Also der Unterschied besteht zwischen uns beiden nur darin, daß Herr Barion sagt: Automatisch sind die Verträge erloschen, und ich sage: sie sind nicht automatisch erloschen, aber der Staat hat keine Pflicht, in den alten Vertrag einzutreten.

Ruppel: Warum sagen Sie das? Das ist mir nicht ganz klar geworden.

Heckel: Das habe ich ja dargelegt, indem ich ausführte: Durch ein Konkordat wird die innerpolitische Undurchdringlichkeit eines Staates, also das souveräne Entscheidungsrecht in gewissen Beziehungen gebunden, und mit dem Gedanken dieser höchsten Verantwortlichkeit einer Volksführung ist es ganz unerträglich, daß ein anderes Regime, also das österreichische Regime die nationalsozialistische Volksführung in gewisser Beziehung soll binden können.

Ruppel: Bedeutet das nun folgendes? Sie sagen an sich: Wenn es ein anderer Vertrag wäre oder wenn es nicht gerade ein Konkordat wäre, würde der Vertrag gelten. (*Heckel*: Nein, das sage ich nicht!) Aber sie sagen: Hier handelt es sich gerade um ein Konkordat, dessen Wesen eben besteht in einer ganz eigentümlichen Beschränkung oder Bindung der Souveränität. Die führt gerade dazu, hier die Bindung nicht hundertprozentig anzuerkennen, sondern etwa nur in der Form zu akzeptieren, daß man sagt: Der Staat entscheidet seinerseits zunächst darüber, ob er das Konkordat fortsetzen soll oder nicht.

Heckel: Ich glaube, wir sind insofern nicht einer Meinung, als für mich die Frage, ob andere Verträge gelten, ob völkerrechtliche Verträge gelten und unter welchen Gesichtspunkten, ganz unerheblich ist.

Ruppel: Sie ist aber doch wesentlich für das Eintrittsrecht. (*Heckel:* Gar nicht!) Denn das Eintrittsrecht setzt meines Erachtens voraus, daß man sagt: an sich würde ein anderer Vertrag in Betracht kommen; hier behält sich der Staat das aber vor.

Barion: Soweit ich verstanden habe, ist das, was Sie bei Herrn Prof. Heckel beunruhigt, die Tatsache, daß Herr Heckel es strikte ablehnt, eine klare Entscheidung über Fortfall oder Fortbestand zu treffen, sondern eine Zwischenentscheidung treffen will.

Ruppel: Die Entscheidung: "Ich will nichts mehr damit zu tun haben" kann beim Reichskonkordat getroffen werden, und sie kann selbstverständlich auch in Österreich getroffen werden. Ich habe aber hier in Österreich etwas spezifisch Dazutretendes, das Besondere, das in Österreich vorliegt, und zwar anläßlich der Gewinnung des dortigen Gebietes und Volkes. Das will ich mir klarmachen, und da muß ich doch sagen: hier sind gewisse völkerrechtliche Vorgänge gewesen; welche Wirkung haben sie? Die müssen doch auch selbst eine Wirkung gehabt haben. Oder bleibt das, wie Herr Prof. Heckel eben ausführte, doch auch wieder abhängig von dem, was der Staat nun tut? (*Meyer:* Was der neue Staat tut!) Die Vorgänge selbst haben keine Wirkung gehabt?

Weber: Sie haben den Vertrag in nur suspensiver Geltung herausgehoben.

Heckel: Sie haben ihn in eine schwebende Lage gebracht.

Weber: Ich wollte zu dem, was Herr Heckel vorhin über die Grundhaltung und den Ausgangspunkt seiner Schlußfolgerungen ausführte, noch einiges sagen. Ich glaube, daß wir weitgehend auch für uns in Anspruch nehmen die darin zum Ausdruck kommende Option für die staatliche Seite. Dieses Verhältnis und die Negierung der extremen kirchlichen Deutung nehmen wir wohl alle für uns in Anspruch. Das ist eine, wenn ich so sagen soll, Modernisierung und Abwandlung der Privilegien- und der Legaltheorie. Also den Standpunkt des Herrn Prof. Heckel könnte man als eine sehr moderne und der heutigen Zeit angemessenere Formulierung der Legaltheorie bezeichnen.

Heckel: Ja, das ist auch der Boden, von dem ich herkomme.

Weber: Ich glaube also, daß, selbst wenn wir zu anderen Ergebnissen kommen, aus taktischen oder rein juristischen Gründen in diesem oder jenem Punkt zu anderen Ergebnissen kommen, damit noch nicht dieser gleiche Ausgangspunkt in Frage gestellt wird.

Dann möchte ich noch etwas sagen zu der österreichischen Frage. In Österreich hat das Eintrittsrecht praktisch zum mindesten gar keine Bedeutung. Es hat auch theoretisch keine Bedeutung. Ich habe in meinen kurzen literarischen Äußerungen zu der Frage der Geltung des österreichischen Konkordats das Schwergewicht auf einen bestimmten Punkt gelegt, den man nicht als völkerrechtlich qualifizieren kann, sondern den man als staatsrechtlich bezeichnen könnte. Ich habe ausgeführt: Dieses Konkordat ist schon deshalb hinfällig geworden, weil es untrennbar mit einer innerpolitischen Ordnung verbunden ist, die der 13. März 1938 mit einem Schlage und endgültig vernichtet hat. Es wurde überhaupt jede Voraussetzung für eine Weitergeltung dieses Konkordats beseitigt. Der nationalsozialistische Staat hätte sich niemals entschließen können, in dieses Konkordat einzutreten, nicht nur deshalb nicht, weil er sich dann selbst hätte aufgeben müssen, sondern auch deshalb nicht, weil schon ganz automatisch die Verfassungsentscheidung, die am 13. März 1938 fiel, einen so grundlegenden Wandel der Verhältnisse zur Folge hatte, daß man mit der neuen Verfassung das österreichische Konkordat zum mindesten nicht mehr vereinbaren kann. Aber hier möchte ich auch noch weiter einen Grundsatz anwenden, den auch das bürgerliche Recht zum Ausdruck gebracht hat. Wenn der wesentliche Teil eines Rechtsgeschäftes nichtig ist, ist das ganze Rechtsgeschäft nichtig. Wenn man auch etwa diesen oder jenen Artikel des österreichischen Konkordats finden könnte und finden kann, der an sich nicht diesen offensichtlichen Widerspruch zu der neuen Ordnung zeigt, so kann man daraus nicht die Weitergeltung dieser Punkte herleiten. Das Konkordat ist im ganzen hinfällig geworden. Das ist ein anderer Gesichtspunkt als derjenige, den man als völkerrechtlich bezeichnen könnte, und vielleicht kann man von hier aus rein praktisch für den österreichischen Fall, der uns hier interessiert, die Frage des Eintrittsrechts als überflüssig erscheinen lassen. Daß die Frage theoretisch von größter Bedeutung ist – Herr Kollege Heckel hat auch gesagt, daß es sich jedenfalls zunächst um eine theoretische Frage handelt –, will ich nicht ableugnen. Die weitere Verfolgung dieser Gedankengänge ist natürlich von größtem Interesse. Man würde wahrscheinlich auch aus der Konkordatsgeschichte, eben aus dem Widerstreit zwischen Privilegien- und Legaltheorie eine Reihe von Präzedenzfällen usw. beibringen können.

Forsthoff: Wenn ich einen praktischen Modus vorschlagen darf, würde ich empfehlen, die beiden Gesichtspunkte, die Herr Kollege Barion und Herr Kollege Weber vorgetragen haben, zu akkumulieren; denn sie eignen sich dazu, und dann tritt ja im Protokoll weiter die Auffassung des Herrn Kollegen Heckel hervor. Ich würde vorschlagen, so vorzugehen, daß die Sache hier offengehalten wird. Es ist ja noch nichts entschieden in dieser Sache, weder in verneinendem noch in bejahendem Sinne, und es ist auch nicht ohne weiteres leicht, in einer Vormittagssitzung eine solche Meinung in positivem oder negativem Sinne zu entscheiden. Ich würde das auch nicht wagen. Aber damit wären wir, glaube ich, auf einem Standpunkt, der erstens praktisch dienlich ist und der zweitens auch die wissenschaftlichen Anforderungen an intellektueller Redlichkeit unserer Stellungnahme voll erfüllt.

Vorsitzender: Wenn ich das recht verstanden habe, wollen Sie Herrn Prof. Barion und Herrn Prof. Weber beitreten *(Forsthoff: Ja!)*, die Ansicht des Herrn Prof. Heckel zwar verwerten, aber ohne dazu Stellung zu nehmen.

Forsthoff: Ja! Für eine öffentliche Verwertung neben den beiden anderen Auffassungen wird schwer Raum bleiben, weil sie sich ausschließen.

Vorsitzender: Daß wir uns heute schlüssig werden, halte ich schon wegen meiner Person für unmöglich. Entschuldigen Sie, wenn ich das sage. Da komme ich auf das zurück, was ich vorhin bemerkte, nämlich daß ich infolge Überarbeitung nicht in der Lage gewesen bin, den Stoff, den Sie mir zugetragen haben, restlos in mir zu verarbeiten. Ich habe mich darauf beschränken müssen, das alles zu lesen. Mir nunmehr nur auf Grund dieses Hin und Her eine abschließende Ansicht zu bilden – ich bin der Meinung, daß es besser ist, wenn man das offen sagt –, dazu bin ich heute nicht imstande. Ich gehöre zu den Menschen, die so etwas erst einmal überschlafen müssen, und ich würde diesem Überschlafen eine nochmalige gründliche Lektüre auch Ihrer Schriftsätze vorausschicken müssen, um mir dann in Erinnerung an das, was ich heute gehört habe, meine Auffassung zu bilden. Ich weiß nicht, wie die Herren sich dazu stellen, ob Sie jetzt schon in der Lage sind, sich abschließend zu äußern; aber ich würde doch sehr bitten, daß man das noch zurückstellt, wobei natürlich nichts im Wege steht, daß wir die Diskussion fortsetzen, bis eben alles klar ist.

Heckel: Darf ich nur noch schnell zu dem, was Herr Weber gesagt hat, einiges bemerken. Herr Weber hat auf die konkrete Entscheidung der Regierung im österreichischen Falle abgestellt. Das ist ein Argument, das durchaus in meine Kerbe hineinschlägt, indem eben hier der Souverän gesagt hat: das mache ich nicht. Ich halte das für ein sehr nettes Argument, wenn etwa Herr Leiber sagen sollte: es ist bloß in der Ehegesetzgebung ein Vertragsverstoß vorgekommen. Herr Weber führte aus, daß es sich damals um eine Totalentscheidung der Regierung gehandelt hat, die man nicht nur unter dem Gesichtspunkt der spezifischen Konkordatsmaterie ansehen kann, sondern ganz allgemein ansehen muß, indem Herr Weber weiter ausführte: Dieses österreichische

Konkordat ist so stark auf das österreichische Regime zugeschnitten, daß das nicht geht. Das ist etwas, was ganz den Bahnen meiner Gedankengänge liegt.

Mir kommt es nicht darauf an, ob Sie die These von dem Eintrittsrecht hier erwähnen wollen oder nicht, sondern für mich ist das allerwesentlichste die grundsätzliche Auffassung über das Wesen von Konkordaten, ob diese grundsätzliche Auffassung stimmt, daß die Konkordate etwas sind, was im höchsten Maße die innerstaatliche Souveränität berührt, mit den völkerrechtlichen Verträgen nicht auf derselben Stufe steht, weil das nämlich auch für die künftige Entwicklung der Reichspolitik in diesen Dingen von sehr großer Bedeutung ist. Erkenne ich meine Meinung an, dann ist es ein Abweg, prinzipiell auf Vereinbarungen loszusteuern, sondern dann mache ich Vereinbarungen nur so weit, als es vom staatlichen Standpunkt aus nicht anders geht; alles übrige dagegen regle ich mit der Staatsgesetzgebung.

Keith: Ich möchte auch zu bedenken geben, daß unser heutiger Standpunkt uns nicht für spätere Dinge festlegen soll, bei denen wir den Standpunkt des Herrn Prof. Heckel sicher gut gebrauchen können; denn es ist doch die krasseste Betonung des weltlichen Schwertes in diesem Kampfe. Es könnte sein, daß wir in einer späteren Stellungnahme zum Konkordat einmal darauf fußen müßten.

Weber: Es gibt natürlich auch – das möchte ich noch einwenden – völkerrechtliche Verträge, und zwar echte völkerrechtliche Verträge, die auch Souveränitätsbeschränkungen enthalten. Ich brauche bloß an das gegenwärtige Verhältnis der Tschecho-Slowakei zum Deutschen Reich oder auch nur an den Versailler Vertrag zu denken, den man sich auch als nicht-deutscher Bürger als Vertrag vorstellen könnte, an die Stellung der Deutschen Reichsbahn, der Reichsbank, an die interalliierten Ströme, an die entmilitarisierte Zone usw. Also eine scharfe Abgrenzung zwischen echten völkerrechtlichen Verträgen mit Souveränitätsbeschränkungen und den Konkordaten, die ihrem Wesen nach immer eine solche Souveränitätsbeschränkung enthalten, läßt sich nicht ziehen. Ich will damit nicht die Grundthese des Herrn Prof. Heckel treffen, der ich beitrete, besonders auch in der praktischen Schlußfolgerung, daß es nicht opportun ist, künftig weiter auf Konkordate loszusteuern, sondern auf eine gesetzliche Regelung, der ja eine Vereinbarung über bestimmte Punkte zugrunde liegen kann, sondern ich sage das nur, um zu bedenken zu geben, daß da auch noch gewisse Schwierigkeiten auftauchen, die man von vornherein in Rechnung stellen müßte.

Vorsitzender: Die erwäge ich auch. Wir müssen vorsichtig sein. – Nun, wie wollen wir denn verbleiben?

Forsthoff: Verbleiben wir gar nicht und versammeln uns noch einmal!

Vorsitzender: Sie sind doch auch wohl der Meinung, daß es richtig ist, die Dinge noch einmal zu überdenken! Nun vergeht natürlich allerhand Zeit; es wird so viel später. Aber ich denke, wir werden nicht allzu spät wieder zusammentreten.

Roth: Ich bin nach wie vor der Meinung, daß es gar nicht notwendig ist, daß sich der Ausschuß zu der einen oder anderen These bekennt. Vielleicht ist es gar nicht gut, wenn sich der Ausschuß auf die eine oder andere Formulierung festlegt.

Vorsitzender: Ich will einmal sagen: im Schoße des Ausschusses.

Roth: Jedenfalls diese neue These von dem Charakter der Konkordate liegt uns heute ganz besonders, weil wir als nationalsozialistischer Staat und ganz neue Volksordnung nicht unbedingt in den Bahnen des Überkommenen, der opinio communis usw. wandeln müssen. Auf vielen anderen Gebieten wandeln wir nicht auf diesen Bahnen. Insofern brauchen wir also auch in der Konkordatsthese usw. nicht in alten Bahnen zu wandeln, sondern können neue Auffassungen vertreten, gerade als Nationalsozialisten von der nationalsozialistischen Sphäre aus. Darum würde ich fast meinen: wir legen uns am besten als Ausschuß überhaupt zunächst einmal nicht fest. Wir wollen einmal abwarten, was für ein Echo diese These, diese neue Auffassung, die vielleicht Herr Heckel einmal in die Öffentlichkeit bringt, findet.

Barion: Man kann aber vom Standpunkt dieser Stellungnahme zu den Konkordaten aus nicht etwa bei Punkt zwei mit dem Schema stehenbleiben. (*Keith:* Das ist es ja gerade!) Man kann auch nicht wechselweise beide Theorien der geneigten Öffentlichkeit zur Auswahl hinstellen. Das muß doch irgendwie geklärt werden. Ich gebe Herrn Prof. Heckel völlig recht: Hier liegt ein ganz fundamentaler Unterschied der Gesichtspunkte vor, wobei ich allerdings persönlich – ich möchte mich vorläufig darüber nicht aussprechen; auch Herr Prof. Weber hat ja in gewisser Weise für mich gesprochen; ich möchte mich da sozusagen unter sie Leute subsumieren, von denen er sagte, daß sie grundsätzlich auf diesem kirchlichen Standpunkt stehen – rein rechtlich nicht so sehr advokatenmäßig, juristisch gesehen, als vielmehr vom Gesichtspunkt der rechtlichen Ordnung aus doch manche sehr große Vorbehalte anzumelden hätte. Ich halte es formal – ich habe ein völlig abweichende Theorie, die in sich völlig geschlossen ist und die auch schon hinter meinem ganzen Referat gesteckt hat – für wichtig, daß man über die Konkordatstheorie als solche sich einmal klar wird. Man kann nach meiner Meinung auch in praktisch politischen Dingen nicht zurechtkommen, wenn man nicht vorher einmal bestimmte Richtpunkte festgelegt hat. Davon, ob man nun die Theorie, die hinter meinem Referat gesteckt hat, oder die Theorie des Herrn Heckel für maßgebend hält, hängt nachher, glaube ich, gelegentlich eine Richtungsverschiedenheit ab, die weit über 45 Grad hinausgeht, ja bis zu 90 Grad gehen kann, so daß ich doch meinen möchte, daß wir das auch vom Praktischen aus nicht so völlig zurücktreten lassen können. Insofern ist es meines Erachtens doch dringend notwendig, daß wir zum mindesten für diesen konkreten österreichischen Fall eine Formulierung finden, die es erlaubt, es in diesem konkreten Fall, bei dem ja eben eine Reihe von ganz spezifischen österreichischen Gesichtspunkten noch eine Rolle spielen – das hat Herr Ruppel sehr richtig betont –, wenigstens so weit zu bringen, daß wir aus diesen österreichischen Dingen heraus, wie Herr Weber schon sagte, die Begründung festlegen und daß man dann, meinetwegen expresse, meinetwegen implicite, eben offenläßt, daß die absolut letzte, grundsätzliche Begründung dieser Haltung noch nicht gegeben ist. Insofern geben ich Herrn Roth recht: Es genügt nicht, wenn man die Hinfälligkeit des österreichischen Konkordats als von vornherein unangreifbar darlegt. Ob das nun jeweils bis zur letzten Tiefe führt, ist eine Frage für sich. Aber immerhin wird der Ausschuß auch diese Konkordatstheorie mit anfassen müssen.

Vorsitzender: Ihre Ansicht, Herr Prof. Weber, fußt auf der clausula rebus sic stantibus, kann man sagen!

Weber: Ja, das ist dann aber ein sehr extremer Fall der Anwendung der clausula rebus sic stantibus.

Barion: Ich persönlich würde in diesem Streit der Fakultäten, wenn ich mich so ausdrücken darf, Herrn Prof. Weber für mich in Anspruch nehmen. Die Theorie, die er von der politischen Verwachsenheit des österreichischen Konkordats mit dem Dollfußschen Ständestaat aufgestellt hat, ist nach meiner Auffassung völlig richtig. Sie würde auch ausreichen und reicht im Grunde aus, um die Hinfälligkeit zu beweisen. Wenn Herr Prof. Weber seine Vorbemerkungen in dieser staatskirchenrechtlichen Sammlung – es sind ja keine Vorbemerkungen, es sind 5 oder 6 Thesen – etwas ausführen würde, würde das auch eine völlig ausreichende Untermauerung sein. Wenn man vielleicht die Begründung dieses noch fehlenden dritten Teiles der Stellungnahme etwas von daher aufbaute, würde meiner Ansicht nach eine für die propagandistische Wirkung und auch nach außen völlig befriedigende Stellungnahme zum österreichischen Konkordat gegeben sein, die vielleicht noch nicht in die letzten Tiefen der Frage vordringt, die aber jedenfalls absolut bündig ist und nicht widerlegt werden kann.

Vorsitzender: Sie meinen aber auch, daß man die Frage der Nichtigkeit, der Ungültigkeit auf Grund der Entstehungsgeschichte beiseite läßt?

Barion: Ja, das würdige ich mehr als ein starkes Motiv dafür, daß man sich einmal mit der Frage befassen muß, daß es nach dem ganzen Werdegang des Konkordats politisch gesehen absolut unmöglich ist, stillschweigend in die unter solchen Umständen zustande gekommene Satzung einzutreten, aber daß da auf jeden Fall die Frage die juristischen Geltung nachgeprüft werden müßte.

Vorsitzender: Herr Prof. Heckel, noch eines! Ich weiß nicht, ob ich da etwas sage, was berechtigt ist. Es ist doch so, daß schließlich ein Konkordat als ein völkerrechtlicher Vertrag jederzeit gekündigt werden kann? Das ist eine Machtfrage.

Heckel: Ja, darüber gibt es keine Regel.

Vorsitzender: Aber es geschieht eben einfach! Ich will nur auf folgendes hinaus: Wenn man in irgendeiner Weise auf das Eintrittsrecht des Staates Wert legt, wird das eigentlich schon aus diesem Gesichtspunkt eine müßige Frage, weil ja der andere Teil, also in diesem Falle die Kirche, sich einfach zurückziehen könnte.

Heckel: Es ist die Frage eben, ob das unter allen Umständen möglich ist.

Vorsitzender: Das ist eine Machtfrage. (*Heckel: Allerdings!*) Dann kommen wir dahin, daß die Macht über dem Recht steht und daß alles Recht nur Ausfluß der tatsächlichen Verhältnisse ist. Sie haben ja keinen Richter, und sie haben ja keine Instanz, an die Sie appellieren können. Wenn der Staat sich zurückziehen will, tut er es, und auch die Kirche hat die Macht, es zu tun; sie trägt die Folgen. Der Staat macht ein Gesetz; sie verschlechtert vielleicht ihre Position; aber sie kann sich doch zurückziehen. Das ist ein Gedanke, der mir kam, während Sie sprachen, nämlich die Frage des Eintrittsrechts, selbst wenn man es aus der Souveränität des Staates heraus annimmt, jeden Augenblick von der Kirche sabotiert werden kann. Oder übersehe ich da etwas?

Barion: Das ist nämlich mein Eindruck bei dieser Theorie auch, daß sie im Grunde darauf hinausläuft, für die Kirche juristische Gesichtspunkte und für den Staat machtmäßige Gesichtspunkte in den Vordergrund zu schieben, insofern der Staat sagt: der Gesichtspunkt der Zumutbarkeit enthält doch weitgehend einen Gesichtspunkt der Macht vom Staat aus. Also die Kirche wird an sich vor die Situation gestellt, daß man ihr sagt: du bist durch deinen Verzicht gebunden. Beim Reichskonkordat ist es so. Ich sehe darin im Grunde in gewisser Weise eine außerordentlich interessante Wiederholung der extremen kurialen These des Konkordats mit umgekehrtem Vorzeichen, wie sie Ottaviani vertritt. Ottaviani hat genau dasselbe gesagt, nur mit umgekehrtem Vorzeichen. Es ist jedenfalls eine Konstruktion, bei der auf der einen Seite der Machtgesichtspunkt als das Recht schaffende in den Vordergrund gerückt wird, auf der anderen Seite ausgesprochen juristische Gesichtspunkte für verpflichtend erklärt werden. Es erinnert mich etwas an die Haltung von Trotzki. Auf der Konferenz des Jahres 1923 in Genua hat Trotzki die Bezahlung der russischen Schulden an Frankreich im Namen der eigenen Prinzipien abgelehnt und die Bezahlung der russischen Forderungen vom Ausland im Namen der kapitalistischen Prinzipien des Westens verlangt. Darauf kommt es eben hier auch heraus.

Vorsitzender: Ich weiß nicht, ob ich nicht vielleicht etwas bolschewistisch gesprochen habe, als wenn ich Anhänger des Gedankens wäre, daß es im Leben nur auf die Macht ankommt. Sie kennen mich ja aus früherer Zeit. Ich bin im Gegenteil ein Mann des Rechtes. Also würde ich an sich meiner ganzen Einstellung nach sehr damit einverstanden sein, wenn ich mich anschließen könnte. Aber ich stutze, ob es überhaupt von Wert ist, diese Frage zu diskutieren.

Heckel: Ich habe ja schon gesagt: Mir kommt es nicht darauf an, diese Frage des Eintrittsrechts ausführlich zu diskutieren, sondern mir kommt es auf die allgemeine Auffassung über die Konkordate an. Das ist mir das wesentliche. Ob Sie nun daraus die juristische Konsequenz weiter ziehen wollen oder nicht, das ist für mich nicht so wesentlich. Die andere Frage, ob ich hier dem Staat Machtpositionen zuweise und der Kirche Rechtspositionen oder dem einen Machtargumente und dem anderen Rechtsargumente, halte ich deswegen nicht für richtig gestellt, weil eben die oberste Souveränität nicht eine Machtfrage ist, sondern nach unserer völkischen Auffassung eine Rechtsfrage. Der Staat oder die nationalsozialistische Volksführung hat diese oberste Entscheidungsmacht, also ein oberstes Entscheidungsrecht, das ihr aus dem Volke heraus übertragen ist. ich kann nicht sagen: Das eine ist eine machtmäßige Argumentation, das andere ist eine juristische Argumentation, sondern das eine stützt sich genau so auf Überlegungen der Rechtsordnung wie das andere.

Barion: Wenn man das formuliert, ist es so: Sie weisen der Kirche eine ganz starr umschriebene Stellung zu, dem Staat eine völlig variable, von seinem eigenen Ermessen abhängige Stellung. Das ist ein gewisses Blankorecht.

Heckel: Gewiß, weil ich die staatliche Souveränität als eine allumfassende ansehe.

Barion: Ich habe das nicht bestritten. Es handelt sich nur darum, daß hier ein gewisser Strukturunterschied besteht.

Vorsitzender: Sowie es zwei Länder sind, ist es anders.

Heckel: Das habe ich gesagt, indem ich die Kirche als einen Religionsverband ansehe, der auf Souveränität und ähnliche Eigenschaften nicht in dem Sinne Anspruch erheben kann, wie es beim Staat der Fall ist.

Vorsitzender: Nun kommt hinzu: Der Staat ist ja doch der Territorialherr; denn in dem jahrhundertelangen Kampf zwischen Kirche und Staat hat er sich ja doch der Kirche gegenüber durchgesetzt. So wird man doch sagen müssen. Also ist er der dominus des Territoriums, und alles, was innerhalb der Grenzen passiert, sind, mögen es auch kirchliche Fragen sein, bestimmt staatliche Fragen. Darum neige ich ja auch gefühlsmäßig dazu, zu sagen: der Staat ist in der Lage zu entscheiden, ob er eintreten will oder nicht. Ich stolpere nur, wenn ich jetzt einen Schritt weitergehe und den Schritt tun will, daß ich sage: muß die Kirche es hinnehmen, wenn der Staat nicht erklärt, daß er eintreten will? Da sage ich: Es mag sein, daß es moralisch oder wie Sie es nennen wollen, auch juristisch das Richtige wäre; aber es scheitert an der tatsächlichen Lagerung der Verhältnisse.

Heckel: Es kommt darauf an, ob das Volk eben dann der Kirche, d.h. der Kurie, die eine solche Parole ausgibt, folgt oder nicht. Es ist hier immer die gleiche Frage.

Aber ich möchte noch eine andere Frage an die Herren stellen. Damit, daß wir den Abschnitt drei des Referats des Herrn Barion durchgesprochen haben, ist es noch nicht getan, sondern es kommt nun die Frage: was soll künftig geschehen? Ich habe in meinen Äußerungen dazu auf den Weg der Staatsgesetzgebung verwiesen, und für mich wäre es wichtig, wenn dieses Problem noch irgendwie zu meiner Information bei irgendeiner Gelegenheit in dieser Tagung anklingen könnte, nicht unter dem spezifisch katholischen, konkordatären Gesichtspunkt, sondern weil die Frage der Staatsgesetzgebung ja viel allgemeiner ist. Das betrifft auch die Lage der evangelischen Kirche in ganz besonderem Maße, namentlich wenn ich mir die letzten Vorgänge auf evangelischer Seite vor Augen halte. Ich hätte nun gern, daß man darüber noch ein paar Worte sprechen könnte, vor allem wenn die Herren von der staatlichen Seite dabei sind, weil mir sehr viel gerade auf ihre Stellungnahme ankommen würde.

Ruppel: Kann das nicht mit dem Referat von heute nachmittag verbunden werden?

Vorsitzender: Ja, wir wollen sowieso jetzt eine Pause machen.

Barion: Es würde doch auf jeden Fall dabei bleiben – entschuldigen Sie, daß ich pro domo rede –, daß der morgige Vormittag für das nihil obstat reserviert bleibt, daß nicht, wenn wir heute nachmittag nicht ganz zu Rande kommen, eine Hypothek auf morgen vormittag gelegt wird. Ich würde es sehr bedauern, wenn wir morgen früh in Zeitnot gerieten.

Forsthoff: Wir werden nicht in Schwierigkeiten kommen. Ich hoffe nur, daß sich irgendwelche Arbeitshypothesen und Arbeitsmaximen für weitere Tagungen und für die Klärung des Vorfeldes ergeben. Dazu reicht der Nachmittag.

Vorsitzender: Die Frage "Gesetz oder Verträge", die wir im Anschluß an die evangelischen Verträge erörtern werden, wird nach meinem Gefühl auch sehr lange in Anspruch nehmen. Das allerwichtigste scheint mir zu sein, daß wir, nachdem wir diese Vorfragen erörtert haben, nun auch zu praktischen Vorschlägen jedenfalls im Schoß des Ausschusses kommen.

Barion: Ich würde meinen: Diese Fragen sollten wir im einzelnen nicht immer konkretisieren. Insofern hat Herr Roth vollständig recht, wenn er sagt – so habe ich ihn verstanden –, daß es verhältnismäßig wenig Sinn hat, diese Fragen gewissermaßen für sich in abstracto zu behandeln. Man wird sich natürlich bei den einzelnen Punkten immer wieder fragen müssen, was von da aus für das nihil obstat usw., für die Frage "Gesetz oder Vertrag" zu verwenden ist. Es ist ein Ergebnis dieser Diskussion, das deutlich hervorgetreten ist, daß man mit der Stellungnahme zum österreichischen Konkordat, wenn man nicht sehr vorsichtig ist und nicht ganz resolut auf dem Standpunkt des Herrn Prof. Weber mit der innerpolitischen Ordnung abstellt, unweigerlich implicite zu der Frage des Konkordats Stellung nimmt. Insofern würde ich meinen, daß man die österreichische Frage am besten abkapselt und diese Frage nicht so sehr als einen eigenen Punkt ansieht, daß man aber diese Frage immer wieder als Generalgesichtspunkt bei jeder Diskussion münden läßt. Es wäre eine wunderbare Aufgabe für den Herrn Sekretär des Ausschusses, ab und zu aus seiner direkten Kenntnis der Protokolle heraus diese Dinge aufzuspeichern und zu gegebener Zeit einen Bericht darüber zu erstatten, was sich bei den verschiedenen Diskussionen an Stoff für diese Frage angesammelt hat.

Keith: Das würde ich gern machen.

Vorsitzender: Dann wollen wir uns jetzt vertragen.

(Mittagspause.)

Es folgt Punkt 2 der Tagesordnung: Die evangelischen Kirchenverträge.

Stahn: Meine Herren! Das Thema "Evangelische Kirchenverträge" ist, wenn man es umfassend behandeln will, sehr weitläufig. Ich beabsichtige daher nicht, es hier sozusagen ab ovo zu behandeln, zumal wir Fachkenner unter uns haben, die dieses Thema in Theorie und Praxis selbst in dieser Form behandelt haben. Mir kommt es darauf an, Ihnen einen Überblick zu geben über die grundsätzlichen Fragen, die sich bei der Anwendung der evangelischen Kirchenverträge in der schwierigen Arbeit des Kirchenministeriums ergeben.

Unser Herr Minister arbeitet aus einer tiefen und umfassenden Schau der kirchlichen Angelegenheiten und so will ich in diesem Referat auch den ganz grundsätzlichen Punkt voranstellen, der uns in der Arbeit des Ministeriums seit Jahren in der Hauptsache beschäftigt.

I. Dies Hauptproblem liegt in dem Thema selbst beschlossen: Evangelische – Kirchenverträge. Was wir vor uns haben, das sind mehr als 20 evangelische Landeskirchen, von denen 11 besondere Verträge mit den Ländern abgeschlossen haben, in deren Bezirk sie arbeiten. Daraus ergibt sich, was jedem bekannt ist, daß wir offenbar *eine* evangelische Kirche nicht hatten und noch immer nicht haben. Und damit kommt man zwangsläufig auf den Begriff der "Evangelischen Kirchen". Wie mein Herr Minister in seinen grundlegenden Reden in Fulda und Hagen ausgeführt hat, ist das eigentliche Wesen der Kirche: religiöse Gemeinschaft. Insofern besteht also eine Einheit oder sie sollte wenigstens bestehen. Martin *Luther* jedenfalls hat diese Einheit geschaut und ihre Verwirklichung gewünscht. Ich darf das folgende Zitat vorlesen: "Denn es heißt nicht eine Römische, noch Nürnbergische, noch Wittenbergische Kirche, sondern eine christliche Kirche, darin denn alle gehören, so an Christus glauben. In der Welt da ist's wohl recht und soll also sein, wenn ich sage: ich bin ein wittenbergischer Bürger, darum so bin ich sächsisch und kurfürstisch. Ein anderer sagt: Ich bin Bayer, darum bin ich bayrisch oder pfalzgräfisch. Der dritte sagt: Ich bin ein Hesse, darum wird er landgräfisch genannt. Denn nach den Herren des Landes werden die Untertanen auch genannt. Aber allhier in diesem Regiment, da Christus ein Herr ist, da gilt weder pfalzgräfisch, noch sächsisch, weder jung noch alt, weder reich noch arm usw. Da ist's alles ein Kuchen und ein Teig. Was da nur getauft ist und an Christum glaubt ..." Luther E.A,44,7. Nun ist es richtig, daß auch eine evangelische Kirche in der Welt nicht ohne eine Organisation leben kann. Das gerade ist das Thema, mit dem wir uns im Ministerium sehr intensiv beschäftigen. Ich bin der Überzeugung, daß es *rechtlich* außerordentlich erheblich ist, eine Form für diese Organisation zu finden, die in ihrer äußerlichen Gestalt vollkommen der inneren Struktur der Sache entspricht, die sie in dieser Welt darstellt. Nur dann ist eine Rechtsform gesund und unangreifbar, wenn sie der Ausdruck letzter innerer Notwendigkeit ist. Das erleben wir ja heute in großartiger Form im Staatsleben. Und weil dieser Grundsatz in der Zeit des Zwischenregiments nach 1918 nicht mehr beachtet wurde, darum konnte das Gebilde, was äußerlich noch als Staat vorhanden war, auf die Dauer keinen rechtlichen Halt mehr haben, denn es widersprach dem inneren Grundgesetz der Deutschen.

Wenn man nun das oben zitierte Luther-Wort ansieht – und Luther ist der Schöpfer einer wahrhaft evangelischen Kirche –, so muß man feststellen, daß die 22 Landeskirchen in keiner Form dem inneren Grundgesetz dieser Kirche entsprechen, das Luther aufgestellt hat. So hat denn auch der Mann, der heute als Träger des Volkswillens in seinen Gesetzen und Erlassen unsere einzige Rechtsquelle ist, der Führer und Reichskanzler, zur organisatorischen Seite der evangelischen Kirche 1934 folgendes bemerkt: "Wir haben uns bemüht, die Versöhnung der Konfessionen mit dem neuen Staat herbeizuführen. Wir sind entschlossen, ihre rein organisatorische Zersplitterung – soweit es sich um die evangelischen Bekenntnisse handelt – in einer großen evangelischen Reichskirche zu beenden, erfüllt von der Überzeugung, daß es nicht angeht, die durch die Not Martin Luther aufgezwungene Rücksichtnahme und Berücksichtigung der Einzelstaaten zu einer Tugend zu machen, in einer Zeit, da die Staaten selbst schon nicht mehr existieren. Und wir wissen: Wenn der große deutsche Reformator unter uns stünde, dann würde er, glücklich, der Not von damals entronnen zu sein, so wie Ulrich von Hutten in seinem letzten Gebet nicht an Landeskirchen, sondern an Deutschland denken und seine evangelische Kirche."

Eine solche Proklamation ist zwar noch kein Gesetz und keine Verordnung, aber sie ist richtungweisend für alle diejenigen, die in den kirchlichen Angelegenheiten arbeiten. Und diese Richtung geht dahin, daß die organisatorische Gestalt der evangelischen Kirche kein störender Faktor in dem entstehenden neuen Dritten Reich sein darf. Damit ist schon von der grundsätzlichen Seite her ein Urteil über die evangelischen Kirchenverträge gesprochen. Denn in diesen Verträgen wird, aufs Ganze gesehen – eine alte und unzeitgemäße Form der evangelischen Kirche festgelegt. Außerdem ist die bloße Tatsache des Bestehens dieser Verträge nach meiner Auffassung mit nationalsozialistischer Rechtsbetrachtung nicht mehr vereinbar. Ein seiner selbst bewußt gewordener Staat kann nicht Körperschaften des öffentlichen Rechts, die eben diese ihre Eigenschaft allein von diesem Staat erhalten, einen wichtigen Lebensbezirk innerhalb des Staates vollkommen überlassen und vertragsmäßig auf gewisse Rechte verzichten, die er unter Umständen aus Gründen der allgemeinen Staatsaufsicht in Anspruch nehmen muß. Ich entnehme eine dahingehende Auffassung auch den uns vor einigen Tagen zugegangenen Äußerungen des Herrn Prof. *Dr. Heckel* zur Frage der Besetzung kirchlicher Ämter und zur Frage der Vorbildung der Geistlichen. Der von evangelisch-kirchlicher Seite wiederholt erhobene Einwand, man dürfe die evangelische Kirche nicht schlechter stellen als die katholische, ist nicht nur tatsächlich, sondern auch rechtlich falsch. Die evangelische Kirche ist glücklicherweise in Deutschland nie eine überstaatliche Macht gewesen, weswegen man ja auch mit ihr keine "Konkordate", sondern nur einen "Staatsvertrag" geschlossen hat. Dieser Staatsvertrag ist aber eine absolut innerdeutsche Angelegenheit. Sein Schicksal ist mit der Gestaltung des innerdeutschen Staatslebens aufs engste verbunden. Tritt eine Entwicklung der Staatsform ein, die solche Verträge nicht mehr tragbar macht, so ist die Existenz dieser Verträge damit in Frage gestellt. Dafür sind *sie* eben *Staats*verträge.

Abgesehen von den dargelegten allgemeinen Gründen ist die Geltung der Staatsverträge durch die Entwicklung der letzten Jahre auch formell erschüttert. Das ergibt sich aus dem Gesetz über den Neuaufbau des Reiches vom 30.1.1934 und das Reichsstatthalter-Gesetz vom 30.1.1935. Die Auswirkung dieser beiden Gesetze besteht darin, daß die Selbständigkeit der Länder dem rechtlichen Grundsatz nach und in der praktischen Durchführung mehr oder minder aufgehört hat zu bestehen. Damit tritt den Landeskirchen auch formell das Reich statt der bisherigen Landesregierung gegenüber und das Reich, das eine selbständige Schöpfung eines gewaltigen Staatsmannes ist, kann sich darauf berufen, daß es mit den Landeskirchen keine Verträge abgeschlossen habe.

II. Das Dritte Reich ist auf dem Gebiet des evangelischen Kirchenrechts auch in erheblichem Umfang bereits gesetzgeberisch tätig geworden.

Das erste war das Reichsgesetz vom 14.7.1933 über die Verfassung der Deutschen Evangelischen Kirche (RGBl. I S. 471). Dieses Gesetz läßt die von mir vorhin schon erwähnten Tendenzen, d.h. die Betonung der reichsrechtlichen Seite der Angelegenheit deutlich erkennen. Wer, wie *Herr Prof. Heckel, selbst die Verhandlungen über dieses Gesetz und die Kirchenverfassung mitgemacht hat*, der weiß, daß ursprünglich an eine noch weit schärfere Zusammenfassung der Landeskirchen in einer Deutschen Ev. Kirche gedacht war. Wenn auch dies nicht verwirklicht worden ist, so bleibt doch bestehen, daß die Landeskirchen schon de jure stark an Selbständigkeit eingebüßt haben. Daß die tatsächliche Entwicklung leider nachher anders gelaufen ist, ändert daran nichts. Man muß sich klar sein, daß die "Selbständigkeit der Landeskirchen" gemäß Artikel 2 der Verf.d.DEK lediglich noch in Bekenntnis und Kultus gewahrt worden ist, also gerade in den Dingen, die mit der Organisation nichts zu tun haben. Dagegen gibt die Verfassung im übrigen eindeutig die Möglichkeit, die rechtliche und organisatorische Gestaltung der Landeskirchen zu ändern. Ich verweise auf Artikel 2 Abs. 4, wonach die DEK durch Kirchengesetz einheitliche Richtlinien für die Verfassung der Landeskirchen erlassen kann, und auf Art. 3 Ziff. 1, wonach das gesamtkirchliche Rechtsleben von der DEK, also nicht mehr von den Landeskirchen, geregelt wird. Auch steht in Art. 3 Ziff. 2 ausdrücklich zu lesen, daß die DEK ihr Verhältnis zum Staat ordnet. Damit erkennt auch die Verfassung an, daß die Zeit, wo dies von Seiten der Landeskirchen geschah, vorüber ist. Darüber hinaus hat der Art. 6 der Verf. der DEK noch den bekannten Satz "Er (der Reichsbischof) trifft die zur Sicherung der Verfassung erforderlichen Maßnahmen", in dem bei dieser allgemeinen Fassung ein, wenn auch in seinem Umfang bestrittenes, die Selbständigkeit der Landeskirchen stark bedrohendes Notverordnungsrecht gesehen wird. Besonders stark ist die Selbständigkeit der größten Landeskirche, nämlich der Evangelischen Kirche der altpreußischen Union, schon durch die Verfassung der DEK beschnitten, wenn Art. 7 Abs. 5 eine Personalunion zwischen dem Leiter der Rechtsangelegenheiten in der DEK und dem juristischen Präsidenten der Ev. Kirche der altpreußischen Union festlegt. Auch finanziell hat die DEK das sehr beachtliche Recht, den Landeskirchen Umlagen aufzuerlegen (Art. 11 Abs. 4). Wenn also Art. 4 Abs. 1 der Verordnung zur Einführung der DEK bestimmt, daß das bisherige Recht in Kraft bleibt "soweit nicht die Verfassung entgegensteht", so muß festgestellt werden, daß diese Verfassung in sehr vielen Punkten entgegensteht und die Selbständigkeit der Landeskirchen so stark beschnitten hat, daß schon unter diesem Blickwinkel die Existenz der evangelischen Staatsverträge der einzelnen Landeskirchen nurmehr eine letzte Säule verschwundener Pracht ist.

III. Ein weiteres ganz grundlegendes Reichsgesetz, das nach meiner Auffassung die Geltung der evangelischen Kirchenverträge mindestens für die Zeit seiner Geltung und im Ergebnis damit für immer äußerst eingeschränkt hat, weil sich aus der Rechtsgeschichte nicht wieder wird wegradieren lassen, was unter seiner Geltung geschah, das ist das *Reichsgesetz zur Sicherung des Bestandes der DEK vom 24.9.1935*. Schon der Name des Gesetzes ist richtungweisend, es wird der

Bestand der DEK gesichert, nicht der Bestand der Landeskirchen. Sehr aufschlußreich und in dem in der neuen Staatsrechtswissenschaft bereits anerkannten Umfange auch rechtlich erheblich (ich beziehe mich auf die Ausführungen von Herrn Prof. *Weber* in der Einleitung zu seinem Staatskirchenrecht) ist die Präambel des Gesetzes. In dieser Präambel wird nämlich festgestellt, daß eine evangelische Kirche als Partner, mit dem man vernünftig sprechen könnte, eigentlich zur Zeit überhaupt nicht mehr besteht. Das Reich hat daher die Treuhänderschaft für diese in Unordnung geratene Herde evangelischer Schäflein übernommen. Diese Treuhänderschaft umfaßt auch die Vertretung der Landeskirchen selbst in ihren eigenen Vertragsangelegenheiten, d.h. also, es sind im Augenblick sozusagen Gläubiger und Schuldner in einer Person in Gestalt des Reiches als Treuhänder vereint. Das ist auch nicht nur Theorie geblieben. Der Reichsminister für die kirchlichen Angelegenheiten hat insbesondere durch zwei entscheidende Durchführungsverordnungen zu dem genannten Reichsgesetz das rechtliche Verhältnis der Landeskirchen untereinander sowie zwischen Staat und Reich dem Grunde nach verändert. Einmal steht fest, *daß die Landeskirchen als Körperschaften des öffentlichen Rechts heute nur noch Regierungsorgane kraft der sog. 17. Durchführungsverordnung haben.* In dieser Verordnung liegt ihre Rechtsgrundlage. Das sog. eigengewachsene Verfassungsrecht ist damit in diesem Punkte erledigt. Eine Leitung der Landeskirchen einschließlich der Ausübung der sämtlichen kirchenregimentlichen Befugnisse gibt es außerhalb dieser Verordnung nicht mehr.

Meine Herren, Kirchenregierungen, die durch das Reich ihre Existenz erhalten oder behalten haben, können grundsätzlich nicht mehr landesrechtlich denken und können sich daher nicht mehr gut gegenüber dem Reich auf Staatsverträge berufen, die sie selbst oder ihre Vorgänger mit den Ländern, aber nicht mit dem Reich abgeschlossen haben. Es ist also im Ergebnis ähnlich wie auf der staatlichen Seite. Auf *beiden* Seiten ist die frühere landesrechtliche Rechtsstellung sozusagen stark verblichen zugunsten einer viel stärkeren reichsrechtlichen Betrachtung der Dinge.

Eine weitere Verordnung, die tief in die Gestaltung der Landeskirchen als Körperschaften des öffentlichen Rechts eingegriffen hat, ist die *15. Durchführungsverordnung über die Einsetzung von Finanzabteilungen* durch den Reichsminister für kirchliche Angelegenheiten. Bekanntlich ist mit der Schaffung solcher Finanzabteilungen dem Grunde nach das Prinzip durchgeführt, daß die weltlich-juristisch-finanziellen Angelegenheiten als Angelegenheiten dieser Welt von den geistlich-theologischen Angelegenheiten stark getrennt werden müssen, wie ja auch in der 17. Durchführungsverordnung ausdrücklich das Gebiet von Bekenntnis und Kultus von der reichsrechtlichen Regelung ausgenommen worden ist. Damit ist aber auch rechtlich die Struktur der evangelischen Kirche dem Grundsatz nach verändert und der Reichsminister für die kirchlichen Angelegenheiten ist zur Zeit konsequent damit beschäftigt, die Folgerungen im einzelnen aus diesem Grundsatz zu ziehen. Wenn auch die Kirchen zum Teil vom "Bekenntnis" her sich dieser Entwicklung entgegenstemmen, so hat doch erst jüngst auch das Reichsgericht eindeutig die rechtliche Gültigkeit dieser Entwicklung festgestellt, und zwar auf dem Gebiet der Erlasse des Reichskirchenministers zu den Fragen der Sammlungen in Kirchen und kirchlichen Gebäuden. Der Weg der Entwicklung also führt für die Augen des Kenners klar von demjenigen Landeskirchentyp fort – und ein gutes Stück Wegs sind wir schon gegangen –, der einst beim Abschluß der Staatsverträge gegangen wurde.

IV. Nicht unbedeutend in diesem Zusammenhange ist auch das schon vor dem sog. Sicherungsgesetz ergangene Reichsgesetz vom 26.7.1935 über das Beschlußverfahren in Rechtsangelegenheiten der evangelischen Kirche. Hier wird die Entscheidung darüber, ob Maßnahmen, die seit 1933 in den Evangelischen Landeskirchen (und in der DEK) getroffen sind, Gültigkeit haben oder nicht, einer Beschlußstelle bei dem Reichsminister des Innern (später dem Reichsminister für die kirchl. Angelegenheiten angegliedert) übertragen. Auch hier wird die Tendenz der Rechtseinheit über das ganze Reichsgebiet betont und die Selbständigkeit der Landeskirchen ist naturgemäß dadurch stark beschnitten, daß eine nach reichsrechtlicher Auffassung arbeitende Stelle jederzeit in der Lage ist, die Ungültigkeit von landeskirchlichen Maßnahmen festzustellen.

V. Sehen wir uns nun die einzelnen Kirchenverträge an, so müssen wir auch bei ihren einzelnen Vorschriften feststellen, wie stark sie unter der Rechtsentwicklung der letzten 5 Jahre gelitten haben, ja, an der einen und anderen Stelle muß man feststellen, daß die Durchführung der Vorschriften überhaupt nicht mehr möglich ist.

1. Die Staatsverträge in Preußen: Der sog, Kirchenvertrag in Preußen besteht eigentlich aus 8 Einzelverträgen, ist aber in einer Urkunde mit gleichlautenden Vorschriften zusammengefaßt.

Schon der *Artikel 1* bereitet große Schwierigkeiten. Hier ist "die Freiheit des evangelischen Glaubens zu bekennen und auszuüben" vom "Preußischen Staat" gewährleistet. Man sieht sofort, daß sich diese Bestimmung mit den vorhandenen, für das ganze Reichsgebiet geltenden Grundsätzen überschneidet. Die Frage der religiösen Betätigung und Einstellung ist schon 1933 grundsätzlich geregelt worden durch den bekannten Toleranzerlaß des Stellvertreters des Führers. Dieser Erlaß steht seiner ganzen Haltung nach auf einer anderen Grundlage als der genannte Artikel 1 und geht selbstverständlich damit dem Art. 1 des damaligen Staatsvertrages vor. Nun pflegt der erste Artikel, den man einem Vertrag geradezu voranstellt, nicht der unwichtigste zu sein. Es ist also rechtlich nicht unerheblich, wenn man hier sagen muß, der Art. 1 gilt nicht mehr.

Zu *Artikel 2* wäre zu bemerken, daß ein Gesetzgebungsrecht der Landeskirchen im Sinne dieser Vorschrift zur Zeit gar nicht besteht. Die Landeskirchen haben nur das Recht, Verordnungen zu erlassen und sind dabei an den reichsrechtlichen Rahmen der 17. Durchführungsverordnung gebunden. Im übrigen ist die Vorschrift des Art. 2 des Kirchenvertrages in seinem Abs. 2 auch als gänzlich überholt zu bezeichnen. Denn das dort vorgesehene Verfahren, wonach der Staat gegen Kirchengesetze lediglich ein Einspruchsrecht hat, über das im Verwaltungsstreitverfahren ein Verwaltungsgericht entscheidet, ist heute als unmöglich zu bezeichnen.

Die Artikel 5 und 6, die sich mit vermögensrechtlichen Fragen befassen, sind der Grundlage nach unberührt. Es ist aber festzustellen, daß in zwei Punkten auch hier Schwierigkeiten bestehen. Zu der Dotation in Preußen gehört z.B. der sog. Vikariatsfonds, d.h. es werden erhebliche Staatsmittel für die Vorbildung der jungen Geistlichen bereitgestellt. Das gleiche ist der Fall bei den erheblichen Beträgen für die evangelischen Predigerseminare. Obwohl es sich hier um Rechtsverpflichtungen handelt, entstehen doch Schwierigkeiten daraus, daß ein Teil der theologischen Jugend heute mit aller Entschiedenheit sich mit einer "Begründung vom Evangelium her" gegen den Staat stellt. Infolgedessen wird ein Teil dieser Beträge bereits nicht mehr gezahlt oder jedenfalls nicht mehr bestimmungsgemäß bezahlt. Es kann kein alter *Staatsvertrag* den nationalsozialistischen Staat zwingen, *sich an der Vorbildung von jungen Leuten zu beteiligen, die diesen Staat ganz offen ablehnen.* Die Schwierigkeit liegt eben darin, daß mit diesen Zahlungen, ebenso wie mit sonstigen Zahlungen für Kultuszwecke, der Staat in die Frage von Bekenntnis und Kultus hineingezogen wird, ein Zustand, der nicht mehr lange tragbar sein wird.

2. Ein anderer Punkt, durch den auch schon Schwierigkeiten entstanden sind, ist die in *Artikel 6* Abs. 2 geregelte Frage der Nutzung staatseigener Gebäude zu kirchlichen Zwecken.

Meine Herren, es ist nicht nur tatsächliches Ergebnis, sondern schließlich nicht ohne Auswirkungen auf die Rechtslage, daß die Fortexistenz der kirchlichen Gebäude, wie man an den Vorkommnissen in Spanien lernen kann, ausschließlich dem Nationalsozialismus und seinem aktiven Eingreifen zu verdanken ist. Hieraus erklärt sich, daß im einen oder anderen Falle dieser nationalsozialistische Staat den Anspruch erhebt, ein ihm zu Eigentum gehöriges Kirchengebäude gelegentlich auch einmal für eine Fahnenweihe oder eine andere staatspolitische Feierlichkeit zu benutzen. Bekanntlich war dieser Anspruch der allererste Punkt des Zusammenstoßes der evangelischen Kirche schon im Jahre 1933 mit dem nationalsozialistischen Staat in der Frage der Benutzung der evangelischen Garnisonkirche in Potsdam zu dem Staatsakt. Die Weiterentwicklung dieser Fragen ist noch nicht entschieden, es schien mir aber richtig, da auch der eine und andere Fall in der neueren Zeit wieder praktisch geworden ist, einmal auf diese Frage zu Art. 6 Abs. 2 des Staatsvertrages vom 11.5.1931 hinzuweisen.

Sehr überholt ist der *Artikel 7* des Staatsvertrages. Das zeigt schon die Verwendung des Begriffs "parteipolitisch" im Schlußprotokoll zu Art. 7, denn diesen Begriff gibt es überhaupt nicht mehr. Infolgedessen ist die dort vorgesehene Scheidung zwischen staatspolitischen und parteipolitischen Gründen gegenstandslos geworden. Ebenso gegenstandslos und unmöglich ist das in dieser Vorschrift vorgesehene Verfahren geworden, wonach über einen Einspruch des Staates eine Art Schiedsgericht entscheidet.

Zu *Artikel 8* wäre zu bemerken, daß zwar die dort vorgesehenen Vorschriften nach dem ausdrücklichen Wortlaut des Schlußprotokolls ein Einspruchsrecht nicht begründen, d.h. der Staat kann in gewissen Personalfällen hiernach zwar aus den Personalakten entnehmen, daß ihm der Bewerber mißfällt, kann aber gegen diesen bedauerlichen Zustand von sich aus nichts tun. Es ist nicht verwunderlich, daß der nat.-soz. Staat sich mit einer solchen Regelung nicht abfindet. In der Praxis wird daher vom Reichskirchenministerium gegebenenfalls *Einspruch erhoben und er wird auch respektiert*, ein Zustand, der jedenfalls den Staatsvertrag in Artikel 8 praktisch außer Kraft setzt.

Die im *Artikel 10* des Staatsvertrages vorgesehene Vereinbarung über Besetzung von Pfarrstellen für die fiskalischen Patronate ist niemals zustande gekommen. Infolgedessen ist der Staatsvertrag in diesem Punkte unerfüllt geblieben. Das Reichsministerium für die kirchlichen Angelegenheiten beansprucht heute für sich auf Grund der für Preußen von früher noch geltenden Bestimmungen das Recht der Zustimmung zu der Person des Bewerbers bei Besetzung einer Pfarrstelle fiskalischen Patronats.

Mit *Artikel 11* betreten wir ein Gebiet, das sozusagen in zweifacher Beziehung aus dem Zusammenhang des Vertrages herausgerissen worden ist. Zur Zeit des Vertragsabschlusses waren das Kultusministerium und das Kirchenministerium in einer Hand, d.h. es gab damals nur eine Kirchenabteilung im Kultusministerium. Heute ergibt sich schon dadurch ein völlig verändertes Bild, daß es außer dem Kultusministerium ein selbständiges Kirchenministerium gibt. Es kommt aber noch hinzu, daß das Kultusministerium heute, ebenso wie das Kirchenministerium reines Reichsministerium ist. Bekanntlich ist erst vor kurzem durch den Führer und Reichskanzler die Bezeichnung als "Reichs- und Preußisches ... Ministerium" abgeschafft worden. Damit ist auch die Verantwortung einer reichseinheitlichen Regelung durch den Reichskultusminister – wenn ich ihn einmal so nennen darf – sehr stark betont. Einer solchen reichseinheitlichen Regelung würde aber der Drahtverhau von landesrechtlichen Bestimmungen über die Besetzung von theologischen Fakultäten im Kirchenvertrag äußerst hinderlich sein. Das Ergebnis ist also, daß diese Bestimmungen praktisch nur noch höchst lückenhaft angewendet werden.

Bei Behandlung des preußischen Kirchenvertrages sei zum Schluß noch bemerkt, daß die Terminologie *im Artikel 4* auch bereits beginnt, Schwierigkeiten zu machen. Hier ist nämlich gesagt, daß Kirchenämter frei erreicht werden können, falls "Aufwendungen aus Staatsmitteln" nicht beansprucht werden. Der Minister für die kirchlichen Angelegenheiten steht auf dem Standpunkt, daß "Aufwendungen aus Staatsmitteln" nicht nur die baren Staatsleistungen sind, sondern daß auch die mit Hilfe und unter Verantwortung des Staates festgesetzten und eingezogenen Kirchensteuern solche Aufwendungen darstellen. Dieser seiner Auffassung hat der Reichsminister für die kirchlichen Angelegenheiten in der 15. Durchführungsverordnung zum Sicherungsgesetz auch rechtlich Ausdruck verliehen (vgl. § 9 Abs. 4 daselbst). Daher ist die Frage schon erwogen worden, ob nicht die Zustimmung des Staates für jede *Ämter-Errichtung erforderlich* ist, die *eine Finanzierung durch Kirchensteuermittel* voraussetzt. Die Frage tritt praktisch darum nicht so stark hervor, weil ohnehin zu allen Maßnahmen, die finanziellen Folgen nach sich ziehen, die Zustimmung der bei der Kirchenbehörde gebildeten Finanzabteilung vorgesehen ist.

VI. Was *die übrigen Landeskirchenverträge* betrifft, nämlich in Bayern und Baden, so enthalten diese im wesentlichen die schon für die preußischen Kirchenverträge besprochenen Bestimmungen. Darüber hinaus sind in diesen süddeutschen Verträgen lediglich *Schulangelegenheiten* und *Pfarrbesoldungsangelegenheiten* geregelt. Bei der Regelung der Schulangelegenheiten liegt es ähnlich so, wie ich es vorher schon zu den Fakultätsangelegenheiten ausgeführt habe. Zwar liegt ein Reichsschulgesetz noch nicht vor, es ist aber bekannt, daß das Schulrecht in den letzten Jahren im Wege von Erlassen und Verwaltungsanordnungen in der Richtung auf die deutsche Gemeinschaftsschule weiterentwickelt worden ist. Auch ist das Privatschulrecht neu geregelt, wovon selbstverständlich auch die konfessionellen Privatschulen betroffen sind. Die süddeutschen Landeskirchenverträge sind daher auch in diesem Punkte bereits beschränkt und werden im Augenblick des Erlasses eines Reichsschulgesetzes in ihren diesbezüglichen Bestimmungen ihre Gültigkeit in wesentlichem Umfang verlieren.

Die Fragen der Pfarrbesoldung sind ebenso wie die übrigen Staatsleistungen zunächst in ihrer Gültigkeit nicht betroffen. Es ist aber nicht uninteressant zu wissen, daß der Führer und Reichskanzler schon gelegentlich in Besprechungen darauf hingewiesen hat, daß eine derartige ungleichmäßige Belastung der einzelnen Länder mit Staatsleistungen für kirchliche Zwecke, die dahin führt, daß z.B. in Bayern zwischen 2 und 3 RM auf den Kopf der Bevölkerung, in Preußen aber nur zwischen 1 und 2 RM auf den Kopf der Bevölkerung entfallen, kein Dauerzustand sein könne.

Zusammenfassend glaube ich auf Grund meiner Darlegungen feststellen zu können, daß die kleinen Schiffe der Landeskirchenverträge auf der bewegten See nationalsozialistischer Rechtsentwicklung staatskirchenrechtlicher Art schon starke Schlagseite erlitten haben und ein wenig hilflos auf dieser See herumtreiben. Man kann nicht von einer völligen Vernichtung dieser Verträge, aber von einer starken Beschädigung sprechen, die einzelne Artikel sogar schon ins Mark getroffen hat, mindestens solange das "Sicherungsgesetz" von 1935 besteht.

Ich glaube, daß es mit Aufgabe des Ausschusses für Religionsrecht ist, an den Fragen mitzuarbeiten, was denn nun als Neues anstelle des Alten und Überholten treten soll. Gewisse Ansätze ergeben sich aus den von mir im Verlauf meines Referats schon zitierten neuen reichsgesetzlichen Bestimmungen und Verordnungen. Doch gehört die Frage der Fortbildung des evangelischen Staatskirchenrechts nicht mehr zu meinem Thema, das sich nur mit der Geltung der Länderkirchenverträge befaßt, weshalb ich mein Referat mit dieser Bemerkung abschließe.

Forsthoff: Meine Herren! Was ich Ihnen in Ergänzung zu dem Referat zu bringen habe, sind einige mehr aphoristische, aber doch allgemeinere Anmerkungen. Denn ich konnte ja erst gestern morgen von dem Referate von Herrn Stahn Kenntnis nehmen, weil Herr Stahn aus Gründen der bekannten Arbeitsüberlastung nicht in der Lage war, es mir eher zu übermitteln. Infolgedessen konnte ich mir erst gestern darüber schlüssig werden, was ich Ihnen vortrage.

Die Verträge zwischen Staat und Kirche gehören ja in die weite Gruppe der öffentlich-rechtlichen Verträge, also der Verträge, die sich innerhalb des Staatsraumes selbst bewegen. Insofern sind wir auf einem ganz anderen Boden als heute vormittag, wo immer wieder das völkerrechtliche Element in unsere Erörterungen hineinspielte und hineinspielen mußte. Die wissenschaftliche Lehre vom öffentlich-rechtlichen Vertrag begann sich zu konsolidieren mit einem grundlegenden Aufsatz, den in den 80er Jahren Otto Meyer über die Rechtsnatur des öffentlich-rechtlichen Vertrages veröffentlichte und der im wesentlichen die Einbürgerung und sie Anstellung des Beamten zum Gegenstande hatte und mit der bis dahin noch weitverbreiteten Auffassung aufräumte, daß es sich hier um Verträge handele. In diesem Zusammenhang wurde dann der inzwischen gängig gewordene Begriff des Verwaltungsaktes auf Unterwerfung geprägt.

In der Forschung und Lehre der folgenden Jahrzehnte hat sich dann – mit welchen Begründungen braucht uns jetzt nicht zu interessieren – der verwaltungsrechtliche Vertrag oder der öffentlich-rechtliche Vertrag durchgesetzt, und man hat diesen Satz dann entsprechend der damaligen positivistischen Methode einem allgemein vorangehenden Rechtssatz, nämlich dem Satz pacta sunt sevanda unterstellt. Es ist allerdings in diesem Schrifttum sehr wenig die Rede von den zahlreichen Verträgen, die schon in der damaligen Zeit den Staat und die Kirche miteinander verbanden. Denn diese Verträge sind ja in großer Zahl bereits im 19. Jahrhundert vor allen Dingen im Vollzuge des Reichsdeputationshauptschlusses abgeschlossen und in Geltung gesetzt worden.

Ich würde nun zur allgemeinen Methode folgendes sagen, und das scheint mir nicht unwichtig, denn wir haben es ja nicht nur mit den Verträgen zu tun, auf die eben beispielsweise und im einzelnen Herr Ministerialdirigent Stahn hingewiesen hat, sondern auch mit dem ganzen Komplex der Verträge des 19. Jahrhunderts, wenn man das Thema in vollem Umfange nimmt. Ich glaube, daß da zunächst die Forderung an die juristische und praktische Logik zu stellen ist, diese Dinge in der Tradition und in der Kontinuität des Ablaufs der öffentlich-rechtlichen Zustände überhaupt zu sehen. Das heißt, ich halte es nicht für richtig und nicht einmal für zulässig, von einem Vertrage, der beispielsweise in der ersten Hälfte des vorigen Jahrhunderts abgeschlossen worden ist, zu fragen: Würde dieser Vertrag heute so abgeschlossen worden sein oder würde er heute so nicht möglich sein? und im einen Fall seine Fortgeltung zu bejahen und im andern Fall zu verneinen. Da das Recht als ein Bestandteil der Geschichte uns anhaftet und begleitet und wir es nur in besonderen Formen und besonderen Bedingungen wieder von uns lösen können, müssen wir m.E. das Rechtsschicksal eines solchen Vertrages durch die Folgezeit verfolgen – also die Zeit der preußischen Verträge bis an die Weimarer Verfassung heran –, müssen den Artikel 138 der Weimarer Verfassung heranziehen durch die Weimarer Zeit hindurch und dann in die Entwicklung hinein, die sich von 1933 an ergibt, und dann erst fragen: Ist in diesem Zusammenhang irgendwie und irgendwann eine Lage aufgetreten, die nun dazu zwingt, von einer Fortgeltung des Vertrages abzusehen? Es hängt das sehr eng zusammen mit der im Jahre 1933 eingehend erörterten Frage der Gesamtkontinuität, inwieweit also die Staatsperson wechselt, was weniger in den Erörterungen 1918/19 eine Rolle spielte, inwieweit die Rechtstradition fortgeführt wird usw.

Nun steht, was immerhin doch für uns zu beachten ist, im Anfange dieser Entwicklung eine programmatische Erklärung des Führers in der ersten Regierungserklärung vom 23. März 1933, die dahin lautet, daß die nationale Regierung die zwischen den Ländern und den Kirchen abgeschlossenen Verträge respektieren wird und daß diese Rechte nicht angetastet werden sollen. Das ist die bekannte Erklärung nach dem Tag von Potsdam. Also es scheint mir, wenn wir diese Erklärung ernst nehmen, geboten, eingehende Erwägungen jeweils und fallweise darüber anzustellen, ob dieser Vertrag noch gilt oder nicht, aber nicht sozusagen den Vertrag aus dem Jahre, sagen wir 1830, einfach heute auf das Sezierbrett zu legen und ihn zu messen an unseren heutigen Rechtsanschauungen, Verwaltungszuständen usw. und dann summarisch ja oder nein zu sagen. Soviel zur Methode.

Nun möchte ich weiter vorschlagen, daß wir in dem Gesamtkomplex der Verträge, die Staat und Kirche verbunden haben oder vielleicht noch verbinden, eine Scheidung vorzunehmen. Wir haben nämlich solche Verträge – und von denen war bisher die Rede –, welche von der Staatsführung oder der Staatsleitung auf der einen Seite und von der Kirchenleitung auf der anderen Seite abgeschlossen worden sind und alle irgendwie das Gesamtverhältnis zwischen Staat und Kirche, ob erschöpfend oder nicht, mindestens aber doch das Gesamtverhältnis regeln. Und wir haben andere Verträge, die mit unteren Gliederungen des Staates oder unteren Gliederungen der Kirche abgeschlossen worden sind, die also einzelne Rechtsbeziehungen an einer bestimmten Kirche oder innerhalb eines örtlichen Kirchenbezugs oder was sonst zum Gegenstande haben. Diese zweite Art von Verträgen darf ich hier einmal ausscheiden und nur anmerken, daß sie vielleicht doch noch einer besonderen Beachtung bedürfen.

Nun zu diesen Hauptverträgen, auf die ich mich beschränken will und bei denen nun, wenn wir sie heute auf die Möglichkeit ihrer Fortgeltung, auf ihre weitere Zulässigkeit überprüfen, natürlich eine ganze Anzahl von Fragenkomplexen ineinander schießen. Das ist einmal der ganze Fragenbereich, der sich an den Vertrag selbst als solchen als eine Form der Regelung dieser regelungsbedürftigen Dinge knüpft, ferner zweitens der Fragenbereich, der die staatlichen Voraussetzungen, und drittens derjenige, der die kirchlichen Voraussetzungen organisatorischer, gesetzgeberischer oder sonstiger Art betrifft.

Zunächst nun etwas über die Struktur derartiger Verträge im allgemeinen. Wenn ich die Entwicklung seit 1933 in der Gesamtbeziehung zwischen Staat und oder Reich auf der einen Seite und Kirche auf der anderen Seite richtig deute, dann scheint es mir so zu sein, daß man auf der Seite des Reiches durchaus bereit oder sogar entschlossen ist, den innerreligiösen Bereich des innerkirchlichen Lebens für sich zu stellen, wie auch anderen weltanschaulichen Vereinigungen gegenüber, so auch der Kirche gegenüber zu sagen: Das ist ein Sonderbereich, der mit der allgemeinen Toleranz und der allgemeinen Parität für sich gestellt ist. Nun scheint es mir auf der anderen Seite so zu sein, daß der Vollzug dieser hier gemachten Trennung, die vielleicht sogar im Weltanschaulichen noch weiter geht als die von Weimar, dadurch gehemmt ist, daß sich in der Praxis die Notwendigkeit für den Staat ergeben hat, in die äußere Gestaltung der kirchlichen Dinge – und zwar immer weiter – einzugreifen. Ich halte das für sehr gut und für sehr richtig, weil ich glaube, daß hier eine sehr gute Tradition der Beziehungen gerade der lutherischen Kirche zum Staat – ob gewollt oder nicht – einfach durch Zwang und Logik der Verhältnisse zum Durchbruch kommt.

Infolgedessen entsteht die Lage, daß bei einer, sagen wir einmal sehr ausgegliederten Formulierung im Weltanschaulichen praktisch eine sehr starke Ingerenz in das kirchliche Wesen stattfindet und auch stattfinden muß. Immerhin kommen wir ja nicht darum herum, davon auszugehen, daß sich das heutige Reich noch weniger als die früheren Verfassungsformen mit der Kirche – ihrem inneren Anliegen – identifiziert, daß insofern hier ein Bereich der sachlichen Besonderung vorliegt. Die kirchlichen, sagen wir jetzt, rein innerkirchlichen Aufgaben der Pflege des religiösen Lebens, sind heute, geistig gesehen, weiter von den eigentlichen staatlichen Aufgaben geschieden, als sie es früher waren.

Diese Besonderung hat nun, wie ich glaube, für die Beurteilung vertraglicher Beziehungen zwischen Staat und Kirche besondere Bedeutung. Bisher hat man den ganzen öffentlichrechtlichen Vertrag, insbesondere aber und mit Betonung die Verträge zwischen Staat und Kirche auf den Nenner der Koordination von Staat und Kirche gebracht. Das ist mit aller Schärfe insbesondere geschehen in Hubers Darstellung der Verträge zwischen Staat und Kirche, der ja die Konkordate und die evangelischen Kirchenverträge in reine rechtliche und politische Qualität zusammenfließen läßt, indem er bei den Konkordaten m.E. zu sehr die völkerrechtliche Seite beiseite läßt, bei den Verträgen zwischen Staat und Kirche die m.E. enge Bindung der Kirche an den Staat unterschätzt oder nicht genügend zur Geltung kommen läßt. Ich würde meinen, daß das Wort Koordination hier kein sehr glückliches Wort ist und daß hier die wohl wesentlich auf Erich Kaufmann zurückgehende Vorstellung vom Vertrage als der spezifischen Form des Koordinationsrechts zu dem Gebrauch des Wortes Koordination in diesem Zusammenhang geführt hat, der mir nicht förderlich erscheint. Denn wenn die Koordination von Staat und Kirche für die evangelische Kirche ausgesprochen wird, dann hat das, ich möchte beinahe sagen, etwas Provozierendes. Es kann ja auch tatsächlich in gar keinem Sinne – das wäre mein Einwand gegen Hubers Darstellung – von einer solchen Koordination, d.h. von einer gleichen Mächtigkeit und einem gleichen Recht die Rede sein. Ich würde vielmehr die Voraussetzung einer vertraglichen Regelung zwischen Staat und Kirche nicht in der Koordination, d.h. im Messen der beiden Partner nach jeder Richtung und in einem umfassenden Sinne sehen, sondern in der Absonderung der staatlichen und der kirchlichen Aufgaben. Wo eine solche Absonderung stattfindet, wo ein solcher Hiatus entsteht, da ist eben der Vertrag eine Form, mit der man über diese Grenze, über den Hiatus hinwegkommt, und vielleicht – ich will sehr vorsichtig sein – die gegebene Form. Aber jedenfalls sehe ich in dieser Absonderung der beiderseitigen Aufgaben auch schon für die frühere Zeit den eigentlichen Grund und die Logik der Verträge zwischen Staat und Kirche.

Nun ist es ja so, daß diese Absonderung heute überdeckt ist und nicht praktisch wird durch die Notwendigkeit staatlicher Ingerenz in die kirchlichen Dinge. Hier ist natürlich ein durchaus legitimes staatliches Interesse tätig, weil es sich hier einfach um ganz elementare Fragen der Verfassungsgestaltung oder Volksgestaltung im weitesten Sinne des Wortes handelt. Insofern ist selbstverständlich das staatliche Hinwirken auf eine Vereinheitlichung der Kirchen, auf eine geordnete Finanzverwaltung der Kirchen usw. legitim richtig und selbstverständliche Voraussetzung aller unserer Erwägungen.

Es ist nun weiter in der Erörterung der staatskirchenrechtlichen Verträge evangelischer Art folgendes nicht genug beachtet. Wenn man bisher die Geltungsbeständigkeit dieser Verträge erörtert hat – ich kann hier auf beinahe alle Darstellungen verweisen, bei Huber, Öscher, Liermann, bei Schön und wo Sie wollen –, dann finden Sie in diesem Zusammenhang als Grenze der Rechtsbindung die clausula, d.h. die Unzumutbarkeit, wobei die Unzumutbarkeit definiert wird als dann eintretend, wenn ein Festhalten an der Vertragsbindung die Existenz eines Vertragspartners in Frage stellen würde. Das geht nicht nur heute zu weit und ist auch heute unmöglich, anzunehmen, sondern das ging m.E. schon für die Entstehungszeit der Verträge, die eben Herr Ministerialrat Stahn erwähnte, wie über das Ziel hinaus. Ich würde vielmehr für solche Verträge noch folgenden Grundsatz ins Spiel bringen. Es darf nicht übersehen werden, daß diese Verträge in einem weiteren Sinne Verfassungsfaktoren in einem vor allen Dingen politisch einheitlichen Rechtsraum sind und sich dadurch von völkerrechtlichen Verträgen, die im Zeichen der clausula stehen, natürlich toto coelo unterscheiden. Ich werde deshalb die Lösung vom Vertrage nicht im Sinne der völkerrechtlichen clausula sehen, sondern von der Loyalitätspflicht und ihrer Grenze her. Ich würde sagen, daß ein Vertrag zur Lösung kommen kann, wenn das Festhalten am Vertrage auf der Gegenseite illoyal wäre.

Das klingt zunächst etwas frappierend. Aber ich folge damit einem Begriff, der in der Bismarckschen Verfassung eine direkt tragende Rolle gespielt hat, nämlich den Begriff der Bundestreue, zu der die Bundesmitglieder dem Reiche, dem Reichskanzler, dem Kaiser gegenüber verpflichtet waren. Derartige Verpflichtungen zur Treue oder zur Loyalität sind in einem geordneten Rechtsraum selbstverständlich. Sie sind nicht etwa nur politische Verpflichtungen, sondern, wie die Bundestreue und ihr Verständnis etwa in der Auslegung Triepels und anderer für die Bismarcksche Verfassung zeigt, sie sind eine Rechtspflicht. Die Bundestreue war eine Rechtspflicht der Bundesglieder. Das gleiche würde ich hier von der Loyalität sagen. Ich vermeide den Ausdruck Treu und Glauben, weil er mir zu stark mit zivilistischen Hypotheken [verbunden] zu sein scheint. Er kommt nun einmal aus dem Zivilrecht, und er ist sozusagen eine Anforderung an das ethische Individualverhalten. Seine Übertragung in den politischen Raum, in den Raum des öffentlichen, verwaltungsmäßigen Handelns, hat immer etwas Mißliches. Deshalb würde ich, da das Wort Bundestreue von früher schon seines eigentlichen Sinnes wegen nicht einfach hierher übernommen werden kann, den vielleicht verbessernden Ausdruck Loyalität – aber durchaus im Sinne einer Rechtsbindung – hier einführen.

Es käme natürlich darauf an, diese Loyalität nun auch präzise zu fassen. Das ist, wie ich glaube, auch möglich. Das Beispiel, was Herr Ministerialdirigent Stahn brachte, hinsichtlich der staatlichen Mittel für die Fortbildung der jungen Geistlichen scheint mit dafür ausgezeichnet geeignet zu sein. Weil die Gegenseite illoyal geworden ist, kann man an einer solchen vertraglichen

Verpflichtung mindestens für die Dauer der Illoyalität, vielleicht aber auch überhaupt nicht mehr – das will ich einmal dahingestellt sein lassen – festhalten. Oder nehmen Sie die Frage der Besetzung der Professuren. Die Veränderungen auf dem hochschulpolitischen Gebiet, in der hochschulverwaltungsmäßigen Erledigung der Dinge durch die Vereinheitlichung haben eine völlig neue Lage geschaffen, die die Frage aufwirft: Ist es nun illoyal, wenn die Kirchen an der Bestimmung noch festhalten? Dabei ist zu bemerken, daß ja diese Vereinheitlichung nicht gemacht ist, um den Kirchen ein Recht zu entwinden, sondern daß die Lage sozusagen als ein Reflex, eine Einwirkung einer allgemeinen Gestaltung aufgetreten ist. In einem solchen Falle würde ich auch sagen: Es ist wohl nicht loyal, wenn die Kirchen, nachdem diese Gestaltung erfolgt ist, an diesen nun praktisch kaum mehr durchführbaren vertraglichen Verpflichtungen festhalten. Oder um ein anderes Beispiel für einen gegenseitigen Sinn zu nehmen: Wenn der Staat etwa eine vertragliche finanzielle Verpflichtung eingegangen ist und ihm diese vertragliche Verpflichtung aus irgendwelchen verwaltungstechnischen, verwaltungspraktischen Gründen überholt erscheint, dann würde ich es nicht für illoyal halten, wenn die Kirche die Ablösung, das Aufhören dieser finanziellen Verpflichtung vertraglicher Art davon abhängig macht, daß man ihr eine den neuen Formen angepaßte anderweitige Entschädigung oder Verpflichtung als Ausgleich zur Verfügung stellt.

Ich möchte auch weiter sagen, daß Illoyalität hier noch nicht dann vorliegt, wenn eine Partei auf einem Vertrage beharrt, der der Gegenseite nur lästig ist. Denn es ist einmal der Sinn von Verträgen, daß sie auch lästig werden können. Wenn man darauf verzichten wollte, dann würde sich der Vertrag in ein völlig nebulöses Gebilde auflösen. Ich meine – ich kann Ihnen nur heute einige Gedankensplitter vortragen –, daß man bei dieser den öffentlich-rechtlich dogmatischen Begriffen durchaus entsprechenden praktischen Handhabung der Festlegung der Loyalität als Rechtspflicht dazu käme, diesen staatskirchenrechtlichen Verträgen, ich möchte sagen, mindestens die gefährlichen Giftzähne auszubrechen. Soviel zum Vertrag im allgemeinen.

Nun noch einiges über die Voraussetzungen, zunächst Voraussetzungen auf staatlicher Seite. Hier will ich mich nicht zu einer Meinung bekennen. Ich bin dazu bei der Kürze der Vorbereitungszeit nicht in der Lage, möchte aber doch darauf hinweisen, daß sowohl das Neuaufbaugesetz als auch das Reichsstatthaltergesetz, auf die Herr Stahn zurückgriff, mindestens an den Ländern als irgendwelchen Verwaltungseinheiten, als doch noch in sich faßbaren Mittelinstanzen des Reiches festhalten, so daß ich an sich nicht davon ausgehen würde, daß sozusagen der Vertragspartner entfallen ist und darum auch die Verträge ins Leere fallen. Die völkerrechtliche Lehre, die wir im Falle Österreich exerziert haben – jedenfalls Herr Barion – geht dahin, daß mit dem Wegfall des Staates als des einen Vertragspartners das Konkordat ins Leere fällt. Ich glaube nicht, daß wir berechtigt sind, diese Lehre auf den Bundesstaat zu übertragen und zu sagen: Nachdem das Reich vereinheitlicht ist, fallen die Verträge ins Leere, weil das Reich nicht paktiert hat. Denn die Länder sind zwar zunächst einmal wesentlich der Eigenstaatlichkeit, ihrer eigenen Hoheitsrechte beraubt worden, aber die Zuständigkeiten sind ja durch die erste Durchführungsverordnung des Gesetzes gleich wiederhergestellt worden. Also ich stelle das zur Diskussion und melde lediglich vorläufig und mehr oder weniger unverbindlich dies eine Bedenken an.

Nun zur innerkirchlichen Lage noch ein Wort. Ich würde auch hier sagen, daß ich noch nicht davon überzeugt bin, daß hier nun die Landeskirchen völlig gefallen sind. Denn bis in die letzten Erlasse und Verordnungen des Herrn Reichskirchenministers hinein – etwa bis zur 17. Durchführungsverordnung – ist immer noch von den im Amte befindlichen Kirchenregierungen die Rede. Da ist doch immer noch in irgendeinem Sinne die Landeskirche als ein Verband erhalten, ein Verband mit sehr stark eingeschränkten Rechten, stärker, als der Staat prinzipiell will, weil er ja in einem Notrecht über seine eigentlichen Absichten sicher weit hinausgehen mußte, so daß ich auch hier – jedenfalls in einem formellen Sinne – nicht sagen möchte, diese Vertragspartner sind einfach ausgelöscht, sondern es ist noch etwas da.

Vorsitzender: So war es wohl auch nicht gemeint.

Forsthoff: Ich wollte das auch nicht in Polemik gegen Herrn Stahn sagen. Ich darf mich zunächst darauf beschränken.

Vorsitzender: Ich glaube, daß wir da eine sehr schöne Grundlage haben. Auf mich hat es so gewirkt, daß ich sagen könnte: Was die beiden Herren gesagt haben, kann man eigentlich in die Worte zusammenfassen: Wenn es dem Staat nicht zugemutet werden kann, den Vertrag durchzuhalten, dann wäre es – und zwar eben in solchen Fällen – auf der andern Seite illoyal, die Durchhaltung zu verlangen. Es läuft auch nach meinem Gefühl im wesentlichen auf das hinaus, was wir heute morgen von Herrn Professor Weber hinsichtlich Österreichs – Änderung des Regimes – gehört haben. Denn das ist schließlich das Essentielle. Es hat sich hier in Deutschland eine Änderung des Regimes vollzogen, die eine völlig andere Beurteilung in weit höherem Maße nach sich gezogen hat als in zahlreichen anderen Fällen, in denen entweder eine Regierung gestürzt oder ein Land in ein anderes übergegangen ist. Ob das wie im Falle Österreichs darauf beruht, daß ein Land sich das andere einverleibt hat, oder wie in Altdeutschland darauf, daß die ganze Regierungsform im Zuge der nationalen Revolution eine völlig andere geworden ist, daß ein völlig anderes Denken eingesetzt hat, daß eine Regierung da ist, die alle anderen in ihre Schranken zurückweist, ist gleichgültig. So haben die Ausführungen auf mich im ersten Augenblick gewirkt. Ich weiß nicht, was die Herren dazu sagen.

Heckel: Darf ich dazu etwas sagen. Ich bitte gleich vorausschicken zu dürfen, daß das, was ich sage, wahrscheinlich ein bißchen wie Kraut und Rüben durcheinander geht. Ich werde zunächst einmal versuchen, an Ihr Referat anzuknüpfen, Herr Ministerialdirigent, und dann den einen oder anderen Gedanken, den Sie gebracht haben, noch hineinzuwirken. Aber es ist möglich, daß sich das im Zuge meiner Aufzeichnungen ein bißchen stößt.

Zunächst einmal möchte ich eines vorausschicken. Man spricht bei der Betrachtung des evangelisch-kirchlichen Problems gewöhnlich von einer evangelischen Kirche. Das ist nicht so ganz bis ins letzte zutreffend. Wie Herr Ministerialdirigent Stahn und noch mehr soeben Herr Forsthoff hat anklingen lassen, handelt es sich hier um zweierlei Auffassungen des religiösen Verbandes. Wir haben es einmal mit dem Luthertum zu tun, das in 4/5 oder noch mehr in Deutschland der kirchlichen Organisation das maßgebende Gepräge gegeben hat. Wir haben es aber auch mit den Einflüssen zu tun, die von reformierter Seite herkommen, die besonders im 19. Jahrhundert sehr stark geworden sind und die innerhalb der kirchlichen Wirren eine Kraft entfalten, die man häufig unterschätzt. Ein sehr großer Teil der personellen und sachlichen Schwierigkeiten kommt daher, daß das reformierte Kirchenideal mit seiner Tradition, die es im Rheinland und in Westfalen hat, zur Ausnützung einer Oppositionsstellung gegen die Staatsleitung mobilisiert wird und sich selbst mobilisiert. Man kann es bis in die Sprache der in Betracht kommenden Persönlichkeiten, bis in die synodalen Dekrete und Kundgebungen hinein verfolgen, wenn man die Persönlichkeiten und ihren mehr oder minder entfernten Zusammenhang mit jenem religiösen Boden kennt, auf dem sie gewachsen sind. Wenn man ein gewisses Gefühl für den lutherischen Akzent und für den reformierten Akzent hat, dann weiß man ganz genau, wie stark sich hier zwei Schichten überlagern. Namentlich ist das interessant und wichtig, wenn es sich einmal darum handeln wird, einen positiven Aufbau zustande zu bringen. Heute in der gemeinsamen Negation von gewissen staatlichen Maßnahmen klingt das alles so zusammen, daß Argumente, die von der einen Seite kommen, mit Argumenten von der anderen Seite sich durchsetzen. Im selben Augenblick, in dem einmal diese Gruppen zu einer positiven Arbeit aufgerufen werden, wird sich sehr deutlich die verschiedene Herkunft und das verschiedene Kirchenideal dieser beiden Gruppen zeigen.

Dabei ist nun für die lutherische Kirche, auf die man ja im wesentlichen zurückgreifen muß, wenn man an eine deutsche Gesamtkirche denkt, die absolute Spiritualisierung des Kirchenbegriffs das entscheidende. Seitdem Luther das jus divinun von einer irdischen Organisation völlig abgezogen hat auf die rein geistliche Wesenhaftigkeit der Kirche, ist diese Kirche so sehr ins Spirituelle gerückt, daß ihre irdische Organisation und das Schicksal dieser irdischen Organisation ihr verhältnismäßig sehr wenig anhaben können. Wenn Sie unter diesem Gesichtspunkt die heutigen kirchlichen Wirren betrachten, so ist das ein Moment, das man für eine glückliche Lösung dieser Frage nicht unterschätzen darf. Die evangelische Kirche ist schon mehr als einmal so daran gewesen, daß man gesagt hat, es ist überhaupt nichts mehr vorhanden. Die Organisation war in der Zeit des Absolutismus völlig in den Staat aufgegangen, die Kirche war bürokratisiert, sie war eigentlich erledigt. Auf einmal kam von irgendeiner Seite her ein neuer religiöser Aufschwung, die Organisation änderte sich mit großer Wandelbarkeit um. Das liegt daran, daß diese Kirche vermöge dieser extremen Spiritualisierung, solange es Gläubige gibt, im Kern unangreifbar ist. Es ist auch auf der anderen Seite eine große Gefahr, daß sie nämlich auf die irdische Organisation zu wenig Wert legt und daß dann eine Art Winkelkirchentum entsteht, daß die öffentliche Aufgabe der Kirche nicht mehr gesehen wird. Wir haben diese beiden Extreme in der kirchlichen Entwicklung ja immer wieder gehabt.

Im Gegensatz dazu ist der reformierte Kirchenbegriff ein solcher, der ohne eine bestimmte irdische Organisation nicht auskommt. Es ist ja bekannt, daß die kalvinistische Lehre im Neuen Testament ein kirchliches organisatorisches Ideal findet und daß sie glaubt, wo dieses Ideal verwirklicht wird, also durch gewisse Gemeindeämter, da ist in dieser Organisation auf Erden irgendwie auch der Heilige Geist, also die wahre Kirche vorhanden. Demzufolge schätzt die reformierte Kirche das Vorhandensein irdischer Organisationen bestimmten Gepräges unter einem religiösen Gesichtspunkt. Sie findet von da aus das Kirchenwesen irgendwie legitimiert, wenn es gewisse elementare Organisationsformen hat.

Nun ist bei uns in Deutschland dieses kalvinistische Kirchenideal nicht in seiner vollen dogmatischen Schärfe ausgeprägt. Aber es gibt doch eine sehr würdige und erfolgreiche, unter Verfolgungen bewährte Tradition der rheinisch-westfälischen Kirche nach dieser Richtung unter starker Betonung autonom gewachsener kirchlicher Organisationsformen, die also nicht vom Staat kommen, sondern vom Neuen Testament her ausgerichtet sind. Eine gewisse Überschätzung der Wirkungsmöglichkeiten und Bedeutung von Presbyterialsynoden rührt teilweise aus diesen reformierten Teilen her. Von einem anderen Stück her sind es Rezeptionen der weltlichen Verfassung des 19. Jahrhunderts.

Das wäre das, was ich prinzipiell zunächst vorauszuschicken hätte namentlich an die Herren aus der Praxis. Man ist in Preußen geneigt, unter dem Einfluß der Unionsverfassung den Ausgleich der beiden Konfessionen als einen ziemlich weit gediehenen anzusehen. Im übrigen Deutschland ist das nicht ganz so weit, und selbst in Preußen sind, seitdem die Monarchie zusammengebrochen ist und die Klammer des landesherrlichen Kirchenregiments fehlt, die Unterschiede der konfessionellen Prägung erheblich schärfer geworden als früher. Ich habe das noch im Rheinland erlebt.

Nun hat Herr Ministerialdirigent Stahn gesagt, wir hätten heute 22 Landeskirchen. Das entspräche nicht dem Gesetz der inneren Form, das Luther für die evangelische Kirche aufgestellt hat. Ich glaube, hier eine kleine Ergänzung anbringen zu sollen, Luther hat für die Organisation eines Kirchentums überhaupt keine innere Form aufgestellt. Ihm lag nur an dieser geistlichen Kirche und an dem ministerium verbi und an dem Pfarramt als dem Amt der Wortverkündung. Aber in welcher Form das nun organisiert sein sollte, ob in Form eines Pfarramtes oder in welcher anderen Weise, darüber hat er keine irgendwie verbindlichen Äußerungen abgegeben, und auch Melanchthon und die folgende Theologie des Reformationsjahrhunderts haben sich hier auf keine starren Bindungen festlegen lassen.

Wenn nun das Luthertum das Wesen der Kirche so sehr im Geistlichen sieht, also alles auf die Verkündung des Wortes, auf das ministerium verbi und auf die ergänzende Tätigkeit der Gemeinde abstellt, so ist die Frage, wer organisiert denn diese Kirche? Da besteht nun nach lutherischer Auffassung das Amt der christlichen Obrigkeit. Es sind also eigentlich weltliche Angelegenheiten, es ist eine Angelegenheit der weltlichen Obrigkeit in bezug auf die Kirche, also persönlich gesehen, eine weltliche Angelegenheit, weil die weltliche Obrigkeit es macht, aber mit Bezug auf den religiösen Bereich.

Wenn man das nun in die Gegenwart hinein fortdenkt und mit der Proklamation von Adolf Hitler vergleicht, worin er gesagt hat: Wir werden diese evangelischen Kirchen zusammenschließen, und wenn man nun fragt, ist dieses Wort des heutigen Volksführers von der evangelischen, von der lutherischen Seite her als berechtigt anzuerkennen, ist es also aus dem Geist dieser Konfession heraus gesprochen, so muß man das absolut bejahen. Es ist tatsächlich nach Auffassung Luthers und überhaupt der Lutheraner so, daß die weltliche Obrigkeit sich einer solchen Fürsorgepflicht für die Kirche nicht entziehen kann, und die geht eben dahin, eine Organisation zu treffen, in der das ministerium verbi seine Kraft entfalten kann. Wie das zu machen ist, darüber hat Luther, wie gesagt, keine Vorschriften erlassen. Aber in der ganzen Richtung seines Denkens liegt es, der staatlichen Obrigkeit einen solchen Machtanspruch oder eine solche Zuständigkeit einzuräumen, vorausgesetzt allerdings, daß diese weltliche Obrigkeit sich dabei klar ist, daß sie in bezug auf diesen Teil der Bevölkerung ihre organisatorische Aufgabe so erfüllt, daß die Heilsaufgabe, die dieser Glaubensgemeinschaft als die ihre erscheint, zu ihrem Recht kommen kann.

Völlig falsch ist es natürlich – und das hat mich in einer der letzten Äußerungen des Herrn Reichskirchenministers ungemein gefreut –, die Stellung der Obrigkeit zur evangelischen Kirche irgendwie mit derjenigen zur katholischen Kirche gleichzustellen und es darauf abzustellen, ob die evangelische Kirche nicht gegenüber der katholischen Kirche unter ein Ausnahmerecht gestellt wird. Hier sind nicht zwei Kirchen, die sich nur im Organisatorischen, Äußerlichen irgendwie getrennt haben, die aber unter den einen Oberbegriff der Kirche fallen würden, sondern hier liegt ein aliud vor. Die eine religiöse Auffassung ist in ganz grundlegenden Fragen eine ganz andere als die der anderen. Das hängt, soweit uns Juristen das interessiert, damit zusammen, daß die katholische Kirche ein jus divinum hat und die evangelische Kirche hat kein jus divinum für ihre irdische Organisation, um von anderen Dogmen ganz zu schweigen. Es versteht sich nun, wenn man die Organisation der evangelischen Kirche in Deutschland ansieht, von selbst, daß ein Kirchenvertrag eine innerdeutsche Angelegenheit ist. Es fragt sich aber: Ist so ein Kirchenvertrag überhaupt möglich, und unter welchen Gesichtspunkten ist er möglich?

Herr Ministerialdirigent Stahn hat gesagt, die Kirchen seien eigentlich Körperschaften, und ihnen könnte man deshalb keine vertragsmäßige Rechtsstellung einräumen. Wenn ich Sie recht verstanden habe, ging Ihre Deduktion ungefähr in diese Richtung. Das würde also bedeuten, daß man vom nationalsozialistischen Staatsdenken aus den Gedanken einer Vereinbarung mit der Kirche prinzipiell als unmöglich ablehnt. Ich würde hier auf einem anderen Standpunkt stehen. Gewiß, die evangelischen Kirchen sind Körperschaften des öffentlichen Rechts, aber sie sind keine Körperschaften des öffentlichen Rechts wie sonstige Körperschaften, sondern sie heben sich aus dem Bereich der öffentlichen Körperschaften durch etwas ganz Besonderes heraus, und das hat nun Herr Forsthoff in seinem Referat ja betont, wo er davon gesprochen hat, daß hier ein Bereich des Volkslebens von staatlicher Seite als aus eigener Kraft zu organisieren anerkannt wird.

Nach meinem Gefühl ist die Sache heute so: Man muß sich, wenn man die Stellung der evangelischen Kirche pro futuro und die Staatspolitik in der Richtung betrachtet, darüber klar werden: Erkennt der Nationalsozialismus die christlichen Kirchen und also auch die evangelische Kirche als eine Ordnung an, die für das öffentliche Leben, für das Volksleben eine sehr wichtige öffentliche Funktion hat, oder nicht? Die Bezugnahme auf den Erlaß des Stellvertreters des Führers würde ich hier nicht als irgendwie für die Richtung der staatlichen Politik maßgebend ansehen. Denn dieser Erlaß ist ja ergangen im Rahmen des Parteiprogramms, und mir ist es schon immer als eine der ursprünglichst richtigen Äußerungen des Nationalsozialismus erschienen, daß er in dem Parteiprogramm bei aller prinzipiellen Anerkennung der Religion und Gewissensfreiheit doch den großen faktischen Einfluß der Organisationen des Christentums im Volke besonders hervorgehoben hat. Auf die Frage des betreffenden Passus: Die Partei steht auf dem Boden des praktischen Christentums, möchte ich mich nicht weiter einlassen. Wichtig ist mir daran, daß in dem Punkte des Parteiprogramms eine solche Differenzierung zwischen der persönlichen Gewissensfreiheit des einzelnen und der Wichtigkeit dieser religiösen Verbände für das Volksleben gemacht wird. Wenn diese Richtung festgehalten werden soll, dann muß also auch künftig differenziert werden zwischen den verschiedenen religiösen Verbänden und ihrer Bedeutung für die Volksordnung. Würde man das nicht machen, so würde man zu dem anderen Wege kommen, daß man nämlich auf eine Trennung von Staat und Kirche losgeht, aber nicht so, daß man nun die Kirche als öffentliche Organisation weiter erhalten kann, sondern daß man sie in strenger Konsequenz des Prinzips der Gewissensfreiheit als einen Verband läßt, der eben die Volksführung nichts weiter angeht. Ich glaube nicht, daß wir dahin kommen können und dahin kommen werden, und darin liegt auch die Hauptbedeutung der Anerkennung der Kirche als Körperschaft des öffentlichen Rechts. Es wird ihr eine Aufgabe an der Volkwerdung zuerkannt, und darum wird sie als ein Verband zu einer solchen Körperschaft öffentlichen Rechts erklärt.

Wenn das nun aber richtig ist, so folgt auf der anderen Seite, daß der Staat eine Fürsorgepflicht und Aufsichtspflicht der Kirche gegenüber in Anspruch nimmt. In welcher Weise er diese Fürsorgepflicht ausübt, ist bezüglich der evangelischen Kirche aus folgenden Prinzipien abzuleiten. Da die Heilsaufgabe der Kirche vom Staat nicht für sich in Anspruch genommen wird, so muß vom Standpunkt der Trennung des Politischen und Religiösen in gewisse geistliche, gewisse religiöse Fragen bei der Regelung des Verhältnisses von Staat und Kirche auf eine positive Mitwirkung der Kirche Bedacht genommen werden, damit dieser Teil der Volksordnung im Einklang zwischen der religiösen Organisation und der politischen Führung geregelt werden kann.

Welche Form man dafür wählt, das ist eine technische Frage. Man kann es so machen, daß man in gewissen heiklen Angelegenheiten, z.B. bei der Besetzung von Pfarrerstellen, vorher mit dem kirchlichen Vertreter spricht, was nach evangelischer Auffassung wohl der beste Weg ist, und daß man dann ein einseitiges Staatsgesetz macht. Man kann es auch so machen, daß man ein Abkommen mit der Kirche, das ja tatsächlich vorliegt, auch förmlich unterzeichnet. Ein solcher Vertrag zwischen Staat und Kirche nun hat und hatte schon – das muß man von den vergangenen Verträgen auch sagen – nicht völkerrechtliche Bedeutung. Er hat aber auch – und darin weiche ich von Herrn Forsthoff ab – nicht das Gewicht eines verfassungbindenden Vertrages. Herr Forsthoff hat das Wort von den Verfassungsfaktoren im einheitlichen Rechtsraum gewählt und hat aus der Bismarckschen Verfassung heraus dieses Gesetz der Illoyalität abgeleitet. Die Verträge zwischen Staat und Kirche sind technische Verträge. Sie sind es von Seiten des Staates, weil der Religionsverband ja unter seiner Souveränität steht. Ich spreche hier nun nicht von der katholischen Kirche, sondern ich spreche von der evangelischen Kirche. Sie sind es auch von Seiten der evangelischen Kirche; denn eine Landeskirche ist auf evangelischer Seite ein wesentlich technisches Gebilde. Das Wesentliche ist die Gemeinde und ist der Pfarrer. Je höher hinauf Sie eine Landeskirche organisieren, desto weniger sitzt sie damit auf dem religiösen Boden, wenn ich mich so ausdrücken darf, desto mehr steht sie auf Luftwurzeln. Darum ist es möglich gewesen, und ist es heute noch möglich, daß man diese evangelische Landeskirche zerschlägt, ohne daß der Protestantismus wesentlich davon betroffen wird. Solange er die Gemeinde hat, kann er sich immer wieder rekonstruieren. Darin liegt der Schwerpunkt: Gemeinde und Pfarrer. Sogar die Symbole sind auf lutherischer Seite technische Funktionen. Wenn nun also eine Landeskirche einen Vertrag mit dem Staat schließt, hat er auch für den Protestantismus keine wirklich gestaltbildende Kraft, sondern es ist ein technisches Abkommen.

Nun kommt hinzu, daß diese Verträge nicht wie die katholischen Verträge geschlossen werden zwischen einer Weltorganisation mit ihrer eigenen Verfassung und einem nationalen Gemeinwesen, sondern auf der Basis eines bestimmten kirchenpolitischen Systems zwischen Staat und Kirche. Wenn dieses kirchenpolitische System abschwimmt, sind damit auch die technischen Vereinbarungen erledigt. Wenn Sie z.B. am Anfang den Satz zitierten: "Der Staat sichert der evangelischen Kirche die besondere Freiheit der Religionsübung" nach Art. 1, so ist durch diesen Vertrag der Kirche nicht mehr garantiert worden, als durch die Weimarer Verfassung ihr garantiert worden ist. In demselben Augenblick, in dem die Weimarer Verfassung entschwindet, wird sich keine evangelische Kirche auf diesen Vertrag stützen können und sagen können, daß dieser Vertrag eine verfassungsrechtliche Qualität erhalten hätte. Es sind eben technische Verträge.

Damit ist eigentlich im Grunde gesagt, ob diese Verträge nun weiter gelten oder nicht. Sie gelten insoweit nicht, als die alten Rechtsgrundlagen des Verhältnisses zwischen Staat und evangelischer Kirche nicht mehr da sind. Sie gelten insoweit noch, als einzelne Stücke dieser alten Verträge sich noch am Leben behaupten. Dabei möchte ich nun auf eine Besonderheit hinweisen, nämlich auf die Behandlung des kirchlichen Eigentums, auf die Sie ja beide angespielt haben. Ich will mich hierbei auf gewisse Dinge, von denen ich nichts weiß, nicht so sehr einlassen. Ich möchte nur folgendes dabei bedenken. Es gibt in den evangelischen Verträgen gewisse Punkte, die man von dem gesamtdeutschen, nationalsozialistischen Denken aus nur mit großer Vorsicht anfassen kann, weil in demselben Moment, in dem hier in Deutschland etwas gemacht wird, sofort der polnische Staat, der rumänische Staat gegenüber den dortigen Evangelischen die äußere Gleichheit der Regelung benutzt, um die dortigen Deutschen aus ihren Positionen zu setzen. Nun wissen Sie, daß dort die evangelische Kirche eine Funktion hat, die sie in Innerdeutschland nicht in dieser Weise hat. Sie hat nämlich eine volksschützende Funktion. Das ist mir an einem Beispiel klar geworden. Ich wurde vor vielen Jahren einmal aufgefordert, ein Gutachten über die Enteignung einer evangelischen Kirche in Polen abzugeben. Im selben Augenblick, in dem Sie prinzipiell in Deutschland das staatseigene Gebäude dem Eigentümer zur Verfügung stellen, machen das die Polen auch mit den Kirchen, die dort auf Grund der alten deutschen Polengesetzgebung auf Rentengütern usw. errichtet worden sind. Ganz ähnlich kann es vielleicht in Siebenbürgen auch sein. Ich meine, wenn wir bei unserer innerdeutschen Regelung diesen gesamtdeutschen Gesichtspunkt in Rechnung tragen – wir müssen ihm irgendwie Rechnung tragen; jedenfalls ins äußeren Formulierungen muß es so sein –, desto besser. Nun könnte es also sein, daß einzelne Stükke aus einem solchen preußischen oder sonstigen Kirchenvertrag erhalten werden können, weil die grundsätzliche Regelung erhalten bleiben muß, und zwar nicht nur aus innerdeutschen Gesichtspunkten, sondern aus gesamtdeutschen Gesichtspunkten heraus.

Das führt mich nun zu der Frage: Was soll man künftig tun? Für die künftige Ordnung des Verhältnisses von Staat und evangelischer Kirche, aber auch bezüglich des Verhältnisses von Staat und katholischer Kirche würde ich glauben, daß man von dem System der Vereinbarungen herunter sollte. Auf evangelischer Seite kann darüber gar kein Zweifel bestehen, selbst wenn Sie wieder eine evangelische Kirche haben. Man wird dann hier mit einer Staatsgesetzgebung, die elastisch genug ist, um der Verwaltung weite Möglichkeiten zu lassen, vorgehen können, wird aber in gewissen Punkten, wo es sich um Materien handelt, die die Heilsaufgabe der evangelischen Kirche intensiv berühren, eine Mitwirkung der Kirche bei der Formulierung oder anläßlich der Formulierung dieser Staatsgesetze nicht vermeiden können. Das ist das Wesentliche, was ich dazu zu sagen hatte.

Nur auf eines möchte ich noch hinweisen, auf die Verfassung der deutschen Kirche vom Jahre 1933. Dort hat man ja eine andere Konzeption. Es heißt dort: "Die Kirche ordnet ihr Verhältnis zum Staate." Damals war die Meinung vorhanden, die Kirche soll sich so mit dem nationalsozialistischen Gedanken durchdringen, daß sie sich freiwillig von sich aus im gleichen Schritt und Tritt mit der gesamten neuen Volksordnung zusammenfügt, so daß also der Staat gar nicht gezwungen ist, das jus cavendi et inspiciendi in Anspruch zu nehmen, weil dieselben Leute, die auf staatlicher Seite als Nationalsozialisten den Staat regieren, auf der kirchlichen Seite von ihrer Kenntnis der religiösen Dinge heraus wieder im Geiste des Nationalsozialismus dasselbe machen. Bei einem solchen Verhältnis zwischen Staat und Kirche, bei einem Verhältnis, bei dem einmal politisch, das andere Mal religiös die Belange des Volkes geordnet werden, brauchte man natürlich keine Staatsgesetzgebung. Dieser Optimismus hat sich ja aber nicht erfüllt.

Schließlich noch ein Wort über die alten Kirchenverträge, über den preußischen Kirchenvertrag, bei dem ich ja beteiligt war. Es wird heute zu leicht vergessen, daß diese Kirchenverträge ja eine ganz andere Situation vorausgesetzt haben. Es waren Kirchenverträge zum Schutz gegen den Marxismus. Der Marxismus hatte in Preußen die Möglichkeit, 2.500 landesherrliche Patronate mit seinen Leuten zu besetzen, und er war im Begriff, damit anzufangen. Wir hatten bereits ein oder zwei solcher Beispiele. Das begann damals gerade. Die zweite schwierige Sache waren die theologischen Fakultäten. Da war auch in Fortsetzung der alten Tradition der Staat allein noch da. Solange die alten Staatsbeamten, die wirklich Interesse hatten, an der Spitze der geistlichen Abteilungen standen, war keine große Gefahr. Aber die Herren waren ja selbst gelegentlich, namentlich im Jahre 1918, suspekte Persönlichkeiten, und es war durchaus die Möglichkeit gegeben, daß die Qualifikation eines Tages wieder erstanden wäre. Der Staat hatte in Preußen aus der Position des landesherrlichen Kirchenregiments alle Mittel in der Hand, um die Kirche zu dirigieren, daß sie mehr oder minder marxistischen Einflüssen hätte ausgeliefert werden können, indem er eben solche Rechte, die er besaß, verwertete, um marxistisch gesinnte Pastoren einzusetzen. Das sind die zwei wesentlichsten Punkte gewesen, weshalb ich an diesen Dingen mitgewirkt habe. Um die Kirche vor dieser Gefahr zu retten, war damals die Möglichkeit, unter Ausnutzung der kirchenpolitischen Position diese Verträge abzuschließen. Das wird heute vielfach nicht erkannt, und ist nicht bekannt. Mir ist es damals passiert, daß manche dieser Herren auf der anderen Seite, die mich kennengelernt hatten, mich beim Ministerium ausdrücklich denunziert haben mit der Behauptung, ich sei ja eigentlich ein verkappter Freund derjenigen, die auf der Seite des anderen Vertragspartners stünden.

Dies wollte ich nur zu dieser Frage beitragen, damit man auch über den damaligen Kirchenvertrag einige Klarheit erlangt.

Stahn: Ich verweise auf den Art. 24 und auf den Erlaß Heß. In dem Erlaß ist über die Organisation der Kirche gar nichts gesagt.

Barion: Ich möchte eine Frage stellen. Mich hat immer sehr interessiert die Stellung Luthers zu dieser Frage, die bereits mehrfach und jetzt eben wieder angeklungen ist. Mir ist das nicht ganz klar geworden. Im Ergebnis – das scheint mir ganz sicher zu sein – kommt ohne Zweifel die genuine lutherische Haltung darauf hinaus, daß sie das jus divinum ablehnt und es ausgesprochenermaßen als eine weltliche Angelegenheit ansieht, wie die Kirche organisiert ist. (*Heckel: Ja!*) Wenn ich mir erlauben darf, von meiner Position aus zu fragen: Warum wird mit einer solchen Vehemenz von manchen bekannten Leuten gerade gegen die Auffassung vom Eingreifen des Staates grundsätzlich Stellung genommen? Diese Frage interessiert mich. Es gibt hier meines Wissens – ich habe diese Frage allerdings nicht so genau betrachtet und durchgearbeitet – gewisse Differenzen und gegensätzliche Auffassungen. Was ist denn nun – um in dem Schema von heute morgen zu denken – die Begründung für diese These Luthers? Liegt sie darin, daß er grundsätzlich sagt: Der Staat als eine weltliche Gewalt, die überhaupt insofern gar keiner religiösen Stellungnahme fähig ist, weil sie eben von dieser Welt ist, der Staat als solcher, die politische Gewalt als solche hat eben auch das Recht verlieren müssen, die kirchliche Organisation aufzuziehen, oder liegt die Macht, die Luther dem Landesherrn als dem damaligen Repräsentanten des Staates, der staatspolitischen Gewalt, einräumt, darin, daß er ausdrücklich in seiner ganzen Konstruktion davon ausging, daß der Landesherr nicht nur ein Glied, sondern das hervorragendste Glied, das praecipuum membrum der christlichen Kirche sei? Mit anderen Worten: schob Luther und schiebt man von dieser ganzen Position aus dem Staat diese Gewalt grundsätzlich zu als einen Bestandteil der politischen Rechte, oder schiebt man sie im nur insofern zu, als er christlich ist?

Heckel: Darf ich die zwei Fragen gleich erledigen! Die erste Frage lautet, warum auf evangelischer Seite diese andere Auffassung herrscht. Das ist erstens auf reformierte Einflüsse zurückzuführen, zweitens ist es zurückzuführen auf die Tuchfühlung mit der katholischen Kirche. Zum Beispiel in Bayern werden Sie bei den dortigen Lutheranern von einem jus divinum gelegentlich etwas hören.

Barion: Ich finde diese Haltung nämlich genuin katholisch.

Heckel: Das ist ein durchschlagender Gesichtspunkt. – Dann die zweite Frage: warum Luther der Obrigkeit diese Stellung zugeschrieben hat? Das beruht darauf, daß sie derjenigen Obrigkeit zukommt, die getauft ist (*Weber:* Keiner heidnischen Obrigkeit!), d.h. an und für sich der Obrigkeit schlechthin; aber die heidnische ist ja gar nicht in der Lage, dieses Recht auszuüben. Die Obrigkeit nach Luthers Meinung ist dazu da, die Verhältnisse des homo exterior zu ordnen, und der homo exterior steht im Dienste des homo interior. Also alles, was den homo exterior angeht, hat die Obrigkeit zu ordnen, nicht in ihrer Eigenschaft als membrum ecclesiae, sondern in ihrer Eigenschaft als custos ecclesiae, d.h. mit hoheitlicher Gewalt.

Barion: Unter der Voraussetzung, daß sie getauft ist. (*Heckel: Ja!*) Das ist der Punkt, wo ich aus vollstem Herzen Herrn Stahn zustimme. Ich bin auch völlig der Meinung, daß diese Erklärung von Heß in sich diesen Art. 1 absorbiert hat und daß damit eine völlig neue Lage für die grundsätzliche Betrachtung geschaffen worden ist, daß man also in keiner Weise daran vorbeikommen kann, irgendwann und irgendwie einmal sich doch sehr ernsthaft zu fragen, ob sich nicht aus dieser Erklärung die weitgehendsten Konsequenzen für diese Frage ergeben. Gerade darin liegt in gewisser Weise, mit unseren heutigen Begriffen, unserem heutigen Vocabularium formuliert, die Negierung des getauften Charakters der Obrigkeit, auch in dieser Stellungnahme von Heß – und das ist heutzutage sehr interessant –, so daß ich praktisch finde, daß man von hier aus noch längst nicht so weit ist, daß man nun einfach sagen könnte: der Staat hat ein legales Interesse an diesen Dingen. Ich sehe im Augenblick keine rechte Möglichkeit, von den Gedankengängen aus, die Sie entwickelt haben, zu einem legalen Interesse des Staates an diesen Dingen zu kommen, sondern vom Staat aus – das muß ich Ihnen immer als ablehnende Meinung formulieren – ist das eine völlig belanglose Privatsache, die den Staat nicht interessiert, die in der Volksordnung als solcher gar keine Rolle spielt. Das hat gewisse Konsequenzen. Das positive Christentum ist danach gar nicht mehr als dogmatisches Gebäude anzusehen, sondern das positive Christentum ist gewissermaßen ein Gedankenstenogramm für bestimmte praktische Verhaltensweisen, und der Nichtgetaufte ist gegebenenfalls sogar der bessere Christ. Ich halte das für den Kardinalpunkt bei den grundsätzlichen Untersuchungen über die Auswirkung dieser ganzen Frage. Insofern möchte ich meinen, daß Herr Stahn also wirklich das Ganglion oder den Nervenknoten getroffen hat, wo die ganzen Dinge zusammenlaufen.

Weber: Diese Konsequenz ist ja eigentlich auch schon insofern gezogen – ich habe diese Behauptung früher schon einmal aufgestellt –, als die Partei es ja auch radikal ablehnt, die Partei als ein Sektor des Staates, als zum mindesten ein Teil dieser Obrigkeit, der weltlichen Obrigkeit, es radikal ablehnt, custos ecclesiae zu sein, das jus inspiciendi et cavendi irgendwie auszuüben, irgendeine Betreuungpflicht wahrzunehmen. Die Situation ist doch die – ich habe das früher schon einmal ausgesprochen –, daß die Partei infolgedessen ein striktes Prinzip der Trennung von Staat und Kirche verfolgt, und daß der Staat, so, als ob nichts geschehen wäre, das genau entgegengesetzte Prinzip eines völlig klaren Staatskirchentums vertritt, wobei sich als Gesamtheit erst eine

Art von Kombination ergibt; denn Partei und Staat sind nicht völlig getrennt, sondern sind sozusagen zu einer Einheit verschmolzen. Aus der völligen Trennung auf der einen Seite und aus der vollen und konsequenten Durchführung dieser staatlichen und obrigkeitlichen Betreuungspflicht und des Betreuungsrechts auf der anderen Seite in Form eines intensiven Staatskirchentums ergibt sich eine zwiespältige Mischung, die es außerordentlich schwierig macht, auf dem Grunde der entsprechenden Vorstellungen saubere Begriffe zu verwenden.

Forsthoff: Die zuletzt von Herrn Barion und Herrn Weber erwähnten Erwägungen haben mich veranlaßt, diese bescheidene Pflanze "Vertrag" sehr vorsichtig und pfleglich zu behandeln. Ich sehe nämlich tatsächlich die Möglichkeit kommen, daß etwas an dieser legitimen Beziehung des Staates zur Ordnung der kirchlichen Dinge und auch der religiösen Dinge zerreißt, daß also diese Sonderung sich wirklich einstellt, und zwar unbestreitbar von beiden Seiten aus, so daß eben dann tatsächlich nur der Vertrag übrigbleibt, um noch zu einer Ordnung zu kommen. Ich bin überzeugt, daß wir den Vertrag auf die Länge gar nicht werden entbehren können; denn ebenso wenig wie auf der einen Seite der Staat sozusagen mit den Dingen fertig wird, kommt die andere Seite ohne den Staat aus. Trotzdem stellt nun die hier für uns maßgebende Stelle, nämlich der Staat – ich glaube, auf die Länge noch konsequenter – fest: im Grunde will ich mit den Dingen nichts zu tun haben. Sofern sich einmal eine äußere Stauung der Dinge ergibt, ist aus dieser Besonderung, die dann eintritt, die natürliche Konsequenz irgendein neuer Vertrag. Ein Vertrag kann auch mal inhaltlich angemessen sein, nicht wahr?

Darf ich noch etwas Weiteres sagen. Ich hatte den evangelischen Kirchenvertrag im Zusammenhang der Verfassungsfaktoren genannt. Das war nicht im präzisen Sinne gemeint; das wurde auch nur im Augenblick formuliert. Wenn schon, dann meine ich das im weitesten Sinne des Wortes, würde das aber insofern doch aufrechterhalten, als ich diesen Grundsatz der Loyalität oder der Bundestreue, wie man in einem Spezialfall in der Bismarckschen Verfassung sagte, nicht auf den Verfassungsraum beschränkte, sondern allgemein jeden öffentlich-rechtlichen Vertrag substituieren würde, weil er die natürliche Folge dessen ist, daß die Verträge sich immer innerhalb des Rechtsraumes abspielen.

Was die Enteignungsfrage anlangt – ich brauche das harte Wort einmal und erinnere an die Quedlinburger Kathedrale, so würde ich sagen: da greifen die Dinge in einen anderen, sehr verwickelten Zusammenhang hinein, nämlich in die Frage des Bestandes und der Grenzen der kirchlichen Widmung für kirchliche Zwecke. Diese Dinge reißen ein ganz neues Gebiet auf; das wollen wir beiseite lassen. Aber ich komme noch einmal auf die außerdeutsche Parallele zurück, und man könnte in diesem Falle auf die bereits vorhandenen Vorfälle in bezug auf den Dom in Riga und Reval verweisen.

Barion: Ich möchte doch ganz kurz meinen Standpunkt formulieren. Gerade durch die Ausführungen des Herrn Forsthoff sind mir die Dinge klar geworden. Man kann den Standpunkt vielleicht auf die Formel bringen, daß die These, die Herr Heckel vertritt, die ausgesprochene und genuine christliche These voraussetzt und daß die These, von der Herr Stahn ausgeht, umgekehrt zum kirchenpolitischen System des Vertrages führt, den Vertrag überhaupt in gewisser Weise erst möglich macht. Das sind die beiden Typen, ganz gleichgültig, auf welche Seite man sich stellt. So kann man die beiden Typen nehmen. Man kann von einem Staat aus, der grundsätzlich absolut tolerant ist und dem es nicht von vornherein Hekuba ist, an was jemand glaubt, keine Brücke finden zu den einzelnen Fragen der theologischen Ausbildung usw. Es ist mir völlig schleierhaft, wie man da auf die theologische Ausbildung usw. kommen kann, sofern die Ausbildung nicht auf eine politische Ausbildung hinausläuft.

Vorsitzender: Oder aus der Erkenntnis heraus zu verstehen ist, daß es doch gut ist, die Ausbildung in der Hand zu haben.

Barion: Dann wird der Staat seinem eigenen Prinzip der Toleranz wieder untreu. Die Typisierung wird ja nur gelingen, wenn man die Sache ganz grundsätzlich nimmt. Ich möchte wenigstens meine These allein als eine These zur Festlegung der Differenzen hinstellen, zur Feststellung dessen, daß man diese beiden Extreme hat, das eine, wo der Staat selbständig, autonom von sich aus die Dinge weitgehend ordnet, und das andere, wo im Wege des Vertrages vorgegangen wird. Die Voraussetzung für die erste Lösung ist der christliche Staat. Wenn man umgekehrt verfährt, ist die Voraussetzung der absolut agnostische Staat, dem das völlig gleichgültig ist, der absolut tolerante und ungetaufte Staat, bei dem man dann im Grunde bei der Vertragstheorie irgendwann einmal landen wird, nicht im Sinne des Konkordats als einer Generalregelung, in die dann alle möglichen Prinzipien hineingepackt werden. Es ist ohne Zweifel, auch rein kirchlich gesehen, der grobe Fehler des letzten römischen Konkordats gewesen, daß man von Rom aus in einer geradezu törichten Weise versucht hat, von vornherein für das praktische Leben völlig belanglose Prinzipien zu verankern. Man wird vielmehr irgendwie nachher zu einer Fühlungnahme kommen. Das ist eine technische Frage. Man wird zu irgendeinem Vertrag kommen. Aber das ist ausgesprochen die Konsequenz aus einem Standpunkt, der resolut mit der Toleranz ernst macht. Insofern würde ich meinen, daß Herr Stahn wirklich den entscheidenden Punkt herausgehoben hat, als er von den Auswirkungen der Erklärung von Heß sprach.

Stahn: Es ist ja ein sehr schwieriges Gebiet; aber vielleicht kann man dazu noch folgendes sagen. Wir leben in einer staatskirchlich und rechtlich tätigen Zeit, etwa auf dem Boden der Auffassung eines nationalsozialistisch verstandenen Luthers; so könnte man es vielleicht ausdrücken. Luther hat die Lehre herausgebracht, daß diese Welt und die Arbeit in dieser Welt, im Reich und im Staat nicht, wie vielleicht – ich sage das, ohne der katholischen Kirche nahetreten zu wollen – die katholische Kirche lehrt, im Grunde ein Leben aus dem Teufel ist, sondern er hat den erstaunlichen und sehr tiefgreifenden Grundsatz herausgebracht, daß das auch Arbeit im Reiche Gottes ist. Er unterscheidet das Reich Gottes zur Rechten und zur Linken. Er sagte: auch diese ganze weltliche, staatliche Aufgabe ist Arbeit im Reiche Gottes. Infolgedessen sagen wir heute: Wir brauchen keine christliche Obrigkeit zu sein, wenn wir in diese Gebiete eingreifen, sondern wir tun damit auch nach Luther Gotteswerk und Gottesarbeit. Wir haben nicht eine Berufung, die uns irgendein Geistlicher verschaffen muß, auch kein evangelischer oder reformierter Geistlicher, sondern wir haben unsere eigene Legitimation und können uns dafür auch auf Luther berufen. Wir sind eine göttlich verordnete Obrigkeit, infolgedessen also von Gott selbst verordnet, ohne eine spezifisch christliche Obrigkeit zu sein. Mehr hat Luther von uns gar nicht verlangt und mehr soll auch von uns nicht verlangt werden. Wir können mit dieser Legitimation die Externa der Kirche ordnen, und das fällt auch mit unter den Erlaß Heß, weil unsere im wesentlichen neutrale Arbeit auch diese Heiligung nach Luther in sich trägt.

Darum können wir auch ruhig sagen: wir verhalten uns im übrigen neutral, und niemand kann uns irgendwie einen Vorwurf machen. Das gilt auch für die Fragen der Finanzen. Auch in diesen Fragen können wir mit dieser guten Legitimation arbeiten, ohne uns irgendwie vorwerfen zu lassen: ihr seid nicht eine christliche Obrigkeit. Natürlich brauchen wir dazu noch keinen Vertrag. Wir können ja im einzelnen mit dem Landeskirchentum über die Benutzung der Räume vertragsmäßig ins Klare kommen. Im übrigen können wir mit der besten Legitimation der Welt normative Bestimmungen aufstellen qua Gesetz, indem wir sagen: der Geistliche muß arisch sein. Wir können auch für ein öffentliches Amt, ganz egal, wie es aussieht, sogar das Recht beanspruchen, zu sagen – auch das fällt in hohem Maße in die Frage der Legitimation hinein -: in dieses Amt kommt uns kein Nichtarier mehr herein, und in dieses Amt kommt uns kein Mensch mehr herein, der sich auf die Kanzel stellt und nun anfängt, Dinge vorzubringen, die geeignet sind, in einem entscheidenden Augenblicke der Reichsaußenpolitik sozusagen dem Volke das Kniezittern beizubringen usw. Das ist unsere Legitimation, und dazu brauchen wir keine christliche Obrigkeit zu sein. Dazu ist die allgemeine Verpflichtung, die gerade Luther so sehr betont hat, da. Das setzt auch nicht voraus, daß ein Vertrag vorhanden ist; es setzt nur voraus, daß die spezifisch kirchliche Lehre selbstverständlich als ein Sondergebiet, als das Gottesreich zur Rechten unangetastet bleibt und wirklich spirituell bleibt, wie Herr Heckel das ausgesprochen hat, daß es nicht irgendwie wieder zu Eingriffen in das andere Gebiet kommt. Also diese Frage könnten wir mit unserer inneren Legitimation erledigen. Ich weiß nicht, ob es dadurch klarer geworden ist.

Vorsitzender: Würde Luther den Vertrag abgeschlossen haben?

Stahn: Nein! Luther hat sich mit einer großartigen Nonchalance einfach über diese Frage hinweggesetzt. Darin hat Herr Heckel recht. Luther hat gesagt: darum kümmere ich mich nicht, ich überlasse das Gott. Die Lösung der Landeskirche, die Luther damals gegeben hat, war eine sich ihm damals bietende Lösung, die im Grunde nicht irgendwie für ihn bestimmt war. Das, was ich ausgeführt habe, liegt in der Linie Luthers. Luther würde als eine religiöse Gemeinschaft auch diejenige Gemeinschaft verstanden haben, die nicht irgendeinen bekenntnismäßigen Verband darstellt, die nicht eine bestimmte Sonderorganisation zu haben braucht. Es kann eine wirkliche Kirche derer da sein, die an Christus glauben, ohne politisch in Erscheinung zu treten. Die Kirche, die so arbeitet, erlebt keinerlei Zusammenstoß mit dem Erlaß von Heß, sondern hält sich in diesem Rahmen, weil der Erlaß sagt: das religiöse Gut, die religiöse Haltung soll unberührt bleiben. Im übrigen ist die Obrigkeit von Gott bestimmt und von Gott direkt legitimiert aus einem Glauben heraus, in dem die Männer, die unser Reich regieren, heute handeln. Dieser Glaube ist nicht schlechter als ein dogmatisch, bekenntnismäßig bestimmter Glaube auf der anderen Seite.

Vorsitzender: Ist es nicht auch mehr so gewesen, daß die Fürsten sich der Reformation angenommen haben und mehr oder weniger gegen den Willen und die Vorstellung Luthers nun Territorialfürsten in kirchlicher Hinsicht geworden sind, als summus episcopus. Hat das in der Blickrichtung Luthers gelegen, oder ist das nicht mehr der politische Einschlag, daß die evangelische Kirche sich dann in Territorialkirchen gestaltete, anstatt eine Reichskirche zu bilden?

Heckel: Luther hat über diese Fragen keine prinzipiellen Ausführungen gemacht. Es gibt zahlreiche Äußerungen, die sich dagegen wehren, daß die weltliche Obrigkeit geistlich regieren will. Wiederum gibt es Äußerungen dahin, daß die weltliche Obrigkeit um des Amtes der Liebe willen sich der Organisation der Kirche annehmen muß. Ich meine nicht, daß es notwendig ist, für heute sich darüber zu entscheiden, ob wir einen christlichen Staat als geheime Grundlage des Künftigen ansehen – davon kann gar keine Rede sein –, sondern ich sehe die Dinge rein realistisch. Entweder sagt der Staat: Diese religiösen Gemeinschaften in irgendeiner Organisation sind für den Aufbau des Volkes wertvoll, dann muß er auch irgendwie dafür sorgen, daß sie existieren können. Ich bitte Sie nur, meine Herren, eines dabei zu überlegen. Nehmen Sie an, es kommt ein Krieg. Unter dem Gesichtspunkt der Wehrfestigkeit ist der Staat gezwungen, irgendwie diese Frage eindeutig zu lösen. Es geht nicht an, daß man auf der einen Seite sagt: Mir ist das alles wurst, auf der anderen Seite aber die Kirchen als öffentliche Korporationen beibehält.

Was Herr Weber gesagt hat, stimmt durchaus. Ich meine nun aber, die Äußerung von Heß zwingt nicht dazu, zu dem System der Trennung von Staat und Kirche überzugehen, indem man sagt: Diese Kirche ist etwas, was mit der eigentlichen Aufgabe der Obrigkeit nichts zu tun hat; die Aufgabe der Obrigkeit ist politisch, und dies sind religiöse Organisationen, die mögen für sich sein. Wenn man auf dem Standpunkt steht, würde man auch gar keine Verträge mehr mit ihnen schließen; die vegetieren eben so dahin als quantité négligeable. Wenn man das aber nicht tut, wenn man die religiösen Gemeinschaften als irgendwie am Leben des Volkes mitwirkend anerkennt – und sehe ich es auch nur unter dem Gesichtspunkt der Wehrfestigkeit an, der Bedeutung einer religiösen Gemeinschaft in Zeiten des Krieges –, dann ist man dazu gezwungen, irgendwie auf die Linie einzutreten, die Herr Ministerialdirigent Stahn sehr klar ausgeführt hat: mit dem Reich Gottes zur Rechten und zur Linken. Das ist aber nichts anderes, als was die Alten in irgendeiner Weise mit dem custos ecclesiae ausgeführt haben. Das ließe sich auch ganz gut verwirklichen, indem irgend jemand, der dieser Kirche angehört, für Sie diese Sorgepflicht und Aufsichtspflicht des Staates ausübt. Ich hatte immer die Auffassung, daß gerade Ihr Minister von dieser Überzeugung einer besonderen Verantwortung für die Kirchen und für ihre Betreuung durchdrungen ist. Namentlich dieses letzte Schreiben, daß er an die süddeutschen Bischöfe gerichtet hat, schien mir eindeutig in der Linie zu liegen. Aber darin stimme ich Ihnen und auch Herrn Barion und Herrn Weber bei – das habe ich in der vorigen Stunde schon gesagt –: Eine klare Linie müssen wir irgend einmal haben.

Ruppel: Darf ich einen Punkt hervorheben, der mir bei Herrn Forsthoff beachtlich erscheint, nämlich die Pointe der Ausgliederung eines bestimmten religiösen Gebietes. Wir haben bei Luthers Auffassung von der Kirche und auch in der gegenwärtigen Situation bei der Behandlung der kirchlichen Angelegenheiten durch Staat und Partei, die Herr Weber in dieser etwas zugespitzten Form charakterisiert hat, immer eine gewisse Polarität. Es stehen sich da zwei Gesichtspunkte gegenüber, der spirituelle und auf der anderen Seite die Welt der Tatsachen. Man kann bei Luther sagen, er ist nur an der unsichtbaren Kirche interessiert. Andererseits muß doch irgend etwas in diesem ganzen weltlichen Getriebe mit der Kirche geschehen. Die Partei ist auch mehr am Materiellen interessiert und zieht sich aus den Dingen heraus. Der Staat ist durch die Staatspraxis und die Tradition an dem weltlichen Getriebe der Kirche, ihrem Steuerwesen, ihren Staatsverträgen, ihren Eigentumsverhältnissen interessiert und muß hier weitergehen. Diese Frage wird in Form eines eigentümlichen Kompromisses gelöst. Bis zu einem gewissen Grade berücksichtigen wir, auch durch die Tatsachen genötigt, einen ausgegliederten geistlichen Bezirk. Denn wenn man unsere Tätigkeit allzu skeptisch ansehen will, muß man sich darüber klar werden, daß Herr Professor Heckel völlig recht hat: Wir rühren eigentlich nur immer im organisatorischen Leben des landeskirchlichen Verfassungswesens herum und befassen uns sozusagen mit dem äußeren Rahmen des Topfes. Was in dem Topf brodelt, daran kommen wir nicht so gewaltig heran. Auch mit unseren Finanzabteilungen machen wir eigentlich nichts anderes, als daß wir gewissermaßen ständig an dem Gashahn drehen, einmal etwas weiter, einmal enger. Dadurch kann das, was im Topfe ist, vielleicht einmal anbrennen, auch sonst verderben; die Masse ist aber dieselbe. Jedenfalls sind wir fest entschlossen, in den Topf keine ideelle Masse hineinzutun. Das muß man sich also klarmachen, wenn man sich ein Bild von den Schwierigkeiten, den Grenzen und dem eigentümlichen Gepräge unserer Tätigkeit machen will, und das muß man auch berücksichtigen, wenn mancherlei Erfolge, die der eine oder andere davon vielleicht erwartet, nicht eintreten. Wenn man sich hier aber klarmacht, daß dies ein äußerst schwieriges polares Verhältnis ist, das eigentlich nur in der praktischen Entscheidung geklärt werden kann, dann wird tatsächlich auch evident, daß es sich mehr um eine technische Frage handelt, daß es sich bei Gesetz, Vertrag und allen diesen Dingen um technische Probleme handelt, die der Staat als Inhaber der Staatshoheit dann seinerseits den Verhältnissen, wie sie nun einmal sind, adäquat regelt.

Ich möchte dann noch auf einen Punkt kommen, der mir praktisch von großer Bedeutung zu sein scheint. Das Ergebnis unserer Erörterung ist ja, um einen Ausdruck zu gebrauchen, den man einmal gewählt hat, dies: Die Kirchenverträge sind zwar nicht in Nichts zerfallen, sie sind aber stark verblichen. Welcher Artikel gilt nun noch, und welcher Artikel gilt nicht? Diese Frage beschäftigt uns nun im einzelnen. Hierfür ein Prinzip zu finden, wäre doch unter verschiedenen Gesichtspunkten erwünscht. Wir haben ja einzelne Prinzipien herausgefunden. Man muß auch sagen: Im Interesse erstens der unteren Behörden und im Interesse der Kirchenbehörden ist es bis zu einem gewissen Grade erwünscht, daß man weiß, woran man ist. Manchmal hört man Klagen von Kirchenbeamten, die an sich ganz gutwillig sind. Wenn man das, was die sagen, zusammenfassen will und deren übertriebene Klagen sich vergegenwärtigt, muß man tatsächlich denken, die befinden sich ständig in einem dunklen Raum, in den von irgendwelchen raffinierten Leuten

Stangen hineingehalten werden, und da laufen sie nun herum, stoßen sich irgendwo ständig den Kopf, und wenn sie sich den Kopf furchtbar gestoßen haben, ertönt eine Stimme: schon wieder eine Vertragsverletzung. Dies ist natürlich etwas mißlich. Eben solche Klagen bekommt man aber auch von Regierungspräsidenten, auch von harmlosen Referenten, die weder Zeit noch Fähigkeiten haben, sich in die ganze Materie hineinzuarbeiten. Die haben auch etwas davon gehört, daß in der Kirchenpolitik alles Mögliche los ist, haben auch das Empfinden, daß nicht mehr alles beim Alten ist, können sich aber im einzelnen nicht hineinfinden und fragen nun: Gilt eigentlich der Artikel noch, oder gelten die ganzen Verträge noch? Wenn die einmal hier sind, um irgendwelche Fragen, vielleicht finanzieller Art zu besprechen, dann erkundigen sie sich nebenbei, wie dies und jenes sei, und dabei kommen die ergreifendsten Fragen heraus.

Unter allen diesen Gesichtspunkten würde es mir sehr erwünscht erscheinen, wenn man zu gewissen klaren Richtlinien kommen würde. Denn wenn man klare Richtlinien hat, kann man auf der einen Seite sagen: Hieran binden wir uns nicht, um so mehr kann man aber auf der anderen Seite sagen: Die und die Artikel gelten noch, wir verlangen also, daß ihr das was darin zugesagt habt, eisern erfüllt.

Vorsitzender: Z.B. die Dotation. Die steht ja etwas für sich.

Ruppel: Aber andererseits Verpflichtungen hinsichtlich der Ausbildungsqualifikation und dergleichen mehr.

Nun fragt es sich: Kann man gewisse Prinzipien aufstellen? Wenn man das Prinzip der Loyalität, das mir bisher am deutlichsten geworden ist, [anwendet], dann kommt man, glaube ich, nicht zu sehr praktischen und klaren Ergebnissen. Dann würde es darauf ankommen, daß man die Sache von Fall zu Fall jeweils besonders klären muß. Aber vielleicht ist es ja so, daß es nun beim Staate liegt, für jeden Artikel, sagen wir, jährlich oder in angemessenen Zeiträumen festzustellen, ob er angesichts der staatsrechtlichen Entwicklung des Dritten Reiches, angesichts der kirchenrechtlichen Entwicklung innerhalb der deutschen evangelischen Kirche noch gilt und praktiziert wird.

Vorsitzender: Ich glaube, Ihnen kommt es darauf hinaus, daß Sie gerade juristisch, vom Rechtsstandpunkt aus, unabhängig von der Machtfrage diese Sache einmal von Paragraph zu Paragraph beleuchten wollen.

Ruppel: Mir liegt an der Herausstellung der Machtfrage. Ich bin Anhänger der Auffassung, daß der Staat das seinerseits festzusetzen hat. Andererseits sehe ich aber doch vielfach für die Staatspraxis und für das Verhalten der Kirchen ein gewisses Bedürfnis, gelegentlich klarzustellen, welche Ordnung in puncto Kirchenvertrag zur Zeit oder für gegebene Zeiten gelten soll.

Keith: Es braucht nur das Referat von Ministerialdirigent Stahn überarbeitet zu werden und in einer Verordnung festgestellt zu werden: Die und die sind außer Kraft getreten. (*Weber: O nein!)* – Ob sich das im Tatsächlichen so entwickelt, oder ob man es feststellt, ist im Grunde genommen dasselbe.

Ruppel: Andererseits bin ich ein großer Freund davon, sich nie zu binden. Das sind schwierige Fragen.

Vorsitzender: Es ist doch wohl eigentlich nur so, daß man sagt: Das, was dem Geist der Änderung, also des Dritten Reiches, der machtvollen Änderung, die sich vollzogen hat, in dem Vertrage nicht standhält, das ist eben nichtig. Darauf läuft es hinaus.

Weber: Ich würde meinen, die Frage läßt sich zunächst nicht generell beantworten. Ich glaube, auch der Versuch, 3 oder 4 oder 5 Prinzipien aufzustellen, wäre aussichtslos. Ich habe das in einem ähnlichen, wenn auch etwas anders liegenden Fall am Reichskonkordat einmal durchexerziert. Hier liegen die Dinge anders. Die Loyalitätsklausel ist nur die subsidiäre Generalklausel. Herr Forsthoff, darin werden Sie mir zustimmen, es gibt Fälle, wo einzelne Artikel der Kirchenverträge aus dem Sattel gehoben sind. Die neue Reichskirchengesetzgebung, auch die klare und eindeutige kirchliche Entwicklung beseitigt manche Bestimmungen glatt. Die Loyalitätsklausel ist, wenn ich mich so ausdrücken darf, die Auslegungsregel für die zweifelhaften Fälle. Dabei kann man aber wieder Verschiedenes unterscheiden. Es gibt Fälle, die nur temporär bei der Anwendung der Loyalitätsklausel etwas zurückzustellen sind. Ich kann mir Artikel vorstellen, die nur temporär betroffen werden, sozusagen zurückzustellen sind, aber unter Umständen wieder aufleben können. Ihre Gesetzgebung hat selbst dieses Prinzip angewandt. Sie hat in den Durchführungsverordnungen zum Sicherungsgesetz nur eine vorläufige Regelung schaffen wollen. Je länger sie dauert, desto mehr verfestigt sie sich natürlich zu einer endgültigen. Aber es gibt doch Beispiele, in denen Sie sich wieder zurückziehen werden. Ein katastrophales Beispiel für das Zurückziehen ist das Abklingen der 12. Durchführungsverordnung, wo Sie ein staatliches Aufsichtsrecht über die Kirche begründet haben, das Anspruch auf Dauer erheben konnte. Nach anderthalb Jahren haben Sie diese Verordnung ablaufen lassen, ohne sie zu ersetzen. Die Praxis ist zweifellos so, daß man mit einem Wiederaufleben alter Bestimmungen rechnet, und ich glaube, es bleibt nichts anderes übrig, als einen eigenen Kommentar zu den einzelnen Verträgen zu schreiben, indem man teilweise unter Rückgriff auf das geschriebene Recht, teilweise auf die klare Entwicklung der Zwischenzeit, teilweise unter Rückgriff auf die Loyalitätsklausel als die subsidiäre Auslegungsregel sich nun einmal dazu äußert: Was ist von dem ursprünglichen Bestand noch geblieben? Das setzt allerdings voraus – das ist doch implicite hier zum Ausdruck gekommen –, daß man die evangelische Kirche nicht in Bausch und Bogen nach dem österreichischen Beispiel für hinfällig erklärt. Vielleicht kommt man zu dem Ergebnis, daß die Artikel in vielen Fällen hinfällig sind, aber es ist jedenfalls kein völliges Hinfälligwerden aus einem bestimmten Rechtsgrund wie beim österreichischen Konkordat.

Dazu möchte ich noch bemerken: Das Neuaufbaugesetz in Verbindung mit dem Reichsstatthaltergesetz hat m.E. für die evangelischen Kirchenverträge keine derartig austilgende Wirkung gebracht, nicht nur, weil die Länder als Selbstverwaltungskörperschaften und Verwaltungsbezirke, als erkennbare Einheiten noch übrig geblieben sind, sondern weil auch die neuere Reichsgesetzgebung in ganz merkwürdiger Weise wieder den Ländern eine Art von Fortexistenz zuerkennt. Ich erinnere an die neue Verordnung des Innenministers, die dritte Durchführungsverordnung zum Neuaufbaugesetz über die Polizeiverordnungen der Reichsminister. Plötzlich leben die Länder wieder neu auf in der Form, daß sie dem Reich eine Reichspolizeigewalt entleihen, die sie in ihrem Wesen aus der Substanz, die in den Ländern vorhanden ist, nähren. Wir setzen wohl voraus, daß das Neuaufbaugesetz andere Auswirkungen auf die evangelischen Kirchenverträge hat, als es auf die katholischen Länderkonkordate hätte haben müssen, wenn nicht das Reichskonkordat die Länderkonkordate einem anderen Regime, nämlich einer reichsrechtlichen Rezeption, unterworfen hätte.

Stalmann: Herr Professor Heckel, Sie meinten wohl, daß die Kirchenverträge eigentlich mehr entstanden sind aus der Sorge der Kirche, sich vor einem allzugroßen marxistischen Einfluß zu schützen. Ich glaube, das ist eigentlich nicht der Anlaß gewesen, sondern es war mehr das Geltungsbedürfnis der Kirchen. Durch das Weimarer System, durch die Synoden waren sie ein bißchen groß geworden. Sie betonten, daß ihre ganze Organisation aus innerer Kraft entstanden wäre, nicht vom Staate abhängig wäre, daß die Organisation auch nicht mehr die Landesgrenzen kenne, sondern sich unabhängig auch über die Landesgrenzen hinaus entwickle. Das war der eine Gesichtspunkt.

Der andere Gesichtspunkt war das politische Geschäft. Sie hatten dem Zentrum geholfen, das katholische Konkordat durchzubringen, und sollten als Gegenleistung auch ihre Kirchenverträge haben. Es war ein politisches Geschäft. Erst wurde versucht, das zu verkoppeln, es gleichzeitig zu machen, dann wurde eine Sicherung gegeben; denn es hieß, das Konkordat wäre fertig, müsse den Landtag passieren, sie sollten jetzt helfen, dann würde das Zentrum ihnen später auch helfen.

Aber könnte man nicht auf andere Weise von den Verträgen loskommen? Die Landeskirchen müssen heute doch selbst sagen: Die Voraussetzungen für die Kirchenverträge sind völlig weggefallen. Wir leben jetzt im nationalsozialistischen Deutschland, und wir verzichten auf die Verträge, wir wollen sie unsererseits wieder aufheben. Das wäre eine große Geste, dann wären sie weg. Was wollen die Landeskirchen mit den Verträgen? Praktisch sind sie ziemlich weg, wie Sie selbst sagen, Herr Professor Weber. Vielleicht kann die eine oder andere Bestimmung noch von Bedeutung sein. Vielleicht ist sie von Bedeutung, und sie gilt auch weiter ohne Vertrag, sagen wir, die Rechte am Staatseigentum. Die sind doch nicht durch den Vertrag begründet, die Rechtsgrundlagen liegen dafür woanders. Wenn man das den Kirchen nahelegt, geben sie vielleicht von sich aus nach und sagen: Wir verzichten auf die vertragliche Regelung und überlassen es dem Staat, wie er diese Beziehungen von sich aus regeln will. Es tritt auch kein leerer Raum ein. Alles, was im Vertrag steht, ist auf andere Weise geregelt, oder soweit nicht, kann darauf verzichtet werden.

Vorsitzender: Wenn ich einflechten darf: Der Staat legte ja auch großen Wert auf den Vertrag. Er hatte vor allen Dingen das Besetzungsrecht in der Weimarer Verfassung preisgegeben. Das hatte er den Kirchen überlassen und hat – das kann ich als Vertreter des Finanzministers hier einflechten – die politische Klausel sehr teuer bezahlen müssen.

Stalmann: Als wir das Dotationsgesetz machten, wollte ich, ohne die Kirchen zu fragen, hineinschreiben, daß der Staat sich vorbehält, daß keiner ernannt werden kann, bevor der Staat erklärt hat, er ist damit einverstanden. Wir haben doch die Auffassung vertreten, daß der Staat von sich aus durchaus befugt war, zu sagen: Das ist keine Mitwirkung im Sinne des Vertrages.

Heckel: Die Machtbestrebungen von 1930 sind Realitäten, aber nicht diejenigen Faktoren, die unter geschichtlichen und religiösen Gesichtspunkten die Kirchen legitimiert hätten, in den Vertragsgedanken einzutreten. Dann zweitens: daß man der Kirche sagt: "Ihr sollt verzichten", à la bonne heure! Sie werden sofort erwidern: wenn wir eine bestimmte Linie der staatlichen Kirchenpolitik sehen! Solange sie nämlich nichts sehen, solange diese verschiedenen Möglichkeiten noch nicht ausgetragen sind, herrscht ein riesiges Mißtrauen, weil sie nicht wissen, was nun kommt. Im selben Augenblick, in dem Sie mit Hilfe des Staatskirchenrechts eine klare Linie zeigen, fallen soundsoviele Positionen automatisch weg. Darum wäre ich ja so sehr dafür – was ich in meinem schriftlichen Votum dargelegt habe –, daß man zu einem Staatskirchengesetz kommt, das in bestimmten Dingen zeigt, daß der Staat die Initiative in die Hand nimmt und eine bestimmte Richtung einschlägt. Ich habe das schon nach der katholischen Seite hin gesagt. Es ist nach der evangelischen Seite genau so dringend und sogar noch dringender. Also in dem Augenblick, in dem der Staat irgendwie ein Gesetz herausbringt über die Ämterbesetzung, die Vorbildung der Geistlichen usw., fallen eine Menge von solchen Mißtrauenspositionen automatisch fort. Ich bin überzeugt: Auch wenn augenblicklich die eine oder andere Bekenntnisfront darüber schreit, nach ein paar Jahren werden diese Theologen die Staatsgesetze wunderbar zu rechtfertigen verstehen, so daß man sich fragt: warum ist vorher Opposition gewesen? Nur solange nichts entschieden ist, solange diese verschiedenen Möglichkeiten nebeneinander bestehen und niemand weiß, wohin die Reise geht, werden die kirchlichen Organisationen sagen: wir halten an jedem Strohhalm fest.

Vorsitzender: Das fürchte ich auch.

Weber: Ich wollte nur das unterstreichen, was Herr Heckel ausgeführt hat. Die Situation ist doch folgende. Mir persönlich liegt an den evangelischen Verträgen überhaupt nichts, und dem Staat liegt daran sicher auch nichts mehr. Den Kirchen liegt noch etwas daran aus den eben von Herrn Heckel ausgeführten Gründen. Es würde ihnen aber nichts daran liegen, wenn eine klare staatskirchenrechtliche Linie in einer Staatsgesetzgebung aufgezeigt würde. Das ist ja nun der schwierige Punkt. In den Kirchenverträgen ist weitgehend die Regelung aufgenommen worden, die früher in den Staatsgesetzen enthalten war und die künftig auch in dem Staatsgesetz wird getroffen werden müssen. Solch ein Staatsgesetz wird – wenn ich mich offen aussprechen darf – nicht zustande kommen; ein solches Staatsgesetz werden die Herren des Ministeriums in absehbarer Zeit nicht zustande bringen. Die Schwierigkeit liegt eben darin, daß ich, um ein Staatsgesetz dieser Art zustande zu bringen, die Mitwirkung einer Reihe von Instanzen benötige, die Sie in diesem Falle nicht auf eine Regelung werden vereinigen können, die man mit einigermaßen gutem Gewissen als einen vollgültigen oder auch nur einigermaßen erträglichen Ersatz der rein technischen Regelung bezeichnen könnte. (*Meyer:* Meinen Sie jetzt die evangelische Kirche?) Ich meine jetzt die evangelische Kirche; ich meine aber auch die katholische Kirche. Da ist die Situation ungefähr die gleiche, sie ist nicht einfacher.

Wenn die Herren die gleiche Offenheit an den Tag legen, wie ich sie mir im Augenblick erlaube, werden Sie mir darin zustimmen, daß, wie die Dinge im Augenblick liegen, kein solches Gesetz zustande kommen wird. Solange man aber ein solches Gesetz nicht zustande bringt, ist man eben auf die technischen Hilfsmittel angewiesen – wohl gemerkt, es handelt sich im Augenblick um technische Fragen –, die man noch in den überkommenen Gesetzen, Verträgen usw. hat. Deshalb scheint es mir gefährlich zu sein, zu erklären: das ist alles erledigt; das kann keine Grundlage mehr bilden; denn dann kommen Sie in ein Vakuum hinein, von dem Sie nicht wissen, wie Sie es ausfüllen können. Es kann eines Tages auch so kommen, daß die politische Konstellation derart ist, daß Sie plötzlich viel mehr spendieren müssen, als Sie bei vernünftiger und ruhiger Überlegung hätten zu gewähren brauchen. Ich könnte mir vorstellen, daß, wenn etwa die vorhin schon zitierte Situation eines Krieges oder einer ernsten Verwickelung kommt, man sich dann aus irgendwelchen Gründen zu stärkeren Konzessionen bereitfindet, als man sie bei normaler und ruhiger Überlegung gewähren würde. Also es ist nicht nur vom kirchlichen Standpunkte aus gedacht, wenn man an den noch vorhandenen technischen Regelungen festhält, sondern es könnte auch vom staatlichen Standpunkte aus gedacht sein, wenngleich ich einräumen muß, daß sich der Staat hier bereits im Vorsprung befindet. Das scheint der entscheidende Gesichtspunkt zu sein. Das deckt sich aber durchaus mit dem, was Herr Heckel ausführte, nur daß Herr Kollege Heckel mehr auf das Mißtrauen in der Kirche und das Interesse der Kirche am Festhalten exemplifiziert hat, während ich das mehr nach der Seite der Ordnungsaufgabe hin entwickeln möchte.

Barion: Ich möchte noch einmal von meinem professoralen Interesse am Distinguieren und Differenzieren heraus bemerken: Das, was Herr Heckel gesagt hat, läuft im Grunde alles darauf hinaus, daß immer noch nicht geklärt ist – und diese Frage muß geklärt werden -: will man die christlichen Kirchen von der Volksordnung her gesehen als einen wertvollen Bestandteil ansehen? Diese Frage kann man nicht einfach unter den Tisch fallen lassen; denn sie ist die entscheidende Frage, die ohne Zweifel die ganze Geschichte schlüsselt. Darauf muß man eine klare Antwort geben. Sonst hängt das andere alles in der Luft, und man treibt Luftfechterei. (*Meyer:* Das ist vollkommen richtig!), wobei ich persönlich – wenn ich schon einmal dabei bin – sagen möchte, daß ich im ganzen, staatspolitisch gesehen, es für zweckmäßiger halte, wenn die in dem Erlaß angedeutete Linie einmal resolut zu Ende geht; damit kommt man nach meiner Meinung erheblich weiter, als wenn man irgendeine Konstruktion von Staatlichkeit und dergleichen versucht. Es ist jedenfalls erheblich gradliniger, als wenn man irgendwie hintenherum probiert, Konstruktionen zu finden, indem man ein besonderes Interesse der Kirche zuschiebt. Das läßt sich mit der allgemeinen Linie – das ist der Grund, warum dieses Gesetz nicht zustande kommen wird –, doch nicht vereinigen. Man soll dann doch einfach die Konsequenzen ziehen. Das würde ich für politisch viel wertvoller halten, als dauernd diese Kompromisse zu schließen.

Stahn: Wir sind uns von Anfang an darüber klar gewesen, daß die Dinge sehr leicht auf ein Gebiet übergehen können, das man als politisch ansehen kann und bei dem man natürlich immerhin nur mit einiger Vorsicht argumentieren darf. Ich bin aber der Meinung: Man kann auch rein von der Kirche her zu dieser Sache etwas sagen, und zwar geht das nicht in der Weise, daß man die evangelische und die katholische Kirche gleichzeitig nennt oder dabei einsetzt, sondern es geht eben nur in der Weise, daß die evangelische Kirche vorangeht und die katholische Kirche zwangsläufig hinterher muß. Von dieser Seite her kommt diese Frage auch zur Lösung, wenn nämlich die Sache erst einmal so kommt, daß man ihr wirklich auf den Grund geht. Deshalb habe ich vorhin auch die Rede des Herrn Ministers zitiert, die dahin geht, daß die Kirche sich auf ihre eigentliche Aufgabe als religiöse Gemeinschaft besinnen soll. Wenn die Kirche das von sich aus tut, wenn die evangelische Kirche, wie Herr Präsident Stalmann meiner Meinung nach mit Recht sagt, konsequent ist und auf jede Weise darin vorangeht, daß sie diese Sicherung von sich aus aufgibt, also auf Verträge verzichtet, wird damit eine Entwicklung eingeleitet, die automatisch ein richtiges Verhältnis zum Staat herstellt, auch unter dem Erlaß Heß. Das wird dann die katholische Kirche in die Lage versetzen, schlechterdings auf diesem Wege nicht hinterherzugehen, sondern sich anzupassen, damit sie dementsprechend behandelt wird. Das ist ein Weg, der zum Ziele führen könnte, auch ohne daß man diese anderen politischen Fragen zunächst erörtert.

Ruppel: Ich wollte auch zu dem, was Herr Prof. Heckel sagte, einige Ausführungen machen, nämlich zu der Frage, ob man nicht einfach ein Gesetz anstelle der Kirchenverträge machen sollte, um aus diesen Verträgen herauszukommen und geordnete Verhältnisse zu schaffen. Nur wollte ich diese Frage anders als Herr Prof. Weber einmal von seiten des Ministeriums unter folgenden Gesichtspunkten beleuchten. Ich glaube nicht, daß man schon ein Gesetz machen kann; denn hier zeigt sich, daß für die eigentümliche rechtliche Situation der Kirchenverträge nicht nur die rechtliche Entwicklung des Reiches, sondern auch tatsächlich doch auch sehr wesentlich die rechtliche Entwicklung innerhalb des Kirchenwesens von Bedeutung ist. Wir können, auch wenn wir wollten, im gegenwärtigen Augenblick noch nicht zu abschließenden Verhältnissen auf längere Zeit für die evangelische Seite kommen. Dafür sind die Dinge noch viel zu sehr im Fluß. Wenn man ein Gesetz macht, muß man doch eine Regelung zu machen versuchen, die wenigstens für einige Jahre von praktischer Bedeutung sein wird. Soweit sind wir noch nicht. Dafür sind die Verhältnisse auf evangelischer Seite noch zu sehr in der Wandlung, ja sogar in einer gewissen Unordnung begriffen. Solange eine Ordnung noch nicht besteht, müssen wir eben versuchen, mit Verordnungen ad hoc, wie wir sie ja sozusagen ständig erlassen, weiterzukommen. Auch unsere 15. Verordnung über die Finanzabteilungen, die ja vielleicht mit am ehesten geeignet ist, als eine verhältnismäßig umfassende Kodifizierung eines wichtigen Gebietes angesehen zu werden, wird ja von uns immer noch auch nur als eine vorübergehende und vorläufige Regelung angesehen. Deshalb können wir kein Gesetz erlassen, und das entspricht auch durchaus noch der gesamten Situation hinsichtlich des Verhältnisses des Staates zur Kirche.

Zu der Frage, die sich dann ergibt und die Herr Prof. Barion immer wieder vorlegt, möchte ich einmal sagen: der Staat behandelt die evangelische Kirche nicht als adiaphora. In dem Ermächtigungsgesetz steht in der Präambel nicht, daß der Staat das kirchliche Leben der evangelischen Kirche als eine staatsnotwendige oder auch nur als eine besonders wichtige und unentbehrliche Angelegenheit ansieht. Es steht aber auf der einen Seite noch darin, daß das kirchliche Wesen für den Staat, besonders das Verfassungsleben, nicht gleichgültig ist. Insofern liegt doch eine gewisse Linie vor, und zwar immerhin eine Linie, die uns im Zusammenhalt mit dem Parteiprogramm und dem Erlaß des Stellvertreters des Führers im Moment eine bis zu einem gewissen Grade ausreichende Richtlinie gibt.

Forsthoff: Mich interessiert vor allem das, was Herr MinRat Ruppel zu dem von mir ins Spiel gebrachten Begriff der Loyalität gesagt hat. Das ist nun ein Punkt meiner Ausführungen, bei dem ich leider aus Zeitmangel sehr abrupt gewesen bin. Ich würde doch glauben, daß sich diesem Begriff auch juristisch noch etwas abgewinnen läßt. Es wäre noch viel leichter, wenn man auf der Ebene der politischen Weltanschauung bereits so weit gekommen wäre, eine politische Tugendlehre zu haben. Aber es gibt auch heute in dem vorläufigen Zustand einige entwickelbare spezifische Regeln, nach denen sich ausschließenderweise bestimmte typische Fälle der Illoyalität feststellen lassen. Ich will das hier im einzelnen nicht ausführen; das würde zu weit führen. Aber es ist ohne weiteres möglich, im Sinne allgemeiner Sätze – sie wurden ja früher bei unserer rechtswissenschaftlichen Arbeit, die sich auf einem hohen Niveau befand, regelmäßig exerziert; ein großer Teil der rechtswissenschaftlichen Arbeit erschöpfte sich darin, solche Sätze aufzustellen – bestimmte Fälle der Illoyalität festzulegen, und das werden dann auch Sätze sein, die man loyalerweise nicht bezweifeln kann.

Dann noch etwas zu dem, was Herr Prof. Heckel ausführte! Ich glaube, man kann nicht damit einverstanden sein, diese landeskirchlichen Regelungen, wie sie heute bestehen, noch so ohne weiteres mit dem Epitheton "technisch" zu versehen. Gerade in der heutigen sozialen Wirklichkeit glaube ich, daß das innere geistliche Anliegen der Kirche und seine äußere Gestalt sich auf irgendeine Weise – man mag trennen, wie man will – verbinden, und ich bin der Meinung, daß diese Form der Zerlegung sozusagen in eine technische und eine spirituelle Portion – um es einmal ganz roh auszudrücken – sehr schwierig ist, zudem im Raume des politischen Handelns, in dem die Kirche nun einmal steht; bei der Notwendigkeit des Sichbehauptens im politischen Raum sind technische Dinge nie nur technische Dinge, sondern das politische Leben erschöpft sich zum größten Teil sogar in der Hervorbringung technischer Mittel, und das ist Politik oder – um es im weitesten Sinne zu sagen – es ist Daseinsgestaltung. Das gehört zur Selbstbehauptung eines solchen Gebildes wie der Kirche. Wenn man also den Ausdruck "technisch" benutzt, würde ich ihn auch gern benutzt sehen in dem Sinne, daß es etwas lebenswichtig Technisches ist und deshalb doch nicht, möchte ich sagen, heute mit der Leichtigkeit kassiert werden kann, die ich aus den Ausführungen des Herrn Heckel entnommen habe. Aber vielleicht habe ich mich da geirrt.

Vorsitzender: Wie wollen wir prozedieren? Wollen wir den Versuch unternehmen, den preußischen Kirchenvertrag einmal Paragraph für Paragraph durchzugehen? Ich habe ja Verständnis dafür, Herr Dr. Stahn, daß Sie Bedenken haben, sich über diese politischen Fragen hier auszusprechen. Insofern ist die Vorfrage gestellt, die Sie Herr Prof. Barion, vorhin aufwarfen.

Barion: Es geht mir nicht darum, etwa eine Entscheidung herbeizuführen, sondern es geht mir rein um Klassifizierung. Man kann doch z.B. die Durchführungsverordnungen des Kirchenministeriums und die Darlegungen des Herrn Prof. Heckel nicht einfach gewissermaßen als Teile ein und derselben grundsätzlichen Haltung ansehen. Ich würde für mich ganz naiv meinen, daß man da zwei Standpunkte unterscheiden kann, einen, bei dem man die Kirche als adiaphora betrachtet, und den anderen, bei dem man sie als vollkommen wichtig ansieht. Mich interessiert, wie man das nun eben klassifiziert. Ich hatte den Eindruck, daß man auch von staatlicher Seite die Kirche als adiaphora bezeichnet, auf der anderen Seite aber dann Verordnungen erläßt, in denen sie keineswegs so betrachtet wird, sondern als für das Volk wichtig angesehen wird. Es ist eine rein theoretische Frage, ob dieser Zwiespalt besteht oder nicht. Ich habe eben von den Herren Ruppel und Stahn gehört, daß es kein Zwiespalt sei, sondern eine völlig einheitliche Haltung. Jetzt bin ich weitgehend beruhigt, nicht wahr? (*Heiterkeit.*) Ja, so habe ich das doch verstehen müssen. Diese Klassifizierung enthält für mich ein rein theoretisches Interesse.

Vorsitzender: Sie teilen auch diese Auffassung, daß es kein Widerspruch ist? (*Barion: Ja! – Erneute Heiterkeit.*)

Wollen wir nun einmal diesen Versuch unternehmen? Herr Prof. Weber, können Sie zu diesem Versuch, die Paragraphen des preußischen Kirchenvertrags einmal zu behandeln, noch etwas sagen?

Weber: Ich glaube, daß es sehr nützlich wäre und die Verhandlungen und Erörterungen sehr konkretisieren würde, wenn man den Vertrag einmal durchginge. Ich hätte gleich zu der Auslegung des Art. 1 (Schutz gewähren usw.) – darüber ist ja auch schon gesprochen worden – zu bemerken, daß diese Frage schon eine Rolle gespielt hat. Hierzu und auch zu den folgenden Paragraphen kann man natürlich sehr viel sagen. Da ergeben sich eine Reihe von konkreten Fragen, die das bisher ja sehr gut ausgearbeitete Grundsätzliche noch vertiefen und es einer Nutzanwendung zuführen könnten. Ich würde das als beispielhaftes Experiment für außerordentlich wertvoll halten.

Vorsitzender: Wobei die Frage, ob das illoyal und zumutbar usw. ist, sich und von selbst aufdrängen wird. Diese und andere Fragen werden wir stellen und werden aus diesem Gesichtspunkt heraus die einzelnen Bestimmungen einer Prüfung unterziehen. Wenn es Richtlinien gibt, dann werden sie sich dabei ergeben, so daß man das an sich herankommen lassen kann.

Stahn: Praktisch möchte ich zur Diskussion stellen, ob es nicht richtig ist, daß ich einmal unter Verwertung dessen, was wir besprochen haben, die Sache zusammenstelle und auch zum Gegenstand eines Aufsatzes in der Zeitschrift der Akademie für Deutsches Recht mache, der dann gewissermaßen ein Parallelaufsatz zu dem des Herrn Prof. Weber wäre. Nachdem ich den Aufsatz entworfen hätte, würde ich ihn ruhig im Kreise der Herren herumlaufen lassen. Er kann ja ebenso gut in zwei, drei oder vier Wochen erscheinen. Dann haben wir wenigstens eine genaue Untersuchung. Nach der Debatte, wie sie heute gelaufen ist, habe ich durchaus den Eindruck, daß wir uns in ganz wesentlichen Grundsätzen einig sind.

Vorsitzender: Vor allen Dingen wäre das eine gewisse Klärung nach der Richtung hin, daß wir uns darüber klar geworden sind, was unklar ist.

Stahn: Ja, das ist ganz richtig, wobei einige Gebiete eben nur mit größter Delikatesse oder auch gar nicht behandelt werden können. Es gibt doch eine gewisse Reihe von Punkten, die man jedenfalls für erheblich hält und zu denen man etwas Klärendes sagen kann.

Vorsitzender: Ich bin sehr dafür.

Ruppel: Ich bin auch dafür, daß man den Vertrag artikelweise durchgeht. Ich hatte nur Bedenken nach der Richtung, daß wir dann eigentlich unsere Tätigkeit im Ausschuß für das nächste Jahr damit verbringen können; denn in Art. 2 handelt es sich schon wieder um die kirchlichen Gesetze und Verordnungen. Die ganze Autonomiefrage und andere Fragen kommen zur Diskussion (Art. 3 usw.). Deshalb greife ich den Vorschlag des Herrn Ministerialdirigenten Stahn auf, möchte aber anregen, daß wir die Sache vielleicht doch noch einmal besprechen. Der Aufsatz des Herrn MinDirigenten Stahn kann uns ja vorher entweder zugeleitet werden, oder es kann darüber hier berichtet werden, und dann würde ich empfehlen, daß wir einzelne Artikel besprechen, die gerade unter dem Gesichtspunkt der heutigen Besprechungen exemplarisch sind. Diese Artikel könnte vielleicht unser Herr Vorsitzender auswählen oder nach Benehmen mit Herrn MinDirigenten Stahn eine Klärung herbeiführen, z.B. was Art. 1 anlangt. Ich könnte mir denken, daß man, wenn man Art. 1 bespricht und noch einige andere Artikel, meinetwegen den Artikel über das Eigentum, oder den Artikel über die Hochschulen, schon ausreichendes Material findet. Ich bin als für Besprechung, suche aber nach einer Form der Begrenzung des Stoffes.

Vorsitzender: Sie würden also meinen, daß man zunächst einmal verhältnismäßig einfache Bestimmungen bespricht, zwar weittragende, aber doch nicht so vielgestaltige Artikel wie Artikel 2?

Ruppel: Diese Frage bedürfte noch einer Sonderberatung in unserem Kreise.

Vorsitzender: Wir müssen uns allerdings darüber klarsein, daß es auch sehr viele Fälle geben wird, in denen man sich fragen wird, ob nun eine Illoyalität und Zumutbarkeit usw. vorliegt oder nicht. In diesen Fällen wird die Sache nach der einen oder anderen Seite klar sein. Aber wie ist es z.B. mit den Dotationen? (*Stahn:* Dazu gehört auch viel Fingerspitzengefühl!) Aber ich glaube doch, daß man so vielleicht wird vorgehen können.

Weber: Wenn wir so vorgehen, stehen wir praktisch vor der Schwierigkeit, daß gerade Herr Stahn als Verfasser dieses Aufsatzes zeichnet. Ich bin der Auffassung: dieser Aufsatz müßte ebenso wie damals mein Aufsatz von einer nichtamtlich sprechenden Persönlichkeit geschrieben werden. Ich fürchte, daß Herr Stahn, wenn er den Aufsatz ausgearbeitet hat, feststellt: diesen Aufsatz kann ich nicht veröffentlichen; da gibt es so viele Fragen, für die ich mir persönlich die Stellungnahme in meiner amtlichen Eigenschaft offenhalten muß. Ich würde also vorschlagen, daß vielleicht Herr Präsident Stalmann, der sich in einer großartigen neutralen Stellung befindet, sich dieser Aufgabe unterzieht. Er würde den Staat nicht mit irgendwelchen Erklärungen binden, und er hat andererseits diese großartige Kenntnis aus den ganzen Verhandlungen. Wenn ich mir vorstelle, daß Herr Roth meinen Konkordatsaufsatz geschrieben hätte, dann hätte er ihn wahrscheinlich nie veröffentlicht. (*Stahn:* Das ist richtig!) Ich halte es für sehr wichtig, daß so etwas publiziert wird, weil unser rechtswissenschaftliches, kirchenrechtliches Schrifttum unter eine entsetzlichen Öde und Belanglosigkeit leidet. Deshalb wäre es gerade sehr wertvoll, wenn aus dem Kreise unseres Ausschusses ein Arbeitsergebnis in dieser Form hervorginge. Natürlich wäre es dann das Richtigste, wenn der Entwurf eines solchen Aufsatzes uns vor der nächsten Sitzung zuginge, und wir dann hier nicht auf Grund eines Vortrages, sondern auf Grund eines Manuskriptes eine möglichst konzentrierte Diskussion veranstalten könnten. Es ist aber selbstverständlich auch möglich, daß ein Professor diesen Aufsatz schreibt.

Vorsitzender: Würden Sie an sich dazu bereit sein, Herr Präsident Stalmann?

Stalmann: Das kann ich heute noch nicht sagen. – Wäre es nicht besser, wenn ein Professor das machte? (*Zuruf:* Barion!) Herr Forsthoff und ich können uns ja einmal zusammensetzen, da wir doch die beiden Beteiligten sind. (*Forsthoff:* Wir können das einmal überlegen!) Unter meinem Namen geht es bestimmt nicht; das ist unmöglich. Es ist eine Art Parallelarbeit zu dem Weberschen Aufsatz als praktisches Ergebnis unserer Arbeit. Also Herr Prof. Forsthoff und ich werden uns einmal zusammensetzen, und wir werden dann schon irgend etwas herausbringen. Auf meinen Namen kommt es dabei nicht an.

Vorsitzender: Das wäre sehr dankenswert.

Die Frage des Vertrages oder Gesetzes auf der katholischen Seite haben wir ja heute morgen eigentlich vertagt. Ich hatte es so aufgefaßt: Wir wollten erst einmal diese Seite erörtern, und wir haben die katholische Seite dabei auch etwas gestreift. Aber gerade in diesem Punkt ergibt sich doch wohl eine Verschiedenheit der Lage. Auf der evangelischen Seite sind wir uns alle klar darüber, daß jedenfalls de lege ferenda gesprochen nur ein Gesetz in Frage kommt. (*Zustimmung).* Auf der katholischen Seite ist das nicht erörtert worden. Wollen wir das jetzt noch erörtern?

Barion: Ich möchte fragen, ob man nicht diese Frage der katholischen Seite auf jeden Fall doch etwas mit den Einzelvorträgen verknüpfen sollte. Ich bin sicher, daß sich z.B. bei dem Vortrag über das nihil obstat eine ganze Reihe von Einzelpunkten ergeben werden, bei denen man unversehens und unvermittelt vielleicht zum Nachteil der Kürze der Zeit wieder in diese Diskussion hineinkommen wird. Man redet zu leicht in abstracto, wenn man das so freischwebend macht.

Vorsitzender: Jawohl, man hat dann Anhaltspunkte, an denen man ansetzen kann. Dann wollen wir das also für morgen lassen.

Damit würde Ziffer 2 der Tagesordnung erledigt sein. Der Aufsatz würde bis zur nächsten Tagung, die wohl Ende Januar stattfinden wird, fertig sein.

(Schluß der Sitzung: 18 ¾ Uhr.)

Das Protokoll der Sitzung vom 3.12.1938 ist unten S. 468 ff. wiedergegeben

2. Klarstellung der Äußerung von Präsident Stalmann in der Diskussion über das Referat des Professors Barion

Stalmann weist darauf hin, daß die Kurie nach dem Novemberumsturz und unter Einführung der Weimarer Verfassung sehr wohl hätte den Standpunkt vertreten können, daß sie an die vertraglichen Abmachungen mit dem König von Preußen und die Abmachungen, die mit den Staaten abgeschlossen waren, welche im Jahre 1866 mit Preußen vereinigt wurden, nicht mehr gebunden sei, da der Vertragspartner ein völlig anderer geworden sei. An die Stelle des Königs von Preußen sei eine Regierung getreten, welche von der jeweiligen Zusammensetzung des Parlaments völlig abhängig gewesen sei. Gleichwohl habe es die Kurie vermieden, eine ausdrückliche Erklärung darüber abzugeben, ob sie die konkordatären Verträge weiter anerkennen wolle oder nicht. Tatsächlich seien die Bestimmungen dieser Abmachungen im Falle einer Sedisvakanz eines Bischöflichen Stuhles nicht beachtet, sondern es in jedem Falle ad hoc eine Verständigung zwischen der preußischen Staatsregierung und der Kurie erfolgt. Diese Stellungnahme der Kurie – sie hat die Rechtsgültigkeit der konkordatären Abmachungen weder anerkannt noch bestritten – erklärt sich wohl daraus, daß während der Dauer des Weimarer Systems sowohl in der preußischen Staatsregierung wie auch in der Reichsregierung das Zentrum fast stets maßgebend vertreten war.

Nach seiner Erinnerung habe Pacelli wohl gesprächsweise damit gedroht, daß die Kurie sich von den konkordatären Bindungen mit der Begründung frei machen könne, daß sie mit einem Monarchen, nicht aber mit einer republikanisch-demokratischen Staatsregierung abgeschlossen seien und daß dann das gemeine Kirchenrecht in Kraft treten würde, nach welchem lediglich die Kurie die Besetzung der Bischöflichen Stühle habe.

Er persönlich habe damals im Preußischen Kultusministerium die Auffassung vertreten, daß man dieser Drohung Pacellis damit entgegentreten könne, daß es der Kurie unbenommen sei, einen Bischof einzusetzen, der dann aber nur ein kirchlich eingesetzter Bischof mit lediglich kirchlichen Funktionen sei. Zu irgend welchen Dotationen usw. sei der Staat dann auch nicht verpflichtet. Auch könne der Staat sich einem derartigen Bischof gegenüber auf den Standpunkt stellen, daß seine kirchenregimentlichen Anordnungen auf dem Steuergebiete und auf allen anderen Rechtsgebieten, an denen auch der Staat beteiligt sei, z.B. Pfarrbestellungen, keine rechtliche Bedeutung haben, sodaß z.B. Steuerbeschlüsse nicht die staatliche Genehmigung finden könnten und ein von einem derartigen Bischof eingesetzter Pfarrer nicht mit der Gewährung von staatlichen Pfarrbesoldungszuschüssen rechnen könnte.

Eine Staatsregierung der Systemzeit hätte es natürlich niemals gewagt, diese staatsrechtlich richtigen Gesichtspunkte der Kurie gegenüber nachdrücklich geltend zu machen.

3. Klarstellung der Äußerung von Professor Heckel in der Diskussion über das Referat des Professors Barion.

Heckel schließt sich den Ausführungen Professor Barions an, soweit es sich um deren praktische Folgerungen handelt. Die rechtliche Begründung habe ihn allerdings nicht ganz überzeugt. Es sei ihm zweifelhaft, ob die Kennzeichnung der Konkordate als persönliche, wenn auch auf ein bestimmtes Gebiet radizierte Verträge die Rechtslage und namentlich die deutsche Konkordatspraxis befriedigend deute.

Staat und Kirche seien im Innersten verschieden. Rechtlich bindende Verträge zwischen ihnen seien zwar nicht undenkbar, wie namhafte Autoren z.B. Stutz angenommen hätten, aber die Vertragsmöglichkeit sei sehr eng, da die Kirche an eine Vereinbarung den religiösen, der Staat den politischen Maßstab anlege. Ein gemeinsames Rechtsdenken könne nur in peripheren und formalen Angelegenheiten Platz greifen. Sobald man versucht habe, Kernfragen vertraglich zu lösen, sei man – jedenfalls in Deutschland – einem versteckten Dissens zum Opfer gefallen.

Angesichts der aus diesen und anderen Gründen höchst heiklen Natur der Konkordate könne keinem Staate zugemutet werden, *in blanco* Kirchenverträge eines früher auf einem Teil des Staatsgebiets herrschenden, nunmehr untergegangenen Staatswesens zu übernehmen. Es gebe mithin keine staatliche Eintritts*pflicht* in derartige Konkordate.

Wenn ein Staat es nach seinem freien Ermessen ablehne, ein älteres Konkordat der genannten Art fortgelten zu lassen, so werde das Konkordat für ihn rechtlich bedeutungslos. Für eine Neuregelung habe er freie Hand. – Mit dieser Stellungnahme reiche man auch im vorliegenden Fall völlig aus. In die Frage des *automatischen* Erlöschens von Konkordaten bei Wegfall des staatlichen Vertragspartners brauche man nicht einzutreten.

Das Reich sei also im Hinblick auf das ÖK vertraglich nicht gebunden; es habe nicht einmal die Pflicht, zu einer vertraglichen Revision des ÖK bereit zu sein. Falls die Kurie insoweit aus naturrechtlichen Grundsätzen das Gegenteil ableiten wolle, würde zu entgegnen sein, daß die kirchliche Auffassung des Naturrechts vom Staate nicht geteilt werde und daß der Satz des modernen Naturrechts: Pacta sunt servanda nur auf rechtlich bestehende, nicht auf rechtmäßig erloschene Verträge abziele. – Nicht minder freie Hand als der Staat habe auch die Kurie. Zwischen beiden entscheide in einer solchen Lage die Macht.

Zu den in der Diskussion angeschnittenen Spezialfragen wolle er nur bemerken, daß die Regelung für Schlesien nicht verallgemeinert werden dürfe; es handle sich hier um einen Sonderfall. Hinsichtlich Polens und Breslaus lägen wichtige diplomatische Verhandlungen vor zwischen dem Nuntius und der preußischen bzw. deutschen Regierung, deren gründliches Studium sich empfehle, damit man nicht mit einer kurialen Note durch Bezug auf Präzedenzfälle überrascht werde.

4. Äußerung von Professor Heckel zu dem Referat des Professors Barion über das Österreichische Konkordat.

I. Das Erlöschen des Österreichischen Konkordats: Verträge zwischen Staat und katholischer Kirche bedürfen, wie Professor Barion mit Recht angeführt hat, einer anderen juristischen Beurteilung als völkerrechtliche Vereinbarungen.

Diese werden von *politischen* Mächten im Namen von *räumlich getrennten* Nationen geschlossen. Bei den Konkordaten hingegen hat man es mit zwei Partnern zu tun, die ihrem obersten Lebensgesetz nach *ungleichartig* sind: Die politische Macht richtet ihr ganzes Handeln an einem politischen, die kirchliche Macht an einem religiösen Ziel aus, das allerdings gemäß den dogmatischen Prinzipien und der politischen Bedeutung des katholischen Religionsverbands eines politischen Einschlags nicht entbehrt. Als weiterer Unterschied von völkerrechtlichen Verträgen kommt hinzu, daß bei einem Konkordat die Partner geistige Einwirkungsmöglichkeiten auf *ein und dieselbe* Bevölkerung *desselben* Gebiets zusammenzuordnen und abzugrenzen versuchen.

Solche Verträge haben nach ihrem sachlich-regulativem Effekt wesentlich innerpolitische Bedeutung. Sie beziehen sich auf Fragen, die in hervorragendem Maße die innere Souveränität des Staates angehen. Nicht das Verhältnis von Volk und Staat nach außen, sondern die innerpolitische Gestaltung der Nation ist ihr Gegenstand.

Allein von dieser innerpolitischen Seite des Vertrags ist die außenpolitische nicht zu trennen. Es ist das Eigentümliche der Konkordate, daß die vereinbarten Leitgedanken der inneren Gestaltung des Volkes zugleich außenpolitisch gebunden sind und daß insoweit von Rechtswegen eine außenpolitische Intervention eröffnet wird. *Die innerpolitische Impermeabilität des Staates wird mithin im Umfang der konkordatären Abmachungen zu Gunsten außenpolitischer Einwirkungs-*

möglichkeit abgeschwächt. Es hat seinen guten Grund, daß der deutsche absolute Staat, der die innere Souveränität mühsam errungen hatte, konkordatsfeindlich war und daß Preußen diese Tradition bis zum Ende der Monarchie fortsetzte. Wiederum hat es einen guten Grund, daß unter der Herrschaft der Weimarer Verfassung, welche die Fragen nach der inneren Souveränität ignorierte, Konkordate geschlossen worden sind und daß trotzdem das preußische Konkordat in Nachwirkung jener altpreußischen Tradition das "magerste" Vertragswerk unter den Länderkonkordaten ist. Noch das Reichskonkordat und gerade dieses zeigt, wie man von kurialer Seite gehofft hat, eine Zeit der "Häutung" des neuen Staates dazu benützen zu können, um große Teile der deutschen Volksordnung außenpolitisch zu binden und außenpolitische Ingerenz zu eröffnen.

Die Verkoppelung von innerpolitischer Regelung und außenpolitischer Intervention ist allen Kirchenverträgen mit der Kurie gemeinsam. Aber der Umfang und die Stärke solcher Bindung ist von Vertrag zu Vertrag und namentlich von Staat zu Staat verschieden. Grundsätze, die sich in der Konkordatspraxis eines Staates ausgebildet haben, beschränken sich deshalb in aller Regel auf diesen Staat. Daher sind Präzedenzfälle dieser eigenen Staatspraxis für die Beziehungen eines Staates zur Kurie praktisch viel wichtiger als angebliche "allgemeine" Grundsätze, die aus der Konkordatspraxis anderer Staaten abgeleitet werden möchten. Solche "allgemeinen" Grundsätze wird jede Regierung leicht damit abtun können, daß es sich dabei um eine res inter alios acta handle.

Das Prinzip streng individueller Bewertung der Verträge gilt m.E. nicht nur für den Inhalt der Konkordate, sondern auch für die Frage ihrer Geltungskraft. Hierüber soll an dieser Stelle nur soweit geredet werden, als es sich um Konkordate eines untergegangenen Staates dreht.

Nach Meinung kurialer Autoren sind solche Konkordate als personale Verträge mit dem Untergang des Staates erloschen. Dieser Standpunkt ist kirchenpolitisch sehr begreiflich. Gemäß den Erfahrungen des 19. Jahrhunderts rechnet die Kurie damit, daß nach dem Untergang eines Staates die neue Regierung über kurz oder lang diplomatische Verhandlungen über die Gestaltung des künftigen Staatskirchenrechts beginnen werde. Als Verhandlungsbasis ist für die Kurie am günstigsten das kanonische ius commune mit seiner stark zentralistischen Tendenz. Wenn nun die Verträge eines Staates mit seinem Untergang erlöschen, wendet die Kurie ihr ius commune an und schafft alsbald einige diesem Standpunkt günstige Präzedenzfälle. Der Staat muß dann hinterdrein versuchen, wieder eine mehr nationale Gestaltung des für sein Gebiet geltenden kirchlichen Rechts zu erreichen, und das geht nicht ohne erhebliche Konzessionen, die das internationale und nationale Ansehen der vatikanischen Diplomatie kräftig heben. Für den Staat besteht nach alledem kein Anlaß, sich die These der kurialen Schriftsteller anzueignen.

Von deutscher nicht-theologischer Seite ist das einschlägige Problem zuletzt von *Huber*, Verträge zwischen Staat und Kirche, erörtert worden. Er will S. 144 die Konkordate wie innerstaatliche Verwaltungsverträge behandeln, die automatisch in die Rechtsordnung des neuen Staates übergehen. Dabei wird jedoch die außenpolitische Bedeutung der Konkordate unterschätzt. Ein automatischer Übergang in das neue Recht würde die innerpolitische Impermeabilität des neuen Staates auf weiten Gebieten zerstören, ohne daß es auf den Willen der nunmehr verantwortlichen Staatsleitung ankäme. Das ist mit dem Grundsatz der inneren Souveränität des Staates unvereinbar.

Die Rechtslage ist vielmehr m.E. folgende: Eine Eintritts*pflicht* des neuen Staates in Konkordate des untergegangenen Staates besteht nicht. Die neue Regierung befindet frei, nach welchen Richtlinien sich die innerpolitische Gestaltung des Volkes bestimmen soll.

Eine andere Frage ist, ob nicht unter gewissen Voraussetzungen ein Eintritts*recht* des neuen Staates anzunehmen ist, m.a.W. ob der neue Staat nicht die Kurie bei den Verträgen festhalten kann, die sie mit einem untergegangenen Staat geschlossen hatte. Die deutsche staatskirchenrechtliche Praxis kennt mehrere Beispiele dafür. Man wird daher ein Eintrittsrecht nicht schlechthin ausschließen dürfen. Wäre es z.B. ganz undenkbar, daß ein österreichisches Konkordat, das nach dem Muster des Preußischen Kirchenvertrages gestaltet gewesen wäre, von dem Dritten Reich unter bestimmten kirchenpolitischen Konstellationen hätte übernommen und daß der Kurie das Einverständnis damit hätte zugemutet werden können? Sind doch sogar die Bayerischen und Badischen Kirchenverträge vom Reich übernommen worden! Ich möchte deshalb die weitergehende These Professor Barions von dem *automatischen* Erlöschen der Konkordate eines untergegangenen Staates mir nicht zu eigen machen. Im übrigen will ich auf die Frage des Eintrittsrechts hier nicht näher eingehen, da sie für das österreichische Problem ausscheidet.

Nach dem Untergang des alten Staates tritt m.E. ein Schwebezustand bezüglich der von ihm geschlossenen Konkordate ein. Ihre Weitergeltung ist in Frage gestellt. Lehnt der neue Staat ausdrücklich oder durch schlüssige Handlung ab, sie zu übernehmen, so erlöschen sie rückwirkend auf den Zeitpunkt des Übergangs der Souveränität auf den neuen Staat. Bei dem Österreichischen Konkordat ist das der Fall.

Zusammenfassung: *An das Österreichische Konkordat ist die Reichsregierung nicht gebunden. Eine Eintrittspflicht in das Konkordat besteht für sie nicht. Sie braucht es nicht zu kündigen. Es genügt, wenn sie ausdrücklich oder durch schlüssige Handlungen seinen Fortbestand verneint.*

II. Die Neugestaltung des österreichischen Staatskirchenrechts gegenüber der katholischen Kirche dieses Landes: Im Vordergrund des Problems stehen, wie Professor Barion zutreffend dargelegt hat, die Fragen der Ämterbesetzung und der Vorbildung der Geistlichen. Beide Fragen haben im Lauf der Geschichte von staatlicher Seite in Deutschland eine verschiedene Erledigung gefunden. Bald sind sie als "gemischte" bald als "rein kirchliche" Angelegenheiten geregelt worden.

A. *Die Ämterbesetzung:* Die Weimarer Verfassung wies die kirchliche Ämterbesetzung der kirchlichen Autonomie zu: "Jede Religionsgesellschaft verleiht ihre Ämter ohne Mitwirkung des Staates oder der bürgerlichen Gemeinde (Art. 137 Abs. 3 Satz 2)."

Die kirchliche Ämterbesetzung war hiernach eine "rein kirchliche Angelegenheit". Jedoch schon unter der Weimarer Verfassung ließ sich dieser Standpunkt nicht aufrecht erhalten, wie die damaligen Kirchenverträge zeigen. Heute gilt das erst recht, wenn die kirchlichen Ämter die Eigenschaft "öffentlicher" Ämter behalten sollen. Denn das Merkmal "öffentlich" kommt ihnen zu, wenn und weil sie vom Volksführer als organisatorische Bestandteile der völkischen Lebensordnung anerkannt sind. Die Art und Weise der Besetzung solcher Ämter kann für eine völkische Regierung nicht gleichgültig sein.

Der Nationalsozialismus wird also in Abkehr von der Weimarer Verfassung wieder zu dem Jahrhunderte alten Grundsatz der deutschen staatskirchenrechtlichen Praxis sich zurückwenden müssen, daß der Staat bei der Besetzung der kirchlichen Ämter mitzuwirken habe. Wieweit diese Mitwirkung sich erstrecken soll, ist allerdings eine recht heikle Frage. Der Kern aller kirchlichen Personalpolitik muß die Rücksicht auf die Heilsaufgabe des religiösen Verbandes sein. Die Entscheidung selbst wird in solchen Personalfragen daher immer bei der Kirche liegen. Aber der Staat kann sich beaufsichtigend, abwehrend und pflegend an der kirchlichen Ämterbesetzung beteiligen. Die Befugnisse, die er im Zuge eines derartigen ius inspiciendi cavendi in Anspruch nehmen kann, sind recht bedeutsam.

Für die Durchsetzung des Anspruchs kommen zwei Wege in Betracht, die Vereinbarung mit der Kurie oder ein einseitiges gesetzliches Vorgehen. Beide schließen einander jedoch nicht aus.

Auf den ersten Weg hat Herr Professor Barion hingewiesen. Ob es im gegenwärtigen Zeitpunkt möglich ist, ihn zu beschreiten, entzieht sich meiner Kenntnis. Sind die Umstände für Vereinbarungen nicht günstig, so bleibt immerhin möglich, auf dem anderen Weg einiges zu erreichen.

Zweckmäßig erscheint mir eine Norm, die ausdrücklich für ganz Großdeutschland feststellt, daß bei der Besetzung leitender kirchlicher Ämter die Staatsregierung mitwirkt. Die Norm wäre als Gesetz zu erlassen. Mit ihrem Vollzug wäre das Reichsministerium für die kirchlichen Angelegenheiten zu betrauen.

Zur Begründung gestatte ich mir, Folgendes auszuführen:

Die Vorschrift würde klarstellen, daß Art. 137 Abs. 3 Satz 2 Weim. Verf. nicht mehr für die Beziehungen zwischen Staat und Kirche im Altreich gilt. Sie würde außerdem entgegenstehendes Recht in Österreich und im Sudetenland aufheben. Die Beseitigung des alten Rechtsschutzes schiene mir umso angemessener, als sonst mit einigem Anschein von Wahrheit geltend gemacht werden könnte, Art. 137 Abs. 3 gehöre ausweislich seiner inhaltlichen Bekräftigung durch Art. 1 Abs. 2 des Reichskonkordats zur Verfassungsordnung des Dritten Reiches und sei mit dieser automatisch in Österreich sowie im Sudetenland in Kraft getreten. Die von mir vorgeschlagene Norm würde mit derartigen Zweifeln aufräumen.

Zugleich würde sie einen wichtigen Grundsatz eines neuen einheitlichen großdeutschen Staatskirchenrechts von Staatswegen verkünden. Selbst wenn man später zu Vereinbarungen mit der Kurie über die kirchliche Ämterbesetzung kommen möchte, schiene mir ein solch einseitiger hoheitlicher Akt des Staates nicht unzweckmäßig. Wenn sich bei den vorbereitenden Verhandlungen eines künftigen Abkommens die Kurie auf ihr ius commune beruft, so haben die staatlichen Unterhändler als festen Rückhalt die staatliche Gesetzesbestimmung.

Die Norm würde man am besten auf alle christlichen Kirchen erstrecken; ob auch auf andere Religionsgesellschaften des öffentlichen Rechts, müßte eigens nachgeprüft werden. Durch die Ausdehnung auf alle Kirchen bzw. öffentlich-rechtlichen Religionsgesellschaften entgeht man der Unbequemlichkeit, die Bestimmung gegen eine bestimmte Kirche richten zu müssen, wodurch sie leicht den Charakter einer Kampfmaßnahme erhält. Auch ist der Grundsatz wirklich allen Kirchen gegenüber angemessen.

Bei der Mitwirkung des Staates scheint mir nach den Erfahrungen des 19. Jahrhunderts richtig, es auf die *leitenden* kirchlichen Ämter abzustellen. Die Erstreckung des Prinzips auf alle kirchlichen Ämter führt zu endlosen Weiterungen und politischen Verwicklungen, die dem inneren Frieden des Volkes nicht dienen, oder es tritt umgekehrt eine Bagatellisierung der staatlichen Mitwirkung ein, wie wir es unter der Herrschaft des preußischen Gesetzes vom 11. Mai 1873 (GS. S. 191) über die Vorbildung und Anstellung der Geistlichen erlebt haben.

Die Norm müßte in Gesetzesform gekleidet werden, damit über ihr Verhältnis zu Art. 137 Abs. 3 Satz 2 Weim. Verf. sowie zum Reichskonkordat keine Zweifel entstehen.

Die allgemein gefaßte Vollzugsermächtigung würde dem Reichskirchenministerium gestatten, die gesetzliche Richtlinie je nach dem Gepräge der einzelnen Kirchen und je nach den örtlichen Verschiedenheiten in elastischer Weise zu befolgen.

Eine weitere Frage ist, ob man nicht die Gelegenheit nützen soll, *um einige elementare nationale Anforderungen an die Bekleidung öffentlicher kirchlicher Ämter gesetzlich vorzuschreiben*, z.B. das Erfordernis der deutschen Reichsangehörigkeit; man müßte dann wohl auch die Forderung der Zugehörigkeit zur deutschen oder artverwandten Blutsgemeinschaft mit einbeziehen, die schon lange eine Selbstverständlichkeit für eine deutsche Religionsgesellschaft des öffentlichen Rechts sein sollte. Ich beschränke mich darauf, diesen Gedanken anklingen zu lassen, da ich nicht weiß, ob die Reichsregierung eine solche Regelung zur Zeit für angebracht hält.

B. *Die Vorbildung der Geistlichen:* Die Vorbildung der Geistlichen war nach alten deutschen Staatsgrundsätzen eine "gemischte" Angelegenheit. Dabei ist es bis zum Ende der Monarchie geblieben.

Unklar dagegen war die Haltung der Weimarer Republik. Sie hatte im allgemeinen das System der Trennung von Staat und Kirche zum Leitgedanken ihres Verhältnisses zur Kirche erhoben, aber doch die Erhaltung der theologischen Fakultäten gewährleistet. Das war eine Singularität ersten Ranges. Denn die theologischen Fakultäten sind ebenso staatliche Forschungs- und Lehranstalten wie Ausbildungsanstalten für Kirchenbeamte. Während es nun im allgemeinen durch die Weim. Verf. dem Staat untersagt war, kirchliche Verwaltung zu führen, hatte er hier in Staatsfakultäten für die Ausbildung der Kirchenbeamten zu sorgen. Wiederum aber entsprach unter dem System der Trennung von Staat und Kirche jener Pflicht des Staates keine Pflicht der Kirchen, die theologischen Fakultäten für ihre Zwecke zu benützen. Die Kirchen konnten vielmehr gemäß Art. 137 Abs. 3 Weim. Verf. über die Vorbildung der Theologen frei befinden. Sie konnten sogar eigene kirchliche Fakultäten gründen. Die staatlichen Fakultäten hatten demnach nicht etwa von Rechtswegen einen Anspruch auf kirchliche Anerkennung, und die Kirchen waren zu einer solchen Anerkennung nicht verpflichtet. Wollte der Staat seiner in der Verfassung ihm auferlegten Pflicht zur Erhaltung der theologischen Fakultäten genügen, so war er auf den guten Willen der Kirchen angewiesen. In den Bestimmungen mancher Kirchenverträge der Weimarer Zeit hat die Kurie diese günstige taktische Lage sehr vorteilhaft auszunützen verstanden.

Heute ist das Problem einer staatlichen Mitwirkung bei der Ausbildung der Geistlichen von neuem gestellt. Solange man die kirchlichen Ämter als öffentliche Ämter gelten läßt, empfiehlt es sich meines Erachtens nicht, daß sich der Staat an dieser Frage desinteressiert zeigt.

Dafür spricht auch das Reichskonkordat, das in Art. 19 die Erhaltung der katholisch-theologischen Fakultäten zusagt.

Bejaht man, daß der Staat sich bei der Vorbildung der Geistlichen einschaltet, so taucht auch hier die Frage auf, wie seine Mitwirkung im Verhältnis zu den kirchlichen Instanzen bestimmt werden soll. Für das Verfahren einer Abgrenzung bieten sich wie bei II A die Vereinbarung mit der Kurie und das Staatsgesetz. Ich verweise insoweit auf meine früheren Darlegungen. Wünschenswert erschiene mir auf jeden Fall auch hier eine gesetzliche Klärung, daß die Vorbildung der Geistlichen nicht als "rein kirchliche" Angelegenheit vom Dritten Reich betrachtet wird, sondern daß es sich um eine "gemischte" Angelegenheit handelt. Vorschläge über die Fassung einer staatlichen Gesetzesnorm kann ich freilich zur Zeit nicht wagen, da ich weder über den Stand der Praxis hinsichtlich der evangelischen Kirche, noch gegenüber der katholischen Kirche klar sehe. Der Erlaß einer gesetzlichen Bestimmung böte Gelegenheit, auch hier die Verwaltung mit einer umfassenden Ermächtigung zu versehen, so daß sie dann unter anderem für die Besetzung der katholisch-theologischen Fakultäten in den durch Adolf Hitler befreiten deutschen Ländern einen festen Rechtsboden hätte. Es wäre z.B. möglich, dabei die einschlägigen Vorschriften des Preußischen Kirchenvertrags auf die befreiten Länder zu übertragen und so für den größten Teil des Reiches eine einheitliche Praxis zu schaffen, die dann nicht ohne Rückwirkung auf die in Art. 19 des Reichskonkordats erwähnte einheitliche Gesamtpraxis bleiben würde.

III. Sitzungen vom 17. und 18.2.1939

1. Protokoll vom 17.2.1939 (Patronatsrecht. – Die gegenwärtige Rechtslage in der Deutschen Evangelischen Kirche und ihren Landeskirchen. Verträge der evangelischen Kirche mit dem Staat)

Vorsitzender Ministerialdirektor Dr. *Meyer:* Meine Herren! Ich eröffne die dritte Tagung des Ausschusses für Religionsrecht. Bevor wir in die Tagesordnung eintreten, möchte ich zunächst einiges Allgemeine zu Ihrer Kenntnis bringen.

Es sind einige Gesuche und Anträge an mich gerichtet worden; ich habe auch Besuche bekommen, und ich möchte Ihnen darüber einiges mitteilen, evtl. auch, je nachdem wie der Ausschuß darüber denkt, zum Zwecke einer Beschlußfassung. An erster Stelle will ich eine Anregung des Landesbischofs Heinz Weidemann aus Bremen zur Verlesung bringen. Der Bremische Landesbischof [Dr. Heinz Weidemann] hat mir am 12. Dezember 1938 geschrieben: Sehr geehrter Herr Ministerialdirektor! Die kürzlich in der Presse veröffentlichten Ausführungen über Entwicklung, Stand und Bedeutung Ihrer Aufgaben enthalten u.a. die Bemerkung: „Durch die Zugehörigkeit zu einer bestimmten Religionsgesellschaft oder zum Priesterstand einer Kirche sollen die Rechte und Pflichten eines deutschen Volksgenossen weder vermehrt noch vermindert werden.“ Mit diesem an sich sehr begrüßenswerten Grundsatz scheint mir indessen das immer noch bestehende Verbot der Aufnahme von Geistlichen in die Partei nicht vereinbar zu sein. Diese Verfügung, die geeignet ist, bei den von ihr Betroffenen den bitteren Eindruck einer minderen Rechtsstellung zu erwecken, ist auch um so weniger verständlich, als z.B. die Wehrmacht des neuen Reiches keine Bedenken trägt, die Geistlichen zu Offizieren zu befördern. Ich wäre Ihnen, sehr geehrter Herr Vorsitzender, dankbar, wenn der Ausschuß sich dieser Angelegenheit annehmen und auf eine Beseitigung der Ausnahmebehandlung des geistlichen Standes einwirken könnte. – Ich habe dem Herrn Landesbischof einen Zwischenbescheid dahin erteilt, daß ich mir die Angelegenheit überlegen würde. Ich habe dann um den Artikel gebeten, der in dem Schreiben erwähnt ist, und Herr Landgerichtsrat Keith hat mir diesen Artikel beschafft. Er ist veröffentlicht im „Rechtsspiegel“. Da heißt es: „Der im Rahmen der Akademie für Deutsches Recht neu gebildete Ausschuß für Religionsrecht hat seine Arbeiten aufgenommen. Das Kampfblatt für gottgläubiges Deutschtum „Nordland“ veröffentlicht über Entwicklung, Stand und Bedeutung der Aufgaben auf diesem Gebiet grundsätzliche Ausführungen, die nach Mitteilung des Blattes aus maßgeblicher Feder stammen. Es heißt darin zum Schluß ...“ Nun ist hier dieser Artikel, und da wird nun gesagt: „Durch die Zugehörigkeit zu einer bestimmten Religionsgesellschaft oder zum Priesterstand einer Kirche sollen die Rechte und Pflichten eines deutschen Volksgenossen weder vermehrt noch vermindert werden. Die Religionsgesellschaften im nationalsozialistischen Staate können ihre religiösen Ziele jedoch nur verfolgen, wenn und solange sie sich im Rahmen des § 24 des Programms der NSDAP halten.“ Das Programm der NSDAP ist den Herren bekannt. § 24 lautet wörtlich: „Wir fordern die Freiheit aller religiösen Bekenntnisse im Staat, soweit sie nicht dessen Bestand gefährden oder gegen das Sittlichkeits- und Moralgefühl der germanischen Rasse verstoßen.“ Also es taucht die Frage auf: Geht das erstens den Ausschuß etwas an, hat er das höflich gehaltene Schreiben des Herrn Landesbischofs Weidemann, das offenbar in bester Absicht an mich gerichtet ist, materiell so oder so zu beantworten, daß er bereit ist, in dieser Richtung zu wirken oder daß er nicht bereit ist; ersterenfalls, wenn der Ausschuß dahin kommen sollte, daß es für ihn erwünscht und seine Aufgabe sei – wie, wäre noch zu fragen –, sich beim Herrn Präsidenten der Akademie dafür einzusetzen, wie würde dann die Antwort zu lauten haben? Wenn ich mit dem Letzteren anfangen darf, besteht für mich kein Zweifel darüber, daß es eine große Zurücksetzung ist, einen ganzen Stand aus der Partei auszuschließen. Das wird niemals zur Befriedigung des Volkes und zur Versöhnung beitragen – was doch schließlich das Ziel jeder weisen Staatsführung ist –, sondern wird immer Schärfe und Bitternis zurücklassen. Ich weiß nicht, wie Sie darüber denken, und stelle anheim, sich dazu zu äußern. Wenn Sie Bedenken dagegen haben, bin ich auch bereit, die Sache als begraben anzusehen.

Ich darf aber nun zu der zweiten Frage, die ich vorhin an erster Stelle genannt hatte, Stellung nehmen. Ich habe in meiner einleitenden Ansprache am 29. September 1938 die Ziele des Ausschusses dahin umrissen, daß er keine politische Stelle ist, daß er berufen ist, die Arbeit der Reichsregierung zu unterstützen und zu fördern. Ich denke mir den Ausschuß so, daß er eine Art von Vorratskammer, von Speicher sein soll, wie Sie, Herr Prof. Barion, es in Ihrem letzten Schreiben an mich über das Referat des Herrn Prof. Weber so schön umrissen haben, eine Art Vorratskammer, aus der man schöpfen kann, wenn Not am Mann ist, um etwas zu vermeiden, wie es z.B. bei dem Reichskonkordat von 1933 passiert ist. Nun aber eine Frage, die doch wohl eigentlich als rein politisch zu bezeichnen ist, auf die Hörner zu nehmen, habe ich zum mindesten im jetzigen Stadium meiner Überlegungen Bedenken; nicht weil ich nicht den Mut dazu hätte, ich stehe jeden Augenblick für meine Ansicht ein und bin ausdrücklich, obwohl das ja nicht nötig gewesen wäre nach meiner Stellungnahme zu der zweiten Frage, auch noch auf die erste Frage, ob es nämlich erwünscht ist, auf diese Dinge einzugehen, auf diese Sache zu sprechen gekommen. Das habe ich absichtlich getan. Aber ich muß doch sagen: Rein sachlich denkend glaube ich nicht, daß das zu den Aufgaben des Ausschusses gehört. Es könnte sich höchstens darum handeln, dem Herrn Präsidenten der Akademie das schriftlich oder mündlich als eine uns zuteil gewordene Anregung zu übermitteln, damit er an der prominenten Stelle des Rechtswesens, an der er steht, weiß, wie die Stimmung ist. Das wäre dann ein kleines Steinchen, ein kleiner Beitrag dazu. Darüber hinaus wird der Ausschuß meines Erachtens nicht Stellung nehmen können. Ich wäre aber sehr gespannt, die Auffassung der Herren kennenzulernen.

Barion: Ich habe das nicht ganz genau aufgefaßt. Das Schreiben des Landesbischofs Weidemann geht, wenn ich recht gehört habe, auf einen Artikel in einer Zeitschrift zurück. Ich habe den Namen der Zeitschrift nicht ganz verstanden. (*Vorsitzender:* „Rechtsspiegel".) Und diese Zeitschrift Ihrerseits zitiert wieder eine andere?

Vorsitzender: Die Zeitschrift „Rechtsspiegel" zitiert einen Artikel in der Zeitschrift „Nordland". Ich hätte das besser herausschälen können; denn ich gebe zu, daß das natürlich von Bedeutung ist.

Barion: Darf ich, um die Quellenfrage noch weiter zu klären, fragen: dieser Artikel der Zeitschrift „Nordland" geht seinerseits auf eine maßgebende Stelle, auf eine „maßgebende Feder" zurück? – Die Filiation ist ziemlich kompliziert.

Vorsitzender: Ich habe damals auch schon danach gefragt, wer diese maßgebende Stelle sein könnte.

Keith: Ich kenne die „maßgebende Feder" nicht.

Vorsitzender: Kennt einer der Herren die „Feder"?

Stahn: Es wird so viel über solche Sachen geschrieben, daß der Verfasser nicht immer herauszukriegen ist.

Keith: Ich habe bei der Redaktion angerufen; sie konnte mir keine Auskunft über den Verfasser geben.

Stahn: Die Sache wird sich wohl an die Pressenotiz anschließen, die über unseren Ausschuß erschienen ist.

Keith: Was im „Nordland“ steht, ist sachlich eingehender. Das ist eine sachliche Stellungnahme zu den religiösen und kirchenrechtlichen Fragen.

Weber: Nach den einleitenden Worten müßte der Artikel wohl von Herrn Haugg stammen, dem ganzen Stil nach.

Vorsitzender: Die Zeitschrift wird als „Kampfblatt für gottesgläubiges Deutschtum“ bezeichnet.

Stahn: Der Aufsatz ist nicht im „Rechtsspiegel“ geschrieben?

Barion: Nein, im „Nordland“.

Weber: Es handelt sich keineswegs um Ausführungen, die auf unseren Ausschuß Bezug haben, sondern es ist nur eine Bezugnahme auf dieses Kampfblatt gegeben, das nämlich über Entwicklung, Stand und Bedeutung der Aufgaben unseres Ausschusses auf diesem Gebiete eine Schilderung veröffentlicht hat, und dann fängt es mit dem Mönch Gratiani an.

Barion: Es ist der Abriß eines Inhaltsverzeichnisses einer Rechtsgeschichte. *(Heiterkeit.)*

Keith: Es wird aber dann bis in die Gegenwart hineingeführt.

Stahn: Der Verfasser wird wohl der Rechtsanwalt Wiedenfeld (?) sein.

Keith: Man versucht hier, dem Ausschuß eine Aufgabe aufzuzeigen.

Stahn: Es entsteht aber nicht der Anschein, als sei das ein Bericht über die Arbeiten des Ausschusses. Der Artikel hat überhaupt nichts mit uns zu tun und interessiert uns infolgedessen auch nicht.

Barion: Es ist an sich anscheinend ein Versuch, uns Gedanken zu geben, eine Aufgabe zu stellen.

Vorsitzender: Herr MinDirigent Stahn, können Sie zur Sache etwas sagen, da das die Geschichte abkürzen würde?

Stahn: Ich wußte bisher davon nichts.

Weber: Zum Tatsächlichen möchte ich folgendes bemerken. Es gibt eine ganze Reihe von Geistlichen, die Parteimitglieder sind.

Stahn: Es ist lediglich auf Grund solcher Fälle auch beabsichtigt, unter Umständen in der Partei eine Ausbootung solcher Leute vorzunehmen, und zwar in der Form der ehrenhaften Entlassung, wie das genannt wird. Das regelt sich dann von selbst.

Vorsitzender: Also sie werden aus der Partei entlassen, nur weil sie Geistliche sind?

Ruppel: Nun, wenn sie aus der Partei entlassen werden, haben sie schon etwas pecciert, haben meinetwegen gegen etwas protestiert und dergleichen.

Stahn: Wir haben, wenn ich das vertraulich bemerken darf, schon einen ganzen Stapel solcher Beschlüsse bekommen. Es wird dieses Verfahren durch das Oberste Parteigericht gedeckt; es wird sogar als sehr freundlich angesehen.

Ruppel: Die Beschlüsse sind im übrigen wohlwollend gehalten.

Vorsitzender: Das ist eine gewisse Größe, indem man die Geistlichen aus dieser Zwickmühle herauszieht.

Stahn: Die Beschlüsse sind durchaus nett und freundlich gehalten.

Ruppel: Wenn ein Geistlicher Rosenberg angreift, wird er, glaube ich, noch nicht aus der Partei entlassen.

Stahn: Doch, auch solche Fälle sind da.

Ruppel: Wenn sie sich auf religiösem Gebiet halten, dann dürfen sie das; das wird bescheinigt.

Stahn: Wenn es sich um Auseinandersetzungen über die Erbsünde, oder mit Robert Ley, der solche Aussprüche getan hat, handelt, oder um eine Stellungnahme etwa gegen einen Kreisleiter, der auf einem Kreisparteitag eine Rede gehalten und nun einiges über religiöse Fragen gesagt hat, wenn sich also ein Geistlicher mit dem Kreisleiter in deutlicher Form auseinandersetzt, dann ist es vorgekommen, daß er daraufhin die Entlassung aus der Partei bekommen hat.

Vorsitzender: Also das wird ausdrücklich bezeichnet als „ehrenhafte Entlassung"?

Stahn: Ja, da es ein Pflichtenkonflikt ist. In dem letzten Beschluß steht sogar: Wenn dieser Pfarrer ein rechter Jünger seines Meisters Martin Luther wäre, hätte er in diesem Falle die Vorschriften seiner Kirche brüskiert und nicht die der Partei.

Vorsitzender: Dann kann es ja sogar eine Maßnahme sein, die gerade auch mit im Interesse der Geistlichen getroffen wird, um sie aus einem Konflikt zu lösen.

Stahn: Es ist nicht uninteressant, daß in diesem Zusammenhang von einigen Seiten immer wieder der Art. 32 des Reichskonkordats zitiert wird. Herr Prof. Weber schreibt zwar, daß dieser Artikel durch das Gesetz gegen die Neubildung von Parteien gegenstandslos geworden sei; im Braunen Hause scheint man aber anderer Meinung zu sein.

Weber: Das ist der vatikanische Standpunkt, dem das Braune Haus sich da angeschlossen hat.

Barion: Vielleicht ist es doch nicht ganz abwegig, wenn man einmal auf die sachliche Begründung dieses Verhaltens, dieser Regelung, die von der Partei getroffen wird, kurz eingeht. Ich halte dieses Verfahren persönlich für völlig richtig und betrachte es als einen weiteren Beweis dafür, daß die Kirchenpolitik der Partei, rein logisch betrachtet, erheblich größere Qualitäten hat als die Kirchenpolitik des Staates insofern, als ja der Führer mehrfach eindeutig erklärt hat, Nationalsozialist zu sein, setze nicht voraus, daß man in der Partei sei, und umgekehrt, nicht nur die, die in der Partei seien, sondern die Partei ziehe eben aus dem nationalsozialistischen Volk die aktivistischen Kreise heraus, diejenigen, die auch von der Partei aus für geeignet befunden würden, in aktivistischer Form an der politischen Leitung des deutschen Volkes zu partizipieren. Wenn nun hier die Partei einen Strich zieht zwischen den Kirchen bzw. den Geistlichen und der politischen Leitung, dann hat sie damit nach meiner Meinung den absoluten richtigen und notwendigen Schnitt gemacht, um zu verhindern, daß dem früheren schwarzen Zentrum jetzt irgendwie so etwas wie ein braunes Zentrum nachfolgt. Das ist in keiner Weise eine Ehrenminderung für die Geistlichen, sondern es ist nichts weiter als die selbstverständliche Konsequenz daraus, daß man die Kirche oder die Kirchendiener aus der politischen Führung des Volkes heraushalten will und daß ihrerseits die Kirche, jedenfalls die Katholische Kirche, theoretisch auch immer wieder anerkennt, daß sie mit der politischen Führung nichts zu tun habe. Das ist an sich, rein vom Grundsätzlichen aus gesehen, eine absolut richtige Maßnahme für meine Begriffe, die nur so lange etwas Ehrenkränkendes an sich hat, als man Parteimitglied und Nationalsozialist identifiziert. Sobald man die Formulierung so wählt, daß die Partei die Masse derjenigen umfaßt, die wenigstens potentiell politische Leiter sind, hat man die Sache sofort bereinigt. Es ist ja – das wird auch Herr Weidemann ohne weiteres zugeben – absurd, zu denken, daß man im Ernst einen Pastor oder Superintendent als Zellenwart oder als Kreisleiter beschäftigen könnte. Andererseits ist es doch ganz ausgeschlossen, daß man sagt: Es gibt zwei Gruppen von Parteimitgliedern, die eine Gruppe derjenigen, die also theoretisch sämtliche Tressen im Tornister tragen, und die andere Gruppe derjenigen, die eben nur für immer Parteimitglieder als solche bleiben können. (*Zuruf:* Zahlende Mitglieder!)

Vorsitzender: Ich gebe zu, daß ich durch diese Ausführungen etwas anderer Ansicht geworden bin, besonders wenn ich berücksichtige, daß diese Entlassung nicht eine Diffamierung ist, daß also gar nicht eine persönliche Kränkung beabsichtigt ist. Immerhin so recht will mir die Sache doch nicht in den Kopf. Man könnte dann doch den Weg wählen, daß den Herren nahegelegt wird, freiwillig auszutreten; denn man kann ja nicht von ihnen verlangen, daß sie aufhören, Geistliche zu sein. Wenn sich bestimmte Dinge mit seiner Ansicht nicht vereinigen lassen, dann mag er austreten. Zu dem, was Sie, Herr Dr. Barion, ausführten, möchte ich noch die Frage stellen: Kann man denn sagen, daß alle Mitglieder der Partei politische Führer sind?

Barion: Jedenfalls potentiell! Darauf kommt es an. Ich stelle gar nicht ab auf diese Erörterungen von Rosenberg und Ley, sondern ich stelle ausgesprochen ab auf den politischen Führungsanspruch. Wenn man sich auf den Standpunkt stellt, daß grundsätzlich die Kirchen bzw. die Kirchendiener nicht an der politischen Führung beteiligt sein sollen, dann kann man sie ja auch nicht in die Partei nehmen, wenn man nicht in der Partei zugleich einen Spalt aufreißen will zwischen solchen, die politische Leiter werden können, und solchen, die das nicht werden können. Es braucht ja nicht jeder politischer Führer zu sein; aber jedenfalls potentiell, rein von der Logik aus gesehen, muß es so sein.

Vorsitzender: Das will ich nicht verkennen.

Weber: Materiell betrachtet, also wenn man von dem Logischen absieht, zeigt sich natürlich hier die Möglichkeit, daß die Kluft zwischen zwei großen Lagern sich auf diese Weise allmählich stärker vertieft, nämlich zwischen einem kirchlichen Lager auf der einen Seite und einem parteilichen Lager auf der anderen Seite; denn wenn die Übergänge, die bisher noch gegeben waren, allmählich dadurch unmöglich gemacht werden, dann kann ich mir durchaus vorstellen, daß die Lager sich stärker formieren. Es wird dadurch auf der anderen Seite auch die Möglichkeit begünstigt, daß tatsächlich hier ein echtes Lager, selbstverständlich unter der Führung der Geistlichen, entsteht.

Barion: Das stimmt aber doch nur dann, wenn man von vornherein die Möglichkeit einer echten Trennung der kirchlichen und der politischen Interessen in Zweifel setzt. Sobald man daran denkt, daß eine solche Trennung möglich ist, kann man nicht grundsätzlich sagen: Es muß eine Spaltung geben, sondern die klare Scheidung von Partei und Kirche ist eigentlich die Voraussetzung dafür, daß es zu einem Frieden kommt. Heß hat das xmal betont, und der Führer auch.

Vorsitzender: Wie das wirkt, ersehen Sie hieraus. Herr Weidemann hat sich doch offenbar in bester Absicht an eine Stelle gewandt, von der er meint, daß sie einen Einfluß nehmen könnte. Er spricht offenbar aus der Erfahrung heraus, daß viele Amtsbrüder sich dadurch bedrückt fühlen, die den besten Willen haben. Sie wollen gar keine Politik treiben; sie wollen nur durch ihre Zugehörigkeit zur Partei dokumentieren, daß sie hinter dem Führer stehen, auch durch ein äußeres Zeichen. Ich wüßte Ihnen nicht einen Gedankensprung nachzuweisen, Herr Prof. Barion, der unlogisch wäre; aber es will mir psychisch, gemütsmäßig und menschlich nicht in den Kopf, und ich sehe die Wirkungen. Ich darf dazu noch etwas anderes bemerken, das sich in derselben Linie bewegt. Täglich bekomme ich Vorstellungen nach der Richtung hin, daß die Beamten des Kirchenregiments darunter leiden, daß sie ausgeschlossen sind von der Verleihung des Treudienstehrenzeichens. Es sind das keine Geistlichen; es sind mittlere und untere Beamte, die aus demselben Holz sind wie meine Beamten, die ich unter mir habe. Bei dem einen hat es sich in früherer Zeit nun gerade so gemacht, daß er bei der Evangelischen Kirche, die ja ein kleiner Staat war und ein Ebenbild des preußischen Staates mit unmittelbaren Staatsbeamten, Beamter geworden ist. Jetzt ist er von dieser Verleihung ausgeschlossen, was gerade in diesen Kreisen eine ungeheuerliche Wirkung hat. Was an Unzufriedenheit dadurch heraufbeschworen wird, ist unbeschreiblich. Ich habe immer durch mein ganzes Leben hindurch meine eigene Tätigkeit, aber auch die der hohen Instanzen als in erster Linie dazu berufen angesehen, befriedend und ausgleichend zu wirken. Aber durch solche Maßnahmen wird ein Schärfe ins Volk getragen, die sich überhaupt nicht wieder hinwegräumen läßt. Aber selbst wenn logisch alles richtig ist, was Sie eben ausgeführt haben, Herr Prof. Barion, kann ich da doch als Mensch, der mitarbeiten möchte, nicht mit.

Barion: Aber das Treudienstabzeichen und das Parteizeichen kann man doch nicht gut miteinander vergleichen. (*Vorsitzender:* Das habe ich auch gesagt!) Immerhin ist es natürlich im staatlichen Sektor so lange eine wirkliche Ungerechtigkeit, als man im übrigen nicht die Trennung von Kirche und Staat durchführt.

Vorsitzender: Nun müssen Sie aber bedenken: Das Treudienstehrenzeichen bekommt jeder Arbeiter, jeder Angestellte, der im Dienste des Staates gearbeitet hat. Aber diese Beamten bekommen es nicht.

Barion: Das ist selbstverständlich ungerecht und ruft Erbitterung hervor.

Vorsitzender: Auch bei den anderen öffentlichen Körperschaften bekommen die Leute das Treudienstehrenzeichen, z.B. bei der Staatsbank usw. Nur diese Leute nicht. Wie war es denn früher? Diese Leute wollten ja keine Dienste an der Kirche leisten, sondern sie machten ihre kalkulatorischen Berechnungen. Der eine wurde Inspektor bei der Kirche, und der andere wurde es bei der Regierung. Nun auf einmal werden bestimmte Leute von der Verleihung ausgeschlossen. Ich erwähne das alles nur aus dem Gesichtspunkt heraus, daß hier Leute, weil sie zur Korporation der Kirche gehören, von den allgemeinen Ehren, die den anderen zuteil werden, ausgeschlossen werden. Ich erlebe es täglich, wie bitter das empfunden wird und wie es die Leute von dem abtreibt, was der Führer schließlich will, nämlich von der Einigkeit.

Nun stehen wir vor der Frage: Wie soll ich dieses Schreiben beantworten? Daß ich es beantworten muß, ist ja wohl selbstverständlich, ist eine Pflicht der Gehörigkeit. Aber ich möchte annehmen, daß ich ihm einfach mitzuteilen hätte, daß diese Frage längst entschieden ist.

Stahn: Es hat sich inzwischen ja auch herumgesprochen, wie die Dinge liegen. Alle Leute, alle Professoren, die bei Herrn Minister Rust anfragen, bekommen die Antwort – diese Antwort ist erst kürzlich Hans Schmidt, dem Vorsitzenden des Fakultätentages (?) zuteil geworden – : es hat keinen Zweck, immer wieder vorstellig zu werden; die Sache ist erledigt.

Stalmann: Für die Aufgaben unseres Ausschusses kann jedermann in Deutschland Anregungen geben, wenn er will. Aber keiner hat das Recht, dem Ausschuß als einer Art Beschwerdestelle seine Klagen, die er auf irgendeinem Gebiet hat, vorzutragen und um Hilfe zu bitten. Anregungen kann jeder geben. Ob auf eine solche Anregung eine Antwort erfolgen soll, kann schon im einzelnen Falle zweifelhaft sein. Wenn ich aber eine Antwort gebe, würde ich in keiner Weise irgendwie sachlich Stellung nehmen; denn sonst kann der Ausschuß in eine sehr üble Lage kommen. Darum ist auch das Protokoll hierzu vorsichtig abzufassen. Es kann sich nur um Anregungen handeln, die man nachher zu den Akten nimmt, evtl. gibt man dem Briefschreiber eine Antwort, aber keine sachliche.

Vorsitzender: Wir können keine materielle Antwort geben; das hätte ich schon von mir aus als durchaus zweifelhaft hingestellt.

Keith: Herr Präsident Stalmann, ich möchte Ihre Ausführungen in vollem Umfange unterstreichen. Die Akademie hat ja auch im übrigen diese Praxis. An uns treten alle möglichen Geschichten heran. Wer einen Prozeß verloren hat, versucht es auch einmal bei der Akademie. Wir geben in solchen Fällen eine Formalantwort. Nun kann man im vorliegenden Falle vielleicht bei der Person des Anfragenden die Formalantwort etwas persönlicher gestalten. Ich würde aber in keiner Weise sachlich Stellung nehmen. Das bringt uns doch zu leicht in Schwierigkeiten.

Vorsitzender: Nach allem, was wir heute gehört haben, ist das Bild auch bei mir ein anderes geworden. Man wird dem Anfragenden schreiben können, daß diese Frage als eine rein politische nicht zu den Aufgaben des Ausschusses gehört. Daß ich in diesem Falle antworten muß, ist nach meinem Gefühl ein Erfordernis der Höflichkeit.

Weber: Ich würde in der Antwort auch zum Ausdruck bringen, Herr Ministerialdirektor, daß der Ausschuß diese Angelegenheit als eine ernsthafte Frage ansieht. So viel kann man doch schon einräumen.

Forsthoff: Ich würde sagen: „Der Arbeitsauftrag des Ausschusses läßt eine Stellungnahme zu der Anregung nicht zu" und würde dann vielleicht das Schreiben noch an den Herrn Präsidenten der Akademie weiterleiten, vielleicht in seiner Eigenschaft als Führer des Rechtswahrerbundes. Das kann man meines Erachtens tun, und das würde ich auch dem Landesbischof schreiben, damit er über das rein Formale hinaus noch etwas in die Hand bekommt. Damit vergibt man sich nichts.

Keith: Das ist richtig; aber ich glaube doch, daß wir der Frage eine etwas zu große Bedeutung beimessen, auch im Rahmen unseres Ausschusses. Daß politisch die Frage äußerst bedeutsam ist, kann nicht bezweifelt werden. Aber gegen die Formulierung des Herrn Prof. Forsthoff habe ich doch Bedenken. Vielleicht könnte man sagen: „Es gehört zur Zeit nicht zum Arbeitsauftrag des Ausschusses." Wir brauchen uns nicht zu binden.

Vorsitzender: Wir könnten ihm schreiben: „Der Arbeitsauftrag des Ausschusses läßt eine Stellungnahme zu der aufgeworfenen Frage zur Zeit nicht zu."

Weber: „Zur Zeit" würde ich nicht sagen. Der Auftrag kann sich ja ändern.

Vorsitzender: Wenn ich ihm schreiben würde: „Der Arbeitsauftrag des Ausschusses läßt eine Stellungnahme zu der aufgeworfenen Frage nicht zu", so würde ich das wohl als Auffassung des Ausschusses bezeichnen können. *(Allgemeine Zustimmung.)*

Forsthoff: Mehr kann man nicht tun. Wir können hier auch nur wissenschaftlich arbeiten.

Vorsitzender: Man könnte, um das zu erläutern, etwa formulieren: „Der auf wissenschaftliche Beratung lautende Arbeitsauftrag ...". (*Keith:* „Auf wissenschaftliche Themen beschränkte Arbeitsauftrag!") „... auf wissenschaftliche Fragen beschränkte Arbeitsauftrag"! Das scheint mir sehr gut zu sein. Damit können wir diese Frage als abgeschlossen ansehen.

Nun ist noch ein Zweites vorzubringen. Herr Oberkonsistorialrat Dr. Wienecke in Charlottenburg hat ein Schreiben an mich gerichtet. Ich bemerke vorweg, daß ich es nur zur Kenntnis bringe, um darzutun, daß die Ausdrucksweise „Ausschuß für Religionsrecht" doch wohl in der Öffentlichkeit zu Zweifeln Anlaß gibt. Ich wollte zuerst den Ausschuß nicht mit dieser Affäre behelligen, muß aber hinzufügen, daß ich im Gespräch mit anderen, die mich fragten, was das eigentlich sei, den Eindruck gewonnen habe, daß überall die Auffassung herrscht, als wenn der Ausschuß dazu berufen sei, sich mit dogmatischen Fragen zu befassen. Das Schreiben des Herrn Dr. Wienecke lautet: Sehr geehrter Herr Ministerialdirektor! Sie werden sich vielleicht meiner von einem Vortrag über die Lage des Pfarrerstandes her erinnern.

Ich erlaube mir, Ihnen in der Anlage 1. einen Bericht „Religion und Strafrecht" zuzuleiten, dazu 2. mein Buch „Charaktererziehung im Nationalsozialismus". – Dies Buch, das den Unbedenklichkeitsvermerk der Partei enthielt, bringt im besonderen S. 36 ff. Ausführungen, die denen von Senatspräsident Klee völlig entgegengesetzt sind. Religion ist nicht, wie bei K. Gegenstand nationalsozialistischer Totalität, sondern Voraussetzung, darf also nicht als Unterabteilung unter „Schutz der Volkskraft" behandelt werden. Auch die sonstigen Ausführungen Ks. werden von hier aus eine völlig andere Beurteilung erfahren. – Ich erinnere mich, daß s.Zt. der Referent der parteiamtlichen Prüfungskommission meine Ausführungen über Religion und Totalität besonders anerkannte, im besonderen die Ausführung, daß nur der fromme Nationalsozialist totaler Nationalsozialist sein könnte. Von hier aus müßte m.E. die Behandlung des Religionsrechtes im nationalsozialistischen Staat ihren Ausgang nehmen. – Indem ich Ihrer verantwortungsvollen Arbeit Gottes Segen wünsche, zeichne ich mit besten Weihnachtsgrüßen Heil Hitler! Ihr gez. Dr. Wienecke. – Ich entnehme daraus, daß doch die Auffassung besteht, daß da, wo es sich um die Grenze etwa zwischen dem strafenden und dem gütigen, liebenden Gott handelt, um die Grenze zwischen Strafrecht und Religion, überhaupt zwischen dem vorbeugenden und richtenden Element, das zu unseren Aufgaben gehört. Ich wollte das, wie gesagt, nur zur Kenntnis der Herren bringen und noch einmal die Frage stellen, ob wir uns nicht doch einen anderen Namen beilegen sollen. Daß dies nicht das einzige Mal ist, daß ich diesen Eindruck gewonnen habe, sagte ich bereits. Obwohl ja nur eine kurze Mitteilung in die Presse gegangen ist, werde ich zeitweise sehr häufig gefragt, auch telephonisch – es kommen Leute zu mir –, was das eigentlich wäre. Überall besteht der Eindruck, daß wir uns mit dem befassen, was das Volk unter Religion versteht, und das ist mir offengestanden, nicht angenehm. Herr Oberkonsistorialrat Dr. Wienecke schickt mir nun im Vertrauen diese Sache, und ich muß ihn doch belehren.

Weber: Soweit die Ausführungen auf die Behandlung etwa der religiösen Angelegenheiten im Strafrecht abzielen, gehören sie durchaus zur Zuständigkeit des Ausschusses. Das gehört auch zum Staatskirchenrecht hinzu. Die Behandlung der Religionsdelikte gehört sogar in einem engeren und spezifischeren Sinne dazu. Insofern hat also Herr Dr. Wienecke meines Erachtens nicht unseren Auftrag verfehlt. Ich bin der Meinung, daß auch die Frage der sogenannten Religionsdelikte in die Zuständigkeit des Ausschusses gehört.

Vorsitzender: Aber nun „Charaktererziehung im nationalsozialistischen Sinne"? (*Weber:* Nein, das nicht!)

Stahn: Herr Wienecke hätte unter allen Umständen geschrieben, ganz egal, welchen Namen der Ausschuß hat.

Ruppel: Er schreibt auch viel an uns, und ich hätte zum Teil schon auswendig hersagen können, was in dem Schreiben steht, womit ich aber nicht sagen will, daß es unbeachtlich ist. Es handelt sich um einen in der Partei sehr verdienten Mann, der 1929 oder 1930 in der Partei aktiv tätig war. Ich glaube, er hat den Ruhm, der erste nationalsozialistische Stadtverordnetenvorsteher zu sein, nämlich in seiner Stadt, in Soldin. Er hat immerhin gewisse Verdienste. (*Vorsitzender:* Er ist Geistlicher?) Ja! In praktischen Dingen ist er – ich darf einmal sagen – geradezu vielfach naiv. Er faßt die Sache mehr von der lehrhaften Seite auf. Ich bin der Ansicht, daß man ihm freundlich schreiben sollte, daß diese Aufgaben, die er anregt, außerhalb unseres gegenwärtigen Arbeitsprogramms lägen. Das würde ja genügen mit noch einigen freundlichen Wendungen dazu. Er befaßt sich mit der Frage rein von der theologischen Seite; aber an sich kann man ihm ja nicht verwehren, daß er uns nun von da aus auf die vorliegenden juristischen Fragen hinweist. Wir könnten uns zwar nach unserer Zuständigkeit vielleicht im Benehmen mit den etwa vorhandenen Strafrechtsausschüssen mit der Sache befassen; aber unser gegenwärtiges Arbeitsprogramm läßt eine Beschäftigung damit wohl kaum zu. Wenn wir ihm so antworten, kann er sich nicht beklagen. Im übrigen wird er, wenn er den Brief bekommen hat, voraussichtlich bei Herrn Dr. Stahn oder bei mir erscheinen, weil er öfter erscheint und sich mit uns ausspricht, was ganz nett ist für ihn und auch für uns. Dann werden wir ihm auch noch einige freundliche Worte, wenn er selbst darauf kommt, dazu sagen.

Vorsitzender: Meine Herren, Sie meinen, wir lassen es bei unserem Titel?

Weber: Wenn Sie „Staatskirchenrecht" sagen, ist das mindestens dem gleichen Mißverständnis ausgesetzt. Wenn Sie „Kirchenrecht" sagen, kommen diese Bedenken ebenfalls. Also nach keiner Richtung hin wird bei einer so delikaten Materie alles getroffen.

Stahn: Ich möchte auch sagen: Wir wollen die Aufnahme des Wortes „Kirche" in unserer Mitte vermeiden. Ich kann das zugleich für Herrn Roth sagen, der darauf von Anfang an ganz besonderes Gewicht gelegt hat. Sowie man nämlich heute „Kirchenministerium" oder „Ausschuß für Staatskirchenrecht" oder so ähnlich heißt, sind die Leute der Meinung, wir seien entweder irgendeine oberste Kirchenbehörde oder mindestens ein Disziplinarrechtsausschuß für die Verurteilung von Geistlichen oder so etwas. Das kommt noch ganz anders, wenn wir uns so nennen.

Keith: Ihre Anregung, Herr MinDirektor, habe ich mir durch den Kopf gehen lassen. Könnte man nicht sagen „Ausschuß für Glaubensrecht"? Ich bin mir durchaus klar, daß auch diese Bezeichnung zu Mißverständnis führen kann, aber irgendeine Bezeichnung muß man ja nehmen.

Ruppel: Das ist noch mehr eine Aufforderung zur Einreichung von Denkschriften über die Gründung einer neuen Religion. Mit diesem Problem können wir uns nicht befassen.

Barion: Wenn man jetzt noch einmal den Namen ändert, dann wird der neue Name in einer ganz anderen Weise Interpretationen ausgesetzt sein. Das ist ja schon bei dem bisherigen Namen in mehr oder minder starkem Maße der Fall. Sobald aber jetzt ein neuer Name kommt, wird man darin, und zwar jeder nach seiner Stellungnahme, eine bestimmte Tendenz sehen.

Vorsitzender: Also lassen wir es bei dem bisherigen Namen.

Meine Herren! Dann möchte ich noch eine Sache zu Ihrer Kenntnis bringen, die eigentlich mehr zum Kirchenministerium und mir als Finanzminister gehört. Ich bekam den Besuch der Herren Pastor Petersen und des Syndikus Willkomm (?), die die Führer der evangelisch-lutherischen Freikirche in Sachsen und in anderen Staaten sind. Die Herren legten mir dar, daß ihre Kirche in Sachsen entstanden ist und daß auch in Sachsen ihre Kirche als öffentlich-rechtliche Körperschaft besteht, daß sie sich dann aber über weitere Teile des Deutschen Reiches ausgedehnt hat und nun also so bezeichnet wird. Sie sagten mir, sie hätten in der Zeitung gelesen, daß sich der Ausschuß mit sämtlichen Religionsgesellschaften befasse, daß er dazu berufen sei, die Beziehungen des Staates zu den Religionsgesellschaften zu prüfen oder Einfluß darauf zu nehmen. Sie baten nunmehr, da sie weder eine Dotation bekommen, noch, weil sie nämlich als in Reich bestehend und in Preußen bestehend nicht die Rechte einer öffentlich-rechtlichen Körperschaft hätten, infolgedessen auch nicht berechtigt seien, Steuern zu erheben, der Ausschuß möchte dafür eintreten, daß sie nicht etwa in der Behandlung ihrer Grundstücke und ihres sonstigen Vermögens der Steuer unterworfen würden, von der sie offenbar bisher freigestellt sind, wie mir aber scheint, im Wege der Übung, so weit ich das bei uns habe feststellen können. (*Stahn:* Die Sache schwebt!) Ich habe die Herren dann höflich verabschiedet und ihnen zugesagt, ich würde die Sache im Auge behalten. Sie sagten mir noch, sie würden in einiger Zeit anrufen oder mich aufsuchen, um zu fragen, ob ein entsprechendes Gesuch Erfolg habe, da sie nach präzise lautenden Nachrichten – ich weiß nicht, woher diese Nachrichten stammen – annehmen müßten, daß sie nunmehr mit aller Schärfe jeder Steuer, die überhaupt bestehe, unterworfen würden.

Stahn: Dieses Problem tritt nicht nur bei diesem kirchlichen Verein auf, sondern bei allen kirchlichen Vereinen; denn die Steuer ist jetzt mächtig hinterher, daß alle diese Leute, die nicht wirklich Privilegien haben, zahlen. Da haben wir dasselbe Bild bei verschiedenen kleinen Körperschaften; in einem Lande sind sie öffentlich-rechtliche Körperschaften, in einem anderen nicht, und Herr LGR Haugg bemüht sich, durch wissenschaftlich sehr interessante Deduktionen nachzuweisen, daß sie auch da Steuerfreiheit genössen, wo sie nicht solche Körperschaftsrechte haben. Darauf hat sich sogar der Reichsfinanzminister zum Teil eingelassen. Dagegen hat bereits der Reichsinnenminister sehr energisch gegen eine solche Übernahme des Körperschaftsrechts de facto statt de jure protestiert, so daß die Leute zweifellos in einiger Zeit werden Steuern zahlen müssen. Das ist der Stand bei uns im Hause.

Ruppel: Die neue Grundsteuergesetzgebung – die ist ja hauptsächlich hier aktuell – ist in viel stärkerem Maße als bisher darauf abgestellt, daß die Grundstücke den Verwaltungszwecken einer Körperschaft, einer Religionsgesellschaft des öffentlichen Rechts dienen, und da kommt es also immer darauf an: sind die betreffenden Körperschaften rechtlich? In diesem Fall ist meistens, zumal für Altlutheraner, Mennoniten usw. nichts zu machen. Nun kommt eine weitere interessante Frage. Die Kirchengebäude, die für den Gottesdienst einer öffentlich-rechtlichen Religionsgesellschaft bestimmt sind, sind auch unter Umständen frei, und da setzen nun die Klimmzüge des Herrn Haugg ein, wenn ich das einmal hier erzählen darf. Er sagt nämlich: an sich ist das doch ein Verein; der Sitz ist in Sachsen. So wird er beispielsweise in diesem Falle sagen. In anderen ähnlichen Sachen macht er es auch so, z.B. bei der evangelischen Gemeinschaft, bei den freien evangelischen Gemeinden in Thüringen: deren Sitz ist doch hauptsächlich in Sachsen; religiös ist es eins; also dient doch auch das Gebäude hier in Berlin, das Kirchengebäude, soweit sie eins haben, dem religiösen Zweck der Körperschaft des öffentlichen Rechts. Das ist eben ein juristisches Problem, mit dem wir uns hier nicht zu befassen haben. Wenn ich mir einen Vorschlag erlauben darf, so würde ich sagen: der Ausschuß könnte diese Sache ruhig an das Kirchenministerium abgeben.

Vorsitzender: Ich brauche das in diesem Falle nicht. Es ist eigentlich nur eine Fühlungnahme gewesen. Aber die Herren werden vielleicht wiederkommen und dann werde ich die Sache an das Kirchenministerium abgeben.

Ruppel: Diese und ähnliche Fragen haben mich veranlaßt, die Frage der Körperschaftsrechte als Gegenstand der Tagesordnung zu empfehlen. Es handelt sich ja in diesem Falle immer darum: wie weit geht die Körperschaft? In Sachsen sind es Körperschaften des öffentlichen Rechts. Wirkt sich das nun auch in Berlin usw. aus? Diese Dinge können wir später einmal im Zusammenhang behandeln. Wenn es einmal dazu kommen sollte, daß ich das vortrage, könnte ich das miterörtern.

Vorsitzender: Es ist ein eingetragener Verein, sagten mir die Herren, und die einzelnen Gemeinden sind auch eingetragene Vereine. – Also dann werde ich das an Sie abgeben.

Nun sind noch einige Gesuche um Aufnahme an den Ausschuß gerichtet worden, mit denen ich Sie nicht behelligen will. Aber einiges möchte ich doch zu Ihrer Kenntnis bringen. Es handelt sich um ein Gesuch des altkatholischen Pfarrers Poczatek.

Keith: Da liegt eine Entscheidung des Herrn Ministers vor: er soll nicht aufgenommen werden.

Vorsitzender: Eine neue oder die frühere Entscheidung?

Keith: Nein, es ist eine ausdrückliche Entscheidung getroffen worden.

Vorsitzender: Dann ist das Gesuch überholt. Ich hätte es nur zur Kenntnis des Ausschusses gebracht, weil es sich eben um einen Altkatholiken handelt.

Keith: Er hat noch einmal geschrieben, und wir antworten ihm gar nicht mehr. Der Herr ist mittlerer Beamter im Wirtschaftsministerium, ist offenbar abgebauter altkatholischer Pfarrer. Der Herr Minister hat verfügt: er soll nicht aufgenommen werden.

Vorsitzender: Nun noch einige Anregungen! Herr Prof. Dr. Barion, Sie haben mir freundlicherweise am 8. Februar dieses Schreiben geschickt. Ich habe mich mit Herrn Prof. Weber verständigt, der sehr gern bereit ist, auf Ihre Anregung einzugehen. Ich halte das für sehr glücklich. Da die Sache ja zur Tagesordnung unserer nächsten Tagung oder einer späteren Tagung gehören wird, darf ich kurz auch hier schon darauf eingehen. Sie schreiben, daß Sie Kenntnis genommen haben von der Niederschrift des Referats des Herrn Prof Weber über das Nihil obstat, und Sie sagen, daß Sie den Höhepunkt erblicken in der Frage der kirchlichen Mitwirkung bei der Berufung der Dozenten der theologischen Fakultäten. Sie regen an, doch eine Art von Kodifikation vorzunehmen, d.h. das Ergebnis in einigen scharf umrissenen Sätzen gewissermaßen als formulierte Richtlinien zu kodifizieren und, wie ich schon vorhin sagte, in den Speicher zu legen, damit wir es, wenn es nötig ist, zur Hand haben. Ich begrüße das außerordentlich, und ich bin überhaupt der Meinung, daß wir wohl so arbeiten müssen, daß wir das, was erarbeitet ist, in möglichst gedrängter Kürze auf eine abschließende Formel bringen, zu einem Ergebnis bringen, das man zur Hand hat, so daß sich schließlich der Speicher – wenn ich den Ausdruck gebrauchen darf – zu einer Bibliothek oder Kartothek – wie Sie es nun bezeichnen wollen – entwickeln könnte, und daß wir uns vornehmen, alles, was wir hier erörtern – es braucht nicht das erste Mal zu sein; es kann im späteren Verlauf der Arbeit sein – auf eine solche Formel zu bringen. Aus diesem Gesichtspunkt heraus – das wollten Sie doch wohl sagen, Herr Prof. Barion –, (*Barion:* Jawohl!) begrüße ich das sehr. Sie regen dann noch eine Erweiterung an, soweit es sich um die Lehrplangestaltung und den wissenschaftlichen Betrieb überhaupt handelt. Herr Prof. Weber ist bereit – ich darf das wohl auf Grund unserer Unternehmung annehmen –, mitzuarbeiten und sein Referat auch darauf zu erstrecken. (*Weber:* Jawohl!) Darf ich dazu einmal fragen: Worum handelt es sich da im wesentlichen, wie können Sie die Lehrplangestaltung umreißen?

Barion: Ich würde vielleicht so sagen: Ein grundlegendes Problem ist ja die Abstimmung oder die Verteilung der Ausbildung auf die staatlichen Fakultäten und die parallel laufenden, die Arbeiten in gewisser Weise abschließenden kirchlichen Anstalten. Beispielsweise in Köln und in Bonn hat man die Fakultät und das Priesterseminar ist in Bensberg. In München ist es ebenfalls so, und in anderen Diözesen auch.

Vorsitzender: Das sind doch aber nicht Anstalten von dem Range einer Hochschule: Paderborn, Trier usw.!

Barion: Nein, so ist es nicht; es soll wenigstens nicht so sein. De facto ist es aber so, daß lebhafte Bemühungen immer von Seiten etwa der kirchlichen Seminare im Gange sind, sich nun in den wissenschaftlichen Lehrplan einzuschalten, also in der Art, daß man irgendein bestimmtes Fach zum Teil an der Fakultät und nachher zu einem anderen Teil – den Restteil, den dritten Teil oder die Hälfte –, wenn es möglich ist, an der kirchlichen Anstalt hört, so daß also praktisch gesehen die Teilung rein zeitlich vorgenommen wird, indem man sagt: Wir brauchen für die gesamte theoretische Ausbildung 10 Semester; von diesen 10 Semestern werden 8 Semester an der Fakultät und nachher 2 Semester an einer kirchlichen Anstalt durchgemacht, während ich es für das Richtige halten würde, daß man teilt nach dem Gesichtspunkt der wissenschaftlichen und der rein praktischen Ausbildung, damit das in irgendeiner Form festgelegt würde, etwa in der Linie des Referats des Herrn Prof. Weber. Ich meine nicht, daß der Ausschuß sich mit der Frage befassen sollte, wieviel Stunden Kirchengeschichte und Dogmatik jemand gehört haben soll, sondern ich bin der Auffassung, daß er den Grundsatz entwickeln und in eine Form bringen soll, daß die Fakultäten gehalten sind – darauf kommt es sehr wesentlich an –, den theologischen Kurs, wenn man einmal so sagen soll, wirklich vollständig durchzuführen, und daß dann in irgendeiner Form dieser Grundsatz durch einen spiegelnden Grundsatz ergänzt wird, damit die wissenschaftliche Vorbildung nicht auch noch an anderen Stellen getrieben wird.

Ein anderer Punkt, der sich auf den wissenschaftlichen Betrieb bezieht, wäre die Frage der Promotionsordnung, die, wie ich persönlich festgestellt habe, in äußerster Weise im argen liegt, und zwar insofern, als die Fakultäten es mit Eifer und auch bisher mit einem bemerkenswerten Erfolge verstanden haben, gewisse Grundsätze, die ja von Staats wegen nun einmal unbedingt verlangt werden mußten, einfach immer wieder zu umgehen. Ich möchte dahin rechnen den Grundsatz, daß niemand den theologischen Doktor einer deutschen staatlichen Fakultät erhalten darf, der nicht auch wirklich an einer deutschen staatlichen oder wenigstens staatlich ausdrücklich hierfür anerkannten Hochschule seine wissenschaftlichen Studien gemacht hat. Der Methode, die seit einigen Jahren eingerissen ist und die dann von den Fakultäten zum Teil mit frommem und patriotischem Augenaufschlag gegenüber dem Ministerium mit großem Erfolg verteidigt wird, steht das Erziehungsministerium völlig hilflos gegenüber; es läßt sich einfach gefallen, daß die Leute in Rom studieren und nun, weil sie inzwischen gemerkt haben, daß es im Augenblick leicht ist, mit dem römischen Doktor Professor zu werden, in die Dozentenlaufbahn übergehen und nach einem halben Jahr mit dem deutschen Doktor versehen werden. In Münster ist es so gemacht worden. Wenn man in der Rektorenkonferenz den Rektor von Münster reden hört, hat man das Gefühl, als sei dort der nationalsozialistische Katholizismus verwirklicht. Praktisch sieht es aber so aus, daß man Leute, die in Rom promoviert haben, nach kurzer Zeit mit dem Münsterschen Doktor und Dr. habil. versieht und das dann bei dem Minister durchpaukt. Das wäre also eine Aufgabe, die auf wissenschaftlichem Gebiet läge, und ich würde glauben, daß der Ausschuß sich mit dieser Angelegenheit einmal beschäftigen müßte.

Vorsitzender: Herr Professor, das halte ich für sehr mißlich. Der Besuch der römischen Schule, der im Konkordat erwähnt ist, bezieht sich nur auf die Voraussetzungen für Geistliche. (*Barion:* Jawohl, für die seelsorgerische Tätigkeit!) Da ist die Grenze. Das war das Zugeständnis, das der preußische Staat machte, daß die Geistlichen nicht nur an den staatlichen Universitäten, sondern auch auf den bischöflichen Hochschulen in Preußen, also Paderborn, Trier und Limburg, oder sogar auch in Rom studieren können, um dann in Preußen Geistliche zu werden. Aber diese Seite stellen Sie hier gar nicht auf – das steht fest –, sondern Sie behandeln nur die staatliche Seite.

Barion: Ich bringe das immer auf das Schlagwort von dem wissenschaftlichen Monopol der staatlichen theologischen Fakultäten, daß man also eine Regelung findet, die den staatlichen katholisch-theologischen Fakultäten wirklich das Monopol für die Heranbildung des wissenschaftlichen Nachwuchses sichert.

Vorsitzender: Das würde dann aber ein Abgehen vom Konkordat sein.

Barion: Nein! Ich sage, daß man ihnen das Monopol gibt für die Ausbildung von Leuten, die promovieren und sich eventuell habilitieren, also für die ausgesprochen wissenschaftliche Ausbildung. (*Vorsitzender:* Also für die Dozenten!) Ja, es wäre das ganze Reservoir der Promoventen.

Vorsitzender: Ich glaube, de jure ist das doch wohl selbstverständlich.

Barion: Es hat erst eines eigenen Erlasses bedurft, um solche Dinge zu unterbinden. Die Leute haben auch in Innsbruck studiert und sich mit dem Innsbrucker Doktor im Deutschen Reich habilitiert. Als Übergangsvorschrift würde ich in eine Promotionsordnung hineinsetzen, daß das Studium an einer österreichischen Fakultät – Wien oder Graz – so lange nicht anerkannt werden kann, als nicht die rechtlichen und tatsächlichen Verhältnisse dieser Fakultäten denen des Altreichs angeglichen sind.

Vorsitzender: Also die Gefahr ist jetzt größer geworden.

Barion: Die Gefahr ist die, daß als Maß für die Vereinheitlichung, die einmal kommen muß, nicht die preußischen Fakultäten, sondern die österreichischen genommen werden. Auch das Zahlenverhältnis ist zuungunsten der staatlichen Fakultäten verschoben worden. Wenn die kirchlichen Anstalten praktisch das Übergewicht haben, können die Fakultäten, zumal wenn sie noch vermindert werden, einpacken.

Vorsitzender: Herr Professor Weber, würden Sie dazu bereit sein?

Weber: Ja, aber das erfordert natürlich eine längere Vorbereitung. Das Gegenstück wäre die politische Klausel, die noch bedeutsamer ist. Wir haben ein internationales Gemeinrecht der politischen Klausel.

Vorsitzender: Die Ausdehnung Ihres Referats über die Mitwirkung der Kirche bei der Berufung der Dozenten der Theologie gehört eigentlich in das nihil obstat nicht hinein.

Weber: Insofern doch, als dort ein Teil der Frage des Verhältnisses von Staat und Kirche bezüglich der theologischen Fakultäten erörtert wird.

Vorsitzender: Sie würden auch Kodifizierungsvorschläge bringen?

Weber: Diese Vorschläge würden bis zur nächsten Sitzung vorliegen.

Barion: Es wäre gut, wenn die Formeln so rechtzeitig vorliegen, daß sie zu Hause studiert werden können.

Vorsitzender: Ich wollte noch eine Anregung geben. Sollte es nicht erwünscht sein, wenn man in der heutigen Zeit, wo man in Deutschland einmal sowohl nach der katholischen wie nach der evangelischen Seite zu einer Regelung kommen muß, den Werdegang und den bestehenden Zustand in den anderen bedeutendsten Ländern untersuchen würde? Ich habe in einem Entwurf näher dargelegt, wie ich mir das denke. Ich gehe davon aus, daß die Frage der Gestaltung der Beziehungen zwischen Staat und Kirche immer eine prominent staatspolitische gewesen ist. Sie hat auch dazu geführt, daß in den parlamentarisch regierten Ländern politische Parteien entstanden, die kirchenfreundlich oder kirchenfeindlich sind, z.B. Zentrum und Kommunisten. Die Sache ist verschieden ausgefochten worden. In einigen Ländern ist der Kampf heftig gewesen, in anderen Ländern will der Staat der Kirche nur bestimmte Grenzen ziehen. Sollte es sich nicht empfehlen, diesen Werdegang mit dem abschließenden Zustand, der sich im Laufe der Entwicklung in den einzelnen Ländern ergeben hat – sei es Staatskirchentum, sei es Trennung von Kirche und Staat, sei es ein Mittelding –, darzulegen? Dabei wäre auch auf die Entwicklung in vermögensrechtlicher Beziehung einzugehen, ob Dotationen gegeben werden usw. Wir würden das auf die katholische und die evangelische Seite beschränken können. Man könnte das dahin ausbauen, daß der Kampf zwischen den Kaisern des ersten Reichs und dem Papst ein Ausfluß dieses Verhältnisses ist. Dann ist die Reformation stark davon beeinflußt, in katholischen Ländern ist der Kampf weitergegangen, die evangelische Kirche ist hinzugekommen, und es wäre auch das Verhältnis der beiden Kirchen zueinander zu behandeln. Wir könnten dabei mit einem bestimmten Lande anfangen.

Stahn: Wir haben darüber eine ganze Menge Material, das wir in früherer Zeit einmal für bestimmte Zwecke zusammengestellt haben. Diese Zusammenstellungen sind zum Teil etwas überholt, z.B. für Litauen. Interessant sind die letzten Vorgänge in Griechenland. Zunächst nimmt man an, man könne für die Beurteilung des Verhältnisses zwischen Staat und Kirche aus unserem Material etwas entnehmen. Das ist aber nur in beschränktem Maße der Fall. Die Situation ist in Deutschland doch einzigartig. Es finden sich viele interessante Parallelen, aber das Ergebnis ist doch nicht so befriedigend, wie es zunächst scheinen möchte. Der Begriff Trennung von Staat und Kirche ist z.B. ein absolut liberaler Begriff, mit dem sich nichts mehr anfangen läßt. Das Einmalige und Neue bei uns liegt darin, daß hier ein Staat ist, der eine absolut neue Ethik und Weltanschauung zu seiner Grundlage gemacht hat und weiter entwickelt, während die anderen Staaten geneigt sind, eine verbesserte christliche Weltanschauung als Staatsethik zu Grunde zu legen. Deshalb müssen wir völlig neue Wege gehen. Wir haben folgende Länder geprüft: Spanien, Amerika, Frankreich, England, Dänemark, Norwegen, Schweden, Litauen, Rußland, die Balkanstaaten, Griechenland, Italien. Das Ergebnis ist, wie gesagt, für die Beurteilung unserer Lage nicht so sehr förderlich, weil die Dinge bei uns grundsätzlich anders liegen.

Stalmann: Es sind nicht alle Länder interessant. Man könnte von den Ländern ausgehen, wo die geschichtliche Entwicklung dieselbe ist wie bei uns, anfangend von der Ausbreitung des Christentums um 800; Frankreich, Italien, Spanien, Deutschland, Holland, die nordischen Staaten und England. Vom Osten würde ich zunächst absehen. Ganz anders ist es in Amerika gegangen. Dort haben sich Bauern angesiedelt, eine Kirche gebaut und einen Pfarrer angestellt, der gleichzeitig Lehrer war. Aber in Europa ist die Entwicklung ziemlich die gleiche gewesen. Vermögensrechtlich liegt der Schwerpunkt auf der Dotierung der einzelnen Pfarrgemeinden. Überall war zunächst eine Staatskirche. Am wenigsten hat sich die Kirche in den nordischen Staaten gelöst, bei uns mehr, und zwar unter dem Einfluß der Revolution von 1848 unter Benutzung des demokratischen Prinzips. In Spanien und Italien hat eine starke Verbindung mit dem Staat bestanden. Interessant ist die Entwicklung in Frankreich. Dort war das schwierigste Problem das Kirchenvermögen, die Dotierung der Pfarreien. Man hat dort das Vermögen auf die politischen Gemeinden übertragen, hat privatrechtliche Kultgemeinden geschaffen, und diese haben die Nutzung der kirchlichen Gebäude, die aber im Eigentum der politischen Gemeinde stehen. Das würde bei einer klaren Trennung von Staat und Kirche auch bei uns das Problem sein, und zwar käme außer dem alten Kirchenvermögen neu das aus den Kirchensteuern stammende hinzu, das auch staatliches Geld wäre. Die Entwicklung in den baltischen Randstaaten interessiert wohl weniger, da sie neu entstanden sind, sondern nur die Entwicklung in den historischen Ländern.

Ruppel: Meiner Ansicht nach hat diese Untersuchung in doppelter Beziehung Wert. Erstens ist die katholische Kirche überall dieselbe und verwertet ihre Tradition. Hier kann man also lernen, wie die katholische Kirche auf bestimmte kirchenpolitische Maßnahmen reagieren würde. Für mich hat das Studium den Hauptwert in der Richtung gehabt, daß man an einzelnen praktischen Beispielen gelernt hat, wie man technische Einzelfragen behandeln könnte. Unter Umständen kann man aus dem Vorgehen eines Kantons der Schweiz z.B. für die Probleme der Trennung von Staat und Kirche mehr lernen als etwa aus dem Vorgehen Frankreichs gegenüber der evangelischen Kirche. Wir könnten vielleicht davon absehen, die technischen Einzelfragen in breiter Front in Angriff zu nehmen, wenn wir uns vornehmen, bei den Einzelfragen, die wir behandeln, die Rechtslage im Auslande stärker als bisher in unsere Betrachtungen einzubeziehen. Man braucht also nicht jeweils ein vollständiges Bild zu bieten. Die Materialien sind zum Teil recht leicht zu beschaffen. Viel bietet die Sammlung von Giacometti: Urkunden über die Geschichte der Trennung von Staat und Kirche. Sie ist nicht überall genau und vielleicht auch an manchen Punkten überholt, aber immer noch wertvoll.

Vorsitzender: Also in der Frage der theologischen Fakultäten und der politischen Klausel solle man gleich mit betrachten, wie diese Frage in anderen Ländern gelöst ist, z.B. in einem Lande, wo die Trennung durchgeführt ist?

Ruppel: Diese ganzen Fragen werden geschichtlich schon bei der Behandlung der Körperschaftsfrage zur Sprache kommen. Denn eine der wesentlichsten Wandlungen der kirchlichen Rechtsentwicklung dürfte darin bestehen, daß die Kirche aus dem einheitlichen Corpus Christianum irgendwann sich immer stärker ausgegliedert hat in die Gestalt einzelner selbständiger Gemeinschaften. Wenn wir das jeweils historisch und rechtsvergleichend stärker betrachten, würde uns das fördern, ohne uns zu sehr zu belasten.

Vorsitzender: Ich wollte nur wissen, wie sich die Herren zu diesem Gedanken stellen, der mir unabhängig von der Arbeit im Ministerium gekommen ist.

Weber: Man müßte das Material auch danach sichten, wieweit schon Arbeiten vorliegen. Man könnte das vorhandene Material in einer Art Bibliographie zusammenstellen. Dann könnten wir die weitere Arbeit darauf beschränken, unsere Forschungen rechtsvergleichend zu unterbauen.

Barion: Auch ich würde dies für völlig richtig halten. Man kann ein aktuelles Thema nur fruchtbar gestalten und tiefer darin eindringen, wenn man rechtsvergleichend und historisch arbeitet. Dabei möchte ich den Wert der historischen Betrachtungen betonen. Unmittelbar lernt man aus diesen Betrachtungen vielleicht nicht immer etwas, aber sie schärfen den Blick für die Kategorien. Bei der kirchenrechtlichen Literatur, die der Öffentlichkeit zugänglich ist, fällt auf, wie klischeemäßig und wie wenig den Problemen angemessen die Begriffsbildung ist. Man findet da nur eine geringe Zahl von Arbeitsbegriffen. Diesem Mangel kann man nur durch die historische Blickweitung abhelfen.

Forsthoff: Ich würde auch meinen, daß zunächst eine Bibliographie genügt.

Vorsitzender: Sie sind aber alle der Meinung, daß es nützlich wäre? *(Zustimmung.)*

Stahn: Für den bibliographischen Teil könnte ich von uns aus einiges tun, ohne daß es vollständig sein kann. Wir haben ein Literaturverzeichnis, das allerdings nachher nicht fortgeführt worden ist, weil es damals für einen akuten Zweck gemacht wurde. Wir können das, was wir haben, zusammenstellen und den Herren Professoren zur Ergänzung übergeben.

Weber: Die Akademie könnte doch an das Stutzsche Institut die Bitte richten, eine solche Bibliographie anzufertigen. Das ist ja die Aufgabe solcher Institute.

Vorsitzender: Das können wir noch besprechen. – Dann darf ich die Sache als abgeschlossen betrachten.

Keith: In der Niederschrift der letzten Sitzung ist auf Seite 12 ein Schreibfehler. Da muß es statt „300 000 Tschechenkronen" heißen „300 Millionen Tschechenkronen".

Sodann ist an die Akademie die Anregung gekommen, sich mit dem Patronatsrecht zu befassen. Das Patronatsrecht läge im Argen. Die Verhältnisse hätten sich unerfreulich für die Patronatsverpflichteten entwickelt, weil ihren Pflichten nicht die entsprechenden Gegenleistungen gegenüberständen.

Vorsitzender: Wie wird die Patronatsfrage augenblicklich praktisch gehandhabt?

Stahn: Wir verlangen Zustimmung in jedem Falle.

Weber: Hier sind die Privatpatronate gemeint, nicht die Staatspatronate.

Stahn: An und für sich haben wir auch hierüber kolossales Material. Es ist aber eine der greulichsten Materien, die es gibt. Man kommt nie zu einer klaren Richtlinie. Es gibt ungefähr 1500 verschiedene Patronatsrechte aus der Zeit der kleinen Fürstentümer. Für die wissenschaftliche Arbeit ist da nichts herauszuholen. Nach meiner Meinung muß man das Patronatsrecht abschaffen.

Weber: Wir haben ja schon vor Jahren Entwürfe von zwei oder drei Paragraphen gemacht, die die Entwicklung in Gang bringen sollten. Wenn es dem Justizministerium gelungen ist, die komplizierten Verhältnisse der Fideikommisse zu regeln, müßte es ihm doch auch einmal gelingen, dieses Problem zu lösen.

Stahn: Nur für die wissenschaftliche Arbeit ist diese Materie weder fruchtbar noch reizvoll.

Weber: Aber die Formulierung für eine vernünftige, einfache und erschöpfende Regelung ist auch wissenschaftlich von Reiz, und die Akademie ist nicht nur ein wissenschaftliches Institut, sie hat auch rechtspolitische Aufgaben. Es würde zu dem Auftrag unseres Ausschusses gehören, einen solchen Entwurf gutachtlich anzufertigen. Das hat auch kirchenpolitische Bedeutung. Weil man nicht dazu gelangt ist, die dinglichen Kirchensteuern zu regulieren und das Patronatsrecht zu regeln, liefert man dauernd Material, die gänzlich antiquierte Einrichtung zu verdammen.

Vorsitzender: Sie sagten eben, der Ausschuß habe auch rechtspolitische Aufgaben, habe sich z.B. mit der Frage zu beschäftigen, ob man ein Gesetz ausarbeiten solle. Das habe ich vorhin auch nicht gemeint, wenn ich sagte, daß wir keine politische Stelle seien. Aber die Frage der Zugehörigkeit der Geistlichen zur Partei ist wohl eine ausschließlich staatspolitische, nicht eine rechtspolitische Frage.

Forsthoff: Ich würde anregen, daß wir uns zunächst auf die fiskalischen und staatlichen Patronate beschränken.

Stahn: So kann man es nicht beschränken. Man muß es im Ganzen sehen. Die Stadtpatronate machen z.B. viel mehr Ärger als die fiskalischen.

Forsthoff: Ich meine die öffentliche Hand überhaupt. Das wäre zunächst als Arbeitshypothese anzulegen.

Keith: Da wird nachher gesagt, der Staat sorgt für seine Patronate, aber nicht für die privaten.

Schröcker: Ich halte die Behandlung der Patronate für vordringlich, weil für Österreich und Sudetendeutschland die Verhältnisse bald geregelt werden müssen. In Österreich hat der Staat nicht unmittelbar die Pfarreien dotiert, sondern seine Leistungen einem Religionsfonds gegeben, und dieser ist als Patronatsherr aufgetreten. Diese Religionsfonds sind auf verschiedene Weise entstanden und später durcheinandergekommen. Man kann drüben auch die Privatpatronate nicht restlos aussondern. Denn sie sind dort zum größten Teil insofern als öffentlich-rechtliche Last zu betrachten, als der Staat den Patronen zum Teil zwangsweise die Baulast und die Kongrualeistung für den betreffenden Geistlichen auferlegt hat. Der Grundherr wurde einfach gezwungen, das Patronat für die in seinem Bezirk errichtete Kirche zu übernehmen. Soweit ein Grundherr nicht da war, ist der Religionsfonds ersatzweise eingesprungen und hat das Patronat übernommen. Außerdem ist die Baulast nach Bruchteilen geregelt. Der Grundherr hat auf Grund eines gesetzlichen Titels ein Drittel zu leisten, ein weiteres Drittel die Pfarrei oder irgendeine Körperschaft. Man kann zum Beispiel nicht das Drittel der Gemeinde und das Drittel des Religionsfonds abschaffen und das Drittel des Privatpatronats belassen.

Vorsitzender: Wenn man ein Gesetz erließe: Die Patronate werden aufgehoben, Entschädigungen werden nicht gewährt?

Stahn: Das würde einen kleinen Ruck geben, der aber nicht das Reich erschüttern würde. Es müßten aber Übergangsvorschriften geschaffen werden. Es gibt Kirchengemeinden, wo die Patronate rein privat sind. Da gehört die Kirche dem Grundherrn. Es gibt Patronate, wo der Staat alles übernommen hat und alles bezahlt. Wo es so ist, müßte bestimmt werden, daß diese Gemeinden Kirchensteuern erheben. – Zur Erstattung eines Referats hierüber würde ich mich nicht eignen, weil ich einen radikalen Standpunkt vertrete. Ich halte alle wissenschaftliche Diskussion für wenig ergiebig, weil ich es mit einem solchen Gesetz machen würde, wie Sie es erwähnen. Nach meiner Meinung sollte man diese Sache beseitigen, und die Folgen vernünftig regeln. Das ist nicht so schwierig. Das liegt auch in der Linie der Partei. Die Partei kann nicht mehr als Schutzherr kirchlicher Gebäude auftreten, weil sie ihren Mitgliedern nicht gestattet, kirchliche Aufgaben zu übernehmen.

Vorsitzender: Legt der Staat noch Wert darauf, Patron zu sein?

Stahn: Der Staat sagt: Ich lege Wert darauf, weil ich damit in Preußen 3000 Pfarrstellen habe, wo ich dafür sorgen kann, daß dort anständige Pfarrer hineinkommen. Die Partei dagegen sagt: Du sollst dich gar nicht darum kümmern. Sind die Pfarrer anständig, wird es schon gehen, sind sie nicht anständig, werden wir auch mit ihnen fertig werden. Man kommt bei der Besetzung von Pfarrstellen auch nicht um die innere religiöse Frage herum. Denn der Staat muß den Gemeinden Pfarrer aufzwingen, die er für politisch anständig hält, die also alle einer bestimmten Richtung angehören.

Vorsitzender: Ich bin auch der Meinung, das müßte sich erreichen lassen. Wir würden ja immer nur bis zum Herrn Kirchenminister vordringen. Sie sehen Schwierigkeiten?

Stahn: Wenn die Frage nun auch dringlich ist, man kann sie doch nur lösen mit einem Durchhauen des gordischen Knotens.

Forsthoff: Was Herr Stahn ausführte, bestätigt doch meine Anregung, rein in Form einer Arbeitshypothese sich auf die Patronate der öffentlichen Hand zu beschränken, nicht nur die staatlichen, sondern auch die städtischen, und zwar weil hier allgemeine Erwägungen über das Verhältnis von Staat und Kirche Platz greifen, von denen aus man zu einer klaren Lösung kommen kann.

Was mich veranlaßt, bei den privaten Patronaten anders zu denken, sind die Einblicke, die ich in Ostpreußen habe. Da ist das private Patronat einfach ein Bestandteil der ostpreußischen Dorfverfassung, die seit 10 Jahren etwa im Abbau begriffen ist mit dem Erfolg, daß wir jährlich mehrere 1000 Ostpreußen an das Reich in die Industrie abgeben. Das Patronatsrecht des Gutsherrn ist ein Stück der Dorfverfassung. Wenn man das weiter zerstört, greift man in ein Stück der Volksordnung ein. Vielleicht muß man das. Aber die Gesichtspunkte sind so wesentlich, daß man eine Teilung vornehmen sollte.

Stahn: Warum soll der nationalsozialistische Staat es nicht erlauben, daß ein Privatmann eine Kirche stiftet und unterhält? Das könnte ich mir denken. Aber das Patronatsrecht als öffentliches Recht wird man nicht so halten können, auch nicht als Gegenstand der Dorfverfassung.

Weber: Es ist früher ein Entwurf in zwei Paragraphen ausgearbeitet worden. Da hieß es: das Patronatsrecht wird als staatliches Recht aufgehoben. Dann überließ man die weitere Ausgestaltung des Abbaus dem Kirchenrecht über das Patronat. Ich weiß nicht, ob das heute noch möglich und sinnvoll wäre. Der Staat zieht sich dann aus der Verantwortung heraus und überträgt die Probleme der Kirche. Es ist auch zu bedenken, daß bei den staatlichen Patronaten die konkordats- und vertragsrechtlichen Bindungen eine gewisse Rolle spielen. Man hatte eine Liste aufgestellt; es blieben da noch 150 Patronatsstellen übrig. Dabei hatte sich der Staat die bedeutenden Pfarrstellen in Ostpreußen vorbehalten, um dort ein Präsentationsrecht auszuüben. Danach wird verfahren. Das ist in Durchführung des Konkordats vereinbart worden. Dazu brauchten keine Richtlinien aufgestellt zu werden, weil es sich um die Vereinbarung einer Liste handelt. Es gibt da drei Gruppen von Patronaten. Bei der einen Gruppe ist nur der leere Titel, bei der zweiten hat der Staat ein Einspruchsrecht und die Kirche das Präsentationsrecht, und in der dritten Gruppe präsentiert der Staat, und die Kirche muß dann ernennen. Diese Bindung der Kirche an den Vorschlag liegt mit im Präsentationsrecht des Staates. Allerdings erfolgt der Vorschlag nach Benehmen mit dem Diözesanbischof. Das gilt für die katholischen Pfarrstellen. Ich halte diese Frage kirchenpolitisch für dringlich.

Vorsitzender: Ich habe seinerzeit, als die Gesetzgebungsarbeit noch schwieriger war, mit dem Gesetz zur Regelung älterer staatlicher Renten, dem sogenannten Standesherrengesetz, einige 20 000 Renten totgeschlagen. Dieses Gesetz mußte im Reichstag mit Zweidrittelmehrheit angenommen werden, und das Gesetz ist durch Beharrlichkeit zustande gekommen. Warum sollte es nicht gelingen, das hier auch zu schaffen?

Schröcker: Ich wollte anregen, die Inkorporationsverhältnisse mit einzubeziehen. In vielen Fällen kann man schwer unterscheiden, was Patronat und was Inkorporationsverpflichtung ist. Wenn man reinen Tisch macht, muß man diese Dinge mit behandeln, um zu sichten, was man aussondern kann und was einbezogen werden muß.

Stahn: Es handelt sich im ganzen um 16 000 Renten.

Vorsitzender: Heute, wo wir diese einfache Gesetzesmaschine haben, müßte es doch möglich sein, hier, wo alle mit Ausnahme der Rentenbezieher darin einig sind, daß die Sache überholt ist, dieses Geschwür aufzudrücken und den Eiter herauszuspritzen. Das müßte doch eine Lust sein. Das sage ich, der ich viel Sinn für alles historisch Gewordene habe. Mein Minister hat mir damals gesagt: Sie haben die Standesherren so geliebt, daß Sie sie erdrückt haben. Das war damals notwendig wegen der Prozesse, die immer falsch waren. Die kirchlichen Renten sind damals aus meinem Gesetz herausgenommen worden.

Ruppel: Wir haben uns auch damit befaßt. Bei näherer Beschäftigung damit geht es immer mehr in die Breite. Es ist eine Kleinigkeit, immer weitere Gravamina anzuführen. Vielleicht klären wir zunächst die Frage, wer das Referat übernimmt. Ich selbst könnte es nicht, aber das nötige Material würden wir dem betreffenden Herrn gern zur Verfügung stellen.

Vorsitzender: Ich muß sagen: das ist wirklich ein Fall, den eigentlich ein Praktiker behandeln muß, weil er doch zu sehr mit der praktischen Seite verknüpft ist.

Stahn: Herr Dr. Schröcker sitzt bei uns im Hause und hat alles Material. Hilfeleistung durch uns ist ihm zugesagt.

Schröcker: Ich müßte mir natürlich eine etwas längere Zeit erbitten, und dann würde ich vorschlagen, daß Herr Präsident Stalmann das Hauptreferat übernimmt und ich ein Ergänzungsreferat halte.

Vorsitzender: Dann müßten Sie, meine Herren vom Kirchenministerium, ihm das Material schicken. (*Ruppel:* Es ist nicht so sehr viel!) Ich glaube, daß dieses Thema Herrn Präsidenten Stalmann lockt. Er bewegt sich bestimmt in meiner Richtung. Man kann neutral sein oder Feind oder Freund dieser Sache; sie muß immer weg, auch wenn man ihr Freund ist; denn man muß erkennen, daß sie Streitstoff enthält.

Ruppel: Wir wollten die Angelegenheit deshalb hier auch schon in der Form regeln, daß wir sagten: wir zahlen x Jahre das Doppelte, dann ist aber endgültig Schluß. – Was die Behandlung dieser Materie im Ausschuß anlangt, so könnten wir die Sache ja auch als Gemeinschaftsarbeit machen.

Vorsitzender: Wir wollen Herrn Präsidenten Stalmann als einstimmigen Beschluß des Ausschusses die Bitte mitteilen, daß er das Hauptreferat übernimmt.

Wir kommen nunmehr zu Punkt 1 der Tagesordnung: *Die evangelischen Kirchenverträge.*

Stahn [Das Referat trägt den Vermerk: Geheim.]*:* Meine Herren! In der letzten Sitzung des Religionsrechts-Ausschusses wurde beschlossen, daß von mir zur Frage der evangelischen Kirchenverträge ein Aufsatz verfaßt und unter anderem geeignetem Namen erscheinen sollte. Es war mir bisher nicht möglich, einen solchen Aufsatz zu entwerfen. Aus Gründen, die ich nicht vertiefen möchte, erscheint im Augenblick die Veröffentlichung eines solchen Aufsatzes auch nicht angebracht. Die genaue Einzelerörterung des rechtlichen Schicksals der einzelnen Vertragsbestimmungen muß also im Augenblick noch zurückgestellt werden.

Es wurde aber ferner in der letzten Sitzung gebeten, ich möchte einmal einen *Überblick über die gegenwärtige Rechtslage in der Deutschen Evangelischen Kirche und ihren Landeskirchen* geben, da diese Materie so undurchsichtig sei, daß dies ein Hindernis für die Beratungen im Ausschuß bilde. Ich will mich daher im Folgenden bemühen, einen einigermaßen klaren Überblick über die Rechtslage zu geben. Die folgenden Darlegungen passen dann zwar nicht wörtlich zum Thema „Evangelische Kirchenverträge", aber sie geben doch einen sehr wichtigen Hintergrund zu diesem Thema ab, indem sie besonders deutlich werden lassen, wie ganz und gar abhängig die sogenannten „Vertragspartner" des Staates gerade im gegenwärtigen Augenblick staatskirchenrechtlicher Entwicklung von diesem Staate sind. Kein Wunder, daß der Staat sich nicht eben sehr „gebunden" fühlt.

I. Die Deutsche Evangelische Kirche: *Es steht fest, daß die Verfassung der Deutschen Evangelischen Kirche, eingeführt durch Gesetz vom 14.7.1933 – RGBl. I S. 471 – als Ganzes in Geltung ist, ebenso wie dieses Reichsgesetz. Andererseits steht fest, daß durch die Entwicklung nach dem 11.7.1933 zunächst in tatsächlicher, dann aber auch in rechtlicher Beziehung in einigen Punkten des Bereiches dieser Verfassung Änderungen eingetreten sind.*

Die in der Verfassung vorgesehene *Nationalsynode* existiert zur Zeit nicht. Dies hat folgenden Grund: Die ursprünglich auf Grund der Verfassung vom 11.7.1933 und der Kirchenwahl im Jahre 1933 gebildete *Nationalsynode* wurde durch ein Kirchengesetz vom 7.7.1934 – Ges.Bl. d. Dt. Ev. Kirche S. 85 – *umgebildet,* indem bestimmte Mitglieder der Synode, die mit Rücksicht auf die Ausübung einer hervorragenden Kirchentätigkeit seinerzeit in die Synode entsandt oder berufen waren, nach diesem Gesetz aber wieder ausscheiden mußten, falls die genannte Tätigkeit inzwischen beendet war. Die Umbildung der Synode erfolgte zu dem Zweck, die bis dahin in der Deutschen Evangelischen Kirche vorgenommenen, über den Rahmen der Verfassung von 1933 hinausgehenden Veränderungen in Richtung auf eine evangelische Einheitskirche einstimmig zu bestätigen. Bei der Zusammensetzung der Synode von 1933 erschien ohne eine solche Umbildung eine Bestätigung nicht eindeutig gesichert (vgl. zur Rechtslage im übrigen „Pfarrarchiv" 1934, S. 6 ff., Aufsatz von Dr. Benn). Es handelt sich hier um ein Experiment nationalsozialistisch-revolutionärer Rechtsanwendung, das aber im Ergebnis scheiterte. Die Nationalsynode hat zwar in der veränderten Zusammensetzung am 9.8.1934 getagt und die geforderte Bestätigung der rechtlichen Fortentwicklung des Verfassungswerkes vorgenommen, später aber ist bekanntlich dieses Verfassungswerk allgemein, auch durch Gerichtsurteile rechtlich angegriffen und dann *rechtlich in sich zusammengebrochen,* insbesondere, als der Reichsbischof durch die bekannten Verordnungen vom 20.11.1934 – Ges.Bl. d. Dt. Ev. Kirche, S. 219 – an die Grundlage dieser Neuordnung rührte, indem er die Eingliederung der evangelischen Kirche der altpreußischen Union und das Kirchengesetz über die Leitung der Deutschen Evangelischen Kirche und der Landeskirchen für das Gebiet der altpreußischen Union aufhob. Damit ging sozusagen kirchenrechtlich Preußen dem Reich verloren. Mittelbar wurde durch diese Maßnahmen auch zugegeben, daß die in der benannten Weise umgebildete Nationalsynode keinen eindeutigen Rechtsboden unter den Füßen hatte. Diese Nationalsynode hat dann nicht wieder getagt. Ebensowenig aber hat die ursprüngliche Nationalsynode wieder getagt und es wurde von den verschiedensten Seiten bezweifelt, *ob die alte Nationalsynode noch wieder tagen könnte.* Da dies u.a. auch auf praktische Schwierigkeiten stieß, ist es jedenfalls bis heute nicht geschehen. Die Wahlzeit der Nationalsynode ist zwar bis heute noch nicht abgelaufen, zumindest aber würde ihrer Tagung gegenwärtig das Gesetz zur Sicherung der Deutschen Evangelischen Kirche vom 24.9.1935 und die auf Grund dieses Gesetzes ergangenen Vorschriften im Wege stehen, weil durch diese neuen Bestimmungen die Kirchenleitung vorderhand anders geregelt ist.

Ebenso ist es mit dem *Amt des Reichsbischofs*. Auf Grund des soeben genannten Gesetzes zur Sicherung der Deutschen Evangelischen Kirche erging unter dem 3.10.1935 – RGBl. I S. 1221 – eine Erste Durchführungsverordnung, durch deren § 1 die nach Art. 5 und 6 dem Reichsbischof zugedachten leitenden Funktionen in ihrer hauptsächlichen Substanz einem anderen Organ übertragen wurden, nämlich dem Reichskirchenausschuß. Die genannte Verordnung vom 3.10.1935 war allerdings gemäß ihrem § 6 in ihrer Gültigkeit auf zwei Jahre begrenzt, und ist am 30.7.1937 abgelaufen. Sie wurde aber nach einer Übergangslösung durch eine 13. Durchführungsverordnung (inzwischen aufgehoben) ersetzt durch die 17. Durchführungsverordnung vom 10.12.1937, wonach die Leitung der Deutschen Evangelischen Kirche dem Leiter der Deutschen Evangelischen Kirchenkanzlei, d.h. dem Leiter der Verwaltungsbehörde, übertragen wurde, dem zugleich das Recht beigelegt wurde, Verordnungen in den äußeren Angelegenheiten zu erlassen, wobei nur das Gebiet von Bekenntnis und Kultus ausgeschlossen ist. Damit ist zur Zeit die Funktion des Reichsbischofs auf das ihm nach Art. 6 Abs. 3 zustehende Recht beschränkt, geistliche Amtshandlungen vorzunehmen, insonderheit zu predigen und Gottesdienste abzuhalten. Das sog. Geistliche Ministerium (Art. 5 und 7 der Verf.), das nach Art. 7 unter der Führung des Reichsbischofs steht, ist aus den genannten Gründen ebenfalls zur Zeit mindestens, ebenso wie die Nationalsynode, rechtlich „im Wartestand", abgesehen davon, daß es tatsächlich schon vor dem Zusammenbruch des neuen Verfassungswerkes nicht mehr zusammentrat.

Die Deutsche Evangelische Kirche bietet also rechtlich das Bild eines Torso. Es fehlt zur Zeit die Nationalsynode, es fehlt der Reichsbischof und das Geistliche Ministerium. *Die Verwaltung hat allein den Platz behauptet.* Der Leiter der Verwaltungsbehörde ist allerdings mit sehr weitgehenden Befugnissen ausgestattet. Er ist in der Regelung der äußeren Angelegenheiten, kraft der ihm in der 17. Verordnung unter dem Gesichtpunkt der Sicherung der Deutschen Evangelischen Kirche gewährten Verordnungsrechte in äußeren Angelegenheiten, in der Lage, sogar die Verfassung, soweit es sich nicht um Bekenntnis und Kultus handelt, fortzuentwickeln, denn sein Verordnungsrecht beruht unmittelbar auf einer Ermächtigung des in seinen Maßnahmen nicht beschränkten zuständigen Reichsministers, der seinerseits wieder ein umfassendes und später als das die Verfassung der DEK bestätigendes Reichsgesetz (v. 24.9.1935) als Rechtsgrundlage besitzt. Bisher ist aber erst *eine* Verordnung ergangen, die in dieser Beziehung beachtlich erscheint. Es handelt sich um die Verordnung vom 5.3.1938 zur *Gewährleistung der Rechtseinheit* unter den Landeskirchen – Ges.Bl. d. Dt. Ev. Kirche, S. 19 –, wonach die Landeskirchen Gesetze und Verordnungen, soweit sie nicht lediglich Fragen des Bekenntnisses und des Kultus betreffen, nur erlassen können, nachdem der Leiter der Deutschen Evangelischen Kirchenkanzlei festgestellt hat, daß im Hinblick auf Art. 2 Abs. 4 der Verfassung keine Bedenken bestehen. Eine gewisse Fortentwicklung hat übrigens schon vorher das Verfassungsrecht durch den ebenfalls mit Verordnungsrecht ausgerüsteten Reichskirchenausschuß erhalten, der unter dem 8.2.1936 – Ges.Bl. d. Dt. Ev. Kirche, S. 9 – eine *Disziplinarordnung* für den Bereich der Deutschen Evangelischen Kirche erlassen hat, obwohl das Disziplinarrecht nach Auffassung der Landeskirchen diesen allein zusteht. Gegenwärtig ist nun eine Fortentwicklung dieses Reichskirchen-Disziplinarrechts durch eine Verordnung des Leiters der Deutschen Evangelischen Kirchenkanzlei vorgesehen. Diese Maßnahme erscheint im Hinblick auf die im Gesetz zur Sicherung der Deutschen Evangelischen Kirche vom 24.9.1935 enthaltene Ermächtigung unbedenklich, denn es steht fest, daß ohne derartige Maßnahmen eine Sicherung der Deutschen Evangelischen Kirche nicht mehr als gegeben angesehen werden könnte. Ob der Reichskirchenminister aber selbst die Disziplinarordnung erläßt oder den Erlaß dieser Ordnung durch ein von ihm für diesen Zweck geschaffenes Organ anordnet, ist rechtlich gleichermaßen gültig. Das Gleiche muß gelten für eine in Vorbereitung befindliche, das reichskirchliche Verfassungsrecht fortentwickelnde allgemeine Kirchenbeamtenordnung, eine Pfarrerversetzungsordnung und eine Minderheitenordnung. Das Gefüge der

Deutschen Evangelischen Kirche wird durch solche Rechtsentwicklung nicht etwa bedroht, vielmehr umgekehrt drohte es zu zerreißen, wenn diese Materien nicht in absehbarer Zeit einheitlich und verbindlich für das Gesamtgebiet der Deutschen Evangelischen Landeskirchen geregelt werden.

Zeigt sonach das rechtliche Bild der Deutschen Evangelischen Kirche einerseits gewisse bedenkliche Lücken durch Fehlen wichtiger Organe, so ist doch andererseits festzustellen, daß eine rechtliche Fortentwicklung vor sich geht, wobei sich freilich erst in einiger Zeit zeigen wird, ob sich dieses Recht gegenüber gewissen „bekenntnismäßigen" Bedenken einzelner Landeskirchen erfolgreich durchsetzen wird. Fest steht jedenfalls, daß im Zusammenspiel bestehender Verfassungsbestimmungen mit dem den Bestand der Evangelischen Kirche sichernden Reichsgesetz vom 24.9.1935 im Bereich dieser Kirche die wichtigsten Grundlagen für eine rechtliche Ordnung und eine rechtlich geordnete Verwaltung zur Zeit bestehen. Nur ein unevangelischer Kirchenbegriff verbunden mit partikularischen Bestrebungen einiger Landeskirchen drohen dieser Lage gefährlich zu werden, weil hier ein kirchenrechtliches Denken wächst, das dem Durchdringen richtiger Rechtsgedanken im Wege steht.

II. Wie ist nun die *Lage in den Evangelischen Landeskirchen?*

Ich gehe *zunächst* aus von der *Evangelischen Kirche der altpreußischen Union.* Wie schon oben erwähnt, ist diese Evangelische Landeskirche im Jahre 1934 (vgl. das Kirchengesetz über die Leitung der evangelischen Kirche der altpreußischen Union vom 2.3.1934 – Ges.Bl. d. Dt. Ev. Kirche, S. 12 -) vollkommen in die Deutsche Evangelische Kirche eingegliedert worden. Ihre Hauptorgane, nämlich die Generalsynode und der Kirchensenat, wurden aufgehoben, nachdem schon vorher die oberste Verwaltungsbehörde, nämlich der Evangelische Oberkirchenrat, dadurch erledigt worden war, daß das Amt des Präsidenten und des Vizepräsidenten des Evangelischen Oberkirchenrats abgeschafft und der Oberkirchenrat als Kollegium beseitigt wurde.

Diese Maßnahmen führten zu einer vollständigen Umstellung des Wesens und der Verwaltung der evangelischen Kirche der altpreußischen Union und ich habe von jeher die Auffassung vertreten, daß die erst fast ein Jahr später erfolgende Wiederaufhebung dieser Eingliederung angesichts der Einwirkungen des durch das Eingliederungsgesetz geschaffenen Zustandes, insbesondere der Schaffung zahlloser rechtlicher Tatbestände, die nicht wieder zu beseitigen waren, gegenstandslos blieb. Es konnte nicht durch diese Wiederaufhebung, wie es in der Verordnung des Reichsbischofs vom 20.11.1934 heißt, „das ältere Recht wieder in Kraft treten". Jedenfalls war dies nicht ohne Einschränkung möglich, und wo hier die Grenze lag, war unendlich schwer festzustellen. Tatsächlich ist es nicht gelungen, den Kirchensenat und die Generalsynode wieder zu Sitzungen zusammenzubringen, so daß die evangelische Kirche der altpreußischen Union, in der sogar, wie schon erwähnt, die Verwaltungsbehörde nur noch als Torso lebte, als ein führerloses und bei seiner Größe nicht ungefährliches Wrack umhertrieb. Bekanntlich griff dann hier der Preußische Staat ein durch das *Gesetz über die Vermögensverwaltung in den evangelischen Landeskirchen vom 11.3.1935* – Pr. GS., S. 39 – und schuf durch die Einrichtung der sog. *Finanzabteilungen* wieder Organe, die diese Körperschaft des öffentlichen Rechts rechtsgültig leiten und vertreten konnten. Später ist dieses Gesetz inhaltlich auf das Reich ausgedehnt worden, in Gestalt der 15. Durchführungsverordnung vom 25.7.1937 – RGBl. I S. 697 – zum Gesetz zur Sicherung der Deutschen Evangelischen Kirche, worauf ich noch zurückkomme.

Auf Grund des Reichsgesetzes vom 24.9.1935 wurde später in der evangelischen Kirche der altpreußischen Union eine neue *Kirchenregierung* gebildet, in Gestalt eines *Landeskirchenausschusses,* der jedoch bei der zeitlichen Begrenzung der ersten Durchführungsverordnung am 30.9.1937 wieder verschwand. Die Leitung wurde dann durch die 17. Durchführungsverordnung vom 10.12.1937 – RGBl. I S. 1346 – dem im Amt befindlichen *Leiter der obersten Kirchenverwaltungsbehörde,* d.h. also dem Präsidenten des Evangelischen Oberkirchenrats übertragen. Dieser übt seitdem die Leitung dieser Kirche aus. Insbesondere liegt ihm die Ausübung der kirchenregimentlichen Befugnisse, einschließlich des Erlasses von Verordnungen, ob. Ich vertrete die Auffassung, daß damit auch die Befugnisse des Evangelischen Oberkirchenrats als Kollegium beseitigt sind. Nach § 2 der 17. Verordnung hat der Präsident lediglich die Mitglieder der Behörde anzuhören. Andere vertreten dagegen die Auffassung, daß nur die Ausübung der *kirchenregimentlichen Befugnisse* jetzt durch die Verordnung bürokratisch geregelt sei, daß jedoch die übrigen Angelegenheiten weiter durch das Kollegium zu behandeln seien. Hiermit kommt man auf eine Frage, die ernstlich zu erwägen ist. Es ist nämlich anzunehmen, daß dem Präsidenten des Evangelischen Oberkirchenrats nicht ohne weiteres auch nach bürokratischem Prinzip die *Regelung der geistlichen Angelegenheiten* übertragen ist. Dies würde dem Sinn des § 1 der 17. Verordnung widersprechen, wo für den Bereich der Deutschen Evangelischen Kirche ausdrücklich ausgesprochen ist, daß von der bürokratischen Leitung der Kirche die Fragen von Bekenntnis und Kultus ausgenommen bleiben. Ist dieser Grundsatz auch nicht wörtlich für die Landeskirchen in den § 2 übernommen, so würde man doch im Hinblick auf diese Linie sagen können, daß geistliche Angelegenheiten nur von dem Oberkirchenrat als Kollegium geregelt werden könnten. Man kann aber ebensogut zu dem Ergebnis kommen, das ich vorziehen möchte, daß nämlich für diese Landeskirche (Ev. Kirche der altpreuß. Union) und damit für vier weitere, nach dem gleichen Prinzip geordnete Landeskirchen (Sachsen, Schleswig-Holstein, Nassau, Hessen) die Betreuung der geistlichen Angelegenheiten zur Zeit überhaupt nicht geregelt ist. Ich verweise in diesem Zusammenhang auf die in dem ersten Rundbrief der volkskirchlichen Arbeitsgemeinschaft vom 24.November 1938 (Anlage) enthaltenen Ausführungen meines Herrn Ministers, der diesen Tatbestand dort als gegeben annimmt. Auch hier gibt es – ganz ähnlich wie in gewissen Punkten bei der Deutschen Evangelischen Kirche (vgl. die obige Darstellung) – einen Punkt, wo eine Rechtsentwicklung einsetzen muß, wenn nicht eine auf die Dauer zu Schwierigkeiten führende Lücke entstehen soll.

Die Entwicklung ist *in den übrigen Landeskirchen,* aber auch in den außerpreußischen Landeskirchen, größtenteils sehr ähnlich verlaufen. Im August 1934 waren wenigstens der Form nach sämtliche Landeskirchen der Deutschen Evangelischen Kirche *„eingegliedert"*. Und überall waren die leitenden Organe der Landeskirchen im Anschluß an die Eingliederung umgebildet worden. Nur einige Landeskirchen haben hierbei einige rechtliche Vorbehalte gemacht, die dann dazu führten, daß man später bei dem Zusammenbruch dieses Werkes annehmen konnte, eine wirkliche Eingliederung sei nie rechtswirksam geworden. Die Einzelheiten würden hier zu weit führen. Ich möchte nur die Gesamtlage in den übrigen Landeskirchen schildern. In einigen Landeskirchen, z.B. *Hannover, Braunschweig, Sachsen,* sind auch nach Rückgängigmachung der Eingliederung die Kirchenregierungen durch den Reichsminister für die kirchlichen Angelegenheiten umgebildet und durch neue ersetzt worden. In anderen Landeskirchen wurden später durch die mehrfach erwähnte 17. Durchführungsverordnung die zur Zeit des Erlasses dieser Verordnung „im Amt befindlichen" Kirchenregierungen als in den Augen des Reiches allein berechtigte Kirchenregierungen festgestellt. Nach meiner Auffassung hat dies zur Folge, daß in *sämtlichen* Landeskirchen heute ohne Ausnahme die gesamte Leitung und Ausübung der kirchenregimentlichen Befugnisse verbunden mit einem durch die 17. Verordnung genuin reichsrechtlich verliehenen Verordnungsrecht allein bei der im Amt befindlichen Kirchenregierung liegt. Das ist also eine durchaus klare Rechtslage. Sonst etwa noch in der Verfassung dieser Landeskirchen vorgesehene Organe befinden sich, wie ich oben schon einmal von dem „Geistlichen Ministerium" und der Nationalsynode der „Deutschen Evangelischen Kirche" gesagt habe, für die Dauer der Geltung der 17. Durchführungsverordnung rechtlich „im Wartestand". Dies konnte rechtspolitisch darum verantwortet werden, weil man mit dieser Verordnung zwar einerseits die Führungsorgane der Landeskirchen auf *ein* Organ begrenzte, andererseits diesen Organen eine Art Notverordnungsrecht verliehen hat, mit dem es sich über den entstehenden Mangel verfassungsmäßiger gesetzgebender Körperschaften hinweghelfen kann. Ich vertrete daher auch den Standpunkt, daß die Einberufung einer Synode oder eines Landeskirchenausschusses heute nur den Sinn haben könnte, dieses Gremium in beratender Funktion zu hören. Rechtliche Tatbestände schaffen könnten ausschließlich „die im Amt befindlichen Kirchenregierungen". Es fragt sich allerdings im Einzelfall, wer das nun eigentlich ist. Das Bild war zur Zeit des Erlasses der 17. Durchführungsverordnung sehr verschieden. Z.B. waren in Hannover, Braunschweig und der Landeskirche Kurhessen-Waldeck die vom Reichsminister für die kirchlichen Angelegenheiten eingesetzten Kirchenregierungen (bzw. Landeskirchenausschüsse) im Amt. Dagegen regierte in Anhalt und in der Pfalz ein Oberkirchenrat zusammen mit einem Landeskirchenausschuß. Ich vertrete den Standpunkt, daß die *im Amt befindliche Kirchenregierung* in diesem Fall *die tatsächlich regierende Behörde* war und ist. Die genannten Landeskirchenausschüsse traten nur hier und da zu Sitzungen zusammen und hatten nur sehr vereinzelte Regierungsbefugnisse, die mehr Bestätigungsbefugnisse waren. Sie waren daher nicht in dem Sinne der 17. Verordnung im Amt befindliche Kirchenregierungen. Ihre Befugnisse sind auf die tatsächlich regierende Verwaltungsbehörde übergegangen. Es ist mir allerdings bekannt, daß es hierüber auch andere Anschauungen gibt. Ich halte aber in der Krisenlage des Staatskirchenrechts immer die Auslegung für die richtige, die zu der *einfacheren* Lösung führt. Praktisch wird die Sache dann auch so gehandhabt.

Im Gebiet der evangelischen Kirche der altpreußischen Union hat man diese Fragen durch Verordnungen geregelt, worauf ich im einzelnen nicht näher eingehen will. Dagegen besteht nach meiner Auffassung in andern evangelischen Landeskirchen allerdings eine Rechtslücke, die in allernächster Zeit, z.B. in Württemberg fühlbar werden wird. Zwar besteht für Körperschaften der allgemeine Grundsatz, daß sie weiter existieren, bis eine Neuwahl durchgeführt ist. Andererseits kann eine solche kommissarische Arbeit nicht beliebige Zeit fortgesetzt werden. Für die Ausfüllung der Rechtslücke ist der Erlaß des Führers und Reichskanzlers vom 15.2.1937 zu beachten, wonach das Verfassungsrecht durch eine zu wählende Generalsynode neu geregelt werden soll. Andere Wahlen bis dahin vorzunehmen, erscheint bedenklich. Man wird daher darauf hinauskommen, daß ebenso wie in Altpreußen, die im Amt befindlichen Kirchenregierungen von sich aus mit Zustimmung des Reichsministers für die kirchlichen Angelegenheiten eine Übergangsregelung schaffen. Die rechtliche Grundlage hierzu bietet die 17. Durchführungsverordnung in ausreichendem Maße.

Ich glaube, mit diesen Ausführungen gezeigt zu haben, daß der Rechtszustand in der Deutschen Evangelischen Kirche und in den evangelischen Landeskirchen zwar ein krisenhafter, immerhin aber durchaus gefestigter und zu übersehender ist. In einem Punkt allerdings tritt eine gewisse Erschwerung hinzu. Das sind die Gebiete, in denen *Finanzabteilungen* auf Grund der schon mehrfach erwähnten 15. Durchführungsverordnung eingesetzt worden sind. Hier ist nämlich die Leitung und Vertretung der Kirchen trotz der Anordnung der 17. Verordnung über die Rechte der im Amt befindlichen Kirchenregierungen gespalten. Die Leitung nach innen und die rechtsverbindliche Vertretung nach außen hat in allen *vermögensrechtlichen* Angelegenheiten die Finanzabteilung. Es ist nun in der Tat nicht immer leicht zu sagen, ob eine kirchenregimentliche Maßnahme oder ein Fall der Vertretung mehr auf dem vermögensrechtlichen oder dem allgemeinen Gebiet liegt, so daß hier oft schwierige Einzelentscheidungen zu fällen sind und ein gewisses Doppelregierungssystem nicht gut zu leugnen ist. Daher sind Bestrebungen im Gange, diesen Rechtszustand dadurch zu klären, daß man in den evangelischen Landeskirchen durchweg eine einheitliche „weltliche Verwaltung" schafft, die einer mehr selbständigen „geistlichen Verwaltung" gegenübersteht. Ich verweise hierfür auf den schon genannten Rundbrief Nr. 1, von dem ich ein Exemplar beigefügt habe. Weitere Exemplare stehen zur Verfügung.

Zum Schluß möchte ich nicht unterlassen, folgendes zu bemerken:

Wir haben neben dieser von mir geschilderten rechtlichen Organisation der Deutschen Evangelischen Kirche und der evangelischen Landeskirchen heute innerhalb dieser Kirchen eine sogenannte *illegale Organisation,* die sog. *Bekenntniskirche,* Bruderräte usw., und man kann es durchaus erleben, daß Staatsbehörden diese Organisation mit der vom Reichskirchenminister geschaffenen oder gestützten amtlichen Organisation verwechseln. Daher hat schon die „Beschlußstelle in Rechtsangelegenheiten der Evangelischen Kirche" durch eine grundlegende Entscheidung (Zeitschr. D. Akademie f. Dt. Recht 1938, S. 710/711) festgestellt, daß diese illegale Organisation niemals eine staatliche Anerkennung erfahren hat und ihr daher rechtlich keine Bedeutung zukomme. Dieser Ausspruch der Beschlußstelle ist gemäß § 2 Abs. 2 des Gesetzes vom 26.6.1935 – RGBl. I S. 1774 – über das Beschlußverfahren in Rechtsangelegenheiten der Evangelischen Kirche *allgemein verbindlich.* Trotzdem wird von einer anderen Organisation der Bekenntniskirche ständig versucht, ihre legale Existenz nachzuweisen. Das ist der sog. „Lutherische Rat". Der Lutherische Rat ist ein Zusammenschluß von lutherischen Landeskirchen. Er sucht nachzuweisen, daß er als Zusammenschluß von Landeskirchen, die Körperschaften des öffentlichen Rechts sind, auf Grund des Art. 137 der Reichsverfassung ohne weiteres auch selbst Körperschaftsrechte erworben habe und daher sein Büro als Organ einer neuen öffentlich-rechtlichen Körperschaft legal existiere. Demgegenüber vertrete ich folgende Auffassung:

Die Reichsverfassung von 1919 ist in ihrer Gesamtheit nicht mehr gültig und es ist lediglich eine Frage rechtspolitischer Einstellung im Einzelfall, inwieweit man Institutionen, die durch diese Verfassung bestimmte Rechte erhalten haben, wie die Landeskirchen, noch als im Besitz dieser Rechte anerkennt oder nicht. Keinesfalls besteht die Möglichkeit, daß auf Grund dieser alten Verfassung neue Institutionen geboren werden, die das Dritte Reich ohne weiteres anzuerkennen hätte. Wenn sich heute Landeskirchen zusammenschließen, so bedarf es, obwohl sie selbst Körperschaftsrechte besitzen, doch erst eines besonderen Aktes der Reichsregierung, wenn ein solcher Zusammenschluß zu einer neuen Körperschaft des öffentlichen Rechts führen soll. Da aber der „Lutherische Rat" bisher keinerlei staatliche Anerkennung erfahren hat, ist dieser Zusammenschluß dieser lutherischen Landeskirchen im Lutherischen Rat keine Körperschaft des öffentlichen Rechts und sein Büro keine legale Körperschaftsbehörde.

Damit möchte ich meinen Überblick über die Rechtslage im Bereich der Deutschen Evangelischen Kirche und der evangelischen Landeskirchen schließen.

Vorsitzender: Ich danke Ihnen, Herr Ministerialdirigent Stahn, für Ihre Ausführungen. Es war ein sehr wesentlicher und klarer Beitrag zur geschichtlichen Entwicklung der evangelischen Kirchenverträge. Ich möchte offen sagen: Ich bin überrascht worden, zu hören, daß doch nicht alles so kompliziert ist, wie man annimmt, weil schon vieles über Bord geworfen ist, was zur Verwirrung geführt hat. Der Wirrwarr erscheint tatsächlich nicht so groß, wie man denkt. Vor allen Dingen ist durch die 17. Verordnung eine gewisse Besserung der Lage geschaffen worden. *(Mittagspause.)*

Vorsitzender: Meine Herren! Ich wollte noch einmal auf die Frage der *Patronate* zurückkommen. Ich bin sicher, daß Herr Präsident Stalmann in dieser Frage meine Auffassung teilt. Der Ausschuß muß sich dieser Frage einmal annehmen und sie, wenn möglich, klein kriegen. Das könnte geschehen in der Gestalt eines Entwurfes für ein Gesetz, wie das ja im Kirchenministerium schon mehrfach versucht worden ist. Ich weiß nicht, ob nicht sogar Sie, Herr Präsident Stalmann, in früherer Zeit daran mitgearbeitet haben. Jedenfalls war die Patronatsfrage immer sehr aufhältlich, und alle Kreise waren eigentlich darüber einig – schon die preußische Verfassung sah das vor –, daß man mit diesen antiquierten Rechten Schluß machen müsse. Nun ist die Frage die, Herr Präsident Stalmann, ob Sie Zeit und Neigung hätten, sich in einer noch zu besprechenden Weise unter Beteiligung der Herren des Kirchenministeriums – Herr Dr. Schröcker hatte sich auch bereit erklärt – der Sache anzunehmen.

Stalmann: Ich bin der Auffassung, daß die Patronatsfrage unbedingt einmal in irgendeiner Form von uns behandelt werden muß, aus verschiedenen Gründen. Im Gesetz ist sie bisher wenig geregelt. Im allgemeinen kommt man immer auf irgendeinen Vertrag oder auf das Herkommen. Man stellt meistens fest, daß irgendein Ereignis dem Patronat zugrunde liegt und daß die Sache dann im Einzelfall weiter ausgestaltet wurde. Zum Beispiel liegt der Fall vor, etwa bei einem privaten Gutsbesitzer, der Patron ist, daß von einem Vorfahren früher einmal aus irgendeinem Grunde, weil er ein frohes Ereignis hatte, eine Kapelle gestiftet worden ist. Oder es ist so, wie bei dem Herrn von Wilmersdorf, der zu Ehren der Heiligen Maria eine Kapelle stiftete. Ähnlich ist es bei der Vorgängerin der heutigen Kirche in Dahlem, der alten Dorfkirche. Das Gut hat der preußische Staat in irgendeiner Weise erworben; heute ist er Patron und darf nun nicht nur die neue Kirche bauen, er darf nicht nur das eine Pfarrhaus bauen, sondern er muß, da die evangelische Kirche mehrere Pfarrer kennt, verschiedene Pfarrhäuser bauen. Alle Bemühungen und alle Hinweise darauf, daß die Patronatsverpflichtung doch erst dann eintreten könne, wenn die Gemeinde leistungsunfähig sei, spielen bei den Gerichten keine Rolle. Diese Verhältnisse sind heute widersinnig geworden. Die Kirchenverträge sind ja nicht nur das, was Herr MinDirigent Stahn vorgetragen hat, sondern eben auch die früheren Verträge, die ja nicht mit einer Landeskirche geschlossen werden konnten, weil Landeskirchen damals nicht da waren, sondern mit den Gemeinden. Wenn man an das Patronatsrecht herangeht, muß man auch einmal die erweiterten Verträge heranziehen. Das Patronatsrecht allein ist nur ein Stück, und wenn man nur das Patronatsrecht behandelt, kommen sofort die Gerichte und sagen: hier ist kein echtes Patronatsverhältnis vorhanden, die Verpflichtungen bleiben bestehen. Bei den Klöstern kommen dann noch die ganzen Klosterinkorporationen hinzu, und da sagen die Gerichte: Die Verpflichtungen des Patrons sind hier nicht beschränkt; es liegt ja eine Inkorporation vor. Ich muß auch sagen: Die Verträge, die damals in Ermangelung einer Landeskirche mit den Kirchengemeinden abgeschlossen worden sind, müssen endlich einmal aufhören. Sie sind heute ganz unzeitgemäß und bilden für die heutige Zeit einen großen Stein des Anstoßes. Gucken Sie nur in das „Schwarze Korps", wo immer wieder diese aus einer früheren Zeit stammenden Verträge behandelt werden, die man heute schlechterdings nicht verstehen kann! Beispielsweise haben wir folgenden Fall. Im Jahre 1715 reitet der Herzog von Celle herüber nach Wienhausen, wo seine Schwester Äbtissin ist. Es ist kein Abendmahlwein da. Der Herzog schickt einen Reitknecht, der aus seiner Kapelle den Wein holen soll. Daraus haben nun die Gerichte abgeleitet, daß heute der preußische Staat, der Rechtsnachfolger der Welfen in Hannover und des Herzogs von Celle, verpflichtet ist, der Kirchengemeinde in Wienhausen Abendmahlwein zu liefern. (*Vorsitzender:* Das geht zu weit!) Wenn so etwas heute noch vorkommt, versteht das kein Mensch.

Vorsitzender: Dieser ganze Zustand wendet sich gegen die Kirche selbst und gegen diese alten Kreise, was gar nicht nötig wäre.

Stalmann: Im Interesse der Kirche selbst müssen diese Dinge ausgeräumt werden. Ich könnte Ihnen einen Fall vortragen, den ich vor ein paar Jahren erlebt habe. Für das Kloster Lüneburg ist der Klosterfonds, der preußische Staat, Patron. Wir haben weiter das Kloster Meschede, das auch um 1700 irgendeine Inkorporation durchgeführt hat. Daraufhin sagt das Reichsgericht: echtes Patronat ist es nicht; die Verpflichtungen gehen weiter, wie sie dem Patron obliegen; ihr habt ja auch früher tatsächlich den ganzen Kitt bezahlt. Infolgedessen hat man uns vor drei Jahren am Reichsgericht in Leipzig verurteilt. In der Stadt Lüneburg sind drei Kirchen vorhanden. Die eine gehört dem hannoverschen Klosterfonds, und nun sollen wir ein Drittel der Landeskirchensteuer bezahlen. Also je reicher Lüneburg wird, um so höher sind die Leistungen. Wie man das ableiten kann, ist mir unverständlich. Ich habe darüber einmal einen Bericht gemacht und habe angefangen: Im Jahre soundso ist das und das passiert, im Jahre 1200 und dergleichen. Aus allen diesen Dingen heraus stellt das Reichsgericht fest, daß wir heute verpflichtet sind, für Lüneburg die Abgabe an die Landeskirche und an die Reichskirche zu bezahlen. Wenn man diese Dinge heute in der Presse bringt, schüttelt jedermann den Kopf darüber. Es sind nur ein paar Beispiele, die ich nannte. Alle diese Verträge sind für die heutige Zeit unverständlich und müssen daraufhin nachgeprüft werden, ob sie noch dem Staat zuzumuten sind.

Vorsitzender: Wir brauchen diese Sache jetzt nicht weiter zu vertiefen. Es fragte sich nur, ob die drei Herren gewissermaßen als Dreigespann sich dieser Sache annehmen würden. Erschwert wird die Durchführung nur dadurch, daß die Herren nicht an einem Ort sind.

Ruppel: Ich würde mir die Sache so denken, daß Herr Präs. Stalmann sozusagen die Führung übernimmt und auch das eigentlich grundlegende Gutachten hält, daß wir ihm selbstverständlich das Material geben. Wir werden uns natürlich nicht mit allzu viel wissenschaftlichen Erforschungen abgeben. Die Entrüstung kann ja bei uns nicht mehr steigen. Es handelt sich in der Hauptsache um eine praktische Angelegenheit. Wir würden also sozusagen eine gesetzgeberische Vorlage erarbeiten, und unsere 16 000 Leistungen nehmen wir dabei mit hinein.

Vorsitzender: Es wäre glänzend, wenn wir da irgend etwas schaffen könnten. – Damit darf ich die Materie wohl als abgeschlossen betrachten. Ich überlasse es den Herren, sich intern über den modus procedendi zu einigen.

Wir würden nunmehr zur Tagesordnung zurückkehren.

Forsthoff: Verträge der evangelischen Kirche mit dem Staat [Vermerk: Geheim]: Das Schicksal des öffentlich-rechtlichen Vertrages in der deutschen Verfassungsgeschichte darf als recht wechselvoll bezeichnet werden. War der Vertrag das eigentlich verbindende Rechtselement der ständischen Reichsverfassung des ausgehenden Mittelalters gewesen, so fiel er zunächst der Monopolisierung der Staatshoheit mit der Aufrichtung des souveränen Fürstenstaates zum Opfer, um dann aber in der Zeit des aufgeklärten Absolutismus durch das späte Naturrecht wieder in weitestem Umfange zur Geltung zu kommen. So wurden nicht nur Vorgänge des öffentlichen Rechts, wie die Enteignung und die Beamtenernennung dem Vertragsbegriff unterstellt, sondern auch wesentliche Akte des Verfassungslebens wie die Gesetzgebung, die Wahl eines Abgeordneten, die Einsetzung einer Dynastie oder die Aufrichtung einer Verfassung unter Mitwirkung landständischer Vertretungen als rechtsgeschäftlicher Natur bezeichnet. Eine Vorstellung, von der sich die Reste noch in der Vorkriegszeit erhalten haben. (Vgl. etwa: Georg *Jellineck*, System der subjektiven öffentlichen Rechte, 2. Aufl. 1909, S. 209.)

Im Ausgang des 19. Jahrhunderts geht dann der öffentlich-rechtliche Vertrag wieder weithin verloren. Zumal nachdem Otto *Maier* (Archiv d. öff. R. Bd. 3, S. 1 ff) ihm auf zwei Gebieten den Garaus gemacht hatte: der Einbürgerung und der Beamtenernennung. In der Tat konnte die Rechtslehre des Positivismus, welche schon den Verdacht eines Rückfalls in das Naturrecht als diskriminierend empfand, zum öffentlich-rechtlichen Vertrag keinen Zugang gewinnen. Sie stieß sich daran, daß dem Vertrage, wo er nicht ausdrücklich im Gesetz vorgesehen war, der tragende Rechtssatz fehlte, ohne den ein Vertrag nicht denkbar sei.

Als dieser Rechtspositivismus im Krieg und der ersten Nachkriegszeit zusammenbrach, verlor dieses Argument an Gewicht und der öffentlich-rechtliche Vertrag gewann wieder an Boden. Und zwar nicht nur praktisch, sondern auch dadurch, daß die Gesetzgebung sich ihm eröffnete. So bestimmte der Entwurf einer Verwaltungsordnung für Württemberg im § 47: „Durch Verträge können Rechtsverhältnisse begründet oder verändert werden, soweit Rechtsvorschriften nicht entgegenstehen.“

Prinzipielle Bedenken gegen die Ausweitung der Möglichkeit zu paktieren, blieben nicht aus. Unter ihnen sind diejenigen am ernstesten zu nehmen, die auf die Gefährdung eines Staates hinweisen, der durch zweiseitige Loyalitäts- und Rechtsbeziehungen gebunden und notwendig zu einem ähnlichen Ende verurteilt ist, wie es dem alten Deutschen Reich 1806 zuteil wurde. In diesem Sinne hat vor allem Carl Schmitt gegen die Verträge im Bereich des öffentlichen Rechts Stellung genommen.

Ungeachtet dessen scheint der öffentlich-rechtliche Vertrag alle Anzweiflungen und Anfeindungen, welche ihm zuteil wurden, überdauern zu wollen. Denn daß er auch noch heute ein Element unserer öffentlichen Ordnung darstellt, kann füglich nicht bezweifelt werden. (*Beispiele: Steffen*, Wilhelm, Der öffentlich-rechtliche Vertrag im heutigen Recht. Königsberger Diss., 1938, S. 32 ff.)

Will man zu einer allgemeinen Stellungnahme zum Phänomen des öffentlich-rechtlichen Vertrages in der heutigen Staatsordnung gelangen, so dürften dazu zunächst zwei Erwägungen hinreichen:

1. Der posivistische Einwand, daß der Vertrag ohne einen tragenden Rechtssatz nicht denkbar sei, schlägt heute nicht mehr durch. Er ist mir dem Positivismus gefallen. Mag man nun von einem neuen Naturrecht aus dem Vertrag allgemeine Gültigkeit zusprechen oder mit Reinach, Husserl, Buddeberg und anderen die apriorische Natur des Vertrages annehmen oder dem Satz pacta sunt servanda gewohnheitsrechtliche Geltung zuerkennen – in jedem Falle gelangt man zur Anerkennung des Vertrages als einer allgemeinen Figur unseres öffentlichen Rechts. Und zu dieser Auffassung bekennt sich die heutige Rechtswissenschaft in ihrer überwiegenden Mehrheit.

2. Die Gefahren, welche der staatlichen Hoheit aus einer zu weit gehenden Vertragsbindung im Inneren erwachsen, sind unverkennbar. Gleichwohl läßt sich diesem Umstand ein allgemeines und prinzipielles Bedenken gegen den öffentlich-rechtlichen Vertrag nicht entnehmen. Es läßt sich überhaupt nicht die generelle Frage stellen und beantworten, ob öffentlich-rechtliche Verträge schlechthin zulässig oder schlechthin unzulässig sein sollen. Es wird hier immer auf die Besonderheit des Sachzusammenhanges ankommen, der zur Regelung steht. Unter allen Umständen wäre die allgemeine Schlußfolgerung abzulehnen, daß ein autoritärer Staat lediglich in der Form des Gesetzes, also der einseitigen Setzung, zu handeln vermag. Denn dieser Schlußfolgerung läge eine durchaus mechanistische Vorstellung von der hoheitlichen Staatsgewalt zugrunde. Kennzeichnend für die hoheitliche Staatsgewalt ist ein hoheitliches Walten. Dieses hoheitliche Walten aber entzieht sich allen Rechtsformen – oder, anders ausgedrückt, es kann sich aller Formen, also auch des Vertrages bedienen. Die frei über sich selbst bestimmende staatliche Hoheit ist nicht an die Formen einseitiger Rechtssetzung (Gesetz, Verordnung usw.) gebunden. Aus diesem Grunde läßt sich *allein* aus dem Übergang von der Weimarer Verfassung zum autoritären, nationalsozialistischen Staat ein Argument gegen den Vertrag des öffentlichen Rechts nicht entnehmen.

Soviel soll über die allgemeine Problematik des öffentlich-rechtlichen Vertrages vorangestellt werden. den Verträgen zwischen dem Staat und den evangelischen Kirchen kommt in dieser Problematik eine Sonderstellung zu. Jedenfalls den wesentlichen unter ihnen. Innerhalb dieser Verträge ist nämlich m.E. eine Unterscheidung notwendig zwischen

a) solchen, welche in irgendeinem Sinne eine – wenn auch nicht erschöpfende – Gesamtregelung des Verhältnisses von Kirche und Staat beinhalten, und

b) solchen, welche spezielle Regelungen enthalten und nicht notwendig von den leitenden Instanzen der Kirche und des Staates abgeschlossen zu sein brauchen.

Diese unter b) bezeichneten Verträge gehen in dem allgemeinen Typus des öffentlichen Vertrages mehr oder weniger auf. Sie sollen hier außer Betracht bleiben, so daß den weiteren Ausführungen lediglich diejenigen Verträge zugrunde gelegt werden sollen, welche die allgemeine Beziehung des Staates zur Kirche zum Gegenstande haben und welche auch in aller Regel gemeint sind, wenn von Verträgen zwischen Staat und Kirche die Rede ist.

Sie bilden in der Gesamtheit der öffentlichen Verträge einen Sondertypus. Es ergibt sich das aus der Rechtsnatur der Beteiligten ebensowohl wie aus der besonderen, unverwechselbaren Eigentümlichkeit ihres Gegenstandes. Der Umstand nämlich, daß sich diese Verträge auf die Anerkennung und Behütung des religiösen, christlichen Bekenntnisses, mindestens des christlich-religiösen Lebens beziehen, also auf ein Gebiet des volklichen Lebens, aus dem sich der Staat prinzipiell zurückgezogen hat, scheint diese Verträge in die Nähe der Konkordate zu rücken; jedenfalls insofern, als sie in einer grundsätzlich paritätisch behandelten Sphäre öffentlicher Ordnung wirksam werden. Andererseits aber greift die Frage nach der Rechtsnatur der evangelischen Kirche in die Problematik dieser Verträge unmittelbar ein.

Verträge dieser Art sind, wie ein Blick in die Vergangenheit lehrt, erst in der jüngsten Vergangenheit in Erscheinung getreten. Es liegt nahe anzunehmen, daß bis zum Jahre 1918 das landesherrliche Kirchenregiment solche Verträge nicht nur praktisch überflüssig gemacht, sondern auch verhindert habe, weil sie nur durch einen Akt des Selbstkontrahierens hätten abgeschlossen werden können. Aber es ist nicht nur der Wegfall des landesherrlichen Kirchenregiments, was den Verträgen den Boden bereitet hat. Es ist nicht weniger auch die Vergesellschaftung der Kirche, wie sie sich im 19. Jahrhundert vollzog mit dem Endergebnis, daß die evangelische Kirche als ein abgeschlossener Personalverband, als religiöse Gesellschaft in der Rechtsgestalt der Körperschaft des öffentlichen Rechts dem Staat gegenübertrat. Im 19. Jahrhundert sind die Bedenken gegen diese Entwicklung nicht verstummt. So hat Hinschius den Anstaltscharakter der evangelischen Kirche mit guten Gründen, aber ohne Erfolg verteidigt. (Paul *Hinschius,* Staat und Kirche (in Marquardsens Handbuch des öffentlichen Rechts). Sonderdruck, 1883, S. 243 ff.)

Und heute, da wir bestrebt sind, Gestalt und Wirken der Kirche strenger und sorgfältiger am Maß der lutherischen Lehre zu messen, sind wir gewiß solchen Erwägungen aufgeschlossener denn je. In der Tat ist der Nachweis nicht schwer, daß die moderne korporative Kirche außer dem Blickfeld Luthers lag, ja daß sie seinen Grundanschauungen wesentlich widerspricht. Denn Luther ist die Vorstellung eines vom Kirchenvolk rechtlich getragenen Kirchenwesens durchaus fremd. Ihm ist die Kirche nicht ein Ort des sozialen korporativen Handelns, sondern eine Stätte, an der vermöge der Verkündung des göttlichen Wortes und der Verwaltung der Sakramente etwas geschieht. Nicht durch das Kirchenvolk, sondern am Kirchenvolk geschieht etwas. So geht gewiß das eigentliche Anliegen des lutherischen Kirchenbegriffs in der vergesellschafteten Korporationskirche nicht auf –, einer der wesentlichen Gründe für die schwere Erschütterung der heutigen kirchlichen Ordnung.

Doch wäre es falsch, sich von diesen Erwägungen ausschließlich leiten zu lassen. Denn es kann hier nicht allein, nicht einmal entscheidend auf diese innerkirchlichen Einsichten ankommen. Maßgebend ist vielmehr zunächst die Tatsache, daß der Staat der Kirche diese Stellung und Gestalt einer Körperschaft des öffentlichen Rechts verbindlich zugewiesen hat. Davon ist hier unter allen Umständen auszugehen. Aber bei der Unterscheidung der Konkordate und der Verträge mit der evangelischen Kirche ist auf diese Erwägung allerdings zurückzugreifen.

Denn hier tritt die radikal verschiedene Gestalt der katholischen und der evangelischen Kirche voll in Geltung. Während die katholische Kirche einen echten Machtverband darstellt, ist die evangelische Kirche nur das, was sie geistig umschließt, und es gilt von ihr das tiefe Wort Schelers, daß der Geist in der Gegenwart immer machtlos und gegen die Macht wehrlos sei, seine überlegene Mächtigkeit aber in der Dauer beweise. Insofern wird die evangelische Kirche als Körperschaft immer eine societas imperfecta sein, weil es nicht gelingen kann, wie bei der katholischen Kirche inneres Wesen und äußere Form ineinander zu schmelzen. Im Grunde lebt die äußere Gestalt der Kirche, mag ihre Autonomie auch noch so stark betont sein, vom Staat, wenn nicht von staatlicher Förderung, so doch wenigstens von seiner Duldung und Anerkennung.

Die Fakten sind hier also bei der katholischen Kirche und bei der evangelischen durchaus verschiedene. Auch der Rechtsdogmatik ist es nicht erlaubt, diesen Unterschied zu übersehen, wenn sie nicht die Wirklichkeit verfehlen will. Wenn man also, wie (E.R. *Huber*, Verträge zwischen Staat und Kirche im Deutschen Reich, 1930, S. 75 ff.), es versucht hat, die Konkordate der völkerrechtlichen Sphäre entziehen und allein dem innerstaatlichen Recht eingliedern will, so ergäbe sich damit noch nicht die Folgerung, daß die Konkordate den Verträgen mit der evangelischen Kirche grundsätzlich gleichzustellen wären. Doch mag das hier auf sich beruhen.

Insoweit die evangelischen Kirche in diesem angedeuteten Sinne Geistkirche ist, ist sie gewiß dem Staat nicht unterworfen, und zwar aus dem einfachen Grunde, weil der Geist, der in ihr wirkt, niemandem untertan ist. Daraus läßt sich jedoch die Koordination von Staat und Kirche nicht folgern. Denn dieses Pneuma geht in der Form der Kirche nicht auf. Die Form ist eine äußere Ordnung dieser Welt und darum vom Staate. Die Unterstellung der Kirche als Korporation unter den Staat kann darum nicht bezweifelt werden.

Kontrahiert der Staat mit der evangelischen Kirche, so kontrahiert er mit einem subordinierten Verband. Die Frage, warum er das tut, gehört in erster Linie der praktischen Politik an. Man könnte sich denken, daß praktische Gründe es dem Staate als geboten erscheinen lassen, auf diesem intrikaten Gebiet die Befehlsform des Gesetzes zu vermeiden und der ausgleichenden Rechtsfigur des Vertrags den Vorzug zu geben. Es wäre das eine Erklärung für die feierliche Bekräftigung vertraglicher Rechte der Kirchen, wie sie der Führer und Reichskanzler in der Rede vom 23. März 1933 zum Ausdruck brachte.

Die Problematik der öffentlich-rechtlichen Verträge erfährt ihre eigentliche Zuspitzung in der Frage nach der Rechtsbeständigkeit solcher Verträge und ihrer Grenze. Soweit ich es übersehe, hat man sie allenthalben von der Koordination der Partner aus zu lösen versucht, indem man auf die völkerrechtlichen Verträge hinübergriff und mindestens per analogiam die clausula rebus sic stantibus und das pacta sunt servanda insoweit beschränkte. Die clausula wurde dabei inhaltlich so gefaßt, daß die vertragliche Bindung vor dem Recht auf Selbsterhaltung ihre Grenze finden sollte. Die einseitige Lösung des Vertragsbandes sollte demnach möglich sein, wenn ein Festhalten am Vertrage die Existenz des Vertragspartners unmittelbar gefährden würde.

Zu dieser Auffassung vermag ich mich nicht zu bekennen. Sie führt einmal in ein unlösbares Wechselspiel von Koordination und Subordination hinein, das allen Lösungen die feste Kontur und damit die praktische Brauchbarkeit nimmt. Sie fügt weiter mit der clausula ein völkerrechtliches Element in das innerstaatliche Recht ein, das hier nicht seine Stelle haben kann und wesensfremd bleiben muß. Das Ergebnis ist eine Überspannung der vertraglichen Rechtsbeständigkeit. Denn es ist für das innerstaatliche Recht schlechthin unangemessen, daß ein Vertragspartner den anderen am Vertrag solle festhalten können, wenn zwar dessen Existenz nicht gefährdet ist, aber die Fortentwicklung der öffentlichen Ordnungen den Wunsch gerechtfertigt erscheinen läßt, eine den Vertragspartner bei notwendigen und wünschbaren Reformen hemmende Fessel ganz oder teilweise zu beseitigen. Die Starrheit des völkerrechtlichen Vertrages ist innerhalb der Staatsgrenzen nicht erträglich. Wollte man diese Tatsache leugnen, so würde man es doch nicht verhindern können, daß das Eigenrecht des politischen Geschehens durch die Vertragsschranken hindurchbricht. Das wäre ein dogmatischer Fehler, ein verkennen, vor dem man sich hüten muß, wenn man nicht in lebensfremde Spekulationen verfallen will.

Damit aber ist die Möglichkeit des öffentlich-rechtlichen Vertrages keineswegs in Abrede gestellt. Lediglich das logische Ausgangselement für das begriffliche Verständnis dieser Art von Verträgen muß ein anderes sein. Die Koordination oder Subordination wird hier gänzlich aus dem Spiel bleiben müssen. Die Lage, welche den Abschluß solcher Verträge nahelegt oder mindestens verständlich macht, ist folgende. Der Staat ist ein religiös neutraler geworden. Er hat sich aus dem Gebiet der Pflege eines religiösen Bekenntnisses zurückgezogen. Die Aufgaben von Staat und Kirche, die zwar nie die gleichen waren, aber doch bis zum Wegfall des landesherrlichen Kirchenregiments in einer gewissen Verbindung miteinander standen, haben sich damit voneinander geschieden. Auf diese Scheidung ist hier besonderes Gewicht zu legen. Der Staat, entschlossen auf dem religiösen Gebiet nicht mehr zu regieren, zieht es vor, hier nicht mehr zu befehlen, sondern die notwendigen Regelungen im Wege vertraglichen Ausgleichs herbeizuführen. Das eine folgt nicht in dem Sinne zwingend aus dem anderen, daß der Staat, nachdem er sich konfessionell neutralisiert hat, nur noch paktieren dürfe und sich des hohen Gesetzes begeben habe. Aber dessen bedarf es auch nicht, um den angedeuteten Zusammenhang zwischen der konfessionellen Neutralität und dem Vertrag herzustellen.

Lehnt man die Anwendung der clausula auf das innerstaatliche Recht als diesem wesensfremd ab, so ergibt sich die Notwendigkeit, die Verbindlichkeitsgrenzen der Verträge neu zu bestimmen. Dabei wird man zunächst auf ein Vorbild zurückgreifen dürfen, das die Bismarcksche Verfassung darbietet. Ist es nämlich das Besondere der durch Vertrag mit dem Staate verbundenen Kirche, daß ihre Rechtsverhältnisse durch ein ineinandergreifendes System von Rechtsnormen und Vertragsregeln unter Wahrung des souveränen Primats des Staates bestimmt wird, so befanden sich die Gliedstaaten des Bismarckreiches in einer analogen Lage; auch ihre Rechtsstellung im Reich beruhte auf dem Verfassungsgesetz und den Verträgen, welche der Reichsgründung vorangingen. Das gilt insbesondere für die süddeutschen Staaten. Es ist das Verdienst von Carl *Schmitt*, Verfassungslehre, 1928, dieses politisch sehr sinnvolle Nebeneinander von Vertrag und Gesetz aus der Eigentümlichkeit der Gesamtstruktur des Bismarckreiches wieder einsichtig gemacht zu haben. Schon bald nach der Reichsgründung kam die Auffassung zur Geltung, daß die Wahrnehmung eigenstaatlicher Freiheiten an der Treue eine Grenze finde, welche die Gliedstaaten schuldig sind. Heinrich *Triepel*, (Die Reichsaufsicht, 1917) und mit ihm andere (wie Smend) haben die Pflicht zur Bundestreue als einen der wesentlichsten ungeschriebenen, aber gleichwohl geltenden Verfassungssätzen des Bismarckreiches bezeichnet. Die Pflicht zur Treue und Loyalität ist aber nicht eine Eigentümlichkeit des Bundesstaates, sondern sie waltet in jedem Staate vor und zwar als Rechtspflicht, als rechtliche Schranke allen individuellen und korporativen Handelns. Daraus ist für den öffentlich-rechtlichen Vertrag, zumal den zwischen Staat und Kirche, eine wichtige Folgerung zu ziehen. Die nämlich, daß auch dann, wenn Staat und Kirche als Vertragspartner einander gegenübertreten, die politische Einheit und die notwendige Freiheit geschichtlicher Fortentwicklung der öffentlichen Ordnungen nicht nur de facto, sondern auch de iure vorausgesetzt sind. Dadurch erfährt der Vertrag zwischen Staat und Kirche – der seine Besonderheit ja darin findet, daß er ein Stück Verfassung darstellt – seine besondere Stilisierung und Absetzung vom völkerrechtlichen Vertrag.

Insbesondere muß seine Rechtsbeständigkeit hinter der des völkerrechtlichen Vertrages zurückbleiben. Andererseits aber geht sie keineswegs in einem unkontrollierbaren Ermessen des Staates als Vertragspartner unter. Die hier zu machenden Einschränkungen sind vielmehr juristisch durchaus umgrenzbar und auch praktisch durchführbar.

Sie bestehen darin, daß der Staat naturgemäß nicht berechtigt ist, vertragliche Rechte und Zusicherungen einseitig aufzuheben, weil sie ihm lästig oder nicht mehr opportun erscheinen, daß aber ein Vertrag einer aus allgemeinen, nicht nur dem speziellen Verhältnis zur Kirche entnommenen Gründen motivierten und in Gang gebrachten Reform oder Änderung des bestehenden Rechts nicht entgegenstehen kann. Dafür ein Beispiel: Der preußische Vertrag gewährleistet im Art. 11 Abs. 1 den Fortbestand von zehn theologischen Fakultäten an zehn preußischen Universitäten. Diese Bestimmung würde, ihre Fortgeltung vorausgesetzt, die einseitige Aufhebung einer der genannten Fakultäten nur unter ganz besonderen Umständen zulassen, sie würde aber nicht hindern, daß eine Fakultät durch Auflassung einer Universität aus allgemeinen, hochschulpolitischen Erwägungen in Wegfall kommt.

Das heißt: die Verbindlichkeit des Vertrages verbietet den Spezialeingriff in den vertraglich hergestellten Rechtszustand, sie steht aber allgemeinen Regelungen nicht entgegen. Damit gewinnt die Unterscheidung von Einzeleingriff und genereller Regelung für die Handhabung der Verträge zwischen Staat und evangelischer Kirche Bedeutung, welche die Funktionsweise des bürgerlichen Rechtsstaates entscheidend bestimmte. Aber diese Unterscheidung ist nicht etwa eine rechtsstaatliche Erfindung, sondern sie gehört der allgemeinen Rechtslogik an und war bereits lange vor dem bürgerlichen Rechtsstaat in das Rechtsbewußtsein und die Rechtsdogmatik eingegangen.

Tritt man dieser Überlegung bei, so wird man finden, daß damit der Treupflicht und Loyalität bereits in einer sehr wesentlichen Hinsicht Rechnung getragen ist. Denn es wäre der sozusagen klassische Fall der Illoyalität, wenn die Kirche notwendigen allgemeinen Reformen unter Berufung auf vertragliche Abreden in den Arm fallen würde. Aber es müssen natürlich allgemeine Reformen sein, nicht solche, die sich speziell auf die Kirche und die kirchlichen Rechte richten. Darum wird es dem Staat in aller Regel nicht möglich sein, das einmal vertraglich geregelte Verhältnis zur Kirche als solches zu ändern, sofern er sich nicht ein Kündigungsrecht vorbehalten hat. Denn dieses Verhältnis ist immer ein singuläres und geht nicht in allgemeinen Reformen auf. Es werden also wohl immer spezielle Vertragsbindungen sein, über welche der Staat im Zuge allgemeiner Reformen hinweggeht.

Damit dürfte ein Kriterium gefunden sein, welches sich auch praktisch verwenden läßt und das dazu dienen kann, den gegenwärtigen Bestand der Verträge auf seine Fortgeltung zu sichten. Aber damit allein dürfte dem Gebot der Treupflicht und Loyalität noch nicht Genüge geschehen sein. Der Fall ist denkbar, daß eine einzelne Vertragsbestimmung, auch ohne daß sie mit einer allgemeinen Reform kollidiert, gleichwohl mit den Zwecken und Absichten der Staatsführung in einen derartigen Widerspruch gerät, daß ein Festhalten an der Fortgeltung und Erfüllung dieser Bestimmung illoyal und die Treupflichten der Kirchen gegenüber dem Staat verletzend sein würde. Das wäre gewiß nicht schon dann der Fall, wenn eine Vertragsbindung dem Staate infolge nachträglich veränderter Umstände lästiger würde, als anfangs vorauszusehen war. Der Tatbestand muß hier manifest, nach jeder Richtung klar und übersehbar sein. Er ist etwa gegeben, wenn der Staat Mittel für die Ausbildung von jungen Theologen darum zurückhält, weil die jungen Theologen dem Staat den Gehorsam verweigern. Oder dann, wenn sich erweisen sollte, daß statt der vertraglich vorgesehenen zehn Fakultäten eine geringere Zahl für die Dauer hinreichen würde, um die zahlenmäßig zurückgegangenen Theologiestudenten hinreichend und allen kirchlichen Bedürfnissen genügend, auszubilden. Denn in diesem Falle hieße das starre Festhalten am Vertrage, dem Staate sachlich nicht gerechtfertigte Kosten aufbürden. Allerdings sind die Gesichtspunkte, die hier eingreifen, recht vielfältiger Art und es wird entscheidend darauf ankommen, daß die Sachlage klar ist und jeden Zweifel ausschließt. Einseitige subjektive Ansichten reichen für eine Lösung des Vertragsbandes nicht aus.

Das Ergebnis der bisherigen Überlegungen läßt sich in folgenden Grundsätzen zusammenfassen:

1. Von der Gesamtstruktur des Staates aus (als eines autoritären nationalsozialistischen, parlamentarisch-demokratischen usw.) läßt sich ein Urteil über Zulässigkeit, Gültigkeit und Fortbestand von Verträgen zwischen Staat und evangelischer Kirche nicht gewinnen.

2. Die Verbindlichkeit solcher Verträge ist durch die Pflicht zu Treue und Loyalität begrenzt. Das bedeutet insbesondere.

3. Der Vertrag schützt die Kirche gegen Einzeleingriffe in vertraglich gewährte Rechte und Zusicherungen, er steht jedoch allgemeinen Reformen, welche einzelne vertragliche Abreden in Mitleidenschaft ziehen oder obsolet machen, nicht entgegen.

4. In besonderen, klar gelagerten Fällen, kann es die Treupflicht der Kirche gebieten, auf ein einzelnes Recht aus dem Vertrage zu verzichten, die Anwendung dieses Satzes ist auf Ausnahmefälle beschränkt.

Die Anwendung dieser Grundsätze soll nunmehr an dem Vertrag des Freistaates Preußen mit den Evangelischen Landeskirchen vom 11. Mai 1931 erprobt werden.

In Art. 1 gewährte der Preußische Staat der freien Bekenntnisausübung gesetzlichen Schutz. Die Bestimmung steht im Einklang mit der allgemeinen, vom nationalsozialistischen Staat dem Bekenntnis gegenüber eingenommenen Haltung. Insofern kann man sie für fortgeltend halten. Ihre praktische Bedeutung ist infolge der Vereinheitlichung des Reiches jedoch stark gemindert. Der Schutz der freien Religionsausübung liegt heute im wesentlichen beim Reich.

Die Art. 2 und 3, welche dem Staat ein Einspruchsrecht gegen solche kirchliche Gesetze und Notverordnungen verleihen, die die vermögensrechtliche Vertretung der Kirchen zum Gegenstande haben, sind durch die seit 1933 getroffenen staatlichen Maßnahmen, insbesondere die Durchführungsverordnungen zum Sicherungsgesetz vom 23.9.1935 auf das stärkste in Mitleidenschaft gezogen worden. Angesichts der Tatsache, daß die Kirche staatlicher Hilfe nach 1933 in hohem Maße bedürftig wurde, um ihre äußere Verwaltung notdürftig in Gang und Ordnung zu halten, kann sich die Kirche insoweit nicht auf die Art. 2 und 3 des Vertrages berufen und etwa geltend machen, daß weiter gehende als in den Art. 2-4 niedergelegte Rechte dem Staate gegenüber der Kirche nicht zuständen. Dagegen besteht der Art. 4 m.E. fort. Das Recht, kirchliche Ämter frei zu errichten und umzuwandeln, sofern Aufwendungen aus Staatsmitteln nicht beansprucht werden, ist durch die weitgehende Ingerenz des Staates in die kirchliche Verwaltung m.E. nicht berührt worden. Aufwendungen aus Staatsmitteln im Sinne des Vertrages sind besondere staatliche Zuwendungen. Die Kirchensteuer, welche von dem Steuerpflichtigen für die Kirche entrichtet wird und vom Staate lediglich anerkannt ist, gelegentlich auch verwaltet wird, kann nicht zu diesen Aufwendungen aus Staatsmitteln gerechnet werden.

Die im Art. 5 Abs. 1 festgelegte Dotation für kirchenregimentliche Zwecke ist durch die Entwicklung seit 1933 ebensowenig berührt wie die Garantie der Nutzung an den kirchenregimentlichen Zwecken dienenden Gebäuden. Das Gleiche gilt von der Eigentumsgarantie des Art. 5, insbesondere auch von der Gewährleistung des Abs. 2, welcher die dem kirchlichen Gebrauch gewidmeten staatlichen Gebäude und Grundstücke betrifft.

Die Art. 7-9, welche die Besetzung der kirchlichen Ämter, die an die Amtsträger zu stellenden Anforderungen und die Mitwirkung des Staates regeln, finden eine notwendige Ergänzung in den politischen Vorbedingungen, welche für die Berufung in das Beamtenverhältnis heute allgemein gelten. Politische Zuverlässigkeit und arische Abstammung treten hier ergänzend hinzu oder können wenigstens ergänzend den Kirchen zur Pflicht gemacht werden. Denn es handelt sich hier um einen typischen Fall einer allgemeinen Rechtsänderung, deren Vollziehung keinen Spezialeingriff in vertragliche Rechte darstellt.

Die Regelung hinsichtlich der fiskalischen Patronate im Art. 1 dürfte fortgelten.

Da auf dem Gebiete des Universitätswesens Reformen, welche den Bestand der theologischen Fakultäten berühren, bis heute nicht ergangen sind, ist an der Fortgeltung des Art. 11 Abs. 1 im Grundsatz festzuhalten. Bei dauernder Rückläufigkeit der Studentenzahlen würden sich jedoch die Kirchen dem Wunsch des Staates, die eine oder andere Fakultät zu schließen, loyalerweise nicht widersetzen können. Doch wäre in einem solchen Falle ein Einvernehmen unter den Vertragspartnern herzustellen. Denn ebenso, wie die Kirchen diesen Wunsch des Staates nicht würden abweisen können, würde es auf der anderen Seite Loyalitäts- und Treupflicht des Staates sein, bei der Auswahl der zu schließenden Fakultät auf die kirchlichen Interessen billige Rücksicht zu nehmen.

Die vor der Anstellung der Professoren einzuholende gutachterliche Äußerung der kirchlichen Behörde entspricht der Aufgabe, welche der Professor der theologischen Fakultät zu leisten hat: der Vorbildung für den kirchlichen Dienst. Insoweit liegt hier, ebenso wie bei den Professoren der katholisch-technologischen Fakultäten, ein Sonderfall innerhalb der gesamten Universitätsverfassung vor, der ein Mitspracherecht der Kirche rechtfertigt. Sinn und Voraussetzung dieses

Mitspracherechts ist durch die bisherige Entwicklung nicht berührt worden. Es muß deshalb als fortgeltend betrachtet werden.

Damit sind nicht alle Erwägungen erschöpft, welche sich an den Vertrag knüpfen. Es lag auch nicht in meiner Absicht, zu einer vollständigen und endgültigen Stellungnahme zu den einzelnen Bestimmungen des Vertrages zu gelangen. Vielmehr sollten zunächst die im allgemeinen Teil dieses Referats aufgestellten Grundsätze an einem konkreten Gegenstande erprobt werden, wobei es mir wichtiger ist, daß diese Grundsätze, weniger wichtig dagegen, daß die einzelnen Vertragsbestimmungen dieser Probe standhalten. Ich möchte glauben, einige Gesichtspunkte zu diesem sehr delikaten Gegenstande beigetragen zu haben, die vielleicht noch einer gewissen Verfeinerung bedürfen, womöglich auch nicht alle Schwierigkeiten auf dem Vertragsgebiet überwinden lassen. Aber sie bringen, wie ich hoffe, ein wenig Farbe in einen Rechtsstoff, der heute – gewiß nicht in diesem Kreise – allzu ausschließlich im Stile der Schwarz-Weiß-Kunst behandelt wird.

Vorsitzender: Herr Prof. Forsthoff, ich danke Ihnen sehr für Ihre Ausführungen, denen ich mit außerordentlichem Interesse gefolgt bin. Ich wüßte im Augenblick nichts – so einleuchtend erscheint mir alles –, wo ich den Hebel ansetzen sollte, um eine andere Meinung zu vertreten. Die Schilderung des Werdegangs, wie sich die evangelische Kirche immer mehr vom Staate losgelöst hat, aus ihm heraus geworden ist, sich um die Mitte des vorigen Jahrhunderts vergesellschaftet hat, wie Sie meinen, dann schließlich nach dem Sturz der Fürstenhäuser eine noch selbständigere Gestalt dem Staat gegenüber angenommen hat, so daß man nun auch dazu kommen muß, daß sie als selbständiges, wenn auch dem Staate mehr oder weniger untergeordnetes Wesen in der Lage sein muß, mit ihm Verträge abzuschließen, alles das ist richtig. Ob die Beziehungen einseitig durch Gesetz zu regeln sind, selbst wenn das Gesetz günstig ist, aber vielleicht doch verletzend, oder ob es sich empfiehlt, durch Einvernahme mit der Kirche die Normen, nach denen Staat und Kirche leben sollen, zu bestimmen, das ist wohl wesentlich eine Frage der Staatspolitik, die wir nicht zu ergründen haben und die wir auch nicht klären können.

Schröcker: Die Bestimmung des Wesens der Kirchenverträge einschließlich der Konkordate ist nicht eine rein theoretische Frage, sondern eine Frage von erheblicher praktischer Auswirkung, und es wird deshalb zwischen den kirchlichen Stellen und den staatlichen Stellen kaum zu einer wirklichen Übereinstimmung in dieser Sache kommen. Wenn wir hier dazu Stellung nehmen, dann gehen wir doch in erster Linie vom Standpunkt des Staates aus. Da habe ich nun eine methodische Frage an Herrn Prof. Forsthoff. Ist der Staat nicht berechtigt, die dogmatische Auffassung der Kirche über sich selbst zu ignorieren? Wenn der Staat das Wesen eines Kirchenvertrages bestimmt oder praktische Folgerungen aus seiner Auffassung vom Wesen des Kirchenvertrages ziehen will, dann muß er sich meines Erachtens nicht darauf beziehen, welche Auffassung die evangelische Kirche auf Grund ihres Bekenntnisses von sich selbst hat und welche Auffassung die katholische Kirche von sich selbst auf Grund ihres Dogmas hat, sondern er geht von seinem politischen Standpunkt aus. Hier sagt sich ein paritätischer Staat: ich behandle die Kirchen gleich. Als man die Konkordate und die evangelischen Kirchenverträge schloß, sollten ja doch diese Verträge beiderseits ungefähr die gleiche Funktion erfüllen. Wenn der Staat schließlich auch Konkordate und Kirchenverträge nicht ganz auf die gleiche Stufe stellt, so will er sie doch in ihrer Bedeutung wesentlich einander annähern, indem er nicht den Konkordaten die Qualität völkerrechtlicher Verträge zuerkennt mit allen Konsequenzen, die sich daraus ergeben, und sie so riesenhoch über die rein innerstaatlichen Kirchenverträge mit den evangelischen Kirchen stellt. Also das ist eine methodische Frage. Ich glaube, der Staat ist berechtigt, die dogmatische Auffassung der Kirche über sich selbst zu ignorieren; er muß diese Frage vom politischen Standpunkt aus beantworten.

Dann möchte ich gleich ein zweites anfügen, und zwar bezieht das sich auf die Frage der inhaltlichen Begrenzung der Verträge. Meines Erachtens gibt es außer der Begrenzung durch die

Pflicht zur Loyalität noch eine andere inhaltliche Grenze. Das sind gewisse unabdingbare oder unverzichtbare Rechte des Staates. Die katholische Kirche bzw. die Theorie hat hier für die Konkordate gewisse Punkte entwickelt, indem sie sagt: Es gibt unverzichtbare, unabdingbare Rechte der Kirche, von denen die Kirche nicht abgehen kann, und selbst wenn die Konkordate hier ein scheinbares Paktieren erhalten, ist das eben nur ein scheinbares Paktieren; die Kirche hat in Wirklichkeit gar nicht verzichtet; es ist höchstens ein vorübergehendes „tolerari potest ad vitanda maiora mala“. Ein weltanschaulich bestimmter Staat kann sich hier auf den gleichen Standpunkt stellen, daß er auch unverzichtbare Rechte zu wahren hat, gerade bei den Konkordaten und bei den Kirchenverträgen von früher, die vor 1933 geschlossen wurden, also von einem Staat, der weltanschaulich indifferent war. Nun ist seit 1933 ein Staat da, der eine Reihe solcher unverzichtbarer Rechte für sich in Anspruch nimmt auf dem Gebiete der Erziehung usw., und dieser weltanschaulich bestimmte Staat wird nun die alten Verträge, die von einem weltanschaulich indifferenten Staat geschlossen wurden, auch so auslegen, daß er sagt: Ich habe unabdingbare Rechte, von diesen Rechten kann ich nicht abgehen; insoweit binden mich die früheren Verträge nicht mehr; was 1933 geschehen ist, ist ein revolutionärer Akt, der auch diese Verträge in ihrem Wesen berührt.

Forsthoff: Ich möchte dazu einmal folgendes sagen. Selbstverständlich kann es sozusagen auf das dogmatische Selbstverstehen der Kirchen für den Staat nicht entscheidend ankommen, und kommt es ja auch nicht entscheidend an. Ich habe schon ausdrücklich betont, daß ja gerade die Rechtsform, die die Kirche als Körperschaft des öffentlichen Rechts hat, gar nicht mehr lutherisch ist, daß sie nicht im Zuge des bewußten staatlich-politischen Setzens oder in dem Zuge der gesellschaftlichen Verhältnisse auf die Kirchen herübergekommen ist, und ich möchte vollkommen Ihrer Meinung sein, daß hier tatsächlich der Staat selbst entscheidet. Aber es ist ja andererseits auch so, daß der Staat, wenn er mit einer Kirche paktiert, sich auch zu einer bestimmten Auffassung von der Kirche bekennt, nämlich zu der, daß die Kirche Vertragspartner sein soll, und daß er daran, wenn man nicht überhaupt den ganzen Vertrag aus den Angeln heben will, meines Erachtens doch festhalten muß.

Schröcker: Das ist sicher: sobald der Staat einen Vertrag schließt, erkennt er den Gegner als Vertragspartner an.

Forsthoff: Mehr sage ich auch nicht.

Der zweite Gesichtspunkt von den unverzichtbaren Rechten des Staates gefällt mir etwas weniger. Ich kenne natürlich die Lehre von dem tolerari potest; aber mir ist – entschuldigen Sie – als Protestant nicht ganz wohl dabei, diese Lehre auf den Staat zu übernehmen. Ich weiß nicht, ob man da aus der staatlichen Souveränität her zu einem ähnlichen Ergebnis kommen könnte. Ich würde vielmehr doch meinen, daß diesem Punkt genügt ist in dem, was ich von der Loyalitätspflicht im äußersten Fall bemerkte, daß ich nämlich tatsächlich sozusagen eine Generalklausel mache, wenn auch als eine Art von Ausnahme, daß da, wo auch die Unterscheidung von genereller Regelung und Spezialeingriff nicht genügt, in besonderen Fällen die Treupflicht der Kirche es gebieten kann, auf einzelne Rechte aus dem Vertrag zu verzichten. Ich bin auch damit einverstanden, wenn man das umgekehrt ausdrückt und sagt, daß der Staat in einem solchen Falle nicht mehr gebunden sein soll. Das würde ich also zugeben, aber unter der Voraussetzung, die ich hier doch mache, indem ich davon ausgehe, daß unverzichtbare Rechte, solche Rechte, die der Staat von vornherein für unverzichtbar hält, auch pflichtmäßig nicht paktiert werden dürfen.

Vorsitzender: Aber Herr Dr. Schröcker meinte das wohl auch in bezug auf die unternommenen Verträge. Er wollte sagen: es ist eine clausula rebus sic stantibus.

Forsthoff: Das liegt auch in meiner Richtung.

Vorsitzender: Das Gefühl habe ich auch. Sie stellten ja alles auf Treu und Glauben ab, und hinsichtlich der geschlossenen Verträge würden Sie ja wohl auf diesem Wege zu demselben Ergebnis kommen, daß jeder Teil von dem anderen anerkennen muß, daß es Dinge gibt, auf die der andere nicht verzichten kann, wenn sie der Struktur der Kirche oder des Staates essentiell sind.

Stahn: Der Unterschied ist eben doch sehr erheblich. Auf der katholischen Seite hat das Dritte Reich einen Vertrag geschlossen, hat also vollkommen frei und selbständig diesen Vertrag geschlossen. Auf der evangelischen Seite hat es Verträge, die aus einer ganz anderen Zeit stammen, übernommen. Das, was Herr Prof. Forsthoff sagte, trifft zu einem ganz überwiegenden Teile nach meiner Meinung nur zu, wenn der Staat selbst die Verträge geschlossen hat. Aber wenn er in die Verträge als Rechtsnachfolger eines anderen Staates eingetreten ist ...

Vorsitzender: Es ist ja kein anderer Staat; es ist ja derselbe. (*Stahn:* Für mich ist es ein anderer Staat!) Ich würde sagen: es ist derselbe; nur die Verfassung hat sich geändert.

Forsthoff: Dazu muß ich auch etwas Methodisches bemerken. Es ist tatsächlich eine sehr wichtige Frage. Es handelt sich hier einfach um das Phänomen der Kontinuität, und man kann nicht so vorgehen, daß man die Verträge, die 60, 70 oder 80 Jahre alt sind, nun einfach in die heutige Zeit transponiert und abmißt: was wäre heute abgeschlossen worden und was nicht? Die Dinge laufen doch weiter. Alles was aus dem Reichsdeputationshauptschluß hervorgegangen ist, läuft durch die ganze Zeit hindurch, durch die preußische Verfassungsgebung, durch die Bismarcksche Verfassung bis in Art. 137/138 der Weimarer Verfassung und war vorhanden bei der Machtübernahme. Dann kommt der Moment, wo man sich entscheiden muß: Bleiben wir in der Tradition, in der Kontinuität, oder können wir das nicht? Es gibt zwei Fälle in der europäischen Verfassungsgeschichte, in denen man die Kontinuität nicht gewahrt hat, die französische Revolution zur Zeit der Jacobiner und die russische Revolution nach 1917. (*Keith:* Und jetzt wieder bezüglich Österreichs!) Das ist ein besonderer Fall durch die Einverleibung gewesen. Die beiden genannten Fälle sind die einzigen Fälle in der europäischen Verfassungsgeschichte, in denen erklärt worden ist: Die Staatsperson hat gewechselt, und infolgedessen tritt eine völlige Wandlung, sagen wir einmal, in der Betrachtung ein. Am 23. März 1933 hat aber der Führer und Reichskanzler bei einer nicht gleichgültigen Gelegenheit ausdrücklich erklärt, und zwar in der Regierungsproklamation: den Kirchen bleiben die vertraglichen Rechte erhalten.

Vorsitzender: Am 21. März 1933 war der Staatsakt in Potsdam, und dann kam die Regierungsproklamation.

Weber: Der 21. März ist auch insofern von Bedeutung hierfür, als der 21. März gerade die Kontinuität betonte. Es war doch die symbolhafte Darstellung der Kontinuität.

Forsthoff: Diese Kontinuität hat der Führer und Reichskanzler betont neben der allgemeinen Kontinuität, die er schon am 21. März betont hatte. In der Regierungsproklamation findet sich ausdrücklich der Satz: „Die Kirchen werden als wesentlicher, wertvoller Bestandteil des deutschen Volkstums anerkannt. Die vertraglichen Rechte der Kirchen bleiben gewährleistet."

Vorsitzender: Nun muß man allerdings dazu sagen, Herr Professor, daß die nationale Revolution ja nicht von heute zu morgen gekommen ist, sondern sehr langsam, langsamer, als wir es uns jetzt vorstellen. Ich darf daran erinnern, daß die Wahl vom 5. März 1933 noch nicht einmal eine nationalsozialistische Mehrheit ergab. Es war sogar ein Rückgang eingetreten – und daß das erste Kabinett sich unter Zuhilfenahme der Deutschnationalen zusammensetzte aus Nationalsozialisten und Deutschnationalen. Die Revolution hat sich dann eigentlich erst im Laufe des Sommers 1933 machtvoll durchgesetzt, und es konnte also der Führer am 23. März – wenn ich das einmal skizzieren darf – vielleicht einer anderen Auffassung sein, als er sie jetzt haben würde, zumal man ja auch anerkennen muß, daß der Staat sich seitdem derartig gewandelt hat, daß zum mindesten die Auffassung, eine Kontinuität bestehe nicht, mehr wiegt. Aber ich würde doch immer sagen, daß man die Kontinuität wahren muß, solange es nur irgend geht.

Barion: Ich möchte dazu sagen, daß bei diesen Bemerkungen zwei Gesichtspunkte nicht ganz scharf geschieden werden, einmal die Frage nach der Kontinuität als solcher de iure, was das für eine Wirkung hat, wenn man sagen kann, daß hier die Kontinuität unterbrochen ist, wenn nicht, wie weit de facto in diesen Fällen, die wir erörtern, die Kontinuität gewahrt oder durchbrochen worden ist. Man kann weder, weil man nun etwa es grundsätzlich für möglich hält, daß ein Schlußstrich gezogen wurde, auf einmal sagen: es ist tatsächlich ein Schlußstrich gezogen worden, noch kann man umgekehrt einfach von vornherein das Gegenteil deduzieren, sondern man muß diese beiden Fragen schon für sich gesehen prüfen. Theoretisch, würde ich sagen, hat Herr MinDirigent Stahn völlig richtig für mein Empfinden gesagt, daß man weder das eine noch das andere einfach behaupten kann, bzw. daß man nicht von vornherein davon ausgehen kann, daß die Kontinuität gewahrt worden ist. Das ist eine Frage, die also wirklich einmal geklärt werden muß, wobei ich allerdings auf der anderen Seite, was das Faktische angeht, im Augenblick sehr gespannt darauf wäre, wie man das Reichskonkordat erklären will; denn daß das Reichskonkordat im ganzen gesehen im Verhältnis zur Weimarer Verfassung das ideelle Fortleben der Weimarer Verfassung demonstriert, kann man doch meines Erachtens gar nicht bestreiten. (*Weber:* Und die Länderkonkordate?!) Ja, realiter, also von den Kategorien aus! – Infolgedessen muß man nach meiner Meinung erheblich mehr aufwenden als einige Aphorismen, um zu zeigen, daß das, was in den Konkordaten und damit, weil sie parallel geschaltet sind, auch in den evangelischen Kirchenverträgen von 1931 steht, zu den Rechten gehört, auf die der Staat nie hätte verzichten dürfen, daß sie heutzutage jedenfalls ohne weiteres obsolet geworden sind; denn irgendein, sagen wir einmal, weltanschaulich-klimatischer Unterschied zwischen dem Reichskonkordat, den Konkordaten von 1929 usw. und den Kirchenverträgen ... (*Vorsitzender:* Besteht nicht!) – Das will ich nicht sagen; ich hüte mich, das zu behaupten. Aber es würde mich interessieren, zu erfahren, wo dieser Unterschied zu finden ist. *(Heiterkeit.)*

Das sind die beiden Punkte. Ich sehe nicht ein, warum man sich in diesem Falle so sehr darauf versteifen soll, die Kontinuität und Diskontinuität theoretisch so weit zu fassen. Theoretisch ist das absolut richtig. Man wird das auch nicht so fassen, daß man sagt: Ein Staat ist gehalten, entweder unter die ganze Vergangenheit einen Strich zu ziehen und restlos alles für abgeschlossen zu erklären, oder er muß in Bausch und Bogen alles annehmen. Man wird unterscheiden müssen. Es kann Gebiete geben, auf denen der Staat sagt: hier erkenne ich die Gegenseite an. Es kann aber auch Gebiete geben, auf den er sagt: ich kann die Gegenseite nicht anerkennen.

Weber: Das wird bei diplomatischen Verträgen durch die Loyalitätsklausel, von der Herr Prof. Forsthoff sprach, bedingt.

Barion: Schön. Ich glaube aber, daß die Frage erst dann ganz scharf gestellt ist, wenn man streng unterscheidet zwischen dieser theoretischen Frage und der tatsächlichen und praktischen Feststellung, daß man eine Diskontinuität erst dann behaupten kann, wenn man den weltanschaulich-klimatischen Unterschied zwischen dem Reichskonkordat, den anderen Konkordaten und den Kirchenverträgen aufgezeigt hat.

Vorsitzender: Ich sagte eben schon – ich weiß nicht, ob ich etwas übersehe -: Die Revolution hat sich erst im Sommer 1933, also um die Zeit des Konkordats, überhaupt vollzogen. Der 30. Januar ist ja eigentlich keine Machtergreifung gewesen, von der immer gesprochen wird – das ist erst nach und nach gekommen –, sondern es ist eine regelrechte, parlamentarische Beauftragung Hitlers als Reichskanzler gewesen, und Hitler hat, wie jeder andere, wie Brüning, Hermann Müller usw., sein Kabinett nach einer tragfähigen Mehrheit gebildet, hat dann diese Mehrheit auch – sehr knapp außerdem – bekommen, so daß ich sagen müßte: Vom Standpunkt der jetzigen Zeit aus ist der Unterschied zwischen jetzt und etwa Januar 1934 sehr viel größer als der Unterschied zwischen jetzt und dem 30. Januar 1933, so daß ich glaube sagen zu können: Der alte Staat reichte eben noch – wenn ich den Ausdruck gebrauchen darf – in das Dritte Reich hinein und hat da noch eine Zeitlang weitergeschmort, so daß es umso schwieriger wird, überhaupt von Kontinuität und Diskontinuität zu sprechen. Ich glaube, das, was Sie eben sagten, Herr Dr. Keith, ist in bezug auf die Kontinuität richtig: es ist derselbe Staat; es ist nur eine ganz langsam vollzogene Änderung, die eventuell hinausläuft auf eine veränderte Lage innerhalb der Kontinuität. Das ist die Frage der clausula rebus sic stantibus.

Ruppel: Man kann ja die Kontinuitätsfrage auch einmal auf kirchlicher Seite zur Diskussion stellen. Mich hat besonders beeindruckt und meine Zustimmung hat besonders gefunden in dem Referat des Herrn Prof. Forsthoff außer vielem anderen, daß er die Frage auch auf die Rechtsstellung der evangelischen Kirche abgestellt hat und daß er für die Erörterung unserer Frage die Rechtsstellung zugrunde gelegt hat, die die evangelische Kirche de facto hat, also gewissermaßen nicht allein die ecclesia invisibilis, auch nicht die ecclesia visibilis mit Wortverkündung usw., sondern sozusagen die ecclesia externa. Die Stellung, die Gesamtlage der ecclesia externa hängt doch entscheidend ab von der Volksverfassung oder Volksordnung, meinetwegen auch Reichsverfassung, wie sie de facto in concreto gegeben ist. Vielleicht ist es auf katholischer Seite, wenn man die Sache vom Staate aus betrachtet, nicht sehr viel anders. Da kann man doch nun sagen, wenn man sich die kontinuierliche Entwicklung der evangelischen Kirche aus der Systemzeit über 1933, 1934, 1935 ansieht, daß da auch eine fundamentale Wandlung hinsichtlich der Stellung der evangelischen Kirche, sagen wir einmal, in der Volksverfassung und Volksordnung eingetreten ist. War sie vor 1933 gerade auch als soziologische Größe im parlamentarischen Staat noch ein äußerst beachtlicher machtpolitischer Verband mit einer Position, wie sie mindestens jeder andere Verband, der Millionen von Mitgliedern im politischen Gewoge des Kampfes hatte, besaß, so ist sie doch nach der machtpolitischen Seite hin in der Zeit nach 1933 in steigendem Maße und vielleicht gerade erst in stärkerem Maße 1934, 1935 und 1936 etwas anderes geworden. Vielleicht ergibt sich auch von daraus ein weiterer Gesichtspunkt.

Vorsitzender: Was ja die Verfassung beweist, indem man sich damals gerade darauf eingestellt hat, die Kirchenfrage aufzugreifen.

Ruppel: Ja, wobei auch gerade diese soziologischen Momente oder diese gesellschaftlichen Elemente im Unterschied von den anstaltlichen stärker in den Hintergrund getreten sind. – Wenn man sich das ansieht, dann könnte man ja vielleicht auch zu einer anderen Beurteilung der Frage der Fortgeltung der Kirchenverträge kommen; denn wenn die Kirchenverträge ein Element der Verfassungsgestaltung für den Staat sind, dann muß natürlich auch ihre Bedeutung ganz anders gesehen werden. Wenn innerhalb der gesamten Volksordnung die öffentliche Stellung der Kirchen, selbst wenn sich kein Paragraph geändert hat, de facto durch Änderungen auf der staatlichen Seite eine andere geworden ist, könnte der Fortschritt der Entwicklung der Volksordnung und der Volksverfassung in der Tat doch einmal zu dem Punkte führen, daß man sagt: Hier ist der Partner in der Gesamtkonstellation derart modifiziert worden, daß nunmehr der Vertrag eigentlich kein geeignetes Moment mehr ist, um diesen Fragenkreis zu regeln. (*Vorsitzender:* Aber nach Treu und Glauben!) Hier würden meines Erachtens durchaus die Gesichtspunkte, die Herr Prof. Forsthoff angeführt hat, zu ihrem Rechte kommen müssen. Aber man würde demgegenüber eben doch stark betonen müssen, daß es der Staat ist, der für die Gestaltung der Volksordnung verantwortlich ist, und daß er der einzig Verantwortliche ist. Die Reichsregierung war vielleicht schon früher verantwortlich für die gesamte Ordnung; aber sie hat sie ja nicht gemacht, und auch die heutige Reichsregierung gestaltet viel, aber sie schafft das doch auch nicht schematisch. Immerhin, man würde sagen: die entscheidende Verantwortung und die Zuständigkeit für die Gestaltung und Regelung der Volksordnung liegt auf seiten des Staates. Deshalb kann man sagen: Der Staat ist infolgedessen auch nicht gehemmt, die Weiterentwicklung der öffentlichen Verfassung des Volkes vorwärts zu treiben; er ist nicht gehemmt, auch schließlich eventuell unter Loyalitätsgesichtspunkten zu erklären: jetzt ist die Situation erreicht, wo der Vertrag kein eigentliches Element mehr ist. (*Keith:* Wo er von sich aus die Grenzen bestimmt!)

Barion: Darf ich da einmal anknüpfen! Ich hätte das gleich von vornherein etwas ergänzen sollen. Worauf ich hinaus wollte, war nicht, mit einem Entweder-Oder zu operieren, daß es also entweder so bleiben soll, wie es ist, oder aber geändert werden muß, sondern ich wollte ausgesprochenermaßen auf die Loyalitätsklausel herauskommen. Ich finde, daß bei den bisherigen Diskussionen nicht genügend zum Ausdruck kommt, daß in der Loyalitätsklausel eben etwas darüber ausgesprochen wird, daß man immer wieder von Fall zu Fall und möglichst elastisch jeden einzelnen Punkt für sich prüft. Ich habe es gerade als Vorzug der Problemstellung des Referats angesehen, daß außerordentlich stark zum Ausdruck kam, daß man ja eigentlich kaum jemals einen Ansatzpunkt hat, um in Bausch und Bogen einen Vertrag oder ein Konkordat über den Haufen zu werfen, sondern daß jeweils immer von der einzelnen Materie aus der Ansatzpunkt gefunden, nach Treu und Glauben beurteilt und nachgewiesen werden muß, der es notwendig erscheinen läßt, hier zu ändern.

Das andere, was ich auch noch beifügen möchte, ist folgendes. Es ist doch so, daß der Begriff der unverzichtbaren Rechte, ganz logisch gesehen, ein Unbegriff ist. Entweder sind die Rechte unverzichtbar – dann darf man sie auch nicht preisgeben –, oder es gibt da Dinge, bei denen man die Grenze verschieben kann, und dann sind die Rechte nicht in dem Sinne unverzichtbar, daß man sie einfach nicht aufgeben könnte. Man wird das etwas von der historischen Seite aus ansehen müssen, und könnte das z.B. bei der Schulfrage tun. Ich sehe nicht ein, warum nicht der Staat die Möglichkeit haben sollte, wenn er es aus irgendwelchen Gründen für zweckmäßig hält, irgendwelche Zusammenschlüsse auf der religiösen Grundlage an dem Schulsystem zu beteiligen, und umgekehrt sehe ich nicht ein, warum man heutzutage auf Seiten der katholischen Kirche einen so erbitterten Kampf um die Klosterschulen führt, obwohl sich doch jeder sagen muß – und die katholische Dogmatik tut das auch –, daß es wirklich nicht ein unverzichtbares Recht der katholischen Kirche ist, den Kindern à tout prix Lesen, Schreiben und Rechnen beizubringen. Das ist ein Punkt, bei dem sich zeigt, daß man von unverzichtbaren Rechten in diesem Sinne gar nicht reden kann und daß man mit diesem Begriff eine Kategorie als Mittel der Prüfung für die Verträge nimmt, das nach meiner Auffassung völlig unbrauchbar ist. Man wird jeweils davon ausgehen müssen, daß heutzutage tatsächlich das ganze Schulwesen in seiner Form von der Volksordnung usw. bestimmt und ausgerichtet wird, daß tatsächlich, ich möchte fast sagen, rein physisch gesehen, eine religiöse Schule, die ausgesprochen von einem religiösen Träger bestimmt wird, einfach nicht zurecht kommt. Das kann man aber feststellen, und daraus kann man die Folgerungen ziehen, ohne deshalb auf diesen Begriff der unverzichtbaren Rechte zu kommen. Ich bin also durchaus dafür, daß man da, wo es nötig ist, mit klaren Begriffen und mit schönen Definitionen arbeitet. Aber es gibt Dinge, wo man wirklich mit der konkreten Ordnung Ernst machen sollte. Dazu gehört gerade unbedingt die Prüfung des Vertragsinhalts.

Vorsitzender: Aber ob es nicht doch Rechte gibt, die sowohl für den Staat wie für die Kirche schlechterdings nicht preisgegeben werden können?

Barion: Ja, solange man sagt, daß es Rechte gibt in bezug auf dieselbe Sache, so daß also Staat und Kirche in gleicher Weise dieselben Rechte als unverzichtbar behaupten müssen, würde ich nichts dagegen haben. Es gibt natürlich Rechte, die der Staat nicht preisgeben kann, es sei denn unter Zwang, und es gibt Rechte, die die Kirche nicht preisgeben kann, auch nicht preisgibt, es sei denn unter Zwang. Aber ich glaube kaum, daß man den Punkt finden kann, an dem es wirklich echte Konflikte in dem Sinne gäbe, an dem in bezug auf die gleiche Sache Staat und Kirche à tout prix entgegengesetzte Positionen einnehmen müßten. Das ist eben immer wieder der Punkt. Ich muß sagen: Ich verstehe nicht recht, warum man dem Standpunkt des Ministeriums Heß in der Öffentlichkeit immer so außerordentlich verständnislos gegenübersteht. Ich halte das überhaupt nach wie vor für die einzige Möglichkeit, die Dinge einmal wieder in Ordnung zu bringen, weil ganz unabhängig davon, wie das Ministerium das praktisch durchführt, hier einmal grundsätzlich, theoretisch Ernst gemacht wird mit dem Gedanken, daß eine Trennung von Staat und Kirche in dem Sinne möglich ist, als es möglich ist, eine Linie zu ziehen, bei der keiner von beiden Partnern irgendeinen Teil seines wirklichen Besitzes aufgibt. Auf diese Weise ließe sich wirklich eine echte Grenze zwischen der politischen und der religiösen Betätigung finden. Wenn man das nicht glaubt, hat es überhaupt eigentlich nicht viel Sinn, daß man versucht, in dieser Frage auf einen Frieden hinzuarbeiten. Die ganze Voraussetzung ist doch die Überzeugung, daß es wirklich möglich ist, Religion und Politik zu trennen. Man mag verschiedener Meinung darüber sein, wieweit es jeweils den Verfechtern dieses Grundsatzes heute ernst damit ist. Auch der politische Katholizismus hat ja mit großem Eifer und vielen Worten behauptet, er habe nie etwas anderes gewollt, als Religion und Politik zu trennen. Das ändert nichts daran, daß der Grundsatz als solcher die einzige Möglichkeit ist, um überhaupt zu vernünftigen Verhältnissen zu kommen, so daß also sehr viel dafür gesagt werden kann, daß es tatsächlich möglich ist, Religion und Politik wirklich auseinanderzuhalten. Ich habe mit großem Interesse auch aus dem Rundbrief der Volkskirchlichen Arbeitsgemeinschaft gesehen, daß das in einer auf den konkreten Fall zugeschnittenen Formulierung anscheinend den Mittelpunkt der ganzen Diskussion in der Volkskirchlichen Arbeitsgemeinschaft gebildet hat, wobei offensichtlich die Voraussetzung ist, daß das überhaupt möglich ist, so daß also insofern der Begriff der unverzichtbaren Rechte hier überhaupt fehl am Platze ist, weil es gar keine unverzichtbaren Rechte gibt, die in gleicher Weise vom Staat und von der Kirche in bezug auf denselben Punkt beansprucht werden müßten. (*Schröcker:* Die werden aber beansprucht!)

Vorsitzender: Aus der Geschichte heraus sind beide stark verfilzt und greifen in starkem Maße auf ein und dasselbe Gebiet ein, wenn man z.B. daran denkt, es würde der Kirche zugemutet, daß der Staat die Professoren der Theologie allein ernennt, ohne daß die Kirche mitzureden hat. Das sind aber die Professoren, die schließlich die Geistlichen erziehen. Der Staat bekäme also die Möglichkeit, lauter Universitätsprofessoren hinzusetzen, die der Kirche nicht genehm sind, so daß unter Umständen ein zur Kirche völlig anders eingestelltes Geschlecht herangezüchtet würde. Ich könnte mir denken, daß darüber überhaupt kein Paktieren möglich ist.

Barion: Ich würde das auch nicht zu den Rechten des Staates zählen. Der Staat hat gar keinen Ansatzpunkt und an sich gar kein Erkenntnisorgan dafür, ob er, kirchlich gesehen, einen Theologieprofessor der Kirche zumuten kann oder nicht.

Keith: Das ist auch eine politische Frage. Aber das Politische und das Kirchliche berühren sich hier.

Stahn: Ich möchte nach dem, was Herr Prof. Barion und Herr Ruppel gesagt haben, auf das Referat des Herrn Prof. Forsthoff zurückkommen. Herr Forsthoff sagte: Die evangelisch-lutherische Kirche hat als solche keine gesellschaftliche Form, sondern ist angewiesen auf die Form, die ihr der Staat sozusagen zuschiebt; sie muß sich damit abfinden; wenn sie eben Körperschaft des öffentlichen Rechts geworden ist, ist sie das. Jetzt scheint mir das Problem aber gerade da zu liegen – auch im Sinne dessen, was Herr Ruppel vorhin sagte –, daß der Staat die Dinge fortentwickelt und daß vielleicht aus Gründen der Loyalität der Augenblick kommen müßte, wo die Kirche eine solche Fortentwicklung auch dahin mitmacht, daß sie keinen Vertrag mehr will. Da scheint es mir doch so zu sein, daß der Staat heute einfach sagt: Ich will dieser Kirche gar keine Form zuweisen; ich habe gar kein Interesse daran; die Form, die sie hat, mag sie im Augenblick aus Gründen der Zweckmäßigkeit, damit keine öffentlich-rechtlichen Erschütterungen eintreten, noch behalten; aber ich will ihr keine Form zuweisen. Ob der Staat das mit Recht oder Unrecht sagt, ist eine Frage für sich. Er sagt: ich will mich nicht in die Sache hineinmischen. Was ist dann? Dann kommt man mit den allgemeinen Loyalitätserwägungen nicht mehr weiter. Dann ist eben doch ein Bruch da, oder wie Herr Prof. Barion sagte: Man braucht nicht alles gleich über den Haufen zu werfen, aber es wirft in der Situation sehr vieles über den Haufen, daß plötzlich der Staat oder ein Staat da ist – ob er nun langsam oder schnell gewachsen ist, spielt keine Rolle –, der nun zu dem Augenblick kommt, wo er sagt: Ich gebe der evangelischen Kirche keine Form; sie hat zwar eine überkommene Form, und ich lasse sie ihr noch eine Weile, wie wir es bei Österreich sehen – daß die Dinge in der Ausführung etwas anders aussehen, ist eine Frage für sich –, aber ich halte mich aus diesen Dingen heraus. Der Staat hält sich aus den Dingen heraus, weil er ein Staat ist, der dieser Kirche keine Form mehr geben will. Infolgedessen hält er sich auch nur noch sehr locker an die alten Verträge. Das paßt in etwa zu dem, was Herr Ruppel vorhin sagte.

Weber: Hier ist die Frage der Diskontinuität angeschnitten worden, und zwar in dem Sinne, daß, wenn man sie bejaht, man im Grunde genommen überhaupt nicht mehr diskutieren kann über das, was in der Zeit vor dem Bruch liegt. Herr Stahn hat die Neigung, sich für die Diskontinuität zu erklären mit allen Folgerungen. Mir scheint das insofern bedenklich zu sein, als der Nationalsozialismus durch berufenen Mund wiederholt sein tiefes und starkes Geschichtsbewußtsein vertreten und die Lebendigkeit des Wachsens und Werdens unterstrichen hat. Angesichts dieser grundsätzlichen Haltung, die beispielsweise jetzt in der Ehrung Bismarcks durch den Führer beim Stapellauf des Schlachtschiffes Anerkennung gefunden hat, könnte man Bedenken haben, ob Diskontinuität vorliegt. Formal ist sie auch nicht erklärt worden.

Weiter ist zu berücksichtigen, daß wir praktisch im Erbe der Vergangenheit leben, z.B. im bürgerlichen Recht, im Handelsrecht, im Strafrecht. Wir leben auch in den Wirtschaftsformen der Vergangenheit. Wir selbst haben uns hoffentlich alle seit 1933 gebessert, aber das deutsche Volk besteht nicht nur in seinen Individuen, sondern auch in seinen Ordnungen im wesentlichen aus den Menschen, die früher da waren. Im Sinne der Ausführungen von Herrn Ruppel muß man auch das Werden und Wachsen der Kirche einbeziehen. Es wäre aber ein vergebliches Unterfangen, auf die Untermauerung einer solchen starken Diskontinuität zuzusteuern. Die österreichische Frage liefert ein Beispiel dafür. Wenn wir schon an das Jahr 1932 unmittelbar die Situation von 1939 angefügt hätten, dann würde wahrscheinlich eine Friktion entstanden sein, so daß möglicherweise Diskontinuität vorläge. So liegt es ungefähr bei Österreich, abgesehen davon, daß das ein Fall der Einverleibung ist.

Die Loyalitätsklausel von Herrn Forsthoff ist eine Abbreviatur für einen komplexen Vorgang, und eine Abbreviatur, die sehr praktikabel ist und der Sache sehr nahe kommt, die man auch auf die katholische Kirche anwenden kann, die auch zu einer Umgestaltung oder elastischen Entwicklung der Verhältnisse die Tür öffnet, wie sie den berechtigten Ansprüchen und Rechten auf beiden Seiten entspricht. Ich halte diese Konstruktion von Herrn Forsthoff auch für sehr glücklich, weil sie die erste Alternative beseitigt, die zu unerträglichen Schwierigkeiten führt und das Leben und die Auffassung des Nationalsozialismus von der Lebendigkeit des Lebens, wenn ich mich so ausdrücken darf, vergewaltigt.

Wenn Herr Stahn zum Schluß gemeint hat, die Situation wäre die, daß der Staat der Kirche keine Form zuweisen wolle, so gibt der Staat natürlich der Kirche eine Form. Er tut das nicht nur durch eine gesetzliche Maßnahme, sondern dadurch, daß er die Volksordnung beeinflußt oder wachsen läßt, ihr ein bestimmtes Gepräge gibt und die Kirche in dieser Volksordnung ihren Platz und dadurch ihre Form zugewiesen bekommt. Der evangelischen Kirche ist im Verlauf des 19. Jahrhunderts durch die gesellschaftliche Rolle und durch die Entwicklung mehr zugewiesen worden als durch die Gesetzgebung. Insofern bleibt der Kern der Ausführungen von Herrn Forsthoff zutreffend.

Herr Schröcker hat versucht, die evangelischen und katholischen Verträge nicht nur in eine Parallele, sondern in eine Übereinstimmung zu bringen. Ich glaube, daß ein tiefer Unterschied zwischen den evangelischen Kirchenverträgen und den Konkordaten besteht und daß nur die Situation der Jahre 1929/1931 dazu führen konnte, die paritätische Behandlung beider herzustellen. Es scheint mir eine Versündigung an der Lehre vom konkreten Ordnungsdenken zu sein, wenn man die Konkordate mit den evangelischen Kirchenverträgen auf eine Ebene stellt. Es ist etwas völlig anderes, ob der Staat mit den ihm ausschließlich eingegliederten und durch eine lange historische Tradition aufs innigste verbundenen Gebilden solche innerstaatlichen Verträge abschließt, oder ob er mit einer realiter tatsächlich vorhandenen außenpolitischen Macht wie dem Vatikan einen Vertrag schließt. Das schließt nicht aus, daß man das Konkordat in der Ausgestaltung nach einer ähnlichen Loyalitätsklausel beurteilt wie die evangelischen Kirchenverträge.

Vorsitzender: Als die Verhandlungen über das 1929 abgeschlossene Konkordat im Gange waren, drängten die evangelischen Kirchen beständig, auch einen Vertrag zu bekommen. Dabei ist es interessant, daß der demokratische Finanzminister Hoepker-Aschhoff, der bereit war, das Konkordat zu schließen, sich nur sehr schwer überzeugen ließ, daß es in dieser Lage nicht anders gehe, als auch mit den evangelischen Landeskirchen einen Vertrag abzuschließen. Es wollte ihm nicht in den Kopf, daß man mit den evangelischen Kirchen, die bis dahin gewissermaßen noch ein Teil des Staates gewesen waren, deren Beamte in unserem Etat standen, einen Vertrag schließen könne. Ich wollte das nur hervorheben, um zu zeigen, wie sehr damals der Unterschied zwischen dem katholischen Vertrag und dem evangelischen anerkannt worden ist, daß sogar protestantische und demokratische Minister, die an sich überhaupt Gegner der katholischen Kirche waren, bereit waren, mit der katholischen Kirche einen Vertrag zu schließen, aber jahrelang zauderten, ehe sie mit den evangelischen Kirchen einen Vertrag schlossen.

Der Vergleich zwischen der Einverleibung Österreichs in das Altreich und der Entwicklung im Altreich ist allerdings sehr lehrreich. Da kann man wirklich von Diskontinuität reden. Da ist ein Stichtag, der 13. März, an dem in Österreich auf einmal alles anders wurde, während im Altreich schon allein der Stichtag, möchte ich annehmen, Herrn Stahn Schmerzen bereiten würde, der Stichtag, an den das Vorher und das Nachher anzuschließen ist.

Forsthoff: Die Bemerkung von Herrn Stahn, daß der Staat es ablehne, der Kirche ein Form zu geben, betrifft nicht nur die Stellung in der Volksordnung, sondern die konkrete Frage, wie es wird, wenn die Kirche keine Organe findet, die sie sich selbst bestellen kann. Ich bin der Meinung, das wäre dann der wirkliche Konflikt zwischen Staat und evangelischer Kirche. Da würde ich glauben, daß es darauf ankommt, ob der aus seiner Form herausgehende Protestantismus, der dann sozusagen wild im Lande lebt, vielleicht sogar wuchert, eine Lage schafft, die den Staat zwingt, wieder zu einer Form zu kommen. Es ist meine feste Überzeugung, daß Formen, die nicht einen wirklichen Sinn haben, die nur ein einseitiges Geschenk aus Gnade sind, sich überhaupt nicht behaupten. Ich bin nach wie vor der Überzeugung, daß die evangelische Kirche vom Staat eine Form bekommt, weil der Staat sie ihr geben muß. Nur darf sich die Kirche nicht hinstellen und zum Staate sagen: Ich verlange erstens, zweitens, drittens usw. Sonst würde die Entwicklung der Dinge die Gefahr heraufbeschwören, daß der Konfliktsfall ein latenter wird, weiterfrißt, nicht explodiert, und das würde meines Erachtens den Staat veranlassen müssen, den Kurs umzuändern. Wenn nicht, ist die Kirche erledigt.

Schröcker: Meiner Ansicht nach gibt es leider keinen archimedischen Punkt, von dem aus man objektiv bestimmen kann, wo die Scheidungslinie zwischen Religion und Politik liegt, sondern diese Linie wird immer von dem machtpolitisch gezogen, der jeweils stärker ist. Ist die Kirche stärker, so dehnt sie ihren Bereich in die Politik aus als potestas indirecta in temporalibus. Ist der Staat stärker und ist er weltanschaulich bestimmt, so bezieht er vieles in die Politik ein, was ein weltanschaulich indifferenter Staat der Kirche überläßt. Wenn man für die Kirchenverträge durchaus eine Folgerung ziehen will, dann darf sich der Staat m.E. hier nicht in der Argumentation beschränken, sondern muß auch die Argumente des Gegners berücksichtigen. Wenn wir mit der katholischen Kirche einen Konflikt haben oder in Verhandlungen stehen, und die katholische Kirche hat für sich das Argument der unverzichtbaren Rechte – Rechte, die sie niemals preisgibt, auch wenn sie formell darüber paktiert –, dann können wir uns dieses Argumentes unsererseits nicht berauben. Gerade in der gegenwärtigen kirchenpolitischen Situation liegt für uns das Argument der unverzichtbaren Rechte viel näher, als das Argument der Loyalität. Letzteres hat zwar den großen Vorzug, daß es eine gewisse Elastizität in die ganze Entwicklung bringt. Aber dasselbe ist auch mit den unverzichtbaren Rechten erreichbar, indem man in gewissen Grenzbezirken noch darüber paktiert. Der Begriff der unverzichtbaren Rechte ist insofern kein Unbegriff; er schließt ein Paktieren in gewissen Grenzen nicht aus. Wenn man nur das Argument der Loyalität zulassen wollte, würde das von der katholischen Kirche sehr begrüßt werden. Denn sie sagt: Gut. Wir verhandeln dann darüber. Die katholische Kirche will in den Konfliktpunkten Verhandlungen. Herr Prof. Forsthoff hat als Folgerung aus diesem Begriff hervorgehoben, daß eben eine beiderseitige Verständigung über diese Punkte herbeigeführt werden müßte. Unsere gegenwärtige kirchenpolitische Haltung ist die, daß wir über gewisse Punkte nicht verhandeln. Wir behaupten streng unser Recht. Wir sagen: Es gibt unverzichtbare Rechte, davon lassen wir nicht ab, und die Kirche tut desgleichen, z.B. Berufung von Hochschullehrern, missio canonica. Hier führt der Begriff der unverzichtbaren Rechte des Staates über seine Beamten weiter als die allgemeine Klausel der Loyalität.

Forsthoff: Ich gehe eben davon aus, daß man, wenn man einen Vertrag geschlossen hat, nicht mehr alles kann, sondern daß man dann in gewissen Dingen gebunden ist, und daß man sonst ehrlicherweise lieber keinen Vertrag schließt.

Schröcker: An jeden Vertrag haben sich Auslegungsschwierigkeiten angeschlossen, und gerade für diese gelten diese Gesichtspunkte. In Form von Auslegungsschwierigkeiten vollzieht sich meistens die Rechtsentwicklung im Anschluß an den Vertrag, so daß trotz des Vertrages nach 20 Jahren ein anderer Rechtszustand besteht als bei Abschluß. Der Vertrag selbst bedeutet eine Hemmung für die Rechtsentwicklung, aber keine absolute Hemmung; die Entwicklung geht in Form von Verhandlungen, von offenen und latenten Konflikten weiter.

Stahn: Sie fragten, Herr Vorsitzender, von wann ab ich mir eine solche Diskontinuität vorstelle. Mir schwebt etwas vor wie eine schnell eintretende Diskontinuität auf bestimmten Gebieten. Dazu gehört dieses kirchenpolitische, das staatskirchenrechtliche Gebiet, in dem es überhaupt seit 2000 Jahren zu ganz grundlegenden Entscheidungen kommt. Es ist eine Evolution, aber doch auch eine Revolution.

Vorsitzender: Nun ist es kein Sturm auf die Bastille gewesen. Es ist zunächst überhaupt niemand gestürzt worden wie 1918. Nachher natürlich war es sehr viel machtvoller. Die Kirchenverträge nehmen, sagen wir, die Mitte zwischen Mietverträgen und völkerrechtlichen Verträgen ein. Mietverträge sind zu halten. Volkerrechtliche Verträge werden nur geschlossen, um den Gegner um so besser täuschen zu können. Wenn sich die Machtverhältnisse ändern, wird auch die Lage eine andere. Der Versailler Vertrag ist zerrissen, weil sich die Lage geändert hat, weil sich jemand gefunden hat, der das aussprach, und wir wieder eine Macht geworden sind. Die Kirchenverträge ändern sich dadurch, daß die Verhältnisse anders werden, im Laufe der Zeit auch. Wenn die Machtverhältnisse sich ändern, werden vernünftige Partner wieder zusammentreten und sagen: Dies und das ist anders geworden, wollen wir doch den Vertrag ändern. Tun sie das nicht, entsteht eben ein neues Vakuum.

Ruppel: Ich bin kein großer Freund von der Diskontinuität. Im Gegenteil, ich lege großen Wert auf die Kontinuität, und zwar unter einem doppelten Gesichtspunkt. Einmal sehe ich bei der Erörterung der ganzen Angelegenheit nicht nur das Juristische, sondern auch die Ordnungselemente, die sich aus der weltanschaulichen Entwicklung ergeben. Beispielsweise ist die Toleranzerklärung des Stellvertreters des Führers vom Herbst 1933 doch auch eine für die Kirchenverfassung und für die Volksverfassung außerordentlich wesentliche Aktion gewesen. Man könnte vielleicht sagen, da ist eine gewisse Modifikation der Entwicklung eingetreten. Andererseits wird man zugeben müssen, daß dabei doch auch aus gewissen religiösen Entwicklungen der letzten

Jahrhunderte nur ein politischer Schluß gezogen wurde, der in dieser oder jener Form kommen mußte. Ich halte auch die religiösen Entwicklungen, die den politischen und rechtlichen Gestaltungen, wie wir sie jetzt vor uns sehen, zugrunde liegen, nur für Fortsetzungen modifizierter Art durch den Nationalsozialismus von Vorgängen, die schon weiter zurückliegen.

Wenn man Herrn Schröckers Ausführungen über die unverzichtbaren Rechte und die Loyalitätsfrage hört, muß man ohne weiteres sagen, in der Tat erscheint die Formel der unverzichtbaren Rechte erheblich praktikabler. Ich will aber zu der praktischen Frage keine Stellung nehmen. An dieser Wahl zwischen unverzichtbaren Rechten und Loyalität kann man wieder sehr deutlich den Unterschied zwischen Konkordat und Kirchenvertrag sehen. Man stelle sich heute eine evangelische Kirche mit unverzichtbaren Rechten vor. In unserem Kreise würde es bei der Stellung, die wir der evangelischen Kirche im gegenwärtigen Staate und überhaupt im Staate in rechtlicher Beziehung anweisen, naheliegend erscheinen, auch hier mit dem Begriff der unverzichtbaren Rechte auf seiten des Staates zu arbeiten. Ich glaube, das ist auch ganz berechtigt. Wir müssen anerkennen, daß die evangelische Kirche ihre äußere Verfassung tatsächlich von der Volksordnung, von der Seite der Volksverfassung her bekommen hat.

Zu der Frage, daß der Staat unter Umständen sagt, er gebe der evangelischen Kirche keine Verfassung, möchte ich sagen: Diese Erklärung kann der Staat nie abgeben. Denn auch ein Nichtstun bedeutet immer ein Tun. Zweitens mag heutzutage der Staat das vielleicht nach außen hin erklären, de facto aber gibt er der evangelischen Kirche eine Verfassung. Man kann sich das an Übertreibungen klarmachen. Herr Prof. Barion suchte an dem Beispiel der Schule abzugrenzen, wo die unverzichtbaren Rechte sind. Auf evangelischer Seite verlagert sich die Sache gewaltig in den einzelnen Menschen hinein. Man kann alles radizieren auf Zeit und Geld, und in puncto Zeit und Geld gibt der Staat bestimmt eine Verfassung auch für den einzelnen Menschen. Wenn ich recht sehe, kann man eine große Zahl der latenten Differenzpunkte zwischen Kirche und Staat auf diese beiden Punkte bringen. Zum Beispiel wird das Zahlungswesen, irgendein Geldeinsammeln durch die Kirche, ein Beitragserheben durch die Kirche irgendwie geregelt. Das ist ein wesentliches Element für die Kirche. Auch in einer unverfaßten Kirche würde ein moderner Apostel Paulus für einen Brief nach Rom oder von Berlin nach München mindestens 12 Pfennig für die Freimarke haben müssen. Auch bei der Zeit ist es äußerst aktuell. Wenn die Partei jeden Abend beansprucht und sonntags jung und alt marschieren läßt, dann ist für die Kirche de facto keine Zeit mehr oder wenig Zeit. Dies ist natürlich auch für die Kirchenverfassung ein entscheidender Punkt.

Was würde die evangelische Kirche nun in dem Fall machen, daß der Staat sich sozusagen völlig von ihr zurückziehen würde? Meines Erachtens würde dann die ja jetzt schon in der evangelischen Kirche aktuelle Frage zum Austrag kommen müssen. Wie sie zum Austrag kommen wird, weiß man nicht. Es würde sich nach meiner Ansicht, die ich jetzt etwas schematisieren will, darum handeln, ob man die Formen aus der Tradition wählen würde, und zwar in Anlehnung an die Formen, die der preußische Staat der Kirche unter dem landesherrlichen Kirchenrecht gegeben hat, und an die sich daraus ergebenden Erfahrungen, in reformierten Kreisen in Anlehnung an die Formen des Presbyterialsystems, oder ob der Versuch durchdringen würde, der von der Bekenntnisseite gemacht wird, die Verfassung aus gewissen Bekenntniselementen, wie sie gerade von der dann zum Zuge kommenden Richtung verstanden werden – ob sie richtig verstanden werden, ist immer noch eine andere Frage –, zu gewinnen. Es könnte dann über diese Frage zu einem Schisma kommen.

Forsthoff: Ich sehe 200 Schismata voraus.

Ruppel: Das kann sein. Es kann aber auch sein, daß die Traditionselemente die Überhand bekommen und daß aus den traditionellen vom Staate seinerzeit gegebenen Formen sich genug Kräfte nehmen lassen, um beide Seiten zu verbinden oder eine traditionelle Kirche fortzuführen.

Eine Prognose zu stellen, ist sehr schwierig. Die Frage ist aber von allergrößter Bedeutung. Denn wenn ich recht sehe, steuern wir doch entschieden auf eine Trennung von Staat und Kirche in diesem Punkte hin.

Vorsitzender: Auch im Sinne der geldlichen Seite.

Ruppel: Das kann man weniger sagen; aber das könnte auch kommen.

Keith: Die Diskussion hat den starken Unterschied gezeigt, der in der Behandlung der evangelischen Staatskirchenverträge und der Konkordate gemacht werden muß. So schön der Loyalitätsbegriff für den Staatskirchenvertrag ist, der auf der Treuepflicht basiert, die die Kirche und der Einzelne dem Staate schulden, so wenig bietet dieser Begriff einen Anhaltspunkt für das Konkordat. Eine Treuepflicht zwischen der Kurie und dem Staat kann schlecht verlangt werden. Sie besteht zweifellos nicht, und eine Loyalität hat bisher eigentlich auch nicht bestanden. Der Gesichtspunkt der unverzichtbaren Rechte ist hier viel stärker hervorgetreten als sonstwo. Wenn die Kirche über diese unverzichtbaren Rechte verhandelt hat, hat sie ziemlich offen den geheimen Vorbehalt erklärt, bei der nächsten Gelegenheit wieder davon abzugehen.

Schröcker: Papst Pius XI. hat das ausdrücklich erklärt.

Barion: Ich halte das nicht für eine gesunde Grundlage für den Staat. Ich bin immer dafür, daß man sich in der Wahl der Mittel nicht von seinen Gegnern bestimmen läßt. Ich halte es auch von der katholischen Seite für eine unfaire Sache, daß die römischen Kanonisten versuchen, zu sagen: Wenn wir auch zugegeben haben, daß der Staat schreiben und rechnen lehrt, so würden wir bei der nächsten Gelegenheit, wo wir die Möglichkeit haben, das wieder an uns ziehen. Das sollte der Staat nicht nachmachen. Wo steckt schließlich der Profit dabei? Wo ist da auch die Unverzichtbarkeit? Daß es für die Kirche nicht unverzichtbar ist, sieht man im preußischen Konkordat. Es ist vielleicht kein Unbegriff, sondern eine contradictio in adjecto. Man kann hier die Kirche mit den eigenen facta schlagen. Wenn man als Ergänzung einen Katalog der unverzichtbaren Rechte aufstellen würde, so käme man auf der Seite der Kurie nicht durch. Warum der Staat mit Begriffen arbeiten soll, die mit doppeltem Boden konstruiert sind, vermag ich nicht einzusehen. Rein realpolitisch sehe ich da keinen Vorzug. Wir sind in dem Schulbetrieb zu einer einheitlichen Linie gekommen. Bei der Lehrerausbildung scheiterte die Frage der Zulassung der klösterlichen Lehrerinnen einfach daran, daß sie mit der Turnausbildung nicht mehr mitkamen, wenn die ehrwürdigen Schwestern in Badeanzügen mit den anderen Studentinnen turnen sollten. Man braucht da nicht die unverzichtbaren Rechte. Auf die Dauer ist es die praktischste Politik, wenn man absolut mit Mitteln kämpft, die wirklich fair gemeint sind, und nicht hinter herum sagt: Wenn der uns beschwindeln will, warum sollen wir da nicht fest weg mit schwindeln?

Vorsitzender: Dem kann ich mich nur anschließen.

Schröcker: Ich kann mich dem insofern nicht anschließen, als man diese Dinge als unfair bezeichnet. Das sind politische Realien. Jeder macht seinen Standpunkt so weit geltend, wie er kann, und daß die Interessen und die Verhältnisse bei Staat und Kirche verschieden sind, kann man nicht bestreiten. Der Begriff der unverzichtbaren Rechte ist ein Mittel, die eigenen Interessen geltend zu machen. Dabei ist der Begriff durchaus nicht rein schematisch und theoretisch zu fixieren, sondern er ist auch elastisch. Das habe ich dargelegt. Gerade die Praxis der Kirche zeigt, wie außerordentlich elastisch der Begriff ist. Gerade weil der Begriff an sich keineswegs unfair, auch seine Handhabung nicht unfair ist, sollten wir nicht darauf verzichten und haben auch nie darauf verzichtet. Wenn man alle die Begründungen, die das staatliche Vorgehen in Konkordatsfragen in den vergangenen Jahren rechtfertigen, daraufhin ansieht, so spielt immer – ob ausdrücklich oder implicite – der Begriff der unverzichtbaren Rechte eine Rolle. Da sind gerade die Schul- und Erziehungsfragen. Außerdem läßt sich dieser Begriff nicht objektiv derart bestimmen, daß festgestellt wird: dies z.B. ist ein Recht, das der Kirche unbedingt zugestanden werden muß, auch von staatlicher Seite. Das ist eben etwas, was jede Seite für sich behauptet. Der Staat anerkennt überhaupt keine unverzichtbaren Rechte der Kirche, und die Kirche erklärt, daß der Staat der Kirche gegenüber keine unverzichtbaren Rechte hat, obwohl die Kirche ein Naturrecht entwickelt hat und darin dem Staat gewisse Rechte zuerkennt. Die Kirche stützt sich auf ihr jus divinum. In der katholischen Staatslehre wird dann von einem jus naturale des Staates und auch der Eltern gesprochen. Die unverzichtbaren Elternrechte stehen aber wieder in gewisser Weise im Dienste der Kirche; denn diese legt den Eltern gewisse zwingende Pflichten auf. Die Kirche sagt den Eltern: Du hast über die Bekenntnisschulen zu entscheiden, aber wie du zu entscheiden hast, bestimme ich. Diese Dinge kann man nicht als unfair bezeichnen.

In der Frage des Verhältnisses von Konkordat und Kirchenvertrag bin ich mißverstanden worden. Ich wollte nicht die Identität beider behaupten und nicht beide in dasselbe Schema rükken, sondern nur darauf hinweisen, daß der Unterschied nicht so absolut ist, wie er meistens gemacht wird. Man kann nicht einseitig die Konkordate in die völkerrechtliche Sphäre hineinschieben und die evangelischen Kirchenverträge auf das innerstaatliche Gebiet abstellen. Beide haben sehr viel Gemeinsames. Beide sind nämlich Verträge zwischen Staat und Kirche und somit Verträge eigener Art, die nach kirchenrechtlichen und kirchenpolitischen Gesichtspunkten auszulegen sind. Dabei sind weder allein die innerstaatlichen Gesichtspunkte für die evangelischen Verträge maßgebend, noch die völkerrechtlichen Gesichtspunkte ausschließlich für die Konkordate. Der Vatikan ist für uns nicht eine auswärtige Macht wie eine ausländische Regierung, sondern wir treten dem Vatikan nur als Oberhaupt der Katholiken in Deutschland gegenüber, also eines in Deutschland befindlichen Teils der Bevölkerung. Insofern ist es eine innerstaatliche Macht. Der Vatikan als solcher interessiert uns genau so wenig wie der Fürst von Monaco, mit dem wir nie ein Konkordat schließen würden. Nicht das kleine Territorium in Rom ist für uns der Anlaß, ein Konkordat zu schließen, sondern die katholische Bevölkerung im Lande, die sich in kirchlichen Dingen dem Papste unterwirft.

Vorsitzender: Die Schulfrage, die mit keinem Wort im preußischen Konkordat vorkommt, ist doch – und das stand bei den Verhandlungen im Unterausschuß immer in Hintergrund – in nicht ungünstigem Sinne in der Reichsverfassung geregelt gewesen. Es besteht ja ein Schriftwechsel zwischen dem preußischen Ministerpräsidenten Braun und dem Kardinal Pacelli. Das ist eine Art Ersatz für die Regelung der Schulfrage. Die Kirche hat nicht auf die Schulfrage verzichtet.

Barion: Ein besseres Beispiel ist ja die Lehrerbildung, weil im Reichskonkordat ausdrücklich die Klausel steht, daß an die Ausbildung der klösterlichen Lehrer und Lehrerinnen keine anderen als die allgemeinen Anforderungen gestellt werden sollen. Aber daran ist die Sache gerade gescheitert. Die Schwestern mußten immer um Dispense von den allgemeinen Anforderungen bitten. Daran ist deutlich zu sehen, wie sich die allgemeinen Anforderungen des Staates ändern. Ich sehe nicht ein, wozu man z.B. im Punkte der Lehrerinnenbildung mit unverzichtbaren Rechten operieren muß. Die Kirche kann in keiner Weise etwas dagegen wollen, wenn der Staat sagt: Du mußt doch einsehen, daß wir die Lehrerbildung so aufziehen, und wir können für euch keine Extrawurst braten; entweder macht ihr mit, oder ihr müßt auf die Lehrer verzichten.

Für unfair halte ich es, wenn ich einen solchen Vertrag mit dem geheimen Vorbehalt schließe, nachher mit solchen Dingen zu kommen. Wenn ich das im Vertrage sage, ist nichts dagegen einzuwenden. Die unverzichtbaren Rechte an sich sind nicht unfair.

Schröcker: Die unverzichtbaren Rechte betreffen nicht jeden Artikel des Konkordats. Bei der Frage der Lehrerbildung und der Ordensanstalten haben die unverzichtbaren Rechte m.E. keine Rolle gespielt.

Weber: Herr Dr. Keith hat gemeint, den Gegensatz zwischen den innerstaatlichen evangelischen Kirchenverträgen und dem Konkordat noch einmal scharf herausarbeiten zu können. Er meinte, daß die Loyalitätsklausel für das Konkordat keine Anwendung finden könne, weil es mit einer auswärtigen Macht abgeschlossen werde. Herr Dr. Schröcker hat das schon zum Teil in meinem Sinne richtig gestellt. Die Situation ist so, daß die Konkordate mit dem Vatikan in der Tat abgeschlossen werden im Hinblick auf den katholischen Volksteil, auf das Leben der katholischen Volksgenossen in ihrer verfaßten Religionsgemeinschaft. Das muß man stark in den Vordergrund rücken. Man schließt das Konkordat natürlich nicht nur in Ansehung des katholischen Volksteils, sondern das Reichskonkordat ist das beste Beispiel dafür, daß man es auch mit dem Vatikan als politischer Macht schließt, um in dem allgemeinen politischen Konzert einen weiteren Bundesgenossen zu finden. Ich persönlich bin der Überzeugung, daß die Beziehungen zum Vatikan, wenn sie auch öffentlich keine bedeutsame Rolle spielen, eines Tages – und zwar sehr schnell – eine außerordentliche politische Rolle gewinnen können.

Das Konkordat steht nach meiner Ansicht ungefähr in der Mitte zwischen einem völkerrechtlichen Vertrag und einem innerstaatlichen Kirchenvertrag. Der völkerrechtliche Vertrag wird mit dem potentiellen Feind, mit einem fremden Staate abgeschlossen. Es kann jeden Augenblick einen Krieg geben, es kann ein Zerwürfnis eintreten. Aber ein Konkordat wird nicht grundsätzlich mit dem Feind abgeschlossen, sondern wird abgeschlossen in Ansehen des katholischen Volksteils, und der ist gerade nicht der Feind, auch wenn man sich gegenwärtig noch so stark mit ihm bekriegt. Er darf nicht der Feind sein. Er gehört zur Volksgemeinschaft und ist von dem Feindsein ausgeschlossen. Insofern liegt ein großer Unterschied vor.

Freilich hat ein Konkordat eine merkwürdige Doppelnatur. Der Vatikan kann als solcher eine politische auswärtige Macht sein, mit der man in einem Feindschaftsverhältnis steht. Aber grundsätzlich ist das Konkordat ein Vertrag in Ansehung eines Teils der Volksgemeinschaft. Insofern lassen sich die Loyalitätsgrundsätze auf ihn anwenden. Konkordate und Kirchenverträge würden sich also gemeinsam dadurch von völkerrechtlichen Verträgen abheben, daß sie zunächst einen ganz bestimmten Gegenstand haben, nämlich daß sie Verträge zwischen Staat und Kirche und gleichzeitig Verträge in Ansehung einer innervolksgemeinschaftlichen oder innerstaatlichen Lebensordnung sind, nämlich des Verhältnisses von Staat und Kirche innerhalb des staatlichen Bereichs.

Was die unverzichtbaren Rechte angeht, so glaube ich, daß die Diskussion insofern schief läuft, als wir uns selbstverständlich darüber klar sind, daß bei einem solchen Vertrag jeder alles herausholt, was er herausholen kann. Welche Prädikate man dabei verwendet, um zu kennzeichnen, daß bestimmte Dinge in dem gewünschten Sinne geregelt werden – ob man sagt „unverzichtbare Rechte" oder sonst etwas –, ist gleichgültig. Es ist eine Frage der Taktik, wie man die Loyalitätsklausel einführt, wie man sie modifiziert, oder ob man mit unverzichtbaren Rechten kommt. Es scheint mir nicht richtig zu sein, daß man sich auf das Gleis begibt, was man als jesuitische Methoden bezeichnen darf. Wenn ich 1929 unter der Hand erkläre, es ist ein unverzichtbares Recht, dann 1933 erkläre, es ist verzichtbar, und mir 1935 wieder einfällt, es ist unverzichtbar, so sind das Methoden, die auch nicht ernst genommen werden können. Man sollte deshalb auf diese Art der Argumentation lieber verzichten.

Im übrigen möchte ich ein klares Beispiel dafür sehen, in welchem Punkte sich das heutige Deutsche Reich in Ansehung des Reichskonkordats auf unverzichtbare Rechte berufen könnte. Mir fällt kein Beispiel ein. Ich glaube zunächst feststellen zu können, daß man entweder im Wege der Konkordatsauslegung zu einem günstigen Ergebnis gelangt oder daß man leider 1933 sich hat übers Ohr hauen lassen. Aber das muß man selbst vertreten, weil in der Tat jeder für die Fehler der bevollmächtigten Organe zum mindesten in gewissem Umfang einzustehen hat. Wir können nicht ableugnen, daß 1933 die Vertreter der Reichsregierung in aller Feierlichkeit delegiert wurden und daß die Reichsregierung in aller Feierlichkeit dieses Konkordat gutgeheißen hat. Man kann die Fehler nicht nur auf die Unterhändler abwälzen, sondern die Reichsregierung muß sich die Fehler selbst hinter die Ohren schreiben. Wie gesagt, entweder hat man sich dummerweise auf irgendwelche falschen und heutzutage als verfehlt erkannten Vereinbarungen festlegen lassen, oder man muß im Wege einer Konkordatsauslegung zum Ziel kommen. Wieweit daneben etwa noch mit unverzichtbaren Rechten operiert werden kann, ist mir im Augenblick bei der Betrachtung der Streitfälle und des Konkordats nicht gegenwärtig. (*Ruppel:* Die konfessionellen Berufsverbände!) – Das ist kein unverzichtbares Recht. Der Art. 31 stellt einen höchst unzulänglichen Versuch dar, den politischen Bereich vom religiösen Bereich zu trennen. Der Versuch ist auch in einem Maße mißglückt, daß in der Tat aus diesem Artikel keine Regelung entnommen werden kann, zumal die dort vorgesehene Vereinbarung nicht zustande gekommen ist. Es ist, als ob Art. 31 überhaupt nicht da wäre. Er kennzeichnet nur die Tendenz, die aber auch bestehen würde ohne Art. 31, nämlich eine Grenze zwischen politischer und religiöser Betätigung, zwischen dem Bereich des Staates und der Kirche zu finden. Wenn Sie wollen, ist das Interpretation. Art. 31 ist beim besten Willen nicht praktikabel; er ist eine Totgeburt. Wenn die Vereinbarung zustande gekommen wäre, müßte man sich daran gebunden fühlen. Dann könnten Sie auch nicht sagen, es sind unverzichtbare Rechte, es ist dann das Zerreißen eines Vertrages. Man hat dort auf die Rechte verzichtet; man wollte am 25. Juni 1933 darauf verzichten.

Keith: Die Übereinstimmung der evangelischen innerstaatlichen Kirchenverträge und der Konkordate besteht zweifellos bezüglich des Inhalts. Wenn man aber den Loyalitätsanspruch untersuchen will, muß man unterscheiden, mit wem der Vertrag geschlossen ist. Er ist mit der Kurie als Vertragspartner geschlossen, und diese ist eine ausländische Macht. Es ist eine ähnliche Rechtskonstruktion wie bei dem Vertrage zugunsten eines Dritten im Zivilrecht. Der Loyalitätsanspruch kann nicht gegenüber jedem einzelnen Deutschen geltend gemacht werden, sondern nur gegenüber dem Partner, und das ist eine ausländische Macht, die Kurie. Zwischen dieser und uns besteht kein Loyalitätsverhältnis, sondern das Verhältnis des potentiellen Gegners, wie Prof. Weber eben sagte.

Vorsitzender: Ja, zugunsten eines Dritten. Aber ich darf hinzufügen, zum Teil sogar zuungunsten. In den neuesten Konkordaten sind die Rechte der Domkapitel, man kann sagen, einer auswärtigen Macht zuliebe stark beschnitten worden. Da haben sich die bayerischen und badischen Domkapitel bereit erklärt, altangestammte Rechte preiszugeben.

Auch völkerrechtliche Verträge, kann man sagen, werden nicht nur geschlossen, um mit der feindlichen Regierung in Einmütigkeit zu kommen und einen Krieg zu verhindern, sondern auch, um gewissen Volksschichten Handel und Wandel zu erleichtern, um einen Zustand zu schaffen, in dem die beiden Völker miteinander Handel treiben können.

Weber: Aber es ist der potentielle Feind, während der katholische Volksteil ein Teil der Volksgemeinschaft ist. Es ist auch nicht ein Vertrag zugunsten eines Dritten. Herr Dr. Schröcker hat gemeint, der Vatikan trete als Haupt des deutschen katholischen Volksteils auf. Ich möchte dabei den Vatikan noch stärker in den Hintergrund treten lassen. Wenn man von streng juristischen Formulierungen absieht, kann man sagen, daß der unmittelbar Begünstigte in gewissen Beziehungen der deutsche katholische Volksteil ist. Ich gebe aber ohne weiteres zu, daß das Konkordat – und das ist das Traurige – eine sehr dualistische Konstruktion hat. Die außenpolitisch potentiell feindliche Haltung gegenüber einer auswärtigen Macht und die Tatsache, daß es sich im Grunde genommen darum handeln sollte, eine gute Ordnung im religiösen Leben des katholischen Volksteils herbeizuführen, lassen sich schwer trennen.

Schröcker: Man muß auf beiden Seiten auch noch mit der Eigenart des Vertragspartners rechnen. Man kann dem Deutschen Reich nicht den Vorwurf einer jesuitischen Konkordatsauslegung in den vergangenen Jahren machen. Denn man muß berücksichtigen, daß es die Eigenart des deutschen Staatswesens ist, daß der politische Elan von der Partei her kommt. Der Staat als solcher ist an gewisse Vertragsformen gebunden, die er vor Jahren, meinetwegen auch erst 1933, selbst eingegangen ist. Aber die Partei hat ihre festbestimmten Grundsätze, die in der Richtung dieser unverzichtbaren Rechte liegen, z.B. Erziehung der Jugend. Damit stößt sie in den Bereich des Staates vor. Der Staat z.B. hat die Bekenntnisschule geduldet, vertragsmäßig zugesichert, und die Partei hat immer wieder betont: Wir stehen auf dem Standpunkt, daß die Einheit der Erziehung, die Einheit der Schule sichergestellt sein muß. Im Sinne der von mir betonten politischen Realien hat sich die Partei im Laufe der Zeit als das stärkere Element im Staate erwiesen. Es ist durchaus nicht jesuitische Auslegung und unfaires Handeln gegenüber dem anderen Vertragspartner, wenn trotzdem die Einheitsschule sehr starke Fortschritte im Deutschen Reich gemacht hat. Der Staat kann sich unmöglich gegen die Partei wehren. Andererseits ist die Partei nicht unmittelbar der Vertragspartner gewesen. Die Partei ist dasjenige im Staat, was die Weltanschauung bestimmt. Das ist juristisch schwer zu formulieren. Darum möchte ich es allein auf die Realien abstellen, weil wir etwas Ähnliches umgekehrt auf seiten der Kirche finden.

Barion: Mir ist die Unterscheidung von Staat und Partei in der Konkordatsfrage interessant. Ich habe mich damit schon mehrfach befaßt, und bin immer wieder zu der Überzeugung gekommen, daß das schlüssigste Material dafür die große Parteitagsrede des Führers von 1935 ist, wo sich nach dem amtlichen Bericht der Führer eindeutig über die Gründe ausgelassen hat, aus denen das Konkordat geschlossen worden ist. Darin ist manches gerade zu dem Gesichtspunkt der unverzichtbaren Rechte, der Freiwilligkeit usw. zu finden, und zweitens ist darin die Frage geklärt, wer das Konkordat geschlossen hat. Nach den Worten des Führers ist es geschlossen von der Partei. Er sagt ausdrücklich: Die Partei hat das Konkordat geschlossen.

Dr. Schröcker: Es ist aber eigenartig, daß die Partei mit Ausnahme des Führers der Partei nicht beteiligt wurde und sich sehr darüber beklagt hat.

Weber: Der Führer genügt aber wirklich. – Wenn ich vorhin von jesuitischer Auslegung gesprochen habe, meine ich nicht die Versuche, die Einheitsschule durchzubringen. Das fällt alles in den Rahmen einer ordnungsmäßigen Konkordatsauslegung, bei der jeder Konkordatspartner mit seinen juristischen und machtmäßigen Mitteln das herauszuholen hofft, was irgend möglich ist. Dazu stelle ich meine eigenen juristischen Möglichkeiten zur Verfügung. Bei dem Beispiel der Gemeinschaftsschule stehe ich nicht auf einem von dem Ihrigen wesentlich abweichenden Standpunkt, und in vielem anderen auch nicht. Ich sage: An sich kommt man mit der Konkordatsauslegung zurecht, nur muß man auch entweder mit dieser auskommen oder man muß sagen, man hat sich auf etwas eingelassen, was man nicht weginterpretieren kann. Ich weiß kein Beispiel, wo man mit den unverzichtbaren Rechten in jesuitischer Weise vorgehen sollte. Nur diese Methode wollte ich damit kennzeichnen. Dann wollte ich betonen: Wenn ich ein auswärtiger Staat oder eine auswärtige Macht wäre, würde ich mich nicht darauf einlassen, in dieser Weise eine dualistische Konstruktion aufzubauen. Die Partei hat keine außenpolitische Vertretungsmacht. Dann liegt eben ein Mangel in unserer Verfassung vor, wenn Partei und Staat nicht so aufeinander abgestimmt sind.

Vorsitzender: Ich würde bitten, das jetzt nicht zu vertiefen.

Barion: Ich möchte anregen, den Passus aus der Rede des Führers, wo er sich über die Gründe des Konkordatsabschlusses ausläßt, zu exzerpieren und hier herumzugeben.

Schröcker: Meines Erachtens kann man in dieser Weise das Verhältnis von Partei und Staat in der Konkordatsfrage überhaupt nicht theoretisch festlegen, vor allem nicht dem anderen Vertragspartner gegenüber, sondern das sind einfach reale Dinge, mit denen man innerstaatlich rechnen muß. Der Staat braucht sich keinen Vorwurf zu machen, daß er in irgendeinem Punkt nicht den Buchstaben des Konkordats eingehalten hat, weil er von der Partei dazu gedrängt worden ist.

Weber: Die Partei ist doch konkordatsrechtlich betrachtet auch der Staat. Wenn die Partei sich durchsetzt, hat sich der Staat eben in seinen Auffassungen gewandelt.

Barion: Ich wollte zu der evangelischen Frage noch einmal kurz sprechen. Leider ist Herr MinDirigent Stahn im Augenblick nicht anwesend. Es handelt sich da nur um eine Frage an Herrn MinDirigenten Stahn in einer Sache, die ich in seinem heutigen Referat nicht ganz verstanden habe. Er gebrauchte den Begriff „illegal". Ich weiß nun nicht recht, was der Gegensatz dazu sein soll. Er sprach von Bruderräten, die illegal seien. (*Keith:* Rechtlich nicht anerkannt!) So soll das gemeint gewesen sein?

Keith: So habe ich das verstanden: rechtlich nicht anerkannt, vom Staat nicht anerkannt.

Vorsitzender: Er hat gesagt, daß Bruderräte und Synode illegal seien.

Barion: Sie meinen, das solle heißen: rechtlich nicht anerkannt!

Ruppel: Illegal bedeutet: durch Gesetz nicht anerkannt.

Barion: Mich interessiert diese Frage rein von den Kategorien her.

Ruppel: Ursprünglich bezieht sich ja der Begriff darauf, daß sie in einer nicht den Gesetzen entsprechenden Weise zu dem Amt gekommen sind, das sie für sich in Anspruch nehmen.

Vorsitzender: So wie man von illegalen Verbänden in der Zeit sprach, als getarnte militärische Formationen da waren.

Keith: Ein gewisser Unterschied liegt ja doch wohl vor.

Ruppel: Die Illegalität liegt auf kirchenrechtlichem Gebiet. Der Bruderrat, sagen wir der Provinzialbruderrat oder Landesbruderrat wirft sich sozusagen auf zu den Funktionen der Kirchenregierung der betreffenden Provinz oder des betreffenden Landes. Das wäre also ungefähr so, wie wenn etwa irgendwelche anderen Persönlichkeiten im staatlichen Bereich die Funktion der Provinzialverwaltung übernehmen würden, ohne daß sie auf dem dafür vorgeschriebenen legalen Wege zu dieser Funktion gekommen wären.

Barion: Nun ist es aber doch so, daß sie de facto diese Ämter nicht haben. (*Ruppel:* Sie üben sie aber aus!) Wie üben sie sie aus? – Herr MinDirigent Stahn, ich hatte eben Ihren Ausdruck „illegal" aufgegriffen. Mich interessiert diese Frage rein als Kategorie, und ich möchte fragen, wie das gemeint ist mit den Bruderräten. Wenn Sie sagen, daß sie legal sind, so ist das ja ein etwas vieldeutiger Ausdruck.

Stahn: Das bedeutet nach unserer Meinung ein tatsächliches Vorhandensein – in diesem Falle rein staatsrechtlich gesehen – ohne staatsrechtliches Anerkenntnis. Ob das einmal Kirchenrecht wird, mag dahingestellt bleiben. Ich glaube es persönlich nicht; es paßt nach meiner Meinung auch nicht in den evangelischen Kirchenbegriff hinein. Aber wenn wir das als illegal bezeichnen, so bedeutet das nur folgendes. Wir haben die Kirche im einen Fall anerkannt; im anderen Fall sind die Verfassungen der Landeskirchen durch entsprechende staatliche Landesgesetze bestätigt worden, und in diesen bestätigten kirchenrechtlichen Verfassungen sowie in den Einrichtungen, die sich daraus innerhalb der bestätigten Verfassungen bis heute entwickelt haben, kommen die Bruderräte nicht vor. Insofern sind sie vom staatlichen Standpunkte aus ungesetzlich. Weiter will ich damit nichts sagen.

Ruppel: Darf ich einmal den Fall erzählen, in dem eine Entscheidung ergangen ist! Nach altpreußischer Regelung hatte der Staat die Besetzung der Pfarrstellen den Konsistorien überlassen, d.h. also der Pastor wurde in bestimmten Fällen auch vom Konsistorium bestätigt. In diesem konkreten Falle – es handelte sich um einen Fall im Saargebiet – hatte der Provinzialbruderrat in Wahrnehmung der Funktionen des Konsistoriums die dem Konsistorium vom Staat überlassene Funktion ausgeübt. Er hatte also einen Hilfsprediger, der im übrigen auch seine Examina, wenigstens zum Teil, beim Bruderrat gemacht hatte, auf diese Stelle präsentiert. Der Hilfsprediger kam in die Gemeinde und hielt bei der Gemeinde eine Probepredigt; der Bruderrat hat ihn dann qua Konsistorium berufen und bestätigt. Nun saß er im Pfarrhause, und es handelte sich um eine Räumungsklage. Die Beschlußstelle hatte über die Sache zu entscheiden, und da war die Vorfrage: ist der Mann richtig Pastor, hat er die Stelle oder nicht? Da war eben das Ergebnis – ich rede jetzt einmal vulgär – so: der illegale Bruderrat hatte den illegalen Pastor hingesetzt. Es wurde entschieden, daß das illegal sei.

Barion: Es ist klar, daß der Bruderrat nicht die Möglichkeit hat, jetzt plötzlich staatliche Rechte wahrzunehmen. Aber wie liegen denn die Dinge? War er mit dem Konsistorium identisch oder hat er das Konsistorium beeinflußt?

Ruppel: Nein, das Konsistorium hat auch jemand berufen. (*Barion:* Also da war noch ein zweiter?) Ja! Der richtige saß draußen.

Barion: So daß also das „illegal“ bedeutet, daß hier soweit sie existierten, gewissermaßen eine, staatskirchenrechtlich gesehen, irrelevante, sozusagen nicht existente Spiegelung des eigentlich rechtlichen Aufbaues vorlag.

Vorsitzender: Es ist so, daß natürlich ein solcher Bruderrat infolgedessen auch keine kirchlichen Rechte ausüben kann.

Stahn: Die Uniform eines solchen illegalen Pfarrers, wenn er den Talar trägt, würde nicht den strafrechtlichen Schutz auf Grund des Strafgesetzbuches genießen. Der Mann würde keine staatlichen Wohnungszuschüsse bekommen. Wenn trotzdem etwa der Rendant dieser Kirchengemeinde aus staatlichen Mitteln Geld geben würde, würde das Untreue sein, weil der Mann nicht unter seine Bestimmungen fällt.

Forsthoff: Aber wegen Amtsanmaßung würde er nicht verfolgt aus subjektiven Gründen?

Stahn: Nein, aus objektiven Gründen, weil Anmaßung bei Kirchenämtern nicht unter den Begriff der Amtsanmaßung im Strafgesetzbuch fällt. (*Forsthoff:* Auch nicht verwaltungsmäßig?) Nein!

Ruppel: Ich möchte zu dem bekannten Beschluß der Beschlußstelle noch eine Bemerkung machen. Es ist meiner Ansicht nach falsch, wenn man meint, daß die Gründe einer solchen Entscheidung alle Rechtskraft erhalten. Die Sache mit der Illegalität steht in den Gründen der Entscheidung der Beschlußstelle. Ich stehe auf dem Standpunkt, daß die Gründe der Beschlußstellenentscheidung dann allgemein verbindlich sind, wenn sie von der Beschlußstelle als solche ausgesprochen werden. Das ist also für den Einzelfall jeweils zu prüfen. Nicht alles, was in der Begründung der Beschlußstellen steht, ist allgemein verbindlich.

Stahn: In der Beschlußstellenentscheidung heißt es: In der Erwägung, daß der Bruderrat in keiner Verfassung vorkommt und überhaupt eine neuere Erfindung ist, hat die Beschlußstelle entschieden, daß der Räumungsanspruch zurecht besteht, daß der Mann kein spezieller Pfarrer ist. Der Herr Minister hatte beabsichtigt – ich erinnere mich daran sehr genau –, daß das einmal grundsätzlich und allgemein coram publico ausgesprochen werden sollte, weil über diese Frage, über Illegalität oder Legalität sonst überhaupt noch nichts existiert.

Weber: Herr Prof. Forsthoff hat eben einmal einen Überblick über den evangelischen Kirchenvertrag gegeben, und ich persönlich habe den Eindruck, als ob seine Deutung des Inhalts dieses Vertrages, sein Hinweis darauf, wieweit er noch gilt und wieweit er nicht gilt, zutreffend ist. Jedenfalls stimme ich mit seinem Deutungsversuch überein. Einen ähnlichen Versuch hat Herr MinDirigent Stahn angestellt hinsichtlich des gesamten evangelischen Kirchenrechts der neueren Zeit, und da spielte eine Rolle z.B. die Frage der latenten Weitergeltung desjenigen Rechtes, das durch die neuere Verordnungsgesetzgebung des Kirchenministers überdeckt ist. Da ist die Frage wohl die – ich glaube, Sie haben sie auch so gestellt –, ob dieses überdeckte Recht noch latent weitergeht oder ganz beseitigt ist. Ich persönlich neige zu der Auffassung, daß es beseitigt ist und nicht nur latent gemacht ist, so daß es wieder aufleben könnte, mit gewissen Ausnahmen. Dazu gehört z.B. der Art. 2 des preußischen Kirchenvertrages, der ja nur teilweise überdeckt ist. Die Bestimmungen über die Mitwirkung bei Kirchengesetzen, Notverordnungen usw. würde ich für weiter geltend ansehen, wenn auch teilweise modifiziert. Dagegen die zahlreichen Bestimmungen der Verfassung über Generalsynode, Reichsbischof usw. können nach meiner Auffassung nicht mehr zum Aufleben gebracht werden, wenn man etwa die 17. Verordnung wieder aufheben würde; denn hier handelt es sich, nachdem wir jetzt schon 3½ Jahre lang diese neue Notverfassung haben, nicht um eine Notverfassung in dem Sinne, daß sie bloß für eine vorübergehende Zeit eingesetzt ist, während die anderen normalen Vertragsbestimmungen während der Zeit suspensiert sind, sondern es hat sich tatsächlich ein völlig neues System darüber gelegt. Mir scheint also der Ausweg aus dieser Notverfassung in der Weise gesucht werden zu können – juristisch gesprochen –, daß man zu einer neuen Verfassung fortschreitet, nicht aber in der Weise, daß man die ganze Sache fallen läßt und dann sozusagen wieder Nationalsynode, Reichsbischof, geistliches Ministerium usw. auftauchen. Ich glaube – das könnte man noch näher begründen; ich will das nur als These aussprechen –, daß das alles vernichtet ist.

Zwei Fragen spielen dann noch eine Rolle in dem Referat des Herrn MinDirigenten Stahn, nämlich zunächst die Frage, ob die Rechte der Landeskirchen in § 2 der 17. Verordnung in ähnlicher Weise beschränkt sind wie die Rechte der deutschen evangelischen Kirche, d.h. insbesondere ob die Frage von Bekenntnis und Kultus auch von diesen Rechten ausgeschlossen sei. Ich habe Sie, glaube ich, richtig dahin verstanden, daß Sie diese Beschränkung auch für den § 2 angewandt wissen wollten. Persönlich neige ich nicht nur aus Gründen der Wortinterpretation, sondern auch aus der ganzen Anlage dieses Gesetzgebungswerkes heraus dazu, hier eine Differenzierung vorzunehmen, in § 2 für die Landeskirchen eine Totalleitung als gegeben anzunehmen, so daß also die Aufnahme des Satzes: „Die Fragen von Bekenntnis und Kultus sind von der Befugnis ausgeschlossen" nur für die deutsche evangelische Kirche gilt, wenn er auch in der Tat eine konsequente Fortsetzung des schon in der Verfassung Ausgesprochenen darstellt, während diese Beschränkung in der 17. Verordnung im Gegensatz zur 13. Verordnung bei den Landeskirchen keinen rechten Sinn mehr hat, zumal auch in den Landeskirchen keineswegs durchweg ein Verwaltungsbeamter an der Spitze steht, sondern die ordnungsmäßige Kirchenregierung wenigstens zum Teil legalisiert worden ist.

Dann scheinen Zweifel darüber zu bestehen, ob der Evangelische Oberkirchenrat noch eine selbständige Funktion beibehalten hat neben dem Leiter der evangelischen Kirche der Altpreußischen Union, als welcher ja der im Amt befindliche Leiter der obersten kirchlichen Verwaltungsbehörde eingesetzt ist. Ich glaube, daß – was wenigstens die Flüsterverständigung zwischen MinRat Ruppel und mir ergeben hat – Herr MinRat Ruppel der Ansicht zuneigt, als ob der Oberkirchenrat noch eine selbständige Existenz beibehalten hat. Wenn ich als mehr von staatsrechtlichen Erwägungen und von allgemeinen Überlegungsgrundsätzen bestimmt an diese Frage herantrete, möchte ich allerdings sagen, daß der Oberkirchenrat nur noch die Behörde des Leiters der evangelischen Kirche der Altpreußischen Union ist.

Ruppel: Das entspricht dem, was ich sagte. Er ist jedenfalls nicht beseitigt; darauf kommt es an.

Weber: Er ist noch da, aber doch in seiner Funktion nicht mehr mit eigenständigen Befugnissen ausgestattet, sondern er ist die Behörde, die dem Leiter der evangelischen Kirche der Altpreußischen Union zur Verfügung steht. (*Ruppel:* Er kann auch selbständig firmieren!) Er kann selbständig firmieren, ist aber in bürokratischer Abhängigkeit vom Leiter der Deutsch-Evangelischen Kirche. Er würde korrekterweise besser firmieren: „Der Leiter der Deutsch-Evangelischen Kirche." Aber es bleibt verhältnismäßig gleichgültig, ob man ihn evangelischen Oberkirchenrat nennt oder nicht, wie ich es für gleichgültig halten würde, wenn etwa die Behörde des Oberfinanzpräsidenten, also die Regierungsräte und Oberregierungsräte unter der Firma „Landesfinanzamt" weiter firmierten. Das war ja früher auch schon eine bürokratische und keine kollegiale Behörde. Also da glaube ich, daß insofern auch ein neues Verfassungsrecht geschaffen ist. Ich wüßte das nicht miteinander in Einklang zu bringen.

Wenn schließlich Herr MinDirigent Stahn darauf hingewiesen hat, daß nun die anderen außerpreußischen Kirchen zum Teil sich wieder darauf besinnen, daß sie noch eine legale Verfassung haben, und aus dieser Verfassung wieder verschiedene Organe herausdestillieren oder sie neu beleben, so scheint mir dieses Verfahren illegal zu sein, insofern illegal, als das Verfassungsrecht dieser außerpreußischen Landeskirchen durch die 17. Verordnung auch dahin festgelegt ist, daß es bürokratisch geleitete Kirchenbehörden sind, und daß diese Kirchenbehörden sich nun nicht nach Belieben, wenn sie im Rahmen der 17. Verordnung bleiben wollen, was sie tun müssen, noch Führerräte oder quasi parlamentarische Organe oder dergleichen angliedern können. Insofern scheint mir die Verfassung dieser Kirchen durch die 17. Verordnung blockiert, festgelegt zu sein.

Stahn: Das, was Herr Prof. Weber sagte, war mir sehr interessant, von seiner Seite so zu hören. Was die latente Fortgeltung des älteren verfassungsmäßigen Kirchenrechts anlangt, so haben wir in die 17. Verordnung in den letzten Absatz hineingeschrieben: „Den Zeitpunkt des Außerkrafttretens dieser Verordnung bestimmt der Reichsminister für kirchliche Angelegenheiten." Also wir haben das absichtlich etwas in der Schwebe gelassen. Ich habe auch absichtlich von rechtlichem Wartestand gesprochen. Dabei stimme ich Ihnen aber innerlich vollkommen zu, daß das Eingreifen de facto nicht dazu kommen wird, daß man die 17. Verordnung aufheben läßt, ohne irgendeine 18. oder 19. oder 20. Verordnung an die Stelle zu setzen, so daß die Fortentwicklung unter allen Unständen weitergeht. Rechtspolitisch ist es in der Tat nicht anders möglich; das ist auch meine Meinung. Aber es wäre mir ebenso wie Ihnen zu theoretisch, zu sagen: Die 17. Verordnung wird aufgehoben, die Nationalsynode, der Reichsbischof, das Geistliche Ministerium sind wieder da, zumal man dann auf die Tatsache stößt, daß es an gewissen Rechtsvorschriften fehlen würde, um die Sache wieder in Gang zu bringen. Das heißt, die alte Maschine würde nicht mehr laufen. Sie können Benzin hineingießen, so viel Sie wollen, es zündet nicht mehr. Die Gestaltung durch die ausdrücklichen Vorschriften und die ganze Entwicklung der Verhältnisse ist zu stark, als daß man die Dinge auch de jure, nicht nur de facto aufrechterhalten könnte; sie passen nicht mehr. Wenn die 17. Verordnung aufgehoben würde, würde ein Vakuum entstehen, und wenn wir dieses Vakuum nicht entstehen lassen wollen, müssen wir eine 19. oder 20. Verordnung erlassen. Wir müssen also durch eine 19. oder 20. Verordnung eine Überleitung machen, die die Verfassung wieder in Gang bringt; denn die Überleitung gewisser Rechte ist nötig. Das wäre denkbar, indem wir nun eine Verordnung machten, mit der wir sozusagen einen Anlasser für die alte Verfassung in Gang setzten.

Der zweite Punkt betrifft den § 2 der 17. Verordnung mit der Totalleitung. Mir ist das an und für sich sympathisch. Ich halte es für eine gute Lösung, daß die geistliche Leitung durch die Juristen ausgeübt wird. Aber es ist doch eine Lücke da, und deswegen hat der Herr Minister auch diese ganze Aktion in Gang gesetzt. Wir haben jetzt gerade einen Erlaß in Bearbeitung, bei dem die Frage akut wird, und da wollen wir in einem bestimmten Falle auch nur schreiben: „Der betreffende Leiter wird in Fragen von Bekenntnis und Kultus keine Entscheidung treffen", also es rein hingehen lassen. Im Grunde ist es wohl so, wie Herr Ruppel meinte und wie auch Sie, Herr Prof. Weber, meinten, daß die tatsächliche Macht durch diese Verordnung in die Hände gegeben wird. Bloß eine gewisse Lücke ist da, weil es einige Dinge gibt, denen man überhaupt ohne eine juristische Leitung nicht gerecht werden kann. (*Zuruf:* Agende zum Beispiel!) – Die Agende oder das Gesangbuch usw.! Beim Gesangbuch ist diese Frage sogar sehr akut wegen der Judaismen. Es gibt da solche Scherereien wegen „Zion" usw., daß zum Teil kategorisch verlangt wird, daß Kirchen umbenannt werden, und zwar gerade die Einmannkirchen, so z.B. die Zionkirche, ferner daß die Davidsterne von den Kirchen entfernt werden, daß gewisse jüdische Sprüche, in denen Jehova vorkommt, entfernt werden und daß gewisse Gesangbuchlieder aus den Gesangbüchern gestrichen werden. Das wird ausgerechnet von solchen Kirchen verlangt, die Einmannkirchen sind. Das würde ein solcher Präsident nicht machen können. (*Weber:* Warum nicht?) Der dritte Punkt, der die Funktionen des Oberkirchenrats betrifft, ist vielleicht nicht ganz klar herausgekommen. Herr Ruppel meinte: Der Oberkirchenrat kann heute als Kollegium in gewissen Dingen einen Beschluß fassen, der Verwaltungssachen betrifft. Ich sage: Er kann sich ruhig hinsetzen und beschließen: wir machen das so und so; er kann seinen Beschluß auch herausgeben. Aber meiner Meinung nach wäre das falsch. Noch kürzlich ist ein solcher praktischer Fall vorgekommen. Herr Präsident Werner hat uns einen Verordnungsentwurf vorgelegt, in dem stand: über die und die Beschwerden beschließt der Evangelische Oberkirchenrat. Das halte ich für falsch, und ich habe darauf bestanden, daß das herauskam und hereingeschrieben wurde: entscheidet auf Beschwerde der Präsident des Oberkirchenrats selbst in einer einfachen Verwaltungssache.

Ruppel: Die 17. Verordnung ist ein ganz amüsantes Beispiel dafür, wie eine Verordnung, die wir zusammen gemacht haben, nachher von uns verschieden interpretiert wird. (*Heiterkeit.*) Das kommt aber manchmal vor. Die latente Fortgeltung des älteren Rechts ist ein äußerst delikates Problem. Ich habe die Sache bisher mit Absicht so behandelt, daß ich gesagt habe: Wir wollen die Geschichte so regeln, daß wir später machen können, was wir wollen. Unter der Geltung der Verordnung über den Reichskirchenausschuß habe ich immer, weil sie auf zwei Jahre begrenzt war, auf dem Standpunkt gestanden, daß das ältere Recht an sich latent fortgilt. Als der Reichskirchenausschuß eingesetzt wurde, hat das System begonnen, daß man einfach in den Geltungsbereich der Reichskirchenregierung hinein notmäßig irgendwelche neuen Regelungen hineinsetzte. Da nun diese Verordnung von vornherein auf zwei Jahre beschränkt war, habe ich die Sache so aufgefaßt, daß, wenn nicht nach zwei Jahren ein vollkommen neuer Zustand eintreten würde, gewissermaßen das alte Recht wieder auflebt. Diesen Standpunkt habe ich in rechtlicher Beziehung vertreten. In praktischer Beziehung habe ich nie daran gezweifelt, daß man nicht viel gewinnen würde, wenn man nach zwei Jahren den bisherigen Reichsbischof im alten Sinne wieder zur Regierung kommen lassen würde. Bei der 17. Verordnung ist mir, obwohl wir, um uns alles offen zu halten, diese schöne Klausel mit den Zeitpunkt des Außerkraftsetzens hineingebracht haben, die Sache doch etwas zweifelhafter. Ich möchte mir also auch aus praktischen Gründen die Entscheidung über die Rechtsfrage offenhalten. In der Frage von Bekenntnis und Kultus (§ 2 der 17. Verordnung) bin ich durchaus der Ansicht des Herrn Prof. Weber, besonders deshalb, weil ja gerade die Ausschaltung von Bekenntnis und Kultus für die Reichskircheninstanz eben ein spezifisches Moment der Reichskirchenorganisation ist; denn auch die Reichskirchenverfassung ist zwar nicht, wie immer von Bekenntnis- und lutherischer Seite behauptet wird, zu verstehen als ein Bund bekenntnismäßig bestimmter Landeskirchen, sondern als ein Bund der Bekenntnisse, was immerhin etwas anderes ist. Aber die Organisation beruht doch auf einer Respektierung der Selbständigkeit der Landeskirchen in Bekenntnis und Kultus.

Infolgedessen hat es durchaus einen Sinn, auch in der 17. Verordnung für das Reichskirchenministerium noch einmal besonders zu betonen, daß Bekenntnis und Kultus den Landeskirchen überlassen werden sollen. Ich stehe auf dem Standpunkt, daß die Einmänner unter Umständen Bekenntnis- und Kultusangelegenheiten regeln müssen. Sie sind zwar alle vier mit einer Ausnahme vielleicht wenig dazu geeignet; aber insofern ist auch die Ausführung in dem Rundbrief der volkskirchlichen Arbeitsgemeinschaft weniger als eine juristische Beschreibung des gegenwärtigen Tatbestandes aufzufassen, denn als eine Feststellung, daß in der Tat die Zuweisung auch dieser Angelegenheiten an diese leitenden weltlichen Verwaltungsbeamten eine im Moment nicht befriedigende Regelung ist. Aber genau so gut wie der bayerische König 1818 oder 1822 für die bayerische Landeskirche das gesamte Gesangbuch dekretieren konnte unter gleichzeitiger Anweisung an die Pfarrer, Witwen und Waisenkinder, daß sie die Sache auch auswählen müßten auf ratsames Gutachten der Generalsynode und seines Landeskonsistoriums, ob die Lieder mit Hosianna, Zion usw. in das Gesangbuch aufgenommen werden sollten oder nicht, genau so kann einer dieser leitenden Kirchenbeamten es heute machen. Er muß es eben dann so formulieren, wie es die früheren Landesherren auch gemacht haben und sich von seinen Theologen beraten lassen.

Bei der Stellung des Oberkirchenrats handelt es sich um eine mehr formale Frage. Im übrigen darf ich also zunächst mit Freuden feststellen, daß die Praxis hier auf meiner Seite ist, und zwar verläuft die Sache tatsächlich so, daß es einen Präsidenten des Oberkirchenrats gibt, der die kirchenregimentlichen Befugnisse wahrnimmt, die ihm in § 2 zugewiesen sind. Wenn es nebenbei auch noch einen Präsidenten des Oberkirchenrats in der Funktion des Chefs dieses Kollegiums und daneben auch einen Oberkirchenrat gibt, so halte ich das deshalb für möglich und auch sinnvoll, weil die Verordnung den Begriff der Leitung der Landeskirche hier in Beziehung setzt zu dem Begriff der Kirchenregierung.

Weber: Aber nur auf Grund der Worte: „... haben sie insbesondere die Ausübung der kirchenregimentlichen Befugnisse einschließlich des Erlasses von kirchenrechtlichen Verordnungen"!

Ruppel: Ganz richtig! Das schließt doch aber nicht aus, daß man das, was früher den Kirchenregierungen in Preußen zugewiesen war und was man auch darüber hinaus als speziell kirchenregimentlich ansieht, auch weiter in dieser besonderen Instanz sieht. Wir haben es doch so gehabt, daß ein gewisser Normaltyp der Scheidung zwischen Landeskirchenleitung und Kirchenregierung sich herausgebildet hat, und ich habe immer angenommen, daß diese Differenzierung auch geblieben ist. Der Oberkirchenrat ist natürlich dadurch, daß die Position des Präsidenten des Oberkirchenrats gestärkt worden ist, in seiner Bedeutung etwas herabgemindert worden. Aber für die laufende Verwaltungsarbeit ist er meines Erachtens geblieben, und ich möchte deshalb nicht sagen: Er würde besser firmieren wie der Oberfinanzpräsident: „Der Präsident des Evangelischen Oberkirchenrats", sondern ich suche eine Parallele etwa in den Behörden, die die Ministerien aus sich heraus setzen, um sich von der laufenden Verwaltungsarbeit zu entlasten. Die besten Beispiele würde man vielleicht in Württemberg finden, wo einzelne Ministerien unter sich Zentralverwaltungen für die Materien, die sie sonst speziell haben, gebildet haben. In Berlin hat man ein Beispiel, an das ich immer denke: nämlich der Reichsführer SS und Chef der Deutschen Polizei hat ein geheimes Staatspolizeiamt unter sich. Dieses geheime Staatspolizeiamt ist eine besondere Behörde, die mit ihm engstens verbunden ist, aber immerhin eine Behörde, die für sich firmiert und ihm die laufende Arbeit, wenn ich so sagen soll, macht, auch an ihn berichtet und die jedenfalls die Zentral- und Ministerialinstanz – denn der Chef der Deutschen Polizei ist ja eine Ministerialinstanz – entlastet. Vielleicht war früher die Reichsanstalt für Arbeitslosenfrage eine ähnliche Parallele, und nach diesen Parallelen sehe ich auch die Orientierung der Tätigkeit des Evangelischen Oberkirchenrats an.

Forsthoff: Ich wollte zu der Änderung der Gesangbücher und der Namensbezeichnung von Kirchengebäuden Stellung nehmen. Von wem stammt denn die Forderung, das zu machen? Sie ist doch offenbar an das Ministerium herangebracht worden.

Stahn: Bei den Gesangbüchern kommt die Sache aus Hannover.

Forsthoff: Kommt sie aus der Kirche oder von der Partei?

Stahn: Sie kommt von der Finanzabteilung. Die betreffende Parteistelle hat wahrscheinlich an die Finanzabteilung geschrieben.

Forsthoff: Dann muß sie doch darüber belehrt werden, daß sie damit grundsätzlich gegen gewisse Dinge verstößt. Die Finanzabteilung muß angewiesen werden, solche Dinge nicht anzunehmen. Ich halte es für richtig, daß in diesem Ausschuß festgestellt wird, daß damit eine klare Rechtsgrenze eindeutig überschritten ist. Wenn man das hinnimmt, kommt alles in Unordnung.

Dann kommt die Frage mit der 17. Durchführungsverordnung: Wer macht das? Da sagte Herr Weber, daß das der Leiter der Landeskirche kann. Für die Reichskirche ist das Gebiet des Kultus in klarer Weise ausgeschlossen. Herr Ruppel sagte, das gelte nicht für die Landeskirchen, da sei der Begriff der Leitung ein anderer. Ganz zweifelsfrei scheint mir das nicht zu sein, vor allen Dingen von der Grundlage her, vom Sicherungsgesetz, das in der Präambel erklärt, es mische sich in die inneren Dinge der Bekenntnisfrage nicht ein. Darum handelt es sich aber in der Gesangbuchfrage in eklatanter Weise. Ob man aus diesem Gesetz irgend welche Verschiebungen der Leitungskompetenzen herleiten kann in dem Sinne, daß die Landeskirche sich einmischen könne, ist mir zum mindesten äußerst bedenklich.

Stahn: Ob ich die Sache mit dem Gesangbuch richtig dargestellt habe, weiß ich nicht genau. Es kann sein, daß das mit einer thüringer Angelegenheit durcheinander geht. Einwandfrei ist aber der Antrag vorgelegt, daß Namen von Kirchen umgeändert werden sollen und Sprüche geändert werden sollen. Die Sache mit dem Davidstern ist ja etwas Äußeres. Bei den Sprüchen muß sich der Präsident darüber klar werden, ob ein Spruch aus dem alten Testament ist, ob er jüdisch ist oder nicht. Ich habe deswegen Bedenken, weil die Leute vom Staat eingesetzt und mit Befugnissen ausgestattet sind, so daß die Sache praktisch auf den Staat zurückfällt.

Forsthoff: Wenn das durchgeführt wird, wird das eine neue Werbung für die Kirche.

Stahn: Ich habe es dahin kommentiert, daß der Grundsatz in Art. 1 auch von den Leitern der Landeskirchen zu beachten ist, während Herr Dr. Ruppel immer darauf zurückkommt, es sei das beste, wenn man einen Präsidenten hat, der alles macht, wobei er sich evtl. von Geistlichen beraten läßt. Denn die Geistlichen allein kriegen doch nichts zu Rande.

Ruppel: Was ich eben sagte, habe ich unter rein juristischen Gesichtspunkten gesagt. Ich glaube, daß man unsere Verordnung juristisch nicht anders interpretieren kann. Ich glaube auch nicht, daß von der Entstehungsgeschichte und der Rechtsgrundlage der Verordnung aus bei juristischer Betrachtung wesentliche Einwendungen erhoben werden können. Ich stehe auf dem Standpunkt, daß diese Organe, die wir durch unsere Verordnungen einsetzen und bilden, nicht einseitig dadurch gekennzeichnet sind, daß sie sozusagen ihre Amtsbefugnisse hundertprozentig vom Staate ableiten, besonders wenn es in der Form gemacht wird, wie es hier vorgesehen ist, daß man an Stellen anknüpft oder Persönlichkeiten bestätigt, die von kirchlicher Seite aus – ob mehr oder weniger revolutionär, will ich dahingestellt sein lassen – auf diesen Stuhl gekommen sind und da sitzen. Denn unsere Tätigkeit in der Kirche ist im wesentlichen doch immer eine solche, die das, was vorhanden ist, gewissermaßen umgrenzt und gewisse Kräfte, die da sind, so zusammenfaßt, daß sie entsprechende Auswirkungsmöglichkeiten haben.

Forsthoff: Dann müßte aber in den Landesverfassungen, wo die zusätzlichen Zuständigkeiten der Kirchenleitungen geregelt sind, diese Befugnis enthalten sein. Wenn Sie sie nicht im § 2 verleihen, muß sie aus der Landeskirchenverfassung kommen.

Ruppel: Ich glaube, die Herren, die wir eingesetzt haben, haben sämtliche Befugnisse der landeskirchlichen Organe. Wenn in der Landeskirchenverfassung beispielsweise steht: Bekenntnis und Kultus können nie geändert werden, dann halte ich es für selbstverständlich, daß diese betreffenden Persönlichkeiten, die nun die kirchenregimentlichen Befugnisse haben – immer bei juristischer Betrachtung –, auch jetzt nicht die Möglichkeit haben, Bekenntnis und Kultus zu ändern. Wenn aber in der Landeskirchenverfassung steht, die Kirchenregierung ist für Beschlüsse über neue Gesangbücher und für den Erlaß von Verordnungen und Gesetzen usw. zuständig, dann bin ich der Ansicht, daß diese Persönlichkeiten, die die kirchenregimentlichen Befugnisse ausüben, nach unserer Verordnung juristisch in der Lage sind, das zu praktizieren und das Gesangbuch zu ändern. Bei rein faktischer Betrachtung möchte ich allerdings sagen: Alle juristischen Befugnisse oberster Organe sowohl des Staates wie der Kirche haben irgendwelche Grenzen in dem Sinn ihrer Tätigkeit. Auch früher konnte bekanntlich der Reichstag – ich übertreibe wieder – mit Zweidrittelmehrheit die tollsten Sachen beschließen. Trotzdem war nicht zu befürchten, daß er beschließen würde: Alle männlichen Personen haben mit der linken Hand in der Hosentasche herumzulaufen oder andere Sinnlosigkeiten. Genau so ergibt sich aus der Tätigkeit der betreffenden Leute eine gewisse Verpflichtung, de facto eine gewisse Zurückhaltung zu üben. Man kann de facto den betreffenden Personen nur dringend den Rat geben, sich aus den Dingen herauszuhalten, da sie nicht für einen Pfennig Autorität haben.

Weber: Ich würde es dahin ergänzen, daß die kirchliche Staatsaufsicht, die Staatslenkungsbefugnis gegenüber diesen eingesetzten Kirchenregierungsorganen nach der 17. Verordnung sich streng teilt in verwaltende Tätigkeiten und in geistliche Funktionen, wobei ich eine Staatslenkungsbefugnis gegenüber den geistlichen Funktionen, also beim Erlaß von Gesangbüchern nicht anerkennen würde.

Ruppel: Wer weiß, ob wir nicht in drei Jahren immer noch die Verordnung haben. Es kann dann in einer Landeskirche communis opinio geworden sein, irgendeine geistliche Frage oder eine ins Bekenntnis einschlagende Frage zu regeln. Wer soll es dann machen? Dann bleibt nichts übrig, als daß diese Instanz es macht. (*Weber:* Der Reichsbischof!) – Ausgeschlossen. Es muß durch diese Instanz gemacht werden. Sie hat dann eine Position, wie sie der König Maximilian in Bayern 1824 hatte, als er das Gesangbuch erließ.

Stahn: Sachlich habe ich gar keinen Zweifel, daß die Entfernung solcher jüdischer Sprüche erwünscht und notwendig ist, auch die Umänderung mancher Judaismen im Gesangbuch. Ich bin ein großer Freund von solchen Unternehmungen. Aber ich habe Bedenken, daß das eine staatlich eingesetzte Ein-Mann-Regierung von sich aus macht. Wenn sie sich auf die Zustimmung von 80 % ihres Kirchenvolkes verlassen und stützen kann, dann soll sie es ruhig tun; dann würde ich das juristisch nicht bedenklich finden. Aber tatsächlich muß man mit Rücksicht auf die staatliche Herkunft der Organe gewisse Vorsicht walten lassen; sonst heißt es, die Partei säubert die Kirche, und das ist unerwünscht.

Weber: Die angezogenen Parallelen zum Oberkirchenrat stimmen nicht ganz. Das Geheime Staatspolizeiamt ist keine Kollegialbehörde, sondern nur die Bezeichnung für eine bürokratisch organisierte Behörde, die einen dualistischen Kopf hat, Himmler für das Reich außer Preußen, Göring für Preußen. Sie wollen aber den Oberkirchenrat als eine selbständige kollegiale Behörde bestehen lassen.

Vorsitzender: Ein Kollegium wäre doch durchaus unzeitgemäß.

Ruppel: In kirchenregimentlichen Befugnissen wird der Präsident von niemand vertreten. Wenn er nicht da ist, kann das Kollegium als solches die laufenden Geschäfte führen.

Weber: Nach der 18. Verordnung werden dem Präsidenten die Mitglieder des Kollegiums als eine Art Führerrat beigegeben. Die Mitglieder haben auch Dezernentenfunktionen. Es ist ein ähnlicher Fall wie der Verbandsausschuß beim Ruhrsiedlungsverband. Auch die Parallele mit der früheren Reichsanstalt für Arbeitslosenversicherung stimmt insofern nicht, als dies eine absichtlich ausgegliederte selbständige Anstalt des öffentlichen Rechts mit eigener Etatgebarung bis jetzt war.

Ruppel: Das macht auf mich Eindruck; ich werde es mir überlegen.

Vorsitzender: Wir werden die Referate dann noch einmal auf die Tagesordnung setzen.

Weber: Ich möchte vorschlagen, daß das Referat von Herrn Forsthoff ebenso veröffentlicht wird wie das meinige. Ob auch das Referat von Herrn Stahn veröffentlicht werden soll, weiß ich nicht.

Stahn: Mein Referat kommt aus einer anderen Sphäre und war zur Klärung bestimmt. Ich konnte hier bei den Herren viel voraussetzen. Für eine Veröffentlichung müßte man die Sache vollständiger darstellen.

(Schluß der Sitzung: 18¾ Uhr.)

2. Protokoll der Sitzung vom 18.2.1939 (Rechtslage hinsichtlich des österreichischen Konkordats. – Die sprachliche Gestaltung der Konkordate)

(Beginn: 10 Uhr.)

Vorsitzender: Ich darf die heutige Sitzung als letzten Teil der dritten Tagung des Ausschusses für Religionsrecht eröffnen.

Keith: Über das österreichische Konkordat und die sich aus dem Anschluß ergebende Rechtslage sollte eine kurze Zusammenstellung verfaßt werden, die dann geeignet wäre, zu gegebener Zeit veröffentlicht zu werden. Ich hatte vor, einen solchen Entwurf vorzulegen, bin dabei aber auf gewisse Umstände gestoßen, die es angezeigt erscheinen lassen, daß ich die Sache doch noch kurz vortrage, und zwar muß ich zu diesem Zwecke einen kurzen Überblick über den Lauf der Diskussion zu dieser Frage geben.

Die Diskussion wurde eingeleitet durch das Referat des Herrn Prof. *Barion.* Herr Prof. Barion schilderte eingangs kurz die Stellungnahme des Vatikan, die auf der Konsistorialansprache Benedikts XV. beruht und im Ergebnis dazu kommt, daß die Konkordate wie Personalverträge behandelt werden, daß man deswegen bei dem Untergang des Staates ein Erlöschen des Konkordats und keinen Übergang auf den Rechtsnachfolger oder auf den neuen Staat annehmen könne. Dann kam Herr Prof. Barion zu der Notwendigkeit, sich nicht allein auf diese kirchliche Stellungnahme zu beschränken, sondern eine eigene Begründung zu geben. Dabei legte er zunächst die völkerrechtliche Begründung dar, ging von der herrschenden völkerrechtlichen Lehre aus, die für den Untergang bei einem Staat die Rechtssätze über die Staatensukzession anwendet, und schilderte dann im einzelnen, daß er zwischen Personalia und Realia unterscheide, für die Personalia eine Fortgeltung verneine und für die Realia auf Grund ratifizierter Verträge eine Fortgeltung bejahe. Sodann kam Herr Prof. Barion an Hand einer klaren Darstellung der Huberschen Auffassung über die Staatensukzession auf die beiden Argumente Hubers gegen die herrschende Lehre, erstens auf das aus der Praxis entnommene Moment und zweitens auf die Darlegung Hubers, bei den Konkordaten sei eine Analogie zu völkerrechtlichen Verträgen unzulässig, weil sich Verschiedenheiten ergäben a) bezüglich der Person der Kontrahenten und b) auch bezüglich des Gegenstandes. Das erste Argument hat Herr Prof. Barion abgelehnt, also das aus der Praxis entnommene Argument. Das zweite Argument hat er in seiner Grundlage bejaht, also die Unmöglichkeit einer Analogie, hat aber eine andere Schlußfolgerung daraus gezogen als Huber. Während Huber zu der Überzeugung kam, das seien innere Angelegenheiten des Staates, die ohne weiteres ausschieden, sagt Herr Prof. Barion, das sei nicht richtig, und er kam nun zu einer eigenen These, indem er ausführte, das Konkordat enthalte zwei Momente, a) Personalia und b) auf das Gebiet bezügliche Realia. Er kam aus dieser These heraus zu zwei Schlußfolgerungen: a) die Fortgeltung des Konkordats ist abhängig von der Kontinuität des Staates, b) das auf ein bestimmtes Gebiet ratifizierte Konkordat kann nicht ausgedehnt werden. Das hatte dann Folgen für das Reichskonkordat.

Dies war der grundlegende Gang des Referats des Herrn Prof. Barion. Die sich hieran anschließende allgemeine Diskussion knüpfte nun an die in der Frage der staatlichen Sukzession bestehenden Diskussionen und Meinungsverschiedenheiten, insbesondere an die Hubersche These sowie an das, was er aus der Praxis und aus der Analogie oder Nichtunmöglichkeit der Analogie zum Völkerrecht entnommen hatte, an. Insbesondere die Auffassung des Herrn Prof. Heckel knüpfte an die Unterschiedlichkeit von Konkordat und völkerrechtlichem Vertrag an und folgerte daraus nun nicht wie Huber, es gehe ohne weiteres über, sondern als dritte Möglichkeit formulierte Herr Prof. Heckel: Diese Einstellung wird der Souveränität des Staates nicht gerecht, sondern es besteht ein *Wahlrecht,* ob er in den Vertrag eintreten will oder nicht.

Als ich diese ganze Sache darstellen wollte, bin ich zu den Quellen gegangen, und da sind mir nun Bedenken gekommen, Bedenken, die auch Herr Prof. Barion schon gelegentlich in der zweiten Sitzung äußerte, nämlich vor allem das Bedenken, ob der völkerrechtliche Ausgangspunkt der tatsächlichen völkerrechtlichen Lehre entspräche, daß man etwa auf die Rechtsregeln für den Untergang des Staates die Rechtsregeln der Sukzession anwenden müsse, und zwar ist dieses Bedenken bei mir eigentlich ausgelöst worden durch das Studium von Huber selbst. Huber unterscheidet nämlich zwischen Untergang und Nachfolge. Für den Untergang eines Staates steht, so sagt er, die herrschende Lehre auf dem Standpunkt bezüglich des völkerrechtlichen Vertrages, daß ein Übergang nicht stattfindet. Er sagt nun: für das Konkordat muß in diesem Falle genau das gleiche gelten. Von dem Untergang unterscheidet er dann die Staatensukzession rein begrifflich. Er sagt: Untergang ist speziell und enger gefaßt; Staatensukzession ist die Nachfolge eines Staates in Rechte und Pflichten eines anderen als Folge der Erstreckung seiner Staatsgewalt auf Gebiete, welche bisher der Staatsgewalt des anderen Staates unterworfen waren; wenn man den Untergang da herausnimmt, sind das Formen, die z.B. entstehen, wenn sich mehrere Staaten zu einem Bundesstaat zusammenschließen und dergleichen, wie etwa das Deutsche Reich 1871. Lediglich auf diese Staatensukzession erstreckt Huber Personalia, Realia und die sich daraus ergebende Diskussion. Ich habe mich nun noch weiter – es stand mir nicht sehr viel Material zur Verfügung – noch in völkerrechtlicher Hinsicht zu orientieren gesucht, habe bei Liszt einmal nachgesehen. Liszt unterscheidet auch ganz kraß zwischen Untergang und Staatensukzession, und er sagt auch für den Untergang: Vertrag selbstverständlich erloschen. Endlich versuchte ich, einmal neue Völkerrechtsliteratur zu bekommen, und da bin ich auf Perdröhl, einen Österreicher, gestoßen. Er scheidet nicht ganz klar, ob in den Begriff der Staatensukzession der Begriff des Staatesunterganges einzubeziehen ist oder ob er auszuschließen ist. Da geht es etwas ineinander über, und er sagt für den Untergang ganz eindeutig: erloschen. Er kommt dann aber wieder mit einer Ausnahme und sagt: für die Realia muß man die Frage von Fall zu Fall prüfen.

Ich habe das aus folgendem Grunde vorgetragen. An sich hätte nach dem Gang der hiesigen Diskussion die Darstellung der Auffassungen und Probleme, die sich in der These des Herrn Prof. Barion ja herausgestellt hatten, erfolgen müssen erstens einmal in Übereinstimmung mit Hubers Auffassung bezüglich der Unmöglichkeit der Analogie, dann aber in Antithese zu seiner Schlußfolgerung. So hatte ich die Sache auch aufgebaut. Aber als ich nun auf diese Dinge stieß, insbesondere darauf, daß Huber für den Untergang selbst ein Übergehen des Konkordats annimmt, kamen mir Bedenken. Ich habe es vorgetragen, um die Frage aufzuwerfen, ob es sich nicht empfiehlt, überhaupt die völkerrechtlich herrschende Lehre als solche anzunehmen, indem man für den Untergang des Staates eine Fortgeltung des Konkordats ablehnt. Dann kann man trotzdem sagen: das ist aber rein völkerrechtlich gesehen; man kann es auch staatskirchenrechtlich sehen; anknüpfend an das, was Sie Herr Prof. Barion gesagt hatten, indem man die Unterschiede zwischen Völkerrecht und Konkordat aufzeigt, käme man dann zu der These, die Sie aufgestellt haben.

Vorsitzender: Darf ich eine Zwischenbemerkung machen! Dies ist eigentlich jetzt Punkt 4 der Tagesordnung. Die Sache ist von Ihnen aufgegriffen worden, weil Sie nicht recht weiterkommen können. Ich glaube aber, diese Schwierigkeit können wir heute nicht ohne weiteres ausräumen. Ich weiß nicht, wie Herr Prof. Barion darüber denkt; aber Sie, Herr Prof. Barion, würden doch jetzt Stellung nehmen müssen, der eine oder andere Herr wahrscheinlich auch. Alles das ohne Herrn Roth und ohne Herrn Heckel zu tun, geht meines Erachtens nicht. (*Keith:* Herr Roth ist eigentlich nur als Zuschauer beteiligt!) Aber er ist doch sehr interessiert an diesen Dingen.

Keith: Wissenschaftlich ja! Aber es ist eigentlich eine Sache, die in erster Linie Herrn Prof. Barion angeht.

Barion: Ich würde doch vorschlagen – mein Referat liegt Ihnen vor –, daß Sie vielleicht noch einmal diese ganze Sache durchredigieren, wie Sie das eben entwickelt haben, und daß man dann das nächste Mal daran noch einmal anknüpft. Es hat nicht viel Sinn, daß wir jetzt in eine ausführliche Diskussion darüber eintreten. Ich muß mir auch den Huber noch einmal anschauen; ich habe die Sache im Augenblick nicht so im Gedächtnis. Ich weiß nicht recht, ob man so ohne weiteres auf diese ganz scharfe Unterscheidung zwischen Untergang und Sukzession kommen kann, indem man also sagt: wo Untergang ist, ist keine Sukzession, und wo Sukzession ist, ist kein Untergang.

Vorsitzender: Können wir es nicht so machen – Ihre Ausführungen sind ja mitstenographiert worden, Herr Keith –, daß ein Durchschlag davon Herrn Prof. Barion übersandt wird und daß dann, wenn Punkt 4 der heutigen Tagesordnung das nächste Mal behandelt wird, der Ausschuß hierauf zurückkommt?

Barion: Ich bin sehr skeptisch, wieweit man überhaupt in diesem Falle von Völkerrechtsregel sprechen kann. Da gibt es gewisse allgemeine und darum völlig nichtssagende Regeln. Alles übrige ist nichts weiter als eine Integration aus der Praxis. Man kann die praktischen Beispiele für die eine These mit praktischen Beispielen für die Gegenthese immer wieder konterkarieren, und es ist nicht möglich, da überhaupt zu einer Klarheit zu kommen. Das Völkerrecht ist für mich eine höchst amüsante Wissenschaft insofern, als man da überhaupt nicht zu Regeln und Ausnahmen kommt, sondern immer bloß zu Regeln und Gegenregeln, so daß ich von da aus diese ganze Begriffswelt für wenig geeignet halte, die Frage des Konkordats endgültig zu lösen. Man muß natürlich – darauf habe ich immer gedrungen – eine ganz klare und eindeutige Position einnehmen. Man kann nicht das berühmte Argument nachmachen: erstens hat der Angeklagte nicht gestohlen, und zweitens, wenn er das getan hätte, dann ist es so und so gewesen. Diese Argumentationsmethode, daß man also die Einheit rein vom vorweggenommenen Ergebnis nimmt, halte ich für völlig verfehlt. Man muß sich natürlich bei dem völkerrechtlichen Teil darüber klar werden, ob man das eine oder das andere will.

Keith: Man kann das vor allen Dingen nicht im Gegensatz zu Huber machen.

Vorsitzender: Wenn Sie nun die Niederschrift so abfaßten, wie der Hergang gewesen ist, dann würde das Ihrer Meinung nach zu Schwierigkeiten Veranlassung geben?

Keith: Huber würde ohne weiteres sagen: das habe ich nie gesagt; es liegt zweifellos ein Staatenuntergang vor; man kann mich bezüglich der Staatensukzession überhaupt nicht heranziehen; denn ich unterscheide zwischen Staatensukzession und Staatenuntergang.

Barion: Ich würde es ja nicht für zweckmäßig halten, in diesem Artikel irgendwie den Namen Hubers erscheinen zu lassen. Nach meiner Meinung kann man in einem solchen Artikel nur in einer wissenschaftlichen, dem Grade nach verschiedenen, aber jedenfalls irgendwie erschöpfenden Weise und mit einem Anmerkungsapparat – ob er nun im Text steht oder unter dem Text, ist egal – die Sache behandeln. Aber den Namen Hubers würde ich weglassen. Meiner Ansicht nach würde es darauf ankommen, daß in diesem Trakt, in diesem völkerrechtlichen Abschnitt einmal die beiden Auffassungen gegenübergestellt werden. Das Beste wäre also, wenn Sie, Herr Keith, die Sache noch einmal durchredigierten und das Ganze gewissermaßen doppelgleisig machten. Dann könnte sich jeder den Artikel noch einmal durchsehen, und man könnte dann in der nächsten Sitzung sehen, wie man die Sache abschließend formulieren will.

Keith: Diese Möglichkeit, daß ich die ganze Sache doppelgleisig mache und die beiden Auffassungen nebeneinanderstelle, besteht natürlich.

Vorsitzender: Punkt 4 der Tagesordnung wird also damit endgültig auf die nächste Tagung verschoben.

Barion: Das wäre mehr eine Frage der technischen Vorbereitung für diesen Punkt 4. (*Zustimmung.*)

Vorsitzender: Wir kämen also nunmehr zu Punkt 2 der Tagesordnung: *Die sprachliche Gestaltung der Konkordate.*

Barion: Die Frage der sprachlichen Gestaltung des Reichskonkordats (RK) gewinnt ihren besonderen Charakter durch seine Doppelsprachigkeit. Nicht nur deswegen, weil die auch bei einsprachigen Konkordaten mögliche Frage nach den Spannungen zwischen Wort und Begriff, Satz und Gedanke, Gesagtem und Gemeintem durch die Mehrsprachigkeit ein weit größeres Material für die Aufspaltung von Gedanke und Formung erhält, sondern weil bei doppelsprachigen Konkordaten die terminologische Betrachtung zu einer unter mehreren wird. Neben sie treten die juristische und die politische Betrachtung.

I. Die terminologische Frage oder die Frage nach den Spannungen zwischen Inhalt und Sinn läßt sich durch Aufstellung der verschiedenen typischen Fälle beantworten, unter die das Material eingeordnet werden kann, das sich aus dem Vergleich der deutschen und der italienischen Fassung ergibt.

1. Terminologische Inkonsequenzen liegen dort vor, wo zwischen an sich gleich möglichen Termini willkürlich abgewechselt wird.

Beispiel: die Bezeichnung der beiden Vertragspartner. Der staatliche Vertragspartner wird im deutschen Text (dT) bezeichnet als: Deutsches Reich /Reich – Deutschland Reichsregierung, im italienischen Text (itT) als: Reich Germanico – Reich Germania – Governo del Reich. Der steten Abwechslung zwischen den genannten Bezeichnungen läßt sich ein Sinn nicht abgewinnen; die darauf gestützte Vermutung, daß es bloße Unachtsamkeit ist, wird bewiesen durch die Verschiebungen zwischen beiden Texten in der Wahl des jeweiligen Ausdrucks. Nur der Terminus Reichsregierung wird im itT stets mit Governo del Reich wiedergegeben; dagegen entspricht den Ausdrücken Deutsches Reich: Reich Germanico (Art. 1), Reich (Art. 15 Abs. 3), Germania (Art. 11).

Reich: Reich (Art. 18) –, Governo del Reich (Art. 32 Schlußpr.).

Deutschland: Germania (Art. 4), Verzicht auf Wiedergabe (Art. 32 Schlußpr.).

Bei dem kirchlichen Vertragspartner liegen die Dinge ähnlich; er wird bezeichnet im dT als Katholische Kirche-Kirche, im itT als Chiesa Cattolica – Chiesa. Aber auch hier zeigt sich die Verschiebung zwischen den beiden Texten, insofern dem deutschen „Kirche" einmal (Art. 20) „Chiesa", einmal (Art. 14) „Chiesa Cattolica" entspricht.

2. *Terminologische Fehler* liegen vor, wenn der Begriff zwar festliegt, aber einem klar erfaßten Begriff Termini beigeordnet werden, die nicht oder nur ungenau passen oder falsch gebildet sind.

Beispiel Art. 15: Die Ordensobern oder, wie man vielleicht besser sagt, Klosterobern bezeichnet der dT, verleitet durch die italienisch korrekte Wendung „superiori religiosi", als *geistliche* Ordensobere; die superiori generali als Ordensobere schlechthin statt als Generalobere.

3. *Fehler der Übersetzung* liegen vor, wenn ein Ausdruck des einen Textes in dem andern mißverstanden wird, so daß außer dem Terminus auch der gemeinte Begriff auf beiden Seiten verschieden ist.

Beispiele: a) Art. 7. Hier vermag der dT nichts mit dem Kunstausdruck „Ordinario del luogo" anzufangen und übersetzt ihn mit „Ordinarius des Sitzes der öffentlich-rechtlichen Körperschaft". Beide Texte sind für sich genommen verständlich, besagen aber etwas völlig anderes; die Auflösung ergibt sich ohne weiteres und nur bei Annahme des Übersetzungsfehlers.

b) Art. 14: „... das zum Studium an einer deutschen höheren Lehranstalt berechtigende Reifezeugnis ...". Hier ist der itT wörtlich übersetzt, ohne Berücksichtigung dessen, daß „scuola superiore" nicht gleich ist mit „höherer Schule". Andererseits kann man indes auch nicht die Übereinstimmung des itT mit dem Sinn des dT bzw. mit der Musterbestimmung Preuß.K. Art. 9 Abs. 1 Buchst. B dadurch retten, daß man ihn übersetzt: „Hochschule". Das RK hat für „Hochschule" im gleichen Zusammenhang den genau passenden italienischen Ausdruck „alta scuola", während

„scuola superiore" gelegentlich eindeutig als „höhere Lehranstalt" (Art. 21) verwandt wird. Vielmehr ist, auch wegen der Änderung an der angeführten Musterbestimmung des Preuß. Konkordats, anzunehmen, daß den Verfassern des itT die dem deutschen Schulwesen unbekannte Zwischenstufe zwischen höherer Schule und Hochschule, das Lyzeum oder Obergymnasium, vorschwebte. Der itT meint also vermutlich, was er sagt, ohne zu beachten, daß die von ihm gemeinte Bestimmung angesichts des deutschen Schulaufbaus in der Luft hängt, während der dT eine Kombination von Übersetzungs- und terminologischem Fehler aufweist.

4. *Größere bzw. geringere Genauigkeit und abweichende Nuancierung:* Es sind solche Fälle, in denen einer oder beide Texte in mehrfachem Sinn ausgelegt werden können, aber unter den Möglichkeiten sich solche befinden, die übereinstimmen, so daß die Texte bei entsprechender Auswahl der Möglichkeiten zur Deckung gebracht werden können.

Beispiele: a) Heraushebung der eigentlichen Priester aus der Masse der Geistlichen (vgl. Art. 5.14 mit Art. 6.10). In Art. 5.14 beschränkt sich der itT auf Priester, in Art. 6 ist er eindeutig (wegen des von den einschlägigen canones inspirierten Terminus „clerici"), in Art. 10 wahrscheinlich auf Kleriker überhaupt abgestellt. Die Nuancen des itT müssen für sich genommen den terminologischen Fehlern zugerechnet werden und können nicht als überlegte Fixierungen gewertet werden, weil sie ohne Grund in Art. 5 die Ansprüche der Kirche, in Art. 14 die des Staates einschränken. Der dT nuanciert hier nicht, kann aber mit beiden Bedeutungen jeweils in Einklang gebracht werden, da „Geistlicher" im allgemeinen Sprachgebrauch sowohl den Kleriker schlechthin, wie auch den Priester speziell bezeichnet.

b) Art. 7: bedürfen Geistliche – si richiede. Der dT läßt stärker hervortreten, daß die Einholung des Nihil obstat Sache des Geistlichen ist, der itT, daß der zur Forderung des Nihil obstat Berechtigte oder Verpflichtete nicht festgelegt wird. Beide Texte heben Züge heraus, die erst in ihrer Vereinigung das erschöpfende Bild geben.

c) Art. 15: Niederlassung – residenze. Der dT hebt auf die Niederlassung überhaupt, der itT auf die einzelnen Klöster ab.

d) Art. 22: Anstellung – assunzione. Der dT scheint etwas enger gefaßt zu sein, da er nicht so wie der itT jede „Annahme" als Religionslehrer zu decken scheint; andererseits kann man ihn auch nicht auf die Anstellung als Beamter allein beschränken, da man Beamter nicht durch Anstellung, sondern durch Aushändigung einer entsprechenden Urkunde wird.

e) Art. 24: Einrichtungen – instituti. Die Frage, ob hier nur selbständige Hochschulen oder auch Einrichtungen im Rahmen der allgemeinen Lehrerhochschulen gemeint sind, kann vom Wortlaut aus nicht entschieden werden, da „instituto" nicht notwendig den Begriff der Hochschule oder der Selbständigkeit einschließt oder „Einrichtung" diese Begriffe ausschließt.

f) Art. 32: besondere Verhältnisse – attuali particolari circonstanze. – Die Nuancierung des itT ist offensichtlich.

5) *Gegensätze des Sinns:*

a) Art. 1.20: innerhalb der Grenzen des für alle geltenden Gesetzes nell'ambito delle leggi generali vigenti.

Art. 5.13.17: nach Maßgabe der allgemeinen staatlichen Gesetzgebung a norma delle leggi generali dello stato. – Der itT hat in diesen Fällen, für sich genommen stets nur die einzelnen Staatsgesetze im Auge, wobei nicht eindeutig entschieden werden kann, ob die Zufügung „vigenti" auf die im Augenblick des Vertragsabschlusses geltenden oder auf die „jeweils" geltenden Gesetze abstellt. Im dT liegen hier zwei völlig verschiedene Begriffe vor, einmal die allgemeinen staatlichen Gesetze, also eine Summe von Einzelgesetzen, zum andern „das für alle geltende Gesetz", die bekannte Konstruktion der Weimarer Verfassung, die dem Sinn und der Absicht nach als idealer Maßstab für bestimmte Gesetze funktionieren sollte. In den Art. 1.20 stehen also der dT und der itT in unvereinbarem Gegensatz zueinander.

b) Art. 26: kirchliche Einsegnung – Ziviltrauung, matrimonio religioso – atto civile. Hier ist im dT der Zivilakt das konstituierende Element und der kirchliche eine Zufügung, im itT ist es umgekehrt. Im Schlußprotokoll ist der Zivilakt im dT wiederum konsequent mit Eheschließung bezeichnet, während er im itT mit Celebrazione del matrimonio wiedergegeben wird. Er ist wahrscheinlich, daß im itT nicht beabsichtigt war, den Zivilakt als eigentliche Eheschließung anzuerkennen, sondern daß der itT durch wörtliche Übersetzung einem Irrtum anheimfiel. Dann wäre zugleich ein Beleg dafür gewonnen, daß der Gegensatz des Sinnes nicht notwendig im Inhalt bzw. im Gesagten hervortreten muß.

6. *Differenzen des Rechtsbodens:* Beispiele: Art. 12: Kirchengemeinden, parrocchie o simili communità ecclesiastiche – Art. 13: katholische Kirchengemeinden, Kirchengemeindeverbände, parrocchie, e altre simili communità ecclesiasiche und Diözesanverbände: cattoliche, le associazioni parrochiali e diocesane. – In beiden Fällen setzt der kirchliche Text inhaltlich korrekt den staatskirchenrechtlichen, einer kanonistischen Entsprechung entbehrenden Termini des staatlichen Textes eine mit kanonistischem Material gebaute Umschreibung an die Seite.

Die zusammenfassende Betrachtung der typischen Fälle ergibt, daß die einzelnen Beispiele ihnen nicht immer eindeutig zugeordnet werden können; ferner, daß nur die ersten beiden Fälle auch an einsprachigen Konkordaten aufgedeckt werden können, während der 3. und 4. Fall zum mindesten zum Nachweis und der 5. und 6. Fall überhaupt der doppelsprachigen Fassung bedürfen; schließlich, daß derartige Untersuchungen weder für sich genommen schon über den Sinn einer Konkordatsbestimmung entscheiden können, noch alle technischen Fehler aufzudecken vermögen, da sie nur die Fälle erfassen, in denen Spannungen zwischen Inhalt und Sinn bestehen. Der Vollständigkeit halber sei schließlich noch auf die rein formalen Fehler (vgl. die fehlende Übereinstimmung der Absätze in der Präambel und in den Art. 21, 22, 27) hingewiesen, die ebenfalls nicht unter den Gesichtspunkt der sprachlichen Gestaltung fallen.

II. Die juristische Frage oder die Frage nach dem rechtlichen Verhältnis der beiden Texte

1. Eine *Aufspaltung von Gesagtem und Gemeintem* ist bei einsprachigen Konkordaten auf außerhalb der sprachlichen Formung liegende Argumente angewiesen, während sie bei doppelsprachigen Konkordaten auch mit terminologischen Argumenten möglich ist. Die Betrachtung eines Konkordats von der sprachlichen Gestaltung her läßt daher bei ihnen außer der formalen Kritik noch eine Kritik unter dem Gesichtspunkt der rechtlichen Tragweite zu, wenn de jure auf beide Texte zurückgegriffen werden kann. Praktisch läßt sich die Rückgriffsmöglichkeit nur in der Form der Gleichwertigkeit beider Texte gestalten, wie das auch das RK tut (Art. 34).

2. Die rechtliche Tragweite seiner Formel, die auch in völkerrechtlichen Verträgen vorkommt, soll hier nur für das Konkordatsrecht gewürdigt werden, für das sie anscheinend bislang noch nicht eigens behandelt worden ist. Den ersten Richtpunkt dafür geben die unter I. zusammengestellten Beispiele für Spannungen zwischen beiden Texten. Sie sind teilweise von einer Art, daß die rechtliche Gleichwertigkeit beider nicht auf ihre sprachliche Übereinstimmung schlechthin gestützt werden kann. Die Frage ist also: Soll Art. 34 die rechtliche Gleichwertigkeit der beiden Texte auch für diese Fälle festlegen oder setzt er die sprachliche Übereinstimmung voraus?

Der Unterschied zwischen beiden Möglichkeiten liegt darin, daß im ersten Fall Art. 34 eine Regel für die Ermittlung des als vorhanden angenommenen Konkordatssinnes bei Differenzen der beiden Texte aufstellt, während im zweiten Fall ein eigentlicher Konkordatssinn, ein Zusammentreffen der Konkordatspartner im gleichen Wollen überhaupt erst herbeigeführt werden müßte.

Die Entscheidung zwischen beiden Möglichkeiten kann aus Art. 34 nicht abgeleitet werden; da dem RK die Unterscheidung zwischen Text und Sinn fremd ist, läßt sich aus der Wendung, daß der deutsche und der italienische „Text" gleiche Kraft haben, nichts entnehmen, und ebensowenig läßt sich entscheiden, ob mit Art. 34 gesagt werden soll, daß jeder Text unter steter Rücksicht auf den andern erklärt werden muß (=erste Möglichkeit), oder, daß jeder Text für sich erklärt werden darf (=zweite Möglichkeit).

Je nachdem man sich für die erste oder zweite Möglichkeit entscheidet, könnte man für alle Fälle eines Unterschiedes zwischen beiden Texten die Einigung zu dem betreffenden Punkt entweder unter Berufung darauf erzwingen, daß es sich nur um die Auslegung des schon gegebenen Vertragswillens handele, oder sie als zusätzliche Einigung über eine in dem abgeschlossenen Konkordat noch offengebliebene Frage von dem noch freien Willen beider Partner abhängig machen. Die zweite Möglichkeit bietet daher kein weiteres kirchen- bzw. konkordatsrechtliches Interesse und kann als erledigt angesehen werden; für die erste läßt sich noch einiges über die Auslegungsregeln aus den Ergebnissen von I. ableiten und so zugleich zeigen, daß die Unterscheidung der beiden Möglichkeiten nicht praktisch bedeutungslos ist.

3. Wenn man Art. 34 im Sinn der ersten Möglichkeit erklärt, also auch in den Fällen, in denen die beiden Texte voneinander abweichen, den Vertragswillen als schon bestehend ansieht, wird man die Auslegung nach den unter I. zusammengestellten typischen Fällen verschieden gestalten müssen. Der erste Fall ist praktisch bedeutungslos. In den Fällen 2 und 3 wird die Auslegung von dem richtigen Text ausgehen müssen; in Fall 4 wird man die verschiedenen Auslegungsmöglichkeiten so wählen müssen, daß beide Texte zur Deckung kommen. Die Fälle 5 und 6 sind auch unter dieser Auslegung der Art. 34 nicht zu lösen, weil hier keine Einigung vorliegt; allerdings können diese Differenzen, wie die unter den genannten Fällen angeführten Beispiele zeigen, praktisch belanglos oder nur für die Würdigung des Konkordats im ganzen, aber nicht für die Einzelauslegung, bedeutungsvoll sein. Sehr wichtig im einzelnen Fall ist also, welchem der typischen Fälle man ihn zurechnet; daß hier die Entscheidung oft schwer ist, haben die Beispiele zu I. genügsam gezeigt.

III. Die politische Frage oder die Frage nach der Wahl der Vertragssprache

1. Die juristische Betrachtung der sprachlichen Gestaltung des RK zeigt, daß seine Doppelsprachigkeit viele Schwierigkeiten verursacht, die durch Art. 34 nicht beseitigt, sondern nur vermehrt werden. Es muß überhaupt bezweifelt werden, daß es eine juristische Möglichkeit gibt, diesen Schwierigkeiten zu entgehen; das einzige Gegenmittel wäre die tatsächliche Übereinstimmung der beiden Texte. Indes dürfte es schwer sein, eine solche Übereinstimmung wirklich zu erzielen, so daß als Ausweg aus diesen Schwierigkeiten die Beschränkung der Rechtsverbindlichkeit auf nur einen Text erscheinen muß. Damit ist schon angedeutet, daß die Beschränkung auch der Entwürfe und Verhandlungen auf eine einzige Sprache ungeschickt wäre; die Ergebnisse des Teiles I zeigen, daß die Zweisprachigkeit des RK ein bequemes und wirksames Mittel ist, um tiefer in seinen Inhalt einzudringen. Die in Teil II hervorgehobenen Schwierigkeiten sind nur der durch die Rechtsverbindlichkeit beider Texte bedingte Nachteil dieses Vorteils. Damit ist die erste Folgerung aus I und II gegeben: Das eigentliche Konkordat sollte, unbeschadet der Doppelsprachigkeit der Entwürfe und Verhandlungen und der Beigabe einer Übersetzung, nur einen Text als amtlich anerkennen.

2. Die Frage, in welcher Sprache der amtliche Text abgefaßt werden soll, wird gelegentlich mit dem Hinweis auf „die" Kirchensprache, das Lateinische, beantwortet. Auf die kuriale Praxis kann sich dieser Hinweis nicht stützen. Die Konkordate der Nachkriegszeit sind sämtlich nicht lateinisch abgefaßt, sondern entweder französisch (Grenzfall: die Abmachung mit Frankreich) oder doppelsprachig und zwar in der jeweiligen Landessprache und in der italienischen Sprache (Grenzfall: das italienische Konkordat). So wurde es schon in der Vorkriegszeit gehalten; das letzte lateinische Konkordat ist das österreichische von 1855, während sonst auch im 19. Jahrhundert der französische oder doppelsprachige Text die Regel ist, wobei allerdings der kirchliche Text vielfach noch lateinisch und nicht italienisch abgefaßt ist. Diese Entwicklung stimmt durchaus überein mit der kurialen Theorie über die Stellung des Lateinischen im kirchlichen Sprachge-

brauch. Das Lateinische ist nach ihr, wenn man die Frage der liturgischen und der wissenschaftlichen Sprache ausscheidet, bestimmt für alle Verlautbarungen, die die ganze katholische Kirche angehen, so daß auch von der kurialen Theorie das Lateinische nicht als eigentliche Konkordatssprache gefordert wird.

Anderseits läßt die kuriale Praxis sich auch nicht dahin auslegen, daß die zweite Amtssprache des Hl. Stuhles das Italienische sei. Es ist zwar faktisch weitaus vorherrschend, aber in immer steigendem Maß wird von den Kurialbeamten die Kenntnis fremder Sprachen verlangt, und sogar Enzykliken werden gelegentlich nur in modernen Sprachen veröffentlicht, so daß also die lateinische Sprache ganz ausscheidet und die italienische zu einer unter mehreren wird. So ist von der kurialen Praxis aus kein eigentlicher Grund gegeben, die Konkordate außer in der Landessprache auch in italienischer Sprache zu formulieren, vielmehr läßt sich diese Praxis auf die Formel bringen, da es außer dem Lateinischen keine besondere Kirchensprache gibt.

Daß diese Formel auch der kurialen Theorie entspricht, zeigt das Italienische Konkordat Art. 2 Abs. 4. Hier wird bestimmt, daß die für Italien geltenden Veröffentlichungen des Hl. Stuhles in jeder Sprache abgefaßt sein können, die der italienischen Bischöfe entweder in italienischer oder in lateinischer Sprache gehalten sein müssen, wobei dem italienischen Text noch eine Übersetzung in die örtlich gebräuchliche Sprache beigefügt werden kann. Das besagt, der konkreten Bezogenheit auf die italienischen Verhältnisse entkleidet, daß nach kirchlichem Recht von der lateinischen Kirchensprache abgesehen, zwar die Bischöfe eines Landes an die Landessprache gebunden sind, der Hl. Stuhl aber keine weitere besondere Amtssprache hat.

Zusammenfassend wird man sagen dürfen, daß es nach kirchlichem Recht als gegeben erscheint, einsprachige Konkordate in der Landessprache abzufassen. [Zu der Thematik ausführlicher: Hans Barion: Über doppelsprachige Konkordate. Eine konkordatstechnische Studie, in: Deutsche Rechtswissenschaft. Vierteljahrsschrift der Akademie für Deutsches Recht, Bd. 5 (1940), S. 226-249.]

Vorsitzender: Herr Prof. Barion, haben Sie vielen Dank für Ihre außerordentlich interessanten Äußerungen. Ich habe mir eine Fülle von Notizen gemacht, allerdings nur stückweise, möchte aber zunächst fragen, ob einer der anderen Herrn das Wort ergreifen will.

Schröcker: Ich möchte eine ganz kurze Bemerkung machen zu den Ausführungen des Herrn Prof. Barion bezüglich des Artikels 34. Die Wahl der Konkordatssprache in Deutschland hat auch eine gewisse Geschichte seit 1924 oder vielmehr 1922. Beim bayerischen Konkordat war ursprünglich beabsichtigt, das Konkordat in lateinischer Sprache abzufassen. Es ist zwar zunächst der kuriale Entwurf in italienischer Sprache aufgestellt worden und der Gegenentwurf der bayerischen Regierung in deutscher Sprache; es sollte aber eine gemeinsame lateinische Übersetzung hergestellt werden als amtlicher, als verbindlicher Text. Das ist an gewissen Übersetzungsschwierigkeiten gescheitert, weil man niemand gefunden hat, der eine vollkommen befriedigende lateinische Übersetzung hätte liefern können. Man hat dagegen eingewendet, daß gewisse neuere Rechtserscheinungen, die im Konkordat irgendwie geregelt werden müssen, sich in das Lateinische nicht mehr gut übersetzen lassen. Das ist ein Grund, der nun nicht mehr durchschlagend sein wird, weil ja z.B. die Militärkirchensatzung für Deutschland auch wieder lateinisch abgefaßt wurde, obwohl auch hier neue Verhältnisse ins Lateinische umgeformt werden mußten.

Barion: Diese Militärkirchensatzung ist übrigens, rein sprachlich gesehen, gar nicht schlecht.

Schröcker: Der Grund dafür, daß man den Art. 34 in das Reichskonkordat hineingebracht hat, ist wohl darin zu suchen, daß die bayerische Regierung seinerzeit nach Abschluß des Konkordats eine amtliche Erklärung im Landtag dahin abgegeben hat: bezüglich des bayerischen Konkordats ist für die Auslegung der deutsche Text maßgebend. Gemeint war zwar schon damals, nachdem man das Konkordat in zwei Sprachen abgefaßt hatte – oder wenigstens war das die Meinung auf der Seite der Kurie –, daß beide Texte gelten sollten. Nun hat aber die bayerische Regierung, um im Landtag gegenüber gewissen Vorwürfen bestehen zu können, erklärt, daß eben für die Auslegung der deutsche Text maßgebend sein solle. Eine Wiederholung wollte man offenbar durch Art. 34 vermeiden. Darum nehme ich an, daß dieser Artikel eher als Vorsichtsklausel gemeint ist, daß diese erste Auslegung gegenüber der zweiten Alternative vorzuziehen ist.

Barion: Beim preußischen Konkordat ist es auch so gewesen. Herr Prof. Heyder hat damals mit großer Entrüstung festgestellt, daß es Leute gäbe, die da meinten, daß man sich auf den italienischen Text berufen könne; bei den Verhandlungen sei der italienische Text immer als Übersetzung des deutschen Textes gewertet worden; das Konkordat stamme von ihm, und Paccelli habe es übersetzt. Beim bayerischen Konkordat hat man das ohne Zweifel noch nicht so vorgesehen; das ist richtig. Von der Entwicklung aus würde man also eher formulieren, daß der Art. 34 als Vorsichtsmaßregel gedacht ist.

Weber: Man könnte auch ganz allgemein Völkerrechtsverhältnisse in Betracht ziehen. Im Versailler Vertrag ist bekanntlich der englischen und der französischen Sprache die Authenzität zuerkannt worden, der deutschen Übersetzung aber nicht. Das bedeutet eine ausgesprochene Disqualifikation vom völkerrechtlichen Standpunkt aus betrachtet. Im Allgemeinen haben die völkerrechtlichen Abmachungen, natürlich auch zunächst die doppelsprachigen, diese Gleichwertigkeitsklausel.

Barion: Das ist ein Punkt, der von mir völlig weggelassen worden ist; man müßte diese Dinge bei der Veröffentlichung etwas mehr ausführen, also die Parallele zum Völkerrecht. Im Versailler Vertrag finden sich manche Formulierungen, die im englischen und im französischen Text differenziert sind. Gibt es darüber eine Literatur, die man in solchen Fällen zu Rate ziehen könnte?

Weber: Gerade zum Versailler Vertrag sind eine Reihe von Untersuchungen über einzelne Punkte erschienen. Ich nehme an, daß in dem Buch von Frost darüber ein Abschnitt vorhanden sein wird.

Vorsitzender: Im Versailler Vertrag gibt es Formulierungen, die sich im englischen und im französischen Text widersprechen, die verschieden sind.

Weber: Der englische und der französische Text differieren, und dann weicht davon noch einmal wieder in manchen Punkten die deutsche Übersetzung ab. Zum Beispiel die Bestimmungen über Danzig differieren erheblich.

Forsthoff: Ich erinnere nur an die Frage der Münchener Gesandtschaft. Die Formulierung in der Präambel: „Nach Abschluß des Friedens werden die Alliierten und assoziierten Mächte die bisherigen diplomatischen Beziehungen mit dem einen oder anderen der deutschen Staaten wieder aufnehmen“, ist so ausgelegt worden, daß sie auch die Länder betreffe, worauf die Einrichtung der französischen Gesandtschaft in München zurückgeht, obschon die deutsche Fassung das ausschließt.

Barion: In diesem Punkt besteht in meinem Referat eine ausgesprochene Lücke, und diese Lücke müßte noch ausgefüllt werden.

Vorsitzender: Wenn man den Text in dem vorliegenden Konkordat liest, daß der deutsche und der italienische Text gleiche Kraft haben, so findet sich derselbe Wortlaut auch im preußischen Konkordat, wenn es dort auch nur so nebenher, in einem Relativsatz gesagt wird, nicht in einer besonderen Bestimmung. In das preußische Konkordat ist dies, glaube ich, im letzten Augenblick hineingekommen, also dieser Relativsatz, und als ich das hörte, sagte ich: „Ja, was soll das?“. Mir lag der Fragenkomplex noch nicht so klar vor Augen. Ich sagte mir natürlich: die Texte müssen völlig gleichen Sinn haben, das ist ja selbstverständlich; also warum das noch aussprechen? Daß Schwierigkeiten durch die Sprache entstehen können usw., dessen war ich mir im Augenblick nicht bewußt. Da sagte Heyder aber: „Man kann das nicht so übersehen; es könnten auch einmal Abweichungen voneinander vorkommen.“ Ich erwiderte ihm: „Dann haben Sie es also gerade für den Fall, daß sich Abweichungen ergeben, für nötig gefunden, dies noch in Parenthese in das

Konkordat hineinzubringen; das ist aber eigentlich ein Schlag ins Gesicht; denn wenn die Texte verschieden sind, können sie doch nicht gleiche Kraft haben." Er erklärte: „Dazu haben wir eben die Freundschaftsklausel." Dies ist nur ein kleines Erlebnis, das die Sache illustriert. Wenn man davon ausgeht, daß eine Dissonanz unmöglich ist, daß also der verschiedensprachige Text überall zu demselben Ergebnis kommt, dann ist es ja nicht nötig, auszusprechen, daß die beiden Texte gleiche Kraft haben. Es hat also offenbar den Herren, wenn auch nur im Unterbewußtsein, vorgeschwebt, daß doch Verschiedenheiten vorhanden sein können.

Barion: Rein logisch betrachtet wird man die zweite Möglichkeit an und für sich nicht widerlegen können. Man kann durchaus sagen: Diese Klausel, die doch gewissermaßen besagen soll, daß beide Teile gleichberechtigt sind, setzt voraus, daß die Texte übereinstimmen. Für den Fall nun, daß sie nicht übereinstimmen, muß immer wieder noch einmal die Sache neu geprüft werden. Man kann von der Entstehungsgeschichte aus dann natürlich immer eine Handhabe finden. Aber das ist eine Angelegenheit, die noch einmal geprüft werden soll. Es ist hier wirklich wie im Alten Testament. Wenn der Segen Isaaks für Jakob einmal erklärt ist, dann kann Isaak nichts mehr daran ändern, auch wenn er es anders gemeint hat; er ist einfach gebunden. So ist es auch mit den Gesetzen. Der Gesetzgeber weiß das ja auch. Wir haben gestern das interessante Erlebnis gehabt, daß bei der 17. Verordnung Herr Stahn und Herr Ruppel, die sie gemacht haben, zugeben, ohne dabei irgendein böses Gewissen zu haben, daß sie sich über den Sinn nicht überall klar waren. Wenn es so ist, dann kann man gar nicht mehr vom Gesetzgeber ausgehen; denn er existiert ja nicht in einem faßbaren Sinne.

Keith: Das ist wie beim Urteil. Nachdem es gesprochen ist, kann es nur noch in bezug auf Schreibfehler berichtigt werden, aber nicht mehr sinngemäß ausgelegt werden.

Vorsitzender: Herr Professor, Sie haben dieselben Untersuchungen nicht hinsichtlich des preußischen Konkordats angestellt?

Barion: Hinsichtlich der anderen Konkordate braucht man nur das Material in die typischen Fälle einzufügen.

Vorsitzender: Bei den damaligen Konkordatsverhandlungen, die ich ja mitgemacht habe, hieß es auf einmal: es ist zweisprachig. Ich bekam den Text und fragte: Wo kommt er her? Da hieß es: Ja, das hat Pacelli gemacht. Wie das aber wirklich gelaufen ist, weiß ich nicht.

Barion: Heyder hat in Bonn immer wieder erklärt, daß der deutsche Text die eigentliche Grundlage gewesen sei; der jetzige Text sei eine Übersetzung.

Vorsitzender: Das habe ich auch angenommen.

Barion: Das schließt nicht aus, daß Pacelli das aus Bequemlichkeit für die Verhandlungen gemacht hat.

Vorsitzender: Heyder war oft bei ihm, und da kann es sein, daß Pacelli das aus Heyders Text übersetzt hat; denn sie haben ja oft das zusammen formuliert.

Barion: Das bestritt Heyder etwas. Aber damit kann man nicht in der Öffentlichkeit argumentieren.

Vorsitzender: Höchstens nach Ihren Ausführungen doch aus dem Gesichtspunkt der Loyalität. Sie haben ja auch mit dem Begriff des Übersetzungsfehlers gearbeitet. Wenn klar ist, daß es deutsch verhandelt und niedergeschrieben wurde, so kann es nachher jemand übersetzt haben, der vielleicht noch nicht einmal die Materie vollkommen beherrscht hat. Der Übersetzer muß ja sowohl beide in Frage kommenden Sprachen als auch die Materie beherrschen. Dann könnte der Begriff des Übersetzungsfehlers unter dem Gesichtspunkt der Loyalität eine Rolle spielen.

Barion: Man kann deutlich sehen, wie an manchen Stellen der deutsche Text primär ist, an manchen Stellen der italienische. Eine eigentliche Hilfe in diesem Sinne für die Durchsetzung des einen Textes kann man aus diesen Übersetzungskategorien nur gewinnen, wenn ein Text als Ganzes gesehen übersetzt ist. Wenn es aber hin und her geht, wenn einmal die Italiener und dann die Deutschen formuliert haben, dann löst sich das auf.

Vorsitzender: Beim Reichskonkordat kommt hinzu, daß immer das preußische und auch das bayerische Konkordat zum Muster gedient hat und daß da in der Kurie schon Material war. Nun würde mich interessieren: Wie sind die Verhandlungen 1933 in Gang gekommen? Haben wir den Finger ausgestreckt und Wert auf den Abschluß eines Konkordats gelegt, wie es immer gesagt hat [wird], oder hat Pacelli sich an uns gewandt?

Barion: So viel man gehört hat, war es so, daß wir das Konkordat haben wollten und Herr Kaas sich liebenswürdigerweise bereit erklärte, uns den Entwurf zu machen.

Schröcker: Beziehungsweise einen älteren Entwurf herzunehmen. Beim Reichskonkordat ist es so, daß Pacelli schon ziemlich bald, nachdem er Nuntius in Berlin geworden war, an die Ausarbeitung eines Entwurfs gegangen ist. Er hat seinerseits einen Entwurf für ein Reichskonkordat gemacht, und 1926 ist schon bei der Reichsregierung ein Entwurf vorbereitet worden. Dieser Entwurf und vermutlich auch der von Pacelli ist herangezogen worden, und dann dazu das italienische Konkordat.

Barion: Ich glaube, daß die Unterhändler den guten Wunsch und Willen mitbrachten und die Arbeit von anderen geleistet wurde.

Schröcker: In welcher Sprache sind nun die Verhandlungen in Rom geführt worden? Bei den Länderkonkordaten wurden die Verhandlungen immer in deutscher Sprache geführt. Die Verhandlungen mit Litauen usw. werden dort entweder in litauischer oder in französischer Sprache gemacht, bei uns also jedenfalls in der deutschen Sprache.

Barion: Das kam daher, daß Pacelli sehr gut deutsch konnte. Wenn man Wert darauf legt, mit Orsenigo zu einer Vereinbarung zu kommen, wird man vermutlich allein mit Deutsch nicht auskommen, soviel ich weiß.

Vorsitzender: Das kann man auch gar nicht erwarten. Es kann einer eine Sprache fließend sprechen, und doch braucht er darin noch nicht verhandeln zu können.

Weber: Es spricht eine gewisse Wahrscheinlichkeit dafür, daß in Rom deutsch gesprochen wurde. Denn die beteiligten Persönlichkeiten waren Kaas, Pacelli, Papen, Buttmann.

Barion: Und Papen und Buttmann konnte man nicht zumuten, italienisch zu sprechen.

Weber: Papen konnte französisch sprechen.

Vorsitzender: Die Amtssprache der Kurie, wenn Kongregationen zusammentreten oder der Papst eine Unterhaltung mit Kardinälen hat, ist doch noch das Lateinische?

Barion: An sich nicht. Der jetzige Papst konnte sehr gut lateinisch, war überhaupt in Sprachen sehr begabt.

Vorsitzender: Kann man sagen, daß Italienisch die Amtssprache der Kurie ist?

Barion: Nein. Faktisch ist sie weitaus im Vorrang; aber sie ist nicht die eigentliche Amtssprache. Bei den untergeordneten Posten in den einzelnen Kongregationen wird, soweit es sich um reine Schreiber handelt, verlangt, daß sie einige fremde Sprachen können. Bei den Rotaverhandlungen geht die Entwicklung deutlich dahin, daß das Verlassen des italienischen Sprachgebrauchs gar nicht mehr als Anormalität empfunden wird, sondern man sagt, es wird gar nicht anders gehen, als daß man deutsch oder in sonst einer Sprache verhandelt.

Weber: Es gibt keine bestimmte Amts- und Geschäftssprache. Die Sprache des Vatikans ist die italienische oder lateinische.

Barion: Nein, lateinisch auch nicht. Man muß unterscheiden zwischen den bischöflichen Kurien und den Gläubigen als solchen. Wer sich als Laie nach Rom wendet, ist doch nicht gezwungen, sein Gesuch lateinisch oder italienisch abzufassen. Er tut es in seiner Muttersprache. Es wird in Rom dann auch nicht bemerkt, daß sich das nicht gehöre; eine Benachteiligung erwächst daraus nicht. Ich weiß aus meiner römischen Zeit, daß man jemand, der keine amtliche Stellung hatte, in der Rota die Urteile ausarbeiten ließ, die Prozesse weitgehend selbst entscheiden ließ, weil man Wert darauf legte, daß einer dabei war, der deutsch konnte. Die Rotaurteile selbst und ihre Begründung ergehen lateinisch. Aber man kann nicht mehr glattweg sagen, daß man ohne italienisch aufgeschmissen ist. Meine Tendenz geht dahin, hier einzuhaken und das voranzutreiben.

Weber: Das ließe sich ja auch bei der Ausdehnung auf Nordamerika und China nicht machen.

Schröcker: Als Amtssprache wird man aber doch das lateinische bezeichnen müssen. Wo zeremonielle Ordnungen bei den Verhandlungen vorliegen, erfolgen sie lateinisch. Die Erlasse der Kurie werden in lateinischer Form gegeben. Eingaben an die Kurie oder prozessuale Schriftsätze, die nach Rom kommen, sollen lateinisch abgefaßt sein. Wenn der einzelne Petent sie deutsch an das Diözesanordinariat gibt, muß es dort übersetzt werden, und der Einsender muß meistens eine Gebühr für die Übersetzung zahlen.

Vorsitzender: Kann man die lateinische Sprache überhaupt für das flutende moderne Leben noch gebrauchen? Auch in einem Konkordat spielen doch moderne Begriffe eine Rolle.

Weber: Es gibt ja eine lateinische Übersetzung sämtlicher Konkordate, die von Restrepo. Das ist eine Privatarbeit; sie ist aber autorisiert.

Vorsitzender: Die Zirkumskriptionsbulle ist auch lateinisch. Bildet sich das Lateinische für solche Dinge ins moderne Leben fort?

Barion: Man hält in Rom das Lateinische in Fluß insofern, als man für die Aussprache die moderne italienische Aussprache nimmt.

Schröcker: Das ist einmal ausdrücklich vom Papst verboten worden. Es ist ein Erlaß an die Universitäten gekommen, daß das Lateinische klassisch und nicht italienisch auszusprechen sei.

Barion: Die Sachen sind in Fluß gekommen mit den lateinischen Kursen usw. Aber später wurde immer wieder festgestellt, daß man das Lateinische nicht als eine tote Sprache ansehe und daß für die Aussprache in keiner Weise die Ergebnisse der Philologen darüber, wie die alten Römer gesprochen hätten, maßgebend seien, sondern daß man das in Fluß zu halten habe.

Vorsitzender: Können Sie sich mit jemand lateinisch über die modernen Erscheinungen, über Flugzeuge usw. unterhalten?

Barion: So leicht geht das nicht. Darauf läuft es auch nicht hinaus; denn mit diesem Lateingebrauch hat die Kirche weniger zu tun.

Schröcker: Aber für die Frage des Missionsflugzeugwesens z.B. kommen auch lateinische Erlasse heraus.

Barion: Allgemein ist man darin auch ziemlich wendig. Es wirkt auch durchaus nicht grotesk, wenn man sich mit solchen Sachen lateinisch auseinandersetzt.

Ruppel: Vor einigen Jahren erging eine Anordnung des Bischofs in Berlin über die Benutzung von Automobilen und Motorrädern und die Mitnahme von Personen teils männlichen, teils weiblichen Geschlechts in lateinischer Sprache. Darin wurde auch das Wort „Motorrad" übersetzt, an einer anderen Stelle aber das deutsche Wort stehen gelassen.

Vorsitzender: Wir könnten das Referat von Herrn Prof. Barion dann abschließen. Oder wollen wir es noch einmal auf Grund der Niederschrift erörtern?

Barion: Für den ganzen Aufbau wesentlich ist die Frage der typischen Fälle. Es ist eine ziemlich diffizile Materie; ich würde es begrüßen, wenn wir noch einmal darüber sprechen würden.

Für die nächste Tagung werden der 14. und 15. April 1939 in Aussicht genommen, ersatzweise der 3. und 4. April.

Tagesordnung: 1. Die Geschichte der Körperschaftsfrage – Referent: Prof. Dr. Heckel. – Die Behandlung der Kirche als Körperschaft öffentlichen Rechts in der neueren Gesetzgebung – Referent: Dr. Ruppel.

2. Abschließende Diskussion über das österreichische Konkordat und den modus vivendi der Tschechoslowakei.

3. Die politische Klausel in den Konkordaten – Referent: Prof. Dr. Weber.

4. Formulierungsvorschlag zum Nihil obstat – Prof. Dr. Weber.

5. Formulierung der Streitfragen über die evangelischen Kirchenverträge – Ministerialdirigent Dr. Stahn.

6. Vorbericht in der Patronatsfrage.

7. Vorbericht über die Bibliographie zur geschichtlichen Entwicklung der Trennung von Staat und Kirche in verschiedenen Ländern.

(Schluß der Sitzung: 13¼ Uhr.)

3. Kirchenrecht – Staatskirchenrecht – Religionsrecht (Nordland vom 15.11.1938, Folge 22, S. 257)

Nachdem der im Rahmen der Akademie für Deutsches Recht neugebildete *"Ausschuß für Religionsrecht"* seine Arbeit aufgenommen hat, geben wir unsern Lesern im folgenden aus maßgebender Feder grundsätzliche Ausführungen, die ihnen Entwicklung, Stand und Bedeutung der Aufgaben auf diesem Gebiet schildern.

Seitdem der Mönch Gratian um die Mitte des 12. Jahrhunderts an der Universität Bologna den kirchlichen Rechtsstoff in dem "Decretum Gratiani" niederlegte, besteht eine Zweiteilung des Rechts in weltliches und geistliches Recht. Diese von der mittelalterlichen Kirche geschaffene Zweiteilung wurde bis in die neueste Zeit kritiklos beibehalten.

Unter *Kirchenrecht* versteht man bis heute die äußere Gemeinschaftsordnung der größeren christlichen Religionsgesellschaften. Das *Staatskirchentum* des 19. Jahrhunderts und des beginnenden 20. Jahrhunderts ließ allerdings ein Kirchenrecht nur gelten, soweit es der Staat selbst schuf oder soweit der Staat das von der Kirche geschaffene Recht anerkannte bzw. duldete. Die *Evangelische Kirche* hat in ihrer Eigenschaft als Staatskirche die staatlichen Rechtsnormen, die sich auf kirchliche Angelegenheiten bezogen, stets anerkannt. Die *römisch-katholische Kirche* dagegen behauptet seit dem Hochmittelalter ihre volle Eigenrechtlichkeit und Eigengesetzlichkeit auf kirchlichem Gebiet. Sie setzt ihr *kanonisches Recht* als selbständiges Recht neben, ja teilweise über das Staatsrecht. Das vom Staat in kirchlichen Angelegenheiten erlassene Gesetz betrachtet sie als nicht verbindlich, "duldet" es aber, "um nicht in dauernden Konflikt mit dem Staat zu kommen".

Der *Begründer der christlichen Lehre* dachte nicht an die Stiftung einer kirchlichen Rechtsanstalt. Die *Urkirche* bildet demgemäß keine äußere kirchliche Rechtsordnung aus, sondern lebte in charismatischen Formen: in der Erwartung der Wiederkunft Christi zum Weltgericht. Als sich diese Erwartung nicht erfüllte, bildeten sich Christengemeinschaften mit fester Vereins- und Rechtsordnung. Die Entwicklung zu einem organisierten Rechts- und Verwaltungskörper vollzog sich in engem Anschluß an die *jüdische Synagogalverfassung* und dann unter dem Einfluß römischer Rechtsanschauungen und Verwaltungsgrundsätze.

Die alte *römische Staatspolitik* stützte sich vor dem Jahr 313 auf das Heidentum und den alten Götterkult, seit Konstantin "dem Großen" auf das junge Christentum. Aus der *Vereinskirche* in die man bis nach Abschluß der kirchlichen Unterweisung freiwillig als Erwachsener eintrat, wurde nun die *Staatskirche*, in die man als Kind christlicher Eltern hineingeboren, dann hineingetauft und schließlich hineinunterrichtet wurde.

Daran änderte im wesentlichen auch die *Reformation* nichts. Durch sie erhielt die landesherrliche Kirchenhoheit sogar ihre schärfste Ausprägung: der Landesherr konnte die Religion seiner Untertanen bestimmen und über die äußeren und inneren kirchlichen Angelegenheiten befinden.

Erst in neuerer Zeit, seit der *französischen Revolution* 1789 und – aus ganz anderen Grundauffassungen heraus – seit der *nationalsozialistischen Revolution* 1933 beginnt sich der Staat grundsätzlich und rechtlich von den privilegierten Kirchen loszulösen, das seit eineinhalb Jahrtausenden bestehende Staatskirchentum aufzugeben und ein allgemeines *Religionsrecht* auszubilden, das im nationalsozialistischen Deutschland den Grundsätzen der Glaubens- und Gewissensfreiheit sowohl wie auch dem *Volks- und Staatswohl* gerecht werden will.

Wie jede andere Gemeinschaft, benötigt auch eine Kirchengemeinschaft ein Mindestmaß von Verfassung und Rechtsordnung. Die Kirche soll sich ihre innere Ordnung selbst geben, soweit sie damit "nicht den Bestand des Staates gefährdet oder gegen das Sittlichkeits- und Moralgefühl der germanischen Rasse verstößt"; staatliche Hilfs- und Machtmittel aber zur Durchführung ihrer Gesetze und Anordnungen soll sie nicht mehr in Anspruch nehmen können. Der Staat wird nicht mehr Vormund und Beschützer der Konfessionen und Kirchen sein. Die "Trennung von Staat und Kirche" im völkischen Staat vollzieht sich aus *Religiosität*, *Sauberkeit* und *völkischem Gewissen*. Es ist ein Religionsrecht zu schaffen, zum Schutze der Religion gegen Mißbrauch zu politischen Zwecken und zur rechtlichen Gleichstellung aller (auch der bisher privilegierten) Religionsgesellschaften im Rahmen der vom § 24 des Programms der NSDAP gezogenen Grenzen.

Die Kirche wird also wie jede Einzel- und juristische Person den allgemeinen Gesetzen des Staates unterworfen sein innerhalb des für alle geltenden Gesetzes, aber ihre Angelegenheiten selbst ordnen können. Kirchliches Recht, das im Widerspruch zum Staatsrecht steht, ist zwar begrifflich denkbar und wird immer vorhanden sein, solange es eine römisch-katholische Kirche gibt; es wird aber im starken Staate unwirksam bleiben. Beispiele bezeugen das. Das staatliche Eherecht hat im Widerspruch zu dem kanonischen Eherecht wie in vielen Ländern so auch im Deutschen Reich Geltung. – Die geistliche Gerichtsbarkeit und der privilegierte Gerichtsstand des Klerus ist vom kanonischen Recht aufrecht erhalten, hat aber für den bürgerlichen Rechtsbereich keine Wirksamkeit. – Die katholische Kirche kennt und anerkennt keinen Kirchenaustritt, der Staat ermöglicht ihn aber und stellt darüber bestimmte Vorschriften auf. – Der staatliche Feiertagskalender ist ein anderer als der kirchliche. – Auch die evangelische Kirche hat eine Fülle von Rechtsvorschriften und damit ein eigenes Kirchenrecht entwickelt, zwar nicht im Widerspruch zur staatlichen Gesetzgebung, im Grunde genommen aber im Widerspruch zur charismatischen Ordnung der Urkirche. Auch hier ist aus einer geistlichen Gemeinschaft eine Rechtsanstalt geworden.

Ob nun die Kirche im Widerspruch zu ihrem Wesen und zu ihrem Gründer, oder – nach römisch-katholischer Auffassung – in Übereinstimmung damit zur Rechtsanstalt geworden ist, kümmert den nationalsozialistischen Staat nicht. Er lebt und schafft Ordnung nach eigenen Gesetzen. Die nationalsozialistische Weltanschauung beschlagnahmt den ganzen deutschen Menschen in allen Bezirken des menschlichen und völkischen Lebens von dem Tage an, an dem er eintritt in die Volksgemeinschaft und verpflichtet ihn zum vorbehaltlosen Einsatz für sein Volk. Am Tage der Geburt oder bald darauf am Tage der Taufe greift nun aber auch die eine oder andere noch privilegierte Kirche nach diesem selben deutschen Menschen und fordert dann, besonders als römische Kirche auf Grund ihrer kirchlichen Satzung von dem Getauften restlose Hingabe an die Kirche; vom Staat aber fordert sie äußere Hilfe zur Durchführung ihres kirchlichen Rechtsanspruchs, z.B. bei Eintreibung der Kirchensteuer, bei Durchführung des schulplanmäßigen Religionsunterrichts usw.

Bisher hatte der Staat den Kirchen bei der Durchführung ihrer Ansprüche seinen weltlichen Arm geliehen und so systematisch Selbstschädigung getrieben. In Zukunft kann sich der Staat nur mehr auf den Boden seines eigenen Rechtes stellen, unbeschadet des Fortbestehens kirchlicher Rechtssatzungen und ohne die Freiheit des religiösen Bekenntnisses des einzelnen deutschen Staatsbürgers konfessionellen Glaubens anzutasten. Wie jede andere Religionsgesellschaft, so wird auch die bisher privilegierte Kirche ganz auf sich selbst gestellt sein! Mitglied einer Religionsgesellschaft kann für den Staat nur der Staatsbürger sein, der sich als reifer Mensch selbständig und freiwillig zu ihr bekennt. Alle Religionsgesellschaften sollen in ihren öffentlichen Rechten und Pflichten grundsätzlich gleichgestellt sein. Durch die Zugehörigkeit zu einer bestimmten Religionsgesellschaft oder zum Priesterstand einer Kirche sollen die Rechte und Pflichten eines deutschen Volksgenossen weder vermehrt noch vermindert werden. Die Religionsgesellschaften im nationalsozialistischen Staate können ihre religiösen Ziele jedoch nur verfolgen, *wenn und solange sie sich im Rahmen des § 24 des Programms der NSDAP halten.*

IV. Sitzung vom 28. – 29.4.1939

1. Protokoll der Sitzung vom 28.4.1939 (Geschichte der Körperschaftsfrage. Die Behandlung der Kirche als Körperschaft des öffentlichen Rechts in der neueren Gesetzgebung)

(Beginn: 15 Uhr 30 Minuten.)

Vorsitzender MinDirektor Dr. *Meyer*: Meine Herren! Ich eröffne die 4. Tagung des Ausschusses für Religionsrecht.

Die Tagesordnung umfaßt 7 Punkte. Ich habe außerdem noch einige Wünsche, und dazu möchte ich kurz einmal rekapitulieren, mit welchen Fragen der Ausschuß sich bisher befaßt hat. Da sind verschiedene Gruppen von Fragen. Zunächst einmal haben wir am 28. September in der ersten Tagung das Referat des Herrn MinRats Roth über den Werdegang des österreichischen Konkordats in geschichtlicher Hinsicht, gipfelnd in der Feststellung, daß die Inkraftsetzung des österreichischen Konkordats nichtig sei, entgegengenommen. Dann haben wir im Anschluß daran das Referat des Herrn Prof. Dr. Barion über die konkordatsrechtliche Lage in Österreich gehört. Ich sehe davon ab, im einzelnen auf die materielle Seite einzugehen. Wir haben eine sehr beachtliche Stellungnahme des Herrn Prof. Dr. Heckel bekommen, die uns nach der Sitzung schriftlich zugegangen ist. Das Referat des Herrn Dr. Barion und diese Äußerung des Herrn Dr. Heckel haben Veranlassung gegeben zu einem Extrakt, der von Herrn Dr. Keith angefertigt worden ist. Das ist der eine Punkt, den ich noch in Ergänzung der Tagesordnung zum Gegenstand der Besprechung machen möchte, wenn es den Herren recht ist. Es sind noch einige Dissonanzen auszuräumen zwischen Herrn Dr. Keith und Herrn Dr. Heckel. Wenn das geschehen ist, können wir diese Frage abschließen.

Wir haben dann weiter eine Frage erörtert, die nachher vernachlässigt worden ist. Sie betrifft den Fall der Bischofswahl in Aachen, die Einsetzung eines Bistumsverwesers. Ich hätte den lebhaften Wunsch, daß wir auch diese Frage aus der Versenkung hervorziehen; sie ist ja nicht in einem besonderen Referat als Anlage zur Niederschrift niedergelegt worden, sondern die Erörterung darüber ist in der Niederschrift über die erste Tagung mitenthalten. Ich habe sie noch einmal nachgelesen. Ein rechter Abschluß ist eigentlich nicht erfolgt, obschon die Frage tatsächlich von großer Wichtigkeit ist und vor allen Dingen zu den Fragen gehört, die einmal über kurz oder lang praktisch werden können. Zwar ist der Herr Kirchenminister sich ja wohl darüber im klaren, wie er diese Frage behandeln will; aber ihm von seiten des Ausschusses einen Rechtsboden zu verschaffen, ist doch wohl an der Ordnung. Ich werde mir also erlauben, auch darauf noch zurückzukommen, wenn nicht diesmal, dann das nächste Mal.

In der ersten Tagung ist ferner noch von der Sichtung des Stoffes nach der katholischen und auch nach der evangelischen Seite gesprochen worden. Es handelt sich nur darum, die Arbeiten des Ausschusses zu erleichtern und eine Art von Richtschnur zu geben.

In der zweiten Tagung Anfang Dezember ist sodann eine glückliche Ergänzung des ersten Teiles der Tagung vom 28. September, nämlich der Konkordatsfrage, durch die Erörterung des modus vivendi der Tschechoslowakei durch Herrn Roth gegeben worden. Ich wäre sehr dankbar – ich weiß nicht, ob die Herren damit einverstanden sind –, wenn das nun weitergesponnen werden könnte. Wir haben das österreichische Konkordat erörtert, den Werdegang, die Rechtslage, den modus vivendi, und nun wäre es zweckmäßig, auch den modus vivendi zu behandeln, soweit es sich um die inzwischen zum Deutschen Reich getretenen Länder Böhmen und Mähren, um das Protektorat handelt, ferner – das wird allerdings in catholicis kaum eine Rolle spielen – dieselbe Lage auch im Memelland zu erörtern. Ich hatte mir aus diesem Gesichtspunkt heraus erlaubt, mich bereits an einige Herren zu wenden – ich wollte die Sache noch nicht als ein regelrechtes Referat aufziehen –, nur um eine so aktuelle Frage in Gang zu bringen.

Nach der katholischen Seite ist dann außerdem noch in der Sitzung vom Dezember das nihil obstat von Herrn Prof. Weber und in der letzten Sitzung vom Februar die sprachliche Gestaltung des Reichskonkordats von Herrn Dr. Barion erörtert worden. Das ist mehr die katholische Seite. Die evangelische Seite ist etwas kürzer behandelt worden. Da haben wir zuerst in der Sitzung von Anfang Dezember das Referat des Herrn Dr. Stahn über die evangelischen Verträge gehört, eine Darstellung, die ergänzt worden ist durch das Korreferat des Herrn Dr. Forsthoff, der in den Vordergrund das Loyalitätsprinzip stellte. Der ganze Fragenkomplex ist dann in der letzten Sitzung auch wieder durch die beiden Herren fortgesponnen worden, wobei Sie, Herr Dr. Stahn, im wesentlichen den Werdegang der Zeit seit 1933 schilderten, vor allen Dingen den Status, der jetzt besteht, gipfelnd in der Feststellung, daß eine Zeitlang der Reichskirchenausschuß, dann in Preußen der Leiter der Kirchenkanzlei, in den anderen Ländern die Kirchenregierungen die tatsächliche Macht über die Kirche haben.

Nun hätte ich den Wunsch – ich weiß nicht, wie die Herren darüber denken; ich habe den Wunsch schon öfter vorgebracht –, daß wir hier nichts erörtern, was nicht zu einem gewissen Abschluß gebracht wird, und daß dieser Abschluß auch etwa in Form eines formulierten Beschlusses niedergelegt wird, so daß wir ihn, wie ich in der vorigen Sitzung schon zum Ausdruck gebracht habe, in unseren Speicher legen können. Es ist, wenn man neue Eindrücke in sich aufnimmt, immer gut, sie von Zeit zu Zeit im Gedächtnis wieder aufzufrischen, und dazu wäre ein solches Register eine gute Stütze. Die Herren haben ja mehrfach auch schon dasselbe Gefühl gehabt; denn ich habe aus den schriftlichen niedergelegten Referaten entnommen, daß sehr häufig am Ende eine Zusammenfassung erfolgt. So denke ich mir die Sache hier auch, nämlich so, daß wir uns bemühen, die sämtlichen Fragen, die wir erörtert haben, so oder so in einem kurzen Extrakt niederzulegen. Wir könnten das einmal gleich versuchen. Wir könnten aber auch so verfahren, daß ich die einzelnen Herren bitte, sich der Fragen, die die Herren behandelt haben, anzunehmen und in der nächsten Sitzung mit einem Vorschlag zu kommen. Darf ich einmal fragen, ob die Herren der Meinung sind, daß das nützlich ist, oder ob sie meinen, daß das wertlos sei? Sie, Herr Dr. Keith, haben ja Erfahrungen aus anderen Ausschüssen.

Keith: Ich persönlich würde es sehr begrüßen, wenn auch nur eine kurze Formulierung stattfände. Es würde sich vielleicht empfehlen, künftig, wenn die Diskussion zu einer gewissen Ruhe gekommen ist – das ergibt sich ja ohne weiteres; das merkt man daran, daß keiner etwas Neues mehr zu sagen hat –, eine kurze Zusammenfassung vorzunehmen. Man könnte diese Zusammenfassung ja auch den Herren besonders formuliert zustellen.

Stahn: Ich glaube, daß das bei der Verzwicktheit der Materie doch schwierig sein wird. Man muß ja auch die Dinge erst einmal auf sich wirken lassen, und das dauert eine gewisse Zeit. Dagegen ist eine solche Zusammenfassung z.B. für die Referate, die Herr Dr. Forsthoff und ich gehalten haben, ohne weiteres möglich. Auf der Tagesordnung steht ja auch, daß eine Formulierung vorgelegt werden soll.

Keith: Ich habe z.B. den Ausschuß für Luftrecht in Erinnerung, der auch sehr diffizile und komplizierte internationale Rechtsfragen behandelt. Dort hat sich dieses Verfahren wirklich bewährt. Nach einer zweitägigen Sitzung, deren jede 8 Stunden gedauert hat und an der die verschiedensten Ministerien beteiligt waren, hat sich nachher ein sehr schönes abschließendes Ergebnis feststellen lassen. Die Sache mag von Fall zu Fall verschieden sein.

Vorsitzender: Ich habe das Bedürfnis, daß die Tätigkeit des Ausschusses noch mehr als bisher festgehalten wird.

Weber: Ich glaube, daß man bei den verschiedenen Materien verschiedene Wege einschlagen kann und muß. Ein Teil der Referate wird ja veröffentlicht werden, und diese Veröffentlichung liegt dann sozusagen als dokumentarische Niederlegung der Tätigkeit des Ausschusses oder als im Zusammenhang mit der Tätigkeit des Ausschusses aus dem Ausschuß hervorgegangene Arbeit vor. Aber über diese Referate hinaus wird sich die Notwendigkeit ergeben, wie beim nihil obstat und bei den evangelischen Kirchenverträgen, noch gutachtliche oder sogar schon legislatorisch abgefaßte Thesen zu verfassen. Das hatten wir schon in Aussicht genommen. In anderen Fällen wiederum handelt es sich nur um die Zusammenfassung eines bestimmten Diskussionsergebnisses. Bei einem dritten Fall wie bei dem des Bistumsverwesers in Aachen würde ich mir vorstellen, daß wir zu einem regelrechten Ausschußgutachten kommen würden. Das waren schon drei verschiedene Fälle.

Vorsitzender: Es braucht ja auch nicht so zu sein, daß eine Frage, die etwa in einem Referat und einem Korreferat behandelt worden ist, nun in ihren sämtlichen Falten extrahiert und darüber ein Extrakt niedergelegt werden muß. Es kann auch so sein, daß in dem Referat irgendeine wichtige Frage mitbehandelt ist, die praktisch werden kann, und da wäre es dann doch von Wichtigkeit, die Auffassung des Ausschusses über derart wichtige Fragen wie die politische Klausel oder die Professorenfrage niederzulegen. (*Weber:* Als solche kenntlich zu machen!) Es käme also darauf an, daß wir bei unserer Tätigkeit darauf achten, ob solche zu umreißenden Fragen sich ergeben. Ich sehe ein: es ist nicht ganz einfach; es kann sich nur um Fragen handeln, die genau umgrenzt sind. Aber von Wert wäre es, daß man eine Register anlegt. Immerhin weiß ich nicht, ob ich bei den Herren auf Gegenliebe stoße.

Weber: Grundsätzlich würde ich sagen: auf jeden Fall, wobei aber im Einzelfall die Art der Festlegung vorbehalten bleibt.

Vorsitzender: Wo wäre nun bei den Fragen, die ich eben nannte, ein Fall, den wir in dieser Weise behandeln könnten?

Weber: Das nihil obstat oder die Thesen für einen Formulierungsvorschlag!

Vorsitzender: Es wäre das, was Sie schon vorgetragen haben. Dann käme in der Frage des österreichischen Konkordats Ihr Extrakt, Herr Dr. Keith, über den wir noch sprechen wollen.

Keith: Dieser Extrakt ist in erster Linie zur Veröffentlichung bestimmt. Sonst hätte man ihn ganz anders fassen müssen. Es ist eigentlich eine Zusammenfassung, die einem gebildeten Laien einen Einblick in die Dinge verschaffen soll. Andernfalls hätte man ihn erheblich kürzer fassen müssen. Es ist eine Darstellung, die den Zweck hat, einen Unorientierten einzuführen und die Führerentscheidung irgendwie zu begründen.

Vorsitzender: Dann wollen wir so prozedieren, daß wir dieser Frage unser Augenmerk zuwenden. Wenn wir der Meinung sind, daß es erwünscht ist, eine Zusammenfassung vorzunehmen, dann machen wir eben davon Gebrauch.

Wir kämen nunmehr zu Punkt 1 der Tagesordnung: *Die Geschichte der Körperschaftsfrage. Referent Prof. Dr. Heckel.*

Heckel: Die „Körperschaft des öffentlichen Rechts" gehört heute zu den in der verfassungs- und verwaltungsrechtlichen Literatur Deutschlands am meisten umstrittenen Begriffen. Sie gilt bei vielen als Ausgeburt des individualistischen, liberalen Rechtsdenkens; sie scheint belastet mit der Zerreißung des einheitlichen Volksrechts in ein öffentliches und in ein privates Recht; man erblickt in ihr ein markantes Beispiel der „unsichtbaren juristischen Persönlichkeit", die angeblich

„den Grund- und Eckstein“ der deutschen staatsrechtlichen Theorie des 19. Jahrhunderts gebildet hat.

So sehr hiernach die Körperschaft des öffentlichen Rechts von weiten Kreisen der Theoretiker verabscheut wird, so groß ist ihre Beliebtheit in der Praxis. Fast jede Woche sieht eine neue Körperschaft des öffentlichen Rechts durch Gesetz und Verordnung begründet. Selbst unsere Akademie für Deutsches Recht teilt das Schicksal, eine solche Körperschaft zu sein.

Angesichts solchen Widerspruchs zwischen Theorie und Praxis empfiehlt es sich zunächst, einen festen Grund in der deutschen Rechtsgeschichte zu gewinnen, ehe man sich an juristische Konstruktionen wagt. Jedoch die Forschung steht auffallenderweise für unser Thema erst in den Anfängen.

Gierkes großes Werk über die Rechtsgeschichte der deutschen Genossenschaft bricht ab, ehe es die Körperschaft des öffentlichen Rechts genauer untersucht. Was *Hubrich* und *Waldecker* später für das Thema ermittelt haben, entspricht weder nach der Sammlung der Quellen, noch nach deren Behandlung einer streng rechtshistorischen Methode. Beide beschränken sich auf Preußen; beide tragen in die Geschichte eine dogmatische These ihrer Gegenwart herein, statt an Hand der Quellen den Verlauf der Rechtsbildung zu schildern.

Eine neue Wendung brachte das wichtige Buch von *Forsthoff* über die öffentliche Körperschaft im Bundesstaat (1931). Nicht weil es rechtshistorische Forschung triebe; es ist vielmehr eine dogmatische Untersuchung und enthält nur wenige rechtsgeschichtliche Bemerkungen. Aber neu ist an ihm die Grundhaltung, mit welcher der Verfasser seinen Gegenstand angreift. Sie zeigt sich in einem Wechsel des politischen Maßstabes, der an die Geschichte der öffentlichen Körperschaft gelegt wird.

Das ältere Schrifttum war von einer Geschichtsauffassung bestimmt, welcher die Eintracht von Fürstenmacht und aufstrebendem Bürgertum als rechtswissenschaftlich zu erhärtendes Ideal vorschwebte. „Das 19. Jahrhundert reißt“, um mit Gierke zu reden, „die Schranken ein, welche das Individuum von der unmittelbaren Verbindung mit dem Staate trennten“; ein neuer, dem Volksbewußtsein entwachsener Assoziationsgeist der Bürger verjüngt nicht nur den Staat, sondern erfüllt auch die öffentlichen Verbände mit selbständigem Gemeinleben. Die öffentliche Körperschaft ist hiernach ein besonders eindrückliches Beispiel des Bundes von obrigkeitlichem Walten und Bürgersinn.

Im Gegensatz dazu erblickt eine jüngere von *C. Schmitt* geführte Lehre im 19. Jahrhundert den Schauplatz des Kampfes zwischen Bürgertum und Staat. Nicht der Friede, sondern die Feindschaft zwischen ihnen ist hiernach die Signatur des Zeitalters, das mit dem Sieg des Bürgers über den Staat und seine Repräsentanten, den König und das Heer, abschließt. Das Spannungsverhältnis zwischen Staat und bürgerlicher Gesellschaft verhilft auch der öffentlichen Körperschaft zum Leben. „Der Begriff der öffentlichen Körperschaft“, sagt *Forsthoff (S.8)*, „hatte als echter politischer Begriff in einem ganz bestimmten politisch – polemischen Zusammenhang seine Funktion. Der Begriff wurde in der ersten Hälfte des 19. Jahrhunderts geprägt, also in einer Zeit, in der die politische Emanzipation des Bürgertums, der Kampf um den von einer feudalen Schicht und von einer starken Armee getragenen Staat seinen Höhepunkt erreichte und den politischen Begriffen der damaligen Zeit das Gepräge gab. Charakteristischerweise war in dieser Zeit der Terminus „Öffentlich-rechtliche Körperschaft“ noch, wenn nicht unbekannt, so doch völlig ungebräuchlich. Die übliche Bezeichnung war „Öffentliche Körperschaft“ oder „Öffentlicher Verband“ und diese so qualifizierten Gebilde ordnete man ein in die sogenannten „Gesellschaftlichen Verbände“. „Damit wird der politische Gesamtzusammenhang deutlich, in dem die Entstehung der öffentlichen Körperschaft zu suchen ist. Es ist die Gesellschaft im Sinne der Publizistik der damaligen Zeit und das Spannungsverhältnis, das zwischen dieser Gesellschaft und dem Staate bestand“ ... „Neben dem Staate, zwischen dem Staate und dem Individuum bildete sich jener Bereich, der lediglich öffentlich ist, ohne staatlich zu sein. Die Korporation des öffentlichen Rechts ist die Rechtsform mit Publizität, die der Staat dem gesellschaftlichen Leben zu seiner Entfaltung zur Verfügung stellte ... Das Wesentliche an der echten Korporation des öffentlichen Rechts ist nicht nur die vom Staate gesonderte Existenz, sondern dazu der Umstand, daß diese Existenz nicht auf einem einseitigen freien Verhalten des Staates beruht, sondern das Ergebnis eines politischen Kampfes zwischen dem Bürgertum und dem absoluten Staate ist, daß diese Existenz also politische Realität hat und – innerhalb gewisser Grenzen – das Recht zu einer eigengesetzlichen Entfaltung in sich schließt. Das scheidet auch die echten und eigentlichen Korporationen des öffentlichen Rechts, die in der ersten Hälfte des 19. Jahrhunderts entstanden – es sind die Gemeinden und die Kirchen – von den öffentlichen Körperschaften, die später und bis in die heutige Zeit hinein in großer Zahl ins Leben gerufen wurden. Sie haben zwar eigene Rechtspersönlichkeit neben dem Staate, beruhen aber nicht auf dem Spannungsverhältnis zwischen Staat und Gesellschaft. Sie sind vom Staat aus eigenem Willensantrieb ins Leben gerufene öffentliche Verbände, deren eigene Existenz eine politische Belastung nicht verträgt."

Soweit Forsthoff. Nach ihm bezeichnen also die öffentlichen Körperschaften das Okkupationsgebiet des politisch aggressiven liberalen Bürgertums in seinem Kampfe gegen den absoluten Staat während der ersten Hälfte des 19. Jahrhunderts. Die staatliche Gemeinde mit ihrer liberalen Selbstverwaltung und ihrer auf Unabhängigkeit vom Staate bedachten Kommunalpolitik soll den ursprünglichen Typus der Körperschaft des öffentlichen Rechts darstellen, dem die Kirchen sich allmählich angleichen.

Forsthoffs einleuchtende These hat auf das jüngste Schrifttum tiefen Eindruck gemacht. Sie war der kritischen Wendung unserer Zeit gegen das 19. Jahrhundert höchst willkommen. So ist sie zwar vielfach nachgeschrieben, gelegentlich auch vergröbert, aber nirgends widerlegt oder auch nur vertieft worden.

Gleichwohl darf der Versuch gewagt werden, unser Wissen über das Wesen und Werden der Körperschaft des öffentlichen Rechts mit den Mitteln rechtsgeschichtlicher Forschung zu ergänzen oder auch zu berichten.

I. Die erste Spur theoretischer Erkenntnis des Begriffs führt uns sogleich hinter das 19. Jahrhundert und seine politische Problematik zurück. Sie weist uns hinweg von dem Ringen zwischen Bürgertum und konservativer Staatsmacht. Sie leitet uns in ein Gebiet, das diesem Religionsausschuß besonders vertraut ist, nämlich in den Raum des Verhältnisses von Staat und Kirche. *Das protestantische Staatskirchenrecht des 17. Jahrhunderts ist die Brunnenstube des Begriffs und einer der größten deutschen Rechtslehrer, Samuel Pufendorf, sein Entdecker.*

Wie ich in der Festschrift Stutz vor einem Jahre nachgewiesen habe, taucht der Begriff „Landeskirche" zuerst in der protestantischen Theologie als theologischer Locus kurz vor Beginn des 30-jährigen Krieges auf. Lange Zeit hat es gedauert, bis die Jurisprudenz mit dieser ecclesia particularis etwas anzufangen wußte. Erst die Konsolidation des Verhältnisses von Staat und Kirche im Westfälischen Frieden gab ihr die Sicherheit dafür. Und nun tat Pufendorf den Epoche machenden Schritt, an der ecclesia particularis einen juristischen Gestaltbegriff abzulesen, der bis heute, wenn auch in gewandelter Form, Geltung behalten hat. In seinem Ius naturae et gentium 1.1 cap. 1 § 13 prägt er den Begriff personae morales publicae, die in personae sacrae et politicae zerfallen. An späterer Stelle werden die moralischen Personen im Staate als corpora bezeichnet; den ersten Rang unter ihnen nehmen die corpora publica ein. Ihre Publizität wird daraus abgeleitet, daß sie durch die Autorität der höchsten Gewalt begründet sind und dadurch ein Stück der öffentlichen Verfassung (regimen publicum) werden. Von ihnen zu unterscheiden sind die corpora privata. Sie werden entweder durch Vereinigung der Bürger begründet oder hängen von einer mächtigen Gewalt ab.

Die corpora publica werden also von den Fürsten kraft ihrer Korporationshoheit geschaffen. Ausschlaggebend ist bei ihnen die hoheitliche Indienststellung für die salus publica. Auf juristische Persönlichkeit im heutigen Sinne kommt es nicht an.

Gemessen an dem Stand der damaligen Rechtswissenschaft war Pufendorfs Corpuslehre eine Entdeckung von Rang. Sie wurde denn auch von der Theorie sofort übernommen und weiter ausgebildet. Auch für die Praxis des absoluten Staates war sie höchst bedeutsam. Sie überhöhte alle historischen Rechte der öffentlichen Verbände und Kollegien durch die Korporationsgewalt des summum imperium und legte ihr Schicksal in dessen Hand. Damit vollzog sie einen entscheidenden Vorstoß zu Gunsten der Einheit der Staatsgewalt gegenüber der Vielzahl der mit ihr wetteifernden partikularen Kräfte.

Wie kam nun Pufendorf zu diesem Wurf? Er nahm das damals modernste Stück des geltenden Staatsrechts, das protestantische Staatskirchenrecht, zum Vorbild und übertrug es vom kirchlichen auf den weltlichen Bereich. Überall in seiner Theorie schimmern nämlich die Linien des Staatskirchenrechts durch. Die Korporationsgewalt des Fürsten ist nur eine Verallgemeinerung des ius reformandi. Das Muster des corpus publicum ist die Landeskirche, die ecclesia particularis mit exercitium religionis publicum, während für das corpus privatum die Religionsgemeinschaft mit religionis exercitium privatum vorbildlich ist. Selbst die überraschende Erwähnung von corpora privata, die einer auswärtigen Gewalt untertan sind, findet so eine ganz einfache Erklärung; gedacht ist hier an die katholischen Klöster, die als Reste des katholischen Kultus in protestantischen Gebieten sich erhalten hatten und von der protestantischen Staatspraxis möglichst beschränkt wurden.

Man kann angesichts dieser Herkunft die Corpuslehre Pufendorfs *territorialisch* nennen. Sie behauptete sich bis zum Ende des 18. Jahrhunderts.

II. Dann aber führt das *Preußische Allgemeine Landrecht* einen neuen Korporationstyp ins Leben ein. Auch er hat sein kirchenrechtliches Vorbild und das darf nicht wunder nehmen. Lange bevor das zentralistische System des Absolutismus im Bereich der weltlichen Angelegenheit erschüttert wurde, geschah es im Raum der Kirche. Während dort ein Widerspruch gegen den obrigkeitlichen Druck nur zu leicht als Majestätsverbrechen ausgelegt werden konnte, bot hier die Berufung auf das Wort Gottes und auf die Freiheit des religiösen Gewissens einigen Schutz. So konnte es der *Kollegialismus* wagen, ein neues kirchliches Verfassungsideal auszudenken oder vielmehr die bestehende kirchliche Verfassung umzudeuten. Er ging dabei mit aller Schonung gegenüber den vorhandenen Formen der kirchlichen Ordnung vor. Aber er stellte sie auf eine neue Grundlage, welche dem religiösen Eifer und der kirchenrechtlichen Gestaltungskraft der Glaubensgenossen weit mehr Rechnung trug als das streng hoheitliche System des Territorialismus.

Im Mittelpunkt des kirchlichen Verfassungsbaues steht für den Kollegialismus die Ortsgemeinde als ein örtlicher Kulturverband, der durch freien Zusammenschluß der Gläubigen gebildet und sodann staatlich anerkannt und privilegiert ist. Die Ortsgemeinde erscheint also nicht mehr wie im Territorialismus als eine streng hoheitlich verfaßte kirchliche Veranstaltung, sondern als Vereinigung der Bürger für gottesdienstliche Zwecke oder, wie die Praxis sehr treffend sagte, als Religions*gesellschaft.* Kurz: die hoheitliche Korporation des Territorialismus machte der *gesellschaftlichen* des Kollegialismus Platz.

Im Zusammenhang mit dieser dem Gesellschaftstrieb der einzelnen entgegenkommenden Konstruktion dringt nun die privatrechtliche Betrachtungsweise in der Korporationslehre vor. *Rechtsfähigkeit* im wirtschaftlichen Verkehr ist ein wesentliches Merkmal der Korporation. Aber es steht nicht im Dienst eines individualistisch oder egoistisch gedachten Rechtsbegriffs, sondern nimmt die Richtung auf das Gemeinwohl. Die Korporation ist eine rechtsfähige Organisation mit staatlich anerkannten „gemeinnützigen“ Zwecken. Der soziale Zweck, der ihr innewohnt, verleiht ihr den Zusatz „öffentliche“; er soll den Dienst der Organisation an der mit dem Staat gleich gesetzten bürgerlichen Gesellschaft kennzeichnen.

Das Allgemeine Landrecht hat diesen Typ der Korporation am reinsten in seinen staatskirchenrechtlichen Normen ausgeprägt. Aber es überträgt ihn auch auf allerlei weltliche Organisationen im Staate, z.B. auf die Gemeinden und Schulen. Dadurch gewinnt der Korporationstyp sehr an praktischer Bedeutung, aber er büßt bedenklich an Klarheit ein. Von einem gesellschaftlichen Zusammenschluß kann schon bei Gemeinden kaum, bei Schulen überhaupt nicht geredet werden. Strukturell ist daher die Korporation des Allgemeinen Landrechts aufs ganze gesehen völlig unbestimmt. Sie läßt sich sowohl auf genossenschaftliche, wie auf anstaltliche und stiftungsmäßige Einrichtungen anwenden. Selbst die Autonomie bildet keine Wesensmerkmal für sie. Als notwendige Eigenschaft bleibt vielmehr nur übrig die Rechtsfähigkeit einerseits, der vom Staat privilegierte gemeinnützige Zweck anderseits.

Immerhin schimmert die gesellschaftliche Tendenz der landrechtlichen Korporation noch durch. Das Gesetzbuch hat, wenn auch mit vielen Abzügen und Einschränkungen, eine gesellschaftliche Konstruktion in das absolutistische System der Zeit eingebaut. Die landrechtliche Korporation ist hiernach nicht das Ergebnis eines Spannungsverhältnisses zwischen Bürgertum und Staat, sondern eines Harmonisierungsversuches. Der Staat bietet sich dem Bürgertum in den lokalen Verbänden als die gesellschaftliche Organisation an.

Im Vergleich mit der territorialen Korporation bedeutet die landrechtliche einerseits eine gewisse Einengung. Weder Kollegien noch die Landeskirche fallen unter den neuen Rechtsbegriff, da ihnen die Rechtsfähigkeit fehlt. Im kirchlichen Raum erstreckt er sich mithin nur auf die kirchlichen Untergliederungen, namentlich auf die rechtfähigen Kirchengemeinden. Andererseits aber reicht die landrechtliche Korporation weit über das Lebensgebiet der territorialistischen hinaus, denn sie erfaßt auch private Verbände, wenn sie nur gemeinnützige Ziele verfolgen.

In Preußen hat sich die landrechtliche Korporation bis zur Mitte des 19. Jahrhunderts behauptet. Selbst die Stein'sche Städteordnung hat sie nicht berührt. Zwar findet sich in der Literatur die Ansicht, durch die Städteordnung sei ein neuer Korporationstyp entstanden, nämlich die Korporation mit dem Merkmal der Selbstverwaltung. Aber vergeblich wird man in der Städteordnung oder in der sonstigen preußischen Praxis, etwa in der Gesetzgebung, nach einem Beweis dafür suchen. Der Begriff Selbstverwaltung verbindet sich nicht mit demjenigen der Korporation. Beide können in einem bestimmten Gebilde, z.B. bei einer Stadtgemeinde, zusammentreffen, aber begrifflich ist das nicht nötig. Die Korporation hat auch nach der Stein'schen Städteordnung ihre Bedeutung nur auf dem Gebiete des bürgerlichen Rechtsverkehrs eines gemeinnützigen Verbandes.

Freilich zeigte sich in der Praxis ebendies Überwiegen der privatwirtschaftlichen Seite im Korporationsbegriff als unzureichend. Es gab Korporationen, deren Aufgabe so wichtig für das öffentliche Leben war, daß sie als eine Sondergruppe von vorwiegend öffentlich-rechtlichem Charakter sich aus der Reihe der anderen Korporationen heraushoben. In der Tat unternahm die Rechtssprechung und ihr folgend die preußische Rechtslehre später einen dahingehenden Versuch der Abgrenzung. Man stellte es unter Berufung auf § 69 II 10 ALR darauf ab, ob die Amtsträger solcher Korporationen „mittelbare Staatsbeamte“ seien. Hinter diesem positivistischen Beginnen erkennt man leicht die Rückkehr zum hoheitlichen Körperschaftsbegriff des Territorialismus. Aber eine Zuordnung dieses Begriffes zu dem landrechtlichen wollte nicht gelingen. Es blieb bei einigen Ansätzen.

Ähnlich wie Preußen, nur schwankender in der Begriffsbildung, verhielten sich die übrigen norddeutschen Mittel- und Kleinstaaten. Gelegentlich traten dort in den westlichen Landesteilen auch französische Einflüsse hervor, aber sie kamen nur der öffentlichen Anstalt, d.h. dem Gegenbild des Etablissement publique, nicht der Körperschaft zugute.

III. Ganz anders als im Norden verläuft die Geschichte des Körperschaftsbegriffs in Süddeutschland. Hier hat das publizistische Moment das Übergewicht. Führend wurde Bayern in der 1. Hälfte des 19. Jahrhunderts. Abermals sind es Vorgänge auf dem Gebiete des Staatskirchenrechts, welche als Triebkraft wirken. Bayern, bis zu Beginn des Jahrhunderts ein streng katholisches Land, mußte nach den großen Gebietserwerbungen nördlich der Donau den Charakter des geschlossen katholischen Staates aufgeben und sich in einen paritätischen Staat verwandeln. Der für unsere Betrachtung entscheidende Schritt geschah in dem Religionsedikt von 1809. Hier wurden die großen christlichen Glaubensgemeinschaften als öffentliche Körperschaften erklärt. Damit war ein neuer Typ der Körperschaft, der *frühkonstitutionelle,* geschaffen. Allerdings ist das erst bei genauerem Zusehen erkennbar. Denn nach dem Wortlaut handelt es sich scheinbar um eine weitgehende Übernahme von naturrechtlich-kollegialistischen Formeln aus dem ALR. Dahinter aber verbirgt sich ein ganz anderes Rechtsdenken. Der Territorialismus bricht sich wieder Bahn. Die Öffentlichkeit der Korporation wird wesentlich aus der Errichtung oder Zulassung seitens des Staates abgeleitet.

So sehr herrscht die publizistische Konstruktion vor, daß die Rechtsfähigkeit kein Wesensmerkmal der religiösen öffentlichen Körperschaft ist. Die katholische und die evangelische Kirche des Landes sind während des ganzen 19. Jahrhunderts nicht rechtsfähig, sondern nur ihre Untergliederungen. Der Mangel der Rechtsfähigkeit bei den bayerischen öffentlichen Körperschaften des Religionsrechts stellt den frühkonstitutionellen hoheitlichen Typ der öffentlichen Körperschaft am reinsten dar.

Neben dieser Ausprägung der hoheitlichen Körperschaft gibt es jedoch noch eine zweite, die dem Allgemeinen Landrecht näher steht. Es ist die bürgerliche Gemeinde (sowie die Universität). Bei ihr ist die Rechtsfähigkeit selbstverständlich, aber auch bei ihr geben die publizistischen Momente den Ausschlag. Und darum haben die Zeitgenossen in der Kirche und in der Gemeinde nur Spielarten eines und desselben übergeordneten Rechtsbegriffes gesehen. In der Praxis war ja auch der Unterschied nicht groß; denn mochte immerhin der kirchliche Gesamtverband der Rechtsfähigkeit entbehren, so kam diese doch den untergeordneten Institutionen, insbesondere den örtlichen Kirchenstiftungen zu.

Man könnte fragen, warum dann in Bayern überhaupt jene zwei Spielarten der öffentlichen Körperschaft entstanden sind und man sich nicht lieber, wie in Norddeutschland, mit einer einzigen Rechtsfigur begnügt hat. Der Grund ist offenbar in der verschiedenen staatskirchenrechtlichen Lage zu suchen. Das neu geschaffene interkonfessionelle Königreich Bayern konnte nicht einfach, wie Preußen bis 1806, den kirchlichen Gesamtverband in seiner obersten Spitze durch den Staat repräsentieren lassen. Gegenüber der katholischen Kirche verbot sich eine solche Eingliederung der Kirche in den Staat schon durch die kirchenrechtliche Stellung des Königs als Laien. Gegenüber der protestantischen Landeskirche verhinderte die katholische Konfession des Landesherrn und noch mehr die Tradition der katholischen Staatspraxis eine ähnliche Maßnahme. So mußte man den kirchlichen Gesamtverband als Organisation vom Staate unterscheiden und zu einem eigenen Rechtsgebilde erklären. Für die Zuerkennung der Rechtsfähigkeit an ihn aber bestand kein praktisches Bedürfnis, ja sie wäre bei der katholischen Kirche gar nicht ohne Schwierigkeiten möglich gewesen. Darum entstehen in Bayern zwei Unterarten der öffentlichen Körperschaft, beide in ihren öffentlich-rechtlichen Wesenszügen einander durchaus verwandt und nur bezüglich der Rechtsfähigkeit verschieden.

Wie die territorialistische Korporation, so ließ die frühkonstitutionelle öffentliche Körperschaft keine Schlüsse auf die innere Struktur des Verbandes zu, den sie umschloß. Aus ihr ist nichts über eine genossenschaftliche oder anstaltliche Verfassung, nichts über das Vorhandensein oder den Mangel einer Autonomie zu entnehmen.

Die bayerische öffentliche Körperschaft hat sich teils vor, teils nach 1850 über ganz Süddeutschland verbreitet.

IV. Sie ist ein Gebilde der Praxis geblieben. Die *Theorie* hat sich mit ihr nicht befaßt. Die romanistische Lehre beschränkte sich darauf, die privatrechtliche Korporation im Gegensatz zur Anstalt und Stiftung begrifflich zu erfassen. Die Germanisten taten eben die ersten Schritte, um die deutsche Genossenschaft des Privatrechts zu erforschen. Die süddeutsche Publizistik endlich verharrte in der Theorie der „Gesellschaft im politischen Sinne", d.h. eines liberalen Vereinsbegriffs, der im Gegensatz zu der hoheitlichen öffentlichen Korporation des Frühkonstitutionalismus stand. Wo bei einigen wenigen Autoren die öffentliche Körperschaft erwähnt wird, handelt es sich um Anklänge an das alte territorialistische Schrifttum.

V. Einen neuen Anstoß erhält die Geschichte der öffentlichen Körperschaft durch die *Volksbewegung von 1848-1850.* Sie wirkt sich auf die religiösen wie auf die weltlichen Verbände aus, aber in recht verschiedener Weise.

a) Am tiefsten beeinflußte sie in Preußen die staatskirchenrechtliche Lage. Die evangelische und die katholische Kirche wurden als religiöser Gesamtverband anerkannt, aus der Eingliederung in den Staat befreit und mit dem Recht der Autonomie ausgestattet. Rechtsfähig waren diese autonomen Gesamtverbände jedoch nicht und daher auch keine Korporationen im Sinne des Landrechts. Die evangelischen Landeskirchen Preußens haben die Rechtsfähigkeit erst in den 70iger Jahren, die katholische Kirche als solche überhaupt nie erhalten.

Man spürt, wie die preußischen religiösen Gesamtverbände dem bayerischen Typ der frühkonstitutionellen öffentlichen Körperschaft sehr nahe kommen. Aber noch findet sich nicht der erlösende organisatorische Begriff, der diese und jene zu umfassen geeignet wäre. Insbesondere galten die Gesamtverbände in Preußen wie erwähnt nicht als Korporationen, nur ihre im Rahmen des autonomen Gesamtverbandes vorhandenen Untergliederungen waren rechtsfähig.

Ähnlich wie im Staatskirchenrecht zeigte sich auch im Kommunalrecht das Verlangen nach größerer Selbständigkeit des Verbandslebens, und wirklich erhielten die Gemeinden nunmehr das Recht der Selbstverwaltung. Da sie außerdem Korporationen blieben, könnte man versucht sein, jetzt einen neuen Korporationstyp festzustellen, nämlich denjenigen der Korporation mit Selbstverwaltung. In Wahrheit ist aber von der Geburt einer solchen neuen Rechtsfigur nicht die Rede. Denn die Selbstverwaltung der Gemeinde ragt weit über den Raum hinaus, auf dem die Korporation zu Hause ist, erstreckt sich doch die Selbstverwaltung auf den Gesamtbereich des Kommunallebens, während die Korporation es nur mit dem wirtschaftlichen Rechtsverkehr zu tun hat.

Eine dritte Gruppe von Korporationen endlich waren diejenigen, deren Struktur von den Folgen der revolutionären Bewegung ganz oder doch beinahe unberührt blieb.

Aufs ganze gesehen hat demnach die landrechtliche Korporation sich in der zweiten Hälfte des 19. Jahrhunderts in Preußen durchaus behauptet. Aber die Organisationen mit Korporationsqualität zerlegen sich in drei Gruppen; in die rechtsfähigen Untergliederungen autonomer Religionsverbände, in kommunale Selbstverwaltungsverbände und in Verbände, an denen die neuen politischen Tendenzen vorüber gegangen sind.

b) Eine gleiche Dreiteilung vollzog sich in Bayern. – Tonangebend waren hier die Gemeinden. Sie zeigen den Fortschritt der Rechtsentwicklung am frühesten und klarsten, während die Religionsverbände nur langsam und mit weniger deutlicher Ausprägung folgen. Die Gemeinden werden in der Gemeindeordnung von 1869 als „öffentliche Körperschaften mit dem Recht der Selbstverwaltung" erklärt.

Nunmehr scheint endlich der hoheitliche Korporationsbegriff des Frühkostitutionalismus mit demjenigen der liberalen Verbandsfreiheit zu verschmelzen und so aus dem politischen Spannungsverhältnis zwischen Bürgertum und Obrigkeit die moderne öffentliche Körperschaft hervorzugehen.

Jedoch die Entstehungsgeschichte der einschlägigen Normen lehrt das Gegenteil. Der Zusatz der Gemeindeordnung von 1869: öffentliche Körperschaft „mit dem Rechte der Selbstverwaltung“ soll nicht etwa eine Eigenschaft der öffentlichen Körperschaft besonders hervorheben, sondern im Gegenteil gewissen aus der Körperschaftsqualität für die gemeindliche Selbständigkeit drohenden Gefahren vorbeugen. Das Recht der kommunalen Selbstverwaltung wird also in polemischer Absicht der Körperschaftsqualität entgegen gehalten. Die bayerische Praxis hat die erwähnte Norm stets so ausgelegt und gehandhabt. Mit anderen Worten: der hoheitliche Korporationsbegriff Bayerns ist nach wie vor ungebrochen, nur gewisse Folgerungen aus ihm werden für die Gemeinden durch besondere Bestimmung abgewehrt.

Nicht anders steht es mit einer zweiten Gruppe von öffentlichen Körperschaften, nämlich mit den Kirchen. Auch sie erringen in zähem und langem Kampf größere Selbständigkeit gegenüber der Staatsgewalt als früher, oder anders ausgedrückt, ihre Kirchengewalt dringt gegenüber der staatlichen Kirchenhoheit vor. Aber was dabei an Autonomie für die Kirche gewonnen wird, wird nicht auf das Konto der öffentlichen Körperschaft gebucht. Diese hat vielmehr ihren Platz im System der staatlichen Kirchenhoheit.

Erst recht verbleibt es bei dem hoheitlichen Körperschaftsbegriff bei einer dritten Gruppe öffentlicher Körperschaften, wie z.B. der Universitäten, deren organisatorisches Verhältnis zum Staat von der Revolution verhältnismäßig wenig beeinflußt wird.

Angesichts dieser Zähigkeit des überkommenen Körperschaftstyps versteht es sich von selbst, daß er ebenso wenig wie früher etwas über die Struktur eines körperschaftlichen Verbandes aussagt. Auch erhellt sich hinsichtlich der Rechtsfähigkeit der Unterschied zwischen den Kirchen und den weltlichen Körperschaften.

Der bayerischen Rechtsentwicklung schließt sich diejenige der übrigen süddeutschen Staaten an.

VI. Hatten sich so in Norddeutschland die privatrechtliche Korporation des Allgemeinen Landrechts, in Süddeutschland die hoheitliche öffentliche Körperschaft durchgesetzt, so unternahm es *Sachsen*, ein drittes System anzubahnen.

Im Anschluß an *Windscheid* stellte hier die Gesetzgebung seit 1865 die Körperschaften des öffentlichen Rechts denen des Privatrechts gegenüber. Windscheid war in seinem Pandektenrecht von 1862 zu dieser Einteilung zwar nicht als erster geschritten, vielmehr war ihm *Bluntschli* darin vorangegangen. Aber ein klares Unterscheidungsmerkmal vermochte erst Windscheid aufzustellen; er knüpfte an die römisch-rechtliche Unterscheidung von ius publicum und ius privatum an.

Ob die sächsische Gesetzgebung mit der Übernahme der Windscheid'schen Terminologie auch dessen Einteilungsprinzip billigte, läßt sich bei der Spärlichkeit der einschlägigen Quellen nicht mit Sicherheit entscheiden. Die Frage kann aber auch deshalb unerörtert bleiben, weil eine etwaige Rezeption romanistischer Gedanken in Sachsen für den weiteren Verlauf der Körperschaftsgeschichte ohne Bedeutung ist.

VII. Die Führung ging nämlich jetzt auf *das Reich* über. Wie unsere Schilderung ergeben hat, fand es keinen einheitlichen Körperschaftsbegriff vor. Es hat auch seinerseits bewußt auf die Festlegung eines solchen Begriffs verzichtet, zumal die bundesstaatliche Zuständigkeitsgliederung hierin Zurückhaltung anriet. Immerhin tauchte der Begriff schon bald in der Reichsgesetzgebung auf. Jedoch ist es bezeichnend für die unschlüssige Haltung des Reiches gegenüber den verschiedenen Körperschaftsbegriffen, daß z.B. in der ZPO vom 30. Januar 1877 § 1006 Absatz 3 von Körperschaften, Stiftungen oder Anstalten des öffentlichen Rechts, dagegen in EGZPO § 4 von öffentlichen Körperschaften geredet wird. Nicht selten mied man das Wort Körperschaft überhaupt und zählte statt dessen die öffentlich-rechtlichen Eigenschaften eines Verbandes einzeln auf. Das war bequem, aber vom Standpunkt der Rechtsklarheit aus bedenklich. Mit gutem Grunde war sowohl nach der preußischen, wie nach der bayerischen Praxis die Verleihung öffentlicher Körperschaftsrechte formelhaft vor sich gegangen. Jetzt mußte aus dem oft unsicheren Gesamteindruck der Rechtsstellung einer Organisation das Urteil entnommen werden.

Übrigens sah sich das Reich mit der zunehmenden Unitarisierung doch gezwungen, in der Spezialgesetzgebung und Verwaltungspraxis einen bestimmten Körperschaftstyp als maßgebend anzunehmen. Terminologisch fiel die endgültige Entscheidung bei der Kodifikation des bürgerlichen Rechts. Im Anschluß an § 89 BGB spricht man hinfort in der Reichsgesetzgebung nur von Körperschaften des öffentlichen Rechts.

Sie stellen einen Mischtypus dar. Aus dem sächsischen Recht kommt der Ausdruck, sein Inhalt ist der hoheitlichen Körperschaft entnommen, die vom Territorialismus her sich in Süddeutschland behauptet hat; von Preußen endlich rührt die Neigung zu freigebiger Anwendung des Begriffes.

So wird die Eigenschaft der Körperschaft des öffentlichen Rechts nunmehr in weitem Umfange rechtsfähigen weltlichen Verbänden (ohne Rücksicht auf ihre innere Struktur) beigelegt, die wegen ihrer Dienste für das Gemeinwesen vom Reiche öffentlich ausgezeichnet werden, dafür aber auch einer besonderen Staatsaufsicht unterstehen.

Hinsichtlich der religiösen Körperschaften des öffentlichen Rechts verwies das Reich im allgemeinen auf das Landesrecht. Die Religionshoheit fiel ja in die Zuständigkeit der Länder. Nur einmal scheint das Reich als Rechtsschöpfer vorgegangen zu sein, als es den Deutschen Evangelischen Kirchenausschuß zu einer rechtsfähigen Körperschaft des öffentlichen Rechts erhob.

VIII. Die Übung des Reiches wirkte wiederum auf die *Länder* zurück. Auch bei ihnen bürgerte sich der Begriff Körperschaft des öffentlichen Rechts mehr und mehr ein.

Zugleich aber erhob sich die schwierige Frage, wie der neue Begriff Körperschaft des öffentlichen Rechts mit dem altüberkommenen Körperschaftsbegriff zusammenzustimmen sei. Für Bayern und die von ihm beeinflußten Länder ergaben sich dabei keine Schwierigkeiten. Anders aber stand es mit Preußen. Nicht jede öffentliche Korporation des Landrechts war und ist eine Körperschaft des öffentlichen Rechts. Vielmehr mußte und muß von Fall zu Fall geprüft werden, ob die rechtliche Gesamtstellung einer solchen Organisation dem entspricht, was man später unter Körperschaft des öffentlichen Rechts verstanden hat.

IX. So stand es, als der November-Umsturz von 1918 die *Weimarer Republik* heraufführte. Für die Körperschaftslehre hat sie nur in einer Beziehung Neues gebracht. Artikel 137 Absatz 5 der Weimarer Reichsverfassung gewährleistete den Religionsgesellschaften, welche schon bisher Körperschaften des öffentlichen Rechts waren, diese Eigenschaften auch für die Zukunft. Die Vorschrift bezweckte, den Religionsgesellschaften ihre privilegierte öffentliche Stellung zu verbürgen, ohne Rücksicht darauf, ob diese Verbände rechtsfähig waren oder nicht. Das lief auf eine Übernahme des in Bayern wohlbekannten hoheitlichen religiösen Körperschaftstyps ins Reichsrecht hinaus. Somit kennt das Reichsrecht hinfort wie ehemals Bayern zwei Arten von Körperschaften. Für die eine ist die Rechtsfähigkeit Wesensmerkmal, bei der anderen kann sie fehlen.

X. Zusammenfassend läßt sich also feststellen, daß es einen einheitlichen Körperschaftstyp bis 1933 in Deutschland nicht gegeben hat. Trotzdem oder vielleicht deshalb war die Körperschaft des öffentlichen Rechts als auszeichnende Rechtsform für besondere staatswichtige, vom Staat unterschiedene Organisationen in der Praxis ungemein weit verbreitet.

XI. Die Theorie der Körperschaft in der zweiten Hälfte des 19. Jahrhunderts ist von dem Gedanken der liberalen Verbandsfreiheit geleitet. Romanisten und Germanisten wetteifern, ihm zum Siege zu verhelfen. In großartiger Weise hat dies namentlich Gierke unternommen, der die Körperschaft zu einem genossenschaftlichen Verband des Sozialrechts erklärte. Auf die Praxis haben die wissenschaftlichen Bemühungen zwar da und dort stark eingewirkt, aber sie haben nicht vermocht, den öffentlich-rechtlichen Körperschaftsbegriff auf genossenschaftliche Verbände einzuengen. Dadurch entstanden Spannungen zwischen der Körperschaftstheorie und der Rechtspraxis.

Sie haben zu immer neuen Definitionsversuchen Anlaß gegeben. Durchschlagender Erfolg war keiner von ihnen beschieden, da sie im Gegensatz zur Rechtspraxis irgend ein strukturelles Moment an der Körperschaft als wesensbestimmend erklärten.

Vorsitzender: Das Referat war sehr interessant. Sie wollen es so veröffentlichen, Herr Dr. Heckel?

Heckel: Das ist zu optimistisch geurteilt, Herr Ministerialdirektor. Ich möchte den Eindruck im Ausschuß abwarten und sehen, ob das Referat überhaupt wert ist, veröffentlicht zu werden.

Vorsitzender: Doch, unbedingt!

Stalmann: Sie sprachen vom Kirchenausschuß. Sie meinen doch den früheren Kirchenausschuß der Eisenacher Konferenz? Dieser Kirchenausschuß hat aber nicht vom Reich die Rechtsfähigkeit bekommen, sondern von Preußen, und zwar deshalb, weil das Reich keine Zuständigkeit hatte.

Heckel: Ich hatte mich erinnert an ein Gespräch mit Herrn Präsidenten Möller, der mir irgendwann einmal sagte, der Reichskanzler Bülow habe das gemacht. Aber dann müßte er das in seiner Eigenschaft als preußischer Ministerpräsident gemacht haben.

Stalmann: Ich sage das mit Vorbehalt. Ich müßte mich aber ganz kolossal irren. Ich glaube, mich bestimmt zu erinnern. Es war kurz bevor ich in das Kulturministerium kam, daß davon noch die Rede war. Der Kirchenausschuß sollte Körperschaftsfähigkeit bekommen. Das ging im Reich nicht. Deshalb hat es Preußen gemacht. Der Sitz war ja auch in Preußen.

Heckel: Dann würde die Ausnahme, die ich vorhin bezüglich der Haltung des Reiches zu den öffentlichen Körperschaften glaubte feststellen zu können, wegfallen. Es würde das nur in der allgemeinen Zuständigkeitslinie liegen.

Forsthoff: Von dem Kirchenausschuß von 1905 war die Rede. Da war der Sitz in Eisenach.

Stalmann: Die Eisenacher Konferenz hatte ihren Sitz in Eisenach. Sie ist aber nicht weiter anerkannt worden, und der Kirchenausschuß hat nicht das Körperschaftsrecht bekommen, sondern ein delegierter Ausschuß, den man Kirchenausschuß nannte, und der seinen Sitz in Berlin hatte, hat von Preußen das Körperschaftsrecht bekommen. Man hat damals die Sache sehr eingehend geprüft und kam zu dem Ergebnis, von Reichs wegen geht es nicht. Infolgedessen hat man diesen Umweg über Preußen gemacht.

Heckel: Herr Präsident Möller sagte mir in dem Gespräch auch, man habe damals entsetzliche Noten hin und her darüber gewechselt, ob das Reich das machen könne oder wie das zu machen sei. Der Kirchenausschuß hat die Rechtsfähigkeit gebraucht wegen der Besitzungen im Auslande, in Palästina. Nun seien die Juristen auf die Idee gekommen, das gehe unter keinen Umständen, und der Präsident des Kirchenausschusses ist schon ziemlich am verzweifeln gewesen. Da war, ich glaube, aus Anlaß des Kaiser-Geburtstags eines Tages ein großes Diner, an dem auch der Präsident des Kirchenausschusses und der Reichskanzler Bülow teilnahmen. Nachdem das Essen vorbei war und man bei einer Tasse Mokka zusammenstand, ist der Präsident des Kirchenausschusses zum Reichskanzler gegangen und hat gesagt: „Herr Reichskanzler, könnte man das nicht machen?“. Bülow erwiderte sofort: „Selbstverständlich, das mache ich“, und innerhalb weniger Tage war die Geschichte erledigt. Darum meine Erinnerung, daß das Reich das gemacht habe. Es ist aber durchaus möglich, daß Preußen das gemacht hat. (*Weber:* Ist es durch Verwaltungsakt gemacht worden?) Das weiß ich nicht.

Weber: Denn dann hat es bestimmt Preußen gemacht, weil noch nach 1919 dauernd die Frage eine Rolle spielte. Preußen kann Genossenschaftsrechte verleihen nach preußischem Staatsrecht durch Verwaltungsakt, während das Reich zu einem solchen Akt eines Gesetzes bedarf. Das gehört zum Rahmen der Reichsorganisationsgewalt, die in der Hand des Kaisers lag.

Stalmann: Das wurde natürlich einfach im Verordnungswege gemacht. (*Weber:* Wahrscheinlich durch Staatsministerialbeschluß!)

Ruppel: Ich habe mich leider, obwohl ich dazu Veranlassung hatte, mit dieser Spezialfrage des Kirchenausschusses nicht befaßt. In den Vorbemerkungen des Reichsgerichtsrätekommentars zum Vereinsrecht steht, es habe früher nie eine Körperschaft des öffentlichen Rechts vom Reich aus gegeben. Es handelte sich dabei um irgendeine Stiftung eines Denkmals oder eines Bildhauers soundso. Für den ist ein besonderes Reichsgesetz erlassen worden; ich habe das allerdings nicht genau im Kopf. Aber beim Kirchenausschuß ist es meines Wissens durch preußischen Verwaltungsakt gemacht worden, und zwar durch königlichen Erlaß, also auf Vorschlag des betreffenden Ministers, wie das so ging, in diesem Falle des Kultusministers. Ich kann das Nähere noch feststellen.

Vorsitzender: Wollen wir jetzt schon auf Grund des Referats des Herrn Dr. Heckel in eine Diskussion eintreten, oder ist es zweckmäßiger, im Anschluß an das Referat des Herrn Dr. Ruppel die Diskussion zu eröffnen? Ein eigentliches Korreferat ist ja das Referat des Herrn Dr. Ruppel nicht, sondern es ist ein selbständiges Referat.

Ruppel: Man kann es auch als Korreferat bezeichnen, denn die Pointen meines Referats treten verhältnismäßig gering hervor, und man kann die wenigen Pointen auch auf Grund der Ausführungen des Herrn Dr. Heckel erläutern. Selbstverwaltung, Rechtsfähigkeit, staatliche Hoheit und dergleichen Punkte spielen in meinem Referat auch eine wesentliche Rolle.

Ich darf mir in diesem Zusammenhang vielleicht eine Frage an Herrn Prof. Heckel erlauben. Sie nehmen irgendeine Korporationsqualität der preußischen Landeskirchen eigentlich erst ab 1850 und die mit Rechtsfähigkeit seit den 70er Jahren an. Nun würde ich gern von Ihnen hören, welche Bedeutung Sie den Vorgängen beimessen, die sich an die Union angeschlossen haben. Es ist da so gewesen, daß ich doch irgendeine stärkere Hervorhebung des Begriffs der Landeskirche in den Verlautbarungen des Staates finde, in einer Form, wie es sie früher nie gegeben hat.

Heckel: Es ist richtig, daß gelegentlich namentlich unter Friedrich Wilhelm IV. in einzelnen Erlassen das Wort „Landeskirche" vorkommt, also schon vor 1850. Als Rechtsbegriff hat es sich aber nicht durchgesetzt. Es ist namentlich deswegen nicht möglich gewesen, daß die Landeskirche als Korporation empfunden wurde, weil sie nicht rechtsfähig war. Rechtsfähigkeit war ja ein Merkmal der landrechtlichen Korporation. Man hätte sonst in Preußen zwei Korporationsbegriffe entwickeln müssen, einen mit Rechtsfähigkeit und einen ohne Rechtsfähigkeit. Das haben die preußischen Juristen aber nicht gemacht, sondern nur gelegentlich in Handschreiben des Königs kommt so etwas vor, vielleicht auch gelegentlich in Ministerialschreiben. Aber es ist nicht so, daß hier die Landeskirche als eine rechtliche Einheit förmlich anerkannt worden wäre. (*Vorsitzender:* Als Rechtsubjekt!) Es ist nur aus dem Gegenteil zu entnehmen, daß so etwas im Werden war. Zum Beispiel 1845 anläßlich des Privilegs für die Altlutheraner sieht man, daß sich die Vorstellung eines Gesamtverbandes, eines religiösen Gesamtverbandes allmählich bildet. Aber vorher sind das ganz unsichere Sachen. Bedenken Sie, daß im Jahre 1823 der damalige Minister des Innern, als in einer Ministerialsitzung davon die Rede war, die preußische Kirche habe die und die Rechte, erklärte: „Der mystische Begriff der Kirche ist mir gänzlich unverständlich; Kirche ist ein Haus mit einem Turm und einem roten Dach". Das heißt also, er sagte: es gibt keinen Rechtsbegriff Kirche.

Vorsitzender: Eine Zeitlang war sie doch in Preußen Staatssache.

Heckel: Natürlich statio fisci. Der Gesamtverband, etwa der Konsistorialfiskus war eine staatliche Sache. (*Vorsitzender:* Bis 1850!) Bis 1870 etwa!

Ruppel: Im Jahre 1876 wurde eine ausdrückliche Bekanntmachung in der preußischen Gesetzsammlung erlassen über die Überleitung der Gelder, der Kassenverwaltung. Die richtige Überleitung ist ja nach dem Kirchenvertrag erst gekommen. Da ist auch schon von Geschäftsleitung die Rede.

Heckel: Das ist der entscheidende Zeitpunkt nach den Forschungen von Niedner, die ja wohl zutreffen. Bis dahin war die Kirche nicht rechtsfähig, war keine Korporation im Sinne des Allgemeinen Landrechts. Dagegen wurde sie in der Verfassung von 1850 als die evangelische und die katholische Kirche gefaßt. Da hatte man also die Vorstellung eines Gesamtorganismus, der etwas Geschlossenes ist, sich vom Staat absetzt. Das ist das Neue, die Autonomie.

Vorsitzender: Das ist das, wovon in der letzten Sitzung mehrfach die Rede war und was Herr Dr. Forsthoff als Vergesellschaftung bezeichnete. Die Kirche löst sich gewissermaßen aus dem Schoß des Staates heraus und nimmt mehr und mehr eigene Gestalt an, einstweilen immer durch Personalunion, durch den König miteinander verbunden, und diese Entwicklung ist dann nach dem Weltkrieg zu einer weiteren Stufe gelangt, indem auch das noch fiel und durch den Sturz der Monarchie nun überall die Kirchen in noch höherem Grade als Gesellschaften dem Staate gegenübertraten, so daß eigentlich nur die Dotationen noch blieben, ganz abgesehen davon, daß eine starke Verfilzung zwischen Staat und Kirche immer noch besteht.

Forsthoff: Ich habe eine mehr theoretische Frage, Herr Kollege Heckel, Sie sagten, wenn ich recht verstand, daß die Führung Ende des vorigen Jahrhunderts auf das Reich übergegangen sei und daß in § 89 des BGB nun eine Art kombinierten Begriffs zwischen preußischer, bayerischer und sächsischer Korporationsauffassung hervorgetreten sei. Ich trage in der Erinnerung die Vorstellung, als habe man damals beim BGB vermieden, in die öffentlich-rechtlichen Vorgänge überhaupt hineinzugehen, und habe infolgedessen sozusagen im Sinne einer Blankoformulierung gearbeitet und überhaupt nicht Stellung genommen.

Heckel: Ja, das stimmt durchaus. Ich habe auch gesagt: terminologisch ist die Entscheidung gefallen zwischen öffentlicher Körperschaft und öffentlich-rechtlichen Körperschaften. Bis dahin kommen nämlich die beiden Begriffe vor. In der Unfallversicherung, glaube ich, steht noch: Körperschaften; Gemeinden und andere öffentliche Körperschaften. Von da an ist terminologisch die Sache eindeutig. In der Spezialgesetzgebung wird später der Begriff „Körperschaft des öffentlichen Rechts" im Sinne des Mischtypus immer deutlicher. Das Reich mußte eben irgendwie zu der ganzen Sache Stellung nehmen.

Vorsitzender: Konnten bis 1876 die Kirchen den Staat nicht verklagen und umgekehrt?

Heckel: Als Gesamtverband nicht! (*Keith:* Nur die Gemeinden!) Die Gemeinden schon! Aber das war schon im Allgemeinen Landrecht so; da waren sie schon Korporationen.

Vorsitzender: Dann kann man eigentlich auch erst seit 1876 von Landeskirche sprechen. (*Heckel:* Als Korporation!)

Weber: Bis dahin war der Zustand der evangelischen Kirche so, wie jetzt der der katholischen Kirche als Gesamtheit noch immer ist.

Ruppel: Nein, das kann man nicht sagen. Die evangelische Kirche hatte keine eigenen geistlichen Oberen, sie hatte überhaupt keine geistlichen Oberen. (*Vorsitzender:* Es waren Beamte!)

Heckel: Und außerdem ist jetzt die Sache anders. Die katholische Kirche ist als Körperschaft des öffentlichen Rechts anerkannt, aber ohne rechtsfähig zu sein.

Vorsitzender: Das ist aber doch wohl nicht das Kriterium. Denn Beamte hatte sie bis zum Weltkrieg, bis zur Weimarer Verfassung. Da waren die Kirchenbeamten auch noch in dem Etat des Staates. Herr Dr. Ruppel hatte das als Grund dafür angegeben, daß die Kirche vom Staate kam.

Ruppel: Die Kirche konnte erst dann selbständig werden, als sie auch gleichzeitig eigene, völlig selbständige kirchliche Organe bekam. Es ist auch beachtenswert, daß die Gesetzgebung der 70er Jahre mit der Synodalgesetzgebung zusammenhängt. Erst in dem Moment, wo sie eine Generalsynode und einen Generalsynodalvorstand hatte, hatte sie auch eine eigene, sagen wir, spezifisch kirchliche Spitze. Allerdings die kirchliche Verwaltung wurde dann auch kirchlich. Die Konsistorien sind nach der bekannten Kammergerichtsentscheidung von 1876 bis 1924 als Kirchenbehörden mit Staatsbeamten zu bewerten. Aber vorher hatten sie eben überhaupt keine leitende Behörde, die woanders herkam als vom Staate.

Heckel: Das möchte ich etwas anders darstellen, nämlich so, daß schon seit 1850 die Kirchenbehörde als solche mehr und mehr als Kirchenbehörde anerkannt wurde, die eben diese vom Staat abgesetzte Organisation hatte. Praktisch änderte sich die Sache für den Staat gar nicht oder kaum etwas, weil die Beamten Staatsbeamte waren.

Stalmann: Herr Prof. Heckel, Sie meinen: zunächst waren die Kirchen Körperschaften des öffentlichen Rechts ohne Rechtsfähigkeit, eigene Verbände? (*Heckel:* Ja, Verbände ohne Rechtsfähigkeit!) Das ist natürlich vollkommen richtig. (*Heckel:* Seit 1850!) Aber vorher gab es tatsächlich auch schon solche Verbände. Ich denke z.B. an hannoversche Verhältnisse. (*Heckel:* In Hannover ist es natürlich anders!) Alle die alten Landesteile, aus denen das Königreich zusammengesetzt war, hatten ihre eigenen Kirchen, z.B. der Celler Teil für sich, Bremervörde für sich, Kalenberg für sich, Hildesheim für sich. Dort waren die Kirchen nicht rechtsfähig, waren aber eigene Körperschaften. Also es war irgend etwas schon da, wenn auch keine eigene Rechtsfähigkeit. Dann wurde in Hannover 1866 die hannoversche Landeskirche geschaffen, und sie hatte auch noch keine Rechtsfähigkeit. Sie hat die Rechtsfähigkeit durch besonderes Gesetz in den 90er Jahren bekommen, ziemlich spät.

Herr Prof. Heckel, Sie wiesen hin auf die Altlutheraner. Wir haben uns in der Praxis auf einen anderen Standpunkt gestellt. Wir haben den Altlutheranern nach 1919, als sie Körperschaftsrechte auf Grund der Reichsverfassung haben wollten, gesagt: das ist nicht nötig; ihr habt bereits Körperschaftsrechte und auch eigene Rechtspersönlichkeit. Da ist also die Entwicklung eine andere gewesen.

Heckel: Rechtspersönlichkeit hatten sie! (*Stalmann:* Aber wir haben sie anerkannt!) Gewiß; aber die Rechtspersönlichkeit als solche macht noch nicht die Körperschaft des öffentlichen Rechts aus. Die Frage war für sie durchaus nach Verwaltungsermessen zu entscheiden, ob die Altlutheraner auf Grund der Privilegien, die sie hatten, durch die Addition von Rechtsfähigkeit und öffentlich-rechtlichem Habitus nun als Körperschaft des öffentlichen Rechts anzuerkennen seien. Das war eine Frage des Verwaltungsermessens. Ich habe ja gesagt: es findet da ein Rechtswechsel statt. Man hatte ursprünglich den Begriff der öffentlichen Körperschaft, der mit dem eines privatrechtlichen rechtsfähigen gemeinnützigen Verbandes zu identifizieren ist. Nun kommt der neue Begriff der Körperschaft des öffentlichen Rechts, und nun steht die Verwaltung vor der Frage: was mache ich mit den alten öffentlichen Körperschaften? Sind das auch Körperschaften des öffentlichen Rechts oder sind sie es nicht? Das ist eine Frage des Verwaltungsermessens.

Vorsitzender: Ich würde vorschlagen, daß wir jetzt das Referat des Herrn Dr. *Ruppel*: *„Die Behandlung der Kirche als Körperschaft öffentlichen Rechts in der neueren Gesetzgebung"* entgegennehmen.

Ruppel: I. Die Form der Anerkennung oder Verleihung der Eigenschaft der Körperschaft des öffentlichen Rechts: Die Frage, ob die Kirchen und andere Religionsgesellschaften Körperschaften des öffentlichen Rechts sind, ist durch Art. 137 der Weimarer Verfassung in der Hauptsache entschieden. Allerdings heißt es in Art. 137 W.RV.: Die Religionsgesellschaften *bleiben* KdöR, soweit sie solche waren. Infolgedessen bedarf es eigentlich der Prüfung, ob die Kirchen schon früher KdöR waren. Interessant ist es und könnte in der Gegenwart auch Gegenstand weiterer Erörterungen werden, daß in der Zeit vor Erlaß der Weimarer RV keineswegs Einhelligkeit darüber bestand, daß die Kirchen Körperschaften des öffentlichen Rechts waren. In Preußen gab es, soweit ich sehe, vor der RV keine ausdrückliche Bestimmung über die Qualifikation der Kirchen als *„KdöR."* Es gab nur eine Reihe von Einzelbestimmungen, die der Kirche eine besonders hervorgehobene Stellung verliehen (vgl. *Meyer-Anschütz*, Lehrbuch des Dtsch. Staatsrechts, 1914/1919 S. 1003). Die betreffenden gesetzlichen Bestimmungen sind vor allem ALR §§ 17 ff. II 11; *Bayer.*

Rel. Ed. v. 26.5.1818, § 28; Bad. Ges. vom 9.10.1860, § 1. So hat das KG (Jg. 33 S. 191) unter Hinweis auf § 17 II 11 ALR, wonach die vom Staat ausdrücklich aufgenommenen Kirchengesellschaften die Rechte priv. Korporationen haben, eine Kirchengemeinde als KdöR bezeichnet.

Immerhin war bei diesem Rechtszustand noch wissenschaftlicher Streit darüber möglich, ob die Kirchen qualifizierte Korporationen in einem allgemeinen Sinne oder auch öffentliche oder öffentlich-rechtliche Korporationen in dem Sinne, den dieser Terminus allmählich gewann, waren (vergl. dazu besonders *Kahl*, Lehrsystem des Kirchenrechts, 1894, S. 332 ff; *Schön*, „Kirchenrecht in Preußen", I S. 172; „Das Landeskirchentum in Preußen", Verw. Arch. Bd., 6 S. 126; *Meyer-Anschütz*, Lehrbuch d. Staatsrechts, S. 1003 Anm. 25).

Gegenüber dem Artikel 137 Weimarer RV haben diese Lehrstreitigkeiten aber keine praktische Bedeutung mehr gehabt. Art 137 ging davon aus, daß den großen Kirchen, also in Preußen den öffentlich aufgenommenen Religionsgesellschaften des ALR, die Rechte einer KdöR zustehen.

In der Folgezeit ist dann auch in der *Landesgesetzgebung* und in der Praxis der Verwaltungsbehörden die Behandlung der Kirchen als KdöR immer in der Form der Anerkennung der an sich schon vorhandenen Qualifikation erfolgt. Diese Anerkennung erfolgte nach Gelegenheit durch Gesetz oder Erlaß.

Gemeinsam für die *beiden* großen Kirchen (und für die „israelitische Religionsgemeinschaft") ist das in dem Württ. Gesetz über die Kirchen vom 3. März 1924 (Württ. Regierungsblatt 1924 Nr. 13, S. 93) geschehen. Bei dieser allgemeinen Anerkennung fehlt die Bezugnahme auf die Verfassung der anerkannten Religionsgesellschaften. Dieses Württembergische Gesetz ist aber auch (abgesehen von Spezialbestimmungen wie Ziff. 28 der Grundsteuerrichtlinien vom 19.7.1937 – Reichssteuerblatt, S. 869 – RMBliV. S. 1191 -) die einzige für die großen Religionsgesellschaften *gemeinsam* geltende landesgesetzliche Bestimmung betr. die Korporationsrechte, wie ja überhaupt Württemberg das einzige Land ist, das nach dem Krieg die staatskirchenrechtlichen Verhältnisse der Kirche unter bewußter Ablehnung des Weges der Verträge zwischen Staat und Kirche geregelt hat.

In Preußen fehlt, wie schon gesagt, eine solche gemeinsame Bestimmung. Es kommen vielmehr für die einzelnen Kirchen besondere Bestimmungen in Betracht. In keiner dieser Bestimmungen ist noch einmal ausdrücklich gesagt, daß die Kirchen KdöR sind. Vielmehr sind sie so gehalten, daß diese Eigenschaft anerkannt oder vorausgesetzt wird. So ist für die *evangelischen* Kirchen Preußens in dem Preuß. Staatsgesetz vom 8.4.1924 (GS. S. 134) nicht gesagt, daß die nunmehr mit neuer Verfassung ausgerüsteten Kirchen Körperschaften döR sind. Diese kirchlichen Verfassungen haben vielmehr durchweg selbst in irgendeiner Form die Qualifikation für sich in Anspruch genommen. So heißt es in Art. 2 altpreußische *Kirchen*verfassung: „Die Kirche, ihre Provinzial- und Kreissynodalverbände, ihre Gemeinden und Gemeindeverbände sind Körperschaften des öffentlichen Rechts." Und dadurch, daß die Verfassung hinsichtlich der äußeren Rechtsstellung der Kirche staatsgesetzlich anerkannt wurde, wurde auch der Art. 2 mitanerkannt. Entsprechend verhält es sich mit den Verfassungen der übrigen Landeskirchen. Aus dem preußischen Kirchenvertrag mit den evangelischen Landeskirchen sind hier die entsprechend gefaßten Art. 2 und 3 (betr. Vorlage kirchlicher Gesetze und Verordnungen und Satzungen) und 6 (betr. Gewährleistung des Eigentums pp.) zu erwähnen, in denen jeweils von den „Kirchen, ihren *öffentlich-rechtlichen* Verbänden, Anstalten und Stiftungen" die Rede ist. Die Verträge des Bayrischen Staats mit der lutherischen Kirche rechts des Rheins und der protestantischen Kirche der Pfalz enthalten, soweit ich sehe, keine ausdrücklichen Bezugnahmen auf den öffentlich-rechtlichen Charakter der Landeskirchen und ihrer Untergliederungen.

Hinsichtlich der *katholischen* Kirche enthält das preußische Gesetz über die Verwaltung des katholischen Kirchenvermögens vom 24.7.1924 (GS. S. 585) keine Bemerkung darüber, daß die in ihm behandelten Gemeinden, Gemeindeverbände, Bischöflichen Stühle usw. KdöR sind. Ebenso verhält es sich mit den Vorgängern dieses Gesetzes, dem Gesetz über die Vermögensverwaltung in den katholischen Kirchengemeinden vom 20.6.1875 (GS. S. 241), dem Gesetz betr. die Bildung von Gesamtverbänden in der katholischen Kirche vom 29.5.1903 (GS. S. 179) und dem Gesetz über die Aufsichtsrechte des Staats bei der Vermögensverwaltung in den kath. Diözesen vom 7.6.1876 (GS. S. 149). In der Begründung zu dem Gesetz von 1924 (Drucksache Nr. 7721, 1. Wahlg., 1. Tagg. 1921/24 S., 9) heißt es: „In Preußen waren die katholischen Kirchengemeinden und die Diözesen von jeher als Körperschaften des öR anerkannt." In den weiteren Ausführungen der Begründung wird dann gerade mit dieser Qualifikation und mit den besonderen Rechten solcher Körperschaften begründet, daß der Staat auch unter dem kirchenpolitischen System der Weimarer RV durch das Gesetz die Vermögensverwaltung der kath. Kirche regelt und eine Staatsaufsicht über sie ausübt. Das Reichskonkordat sagt in Art. 13, daß die katholischen Kirchengemeinden, Kirchengemeindeverbände und Diözesenverbände, die Bischöflichen Stühle, Bistümer und Kapitel, die Orden und religiösen Genossenschaften, sowie die unter Verwaltung kirchlicher Organe gestellten Anstalten, Stiftungen und Vermögensstücke der katholischen Kirche die Rechtsfähigkeit für den staatlichen Bereich nach den allgemeinen Vorschriften des staatlichen Rechts behalten bzw. erlangen; sowie, daß sie KdöR, soweit sie solche bisher waren, bleiben und daß den anderen die gleichen Rechte nach Maßgabe des für alle geltenden Gesetze gewährt werden. Im Preußischen Konkordat ist bei der Eigentumsgarantie des Art. 5 von „den öffentlich-rechtlichen Körperschaften, Anstalten und Stiftungen der katholischen Kirche" die Rede. Ähnlich lautet Art. V des badischen Konkordates. Das bayrische Konkordat sagt nur in bezug auf Orden und religiöse Kongregationen in Art. 2 ausdrücklich, daß sie, soweit sie sie nicht schon haben, die „Rechte einer *öffentlichen* Körperschaft" nach den für alle Bürger oder Gesellschaften geltenden gesetzlichen Bestimmungen erlangen.

Das *Reich* hat wegen des Deutschen Ev. Kirchenbundes, wegen der Deutschen Ev. Kirche und wegen des Zusammenschlusses einzelner Landeskirchen Veranlassung gehabt, sich mit unserer Frage zu befassen. Hinsichtlich des Kirchenbundes ist der schon im Hinblick auf den erstrebten Zusammenschluß der evangelischen Landeskirchen in Art. 137 Abs. 5 W.RV aufgenommene Satz angewendet worden, daß, wenn mehrere derartige „öffentlich-rechtliche Religionsgesellschaften" sich zu einem Verbande zusammenschließen, auch dieser Verband eine öffentlich-rechtliche Körperschaft ist. Es wurde deshalb für ausreichend gehalten, daß der Reichsminister des Innern mit Schreiben vom 31. März 1924 – I 1084 – an den Deutschen Ev. Kirchenausschuß bestätigte, daß dies für den Dt. Ev. Kirchenbund gelte.

Hinsichtlich der Deutschen Ev. Kirche sagt Art. 2 des RG über die Verfassung der DEK vom 14.7.1933 (RGBl. I S. 471), in dessen Art. 1 ausdrücklich die Verfassung der DEK anerkannt wird: „Die Deutsche Evangelische Kirche ist KdöR des Reichs."

Ferner ist in § 1 der zweiten VO zur Durchführung des Gesetzes zur Sicherung der DEK vom 5.11.1935 (RGBl. I S. 1283) ausdrücklich festgestellt, daß die Ev. Landeskirche Nassau-Hessen Rechtsnachfolgerin der Landeskirchen in Hessen, Nassau und Frankfurt und daß sie Körperschaft des öffentlichen Rechts sei. In § 1 Abs. 2 ist dabei auf ihre Verfassung Bezug genommen. Entsprechendes ist in § 1 der vierten VO zur Durchführung des Gesetzes zur Sicherung der DEK vom 29.11.1935 (RGBl. I S. 1369) hinsichtlich der Evangelischen Landeskirchen Kurhessen-Waldeck als Rechtsnachfolgerin der Landeskirchen Hessen-Kassel und Waldeck gesagt.

Neben diesen von jeher privilegierten Kirchen sollten nach Art. 137 Abs. 5 W.RV auch andere Religionsgesellschaften auf ihren Antrag öffentlich-rechtliche Korporationsrechte erhalten, „wenn sie durch ihre Verfassung und die Zahl ihrer Mitglieder die Gewähr der Dauer bieten." In der preußischen Praxis war es eine zeitlang unklar, ob diese Verleihung nur im Wege des Gesetzes oder auf Grund eines Gesetzes vorzunehmen sei. Für den preußischen Anteil der Erzdiözese

Gnesen-Polen ist der Weg der Gesetzgebung gewählt worden. (Ges. v. 15.8.1921 – GS. S. 487 -; vgl. auch das Gesetz vom 16.4.1928 – GS. S. 81 – betr. die Israelitische Religionsgesellschaft in Frankfurt a.M.). Später ist die Angelegenheit dahin geklärt worden, daß die entsprechende Befugnis vom Staatsministerium als Träger staatlicher Organisationsgewalt ausgeübt wurde. Auch die außerpreußischen Länder haben den Erlaß besonderer Gesetze nicht für nötig gehalten. Von der in Art. 137 geregelten Möglichkeit, die Körperschaftsrechte zu verleihen, ist in den einzelnen Ländern in verschiedenem Umfang Gebrauch gemacht worden. Die wichtigsten Fälle sind in Preußen die „Bischöfliche Methodistenkirche in Preußen" (Beschluß des Staatsministeriums vom 5.9.1930 – St.M. 10042 – Min. f. Wiss. G I 2560, 1; Zentralblatt 1930 S. 313), der „Bund der Baptistengemeinden in Deutschland" (Beschluß des Staatsministeriums vom 18.8.1930 – St.M. I 9524 – Min. f. Wiss. G I 2375, 1; Zentralblatt 1930, S. 307) und die „Evangelische Gemeinschaft in Preußen" (Beschluß des Staatsministeriums vom 14.11.1931 – St.M. I 10597/31 – Min. f. Wiss. G I 1561; Zentralblatt 1931, S. 341.). In außerpreußischen Ländern sind auch einigen nichtchristlichen Religionsgesellschaften die öffentlichen Körperschaftsrechte verliehen worden: so in Hamburg außer einer Reihe christlicher Gemeinden, wie der englisch-bischöflichen Gemeinde und der neuapostolischen Kirche, der Ortsgruppe Hamburg des Deutschen Monistenbundes, in Thüringen der Gemeinschaft proletarischer Freidenker.

Das letzte Beispiel ist die Russisch-Orthodoxe Diözese des Orthodoxenbischofs von Berlin und Deutschland, der durch Beschluß des Preuß. Staatsministeriums vom 14.3.1936 – St.M. 3106/36 – die Körperschaftsrechte verliehen wurden.

Auch die Bestimmung des Art. 137 Abs. 5 Satz 3 W.RV, daß der Zusammenschluß mehrerer Religionsgesellschaften des öffentlichen Rechts Körperschaft des öffentlichen Rechts ist, ist bei Religionsgesellschaften, die erst auf Grund des Art. 137 W.RV nach dem Kriege KdöR geworden sind, schon angewendet worden. In notarieller Verhandlung vom 4.9.1934 haben bevollmächtigte Vertreter der Bischöflichen Methodistenkirche aller größeren Länder auf Grund übereinstimmender Beschlüsse der Landesversammlungen den Zusammenschluß zur „Bischöflichen Methodistenkirche in Deutschland" mit einer Verfassung beschlossen. Der Reichsminister des Innern hat sich, solange er für die Bearbeitung der Kirchensachen zuständig war, damit begnügt, den Zusammenschluß und die Verfassung den Ländern mitzuteilen. Der Reichsminister für die kirchlichen Angelegenheiten hat dann aber mit Erlaß vom 23.12.1935 – G Ia 6261/35 – im Zuge der wohlwollenden Behandlung der Freikirchen der Leitung der Bischöflichen Methodistenkirche in Deutschland mitgeteilt, diese werde als Körperschaft des öffentlichen Rechts angesehen.

Hiernach ist für die wichtigsten Religionsgesellschaften durch ausdrückliche gesetzliche Bestimmung aus neuerer Zeit oder durch den Erlaß der für die Verleihung zuständigen Stelle die öffentliche Korporationsqualität geklärt. Es gibt aber auch eine ganze Reihe von Religionsgesellschaften, bei denen Zweifel bestehen. Als wichtigste Beispiele führe ich die Brüdergemeinde, die Mennoniten und die Gemeinden und Rechtsträger der englischen, schwedischen und anderer ausländischer Kirchen in Deutschland an. Soweit eine Klarheit darüber zu erzielen ist, wurde in solchen Fällen durch einfachen Ministererlaß die Qualität als öffentlich-rechtliche Körperschaft anerkannt. So ist vom Preußischen Minister für Wissenschaft unter dem 19.6.1930 – G I 1666 –, für Altlutheraner anerkannt worden, daß „auf Grund der Generalkonzession vom 23.7.1845 – GS. S. 516 – und des Gesetzes betr. die Ergänzung und Abänderung der Generalkonzession vom 23.5.1908 – GS. S. 155 – die gemäß Ziff. 2 der Generalkonzession genehmigten altlutherischen Kirchengemeinden sowie der Verein der evang. altluth. Kirchengemeinden Körperschaften des öffentlichen Rechts sind".

Die Erwägungen, die zu diesem Erlaß geführt haben, sind in einem Reisebericht des damaligen Ministerialrats Stalmann niedergelegt. Darin wird ausgeführt, daß die Befreiung vom Parochialzwang, die Zuerkennung der Gültigkeit der Taufen, Aufgebote und des Rechts und der Verpflichtung der Registerführung schon in der Generalkonzession weit über die private Rechtsstellung hinaushebe. Vor allem wird die Stellung des Oberkirchenkollegiums bei Parochialregulierungen als die einer Kirchenbehörde festgestellt, die nur öffentlich-rechtlich und nicht privatrechtlich erklärt werden könne. Mit *Hinschius* (Anm. 19 zu § 17 II 11) wird auf das Urteil des Obertribunals vom 26.10.1857 (Str. Arch. 27, S. 87) verwiesen: Das Obertribunal hat für den Ausschluß eines Gemeindegliedes aus einer Gemeinde, gegen den die Entscheidung der ordentlichen Gerichte angerufen war, den Rechtsweg für unzulässig erklärt, weil es gegen den Ausschluß aus der Gemeinde nur die Beschwerde an das Oberkirchenkollegium gäbe, dessen Entscheidung nicht anfechtbar sei.

In ähnlicher Weise ist 1930 – allerdings m.E. nicht mit so zureichender Begründung – anerkannt worden, daß die Freireligiöse Gemeinde in Wiesbaden auf Grund des Dekrets der Nassauischen Landesregierung vom 18.10.1848 (Erlaß vom 10.10.1930 – G I 10368 -) und daß die Freireligiöse Gemeinde in Frankfurt/M., die auf Grund des Beschlusses des Senats der Freien Stadt Frankfurt vom 20.12.1859 Korporationsrechte erhalten hat (Erlaß vom 10.10.1930 – G I 10378 –), Körperschaften des öffentlichen Rechts sind. Beide sind inzwischen polizeilich aufgelöst worden.

Beim Abschluß der Ausführungen über die Form der Anerkennung oder Verleihung der Eigenschaft der Körperschaft des öffentlichen Rechts kann hiernach festgestellt werden, daß diese Anerkennung bei den meisten in Betracht kommenden Religionsgesellschaften z.Zt. in einer eindeutigen Form vorliegt. Daneben gibt es aber einige Fälle, in denen eine solche formale Klarstellung fehlt. Für diese macht sich das Bedürfnis geltend, einen materiellen Begriff der KdöR oder wenigstens der „Religionsgesellschaft des öffentlichen Rechts" zu haben, nach dessen Maß geprüft werden kann, ob eine bestimmte Institution Religionsgesellschaft döR ist. Dieses Bedürfnis wird deshalb im Auge zu behalten sein, wenn jetzt auf den Inhalt sowohl der Eigenschaft der Religionsgesellschaft als KdöR, als auch den ihrer öffentlichen Rechtsstellung überhaupt eingegangen wird.

II. *Der Inhalt der Eigenschaft der Körperschaft des öffentlichen Rechts und die öffentliche Rechtsstellung der Religionsgesellschaften:* Betrachtet man den materiellen Inhalt der Rechtsstellung der Religionsgesellschaften, denen formal die Eigenschaft der KdöR zuerkannt ist, so fällt zunächst ohne weiteres auf, daß er bei den einzelnen Religionsgesellschaften sehr verschieden ist. Die Qualität als KdöR für sich deckt sich infolgedessen nicht mit dem Inhalt dieser Rechtsstellung.

Schon die Urheber des Art. 137 W.RV waren sich über den wahren Inhalt der Qualität der KdöR nicht klar. Zwar wurde festgestellt, daß es sich nach Landesrecht bestimme, welche Rechte sich in den einzelnen Ländern an die Eigenschaft einer Religionsgesellschaft als öffentliche Körperschaft knüpften, und daß das Landesrecht nach wie vor freie Hand habe, zu bestimmen, welche Rechte mit dieser Eigenschaft verbunden seien (Israel, Geschichte des Reichskirchenrechts, S. 38). Ob aber nicht doch notwendig gewisse Bevorrechtigungen mit der Eigenschaft des KdöR gegeben seien, blieb den Rednern, die sich mit den Entwürfen zu Art. 137 befaßten, ungewiß. Die Staatspraxis hat aus dem Begriff der KdöR keine Privilegien abgeleitet. Sie hat jedenfalls daraus, daß z.B. den Methodisten und anderen Freikirchen die Rechte einer KdöR gewährt wurden, nicht die Folgerung gezogen, daß ihnen außer der Tatsache dieser Qualifikation nun auch alle besonderen Rechte beigelegt werden müßten, die die großen christlichen Kirchen haben. Sie hat vielmehr darauf hingewiesen, daß die besondere privilegierte Rechtsstellung der Kirchen auf besonderen gesetzlichen Bestimmungen beruhe, und im übrigen auch jeweils verschieden sei, so daß ein Normalbestand von Privilegien, der für alle Religionsgesellschaften döR in Betracht komme, nicht festzustellen sei. Wenn man danach sagen kann, daß die privilegierte Rechtsstellung nicht aus der Eigenschaft als KdöR folgt, so läßt sich umgekehrt fragen, ob die privilegierte Rechtsstellung der Kirchen auch *notwendig* die Qualität als KdöR in sich schließen müsse. Diese Frage muß nicht unbedingt bejaht werden. Doch ist zweifellos, daß zwischen der Qualität als KdöR und der ganzen öffentlichen Rechtsstellung der Religionsgesellschaften, insbesondere natürlich der Kirchen ein enger Zusammenhang besteht. Wenn im folgenden die öffentliche Rechtsstellung der Kirchen einer Betrachtung unterzogen wird, so wird deshalb diesem Zusammenhang besondere Aufmerksamkeit zuzuwenden sein. Die Übersicht über die Rechtsstellung der öffentlich-rechtlichen Religionsgesellschaft versuche ich derart zu gliedern, daß ich zunächst das darstelle, was sich aus *ihren staatlich anerkannten Verfassungen und den zu der Verfassung oder der Verleihung der Korporationsrechte besonders ergangenen staatlichen Bestimmungen* ergibt, und dann die wichtigeren Gesichtspunkte erörtere, die sich aus der *übrigen staatlichen Gesetzgebung* für die Rechtsstellung der öffentlich-rechtlichen Religionsgesellschaften ergibt. Es wird sich zeigen, daß die Religionsgesellschaften des öffentlichen Rechts neben den übrigen KdöR eine Sonderstellung einnehmen, und daß für ihre Eigenschaft als KdöR und auch für ihre Rechtsstellung den Spezialvorschriften ihrer Verfassung und den im Zusammenhang mit dieser ergangenen staatlichen Bestimmungen besondere Bedeutung zukommt.

A. Was diese *Verfassung* der Religionsgesellschaften anlangt, so beruht sie auf einer gewissen Autonomie, die Verfassung einer *öffentlich-rechtlichen* Religionsgesellschaft ist jedoch ohne eine entscheidende Mitwirkung des Staates nicht denkbar. Auch die katholische Kirche, deren Verfassung und ganzes Rechtssystem prinzipiell rein kirchlich sind, hat sich eine wesentliche Einwirkung des Staates auf ihre Rechtsstellung und auch Verfassung gefallen lassen, vom Mittelalter an bis zu den preußischen Gesetzen über die Vermögensverwaltung. Bei der evangelischen Kirche liegen in Preußen keine zehn Jahre zwischen der Überleitung des landesherrlichen Kirchenregiments auf kirchliche Organe mit dem Staatsgesetz von 1924 und den Eingriffen des Staates in die Verfassungsgestaltung durch Bestellung von Staatskommissaren und staatliche Anordnung von Wahlen im Jahre 1933. Auch während dieser Zwischenperiode wurde staatlicherseits niemals der Standpunkt verlassen, daß kirchliche Institutionen mit Rechtsfähigkeit ohne staatliche Mitwirkung entstehen konnten. Bei den kleineren Religionsgesellschaften ist die Qualifikation als KdöR immer nur verliehen worden, wenn gleichzeitig eine Verfassung vorgelegt wurde und diese die staatliche Billigung fand. Z.B. heißt es in dem Erlaß des Staatsministeriums betr. den Bund der Baptistengemeinden vom 18.8.1930 – St. M I 9524 – G I 2375/II –, daß dem Bunde *auf Grund der Verfassung* vom 21.2.1930 die Rechte einer KdöR verliehen werden. Darüber hinaus ist aber auch bei diesen Religionsgesellschaften für Veränderungen der Verfassung in bestimmten Punkten (Sitz und Gebiet der Körperschaft, Bildung und Zusammensetzung der zur vermögensrechtlichen Vertretung oder zur Ausübung behördlicher Befugnisse berufenen Organe und die Voraussetzungen der Mitgliedschaft) die Staatsgenehmigung vorgeschrieben worden.

Daß hier eine besondere privilegierende Mitwirkung des Staates jeweils erfolgt, zeigt sich auch, wenn die einzelnen Elemente der Verfassung betrachtet werden.

a) Die *Rechtsfähigkeit* erlangen die Religionsgesellschaften döR auf eine andere Weise als gewöhnliche juristische Personen. Mit der Verleihung der Rechte der KdöR ist immer die Anerkennung und Verleihung der Korporationsrechte verbunden. Nach den oben erwähnten Konkordatsbestimmungen sieht es so aus, als ob für die Verfasser der Konkordate (besonders den von Art. 13 Reichskonkordat) die Rechtsfähigkeit einer der wichtigsten Bestandteile der Körperschaftsrechte sei. In einer Mitteilung an den Reichskirchenminister betr. den durch bayer. luth. Kirchengesetz vom 18.1.1935 mit Wirkung vom 1.1.1935 an gebildeten Pfründenstiftungsverband hat der bayrische Kultusminister angezeigt, er habe dem Pfründenstiftungsverband unter Bezugnahme auf das kirchliche Gesetz mit Entschließung vom 10.1.1935 (II 63416) *„die Rechtsfähigkeit als Körperschaft des öffentlichen Rechts“* verliehen.

b) Der *organisatorische Aufbau* entspricht bei den *großen* Religionsgesellschaften döR dem des Staates. Das Funktionieren der leitenden Instanzen und ihr Zusammenspiel, vor allem die Abhängigkeit der nachgeordneten von den übergeordneten vollzieht sich in organisatorischen Formen, die denen des Staates entsprechen.

Bei den kleineren Religionsgesellschaften wird ihren staatlich anerkannten Verfassungen eine besondere bindende Kraft zuerkannt. Im übrigen finden wir bei den kleineren Religionsgesellschaften wenig Analogien zum inneren Behördenbetrieb des Staates: Verfügungen, Erlasse, Gesetze, Verordnungen gibt es bei ihnen nicht. Sie sind in den Verfassungen dieser Körperschaften nicht vorgesehen und ihre Aufnahme in die Verfassung würden die Staatsbehörden wohl auch nicht zugelassen haben. Erst recht gilt das von Einrichtungen wie der Zwangsetatisierung, die für das Verhältnis der innerkirchlichen Stellen kennzeichnend ist, und der Rechts- und Amtshilfe, die hinsichtlich des Verhältnisses von Staats- und Kirchenbehörden von Interesse ist. Zwangsetatisierung und Rechtshilfe beruhen auch auf speziellen gesetzlichen Bestimmungen, die nur für die großen Kirchen, und zwar außer in Württemberg, nur für die evangelische Kirche gelten (Preuß. Staatsgesetz 8.4.1924, Art. 14 Abs. 2; Württ. Kirch. Gesetz, § 52 Abs. 1; Mecklenb. Schwer. Gesetz für die evang.-luth. Kirche vom 15.7.1924, § 1 Abs. 3; Art. 4 des Gesetzes über die Verfassung der Deutschen Evangelischen Kirche). Die genannten Gesetze gewähren übrigens durchweg ausdrücklich auch das Recht für die kirchlichen Disziplinarbehörden, Zeugen und Sachverständige zu vereidigen. Hier sei angemerkt, daß die Konsistorien dieses Recht auch vorher ausgeübt hatten, obwohl sie seit 1876 aufgehört hatten, Staatsbehörden zu sein.

Allen Religionsgesellschaften des öffentlichen Rechts gemeinsam ist hinsichtlich ihrer Behörden nur, daß ihre maßgebenden Organe im bürgerlichen Rechtsverkehr den Charakter von öffentlichen Behörden haben und daß die von ihnen ausgestellten Urkunden öffentliche Urkunden sind. Nach § 415 ZPO sind öffentliche Urkunden solche, die von einer öffentlichen Behörde innerhalb der Grenzen ihrer Amtsbefugnisse in der vorgeschriebenen Form aufgenommen sind. Hierunter sind in der Rechtsprechung die Kirchenbehörden und Gemeindekirchenräte gerechnet worden (RGZ 59, S. 331; KG Jch. 33, S. 191) und werden neuerdings auch die Organe und die Urkunden der Organe der nach Art. 137 Abs. 5 Weimarer Reichsverfassung neuerdings Körperschaften des öffentlichen Rechts gewordenen Religionsgesellschaften (z.B. der Methodisten) gerechnet. Von praktischer Bedeutung ist dies vor allem im Grundbuchverkehr, wo die Kirchenbehörden ihre Erklärungen abgeben können, ohne sie notariell beglaubigen lassen zu müssen. Auf die größeren Kirchen wird auch Art. 12 § 2, Art. 27 AGBGB angewendet. Danach kann die im § 313 BGB vorgeschriebene Beurkundung der Veräußerung eines Grundstücks und bei buchungsfreien Grundstücken der Eigentumsübergang durch einen Beamten der beteiligten Behörde erfolgen, wenn ein Vertragsteil durch eine öffentliche Behörde (hier also eine Kirchenbehörde) vertreten ist. Die anderen Religionsgesellschaften döR dürften noch keinen Versuch gemacht haben, von dieser Möglichkeit Gebrauch zu machen.

Für die Behörden der größeren Religionsgesellschaften döR und erst recht für die der kleineren kann jedoch keine Rede davon sein, daß ihre Verfassung oder die dazu ergangenen Bestimmungen ihnen in *allen* Rechtsgebieten die Stellung als öffentliche Behörde verschaffen. Bis zu einem gewissen Grade teilen in dieser Beziehung ihr Geschick übrigens auch andere KdöR, bei denen sich ebenfalls zeigt, daß es keinen für alle Rechtsgebiete einheitlichen Begriff der KdöR und ebenso keinen einheitlichen Begriff der Behörde gibt. So hat das Reichsgericht (E 47, 49) entschieden, daß die Kirchenbehörden keine „Behörden“ im Sinne des § 114 StGB sind, der den mit Strafe bedroht, der es unternimmt, eine *„Behörde“* oder einen Beamten zur Vornahme oder Unterlassung einer Amtshandlung zu nötigen (entspr. dieselbe Entscheidung für Amtsanmaßung, § 132 StGB). Das RG definiert hier die Behörde als ein ständiges, von dem Wechsel der Personen unabhängiges Organ der Staatsgewalt, das dazu berufen ist, unter öffentlicher Autorität nach eigenem Ermessen für die Herbeiführung der Zwecke des Staates tätig zu sein.

c) Das *Verhältnis* der großen Religionsgesellschaften *zu ihren Mitgliedern* ist durch das Parochialrecht und durch das Kirchenaustrittsrecht gekennzeichnet, die beide hoheitlichen Charakter haben. Die Mitgliedschaft in den kleineren Religionsgesellschaften döR, gerade auch Erwerb und Verlust, unterscheiden sich durchweg nicht von der Mitgliedschaft in einem privaten Verein. Bemerkenswert ist nur, daß die Verfassung der Bischöflichen Methodistenkirche in Preußen in Art. 1a außer der Bestimmung, daß die Zugehörigkeit der Kirche auf Antrag durch Aufnahme in eine Methodistengemeinde erworben wird, auch den Satz enthält, daß Kinder von Mitgliedern der Kirche zugehören.

d) Die *bindende Kraft der Gesetze und Anordnungen* der Religionsgesellschaften *für ihre Mitglieder* ist in den Konkordaten, so in Art. 1 Abs. 2 des Reichskonkordats anerkannt. Aber auch gegen *Dritte* hat die Ausübung der kirchlichen Autonomie eine gewisse *Wirkung*. Z.B. wird die Legitimation und Zuständigkeit der kirchlichen Organe, die mit Dritten in rechtsgeschäftliche Beziehung treten, nach kirchlichem Recht beurteilt.

In diesem Zusammenhang gehören auch die kirchlichen Vorschriften über die Genehmigungsbedürftigkeit bestimmter kirchlicher Rechtsgeschäfte durch die übergeordneten kirchlichen Organe. So ist in Bayern rechts des Rheins am 14.2.1938 (Amtsblatt Nr. 5) ein Kirchengesetz erlassen worden, durch das eine erhebliche Zahl von Rechtsvorgängen bei Meidung der Rechtsungültigkeit für genehmigungsbedürftig erklärt worden sind. Es läßt sich nicht verkennen, daß dadurch für den kirchenrechtlich nicht unterrichteten Vertragspartner der Kirchengemeinden ein Moment der Unsicherheit in die Geschäftsbeziehungen kommt. In Preußen würde eine derartige kirchengesetzliche Regelung auch nach dem Kirchenvertrag und dem Konkordat nicht ohne staatliche Billigung möglich sein. In Bayern ist die Lage anscheinend anders. Diese kirchlichen Genehmigungsvorschriften sind ein nicht unwichtiges Beispiel dafür, wie kirchliche Gesetze und kirchenbehördliche Entscheidungen auch gegen Dritte, die nicht Mitglieder der Kirche zu sein brauchen, erhebliche Wirkungen zeigen.

Wenn auch die Konkordate nur von *bindender Kraft* für die Mitglieder sprechen, so kommt eine solche bindende Kraft, die über die soeben erörterte *Wirkung* hinausgeht, auch *Dritten* gegenüber vor. Allerdings sind die Zeiten, wo dies in weitem Umfang z.B. im Personenstandsrecht, der Fall war, längst vorbei und die noch vorhandenen Fälle dieser Art dürften bald verschwinden. Bindende Kraft gegen Dritte haben die Gebührenordnungen, z.B. die Ordnungen der Friedhofsgebühren – allerdings nur auf Grund besonderer Bestimmungen, pr. Ges. 8.4.1924, Art. 6, 3. Sie sind auch maßgebend für solche, die aus der Kirche ausgetreten sind oder einer anderen Religionsgemeinschaft angehören und können von ihnen auf Grund bestimmter staatlicher Bestimmungen auch beigetrieben werden.

B. Haben wir uns in dem soeben beendeten Teil die Stellung der Religionsgesellschaften des öffentlichen Rechts vergegenwärtigt, wie sie sich aus ihren staatlich anerkannten Verfassungen und den zu der Verfassung oder der Verleihung der Korporationsrechte ergangenen staatlichen Bestimmungen ergibt, so wollen wir nunmehr die Rechtsstellung näher untersuchen, wie sie sich *nach der übrigen staatlichen Gesetzgebung* darstellt. Dabei sollen zunächst zwei Gebiete in je einem besonderen Abschnitt behandelt werden, denen eine besondere Bedeutung beikommt, das Beamtenrecht und das Reichssteuerrecht. Eine Reihe der übrigen interessierenden Bestimmungen sollen danach in einem dritten kurzen Abschnitt zusammenfassend angeführt werden.

1. *Das Beamtenrecht:* Daß die großen Religionsgesellschaften Beamte anstellen können, ist der Gesetzgebung nicht zweifelhaft. Alle wichtigeren beamtenrechtlichen Gesetze enthalten Bestimmungen über die Religionsgesellschaften des öffentlichen Rechts. Von den Gehaltskürzungsbestimmungen sei § 9 Abs. 2 des Teils 7 Kap. VI der großen NotVO vom 9.12.1931 (RGBl. I S.

738) erwähnt, der lautet: „Die Reichsbank und die Deutsche Reichsbahngesellschaft, die von sich aus eine den Vorschriften der §§ 1 bis 3 entsprechende Gehaltskürzung vornehmen, gelten nicht als KdöR im Sinne dieses Kapitels. Den öffentl. Rel. Ges. bleibt es überlassen, eine den Vorschriften der §§ 1 bis 3 entspr. Kürzung vorzunehmen."

Entsprechend sind die Rel. Ges. döR in § 76 des Gesetzes zur Änderung von Vorschriften auf dem Gebiete des allgemeinen Beamten-, des Besoldungs- und des Versorgungsrechts vom 30.6.1933 – BRÄG – (RGBl. I S. 433) ermächtigt worden, diesem Gesetz entsprechende Vorschriften zu erlassen.

Eine entsprechende Bestimmung findet sich in § 174 des Deutschen Beamtengesetzes (DBG). Danach gelten die Vorschriften des Abschnitts IX dieses Gesetzes über den Rechtsweg wegen vermögensrechtlicher Ansprüche für die öffentlichen Religionsgesellschaften und sind diese im übrigen ermächtigt, zur Regelung des Rechts ihrer Beamten und Seelsorger diesem Gesetz entsprechende Vorschriften zu erlassen.

Nach § 14 des Erstattungsgesetzes vom 18.4.1937 (RGBl. I S. 461), das nach § 1 für die Beamten pp. „im Dienste des Reichs und anderer Körperschaften, Anstalten und Stiftungen des öffentlichen Rechts pp." gilt, sind die Reichsbank sowie die öffentlich-rechtlichen Religionsgesellschaften und deren Verbände ermächtigt, diesem Gesetz entsprechende Vorschriften zu erlassen.

In § 40 des Wehrmacht-Fürsorge- und Versorgungsgesetzes vom 26.8.1938 – RGBl. I S. 1087 – (betr. die Verpflichtung zur Stellenbesetzung mit Militäranwärtern) sind die öffentlichrechtlichen Religionsgesellschaften und ihre Verbände gesondert aufgeführt nach a) den Behörden des Reichs, der Länder und der Gemeinden, b) der Reichsbank und c) den übrigen Körperschaften, Anstalten und Stiftungen des öffentlichen Rechts und den Verbänden von solchen.

Das Gesetz zur Wiederherstellung des Berufsbeamtentums galt nach der ausdrücklichen Bestimmung des Abschnitts I der Dritten DurchführungsVO vom 6.5.1933 (RGBl. I. S. 245) nicht für die Religionsgesellschaften. Nach § 1 der Durchführungsverordnung zur VO betr. das Treudienstehrenzeichen vom 30.1.1938 (RGBl. I S. 48) ist öffentlicher Dienst der zurückgelegte Reichs- und Landesdienst usw. und der Dienst bei den sonstigen Körperschaften, Anstalten und Stiftungen des öffentlichen Rechts mit Ausnahme des Dienstes bei den Religionsgesellschaften.

Hieraus ergibt sich in Verbindung mit weiteren Vorschriften der genannten Gesetze folgendes Bild:

a) Die sog. Dienstherreneigenschaft und das Beamtenwesen bei den Religionsgesellschaften des öffentlichen Rechts werden vorausgesetzt. Dies gilt sicher für die großen Religionsgesellschaften; ob auch für die kleineren, kann zweifelhaft sein, worüber später noch einiges.

b) Die Religionsgesellschaften des öffentlichen Rechts werden an sich zu den übrigen KdöR gerechnet. Soweit nichts besonderes gesagt ist, finden deshalb die Bestimmungen, die für die KdöR gelten, auch auf sie Anwendung. Hinsichtlich der *grundlegenden* beamtenrechtlichen Bestimmungen hält es der Gesetzgeber aber so, daß er den Religionsgesellschaften die Möglichkeit zuspricht, von ihrem Dienstherrenprivilegium Gebrauch zu machen. Damit trägt er der Lage, wie sie auch in Art. 137 WRV sich spiegelt, daß nämlich die Religionsgesellschaften, obwohl KdöR, doch dem Staate in einer gewissen Distanz gegenüber stehen, Rechnung, und zwar in einer Weise, die für die Kirche recht günstig ist. Eine unmittelbare Anwendung des DBG mit Vorschriften wie § 24, wonach grundsätzlich der Führer die Beamten ernennt, wäre allerdings jedenfalls ausgeschlossen.

c) Daß Zweifel darüber möglich sein können, in welchem Umfang die Bestimmungen des DBG von den Religionsgesellschaften auf Grund der Ermächtigung des § 174 DBG für ihre Beamten übernommen werden können, hat das praktische Beispiel der Anordnung der evang. Landeskirchen aus dem Jahre 1938 über den Treueid der Geistlichen und Kirchenbeamten für Führer, Volk und Reich gezeigt (vergl. z.B. altpr. VO vom 20.4.1938 – GBL. D. DEK B, S. 41 -). Eine

Vereidigung auf den Führer als den obersten Dienstherrn wäre wohl kaum angängig gewesen; doch dürfte die Vereidigung auf den Führer als obersten Repräsentanten und Führer des Volkes, um die es sich handelte, der gegenwärtigen staatskirchenrechtlichen Lage entsprechen.

d) Die Frage, ob die Tätigkeit bei einer Religionsgesellschaft döR „öffentlicher Dienst" ist, ist danach nicht allgemein zu bejahen. Beachtlich sind dazu folgende Bestimmungen:

In § 127 DBG sind die Versorgungsbezüge eines Warte- und Ruhestandsbeamten, der im „öffentlichen Dienst" verwendet wird, geregelt. Der Begriff des „öffentlichen Dienstes" wird hier ausdrücklich *nur* für die Absätze 1 und 2 dieses Paragraphen dahin umschrieben, daß zu ihm jede Beschäftigung im Dienste des Reichs oder anderer Körperschaften, Anstalten und Stiftungen des öffentlichen Rechts gehört. Nach Ziffer 10 der Ausführungsbestimmungen zählen hierzu auch die öffentlich-rechtlichen Religionsgesellschaften und deren Verbände.

Nach § 85 DBG kann die Zeit, die ein Beamter im Dienst einer öffentlich-rechtlichen Religionsgesellschaft und ihrer Verbände tätig gewesen ist, für das Ruhegehalt angerechnet werden. Die Tätigkeit bei den Religionsgesellschaften erscheint hier in der Gesellschaft der hauptberuflichen Tätigkeit bei der NSDAP, der Tätigkeit als Rechtsanwalt, Verwaltungsrechtsrat oder Notar, des öffentlichen Dienstes eines anderen Staates und dergl., sie ist also der Tätigkeit der Beamten im Sinne des Beamtengesetzes nicht unmittelbar gleichgestellt.

e) Die soeben schon berührte Frage, ob *alle* Religionsgesellschaften döR Beamte anstellen können, also *dienstherrenfähig* sind, kann m.E. nicht allein auf Grund des Wortlauts des § 174 DBG, wonach die Religionsgesellschaften döR zum Erlaß entsprechender Vorschriften ermächtigt sind, beantwortet werden. Nimmt man den Wortlaut des § 174 allein, so könnte man annehmen, daß, weil er von den Rel. Ges. döR schlechthin spricht, auch alle Rel. Ges. döR berechtigt sind, nicht nur Vorschriften zu erlassen, sondern auch Beamte anzustellen. Diese Auslegung würde aber bedeuten, daß § 174 DBG einer Reihe von Religionsgesellschaften döR einer Qualität beilegt, die ihnen nach ihrer Geschichte, nach den bei Verleihung der Körperschaftsrechte ergangenen staatlichen Bestimmungen und nach ihrer dabei zugrundegelegten Verfassung nicht zustehen und die sie auch selbst bisher nicht in Anspruch genommen haben.

Man könnte noch Bestimmungen des DBG heranziehen, auf Grund deren für andere KdöR entschieden wird, ob sie dienstherrenfähig sind und Beamte anstellen können. § 148 Abs. 2 DBG bestimmt, daß solche Körperschaften neue Stellen für Beamte nur einrichten dürfen, wenn der zuständige Reichsminister im Einvernehmen mit dem Reichsminister der Finanzen ihnen hierzu seine Zustimmung erteilt. In Abs. 1 dieses Paragraphen heißt es, daß Stellen für Beamte nur eingerichtet werden dürfen, soweit sie die Wahrnehmung obrigkeitlicher Aufgaben in sich schließen oder aus Gründen der Staatssicherheit nicht von Angestellten oder Arbeitern wahrgenommen werden können. Hieraus folgert man, daß nur solche Körperschaften dienstherrenfähig sind, die eine obrigkeitliche Tätigkeit ausüben (*Günther*, Körperschaftsbeamtenrecht in: Deutsche Verwaltung Jahrgang 15 (1938) Nr. 13, S. 402). Diesen Grundsatz unmittelbar auf die Religionsgesellschaften döR anzuwenden, erscheint mir bedenklich. Denn § 148 DBG, aus dem er gewonnen ist, gilt ebensowenig wie die übrigen Vorschriften des DBG (abgesehen von den erwähnten, die die Rel. Ges. ausdrücklich erwähnen) unmittelbar für die Religionsgesellschaften des öffentlichen Rechts.

Aber auch eine entsprechende Anwendung, weil dieser Grundsatz ein allgemeiner Grundsatz des Beamtenrechts sei, erscheint mir ausgeschlossen. Praktisch würde er für die Religionsgesellschaften bedeuten, daß es weniger darauf ankommt, ob sie die Dienstherrenfähigkeit herkömmlich oder durch besondere gesetzliche Bestimmungen oder ihre anerkannte Verfassung haben, sondern daß diese nur insoweit anzuerkennen wäre, als Ausübung obrigkeitlicher oder wenigstens obrigkeitsähnlicher Befugnisse bei den Amtsträgern (also z.B. das Kirchensteuerrecht) vorkommt.

Hier erhebt sich die Frage, die wir in anderer Gestalt beim Steuerrecht wiederfinden werden, ob die Ausstattung der Religionsgesellschaften mit der Qualität als KdöR und hier speziell der Dienstherrenfähigkeit mehr formaler Natur ist oder ob sie material mit dem Inhalt der Betätigung der betr. Körperschaft zusammenhängt. Wieder am Beispiel ausgedrückt, würde es sich darum handeln, ob, wenn z.B. das Kirchensteuerrecht und die entsprechenden obrigkeitlichen Befugnisse der Beamten wegfallen, in entsprechendem Maße auch die Dienstherrenfähigkeit wegfallen würde. Praktisch würden sich daraus u.a. für die Kirchenbeamtenqualität der Geistlichen Folgerungen ergeben, weil bei diesen die Ausübung obrigkeitlicher Befugnisse am ehesten in Zweifel zu ziehen ist. Praktisch würde das bei einer Freikirche wie den Methodisten bedeuten, daß es nicht darauf ankommt, daß sie in ihrer anerkannten Verfassung die Dienstverhältnisse ihrer Prediger beamtenrechtlich regeln, sondern allein darauf, daß die methodistischen Prediger, zumal die Methodisten kein Kirchensteuerrecht haben und auch nicht haben wollen, keine obrigkeitlichen Befugnisse ausüben.

Ohne der weiteren Behandlung der Frage in anderem Zusammenhang vorgreifen zu wollen, ist festzustellen, daß diese Folgerungen praktisch nicht möglich und rechtlich mit bestimmten geltenden Vorschriften nicht in Einklang stehen. Die Körperschaftsqualität und auch das Beamtenrecht beruhen nicht auf der materialen Gleichartigkeit von Staat und Religionsgesellschaften. Infolgedessen kommt auch eine entsprechende Anwendung des aus § 148 DBG abgeleiteten Grundsatzes nicht in Betracht. Vielmehr sind maßgebend die anerkannten Verfassungen der Religionsgesellschaften döR und die dazu oder sonst ergangenen staatlichen Bestimmungen, deren besondere Bedeutung als spezielle Vorschriften hier wie anderwärts in Erscheinung tritt. Nach diesen richtet sich, ob die betreffende Religionsgesellschaft döR dienstherrenfähig ist und deshalb § 174 DBG für sie praktische Bedeutung hat. *Zusammenfassend läßt sich sagen*: Die Beamten der öffentlichen Religionsgesellschaften mit Dienstherrenqualität versehen ein öffentliches Amt und stehen im öffentlichen Dienst. Ihr Amt und ihr Dienst entsprechen jedoch nicht voll dem Begriff des öffentlichen Amts und des öffentlichen Dienstes. Sie sind Beamte, ihre Stellung ist öffentlich-rechtlicher Art, sie sind jedoch keine Beamten im Sinne des DBG, zumal sie das Reich weder unmittelbar noch mittelbar zum Dienstherrn haben (vgl. *Nadler, Wittland, Ruppert*, Dtsch. Beamtengesetz, Vorbem. 117).

2. *Das Reichssteuerrecht:* In diesem Abschnitt sollen nur die Grundsteuer, die Körperschaftssteuer und die Umsatzsteuer behandelt werden, obwohl auch hinsichtlich anderer Steuern z.B. Erbschaftssteuer Einiges gesagt werden könnte.

a) Das neue *Grundsteuergesetz* vom 1.12.1936 stellt in § 4 Ziff. 5 frei a) den Grundbesitz, der dem Gottesdienst einer öffentlich-rechtlichen Religionsgesellschaft gewidmet ist, b) den Grundbesitz einer öffentlich-rechtlichen Religionsgesellschaft oder einer anderen KdöR, der von der Religionsgesellschaft für Zwecke der religiösen Unterweisung benutzt wird, c) den Grundbesitz einer öffentlich-rechtlichen Religionsgesellschaft pp., der von der Religionsgesellschaft für ihre Verwaltungszwecke benutzt wird.

Es ist ohne weiteres ersichtlich, daß diese Vorschriften kein besonderes Material zur Bestimmung der rechtlichen Wesensart der Religionsgesellschaften döR enthalten. Die Anwendung dieser Bestimmungen hat deshalb auch bisher zu keinen Schwierigkeiten geführt. Den Grund dafür darf man wohl darin suchen, daß diese Vorschriften sich jeder materialen Bestimmung des Wesens der Religionsgesellschaften döR enthalten und daß die darin liegende Art der formalen Regelung auch insofern noch weiter fortgeführt worden ist, als die DurchführungsVO in § 9 bestimmt, daß darüber, ob eine Religionsgesellschaft eine KdöR ist, im Zweifelsfall für die Zwecke der Grundsteuer der Reichsminister für die kirchl. Angelegenheiten entscheidet. Diese Entscheidungen bereiten im allgemeinen keine Schwierigkeiten. Die wichtigsten Religionsgesellschaften döR sind auch schon in den Grundsteuerrichtlinien den Steuerbehörden bekannt gegeben worden.

Zweifel können nur entstehen bei bestimmten schon oben erwähnten kleineren Religionsgesellschaften z.B. Mennonitengemeinden oder Gemeinden der Brüderunität. In diesen Fällen macht sich, wie bei den Altlutheranern das Bedürfnis nach einem Begriff der Religionsgesellschaft döR geltend.

Ein weiteres Problem bei Anwendung dieser neuen Grundsteuerbestimmungen ergibt sich daraus, daß es in dem ersten Befreiungsfall nicht darauf ankommt, daß der Grundbesitz einer öffentlich-rechtlichen Religionsgesellschaft gehört, sondern darauf, daß er dem Gottesdienst einer öffentlichen Religionsgesellschaft gewidmet ist. Die Sachbeziehung des Grundbesitzes zum Rechtsträger der Religionsgesellschaft döR ist verhältnismäßig einfach festzustellen. Da Gottesdienst aber von sehr vielen Personen abgehalten wird, ist sehr viel schwerer festzustellen, wie weit in dieser Beziehung die Religionsgesellschaft döR gewissermaßen reicht. Das Problem taucht auch in den verschiedensten anderen Zusammenhängen, z.B. im Sammlungsrecht, auf, da bei der Vielgestaltigkeit des religionssoziologischen Lebens in der Kirche viele Leute, die der Kirche angehören, z.B. die Bekenner, geneigt sind, im Interesse der Erlangung der betreffenden Steuer- oder sonstigen Privilegien ihre religiösen Veranstaltungen als „Gottesdienst der öffentlich-rechtlichen Religionsgesellschaft“ Evang. Kirche hinzustellen. Ohne dieses Problem vertiefen zu können, möchte ich sagen, daß es m.E. in diesen Fällen darauf ankommt, den öffentlich-rechtlichen kirchenverfassungsmäßigen Zusammenhang zwischen dem betreffenden Gottesdienst und der öffentlich-rechtlichen Religionsgesellschaft und ihren im Amt befindlichen Organen festzustellen (vgl. meine Ausführungen in der Urteilsbesprechung, Zeitschrift der Akademie für Deutsches Recht 1938 (5. Jahrg.) Nr. 22, S. 782).

Vergleicht man die Behandlung der Religionsgesellschaften döR mit der der anderen KdöR im Grundsteuergesetz, so ergibt sich folgendes: Nach den übrigen Befreiungsvorschriften, die eine Sonderbehandlung für eine ganze Reihe von Institutionen (von der NSDAP bis zum Volksbund für das Deutschtum im Ausland e.V.) bringen, kommt es auf die Qualität als KdöR bei diesen Institutionen nicht an. Im übrigen ist die Befreiung bei den anderen Körperschaften, auch denen des ö.R., an ganz bestimmte Voraussetzungen geknüpft, z.B. die, daß der Grundbesitz satzungsgemäß und nach der tatsächlichen Geschäftsführung ausschließlich und unmittelbar mildtätigen Zwecken dient (§ 4 Ziff. 3b GrStG). Die Befreiung bei den Religionsgesellschaften döR ist danach im Hinblick auf deren besondere Verhältnisse erfolgt. Die Verwendung des Begriffs der Religionsgesellschaften des öffentlichen Rechts hat dabei die Bedeutung, den Kreis der begünstigten Religionsgesellschaften einschränkend zu umgrenzen.

b) Nach § 4 Ziff. 6 des *Körperschaftssteuergesetzes* sind Körperschaften usw., die nach der Satzung, Stiftung oder sonstigen Verfassung und nach ihrer tatsächlichen Geschäftsführung ausschließlich und unmittelbar *kirchlichen*, gemeinnützigen oder mildtätigen Zwecken dienen, von der Körperschaftssteuer befreit. Kirchlich sind nach § 19 StAnpG, auf den § 9 Abs. 2 der KStDVO verweist, solche Zwecke, durch deren Erfüllung eine *christliche* Religionsgesellschaft *döR* ausschließlich und unmittelbar gefördert wird.

Praktisch erhebliche Zweifelsfragen haben sich im Anschluß an diese Bestimmungen nicht ergeben. Die neuerdings zahlreicher werdenden Finanzgerichtsentscheidungen in kirchlichen Körperschaftssteuersachen entstehen einmal durch die Vorschrift der Ziff. 6 des § 1 KStG, die auch die „Betriebe gewerblicher Art von Körperschaften öffentlichen Rechts“ körperschaftssteuerpflichtig macht, und ferner durch die Vorschrift in dem oben erwähnten § 4 Ziff. 6, wonach kirchliche Körperschaften insoweit körperschaftssteuerpflichtig sind, als sie einen wirtschaftlichen Geschäftsbetrieb unterhalten, der über den Rahmen einer Vermögensverwaltung hinausgeht. Praktisch handelt es sich dabei um die Einnahmen aus der Herausgabe von Sonntagsblättern und vor allem aus Eintrittsgebühren zu Kirchen, z.B. zur Garnisonkirche in Potsdam. Von Interesse ist hier, daß in den einschlägigen Urteilen auf die eigentlichen kirchlichen Aufgaben verwiesen wird.

Z.B. wird in dem Vorbescheid des Reichsfinanzhofes betreffend die Hamburger Michaeliskirche (vom 6.9. 1938 – AZ VIa 7/38 -) ausgeführt, die Gestattung der Besteigung des Kirchturms und die entgeltliche Gestattung der Besichtigung der Kirche hänge mit der *eigentlichen* kirchlichen Aufgabe der Kirchengemeinde und der Kirche, zu der die Kirche als Teil des Kirchenvermögens bestimmt sei, nicht zusammen. Es wird also weniger nach der Ausübung öffentlicher Gewalt bei der Religionsgesellschaft gefragt, um etwa die Steuerbefreiung nur etwa in einem entsprechend beschränkten Umfang zu gewähren.

Im übrigen hat die Verwendung des Begriffs der Religionsgesellschaften döR im Körperschaftssteuerrecht ähnlich wie im Grundsteuerrecht die Bedeutung, den Kreis der begünstigten Religionsgesellschaften zu beschränken.

c) Im *Umsatzsteuergesetz* lautet die Vorschrift über die Steuerbefreiung, die für die Religionsgesellschaften döR in Betracht kommt, einfach: „Die Ausübung der öffentlichen Gewalt ist keine gewerbliche oder berufliche Tätigkeit" (§ 2 Abs. 3). Diese von den bisher besprochenen Steuergesetzen abweichende Terminologie führt dazu, das Wesen der Religionsgesellschaften als KdöR bei Anwendung des Umsatzsteuergesetzes näher zu untersuchen. Das Problem wird noch deutlicher bei der Betrachtung der Durchführungsbestimmung zu § 2 Abs. 3 UstG. Nach deren Fassung vom 23.12.1938 (RGBl I S. 227), die aber insoweit mit der vom 17.10.1934 (RGBl. I S. 947) übereinstimmt, sind das Reich, die NSDAP usw. und „andere KdöR insoweit nicht gewerblich oder beruflich tätig, als sie *öffentlich-rechtliche Aufgaben* erfüllen (Ausübung der öffentlichen Gewalt"). Eine Erfüllung öffentlich-rechtlicher Aufgaben soll danach „insbesondere dann anzunehmen sein, wenn die Aufgaben auf Leistungen gerichtet sind, zu deren Annahme der Leistungsempfänger auf Grund gesetzlicher oder behördlicher Anordnung verpflichtet ist".

Hierzu ist zunächst festzustellen, daß die Steuerbehörden heute wie früher an sich daran festhalten, daß zu den „anderen Körperschaften des öffentlichen Rechts" im Sinne der Durchführungsbestimmung zu § 2 Abs. 3 UstG auch die Relig. GesöR gehören. Im übrigen machen sich aber neuerdings Bestrebungen zu einer Änderung der Praxis geltend. – Früher nahm man gerade, wenn die kirchlichen Körperschaften des öffentlichen Rechts arteigene, also spezifisch kirchliche Aufgaben erfüllen, Ausübung öffentlicher Gewalt im Sinne des § 2 Abs. 3 UstG an. Jetzt will man, da die kirchlichen Aufgaben außerhalb des Aufgabenkreises des nationalsozialistischen Staates lägen, Ausübung öffentlicher Gewalt nur soweit annehmen, als es sich nicht um kirchliche, sondern um andere sonst im Aufgabengebiet des Staates und der Gebietskörperschaften liegende Aufgaben handelt. – Die frühere Auffassung wurde auch in der Literatur vertreten. So heißt es im Kommentar von Popitz zum Umsatzsteuergesetz 3. Aufl. 1926, S. 347, daß die anerkannten Religionsgesellschaften eine der öffentlichen Gewalt des Staates ähnliche, von diesem in gewissem Sinne anerkannte Gewalt ausüben. Popitz nimmt deshalb Steuerfreiheit insoweit an, als ein Ausfluß dieser obrigkeitsähnlichen *kirchlichen* Gewalt vorliegt und will sie deshalb z.B. für Leistungen der zum Organismus der Kirche gehörenden Priesterseminare und Knabenkonvikte zubilligen.

Die vorhin erwähnte Definition der „Ausübung öffentlicher Gewalt" in den Durchführungsbestimmungen steht m.E. auch dieser älteren Auffassung nicht entgegen. Allerdings läßt sie in ganz anderer Weise als die Grundsteuervorschriften und die Körperschaftssteuervorschriften die Tendenz der Steuergesetzgebung erkennen, auch die öffentliche Hand da der Besteuerung zu unterwerfen, wo eine Steuerbefreiung nicht gerechtfertigt ist, und deshalb das materielle Wesen und vor allem die Betätigung der öffentlich-rechtlichen Institutionen zu enthüllen. Wenn die Durchführungsbestimmung auf die Erfüllung der „öffentlich-rechtlichen Aufgaben" abstellt, so können darunter bei den öffentlichen Körperschaften, bei denen die „Aufgaben" verfassungsmäßig, also öffentlich-rechtlich festgelegt sind, sehr wohl die „ihr eigentümlich und ihr vorbehaltenen Aufgaben“ gemeint sein (vgl. Gutachten des großen Senats des Reichsfinanzhofs vom 2.7.1938 – RVBl. 1938 Heft 50, S. 1076 ff. -).

Wenn man jetzt Ausübung öffentlicher Gewalt nur soweit annehmen will, als es sich nicht um kirchliche, sondern um andere sonst im Aufgabengebiet des Staates und der Gebietskörperschaften liegende Aufgaben handelt, so wird das wie folgt begründet: Alle öffentliche Gewalt könne nur solche sein, die vom Staat abgeleitet werde. Nach nationalsozialistischer Auffassung habe der Staat aber mit den spezifisch kirchlichen Angelegenheiten nichts zu tun. Infolgedessen könne es in Bezug auf sie auch keine öffentliche Gewalt geben.

Hier zeigt sich die Problematik der Stellung der Kirchen als KdöR. Wer das Wesen der KdöR darin sieht, daß sie dem Staatsorganismus eingegliedert sind, daß sie in ihrem Wirkungskreis öffentliche, ja Staatsaufgaben erfüllen, der wird allerdings den Religionsgesellschaften die öffentlichen Körperschaftsrechte absprechen müssen. Dann fallen sie von vornherein nicht unter die Durchführungsbestimmung zu § 2 Abs. 3 UStG und die Frage, ob ihre Aufgaben „öffentlich-rechtliche“ sind, ist müßig. Tatsächlich sind sie zum Teil wie die Russisch-Orthodoxe Diözese sogar erst neuerdings KdöR geworden, obwohl die Orthodoxe Diözese außer ihren kirchlichen Aufgaben gewiß keine staatlichen hat, zumal sie weder über Friedhöfe noch Schulen noch dergl. verfügt. Es handelt sich hier wieder um die Frage, ob die öffentliche Religionsgesellschaft noch besonders an materialen Kategorien der KdöR gemessen werden müssen, oder ob eben davon auszugehen ist, daß der Staat nicht gehindert ist, aus politischen Gründen nach seinem Ermessen die Stellung einer KdöR zu geben, wenn er will, und daß er das bei den Religionsgesellschaften des öffentlichen Rechts eben getan hat.

3. *Die übrige Gesetzgebung:* Im folgenden Abschnitt gebe ich noch eine summarische Übersicht über die im einzelnen bekannten gesetzlichen Bestimmungen, die für die Religionsgesellschaften als Körperschaft des öffentlichen Rechts von Bedeutung sind.

a) Unter den Vorschriften, die besondere Privilegien ausdrücklich zugunsten von Religionsgesellschaften aussprechen, sind zu nennen: die Vorschriften über die Kirchensteuer bis hin zu § 18 RAO betreffend die Mitwirkung der Reichsfinanzbehörden bei der Veranlagung und Beitreibung der Kirchensteuern; die Vorschriften über die Vollstreckung kirchlicher Gebühren (z.B. Artikel 6 Pr. Ges. 8.4.1924); die Sonderbehandlung der Kollekten der öffentlichen Religionsgesellschaften im Sammlungsgesetz; die bevorzugte Berücksichtigung der Forderungen „der *Kirchen* und Schulen“ wegen der an sie zu leistenden Abgaben (§ 61 Ziff. 3 KO); die Gerichtskostenfreiheit; die Befreiung von den Verwaltungsgebühren; die Buchungsfreiheit der Grundstücke der Kirchen, Klöster (und Schulen) (§ 90 GBO; § 1 VO.); die Anerkennung einer kirchlichen Widmung von Gegenständen, besonders Gebäuden, im Rechtsleben; der strafrechtliche Schutz „der christlichen Kirchen“ und der „anderen mit Korporationsrechten bestehenden Religionsgesellschaften“ vor Beschimpfung in § 166 StGB; dazu die Bestrafung der Störung des Gottesdienstes „einer im Staate bestehenden Religionsgesellschaft“ in § 167 StGB; ferner die Erwähnung der „Religionsdiener“ unter den Amtsträgern in § 196 StGB, bei deren Beleidigung auch der Vorgesetzte Strafantrag stellen kann; sowie die Sondervorschrift des Strafprozeßrechts über das Zeugnisverweigerungsrecht der Geistlichen in Seelsorge-Angelegenheiten; weitere spezielle Steuerbefreiungen, außer den im vorigen Abschnitt behandelten, wie z.B. Befreiung von der Erbschaftssteuer, der Hauszinssteuer oder bis neuerdings in Mecklenburg der Hundesteuer; die besondere Berücksichtigung der Interessen der Kirche im Wehrleistungsgesetz; endlich die Staatsleistungen.

Abgesehen von den Bestimmungen des StGB nehmen die betreffenden Vorschriften alle darauf Bezug, daß sie für die Religionsgesellschaften des öffentlichen Rechts gelten, soweit es sich nicht sogar um Privilegien handelt, die nur den großen Religionsgesellschaften vorbehalten sind.

b) Die Bestimmungen, die den Religionsgesellschaften des öffentlichen Rechts oder ihren Amtsträgern eine Funktion bei der Erfüllung der Staatsaufgaben zuweisen, sind nach und nach weggefallen:

Die Mitwirkung bei der Schulerziehung, die früher in der Schulinspektion, dann in der gemeinsamen Betreuung des Instituts der organisch verbundenen Kirchen- und Schulämter und bis kürzlich in amtlicher Mitwirkung der Geistlichen im Schulbeirat bestand, ist ganz gefallen. Eine Verbindung zwischen Religionsgesellschaften und Schule stellt heute noch der Religionsunterricht dar, über dessen Gestaltung das letzte Wort noch nicht gesprochen ist. – Die amtliche Mitwirkung der Geistlichen in der Arbeit der Jugendämter ist ebenfalls nicht mehr vorgesehen.

Die wesentlichste Staatsaufgabe, die die Religionsgesellschaften für den Staat noch erfüllen, ist, soweit ich sehe, die Verwaltung der Kirchenbücher für die Zeit vor den Standesamtsregistern.

c) Schließlich mögen hier noch einige Bestimmungen *beispielsweise* angeführt werden, die für Körperschaften des öffentlichen Rechts schlechthin erlassen sind, die aber auch auf die Religionsgesellschaften angewandt werden und damit für deren besondere Stellung kennzeichnend sind. Die allgemein für Körperschaften, Stiftungen und Anstalten des öffentlichen Rechts geltenden §§ 89, 31 BGB werden auch bei den Religionsgesellschaften des öffentlichen Rechts angewendet (vgl. auch Art. 5, 82 AGBGB).

Die Bestimmungen über die Zwangsvollstreckung gegen Körperschaften des öffentlichen Rechts (Preuß. Ges. vom 11.12.1934 – Pr. Ges. S. 457) gelten auch für die Religionsgesellschaften des öffentlichen Rechts und geben diesen einen besonderen Schutz vor beschleunigten Vollstreckungshandlungen. Im Strafrecht wird vom Kirchengesetz (Urt. 20.7.1923 – 1. Sen. 370/23 – *Ring*, Entsch. D. KG. Bd. I, S. 184; Pfarrarchiv, Bd. 13, 1925, S.236) zu den durch § 360 Ziffer 8 StGB gegen unbefugten Gebrauch geschützten Titeln auch der Titel Pfarrer gerechnet. Dabei wird bemerkenswerterweise die in der Literatur vertretene Auffassung, § 360 Ziffer 8 gelte nur für unter staatlicher Mitwirkung angestellte Pfarrer, unter Hinweis auf die trotz Lösung der engen Verbindung zum Staat nach Art. 137 W.RV. erhalten gebliebene Qualifikation als Körperschaft des öffentlichen Rechts abgelehnt.

Die Vorschriften aus dem Gebiete des Kreditwesens gelten sowohl zugunsten als zuungunsten der Religionsgesellschaften als Körperschaft des öffentlichen Rechts. Die Hypothekenbanken können nach § 41 des Hypothekenbankgesetzes vom 13. Juli 1899 Kredite an Religionsgesellschaften, wenn sie solche des öffentlichen Rechts sind, als Unterlage für die Ausgabe von Schuldverschreibungen verwerten. Auf der anderen Seite fallen die Religionsgesellschaften auch unter eine Kreditsperre, wie sie für die Körperschaften des öffentlichen Rechts verhängt wird. Soweit in der Gesetzgebung den Körperschaften des öffentlichen Rechts besondere Verpflichtungen auferlegt sind, fallen hierunter auch die Religionsgesellschaften des öffentlichen Rechts. Als praktisch recht wichtiges Beispiel sei die Verpflichtung zur Hergabe von Land für Zwecke der Kleinsiedlung erwähnt (§ 10 des Vierten Teils Kap. II der NotVO. vom 6.10.1931 – RGBl. I S. 537, 551 -).

Die Tarifordnungen für Gefolgschaftsmitglieder im öffentlichen Dienst finden teils unmittelbare Anwendung auf die Gefolgschaftsmitglieder in den kirchlichen Behörden, teils können sie von den kirchlichen Behörden für anwendbar erklärt werden (vergl. Reichshaushalts- und Besoldungsblatt 1938, S. 121 ff; RGBl. I S. 461; Ges. Bl. d. DEK. 1938, S. 83).

Vor allem ist hier aber noch einmal auf die zahlreichen, für Körperschaften des öffentlichen Rechts geltenden allgemeinen Bestimmungen hinzuweisen, von denen ein Teil schon oben erwähnt ist. Es sind vor allem solche, die das Auftreten der Körperschaft des öffentlichen Rechts im Verkehr, besonders im Rechtsverkehr regeln, wie die Bestimmungen über Urkunden (so § 415 ZPO) und über Flaggen (Art. 2 Reichsflaggenges. vom 15.9.1935, RGBl. I S. 1145; VO dazu vom 28.8.1937, RGBl. I S. 917; RdErl. RMindI vom 8.6.1935 (RMBliV. S. 545).

Schließlich ist als die Bestimmung, die immer wieder zur Prüfung des öffentlich-rechtlichen Charakters einer Lebensäußerung einer Religionsgesellschaft des öffentlichen Rechts [herangezogen wird], die Bestimmung über die Zulässigkeit des Rechtswegs (§ 13 GVG) zu erwähnen.

III. *Zusammenfassung und Erörterung der Ergebnisse.*

1. Rechtspolitische Erörterung der Gewährung der Körperschaftsrechte: Vor der Erörterung der Ergebnisse dieser Übersicht soll zunächst auf die rechtspolitischen *Gründe* für die Gewährung der öffentlichen Körperschaftsrechte an die Kirchen und Religionsgesellschaften eingegangen werden.

Unter diesen Gründen ist zunächst das Moment der Tradition anzuführen, das auf kulturpolitischem Gebiet immer einen, wenn auch vielfach wenig auffälligen, so doch sehr wesentlichen Einfluß ausübt. Sodann sind aber auch politische Gründe zu erkennen, die auch heute noch aktuelle Bedeutung haben. *Sie liegen darin,* daß die Religionsgesellschaften (wenigstens die größeren) einen verhältnismäßig sehr großen Teil der Volksgenossen umfassen und auch im allgemeinen Rechtsverkehr eine beträchtliche Rolle spielen. Mit der Gewährung einer gewissen Autonomie an so große Gebilde ist die Entstehung eines bestimmten Komplexes von Rechtsnormen, der auch eine gewisse öffentliche Geltung hat, verbunden. Dies gilt auch dann, wenn gleichzeitig der von einzelnen Kirchen erhobene Anspruch auf eine im Vergleich zum staatlichen Recht höhere Geltung ihres Rechts verneint oder auch bekämpft wird. Denn aus der Größe ergibt sich immer eine Macht; sie ist natürlich nach ihrem Umfang unter den einzelnen Regierungsformen sehr verschieden. Macht hat aber immer eine gewisse Öffentlichkeitswirkung und Macht ist ferner ein beachtlicher Faktor für die Entstehung von Recht. Das System der Behandlung besonders der Kirchen als KdöR verknüpft die seit Beginn der religiösen Neutralität naheliegende Freistellung der Kirchen vom Staat mit einer eigentümlichen, den Religionsgesellschaften ausdrücklich vom Staat her eine gewisse Dignität gewährenden Einfluß*nahme* auf ihre Grundbestimmungen, da, wie wir gesehen haben, durchweg bei den Religionsgesellschaften döR eine staatliche Mitwirkung beim Erlaß der Verfassung erfolgt und auch eine gewisse Staatsaufsicht stattfindet. Die Gewährung der Körperschaftsrechte stellt so eine bestimmte Form der Regelung des Verhältnisses von Staat und Kirche dar. Es ist gewissermaßen ein Zwischentyp zwischen Staatskirche und völliger Trennung von Staat und Kirche, ein Nebeneinander von Trennung im Materialen und Verbindung im Formalen. Somit sind die Körperschaftsrechte und nicht die zahlreichen Privilegien die entscheidenden Elemente bei der Frage der Trennung von Staat und Kirche. Auch *Rothenbücher* stellt in den Ergebnissen seines Buches „Die Trennung von Staat und Kirche", 1908, S. 457 fest, der Unterschied zwischen den verschiedenen Rechtssystemen könne nicht in dem Genusse der Privilegien bestehen und könne ebensowenig in der Unterhaltung des Kultus aus öffentlichen Mitteln oder in dem Bestehen oder Fehlen kultuspolizeilicher Normen gefunden werden (vgl. entspr. *Giaeonetti,* Quellen zur Geschichte der Trennung von Staat und Kirche, 1926, S. XVII, auch XIX und XX).

2. *Die Ergebnisse* lassen sich wie folgt *zusammenfassen:* a) Die Religionsgesellschaften döR nehmen unter den KdöR eine Sonderstellung ein. Wenn es einen allgemeinen Begriff der KdöR gibt, so fallen sie nicht unter diesen.

b) Dagegen kann versucht werden, die Hauptkennzeichen der Religionsgesellschaften döR hervorzuheben. Diese sind: Die Rechtsfähigkeit wird vom Staat in einer von den anderen juristischen Personen verschiedenen Weise verliehen. Die Verfassung kommt unter staatlicher Mitwirkung zustande und wird durch die Mitwirkung des Staates Teil der öffentlichen Rechtsordnung. Die Organe der Religionsgesellschaft döR haben bei Vertretung der Religionsgesellschaften döR eine behördenähnliche Stellung, was zwar keine Eingliederung in den Staatsorganismus darstellt, aber für den Verkehr mit anderen Behörden von Bedeutung ist.

Die Religionsgesellschaften döR stehen unter Staatsaufsicht.

Mit Hilfe dieser Kennzeichen kann in Zweifelsfällen geprüft werden, ob eine Religionsgesellschaft wie z.B. die Altlutheraner oder eine Gemeinde der Herrnhuter Brüderunität KdöR sind. Soweit diese Gemeinden in älterer Zeit auch Aufgaben des Staates (wie z.B. die Führung öffentlicher Register) wahrgenommen haben, können diese Merkmale mit berücksichtigt werden.

c) die Qualifikation der Religionsgesellschaften als solche des öffentlichen Rechts ist in gewissem Maße formaler Natur, wie auch die soeben erwähnten Kennzeichen der öffentlich-rechtlichen Religionsgesellschaften im wesentlichen ihre Form betrifft. Der allgemeine Begriff der KdöR kann deshalb auf Religionsgesellschaften döR nicht in ausschließendem Sinne angewandt werden. Der rechtspolitische Grund für die ausdrückliche Fortgewährung der öffentlichen Körperschaftsrechte der Religionsgesellschaften lag schon nach dem Kriege nicht darin und kann erst recht heute nicht darin liegen, daß die Religionsgesellschaften öffentlichen Rechts Staatsaufgaben erfüllen oder dem Staatsorganismus eingegliedert sind. Soweit diese Merkmale nicht vorliegen, kann deshalb nicht gefolgert werden, daß die Religionsgesellschaften insoweit keine KdöR seien.

d) Immerhin ist es nicht bedeutungslos, ob und in welchem Umfang bei den Religionsgesellschaften döR Merkmale der sonstigen KdöR festzustellen sind. Z.B. kann es darauf bei Prüfung der Frage [ankommen], ob bestimmte für die KdöR im allgemeinen geltende Vorschriften auch auf die Rel. Ges. döR anzuwenden sind.

Hier wird eine weitere Erwägung sich vor allem dem Tatbestand zuwenden müssen, daß die Ähnlichkeit mit anderen KdöR weniger in der materiellen Aufgabe der Rel. Ges. als in ihrer Verfassung und ihrem Rechtsleben zu finden ist, und es wird sich dann darum handeln, darzulegen, daß und warum die allgemeinen Vorschriften für die KdöR sich im allgemeinen auf das Verfassungsleben der Rel. Ges. döR, nicht jedoch auf ihr sonstiges Leben anwenden lassen, und daß auch die allgemeinen beamtenrechtlichen Bestimmungen eher auf die weltlichen Beamten, die für das Verfassungsleben zuständig sind, als auf die übrigen Amtsträger Anwendung finden können.

e) Die öffentlich-rechtliche Qualität der Religionsgesellschaften und ihre in mannigfacher Hinsicht bestehende *Privilegierung* decken sich nicht. Die Beziehungen sind vielmehr folgende:

Die Rechtsform als KdöR ist selbst schon eine Privilegierung. Zunächst gewährt sie eine gewisse Dignität. Sodann geschieht die Erlangung der Rechtsfähigkeit in einer Form, bei der die Staatsbehörden eine gewisse Unterstützung gewähren. Das Verfassungs- und Rechtsleben innerhalb der KdöR funktioniert unter Umständen reibungsloser als in einem privaten Verbande. Die Qualität der Organe der Religionsgesellschaften döR bringt ihnen manche Erleichterung im Rechtsverkehr. Diesen Vorzügen steht auf der anderen Seite die Staatsaufsicht gegenüber.

Die übrigen Privilegien der Religionsgesellschaften döR sind mit deren öffentlicher Qualität nicht *notwendig* verbunden. Da die Qualifizierung formaler Art ist, können aus ihr auch nicht zugunsten der Religionsgesellschaften materiale Folgerungen für deren Ausstattung mit Rechten gezogen werden.

Die Ausstattung der Religionsgesellschaften mit gewissen Privilegien wird aber durch deren Qualität als KdöR erleichtert. Ihr geordnetes Rechtsleben läßt es z.B. zu, ihnen auch das vereinfachte Erstattungsrecht zu gewähren. Ja in diesen Fällen wird das Privilegium durch die öffentlich-rechtliche Qualität geradezu bedingt. Denn es ist undenkbar, daß eine rechtsfähige Person des Privatrechts hoheitliche Befugnisse ausübt.

Ferner legt es das System der Staatsaufsicht in vielfacher Hinsicht nahe, diese Privilegien zu gewähren, da sie die Ausübung der Staatsaufsicht erleichtern oder ihre Fortführung in der hergebrachten Form überhaupt erst ermöglichen. Die Finanzaufsicht über die großen Kirchen ist z.B. einfacher, wenn die Einnahmen zwangsweise einbetrieben werden und infolgedessen mit ziemlicher Sicherheit im voraus geschätzt werden können.

Endlich gibt es Privilegien, bei denen die Beziehung zu der öffentlich-rechtlichen Körperschaftsform der beteiligten Religionsgesellschaft kaum festzustellen ist. Daß für Dome und Kirchen keine Grundsteuer zu zahlen ist, beruht zwar auf einer Vorschrift, in der der Terminus Religionsgesellschaft des öffentlichen Rechts vorkommt. Doch dürfte der Grund für die Befreiung nicht in dieser rechtlichen Eigenschaft der Kirche, sondern in Rücksichten liegen, die auch dann noch sehr wohl genommen werden könnten, wenn die Kirche etwa nicht oder nicht mehr Körperschaft döR wäre.

3. *Bemerkungen zur Entziehung der Körperschaftsrechte.*

Daß in einer Zeit, in der das Verhältnis von Staat und Kirche neu zur Diskussion gestellt wird, auch die Frage der Körperschaftsrechte erörtert wird, ist klar. Es soll deshalb jetzt zum Schluß hier erwogen werden, wie sich eine Aufhebung der Körperschaftsrechte technisch vollziehen würde und welche Gesichtspunkte sich für die Beurteilung der gegenwärtigen Rechtsstellung der Kirchen als KdöR daraus ergeben.

In den Schreiben des Preuß. Kulturmin. an die Baptisten, Methodisten und die Evangelische Gemeinschaft, in denen ihnen der Beschluß des Staatsministeriums über die Verleihung der Körperschaftsrechte übersandt wurde, ist ausdrücklich vorbehalten worden, die Körperschaftsrechte wieder zu entziehen, wenn die Voraussetzungen für die Verleihung nicht mehr gegeben seien. Die Voraussetzungen waren für die damalige Zeit in Art. 137 W.RV niedergelegt und es würde sich deshalb heute fragen, ob Art 137 W.RV insofern noch eine Bedeutung hat, solange als die Voraussetzungen des Art. 137 W.RV gegeben sind, auch eine Entziehung nicht erfolgen kann. Ich bin geneigt, die Frage zu verneinen und anzunehmen, daß Art. 137 W.RV kein Hindernis bildet, die Körperschaftsrechte auch im Erlaßwege zu entziehen, wenn die politischen Notwendigkeiten dafür sprechen.

Was die Form der Entziehung im Erlaßwege im besonderen anlangt, so würde diese bei den großen Religionsgesellschaften wohl nicht als ausreichend anzusehen sein; nicht wegen des Art. 137 W.RV, sondern weil deren Rechtsstellung als KdöR auf Gesetzen beruht und es erforderlich ist, diese Gesetze auch im Wege des Gesetzes aufzuheben. Die Rechtsverhältnisse der jüdischen Kultusvereinigungen sind auch im Wege des Gesetzes (Gesetz vom 28.3.1938 – RGBl. I S. 338) neu geregelt worden. Nach § 1 Abs. 2 haben die jüdischen Kultusvereinigungen die Stellung von KdöR, soweit sie diese bisher besaßen, mit Ablauf des 31.3.1938 verloren.

Welche Bedeutung die verschiedenen Qualifikationen der Religionsgesellschaften döR haben, kann man sich vergegenwärtigen, wenn man die Folgen der Entziehung der Körperschaftsrechte für sie untersucht.

a) In dem schon erwähnten Gesetz über die Rechtsverhältnisse der jüdischen Kultusvereinigungen ist hinsichtlich der *Rechtsfähigkeit* vorgesehen, daß die Kultusvereinigungen eingetragene Vereine werden.

Dadurch ist ihnen die Rechtsfähigkeit erhalten geblieben. Denn ohne eine derartige Vorschrift oder eine andere besondere Bestimmung bedeutet m.E. die Entziehung der öffentlichen Körperschaftsrechte den Verlust der Rechtsfähigkeit schlechthin und bleibt nicht etwa eine Rechtsfähigkeit des Privatrechts übrig. Gewiß kann man Grade in der Bedeutung der verschiedenen Arten der Körperschaftsrechte feststellen in dem Sinne, daß mit den höheren Graden auch die Vorteile der niedrigeren verbunden sind. Etwa so, wie das OVG in dem Urteil vom 9.7.1938 (RVBl. Heft 28, S. 602/603) ausführt, daß zu den mit „Korporationsrechten versehenen Religionsgesellschaften", die nach § 15 Abs. 1 S. 1 Preußisches Vermögenssteuergesetz in Verbindung mit § 24 Abs. 1 g KAG gewisse Steuerbefreiungen genossen, nicht die Baptistengemeinden *e.V.* gehörten, daß aber öffentliche Körperschaftsrechte mehr und damit mindestens so viel seien wie die „Korporationsrechte" im Sinne der preußischen Entwicklung. Die „Rechtsfähigkeit" in dem hier gemeinten formalen Sinne der Fähigkeit, Träger von Rechten und Pflichten zu sein, ist aber in allen Graden nur ein und dieselbe, deshalb fällt die Rechtsfähigkeit, wenn ihre Grundlage im öffentlichen Recht beseitigt wird, ganz hin und es bleibt, wenn nichts anderes gesagt wird, nicht etwa eine Rechtsfähigkeit des Privatrechts übrig. Das gilt auch deshalb, weil die Rechtsfähigkeit des Privatrechts ebenfalls mit bestimmten förmlichen Voraussetzungen (z.B. Eintragung ins Vereinsregister, staatliche Verleihung) verknüpft ist und weil die entsprechenden Voraussetzungen nicht gegeben sein dürften. Eine Religionsgesellschaft des öffentlichen Rechts, die vor Verleihung der öffentlichen Körperschaftsrechte e.V. gewesen ist, wurde deshalb durch die Entziehung der öffentlichen Körperschaftsrechte nicht etwa wieder e.V.; nach Erhebung zur Körperschaft des öffentlichen Rechts ist entweder eine Löschung im Vereinsregister erfolgt oder hätte erfolgen müssen.

b) Hinsichtlich der *Verfassung* und der *Organe* bedeutet die Entziehung der öffentlichen Körperschaftsrechte auf jeden Fall, daß diese ihren öffentlich-rechtlichen Charakter verlieren. Es fragt sich aber, ob sie überhaupt noch eine Bedeutung haben. Das hängt davon ab, was aus einer Religionsgesellschaft wird, der die öffentlichen Körperschaftsrechte entzogen sind und die auch die Rechtsfähigkeit verloren hat, ohne daß im übrigen eine weitere Regelung getroffen ist. Ablehnen möchte ich die Auffassung, vom Zeitpunkt der Entziehung der Körperschaftsrechte sei von der Religionsgesellschaft nichts mehr übrig geblieben und das Vermögen sei an den Fiskus, oder wem sonst nach Landesrecht (Art. 85 EGBGB, Art. 5 § 1 AGBGB) ein Anfallrecht zusteht, gefallen. Eine solche Auffassung würde übersehen, daß in den Religionsgesellschaften gewissermaßen vor Verleihung der Körperschaftsrechte ein soziologisches Gebilde vorhanden ist und daß in dem rechtlichen Wesen der betreffenden Religionsgesellschaft nicht deren ganzes Wesen beschlossen zu sein braucht. Hiernach wird man jeweils zu fragen haben, wie das Gebilde, das nach Entziehung der Körperschaftsrechte und nach Verlust der Rechtsfähigkeit übrigbleibt, rechtlich zu bewerten ist. Da nunmehr die öffentlich-rechtlichen Gesichtspunkte zurücktreten, können dazu auch die einschlägigen Bestimmungen des Vereinsrechts des BGB herangezogen werden. § 45 BGB regelt, an wen mit der Auflösung des Vereins oder der Entziehung der Rechtsfähigkeit das Vermögen des Vereins fällt. Die §§ 43-45 BGB ergeben nicht, daß die Auflösung die notwendige Folge der Entziehung der Rechtsfähigkeit ist, und ich möchte mich der in der Literatur vertretenen Ansicht anschließen, daß ein Verein, der die Rechtsfähigkeit verloren hat, unter Umständen auch als nichtrechtsfähiger Verein weiterbestehen kann, was die Liquidation in gewissem Umfang überflüssig macht (vgl. RGR.Komm. § 45 Anm. 1; § 43 Anm. 1). So würde ich es deshalb für denkbar halten, daß z.B. der Bund der Baptistengemeinden, wenn ihm die öffentlichen Körperschaftsrechte wieder genommen werden sollten, als nicht rechtsfähiger Verein weiterbestehen könnte. Die Satzung würde dann den Charakter der Vereinssatzung und die Organe würden den Charakter von Vereinsorganen haben. Was aus den Grundstücken werden sollte, wäre dann allerdings noch zweifelhaft. Doch könnte, wenn die übrigen Voraussetzungen gegeben wären, dieser nichtrechtsfähige Verein ins Vereinsregister eingetragen werden und es würden, soweit ich sehe, dann keine rechtlichen Schwierigkeiten bestehen, diesen Verein als Eigentümer der Grundstücke im Grundbuch einzutragen. Bei den großen Religionsgesellschaften ist eine solche Behandlung viel schwerer vorstellbar, ja hier bleibt schon problematisch, was bei einer einzelnen Kirchengemeinde in dieser Hinsicht werden soll, wenn es, wie in früherem Zusammenhang in Betracht gezogen wurde, möglich sein sollte, dieser gesondert die öffentlichen Körperschaftsrechte zu entziehen.

Erfolgt die Entziehung der Körperschaftsrechte durch Gesetz, so wird deshalb nötig sein, sowohl die Rechtsfähigkeit, die Satzung und die Organe für die Zukunft zu regeln. Wenn die Entziehung der Körperschaftsrechte durch Organisationserlaß erfolgt, so dürfte es sich empfehlen, die weitere Entwicklung hinsichtlich der Rechtsfähigkeit, der Auflösung oder des Fortbestehens sowie der Verfassung und der Organe und des Vermögens nicht nur zu erwägen, sondern auch in den Erlaß eine klarstellende Bestimmung aufzunehmen. Dabei kommt in Betracht, daß gleichzeitig mit der Entziehung der öffentlich-rechtlichen Qualifikation die Verleihung der Rechtsfähigkeit als Verein des Privatrechts erfolgt.

c) Zum Schluß noch einige Bemerkungen über die *Staatsaufsicht:* Soweit die Entziehung der Körperschaftsrechte durch Gesetz erfolgt, wird in dem Gesetz auch gesagt werden müssen, was mit dem Gesetz, auf dem die bisherige Rechtsstellung beruhte, und mit den in diesem oder anderen Gesetzen enthaltenen Vorschriften über die Staatsaufsicht werden soll. Die Staatsaufsicht muß ein wesentliches, wenn nicht das wesentliche Stück ihres bisherigen Betätigungsfeldes verlieren. Denn sie betraf vorwiegend die Ausübung der Privilegien, insbesondere die Gesetzgebung, die öffentlich-rechtliche Organisationsgewalt bei Neubildung von Gemeinden pp., die wieder Körperschaft des öffentlichen Rechts werden sollten, die Erhebung von Steuern, Umlagen und Gebühren; ja die Genehmigungsbedürftigkeit von Anleihen hat ihren Grund in dem Zusammenhang mit der Steueraufsicht. Alles das entfällt bei Entziehung des Körperschaftsrechts. Bei den Religionsgesellschaften, denen die öffentlich-rechtlichen Körperschaftsrechte durch Erlaß verliehen sind, entfällt die Staatsaufsicht spezifischer Art schon aus dem Grund, daß die entsprechenden Bestimmungen in dem Erlaß über die Verleihung enthalten sind, und daß die Zurücknahme der Gewährung der Körperschaftsrechte nicht ohne Aufhebung des ganzen Erlasses erfolgen kann. Eine besondere von der Aufsicht über die sonstigen Organisationen geschiedene Aufsicht über die Religionsgesellschaften braucht damit aber nicht völlig zu verschwinden, und alle Anzeichen sprechen dafür, daß sie nicht aufgegeben werden würde. Sie wird nur ihr Wesen insofern völlig verändern, als sie besonders auf die Punkte bezogen werden wird, durch die sich die Religionsgesellschaften von anderen Korporationen unterscheiden, z.B. den großen Grundbesitz und den Besitz von Kunstgegenständen. Im übrigen würde sie, wenn sie nicht mehr die Privilegien beträfe, voraussichtlich sehr wesentlich die Form der Religionsgesellschaft und ihre Finanzgebarung betreffen. Denn hinsichtlich des Inhalts der religiösen Betätigung der Religionsgesellschaften, wird der Staat auch in der Zukunft geneigt sein, sich jeder Einwirkung zu enthalten. Die Trennung im Materialen und die Verbindung im Formalen, die schon für das bisherige Verhältnis von Staat und Kirche kennzeichnend ist, wird fortgeführt werden. Hinsichtlich der Verfassung werden, wie ich annehmen möchte, in unserer Zeit, in der die Gestaltung des Organisationswesens ein wesentliches Merkmal der staatlichen Tätigkeit auf allen Lebensgebieten ist, das staatliche Interesse und die staatliche Initiative lebendig bleiben. Da die Qualifizierung der Religionsgesellschaften als KdöR sich als praktikable Form der staatlichen Mitwirkung bei ihrer Verfassung erwiesen hat, da andere Formen nicht von heute auf morgen zu finden sind, da ferner die Privilegierung in der bisherigen Art nicht notwendig mit der Qualifikation als KdöR verbunden ist, so ist es durchaus denkbar, daß die Behandlung der Relig. Ges. als KdöR in der Zukunft eher eine Fortentwicklung und eine Umwandlung erfährt, als daß sie ganz entfällt.

Beilage. Religionsgesellschaften des öffentlichen Rechts

In *allen deutschen Ländern:* die Deutsche Evangelische Kirche, die evangelischen Landeskirchen, ihre Gemeinden und Gemeinde-Verbände, die katholischen Diözesen (einschließlich der Prälatur Schneidemühl), Kirchengemeinden und Kirchengemeinde-Verbände, der bayerische evangelisch-lutherische Pfründenstiftungsverband, der altkatholische Diözesenverband und die altkatholischen Gemeinden, die russisch-orthodoxe (griechisch-katholische) Diözese, die bischöfliche Methodisten-Kirche in Deutschland.

Dazu: 1. *in Preußen:* der Verein der altlutherischen Kirchengemeinden und die altlutherischen Kirchengemeinden, die Evangelische Gemeinschaft, der Bund der Baptistengemeinden, die bischöfliche Methodistenkirche in Preußen, vielleicht auch die preußischen Unterverbände (Gemeinden) der evangelischen Brüderunität in Deutschland. (Die Freireligiösen Gemeinden Wiesbaden und Frankfurt/Main bestehen nicht mehr.)

2. *in Bayern:* die reformierte Kirche, die Vereinigung der bayerischen Mennoniten-Gemeinden, die Bischöfliche Methodistenkirche in Bayern,

3. *in Sachsen:* die evangelisch-reformierten Gemeinden in Dresden und Leipzig, die evangelische Brüder-Unität in Deutschland mit dem Sitz in Herrnhut und ihre sächsischen Unterverbände, die evangelisch-lutherische Freikirche in Sachsen mit dem Sitz in Planitz und ihre einzelnen Gemeinden, die Bischöfliche Methodistenkirche in Sachsen, die Evangelische Gemeinschaft,

4. *in Württemberg:* die Evangelische Gemeinschaft, die Brüder-Gemeinden Korntal und Wilhelmsdorf, die Reformierte Gemeinde in Stuttgart, die Bischöfliche Methodistenkirche in Württemberg,

5. *in Baden:* die neuapostolische Kirche im Freistaat Baden, die Evangelische Gemeinschaft, die Brüder-Gemeinde zu Königsfeld, die evangelisch-lutherische Kirche in Baden, der Landesverband der Gemeinden der Bischöflichen Methodistenkirche in Baden,

6. *in Thüringen:* die evangelischen Brüdergemeinden Neu-Dietendorf und Ebersdorf, der Bund Freier Evangelischer Gemeinden mit dem Sitz in Gera, die Bischöfliche Methodistenkirche in Thüringen (Gera),

7. *in Hessen:* die selbständige evangelisch-lutherische Gemeinde in Höchst a.d. Nidder,

8. *in Hamburg:* die deutsche evangelisch-reformierte Gemeinde, die französisch-reformierte Gemeinde, die englisch-reformierte Gemeinde, die englisch-bischöfliche Gemeinde, die Vereinigung der Mennoniten-Gemeinden, die Freie evangelisch-lutherische Bekenntnis-Kirche zu Anschar in Hamburg, die evangelisch-lutherische Zionsgemeinde unveränderter Augsburger Konfession in Hamburg, die neu-apostolische Kirche im Hamburger Staatsgebiet, die katholisch-apostolische Gemeinde in Hamburg, die Baptistengemeinden „Eben Ezer" und „Zoar", die Bischöfliche Methodistenkirche in Hamburg,

9. *in Braunschweig:* die reformierte Gemeinde in Braunschweig,

10. *in Oldenburg:* die Bischöfliche Methodistenkirche im Freistaat Oldenburg,

11. *in Bremen:* die Bischöfliche Methodistenkirche im Staate Bremen,

12. *in Lübeck:* die evangelisch-reformierte Gemeinde in Lübeck,

13. *in Schaumburg-Lippe:* die selbstständigen reformierten Gemeinden in Bückeburg und Stadthagen, die freikirchlich-evangelisch-lutherischen Kirchengemeinden in Stadthagen.

Vorsitzender: Die beiden Referate waren außerordentlich interessant. Ich darf fragen, ob einer der Herren das Wort wünscht oder ob gewünscht wird, daß wir erst in der nächsten Tagung, nachdem wir die Referate bekommen haben, in eine Diskussion eintreten.

Ruppel: Ich habe mir persönlich vorgestellt, daß auf Grund der Diskussion eine schärfere rechtliche Präzisierung der Ergebnisse erfolgen könnte. Deswegen liegt mir auch jetzt an einer Diskussion, für die übrigens Herr Prof. Weber sich sowieso schon zur Verfügung gestellt hat.

Weber: Es ist eine derartige Fülle des Materials vorgetragen worden, daß man kaum einen bestimmten Ansatzpunkt findet.

Heckel: Ich bin auch überrascht über die Fülle dessen, was aus der Ministerialpraxis hier zusammengetragen worden ist, und es ist natürlich schwierig, dieses Bild auf einige große Linien zusammenzuziehen. Sie haben ja dankenswerterweise am Schlusse Ihrer Ausführungen das unternommen, Herr MinRat. Die Schwierigkeit wird darin bestehen, einen systematischen Zusammenhang zwischen dem zu finden, was Sie heute aus der Praxis vorgetragen haben und dem, was ich vorhin über die Entstehung des Begriffs ausgeführt habe. Ich glaube aber, es ist nicht so furchtbar schwierig. Aus Ihren Ausführungen geht hervor, daß, wie die geschichtliche Entwicklung gezeigt hat, tatsächlich ein allgemeiner Körperschaftsbegriff nicht besteht, sondern daß wir zwei einander scharf gegenüberstehende Typen haben, die weltlichen Verbände einerseits, wobei ich durchaus geneigt bin, mit Herrn Forsthoff zwischen den gemeindlichen und den übrigen einen Unterschied zu machen, und die Religionsgesellschaften des öffentlichen Rechts, die als etwas Besonderes dazukommen. Das wäre also die erste Übereinstimmung mit meinem Referat.

Die zweite Übereinstimmung besteht darin, daß aus dem Begriff „Körperschaft des öffentlichen Rechts" sich keine ganz bestimmten Rechtsfolgerungen ableiten lassen für den Verband, der nun Körperschaft des öffentlichen Rechts ist, sondern daß es darauf ankommt, ob in den Einzelgesetzen nun den Kirchen besondere Rechte dieser oder jener Qualität zuerkannt sind oder ob wenigstens per analogiam aus ähnlichen Bestimmungen hier etwas für die Kirchen zu folgern ist.

Ein Drittes war mir auch wesentlich, daß nämlich für die Frage, ob eine Religionsgesellschaft sich als Körperschaft des öffentlichen Rechts darbietet, keine begriffsmäßige Feststellung zu treffen ist, sondern daß aus dem Gesamthabitus einer bestimmten Zeit gewisse Folgerungen zu ziehen oder gewisse Anforderungen aufzustellen sind. Sie haben da von Rechtsfähigkeit gesprochen, haben gesagt: Verfassungen werden unter staatlicher Mitwirkung erlassen, die Organe haben eine behördenähnliche Stellung, es besteht eine Staatsaufsicht. Dabei möchte ich nur darauf hinweisen, daß das ein Bild ist, das Sie aus der gegenwärtigen Praxis heraus gegeben haben. In früheren Zeiten ist dieser Maßstab natürlich zuweilen ein anderer gewesen, ein anderer in der Zeit vor 1918, ein anderer wieder in jener Zeit zwischen 1918 und 1933. Wenn man sich beispielsweise an die Verleihung von Körperschaftsrechten an Freidenkerverbände usw. erinnert, so sind hier eben kirchenpolitische Prinzipien maßgebend gewesen, die im Laufe der Geschichte abwechseln und je nachdem etwas Verschiedenes bedeuten, so daß also dieser Maßstab auch kein Ewigkeitsmaßstab ist, sondern nur ein aus der gegenwärtigen Zeit heraus entwickelter Maßstab, der sich, wie die steuerrechtliche Behandlung der Religionsgesellschaften im Grundsteuergesetz zeigt, noch in einer Evolution befindet.

Gerade mit Rücksicht auf dieses Beispiel endlich möchte ich sagen: Wenn Sie dargestellt haben, daß die Kirchen öffentliche Gewalt ausüben, so entspricht das durchaus der historischen Entwicklung. Wird nun auf einmal dieser Ausdruck „öffentliche Gewalt" anders ausgelegt, so bedeutet das ein starkes Abweichen von der gegenwärtigen Entwicklung auf die Trennung von Staat und Kirche hin.

Also glaube ich, daß zwischen Ihrem Referat, das aus der Praxis entstanden ist, und dem, was ich vorhin aus der Rechtsgeschichte zu entwickeln vermochte, durchaus innere Linien zu ziehen sind, so daß Ihr Referat das, was ich gesagt habe, nur bestätigt und umgekehrt das, was ich ausführte, nur die historische Grundlage zu dem ist, was die Praxis ergeben hat.

Forsthoff: Ich wollte eine Bemerkung machen, die in ganz ähnlicher Richtung liegt wie die Ausführung des Herrn Kollegen Heckel. Ich bin auch der Meinung, daß man von der Körperschaft des öffentlichen Rechts als Begriff mit irgendeinem spezifischen Gehalt im Sinne unfehlbarer Kriterien nicht abgehen kann. Das beweist schon die Praxis. Ich könnte als weiteres Beispiel noch anführen aus dem Jahre 1885 die Verleihung des Rechts einer Körperschaft öffentlichen Rechts an den damaligen Deutschen Kriegerbund lediglich als Charakter einer Privilegierung ohne irgendwelche materiellen Rechte.

Heckel: Ich darf in einem Zwischensatz bemerken, daß das nicht bloß 1885 geschehen ist, sondern daß im Jahre 1934 der Orden der Bayerischen Tapferkeitsmedaille ebenfalls zur Körperschaft des öffentlichen Rechts erhoben worden ist. Also das ist dieselbe Geschichte wie damals. Der Orden hat keinerlei besondere Aufgaben gegenüber dem Staat zu erfüllen. Es ist eine Dignität, die dem Orden zuerkannt worden ist.

Forsthoff: Ich würde aber sagen: Der Begriff ist nun einmal da, und er ist ja auch tatsächlich nicht ohne eine gewisse Bedeutung, wenn man auch diese Bedeutung nicht in einem ganz präzisen, ausschließlich auf einen Typus hin zugeschnittenen Sinne fassen könnte. Ich sehe keine Schwierigkeit darin, bei den Kirchen diesen Begriff der Körperschaft öffentlichen Rechts zu unterstellen, und zwar auch ohne jeden Vorbehalt.

Vorsitzender: Sie meinen jetzt die evangelischen Landeskirchen?

Forsthoff: Ich meine die öffentlichen Religionsgesellschaften überhaupt. Ich sehe keine Schwierigkeit, diesen Begriff zu unterstellen; denn die Frage, ob es sich hier um eine originäre oder abgeleitete Staatsgewalt oder überhaupt um Staatsgewalt handelt, ist aus zwei Gründen unwesentlich. Es ist unfruchtbar, zu fragen: was ist originär, was ist abgeleitet? Das sind Konstruktionen und Fragen, die immer wieder auftreten. Zum Beispiel ist ja das Recht der Selbstverwaltung der Gemeinden ein vom Staat abgeleitetes Recht. Es ist das Recht der Länder nach der Weimarer Verfassung oder der Gliedstaaten nach der Bismarckschen Verfassung vom Reich abgeleitet. Das sind schließlich theoretische Formulierungen und Geschmacksfragen, aus denen praktisch kaum etwas zu entnehmen ist. Ich würde nur meinen, daß wir uns, wenn wir die Beziehungen zwischen den öffentlichen Religionsgesellschaften als Körperschaften des öffentlichen Rechts und dem Staat herstellen, hüten müssen, den Begriff der öffentlichen Gewalt mißzuverstehen. Ich halte ihn nämlich für mißverstanden in den früheren Erörterungen von Schoen und von vielen anderen, die die Anwendung des Begriffs der Körperschaft öffentlichen Rechts auf die Kirchen ablehnen. Da versteht man unter öffentlicher Gewalt immer bloß so etwas wie die Polizei. Das halte ich für eine absolut liberale Verengung dieses Begriffs. Öffentliche Gewalt ist nämlich ein öffentliches Walten, das nicht nur da stattfindet, wo die Polizeigewalt oder eine sonstige hoheitliche, physische Gewalt eingesetzt wird, sondern das ist ein Walten, das in einem bestimmten Status, nämlich dem der Öffentlichkeit, stattfindet. Ich sehe deshalb die Rechtsstellung der Körperschaft öffentlichen Rechts, der Kirche als Körperschaft des öffentlichen Rechts so, daß ihre eigentlichen Funktionen dadurch, daß die Kirchen als öffentliche Körperschaften anerkannt werden, nun in diesen öffentlichen Status gerückt werden und daß sie an der öffentlichen Gewalt im Sinne des öffentlichen Waltens, d.h. in dem ursprünglich weiten und umfassenden Sinne, wirklich teilnehmen. Deswegen stoße ich mich gar nicht daran, ruhig zu sagen: Auch Gottesdienst und gerade die spezifisch kirchlichen Handlungen haben an dieser öffentlichen Gewalt in dem ursprünglichen Sinne Anteil, und das ist damit gesagt und gemeint, wobei ich natürlich nicht an das verliehene Steuerrecht oder ähnliche Dinge denke, wo man von einer wirklichen Gewaltanwendung im äußeren Sinne sprechen kann. Nur wenn man davon ausgeht, kommt man auch zu einer richtigen Auffassung der kirchlichen Aufgaben und ihrer Bewertung im allgemeinen Rechtssystem.

Das Interessanteste an dem sehr interessanten Referat des Herrn Ruppel waren zweifellos die Ausführungen zum Steuerrecht, wo man sieht, wie man in die Brüche kommt, wenn man nicht diesen ursprünglichen Sinn des öffentlichen Waltens zugrunde legt, ebenso wie man – um ein anders Beispiel zu erwähnen – in dem Fall der Amtshaftung nach dem BGB in die Brüche bei der Judikatur des Reichsgerichts kommt, wenn man die öffentliche Gewalt nur in dem äußerlich-mechanischen Sinne der Gewaltanwendung versteht und dann die subtilsten und von keinem Menschen zu begreifenden Zweckunterscheidungen macht, etwa in der Richtung, ob ein Briefträger, wenn er innerhalb des Postgebäudes Briefe unterschlägt, eine Unterschlagung begeht, wo also die öffentliche Gewalt in Frage steht, oder ob eine Unterschlagung vorliegt, wenn er außerhalb des Postgebäudes Briefe unterschlägt. Das alles sind künstliche Zweckunterscheidungen, die im einzelnen sehr brauchbar sein mögen, aber denen doch kein echter Begriff der öffentlichen Gewalt zugrunde liegt. Deswegen würde ich mich gar nicht scheuen zu sagen: Unterstellt, die Körperschaften des öffentlichen Rechts sind ein sehr allgemeiner Begriff, der mit soundsoviel Schattierungen existiert, gehören die Kirchen dazu und haben auch teil an der öffentlichen Gewalt. Das ist ihre Privilegierung.

Weber: Ich möchte das unterstreichen, was Herr Forsthoff eben wegen der Einbeziehung der Religionsgesellschaften öffentlichen Rechts in die Körperschaften des öffentlichen Rechts gesagt hat. Es ist zwar richtig, daß die Religionsgesellschaften öffentlichen Rechts innerhalb der Körperschaften des öffentlichen Rechts eine besondere Stelle haben; aber dieses Schicksal teilen sie mit fast allen anderen Körperschaften des öffentlichen Rechts. Uns ist inzwischen geläufig geworden, daß die NSDAP nur mit Vorbehalt als Körperschaft des öffentlichen Rechts bezeichnet werden kann. Sie wird sogar nach Erlassen des Reichsinnenministers gar nicht mehr unter den Körperschaften aufgezählt, sondern immer besonders genannt, weil es ihre Dignität auch verletzt, etwa unter den übrigen Körperschaften aufgezählt zu werden. Auch der Orden der Bayerischen Tapferkeitsmedaille ist etwas völlig anderes als die Akademie für Deutsches Recht oder der Werberat der Deutschen Wirtschaft, der Reichsnährstand etc. Insofern sind die Unterschiede innerhalb des Körperschaftsbegriffs so vielgestaltig, daß die Abweichungen, die die Kirchen aufweisen, nichts darstellen, was diesen Kreis der Körperschaften des öffentlichen Rechts sprengen würde. Allerdings muß man sich darüber klar sein, daß die Rechtsstellung der Kirchen innerhalb der Körperschaften insgesamt durchaus eigenartig ist. Nun möchte ich etwas feststellen, was dem doch in etwa widerspricht, was Herr Forsthoff sagte. Es ist eine Feststellung auf Grund meiner eigenen Studien, die sich allerdings noch im Anfangsstadium befinden, die aber die ausgezeichneten historischen Darlegungen des Herrn Kollegen Heckel bestätigen. Der Begriff der Körperschaft des öffentlichen Rechts taucht schon ziemlich früh im Reichsrecht auf: Im Einführungsgesetz zur Zivilprozeßordnung, dann wieder im BGB, und er ist eigentlich dann im Reichsrecht wieder kolossal belebt worden durch die Diskussion über Art. 137 Abs. 5 schon in der Nationalversammlung und dann in der Folgezeit. Die Akten des Ministeriums für kirchliche Angelegenheiten sind angefüllt mit den vielen gedruckten und ungedruckten Voten der Geheimräte Bürck, Paul usw. Die Diskussion hat ja auch weiter ausgestrahlt in die Literatur. Es ist unzweifelhaft, daß die Diskussion in der Professoren-Öffentlichkeit und die praktische Notwendigkeit dazu geführt haben, die Körperschaft des öffentlichen Rechts zu einer Größe zu machen, mit der man als mit einer gegebenen Größe rechnet und die man auch in alle gesetzgeberischen Kalkulationen einstellt.

So hat sich nach meinen Feststellungen in Ansätzen schon vor 1933, aber vor allen Dingen auch nach 1933, ein allgemeines Körperschaftsrecht entwickelt, um dessen Festlegung ich gerade bemüht bin, das einen Komplex von Normen enthält und dessen Bezug einfach die Körperschaft des öffentlichen Rechts schlechthin ist. In dieses allgemeine Körperschaftsrecht gehören in der Regel die Kirchen ebenso hinein wie so verschiedenartige Gebilde wie Akademie für Deutsches Recht, Reichsnährstand, Werberat der Deutschen Wirtschaft usw. Es ist ein allgemeines Körperschaftsrecht, das immerhin schon ganz respektabel ist. Ich habe leider meine Aufzeichnungen über alle diese verschiedenen Fälle nicht zur Hand. Aber ich habe mir eine kleine Aufstellung gemacht. Zum Beispiel nehmen an den folgenden allgemeinen Vorschriften über Körperschaften des öffentlichen Rechts die Kirchen ebenso wie alle anderen Körperschaften Anteil: Vorschriften über Amtsschilder, Vorschriften über Siegelführung, über Flaggenhissung; dann ist ein öffentliches Dienstrecht, ein öffentliches Arbeitsrecht mit ungeheuren Verzweigungen geschaffen, das schon dicke Kommentare anfüllt, für Körperschaften des öffentlichen Rechts und für den öffentlichen Dienst überhaupt, wozu aber auch der Dienst der Körperschaften des öffentlichen Rechts gehört. Dann darf ich erinnern an die Bestimmungen über die Zwangsvollstreckung gegen Körperschaften des öffentlichen Rechts, an die Frage der Amtshaftung, an die §§ 839, 31 und 89 BGB mit allen daraus sich ergebenden Folgerungen, dann an die Frage der Zulässigkeit des Rechtsweges bzw. der Unzulässigkeit des Rechtsweges überhaupt, ferner an so interessante Fragen wie die der Emission, die von öffentlichen Körperschaften als Träger öffentlicher Gewalt ausgeht, indem man gegen solche Emissionen und andere Einwirkungen nicht die Unterlassungsklage hat, sondern nach allgemeiner, durch das Reichsgericht entwickelter Lehre nur einen evtl. Vorbeugungs- und Entschädigungsanspruch, dann an die verschiedenen Fragen, die im Strafrecht auftauchen und die auch berührt werden, nämlich die Frage des öffentlichen Amts der öffentlichen Behörde, der öffentlichen Urkunde und dergleichen mehr. Aus einer Unzahl deutscher Vorschriften oder Rechtsgrundsätze, die teils durch die Rechtslehre entwickelt worden sind, teils durch die Rechtsprechung, aber die in zunehmendem Maße auch in einem allgemeinen Körperschaftsrecht positiver Art ihren Niederschlag finden, ergibt sich für den Zustand des Jahres 1939, immerhin auch herbeigeführt durch den Zwang, alle diese verschiedenartigen Körperschaften doch wieder zu einer Art Einheit zusammenzufassen und ihnen eine Ordnung zu geben, ein allgemeines Körperschaftsrecht, an dem die Kirchen mit gewissen Abweichungen, die dann immer positiv hervorgehoben worden sind, also die öffentlich-rechtlichen Religionsgesellschaften, Anteil haben. Ich würde auch meinen, daß der Unterschied der öffentlich-rechtlichen Religionsgesellschaften von den Körperschaften des öffentlichen Rechts nicht immer so groß ist wie die Unterschiede sind, die innerhalb der öffentlich-rechtlichen Religionsgesellschaften selbst bestehen. Der Unterschied z.B. zwischen dem Reichsnährstand und der evangelischen Landeskirche Alt-Preußens in bezug auf den formalen Aufbau in körperschaftsrechtlicher Hinsicht scheint mir im Augenblick – ich sage das allerdings unter Vorbehalt – beinah nicht so groß zu sein wie der zwischen der evangelischen Kirche der Altpreußischen Union und der Bischöflichen Methodistenkirche oder der Evangelischen Gemeinschaft. Da sind die Unterschiede ganz erheblich.

Deshalb möchte ich doch bitten zu erwägen, ob nicht die öffentlich-rechtlichen Religionsgesellschaften so stark Bestandteil der öffentlich-rechtlichen Körperschaften im allgemeinen sind, daß man die Trennung zwischen ihnen und diesen anderen Körperschaften nicht übertreiben sollte. Die Fälle des allgemeinen Körperschaftsrechts, die ich habe ermitteln können, erstrecken sich jedenfalls in der Regel auch auf die öffentlich-rechtlichen Religionsgesellschaften mit. Ich darf dabei noch ergänzend sagen, daß das Reichsgericht bei der Anwendung der strafrechtlichen Vorschriften auf die öffentlich-rechtlichen Religionsgesellschaften abgesehen dort, wo ausgesprochenermaßen die öffentlich-rechtlichen Religionsgesellschaften selbst geschützt werden wie beim Kanzelparagraphen, bei den gottesdienstlichen Gegenständen usw., allerdings schon seit altersher, seit dem 47. Bande eine bedeutsame Unterscheidung macht. Wenn die Richter etwa prüfen, ob der Betreffende eine öffentliche Behörde ist oder ein öffentliches Amt ausfüllt, dann stellen sie darauf ab, ob er mittelbare Staatsgewalt ausübt. Bei der Ermittlung der Grenzen dieser mittelbaren Staatsgewalt kommen sie dann allerdings zu dem Ergebnis, immer prüfen zu müssen, ob hier eine Art der sozusagen vom Staat verliehenen Rechtsfähigkeit in Betracht kommt: Verwaltung des Kirchenvermögens unter staatlicher Aufsicht. Da wird nämlich die Tätigkeit des Kirchensekretärs X, der dort öffentlich-rechtliches Kirchenvermögen zu verwalten hat, als mittelbare Staatstätigkeit angesehen, d.h., er hat eine intensive Staatstätigkeit usw. ausgeübt. Das gleiche gilt etwa für die Verwaltung des Steuereinkommens, die Verwaltung von Steuerlisten und dergleichen mehr. Das Reichsgericht hat nun eine sehr liberale und in diesem Sinne enge Auffassung an den Tag gelegt und bis in die neuesten Fälle beibehalten. Fast jeder Band der Reichsgerichtsentscheidungen in Strafsachen bringt zwei oder drei Entscheidungen dieser Art. Das Reichsgericht hält also mit großer Konsequenz daran fest. Jetzt haben es die Leute vom Reichsgericht etwas leichter, weil das System der Finanzabteilungen es ihnen sehr stark erleichtert, die ganze Finanzverwaltung der Kirchen in allen ihren Verzweigungen als eine Art mittelbare Staatsverwaltung zu bezeichnen. Das ist ein Argument, das die Richter bereitwillig aufgegriffen haben, um diese an sich etwas schwierigen Fälle zu stützen.

Vorsitzender: Nur in vermögensrechtlicher Beziehung! (*Weber:* Ja!) Das leuchtet ein.

Stahn: Es scheint mir der Erwähnung wert, darauf hinzuweisen, ob es nicht doch so ist, daß man sagen muß: Eine Körperschaft öffentlichen Rechts ist nur vorhanden, wenn ganz unabdingbare Forderungen erfüllt werden, wenn ein gewisses Essentiale gegeben ist. Ich denke daran, daß in den nächsten Tagen im Gesetzblatt des Landes Österreich, das ja noch besteht, ein Gesetz erscheinen wird, wonach die Kirchen, sowohl die katholische wie die evangelische Kirche, Beiträge nur als Vereinsbeiträge erheben, für die der Rechtsweg zulässig ist. Das Gesetz ist abgegangen und wird in den nächsten Tagen veröffentlicht. Es ist ein Landesgesetz. (*Weber:* Und Reichsgesetz!) Es ist ein Landesgesetz, das aber vorgelegen hat. – Es fragt sich, ob das nicht ein vollständiges Novum auf dem Gebiete der Körperschaften des öffentlichen Rechts ist. Die Kirchen sind dort zweifellos Körperschaften des öffentlichen Rechts, die evangelische Kirche nach dem Patent von 1861 und die katholische Kirche aus anderen Gründen. Beide Kirchen können also jetzt Beiträge von ihren Mitgliedern nicht mehr als öffentlich-rechtliche Beiträge erheben, sondern nur als Vereinsbeiträge, für die der Rechtsweg zulässig ist. (*Weber:* Das gibt es anderswo auch!) Da möchte ich zur Debatte stellen, ob man sagen kann: Eine Körperschaft des öffentlichen Rechts ist nur da gegeben, wo auch die Möglichkeit besteht, auf öffentlich-rechtlichem Wege gegen die Mitglieder vorzugehen, wie es etwa beim Reichsnähstand der Fall ist, der seine Beiträge als öffentlich-rechtliche Beiträge bezeichnet. Es gibt vielleicht Ordenskörperschaften wie der von Herrn Prof. Heckel vorhin erwähnte Orden, die auch Vereinsbeiträge erheben.

Vorsitzender: Ich muß sagen: Wenn es so weit kommt, dann ist doch ein, wie mir scheint, wesentliches Essentiale damit aufgehoben, und damit wird die Kirche eigentlich aus dem Bereich der Körperschaft des öffentlichen Rechts herausgedrängt. Das sage ich aber nur gefühlsmäßig. Es ist doch eben so: Warum sind die Kirchen Körperschaften des öffentlichen Rechts? Sie waren – ich spreche jetzt nur von den evangelischen Kirchen – einmal der Staat. Sie haben sich aus ihm losgelöst. Früher waren Staat und Kirche eins. Die Kirche hatte Kultus und ähnliche Sachen; der Staat hatte die Polizei und sonstige Sachen. Nun ist seit Jahrhunderten, seit der Reformation in evangelicis die Neigung vorhanden, die Kirche immer weiter zu entthronen, und dieser Schritt scheint mir doch so weitgehend zu sein, daß er gerade für die Beurteilung unserer heutigen Referate eine geradezu ausschlaggebende Rolle spielt. Aber ich weiß nicht, ob ich irgend etwas übersehe.

Heckel: Wenn ich gleich an das Letzte anknüpfen darf, so ist es natürlich eine sehr einschneidende Maßnahme, die hier getroffen worden ist. Sie erinnern sich, daß gerade die Weimarer Verfassung in Art. 137 Abs. 5 als das einzige, was sie von den Körperschaften des öffentlichen Rechts gesagt hat, behauptete: Sie sind berechtigt, von ihren Mitgliedern Steuern zu erheben. Wir sehen also, wie dieser Maßstab des Wesens einer öffentlichen Körperschaft immer dünner, immer kleiner wird. Sie sagen: Die österreichischen Landeskirchen bleiben Körperschaften des öffentlichen Rechts. Jetzt ist aber die öffentliche Vollstreckung oder die Einziehung der Steuern durch die öffentliche Gewalt auch schon dahin. Es wird also immer dünner. Sie bleiben Körperschaften des öffentlichen Rechts, aber sie erhalten immer weniger von ihren alten hervorragenden Rechtsstellungen.

Vorsitzender: Das liegt daran, daß der Staat, der jetzt den Kirchen seinen staatlichen Apparat leiht, um diese Steuern einzuholen, das nicht mehr tut, daß das wegfällt.

Heckel: Es könnte ja schließlich die Entwicklung dahin gehen, daß der Ausdruck „Körperschaft des öffentlichen Rechts" nur noch eine Auszeichnung im öffentlichen Leben bedeutet, also einen Ehrenrang, hinter dem aber materiell nur noch sehr wenig steht. Das ist durchaus denkbar.

Vorsitzender: Bevor Sie Ihre Ausführungen machten, Herr Ministerialdirigent Stahn, wollte ich sagen: Wenn die Körperschaften des öffentlichen Rechts so vielgestaltig sind, daß, wie Sie bemerkten, der Unterschied zwischen dem Nährstand und der altpreußischen Kirche nicht so groß ist wie vielleicht der zwischen der altpreußischen Kirche und irgendeiner anderen Kirche, daß es da die verschiedensten Schattierungen gibt, dann verwischt sich natürlich auch die Grenze dahin, wo die Körperschaft des öffentlichen Rechts eben ganz aufhört, und dann verliert überhaupt die ganze Frage sehr an Bedeutung. Übrigens ist es in Bayern schon so.

Stahn: In Bayern sind die Staatsleistungen eingestellt.

Vorsitzender: Die Staatsleistungen einschließlich der Steuern?

Stahn: Nein! Das Steuergesetz ist auch gestern herausgegangen, und zwar für 1938 rückwirkend und für 1939 verlängert, aber über 1939 hinaus nicht.

Vorsitzender: Dann würde ein völlig verschiedener Zustand innerhalb des Deutschen Reiches bestehen.

Weber: Das ist übrigens konkordatswidrig.

Stahn: Die Sache ist auch noch nicht entschieden. Aber das Gesetz gilt nur für 1938 und 1939. Wenn man das nachher auch in Vereinsbeiträge umändert, würde das nicht mit dem Reichskonkordat vereinbar sein.

Heckel: Wenn diese Unterschiede in den öffentlich-rechtlichen Auszeichnungen der Kirchen gemacht werden, sehe ich darin doch eine sehr große Gefahr bezüglich der deutschen Rechtseinheit. Wir arbeiten hier daran zu untersuchen, wie das Recht auf katholischer Seite im konkordatsfreien Raum und im anderen Raum sich gestaltet und wie man da in der Zukunft etwas Einheitlicheres schaffen kann. Im selben Augenblick wird aber auf einem anderen Gebiet eine Differenzierung geschaffen, die höchst bedenklich ist. Ich finde, das ist nicht nur ein Zeichen der Lage auf religionsrechtlichem Gebiet, sondern auch auf zahlreichen anderen Gebieten haben wir dieselbe Geschichte. Man baut auf der einen Seite ein einheitliches Reichsrecht, und auf der anderen Seite macht man sehr große Unterschiede, ohne daß man sich eigentlich vorher klar darüber zu sein scheint, welche Konsequenzen nun daraus entstehen.

Stahn: Wir haben das Gesetz so nicht vorgelegt. (*Weber:* Sie haben es nur genehmigt!) Aber auch nicht von selbst.

Heckel: Die Lehre von den mittelbaren Staatsbeamten knüpft an jene preußische Praxis an, die sich aus dem Allgemeinen Landrecht ergeben hat mit seinem privatrechtlichen Korporationsbegriff, der später nicht ausgereicht hat und der schon im Bismarckschen Reich sich als unzulänglich erwiesen hat. Es steht im Strafgesetzbuch etwas von den mit Korporationsrechten ausgestatteten öffentlichen Religionsgesellschaften, die der Schutzbestimmung gegen Gotteslästerung usw. unterliegen. Da ist der landrechtliche Korporationsbegriff, also nicht der süddeutsche gemeint. Später hat das nicht mehr ausgereicht, und dann ist das Reichsgericht, aber auch das Oberverwaltungsgericht auf jene positivistische Auslegung gekommen, die mit dem § 29 des zweiten Teiles des 10. Titels arbeitet.

Keith: Ich wollte nur zu dem, was Herr Stahn bezüglich dessen sagte, ob Beispiele bekannt seien, daß öffentlich-rechtliche Körperschaften im Wege des normalen Gerichtsverfahrens oder auf zivilrechtlichem Wege ihre Beiträge einholen, einen Fall nennen, der in Betracht käme. Die Deutsche Beamtenversicherung ist eine öffentlich-rechtliche Körperschaft. Sie existiert, wenn ich mich recht erinnere, auf Grund einer Stiftung Wilhelms I. zugunsten der Kriegerhinterbliebenen. Es ist also eine militärische Wohlfahrtsangelegenheit. Daher hat sie die öffentlich-rechtliche Eigenschaft. Sie führt aber als solche regelrechte Privatgeschäfte und kann natürlich auch gegenüber ihren Mitgliedern nur im Wege der Klage vorgehen, nicht etwa mit anderen öffentlich-rechtlichen Zwangsverfahren oder dergleichen.

Ruppel: Ich hatte versucht, einen Unterschied zwischen der öffentlich-rechtlichen Körperschaftseigenschaft und den sogenannten Privilegien zu machen. Ich habe ja deshalb auch am Schluß unter meinen „Ergebnissen" ausdrücklich noch einmal gesagt: Die Privilegien gehören samt und sonders, soweit sie sich nicht zwangsläufig bis zu einem gewissen Grade aus der verfassungsrechtlichen Situation der Körperschaft des öffentlichen Rechts ergeben, nicht notwendig zur Körperschaft des öffentlichen Rechts hinzu. Ich möchte deshalb auch noch sagen, daß ich die österreichische Kirche, auch wenn sie jetzt des Steuerrechts und dergleichen entkleidet wird, dann immer noch als öffentlich-rechtliche Körperschaft ansehe, weil ich ja einen sehr formalen Begriff schließlich aus der Sache heraus eliminiert habe, der sich lediglich auf die Verfassung bezieht und auf das Verhältnis, die Situation der Behörde gegenüber den Mitgliedern und vor allen Dingen auf die Staatsaufsicht. Besonders die Staatsaufsicht dürfte ja, wenn man in die Zukunft blickt, eines der wesentlichen Merkmale der Körperschaft des öffentlichen Rechts, auch der Religionsgesellschaft des öffentlichen Rechts sein. Ich kann vielleicht aus dem Schlußteil meines Referats noch einiges anführen; die anderen Herren werden das besser übersehen können. Ich habe den Eindruck, daß es auch sehr viele andere Institutionen gibt, die nur deswegen Körperschaften des öffentlichen Rechts geworden sind oder dazu gemacht worden sind, weil der Staat ein bestimmtes Interesse daran hatte, in einer bestimmten Art Aufsicht über sie zu führen, und daß das Aufsichtselement auch bei der weiteren Entwicklung der Religionsgesellschaften, selbst wenn eine Trennung von Staat und Kirche kommt, in irgendeiner Form, die man sich ausmalen mag, bleibt, ist ganz klar. Das sieht man z.B. bei unserem Judengesetz. Die jüdischen Kultusvereinigungen haben ja die Körperschaftsrechte ausdrücklich verloren. Trotzdem sind aber schon im Gesetz gewisse Genehmigungsbefugnisse vorbehalten geblieben, z.B. für die Veräußerung von Kunstgegenständen und dergleichen mehr. Aber in der Durchführungsverordnung ist der Austritt bis zu einem gewissen Grade auch schon wieder geregelt. Interessant ist, daß jetzt eine Art Mustersatzung in Arbeit ist. Sie steht nicht im Gesetz und auch nicht in der Durchführungsverordnung; sie wird aber selbstverständlich verbindlich. Ob das nun in der Weise gemacht wird, daß sie diesen Organisationen zur Pflicht gemacht wird, oder ob das in Form einer Durchführungsverordnung geschieht, weiß ich nicht, weil ich dienstlich mit dieser ganzen Sache wenig zu tun habe. Ich möchte nur sagen: Das ganze Beispiel beweist, daß der Staat zwar die Körperschaftsrechte entzieht, die Sache aber doch nicht losläßt, daß das Aufsichtselement eine große Rolle spielt, vor allen Dingen bei der Trennung von Staat und Kirche, ferner ein Element, das von Rothenbücher immer so als der Gegenpol der Körperschaftsrechte angeführt wird, nämlich daß die Körperschaften sich dann frei nach Privatrecht organisieren, so daß das also doch jedenfalls in einem Staat mit dem Staatssystem des unsrigen nicht recht zum Zuge kommen kann.

Stahn: Aber es ist doch nichts weiter als eine Vereinsaufsicht, die dann übrigbleibt!

Ruppel: Nein, es ist keine Vereinsaufsicht, auch keine Polizeikontrolle, sondern die Aufsicht wird von der öffentlichen Hand ausgeübt, z.B. vom Innenminister. Es ist also eine Art Zwischenstadium, obwohl in dem Gesetz schon in § 1 steht: Die Eintragung ins Vereinsregister ist nachzuholen. Das steht in dem Juni-Gesetz. Ich möchte das hier nicht weiter vertiefen. Mir liegt lediglich an folgender Feststellung. Mein Begriff der Religionsgesellschaft des öffentlichen Rechts ist formaler Natur. Natürlich etwas rein Formales gibt es nicht. Ihm liegen auch gewisse politische Gesichtspunkte zugrunde. Aber er ist – man kann das ruhig sagen – in bestimmter Beziehung liberal, wie die Reichsgerichtssprechung das kennzeichnet. Die Entwicklung geht nach meiner Auffassung dahin: Was man nicht mehr als entscheidend ansehen kann, das ist der Vollzug des Gottesdienstes oder das, was die Kirche material tut, was sie in einem öffentlich anerkannten Raum oder mit besonderer öffentlicher Billigung vollzieht; entscheidend ist lediglich die Form, und der Begriff der Körperschaft des öffentlichen Rechts gewinnt nun bei der Religionsgesellschaft das entscheidende Charakteristikum von dieser formalen Seite her. Das zeigt sich, wie ich gesagt habe, immer bei der Frage, welche der für die Körperschaft des öffentlichen Rechts im allgemeinen geltenden Bestimmungen auf die Religionsgesellschaft des öffentlichen Rechts zu übertragen sind. Ich habe auch darüber eine Zusammenstellung, die ich aber nicht vorgetragen habe. Da zeigt sich eben immer, daß z.B. die Beamten, die mit der Form zu tun haben – wenn ich es einmal so ausdrücken soll –, die Kirchenbeamten eher als Beamte qualifiziert werden können als diejenigen Beamten, die nichts mit der Form zu tun haben, sondern mehr mit dem Materialen, wie wir ja auch – ich hatte neulich einen Kollegen so verstanden – versuchen, für die Beamten, die die äußere Verwaltung betreiben, das Treudienstehrenzeichen zu erwirken, während wir für die Pastoren, für die Geistlichen, die damit nichts zu tun haben, das offenbar nicht betreiben.

Vorsitzender: Und auch für die Beamten des Kirchenregiments nicht! (*Ruppel:* Doch, für die wohl!)

Stahn: Nur für die weltlichen Beamten! Darüber geht der Streit noch.

Vorsitzender: Für die Beamten nicht, die ganz überwiegend aus dem Holz der anderen sind, besonders soweit sie als Militäranwärter Beamte geworden sind oder soweit sie in der Ausbildung für die mittleren Beamten gestanden haben.

Ruppel: Ich kann das nicht abschließend beurteilen, weil ich mich nicht in voller Breite mit dem inneren Verhältnis der Körperschaften des öffentlichen Rechts befaßt habe. Insofern würde ich, weil es sich hier um eine rein formale Charakterisierung handelt, doch geneigt sein, eine etwas größere Distanzierung zwischen den Religionsgesellschaften des öffentlichen Rechts und den übrigen Körperschaften des öffentlichen Rechts vorzusehen; denn dann entfallen praktisch gesprochen auch die gewaltigen Diskussionen, die ständig im Gange sind über den materialen Charakter der Religionsgesellschaften des öffentlichen Rechts im nationalsozialistischen Staat. Die Lebensmittelversorgung beim Reichsnährstand oder überhaupt die Ernährung ist etwas Öffentliches. Ob aber die öffentliche Religionsausübung in diesem Sinne etwas Öffentliches ist, weiß ich nicht. (*Zuruf:* Unbedingt!) Das könnte unter Umständen zweifelhaft sein. (*Weber:* Reinhardt bestreitet das!) Ob beispielsweise in Österreich, wenn die Entwicklung so weitergeht, die öffentliche Religionsausübung zu dem immerhin doch etwas material gefügten Begriff des Öffentlichen, den Herr Forsthoff eben anführte, gehört, ist mir zweifelhaft. (*Forsthoff:* Mir auch!) Trotzdem ist die evangelische Kirche in Österreich Körperschaft des öffentlichen Rechts geblieben und bleibt es auch vorläufig.

Vorsitzender: Ich darf mich in einem Punkt berichtigen. Erst dachte ich, daß das Steuererhebungsrecht ein Essentiale für den Begriff der Körperschaft des öffentlichen Rechts ist. Das habe ich aber nicht sagen wollen. Das ergibt sich schon daraus, daß wir eine ganze Menge von Körperschaften des öffentlichen Rechts haben, die gar keine Steuern erheben. Wenn aber eine Kirche, eine Religionsgesellschaft dieses Steuererhebungsrecht hat und es ihr jetzt, zum ersten Mal nach Jahrhunderten, entzogen wird, nachdem sie, aus dem Staat heraus geboren, immer auch die Möglichkeit gehabt hat, durch Erhebung von Steuern ihren Bedarf zu decken, dann bin ich doch auch jetzt noch der Meinung, daß das ganz anders zu beurteilen sein wird, als wenn man eine Körperschaft neu schafft und ihr das Steuererhebungsrecht nicht gibt.

Stahn: Eine Kirchensteuer hat es in Österreich nicht gegeben – insofern liegen die Dinge anders –, wenigstens nicht in dem Sinne wie bei uns. Der Staat hat alles bezahlt.

Ruppel: Es hat aber Bestimmungen über Exekution usw. gegeben.

Stahn: Bestimmungen über die Exekution von Umlagebeiträgen hat es gegeben. Aber es ist nicht so, daß die Finanzämter diese Beiträge einzogen usw.

Barion: Also die Leute brauchten da nichts zu bezahlen?

Stahn: Auf katholischer Seite haben sie so gut wie nichts bezahlt. (*Barion:* Warum dann eine Exekution?) Es kommen gewisse Beiträge in Frage.

Ruppel: Die Sache liegt folgendermaßen. Nach der Einführung des Konkordats ist die kirchenpolitische Gesetzgebung in den 70er Jahren gekommen, und da ist auch ein Gesetz dabei, durch das eine gewisse Exekution von kirchlichen Gebühren vorgesehen worden ist. Die Kirche hat davon aber keinen Gebrauch gemacht. Das hängt, wie ich annehme, damit zusammen, daß der Papst die Gesetze für ungültig erklärt hat. Er hat das alles verdammt, und infolgedessen hat die Kirche konsequenterweise keinen Gebrauch davon gemacht. Auf evangelischer Seite hat es Beiträge gegeben, die zum Teil auch durch Exekution eingezogen worden sind.

Vorsitzender: Die Dotationen werden weiter gezahlt? (*Stahn:* Die gesamten Leistungen sind aufgehoben!)

Ruppel: Die alten Verpflichtungen sind ausdrücklich aufgehoben einschließlich der öffentlich-rechtlichen Patronatsleistungen und der öffentlichen Leistungen der öffentlichen Institutionen.

Vorsitzender: Also noch durch österreichisches Gesetz!

Stahn: Durch österreichisches Landesgesetz mit Genehmigung der Reichsregierung!

Vorsitzender: Aber das Gesetz erscheint nicht im Reichsgesetzblatt?

Stahn: Es wird morgen im Gesetzblatt für Österreich stehen. Dasselbe Gesetz erscheint für den Sudetengau. Es wird auf Grund des § 5 des Führererlasses als Verordnung des Reichskommissars herausgebracht. In dem Gesetz steht aber auch die Aufhebung aller Verpflichtungen, der Patronatsverpflichtungen usw. Es wird eine Pressenotiz erscheinen: Für die Übergangszeit werden freiwillig, bis die Kirchen sich auf die Vereinsbeiträge umgestellt haben, Staatsleistungen gewährt.

Vorsitzender: Und diese Vereinsbeiträge können nicht beigetrieben werden?

Stahn: Nein! Das steht extra darin. Der Rechtsweg ist zulässig. Die Kirchen müssen dann einen Zahlungsbefehl schicken. Man weiß nicht, wie sie da vorgehen werden; sie vollstrecken heute auch nicht. Das wird sich eben alles zeigen.

Weber: Ich weise nur noch darauf hin, daß die Frage des Steuerrechts an sich nicht ein integrierender Bestandteil der Körperschaftsrechte ist, weil es eine Fülle von Organisationen gibt, auch solche, die Beiträge brauchen, die keine Steuern haben.

Stahn: Ich meinte auch mehr, ob es nicht Bestandteil einer öffentlich-rechtlichen Religionsgesellschaft ist, so wie sich der Begriff herkömmlich im Altreich entwickelt hat.

Weber: Das würde ich auch nicht für ausschlaggebend halten. Aber ich räume ohne weiteres ein, daß diese Entscheidung natürlich einen bedeutsamen Eingriff darstellt. Übrigens lese ich eben, daß im österreichischen Konkordat doch dieses Recht der Einhebung von Umlagen in Art. 14 grundsätzlich zuerkannt war.

Stahn: Es ist aber nicht praktiziert worden. Das Konkordat war nur verhältnismäßig kurze Zeit in Kraft. Jedenfalls ist dieses Recht – wir haben uns erkundigt – nur in ein paar Pfarrbezirken praktiziert worden.

Barion: Ich wollte eine Anregung für ein evtl. Ausschußreferat geben. Mich hat die Theorie des Herrn Ruppel sehr angesprochen, da er resolut von den Versuchen abgeht, auf dem Wege der Katalogisierung aller möglichen Rechte zu einem Begriff der öffentlich-rechtlichen Körperschaften zu kommen, der dann seinerseits wieder erlaubt, Folgerungen zu ziehen. Das ist alles beiseitegeschoben und auf einen rein formalen Begriff zurückgeschraubt worden, bei dem als Entscheidendes nachher übriggeblieben ist die Aufsicht. Das hat mir an sich sehr eingeleuchtet, daß also ganz ausgesprochenermaßen die ganze Sache darauf reduziert wird, daß es bestimmte Gesellschaften oder Vereine gibt, bei denen der Staat die Forderung stellt, daß ihre Betätigung unter seiner Aufsicht, gewissermaßen unter seiner Mitwirkung sich vollzieht, ganz unabhängig davon, ob er das irgendwie erkauft. Es ist ein Recht, das ihm ohnehin zusteht und das er nicht mit Konzessionen anderer Art zu erkaufen braucht. Ich möchte anregen, daß man doch vielleicht dieses so gewonnene Aufsichtsrecht etwas näher substanziiert und darlegt, worauf es sich im einzelnen erstrecken soll, worin es sich von der Polizeiaufsicht, von der allgemeinen Aufsicht, der alle unterliegen, unterscheidet, wo der Ansatzpunkt ist, von dem aus diese Aufsicht zu einer spezifischen wird. Das ist eine Frage, die doch eigentlich sehr naheliegt und die unbedingt, um nach diesem großen Aufräumen jetzt zu einer positiven Konstruktion zu kommen, in den Mittelpunkt gerückt werden müßte.

Keith: In der allgemeinen Geschäftsaufsicht dürfte schon ein Unterschied liegen.

Barion: Nehmen wir einen ganz konkreten Fall! Wenn die Bekenntnisfront sich jetzt einfach für sich organisieren und sich selbständig machen will mit eigenen Vereinsbeiträgen usw., würde das von der Aufsicht aus beanstandet werden können oder nicht? Oder nehmen wir auf der katholischen Seite den Fall, daß in Österreich die Bischöfe die Theologenausbildung in einer von der jetzigen völlig abweichenden Art gestalten, die Theologenausbildung von den Fakultäten wegverlegen, soweit sie noch bestehen, also die ganze Art und Weise, wie sie den Stoff usw. anordnen, alles das, was bis jetzt weitgehend staatlich gemacht worden ist, selbst regeln, also die berühmte Constitutio jetzt rigoros in Österreich durchführen, was bisher, vom Konkordat aus gesehen, nicht so ohne weiteres ging, sondern sich an gewissen Grenzen gestoßen hat. Würde das von dieser Aufsicht aus beanstandet werden können, sollen oder müssen, oder wie würde das zu handhaben sein? Das wäre eine Frage, die vielleicht jetzt in der Diskussion nicht beantwortet werden kann, die aber einmal erledigt werden müßte.

Ruppel: Das Charakteristikum ist die spezielle Mitwirkung des Staates bei der Konstituierung der betreffenden Religionsgesellschaft als Körperschaft des öffentlichen Rechts und die besondere Mitwirkung des Staates bei ihrer Verfassung. Infolgedessen kann bei einem privaten Verein, wie es die Bekenntnisfront zur Zeit ist, mit den Kategorien der Aufsicht über die Religionsgesellschaften überhaupt nicht gearbeitet werden, da, wie ich auch ausführte, die Bestimmungen über die Religionsgesellschaften und ihre Verfassung alle spezialisierter Art sind. Das einzige Land, das darüber eine etwas generellere Bestimmung hat, ist Württemberg. Das Gesetz über die Kirchen in Württemberg bezieht sich aber auch nach ausdrücklicher Bestimmung des Gesetzes nur auf die evangelische und katholische Kirche sowie auf die Synagogengemeinde, aber nicht auf die anderen Religionsgesellschaften. Infolgedessen zeigt sich hier eben doch schon die Bedeutung der Behandlung einer Religionsgesellschaft als Körperschaft des öffentlichen Rechts z.B. auch darin, daß ihr eine gewisse individuelle Behandlung widerfährt.

Was nun die Staatsaufsicht anlangt, so ist sie auch speziell. Für die evangelische Kirche in Preußen gibt es ein Gesetz vom 8. April 1924, für die katholische Kirche in Preußen ein anderes Gesetz von 1929. Die Staatsaufsicht ist auch z.B. für die Kirchen in Österreich, soweit die alten Bestimmungen nicht aufgehoben sind, auf Grund der alten speziellen Bestimmungen weiterhin in Geltung, ja, das neue Gesetz, das morgen oder übermorgen herauskommt, enthält wieder neue staatsaufsichtsliche Bestimmungen. Der Charakter des Inhalts der Staatsaufsicht ändert sich; denn es fällt natürlich die Staatsaufsicht, soweit sie sich auf die Ausübung der Privilegien, der weggefallenen Privilegien bezogen hat, weg. Im übrigen aber braucht sich nichts zu ändern; denn sogar hinsichtlich dieser Beiträge, die in Österreich erhoben werden, ist, sagen wir einmal, die Kirchensteueraufsicht eingeführt worden, die sich eigentlich wenig von der bisherigen Kirchensteueraufsicht unterscheidet; denn es sind nicht nur die Kirchenbeitragsordnungen, die die Kirchen in Österreich nun erst noch erlassen müssen, genehmigungsbedürftig – die katholische Kirche wird sich sogar erst noch Organe schaffen müssen, weil die Kirchenvorstände in Preußen auch auf der staatlichen Gesetzgebung beruhen –, also nicht nur die Kirchenbeitragsordnungen sind genehmigungspflichtig, sondern auch die Beitragsbeschlüsse, d.h. die bisherigen Kirchensteuerbeschlüsse. Deshalb gibt es ein Einsichtsrecht, wie wir es in Preußen haben, ein Recht zur Einsichtnahme in die Vermögensverwaltung, ferner auch ein Beanstandungsrecht hinsichtlich einzelner Ausgaben, so daß also die Staatsaufsicht sich auf ganz bestimmte formale Momente weiterbezieht.

Barion: Mich interessiert der Punkt, wieweit nun diese Staatsaufsicht über die formalen Dinge hinausgeht. Vom staatlichen Standpunkt aus kann man durchaus begreifen, wenn der Staat irgendeinem xbeliebigen Verein sagt: Ich kann nicht jedem Verein zubilligen, daß er so ganz blanko, wie es ihm paßt, Beiträge erhebt und damit macht, was er will. Das sind alles noch allgemeine Gesichtspunkte. Wenn man es einmal überspitzt formuliert, könnte man sagen – ich möchte mich darauf allerdings nicht in der Form einer These festlegen, sondern das nur gewissermaßen ins Unreine formulieren –: Es ist zur Zeit ganz ohne Zweifel so, oder es ist unter dem bisherigen System schon gelegentlich so gewesen, daß der Staat seine Aufsichtsrechte benutzte, um zu Gunsten einer Gruppe innerhalb der Kirche gegen eine andere Gruppe Stellung zu nehmen. Ich weiß das auch aus der katholischen Kirche. In den 70er Jahren ist es bezüglich der Altkatholiken so gewesen, daß der Staat in innerkirchliche Auseinandersetzungen eingriff, weil er auf diesem Wege eine Möglichkeit sah, von seiner Aufsicht aus materiell – wenn man das so ausdrücken will – Stellung zu nehmen. Es würde mich interessieren, wieweit bei diesem doch immerhin neuen Begriff der öffentlich-rechtlichen Körperschaft, bei diesem formalen Begriff auch ein rein formales Aufsichtsrecht gegeben ist, wieweit mit dem formalen Begriff der öffentlichen Körperschaft wieder Hand in Hand gehen soll eine nicht nur formal, sondern auch material differenzierte Aufsicht.

Ruppel: Das Formale erstreckt sich – wenn man das vorläufig so formulieren will – auf die gesamte äußere Erscheinungsform der Kirche, sagen wir, in der Welt. Der Staat mischt sich nicht in die Kirche ein, soweit ihr Reich nicht von dieser Welt ist. Soweit sie aber mit zeitlichen Gütern in Erscheinung tritt, gehört das alles zu ihrer äußeren Form, wie ich jetzt einmal ausdrücklich sagen möchte.

Barion: Die zeitlichen Güter interessieren mich ja eigentlich weniger. Ich möchte die Anregung im ganzen gesehen geben. Nehmen wir etwa die Theologenerziehung, um bei der katholischen Kirche zu bleiben! Da gibt es bestimmte Grundsätze, die an sich im Konkordat verankert sind. In Preußen haben die Fakultäten eine gewisse Möglichkeit für eine selbständige Gestaltung des Studienplans, womit gleichzeitig die Theologenerziehung innerhalb der katholischen Kirche von Staats wegen etwas aufgespalten ist und nicht mehr der alleinigen Verfügung des Bischofs untersteht. Wenn man jetzt diesen Weg der formalen Körperschaft weitergeht, würde man dann etwa unter diese Staatsaufsicht nach wie vor das Recht einbegreifen, in die Verteilung der Theologenerziehung, in kirchliche, rein kirchlich formierte und mehr selbständig formierte Institutionen, wie es die Fakultäten sind, einzugreifen, oder würde das den Rahmen dieser Aufsicht überschreiten? Das wäre eine rein innerkirchliche Frage. Alles, was die zeitlichen Güter angeht, kann man bei den anderen Vereinen immer wieder parallelisieren. Soll die Aufsicht darauf erstreckt werden oder nicht?

Ruppel: Das ist bekanntlich ein Grenzfall. Die ganze Sache ist übrigens mutatis mutandis schon bei den evangelischen Finanzabteilungen diskutiert worden. Da zeigte sich auch, daß die Theologenausbildung ein Grenzfall ist. Nehmen wir an, es ist eine katholische Gemeinde in Österreich, die Stipendien ausgibt für bestimmte Theologiestudenten. Sie sagt aber: die Theologiestudenten dürfen nicht in Wien studieren, sondern sonst irgendwo, etwa in St. Pölten. In dem österreichischen Beitragsgesetz, das morgen oder übermorgen herauskommt, steht nun: Es können Ausgaben beanstandet werden. Nun ergibt sich eben die Frage, ob das zu dieser Welt gehört oder zu jener Welt. Oder in der Formulierung steht, daß der Reichsstatthalter oder wer nun für zuständig erklärt ist – ich weiß das noch nicht – sich auf den Standpunkt stellen kann: es ist eine rein weltliche Angelegenheit; dieses Institut in St. Pölten bei dem Bischof bildet eigentlich praktisch nur Staatsfeinde aus, und infolgedessen können dafür irgendwelche Mittel nicht zur Verfügung gestellt werden. Zum Beispiel bei einer evangelischen Finanzabteilung könnte dieser Fall eintreten. Bei der evangelischen Kirche ist es ja so: Will der Gemeindekirchenrat Geld etwa für die Frauenhilfe bewilligen, dann heißt es: das ist eine staatsfeindliche Organisation, die hat mit Religion nichts zu tun, sie ist eine rein politische Organisation, und für Politik – ich übertreibe das Beispiel etwas – haben wir natürlich in der Kirchenkasse kein Geld; das wäre die reinste Verwendung des Kirchenvermögens zu anderen als bestimmungsmäßigen Zwecken. Das wird also beanstandet, darf nicht erfolgen. Da zeigt sich, daß mein Begriff „formal", wie ich schon selbst gesagt habe, doch nicht formal ist, daß es eine Grenze gibt, über die politisch entschieden wird. Die Herren Professoren haben sich ja auch schon mit dem Problem befaßt, wenn auch nicht mit den praktischen Fragen, so doch mit den theoretischen Fragen, und sie werden dazu noch manches sagen können. Mein Begriff der formalen Religionsgesellschaft des öffentlichen Rechts ist natürlich auch eminent politisch.

Barion: Ich wollte nicht auf eine bestimmte Schlußfolgerung hinaus. Ich bin in meinem Professorengewissen hoch zufrieden, wenn ich höre, daß bei dieser ganzen Sache ein politischer Gesichtspunkt mitspielt, wenn man also ganz klipp und klar zugibt, daß diese Dinge nicht nur formal, sondern auch politisch entschieden werden, und man nicht versucht, uns etwas als reine Finanzmaßnahme klarzumachen, was ausgesprochenermaßen politisch gemeint ist.

Ruppel: Ich lege natürlich dieses System des Verhältnisses von Staat und Kirche zugrunde, das ich als Trennung im Materialen und Verbindung im Formalen bezeichnet habe. Es sind zwei Pole, und es hängt nun von der politischen Entwicklung ab, wie sich das Verhältnis je nachdem ergibt. Darüber können auch verschiedene Meinungen möglich sein. Zum Beispiel wird heutzutage auch der Standpunkt vertreten: Je mehr Geld wir – vulgär gesprochen – für solche Sachen ausgeben, um so besser, und um so weniger haben die Leute Lust, noch Beiträge zu zahlen; sie treten aus. Wir können sagen: ein Interesse an einer Knebelung der Kirchensteuer in ihrer Höhe haben wir gar nicht; je höher um so besser! (*Vorsitzender:* Desto mehr treten aus!) Die Kirchensteuer gehört ja zum Formalen; aber bei dem Materialen, bei dem, was Sie über St. Pölten in bezug auf die Ausbildung der Theologen ausführten – das gehört ja zum Materialen –, ist eine gewisse Zurückhaltung am Platze, wie ich ja auch zu denjenigen gehöre, die den Finanzabteilungen bei der evangelischen Kirche gern eine erheblich größere Zurückhaltung empfehlen würden, was sicher ihre Tätigkeit, ihre Langlebigkeit günstig beeinflussen würde.

Heckel: Es wäre also möglich, daß der Begriff der Körperschaft des öffentlichen Rechts aus seiner bisherigen Funktion einer Auszeichnung allmählich ins Gegenteil umschlägt; die Leute haben nämlich den Rang, aber die Staatsaufsicht wird in repressivem Sinne gehandhabt, nicht in pfleglichem Sinne.

Weber: Körperschaft des öffentlichen Rechts zu sein, ist Ehrendienst am deutschen Volke! So ungefähr!

Heckel: Aber das wäre so wie bei einem Manne, der ungern in den Arbeitsdienst einrückt. – Das wäre ein ganz neuer Aspekt dieser Körperschaft des öffentlichen Rechts, mit dem keine Rechte mehr verbunden sind als das Recht der allgemeinen Auszeichnung und die Tatsache, daß die Körperschaft unter die Staatsaufsicht gestellt wird und damit ein System errichtet wird, das bei dem klassischen System der Trennung von Staat und Kirche eben nicht fortleben kann, indem nämlich die Staatsaufsicht – ganz grob gesprochen – im Sinne einer Unterdrückung der alten Rechtstellungen gehandhabt wird. Das wäre auch denkbar, daß da ein ganz neues System kommt.

Stahn: Dieses System ist im österreichischen Gesetz vollkommen eindeutig.

Ruppel: Es bleiben nur gewissermaßen diejenigen Privilegien, die mit der öffentlichrechtlichen Verfassung, mit der Qualität einer öffentlichen Behörde usw. verbunden sind und die nicht sehr zahlreich sind.

Stahn: Im übrigen gab es ja im römischen Recht ein privilegium odiosum. Darauf würde das hinauskommen.

Vorsitzender: Das ist also der Gedanke, daß es eine Korporation ist, die immerhin Schaden anrichten könnte. Die Bedeutung wird damit anerkannt, daß sie nicht ein beliebiger Verein ist, um den man sich nicht zu kümmern braucht, sondern daß es ein Gebilde ist, das der Staat beobachten muß.

Ruppel: Meines Erachtens berührt sich das aber wieder mit rechtspolitischen Gesichtspunkten, die bei der alten Körperschaft des öffentlichen Rechts in früheren Jahrhunderten stark durchgeführt waren.

Heckel: Zweifellos! Aber damals wurde die Kirche diesem starken territorialistischen Druck unterstellt, weil sie ein unentbehrlicher Wesensbestandteil der damaligen öffentlichen Ordnung war, während diese positive Anerkennung ihr jetzt nicht mehr zugebilligt wird, sondern sie würde diesem selben territorialistischen Druck unterstellt werden, ohne daß die positive Anerkennung noch dahintersteht.

Barion: Was ich sagen wollte, ist vorhin vielleicht nicht ganz deutlich herausgekommen. Das, was Herr Ruppel ausgeführt hat, halte ich an sich für eine ausgezeichnete konstruktive Leistung.

Das ist mit dieser Klarheit eigentlich bisher nie ausgesprochen worden. Ich würde es doch begrüßen, daß das Referat veröffentlicht würde, weil endlich einmal mit diesem Hin und Her, mit diesem Schaukelspiel von Rechten und Pflichten, mit diesem Junctim einmal aufgeräumt ist und hier die Konstruktion der tatsächlichen Lage gegeben ist. Eine Aufgabe des Ausschusses wäre es gerade, einmal zu sehen, was tatsächlich ist, damit man sich nicht in Wunschbildern ergeht, sondern einmal einwandfrei und präzise das formuliert, was tatsächlich durch die Entwicklung gegeben ist.

Heckel: Die Diskussion, die sich am Schluß über die evtl. neue Wendung dieses Systems der öffentlichen Körperschaft und über das Religionsrecht entwickelt hat, hat unter einer ganz besonderen Freimütigkeit auch bezüglich des Ausdrucks gestanden: „Repressive Staatsaufsicht“ usw. sind Ausdrücke, die evtl. mißdeutet werden könnten. Dem könnte vielleicht bei der Fassung des Protokolls Rechnung getragen werden.

Keith: Wenn es gewünscht wird, kann das natürlich entsprechend gefaßt werden, um einen Ausgleich herbeizuführen.

(Schluß der Sitzung: 19 Uhr 30 Minuten.)

2. Protokoll der Sitzung vom 29.4.1939 (Die politische Klausel in den Konkordaten. – Staatskirchenrechtliche Lage des Memelgebietes und der zum Deutschen Reich gekommenen Gebiete der ehemaligen Tschechoslowakei)

(Beginn: 10 Uhr 30.)

Nach der Eröffnung der Sitzung durch den Vorsitzenden Ministerialdirektor Dr. *Meyer* folgt zunächst das Referat von Professor Dr. *Weber: Die politische Klausel in den Konkordaten.* Das Referat liegt schriftlich vor. – *An das Referat schließt sich folgende Erörterung.*

Vorsitzender: Am wenigsten befriedigt mich in diesem Punkt des Widerspruchs das deutsche Konkordat. Der Widerspruch ist nicht aus der Welt zu schaffen. Ich kann mir die Sache nur so denken, daß zuerst der preußische Text dem Sinne nach Aufnahme gefunden hat, und nachher ist es der Kurie gelungen, im Schlußprotokoll das Gegenteil auszusprechen, und die deutschen Unterhändler haben nicht gemerkt, was darin liegt.

Bedeutet ferner die Verankerung des Reichsstatthalters im deutschen Konkordat, daß der Reichskirchenminister ausgeschaltet ist? (*Weber:* Nein!) Warum wird dann nicht die deutsche Regierung erwähnt? Die Frage, welche Stelle innerhalb der deutschen Regierung darüber entscheidet, unterläge dann einer weiteren Bestimmung außerhalb des Konkordats.

Weber: Die in den Ostertagen in Rom Unterhandelnden waren staatsrechtlich nicht sehr geschult. Man glaubte sehr modern zu sein und wollte wenigstens die Landesregierungen nicht mehr als Adressaten anerkennen. Deshalb sagte man: An deren Stelle sind als Instanz die Reichsstatthalter getreten.

Vorsitzender: Wie wird das praktisch gehandhabt?

Ruppel: Soviel ich weiß, werden sie benachrichtigt, fragen den Reichskirchenminister und bekommen dann in einem persönlichen Briefe Bescheid, ob sie Bedenken erheben müssen oder nicht. Ich kann das aber nicht mehr mit Sicherheit sagen.

Vorsitzender: Vorher geht es über den Nuntius?

Weber: Natürlich, der Vatikan kann nicht unmittelbar mit dem Reichsstatthalter verkehren.

Ruppel: Theoretisch könnte ich mit denken, daß der Vatikan sich des Domkapitularvikars bedient. Oder ist das auch ausgeschlossen?

Weber: Das ist möglich.

Ruppel: Daß er z.B. den Domkapitularvikar in Mainz beauftragen würde, sich seinerseits mit dem Reichsstatthalter in Darmstadt in Verbindung zu setzen?

Weber: Das ist nicht ausgeschlossen.

Vorsitzender: Der Nuntius verkehrt mit dem Reichsstatthalter und umgekehrt?

Weber: Der Nuntius muß es über das Auswärtige Amt machen. Er darf nicht unmittelbar mit dem Reichsstatthalter verkehren. Aber diese Art der Regelung funktioniert gar nicht. Praktisch ist es so, daß die ganze Entscheidung beim Kirchenminister konzentriert ist. Es würde sehr viel zweckmäßiger sein, daß die Anzeige direkt bei diesem erstattet wird. Ich glaube, so wird z.T. auch verfahren. Das Reichskirchenministerium erfährt mindestens gleichzeitig mit dem Reichsstatthalter von dieser Absicht. Jedenfalls kann aber die Kirche mit befreiender Wirkung die Anzeige an den Reichsstatthalter geben, und da dann die 20-Tage-Frist läuft, ist es empfehlenswert, sich streng an diese Bestimmung zu halten. In Preußen muß das Kapitel sich an den Ministerpräsidenten wenden, und dieser gibt es dem Kirchenministerium.

Ruppel: Meines Wissens haben wir bisher nur einen Fall gehabt. Das kann Mainz gewesen sein. (*Vorsitzender:* Der Berliner Bischof!) – In Preußen funktioniert das etwas leichter. Ich halte es für durchaus möglich, daß der Nuntius in Preußen nicht eine so entscheidende Rolle spielt, sondern daß das Domkapitel es macht. Ich glaube, bei den Aachener Differenzen ist z.B. auch nicht mit dem Nuntius verhandelt worden, sondern soweit überhaupt Erörterungen mit kirchlichen Stellen stattgefunden haben, ist mit Aachen direkt verhandelt worden.

Weber: Das steht auch ausdrücklich im Konkordat. In Preußen wird die Anzeige vom Kapitel erstattet, und der Staat gibt seine zustimmende oder ablehnende Erklärung dem Kapitel gegenüber ab. Im Fall Aachen hat der Vatikan nicht mehr verhandelt, sondern hat gesagt: Schluß. Wenn sich dagegen in einem solchen Falle Verhandlungen ergeben, wird schon aus praktischen Gründen nur noch in geringem Umfange das Kapitel für diese Verhandlungen in Frage kommen, sondern die Verhandlungszuständigkeit wird sofort auf den Nuntius übergehen. Dieser pflegt sich in solchen Fällen auch am 15. oder 16. Tage immer zu erkundigen, ob man sich bald schlüssig geworden wäre.

Heckel: Ich bin für dieses sehr ausführliche Referat sehr dankbar, das alle einzelnen Fragen besonders in die Tiefe gehend erörtert hat, und möchte nur noch einige ergänzende Bemerkungen bringen. Das Konkordat kann m.E. nicht isoliert für sich ausgelegt werden. Jedenfalls sollten die staatlichen Vertreter das nicht tun. Konkordate sind auf eine bestimmte staatskirchenrechtliche Lage zugeschnitten. Wenn ich mich an die Zeit erinnere, in der wir in Preußen an dem Kirchenvertrag arbeiteten, so hatten wir die Weimarer Verfassung vor uns und mußten nun versuchen, in diesem sehr beschränkten Raum der Weimarer Verfassung einigermaßen für den Staat herauszuholen, was möglich war, um von dem früheren preußischen Bestand einiges zu retten. Man mußte also versuchen, die Lage etwas auszubalancieren zugunsten der bewährten preußischen Praxis gegenüber den Einbrüchen und Abbrüchen, die die Weimarer Verfassung gebracht hatte. Das ist ein Gesichtspunkt, der sehr betont werden sollte. Nach meiner Überzeugung wäre die nationalsozialistische Regierung in der Lage gewesen, zu sagen: Die früheren Verträge gehen mich gar nichts an; es hat ein so intensiver innerer Wechsel der politischen Haltung stattgefunden, daß mit der Weimarer Verfassung auch diese Verträge als ergänzende Rechtsformen und Bindungen erledigt sind. Daß die Kurie auch an eine solche Möglichkeit gedacht hat, ergibt sich daraus, daß im Reichskonkordat diese Verträge ausdrücklich garantiert worden sind, – ein gewisses wenn auch nicht schlüssiges Argument e contrario. Infolgedessen sind Argumente, die früher gezogen haben mögen, heute nicht mehr insgesamt in der gleichen Weise verwertbar. Vielleicht läßt sich das eine oder andere über diese grundsätzliche Haltung auch für die heutige Sachlage bei den Verträgen noch bemerken.

Eine zweite Sache ist die politische Klausel. Die kirchenpolitische Bedeutung der politischen Klausel ist nicht sehr groß. Daß sie nicht sehr groß sein kann, ergibt sich daraus, daß schon das alte Streichungsrecht der personae minus gratae nach der Bulle *De salute animarum* im Kulturkampf gezeigt hat, daß nicht sehr viel dahinter ist. Es gibt ganz vernichtende Urteile Bismarcks gegen jene, die diese politische Klausel besonders hochgeachtet haben. Ich darf in dieser Beziehung auf meinen Aufsatz über den Abbruch des preußischen Kulturkampfes hinweisen, in dem ich einige dieser Bemerkungen angebracht habe.

Drittens: Die Rechtslage im konkordatsfreien Raum. Der Herr Kollege Weber hat die Meinung vertreten, es gäbe ein ungeschriebenes staatliches Recht darauf, daß solche hohen Würdenträger wie die Bischöfe auf alle Fälle auf ihre politische Zuverlässigkeit – so will ich es einmal ganz roh sagen – geprüft werden müßten, so daß man auch der Kurie gegenüber sagen könnte: Du bist gehalten, dich vorher zu erkundigen. Ich weiß nicht, ob das im Rahmen Ihres Gedankens liegt, Herr Weber, jedenfalls wäre es eine Konsequenz, daß man aus Gründen des schiedlich-friedlichen Zusammenlebens zwischen Staat und Kirche vorher beim Staat anfragt, ob da nicht politische Bedenken vorliegen. Ich glaube, daß es bedenklich ist, diesen Grundsatz, den ich an und für sich für richtig halte, in der Praxis so zu vertreten. Ich bin der Meinung, daß der Staat hier eine unzweifelhafte Rechtslage durch eine ausdrückliche Norm schaffen muß. Wenn er das nicht tut, gerät er in der kirchenpolitischen Auseinandersetzung stark in die Hinterhand. Die Kurie wird, selbst wenn sie den Grundsatz als richtig anerkennen würde, mindestens bestreiten, daß der Staat berechtigt sei, einseitig eine bestimmte Auslegung dieses Grundsatzes festzulegen, indem sie darauf hinweist, daß der Staat ja im Reichskonkordat ausdrücklich die Zustimmung der Kurie zu einer bestimmten Fassung für nötig gehalten habe, sonst hätte er diese Sache ja auch einseitig gemacht. Mit diesem Argument wird sie also stark arbeiten. Sie wird außerdem damit arbeiten, daß bei der Ernennung protestantischer Würdenträger wahrscheinlich in einigen deutschen Ländern, in denen keine Kirchenverträge sind, solche Anfragen nicht offiziell vorgeschrieben sind. Ich weiß nicht, ob in Braunschweig bei der Einsetzung des Bischofs Johnsen oder in einem anderen Lande ohne Kirchenverträge der Staat offiziell gefragt worden ist. Wenn er hundertmal hintenherum gefragt worden sein sollte, so wird die Kurie doch sagen: Bitte, zeigt mir das amtliche Dokument, in dem eine solche Anfrage erfolgt ist. Ich halte das für sehr schwierig durchzusetzen, obwohl mir der Rechtssatz, wie auch aus meinem früheren Votum hervorgeht, äußerst sympathisch ist.

Eine vierte Sache sind die parteipolitischen und nicht staatspolitischen Bedenken. Dieser Ausdruck findet sich nicht nur in der Begründung zum preußischen Kirchenvertrag, sondern auch im Schlußprotokoll zu Art. 7. Es gab damals einen Heidentanz um diese einschränkende Auslegung – hinter der praktisch ja nichts ist –, um sie durchzusetzen. Es war tatsächlich die Sorge der Deutschnationalen, daß keine deutschnationalen Generalsuperintendenten mehr ernannt werden würden. Damals konnte die Formel mit einer gewissen Berechtigung gebraucht werden. Denn die Weimarer Verfassung selber stand ja auf dem Standpunkt, der Beamte sei Diener des Staates und nicht einer Partei; also muß es staatspolitische Bedenken einerseits, parteipolitische Bedenken andererseits geben. Mithin konnte man damals tatsächlich sagen: Legalität gegenüber der Weimarer Verfassung ist die Mindestanforderung – oder die Höchstanforderung, je nach dem Standpunkt, auf den man sich stellt. Auf Grund des Schlußprotokolls im protestantischen Kirchenvertrag konnte natürlich das katholische Schrifttum mit einigem Recht sagen: Was dem einen recht ist, ist dem andern billig, also sind da auch diese Unterscheidungen zwischen parteipolitischen und staatspolitischen Bedenken zu machen. Es ist eben die Lage der Weimarer Zeit. Wie die Beamten nur gehalten waren, sich legal zu verhalten, im übrigen ausdrücklich Gesinnungsfreiheit hatten, so konnte der Bischof sagen: Was euren eigenen Beamten billig ist, ist mir recht.

Fünftens: Der Bischofseid. Ich schätze den Bischofseid nicht als ein mit besonderer Stärke zu bewertendes Argument. Denn der moderne Bischofseid enthält ja die Klausel, von der Sie, Herr Weber, glaube ich, nicht gesprochen haben: sicut decet episcopum, so wie es einem Bischof geziemt. Ich habe in meinem Aufsatz über den Abbruch des Kulturkampfes auch in einer Anmerkung darauf hingewiesen, wann diese Formel entstanden ist. Nach den Feststellungen, die ich damals treffen konnte, ist sie, glaube ich, in den Jahren um 1848 oder im Jahre 1840 in Deutschland aus der Praxis heraus aufgekommen. Damals kam in den deutschen Bischofseiden – in dem preußischen zuerst, wenn ich recht gesehen habe – auch diese clausula salvatoria auf. Damit ist der ganze Wert des Eides beseitigt. Die Kurialisten sagen zur Beruhigung des Staates: Der Bischof wird für das Wohl des Staates sorgen, – so wie es einem Bischof selbstverständlich geziemt. Im Streitfall dagegen wird gesagt: Er wird für das Wohl des Staates sorgen, – mit der Einschränkung, daß er nicht mit seinem bischöflichen Pflichten in Konflikt kommt. Darüber hat sich Bismarck dahin geäußert: Es ist mit dem Eide eigentlich nichts anzufangen. Mit diesem Vorbehalt kann man einen Riesenaufsatz schreiben über alle Pflichten, die ein Bischof zu erfüllen hat; in der Praxis ist immer dieser kleine Schutzschild vorhanden, wenn dann gegen den Bischof geschossen wird. Die Unbedingtheit der Verpflichtung gegenüber der politischen Leitung ist also seit dieser Klausel tatsächlich mit einem Fragezeichen versehen; sie ist erschüttert. Das ist eine alte Erfahrung gewesen.

Ein sechster Punkt ist die Frage, was politische Bedenken sind. Da möchte ich nur zur Illustration aus der Geschichte darauf hinweisen, daß *Stutz* allerdings den Standpunkt vertreten hat: Was politische Bedenken sind, entscheidet der Staat. Darauf ist der Prof. *Göller* damals zum Kardinalstaatssekretär gegangen und hat gesagt: Es ist ja unerhört, was Stutz da vorträgt. Ich glaube, Stutz hatte aus dem Bischofswahlrecht das Beispiel gebracht: Wenn der Staat sagt, diesen Pfarrer streiche ich aus der Liste, weil ich ihn lieber als Distriktsschulinspektor habe denn als Bischof, so müßte die Kurie damit einverstanden sein. Der Kardinalstaatssekretär hat damals gesagt: Über diese Sache würden wir glatt hinweggehen, das sind keine politischen, sondern verwaltungstechnische Bedenken. Stutz hat dann dieses Beispiel fallen lassen. In der zweiten Auflage seines Kirchenrechts von 1914 muß darüber irgendeine Anmerkung stehen. Er hat also zugegeben, es gebe verwaltungstechnische Bedenken, die man nur unter Mißbrauch des Rechts in politische Bedenken umdeuten könne.

Was endlich das Vetorecht im Reichskonkordat betrifft, so ist der Sinn der Sache ganz klar, wenn man sich auch da die innere staatskirchenrechtliche Lage vorstellt. Das preußische und das bayerische Konkordat haben gesagt: Der Papst bzw. das Kapitel muß festgestellt haben, daß keine politischen Bedenken bestehen. Wir waren dabei in Preußen sehr stolz darauf, daß das Kapitel das machen muß, weil dann eine außenpolitische Intervention in das ganze Verfahren nicht möglich ist. Es handelt sich dann immer um ein Internum zwischen Kapitel und preußischer Regierung, – also eine Fortführung der alten Tradition mit dem Streichungsrecht.

Der Satz „festgestellt hat, daß keine politischen Bedenken obwalten" hatte, von der Reichsverfassung von Weimar her gesehen, eine sehr zweifelhafte Geltung. Denn in dieser stand „ohne Mitwirkung des Staates". Nun haben die Juristen an diesem Satz viel herumgedoktert. Aber man konnte in der Praxis sagen, dieser Satz war zweifelhaft, mindestens anfechtbar. Wenn sich Konflikte ergeben hätten, und die Kurie hätte doch einen bestimmten Mann haben wollen, gegen den die Regierung Bedenken geäußert hätte, so hätte die Kurie ja die Möglichkeit gehabt, die parteipolitische Notbremse zu ziehen und das Zentrum mit seinen Verbündeten vorzuschicken, um geltend zu machen: Ja, diese Bestimmung ist höchst zweifelhaft, denn sie widerspricht der Weimarer Verfassung; wenn der Papst also den Mann doch ernennt, hat er zwar möglicherweise gegen den Wortlaut dieses Kirchenvertrages gehandelt, aber dieser Kirchenvertrag ist eben selber in einem weiten, elastischen Sinne auszulegen, so daß dieses Geltendmachen von Bedenken seitens des Staates nicht ein förmliches Vetorecht enthält, weil in der Weimarer Verfassung steht: Der Staat wirkt nicht mit.

Nachdem die Nationalsozialisten ans Ruder gekommen waren, ist diese parteipolitische Notbremse hinfällig gewesen. Die Kurie mußte jetzt versuchen, diese Bestimmung des Art. 137 der Weimarer Verfassung in irgendeiner Form wieder so in das Reichskonkordat einzubauen, daß ihre alte, taktisch günstige Lage wieder hergestellt wurde. Deshalb der Satz: Es wird kein Einspruchsrecht begründet. Das ist nur der Versuch, eine Bestimmung der Weimarer Verfassung in diesen Kirchenvertrag hineinzubringen und dadurch die alte Lage einigermaßen, vielleicht sogar verbessert wieder herzustellen, die vor 1933 war und aus der sich für die Kurie die Möglichkeit ergeben hatte, einerseits außenpolitisch und andererseits durch das Zentrum innerpolitisch zu intervenieren.

Vorsitzender: Das würde aber doch bedeuten, daß trotz des preußischen Vertrages die Weimarer Verfassung vorgegangen wäre, mehr Kraft gehabt hätte.

Heckel: Rein theoretisch gesprochen, selbstverständlich. Die Weimarer Verfassung hat den Vorrang vor allem Landesrecht, und dieser außenpolitische Vertrag war ja Landesrecht.

Vorsitzender: Aber der Vertrag ist doch gerade geschlossen, um die Verfassung abzuschwächen, und hat den preußischen Finanzminister, wie ich gern zu sagen pflege, viel gekostet.

Heckel: Aber gesetzt den Fall, es wäre zu einem Prozeß vor dem Staatsgerichtshof gekommen, so hätte der Staatsgerichtshof durchaus die Möglichkeit gehabt, weil der Vertrag ein Landesgesetz war, zu sagen: Das Reichsrecht geht dem Landesrecht vor. Das wäre theoretisch durchaus denkbar gewesen.

Vorsitzender: Als die Weimarer Verfassung kam, wurden alle möglichen Bestimmungen hineingenommen, mit denen man nichts machen konnte. Da hieß es: Was haben wir mit den Kirchen gemacht? Das ist gar nicht durchzuführen; wir müssen Verträge schließen. Nicht umsonst daher die Erregung der Finanzminister dagegen, daß das notwendig wurde. Nun sehe ich ein, öffentliches Recht kann durch einen Vertrag nicht abgeändert werden. Es wäre möglich, wenn das Reich sich das Konkordat zu eigen gemacht hätte. Das hat es aber nicht.

Weber: Aber der Vatikan konnte sich doch nicht gegen sein Konkordat auf die Weimarer Verfassung berufen.

Heckel: Er konnte ja sagen: Ich erkenne nicht an, daß das politische Bedenken sind. Das Zentrum hätte dann von der anderen Seite her gesagt: Die ganze Bestimmung gilt ja nicht.

Barion: Der Mechanismus wäre doch so gegangen, daß man die preußische Regierung, wenn sie auf dem Buchstaben des Konkordats bestanden hätte, von Zentrums wegen vor den Staatsgerichtshof zitiert hätte wegen Verletzung der Weimarer Verfassung.

Heckel: Auch ein Domkapitel hätte, nachdem immer mehr solche Prozesse geführt worden wären, dasselbe sagen können.

Barion: Hart auf hart wäre es nur auf dem Wege einer Klage gegen die preußische Regierung gegangen.

Heckel: Man hätte auch eine Erklärung der Reichsregierung erwirken können.

Barion: Immer hart auf hart gesprochen, hätte man einen äußeren Zwang nur über den Staatsgerichtshof im Wege einer Klage ausüben können.

Heckel: Das auch nicht. Es wäre auch u.U. mit den Mitteln der Reichsaufsicht möglich gewesen. Allerdings, wenn Preußen nicht gefolgt wäre, wäre auch ein Prozeß gekommen.

Stalmann: Wir haben damals die Auffassung vertreten, der zweite Teil der Reichsverfassung spricht von den Rechten der Deutschen. Dazu gehören Rechte des Vatikans nicht, und der Vatikan kann sich nicht auf Art. 137 berufen.

Heckel: Das meine ich auch nicht. Aber das Zentrum könnte es.

Vorsitzender: Dann wäre aber der Vertrag damit hinfällig. Denn das war ein wichtiger Stein, und schon hätte der Finanzminister gesagt: Ich habe so viel dafür hergegeben, jetzt fällt eben die Hälfte der Dotationen weg.

Barion: Wo bleibt übrigens die Vertragstreue, wenn der Vatikan eine deutsche Stelle in dieser Weise beauftragt?

Heckel: Das macht er nicht offiziell, sondern aus Interesse für das deutsche Recht.

Ruppel: Soviel ich weiß, ist in Preußen immer der Standpunkt vertreten worden, daß hinsichtlich der großen Kirchen der Art. 137 eine Spezialregelung nicht ausschließt. Ich glaube, der Standpunkt läßt sich auch vertreten. Wenn man ihn aber vertritt, sind, glaube ich, Ihre letzten Formulierungen zu allgemein. Denn ich habe Sie so verstanden, daß das Konkordat, sagen wir ruhig, verfassungswidrig ist und infolgedessen eventuell durch den Staatsgerichtshof als mit der Reichsverfassung nicht in Einklang stehend für nicht wirksam erklärt werden könnte. Auf evangelischer Seite müßte das u.U. doch auch die Konsequenz haben, daß der evangelische Oberkirchenrat, eine innerdeutsche Stelle, seinerzeit vielleicht hätte klagen können gegen das Staatsgesetz vom 8. April 1924, das ja auch in einer Reihe von Punkten Bestimmungen enthält, die wohl mit den Grundsätzen des Art. 137, wenn er so interpretiert wird, nicht in Einklang stehen.

Vorsitzender: Und das Gesetz vom 15. Oktober 1924.

Ruppel: Das auch. – Aber die Argumentation, die Privilegierung der Kirche rechtfertigt auch eine stärkere Staatsaufsicht, halte ich für zutreffend.

Heckel: Ich glaube, ich bin mißverstanden worden. Ich habe gar nicht die Rechtslage erörtern wollen, ob die Reichsverfassung diese Bestimmungen des preußischen Rechts wirklich beseitigt hat, sondern ich wollte nur auf die taktische Lage hinweisen, die, weil die Weimarer Verfassung da war, gegen die Beschränkung des Ernennungsrechts der Kurie je nach der parteipolitischen Konstellation ausgenutzt werden konnte. Es ist natürlich klar, daß der preußische Finanzminister, wenn Sie ihn zu beraten gehabt hätten, gesagt hätte: Wenn schon die politische Klausel nicht so einfach ist, ist es das andere auch nicht. Gesetzt aber, es wäre Herr Klepper Finanzminister gewesen? – Also ich wollte nichts über die Rechtslage selbst sagen, sondern nur über die taktische Lage, um zu beleuchten, warum die Kurie die Sache wieder in das Reichskonkordat hineingebracht hat. Sie wollte die Bestimmung des Art. 137 in einer für sie womöglich noch günstigeren Spezialisierung hineinbringen, nachdem ihr dieser parteipolitische Vorspann des Zentrums nicht mehr zur Verfügung stand.

Ruppel: Wie hätte denn der Staatsgerichtshof entscheiden müssen? Ich sehe ein, daß das Zentrum in Wahlversammlungen, im Landtag, also stimmungsmäßig und auch durch entsprechende Pression bei den Ministern sehr viel hätte erreichen können. Es ist mir aber zweifelhaft, wie der Staatsgerichtshof entschieden hätte. Ich möchte annehmen, daß die preußische Regierung dann den Prozeß doch durchaus hätte gewinnen können.

Weber: Zumal das preußische Konkordat ja offiziös der Reichsregierung vorgelegen hatte.

Vorsitzender: Nur der Regierung, nicht dem Volk, nicht dem Reichstag.

Weber: Die Regierung hätte jedenfalls keine Aufsichtsmaßnahmen nach Art. 15 ergreifen können, und wer weiß, ob ihr nicht von vornherein die Aktivlegitimation für einen Prozeß beim Staatsgerichtshof gefehlt hätte, wenn sie diesen Standpunkt eingenommen hat. Man darf nicht vergessen, daß wir auch ein badisches Konkordat hatten und daß in dem badischen Konkordat ganz klar der kirchliche Standpunkt zum Ausdruck gekommen war, nämlich: Es wird dann verhandelt, man versucht sich zu einigen, wenn man sich nicht einigt, ist die Kurie frei. Das ist der typische kirchliche Standpunkt, und diesen Standpunkt nimmt die Kirche auch in ihrem Schrifttum ein. Es war ihr leider nicht gelungen, diesen Standpunkt beim preußischen Konkordat durchzusetzen. Der damalige Unterhändler des Vatikans war entweder selbst kein guter Unterhändler im Gegensatz zu den Unterhändlern bei allen anderen 11 Konkordaten, oder aber er hat auf seiten des Staates so bedeutsame Gegner gefunden, daß er ihnen unterlegen ist. Das preußische Konkordat ist in diesem Punkt ein glatter Sieg des Staates über die Kurie und natürlich auch von verhängnisvollen Auswirkungen für alle anderen Konkordate. Diese Scharte hat man in dem völlig zentrümlich gearteten badischen und dann auch im österreichischen Konkordat gegenüber dem Dollfuß-Ständestaat ausgewetzt. Dann sah man sich vor die Notwendigkeit gestellt, beim Reichskonkordat diesem Standpunkt einen Anknüpfungspunkt zu bieten. Ich halte es für möglich, daß einer der beiden Herren sich die Weimarer Reichsverfassung vor Augen geführt und sich gesagt hat: Da hatten wir noch so ein Hintertürchen, um uns auf irgendwelchen Umwegen auf die Reichsverfassung zu berufen und das preußische Konkordat dadurch zu paralysieren, und dieses Hintertürchen müssen wir uns wieder schaffen. Ich glaube aber, daß doch handgreiflicher im Vordergrunde stand die Regelung etwa des badischen Konkordats und des österreichischen, das damals im Text schon festgelegt war, als das Reichskonkordat geschlossen wurde. (*Zuruf:* Eins schließt das andere ja nicht aus!) Der österreichische Vertrag ist etwas früher geschlossen worden als das Reichskonkordat. Im österreichischen und badischen Konkordat hat man den glatten und großen Sieg der Kurie. Im Reichskonkordat macht man es verschämt. Ich weiß nicht, wie die Verhandlungen im einzelnen gegangen sind, ob man sich etwa darüber unterhalten hat. Wenn man sich darüber unterhalten hat, hat man offensichtlich Widerstand gefunden und sich daher mit einer sehr blassen Formel begnügen müssen: Ein staatliches Vetorecht wird nicht begründet.

Zu der Frage selbst darf ich bemerken, daß auch ein Mann wie *Klaus Mörsdorf* und ähnliche Leute anerkennen, daß das Einspruchsrecht des preußischen Staates ein absolutes gewesen sei. Nirgendwo taucht in der von mir durchgesehenen Literatur der Vorbehalt der Weimarer Reichsverfassung auf. Sie sagen zwar alle: Hier scheint ein unüberbrückbarer Widerspruch zwischen dem preußischen Konkordat und der Reichsverfassung zu bestehen. Dann wird eine Reihe von verschiedenartigen Konstruktionen gemacht. Man sagt etwa: Das ist eine Regelung, die eine Spezialregelung nicht ausschließt. Oder: Das ist eine Regelung, die andersartige Abmachungen völkerrechtlicher Art nicht hindert. Oder: Das ist eine Regelung, die nur für Deutsche gilt, nicht für eine auswärtige Macht usw. Das Ergebnis ist jedenfalls, daß man bei dem preußischen Konkordat auch seitens kirchlicher Stellen den Appell an Art. 137 nicht mehr zuläßt. Mir ist jedenfalls keine derartige Äußerung begegnet. Ich möchte also nicht glauben, daß diese Mentalreservation bei der Praxis des preußischen Konkordats eine sehr große Rolle gespielt hat, daß sie etwa in den Verhandlungen im April und Mai 1933 in Rom eine größere Rolle gespielt hat als das Bestreben, das, was man in Baden und Österreich klar erlangt hatte, wenigstens einigermaßen auch im Reichskonkordat zur Anerkennung zu bringen.

Stalmann: Gleich nachdem die Weimarer Reichsverfassung ergangen war, entstand der große Streit über die Worte „ohne Mitwirkung". Nachher haben Kahl und andere den Standpunkt vertreten, daß eine Mitwirkung bei den Bullen nicht vorgesehen war, weil die Besetzung durch die andere Stelle erfolgt. Daß sie vorher anfragen muß, ist keine Mitwirkung. Diese Auffassung ist in Preußen konsequent vertreten worden. Man hat sie auch vertreten können, weil man sagte: Das sind privilegierte Religionsgesellschaften, die haben weitergehende Rechte. In meinem ersten Entwurf des Gesetzes über das Kirchenregiment habe ich den Satz gehabt: Zum Präsidenten des Oberkirchenrates kann niemand ernannt werden, bevor nicht der Staat erklärt hat, daß gegen seine Ernennung keine Bedenken bestehen. Ich hatte viele Parlamentarier, die sagten: Halten Sie unter allen Umständen daran fest. Ich denke dabei an Kahl und solche, die ihm nahestanden. Von den Deutschnationalen weiß ich es nicht genau. Aber das haben wir nicht durchgebracht; es wurde im Ministerium herausgestrichen.

Vorsitzender: Genau läßt sich das nicht vergleichen. Die Evangelischen waren im wesentlichen identisch mit den Deutschnationalen. Die hatten keine Macht.

Stalmann: Man ging nachher so weit, daß jeder klagen konnte, wenn es ihm Vergnügen machte.

Aber was wird nun im konkordatsfreien Teil? Es ist ein unverzichtbares Recht des Staates, daß er, ehe ein Bischof mit derartig weitgehenden Funktionen und Privilegien ernannt wird, auch ohne gesetzliche Grundlage Einspruch erheben kann. Ich gebe Ihnen Recht, Herr Professor Heckel, es ist wünschenswert, daß eine gesetzliche Grundlage einseitig durch Staatsgesetz geschaffen wird. Aber es ist doch zweifelhaft, wann wir diese Grundlage bekommen. Die Sache kann vorher aktuell werden. Es würde im Grunde genommen auch im Interesse der Kurie liegen. Denn wenn heute ein Bischof ernannt wird, der dann politisch nicht tragbar ist, riskiert er sofort, daß er eine Aufenthaltsbeschränkung bekommt und aus seinem Bezirk verwiesen wird. Wenn die Kurie eine Persönlichkeit etwa für die neuen Gebiete – Prag usw. – ernennt, die politisch nicht tragbar ist, so ist ein Konfliktsfall da. Man bringt den Mann schließlich doch weg, er bekommt ein Aufenthaltsverbot für das Gebiet seiner Diözese.

Barion: Ich möchte auf die Frage des Vetos im Reichskonkordat zurückkommen. Soweit das preußische Konkordat gegen die Weimarer Verfassung gesündigt haben sollte, ist das seit 1933 saniert, sozusagen legitimiert worden. Es ist rechtlich nicht mehr so von Bedeutung. Der entscheidende Punkt ist die Frage nach der Tragweite des Zusatzes im Schlußprotokoll, ob dieser tatsächlich bedeutet, daß die zwingende Kraft staatlicher Beanstandungen durch ihn aufgehoben wird. Das glaube ich aber nicht. Was Herr Professor Weber gesagt hat, leuchtet mir völlig ein. Man muß es nur schärfer formulieren. Er hat gesagt, daß das Vetorecht auch im preußischen Konkordat auftaucht und daß es eine so unbestimmte Größe sei, daß man daraus nicht ein Argument entnehmen könne, um die eindeutige Richtung der Hauptbestimmung umzubiegen. Ich würde eher umgekehrt sagen: Gerade mit Hilfe des preußischen Konkordats läßt sich dem Vetorecht ein ganz scharf umrissener Sinn zuschieben. Im preußischen Konkordat ist das staatliche Einspruchsrecht ganz eindeutig verkoppelt mit der Frage der Anzeigepflicht. Da heißt es z.B., daß die Anzeigepflicht sich erstrecken soll auf die Frage der deutschen Reichsangehörigkeit. Wenn ein Domkapitular ernannt wird, der nicht deutscher Reichsangehöriger ist, kann der Staat sagen: Diese Bestimmung ist verletzt worden, infolgedessen darf diese Ernennung nicht erfolgen. Das ist nach dem Wortlaut des preußischen Konkordats kein staatliches Einspruchsrecht, sondern ein Hinweis auf eine Abweichung von einer zwingenden Bestimmung. Das heißt mit anderen Worten: Gerade wenn man das Vetorecht in dieser ganz scharfen Formulierung bringt, daß es nämlich im konkordatstechnischen Sinne gar nichts mit der Frage der zwingenden Kraft zu tun habe, daß diese gar nicht vom preußischen Konkordat entschieden werden könne, so kann man nach meiner Meinung ganz eindeutig deduzieren, daß eine Beanstandung zwingende Kraft beanspruchen kann, ohne daß sie im geringsten ein Vetorecht im eigentlichen Sinne ist. Insofern ist die ganze Klausel im Schlußprotokoll vollständig unter den Tisch gefallen. Man darf also nicht sagen, es ist unbestimmt, sondern weil es in einem zwar etwas sonderbaren, aber ganz bestimmten Sinne genommen ist, kann man deutlich zeigen, daß das Vetorecht, wie es im Konkordat verstanden wird, nicht verkoppelt ist mit der zwingenden Kraft von Beanstandungen.

Heckel: Was hat das Vetorecht dann überhaupt für eine Bedeutung?

Barion: Von Vetorecht kann man dann sprechen, wenn jemand jede beliebige Beanstandung erheben kann mit dem Anspruch, daß sie zwingend beachtet werden muß. Dagegen das Recht, das hier begründet wird, verleiht zwingende Kraft nur mit genau umschriebenen Tatbeständen. Der Unterschied dabei ist der, daß im preußischen Konkordat bei der Prüfung materiell ganz genau festliegende Dinge in Frage kommen, während es sich bei den Bischöfen nicht um materiell, sondern qualitativ festgelegte Fragen handelt, daß also die politische Qualität nachgewiesen werden muß. Wenn Sie nun sagten, jede Beanstandung ist eine politische, würde ich das für zu weitgehend halten. Ich würde sagen: Jede Beanstandung kann eine politische sein. Dafür, ob sie eine solche ist, ist das Urteil des Staates maßgebend. Daher würde ich auch eine gewisse Begründungs- und Substantiierungspflicht insofern anerkennen, als die Kurie fragt, ob die Bedenken vom Staat als politische aufgefaßt werden, und der Staat mit Ja antworten muß. Er ist dabei weitgehend an seine eigene Ehrlichkeit verwiesen. Wenn er aber z.B. aus Protektion jemand, der gern Bischof werden möchte, durchbringen will, so würde er gegen Geist und Buchstaben des Konkordats verstoßen. Ein Vetorecht würde man nach dieser Terminologie dort annehmen, wo es völlig in das Belieben gestellt ist.

Vorsitzender: Wenn das Wort „politisch" fehlt.

Weber: So etwa wie bei dem negativen Ausschließungsrecht. Das würden Sie eher als Veto bezeichnen?

Barion: Jawohl. Hier dagegen handelt es sich um bestimmte Qualitäten, die verlangt werden, z.B. Reichsangehörigkeit, einwandfreier Lebenswandel, politische Unbedenklichkeit. Wenn diese fehlt, hat der Staat in jedem dieser Fälle gegenüber der Kirche das Recht, auf diesen Tatbestand hinzuweisen. Man muß dann konstruieren, daß sich aus der objektiv gegebenen Tatsache, daß es so ist, für den Gegenpartner die Verpflichtung ergibt, den Betreffenden nicht zu ernennen. So ist es bei den Professoren auch. Der springende Punkt ist, daß nach meiner Meinung aus dieser Klausel des Schlußprotokolls nicht einwandfrei deduziert werden kann, daß die Beanstandungen des Staates keinen zwingenden Charakter haben.

Vorsitzender: Meinen Sie auch, daß das bei der Schaffung des deutschen Konkordats so gewesen ist?

Barion: Nein, ich würde nie behaupten, daß denen das klar gewesen ist.

Vorsitzender: Sondern sie wollten versuchen, den Widerspruch auszudrücken.

Barion: Das würde ich nicht sagen. Ich gehe davon aus, daß das preußische Konkordat eine Handhabe bietet, um einen ganz scharf umrissenen Begriff des staatlichen Einspruchsrechts zu schaffen, der hier verkehrt angewandt worden ist.

Vorsitzender: Der zunächst ins Reichskonkordat hineingenommen und dann abgeschwächt ist.

Barion: Man muß unterscheiden. Die Sache ist durchaus einwandfrei. Das Reichskonkordat ist hier von einer juristischen Präzision, die musterhaft ist. Das einzige, was man bemängeln könnte, ist, daß die Leute das nicht gemerkt haben.

Vorsitzender: Daß es also eine unbewußte Präzision ist.

Weber: Ich bin dem Herrn Kollegen Heckel sehr dankbar für einige Hinweise, vor allen Dingen für den Hinweis auf seinen eigenen Aufsatz.

Was den Eid angeht, für den ich in dem Aufsatz noch nähere Angaben finden werde, so spielt die Klausel „sicut decet episcopum" allerdings in allen entscheidenden Bischofseiden eine entscheidende Rolle. In den Eiden der Nachkriegskonkordate kehrt diese Formel überall wieder, und es ist bekannt, daß die Kurie einen großen Wert darauf legt, den Finger immer in diese Wunde des Bischofseides zu legen. Da gibt es die Äußerungen des Jesuitenpaters v. Nell-Breuning im „Osservatore Romano" oder irgendwo, wo er in einer geradezu unverschämten Weise, wie man wohl sagen kann, erläutert, welche Pflichten der Bischof hat, und in jedem Halbsatz kommt dann: sicuti decet episcopum. Das wäre das typische Beispiel dafür, wie man diese Worte als Vorbehaltsklausel werten und es dem Bischof ermöglichen will, sich jederzeit freizuzeichnen.

Ich möchte diese Klausel anders auslegen, und zwar unabhängig davon, unter welchen Umständen sie damals entstanden ist. Das muß ich noch nachprüfen. Denn diese Klausel kehrt in alten und feierlichen Eiden wieder, die keine Bischofseide sind. Da gibt es z.B. Formeln wie: Wie es einem guten Monarchen geziemt, oder: Wie es einem redlichen und ehrliebenden treuen Staatsdiener zukommt, oder der Fahneneid vor und nach 1831: Ich will die mir vorgelesenen Kriegsartikel überall befolgen und mich in Ausübung meiner sämtlichen Pflichten so betragen, wie es einem ehrliebenden und unverzagten Soldaten eignet und gebührt. Ich sehe in dieser Formel eine Verstärkung des Eides, indem an die konkrete Pflichtenlage des Schwörenden noch einmal appelliert wird. So haben wir m.E. auch den Bischofseid zu verstehen. Der Bischof hat die ganze Treue und ganze Hingabe an Staat und Volk zu präsentieren, die von einem anständigen und guten deutschen Bischof verlangt wird. Ich sehe also darin keinen Vorbehalt, sondern eine Unterstreichung. Es ist klar, daß von dem Bischof politische Zuverlässigkeit verlangt wird. Der Eid stellt selbst unter Beweis, daß von ihm Treue verlangt wird und daß er von der pflichtmäßigen Sorge für das Wohl des Vaterlandes erfüllt sein muß, wie es im deutschen Bischofseid heißt. Gerade hierin möchte ich also – solche Dinge sind auch einer Wandlung fähig – wegen der Parallelität zu jenen anderen entsprechenden Klauseln keinen Vorbehalt, sondern eine Unterstreichung sehen. Ich muß das noch im einzelnen nachprüfen, habe aber zunächst die Neigung, das so aufzufassen.

Allgemein möchte ich davor warnen, den Bischofseid zu bagatellisieren. Der politische Eid überhaupt ist in unserem Staatswesen einerseits dadurch sehr stark gehoben und aufgewertet worden, daß er vom bloßen Verfassungseid zu einem persönlichen Treueid gegenüber dem Führer erhoben wurde, andererseits ist er aber vielleicht auch etwas abgewertet dadurch, daß er in eine all zu starke Massenwirkung hineingebracht ist. Fast jeder zu einer öffentlichen Rechtsstellung Berufene muß heute einen solchen Eid leisten. Aber ich glaube, daß wir heute eigentlich keinen Grund haben, den Bischofseid besonders zu bagatellisieren. Wir werden ihn ernst nehmen können, und wir sind m.E. dazu verpflichtet, wegen des Zusammenhanges mit der politischen Klausel und der in allen Bischofseiden getroffenen Feststellung, daß der Eid vor der Übernahme der bischöflichen Funktionen zu leisten ist. Diese Formel kehrt überall wieder. Der Bischof darf in der Tat von seiner Diözese nicht Besitz ergreifen, ehe er nicht sein Verhältnis mit dem Staat durch den Eid in Ordnung gebracht hat. Das ist nicht etwa nur ein Mittel, den Bischof in die Hand zu bekommen, sondern das kann man vergleichen mit dem Empfang eines Botschafters oder Gesandten zur Überreichung seines Beglaubigungsschreibens, einem Exequatur oder einem Anerkennungsschreiben, wie es früher in Preußen ausgestellt wurde. Alles das beschränkt sich jetzt auf die Abnahme des Eides, findet darin allerdings auch, wie mir scheint, eine völlige Wiederauferstehung. Gerade wegen dieser Zusammenhänge möchte ich nicht dafür plädieren, daß man den Bischofseid bagatellisiert, und das „sicut decet episcopum“, von dem ich glaube, daß es ursprünglich in einem einschränkenden Sinne verstanden wurde, würde ich nicht mehr im Sinne einer solchen Einschränkung verstanden wissen wollen.

Ruppel: Als seinerzeit die Vereidigung der Beamten auf den Führer im Jahre 1934 eingeführt wurde, war auch in einem Gesetz vorgesehen, daß die Geistlichen der Reichskirche den Eid auf den Führer leisten. Es entstand damals eine Diskussion darüber, und in der damals erörterten Eidesfassung war auch eine Klausel „so wie“. In diesem Zusammenhang hat der Professor der Kirchengeschichte Beyer in der Beratung der Generalsynode, später aber auch mir persönlich gegenüber ausgeführt, daß diese „Sicut-Klausel“ eine äußerst ominöse Geschichte habe und auf ältere Zeiten zurückgehe. Ich habe später einmal zufällig den protokollarischen Bericht über die Vereidigung des preußischen Königs auf die Verfassung im Anschluß von 1848 gelesen. In diesem Eidesprotokoll kommt auch eine derartige Klausel vor, und da habe ich mir gesagt, der Monarch hat sich also auch eine derartige Klausel zu seinen Gunsten als clausula salvatoria vorbehalten. Mir kam es aber mehr auf diese Exequaturfrage an, und zwar unter praktischen Gesichtspunkten.

Vorsitzender: Dieser Eid in § 16 des Konkordats ist noch jetzt so? (*Weber:* Jawohl!) Der Führer ist nicht hineingenommen? (*Weber:* Nein!)

Ruppel: Ich könnte mir denken, daß die praktische Entwicklung dahin geht, daß man sagt: Wir wollen den Eid gar nicht haben. Ich glaube, nach Beilegung des Kulturkampfes sind einzelne Bischöfe wieder zugelassen worden, ohne daß sie den Eid geleistet haben. Jedenfalls könnte ich mir denken – das ist für mich zweifellos –, daß man, wenn eine Bischofsernennung wieder aktuell wird, sagt: Der soll gar keinen Eid leisten, es ist sowieso zweifelhaft, ob er ihn halten kann, wir wollen davon nichts hören. Nun könnte das zu folgendem führen. Man erhebt zwar keinen Einspruch und läßt die Frist von 20 Tagen ablaufen; wenn das dann aber ein paar Mal passiert ist, dann ist der Bischofseid in seiner Funktion als Exequatur doch völlig entwertet.

Weber: Deshalb weise ich auf diese Funktion hin, damit man nicht unüberlegterweise da hineinstolpert.

Ruppel: Ich glaube auch gar nicht, daß der Bischofseid diese Funktion hat. Denn er hat zwar für die Interpretation der politischen Klausel eine gewisse Bedeutung, aber nach seinem Wortlaut und nach der Praxis – auch der früheren – hat der Bischofseid diese Bedeutung im allgemeinen nicht gehabt.

Dieckmann: Ich könnte mir Fälle denken, wo der Reichsstatthalter sich aus irgendwelchen Gründen der Abnahme des Eides entzieht. Das hat zur Folge, daß der Bischof sein Amt praktisch nicht antreten kann.

Weber: Es ist doch immer angenehmer, wenn Sie einen unerwünschten Bischofskandidaten, der konkordatswidrig ernannt worden ist, durch Nichtabnahme des Eides wegbringen, als daß Sie ihm staatspolizeiliche Maßnahmen bezüglich des Aufenthaltes auferlegen.

Ruppel: Wenn aber ein aktueller Fall kommt und an diesem Punkte Widerstände einsetzen sollten, so ist die Sache gewissermaßen verbraucht, weil man dem Eid von vornherein keine Bedeutung beimißt.

Keith: Diese taktische Bedeutung ist aber doch nicht zu verkennen.

Ruppel: Gewiß, damit charakterisiere ich nur die gegenwärtige Interpretation. Ich habe schon einmal davon gehört, und außerdem kann ich mir die psychologischen Momente sehr stark vorstellen, die einen Reichsstatthalter veranlassen, von der Abnahme des Eides abzusehen.

Weber: Darüber aber kann der Reichsstatthalter nicht entscheiden.

Ruppel: Diese Momente spielen trotzdem de facto eine große Rolle.

Barion: Es ging mir darum, die beiden Auffassungen über die Formel „sicut decet episcopum" zu klären. Herr Professor Weber sagt etwa: Der Eid des Monarchen und Soldaten würde sinngemäß so umschrieben werden können, daß der Monarch oder der Soldat den Eid ablegt, so wie es ohnehin einem Soldaten oder Monarchen zukommt. Das wäre die „Ohnehin-Auslegung". Die andere Auslegung würde in der clausula salvatoria ihren Ausdruck finden. Diese hätte dann die Funktion, den Eidschwörenden zum letzten Richter darüber zu machen, was er nun auf Grund dieses Eides zu leisten gezwungen ist oder nicht. Das wären die beiden entgegengesetzten Pole. In dem einen Fall trifft der den Eid Entgegennehmende die letzte Entscheidung, im andern Fall der den Eid Leistende. Juristisch ist dann die Frage, was sich aus dem Wortlaut, von dem man ja ausgehen muß, entnehmen läßt. Man wird nicht daran vorbeikommen, daß beide Auffassungen mit dem Wortlaut zu vereinbaren sind. Aus dem Wortlaut kann man die Ohnehin-Auffassung nicht widerlegen, so daß ich von da aus meinen möchte, daß es nicht möglich ist, dem Staat diese Formel entgegenzuhalten, wenn er unter Berufung auf diesen Eid bestimmte konkrete Forderungen erhebt und sagt: Ich bin derjenige, der darüber zu entscheiden hat, ob es in dem Eid beschlossen ist oder nicht. Die zweite Frage ist: Kann man für diese beiden Auffassungen aus dem vorliegenden Konkordat zwingende Feststellungen treffen?

Heckel: Das deckt sich ganz mit meiner Meinung. Ich habe ja gesagt, diese Klausel kann man auslegen in einem bejahenden Sinne und in einem polemischen Sinne der Haltung gegenüber dem Staat. Die Formel ist entstanden aus einer polemischen Haltung gegenüber dem Staat. Sie steht in Verbindung mit der Auseinandersetzung zwischen Staat und Kirche, und das erste Auftauchen der Formel geschah eben, um den Bischof zu sichern gegen die absolute Subordination, die der Absolutismus in seinem Staatskirchenrecht verlangte. Das war der Anfang der historischen Begründung und spricht gegen die andere Auslegung. Ich habe aber auch gesagt, daß die Kurie, als man versuchte, diese Klausel aus dem Bischofseid wegzubringen, sagte: Was wollt ihr denn, das ist ja nur eine Bestätigung, der Bischof ist ein Staatsbürger, ihr seid doch ein anständiger Staat, es geziemt einem Bischof, sich in einem anständigen Staat anständig zu verhalten. Ich wollte nur zum Ausdruck bringen, die Klausel ist doppeldeutig. Auch aus dem Reichskonkordat ergibt sich darüber nichts anderes. Die Kurie wird sagen: Dieser Einschub ist in meinem Sinne, und der Staat sagt: Er ist in meinem Sinne.

Vorsitzender: Seit dem Kulturkampf sind die Bischöfe nicht mehr vereidigt worden? (*Heckel:* Doch!)

Weber: Eine Verordnung von 1887 hat das normiert. Praktisch ist die Sache durch den Wegfall der Monarchie beseitigt.

Vorsitzender: Bei dem preußischen Konkordat war ja davon die Rede. Es war schon formuliert und ist in den Entwürfen der ersten Zeit enthalten. Nachher wurde es, soviel ich weiß, auf Wunsch von Pacelli herausgestrichen.

Heckel: Man hat auch auf staatlicher Seite überlegt, ob man sehr an dem Eid hängen sollte. Denn wenn man das tat, hätte der Finanzminister es bezahlen müssen. Ich weiß, daß Bismarck sich sehr heftig dagegen geäußert hat. Wenn es zum Konflikt kommt, kann man nichts Entscheidendes gegen den anderen Partner daraus entnehmen.

Weber: Ich möchte doch bemerken, daß mir der Eid gerade in Bezug auf diese Exequaturwirkung sehr bedeutsam zu sein scheint. Wenn man den Eid zu stark in seiner Bedeutung herabsetzt, was bleibt dann schließlich übrig? Dann sagt man: Ich verzichte darauf. Ich habe die Frage genau geprüft und habe nicht gefunden, daß die Exequaturwirkung des Eides schon irgendwo erwähnt ist. Ich bin darauf gestoßen, weil die Rumänen ein eigenes Exequatur haben. Da kam – bei mir jedenfalls originell – mir die Erkenntnis, der Eid ist dahin formuliert, daß er diese Funktion haben soll. Wenn da feierlich steht, daß der Eid vor Übernahme der Funktion zu leisten ist, wenn man auf diesen bedeutsamen Termin abstellt, wollte man dem Eid offensichtlich eine solche Bedeutung zumessen. Darin liegt in der Tat eine große Bedeutung zum Unterschied vom Beamtenrecht, wo der Eid hinterher kommt. Ich glaube, daß das eine große Bedeutung für unseren Fall hat. Es ist die einzige Möglichkeit für den Staat, die Amtsübernahme dann auch wirklich zu sperren, auch in denjenigen Staaten, in denen die Rechtslage vielleicht noch schwieriger ist als bei uns, z.B. Polen, Litauen usw. Da kann der Staat immerhin sagen: Gut, ernennt ihn, aber wir werden ihm dann nicht die staatliche Anerkennung erteilen, deren er zu seiner Amtsausübung bedarf.

Vorsitzender: Die politische Klausel verliert nach dieser Auffassung an Bedeutung.

Weber: Nicht so sehr an Bedeutung als an praktischer Realisierbarkeit. Bezeichnend ist das Exequatur im rumänischen Recht. Die Rumänen haben eine besondere Verklausulierung in ihrem Konkordat. Da ist festzustellen d'un commun accord – im gemeinsamen Einvernehmen der Beteiligten –, s'il n'y aurait pas des objections etc., also ob keine Einwendungen politischer Art vorhanden sind. Nun weiß man nicht recht, ob d'un commun accord festgestellt werden muß, daß politische Bedenken vorhanden sind, oder ob d'un commun accord festgestellt werden muß, daß keine vorhanden sind. Das ergibt sich nicht aus dem Wortlaut. In dem einen Falle würde der Staat durch die Erklärung, er habe politische Bedenken, den commun accord verhindern können, im anderen Falle dann der Staat den commun accord nicht herbeiführen, wenn die Kirche nicht mitstimmt. Aus dieser unklaren Lage heraus haben anscheinend die Rumänen sich diese Hintertür mit dem Exquatur geschaffen. Das war in den Jahren 1928/29.

Heckel: Gab es das nicht schon früher in Italien?

Weber: Jawohl, aber es wurde abgeschafft. Die Exquaturpraxis ist an sich alt. Sie ist überall abgeschafft worden. In Italien mußten geistliche Würdenträger der verschiedensten Art ein solches Exquatur haben.

Barion: Wie ist das von dem erwähnten Herrn Klaus Mörsdorf beurteilt worden?

Weber: Darüber läßt er sich aus und sagt: Da ist dieses Exquatur eingeführt, es muß aber nach dem Sinn des Konkordats angenommen werden, daß der Staat das Exquatur nicht verweigert, wenn er mit seinen politischen Bedenken nicht durchgedrungen ist. Die Erteilung bzw. Verweigerung des Exquatur ist unter dieselben Bedingungen gestellt, unter denen die politischen Bedenken nicht die Anerkennung der Kirche finden. Aber die rumänische Regierung wird sich durch diese Auslegung von Herrn Mörsdorf wohl nicht sehr stören lassen. (*Barion:* Sie kennt sie auch wohl kaum!)

Ruppel: Praktisch würde das bedeuten, daß der Dispens erteilt würde. Man könnte etwa sagen: Wir nehmen nicht nur den Eid nicht an, sondern erteilen auch keinen Dispens und sperren mit dieser Verweigerung.

Herr Professor, Sie sagten, in Preußen sei nach dem Kulturkampf immer Dispens erteilt worden. (*Heckel:* Nein, nicht immer!) Ich meine, es ist immer stillschweigend geduldet worden. Man hat aus einem gewissen Takt solchen Kompromißbischöfen die Eidesleistung nicht zugemutet.

Heckel: Ich glaube, so war es. Ich kann mich nicht ganz genau daran erinnern.

Stalmann: In der Vorkriegszeit wurde der Eid immer geleistet, und dann gab es ein Frühstück bei dem Minister.

Barion: Ich würde meinen, daß die Frage der Exequaturfunktion des Eides doch von dieser Auslegung der Formel „sicut decet episcopum" verhältnismäßig unabhängig ist insofern, als der Staat ja seine Auffassung für sich festhalten kann und die Möglichkeit hat, sie geltend zu machen. Ich meine also, daß Ihre Argumentation nicht so verknüpft ist, daß sie, um das Exequatur zu halten, die Ohnehin-Auslegung beibehalten muß.

Weber: Man könnte die Möglichkeit der Ohnehin-Auslegung stark unterstreichen, ohne sie als die einzig mögliche hinzustellen.

Barion: So, daß man das nicht miteinander verkoppelt.

Vorsitzender: Wollen wir diesen Punkt nun als vollendet ansehen?

Barion: Ich würde vorschlagen, die Sache nach der Veröffentlichung noch einmal zu besprechen.

Nunmehr folgt das Referat von Professor Dr. *Barion: Geltung bzw. Nichtgeltung des tschecho-slowakischen modus vivendi in den jetzt zum Deutschen Reich gehörigen früheren tschechoslowakischen Gebieten und des litauischen Konkordats im Memelgebiet. – Zur staatskirchenrechtlichen Lage des Memelgebietes und der zum Deutschen Reich gekommenen Teile der ehemaligen Tschechoslowakei*

I. Die staatskirchenrechtliche Lage des Memelgebietes (MG) wurde bisher tatsächlich bestimmt durch 1. das Litauische Konkordat (LK) von 1927: Dieses beanspruchte für das MG Geltung, wie sich insbesondere aus der Einbeziehung der Vorschriften für die kirchliche Territorialgliederung des MG in das LK (Art. IX) bzw. in die Zirkumskriptionsbulle „Lituanorum gente" vom 4. April 1926 ergibt.

Anmerkung: 1. Die Bedeutung des Polnischen Konkordats von 1925 (PK) für die Freie Stadt Danzig ist völlig anders. Es beansprucht für diese keine Geltung, wie für eine Vereinbarung zwischen Staat und Kirche über die Danziger kirchlichen Verhältnisse auf staatlicher Seite auch nur der Danziger Senat zuständig wäre. Danach ist der Wert des Art. 3 PK zu bestimmen, der festsetzt, daß der Nuntius in Warschau auch für Danzig zuständig ist. Damit hat die Kurie gegenüber Polen die Verpflichtung übernommen, diesen Nuntius und nur ihn auch für das Gebiet des *Bistums Danzig* mit den innerkirchlichen Vollmachten auszustatten, die einem Nuntius nach c. 267 CIC zustehen, sowie die etwaigen diplomatischen Beziehungen zum Danziger Senat über diesen laufen zu lassen. Die *Freie Stadt Danzig* ihrerseits ist nicht daran gebunden, nun den Nuntius als

Diplomaten für ihren Bereich anzuerkennen und könnte wohl auch von sich aus durch einen Vertreter in Rom unmittelbar mit dem Hl. Stuhl verhandeln.

2. Die bisherige staatskirchenrechtliche Lage des MG ist indes nicht von diesem Anspruch des LK, sondern von der Frage aus zu beantworten, ob das LK nach dem bisher für die Rechtslage des MG maßgebenden Memelstatut vom 8.5.1924 (MK) bzw. nach dessen ebenfalls als Statut des MG bezeichneten Anhang I (MSt) für das MG verbindlich war.

3. LK und MK. Für die Beantwortung dieser Frage sind folgende Bestimmungen der MK maßgebend:

MK Art. 2: Das Memelgebiet bildet unter der Souveränität Litauens eine Einheit, die in Gesetzgebung, Rechtsprechung, Verwaltung und Finanzen innerhalb der Schranken des in Anhang I aufgestellten Statuts Autonomie genießt.

MSt Art. 1: Das Memelgebiet bildet unter der Souveränität Litauens eine Einheit, die, auf demokratischen Grundsätzen aufgebaut, in Gesetzgebung, Rechtsprechung, Verwaltung und Finanzen innerhalb der in dem vorliegenden Statut umschriebenen Grenzen Autonomie genießt.

Art. 4: Die von der litauischen Gesetzgebung in Ausführung internationaler Verträge und Abkommen zu treffenden Maßnahmen finden auf das Memelgebiet insoweit Anwendung, als diese Verträge und Abkommen nicht dem vorliegenden Statut zuwiderlaufen; jedoch ist es, wenn solche Maßnahmen Anwendung fänden auf Angelegenheiten, die nach Art 5 unter die Zuständigkeit der Landesbehörden des Memelgebietes fallen, Sache der letzteren, die erforderlichen Maßnahmen für die Anwendung der genannten internationalen Verträge zu treffen.

Art. 5: Unbeschadet der Bestimmungen des vorhergehenden Artikels gehören folgende Angelegenheiten zur Zuständigkeit der Organe der autonomen Regierung des Memelgebietes: ... 2. Religionswesen;

Art. 16: Der Gouverneur hat das Recht, innerhalb der in Art. 10 vorgesehenen Frist (=innerhalb eines Monats von dem Tage ab, an welchem ein Gesetz ihm vom Landtag vorgelegt wird) gegen die vom Landtag des Memelgebiets angenommenen Gesetze Einspruch zu erheben, wenn diese Gesetze die Zuständigkeit der Landesbehörden, so wie sie in dem vorliegenden Statut bestimmt ist, überschreiten oder wenn sie mit den Bestimmungen des Art. 6 (=Beachtung der Grundsätze der Litauischen Verfassung) oder mit den internationalen Verpflichtungen Litauens unvereinbar sind.

Aus diesen Artikeln ergeben sich, wenn man von aller Verzweigung in Einzelheiten und von der jeweiligen Prüfung der Frage, ob es sich bei Schwierigkeiten der Auslegung um dem Außenstehenden nicht ohne weiteres verständliche Subtilitäten der Völkerbundsjuristen oder um Fehlkodifikationen des Gewollten handelt, absieht, folgende Sätze:

1°. Das Religionswesen gehört gemäß Art. 5 MSt zu den Angelegenheiten, in deren Regelung die Behörden des MG autonom sind.

2°. Die Autonomie geht nicht soweit, daß für die durch Art. 5 MSt den Behörden des MG zu autonomer Regelung überwiesenen und der innerstaatlichen Regelung durch die Litauische Regierung (LR) entzogenen Fragen auch keine internationalen Vereinbarungen der LR zulässig wären; vielmehr gelten solche Vereinbarungen nach Art. 4, dem Art. 5 ausdrücklich untergeordnet ist, auch für Fragen des autonomen Bereichs.

3°. Indes bewirkt Art. 4 nicht die unbeschränkte und automatische Geltung aller internationalen Verträge Litauens für das MG. Ihre Geltung wird vielmehr beschränkt durch die (im vorliegenden Fall belanglose) Anerkennung des Vorrangs der materiellen Bestimmungen des MSt und für die autonomer Regelung unterliegenden Materien durch die Vorschrift, daß der Erlaß der durch die betreffenden Verträge geforderten Gesetze usw. den Behörden des MG zustehe.

4°. Die Frage, ob das LK im MG gelte, ist demnach zunächst eine reine Tatsachenfrage, die in folgende Unterfragen zerfällt:

a) Ist das LK im MG ausdrücklich verkündet worden? Das ist, soweit bekannt, nicht geschehen.

b) Ist es durch konkludente Verordnungen usw. seitens des MG anerkannt worden?

Solche konkludenten Tatsachen würden nicht schon dort vorliegen, wo zwischen der ursprünglichen, noch durch das deutsche Recht bestimmte staatskirchenrechtlichen Lage des MG und den Bestimmungen des LK ohnehin eine gewisse Übereinstimmung vorlag und weiter nach dem deutschen Recht verfahren wurde, sondern nur dort, wo ein Widerspruch zwischen dem Staatskirchenrecht des MG und dem LK durch Akte der Behörden des MG zugunsten des LK beseitigt wurde. Von allen Bestimmungen des LK scheint die einzige, bei der in diesem Sinn ein Widerspruch vorlag und konkludente Handlungen möglich gewesen wären, Art. XV zu sein, der besagt: Les mariages célébrés en conformité des préscriptions du Code Canonique obtiennent par la même les effets civils.

Die übrigen Bestimmungen weichen zwar auch zum Teil vom deutschen Staatskirchenrecht ab, am meisten Art. XX, betreffend Strafverfahren gegen Kleriker; aber bei keinem liegt ein so klarer Fall des Entweder-Oder vor wie bei Art. XV. Die Durchführung dieser Bestimmung im MG hätte bewirken müssen, daß dort der kirchlichen Trauung bürgerliche Wirkung zuerkannt wurde, daß die kirchlich geschlossene Ehe nach kirchlichem Recht beurteilt wurde und daß bei doppelter Eheschließung, ziviler und kirchlicher, die Ungültigkeitserklärung oder Scheidung der Zivilehe auch für das staatliche Forum noch nicht das Eheband beseitigte. Diesen Standpunkt haben die litauischen Behörden auch eingenommen. Das oberste Tribunal hat in einer Entscheidung vom 26. Juli 1933 eine auch kirchlich getraute Ehe als „quasi-geistlich" anerkannt und wegen der Scheidung an das Konsistorium verwiesen (Jakob *Robinson,* Kommentar der Konvention über das Memelgebiet vom 8. Mai 1924, Bd. 1, Kaunas 1934, S. 375/376). Die Behörden des MG haben, soweit bekannt, in diesem Punkt am deutschen Recht festgehalten.

5°. Man könnte schließlich noch die Frage aufwerfen, ob die LR die notwendigen Vorschriften usw. von den Behörden des MG nicht hätte rechtlich erzwingen oder bei Weigerung der Behörden selbst hätte erlassen können. Das Standardargument der LR in dieser Hinsicht war die These, daß die Souveränität über das MG auch das Recht enthalte, den Gebrauch, den es von der Autonomie mache, auf seine Rechtmäßigkeit und Zweckmäßigkeit zu prüfen und gegebenenfalls durch den Gouverneur korrigierend und supplierend einzugreifen. Dieses Argument scheiterte schon daran, daß angesichts der Art. 2 MK bzw. 1 MSt eine derartige Beschränkung der Autonomie nicht aus einem abstrakten Souveränitätsbegriff deduziert werden konnte, sondern aus dem MSt hätte hergeleitet werden müssen. Im übrigen lag ihm die Auffassung zugrunde, daß die Behörden des MG verpflichtet seien, gegebenenfalls gemäß Art. 4 MSt tätig zu werden. Diese Auffassung traf nicht zu. Art. 16 MSt ließ ausdrücklich die Möglichkeit von memelländischen Gesetzen zu, die schon bestehenden internationalen Verpflichtungen Litauens widersprachen; das ist, wenn man nicht eine Fehlkodifikation primitivster Art annehmen will, nur sinnvoll, wenn die internationalen Verträge Litauens das MG nicht automatisch banden. Dafür spricht auch, daß dem Gouverneur nicht das Recht gegeben war, etwa durch Zubilligung der Gesetzesinitiative oder auf andere Weise, eine etwaige passive Resistenz der Landesbehörden des MG zu durchkreuzen.

4. Keine Geltung des LK im MG. – Für das LK kann also abschließend festgestellt werden:

a) Falls es nicht vom Memellandtag eigens anerkannt worden ist, gilt es als solches im MG nicht.

b) Falls nicht konkludente Handlungen im erläuterten Sinn nachgewiesen werden können, kann auch nicht seine stillschweigende Anerkennung behauptet werden.

c) Das MG ist mithin konkordatsfreier Raum.

5. Die staatskirchenrechtliche Einfügung des MG wird für die katholische Kirche darauf bedacht sein müssen, die Prälatura nullius Memel wieder in das Bistum Ermland einzugliedern, dem

sie bis 1924 als Dekanat angehörte. Dabei müßte gefragt werden, ob es sich nicht empfiehlt, die Geltung des Preußischen Konkordats auch für diesen Teil des Bistums Ermland zu bejahen.

II. *Die staatskirchenrechtliche Lage der nunmehr zum Deutschen Reich gehörigen Teile der früheren Tschechoslowakei.*

1. Der Modus vivendi vom 2.2.1928 ist nicht mehr in Kraft.

Es ist nicht möglich, zur Begründung oder Widerlegung dieses Satzes auf allgemeine Erwägungen über den Fortbestand oder den Wegfall von Konkordaten bei Staatensukzession zurückzugreifen. Der Modus vivendi ist eine lose zusammengefügte Summe formal heterogener Einzelvereinbarungen, denen die eigentliche Verklammerung eines Konkordats fehlt. Sie sind kein Ganzes, das als solches stehen oder fallen könnte; vielmehr muß für jede Einzelbestimmung besonders geprüft werden, wieweit sich Gründe für ihren Fortbestand oder für den praktischen Nutzen einer Berufung auf sie geltend machen lassen.

Diese Nachprüfung ergibt folgendes: *Art. I* stellt den Grundsatz der Deckung von staatlichen und kirchlichen Grenzen auf; er ist nunmehr weitgehend erfüllt und bedarf als Grundsatz wegen der in diesem Punkt gleichlaufenden staatlichen und kirchlichen Interessen kaum einer vertraglichen Festlegung. Die weiter in Art. I enthaltene Verpflichtung zum Abschluß einer Vereinbarung über die Dotation der Diözesen ist soweit bekannt bisher nicht erfüllt worden; die Reichsregierung ist nicht gehalten, in die Verpflichtung der früheren Tschechoslowakischen Regierung zum Abschluß eines solchen Abkommens einzutreten.

Art. II bezieht sich im wesentlichen auf die Slowakei und ist für das Deutsche Reich belanglos.

Art. III betrifft die Anpassung der Klosterorganisation an die politischen Grenzen der Tschechoslowakei. Er enthält eine kirchliche Verpflichtung; ein Interesse des Reichs, etwaige gleichlaufende Wünsche in dieser Hinsicht gerade auf diesen Art. III zu stützen, ist nicht zu erkennen.

Art. IV, V enthalten die in sich durchgearbeitete Regelung der staatlichen Beteiligung bei der Besetzung der Bischofsstühle. Für diese Artikel, die ebenfalls kirchliche Verpflichtungen enthalten, gilt in noch höherem Maß das zu Art. III Gesagte.

Art. VI ist nur für Art. II von Bedeutung und mit diesem für das Reich gegenstandslos.

2. Das Reichskonkordat gilt aus den gleichen Gründen wie bei Österreich nicht für die neuerworbenen Gebiete der ehemaligen Tschechoslowakei.

Zusammenfassend wird man sagen dürfen, daß Böhmen-Mähren nunmehr ebenso wie die sudetendeutschen Gebiete konkordatsfreier Raum sind.

3. Die staatskirchenrechtliche Einfügung des Protektorats wird zwei Fragen besonders beachten müssen:

a) Sollen die kirchlichen Fragen unter die Zuständigkeit der Protektoratsregierung oder des Reichs fallen, sollen sie also dem autonomen, völkischen Bereich zugerechnet werden oder nicht?

b) Soll die kirchliche Betreuung der volksdeutschen Minderheiten im Protektorat besonders geregelt werden?

Aussprache

Vorsitzender: Sind die deutschen Staatsangehörigen im Protektorat auch tschechische Staatsangehörige?

Barion: Nein, Reichsbürger.

Weber: Nur deutsche Staatsangehörige sind sie.

Vorsitzender: Das steht in dem Erlaß über das Protektorat. Aber wie ist es in den Verordnungen, die gestern herausgekommen sind?

Ruppel: Ich meine gelesen zu haben, neben ihrer Reichsangehörigkeit seien sie noch als Protektoratsangehörige zu behandeln. Ich weiß aber nicht, wie es wirklich geregelt ist.

Vorsitzender: Die staatspolitische Behandlung wäre jedenfalls auch zu berücksichtigen.

Barion: Staatskirchenrechtlich kristallisiert sich alles um die beiden Fragen der personalen Aufspaltung statt der territorialen und der Zuständigkeit für das Staatskirchenrecht.

Vorsitzender: Wenn die Deutschen im Protektorat nicht sujets mixtes sind, dann wäre es so: Böhmen-Mähren ist einverleibt, ist deutsches Gebiet. Die Deutschen, die da wohnen, sind Reichsbürger. Dann bliebe nur übrig, daß die Tschechen einem Personalstaat unterstehen, an dessen Stelle [Spitze?] Hacha steht. Da man davor wohl zurückschreckt, hat man die deutschen Protektoratsangehörigen auch als Tschechen gelassen.

Weber: Bei der Frage, ob kirchlichen Angelegenheiten der Protektoratsregierung oder dem Reichsprotektor zuzuweisen sind, wird man wohl nach der Materie trennen müssen. Bei der politischen Klausel wird man die Neigung haben, diese Sache dem Protektor zuzuweisen, weil es sich um politische Fragen handelt, die nicht volkstumsmäßig begrenzt sind, und weil alle 6 Diözesen in das deutsche Gebiet hineinreichen.

Vorsitzender: Die deutschen Protektoratsangehörigen unterstehen doch bestimmt den örtlich zuständigen Verwaltungsbehörden. Ausgenommen sind, soviel ich weiß, nur die Gerichte und die auswärtigen Beziehungen. Wenn man das nicht wollte, müßten sämtliche Behörden doppelt errichtet werden, für die Deutschen und für die Tschechen. Das wird man aber nicht machen.

Barion: Dann kann man es bei der Kirche auch schlecht machen.

Vorsitzender: Die Frage ist wohl sehr geeignet, auf die nächste Tagesordnung genommen zu werden.

Forsthoff: Darf ich bitten, die *evangelische Seite* dazu zu nehmen. Wir haben ja den Vertrag im Memelgebiet.

Ruppel: Es steht bei 8 Gemeinden mit etwa 2.400 Seelen im Sudetengebiet jetzt eindeutig fest, daß sie bei Gablonz bleiben, weil keine Devisenschwierigkeiten usw. mehr bestehen. Diese Gemeinden gehörten bisher zur deutschen evangelischen Kirche in Böhmen, Mähren und Schlesien. Bis 1918 unterstanden sie dem evangelischen Oberkirchenrat Wien. Dann machten sie zunächst den Versuch, bei Wien zu bleiben. Das wurde ihnen verwehrt. Sie mußten eine eigene Kirche gründen. Diese erstreckte sich über den gesamten Bereich der Tschechei. Die deutschen evangelischen Gemeinden in der Slowakei machten schon den Versuch, sich dieser Kirche anzuschließen. Das wurde ihnen aber verwehrt. Bis 1918 hatten sie zu Ungarn gehört, also nicht dem Oberkirchenrat in Wien unterstanden. Diese Gemeinden umfassen 42.000 bis 45.000 Seelen. Sie gehörten bisher der slowakischen evangelischen Kirche an, die eine stark lutherische Tradition hat. Sie machen jetzt erneut den Versuch, der wahrscheinlich auch zu etwas führen wird, sich von der slowakischen evangelischen Kirche zu lösen, und wollen eine deutsche evangelische Kirche in der Slowakei. Ob diese Gemeinden in ein besonderes Verhältnis zur deutschen evangelischen Kirche in Böhmen, Mähren und Schlesien gesetzt oder unmittelbar der Reichskirche angeschlossen werden, steht noch nicht fest. Dabei spielt auch die Geldfrage eine Rolle.

In Memel ist es folgendermaßen gewesen. Nachdem 1923 die Litauer Memel in ihre Gewalt gebracht hatten, entstand ein Kirchenstreit dadurch, daß die Litauer einen Kommissar einsetzten und versuchten, die memelländische Kirche in ihre Gewalt zu bringen. Der Kirchenstreit verlief in den Formen, die bei solchen Streitigkeiten üblich sind. Das dauerte fünf Vierteljahre. Darauf erschien eines Tages der litauische Gesandte im Oberkirchenrat und meinte, man könnte sich verständigen. Daraufhin wurde zwischen der altpreußischen Kirche und dem litauischen Staat ein Vertrag geschlossen, der die Zugehörigkeit der memelländischen Kirche zur evangelischen Kirche der altpreußischen Union durch ein Sonderstatut regelte. Darin war vorgesehen, daß die Geistlichen, die da sind, für bestimmte Zeit da bleiben durften und daß von da an nur noch diejenigen bleiben durften, die die memelländisch-litauische Staatsangehörigkeit hatten. Das hat aber praktisch keine großen Schwierigkeiten mehr gemacht, weil bis dahin ein ausreichender memelländischer Nachwuchs gegeben war.

Dieser Vertrag hat die Billigung der memelländischen Kirche gefunden. Der Vertrag ist mit dem Auswärtigen Amt besprochen worden; aber der preußische Staat wurde dabei nicht offiziell beteiligt. Die memelländische Kirche hat eine gewisse Autonomie innerhalb der evangelischen Kirche der altpreußischen Union bekommen. Sie hat eine eigene Synode und einen eigenen Kirchenrat.

Dieser Vertrag wird jetzt ohne weitere Erklärung als erloschen behandelt, weil er, sagen wir einmal, aus der damaligen besonderen volkspolitischen Situation entstanden ist und diese volkspolitische Situation beseitigt ist, so daß formelle Erklärungen darüber, daß der Vertrag nicht mehr existieren könnte, nicht mehr für erforderlich gehalten werden. Jedenfalls hat der evangelische Oberkirchenrat nicht die Absicht, etwa nach Kowno zu schreiben: Wir sehen den Vertrag als beendet an. Schon deshalb nicht, weil die Litauer im Memelgebiet nichts mehr zu suchen haben. Auch ist nicht beabsichtigt, durch Austausch formeller Schreiben usw. zwischen dem evangelischen Oberkirchenrat und der preußischen Staatsregierung oder der Reichsregierung – dem Minister für die kirchlichen Angelegenheiten – das ausdrücklich klarzustellen. Praktisch war es so, daß eines Tages der zuständige Referent des Oberkirchenrates nach vorheriger Verständigung bei uns erschien und sagte: Was machen wir nun? Darauf ist Oberkonsistorialrat Benn und ein Referent von uns hingefahren, um die Sache zu bereinigen. Das Memelgebiet wird wieder der Kirchenprovinz Ostpreußen zugeschlagen werden. Nach der Verfassung der memelländischen Kirche würde dazu die Zustimmung der Synode erforderlich sein, es sei denn, daß der Kirchenrat es einstimmig beschließt. Mit einem solchen einstimmigen Beschluß ist zu rechnen, so daß in Kürze die memelländische Kirche der ostpreußischen Kirchenprovinz wieder völlig angeschlossen wird. Es handelt sich höchstens noch um die Frage des Generalsuperintendenten, der in irgendeiner Form dem Königsberger Konsistorium zugeteilt werden wird.

Auf der staatskirchenrechtlichen Seite ist beachtlich, daß nach der Auffassung unserer zuständigen Herren das Gesetz zur Sicherung der deutschen evangelischen Kirche, das die Ermächtigung für unseren Reichskirchenminister enthält, von dem betreffenden Datum an, wo das gesamte Reichsrecht im Memelland in Kraft tritt, ebenfalls Geltung erlangt, wenn von dem dafür zuständigen Minister nicht etwas anderes angeordnet wird. Wir nehmen also an, daß das Gesetz dann in Kraft tritt.

Weber: Auch das preußische Recht tritt in Kraft.

Ruppel: Was das *Staatskirchenrecht im Protektorat* angeht, so schweben Erwägungen wegen der Staatsaufsicht. Diese Erwägungen hängen zusammen mit Erwägungen über die Staatsaufsicht im Reichsgau Sudetenland, wo auch nichts Klares vorhanden ist, jedenfalls keine Bestimmungen, wie wir sie gewöhnt sind. Auch für Österreich schweben Erwägungen, die Staatskirchenaufsicht vielleicht in einem Gesetze zu regeln, das für beide Konfessionen gilt. Darin könnte z.B. auch der von Herrn Prof. Heckel oder Herrn Stalmann in Betracht gezogene Artikel über die politische Klausel aufgenommen werden. Aber das zieht sich alles noch sehr lange hin. Voraussichtlich wird ein besonderer Referent für die Bearbeitung der kirchlichen Angelegenheiten zum Reichsprotektor kommen. Dazu ist Herr Veitz in Aussicht genommen, der als einziger Deutscher früher im tschechischen Kultusministerium gewesen und mit den dortigen Verhältnissen vertraut ist. Ich habe übrigens den Eindruck, daß die Protektoratsbehörde nicht gerade klein sein wird.

(Mittagspause.)

Vorsitzender: Ich wollte vorerst noch eine Frage zur Sprache bringen, bei der ich nicht weiß, ob ich die Dinge richtig sehe. Es handelt sich um die *Frage, ob ein Staat untergegangen ist*, eine Frage, die in den Referaten fortwährend eine große Rolle spielte. Diese Frage ist meines Erachtens nur eine innerpolitische. Es ist nicht das Entscheidende, daß z.B. das Altreich Österreich übergeschluckt hat, sondern von Wichtigkeit ist die völlig veränderte Staatsform in Österreich. Denken Sie sich die Sache ohne Einverleibung Österreichs ins Altreich. Dann würde dasselbe Problem auftreten. Wenn etwa in Österreich eine nationalsozialistische Regierung zur Herrschaft gekommen wäre anstelle von Schuschnigg, wenn die Engländer und Franzosen aber vorsichtiger in der Anlegung ihrer ganzen Politik gewesen wären und sich phantastische Heere gehalten hätten, wenn sie verhindert hätten, daß Österreich sich mit dem Altreich verband, dann wäre auch dieses Problem aufgetaucht. Denken Sie auf der anderen Seite an den Fall Hannover-Preußen im Jahre 1866. Da war es umgekehrt. Da schluckte eine große protestantische Monarchie eine kleinere protestantische Monarchie über. Die Verhältnisse in beiden Monarchien waren parallel. In beiden lebte eine überwiegend protestantische Bevölkerung mit einer kleinen katholischen Minderheit. Da hatte man offenbar auf beiden Seiten gar keine Bedenken, die geschlossenen Verträge bestehen zu lassen. Das führt doch dazu, daß man Bedenken haben könnte, ob der Ausdruck „Untergang eines Staates" richtig gewählt ist, ob nicht abzustellen ist auf die völlig veränderte Staatsform. Als ich die Dinge noch einmal las, kamen mir diese Bedenken.

Keith: Der Gedanke ist in der staatsrechtlichen Literatur wohl einmal so formuliert worden: Man muß unterscheiden, ob eine Verfassungsabänderung oder eine Verfassungsvernichtung vorliegt. (*Forsthoff:* Das ist das Kontinuitätsproblem.) Jawohl! Aber bedeutet Untergang nun etwas Außenpolitisches?

Vorsitzender: Ein Staat kann eigentlich gar nicht untergehen. Die privatrechtlichen Verträge bleiben ja alle bestehen. Wo der Staat einen Mietvertrag geschlossen hat, bleibt er, ob das Altreich Österreich überschluckt oder nicht, ob sich in Österreich die Staatsform ändert oder nicht.

Barion: Die Bolschewisten haben sich aber ausgesprochen auf den Standpunkt gestellt, daß die Schulden, rein private Fragen also, ebenfalls wegfielen. Von Staatenuntergang kann man nur da reden, wo auf demselben Territorium mit demselben Volk sich ein Übergang von einem Staat zum andern Staat vollzieht, also etwa vom zaristischen zum bolschewistischen. Bei Österreich würde ich das als Staatensukzession bezeichnen, Staat als politische Formung des Volkes genommen.

Keith: Wenn die Staatsgewalt eine andere wird, ist doch der alte Staat untergegangen.

Forsthoff: Es ist immer schwer, einen klaren Fall eines solchen Untergangs zu finden. Es gibt da immer eine Zwischenlösung. In Rußland war zuerst die Kerenski-Regierung, dann kam die bolschewistische Ordnung. In Deutschland hatten wir 1918 zunächst die Volksbeauftragten, dann kam die Weimarer Nationalversammlung. Tatsächlich halte ich diese Frage für eine politische Machtfrage. Es handelt sich einfach darum, daß man von bestimmten Verpflichtungen loskommen will. Die Russen haben das 1922 in Rapallo gemacht; wir hätten es 1919 gar nicht machen können.

Keith: 1938 haben wir es mit den österreichischen Schulden versucht, haben uns aber zu Verhandlungen bereit erklärt.

Vorsitzender: Sind die Herren auch wie ich der Meinung, daß diese Frage eine innerpolitische ist, daß ein Vertrag mit der Kirche eventuell durch eine innerstaatliche Veränderung über den Haufen geworfen wird, nicht dadurch, daß ein Land einem andern einverleibt wird?

Barion: Das ist ja ganz ausgesprochen meine These. Ich habe gesagt: Entscheidend für die Vernichtung des österreichischen Konkordats ist die Tatsache, daß es untrennbar mit einer politischen Ordnung verbunden war, die nicht mehr existiert. Oder wie es Herr Weber formuliert: Wenn Seyß-Inquart eine selbständige Regierung gebildet hätte, dann hätte man das nur begründen können, indem man sagte: Zwischen dem System Seyß-Inquart und dem System Schuschnigg besteht ein solcher Gegensatz, daß in diesem Punkte eine ausgesprochene Vertragsvernichtung stattgefunden hat. Hier ist keine Kontinuität mehr, sondern ein völliges Novum. Von da aus muß man auch die ganzen völkerrechtlichen Gesichtspunkte völlig beiseite schieben. Man könnte aber auch die Argumente aus dem Völkerrecht auf das Konkordat anwenden, weil es in der rein politischen Sphäre liegt. Man kann sich auch auf den Standpunkt stellen, daß ein Staat in dieser ausgesprochen politischen Frage den Eintritt in die Rechtsnachfolge leugnet, ohne daß er deswegen gezwungen ist, für alle privaten Schulden dasselbe zu tun. Eine Unteilbarkeit der politischen Nachfolge gibt es da nicht. Man wird ganz nach der politischen Auszeichnung unterscheiden müssen. Es ist einfach die Formulierung eines ganz konkreten politischen Tatbestandes. Wenn ich das zu begründen hätte, würde ich gar nicht versuchen, mit juristischen Argumenten zu kommen, sondern sagen: Auf dem Gebiet der Kirchenpolitik ist ein völliger Umsturz insofern, als Dollfuß und Schuschnigg im Konkordat nicht bloß eine Regelung des Verhältnisses von Staat und Kirche anstrebten, sondern ein ganz bestimmtes staatspolitisches Ideal – nämlich des christlichen Ständestaates – verkörpern wollten, das jetzt nicht mehr anerkannt wird, und das ist entscheidend.

Vorsitzender: Wir sagten ja, im Reich ist es etwas anders gelaufen, da war der Umsturz nicht so plötzlich.

Barion: Wenn Dollfuß einen Abklatsch des preußischen Konkordats abgeschlossen hätte, könnte man nach meiner Meinung nicht so glattweg sagen: Das gilt nicht mehr.

Vorsitzender: Der Inhalt des Konkordats muß in Beziehung gesetzt und verglichen werden mit der neuen Staatsordnung. Mir kamen nur Bedenken, ob man überhaupt das Wort „Untergang" nehmen soll. Es kommt allerdings darauf hinaus, was man unter Staat versteht. Das Volk geht ja nicht unter, die Staatsform geht unter.

Heckel: Es sind doch zwei Dinge zu unterscheiden, nämlich ob ein Staat völkerrechtlich untergeht oder nicht. Wenn ein Staat zu bestehen aufhört und einem andern einverleibt wird, so ist dies eben das, was man im Völkerrecht als Untergang eines Staates bezeichnet. Wenn wir annehmen, Abessinien wäre dem Königreich Italien einverleibt worden – die italienischen Staatsrechtslehrer sagen, es wäre nicht mehr das alte Kaiserreich; sie nehmen eine verwischende und vermittelnde Formel an –, dann wäre das der Zustand der debellatio: der Staat hat völkerrechtlich aufgehört. Wenn nun in diesem debellierten Staate ein Konkordat bestünde, das dem staatskirchenrechtlichen System des einverleibenden Staates an und für sich entspricht, so bestünde gar keine praktische Notwendigkeit, zu sagen: Wegen der debellatio ist auch das Konkordat untergegangen. Das wäre etwa der Fall Hannover-Preußen. Wenn dagegen ein Staat ein völlig neues Regime erhält, auch wenn die völkerrechtliche Kontinuität bleibt, so ist nicht gesagt, daß dann ein Konkordat weitergeht. Die Jakobiner in Frankreich hatten zuerst versucht, eine Diskontinuität festzustellen. Sie sind damit nicht durchgedrungen. Dann haben es die Bolschewisten versucht; denen ist es auch nur halb gelungen. Von dem Gesichtspunkt aus, daß nicht die juristische Person Staat im Völkerrecht das ausschlaggebende Moment dafür ist, ob ein Staat weiter besteht oder nicht, ist die Begründung auf Seite 6 [oben S. 229] eine etwas mehr von völkerrechtlichen Analogien hergenommene Deutung, während die jetzt besprochene Deutung mehr von den innerpolitischen Verhältnissen ausgeht.

Keith: Ich werde das in diesem Sinne ergänzen, mich mit Herrn Roth in Verbindung setzen und die Sache an unsere Zeitschrift abgeben.

Vorsitzender: Die Patronatsfrage wird dann auf die nächste Sitzung verschoben.

Ruppel: Aus bestimmten psychologischen und personellen Gründen wäre es mir nicht unsympathisch, wenn das Thema zu diesem Punkt etwas anders gefaßt werden könnte. Wir wollen bei der Sache ja nicht nur die Patronatsleistungen loswerden, sondern die Unzahl von kleinen Leistungen.

Stalmann: Man könnte es vielleicht formulieren: Die Frage der nicht mehr zeitgemäßen Leistungen an die Religionsgesellschaften von seiten Dritter.

Ruppel: Wir reden immer von älteren Rechtsverpflichtungen.

Stalmann: Verpflichtungen Dritter gegenüber den Religionsgesellschaften. Dritter heißt: die der Kirchenautonomie nicht unterliegen.

Ruppel: Ich würde sagen: ältere Einzelleistungen an die Religionsgesellschaften.

Stalmann: Es hat auch eine kolossale Bedeutung für die politischen Gemeinden. So ist z.B. in einer Stadt durch einen Brand vor mehreren Jahrhunderten eine Verpflichtung entstanden, die heute noch gilt.

Vorsitzender: In Hessen wurden Judenrenten, die aus früheren Jahrhunderten stammten, noch bis in die letzte Zeit gezahlt.

Zum Punkt *Vorbericht über die Bibliographie zur geschichtlichen Entwicklung der Trennung von Staat und Kirche in verschiedenen Ländern* sollen weitere Schritte für die Aufstellung dieser Bibliographie unternommen werden.

Auf eine Anfrage *Ruppels* nach dem Stande der Militärseelsorge im Auslande erwidert *Weber,* daß das Institut von Bruns für ausländisches öffentliches Recht und Völkerrecht im Berliner Schloß das Material dazu verfügbar haben werde.

Als Zeitpunkt für die nächste Sitzung wird Montag, der 22. Mai 1939, in Aussicht genommen.

Vorsitzender: Für die Tagesordnung der nächsten Sitzung hätten wir zunächst die abschließende Diskussion über die böhmisch-mährische und die memelländische Frage.

Weber: Auf Grund der Diskussion in der nächsten Sitzung könnte sich ein Gutachten des Ausschusses ergeben, das der Herr Vorsitzende den zuständigen Ministerien zustellen kann. Das Referat Barion könnte schon auf die Form eines derartigen Gutachtens zugeschnitten werden.

Barion: Wir könnten das zusammengefaßt bringen unter dem Titel: Die Rechtslage in den wiedervereinigten Gebieten. Dabei werden dann die einzelnen Gebiete nacheinander behandelt.

Weber: Bei der Frage der wiedervereinigten Gebiete müßte man auch das Hultschiner Ländchen einbeziehen, wenn auch nichts Besonderes darüber zu sagen ist, weil sich die Erzdiözese Breslau schon darüber erstreckt.

Keith: Es müßte zunächst die abschließende Diskussion über das österreichische Konkordat stattfinden.

Vorsitzender: Bei dem Referat Stahn über die Streitfragen der evangelischen Kirchenverträge wäre zu erwägen, ob man den geschichtlichen Teil dieses Referates nicht zusammenhängend darstellen könnte.

Heckel: Wenn die Herren auf der staatlichen Seite mit ihrem Material dazu imstande sind, wäre das zu begrüßen.

Ruppel: Ich glaube, man müßte historisch mit einem Referat Heckel über das Jahr 1933 beginnen.

Heckel: Ein solcher Überblick wäre menschlich in vieler Beziehung interessant, juristisch aber nicht so sehr.

Ruppel: Es gibt ja summarische Darstellungen. So hat Prof. Weber einmal einen öffentlichen Vortrag darüber gehalten.

Vorsitzender: Sie auch. Ich würde es begrüßen, Herr Prof. Weber, wenn Sie uns Ihren Vortrag zugänglich machen würden.

Weber: Nach meinem Urteil kann dieser Vortrag jetzt vor meiner eigenen Kritik nicht mehr bestehen.

Ruppel: Juristisch ist die ganze Periode nicht sehr fruchtbar gewesen.

Tagesordnung für die nächste Sitzung:

1. Die konkordatäre Lage in den neuerworbenen Gebieten außer Österreich. – Die Rechtslage im Memelland. – Über beide Themen abschließende Diskussion.

2. Formulierung der Streitfragen der evangelischen Kirchenverträge unter besonderer Berücksichtigung des Verhältnisses Reich zu Ländern.

3. Ältere Einzelleistungen an Religionsgesellschaften.

4. Die Stellung des Bistumsverwesers im Konkordatsrecht, insbesondere im Hinblick auf den Fall Aachen.

Für spätere Tagungen werden in Aussicht genommen: die politische Klausel in den Konkordaten. – Körperschaftsfrage. – Bibliographie über Trennung von Staat und Kirche. – Die Begründung der Kirchenmitgliedschaft.

(Schluß der Sitzung: 16 Uhr 10 Minuten.)

V. Protokoll der Sitzung vom 22.5.1939 (Ältere Einzelleistungen an Religionsgesellschaften, u.a. Patronatsrecht; Pflege des Kirchenrechts an den Juristischen Fakultäten; staatskirchenrechtliche Situation im Memelland sowie im Sudetenland und im Protektorat)

Vors. Ministerialdirektor Dr. Meyer: Meine Herren! Ich eröffne die 5. Tagung des Ausschusses für Religionsrecht. Gleich zu Beginn muß ich bemerken, daß Herr MinDirigent Dr. Stahn und Herr MinRat Ruppel an der Sitzung nicht teilnehmen können. Außerdem ist mir von Herrn Dr. Schröcker übermittelt worden, daß es nicht erwünscht sei, im Augenblick den Punkt 3 der Tagesordnung zu erörtern.

Roth: Daß das nicht erwünscht sei, ist vielleicht nicht ganz richtig, sondern sie Frage ist nicht aktuell, nicht vordringlich. Als ich damals die Anregung gab, diese Frage möchte besprochen werden, war gerade der Fall Aachen akut. Auf Grund der Besprechungen haben wird dann sofort an das Auswärtige Amt in dem Sinne geschrieben, daß es nicht angehe, auf diese Weise den Artikel 16 durch die Berufung eines Bistumsverwesers zu umgehen, daß wir zwar in diesem einen Falle gegen die Person des Bistumsverwesers keine Einwendungen hätten, daß wir auch diesen Fall nicht weiter verfolgen wollten, daß wir das aber für alle Zukunft natürlich nicht hinnehmen könnten. Das Auswärtige Amt hat die Sache an den Nuntius weitergegeben. Der Nuntius hat sie zur Kenntnis genommen, so daß wir annehmen dürfen, daß das der einzige Fall bleibt. Wir haben nicht den Eindruck, daß die Sache sich ein zweites Mal wiederholt.

Vorsitzender: Selbst wenn es dahin kommen sollte, daß Sie einen Kandidaten ablehnen!

Roth: Jawohl! Außerdem ist es ja doch so: Wir haben entgegen der Meinung des Nuntius gegen eine ganze Reihe von Kandidaten keine Einwendungen gehabt. Das ist z.B. auch der Fall bei dem nunmehrigen Bischof von Fulda, der früher als Coadjutor vorerst für den alten und kranken Dr. Schmidt bestellt war. Er war schon Coadjutor, und beim Coadjutor werden alle diese Vorfragen geklärt.

Vorsitzender: Aber doch nicht offiziell! (*Roth:* Doch, offiziell!) Der Coadjutor unterliegt doch aber nicht der Wahl durch das Domkapitel, allerdings der politischen Klausel.

Roth: Der politischen Klausel! Das kommt auf dasselbe hinaus.

Vorsitzender: Bloß ist das insofern etwas anderes, als keine Kränkung des Domkapitels, wenn man so sagen kann, darin zu erblicken wäre, wenn in dem Falle die katholische Kirche einen Bistumsverweser bestellt oder den Coadjutor zum Bistumsverweser macht. (*Roth:* Der wird automatisch Bischof!) Ohne daß irgend etwas geschieht!

Roth: Es erhebt sich – um das gleich zur Sprache zu bringen – nur noch die Frage wegen der Vereidigung. Da sind wir dahin übereingekommen, von uns aus nichts zu unternehmen, weil wir auf den Bischofseid keinen Wert legen. Wir legen keinen Wert darauf erstens wegen des Wortlauts des in Art. 16 des Konkordats vorgesehenen Eides, in dem sich die Klausel befindet: "sowie es einem Bischof geziemt". Zweitens haben wir mit den Bischöfen, die wir seit 1933 vereidigt haben, nicht allzu gute politische Erfahrungen gemacht. Drittens steht in diesem Eid das, was jeder Staatsbürger ohne weiteres beachten soll, und viertens wollen wir durch die Beeidigung des Bischofs diesem ganzen Akt nicht eine Bedeutung geben, die ihm praktisch nicht beikommt.

Schröcker: Zur Frage des Bistumsverwesers könnte ich vielleicht kurz den Kern des Ganzen erwähnen. Während der Vatikan im 19. und 20. Jahrhundert von diesem Institut sehr stark Gebrauch gemacht hat, ist es in Deutschland unter der Geltung der alten Konkordate im 19. Jahrhundert in all den Ländern, in denen die deutschen Konkordate gegolten haben, niemals zur Einsetzung eines Bistumsverwesers gekommen, und zwar aus dem Grunde, weil man auf beiden Seiten, auf Seiten der Kirche und auf Seiten des Staates, der Anschauung war, daß das nicht mit den Konkordatsbestimmungen in Einklang stehe. Das ist wohl auch für das gegenwärtige Konkordat noch durchaus festzuhalten. Diese Auffassung ist schon im 19. Jahrhundert vertreten worden, nämlich daß das eine Umgehung der Konkordatsbestimmungen sei.

Vorsitzender: Unzweifelhaft! Man kann das ja auch anders auffassen; denn es könnte ja sonst überall auf jeden Fall so verfahren werden, bei der ganzen Episkopatsverfassung und dergleichen.

Schröcker: Im übrigen ist dieses Institut sehr interessant gerade seit dem Ausgang des Weltkriegs, Da hat es ja diese starken Gebietsveränderungen überall gegeben, und es ist meistens mit dem Institut des Apostolischen Administrators gearbeitet worden, um diese Schwierigkeiten auszugleichen.

Vorsitzender: Was würde denn nun passieren, wenn z.B. in Österreich der Fall einträte, daß ein Bischof stirbt und zu ersetzen ist?

Roth: Wir haben bereits beim Nuntius begonnen, unsere Auffassung dahin darzulegen, daß wir grundsätzlich im Deutschen Reich unabhängig davon, ob ein Konkordat besteht oder nicht, unabhängig davon, ob ein Bischof dotiert wird oder nicht, von einem prominenten Kirchenführer, der auf deutsche Volksgenossen Einwirkung nehmen kann, fordern müssen, daß er deutscher Staatsangehöriger ist, daß er arisch ist, daß er die entsprechende Vorbildung hat und politisch tragbar ist.

Vorsitzender: Was aber auch bedeuten würde, daß in concreto mit ihm Fühlung genommen werden muß! (*Roth:* Ja, mit dem Nuntius!) Diese Auffassung wurde ja hier auch schon vertreten. *(Zustimmung.)* Sie meinen: Die Kirche sieht das ein; sie wird das tun? (*Roth:* Sie wird das tun!) Dann gibt sie allerdings viel aus der Hand; dann gibt sie eine der wichtigsten Perlen, die die Konkordate aufzuweisen haben, aus der Hand.

Roth: Was will sie auf der anderen Seite machen, wenn wir den Mann nicht zulassen?

Vorsitzender: Das ist es eben, weil der Staat der mächtigere ist.

Roth: Aus diesem Grunde war damals die Ausweisung des Bischofs Sproll aus Württemberg eine sehr gesunde Vorrede zu dieser unserer Auffassung; denn da hat die Kirche gesehen, daß wir nicht mit uns spaßen lassen, und es ist seitdem auch weiter in dieser Frage gar nichts mehr erfolgt. Der Bischof Sproll sitzt drüben in Baden, glaube ich; er regiert zwar seine Diözese weiter, soweit er das kann, schriftlich usw. – das soll er auch –, aber er ist doch natürlich in allem sehr behindert. Im übrigen darf ich als interessante Kleinigkeit folgendes einfügen: Wir haben erfahren, daß der Bischof Sproll, als er von Rottenburg mit dem Auto in Begleitung eines höheren Beamten der Polizei nach Freiburg abtransportiert wurde, zu diesem Beamten gesagt hat, er habe nun seine Pflicht und Schuldigkeit getan, nun könne der Heilige Vater sehen, wie es weitergehe, er begebe sich jetzt im Badischen zur Ruhe. *(Heiterkeit.)* Daraus ersieht man, daß die Proteste, die der Bischof Sproll eingelegt hat, nur formeller Natur waren, daß er das eben getan hat, weil es ihm von Rom aus aufgetragen worden war.

Vorsitzender: All diese Bemerkungen waren eigentlich nur zur Geschäftsordnung. Ich darf dann zur Tagesordnung bemerken, daß die Behandlung des Punktes 2 bei dem Fehlen der beiden Herren Stahn und Ruppel kaum in Frage kommt. Herr Prof. Forsthoff, ich weiß nicht, wie Sie darüber denken.

Forsthoff: Ich bin ganz Ihrer Meinung. Ich würde auf diesen Punkt überhaupt nicht weiter insistieren, wenn sich da nicht die Differenz mit Herrn Stahn ergeben hätte. Es käme also darauf an, die Meinung des Herrn Stahn zu hören.

Vorsitzender: Wir hätten also nur noch die Punkte 1 und 4 der Tagesordnung. Alle die Fragen, von denen eben die Rede war, werden wir bei der Erörterung des Punktes 1 behandeln können. Ich hätte ja den Wunsch, daß wir jetzt mit Punkt 4 der Tagesordnung beginnen, um diese Sache voranzutreiben. Wenn keine anderen Wünsche geäußert werden, kommen wir also zu Punkt 4: *Ältere Einzelleistungen an Religionsgesellschaften. – Referent Präsident Stalmann.*

Stalmann: In der Sitzung des Ausschusses am 17. Februar ds. Js. wurde angeregt, auch die Patronatsfrage zu behandeln und zwar dahin, ob es nicht möglich sei, das Patronatsrecht im gesetzlichen Wege neu zu regeln oder es zur Aufhebung zu bringen.

Ich habe schon damals darauf hingewiesen, daß zweifellos das Patronatsrecht in der heutigen Form und der Ausgestaltung, die es durch die Rechtsprechung der ordentlichen Gerichte und leider auch der Rechtsprechung des Oberverwaltungsgerichts seit 1924 erfahren hat, nicht mehr zeitgemäß sei, daß aber dasselbe auch für zahlreiche andere Rechtsinstitute zuträfe, die das Verhältnis zwischen Staat und Kirche wie auch das Verhältnis zwischen der Kirche und den politischen Gemeinden, sonstigen Körperschaften des öffentlichen Rechts, aber auch dritten Personen betreffen. Auch vertragliche Regelungen dieser Art, die in alter Zeit mit den Kirchen, damals durchweg den lokalen kirchlichen Stellen abgeschlossen seien, seien vielfach nicht mehr zeitgemäß, da sich die Verhältnisse seit Abschluß der Verträge grundlegend geändert hätten. Auch hier müßte die gesetzliche Möglichkeit geschaffen werden, zu einem vernünftigen Ausgleich zu kommen. Es ist auf die Dauer unmöglich und kann kaum noch verantwortet werden, daß die Verwaltungsbehörden und die Gerichte immer wieder mit diesen zum Teil überlebten Rechtsinstituten befaßt werden, die ihren Ursprung in Einrichtungen haben, die vielfach Jahrhunderte zurückliegen. Rudolf Sohm nannte das Kirchenrecht "eine juristische Rumpelkammer, in der Rechtsinstitute konserviert würden, die aus dem sonstigen Rechtsleben längst beseitigt seien". Ebenso wie es möglich sein wird, die äußerst komplizierten Verhältnisse des vereinigten Kirchen- und Schulamtes im gesetzlichen Leben auf einfache Weise zu einer abschließenden Regelung zu bringen, so müßte es auch möglich sein, unter das staatliche Kirchenrecht einer Vergangenheit einen Schlußstrich zu ziehen und alles überlebte Recht auf gesetzlichem Wege zu beseitigen oder zu modernisieren.

Es handelt sich hierbei im wesentlichen um folgende Gruppen, die sich aber vielfach wieder überschneiden.

1. Um die Verpflichtung Dritter, die nicht der kirchlichen Autonomie unterliegen, allgemein zu den kirchlichen Lasten oder den Kirchensteuern beizutragen.

Ein kirchliches Steuerrecht hat sich erst sehr allmählich entwickelt, da zunächst ein Bedürfnis für Kirchensteuern nicht vorhanden war. Für die Unterhaltung der Kirche und zur Bestreitung der Kultuskosten sorgte das hierfür bestimmte Vermögen, das vielfach aus Grundbesitz bestand, das sogenannte Kirchenärar oder die Kirchenfabrik. Für die Besoldung des Pfarrers, Küsters, Organisten usw. war eine Pfründe vorhanden, entsprechend dem kanonischen Grundsatze, daß es nur fundierte Ämter geben konnte. Ein Grundsatz, der für Preußen bei der Errichtung von Pfarrstellen jedenfalls bis zum Kriege, theoretisch auch noch bis in die Inflation aufrechterhalten blieb. Eine organisierte Kirchengemeinde war zunächst noch nicht vorhanden, es gab nur den Begriff der Eingepfarrten. Rechtsfähigkeit besaßen die einzelnen Institute. Soweit die Eingepfarrten die Lasten zu tragen hatten, waren diese der Höhe nach bestimmt, z.B. die Abgaben an die geistlichen Stellen. Zu allgemeinen Abgaben waren die Eingepfarrten zunächst nicht verpflichtet, es sei denn, daß es zu größeren Bauvorhaben kam. In diesen Fällen konnten auch die Eingepfarrten zu Baubeiträgen herangezogen werden. Diese Heranziehung aber erfolgte nicht durch kirchliche Behörden, sondern durch die Staatsgewalt. Erst mit der Organisierung der Kirche auf genossenschaftlicher Grundlage, wie sie im Anschluß an die politische Entwicklung im vorigen Jahrhundert im Verfolg der französischen Revolution im staatlichen Leben einsetzte, wurde aus den Eingepfarrten eine auch rechtlich organisierte Gemeinde und aus den Gemeinden eine Landeskirche auf genossenschaftlicher Grundlage. Hiermit wuchsen auch die kirchlichen Bedürfnisse, sodaß es vielfach erforderlich wurde, auch abgesehen von den besonderen Baufällen Steuern zur Deckung der allgemeinen Bedürfnisse zu erheben.

Die Kirchenlasten, zunächst also die Bauumlagen, wurden vielfach auf dem Lande nach denselben Grundsätzen erhoben, nach denen auch die Lasten für die politische Gemeinde erhoben wurden, also oft nach dem sogenannten Höfefuß. Solange es den sogenannten Pfarrzwang gab, wurden auch Andersgläubige von ihrem Grundbesitz zu diesen Lasten herangezogen. Als der Pfarrzwang dann in der ersten Hälfte des vorigen Jahrhunderts aufgehoben wurde, kam dieses den Gemeinden vielfach gar nicht zum Bewußtsein, so daß Andersgläubige zu diesen Lasten auch weiterhin herangezogen wurden und sich die Heranziehung auch gefallen ließen in der Annahme, daß das, was von einer Behörde käme, auch in Ordnung sei. Wurde dann auch einmal ein sogenannten Ausmärker zu den Kirchenlasten herangezogen und etwa der Forstfiskus, der den Hof gekauft hatte – der Staat war mit seinem Grundbesitz bis zum Erlaß der Verfassung in der Mitte des vorigen Jahrhunderts steuerfrei –, so hatte sich nach der Rechtsprechung der obersten Gerichte innerhalb dieser Gemeinde schon eine Observanz, also objektives Recht gebildet, nach dem die Kirchenlasten dinglicher Natur sein sollen. Es sollte also dort eine allgemeine Rechtsüberzeugung bestehen, daß in der Kirchengemeinde die Kirchenlasten dinglich sind, d.h. auf dem Grund und Boden ruhen und zwar ohne Rücksicht darauf, ob der Eigentümer Mitglied der Kirchengemeinde ist, sodaß auch Andersgläubige, Ausmärker und juristische Personen kirchensteuerpflichtig sind. Während für die Provinz Hannover eine dahingehende lokale Observanz für den Bereich der einzelnen Kirchengemeinden nachgewiesen werden mußte, sollte nach einer Entscheidung des Oberpräsidenten der Provinz Schleswig-Holstein, der im Rekursverfahren, also in einer Art Verwaltungsstreitverfahren die letzte Instanz bei der Heranziehung aufgrund einer älteren Kirchensteuerordnung war, die Vermutung bestehen, daß in Schleswig-Holstein allgemein die Kirchenlasten dinglich sind. Diese Vermutung konnte nur durch den Nachweis beseitigt werden, daß sich innerhalb einer Gemeinde wiederum eine abweichende Observanz gebildet habe.

Hat es je eine echte Dinglichkeit der Kirchenlasten gegeben, so können nur die alten Kirchenlasten in der ursprünglichen Form, d.h. im wesentlichen die Bauumlagen dinglich gewesen sein. In diesem Umfange trifft man auch die Dinglichkeit in den östlichen Provinzen und im Süden an. Daß aber hierüber hinaus die Kirchensteuern dinglich sind, daß also juristische Personen und Andersgläubige zur Deckung der allgemeinen Kirchenbedürfnisse einschließlich der Bedürfnisse der übergeordneten Synodalverbände, Landeskirchen und sogar der Reichskirche herangezogen werden, ist, wenn es wirklich Rechtens sein sollte – man spricht in der Literatur auch viel von einem Märchen der Dinglichkeit der Kirchensteuer –, eine Erscheinung, die sich überlebt hat.

Solange die dinglichen Kirchenlasten lediglich nach dem Höfefuß umgelegt wurden, abgestuft nach Voll-, Halb- und Viertelhöfen, Kötnern, An- und Abbauern u.a.m., handelte es sich für Andersgläubige und juristische Personen noch um tragbare Lasten. Das wurde aber anders, als der Höfefuß durch die staatlich veranlagten Steuern ersetzt wurde. Die Änderung des Beitragsfußes erfolgte durch Beschluß der Kirchenorgane, wenn auch mit staatlicher Genehmigung. Diese Änderung des Beitragsfußes hätte niemals gegenüber Dritten, die der kirchlichen Autonomie nicht unterworfen sind, wie Andersgläubigen, juristischen Personen Platz greifen dürfen, doch auch hierüber haben sich die Gerichte und auch das Oberverwaltungsgericht hinweggesetzt. Die Folge dieser Entwicklung ist z.B., daß, wenn der Forstfiskus einen Bauernhof mit großen Heideflächen s.Zt. aufgekauft und diese Heideflächen inzwischen aufgeforstet und zu wertvollen Wäldern gemacht hat, er heute, während er früher lediglich als Voll- oder Halbhöfer zu den Kirchenlasten herangezogen wurde, die Kirchensteuern nach dem Einheitswerte seiner Forsten bezahlen muß. In vielen Fällen ist die Entwicklung noch eine andere gewesen. Als der kirchliche Bedarf nicht mehr aus den Einkünften des vorhandenen Vermögens gedeckt werden konnte, sondern etwas fehlte, haben vielfach die Städte, aber auch die politischen Gemeinden den kirchlichen Bedarf aus ihrer

Kasse gedeckt, sei es, daß sie der Auffassung waren, wie es vor allen Dingen in den Städten der Fall war, daß die Förderung des Kirchenwesens auch zu ihren Aufgaben gehörte, sei es, daß die politische Gemeinde, die sich mit der Kirchengemeinde deckte – Andersgläubige waren nicht vorhanden –, es für praktischer hielt, das im Kirchenkassenetat Fehlende auf ihren Etat zu übernehmen, um die doppelte Hebung von Steuern zu vermeiden.

Vielfach ist diese Gutmütigkeit den Städten und politischen Gemeinden schlecht bekommen, insofern eines Tages der Spieß umgedreht und von kirchlicher Seite die Behauptung aufgestellt wurde, daß sich hier eine Observanz dahin gebildet habe, daß die Stadt oder die politische Gemeinde *verpflichtet* sei, die Kirchenlasten zu tragen. Auch die Gerichte haben sich diese Rechtsauffassung zu eigen gemacht und politische Gemeinden rechtskräftig verurteilt, in diesen Fällen die Kirchenlasten zu tragen, sei es auf Grund einer bestehenden Observanz – nach Auffassung des Reichsgerichts ist die Bildung einer Observanz schon dann möglich, wenn sich zwei Rechtssubjekte gegenüberstehen – oder auf Grund der unvordenklichen Verjährung, also auf Grund einer Art Vertrages.

Die Tatsache, daß noch heute nicht der Autonomie der Kirche unterliegende Personen kirchensteuerpflichtig sind, sei es auf Grund eines Herkommens, sei es auf Grund eines sonstigen Rechtstitels, erklärt sich nur noch aus der geschichtlichen Entwicklung, insbesondere aus dem allmählichen Herauswachsen einer gesonderten Kirchengemeinde aus der politischen Gemeinde.

Als in der Mitte des vorigen Jahrhunderts Staat und Kirche getrennt werden sollten und man den Kirchen grundsätzlich die Regelung ihrer Angelegenheiten überließ, hätte man damals schon Anlaß nehmen müssen, mit diesem Prinzip ernst zu machen und Verpflichtungen Dritter, die nach moderner Auffassung außerhalb des kirchlichen Organismus stehen, zu beseitigen. Man hat dieses nicht getan. Ein weiterer Anlaß wäre in Preußen die Kodifikation des Steuerrechts gewesen, wie sie im Jahre 1906 erfolgt ist. Auch diesen Anlaß hat man nicht benutzt, sondern zunächst im § 8 festgelegt, daß die auf speziellen Rechtstiteln beruhenden Verpflichtungen zur Leistung von Kirchensteuern unberührt bleiben. Man hat weiter im § 30 die Befugnis der Kirchengemeinden, auf Grund zu Recht bestehender älterer Ordnungen, Kirchensteuern umzulegen, unberührt gelassen. Bei den älteren Steuerordnungen handelt es sich durchweg um Kirchensteuern auf sogen. dinglicher Grundlage. Das Preußische Kultusministerium hat in diesen älteren Steuerordnungen immer etwas veraltetes gesehen und hat immer wieder versucht, im Verwaltungswege auf eine Beseitigung hinzuwirken, aber nur mit geringem Erfolge, da die Kirchenbehörden, insbesondere in den beiden hauptsächlich in Frage kommenden Provinzen Hannover und Schleswig-Holstein mit Zähigkeit an der Dinglichkeit der Kirchensteuern festhielten. Die Neuregelung des Kirchensteuerwesens wurde allerdings dazu benutzt, für die älteren Kirchensteuerordnungen das Verwaltungszwangs- und Verwaltungsstreitverfahren zu beseitigen. Aber auch von dieser Maßnahme wurden die Provinzen Hannover und Schleswig-Holstein ausdrücklich wieder ausgenommen.

Einen anderen für norddeutsche Verhältnisse wenig verständlichen Weg hat man in Bayern beschritten. Dort wurde kurz vor dem Kriege die Kirchensteuerpflicht der juristischen Personen durch Staatsgesetz eingeführt. Hierbei handelte es sich zunächst nur um eine Beitragspflicht für die sogen. Bauumlagen. Ich habe oben schon hervorgehoben, daß, wenn die Kirchenlasten in Hannover oder Schleswig-Holstein dinglich sind, wahrscheinlich auch nur derartige *Bauumlagen* dinglich gewesen sind. Bayern hat dann aber und zwar erst nach der Staatsumwälzung durch Staatsgesetz die Kirchensteuerpflicht der juristischen Personen noch erweitert und auch juristische Personen der allgemeinen Besteuerung der Kirche unterworfen und zwar durch das Kirchensteuergesetz vom 20.5.1935, das auf Grund der §§ 1 und 3 der ersten Verordnung über den Neuaufbau des Reiches vom 2.2.1934 von der Bayrischen Landesregierung mit Zustimmung der Reichsminister des Innern und der Finanzen erlassen ist.

2. Schon oben ist hervorgehoben, daß es zunächst Kirchensteuern, d.h. eine Verpflichtung der Eingepfarrten, für die allgemeinen kirchlichen Bedürfnisse aufzukommen, nicht gegeben hat, und daß für eine derartige Verpflichtung auch eine Notwendigkeit nicht vorlag. Dagegen hat es auch in älterer Zeit Verpflichtungen der Eingepfarrten gegenüber der Kirche und den geistlichen Stellen gegeben, die aber bis auch die sogen. Bauumlage, von der schon oben gesprochen ist, in ihrer Höhe feststanden. Es handelt sich hierbei um die sogen. Umlagen des älteren Rechts. Auf ihre Entstehung will ich hier nicht näher eingehen. In den westlichen Provinzen gehen sie bis auf die Einführung des Christentums unter Karl dem Großen zurück, teils hängen sie mit dem Zehnten zusammen, welcher der Kirche verliehen war. Soweit es sich bei diesen Abgaben um persönliche Lasten handelte, die von den Gemeindemitgliedern, sei es allein von den Hausvätern, sei es von allen konfirmierten Personen, zu entrichten waren – z.B. das sogen. Vierzeitengeld, Thomas-Opfer u.a.m. –, sind sie wohl inzwischen in Fortfall gekommen, jedenfalls interessieren diese persönlichen Abgaben hier nicht. Im allgemeinen aber ruhten die sogen. Umlagen des älteren Rechts auf dem Grund und Boden, insbesondere den Häusern oder den Höfen in Form von Reallasten. Wenn auch diese Reallasten ursprünglich öffentlich-rechtlicher Natur waren, so hat doch vielfach die Entwicklung dazu geführt, daß sie mehr oder weniger den Charakter von privatrechtlichen Reallasten angenommen haben.

All diese Abgaben und Leistungen, die in den Zeiten der Naturalwirtschaft entstanden sind, entsprechen nicht mehr den heutigen Verhältnissen und sind, zumal ihre Erhebungen häufig mit Weiterungen verbunden sind, immer wieder die Quelle von Streitigkeiten für die Pflichtigen wie für die Berechtigten. Dazu kommt, daß derartige Zehnte und Reallasten einer gedeihlichen Entwicklung der Landeskultur schädlich und auch aus diesem Grunde zu beseitigen sind. Es handelt sich also um absterbende Institutionen. Ein großer Teil dieser Lasten ist bereits infolge der Ablösungsgesetzgebung des vorigen Jahrhunderts zur Ablösung gekommen, bis dann in Preußen infolge der Einwirkung der Inflation durch Gesetz über die Änderung der Gesetze betr. die Ablösung von Reallasten vom 9.1.1922 – Gesetzessammlung S. 7 – angeordnet wurde, daß bis zum Erlaß eines Gesetzes, durch das die in den Gesetzen über die Ablösung von Reallasten getroffenen Vorschriften über die Ermittlung des der Ablösung zu Grunde zu legenden Jahreswertes anderweit geregelt werden, Reallasten nur abgelöst werden können, wenn zwischen dem Berechtigten und dem Verpflichteten über die Höhe des der Ablösung zu Grunde zu legenden Jahreswertes Einverständnis besteht.

Dieses Sperrgesetz besteht heute noch, ohne daß es zu dem in diesem Gesetz angekündigten weiteren Gesetz gekommen ist. An sich ist eine Notwendigkeit für den Fortbestand des Sperrgesetzes nicht gegeben, da heute praktisch über den Wert der Jahresleistungen kaum Streit bestehen kann. Obwohl die einzelnen Staatsressorts, die noch mit derartigen Reallasten zu tun haben, im Interesse der Landeskultur ihre nachgeordneten Stellen immer wieder auf die Notwendigkeit hinweisen, diese Reallasten zur Ablösung zu bringen, verhalten sich die Kirchenbehörden vielfach ablehnend, auch wenn die Kirchengemeinden zur Ablösung bereit sind und sich mit den Verpflichteten über die Höhe des Jahreswertes einig sind. Die Kirchenbehörden vertreten die Auffassung, daß eine Einigung der berechtigten Kirchengemeinde über den Jahreswert ihrer Genehmigung bedarf, und daß, solange diese Genehmigung nicht vorliegt, eine Einigung im Sinne des Gesetzes nicht vorhanden ist. Sie erklären vielfach weiter, daß sie nur dann bereit sind, sich mit dem von der Kirchengemeinde vorgeschlagenen Jahreswert einverstanden zu erklären und hiermit die Möglichkeit einer Ablösung zu schaffen, wenn die Ablösung in Grund und Boden erfolgt. Ein derartiges Verlangen ist natürlich unbegründet.

Auch hier ist eine endgültige Bereinigung notwendig. Es muß Schluß gemacht werden auch im Interesse einer gedeihlichen Entwicklung der Landeskultur mit Reallasten, die von den Eigentümern besonders dann, wenn sie nicht Mitglied der berechtigten Kirchengemeinde sind, als im Widerspruch zu den heutigen Anschauungen stehend, empfunden werden.

Es wäre daher wünschenswert, alle diese Verpflichtungen, soweit sie privatrechtlicher Natur sind, zwangsweise zur Ablösung zu bringen, etwa dadurch, daß eine Ausschlußfrist festgesetzt wird, innerhalb der der Antrag auf Ablösung gestellt werden muß, andernfalls die Reallasten erlöschen. Soweit die öffentlich-rechtlicher Natur sind, müßten sie analog den Ausführungen zu 1. aufgehoben werden.

3. Verträge mit dem Staat, den Kommunalverbänden und sonstigen juristischen Personen des öffentlichen Rechts oder mit dritten Personen.

Anlaß zu derartigen Verträgen bot die Säkularisation des Kirchenvermögens auf Grund des Reichsdeputationshauptschlusses von 1803, teilweise liegt aber auch der Ursprung dieser Verträge in der Säkularisation von Kirchengut, die eine Folge der Reformation war. Derartige Verträge sind vielfach mit dem Staat oder den Rechtsvorgängern des Staates, den Standesherren, abgeschlossen, aber auch mit Städten u.a.m. Auch diese Verträge sind vielfach nur verständlich unter Berücksichtigung der wirtschaftlichen und politischen Verhältnisse der damaligen Zeit. Während z.B. zur Zeit des Abschlusses dieser Verträge vielfach andere Kirchen, die nicht in Verbindung mit einem Kloster oder einem Vermögen standen, das infolge der Reformation oder der Säkularisation des vorigen Jahrhunderts eingezogen wurde, im Besitz des Kirchenärars waren, aus dem in der Regel die Bau- und Kultuskosten gedeckt werden konnten, und im Besitz von Pfründen waren, welche die Besoldung der Geistlichen und Kirchenbeamten sicherstellten, hatten diese Pfarreien und Kirchen kein oder ein ungenügendes Kirchenärar. Auch verfügten sie vielfach nur über ein völlig unzureichendes Pfründenvermögen, da Grundbesitz nicht vorhanden war. Da es damals Kirchensteuern nicht gab, so mußte etwas geschehen, um diese Kirchen und Pfarreien wirtschaftlich aufrecht zu erhalten. Dieses geschah durch die Dotierung seitens des Staates, der Städte oder anderer Stellen. Ob es sich bei diesen Dotierungen, soweit es sich um die Festsetzung bestimmter jährlicher Zahlungen handelte, um wirklich *rechtliche* Verpflichtungen gehandelt hat, kann natürlich zweifelhaft sein. Die obersten Gerichte sehen im allgemeinen in diesen Dotierungen auch dann, wenn sie z.B. lediglich auf einem Ministerialerlaß beruhen, eine vertragliche Bindung. All diese Leistungen werden bis zum heutigen Tag weiterbezahlt und sind auch nach der Inflation 100%ig aufgewertet, ohne daß jeweils eine Nachprüfung erfolgt ist, ob sie sich auch unter den heutigen Verhältnissen vertreten lassen, insbesondere, ob sie noch notwendig sind, sei es, daß die Kirchengemeinde unter Berücksichtigung ihrer heutigen Steuerkraft des Zuschusses nicht mehr bedarf, sei es, daß die Zuschüsse infolge der Fürsorge des Staates auf einem anderen Gebiet überholt sind. Ich verweise z.B. auf die sogenannten Katasterzuschüsse des preußischen Staates für Pfarrbesoldungszwecke und den allgemeinen staatlichen Pfarrbesoldungsfonds. Andere Leistungen sind insofern durch die Entwicklung überholt, als sie den heutigen Anschauungen nicht mehr entsprechen. So widerspricht es schlechterdings den heutigen Anschauungen, daß der Staat die Kosten tragen soll, um einzelnen Kirchengemeinden die Durchführung ihres Kultus zu ermöglichen – Abendmahlswein, Oblaten, Kerzen, Öl, Schmuckbibeln bei goldenen Ehejubiläen u.a.m.

Vielfach hat die Fürsorge des Staates, wie sie durch die Dotierung der Kirchen und Pfarreien infolge der Reformation oder Säkularisation erfolgt ist, dazu geführt, daß die Gerichte auch hier eine Observanz (Herkommen) festgestellt haben, oder eine vertragliche Regelung auf Grund der unvordenklichen Verjährung angenommen haben, daß der Staat oder eine Stadtgemeinde oder sonstige Dritte verpflichtet sind, für den gesamten kirchlichen Aufwand aufzukommen, so daß die Mitglieder dieser Kirchengemeinde mehr oder weniger steuerfrei sind. Es handelt sich hierbei in der Regel um Gemeinden, die früher in Verbindung mit einem Kloster gestanden haben, das aber inzwischen aufgehoben und dessen Vermögen zum Staats- oder Stadtvermögen eingezogen ist.

Es bedarf daher einer allgemeinen Prüfung, ob derartige Leistungen des Staates oder sonstiger öffentlich-rechtlicher Stellungen, aber auch dritter Personen, mögen sie auf Observanz oder Herkommen, auf Verträgen oder Judikaten oder sonstigen Rechtstiteln beruhen, mit den heutigen Anschauungen und der Stellung der Kirche im Staatsleben zu vereinigen sind.

Man wird hier einwerfen können, daß es sich doch vielfach um rechtsgültige Verträge und zu Recht bestehende Verpflichtungen handelt. Demgegenüber muß darauf hingewiesen werden, daß auch Rechtsansprüche nicht ewig währen können. Soweit es sich um Verpflichtungen einer natürlichen Person handelt, sorgt schon der Tod dafür, daß solche Verpflichtungen nicht ewig werden. Die Tatsache, daß eine juristische Person verpflichtet ist, und daß es sich bei ihr um den Staat oder eine politische Gemeinde, also um Personen handelt, die nicht untergehen, oder wenn sie untergehen, in ein anderes Rechtsgebilde ähnlicher Art übergehen, kann nicht dazu führen, daß rechtliche Verpflichtungen öffentlich-rechtlicher Stellen für alle Zeiten unabänderlich bleiben. Schon im Privatrecht hat sich in der Nachkriegszeit, ganz besonders aber nach der Staatsumwälzung immer mehr der Grundsatz durchgesetzt, daß auch Privatverträge abgeändert werden können, wenn die Voraussetzungen, unter denen sie abgeschlossen sind, andere geworden sind. Ich erinnere z.B. an das Pachtnotgesetz und das Mietrecht. Aber auch für andere Verträge wird der Grundsatz pacta sunt servanda nicht mehr aufrecht erhalten. Ich verweise z.B. auf das Reichsgesetz vom 1.2.1939 – RGBl. I S. 129 – über die vermögensrechtliche Auseinandersetzung zwischen den Ländern und den vormals regierenden Fürstenhäusern, in dem im § 4 bestimmt ist, daß der Reichsminister des Innern im Einvernehmen mit dem Stellvertreter des Führers, dem Reichsminister der Finanzen und dem Reichsminister der Justiz befugt ist, die Rechte und Pflichten der durch den Vertrag oder die sonstige Regelung berührten natürlichen oder juristischen Personen anderweit festzusetzen, wenn dies zur Beseitigung grober Unbilligkeiten erforderlich ist.

4. Verpflichtungen Dritter auf Grund eines Patronats

Die Entstehung der Patronate ist vielfach unklar, da eine Stiftungsurkunde in der Regel nicht vorhanden ist. Abgesehen vom Allgemeinen Landrecht gibt es kaum gesetzliche Bestimmungen über die Patronatsverpflichtungen. Es kann daher auch hier nur das Herkommen entscheiden, so daß man auf eine Entwicklung von Jahrhunderten zurückgehen muß, um zu klären, ob auf Grund von bestimmten Tatsachen oder Erklärungen, die der Inhaber des Patronats oder bei fiskalischen Patronaten der Sachbearbeiter einer Regierung oder des Kulturministeriums einmal abgegeben hat, festzustellen ist, wie weit die Verpflichtung des Patrons geht. Selbst die gesetzliche Regelung des Allgemeinen Landrechts setzt nur dann ein, wenn abweichende provinzielle Rechte oder ein abweichendes Herkommen nicht vorhanden sind. Nach dem Allgemeinen Landrecht besteht die Verpflichtung des Patrons in einem einzelnen Baufall nur dann, wenn die Kirchenkasse leistungsunfähig ist. Da sich die Leistungsfähigkeit der Kirche nur nach dem fundierten Einkommen der Kirchenkasse bemißt, zeigt sich einmal wieder, daß auch diese Regelung überholt ist. Z.Zt. des Erlasses des Allgemeinen Landrechts gab es im heutigen Sinne kaum Kirchensteuern. Dagegen war häufig ein leistungsfähiges Kirchenärar vorhanden. Heute spielen die Kirchenärare, die ihr Vermögen vielfach in der Inflation verloren haben, nicht mehr die Rolle, wie im vergangenen Jahrhundert, sondern der Schwerpunkt der Leistungsfähigkeit einer Kirchengemeinde liegt in ihrer Steuerkraft. Zumindest müßte daher gefordert werden, daß auch bei Patronatskirchen ebenso wie bei patronatsfreien Kirchen zunächst die Steuerkraft der Mitglieder der Kirchengemeinde einsetzt, bevor Leistungen vom Patron verlangt werden können.

Wenn auf einem Gebiet die Rechtsprechung ihrer wichtigen Aufgabe, auch ein Rechtsinstitut entsprechend den Veränderungen der Zeit weiter zu gestalten und es den Zeitverhältnissen anzupassen, nicht gerecht geworden ist, ist es auf dem Gebiet des Patronatsrechts der Fall.

Aus einem Kirchlein, das von einem frommen Ritter nach der unversehrten Rückkehr aus den Kreuzzügen gestiftet worden ist, und für dessen Bedienung damals die bescheidene Wohnstätte eines Kaplans notwendig war, sind infolge der zunehmenden Bevölkerung Kirchen von großen Ausmaßen geworden, auf deren Unterhaltung dann durch die Entwicklung der Jahrhunderte die Verpflichtung des ursprünglichen Stifters der Kapelle auf den Patronatsherrn übergegangen ist. Während es früher noch verständlich war, daß unter ländlichen Verhältnissen der Patronatsherr auch für die Wohnung des Pfarrers aufzukommen hatte, paßte diese Bestimmung nicht mehr für die heutigen Zeiten, in denen vor allen Dingen in größeren Städten die meisten Menschen zur Miete wohnen, also die Notwendigkeit für die Schaffung eines Pfarrhauses nicht mehr im vollen Umfange besteht, so wünschenswert es im kirchlichen Leben sein mag, daß auch in den Städten Pfarrhäuser vorhanden sind.

Während eine katholische Kirche nur einen Pfarrer haben kann – die übrigen Geistlichen sind nur die Pfarrgehilfen des ordentlichen Pfarrers –, läßt die evangelische Kirche auch mehrere Pfarrer an einer Kirche zu. Während nun die Gerichte entschieden haben, daß der Patron im allgemeinen nicht verpflichtet ist, auch für die Kapläne Häuser zu bauen, haben sich die Gerichte, leider auch das Oberverwaltungsgericht, auf den Standpunkt gestellt, daß der Patron bei evangelischen Kirchen verpflichtet ist, seinen Baubeitrag für die 2., 3., 4. usw. Pfarrhäuser zu entrichten.

Eine Aufhebung des Patronats nach französischem Muster, d.h. eine Aufhebung ohne Entschädigung, hätte zweifellos große Vorzüge; sie würde sich aber nur unter großen Härten für einzelne Kirchengemeinden durchführen lassen und begegnet auch sonst gewichtigen Bedenken. Der Staat hat zweifellos durch den Besitz der zahlreichen fiskalischen Patronate die Möglichkeit, auf die Pfarrstellenbesetzung in der evangelischen und katholischen Kirche einen maßgebenden Einfluß auszuüben. Durch eine Beseitigung der Patronate würde er diese unmittelbare Einwirkung auf die Stellenbesetzung beider Konfessionen für alle Zeiten endgültig verlieren. Will man aber die Patronate grundsätzlich bestehen lassen, so müßten jedenfalls die Verpflichtungen des Patrons zumindest auf ihren bisherigen Umfang begrenzt, außerdem aber bestimmt werden, daß die Verpflichtung des Patrons erst dann einsetzt, nachdem die Gemeinde nach Maßgabe ihrer Steuerkraft mindestens das für ihr Bauvorhaben aufgebracht hat, was andere vergleichbare patronatsfreie Gemeinden normalerweise in derartigen Baufällen aufzubringen haben.

5. In vielen Fällen steht die *Patronatskirche nicht im Eigentum der Kirchengemeinde*, sondern im *Eigentum des Patronatsherrn*, und zwar handelt es sich hierbei durchweg um Kirchen, die auf Grund der Säkularisation im Eigentum des Staates oder im Eigentum von Städten stehen, die also vielfach aus einer Zeit stammen, in der die Kirchengemeinde gegenüber der Stadtgemeinde noch kein gesondertes Rechtsgebilde war. Die Verpflichtung der baulichen Unterhaltung beruht in diesen Fällen auch nicht allein auf dem Patronat, sondern auch auf dem Eigentum an der Kirche, an der die Gemeinde nur ein Nutzungsrecht hat, d.h. die Gemeinde darf diese Kirche als ihre Pfarrkirche benutzen. Vielfach handelt es sich bei diesen Kirchen um besonders wertvolle Baudenkmäler aus alter Zeit, an deren Erhaltung auch der Staat ein erhebliches Interesse hat. Deshalb wird wohl auch die Bauunterhaltung bei dem Staat und den sonstigen Eigentümern, den Städten, zu bleiben haben. Eine Beseitigung des Nutzungsrechts der Kirchengemeinde an diesen Kirchen würde nicht erwünscht sein. Das Nutzungsrecht ist *dinglicher* Natur. Seine Aufhebung würde daher eine Enteignung bedeuten. Soweit diese Kirchen im Eigentum des Staates stehen, würden sie unter dem Schutz des evangelischen Kirchenvertrages (Art. 6) bzw. des preußischen Konkordates (Art. 5) stehen. Es könnte lediglich hier erwogen werden, ob es weiter der Billigkeit entspricht, daß auch die Kirchengemeinde, die das Glück hat, eine besonders großartige Kirche, z.B. einen alten Dom, für ihre Zwecke nutzen zu dürfen, die im Eigentum eines Dritten steht, für alle Zeiten von den Kosten befreit bleiben soll, die andere Gemeinden für den Bau und die bauliche Unterhaltung ihrer Kirchen aufzubringen haben.

Die vorstehenden Ausführungen wollen nur kurz das Gebiet skizzieren, das hier zur Erörterung steht. Sie können in keiner Weise erschöpfend sein und sollen auch zunächst nur eine

Grundlage für eine Diskussion abgeben. Auch die von mir angegebenen 5 Gruppen stellen zunächst nur einen Versuch dar, wie sich schon daraus ergibt, daß sich die einzelnen Gruppen vielfach überschneiden. Eine Ergänzung wird notwendig werden, ganz besonders unter Berücksichtigung der süddeutschen Verhältnisse, die mir naturgemäß nicht so vertraut sind wie die preußischen Verhältnisse. Nicht berührt habe ich einstweilen in diesem Zusammenhang den Artikel 138 der Weimarer Verfassung, nach welchem die auf Gesetz, Vertrag oder besonderen Rechtstiteln beruhenden Staatsleistungen an die Religionsgesellschaften durch die Landesgesetzgebung abgelöst werden sollen.

Ich habe einleitend darauf hingewiesen, daß es auf die Dauer unmöglich sei und kaum noch verantwortet werden könne, daß die Verwaltungsbehörden und Gerichte immer wieder mit diesen z.T. überlebten Rechtsinstituten befaßt werden, die ihren Ursprung in Einrichtungen haben, die vielfach Jahrhunderte zurückliegen. Hierzu möchte ich noch folgendes sagen:

Mir sind, nachdem ich am 17.2.1939 es übernommen habe, über diese Fragen zu berichten, lediglich beim Durchblättern von juristischen Zeitschriften, die mir *regelmäßig* vorgelegt werden und die ich jetzt allerdings auf derartige Entscheidungen durchgesehen habe, folgende Entscheidungen aufgefallen – ich habe also nicht in der Literatur der Vergangenheit und in den Sammlungen von Entscheidungen nach besonders kraß liegenden Fällen gesucht -:

1. Entscheidung des *OVG vom 1.11.1938 über die Patronatsbaulast (Pfarrhaus),* abgedruckt: *Reichsverwaltungsblatt 1939, S. 192.*

Der Rechtssatz, daß sich die Patronatsbaulast auf Neuerrichtungen der kirchlichen Anstalt erstreckt, wenn der Patron der Erstreckung seiner Baulast auf sie in Kenntnis der Umstände nicht z.Zt. ihrer Errichtung widersprochen hat, soll auch für den Fall der Errichtung eines bisher nicht vorhandenen Pfarrhauses gelten.

Wie immer beginnt das OVG auch hier, daß Gegenstand der Patronatsbaulast nicht so sehr das einzelne Kirchengebäude als vielmehr die kirchliche Anstalt ist, d.h. die Gesamtheit von Sachen und Rechten kirchlicher und weltlicher Natur, welche dazu bestimmt ist, gewisse religiöse Bedürfnisse der Kirchengemeinde zu befriedigen.

Es wird dann weiter ausgeführt, daß der Patron von der Pfarrbaulast nur dann frei ist, wenn besondere *vertragliche* oder *observanzmäßige* Regeln eine solche Befreiung vorsehen. Solche besonderen Regeln sollen hier nicht ersichtlich sein. Selbst wenn eine *observanzmäßige* Befreiung des Patronats von der Pfarrbaulast bestanden haben sollte, solange ein Pfarrgebäude nicht vorhanden war, wäre sie dann außer Kraft getreten, als ein Pfarrhaus wieder erbaut wurde, weil der Patron nicht spätestens bei der Abnahme des Baues ausdrücklich der Erstreckung seiner Baulast auf dieses der kirchlichen Anstalt damals hinzugetretene und zu ihrem Teil gewordene Gebäude *widersprochen* hat. Die Tatsache, daß der Patron also nicht ausdrücklich Widerspruch gegen die Erstreckung seiner Patronatsbaulast auf das neue Pfarrgebäude erhaben hat, soll genügen, damit die gesetzliche Regelung des Allgemeinen Landrechts eintritt.

Wie denkt sich das OVG, in welcher Form und bei welcher Gelegenheit der Patron diesen Widerspruch ausbringen soll?

2. Das Urteil des *OVG vom 22.11.1938, Reichsverwaltungsblatt 1939, S. 334.*

Es handelt sich hier um die Frage, ob ein Vertrag vom 20.4.1709 als eine vertragliche Regelung des Ortsrechts hinsichtlich der Kirchenbaulast im Sinne des Allgemeinen Landrechts anzusehen ist. Über die Vorgeschichte dieses Vertrages verbreitet sich eingehend das Gutachten eines Prof. Dr. X. Danach war damals folgendes geschehen: Ein großer Brand hatte im Jahre 1702 die ganze Stadt W., das erst im Jahre 1666 nach einem Brand wiederaufgebaute Rathaus, 130 Bürgerhäuser, das Pfarrhaus, die Schule und das Schloß mit allen Wirtschaftsgebäuden vernichtet. Die Kirche war innen ausgebrannt. Da die Bürgerschaft infolge ihrer völligen Verarmung entsprechende Mittel nicht aufbringen konnte, wurde der Wiederaufbau der Stadt im wesentlichen durch Hergabe von Geldmitteln und anderen Vergünstigungen seitens des Kaisers ermöglicht – Schlesien gehörte damals noch zu Österreich. Dem Ausgleich der dadurch für die Stadt erwachsenen Verbindlichkeiten dient der Vertrag vom 20.4.1709, bei dessen Abschluß der Jesuitenorden als Inhaber der Erbherrschaft über die Stadt vorbehaltlich der Bestätigung durch den Kaiser die Interessen der kaiserlichen Oberhoheit vertrat.

In dem Vertrage, der im Original nicht mehr vorhanden ist, heißt es, daß "die gesamte Bürgerschaft des Städtleins W., alle die Gebäude, die mit kaiserlichen Mitteln wieder aufgebaut sind, mit ihren eigenen Mitteln und Unkosten, wenn es mit der Zeit die Not erfordern möchte, selbsten bauständig zu erhalten und zu konservieren schuldig und verbunden sein solle". Die katholische Kirchengemeinde ist der Auffassung, daß sich aus diesem Vertrage auch die Verpflichtung der Stadt ergebe, die Kirchenbaulast zu tragen.

Während das Bezirksverwaltungsgericht die Stadt verurteilt hat, kommt das Oberverwaltungsgericht allerdings in diesem Falle zu der Entscheidung, daß ein vor mehr als 200 Jahren geschlossener Vertrag, über dessen Zustandekommen, Inhalt und Tragweite erhebliche Zweifel bestehen, welche sich wegen der inzwischen vergangenen Zeit und wegen der Art der späteren Verwendung des Vertrages seitens der Beteiligten jetzt nicht mehr einwandfrei klären lassen, als ein die gesetzliche Patronatspflicht ändernder Vertrag (710 II 11 Allgemeines Landrecht) nicht angesehen werden kann, zumal wenn er ja im wesentlichen obsolet geworden ist. Das OVG trifft diese Entscheidung, nachdem auch noch *verschiedene Gutachten* von Historikern über den Vertrag erstattet sind.

3. Entscheidung vom 8.2.1938 – abgedruckt: Entscheidungen des OVG 102. Band S. 100: In dieser Entscheidung wird der Preußische Staat als Patron zu den Reparaturen der von der wallonisch-reformierten Kirchengemeinde genutzten Augustinerkirche in Magdeburg herangezogen. Die Kirchengemeinde stützt sich hierfür auf das kurfürstlich-brandenburgische Privilegium vom 25.5.1689, das folgende Bestimmung enthält: "Zur Verrichtung des Gottesdienstes wollen mehr höchst gedachte Seine Churfürstliche Durchlaut die Klosterkirche St. Augustini in der alten Stadt Magdeburg auf ihre Kosten reparieren, auch mit Canzel, Fenstern und Stühlen versehen lassen."

Das OVG nimmt auch hier das Vorliegen eines Patronats an, weil eine verfallene Kirche wieder hergestellt und durch die Beschaffung der nötigen kirchlichen Einrichtung zur Abhaltung von Gottesdienst hergerichtet wurde. Zur Prüfung der Frage, wie weit die Patronatsbaulast ging, stellt das OVG zunächst fest, daß im Jahre 1689 das gemeine kanonische Recht galt. Dieses kannte ursprünglich eine Baupflicht des Patronats nicht, wie es sich aus dem Tridentiner Konzil (Sess. 21 ca. 7 de ref.) ergibt. Nach dem Tridentiner Konzil, das von 1545 – 1563 tagte, soll der Patron nur baulastenpflichtig sein im Falle des Unvermögens der Kirche und im Rahmen seiner eigenen Einkünfte *aus dem Patronat*. Daneben sollen allerdings partikulare Gewohnheiten und Ordnungen bestehen geblieben sein. Derartige Herkommen sollen jedoch im Jahre *1689* in Magdeburg offenbar nicht bestanden haben, wie sich aus der am 13.11.1685 publizierten Kirchenordnung ergebe. Auch aus der Inspektions-, Presbyterial-, Classikal-, Gymnasien- und Schulordnung vom 24.10.1713 soll sich über die Baulastpflicht des Patronats nichts ergeben. Erst das Reskript des Königs vom 31.8.1725 regelt die Baulastpflicht des Patrons im Herzogtum Magdeburg. Danach hat der Patron bei Leistungsunfähigkeit der Kirche die *Materialien* zu geben. Diese Regelung wird dann in die revidierte Magdeburger Kirchenordnung vom 9.5.1735 übernommen. Streitig ist nun aber, ob die Bestimmung der Magdeburger Kirchenordnung noch gilt, oder die gesetzliche Regelung des Allgemeinen Landrechts, oder ob die Regelung des Allgemeinen Landrechts wieder durch eine besondere Ortsobservanz beseitigt ist. Dieses war vom Fiskus behauptet, weil auf Grund einer königlichen Verordnung vom 29.2.1720 wegen der Privilegien der französischen Refugiés ein Fonds von 15.000 Talern ausgesetzt war, und auch die wallonisch-reformierte Kirchengemeinde seitdem regelmäßig bis zum Jahre 1922 eine Baubeihilfe von 10 Talern erhalten hatte. Das OVG verneint aber die Möglichkeit der Bildung einer Observanz, weil sich eine Observanz nur innerhalb eines gewissen Interessenkreises bilden könne, was hier nicht der Fall sei, weil Kirchengemeinde und Patron sich lediglich als Berechtigter und Verpflichteter gegenüber ständen. Für die Beziehungen zwischen Patron und Kirchengemeinde könne eine solche Gemeinschaft nur dann anerkannt werden, wenn es sich um Patronate *unter des Herrschaft des Allgemeinen Landrechts* handele, da bei solchen Patronaten die Baulastpflicht Patron und Eingepfarrten gemeinsam obliege, und zwar unbeschadet des Umstandes, daß es sich um eine wallonisch-reformierte Kirchengemeinde handele, da auf Grund von eingehenden Prüfungen angenommen werden könne, daß die revidierte Magdeburgische Kirchenordnung von 1739 hinsichtlich der Baulastpflicht des Patrons nicht nur für die Kirchen ursprünglich Augsburger Konfession, sondern für alle in der evangelischen Landeskirche altpreussischer Union vereinigten Kirchen, also auch für die wallonisch-reformierte Kirche in Magdeburg das gültige Provinzialgesetz sei.

4. Urteil vom *2.11.1937*. Entscheidung des OVG. 102. Band, S. 109. Die Beklagte war Eigentümerin des früheren Rittergutes K., das im Wege der Zwangsversteigerung auf einen neuen Erwerber übergegangen ist. In K. befindet sich eine katholische Kirche, eine Filial-Kirche von S., deren Erbauung in das 16. Jahrhundert fällt. Das Rittergut K stand in früheren Zeiten – und nachweislich noch im 18. Jahrhundert – unter der Lehnsherrlichkeit des Klosters S., das im Jahre 1810 säkularisiert wurde. Urkundliche Nachweise darüber, daß sich z.Zt. der Säkularisation das Gut noch unter der Lehnsherrlichkeit des Klosters befand, sind nicht vorhanden, doch wird in dem letzten Lehensbrief vom 30.4.1803 der Erwerberin das Gut samt dem Patronatsrecht zu Lehen übertragen.

Das OVG bejaht das Vorliegen eines Patronats. Die Klägerin erklärt vor dem OVG, sie sei *völlig* verarmt. Sie beziehe nur eine *Unterstützung* von *monatlich 50 M.* Wegen ihrer Mittellosigkeit werde ihr auf dem Gute weiter ein *Obdach* gewährt. Das OVG stellt jedoch fest, daß zu der Frage, ob persönliche Leistungsunfähigkeit des Patrons ihn von seiner Baulastpflicht befreie, es bei seinen früheren Entscheidungen verbleiben müsse, daß im Gebiet des Allgemeinen Landrechts die Leistungsunfähigkeit des Patrons belanglos sei. Auch die erneute Prüfung der Frage biete keinen Anlaß, von dieser Entscheidung abzuweichen.

Zu dem Hinweis, daß es widersinnig sei, wenn das Allgemeine Landrecht – § 595 – dem verarmten Patron einen Alimentationsanspruch gebe und daneben eine untragbare Baulastforderung bestehen lasse, bemerkte das OVG, daß sich aus der Bestimmung, daß verarmten Patronen genugsam dotierter Kirchen das Recht gewährt werde, aus dem Kirchenschatz notdürftigen Unterhalt zu fordern, ergäbe, daß der Gesetzgeber an den Fall der Verarmung des Patrons gedacht habe, gleichwohl bei der Regelung der Baulast nur die Leistungsunfähigkeit des Kirchenvermögens und nicht des Patrons in Rücksicht gezogen habe!!

5. Urteil vom 31.5.1938. Entscheidung des OVG. 102. Band, S. 115.

Das Patronat über die katholische Kirche in H. steht dem Preuss. Fiskus zu. In dem Pfarrhause befindet sich in dem Obergeschoß ein seit einiger Zeit unbenutzter Hausabort mit Tonabfallrohren und mit Kotkasten im Erdgeschoß-Mauerwerk. Außerdem ist auf dem Pfarrhofe ein Hofabort vorhanden. Die katholische Kirchengemeinde beabsichtigt, den bisherigen Trockenabort im Hause durch ein Spülklosett zu ersetzen, wozu die Legung einer Wasserleitung erforderlich wäre, und in Verbindung damit eine Badeeinrichtung anzulegen. Der Patronatsfiskus, der hierzu 2/3 der Kosten beitragen soll, lehnt die Zahlung ab, stellt aber einen einmaligen Beitrag als Ablösung aller auch zukünftiger Patronatsleistungen bezüglich des Aborts in Aussicht. Die Kirchengemeinde lehnt aber diesen Vorschlag ab und klagt gegen den Fiskus auf Zahlung des Patronatsbeitrages mit 2/3 zu den Kosten des Einbaues von Bad, Spülklosett und Wasserleitung. Das Bezirksverwaltungsgericht verurteilt den Fiskus. Mit der Entscheidung des Bezirksverwaltungsgerichts ist jedoch das OVG nicht ganz einverstanden.

Das OVG stellt zunächst fest, daß unter Kirche, für die der Patron zu sorgen habe, nicht nur das einzelne Kirchengebäude zu verstehen sei, sondern die kirchliche Anstalt als Gesamtheit von Sachen und Rechten kirchlicher und weltlicher Natur, welche dazu bestimmt ist, religiöse Bedürfnisse der Kirchengemeinde zu befriedigen. Insoweit wird sodann auf zahlreiche frühere Entscheidungen verwiesen. Das OVG stellt dann weiter fest, daß durch eine Erweiterung des Objektkreises die Baulastpflicht des Patrons ohne seine Zustimmung nicht erweitert werden könne. Eine Erweiterung der Baulastpflicht trete allerdings dann ein, wenn feststehe, daß dieser bei dem Einbau einer Erstreckung seiner Baulastpflicht auf sie nicht widersprochen habe. Die nachträglich eingebauten Pertinenzen: Wasserleitung, Klosett, Badeeinrichtung fallen unter die Pfarrbaulast des Patrons beim Fehlen seiner Zustimmung nur dann, wenn der Einbau zur Erhaltung der baulichen Substanz oder zur Abwendung von Gefahr für Leib, Leben des Wohnungsinhabers oder zur Erhaltung der objektiven Bewohnbarkeit des Gebäudes sich als notwendig erweise. Eine infolge der neuzeitlich gesteigerten persönlichen Bedürfnisse und des Fortschreitens der Wohnkultur sich ergebende subjektive Notwendigkeit erweitere die Verpflichtung des Patrons nicht. Auf neu geschaffene Einrichtungen beziehe sich die Patronatsbaulast nur dann, wenn jene Einrichtungen zur ordnungsgemäßen Erhaltung der Gesamtanstalt als solcher erforderlich sind, d.h. *zur Befriedigung der religiösen Bedürfnisse der Gemeinde unentbehrlich.* Wende man diese Grundsätze hier an, so führe das zu folgendem Ergebnis:

Der bereits *vorhandene* Hausabort falle unter die Patronatslast. Diese Verpflichtung ergebe sich daraus, daß der Hausabort ein Teil des unstreitig vom Patronat mit umfaßten Pfarrhauses sei, und daß jeder Anhalt dafür fehle, daß er *ohne* Wissen des Patrons oder *gegen* seinen Willen eingebaut wäre. Der Patron sei daher verpflichtet, die zur Erhaltung des Aborts notwendigen Kosten zu leisten. Hierunter fielen auch die Kosten für Ersatz des Trockenklosetts durch ein Spülklosett. Anders läge es aber mit der Badeeinrichtung. Vorrichtungen dieser Art beständen bisher nicht. Ihr Einbau würde also der Patronatsbaupflicht nur dann unterfallen, wenn sie zum Betrieb der kirchlichen Anstalt, also *zur Befriedigung der religiösen Bedürfnisse* der Gemeinde unentbehrlich sei, was hier nicht der Fall sei.

Das OVG weist also die Klage gegen den Fiskus wegen der Badeeinrichtung ab, bestätigt aber das Urteil des Bezirksverwaltungsgerichts hinsichtlich der Kosten für die Ersetzung des Trokkenklosetts in ein Spülklosett, nahm aber Gelegenheit, das Urteil des Bezirksverwaltungsgerichts noch zu *berichtigen*, da das Bezirksverwaltungsgericht vergessen hatte, daß bei den Kosten des Spülaborts noch der Wert der Hand- und Spanndienste abzusetzen sei, die die Eingepfarrten auch hierzu hätten leisten müssen.

Ich will mich auf diese wenigen Entscheidungen heute beschränken, die aber wohl genügend bestätigen, worauf ich einleitend hingewiesen habe, daß mit diesen veralteten Rechtsinstituten endgültig einmal Schluß gemacht werden muß.

Vorsitzender: Ich danke Ihnen vielmals, Herr Präsident, für Ihr Referat. Ich begrüße es außerordentlich, daß Sie versucht haben, das bestehende Material in 5 Gruppen zu umreißen, und ich glaube, daß wir nun versuchen müssen, weiterzukommen. Selbst möchte ich noch einiges bemerken. Durch die Bearbeitung der großen Rentenfragen, die ihren Niederschlag gefunden hat in dem Reichsgesetz vom 16. Dezember 1929, bin ich in diese ganzen Fragen hineingekommen. Zum Beispiel darf ich erwähnen, daß der Preußische Staat, und zwar auch die Republik von 1919 bis 1929 noch Renten gezahlt hat für die Aufhebung der Leibeigenschaft und sie lustig weiterzahlte, weil keiner wußte, was das gewesen ist und weil die Materie in toto so ungeheuerlich war, das sich der einzelne gar nicht damit befassen konnte. Es dauerte ein Jahr, bis man überhaupt darin war. Es wurden auch weiter gezahlt die berüchtigten Judenrenten an adlige Familien dafür, daß sie von den Juden einen Zoll nicht mehr erheben durften. Das hatten früher die Fürsten auf ihre Schatulle übernommen, und das war von da aus dann auf den Staat als Schuldner übergegangen.

Ferner kamen in Frage die Renten für die Brauthühner und Brauthähnchen. Diese Sache ist ja damals auch in der Presse erörtert worden. Einige behaupten, es sei auch für die Aufhebung des jus primae noctis eine Rente gezahlt worden; das stimmt aber nicht. Kurz, das hat mich dazu geführt, daß ich, der ich an sich wirklich großen Wert darauf lege, Jurist zu sein, also bei uns im Hause nicht als Verwaltungsbeamter, sondern als Jurist angesehen zu werden, der alles juristisch betrachtet, mich damals doch zu dem bekehrt habe, was Herr Stalmann vorhin sagte: Auch das Recht wird eben mit der Zeit morsch, es hat seine Grenzen.

Man kann nicht, nur weil vor Hunderten von Jahren eine Sache richtig war und schriftlich niedergelegt wurde, nun bis in Gottes Ewigkeit daran festhalten. Hinzu kommt das politische Moment, daß diese Renten viel böses Blut erregt haben. Es wird natürlich schwer sein, nun ein altes Recht aufzuheben. Wenn die Bibel, von der Sie, Herr Stalmann, vorhin sprachen, auf einmal nicht mehr gewährt wird, dann heißt es in den kleinen Gemeinden: Na, da haben wir es ja. Man wendet sich dann gegen die Behörden, gegen die Bürokratie, wenn nicht sogar gegen das Dritte Reich und sagt: uns lieb gewordene Gewohnheiten hören jetzt auf. Aber wenn man das gegeneinander abwägt und vor allen Dingen berücksichtigt, daß das Volk so etwas in zahlreichen Fällen gar nicht mehr versteht, dann wird man meines Erachtens doch dazu kommen müssen, mit einer gewissen Härte hier einen Strich zu ziehen. Ich habe schon einmal in Ihrem Kreise ausgeführt: Die Zeit, die hinter uns liegt, hatte sich zu sehr daran gewöhnt, alles durch die privatrechtliche Brille zu sehen, öffentlich-rechtliche Fragen privatrechtlich zu beurteilen. Man neigte dazu – wohl ein Ausfluß der Denkungsweise des Individualismus –, alles privatrechtlich zu sehen. Auch das hat dazu geführt, daß man nicht wagte, an diese Dinge heranzugehen, daß die Gerichte zu Ungunsten der fiskalischen Stellen entschieden, und daß die Sache, je älter sie wurde, um so schwieriger zu erörtern war schon wegen des ungeheuren Materials. Wenn man das alles zusammennimmt und berücksichtigt, daß eigentlich nur durch Unkenntnis über die Materie, durch die Vielköpfigkeit dieses ungeheuren Gebietes es zu erklären ist, daß diese Sachen noch gezahlt werden, dann wird man doch sagen müssen: Es muß einmal so oder so aufgeräumt werden. Die große Frage wird natürlich sein, ob mit Entschädigung oder ohne Entschädigung. Da würde ich sagen: Ist es klar, daß es sich um öffentlich-rechtliche Verhältnisse handelt, dann würde ich einfach aufgeben; ist das aber zweifelhaft oder steht es fest, daß es sich um einen privatrechtlichen Titel handelt, dann würde ich aus meiner ganzen Einstellung heraus für eine Entschädigung sein.

Was die Entscheidung der Gerichte anlangt, so muß auch noch berücksichtigt werden, daß sich der Spieß gegen die Gerichte selbst wenden kann. Als ich dieses Gesetz bearbeitete, spielte eine große Rolle die Tatsache, daß die Gerichte alle verschieden urteilten. Es ist ja auch eine Leibeigenschaftrente von Herrn von Preuschen im Nassauischen eingeklagt worden. Da hat der Amtsrichter – ich muß das hier einmal aussprechen, obwohl ich das Gegenteil eines Bolschewisten auf dem Gebiete des Rechtes bin, sondern geradezu ein Verherrlicher des Rechts – jede Aufwertung abgelehnt. Das Landgericht hatte auf 50%ige Aufwertung erkannt und das Oberlandesgericht auf 100%ige. Das wurde natürlich in demselben Prozeß wahnsinnig benutzt, um gegen die Gerichte Propaganda zu machen und auszusprechen: Je tiefer die Instanz, desto volkstümlicher und besser; also können wir die höheren Instanzen überhaupt abschaffen. Die Beharrlichkeit der Gerichte und der Richter, die ja wohl durch ihren Beruf auf das Konservative hingelenkt werden – das sehe ich vollkommen ein; das ist auch gut –, muß ihre Grenze haben, und die führt eben dazu, daß in Zeiten, wie sie jetzt sind, in denen sich eine andere Denkungsweise durchgesetzt hat, wenn in diesem Milieu solche Entscheidungen gefällt werden, nun der Spieß sich gegen die anderen richtet, es zu Auswüchsen kommt, die auch jeder Nationalsozialist aufs schärfste mißbilligen muß. Es entsteht schließlich eine Rechtsunsicherheit und überhaupt der Gedanke: Was sollen die ganzen Gesetze? So weit sind wir ja schon, und das ist gefördert worden durch die weltfremden Entscheidungen der Gerichte und durch das weltfremde Denken sehr vieler Kreise. Darum kann ich nur noch schärfer das wiederholen, was ich vorhin sagte: Man muß mit diesen Sachen Schluß machen. Sollte man nun nicht vielleicht in Form Ihres Aufsatzes, Herr Stalmann, oder in anderer Weise auch literarisch das Problem hinwerfen und wenn auch nicht gerade fragen: "Was gedenkt der Herr Kirchenminister zu tun?", so doch dem Herrn Kirchenminister von Ausschuß wegen nahelegen – das kann auch einer von uns machen –, die Sache anzukurbeln?

Roth: Ich wollte nach Abschluß der ganzen Diskussion den Vorschlag machen, daß es natürlich nicht bei diesem sehr aufschlußreichen Referat bleiben soll, sondern daß sich das in irgendeiner Form herauskristallisieren soll, sei es in einer entsprechenden Veröffentlichung sei es in einer Eingabe des Ausschusses an den Kirchenminister, an die verschiedenen Minister usw., der Sache endlich einmal näherzutreten. Ich möchte aber vorher eine Frage stellen. Wann sind die verschiedenen Kirchensteuern, die Kirchensteuern in den verschiedenen Ländern eingeführt worden, und waren diese Kirchensteuern lediglich ein Geschenk des Staates an die Kirchen oder waren damit auch irgendwelche Ablösungen in irgendeiner Form verbunden? Mir schwebt nämlich der Gedanke vor, die Kirchensteuer tatsächlich als eine große Staatsleistung zu betrachten, und auf Grund dieser Staatsleistung die ganze Frage in einer tragbaren Form zu bereinigen. Ich darf hinweisen auf die neuesten Kirchenbeitragsgesetze in Österreich und im Sudetenland, in Österreich vom 29. April ds. Js., im Sudetenland vom 3. Mai ds. Js. Da wurden die Kirchensteuern neu eingeführt. Die Form in der die Kirchenbeiträge erhoben werden, braucht hier zunächst nicht diskutiert zu werden. Aber es heißt dann in § 5 oder in einem anderen Paragraphen: Es werden im Hinblick auf das Kirchenbeitragsrecht, das den Kirchen hiermit neu geschenkt wird, die Staatsleistungen gestrichen und auch die öffentlich-rechtlichen Patronatsverpflichtungen usw. aufgehoben. Da ist also der Gedanke ausgesprochen: Das neue, den Kirchen geschenkte Beitragsrecht wird aufgefaßt als eine Art Äquivalent für das, was den Kirchen genommen wird. Heute ist es doch so, daß die Kirchensteuern weitaus am stärksten zur Finanzierung der kirchlichen Bedürfnisse beitragen, zumal in den letzten Jahren, in denen die Kirchensteuern seit 1933 oder 1935 infolge der wirtschaftlichen Besserstellung des ganzen Volkes erhebliche Summen eingebracht haben, auch in Preußen, nicht bloß in Bayern, wo man ein für die Kirche bisher sehr günstiges Kirchensteuerrecht hatte. Ich habe die Ziffern für Preußen nicht genau in Erinnerung; aber ich glaube, von 1935 auf 1937 haben allein bei der evangelischen Kirche in Preußen die Kirchensteuern ein Mehr von 23 Millionen – ich kann allerdings für diese Zahl nicht einstehen – erbracht. Ähnlich liegt es bei der katholischen Kirche. Das sind doch eigentlich reine Geschenke des Staates an die Kirchen, nachdem die Kirchensteuern doch in diesem Maße für die Kirchen nur einkommen auf Grund der Hilfsleistungen, die der Staat den Kirchen bei der Eintreibung usw. gewährt.

Vorsitzender: Der Führer hat sie ja wohl auch als Staatsleistungen in seiner Rede vom 30. Januar bezeichnet.

Roth: Er hat gesagt: aus öffentlichen Mitteln!

Vorsitzender: Das war absolut richtig. Die Zahlen stammten offenbar vom Kirchenministerium. (*Roth:* Nein, die Zahlen stammten nicht von uns!) Das muß man doch berücksichtigen und müßte das eigentlich hinzufügen: das sind aber doch Mittel, die die Gläubigen, obwohl sie ja austreten könnten, sich absparen. Sie leisten sie, um der Kirche angehören zu können. Sie zahlen diese Kirchensteuern nicht als staatliche Steuern, sondern als kirchliche Steuern. Der Kirche anzugehören, ist ihnen doch so viel wert, daß sie diese Steuern aufbringen. Natürlich kann der Staat das jeden Augenblick ändern; aber denken Sie einmal, er stellte es den Gläubigen frei, die Steuern an die Kirche oder an den Staat zu zahlen, oder höbe die Kirchensteuern auf und schüfe ein Gesetz, wonach diese Steuern an den Staat entrichtet werden können! Jetzt ist es ja auch so, daß sie nur entrichtet zu werden brauchen; es kann ja jeder aus der Kirche austreten. Dann würden die Kirchensteuern doch nicht mehr gezahlt; davon bin ich überzeugt. Dem Staate würden die Gläubigen sie nicht zahlen. Ich meine, insofern sind es doch eigentlich kirchliche Steuern.

Roth: Aber daß sie eingehen, verdankt die Kirche doch nur dem Staat, und zwar dem staatlichen Apparat.

Vorsitzender: Das ist richtig.

Forsthoff: Darf ich eine Frage stellen? Ich bin bisher so unterrichtet, als wenn in Österreich die Steuern abgeschafft und durch Beiträge ersetzt worden seien.

Roth: In Österreich gab es überhaupt keine Kirchensteuer.

Forsthoff: Ich weiß. Ich habe mich da, von unserer Situation her gesehen, falsch ausgedrückt. Aber da werden doch jetzt nur Vereinsbeiträge geschaffen, für die der ordentliche Rechtsweg zulässig ist. Infolgedessen kann man doch wirklich nicht mehr von Staatsleistung sprechen; denn sonst würden die Mitgliedsbeiträge beim Sportverein, wenn der ordentliche Rechtsweg zulässig ist, als Staatsleistung an den Verein gelten.

Roth: Das ist nur bis zu einem gewissen Grade richtig. Wie das gekommen ist, ist eine andere Frage. Ich wollte das nur ganz kurz erwähnen, um zu sagen: Die Richtung, die allgemeine Tendenz im nationalsozialistischen Staate geht dahin; die Kirchen sollen in erster Linie leben von der Opferwilligkeit ihrer Bekenner. Bisher war es doch so: Die Kirchen lebten vom Staat, nicht von ihren Bekennern.

Vorsitzender: Das ist im wesentlichen richtig. Die Tendenz geht jetzt also dahin – so wollen Sie sagen –, die Kirchen zu entstaatlichen, die schützende Hand des Staates zurückzuziehen.

Roth: Nicht die schützende Hand, aber die dotierende Hand! Demgemäß sind alle Leistungen, die doch aus den allgemeinen staatlichen Mitteln an die Kirchen gegeben werden, in Zukunft mehr oder weniger überholt.

Vorsitzender: Nun sind doch in Österreich nach §§ 4 oder 5 des Gesetzes die wirklichen, direkten staatlichen Leistungen eingestellt? (*Roth: Ja!)* Also es wird an die Kirchen in Österreich nichts mehr aus der Staatskasse gezahlt. Aber die Dotationen werden noch gezahlt? (*Roth: Nein!)* Die haben damit aufgehört?

Roth: Ja! Für eine Übergangszeit ist natürlich noch eine Regelung getroffen.

Vorsitzender: Aber aus Freiwilligkeit?

Roth: Gewiß! Dort kann man auch aus anderen Gründen nur so vorgehen.

Vorsitzender: Aber dann gehen die Kirchen doch kaputt! Meinen Sie, daß das denkbar ist? Erstens einmal gehen die Beiträge nicht ein, und bis die Kirche klagt, sich im Wege der Vollstreckung ihr Recht verschafft, ist der Betreffende längst ausgetreten.

Keith: Das ist ganz unerheblich. Es kommt immer auf den Zeitpunkt der Beitragspflicht an.

Vorsitzender: Bei dem einzelnen gewiß; aber ich meine, in toto gesehen kann die Kirche unmöglich in jedem Fall, in dem sie eine Steuer nicht bekommt, den Weg der Klage beschreiten, um dann die Zwangsvollstreckung in die Wege zu leiten. Wenn sie das tut, wird sie die meisten los.

Keith: Wenn man die Sache so betrachtet, dann ist das ein Grund dafür, daß man die Kirchensteuern doch als Staatsleistungen ansieht, wie der Führer gesagt hat. Nämlich der Mann, der gezwungen wurde, hatte als Beitreibenden nicht die Kirche vor sich, sondern da trat eben der Staat vor die Kirche hin. Deswegen war auch diese Gedankenkombination.

Vorsitzender: Gewiß! Aber er bekam doch den Steuerbescheid der Kirche, schimpfte, zahlte aber doch. Das wird jetzt aufhören.

Stalmann: Wenn er nicht zahlte, kam der staatliche Vollstreckungsbeamte.

Barion: Ich habe das nicht verstanden. Diese Befürchtungen werden doch ausgesprochen de futuro. Man hat noch gar keine Erfahrungen darüber, ob die Leute zahlen oder nicht.

Vorsitzender: Aber ich sehe das kommen. Meinen Sie das nicht?

Barion: Ich weiß nicht. Es gibt andere Länder, in denen es keineswegs so gekommen ist oder so ist. (*Vorsitzender:* Sie meinen Frankreich!) Frankreich, die Vereinigten Staaten von Amerika, Polen usw.! Es gibt eine ganze Reihe von Beispielen dafür, daß die Leute zwar vielleicht nicht gerade so viel zahlen, aber doch etwas zahlen. Das Argument von wegen der Kirchensteuer als Staatsleistung würde weitgehend nur die Höhe der einkommenden Summe betreffen, aber nicht die Summe als solche. Jedenfalls für Deutschland müßte man erst einmal die Erfahrungen abwarten. Die Entwicklung in Österreich ist nach dieser Richtung hin sehr interessant. Ich halte diese Maßnahmen grundsätzlich für völlig richtig. Ich bin ein warmer Verteidiger der Maßnahme und der Richtung, die von dem Reichsleiter Bormann ausgeht.

Vorsitzender: Soviel ich weiß, hat in Frankreich der Staat die Kirche bei der Trennung von Staat und Kirche entschädigt. Das war wohl 1906.

Barion: Das ganze Vermögen wurde eingezogen.

Vorsitzender: Wovon lebt sie denn?

Schröcker: Nur von freiwilligen Beiträgen! (*Barion:* Und sie lebt recht gut!) Sie hat nicht einmal die Möglichkeiten eines rechtsfähigen Vereins. Sie hat gar nichts, keine Stiftungen usw. (*Barion:* Ausgesprochene Liebeskirche!) Ohne eine juristische Person zu sein, auf die Vermögen übertragen werden könnten.

Vorsitzender: Ich muß offen sagen: Es wird in Deutschland, jedenfalls in den evangelischen Ländern, nach meiner Befürchtung anders laufen. Sind Sie auch dieser Meinung, Herr Präsident Stalmann? (*Stalmann: Ja!)*

Roth: In Österreich ist es so, daß dort ein so umfangreicher kirchlicher Apparat besteht, daß die Kirche von sich aus gezwungen sein wird, das alles auf das wirklich Notwendige zurückzuführen. Wenn wir in einer Diözese wie Salzburg mit 250.000 Seelen – sie entspricht bei uns sozusagen einer kleinen Großstadt – 12 oder 14 Domkapitulare mit schweren Gehältern haben, so muß man sagen: Das können auch 3 tun. Ich erinnere weiter an die vielen Pfarreien. In den Gebirgsgegenden ist es etwas anderes, weil die Terrainschwierigkeiten groß sind. Aber wir haben doch deutsche Diözesen auf katholischer Seite mit einer ungeheuer großen Zahl von Pfarreien. Ein Pfarrer hat 200 oder 300 Seelen. Eine ½ Stunde davon entfernt kommt der nächste Pfarrer mit ebenso viel Seelen. In der Zeit des Telefons, des Fahrrads, des Autos usw. ist es doch möglich, daß heute ein Pfarrer das versieht, was früher 3 und 4 Pfarrer versehen haben. Muß denn in diesen kleinen Dörfern überall noch ein so schwer dotierter Pfarrer sitzen? Die Kirche wird natürlich sehr ungern an diese Sache herangehen; denn wer gibt von dem Besitzstand, den er hat, etwas auf? Aber die Verhältnisse werden sie dazu zwingen. Ich glaube, daß das auch nicht zum Schlechten der wirklichen Kirche ist.

Heckel: Die Frage, ob man das Kirchensteuerrecht als Staatsleistung auffassen kann oder nicht, läßt sich je vom Standpunkt des Betrachters aus bejahen oder verneinen. Die Sache war ja folgendermaßen. Ich rede zunächst einmal von den protestantischen Ländern. Auf Grund der reformatorischen Auffassung, daß der Fürst für das Religionswesen zu sorgen habe – diese Auffassung hat ja dann auch im Staatskirchenrecht der alten Zeit ihren Niederschlag gefunden –, hatte der Fürst aus seiner Kasse bzw. der Staat aus den öffentlichen Kassen für die gesamte Einrichtung des Religionswesens zu sorgen. Ganz ähnlich war es auch im katholischen Gebiet. Im 19. Jahrhundert, als nun der paritätische Staat entstanden war, als eine gewisse Distanzierung zwischen Staat und religiöser Organisation sich durchgesetzt hatte, war nun für den Staat die Frage die: Soll ich diese kirchliche Organisation immer neu nach den weiteren Bedürfnissen dotieren, soll ich also immer mehr dazuleisten, oder soll ich mich darauf beschränken, zu sagen: Soviel habe ich etwa zu Beginn des 19. Jahrhunderts gezahlt und mehr zahle ich nicht? Nun hat sich der Staat entschlossen, bei dieser Lage ihn den preußischen Gebieten zu sagen: Ich zahle das, was ich bis dahin gezahlt habe, also einen gewissen status quo angenommen; wenn ihr noch mehr braucht oder für neue Einrichtungen, die euch bis dahin unbekannt waren, etwas braucht, z.B. für Synoden, die im Osten der preußischen Monarchie ja unbekannt waren, dann zahlt ihr das selber. Für diesen Zweck ist den Leuten die Kirchensteuer eingeräumt worden, eine Einrichtung, die ebenfalls wieder in die Tendenz der Trennung von Staat und Kirche sich auswirkte. Die Angehörigen der Kirche sollen für ihre Bedürfnisse, soweit es nicht alt überkommene und anerkannte Belastungen und Verpflichtungen des Staates sind, selber aufkommen. Das würde, wenn man das konsequent weiterführt, bedeuten, daß am Schluß die österreichische Regelung steht: Die Gläubigen kommen selber für ihre kirchlichen Bedürfnisse auf.

Gleichwohl kann man in dieser Zeit noch die Kirchensteuer cum grano salis als eine Staatsleistung ansehen, weil ja die Gewährung der Einziehung der Kirchensteuern und des staatlichen Vollstreckungszwanges immer noch ein Ausfluß der Fürsorgepflicht des Staates gegenüber den Religionsgesellschaften ist. (*Vorsitzender:* Aber doch nur formell!) Bis zu einem gewissen Grade doch nur! Der Staat vollstreckt ja; die staatliche Autorität steht dahinter. Wenn man es aber so macht wie in Österreich, dann ist das keine Staatsleistung mehr, sondern eine Änderung des alten Systems der staatlichen, hoheitlichen Fürsorge für die Religion durch das neue System der Trennung von Staat und Kirche. Nun ist es in Österreich ja das Interessante, daß, während sonst bisher die finanziellen Beziehungen zwischen Staat und Kirche immer viel enger und zäher waren als die organisatorischen – gerade Ihr Vortrag, Herr Präsident Stalmann, hat das ja bewiesen –, heute auf dem Gebiete der Finanzen die Verbindung von Staat und Kirche eigentlich unsterblich ist, auch da, wo organisatorisch die Trennung zwischen beiden sich schon weithin durchgesetzt hat. So ist jetzt in Österreich diesmal die finanzielle Lösung die Vorläuferin der übrigen organisatorischen Lösung, etwas, was man aber in den Ländern der katholischen Staatspraxis gar nicht so selten findet; denn auch, wenn man nach Österreich schaut, so war diese Revolution von oben in der Zeit des Josephismus und die Einrichtung des Religionsfonds eine Maßnahme, die ganz ähnliche Ziele verfolgte wie die heutige Aufhebung überflüssiger religiöser Einrichtungen, die gar nichts für den Staat leisten. Also in den katholischen Ländern ist das öfter geschehen. Ganz anders ist die Situation nach meinem Dafürhalten in den protestantischen Ländern. Da wird sich so etwas, wenn es sich ohne einen Übergang vollzieht, bei der geringeren Verflechtung des einzelnen Protestanten an sein Kirchenwesen – wir haben nicht dieses sakramentale Band in der gleichen Stärke, wie es den Katholiken von Kindheit an an seine Kirche knüpft – ganz anders auswirken. Oder es besteht zum mindesten eine gewisse Gefahr. Nämlich entweder besteht die Gefahr, daß die Sache zu einer Agitation gegen den Staat ausgenutzt wird, oder aber es besteht die Gefahr, daß die Kirche zerflattert. Beides ist möglich, wenn das zu abrupt von einer Stunde auf die andere kommen sollte.

Vorsitzender: Abrupt wird man ja wohl in Preußen auch nicht vorgehen.

Heckel: Ich wollte nur sagen: Es kann diese Maßnahme auch nach zwei Seiten wirken. Mir kam es darauf an, festzustellen, daß, wenn man das österreichische System durchführt, man nicht mehr von Staatsleistungen reden kann. Dagegen bei den alten Kirchensteuern kann man nicht von Staatsleistungen reden.

Vorsitzender: So scheint es mir auch richtig zu sein.

Roth: Wenn man kirchlicherseits so stur an allen diesen Leistungen festhält, die da beansprucht werden, an diesen Patronatsverpflichtungen usw., dann kann es sein, daß, wenn diese Dinge einmal öffentlich diskutiert werden, man leichter geneigt ist an ganz maßgebenden Stellen, sie einfach zu streichen. Darum wäre es klug, kirchlicherseits wie auch staatlicherseits, daß man beginnt, diese tatsächlich unhaltbaren Dinge abzubauen.

Vorsitzender: Unbedingt! – Sie wissen nicht, Herr Ministerialrat, ob in Österreich katastermäßige Bezüge wie bei uns gezahlt worden sind, die mit aufgehoben worden sind?

Roth: In dem Wortlaut des Gesetzes ist von öffentlichen Patronaten die Rede. Da heißt es, glaube ich: Die öffentlichen Patronate, soweit sie nicht auf einem besonderen rechtlichen Titel beruhen, ...

Vorsitzender: Und da das in den meisten Fällen zweifelhaft ist, ...!

Schröcker: Es heißt an sich: Alle Leistungen des Staates und der Gemeinden an die Kirche, soweit sie nicht auf einem Patronat oder auf einem privaten Rechtstitel beruhen, werden aufgehoben.

Stalmann: Unsere Patronate sind fiskalische Patronate. Dazu kommen die privatrechtlichen. So faßt man das auf. Staatspatronate haben wir ja nicht mehr. Der preußische Staat hat Patronate, nicht weil er Staat ist, sondern weil er zufällig den Besitz hat, auf dem das Patronatsrecht beruht.

Schröcker: In Österreich war es etwas anders.

Stalmann: Die Staatspatronate sind in Preußen längst beseitigt.

Heckel: Auch nach meiner Meinung ist es hohe Zeit, daß diese alten skurrilen Geschichten beseitigt werden, ehe aus jeder solchen kleinen Sache eine riesige Agitation heranwächst. Ich stehe ganz auf dem Standpunkt der beiden Herren, die vorgetragen haben. Wenn man bei Zeiten nach dem Maß der Bedeutung die Sache von heute an neu ordnet, ist das das Beste. Diese alten Rechte, die schließlich bereits längst verjährt sind und keine Anerkennung mehr finden können, können wir nicht weiter behalten. Eine zweite Frage ist dann, wie weit bei der Aufhebung solcher Rechte ein gewisser Ausgleich gewährt oder eine Übergangsregelung getroffen werden kann, damit nicht im Einzelfall der Konkurs der lokalen religiösen Einrichtungen hervorgerufen werden wird, also eine gewisse Schonfrist gegeben wird, um sich in das Neue eingewöhnen zu können. Das scheint mir das richtige zu sein, und das Ausschlaggebende scheint mir eine solche Regelung es aequo et bono zu sein. Wenn man in die Rechtsfragen hineinsteigt, kommt man überhaupt nicht mehr zu Wege. Preußen hat mit der Bearbeitung der Patronate aus der Zeit vor dem Kriege unendliche Aktenstöße angesammelt. Dann kommt noch hinzu, daß, wenn man im Einzelfall nachschaut, ob es nun richtig ist, daß das Patronat abgelöst wird oder nicht, man zu sehr verschiedenen Auffassungen kommen kann. Es gibt Patrone, die in der Reformationszeit das Kirchengut einfach an sich angezogen haben zu ihrer Adelsherrschaft. Es gibt Städte, die das damalige, sehr ansehnliche Kirchenvermögen innerhalb des 16. Jahrhunderts einfach verwirtschafteten, indem sie es an sich gezogen haben. Ich würde also nicht raten, auf eine solche Einzelfrage einzugehen. Ferner kommt hinzu, daß man über die Rechtsnatur des Patronats sich durchaus nicht klar ist in der Judikatur. Der kanonische Patronat wurzelt zwar im Grunde auf der deutschen Einrichtung der Eigenkirche, die auch in der Reformationszeit sich in etwas gewandelter Form betätigt hat; aber er ist seiner Art nach etwas anderes als das, was in protestantischer Zeit neu entstanden ist.

Die protestantischen Grundherren haben sich zu Patronen erklärt ohne Rücksicht darauf, ob sie nun die Kirchenbaulast getragen haben oder nicht, vermöge ihrer hoheitlichen, obrigkeitlichen Gewalt über das Gebiet. Man hat also das kanonische Patronat und evangelische Gebietspatronat nicht auseinandergehalten, hat von dem einen auf den anderen deduziert und die unmöglichsten Geschichten gemacht. Im Freistaat Sachsen war in den 20er Jahren folgendes Problem akut: Gibt es dort Patronatslasten der Städte? Es gab früher gar keine Patronatslasten der Städte in dem heutigen Lande Sachsen, und zwar deshalb, weil die Großgrundbesitzer und die Städte in Sachsen zwar in der Reformationszeit erklärt haben, sie sorgen für das Kirchenwesen, aber nicht aus dem eigenen Säckel, sondern durch Heranziehung der Leistungskraft ihrer Untertanen, der Hintersassen oder der Bürger. Wenn in einer sächsischen Stadt eine Pfarrstelle gegründet wurde, so war es nobile officium des Magistrats, daß er ein sogenanntes Patronatsgeschenk von 20.000 M oder 30.000 M zur ersten Einrichtung gab. Das ist bis zum Jahre 1886 immer so gelaufen. In Sachsen hat niemals jemand von einer Patronatslastenpflicht gesprochen. Auf einmal hat das Reichsgericht in der hannoverschen Streitsache erklärt, daß der Patron, wenn er solche Geschenke gegeben hat, eine Dotation der Kirche vorgenommen hat; aus dieser Dotation lasse sich schließen, daß er dadurch einen animus acquirendi patronatus betätigt habe, also eine Patronatslastenpflicht ausgeübt habe. Diese Judikatur ist dann nach Sachsen übernommen worden und ist von dem dortigen Ministerium auf Grund der Autorität des Reichsgerichts weiter gehandhabt worden, so daß in der Praxis nunmehr auch lastenpflichtige Ratspatronate entstanden sind. So sieht man aus dem Durcheinander, daß man nicht vom Rechtshistorischen ausgehen kann und daß man zu keinem vernünftigen Ergebnis kommt, wenn man auf die einzelnen Geschichten eingeht. Man muß da durch diese sehr verflochtenen Rechtsverhältnisse durchhauen, die für den juristischen Antiquar bedeutsam sind, aber für andere Leute nicht. Man sollte also eine Regelung nach dem Maßstabe der Billigkeit treffen. Das ist das Einzige.

Vorsitzender: Das leuchtet mir ein. Man muß sich aber darüber klar sein, daß der Staat damit auch Einfluß aus der Hand gibt. (*Widerspruch.*)

Schröcker: Diesen Einfluß kann er sich auf andere Weise wieder sichern.

Vorsitzender: Bei diesem Staat in Deutschland wird das nicht so bedeutungsvoll sein, da wir eine starke Regierungsgewalt haben. Aber sonst ist es so: wer Geld gibt, sichert sich damit Einfluß. Ich erinnere immer daran, daß die Könige von Preußen sich überall die alten Fürsten, die früheren Souveräne, die die Landeshoheit gehabt hatten, dann aber Standesherren wurden, dadurch gefügig gemacht haben, daß sie ihnen Renten zahlten, als Dotation, als Geschenk. Das verlor sich dann. Es war der gute Onkel König von Preußen, der schickte immer das Geld. Aber das hörte dann auf.

Barion: Aber die Kirche bleibt doch Körperschaft des öffentlichen Rechts. In dem Referat des Herrn Ruppel kam das gerade zum Ausdruck.

Vorsitzender: Bei unseren Ausführungen in der letzten Sitzung waren wir alle der Meinung, daß, wenn der Staat dazu übergeht, dieses Steuerrecht zu beseitigen, dann zum mindesten der öffentlich-rechtliche Charakter der Körperschaft einen sehr starken Knacks bekommt.

Barion: Nein! Das Referat des Herrn Ruppel ging darauf hinaus, daß die Pflichten des Staates wegfallen, aber nicht die Rechte.

Vorsitzender: Es ist aber doch gar kein Zweifel, daß das nicht lange dauern kann, daß die österreichischen Kirchen dann nur noch Vereine sind. Das wird sich sehr rasch durchsetzen, und es ist dann kaum noch ein großer Unterschied.

Barion: Ich habe jedenfalls Herrn Ruppel so verstanden, daß damit die Aufsichtsrechte des Staates, die Rechte in bezug auf die Pfarrbesetzung usw. keineswegs aufzuhören brauchen.

Vorsitzender: Das ist natürlich nicht nötig; aber ich sehe das kommen. Unschön ist ja außerdem auch der Umstand, daß innerhalb Deutschlands eine derart verschiedene Regelung besteht.

Roth: Es heißt ausdrücklich in der Präambel zu dem österreichischen Gesetz und zu dem Sudetengesetz, daß die Gesetze nur gelten bis zum Erlaß einer reichseinheitlichen Regelung. Aber wenn man so stur an diesen Dingen festhält, kann es eines Tages sein, daß man alles streicht.

Forsthoff: Ich wollte auf das mit dem Patronat zusammenhängende Pfarrstellenbesetzungsrecht hinweisen, das wir ja doch in den Kreis der Erwägungen einbeziehen müssen, weil wir uns bisher fast ausschließlich mit den Pflichten und weniger mit den Rechten des Patrons beschäftigt haben. Es gibt natürlich Verhältnisse, in denen diese Dinge echt sind. Dazu zähle ich nicht die fiskalischen Patronate, aber dazu zähle ich die im Osten, bei uns in Ostpreußen sehr zahlreich vorhandenen Patronate, die den Typus der Ortsgemeinde entscheidend bestimmen. Da ist es tatsächlich so, daß die Ortsgemeinde jedenfalls nach ihrer kirchlichen Tradition ein solches Stellenbesetzungsrecht bisher nie ausgeübt hat, und wann sie es einmal wirklich zukünftig ausüben kann, ist schwer zu sagen. Da ist also dieses Patronat tatsächlich noch ein ordnendes Element des kirchlichen und überhaupt des sozialen Lebens am Ort. Ich will Ihnen gar nicht widersprechen, Herr Präsident Stalmann, bezüglich der Überholtheit dieser Dinge. ich greife nur diesen einen Typus heraus, um zu sagen, daß es mir von der Struktur etwa der ostpreußischen, vielleicht auch schlesischen und pommerschen Dörfer her gesehen, ein wenig leid tut; denn wir machen jetzt schon die Erfahrung, daß der Abbau der alten ostpreußischen Dorfverfassung die Landflucht in einer ungeheuren Weise gefördert hat, und wir kommen allmählich dahin, einzusehen, daß diese alte Dorfverfassung, zu der eben auch in gewissem Sinne das Patronat gehört, eigentlich eine sehr gute Sache war. Aber ich weiß nicht, ob man da differenzieren kann.

Stalmann: Wir wollen ja doch nur von staatlicher Seite aus an das Patronat herangehen. Die Kirche könnte ja ruhig in diesen Fällen den Patronen die Patronatsrechte belassen. Der private Patron mag auch weiter seine Bauverpflichtung aufrechterhalten, aber nicht mehr kraft staatlichen Zwanges.

Forsthoff: Man könnte dann ein eigenes kirchliches Patronat schaffen.

Stalmann: Jawohl! Vom innerkirchlichen Standpunkte aus bin ich sogar ein Gegner dieser Beseitigung der Patronate. Auch der private Patron hat im Osten unendlich viel Segen gebracht.

Vorsitzender: Aber das fiskalische Patronat wollen Sie doch auch aufheben?

Stalmann: Staatlich wird alles beseitigt, auch das private Patronat. Es beruht dann nicht mehr auf einem staatlichen Recht. Was die Kirche da machen will, ist Sache der Kirche. (*Vorsitzender:* Aber der Staat duldet es!) Der Staat duldet es dann.

Weber: Im kanonischen Recht ist schon eine kirchliche Regelung des Patronats enthalten. Da ist die Lücke schon von der kirchlichen Seite her ausgefüllt.

Vorsitzender: Meinen Sie nun, meine Herren – das ist allerdings in futuro gedacht –, daß wir in Deutschland mit diesen Beträgen, mit dieser Regelung, wie sie in Österreich eingeführt ist, auskommen? Ich bin davon überrascht.

Forsthoff: Es gibt eine große soziale Verschiebung. Es werden nämlich die Kirchentreuen ein Vielfaches zahlen müssen, und sie werden es auch wirklich zahlen, ein Vielfaches dessen, was sie heute an Kirchensteuern aufbringen; es wird auf das Zwei- und Dreifache wachsen.

Vorsitzender: Und wie ist es nach der evangelischen Seite? Die Verhältnisse lassen sich nicht vergleichen. Wir haben die Pfarrer, die verheiratet sind, die sehr häufig viele Kinder haben. Der katholische Pfarrer ist natürlich viel beweglicher und ist infolgedessen auch leichter versorgt.

Stalmann: Einstweilen ist es ja noch nicht so weit. Wir wollen das Kirchensteuerrecht möglichst lange konservieren, und das wird erleichtert, wenn wir das Hemmende wegbringen, was weg muß. Ich würde es an sich natürlich auch sehr bedauern, wenn Preußen dazu überginge, sich bei der Pfarrbesoldung ganz herauszuziehen. Ich würde vorziehen, ruhig als freie Leistung weiterzuleisten, nicht als Rechtsverpflichtung, so daß man also völlig freie Hand hätte. Wenn man jetzt in Preußen die Pfarrbesoldung ganz beseitigt, bricht nach meiner festen Überzeugung die evangelische Kirche zusammen. Sie ist dann gar nicht zu halten. (*Vorsitzender:* Das glaube ich auch!) Gewiß, es kann unendlich viel geschehen im Wege der Organisation. Das, was Sie für Österreich sagten, Herr MinRat Roth, trifft auch bei uns in weitem Umfange zu. Wir haben noch Provinzen mit sehr vielen kleinen Pfarreien, was sich volkswirtschaftlich kaum noch vertreten läßt. Nehmen wir z.B. die Reformierte Landeskirche in Hannover und Aurich. Das sind vielfach nur ein paar Hundert Seelen. In Kassel ist es auch ganz schlimm; aber auch in Südhannover ist es schlimm. Soll das denn ewig so bleiben, wie es gewesen ist? Kann sich denn heute jedes Dorf einen Pfarrer leisten? Früher kostete der Pfarrer nichts; er lebte von seiner Pfründe. Aber heute ist die Sache anders. Aus den Kirchensteuern kann man doch die Pfarrgehälter nicht aufbringen. Also zunächst würde die evangelische Kirche zusammenbrechen. Für die katholische Kirche ist die Sache natürlich viel leichter. Der katholische Pfarrer ist auch beweglicher.

Vorsitzender: Wir zahlen ja in Preußen noch jährlich 36 Millionen an Pfarrbesoldungszuschüssen für beide Kirchen zusammen. Früher war es das Doppelte. Wie habe ich gepredigt und gesagt: Überspannt nicht den Bogen; sonst kommt eine Katastrophe! Aber man war nicht zu belehren.

Stalmann: Damals kostete die ganze preußische Verwaltung 40 Millionen – Oberpräsidien, die Regierungen und die Landratsämter –, und für die Pfarrbesoldung zahlte der preußische Staat das Doppelte. Damals wies man immer darauf hin, die preußische Verwaltung sei zu teuer, wir hätten viel zu viel Kreise, viel zu viel Regierungen; da sollte gespart werden. Aber das Doppelte wurde für die Pfarrbesoldungen ausgegeben, und es war immer wieder zu wenig. Die Kirche hat unter schweren Kämpfen vom Staat verlangt, daß er auch die Besoldung der gesamten Hilfskräfte übernehmen solle. Das hat auch der Landtag beschlossen. Wir haben es aber sabotiert.

Vorsitzender: Wir haben das gar nicht gemacht. – Meine Herren! Wie wollen wir nun in dieser interessanten und wichtigen Frage prozedieren?

Roth: Ich möchte vorschlagen, was ja auch Herr MinDir. Meyer eingangs schon angedeutet hat, daß wir das, was Herr Präsident Stalmann gesagt hat, in irgendeiner Form fixieren, sei es in der Formulierung des Vortrages oder in Form irgendeiner kurzen Denkschrift, und daß wir das den maßgebenden Stellen unterbreiten.

Vorsitzender: Aber wir müssen es doch zuerst noch den Herren zuschicken, damit es jeder in sich aufnehmen kann.

Stalmann: An sich sollte meine Ausarbeitung die Diskussion erst einleiten.

Vorsitzender: Es fragt sich: Soll man das Problem bloß hinwerfen oder soll man zu einer literarischen Verwertung erst schreiten, wenn man schon Vorschläge hat?

Weber: Für eine baldige literarische Veröffentlichung spricht ja, daß es sich immerhin um ungeheuer komplizierte Dinge handelt, die auch in den verschiedensten Teilen des Reiches verschieden liegen, so daß es wünschenswert wäre, wenn eine gewisse Diskussion zustande käme, die weiteres Material erbringt. Auf der anderen Seite spricht dagegen, daß natürlich die öffentliche Diskussion dieser Fragen schon die Gefahr heraufbeschwört, die wir gerade durch eine Bereinigung dieses Gebietes abstellen wollten. Ich persönlich würde im Augenblick schwanken, ob es sich empfiehlt, das einer gewissen Öffentlichkeit vorzuführen oder ob man es intern behandeln muß.

Jedenfalls scheint es mir aber notwendig zu sein, sich mit den Dingen zu befassen und auch die beteiligten Kirchenbehörden damit zu befassen. Ich weiß aus eigener Erfahrung: Das Material ist so kompliziert, daß man es wirklich in aller Gründlichkeit vorbereiten müßte.

Vorsitzender: Die Kirchenbehörden damit zu befassen, das ginge doch nur durch den Herrn Kirchenminister.

Weber: Na, wir können natürlich nicht gerade amtlich anfragen; aber wir können uns natürlich ein gewisses Material beschaffen.

Schröcker: Ich könnte mir als praktischen Weg folgendes vorstellen. Das Ziel des Ausschusses ist eine Denkschrift an das Ministerium, in der die Ergebnisse zusammengefaßt werden, sowohl die Darstellung der Sachlage wie bestimmte Vorschläge. Vom Ministerium könnte dann diese Denkschrift in irgendeiner Weise an die einzelnen Oberpräsidenten und Regierungspräsidenten zur Stellungnahme weitergegeben werden. Die Oberpräsidenten könnten dann auf Grund ihrer praktischen Erfahrung in den Provinzen und Regierungsbezirken die Sache entsprechend ergänzen. Dann kann man das zur Grundlage einer weiteren Erörterung machen und käme so zu einer abschließenden Regelung. Also erstens einmal sollte das Material klar zusammengefaßt und gesichtet werden. Es sollte festgestellt werden, welche Rechte überhaupt vorhanden sind und welche für die Aufhebung in Frage kommen. Das wäre eine Aufstellung von Typen. Zweitens wird es sich um Vorschläge handeln, und zwar braucht das nicht ein Vorschlag zu sein, sondern es können wahlweise mehrere Vorschläge gemacht werden. Überhaupt sollten die Wege, die da möglich sind, zur Diskussion gestellt werden.

Barion: Aber so, daß die Leute sich weitgehend damit begnügen können, Ja oder Nein zu sagen. Wenn sie von sich aus etwas Positives zusammenstellen sollen, kommt wieder nichts zustande; dann wissen sie nicht, was sie tun sollen, und die Sache bleibt liegen.

Schröcker: Es muß klar gesagt sein, was sie damit anfangen sollen. Die Arbeit für die Verwaltungsbehörden soll möglichst einfach sein.

Barion: Vielleicht gibt man ganz konkrete Leitsätze mit dem Bemerken, daß sie völlig umgestoßen werden können, oder mehrere Vorschläge.

Vorsitzender: Es können Fragebogen an die unteren Verwaltungsbehörden formuliert werden.

Barion: Ich meine aber doch, ausgesprochen in legislatorischer Form, damit man auf jeden Fall die Leute dazu zwingt, sich zu äußern.

Vorsitzender: Sie meinen direkte Gesetzentwürfe?

Schröcker: Vielleicht zunächst nicht einen Gesetzentwurf – es hätte keinen Zweck, einen solchen Gesetzentwurf schon den unteren Behörden zuzuleiten –, aber jedenfalls einen Fragebogen, um die Grundlagen für eine Enquête zu schaffen.

Heckel: Ich möchte auch dem Vorschlage des Herrn Dr. Schröcker zustimmen, eine Art Denkschrift entsprechend dem, was Herr Präsident Stalmann vorgetragen hat, zu verfassen, bei der man im großen sieht, was gemeint ist, und dann den einzelnen Behörden draußen aufzugeben, das von sich aus zu ergänzen, dagegen nicht mit einem Fragebogen zu arbeiten, der nun bestimmte einzelne Fälle als die typischen herausgreift. Das haben wir nämlich schon einmal vor vielen Jahren gemacht bei der Frage, ob die Patronate aufzuheben sind oder nicht. Da hat Herr Lipsius einen sehr detaillierten Fragebogen auf Grund seiner sehr eingehenden Ministerialkenntnis gemacht, und die Folge war, daß ganze Leiterwagen solcher Fragebogen mit Ergänzungen hereingekommen sind. Jeder hat gesagt: ich habe den Fall soundso, der paßt in keine Rubrik; wo bringe ich den unter? Es war so schrecklich, daß Herr Lipsius, nachdem er sich mehrere Wochen bemüht hatte, da durchzufinden, den Gang durch dieses Aktenlabyrinth aufgegeben hat. Es war gar nichts mit den Dingen anzufangen, weil die Leute sich gesagt haben: In dieses Schema paßt mein Fall nicht, also muß ich irgendwie etwas machen. Der einzige Weg ist, daß man eine Denkschrift verfaßt und einzelne Typen angibt mit dem Bemerken, daß, wenn noch weitere Typen da sind, die Sache ergänzt werden soll.

Schröcker: Die öffentliche Diskussion würde auf diese Weise doch vermieden, die vielleicht nicht ganz zweckmäßig ist. *(Zustimmung.)*

Vorsitzender: Dann werde ich Herrn Dr. Keith bitten, die Vervielfältigung des Referates des Herrn Präsidenten Stalmann zu beschleunigen. Bis zur nächsten Sitzung kann sich vielleicht auch schon jeder der Herren überlegen, wie denn, wenn dies als der erste Teil erscheint, der zweite Teil zu fassen wäre.

Weber: Die Oberpräsidenten sind nur teilweise mit fachmännisch geschulten Beamten auf diesem Gebiet ausgestattet, und sie werden sich zum Teil auch von anderer Seite Informationen holen. Ich möchte die Frage aufwerfen, ob es nicht zweckmäßig ist, auch wenigstens beim Evangelischen Oberkirchenrat – ich weiß nicht, ob es eine entsprechende katholische Behörde gibt – Rückfrage zu halten; denn die Kenntnis ist doch in der Regel dort noch intimer. Irgendeiner der Herren hat da meistens eine umfassende Übersicht, so daß materialmäßig vielleicht mehr zu erfahren ist, als wenn man bloß die Oberpräsidenten fragt. Der Oberpräsident von heute ist ja nicht mehr der Oberpräsident von 1920 oder gar der Oberpräsident von 1910, wo immer noch einige Fachleute für dieses Gebiet in der Behörde zu finden waren.

Vorsitzender: Beim Oberpräsidenten sind überhaupt keine Fachleute für dieses Gebiet, wohl aber beim Regierungspräsidenten.

Weber: Es ist einer da, der dafür zuständig ist, und der könnte natürlich gefragt werden.

Stalmann: Beim Oberpräsidenten werden 3 oder 4 Leute sitzen. Aber bei der Regierung ist es anders; da sitzt einer, der die Prozesse zu führen hat. Es sind alles preußische Prozesse gewesen.

Weber: Deswegen müßte überlegt werden, an welche Adressaten man sich wendet.

Stalmann: Die Oberpräsidenten könnten sich an die Regierungen werden.

Roth: Wegen der Kirchenbehörden hätte ich eigentlich insofern Bedenken, als sie vielleicht ganz unnötig hellhörig werden könnten, alles mögliche vermuten und dann auch – wenigstens auf katholischer Seite – alles tun, um so etwas zu verhindern.

Schröcker: Das würde unter Umständen auch zu unerwünschten Verhandlungen führen. Jedenfalls würde von kirchlicher Seite versucht werden, Verhandlungen über diese Dinge einzuleiten.

Weber: Es gibt noch eine andere Art von staatlichen Fällen, die in Frage kämen, nämlich die Gerichte. Beim Reichsgericht, beim preußischen Oberverwaltungsgericht und bei den Oberlandesgerichten sind fast überall noch einige Sachbearbeiter, die sehr eingehende Kenntnisse haben, wie die Urteile immer zeigen, und die sich offenbar schon seit vielen Jahren mit diesen Dingen beschäftigen. Die könnten vielleicht auch noch irgendwie damit befaßt werden. Ich glaube, daß sie sachlich manches beitragen könnten.

Roth: Die werden versuchen, das auch zu verhindern. Wenn man die neuesten Urteile des Oberverwaltungsgerichts aus dem Jahre 1938 sieht, so muß man sagen: Die Leute leben teilweise in einer ganz anderen Welt.

Stalmann: Wir nehmen dem VIII. Senat seine Existenz; er beschäftigt sich mit diesen Dingen.

Vorsitzender: Er bekommt nur Theoretisches, was ihm gebracht wird. Er ist weniger in der Lage, selbst zu forschen.

Stalmann: Der VIII. Senat war vor dem Kriege glänzend zusammengesetzt. Die Mitglieder dieses Senats – Werner usw. – haben es wirklich verstanden, ihrer Aufgabe gerecht zu werden. Sie haben diese ganz neue Materie des Kirchensteuerrechts doch auf eine vernünftige juristische Grundlage gebracht, so daß man praktisch mit der Sache fertigwerden konnte.

Vorsitzender: Nun ist ja der Richter in einer sehr viel schwierigeren Lage als wir, als der Verwaltungsbeamte und der Gelehrte. Sein Wirkungskreis spielt sich in viel engeren Grenzen ab. Gewiß ist es beim Oberverwaltungsgericht anders als bei den ordentlichen Gerichten; aber trotzdem!

Barion: Ich würde doch meinen: Wenn der VIII. Senat etwa dagegen operieren wollte, würde er das auch nicht tun können, ohne mit dem Material herauszurücken. Das ist der springende Punkt. Wir können es schon zur Not fertigbringen, Konklusion und Material auseinanderzuhalten.

Weber: Ich fürchte, daß die Oberpräsidialberichte, wie die Dinge heute liegen, nicht sehr aufschlußreich sein werden. Wenn die Oberpräsidenten sich auch durch ihre Regierungspräsidenten unterrichten lassen, so ist die Art der Verarbeitung beim Oberpräsidium doch anders. Auch ich habe ein paar Jahre lang diese ganzen Sachen bearbeitet, habe das katholische Justitiariat gehabt und kenne die Erfahrungen, die damals gemacht worden sind zu einer Zeit, als es wirklich noch Spezialisten auf diesem Gebiete gab. Die gibt es jetzt, fürchte ich, gar nicht mehr. Ich halte die Frage doch für sehr ernsthaft zu erwägen, wie man noch ein paar Materialquellen erschließt und würde ohne weiteres meinen: Über das, was der VIII. Senat bekommt, hat er keine Entscheidungsbefugnis; bei den Oberlandesgerichten wird man nur diesen oder jenen finden, beim Reichsgericht auch nur einzelne Leute, die genügende Sachkenntnis haben.

Barion: Es ist ein bestimmter Senat, der das macht.

Weber: Aber die Leute machen nicht nur diese Sache, und sie haben auch sehr stark gewechselt. Man könnte sich evtl. ein Votum des Justizministeriums erbitten, wo auch schon gewisse Vorarbeiten gemacht sind. Man könnte diese Anfrage an die Oberpräsidenten abschriftlich dem Justizminister zuleiten mit der Bitte, auf Grund seines Materialbestandes das Erforderliche beitragen zu wollen. Dann käme der VIII. Senat in Frage. Ob es nicht auch in der Kirchenverwaltung Persönlichkeiten gibt, die man offiziös bitten könnte, vertraulich etwas dazu beizutragen, wäre festzustellen. Ich glaube, daß auf katholischer Seite ein eigentlicher Spezialist für diese Materie, abgesehen von dem Herrn Sowieso in Paderborn, nicht mehr vorhanden ist. Aber die Schwierigkeiten sind groß. Sonst liegt die Sache nachher beim Kirchenministerium, man muß irgendeine Kautschukbestimmung hineinbringen, und dann werden bis zu 15 Durchführungsverordnungen erlassen. Wie wollen Sie das machen mit außerpreußischen Stellen?

Roth: Da müßte man an die Landesregierungen gehen. Aber ich meine: An die Oberpräsidenten brauchen wir gar nicht heranzugehen. Es genügen die Regierungspräsidenten.

Vorsitzender: Wir werden erst einmal das Referat des Herrn Präsidenten Stalmann bekommen, und die Herren werden sich überlegen, wie die Vorschläge, die auf Grund dieses Sachverhalts formuliert werden können, am besten zu fassen sind.

Stalmann: Wir müssen diese ganze Frage in der nächsten Sitzung eingehend besprechen, und wir müssen diese Besprechung abwarten. Erst dann können wir uns über das weitere Vorgehen unterhalten. Wir wissen ja nicht, was herauskommt; es wird vielleicht auch noch vieles ergänzt werden.

Vorsitzender: Ich möchte nun noch einen Fall zu Ihrer Kenntnis bringen, der sich gestern bei uns zugetragen hat. Das Kirchenministerium wird auch mit der Sache befaßt werden. Die Herren des Kirchenministeriums werden schon davon wissen, daß beabsichtigt wird, die Grundsteuerfreiheit der Kirchen aufzuheben. (*Stalmann:* Der Kirchengebäude!) Für Gebäude, in denen Verwaltungsbehörden untergebracht sind, oder in denen Unterricht stattfindet, Konfirmandenunterricht oder dergleichen, soll keine Grundsteuerfreiheit mehr gewährt werden; ausgenommen sind als nur die Gotteshäuser selbst. Da ist nun folgendes interessant, und ich wäre sehr dankbar, die Meinung der Herren zu hören. In dem evangelischen Vertrag – nach der katholischen Seite ist es nicht viel anders – ist die Dotation ausgeworfen, und von der Grundsteuer ist mit keinem Wort die Rede. Es ist also einfach, soweit es sich um Gebäude handelt, in denen die kirchlichen Verwaltungsbehörden untergebracht sind, nach der evangelischen Seite ist der Zustand der, daß diese Gebäude aus der alten Zeit her dem Staat gehören und daß der Staat nach dem Zustand, der auf Grund des Gesetzes von 1924 herrschte, diese Gebäude den Landeskirchen weiter zur Verfügung stellt. Die Baulast liegt nach der evangelischen Seite beim Staat. Er hat sie gewissermaßen als eine Naturaldotation zu der übrigen hinzu übernommen. Als der Vertrag in Kraft trat, herrschte Grundsteuerfreiheit. Davon ist aber in dem Vertrag nicht mit einem Wort die Rede, weil eben die Grundsteuerfreiheit bestand und weil die Aufhebung der Grundsteuerfreiheit der Kirche wohl etwas so Ungeheuerliches war, daß man damals nicht einmal an die Möglichkeit gedacht hätte, daß das einmal kommen könnte. Nun ist die Frage aufgeworfen worden: Wenn der Staat jetzt dazu überginge, die Grundsteuerfreiheit der Kirche für diese Verwaltungsbehörden, die ja hauptsächlich in Frage kommen, aufzuheben, würde das ein Verstoß gegen den Vertrag sein, der immerhin unter der Herrschaft der Grundsteuerfreiheit abgeschlossen ist, oder würde die Kirche nichts dagegen machen können, oder würde sie zum mindesten sagen können: clausula rebus sic stantibus, das ist eine neue Lage; ich soll jetzt auf einmal überall Grundsteuern bezahlen, die ich zur Zeit des Abschlusses des Vertrages nicht zu zahlen brauchte; darin erblicke ich eine neue Lage, und der ganze Vertrag ist dadurch erschüttert? Mein Herr Minister hat diese Sache aufgegriffen und hat dann die Auffassung vertreten, es sei überhaupt ein Verstoß gegen den Vertrag, weil damals die Grundsteuerfreiheit rechtens war. Als ich erwiderte, das schiene mir zweifelhaft, es möchte, wenn man die Grundsteuerfreiheit einfach ohne Verständigung der Kirche aufhebe, vielleicht etwas illoyal sein, aber auch das scheine mir fraglich zu sein, die Zeit schreite eben fort, man könne selbstverständlich Gesetze ändern, die Fürsten hätten auch lange Steuerfreiheit gehabt und müßten jetzt zahlen, erntete ich nur die Erwiderung: "Herr Jurist, ich habe eine andere Antwort von Ihnen nicht erwartet." Ich möchte nun gern einmal hören, wie die Herren darüber denken.

Stalmann: Ich würde zunächst von den Kirchenverträgen ausgehen. Die Gebäude stehen im Eigentum des preußischen Staates. Sie werden benutzt von der Kirche, und zwar ist es ein sehr weitgehendes Nutzungsrecht, das sich im Kirchenrecht entwickelt hat analog dem Pfründennießbrauch. Das ist das weitgehendste Nutzungsrecht, das man sich denken kann. Aber auch dann wird man doch sagen: Wenn jetzt eine neue Steuer eingeführt wird, so muß auch diese Steuer nicht vom Eigentümer, sondern von dem getragen werden, der die ganze Nutzung hat. Im allgemeinen sagt man – nach dem Nießbrauch des BGB ist es klipp und klar -: Er trägt alle Lasten. Beim Pfründennießbrauch ist es auch klipp und klar, jedenfalls nach Schoen. Und auch nach den Urteilen des Reichsgerichts ist es bis auf eine Ausnahme klar, daß der Pfründennießbraucher im Innenverhältnis die Lasten zu tragen hat. Das Reichsgericht hat eine Ausnahme gemacht für die Deichlasten, aber aus dem Gedanken heraus, daß der Pfarrer von der Pfründe leben soll. Die Deichlasten können derart hoch sein, daß jahrelang nichts übrigbleibt. Da sagt das Reichsgericht aus praktischen Gründen: Eine solche Last kann natürlich dem Nießbraucher nicht auferlegt werden. Dieselbe Frage beschäftigt uns schon seit dem 1. April 1938, als für die Dotationsgrundstükke, die Pfarrgrundstücke, die Pfarrwohnungen das eingeführt wurde. Die Pfarrhäuser stehen im allgemeinen im Eigentum eines Fonds ähnlich wie sie in Preußen im Eigentum des preußischen Staates stehen.

Wir haben aber auch eine ganze Reihe von Pfarrdotationen, die in unserem Eigentum stehen, aber von der Kirchengemeinde genutzt werden. Wir wurden veranlagt, und wir haben dann die Veranlagung den Kirchenvorständen geschickt. Manche bezahlen, andere haben uns die Veranlagung zurückgeschickt. Es schwebt jetzt ein Prozeß wegen der Sache, den ich mit dem Kirchenministerium zusammen führe. Herr Stahn war der Auffassung, daß es am besten sei, wenn ich die Sache in Gang brächte, damit nicht eine Regierung den Prozeß führt. Nun war es sehr interessant, daß im Hannoverschen die Steuerfreiheit der Pfarreien auf Grund der hannoverschen Verfassung im Jahre 1850 in Hannover vorübergehend beseitigt worden ist und daß überall nun auch die Pfarrhäuser und die Pfarrgrundstücke zur Grundsteuer herangezogen wurden. Da trat nun praktisch die Frage auf: Wer trägt diese Steuern? In den Akten habe ich sehr interessante Feststellungen machen können, wonach das hannoversche Finanzministerium, das hannoversche Landwirtschaftsministerium und auch das hannoversche Kultusministerium sich auf den Sandpunkt gestellt haben: Diese neuen Lasten müssen getragen werden von der Kirchengemeinde, also nicht von dem Eigentümer, der hier der Staat oder der Klosterfonds war. Steuerrechtlich sind wir verpflichtet; aber wir haben einen Erstattungsanspruch. Damals haben sich die hannoverschen Minister auf diesen Standpunkt gestellt, haben dann aber gesagt: weil es keine Kirchensteuer gebe, werde der Steuerbetrag zurückerstattet. An sich hätte damals der Pfarrer persönlich die Steuer tragen müssen; er hatte ja den Nießbrauch. Weil man aber sagte, das gehe natürlich nicht, wurden sofort wieder Staatsmittel flüssig gemacht, um solchen Pfarrern die Steuer zu erstatten, aber nur, wenn sie bedürftig waren. Zum gerichtlichen Austrag ist es damals nicht gekommen, weil 4 Jahre später die Grundsteuerpflicht wieder aufgehoben wurde und der alte Zustand wieder eintrat.

Vorsitzender: Ist die Steuerfreiheit eine Staatsleistung im Sinne der Verfassung?

Stalmann: Ja natürlich! In der Weimarer Zeit hat das Reichsgericht das bejaht, und zwar in dem Braunschweiger Fall. Die Braunschweiger hatten damals die Steuerfreiheit aufgehoben. Dann hat die braunschweigische Landeskirche die Sache nach Leipzig an den Verfassungssenat gebracht, und der Verfassungssenat hat gesagt: Auch die Steuerfreiheit ist eine Staatsleistung im Sinne des Artikels 138, die bis zum Erlaß der Grundsatzgesetzgebung nicht durch Sperrgesetz aufgehoben werden kann.

Vorsitzender: Das wäre auch unabhängig vom Vertrage! (*Stalmann:* Die Sache schwebt augenblicklich!) Nach der katholischen Seite ist es ebenso. Bloß daß da die Baulast bei Ihnen ist in den wenigen Fällen, in denen der Kirche diese Gebäude überlassen werden.

Schröcker: Darf ich ergänzend dazu sagen, daß der Reichsfinanzhof im Jahre 1934 noch ein ausführliches Gutachten zu dieser Frage erstattet hat und genau im Sinne des Reichsgerichts. Wie das Reichsgericht vor 1933 geurteilt hat, so hat der Reichsfinanzhof nach 1934 daran festgehalten, und das Reichsfinanzministerium noch 1937. Dieses Schreiben von 1937 ist den Kirchenbehörden auch mitgeteilt worden in dem Sinne, daß staatlicherseits die Grundsteuerfreiheit der Kirchen als Staatsleistung betrachtet wird. Nun ist zwar der Staat an Artikel 138 und 172 der Reichsverfassung nicht mehr gebunden; aber im Reichskonkordat ist ja diese Bestimmung übernommen worden. Dabei ist es eigenartig, daß in den ganzen Verhandlungen über das preußische Konkordat außer der einen Bestimmung nirgends davon die Rede war, was man unter Staatsleistung eigentlich versteht und daß die Grundsteuerfreiheit darunter fallen sollte. In den anderen Konkordaten, in denen von Staatsleistungen an die Kirche die Rede ist, also in den Konkordaten mit anderen Ländern, z.B. Italien, ich glaube auch, mit Litauen und ebenso auch im polnischen Konkordat ist die Grundsteuerfreiheit extra außerhalb der Staatsleistungen aufgeführt. Ich persönlich bin ja der Auffassung: Wenn die Kirche der Meinung gewesen wäre, daß die Grundsteuerfreiheit unter die Staatsleistungen fallen solle, dann hätte sie dafür sorgen müssen, daß das auch einwandfrei im Konkordat zum Ausdruck kommt.

Heckel: Ich bin auch der Meinung, daß es sich um keine Staatsleistung handelt, sondern daß es eine sehr weit und zu weit gefaßte Interpretation des Reichsgerichts gewesen ist, zu sagen: Auch Steuerfreiheit ist eine Staatsleistung. Gemeint sind da die positiven Leistungen seitens des Staates, nicht Vorzugsstellungen, die sich aus alten Zeiten erhalten hatten, ohne daß der Staat etwas dabei gemacht hätte. Es ist auch nicht ein Recht an ihrem Vermögen. Es käme da die zweite Klausel der Weimarer Verfassung in Betracht, nämlich ein Recht, daß der Staat hier nichts zu verlangen hat. Auch das trifft nicht zu.

Vorsitzender: Meinen Sie, daß es ein Verstoß gegen den Kirchenvertrag ist? (*Heckel:* Nein!) Ich bin auch der Meinung. Mein Minister sagte schließlich: Ja, es ist doch zum mindesten ein Verstoß gegen den Geist des Kirchenvertrages, da der Vertrag in einer Zeit abgeschlossen ist, als die Grundsteuerfreiheit der Kirchen Rechtens war, also ein Verstoß gegen die Atmosphäre, in der die Kontrahenten verhandelt haben. Sie, Herr Roth, bekommen ein großes Schreiben darüber.

Roth: Unser Herr Minister hat ja zugestimmt.

Vorsitzender: Der Reichsfinanzminister hat auch zugestimmt. Mein Minister will diese Gesetzesnovelle, die die Grundsteuerfreiheit der Kirchen aufhebt, durchlöchern für diejenigen Fälle, in denen es sich um Gebäude handelt, die im Eigentum des Staates stehen. Er will sagen: Es ist nicht möglich, daß im Eigentum des Staates stehende Gebäude, die auf Grund eines öffentlich-rechtlichen Titels der Kirche überlassen sind, mit einer Grundsteuer belegt werden.

Roth: Ich wollte noch eine Anregung zur Diskussion stellen. Bekanntlich ist die katholische-theologische Fakultät in Innsbruck aufgehoben worden. Die theologische Fakultät Graz wurde mit Wien zusammengelegt. Ich weiß nun nicht, ob an den juristischen Fakultäten Innsbruck und Graz *Kirchenrecht in irgendeiner Form*, etwa als Lehrauftrag, *gelesen wird.* Ich würde es als eine ganz empfindliche Lücke betrachten, wenn an diesen Universitäten Kirchenrecht überhaupt nicht mehr gelesen wird. Vielleicht ist bekannt, ob es in diesen beiden juristischen Fakultäten geschieht.

Weber: Ein Lehrstuhl war in beiden Fakultäten da. Im juristischen Studienplan der österreichischen Fakultäten spielte das Kirchenrecht eine bedeutende Rolle. Jede Fakultät hatte mindestens einen Lehrstuhl für Kirchenrecht, und dieses wurde in den Staatsexamina verlangt. In den Vorlesungsverzeichnissen vor 1938 war das Kirchenrecht in den Lehrplänen in Fülle vertreten. Aber es fragt sich, ob die Lehrstühle gegenwärtig besetzt sind.

Roth: Ich wollte nur für den Fall, daß die Lehrstühle nicht vorhanden wären, darauf hinaus, daß wir uns von uns aus der Sache etwas annehmen, daß ein Lehrauftrag innerhalb der juristischen Fakultäten gegeben wird. Wir haben heute gehört, es gibt so wenig Fachleute auf diesem Gebiet. Wenn das so weiter geht, ist schließlich niemand mehr da, der darüber Bescheid weiß.

Vorsitzender: Ist das unsere Aufgabe? Ich bin natürlich der Letzte, der das nicht wünscht. Ich würde sehr wünschen, daß das gepflegt wird.

Keith: Wenn man das an den Kultusminister weiterleitet, könnte der das von sich aus machen.

Roth: Dann ist die Frage erledigt. Es war doch so, daß vielfach Juristen in die theologischen Vorlesungen über Kirchenrecht gegangen sind. Das ist nicht mehr möglich. Nun wäre die Gefahr, daß das überhaupt nicht mehr gelesen wird.

Vorsitzender: In Österreich ist nur noch eine theologische Fakultät? (*Roth:* Ja, Wien!) Aber das ist eine große?

Roth: Allzugroß ist sie nicht. Wien hat 200, Graz wohl 100 Studenten. Die Grazer Studenten gehen nun nicht nach Wien, und in Graz wird wahrscheinlich eine kirchliche Lehranstalt aufgemacht werden.

Vorsitzender: Dann tritt das ein, was das Reich offenbar nicht will.

Roth: Bei Innsbruck war das ja ein anderer Fall.

Vorsitzender: Da war es wegen der Art der Fakultät, bei Graz aber deswegen, damit es eine weniger wird.

Roth: Ich weiß nicht, ob da von seiten der Fakultät auch etwas unternommen wurde. Jedenfalls wurden wir mit der Zusammenlegung überrascht. (*Weber:* Überrascht?)

Heckel: Ich möchte Herrn Ministerialrat Roth sehr darin beipflichten, daß der Ausschuß sein Interesse für eine stärkere Pflege des Kirchenrechts in den juristischen Fakultäten laut werden läßt, sei es über Minister Frank oder sonstwie. Die Sachverständigen auf diesem Gebiet in den juristischen Fakultäten schrumpfen immer mehr zusammen. Ich merke das seit längerer Zeit mit großer Sorge. Gerade wenn man eine internationale Zeitschrift herausgibt, wie die Zeitschrift der Savigny-Stiftung für Rechtsgeschichte, sieht man, wie dünn allenthalben in Deutschland diese Leute gesät sind. Ich halte das vom Standpunkt des Staates aus für eine ganz große Gefahr. Denn je mehr Dilettanten in diesem so außerordentlich historisch erfüllten Gebiet arbeiten, je weniger sie die heiklen Fragen, die dort vorkommen, gerade wegen der Berührung zwischen Jurisprudenz und anderen Gebieten des menschlichen Lebens, in der Gesamtheit zu überblicken vermögen, je weniger sie Fühlung mit der Praxis haben, desto größer werden die Mißgriffe, die da zustande kommen. Ich habe immer die Meinung gehabt: Führung durch die Praktiker, aber eine vernünftige Unterstützung durch Theoretiker, die für gewisse Spezialfragen durch ein Studium etwas beibringen. Das läßt sich nicht von heute auf morgen machen, sondern nur durch eine sehr lange Erfahrung erzielen. heute ist es so, daß der größte Teil der Studenten Kirchenrecht überhaupt nicht mehr vorgetragen hört. In Freiburg wird in diesem Jahr überhaupt nicht Kirchenrecht gelesen. Der eine dafür in Betracht kommende Dozent sagt: Ich kann allenfalls evangelisches Kirchenrecht lesen, weil ich im Gemeindekirchenrat war, – auch eine legitimatio sui generis. Katholisches Kirchenrecht wird überhaupt nicht vorgetragen. Das katholische Dekanat ist außerordentlich tätig, und an der Universität fällt dieses Gebiet aus. Wenn ein Student nicht einmal während seines Universitätsstudiums mit diesen Dingen in Berührung gekommen ist, wie soll er sich das später in der Praxis durch mühsames Studium von Lehrbüchern zu eigen machen? Er geht dann in weitem Bogen um die Sache herum, und wenn er einmal ein Referat darüber zu halten hat, greift er völlig daneben zum Hohngelächter der anderen, die ihn als völligen Dilettaten bloßstellen.

Vorsitzender: Wieviel Fakultäten haben wir? – In Preußen 4, dann ferner Wien, Prag, Tübingen, Freiburg, Würzburg.

Roth: Da ist überall ein Lehrstuhl für Kirchenrecht im Rahmen der theologischen Fakultät. Im Rahmen der juristischen Fakultät gibt es zum Teil Lehraufträge, zum Teil gar nichts.

Heckel: In Preußen war in Bonn statutenmäßig festgesetzt, daß in der juristischen Fakultät je ein Professor des katholischen und des evangelischen Kirchenrechts sein mußte. Das ist bei der Neufassung der Statuten übernommen worden. Da ist gegenwärtig als katholischer Kirchenrechtslehrer Herr Heyer. Aber an vielen sonstigen Fakultäten kommt hierfür Rechtsgeschichte oder modernes Staatskirchenrecht in Betracht. Kirchenrecht für sich allein wird nirgends vorgetragen, weil das gar keinen Sinn hätte. In der Regel wird es so gemacht, daß irgend jemand, der auf einem anderen Gebiet seine Haupttätigkeit als Forscher geleistet hat, nebenbei als Anhang auch das Kirchenrecht mit betreibt.

Weber: Das nimmt aber auch in immer stärkerem Maße ab, weil die neuen Anwärter für die vakanten Professuren das Fach gar nicht beherrschen. Jetzt gibt es noch eine Reihe von Leuten, die es können. Die Studienordnung von 1935 sieht nun vor 3 Stunden Kirchenrecht unter der Firma "außerstaatliches Recht". Es hat im Vorlesungsverzeichnis nur einen Stern und ist dadurch bagatellisiert. Vor allem aber wird Kirchenrecht im Referendarexamen nicht mehr verlangt. Bei den augenblicklichen Bemühungen, die Studienordnung von 1935 neu zu fassen, wobei auch wieder 3 Stunden Kirchenrecht aufgenommen werden sollen, hat uns der Justizminister, der Präsident des Landesprüfungsamtes, erklärt, daß er unsere Forderung, möglichst alle Studienordnungsfächer auch zu Prüfungsfächern zu erklären, gern erfüllen würde, daß allerdings das Kirchenrecht dabei nicht berücksichtigt werden könne. Damit entfällt natürlich für die Studenten der Rechtswissenschaft der wichtigste Grund, sich mit diesem Fach zu befassen. Auf der anderen Seite glaube ich, daß bei Fakultäten wie Innsbruck und Graz, wo das kirchenrechtliche Interesse größer ist als bei einer Durchschnittsfakultät Preußens, das Vorhandensein eines solchen Mannes auch als Forscher von der größten Bedeutung ist. Deshalb möchte ich diese Tendenz an sich lebhaft unterstützen.

Heckel: Ich bin sehr überrascht. Ich habe allerdings erwartet, daß der Justizminister das Kirchenrecht überhaupt aus der Prüfungsordnung herausnimmt. Ich sage Ihnen offen, ich prüfe es nach wie vor, gegenwärtig und auch künftig, selbstverständlich nicht als kanonisches Recht, sondern als Teil des deutschen Staatskirchenrechts. Ich nehme das Reichskonkordat, und da kann ich alles machen. Die Gefahr wäre überhaupt gar nicht groß, wenn nicht ein großer Teil der juristischen Kollegen keine eigene Forscherausbildung auf dem Gebiete aufzuweisen hätte und sich auch nicht praktisch damit befaßt. Wer das nur nebenbei vorliest, liest auch langweilig vor. In der Studienordnung stand zwei bis vier Stunden; ich lese es vierstündig in München. Ich war immer der Meinung, man soll es der Individualität des Forschers überlassen. Wenn er glaubt, in zwei Stunden genug gesagt zu haben, bringt er nicht mehr fertig. Andere machen es anders. Es kommt mir aber darauf an, daß dieses Fach von seiten der Geisteswissenschaft aus gepflegt wird, und zwar im Staatsinteresse. Denn wenn wir gar keine Reserven in der künftigen Auseinandersetzung zwischen Staat und Kirche oder in der Neuordnung der religiösen Bereiche im Volksleben mehr haben, dann sitzen wir einfach auf. Gerade diese Sache ist aber ein Stück unseres öffentlichen Lebens, das erst der Regelung entgegengeht, und zwar sehr langsam, und hier kommt es auf jedes Komma, jeden Strich, jede Klammer an, wie Sie aus den Verhandlungen über das Konkordat wissen.

Stalmann: In Vorlesungsverzeichnissen ist mir aufgefallen "außerstaatliches Recht". Was soll das heißen?

Heckel: Das soll heißen, daß es sich hier um ein Recht handelt, das nicht vom Staate abgeleitet ist. Die ganze Bezeichnung ist eigentlich unsinnig. Zum Teil ist es ein Recht, das vom Volk, wenn auch nicht vom Staat getragen ist. Neben Völkerrecht auch Kirchenrecht als außerstaatliches Recht zu stellen, hat keinen rechten Sinn.

Eine weitere Schwierigkeit war die, daß es nicht früher als im 6. Semester gelesen werden konnte. Das ist das Examenssemester. Die Studenten sollten die Freiheit haben, es auch früher zu hören, wenn sie noch nicht unter dem Druck des Referendarexamens stehen. Die Hauptsache ist ein energischer Hinweis auf die Notwendigkeit dieses Faches.

Weber: Ich möchte hinzufügen, ein Grund dafür, weshalb dieses Fach so vernachlässigt wird, liegt auch darin, daß manche Kollegen – nach meiner Ansicht unberechtigterweise – glauben, sich Angriffen auszusetzen, wenn sie sich mit Kirchenrecht beschäftigen. Wer sich mit Kirchenrecht beschäftigt, wird von einem oberflächlichen Beurteiler, so meint man, als völlig unzeitgemäßer Kirchenfreund angesehen, bei Beschäftigung mit katholischem Kirchenrecht als verkappter Ultramontaner, bei Beschäftigung mit evangelischem Kirchenrecht womöglich als Anhänger der Bekenntniskirche. Die meisten befassen sich nicht damit, um sich diese Blöße nicht zu geben. Dieses Argument wird man kaum ausräumen können.

Keith: Haben die Fakultäten es nicht in der Hand, durch Aufnahme ähnlicher Bestimmungen in die Promotionsordnung zum selben Ergebnis zu kommen? Ich weiß es von mir aus. Ich habe entsprechende Seminarübungen gemacht, weil ich in Münster promovieren wollte, und da war das vorgesehen.

Heckel: Das trifft nur einen kleinen Kreis, nämlich die, welche promovieren. Von 1000 Studenten würden das in Münster nur 28 sein.

Vorsitzender: Ich bedaure, daß das identifiziert wird, aber es ist berechtigt, wenn Sie sagen, daß offenbar einige Herren Hemmungen haben, weil sie fürchten, sich dem Verdacht auszusetzen, kirchenfreundlich zu sein. Tatsächlich ist es aber doch ein Teil des Staates und der Geschichte und gar nicht hinwegzudenken. Ich wundere mich, daß das jetzige Reich, das auf die Pflege der Geschichte einen solchen Wert legt, die Kirche so vernachlässigt. Man braucht gar nicht Kirchenfreund, weder ausgesprochen katholisch noch ausgesprochen evangelisch zu sein, sondern nur weil die Kirchengeschichte und das Dasein der Kirche aus dem, was wir schließlich geworden sind, nicht hinwegzudenken ist, darum muß man sich damit befassen. ich würde sehr dafür sein, daß man das tut. Der Weg ist wohl nur der, daß der Ausschuß ein Schreiben an Reichsminister Frank richtet. In diesem Schreiben müßte kurz die Lage umrissen und gesagt werden: Da und da sind theologische Fakultäten, da hat sich der und der Mangel ergeben.

Roth: Ich weiß nicht, ob man auf diese zwei Fälle exemplifizieren soll. Nachdem sich herausgestellt hat, daß tatsächlich Kirchenrecht wenigstens gelesen werden soll, ist meine Anregung für die zwei Universitäten Graz und Innsbruck hinfällig geworden. Ich wollte für den Fall, daß dort Kirchenrecht überhaupt nicht vorgesehen ist, doch, daß es in der juristischen Fakultät – natürlich unter ganz anderen Voraussetzungen und Gesichtspunkten – gelesen wird. Oft war es so, daß Juristen auch in die Vorlesung des Kanonisten gingen. Da hängt viel vor der Einstellung des betreffenden Kanonisten ab. Der eine sieht alles von einer höheren Warte aus, und der andere tutet nur in das kirchliche Horn.

Vorsitzender: Worin hätte das Schreiben zu gipfeln?

Roth: Darin, daß der Ton an den Universitäten vielleicht mehr auf die Pflege der religions- und kirchenrechtlichen Materie gelegt wird. Ich sehe die Sache hauptsächlich von der Praxis her. Wir haben eine Reihe von staatlichen Stellen, die berufsmäßig das Kirchenrecht in irgendeiner Form beherrschen sollen. Bei jedem Regierungspräsidenten ist ein Referat für Kirchenangelegenheiten. Im Auswärtigen Amt gibt es entsprechende Stellen, deren augenblickliche Inhaber doch etwas verstehen sollten, und ich fürchte, wenn das Kirchenrecht an den Universitäten immer weniger gepflegt wird, dann werden wir schließlich überhaupt keinen Nachwuchs mehr haben, weder in der Wissenschaft noch in der Verwaltungspraxis, so daß keiner Bescheid weiß, und dann geschehen oft unmögliche Dinge. Ich glaube, daß es mit zu dem Aufgabenbereich unseres Ausschusses gehört, die maßgebenden Stellen – das Justizministerium und das Wissenschaftsministerium – über den Minister Frank darauf hinzuweisen, daß erstens die Vernachlässigung dieses Faches bedenkliche Folgen für die Zukunft haben könnte, und daß zweitens die Beschäftigung mit Kirchenrecht in keiner Weise eine diffamierende Wirkung haben kann. Denn Kirchenrecht kann man nicht bloß den Kanonisten überlassen.

Vorsitzender: Würden Sie die Freundlichkeit haben, das Schreiben zu entwerfen?

Roth: Jawohl, das kann ich machen. Ich reiche einen Entwurf ein, und Sie können dann streichen oder ihn ergänzen.

Weber: Nach meinen Erfahrungen in Verhandlungen mit dem Justizminister würde es sehr nützlich sein, wenn die Anregung, das Kirchenrecht künftig in der juristischen Ausbildung nicht ganz unter den Tisch fallen zu lassen, vom Kirchenminister an den Justizminister gelangen würde. Wir streben ja an, die Referendarprüfung in eine Fakultätsabschlußprüfung umzuwandeln. Der Justizminister hat es bisher ziemlich eindeutig abgelehnt, das Kirchenrecht in die Neuordnung hineinzunehmen. Eine Anregung vom Kirchenministerium würde sehr nützlich sein. Den Praktiker erfaßt man ja nur dadurch, daß man ihn von der Prüfung her in gewisser Weise zwingt, sich mit den Dingen zu beschäftigen.

Vorsitzender: Durch Unkenntnis und dadurch, daß man von kirchlichen Dingen nichts mehr erfährt und die Wissenschaft unterdrückt, würde man das Ziel erreichen, daß dies vollkommen zurücktritt. Der Student fühlt sich dem Gedanken ausgesetzt: Das Kirchenrecht müssen wir auch noch im Examen beherrschen.

Weber: Der Widerstand der im NS-Studentenbund zusammengefaßten Studenten ist natürlich stark.

Roth: Aber man muß doch die Tatsachen sehen. Die Kirchen sind doch da.

Keith: Deshalb scheint mir der Weg über Dr. Frank der richtige zu sein. Der kann den Rechtswahrern unter den Studenten die Richtlinien geben.

Heckel: Vor ein paar Wochen hatten wir einen Semestereröffnungsappell, bei dem der Studentenführer davon ausging, daß anläßlich der Aufhebung der theologischen Fakultät in München der Fachschaftsvertreter der Theologen zu ihm gekommen sei und gesagt habe: Mit euren Leistungen geht es jetzt herunter, diejenige Fakultät, die in einem eminenten Sinne den Geist vertreten hat, ist aus eurem Kreise heraus, dadurch werden die gesamten Geisteswissenschaften sinken. Gegen diese Unverschämtheit hat der Studentenführer mit Recht Protest eingelegt. Leider ist er in seiner Rage weitergegangen und hat im Laufe der langen Ansprache an die ersten Semester gesagt: Wir als Nationalsozialisten lassen keinen Zweifel daran, daß das Judentum mit seinen Entartungserscheinungen, dem Christentum und der Freimaurerei, im deutschen Volksleben keine Rolle mehr spielen wird. Die Folge davon war, daß der Fachschaftführer, mit dem ich ganz gut stand, stillschweigend aus meiner Vorlesung über Kirchenrecht weggeblieben ist. So wirkt sich eine derartige Stellungnahme sofort aus. Auch wenn man glaubt, die Dinge anders machen zu sollen, muß man wenigstens wissen, was in dem anderen Lager vorgeht.

Schröcker: Ich wollte anregen, daß der Ausschuß dieses Schreiben zum Anlaß nimmt, um sich auch seinerseits an die in Betracht kommenden Stellen zu wenden und die Gesichtspunkte der Praxis hervorzuheben.

Vorsitzender: Wir können doch in einer Frage, die einen solchen politischen Anstrich hat, nichts machen.

Keith: Es läßt sich anregen, daß Minister Frank es dem Erziehungsminister gibt mit der Bitte, es zu unterstützen.

Weber: Minister Frank versteht auch den hier vertretenen Standpunkt.

Vorsitzender: Das würde dann durch die Akademie gehen.

Nun hätte ich den Wunsch, daß wir aus der Niederschrift über die heutige Verhandlung in erster Linie das Referat des Herrn Präsidenten Stalmann bekommen, damit man es zu Hause durcharbeiten kann.

Dann hätten wir noch Punkt 1 der Tagesordnung.

Schröcker: Wir hätten wohl auch über das Referat von Herrn Präsidenten Stalmann noch einiges zu besprechen.

(Mittagspause.)

Zunächst entspinnt sich eine Erörterung über die Tagesordnung der nächsten Sitzung.

Roth: Als aktuelles Thema in der Nuntiusfrage würde ich eine Untersuchung darüber ansehen, ob der gegenwärtig bei der deutschen Reichsregierung beglaubigte Nuntius nur zur Zeit oder überhaupt Doyen des diplomatischen Korps ist, also nur für seine Person oder nur für sein Amt. Ich möchte mich auf das Schlußprotokoll zu Art. 3 des Reichskonkordats beziehen, wo es heißt: Unter Bezug auf einen Schriftwechsel aus dem Jahre 1930 ist der Nuntius zugleich Doyen des diplomatischen Korps. Auf Grund dieses Schriftwechsels müßte es zu einer wissenschaftlichen Entscheidung kommen: Gilt das nur für diesen Nuntius oder für jeden? Das ist wichtig. Denn erstens legt die katholische Kirche entscheidend Wert darauf, das Doyennat in jedem diplomatischen Korps zu stellen, auch in nichtkatholischen Ländern. Es müßte da zurückgegriffen werden auf den Wiener Kongreß usw. Zweitens habe ich einen politischen Hintergedanken. Irgend einmal wird doch ein Wechsel in der Nuntiatur stattfinden, und da möchte ich möglichst mit einer Entscheidung – und zwar aus einer Zeit, wo die Frage noch nicht aktuell war – dahin aufwarten können: Der Nuntius in Deutschland muß nicht Doyen des diplomatischen Korps sein.

Vorsitzender: Wenn man von einem apostolischen Nuntius absieht, geht es wohl nach der Anciennität der Botschafter.

Schröcker: Ich habe mich für die nächsten Tage im Auswärtigen Amt angemeldet, um die hierfür in Betracht kommenden Schriftstücke einzusehen. Ich weiß aber noch nicht, wie weit man diese Schriftstücke verwerten kann.

Barion: Das wird man nicht in die Öffentlichkeit bringen können.

Schröcker: Die rein theoretische Frage wird man in der Öffentlichkeit erörtern können, aber nicht den Akteninhalt

Barion: Der ist aber das Entscheidende.

Schröcker: Man kann es so veröffentlichen, daß der Leser merkt, der Verfasser weiß, was dahinter steckt, er zitiert es nur nicht.

Roth: Was man mit dem Referat macht, wenn es hier gehalten ist, ist eine zweite Frage.

Es wird folgende Tagesordnung für die nächste Sitzung aufgestellt: 1. Besprechung des Referats Stalmann über die Staatsleistungen, 2. Streitfragen in den evangelischen Kirchenverträgen, 3. Doyennat des Nuntius. Referent: Dr. Schröcker, 4. Die Widmungsfrage, 5. Die Körperschaftsfrage, 6. Die politische Klausel, Prof. Weber, 7. Die sprachliche Gestaltung der Konkordate.

Die nächste Sitzung soll am 23. und 24. Juni im Rahmen der Jahrestagung der Akademie in München stattfinden.

Vorsitzender: Nun würde ich bitten, den letzten noch übrigen Punkt der heutigen Tagesordnung zu erörtern: *Die Rechtslage in den neu erworbenen Ländern.* Das wäre eigentlich eine Sache, die in die Öffentlichkeit gehen könnte.

Keith: Bezüglich des Schicksals des österreichischen Konkordats habe ich mich mit den NS-Monatsheften in Verbindung gesetzt. Die Veröffentlichung ist für Juli in Aussicht genommen; aber ich werde darüber noch endgültigen Bescheid bekommen. Außerdem war in Aussicht genommen, unter stärkerer Hervorhebung des wissenschaftlichen Apparates die Frage in der Zeitschrift der Akademie darzustellen.

Vorsitzender: Wie stellen sich nun die Herren dazu?

Roth: Ich hatte leider keine Möglichkeit, das Referat von Professor Barion vorher zu lesen, weiß also nicht, was gesagt wurde. Wir waren jetzt im Memelland und haben die staatskirchenrechtliche Überleitung des Memellandes nach Preußen in die Wege geleitet. Es wird staatskirchenrechtlich wieder vollkommen Preußen angegliedert, an Ermland und Königsberg.

Barion: Hat der Bischof von Ermland schon die Jurisdiktion?

Roth: Wir waren bei dem Prälaten Dannelautzki. Der hat gesagt, an dem Tage, wo die deutschen Truppen einmarschiert sind, hat er ein Schreiben von dem Bischof von Telschi bekommen, der für das Gebiet zuständig ist. Danach hat der Prälat Weisung dahin erhalten, er, der Bischof von Telschi, kümmere sich gar nicht mehr um das Memelland, Dannelautzki habe alle Vollmachten für das Memelgebiet, die er brauche. Dannelautzki war Probst vom Memelland. Der Prälat nullius war der Bischof von Telschi. Das ist er theoretisch auch heute noch. Aber die Loslösung der Prälatur vom Bistum Telschi kann nur über den Heiligen Stuhl erfolgen. Wir wollen aber wegen dieser Frage mit dem Heiligen Stuhl nicht in Verhandlungen treten, solange der heutige Zustand besteht, nämlich der Prälat Dannelautzki alle Vollmachten hat. Vorübergehend können wir zunächst mit diesem Zustand zufrieden sein. Das Endziel ist natürlich die Eingliederung des Memellandes in das Bistum Ermland. Dannelautzki ist ein Deutscher. Er erzählte von seinen großen Schwierigkeiten, die er mit dem Bischof von Telschi gehabt hätte. Er hätte Rücktrittsabsichten gehabt usw. Er sei aber von uns schon in der Systemzeit gehalten worden. Er hat nicht die Absicht, wegzugehen. Er will durchaus, soweit es irgendwie möglich ist, die deutschen Interessen nach wie vor weiter vertreten. Der Führer der Memeldeutschen, Dr. Neumann, hat uns erzählt, daß Dannelautzki manchen schönen kirchlichen Posten ausgeschlagen habe, der ihm von litauischer Seite angeboten wurde. Er hat seinen Posten in Memel gehalten. Wir haben keine Veranlassung, an diesen Feststellungen Dr. Neumanns zu zweifeln. Die Sache ist also einstweilen in Ordnung. Es lag ihm nur die eine Frage auf der Seele, wie es in Zukunft finanziell mit dem Memelgebiet bestellt sei. Da haben wir ihm die Zusage gemacht, daß wir schon aus Volkstumsgründen übernehmen werden, was bisher der litauische Staat gegeben hat. 1926 wurde das Memelgebiet rechtlich von der Diözese Ermland abgetrennt. Die Rückgliederung dorthin wird kommen, sobald wir aus irgendeinem anderen Grunde in eine Verhandlungsatmosphäre mit dem Heiligen Stuhl gekommen sind. Zunächst wollen wir wegen dieser Frage nicht an den Nuntius herantreten. Denn das ist nicht so wichtig, weil die Frage faktisch für uns zur Zufriedenheit gelöst ist mit der Bestellung von Dannelautzki zum Generalvikar mit allen Vollmachten.

Vorsitzender: Wie ist sein Verhältnis zum Bischof von Ermland? Ist er ein selbständiger Generalvikar?

Barion: Der Chef ist der Bischof von Telschi. Aber er kümmert sich nicht mehr darum. Rein rechtlich gesehen, ist das in gewisser Weise dieselbe Lage wie in Rottenburg. Der eigentliche Bischof ist nicht da, aber es fungiert ein Vertreter.

Vorsitzender: Haben wir nicht auch einen Generalvikar in Glatz? (*Roth:* Ja.)

Barion: Das ist genau dieselbe Sache.

Vorsitzender: Wann wird ein Generalvikar und wann ein apostolischer Administrator eingesetzt?

Barion: Der Generalvikar ist ein Vertreter des Bischofs, der an der bischöflichen Jurisdiktion partizipiert, der seine Vollmacht vom Bischof aus hat, während der apostolische Administrator sie von Rom aus hat.

Schröcker: Ein apostolischer Administrator muß jedenfalls immer dann eingesetzt werden, wenn kein Bischof da ist, der die Vollmacht auf einen Generalvikar delegieren könne.

Vorsitzender: Wenn eine Prälatur nullius in Memel war, ist sie doch selbständig?

Roth: Ja, aber in Personalunion mit dem Bischof von Telschi. Dieser Bischof ist politisch sehr in Erscheinung getreten. Er war vor seiner Ernennung zum Bischof Präsident des litauischen Landtages, also Vertreter des politischen Katholizismus.

Stalmann: Wenn das Ziel sein soll, die katholischen Pfarreien im Memelland mit Ermland zu verbinden, wollen Sie dann das Konkordat auch auf das Memelland ausdehnen? (*Roth:* Nein!) Wenn man nämlich im Wege der Vereinbarung mit Rom nach Art. 2 des Konkordats letzteres auf das Memelland ausdehnt, so würde das Konkordat noch einmal anerkannt werden, und ich glaube, das können Sie nicht machen.

Roth: Wir wollen das Memelland als konkordatsfreien Raum ansehen. Das litauische Konkordat soll da nicht gelten, zumal die litauische Regierung das Konkordat nie anerkannt hat, wie uns gesagt wurde. Zweitens soll auch das Reichskonkordat nicht auf dieses Gebiet ausgedehnt werden, was uns aber nicht hindert, hinsichtlich der Pfarrbesoldung und der staatskirchenrechtlichen Fragen praktisch eine Annäherung des Memellandes an Preußen durchzuführen.

Stalmann: Das halte ich für richtig. Man soll das Konkordat nicht ausdehnen und es damit im Jahre 1939 erneut anerkennen.

Roth: Dasselbe wollen wir mit dem Hultschiner Ländchen machen.

Vorsitzender: Hier wäre es an sich doch anders zu beurteilen. Das Hultschiner Ländchen und Memel sind frühere deutsche Gebiete, die jetzt wieder mit uns zusammengelegt werden, so daß es doch sehr nahe liegt, daß man es ausdehnt.

Barion: Es wird darauf hinauslaufen, daß juristisch das Bistum Ermland nachher in zwei Räume zerfällt. Man kann ja alles konstruieren – und wir Juristen sind ja auch dazu da, alles zu konstruieren –, nur weiß ich nicht, ob man dann nicht auf staatskirchenrechtlichem Gebiet ein gewisses Gegenstück zum Devisenrecht bekommt und man sich überhaupt nicht mehr zurechtfindet. (*Roth:* Diese fünf Pfarrer!) – Eben gerade deshalb. Das Argument schließt ja nach beiden Seiten. Es wird etwas schwierig sein, plausibel zu machen, wenn das Bistum Ermland ein Dekanat wieder zu sich nimmt, das früher dazu gehört hat, daß man innerhalb des Bistums einen solchen Schritt macht. Wenn man die ganzen Fragen zu so verschiedenartigen Regelungen kommen läßt, wird man sich leicht in der Unmöglichkeit sehen, daraus bei einer etwaigen grundsätzlichen Neuregelung der ganzen Fragen gegenüber den kurialen Positionen eine klare Front herauszudestillieren. Von der kurialen Seite läuft es nachher darauf hinaus, daß der Staat für jeden Punkt ein Pro und ein Kontra hat. Das ist ungefähr so wie bei den Jesuiten, die auch bei jedem wichtigen Punkt ein Dafür und ein Dagegen haben. Ich meine das immer vom Verhandlungsstandpunkt aus. Solange man kommandieren kann, ist es völlig gleichgültig; das gebe ich zu. Aber man weiß nicht, ob nicht eines Tages von oben herunter gesagt wird, die Dinge sollen nicht par ordre de mufti, sondern einvernehmlich geregelt werden, und sobald es ans Verhandeln geht, hat die Kurie völlig zu ihrer Auswahl, von wo aus sie sagen will: Das ist unsere Standardlösung. Denn es gibt dann keine Lösung mehr, für die nicht an irgendeiner Stelle des Deutschen Reiches ein Präzedenzfall vorhanden wäre. Ich würde sagen: Für dieses Dekanat des Bistums Ermland scheiden wir die zeitweilige Abtrennung als unerwünschte Episode aus. Dabei kommt nicht in Frage, daß man das preußische Konkordat neu anerkennt. Man kann vereinbaren: Es tritt unter dieselben rechtlichen Bedingungen wie das übrige Bistum Ermland, – und man läßt offen, was diese Bedingungen im einzelnen sind. Für die Anzeigepflicht des Pfarrers gilt im Ermland das Konkordat. In Memel müßten Sie ein eigenes Gesetz dann machen. Ich finde das überflüssig. Es ist eine lästige Regelung, die auch nach außen hin nicht sehr imposant aussieht. Es sieht aus, als ob man mit dem Problem nicht richtig zurande käme.

Roth: Kirchenrechtlich ist ja die Frage noch gar nicht entschieden. Kirchenrechtlich bleibt es zunächst, wie es bisher war. Aber praktisch ist für uns Dannelautzki nun der Mann, der, weil er unser Vertrauen genießt, auch die Pfarrer und Kapläne anstellt. Einen litauischen Pfarrer würde er z.B. beseitigen. Je weniger wir die Hände darin haben, desto besser. Für uns ist wichtig, daß praktisch das geschieht, was wir wollen. Ob es ein konkordatsfreier Raum ist oder nicht, muß in dem Augenblick entschieden werden, in dem tatsächlich das Memelland in die Diözese Ermland aufgenommen wird. Aber so weit ist es heute noch nicht. Für uns ist eben heute das Memelland ein konkordatsfreier Raum. Wird es in das Bistum Ermland eingegliedert, dann sind immer noch Verhandlungen in irgendeiner Form mit dem Heiligen Stuhl notwendig, und dann können wir sagen: Für uns ist das Memelland ein konkordatsfreier Raum, aber wir übernehmen die Verpflichtungen und erwarten das und das.

Weber: Staatsrechtlich betrachtet, ist zu sagen: In dem Überleitungsgesetz für das Memelgebiet ist bekanntlich mit einem Schlage das gesamte Reichsrecht und preußische Recht im Memelland eingeführt worden, und dem Innenminister mit den beteiligten Fachministern ist vorbehalten worden, Ausnahmen zu bezeichnen, in denen Reichs- und preußisches Landesrecht nicht eingeführt wird. Das gilt, glaube ich, für die Hauszinssteuer. Nun kann man sich auf den Standpunkt stellen, daß mit dieser Einführung des gesamten Reichsrechts und preußischen Rechts auch das Staatskirchenrecht eingeführt ist. Man muß dann die Frage erwägen, wie weit ergreift diese generelle Rechtseinführungsmaßnahme auch das konkordatäre Recht, insoweit es nämlich durch innerstaatliche Bekanntmachungen zum innerstaatlichen Gesetzrecht erhoben ist, also das Mantelgesetz mit dem Inhalt, soweit er innerstaatlicher Rechtsgeltung fähig ist. Wenn man jeden Zweifel an der Konkordatsfreiheit dieses Raumes ausschließen wollte, müßte eigentlich eine Verordnung des Kirchenministers ergehen: Nicht berührt werden von dieser Einführung das preußische Konkordat und das Reichskonkordat. Das wäre aber offensichtlich ein nicht erwünschter Akt.

Roth: Wir haben dem Innenminister geschrieben, daß wir das Konkordat, weil es ein besonderer Vertrag ist, als ausgenommen betrachten. Dasselbe gilt für das Hultschiner Ländchen. Letzteres gehört nunmehr zum Regierungsbezirk Oppeln, also zu Preußen, kirchlich dagegen zur Erzdiözese Olmütz. Bisher gehörte es nach den allgemeinen Begriffen zum Sudetenland. Es ist aber nicht beim Sudetengau geblieben, sondern wieder nach Preußen gekommen. Es ist ein kleines Gebiet und ist in der ehemaligen Tschechoslowakei rechtlich nicht so heimisch geworden wie Böhmen und Mähren. Die Rückgliederung wird gar keine Schwierigkeiten mit sich bringen. Es wird praktisch der Zustand hergestellt, der vor 20 Jahren war.

Vorsitzender: Wovon leben die Geistlichen im Augenblick?

Roth: Es werden freiwillig ohne Anerkennung einer Rechtsverpflichtung Leistungen des Staates bezahlt, bis das Kirchensteuerrecht übergreift.

Vorsitzender: Mich interessiert als Finanzminister: Woher haben Sie das Geld?

Roth: Wenn Sie sich erinnern: Wir haben für die katholische Kirche 1,3 Millionen, für die evangelische Kirche 1 Million von den Pfarrbesoldungszuschüssen einbehalten. Aus diesen einbehaltenen Beträgen wollen wir das Memelland, das Hultschiner Ländchen usw. dotieren.

Schröcker: Kann die kirchliche Umgliederung des Memelgebietes von Rom aus ohne Mitwirkung der deutschen Reichsregierung vorgenommen werden? Das ginge doch eigentlich in der Weise, daß das Memelgebiet prälutara nullius bleibt wie bisher, daß nur die Personalunion mit dem litauischen Bistum aufgehoben und es in Personalunion mit Ermland vereinigt wird. Sobald der Bischof von Ermland von Rom aus zum freien Prälaten ernannt wird, ist die Umgliederung ohne Änderung der Diözesangrenzen vorgenommen.

Weber: Dann würde aber die politische Klausel zur Anwendung kommen, obwohl ein konkordatsfreier Raum besteht. Ich habe ja die These vertreten, daß in konkordatsfreien Gebieten die politische Klausel nach dem Schema des Reichskonkordats angewandt werden muß. Nun könnte man, wenn ein solcher Besetzungsfall vorliegt, ins Gespräch darüber kommen.

Schröcker: Die Kurie könnte sich hier darauf berufen, daß ein Bischof da ist, der einem ja politisch genehm ist.

Weber: Ich halte es für möglich, daß man sagt: Der Bischof von Ermland hat zwar seinen Bischofssitz inne, daran können wir nichts ändern, aber er ist uns keineswegs genehm, schon von 1933 an nicht mehr genehm gewesen, und für das Memelland erheben wir politische Bedenken.

Schröcker: Ich halte das auch nicht für eine praktische Lösung von seiten der Kurie. Aber an sich besteht die Möglichkeit.

Vorsitzender: Ginge das nur durch Einigung mit dem Reich auf Grund des Reichskonkordats, das vorsieht, daß Verträge künftig nur mit der Reichsregierung geschlossen werden?

Barion: Das wäre eine Zirkumskriptionsänderung der Diözese Ermland, und diese Zirkumskriptionsklausel steht im Reichskonkordat Art. 11. Da ist genau geregelt, wie die Zirkumskription bei Diözesen geändert werden soll. Wenn es aber praelatura bleibt, wird nichts geändert.

Vorsitzender: Aber es wird ein kleines Bistum geschaffen.

Barion: Das ist es heute schon. Ebenso wie Olmütz und Prag ist die Prälatur Memel dazu gekommen.

Schröcker: Es gibt einen Parallelfall, der hier zur Anwendung kommen könnte, nämlich die Regelung der Jurisdiktionsverhältnisse von Engerau und Theben in der Ostmark bzw. im Sudetengebiet. Hier hat der Bischof von Thyrnau, zu dem dieses kleine Gebiet gehört, seine Jurisdiktionsbefugnisse dem Erzbischof von Wien übertragen. Ähnlich könnte es sein, daß der Bischof von Litauen seine Jurisdiktionsbefugnisse auf den Bischof von Ermland überträgt im Wege der bischöflichen Delegation, so daß der Heilige Stuhl formell überhaupt nicht eingreift.

Roth: Dann wird der Bischof vom Ermland ganz sicher vorher bei uns anfragen.

Barion: Wenn er gerade daran denkt. – Ich wollte aber sagen: In der Diskussion ist zum Teil ein Mißverständnis gewesen. In meiner schriftlichen Darlegung habe ich es so formuliert, daß zur Zeit das Memelgebiet ein konkordatsfreier Raum ist und daß die ganze Frage nur de futuro praktisch wird. Ich möchte aber doch daran festhalten, daß als endgültige Regelung es am besten wäre, wenn das Memelgebiet wieder in das Bistum Ermland eingegliedert wird. Geschieht das, dann wäre es nach meiner Meinung am zweckmäßigsten, wenn man in irgendeiner Form erklärte oder voraussetzte, daß damit staatskirchenrechtlich und kirchenrechtlich im Memelgebiet dieselben Verhältnisse herrschten wie im Bistum Ermland. Man braucht das nicht als Anerkennung des Konkordats zu betrachten. Wenn das Bistum Ermland in der alten Größe wieder hergestellt ist, ist schwer einzusehen, warum man zwei Rechtsniveaus schafft.

Roth: Es ist eine andere Frage, ob wir das machen. Wir wollen aber nicht, daß wir gezwungen werden, das anzuerkennen. Wir wissen ja noch nicht, was für andere Gebiete etwa noch zu uns kommen. Wir wollen keinen Präzedenzfall schaffen.

Vorsitzender: Könnten wir nun nicht vielleicht in Aussicht nehmen, daß eine Art Gesamtdarstellung angefertigt wird? Für Böhmen-Mähren ist mir die Lage allerdings nicht ganz klar geworden. Man sagt also: In Österreich, im Sudetenland und im Memelgebiet besteht ein konkordatsfreier Raum. Weder ist das Recht des Stammlandes dorthin übergegangen, noch besteht das alte Recht weiter. Das ist eine alte Sache. Böhmen-Mähren dagegen ist nun zwar deutsches Land geworden, das aber – ich weiß nicht, wie ich mich ausdrücken soll – mit einem Protektorat belastet ist. Was sind das nun für Leute, die da wohnen? Soweit die deutschrassig sind, sind es unzweifelhaft Deutsche. Aber was sind die übrigen? Zweitens: Soweit es Deutsche sind, sind sie doch der tschechischen Regierung unterstellt und auch wohl in kirchlicher Beziehung dem unterworfen, was bisher über ihnen stand. Wie ist das nun aufzufassen?

Roth: Die staatskirchenrechtliche Situation im Sudetenland war ziemlich klar, solange das Protektorat nicht bestand, also zwischen dem 1. Oktober 1938 und dem 15. März 1939. Es ist ein neues Gebiet, das zu uns gekommen ist, der modus vivendi gilt nicht, die Sache ist zu behandeln wie in Österreich. Seit dem 15. März hat sich die Situation wesentlich verschoben. Das ergibt sich ziemlich eindeutig aus den Worten, mit denen ich in Prag vom Reichsprotektor empfangen wurde. Dort in Prag fallen eine Menge staatskirchenrechtlicher Dinge zur Bearbeitung an. Ich weise nur darauf hin, daß fünf tschechische Bischöfe in deutsches Gebiet hineinregieren: Olmütz, Prag, Budweis, Brünn, Königgrätz. Lediglich der Bischof von Leitmeritz ist herüben. Wir können nun mit diesen Bischöfen nicht amtlich in Verbindung treten, sondern können das nur über den Reichsprotektor, und der Reichsprotektor hat sich ausdrücklich vorbehalten: Es darf keine reichsdeutsche Stelle, auch kein Ministerium, mit irgendwem in der Tschechei in dienstliche Verbindung treten, es sei denn über den Reichsprotektor.

Vorsitzender: Das ist also eine Erschwernis; denn bis dahin wäre es gegangen.

Roth: Aus diesem Grunde und auch aus anderen Gründen sagten wir uns: Wir müssen in Prag einen Mann zur Bearbeitung der kirchlichen Angelegenheiten sitzen haben. Das ging immer zäh hin und her. Ich bin nach Prag gereist und habe gesagt: Was soll da geschehen? Ja, Autonomie, wir können für Kirchensachen keinen Referenten gebrauchen, das ist Sache der tschechischen Regierung Hacha. Dann habe ich einen langen Vortrag gehalten und habe plausibel gemacht, daß wir einen Verbindungsmann zwischen den staatlichen Behörden und den Bischöfen haben müssen. Es kommt nun jemand hin. Aber wie gesagt, dort herrscht sehr stark die Meinung, daß die kirchlichen Dinge von der tschechischen Regierung autonom geregelt werden können und müssen.

Vorsitzender: Aber nur, soweit es sich um Böhmen und Mähren handelt.

Roth: Jawohl. – Nun aber der modus vivendi! Der gilt wohl nun weiter? Dann aber auch für die deutschen Gebiete. Wenn ein Bischofsstuhl besetzt wird, muß bei der tschechischen Regierung, aber auch beim Reichsprotektor angefragt werden, weil die tschechischen Bischöfe ihren Jurisdiktionsbereich auch hier im deutschen Gebiet haben.

Weber: Zunächst möchte ich unterstreichen, was Herr Professor Barion in der vorigen Sitzung hier ausgeführt hat und was ich auch in meinem Referat angedeutet hatte, nämlich daß es mir völlig unmöglich erscheint, den modus vivendi noch als gültig zu behandeln. Herr Professor Barion hatte es damit begründet, daß es sich um eine Übergangsregelung handelt, für die die Voraussetzung, nämlich die Existenz des tschechoslowakischen Staates weggefallen ist. Aber auch wenn man die Artikel im einzelnen ansieht, sind sie überhaupt nicht zu praktizieren. Die politische Klausel z.B. ist in einem Maße auf die damalige Tschechoslowakei zugeschnitten – irredentistische und separatistische Bewegungen usw. –, daß das in dem Gebiet Böhmen-Mähren nicht mehr exerziert werden kann. Ich hatte allerdings ausgeführt, daß die politische Klausel als solche auch in diesem Gebiet des Deutschen Reiches Geltung beanspruche und zu handhaben ist nach dem Schema der reichsrechtlichen Regelung. Die Instanz für die Handhabung der politischen Klausel in den dortigen Diözesen ist allein der Protektor bzw. der Reichskirchenminister, dem gegenüber der Protektor hier eine ähnliche, wenn auch etwas weiter ausgebaute Stellung haben würde wie sonst der Reichsstatthalter. Denn bei der politischen Klausel handelt es sich um eminent politische Dinge, und ich würde glauben, bei den politischen Dingen handelt es sich um die Frage der diplomatischen Beziehungen. Zur Effektuierung der politischen Klausel werden diplomatische Beziehungen vorausgesetzt. Das Protektorat Böhmen-Mähren hat keine diplomatischen Beziehungen. Schon aus diesem Grunde müßten Auswärtiges Amt und Kirchenminister eingeschaltet werden. Zweitens handelt es sich um spezifisch-politische Fragen, die von solcher Bedeutung sind, daß man ihre Beurteilung nicht der Staatsregierung von Böhmen und Mähren überlassen kann, sondern daß sie von Reichs wegen beurteilt werden müssen, auch schon deshalb, weil sie sich auf deutsches Gebiet erstrecken. Ich meine das so, daß der Reichsprotektor sich mit der Staatsregierung ins Benehmen setzt, eine Äußerung einholt und ihr negatives oder positives Votum ernsthaft wägen wird. Die politische Klausel hat ihren Grund also nicht mehr im tschechoslowakischen modus vivendi. Schließlich ist auch eine Differenzierung nach deutschen Reichsbehörden und böhmisch-mährischer Staatsregierung [nicht] möglich, sondern die Handhabung der politischen Klausel kann nur in einer Hand konzentriert sein. Das aber ist die des Reichskirchenministers, der sich in irgendeiner Weise der Einschaltung des Reichsinnenministers bedienen müßte.

Schröcker: Ist die Frage schon geklärt, inwieweit das Protektorat Rechtsnachfolger des tschechoslowakischen Staates ist? Ich glaube, es gibt noch verschiedene Rechtsbeziehungen, in denen das zweifelhaft sein wird.

Heckel: Ich komme gerade aus Leipzig, wo Herr Stuckart einen Vortrag über das Protektorat gehalten hat. Da hat er am Anfang gesagt: Die tschechoslowakische Republik hat sich aufgelöst, Es gibt weder eine Rechtsnachfolge des Protektorates Böhmen und Mähren in das alte Recht der Tschechoslowakei, noch gibt es eine Rechtsnachfolge der Slowakei, noch gibt es eine Rechtsnachfolge des Reichs in diesen alten völkerrechtlichen Bindungen. Etwas anderes ist es bezüglich der Beziehungen zwischen dem Reich und der ehemaligen Tschechoslowakei. Da würde man gewisse Verträge verkehrspolitischer und ähnlicher Art bestehen lassen können. Aber im völkerrechtlichen Sinne gäbe es keine Rechtsnachfolge. Ferner hat er in seinem Referat sehr stark die Linie vertreten, die auch Herr Roth vorhin vertreten hat, daß nämlich kulturelle Fragen der Autonomie der Tschechen überlassen sind. Ähnlich hat er auch geschildert, daß der Reichsprotektor die Umschlagstelle für alle Einwirkungen des Reichs gegenüber den Tschechen ist, daß also ein direktes Weisungsrecht irgendeiner Reichsstelle nicht existiert. Nicht ganz klar geworden ist mir, wie die Ministerien zum Protektor stehen. Der Protektor steht selbst unmittelbar unter dem Führer. Seine Dienststelle steht unter dem Reichsinnenminister. nach dem Vortrag schien es mir deshalb, als ob ein anderes Ministerium gar nicht direkt den Protektor anweisen könnte, sondern alles auf dem Umweg über das Reichsinnenministerium gehen müßte. Das ist mir aber nicht ganz sicher. Wie das zusammenspielt, ist eine Frage der Zukunft.

Vorsitzender: Die tschechischen Gesetze, die bestanden, als das Protektorat ins Leben gerufen wurde, sind bestehen geblieben?

Heckel: Sie bestehen, soweit sie nicht mit dem ordre public des heutigen Reiches in Widerspruch stehen.

Vorsitzender: Und die deutschrassigen früheren Tschechen?

Heckel: Die Volksdeutschen sind deutsche Reichsangehörige, auch soweit sie im Protektorat wohnen.

Vorsitzender: Sie sind aber auch Tschechen. So habe ich es aufgefaßt.

Heckel: Nein, so nicht, sondern es sind Reichsdeutsche, und die Protektoratsangehörigen haben eine eigene Protektoratsangehörigkeit, die ihnen nicht das Recht zum wählen, keine Militärdienstpflicht, keine Arbeitsdienstpflicht gibt. Die Volksdeutschen haben ja eine gehobene Stellung. Sie nehmen an den Rechten und Pflichten der übrigen Reichsdeutschen teil. Sie haben natürlich auch die Rechte, die die Protektoratsangehörigen haben; denn das sind ja Leute von minderem Recht. Was das geltende Recht betrifft, so sagte Herr Stuckart, wenn ich ihn nicht falsch verstanden habe, so kann es nicht zweierlei Recht geben, so daß etwa bei Kaufverträgen der Deutsche nach dem deutschen Volksgesetzbuch und der Tscheche nach einem tschechischen Volksgesetzbuch handelt. In derartigen Fragen müsse das Recht des Landes gelten, also das tschechische. Es gebe aber gewisse Ausnahmen, in denen das deutsche Recht maßgebend ist.

Vorsitzender: Aber auch die deutschrassigen Angehörigen des Protektorats unterstehen doch den Behörden des Protektorates mit Ausnahme der Gerichte.

Heckel: Das könnte sein, aber es gibt ja die deutschen Oberlandräte.

Vorsitzender: Das würde ja dazu führen, daß alle Zweige der Verwaltung doppelt bestehen.

Heckel: Das glaube ich nicht; aber es schien mir nicht ganz deutlich zu sein, wie sich das künftig regeln wird. Vielleicht hat er diese Einzelheiten nicht vorgetragen.

Barion: Den modus vivendi könnten wir doch eigentlich an Hand meines Referates durchgehen. Mir leuchtet bisher nicht ein, worin meine Argumente widerlegt sind.

Vorsitzender: Wir wollen sie ja auch nicht widerlegen. Aber der ganze Zustand ist mir nicht klar. Böhmen-Mähren ist an sich Deutschland, aber innerhalb des deutschen Vaterlandes ein Personalstaat.

Barion: Ein territorial begrenzter Personalverband.

Vorsitzender: Aber doch mit der Maßgabe, daß dem Protektorat zwei Sorten von Leuten angehören, Deutsche und Tschechen.

Barion: Das ist eben für die kirchlichen Verhältnisse noch gar nicht geklärt. Es sind gerade die Fragen, rein kirchlich gesehen, jetzt noch zu lösen. Ich glaube, daß man alle auftauchenden Einzelfragen auf die beiden grundsätzlichen Fragen reduzieren kann, die ich angeführt habe, einmal, ob eine kirchliche Frage unter die Zuständigkeit der Protektoratsregierung, also der tschechischen Regierung, fallen soll, und zweitens, ob die kirchliche Betreuung getrennt geregelt werden soll. Ich habe das an sich von mir aus völlig offen gelassen. Allerdings will ich nicht verschweigen, daß ich persönlich durchaus der Meinung bin, daß die Religionsfragen der Autonomie zuzurechnen sind, abgesehen natürlich von dem politischen Einschlag. Ich halte es für absurd, über die politische Klausel die tschechische Landesregierung entscheiden zu lassen. Das ist völlig ausgeschlossen. Aber z.B. kirchliche Vereinsbeiträge oder Steuern, konfessionelle Schulen usw., solche Dinge müßte man nach meiner Meinung den Tschechen zu eigener Regelung vollständig überlassen.

Forsthoff: Das würde aber desavouieren, was wir innerhalb des Reiches im Verhältnis von Staat und Kirche machen.

Barion: Es ist doch ganz ohne Zweifel, daß wir die Einbeziehung des kirchlichen Lebens in die völkische Autonomie für die deutschen Volksgruppen im Ausland in Anspruch nehmen, und man gerade vom Gesichtspunkt des guten Beispiels aus die Sache im Protektorat nicht völlig auf den Kopf stellen darf. Hier haben wir Gelegenheit, im größten Ausmaß einmal zu zeigen, wie es sein sollte. man wird ja z.B. bei der deutschen Volksgruppe in Serbien darauf hinwirken, daß sie ihr kirchliches Leben selbständig organisiert. Man ist also bestrebt, das religiöse Leben in den Bereich der völkischen Autonomie einzubeziehen, und man wird dann im Protektorat nicht sagen können: Hier erfaßt die Autonomie das kirchliche Leben nicht mit.

Ich wollte aber im übrigen darauf hinaus, daß meine Argumente im Referat nicht einmal einer Widerlegung für wert erachtet werden.

Vorsitzender: Wollen Sie denn, daß man sie widerlegt?

Barion: Nein, aber ich finde, sie sind überhaupt nicht beachtet worden.

Vorsitzender: Wir wollten ja mit unserer Erörterung nur sagen, daß nicht in Ihrem Votum, sondern im Protektorat noch nicht alles klar sei. Es wird doch so kommen müssen, daß es im Protektorat deutsche und Protektoratsbischöfe gibt. Sie sehen, daß Ihr Referat zu einer vielgestaltigen Unterhaltung Anlaß gibt.

Barion: Ja, aber über Fragen, die schon geklärt sind und bei denen man sich mit den im Referat gegebenen Antworten begnügen könnte. Ich wollte nicht, daß man sich die Arbeit noch einmal macht, die ich für den Ausschuß leisten konnte.

Vorsitzender: Der Zustand im Sudetengau ist doch derselbe wie in Österreich?

Roth: Er hat sich etwas geändert. Wir haben seit Oktober 1938 darauf gedrängt, daß zunächst für die deutschen Gebiete der tschechischen Diözesen Generalvikare mit weitgehenden Vollmachten eingesetzt würden. Diese Generalvikare waren für uns die maßgebenden Personen.

Vorsitzender: Die werden von den tschechischen Bischöfen eingesetzt.

Forsthoff: Ist das geschehen?

Roth: Das ist geschehen. – Nun kam die Errichtung des Protektorats, und es zeigte sich eine rückläufige Entwicklung. Ein Bischof hat schon damit angefangen, die anderen werden vielleicht noch folgen, oder sie werden es jetzt vielleicht unterlassen. Der Bischof von Budweis hat seinen Generalvikar, der in Hohenfurth seinen Sitz hatte, wieder abgesetzt und hat in Budweis selber einen deutschen Generalvikar eingesetzt für alle Deutschen, seien sie innerhalb des Protektoratsgebietes oder im deutschen Reichsgebiet. Das wollten wir zunächst nicht, obwohl auch viele Gründe dafür sprechen. Wir wollten es nicht, weil der Generalvikar in Budweis die Sache wahrscheinlich gar nicht übersehen kann, weil das deutsche Gebiet eine ganz andere staatskirchenrechtliche Entwicklung genommen hat und noch nehmen wird als das Protektoratsgebiet.

Auch bezüglich der Bischöfe hat sich eine Erschwerung ergeben. Wir haben in Prag darüber gesprochen. Der Bischof von Prag ist zur Zeit ein Tscheche. Er wäre natürlich in der alten Tschechoslowakei immer ein Tscheche gewesen. Bis 1918 war er vielfach ein Deutscher. Es könnte sein, daß auch wieder einmal ein Deutscher auf den Bischofsstuhl kommt und dann hätten wir, um die Position dieses deutschen Bischofs zu stärken, ein Interesse daran, daß er alles in Prag konzentriert hält und nicht etwa draußen, z.B. in Eger, ein Generalvikar sitzt. Das alles sind schwebende Fragen, die zu überlegen sind. Ob es uns gelingt, einen deutschen Bischof nach Prag zu setzen, ist eine andere Frage. Aber die katholischen Deutschen in der Prager Diözese sind sehr dafür und werden auch alles Mögliche tun. Dann wäre es günstig, wenn die gesamte kirchenpolitische Macht bei dem deutschen Bischof in Prag konzentriert bleibt.

Weber: Der aber der Protektoratsregierung staatskirchenrechtlich untersteht, also dem Präsidenten Hacha und seinen Ministern, und auf den Präsidenten Hacha wäre eine Einwirkung nur über den Protektor möglich, der aber vielleicht erklären würde: Ich lehne das ab, das gehört zur kulturellen Autonomie der Tschechen.

Roth: Bis 1918 war es ein deutscher Erzbischof.

Weber: Aber er würde jetzt einer Protektoratsregierung unterstehen, die vielleicht etwas anderes ist als damals der Kaiser von Österreich.

Forsthoff: Der Begriff der völkischen Autonomie ist ja überhaupt, wie mir scheint, eine Art von Schlüsselbegriff für unser gesamtes staatskirchenpolitisches System. Mit dem Übergang von der Staatspolitik zu einer Reichspolitik erhebt sich nun folgende Frage. Es hat sich in Deutschland selbst ein gewisses Verhältnis von Staat und Kirche eingespielt mit einer sehr weitgehenden Ingerenz des Staates, mit einer sehr weitgehenden Einbeziehung als kirchlich verstandener Einrichtungen in den staatlichen Bereich – z.B. Kirchensteuern –, und das Ganze doch immer unter Wahrung des allgemeinen Gesichtspunktes, an dem man doch offiziell festhält, daß die Kirche ihr Eigenleben lebe und ihre Selbständigkeit habe und behalte. Wenn man nun für das Protektorat eine Lösung sucht und an dieser Formel festhalten wollte, könnte gar kein Zweifel sein, daß diese Dinge, wenn man die innerhalb des Reiches bisher betriebene Kirchenpolitik fortsetzt, zum Reichsprotektor gehören. Wenn man sie zur Protektoratsregierung herübernimmt, dann entfernt man sich von den praktischen Methoden der Staatskirchenpolitik, wie sie bisher in Deutschland befolgt worden sind, dann laufen wir zwei Spuren. Vielleicht kommt es dahin.

Barion: Ich finde, im Protektorat wird man zum ersten Mal Ernst machen mit den Theorien des Stabes Heß, indem man sagt: Es ist eine völkische Autonomie, diese Sache interessiert uns nicht, das Volk soll seine religiösen Dinge für sich regeln.

Forsthoff: Aber die Frage der Kirchensteuern usw. ist für das Reich doch in gewissem Sinne entschieden. Soll es da auch so entschieden werden?

Barion: Das wäre eine Sache der tschechischen Regierung.

Forsthoff: Wenn Sie den Begriff der Autonomie so weit fassen kann. Innerhalb Deutschlands nehmen wir ihn nicht so weit.

Barion: Theoretisch wohl, wir tun es praktisch nur nicht.

Forsthoff: Ich will nur darauf hinaus, daß hier die Entscheidung klar gesehen werden muß.

Barion: Bei den Tschechen spielt noch der politische Gesichtspunkt hinein, daß man hier ein Beispiel geben kann, wie man eine gerechte Minderheitenpolitik treibt.

Vorsitzender: Wenn ich mich an das Referat von Herrn Prof. Barion anschließen darf, möchte ich nun fragen: Ist es nach dem heute Gehörten richtig, daß der modus vivendi nicht mehr gilt? Ich möchte es bejahen, zumal Herr Professor Heckel ausgeführt hat, Staatssekretär Stuckart habe gesagt, die alte Tschechoslowakei besteht nicht mehr, das Protektorat ist ein neuer Staat.

Weber: Kein Staat; etwa eine Gebietskörperschaft.

Vorsitzender: Daß die Veränderung der inneren Struktur des Staates das Entscheidende ist, ist hier hundertprozentig erfüllt. Aber das Weitere stellt mich nicht ganz zufrieden. Was das Volk betrifft, so hat sich in der alten Tschechei, soweit Böhmen und Mähren in Frage kommen, doch nicht viel geändert.

Barion: Ich will den Wegfall des modus vivendi ja nur damit begründen, daß er praktisch einfach in der Luft hängt. Die Argumentation geht ausgesprochen von Einzelheiten aus und bleibt bei Einzelheiten stehen. Ich wehre mich dagegen, daß man versucht, sie auf die Höhe einer allgemeinen Fortgeltung von Konkordaten hochzuschrauben. das verträgt der modus vivendi nicht. Ich weiß nicht, wozu man den modus vivendi und seine politische Klausel braucht. Mit dem modus vivendi könnte man dem Reichsprotektor nicht die Möglichkeit bestreiten, daß er sich statt Herr Hacha damit befaßt. Wenn man sagt, der modus vivendi gilt noch, was heißt denn das? Der Art. 2 über Sequestration von Kirchengütern z.B. gilt hauptsächlich für die Slowakei. Was hat es für einen Sinn, zu sagen, der modus vivendi gilt noch in Art. 2, wenn es bloß noch slowakische Güter sind?

Roth: Ich kam hin, und mir wurde nur gesagt: Was wollen Sie, es ist Sache der Autonomie.

Vorsitzender: So daß nicht einmal der Protektor hineinzureden hätte.

Barion: Ich sehe die große Gefahr, daß man einen Begriff von völkischer Autonomie zurechtmacht, der restlos dies alles umfaßt.

Roth: Wir haben einen geeigneten Mann als Verbindungsmann gefunden, einen Deutschen, der gut tschechisch kann und früher im tschechischen Kultusministerium gearbeitet hat.

Vorsitzender: Ich muß mich berichtigen: Es hat sich allerdings auch im Volke dort enorm viel geändert. Es ist ein völlig anderes Volk geworden, es ist völlig in unserer Gewalt.

Weber: Der modus vivendi nimmt nicht auf das völkische Leben Bezug, sondern regelt nur eine formale Staatsfrage.

Barion: Z.B. Art. 1 enthält nichts weiter als eine Verpflichtung der tschechischen Regierung, in Verhandlungen über ein Abkommen einzutreten. Es ist doch absoluter Unsinn, zu sagen, daß das noch gilt.

Vorsitzender: Das muß ich anerkennen. Es ist eine gewisse Gefahr, daß die Unterscheidung zwischen Deutschrassigen und Protektoratsangehörigen tschechischer Rasse, die besonders in der Gerichtsbarkeit zum Ausdruck kommt, dazu führt, daß man nun auf allen Gebieten Unterscheidungen macht. Hat man das schon irgendwo, daß auf irgendeinem Gebiete zwei verschiedene Rassen in einem Staate unter verschiedenen Behörden stehen?

Keith: Z.B. in den Kolonien und in den Ländern mit Konsulargerichtsbarkeit.

Vorsitzender: In Ihrem Referat, Herr Professor Barion, kommen Sie dann zu dem Ergebnis, daß auch dort ein konkordatsfreier Raum besteht. Sie stellen die Frage: Sollen die kirchlichen Angelegenheiten dem autonomen völkischen Bereich zugerechnet werden oder nicht, und soll die kirchliche Betreuung für die Deutschen gesondert geregelt werden?

Roth: Damit sind wohl Personalpfarreien usw. gemeint. Für unser Ministerium kann ich dazu nichts sagen. Das wird alles davon abhängen, wie man in den Verhandlungen mit dem Reichsprotektor selber in Prag zu einer Einigung kommt. Ich möchte vorschlagen, daß gewisse kirchliche Fragen unbedingt vom Reich her geregelt werden müssen, während andere kirchliche Dinge der Protektoratsregierung überlassen bleiben können. Vor allen Dingen muß das Reich bei Bischofsernennungen usw. stark seine Hand im Spiel haben. Wenn der kirchliche Bereich allzusehr der Autonomie unterstellt wird, besteht die Gefahr, daß sich dort alle oppositionellen Kräfte gegen Deutschland sammeln. Es wäre nicht das erste Mal, daß die Kirchen zum Unterschlupf für alle möglichen Elemente werden, weil sie sich da am freiesten noch bewegen können, weil sie geschützt sind durch den heiligen Mantel der Religion. Da muß genau in Prag beobachtet werden, und im Laufe der Zeit müßte manches an das Reich gezogen werden. Andere Dinge werden den Tschechen überlassen bleiben können, z.B. die ganze Besoldungsregelung, die Sprache im Kultus usw. Man muß abwägen, was zum Reichsprotektor herüberkommt und was bei der Protektoratsregierung bleibt.

Vorsitzender: Auch die Frage der Universitätsprofessoren ist dabei wichtig. Wie ist es denn mit den hohen Verwaltungsbeamten innerhalb des Protektorats, die unseren Regierungspräsidenten entsprechen? Werden die von der tschechischen Regierung ernannt?

Forsthoff: Mit Zustimmung des Protektors.

Weber: Da gibt es als Protektoratsbehörde den Oberlandrat, der über drei Kreise gesetzt wird. Er soll sich im allgemeinen eines Eingriffs enthalten. Aber alle Berichte an die Zentralinstanz, an die böhmisch-mährische Staatsregierung, müssen durch seine Hand laufen. Er läßt sie durch einen bei ihm tätigen Sprachkundigen übersetzen und nimmt sie zur Kenntnis. Fragen von grundsätzlicher Bedeutung müssen die tschechischen Landräte dem Oberlandrat zur Entscheidung vorlegen, wobei es ihnen vorbehalten ist, zu entscheiden, was Fragen von grundlegender Bedeutung sind. Die Mittelinstanz wird durch einen deutschen Kommissar dargestellt.

Forsthoff: Ein gewisser Anhalt dafür, welche kirchlichen Dinge zum Protektor kommen und welche nicht, wird in der heutigen Zuständigkeit gegeben sein. Was z.B. mit der Außenpolitik zusammenhängt – dazu gehört die politische Klausel und ähnliche Dinge –, ist schon bisher ressortmäßig beim Protektor, und das wird sich entsprechend erweitern. Ich glaube, daß man schon von dem angedeuteten Behördenaufbau aus zu groben Teilungslinien kommen kann.

Barion: Könnte man die Regelung der Zukunft nicht zum Gegenstand einer besonderen Besprechung machen und jetzt feststellen, inwieweit der Ausschuß zu einer einheitlichen Stellungnahme kommt über das, was ist?

Forsthoff: Daß der modus vivendi nicht mehr in Kraft ist, darüber war doch Einigkeit.

Vorsitzender: Das möchte ich annehmen.

Forsthoff: Und über Punkt 2 auch.

Vorsitzender: Es besteht also die Möglichkeit, eine zusammenhängende Darstellung der Lage in den verschiedenen Gebieten zu geben? – Das würde allerdings eine kurze Darstellung des Werdeganges voraussetzen. Man wird sagen müssen, was bisher rechtens gewesen ist.

Barion: Das Material haben wir weitgehend zusammen. Für Österreich ist es durch die Arbeit von Herrn Dr. Keith überhaupt perfekt. Für die Tschechoslowakei ist mit dieser großen Zusammenstellung das Material auch vorhanden.

Keith: Allerdings war damals noch die Tschechoslowakei, noch nicht das Protektorat. Insofern ist das etwas überholt.

Barion: Ebenso haben wir das Material über das Memelgebiet. Es käme nur darauf an, das noch einmal zu überarbeiten.

Vorsitzender: Das würde ich doch begrüßen.

Barion: Das wäre aber weitgehend eine redaktionelle Arbeit. Man müßte etwa sagen: Die neue Lage 1. im früheren österreichischen Gebiet, 2. im Gebiet des modus vivendi, 3. im Memelgebiet.

Keith: Auf den staatlichen Zwischenzustand der damaligen Sudetenländer braucht man kaum einzugehen.

Barion: Die Zusammenstellung hätte den Zweck, das, was ist, in einer handlichen Form zusammenzufassen. Zum Memelland müßten die reinen Tatsachenfragen auf Seite 3 meines Referats ergänzt werden. Man wird in beiden Fällen mit Nein darauf antworten können. Ich habe es dabei ja auf das Staatskirchenrecht abstellen wollen.

Weber: Das soll dann eine Denkschrift sein, die beteiligten Ressorts übermittelt wird? Oder soll sie noch in einer anderen Weise nutzbar gemacht werden?

Keith: Das könnte höchstens erfolgen, nachdem die Sache den zuständigen Stellen zugeführt ist.

Vorsitzender: Es würde also gehen an den Kirchenminister, den Kultusminister, den Innenminister, das Auswärtige Amt und auch den Protektor.

Keith: Es sind eigentlich sämtliche Reichsbehörden daran interessiert.

Vorsitzender: Vielleicht schickt man es auch der Danziger Regierung, wegen der Anmerkung über Danzig in dem Referat.

Schröcker: Nicht offiziell, vielleicht aber inoffiziell dem zuständigen Sachbearbeiter.

Nach nochmaliger Aussprache über Tagesordnung und Termin der nächsten Sitzung verbleibt es bei der Tagesordnung und dem Termin, die oben im Bericht verzeichnet stehen.

(Schluß der Sitzung: 16 Uhr 30 Minuten.)

VI. Sitzung vom 30.6. und 1.7.1939

1. Protokoll der Sitzung vom 30.6.1939 (Ältere Einzelleistungen an Religionsgesellschaften – Das Doyennat des Nuntius. – Die politische Klausel in den Konkordaten)

Vorsitzender Ministerialdirektor Dr. Meyer: Ich eröffne die 6. Tagung des Ausschusses für Religionsrecht. Meine Herren! Ich darf darauf aufmerksam machen, daß wir heute ein neunmonatiges Jubiläum feiern. Heute, auf den Tag genau vor neun Monaten, am 29. September 1938, an jenem Tage, den ich bei anderer Gelegenheit einmal als phosphor- und elektrizitätshaltig bezeichnet habe, traten wir zusammen. Es sind genau 9 Monate. Wir haben in dieser Zeit mit der heutigen Sitzung zusammen 6 Sitzungen gehabt, so daß auf je 1 ½ Monate eine Sitzung entfällt. Es wird allerdings, möchte ich annehmen, gegen das Ende unseres ersten Jahres nicht so weitergehen, denn es kommt die Urlaubszeit, so daß voraussichtlich nicht so viele Sitzungen stattfinden werden.

Ich muß den Herren leider mitteilen, daß ich, obwohl wir augenblicklich im Preußischen Finanzministerium nicht durch Etatsorgen bedrückt werden, doch dadurch, daß unser Staatssekretär ja jetzt im Wirtschaftsministerium tätig ist und ein Ministerialdirektor auf Urlaub ist, den ich vertreten muß, mich nicht so habe vorbereiten können, wie ich das gemocht habe. Ich bitte die Herren um die Nachsicht, die Sie mir immer entgegengebracht haben.

Ich hätte gern diese 6. Tagung in München abgehalten. Das ist aber dann von hieraus abgeblasen worden, weil der Herr Minister am 23./24. ds. Mts. gar nicht in München war, sondern in Kopenhagen und er offenbar die Feier, die er beabsichtigt hatte, verlegt hat. Hinzu kam, daß ich selbst zum Tag der Wissenschaft nach Hannover von meinem Herrn Minister als dessen Vertreter abgeordnet wurde und auch dieser Tag erst im letzten Augenblick abgesagt war, als die Ladungen zu der heutigen Sitzung schon heraus waren.

Meine Herren! Wenn ich die Tagesordnung ansehe, so ergibt sich wohl folgendes, Wir haben zwei ganz neue Punkte, die Nummern 3 und 4 der Tagesordnung, "Das Doyennat des Nuntius" und "Die Widmung zu kirchlichen Zwecken". Alle übrigen Punkte der Tagesordnung sind Fortsetzungen. Nr. 1 der Tagesordnung könnte behandelt werden, da die entscheidenden Herren da sind. Nr. 2 der Tagesordnung kann wohl nicht gut erledigt werden. Herr MinDirigent Stahn, der Referent ist, befindet sich z. Zt. auf Urlaub. Punkt 5 der Tagesordnung kann zur Behandlung kommen. Ich freue mich, daß es möglich gewesen ist, Herrn MinRat Dr. Ruppel vom Militär beurlauben zu lassen.

Darf ich fragen, ob die Herren sonst irgendwelche Wünsche zur Tagesordnung haben? – Wenn das nicht der Fall ist, würde ich gern zuerst den ersten Punkt der Tagesordnung zur Erörterung bringen. Zweckmäßig wäre es wohl, daß zunächst Herr *Dr. Schröcker* sein Referat erstattet.- Wir kommen also zu Punkt 1 der Tagesordnung: *Ältere Einzelleistungen an Religionsleistungen.*

Schröcker: (gibt selbst zu Protokoll; [Text nicht überliefert])

Vorsitzender: Meine Herren! Wollen wir zunächst einmal diese Nr. 1 des Referats des Herrn Dr. Schröcker erörtern, oder wollen wir Herrn Dr. Schröcker bitten, sich weiter auszusprechen?

Schröcker: Zweckmäßig ist schon eine Erörterung der Einzelabschnitte; denn sonst geht es etwas durcheinander. Ich will auch nicht über alle Gruppen heute sprechen, sondern nur noch über eine Gruppe. Die Behandlung der anderen Gruppen will ich mir für ein anderes Mal ersparen, soweit nicht Herr MinRat Ruppel die Liebenswürdigkeit hat, einen Teil davon zu übernehmen, den ich ihm speziell für die Patronatsleistungen sehr gern überlassen würde.

Vorsitzender: Wir wollen also jetzt schon in eine Diskussion der ersten Gruppe eintreten.

Stalmann: Ich möchte zum Verteilungsmaßstab noch einiges sagen. Herr Dr. Schröcker hatte erwähnt, daß die Hufe Verteilungsmaßstab gewesen sind. Nach der Einteilung des bäuerlichen Grundbesitzes ist die Steuer vielfach auf die Vollmeier usw. umgelegt worden. Es gibt dabei auch als Maßstab die Kuhschwänze. *(Heiterkeit.)* Das hat doch einen gewissen Sinn und ist gar nicht schlecht. Wenn einer z.B. 10 Kühe hat, muß er für 10 zahlen, hat er nur eine Kuh, nur für eine. Das ist gar nicht so unsinnig. In Schleswig-Holstein wird die Steuer nach Gespannhaltungen, nach der Pferdehaltung verteilt.

Was die Erhebung anlangt, so ist es selbstverständlich, daß zunächst die Kirchengemeinde den Grund und Boden benutzte, und nach dem Grund und Boden die Kirchenlasten erhob. Es kam hinzu auch der Pfarrzwang. Der Pfarrzwang wurde im Anfang des vorigen Jahrhunderts, um 1820/30, in den einzelnen Ländern beseitigt. Diese ganze Frage wurde als solche nicht empfunden und konnte auch nicht empfunden werden; sie trat erst in Erscheinung, als der Pfarrzwang aufgehoben wurde und dann die ganze Frage der Dinglichkeit juristisch nachgeprüft wurde. Im Hannoverschen war das schon sehr früh der Fall. Es gibt in dem Kommentar von Lohmann-Chalybaeus über Kirchenvorstand und Synodalordnung hierüber sehr interessante Ausführungen.

Die andere Frage, die von Herrn Dr. Schröcker angeschnitten wurde und die von großer Bedeutung ist, ist folgende. Bislang waren die Kirchen nach dem preußischen Kirchensteuergesetz befugt, als Maßstab für die Kirchensteuern zu benutzen die Einkommensteuer, die Grundsteuer, die Gewerbesteuer, vereinzelt sogar die Betriebssteuer, die früher nur für Gastwirtsbetriebe erhoben wurde. Ich glaube, in Frankfurt oder Wiesbaden sieht das Kirchensteuergesetz für eine der Landeskirchen auch die Betriebssteuer vor. Daß die Gewerbesteuer kein Maßstab ist und unter den heutigen Anschauungen ausscheiden muß, kann nicht zweifelhaft sein. Dasselbe gilt für die Betriebssteuer. Eine besondere Kirchensteuer, die vielleicht auf die Konzession im Gastwirtsgewerbe gelegt würde, ist unerträglich. Je mehr ich mir das überlege, umso mehr komme ich zu diesem Ergebnis. Der Grund und Boden ist heutzutage überhaupt schon außerordentlich belastet mit allen möglichen Abgaben. Dabei ist der Ertrag der Landwirtschaft und Forstwirtschaft gegen früher rapide zurückgegangen. Wenn man z.B. bedenkt, daß die Universität Greifswald bis 1885 von ihrem Grundbesitz gelebt hat – der erste Staatszuschuß für Greifswald setzt erst 1885 ein – oder wenn man bedenkt, daß die Universität Göttingen anfangs im wesentlichen von drei Klostergütern leben konnte, und wenn man überlegt, welche Erträge die Landwirtschaft heute noch abwirft, so kommt man zu dem Ergebnis, daß die Erträge rapide zurückgegangen sind. Es gibt ein berühmtes Buch von Hörmann hierüber, das klipp und klar nachweist, daß die Erträge der Landwirtschaft im Verhältnis zu früher um 3 Milliarden zurückgegangen sind. Infolgedessen kann man wohl sagen: Die Grundsteuer ist keine geeignete Grundlage für die Kirchensteuer, sondern die Kirche soll die Kirchensteuer nach dem Einkommen und vielleicht nach dem Vermögen berechnen. Alle anderen Maßstäbe müssen verschwinden.

Schröcker: Ich darf noch eines erwähnen. In Bayern ist die Grundsteuer als Maßstabssteuer beseitigt, und zwar erst seit kurzer Zeit. Die Kirche hat das natürlich als sehr schwer empfunden; denn die Grundsteuer als Maßstabssteuer hat ganz erhebliche Eingänge gebracht. Man hat aber als Ausgleich dafür an ein gestaffeltes Kirchengeld gedacht. Wenn man nämlich nur die Einkommensteuer heranzieht, dann wird der Bauer an sich im Verhältnis zur arbeitenden Bevölkerung wieder zu wenig herangezogen, dann ist die Verteilung ungleich. Der Bauer zahlt ja eigentlich keine Einkommensteuer. Man will deshalb den Kirchen die Möglichkeit geben, das Kirchengeld nach dem Vermögen, auch nach dem Grundvermögen zu staffeln, und zwar etwa von 3 RM bis 30 RM. In Bayern ist es jetzt in dem neuen Gesetz durchgeführt.

Vorsitzender: Aber was geschieht nun bei denjenigen, die keine Kirchensteuer auf Grund des Einkommens zahlen?

Roth: Die müssen Kirchengeld zahlen, und zwar wird erst noch geregelt, in welchen Abstufungen bis zu 30 RM.

Vorsitzender: Dieses Gesetz gilt nur für ein Jahr?

Roth: Es gilt 2 Jahre, rückwirkend für ein Jahr bis 1940. Dann muß wieder ein neues Kirchensteuergesetz gemacht werden.

Vorsitzender: Man will also nicht die Kirchensteuer aufheben?

Roth: Das geht ja gar nicht wegen des Konkordats. (*Ruppel:* Ist das Gesetz heraus?) – Ja!

Forsthoff: Man hat da doch die staatlichen Beiträge eingestellt!

Schröcker: Nein, das waren die freiwilligen Konkordatsleistungen für die Seelsorgegeistlichen. Die sind gestrichen. (*Meyer:* Durch Erlaß?) – Es war nur ein Ministerialerlaß.

Roth: Es war ein Gesetz vorgesehen. Nur zufällig sind wir dahintergekommen, als wir gelegentlich in Bayern waren. Dann ist in unserem Hause ein Gesetzentwurf vorgesehen gewesen, die freiwilligen Staatsleistungen langsam zu senken, und zwar zunächst auf einen Kopfsatz von 2 RM, dann auf 1,50 RM und schließlich auf 1 RM. In Preußen hat man einen Kopfsatz von etwa 1,87 RM. Also der Kopfsatz sollte in Bayern bis auf 1 RM gesenkt werden. Das würde ungefähr den Pflichtleistungen entsprechen. Damit war Bayern nicht zufrieden, daß es so langsam gehen sollte. Wir wollten das hauptsächlich deswegen tun, um die Kirche finanziell nicht irgendwie zu erschüttern. Eines Tages haben wir erfahren, daß Bayern von sich aus einfach alle freiwilligen Leistungen gestrichen hat, die Pflichtleistungen allerdings beibehalten hat, also einen Kopfsatz von 1 RM zahlt.

Schröcker: Ich darf noch erwähnen, daß die Kirche ja immer bestritten hat, daß es sich um freiwillige Leistungen handele. Sie hat vielmehr immer betont, daß es sich nach dem Reichsdeputationshauptschluß um Pflichtleistungen handele. Es ist eigens zu diesem Zweck amtlich ein Buch von *Kress* erschienen, der sich im einzelnen mit dieser Frage auseinandergesetzt hat. Das Buch ist 1932 herausgekommen. Darin wird berichtet, daß sogar die alte bayerische Staatsregierung, die Regierung der Bayerischen Volkspartei, vor allen Dingen Minister Goldenberger damals immer ausdrücklich daran festgehalten haben, es handelte sich um freiwillige Staatsleistungen. Also selbst der frühere bayerische Staat hat niemals anerkannt, daß es sich um eine Rechtsverpflichtung handle. Das ist auch bei den Konkordatsverhandlungen ausdrücklich hervorgehoben worden.

Weber: In Art. 14 § 3 des bayerischen Konkordats heißt es ausdrücklich: "Im Hinblick auf die Aufwendungen des bayerischen Staates für die Bezüge der Seelsorgegeistlichen wird die Kirche vor Ernennung der Pfarrer der Staatsregierung die Personalien des in Aussicht genommenen Geistlichen mitteilen; allenfalsige Erinnerungen der Staatsregierung sollen in möglichst kurzer Zeit erfolgen." Wie wirkt das nun auf diese Bestimmung? Offensichtlich ist damit diese Verpflichtung auch in der Kirche erledigt.

Roth: Da hat die Kirche sofort eingehakt und hat demgemäß dem bayerischen Kultusministerium gesagt: Wir fühlen uns nicht mehr an diese Bestimmung gebunden. Daraufhin hat sich nun hinterher das bayerische Kultusministerium hilfesuchend an uns gewandt. *(Heiterkeit.)* Nun ist die Sache ja so: In unserem Hause – wenigstens hat unser Herr Minister das früher einmal gesagt – wird ohnehin erwogen, einen Erlaß hinausgehen zu lassen, daß unabhängig davon, ob staatliche Zuwendungen an die Geistlichen erfolgen oder nicht oder ein Konkordat besteht oder nicht, überall da, wo Geistliche auf das Volk einwirken, sei es in der Predigt oder im Unterricht oder sonstwie, gefordert werden muß, daß jeder Geistliche arisch ist, die deutsche Staatsangehörigkeit besitzt, die entsprechende Vorbildung hat und daß gegen ihn Bedenken allgemein-politischer Natur nicht bestehen. So etwas ist ja notwendig auch im Hinblick auf Österreich und das Sudetenland;

denn dort haben wir ja zunächst keine vertraglichen Bindungen mehr, auf Grund derer wir tatsächlich fordern könnten, daß ein Bischof oder wer es auch ist, bestimmten Bedingungen genügen muß.

Weber: Nun ist doch die Frage der arischen Abstammung praktisch völlig bedeutungslos. (*Roth:* Ja!) Wollen Sie bei diesem Erfordernis der arischen Abstammung auch noch sich ein allgemein-politsches Erinnerungsrecht, wie es in Art. 14 § 3 beschlossen liegt, vorbehalten? Das interessiert mich für die politische Klausel. Es ist einer der wenigen Fälle, wo es eine politische Klausel auch für die Pfarrer gibt. Dieses Erinnerungsrecht war lediglich vorgesehen im italienischen Konkordat und im lettischen Konkordat für diejenigen Fälle, in denen ausländische Geistliche zugezogen werden, dann dazu noch im polnischen und litauischen Konkordat mit dem Schlenker: wenn die Leute sich einer staatsgefährlichen Betätigung befleißigt haben. Das wäre also ein ganz singulärer Fall, und auch im bayerischen Konkordat ist er als außerordentlich singulär empfunden worden.

Roth: Ja, diese Frage spielt auch in den Erwägungen des Ministeriums eine Rolle, aber sie ist nicht akut; denn theoretisch könnte man auch uns einen Ausländer als Bischof hinsetzen.

Weber: Nein, das ist doch ausgeschlossen! (*Roth:* In Österreich!) Ach so! – Die Frage der arischen Abstammung ist praktisch bedeutungslos, haben Sie gesagt. (*Roth:* Jawohl!) Wieso?

Roth: Wenigstens für die Zukunft, weil ich wenigstens von der katholischen Kirche sagen kann, daß unter dem Pfarrerpark [!] – wenn ich mich so ausdrücken darf – kaum einer jüdischer Abstammung ist.

Vorsitzender: Aber Halbjuden und Vierteljuden! (*Roth:* Ganz selten!)

Stalmann: Ich glaube, der Kardinal Bertram hatte einen, der früher in der Tschechoslowakei herumreiste. Er muß ein Jude gewesen sein; er sah so aus. Ein ganz raffinierter Mann war er.

Vorsitzender: Zwischen "muß gewesen sein" und "ist gewesen" besteht ein großer Unterschied.

Roth: Einige haben wir schon; aber es sind ganz wenige, und für die Zukunft wird es wohl ein ungeschriebenes Recht sein, daß die arische Abstammung vorhanden sein muß. Bei der evangelischen Kirche ist es, glaube ich, schwieriger. Da ist die Zahl etwas größer.

Vorsitzender: Da ist doch der Arierparagraph eingeführt!

Roth: Nein! Ich glaube, nur die Thüringer Kirche hat ihn eingeführt.

Weber: Praktisch ist er, glaube ich, eingeführt.

Ruppel: Kann den überhaupt ein Jude noch Abitur machen?

Vorsitzender: Natürlich, es studieren ja noch Juden. Natürlich nicht Volljuden! (*Weber:* Nur Mischlinge!)

Ruppel: Da sind also doch gewisse Schwierigkeiten.

Roth: Es gibt keine jüdischen Gymnasien in Berlin.

Weber: Nein, sie können kein Abitur machen. Praktisch kommt das also nicht in Frage.

Stalmann: Die Bestimmung im Konkordat, daß der Staat gewisse Voraussetzungen bei den Geistlichen nachprüft, ist doch schließlich keine neue Sache. In Preußen gehörte zu den Kulturkampfgesetzen das Gesetz über die Vorbildung der Geistlichen. Es ist so, daß der Staat der Auffassung war: Es kann ihm nicht einerlei sein, welche Personen die großen Kirchen im Pfarramt verwenden; er hat auch ein gewisses Interesse daran, eine Kontrolle dieser Personen vorzunehmen. Dieser Auffassung ist man vielleicht auch heute noch. Nur hatte man in der Systemzeit mal wieder Bedenken wegen der berühmten Weimarer Verfassung Art. 137: "Sie verleiht ihre Ämter ohne Mitwirkung des Staates oder einer politischen Gemeinde." Wir haben ja im preußischen Kultusministerium den Art. 137 nie anerkannt. Wir haben immer wieder gesagt: Das hat nichts damit zu tun; entweder hat der Staat eine Einwirkungsmöglichkeit aus dem Gesichtspunkt, daß es sich um öffentliche Körperschaften handelt, die der Staatsaufsicht unterstehen, oder der Staat hat eine andere Einwirkungsmöglichkeit über die Kirchensteuern, indem er sagt: dann können wir die Kirchensteuerbeschlüsse staatlich nicht genehmigen. Nach meiner Auffassung konnte der Staat auch mit gutem Grund entsprechend der vernünftig gefaßten Vorschrift des Art. 137 für sich das Recht in Anspruch nehmen, gesetzliche Bestimmungen über die Vorbildung der Geistlichen zu erlassen. Praktisch wäre es natürlich außerordentlich schwierig gewesen, mit einer Gesetzesvorlage an den Preußischen Landtag der Systemzeit heranzukommen, bei der bekannten Zusammensetzung des Landtages. Andererseits wollte man im Kultusministerium sehr gern an diesem Rechte festhalten, wobei man es in der Schwebe ließ, ob dieses alte Gesetz aus der Bismarckschen Zeit noch weiter bestand oder nicht. Da war es der verstorbene Niermann, der zuerst auf den Gedanken kam, man möchte doch die Pfarrbesoldungszuschüsse mit diesem Recht verkoppeln, so daß man eine gewisse Einwirkung bei der Auswahl der Geistlichen hat. So erklärt sich die Fassung "Im Hinblick auf die Staatsleistungen ...". Irgend so etwas findet sich auch im preußischen Konkordat.

Weber: In Preußen aber nur angesichts der zugesicherten Dotationen.

Stalmann: Gut! Das ist eine Erfindung, die aus dem Preußischen Kultusministerium stammt und dann von Bayern übernommen worden ist.

Roth: Die aber im bayerischen Konkordat noch weitergeht.

Weber: In Bayern ist es etwas anders. Bayern stellt auch die Voraussetzungen auf: Hochschulstudium, deutsche Reichsangehörigkeit usw., gibt aber dann noch ein politisches Erinnerungsrecht, und in diesem politischen Erinnerungsrecht ist der Art. 14 rein äußerlich verkoppelt mit den Pfarrbesoldungszuschüssen, während man außerdem noch 1924 in Betracht zog, daß in Bayern ein altes landesherrliches Patronatspräsentationsrecht hinsichtlich der Pfarrstellen bestanden hat. Das ist sogar noch in einem schwachen Rest weitergeführt in diesem allenfalsigen Erinnerungsrecht. Die Italiener haben das ganz ähnlich übernommen; aber sonst gibt es das nirgendwo.

Stalmann: Ich wollte nur betonen: Das Recht des Staates, eine gewisse Einwirkung auf die Geistlichen der Kirche auszuüben, hat nichts zu tun mit den Staatsleistungen, seien es Pflichtleistungen, seien es freiwillige Leistungen, unbeschadet des Art. 137, auch selbst, wenn ich den anerkennen will, und unter Zugrundelegung, daß es sich um öffentliche Körperschaften handelt, daß der Geistliche eine gewisse öffentliche Gewalt ausübt. Es ist also durchaus rechtlich in der Ordnung, daß der Staat irgendeinen Einfluß bei der Auswahl der Geistlichen hat.

Roth: Der Meinung sind wir auch, und diese Meinung legten wir dem Gedanken zugrunde, den, wie ich vorhin sagte, der Herr Minister erwägt, [daß wir] unabhängig davon, ob Staatsleistungen erfolgen oder nicht, ein Mitwirkungsrecht ausüben, solange ein Geistlicher ein Amt hat und auf die Öffentlichkeit einwirkt. Die Kirche kann an sich natürlich zum Geistlichen nehmen und weihen, wen sie will.

Weber: Darf ich fragen: Welche Voraussetzungen wollen Sie also dabei vorsehen, Hochschulstudium, deutsche Reichsangehörigkeit, oder wollen Sie auch ein allgemeines Erinnerungsrecht vorbehalten?

Roth: Der Betreffende muß politisch bedenkenfrei sein, politisch einwandfrei.

Schröcker: Mindestens eine Anzeigepflicht der kirchlichen Behörde müßte man festlegen.

Weber: Die ist überall konkordatär festgelegt.

Forsthoff: Ich würde auch mit Herrn Kollegen Weber sagen: Dann ist Art. 14 § 3 des bayerischen Konkordats überholt. Die Aufwendungen des bayerischen Konkordats fallen weg. Fallen aber die Aufwendungen weg, dann fällt auch der § 3 des Art. 14 weg. Das scheint mir unausweichlich zu sein. Daß man dann aus allgemeinen sonstigen Erwägungen das von Herrn MinRat Roth angeführte Mitteilungsverfahren einführt, wäre eine Frage für sich.

Schröcker: Man könnte sich hier auf den Standpunkt stellen, der allerdings etwas sophistisch ist, daß die Aufwendungen des Staates für die Seelsorgegeistlichen, diese Konkordatsleistungen ja nur das Motiv für die Kirche sind, dem Staat dieses Mitwirkungsrecht zuzugestehen. Dagegen sind diese Aufwendungen des Staates für die Seelsorgegeistlichen selber nicht konkordatsmäßig als Verpflichtungen übernommen.

Vorsitzender: Wenn das Motiv wegfällt, fällt nicht schon ohne weiteres die konkordatsmäßige Verpflichtung weg.

Barion: Bei Richard Wagner kann man von Motiven sprechen; aber hier handelt es sich doch um eine reine Frage des do, ut des. Das ist doch sicher nicht als Motiv formuliert.

Weber: "Im Hinblick auf"! Darf ich fragen: Gibt es dieses Erinnerungsrecht in Bayern? Wie hoch ist der Prozentsatz von Geistlichen, der nach Art. 14 § 3 beanstandet worden ist? (*Roth:* Nicht hoch!) Er wird nicht hoch sein.

Stalmann: Der Schutz liegt aber doch nicht darin, daß eine Beanstandung erfolgt, sondern der Schutz liegt darin, daß die bischöfliche Behörde vorsichtig sein muß, und nur jemand anzeigt, von dem sie erwartet, daß er passieren wird. Darin sehe ich die Schutzbestimmung, nicht darin, daß man ihn ablehnt. Eine Bestimmung ist nötig. Wenn auch in keinem Falle eine Beanstandung erfolgt, dann hat sie eben gewirkt. Wünschenswert ist, daß sie so wirkt, daß es zu einer Beanstandung nicht kommt.

Weber: Aber ein derartiges Erinnerungsrecht hat außer in Bayern nirgendwo bestanden.

Schröcker: Immerhin, die bayerische Regierung legt offenbar Wert darauf.

Roth: Im allgemeinen haben wir mir dem Klerus in Bayern auch keine besseren Erfahrungen gemacht als anderswo.

Weber: Also die Bestimmung hat sich nicht als besondere Schutzvorrichtung ausgewirkt!

Roth: Man kann wirklich nicht sagen, daß die Geistlichen in Bayern daraufhin nun zuverlässiger gewesen wären als anderswo.

Ruppel: Ich wollte einen anderen Punkt noch behandeln, der unter diese Gruppe 1 fällt, und zwar wollte ich an Herrn Dr. Schröcker die Frage richten, die man doch wohl auch erwägen muß, wie man sich die Sache rechtlich klarmacht. Was wollen Sie sagen, wenn geltend gemacht wird: Die Beseitigung durch einfaches Landesgesetz ist eine Enteignung, die nach Kirchenvertrag, Konkordatsrecht usw. nicht zulässig ist? Wir haben diese Frage schon früher einmal bei anderer Gelegenheit gehabt.

Schröcker: Durch die einschlägigen Bestimmungen der Kirchenverträge im Zusammenhang mit der Weimarer Reichsverfassung sind doch nur die Staatsleistungen betroffen, und die Sache ist bisher immer so ausgelegt worden, daß hierunter nur die Staatsleistungen im eigentlichen Sinne zu verstehen sind. Man hat z.B. bei der Frage der Grundsteuerbefreiung ausdrücklich gesagt: Soweit die Gemeinde diese Steuer erhebt, handelt es sich nicht um eine Staatsleistung.

Ruppel: Hier würde es mehr darauf ankommen, daß dies öffentlich-rechtliche Lasten sind. Es sind gewissermaßen nicht privatrechtliche Ansprüche der Kirchengemeinde an die betreffenden andersgläubigen Hofbesitzer oder Grundbesitzer, sondern es ist eine wirkliche öffentlich-rechtliche Steuer. Es sind also keine Privatforderungen, die der Kirche aberkannt werden.

Schröcker: Die staatliche Seite würde das immer dahingestellt sein lassen.

Ruppel: Ich pointiere es etwas. Ich habe gerade diese Frage einmal deswegen gestellt, weil man dabei noch Gesichtspunkte für die gesamte Beurteilung des rechtlichen Charakters dieser älteren Steuern gewinnen könnte.

Schröcker: Der Sachbearbeiter in unserer Behörde hat diese Frage des rechtlichen Charakters dieser Leistungen immer offengelassen. Er hat nie weder positiv noch negativ dazu Stellung genommen, sondern hat die Sache immer nur als sehr zweifelhaft bezeichnet.

Vorsitzender: Sie ist doch aber für den modus procedendi von größter Wichtigkeit.

Schröcker: Ja, ich weiß nicht. Ich glaube, daß man diese Frage bei dem modus procedendi außer acht lassen kann.

Ruppel: Sie wird aber nachher geltend gemacht. Ich wollte gewissermaßen schon überlegt haben: was sagt man dann?

Barion: An sich ist doch der neue Begriff der Staatsleistungen in den letzten Jahren immer stärker in den Vordergrund getreten. (*Ruppel:* Ja, in der der Rechtsprechung des Reichsgerichts!)

Schröcker: Aber nur in dem Sinne, daß z.B. auch Steuerbefreiungen als Staatsleistungen bezeichnet wurden. Nach der Richtung hin, wenn der Staat etwas leistet, hat sich der Begriff der Staatsleistung in der Rechtsprechung außerordentlich weit ausgedehnt.

Ruppel: Und dann ist jetzt auch der Begriff des Eigentums noch mehr in den Vordergrund getreten. Hier werden eben den bisherigen Trägern von bestimmten Rechten ihre Rechte abgenommen, und das ist im weitesten Sinne des Wortes unter Umständen auch als Enteignung aufzufassen.

Vorsitzender: Ich glaube, man hätte das in der Systemzeit als Enteignung angesehen.

Ruppel: Ich könnte mir denken, daß das der Grund gewesen ist, weshalb man ein bißchen Angst gehabt hat, darüber eine Diskussion zu entfachen.

Stalmann: Das Recht der Kirchen, Kirchensteuern zu erheben auf Grund der alten Kirchensteuerordnungen, auf Grund der Dinglichkeit von Rechten ist, mag man die Bestimmungen der Weimarer Verfassung noch so ausdehnend interpretieren, wie man will, nicht garantiert. Das ist kein Eigentum, und die Aufhebung ist keine Enteignung des Eigentums.

Ruppel: Weil es ein Bestandteil der öffentlichen Verfassung der Kirchen ist! Unter dem Gesichtspunkt der Enteignung kann man keine Einwendungen dagegen erheben, wenn der Staat im Zuge der Zeit die öffentliche Verfassung der Kirchen einschließlich ihres Abgaberechtes modifiziert.

Stalmann: Und wenn der Staat von seinem Grundbesitz auf Grund einer derartigen Kirchensteuerordnung zu den Kirchenlasten herangezogen wird, dann ist dies keine Staatsleistung, sondern da handelt er nur als Privater. Als Eigentümer seiner Forsten unterliegt er der Kirchenbesteuerung. Wir haben ja auch den Art. 138 über den Begriff der Staatsleistungen; wir kommen nachher bei den Patronaten darauf noch zu sprechen, heute oder später, bei den Patronatsleistungen. Wir haben in Preußen nur ein sogenanntes fiskalisches Patronat, das der Staat nur deshalb hat, weil er zufällig der Eigentümer des Gutes ist, mit dem das Patronat verbunden ist, und wir haben auch immer, auch im Preußischen Landtag, in sehr vielen Denkschriften, die sich in den Akten finden, versucht, einen Entwurf für das Reich über die Ablösung der Staatsleistungen aufzustellen. Da habe ich auch eine Bestimmung des Inhalts aufgenommen: In all den Fällen, in denen der Staat nur deshalb, weil er zufällig Eigentümer des Grund und Bodens ist, Leistungen hat, liegen keine Staatsleistungen vor. Staatsleistungen sind Hoheitsleistungen von Seiten des Verpflichteten. Hier ist es nicht der hoheitliche Charakter des Staates, der im Vordergrund steht, sondern der Staat gibt die Leistungen nur, weil er zufällig privater Eigentümer ist.

Vorsitzender: Herr Präsident Stalmann, in der Zeit, in der wir zusammenarbeiteten, wurden ja die Art. 138 und 173 der Weimarer Verfassung herangezogen, um darzutun, daß mindestens durch die Reichsverfassung dieses Steuererhebungsrecht – wenn ich es so bezeichnen darf – privatisiert sei, also seitdem ein Rechtsanspruch vorliege. Aber wir haben das immer bekämpft. (*Stalmann:* Nie anerkannt!)

Schröcker: Auf staatlicher Seite ist das Besteuerungsrecht der Kirchen immer nur als ein abgeleitetes Recht aufgefaßt worden. Es ist nicht ein den Kirchen eigentümliches Recht. Es fällt nicht unter die Eigentumsgarantie und ist auch nicht auf die Garantie der Staatsleistungen zu gründen, auf die Garantie des Steuererhebungsrechts. Aber das würde durch die Aufhebung des § 30 des alten Kirchensteuergesetzes nicht berührt, weil das Steuererhebungsrecht dieser Gemeinden gewahrt bleibt. Es wird nur das Gemeindekirchensteuerrecht hergestellt. Genau so wie der Staat im Jahre 1906 ein Kirchensteuergesetz mit und ohne diese Bestimmungen des § 30 erlassen konnte, kann er das meines Erachtens auch heute noch. Der Staat könnte also diesen § 30 heute aufheben, ohne durch die Verträge gebunden zu sein.

Vorsitzender: Aber damit würden wir nur in Preußen zu Rande kommen.

Schröcker: Aus den Eingaben oder Denkschriften, die von kirchlicher Seite über diese Angelegenheit der dinglichen Kirchensteuern überreicht wurden, erinnere ich mich auch nicht, daß dieses Argument jemals gebracht worden wäre. Man hat sich hier nie auf Kirchenverträge und nie auf die Weimarer Reichsverfassung berufen, sondern immer nur das eine Argument gebracht, daß der kirchliche Haushalt dadurch zu sehr erschüttert werde.

Barion: Das ist eigentlich kein Argument, das ist eine Tatsache.

Vorsitzender: Es ist eigentlich nur eine Formfrage.

Weber: Ein Bedenken aus der Weimarer Verfassung ist wohl kaum herzuleiten gewesen. Ich meine, auch juristisch ist kein Bedenken herzuleiten; denn sonst hätte man es vorgebracht. Es kann sich höchstens um eine allgemeine Eigentumsgarantie handeln; aber die hätte man dann ja auch in Österreich berücksichtigen müssen. Dann hätte man auch nicht durch österreichisches Landesgesetz und durch die Sudetengauverordnung die Staatsleistungen dieser Länder und Gaue beseitigen können. Die Art. 137 ff., Art. 153 der Weimarer Verfassung gelten doch höchstens in sehr modifizierter Form, nicht stärker, als eine allgemeine Eigentumsgarantie ohnehin gelten würde, und diese allgemeine Eigentumsgarantie hat jedenfalls nicht gehindert, daß in Österreich dieser Enteignungsakt – wenn ich mich einmal so ausdrücken darf – vorgenommen worden ist. Es könnte höchstens noch die Frage auftauchen, ob die konkordatäre Sicherung der Staatsleistungen in Art. 18 des Reichskonkordats ein Hindernis bedeutet. Ich möchte das allerdings für den § 30 des alten Kirchensteuergesetzes verneinen und würde glauben, daß die notwendige Modernisierung des Kirchensteuerrechts dadurch in keiner Weise gehindert worden ist, obwohl eben mit der Zeit der Begriff der Staatsleistungen eine Ausdehnung erfahren hat.

Barion: Mich interessiert das rein als Fragenden; ich habe keine Ahnung. Es liegen doch inzwischen genaue Zahlen darüber vor, wie hoch die Staatsleistungen an die Kirchen sich belaufen. Sind in diesen Zahlen auch diese Leistungen eingerechnet oder nicht? (*Stalmann:* Nein!) In dem Etat vom 30. Januar waren doch die Kirchensteuern eingerechnet, nicht wahr? *(Heiterkeit.)* Das muß das Kirchenministerium doch wissen.

Stalmann: Nicht im Etat des Kirchenministeriums!

Barion: Ich habe eine ganz konkrete Frage gestellt. Ich möchte gern wissen, ob man das feststellen kann, ob in den Zahlen über die Staatsleistungen vom 30. Januar diese Leistungen eingerechnet waren oder nicht.

Roth: Nein! Die Zahlen vom 30. Januar waren ja nicht abgestellt auf Staatsleistungen, sondern es wurde ausdrücklich gesagt: Leistungen aus öffentlichen Mitteln.

Vorsitzender: Leistungen aus der öffentlichen Hand oder Leistungen, die vom Staat den Kirchen zur Verfügung gestellt werden.

Roth: Sonst wären auch die Kirchensteuern, die zweifellos in diesen genannten Zahlen einbegriffen sind, eigentlich keine Staatsleistungen in dem Sinne.

Barion: Eigentlich doch, glaube ich!

Schröcker: Sie sind damals so aufgefaßt worden: Es sind Mittel, die der Staat den Kirchen zur Verfügung stellt. (*Roth:* Aus öffentlichen Mitteln!)

Vorsitzender: Aber die doch – wir haben schon einmal darüber gesprochen – von den Gläubigen freiwillig aufgebracht werden. Es kann jeder aus der Kirche austreten und die Leistung abstoßen. Das muß man doch zum mindesten hinzufügen, und in diesem Sinne kann man die Sache doch nicht als Staatsleistung bezeichnen.

Schröcker: Man kann sie als Staatsleistungen nur in dem Sinne bezeichnen, daß der Staat seine Organe zur Verfügung stellt oder die Kirchenorgane mit staatlichen Zwangsbefugnissen ausstattet, um diese Leistung beizutreiben.

Vorsitzender: Wir haben schon darüber gesprochen. Ich kann mich eigentlich nicht dazu bequemen, mich dieser Auffassung anzuschließen. Es sind keine Staatsleistungen.

Forsthoff: Man darf das auch schon im staatlichen Interesse gar nicht annehmen. Sonst wäre das alles durch das Reichskonkordat (Art. 18) garantiert.

Schröcker: Man kann es nicht als Staatsleistung im juristischen Sinne auffassen, wohl aber im politischen Sinne (*Stalmann:* In einem weiteren Sinne!)

Weber: Ich würde es für praktisch sehr günstig halten, wenn es gelänge, diesen Teil des ganzen Fragenkomplexes durch eine landesgesetzliche Aufhebung des § 30 zu erledigen. Deshalb könnte man sich doch diese Frage ganz präzise stellen. Dann scheiden wir damit einen wesentlichen Stein des Anstoßes und einen wesentlichen Gegenstand aus unserer theoretischen Erörterung aus. Aber wenn ich recht verstanden habe, sind diese ganzen Fragen nur in Preußen akut, so daß damit dieses Problem auch für das ganze Reich erledigt wäre. Ich kann mir vorstellen, daß die Übergangsschwierigkeiten etwa für die Schleswig-Holsteinische Landeskirche so sind, gerade in einer Zeit des verhältnismäßig hohen Einkommensfußes, daß ich darüber nicht hinweggehen kann. Schleswig-Holstein ist schließlich eine der reichsten Provinzen, die das Deutsche Reich hat.

Ruppel: Nein, das kann man nicht sagen. Schleswig-Holstein liegt ziemlich ungünstig, auch politisch. Lübeck kann das, was durch Abtretung an Hamburg gegangen ist, nicht im Entferntesten ausgleichen. Aber das ist ein Problem, das man überhaupt in der Kirche ständig vor sich hat, das Problem des Finanzausgleichs. Die Beseitigung der Grundsteuerbefreiungen oder die Einführung von gewissen Besteuerungen, die für die Kirchen bisher nicht gegolten haben, sind alles Ausgaben, die durchaus tragbar sind, wenn man einen entsprechenden Finanzausgleich macht, und der ist auf die Dauer für Norddeutschland einschließlich Hamburg unvermeidlich.

Weber: Ich würde allerdings nicht empfehlen, auf die Grundsteuer als Maßstabssteuer zu verzichten. Das bringt das ganze Kirchensteuerwesen doch von der bäuerlichen Seite her in Unordnung.

Ruppel: Das braucht man ja auch mit diesem Punkte nicht zu verbinden. Das wäre ein Punkt, der erst für eine preußische Kirchensteuer oder für eine Reichskirchensteuer in Betracht käme.

Vorsitzender: Die Bereinigung dieses Punktes im Wege der Landesgesetzgebung wäre natürlich sehr viel einfacher.

Schröcker: Das wäre der einfachste Weg, den es überhaupt gibt.

Vorsitzender: Es käme nur darauf an, Ihren Herrn Minister und meinen Herrn Minister dazu zu bewegen. Ich weiß nicht, wie mein Herr Minister darüber denkt. Es ist immerhin fraglich, da das ein Eingriff in die Kirche ist, ob Ihr Herr Minister nicht Bedenken haben würde, das für das Reich zu machen.

Roth: Das glaube ich nicht, wenn man die entsprechende Begründung gibt. Er hat auch immer schon davon gesprochen.

Schröcker: Es ist ein gewisser Übergang für die Kirchen ohnehin schon dadurch geschaffen, daß sie auf einen Teil dieses Aufkommens aus alten Kirchensteuerordnungen schon freiwillig verzichtet haben, so daß das für sie nicht mehr so fühlbar werden könnte. Nun ist es verallgemeinert und auch noch auf die juristischen Personen erstreckt worden. Es wäre allerdings für die Kirchen sehr fühlbar, wenn die Besteuerung der juristischen Personen wegfiele. Das ist ja eigentlich jetzt immer noch der springende Punkt bei der ganzen Sache. Man könnte hier daran denken, daß man den § 30 des alten Kirchensteuergesetzes aufhebt, aber doch das entsprechende Gesetz erst ein Jahr später in Kraft setzt, so daß es noch ungefähr ein Jahr lang bei dem bisherigen Zustande bleibt, die Kirchen aber wissen: In den nächsten Haushalt dürfen wir diese Leistungen nicht mehr einstellen. Sie können sich dann umstellen, wenn man die Kirchen insgesamt schonen will. Außerdem wäre noch zu prüfen, ob das nicht ohne Gesetz im Wege der Verwaltungspraxis gemacht werden kann, indem die mittleren Behörden angewiesen werden, von Aufsichts wegen solche Kirchensteuerbeschlüsse nicht mehr zu genehmigen, bzw., soweit die Genehmigung nicht erforderlich ist, sie zu beanstanden.

Weber: Warum wollen Sie nicht ein offenes, klares Wort sprechen und den Paragraphen aufheben. Warum wollen Sie eine Art von Gesetzesverletzung hinten herum einleiten?

Ruppel: Es ist sehr schwierig für den Regierungspräsidenten, in dieser Sache den eben erwähnten Weg zu gehen, da vielfach die Entscheidungen nicht im Wege irgendeiner Eingabe, irgendeines Schreibens veranlaßt werden, sondern vielfach Rechtsmittelentscheidungen vorliegen. Gegen diese Rechtsmittelentscheidungen kann Beschwerde beim Regierungspräsidenten eingelegt werden, und dann muß der Regierungspräsident formal entscheiden. Jedenfalls fühlen sich die Beamten dazu verpflichtet. Dann kommt also z.B. ein Beschluß heraus, der die eigentliche Beschwerde als ungerechtfertigt zurückweist, weil die alte Kirchensteuerordnung nach Ansicht des betreffenden Regierungspräsidenten noch gilt. In diesen Fällen wäre die einzig mögliche Lösung die Beseitigung der ganzen Sache.

Stalmann: Herr Dr. Schröcker, die Umlagebeschlüsse der Kirchengemeinden auf Grund einer älteren Steuerordnung bedürfen in Preußen keiner staatlichen Genehmigung, sondern der Kirchenvorstand faßt den Beschluß. Dann wird eine Hebeliste aufgestellt, und die wird ausgelegt. Damit hat die Kirchengemeinde das Recht, diese Steuern zu erheben. Der Staat kommt erst dann herein, wenn es sich um das Rechtsmittelverfahren handelt; also im Verwaltungswege lassen sich die älteren Steuerordnngen nicht beseitigen. Der Rechtsweg ist unbeschränkt zulässig. Sie können ohne weiteres klagen. Da meine ich auch wie Herr Prof. Weber: Man soll ganz offen sein und die Sache nicht hinten herum im Verwaltungswege machen. Dann lieber mit offenen Karten spielen und das feststellen. Die Öffentlichkeit hat durchaus Verständnis dafür, daß § 30 des Kirchensteuergesetzes verschwindet.

Schröcker: Ich hatte nur an diese Möglichkeit gedacht, falls das Gesetz besonderen Schwierigkeiten begegnen würde, aus irgendwelchen Gründen einfach nicht zustande kommen würde wie das Reichskirchensteuergesetz. Hier liegt die Sache natürlich etwas anders. Aber es gibt eben manchmal solche Hindernisse innerhalb einer Behörde, daß eben ein Gesetz, das längst wünschenswert ist, nicht zustande kommt. Dann wäre zu prüfen, ob es nicht irgendeinen anderen Weg gibt, im Wege der Verwaltungspraxis hier Abhilfe zu schaffen. Aber ich sehe ein: das ist nicht möglich.

Vorsitzender: Sie meinen: als subsidiäres Mittel! – Meine Herren! Wollen wir denn nicht vielleicht überhaupt so stückweise vorgehen? Allerdings behalte ich mir vor, einen Vorschlag zu machen, wenn wir die anderen Punkte durchgesprochen haben. Aber würde es sich nicht empfehlen, vielleicht von uns aus schon zu Punkt 1 auf Preußen beschränkt die Initiative zu ergreifen und an den Herrn Reichskanzler mit einem Schreiben heranzutreten? (*Schröcker:* Das würde ich sehr empfehlen!) Wobei man das ganze Milieu kurz schildern und dann sagen könnte: eine besonders unzeitgemäße Abgabe ist dieser Punkt 1; damit hat es folgende Bewandtnis. Dann könnte man den Vorschlag machen, durch Aufhebung des § 30 auf dem Wege der Landesgesetzgebung vorzugehen.

Stalmann: Ist es nicht vielleicht etwas verfrüht, darüber schon jetzt zu sprechen? Wenn wir alle 5 Punkte durchgegangen sind und abschließend Stellung nehmen, dann könnten wir das erörtern. Wir werden vielleicht später darauf kommen, daß einzelne Punkte so schwierig sind, daß sie nicht sofort bereinigt werden können. Es ist ja gewiß verlockend, wenigstens etwas zu erreichen. Ich glaube aber, diese Frage läßt sich erst entscheiden, wenn wir etwas weiter sind, wenn wir alle die 5 Punkte durchgesprochen haben, was heute nicht möglich sein wird.

Vorsitzender: Ich wollte nur einmal in die Debatte geworfen haben: Getrenntes Vorgehen in ganz klaren Fällen hat sehr viel für sich. Wenn man mit einem großen umfassenden Schreiben, das die 5 Punkte behandelt, an den Herrn Minister herantritt, dann sagen alle Herren: Ach, die furchtbare Sache; das ist wieder so und dies ist so; das kann man gar nicht unterscheiden. Darum empfiehlt sich vielleicht auch sogar, zeitlich getrennt ganz klare Fragen aufzugreifen und an sie heranzutreten.

Roth: Wir wollen die Dinge erst einmal durchsprechen und, nachdem wir einen Überblick gewonnen haben, vielleicht einen Punkt in besonderer Weise herausgreifen.

Vorsitzender: Weil er prägnant und einfach zu lösen ist!

Stalmann: Wir müssen aber noch folgendes berücksichtigen. Diese 5 Punkte überschneiden sich immer wieder. Wenn wir die alten Landeskirchensteuerordnungen aufheben, dann muß auch die Verpflichtung der politischen Gemeinden, zu den Kirchensteuern beizutragen, wegfallen, und da kommen wir schon vielfach auf Verträge, Anerkenntnisse und Judikate. Vielfach vertreten die Kirchenbehörden die Auffassung, daß die politischen Gemeinden kraft Observanz verpflichtet sind, die Kirchensteuern zu zahlen. Mir sind Prozesse auf diesem Gebiet bekannt, z.B. ein Prozeß aus Hannover gegen Rehburg. Rehburg ist ein kleines Städtchen und ein kleines Dorf. Der Kirchenvorstand machte sich dort die Sache sehr bequem. Die Kirchensteuer wurde aus dem Etat der politischen Gemeinde gedeckt, und das verlangte das Konsistorium. Die Gemeinde weigerte sich auf Veranlassung des Regierungspräsidenten. Sie sollte dann gegen die Stadt Rehburg prozessieren. Der Kirchenvorstand lehnte das ab, und das Konsistorium hat dann den berühmten Kirchenanwalt gestellt, also den Prozeß gegen den Willen der Kirchengemeinde durchgeführt, die sich sagte: wir sind Mitglieder der Kirchengemeinde und der politischen Gemeinde; was sollen wir diesen Prozeß gegen uns selber führen? Also es war ein gesundes Gefühl, das die Leute hatten. Dann kommt das Konsistorium und sagt: Nein, wir machen diesen Rechtsanspruch geltend, wenn ihr nicht wollt, gegen euch. Es wird ein Kirchenanwalt bestellt. Das ist ein grober Unfug. Der Prozeß ist damals gewonnen worden. Ich habe das vorige mal daran erinnert, daß der Domprobst von Lüneburg (?) die Auffassung hatte, daß im ganzen Hochstift Paderborn eine Observanz besteht, nach der die politische Gemeinde die Kirchenlasten zu tragen habe. Also dieser Punkt müßte an sich doch auch mit bereinigt werden, obgleich da die Rechtsgrundlage eine Kleinigkeit anders sein kann. Entweder eine Observanz kann beseitigt werden, oder es können auch Verträge zugrunde liegen, die wegfallen müssen. *(Zustimmung.)*

Weber: Für die gesonderte Behandlung dieses ersten Punktes spricht zweierlei. Dem System nach sind es erstens Leistungen ganz besonderer Art, die sich doch mit den anderen verhältnismäßig wenig überschneiden. Zweitens: Die Beseitigung dieser Dinge ist auf einem besonders einfachen und harmlosen Weg, nämlich dem des Landesgesetzes, zu erzielen. Es bedarf praktisch nur einer Verständigung zwischen Kirchenministerium und Preußischem Finanzministerium. Politisch spricht für diese Art der Regelung, daß sie sich harmlos vollziehen kann und ihr der Charakter einer sachlich notwendigen Maßnahme belassen werden kann, während die Zusammenfassung aller dieser Dinge sofort große kirchenpolitische Probleme aufwirft, die vielleicht doch noch geprüft werden sollen. Ich glaube, alles spricht dafür, diese sachlich notwendige Regelung in einer ebenso sachlich einwandfreien Weise zu treffen.

Ruppel: Das Problem ist das einer Aufgliederung in einzelne Gruppen, weil man bei der Tendenz, die ganze Sache aus der Welt zu schaffen, Manches, Vieles, ja das Meiste entschädigungslos beseitigen kann, weil aber in der ganzen Sache bestimmte Dinge sind, die man nicht ohne Entschädigung oder ohne Billigkeitsentschädigung beseitigen kann. Nun ist es aber auch meines Erachtens gerade ein Charakteristikum dieses Punktes, daß die Abgrenzung der in Betracht kommenden Erscheinungen leicht möglich ist. Man würde, glaube ich, hier anknüpfen müssen, wie wir ja vor hatten, an den § 30 des preußischen Kirchensteuergesetzes. Da kann man wohl nicht daran zweifeln, daß der Fall Rehburg ./. Rehburg nicht darunterfällt; denn da liegt ja eine Observanzleistung vor.

Stalmann: Darauf kommen wir nachher, wenn wir zu den Verträgen kommen. Der Fall Rehburg ./. Rehburg bleibt bestehen. (*Ruppel:* Das kommt bei Ziff. 3!)

Vorsitzender: Ich bedaure sehr, daß Herr MinRat Riewald (?), den ich für die heutige Sitzung gewinnen wollte, nicht abkömmlich war; denn er ist als Kirchensteuerreferent auch hieran interessiert. Es sind hier manchmal gewisse Hemmungen zu überwinden. Man kann ein solches Gesetz direkt als ein Schutzgesetz für die Kirchen bezeichnen. Wenn es nämlich so weitergeht, macht das so viel böses Blut, daß die Kirche diejenige ist, die dabei zu leiden hat.

Barion: Man wird das Ganze rein formal einfach als einen Bericht des Ausschusses zu diesem § 30 aufbauen und dann eben von vornherein sagen, der Ausschuß meine gar nicht, daß damit die Frage des älteren Rechts abschließend erledigt sei, sondern der Ausschuß sei bei seinen Beratungen darauf gekommen, daß hier ein technisch besonders einfacher Fall vorliegt, um das Ganze von da aus aufzubauen. Das müßte doch durchgehen. (*Meyer:* Man sollte es meinen!) Es wäre doch vielleicht zweckmäßig, wenn man das heute schon insoweit festlegte, damit bis zum nächsten Mal eventuell der Entwurf des Schreibens vorliegt; sonst läuft die Sache über mehrere Sitzungen bis Ende des Jahres. Das Ganze könnte man in ein paar Tagen in eine Form bringen. Das ist doch nicht so schwierig.

Schröcker: Ich glaube, daß man hier die Frage der Herkunft dieser alten Kirchensteuern sogar außer acht lassen kann. Man kann darauf hinweisen, wie bestritten das ist, wie verschieden die Beurteilungen sind; aber man braucht es nicht zu klären.

Barion: Für den § 30 könnten die Herren, die hier in Berlin sind, das Problem gewissermaßen als Unterausschuß fertigmachen.

Schröcker: Wir können in diesem Scheiben meines Erachtens auf eine theoretische Erörterung dieser Dinge verzichten.

Barion: Das Problem ist wohl nur das, ob § 30 wegfallen soll.

Vorsitzender: Wir wollen also eine kleine Kommission einsetzen, der Herr MinRat Roth, Herr Dr. Schröcker und Präsident Stalmann angehören würden. Ohne Herrn Stalmann geht es nicht. Ich persönlich bin auch bereit, mich der Sache anzunehmen.

Schröcker: Vielleicht könnte auch Herr MinRat Riewald mittun.

Vorsitzender: Das werde ich einleiten. Eventuell könnten wir eine Besprechung bei mir veranstalten. Wenn Herr Präsident Stalmann daran teilnähme, wäre das sehr nett.

Roth: Zweckmäßig wäre es auch, wenn Herr MinDirigent Stahn daran teilnehmen könnte. Er ist bis zum 28. Juli im Urlaub.

Vorsitzender: Herr Dr. Schröcker, vielleicht können wir uns vorher den Wortlaut des Schreibens überlegen, um die Zeit auszunützen.

Schröcker: Es wäre am besten, wenn für die Kommission schon irgendein Rohentwurf vorliegt, der dann auf seine Zweckmäßigkeit hin usw. durchberaten werden könnte. Eventuell wäre daran zu denken, daß zwei getrennte Entwürfe gemacht werden.

Weber: Ich würde vorschlagen, daß Herr Dr. Schröcker als der Hauptanwesende diesen Entwurf macht und ihn dann Herrn Präs. Stalmann zuleitet, daß dann auf Grund eines von beiden Herren hergestellten Vorentwurfs unter Zuziehung des Herrn Präs. Stalmann die Besprechung vor sich geht.

Vorsitzender: Ich werde die nötigen Schritte dementsprechend tun.

Weber: Dann hat also das Reichsgericht doch Recht behalten, daß der Gesetzgeber sprechen soll.

Vorsitzender: Ja, sehr richtig! – Dann würden wir jetzt zu der zweiten Gruppe kommen.

Schröcker trägt Punkt 2 seines Referats vor: *Umlagen älteren Rechts, Reallasten und die Frage ihrer Ablösung.*

Vorsitzender: Sie haben sich sehr eingehend mit der Sache befaßt, ich bin Ihnen sehr dankbar.

Stalmann: Darf ich mir eine Anregung gestatten. Wäre es nicht interessant, durch eine Umfrage bei den Kirchenbehörden festzustellen, in welchem Umfang derartige Reallasten noch vorhanden sind. Ich glaube bestimmt zu wissen, daß die Kirchenbehörden darüber Material haben.

Schröcker: Die Kirchenbehörden behaupten in solchen Fällen, daß sie selbst nicht das nötige Material hätten; sie müßten erst wieder Rückfrage halten.

Roth: Soviel ich weiß, ist in Altpreußen kein ausreichendes Material darüber vorhanden. Material ist in Mecklenburg vorhanden, aber die werden es nicht geben.

Schröcker: Ich glaube, daß der Reichsnährstand das zusammenstellen könnte. Der muß viel Material haben. Das entnehme ich aus dem Schreiben des Reichsnährstandes an uns.

Vorsitzender: Sie hatten heute nur die zwei Punkte, Herr Dr. Schröcker? Wie kann man nun das Kriterium von Punkt 2 scharf präzisieren im Gegensatz zu Punkt 1? Sind das feste Leistungen?

Schröcker: Nicht ganz. Es gibt da wälzende Lasten, die nach verschiedenen Gesichtspunkten beweglich sind. Wir müssen da unterscheiden zwischen wälzenden und ruhenden Reallasten. Aber zum großen Teil sind sie fixiert.

Vorsitzender: Dann kann man wohl dem Inhalt und dem Ursprung nach unterscheiden: geldliche Lasten, Naturalien und solche geldliche, die wertbeständig an Hand von Naturalien gemacht sind?

Schröcker: Da überschneiden sich die ersten zwei Gruppen. Z.B. der ehemalige Dezem ist in dingliche Kirchensteuer übergegangen in manchen Gegenden, und umgekehrt gibt es Kirchensteuern, die nach ganz alten Maßstäben umgelegt werden, wie Kuhschwänze usw.; die berühren sich sogar sehr eng mit den Reallasten. Wir würden sie da am besten rein technisch danach unterscheiden, ob sie dem § 30 des Kirchensteuergesetzes unterliegen oder nicht.

Vorsitzender: Das wäre wieder sehr unbestimmt.

Stalmann: Sie können unter § 6 des Kirchensteuergesetzes fallen; das haben Sie beim Spezialrecht.

Schröcker: Ich würde es für zweckmäßig halten, wenn wir ein Spezialreferat über die Unterscheidung zwischen öffentlich-rechtlichen und privat-rechtlichen Titeln einschalten könnten.

Stalmann: Sie sind also der Auffassung, daß die Realleistung nicht entschädigungslos beseitigt werden soll? Mein Vorschlag war ja: privatrechtliche, d.h. soweit sie nicht öffentlich-rechtlich sind, nicht entschädigungslos. Denn da sind es doch gar keine Kirchensteuern in weiterem Sinne.

Zu den Richtlinien, die Sie für den Fall der Ablösung gegeben haben, ist sehr interessant ein modernes Ablösungsgesetz, und zwar ein Gesetz von 1936 oder 1937 vom Reichsforstmeister über die Ablösung der Brennholzberechtigung am deutschen Wald. Das betrifft z.T. auch Pfarrhäuser, aber nicht speziell. In den Dörfern hat vielfach jedes Haus eine Berechtigung auf Lieferung von Holz aus dem Wald. Das war selbst zu meiner Zeit in Göttingen noch so. Jeder Göttinger Bürger bekam einen Teil des dortigen Waldes. Das Holz wurde im Herbst vor den Türen abgeladen. Dieses Gesetz ist in mancher Beziehung interessant. Die Veranlassung dazu für den Gesetzgeber ist gewesen, daß der Rohstoff Holz heute mit der wertvollste Rohstoff ist, den wir haben, daß der Bedarf nach Holz sehr groß ist, und daß es ein Jammer ist, dieses Holz zu verbrennen. Die Einzelheiten des Gesetzes sind mir nicht so gegenwärtig. Aber es ist wohl so: Der Ablösungsanspruch wird so berechnet, daß die Ablösung möglichst schonend für den Waldeigentümer ist. Man geht dabei über die Interessen des Berechtigten weit hinweg. Die Entschädigung kann festgesetzt werden in Geld oder auch in Steinkohle oder Braunkohle, um sie wertbeständig zu gestalten.

Vorsitzender: Wir haben dasselbe auch schon gemacht in der Zeit der Inflation.

Stalmann: Bezeichnend ist nur folgendes. Wenn ich an Kirchengemeinden herangehe und sage, ich möchte die Waldholzberechtigung ablösen, so wird das rundweg abgelehnt. Freiwillig tun sie das nicht. Ich muß dann eben das Zwangsablösungsverfahren beantragen.

Weber: Sind es nicht, unter unseren heutigen geldwirtschaftlichen Gesichtspunkten betrachtet, außerordentlich niedrige Leistungen? (*Stalmann:* Sehr niedrige!) Kann man da nicht unter dem Gesichtspunkt des Bagatellcharakters sich dazu entschließen, einfach einen Strich unter die Sache zu ziehen, wenn es sich um Beträge von drei und vier Mark oder auch zehn bis zwölf Mark pro anno handelt.

Vorsitzender: Dann nur durch Reichsgesetz!

Weber: Kann man nicht sagen: Die Kirchen haben eben inzwischen einen nicht nur vollwertigen, sondern überaus vollwertigen Ersatz in Gestalt ihres eigenen Steuerrechts bekommen. Kann man unter diesem Gesichtspunkt nicht diese Leistungen von ein Paar Eiern und dgl. einfach streichen?

Stalmann: Ich fürchte, in den Gemeinden, in denen diese Reallasten aus alter Zeit noch bestehen, wo es zu einer größeren Ablösung nicht gekommen ist, macht es für die einzelne Kirchengemeinde doch allerlei aus. Wenn ich an die Lüneburger Heide denke: Da besteht im Durchschnitt jede Kirchengemeinde aus 100 Höfen; es ist die alte Hundertschaft. Von diesen 100 Höfen wurden geliefert – und werden z.T. heute noch geliefert – an den Pfarrer und den Küster und Organisten relativ große Beträge: mehrere Himpen Roggen, dann ein Brot, dann Schinkengeld. Der Schinken ist schon abgelöst, das Schinkengeld beträgt 1,72 RM, während man früher tatsächlich einen Schinken hat liefern müssen.

Weber: Wenn das jetzt ausfällt in der Kirchengemeinde, dann wird sie eben dieselben 100 Höfe mit einer Steuer belegen. Also die Kirchengemeinde selbst hat im Endergebnis keinen Ausfall. Die Verpflichteten müssen dann nur unter einem anderen Titel zahlen. Der ganze Vorgang, der sich vollzieht, ist eine Modernisierung des Ablieferungsverfahrens und der Ablieferungsberechnung.

Und was die privatrechtlichen Titel angeht, so kann man sagen: die sind überhaupt überholt. Die Kirche soll sich zu ihrer Finanzierung grundsätzlich keiner privatrechtlichen Titel mehr bedienen. Die privatrechtlichen Titel sind ja nur stecken geblieben, die haben aus Gründen der Beharrung die Entwicklung zu öffentlich-rechtlichen Titeln nicht mitgemacht. Im Grunde genommen ist das ganze nur eine Modernisierung des Verfahrens. In der Lüneburger Heide zahlen die Leute ja heute auch schon Kirchensteuern neben den Reallasten.

Ruppel: Ich bin in der Tendenz mit Herrn Dr. Weber ganz einig. Ich möchte nur hinsichtlich der finanziellen Auswirkung sagen: Die Mecklenburgische Landeskirche macht Zahlenangaben, die gar nicht so gering sind. Ich glaube, sie behauptet, daß, wenn die ganzen Würste, Eier usw. wegfielen, damit für Mecklenburg 250.000 – 280.000 Reichsmark ausfielen.

Schröcker: Ich habe die Zahl von 300.000 in Erinnerung.

Weber: Das ist doch kein effektiver Ausfall, das kommt in anderer Form ja wieder ein.

Ruppel: Das ist richtig, aber psychologisch spielt es doch eine Rolle. Die Bauern sind in dieser Hinsicht sehr konservativ. Sie werden sagen: Warum sollen nun ausgerechnet diese, sagen wir zwanzig Höfe von der Sache quasi freikommen und statt dessen wir sämtlichen 40 Höfe nun die ganze Sache bezahlen? Das ist ein psychologisches Moment, das man auch in Betracht ziehen muß. Man muß das noch überlegen. Aber trotz dieser Momente würde ich für völlige Streichung der ganzen Geschichte sein. Ich bin aber auch für eine Einschränkung. Man muß die Sachen herausfischen, bei denen Ungerechtigkeiten eintreten würden. Und da bin ich zu folgenden Hauptfällen gekommen, die auch mehr privatrechtlicher Natur sind.

Wenn die Reallasten Entschädigungen für Abgabe von Grundbesitz sind, dann muß man vorsichtig sein. In Ihrem berühmten Gesetz, Herr Ministerialdirektor, ist eine ganz gute Formulierung vorgesehen. Sie haben da zwei Siebe aufgestellt; die einen werten Sie auf, die andern werten Sie nicht auf, und Sie staffeln die Aufwertung, und was durch dieses Sieb gekommen ist, das lösen Sie ab in verschiedener Form, teil kümmerlich, teils sehr gut. Ich weiß nun nicht, ob es bei der Aufwertung oder bei der Abwertung ist. Da gibt es ebenfalls die Bestimmung, wenigstens dem Sinne nach, daß, wenn die Last, die beseitigt oder abgelöst werden soll, eine Entschädigung für Abgabe von Grundbesitz ist, eine erhebliche höhere Aufwertung stattfinden soll. Es gibt ja in Altpreußen vielfach die Erscheinung, daß das Pfarrvermögen Land hat und das Kirchenvermögen nicht. Der Pfarrer hat sein Land selbst bewirtschaftet und verpachtet, das Kirchenland dagegen ist in Erbpacht gegeben worden, und im Zuge der Bereinigung der landwirtschaftlichen Verhältnisse ist das Untereigentum des Erbpächters in wahres Eigentum verwandelt, und das Obereigentum des Verpächters gestrichen worden, und er hat an Stelle dessen eine derartige Reallast bekommen. Da würde es sich fragen, ob man nicht eine gewisse Entschädigung, aber bescheidener Art, gibt. Das ist so der eine Komplex.

Schröcker: Es gibt auch Leistungen, die auf Grund von Stiftungsauflagen oder Testamentauflagen erfüllt werden und im Grundbuch gesichert sind. Die können auch aus neuerer Zeit stammen. Da müßte man sich auch fragen: Sollen die entschädigungslos aufgehoben, abgelöst werden oder unberührt bleiben?

Ruppel: Ich habe noch eine zweite Gruppe, das ist folgende. Bei der Gemeinheitsteilung ist auch das Gemeindeeigentum an Wald, Wiese usw. aufgeteilt worden. Dabei ist aber gelegentlich so verfahren worden, daß die politische Gemeinde und die Kirchengemeinde nichts bekommen haben, sondern daß bei denen gewissermaßen Renten, Nutzungen der übrigen als Entschädigungen ausgeworfen sind. Da würde man auch fragen müssen, ob man da eine einfache Streichung für angemessen hält. Das ist übrigens auch vielfach so gegangen, daß die Bauern sich die Weide oder den Wald aufgeteilt haben unter Ausschaltung der Kirchengemeinde, und daß die dann erst mal Leistungen an die Kirche gezahlt haben, was dann eine Quelle mancher Leistungen der politischen Gemeinde an die Kirchengemeinde geworden ist. So erklärt sich vielfach die Holzleistungspflicht der politischen Gemeinde an die Kirchengemeinde. Ich muß zu diesem Komplex sagen, daß es mir zweifelhaft ist, ob man in diesen Fällen auch eine Billigkeit in dem Sinne annehmen kann, daß auch hier eine Entschädigung zu zahlen ist. Manches spricht dafür, aber man kann auch sagen, daß manches dagegen spricht.

Vorsitzender: Das macht die Sache natürlich kompliziert.

Ruppel: Unter Ihre berühmte Formel in dem Gesetz von 1929, die ich im Augenblick nicht im Kopf habe, fallen derartige Dinge wohl im allgemeinen nicht. Man kommt aber mit dieser Formel wegen des Grundbesitzes nicht rein aus, sondern es gibt daneben eben bestimmte privatrechtliche Fälle, die man, wie Herr Dr. Schröcker erwähnt hat, doch auch ausnehmen muß. Da würde es sich also darum handeln, die richtige Formel zu finden, und da bin ich auf den Gedanken gekommen, ob man da nicht einen Zeitpunkt festsetzen sollte, indem man etwa sagt: Alles, was nach achtzehnhundert soundsoviel begründet ist, soll noch gelten, aber beispielsweise ein Testament eines Bauern aus dem Jahre 1600 soll nicht mehr gelten; denn da kann man sagen, es ist nun in den 300 Jahren wirklich genug geleistet.

Vorsitzender: Ich hatte das damals drin im Gesetz, es ist aber im Laufe der parlamentarischen Beratungen herausgekommen. Es gab viele, die sagten: Was so lange Zeit gezahlt ist, das ist doch nun wirklich rechtens geworden. *(Heiterkeit.)*

Stalmann: Fast alle diese Lasten sind öffentlich-rechtlicher Natur, und soweit die öffentlich-rechtlich sind, können sie ohne weiteres beseitigt werden und müssen in konsequenter Ausführung verschwinden. Man könnte nur Ausnahmen machen für privatrechtliche Leistungen, und da könnte man es so machen, daß man sagt: Es wird vermutet, daß die Lasten dieser Art öffentlich-rechtlicher Art sind. Dann würde also die Gegenseite den Gegenbeweis haben. Und für diese Fälle könnte man ein vereinfachtes Ablösungsverfahren einschalten. Man könnte weiter sagen: Sie sind immer öffentlich-rechtlich, wenn sie aus einer Zeit stammen, die vor 1850 oder 1870 liegt.

Schröcker: Für die Vermutung könnte man die Zeitbestimmung einfügen. (*Weber:* Eine Fiktion!)

Stalmann: Dann haben wir sie zu 99% weg.

Vorsitzender: Den Zeitpunkt von 1850 hatte ich auch.

Schröcker: Ich würde auch den Zeitpunkt des Inkrafttretens des Ablösungsgesetzes von 1850 nehmen, weil damals eine ganze Reihe Reallasten entschädigungslos aufgehoben sind, nur die Kirchen wurden ausgenommen.

Vorsitzender: Wie wollen wir da prozedieren? Wollen wir das auch schon vorwegnehmen?

Schröcker: Vielleicht könnte das schon in denselben Vorschlag mitaufgenommen werden.

Vorsitzender: Das müßte wohl ein Reichsgesetz sein. Wollen wir es nicht lieber trennen?

Roth: Ja, es muß getrennt werden.

Vorsitzender: Wie kommen wir da weiter in dieser zweiten Frage?

Stalmann: Wir machen es genau wie Punkt 1: Eine Unterkommission entwirft ein Schreiben und formuliert bestimmte Vorschläge.

Weber: Darf ich noch folgenden Vorschlag machen. Nach den neueren Tendenzen der Reichskanzlei ist es nicht sehr erwünscht, daß umfangreiche und diffizile Gesetze vorgelegt werden. Ich weiß, daß der Führer und Reichskanzler noch vor kurzer Zeit das Gesetz über die Erfindungen von Gefolgsmännern hat zurückgehen lassen, weil es zu kompliziert war, und daß man dann einen ganz einfachen Gesetzentwurf plus Durchführungsverordnung formuliert hat. Hier sind die Dinge nun außerordentlich kompliziert. Eine reichsgesetzliche Regelung braucht man ja. Es wäre die Frage, ob man nicht von vornherein ein Rahmengesetz anstreben sollte, in dem die Fälle schön sauber aufgeführt sind, die Einzelheiten aber den Durchführungsbestimmungen überläßt.

Vorsitzender: Die Regelung dieser Materie ist schon immer daran gescheitert, weil sie zu kompliziert ist, weil keiner sich mit der Sache hat befassen können; und wenn er fertig war, dann starb er entweder oder es kam Krieg. *(Heiterkeit.)* Welche Reichsminister würden denn hier beteiligt sein? (*Zurufe:* Landwirtschaftsminister! Reichsernährungsminister!)

Schröcker: Der Innenminister auch noch, soweit die politischen Gemeinden betroffen werden.

Ruppel: Man könnte es so machen: ein einheitliches Grundgesetz, aber für jeden Punkt eine besondere Durchführungsverordnung, die jeweils mit den beteiligten Ressorts erledigt werden müßte.

Vorsitzender: Wollen wir dann diesen zweiten Punkt technisch ebenso behandeln wie den ersten?

Roth: Ich würde vorschlagen, erst die Diskussion über die Punkte drei bis fünf abzuwarten. Dagegen kann Punkt 1 losgelöst davon ohne weiteres erledigt werden.

Vorsitzender: Eine Frage zur Geschäftsordnung: Wollen wir in dieser Tagung nur die beiden ersten Punkte und den Punkt drei behandeln und dann abbrechen, um noch für andere Dinge Zeit zu haben?

Schröcker: Die Diskussion über dieses Gesamtthema wird sich noch ziemlich lange hinziehen.

Ruppel: Vielleicht können wir eine summarische Vordiskussion über die anderen Punkte heute schon vorwegnehmen.

Vorsitzender: Ich bin sehr dafür. Also über die Punkte 3,4,5. Herr Präsident Stalmann, würden Sie sich dazu kurz äußern können?

Stalmann: Punkt 3 ist praktisch, aufs ganze gesehen, die Frage der Säkularisation, der Schlußstrich unter die Säkularisation. Und da könnte man sagen: Das ist alles öffentlich-rechtlich.

Vorsitzender: Doch nicht ganz. Nehmen Sie an, ein Kloster ist säkularisiert, und daraus bekommen gewisse Leute: Geistliche, Mönche oder Schwestern, Versorgungsansprüche. Sind die privatrechtlicher Art oder solche, denen richterlicher Schutz zur Seite steht?

Ruppel: Die Tendenz ist ja die: Was öffentlich-rechtlich ist, soll aus der Welt geschafft werden. Nun fällt mir ein Beispiel ein. In Breslau gibt es verschiedene große Kirchen mitten in der Stadt, die offenbar früher Klosterkirchen waren. Bei einer ist es so: Das Klostergebäude gehört der Kirchengemeinde und wird von ihr benutzt, und das gleich anschließende Gebäude des großen Klosterkomplexes einschließlich der wahrscheinlich damit zusammenhängenden Ländereien ist städtischer Grundbesitz; die Stadt hat da ein Krankenhaus oder Spital oder dgl. errichtet. Da würde man vor der Frage stehen: Wenn die Stadt dafür, daß sie diesen ganzen Klosterkomplex mit Ländereien hat, von Alters her für die betreffende Kirche irgendwie einzustehen hat, sagen wir mit einer Rente für die Baulasten oder mit einer Rente für die Besoldung der Pfarrer, ist das nun privatrechtlich oder öffentlich-rechtlich? Und wenn es öffentlich-rechtlich ist, ist es billig, wenn wir da jetzt einen Strich drunter machen. Ich will nur dies als praktisches Beispiel in die Diskussion werfen.

Vorsitzender: Ich halte es für öffentlich-rechtlich, weiß nur nicht, ob es billig ist.

Stalmann: Als damals nach der Reformation die Klöster in den evangelischen Ländern ihre eigentliche Zweckbestimmung verloren, und der Staat oder die Städte, wie in Breslau, sich das aneigneten, da entstand die Frage: Was soll werden mit den Kirchen, die von den Klöstern aus versehen wurden? Also die Pfarreien sollten nun dotiert werden. Das ist auch meist geschehen, und so sind die Katasterzuschüsse entstanden. Aber die haben heute absolut keine Berechtigung mehr. Sie werden weiter gezahlt wie zur Zeit der Begründung ohne Rücksicht darauf, ob sie heute noch notwendig sind oder nicht. Unter Umständen ist eine Kirchengemeinde inzwischen zu einer sehr reichen Gemeinde geworden, sie hat inzwischen das Kirchensteuerrecht erhalten. Die Frage ist, ob man nicht auch hier sagt: Die ganzen Voraussetzungen für die Dotierung sind inzwischen fortgefallen, warum soll dann eine solche Pfarrei begünstigt werden vor den 100.000 anderen, die nicht das Glück gehabt haben, in irgendeiner Verbindung mit einem Kloster gestanden zu haben. Ich will einen Fall nehmen: das ist Barsinghausen, ein aufstrebender Ort mit etwa 5.000 Einwohnern. Da bezahlen sie nicht einen Pfennig Kirchensteuer. Sie lassen sich die ganzen Lasten von den Rechtsnachfolgern des Klosters weiterbezahlen, und leider Gottes auf Grund eines Prozesses; man hat den Anspruch anerkannt.

Weber: Wenn ich z.B. nach Breslau berufen werde und ziehe in eine Kirchengemeinde: Was habe ich dann noch damit zu tun, daß vielleicht 1560 oder wann da säkularisiert und diese Leistung begründet worden ist? Was geht mich das an?

Vorsitzender: Es ist dann die Gefahr, daß man dahin kommt, daß man reiche Pfarreien nicht mehr anerkennt.

Stalmann: Wenn man sich scheut, den radikalen Schnitt zu machen, und etwas der Kirche oder der Öffentlichkeit entgegenkommen will, dann könnte man sagen: Gut, wir lösen die Sache ab, meinethalben zum fünffachen oder sechsfachen Betrag, damit ihr euch auf die neuen Verhältnisse einrichten könnt; wir sind anständig, wir könnten es überhaupt aufheben, aber wir wollen es nicht, wir geben euch den fünf- oder sechsfachen Betrag.

Vorsitzender: Ich bin mir da nicht so ganz klar. Ich ringe da mit mir. Wenn man sich zurückversetzt in die Zeit der Säkularisation, so war doch gleich hinterher das Gegebene, daß der Staat das übernahm. Die Kirchen konnten ihre Geistlichen nicht mehr bezahlen, also mußte der Staat es tun. Nun soll das anders sein, weil über 130 Jahre seitdem verflossen sind. Das ist doch eine bedenkliche Sache.

Ruppel: Es wird immer vergessen, daß die Klöster auch laufende Einnahmen hatten. Z.B. in Brandenburg: Da ist bei der Reformation ein Prozeß entstanden, daß keine Seelenmessen mehr gelesen wurden. Die Einnahme war weggefallen, und infolgedessen bestanden überhaupt keine Einkünfte mehr für die Bezahlung der zweiten und dritten Pfarrer. Da gibt es, glaube ich, einen Erlaß aus den ersten Jahrzehnten der Reformation für die Mark Brandenburg, wonach die Städte verpflichtet wurden, die Besoldung der zweiten und dritten Geistlichen an den Pfarrkirchen der ehemaligen Klöster zu übernehmen. Also die Klöster haben auch ihren Geschäftsbetrieb seinerzeit einstellen müssen, und ihre ganzen laufenden Einnahmen aus Seelenmessen sind bei der Gelegenheit weggefallen.

Dann muß man berücksichtigen: Woher hatten die Klöster das Grundvermögen? Ich bin da historisch nicht so unterrichtet. Man kann bis zu einem gewissen Grade doch auch vermuten, daß die Dotationen auch aus der öffentlichen Hand ursprünglich stammten, und das Unbillige bei der ganzen Sache ist ja, daß hier nun gewissermaßen eine Bedarfsdeckung wie im Falle Barsinghausen postuliert wird. Das kann man doch auf keinen Fall verlangen. Ich habe mir das überlegt und bin zu dem Ergebnis gekommen, auch hier zu sagen: Es wird alles gestrichen außer da, wo es sich um eine Entschädigung für Grundbesitz handelt, in diesen Fällen wird eine Abfindung gewährt. Das würde also für den Breslauer Fall bedeuten, daß die Stadt an die Kirchengemeinde eine billige Abfindung oder Ablösung zahlt, und dabei wäre zu berücksichtigen, wieviel die Stadt noch an Klostergütern um Breslau hat, und wie reich oder arm andererseits die Kirchengemeinde in Breslau ist.

Weber: Nur mit der Maßgabe, daß die jetzige Kirchengemeinde nicht mehr identisch ist mit dem früheren Kloster. Ich kann mir vorstellen, daß die Dinge berechtigt sind, soweit es sich um Dotationen bischöflicher Stühle handelt, wo die Einrichtung noch besteht. Aber dieses Kloster ist doch nun beseitigt worden, und die jetzige Kirchengemeinde ist nicht mehr mit dem damaligen Vermögensträger identisch. Und stimmungsmäßig wird berücksichtigt werden müssen, daß die Leute, die zu der Kirchengemeinde in Breslau gehören, auch alle als Mitglieder der politischen Gemeinde an dem Vermögen partizipieren, das die Stadt hat; es ist ja nicht verschleudert an einen vollkommen Fremden, sondern es ist sozusagen in der Familie geblieben.

Ruppel: Es müßte dann nach Billigkeit festgesetzt werden. Es spielt auch die Tatsache eine große Rolle, daß diese ehemaligen Klosterkirchen meistens Dome sind.

Barion: Was die Frage der Billigkeit oder Unbilligkeit angeht, so muß man es auch vom innerkirchlichen Standpunkt ansehen. Da gibt es z.B. in Köln den berühmten Fall von St. Heribert. Ich bin überzeugt, die anderen dort werden es als unbillig empfinden, daß die Herren von St. Heribert, weil sie historisch mit der Abteil zusammenhängen, gut bezahlt werden, ohne daß sie die Gemeindeangehörigen zu drücken brauchen. Das mit reich und arm ist doch nicht so einfach zu scheiden. Man würde doch zum mindesten des Grundsatz zur Geltung bringen müssen, daß, wenn solche zufälligen Dinge vorhanden sind, es einem Gesamtverband zugute kommen muß, nicht einer einzelnen Gemeinde, damit das Plus oder Minus auf eine ganze Reihe von Gemeinden verteilt ist.

Forsthoff: Meinen Sie, daß das an einen gesamtkirchlichen Ausgleichsfonds zu leiten wäre?

Barion: Ja, es steckt doch darin die Frage der Billigkeit. Warum soll nun die eine Gemeinde, weil diese Kirche zu irgendeinem günstigen Zeitpunkt säkularisiert wurde, eine besondere Garantie haben? Das Problem wäre, formal gesehen, einfach versteinert. Es handelt sich darum, die Dinge aufzulockern.

Vorsitzender: Und dann wollten Sie, Herr Dr. Schröcker, doch auch noch die Vermögenslage berücksichtigen, gewissermaßen wie bei der Aufwertung?

Weber: Es wurde auf die Dome hingewiesen. Angesichts der Tatsache, daß hier eine Kirchengemeinde verpflichtet wird, im Interesse der politischen Gemeinde ein Kirchengebäude zu unterhalten und Leistungen auszuschütten, die ihre Bedürfnisse und ihre Finanzkraft übersteigen, müßte über die freiwillige Zuwendung der Denkmalpflegefonds auch eine Vorsorge getroffen werden für die Beteiligung der Stadt oder des Staates. Die Ausfälle, die hier bei der Beseitigung der Leistungen entstehen, müssen unter dem modernen Gesichtspunkt einen Ausgleich finden.

Forsthoff: Wir haben etwas Paralleles in der evangelischen Kirche. Soweit es sich um Lasten handelt, die sachlich verbraucht werden für die Kirchenunterhaltung, stimme ich Herrn Kollegen Weber vollkommen zu. Im übrigen ist es doch so, daß früher überhaupt die Dotierung der Pfarrer unterschiedlich nach den Leistungen der Gemeinde erfolgte, und man deshalb auch die Versetzbarkeit der Pfarrer nicht durchführte. Eine Versetzbarkeit der Pfarrer und die Einstufung in eine Besoldung hat unmittelbar damit zu tun. Die Unversetzbarkeit der Pfarrer hat der Pfarrerstand selber aufgehoben, indem der Pfarrer sich selbst fortgesetzt von Gemeinde zu Gemeinde meldete. Infolgedessen würde ich es auch für richtig halten, daß derartige Abfindungen nicht zu einer unterschiedlichen Besoldung der Pfarrer führen. Das würde ich für ein unzeitgemäßes Prinzip halten. Ich würde die Abfindungen nur innerhalb der Gemeinden zur Verwendung kommen lassen wo die Unterhaltung kostspieliger Gebäude usw. das erfordert. Insofern ist der Gesichtspunkt des Ausgleichs schon ganz richtig.

Barion: Es kommt ja nicht darauf an, den Etat einer Kirchengemeinde herunterzudrücken, sondern die Quelle in anderer, modernerer Verfassung zu finden, vor allen Dingen die Quellen so zu fassen, daß sie in Zukunft nicht fixiert sind, sondern einfach der jeweiligen Entwicklung sich anpassen. Von da aus sind auch etwaige Angriffe auf die Billigkeit und Unbilligkeit solchen Vorgehens zu entkräften, daß man eben sagt, daß es sich um Modernisierung der Quellen als solche handelt, und daß es sich darum handelt, für die Zukunft die Möglichkeit zu schaffen, daß eine im Augenblick nützliche Form der Dotierung fixiert wird.

Stalmann: Es sind bürgerlich-rechtliche Leistungen im Sinne des § 13 des Gerichtsverfassungsgesetzes.

Weber: Unbeschadet ihres öffentlich-rechtlichen Charakters!

Vorsitzender: Die ordentlichen Gerichte sind zuständig!

Stalmann: Nein, nur zum Teil; für Bausachen ist es das OVG.

Vorsitzender: Der Fall, daß ein Kloster säkularisiert worden ist, und seitdem Pfarrer und Kirche Ansprüche haben, die aus der Staatskasse erfüllt werden, wäre ein öffentlich-rechtlicher Anspruch.

Stalmann: Da sind die ordentlichen Gerichte zuständig. Das Reichsgericht hat wiederholt eindeutig und in ständiger Praxis so entschieden.

Vorsitzender: Dann würde man das auch durch Landesgesetz beseitigen können.

Stalmann: Nein, das würde nicht gehen.

Vorsitzender: Rein juristisch wäre es möglich, aber ich sehe ein, es ist praktisch unmöglich.

Weber: Eine Beseitigung würde ein Eingriff in das Eigentumsgarantiesystem des Reiches sein, das nicht mehr in Artikel 153 gefunden zu werden braucht, das aber selbstverständlicher Bestandteil des Reichsrechts ist und nur der Reichsgesetzgebung unterliegt. Bei diesen Säkularisationsverpflichtungen wird man es landesrechtlich nicht machen können. Ich glaube, daß praktisch ein Reichsrahmengesetz das richtige wäre.

Vorsitzender: Sie meinen für die Punkte 2 und 3?

Weber: Ja, vielleicht auch noch für Punkt 4, wenn wir dazu noch übergehen.

Stalmann: Wir wollten ja die Punkte 3, 4 und 5 kurz besprechen. Ich möchte dringend bitten, daß wir uns über Punkt 3 in der nächsten Sitzung noch einmal eingehend unterhalten. Punkt 3 kann heute nicht abschließend behandelt werden.

Vorsitzender: Nein, so war es auch nicht gedacht.

Ruppel: Aber wir gewinnen doch die Idee, daß unser Gedanke des Rahmengesetzes ganz gut ist.

Vorsitzender: Man könnte also sagen: Nummer 1 sind die alten Steuern, Nummer 2 sind Reallasten und ähnliches, aber auch persönliche Rechte.

Barion: Es sind weitgehend fixierte Lasten.

Stalmann: Die Rechtsgrundlage bei 2 würde kein Vertrag, sondern ein Gesetz sein. Auch die Reallasten beruhen zum mindesten auf der Observanz, und Observanz ist für mich ein nationalsozialistisches subjektives Recht.

Vorsitzender: Und 3 sind die Säkularisationsansprüche.

Stalmann: Bei 3 ist die Rechtsgrundlage ein Vertrag.

Vorsitzender: Nicht immer!

Stalmann: Doch, immer.

Weber: Nein, bei St. Heribert z.B. ist das zweifelhaft. Es gibt Säkularisationsverpflichtungen, die direkt auf den Deputationshauptschluß und die Kabinettsorder von 1834 gestützt werden, bei denen sich keine Vertragsabmachung dazwischenschiebt, bei denen die Verpflichtung des Staates zur Dotation begründet wird unmittelbar auf den Vorgang der Säkularisation und der daraus entwickelten Rechtsgrundsätze.

Stalmann: Das nenne ich unverdiente Verjährung. Ich würde heute feststellen: Was hat der preußische Staat in den letzten 100 Jahren gemacht? Und die Verjährung würde nur insofern eine Rolle in diesen Fällen spielen, als man unter Umständen diese Verpflichtung ausschließen könnte. Es sind mir eine Fülle von Prozessen bekannt.

Weber: Gerade die Prozesse sind entstanden in den Fällen, wo keine Verträge vorlagen, sondern in denen im Prozeß ein Ersatz für fehlende Verträge geschaffen werden sollte.

Barion: Man sollte die Gliederung des Stoffes danach vornehmen, wie wir nachher die praktischen Vorschläge machen.

Vorsitzender: Wir hätten dann noch Nr. 4, das wären die Patronate.

Ruppel: 3 ist gewissermaßen alles übrige.

Vorsitzender: Wir müßten dann 3 zuletzt nehmen. Und was wäre 5?

Stalmann: Das sind die unendlich vielen alten Kirchen, die im Eigentum des Staates geblieben sind. Das sind die Dome in Magdeburg, Halberstadt, Minden, Nordhausen usw. Die stehen im Eigentum des Staates oder einer Stadt. Es sind meistens Baudenkmäler von großem Wert. Meiner Meinung nach müssen die im Eigentum dieser anderen Korporation bleiben. Man kann z.B. den Magdeburger Dom nicht gut der jetzigen Kirchengemeinde dort übertragen.

Die Frage wäre nur: Soll die Kirchengemeinde für alle Zeit ein so großes Baudenkmal als ihre Pfarrkirche benutzen, ohne daß sie zu den Kosten beiträgt?

Vorsitzender: Tut sie das jetzt nicht?

Stalmann: Nein.

Forsthoff: Das kommt wieder auf die Entstehung des staatlichen Eigentums an. Ich nehme den Quedlinburger Fall an, wo die Gemeinde 1854 den Dom an den preußischen König übereignet hat mit sämtlichen Baulasten. Das Interesse ging vom König aus, es war ein königlicher Loyalitätsakt. Nun ist die Baulastenfrage in Quedlinburg ja inzwischen, wenigstens vorläufig, geregelt durch den Übergang auf die Heinrich-Himmler-Stiftung.

Vorsitzender: Also Punkt 1 wäre die Behandlung in der verabredeten Weise. Dann würde ich so sagen, daß überall ein Reichsgesetz notwendig ist mit Ausnahme von Punkt 1, den wir in der verabredeten Weise behandeln wollen. Die Punkte 2, 3 und 4 würden noch einmal erörtert werden. Herr Dr. Schröcker, Sie würden für Punkt 2 auch noch eine Formulierung suchen können? Und Punkt 5 würde ganz wegfallen?

Weber: Die Frage, die Herr Präsident Stalmann anschnitt, die Frage eines Entgeltes der Gemeinde für die Zurverfügungstellung der Kirche wird doch umsomehr akut, als wir die Tendenz haben, die Leistungen der politischen Gemeinden, die noch bestehen, zu streichen. Dementsprechend müßte in solchen Fällen eine Beteiligung der Kirchengemeinde an den Baulasten zum Aufleben gebracht werden; denn die Gemeinde müßte ja auch sonst eine Kirche haben.

Vorsitzender: Das ist aber eigentlich eine völlig andere Aktion als die Punkte 1 bis 4, wo wir vereinbaren wollen, die Renten zu beseitigen, weil sie nicht mehr zeitgemäß sind.

Forsthoff: Soweit ich es übersehe, sind die unter 5 gemeinten Fälle nicht sehr zahlreich, sodaß ich gar nicht empfehlen würde, in diesen Dingen Vorschläge zu machen. Da liegt jeder Fall für sich mit den besonderen Interessenten. Das reguliert sich, glaube ich, von selbst. Ich weiß nicht, ob Herr Ministerialrat Ruppel mir da zustimmt, aber ich halte es für wenig aussichtsvoll, daß wir uns in diese ziemlich prekären Dinge einmischen.

Ruppel: Dieses Vorgehen wird sich sehr empfehlen. Aber ich möchte doch bemerken, daß es sich nicht nur um große Dome handelt, sondern auch um kleinere Schloßkirchen oder kleine Kirchen in der Nähe von Schlössern. Aber ich bin auch sehr dafür, diese Sache herauszulassen.

Ich möchte noch die Frage aufwerfen: Kann man Punkt 4 eigentlich regeln, ohne daß man vor der Frage steht, ob man nicht das ganze Patronatsrecht irgendwie angreift? Oder ist die Regelung der Patronatsrechte nach unserer Ansicht die, daß man sagt: Man regelt das Finanzielle, etwa in dem Sinne von Herrn Dr. Schröcker, daß da keine klagbare Verpflichtung mehr besteht, und überläßt das übrige den Kirchen?

Stalmann: Wollen Sie das Staatspatronatsrecht beseitigen? Ich weiß es nicht. Darüber können wir heute wohl nicht sprechen.

Ruppel: Mit der Patronatsfrage hängt ja zusammen die weitere Frage der nichtfiskalischen, also der unechten Patronate, die lediglich Besetzungsrechte sind, und da kommt man in die engste Nachbarschaft mit der von Herrn Roth aufgeworfenen Frage: der Frage der politischen Mindestvoraussetzungen bei der Besetzung der Pfarrstellen. Ich neige dazu, die Patronatsfrage der Sonderbehandlung vorzubehalten. Es kann nichts schaden, wenn wir unsere Aufgaben begrenzen.

Ich halte es für möglich, daß wir die Säkularisation zu einem besonderen Punkt machen. Verträge und Säkularisation sind nicht identisch. Die Parole: Schlußstrich unter die Säkularisation, scheint mir sehr passend.

Vorsitzender: Also Herr Dr. Schröcker, Sie übernehmen die Formulierung zu 1 und vielleicht auch zu 2.

Dr. Schröcker: Ich denke, wir werden uns zunächst auf Punkt 1 beschränken.

Vorsitzender: 2 und 3 werden wir dann das nächste mal erörtern, nachdem Sie Ihre Studien weiter fortgesetzt haben.

Dann können wir jetzt in die Mittagspause eintreten. Wie wollen wir heute Nachmittag prozedieren?

Forsthoff: Es empfiehlt sich, die Punkte 4 und 5 unserer Tagesordnung zu verbinden und ebenso Punkt 3 in Zusammenhang mit Punkt 6 zu behandeln, weil diese Themen miteinander in Zusammenhang stehen.

Vorsitzender: Einverstanden? – Dann werden wir so verfahren.

(Mittagspause.)

Vorsitzender: Meine Herren! Wir wollen gleich in medias res gehen. Wir kommen somit zu Punkt 3 der Tagesordnung: *Das Doyennat des Nuntius.*

Schröcker: Vorbemerkung: Die angegebenen Aktenzeichen beziehen sich, soweit nicht ausdrücklich anders vermerkt ist, auf die Akten I E V/55 Gen. Doyennat. Der Zusatz des Auswärtigen Amts Ors. verweist auf die Akten I E I 96 Orsenigo.

Die Rangfrage ist im Diplomatischen Korps keineswegs nur eine Frage der Etikette. Sie ist eine Frage des politischen Prestiges. In besonderem Maße gilt das für den mit Zähigkeit verfochtenen Anspruch des Päpstlichen Stuhles, daß seinem Nuntius der erste Rang unter den Diplomaten zuerkannt werden müsse. Hinter einem Nuntius steht nicht die politische Macht eines Staates, die seinem Wort Gewicht gibt. Die Kurie ist deshalb auf äußere Mittel bedacht, die Aufmerksamkeit der Öffentlichkeit und der Regierung auf ihren Vertreter zu lenken. Das geeignetste Mittel ist das Amt des Doyen, das dem Nuntius die Möglichkeit gibt, innerhalb des Diplomatischen Korps die erste Rolle zu spielen, bei offiziellen Anlässen, wie Neujahrsempfang, Glückwunsch- und Beileidsbezeigungen usw. als Sprecher des Diplomatischen Korps aufzutreten und bei offiziellen Diplomatenessen den Ehrenplatz rechts vom Staatsoberhaupt oder dem sonstigen Gastgeber einzunehmen. Der deutsche Botschafter beim Vatikan berichtet (II Vat. 43/27 vom 30. März 1927), der Kardinalstaatssekretär Gasparri habe ihm gegenüber wiederholt geäußert, er werde eher seinen Nuntius abberufen, als auf das Doyennat verzichten. Ist der Nuntius Doyen des Diplomatischen Korps, dann kann auch sein diplomatischer Charakter viel weniger in Frage gestellt werden, als dies sonst der Fall wäre, etwa aus dem Grunde, weil er tatsächlich in der Hauptsache doch nur innerpolitische Aufgaben wahrzunehmen hat.

In einem an den Kaiser gerichteten Schreiben vom Jahre 1877 führt Bismarck aus, es hätten sich alle Höfe stets grundsätzlich geweigert, das Diplomatische Korps als eine geschlossene Korporation und irgend ein Mitglied desselben als den Vorstand anzuerkennen. An keinem Hofe und keinem auswärtigen Ministerium, auch nicht im deutschen Auswärtigen Amte werde amtlich zugegeben, daß das Diplomatische Korps einen Doyen habe, der im Namen desselben zu sprechen oder Funktionen zu üben, berufen sei. Die Höfe würden in Angelegenheiten dienstlicher oder zeremonieller Natur niemals mit der Gesamtheit, sondern stets nur mit jedem einzelnen der bei ihnen beglaubigten fremden Vertreter verhandeln. Entsprechend dieser prinzipiellen Tradition aller Höfe habe er es stets sorgfältig vermieden, das Vorhandensein eines Doyens – und noch mehr dasjenige einer Doyenne – amtlich anzuerkennen. Das Institut eines Doyen sei eine lediglich innere Angelegenheit eines Diplomatischen Korps, dessen Vorhandensein die betreffenden Regierungen grundsätzlich zu ignorieren pflegten, um einer korporativen Vertretung vorzubeugen (IV Et 43 Band 3 vom 6. Jan. 1877).

Von dieser Auffassung Bismarcks führt ein weiter Weg zum Schlußprotokoll zu Art. 3 des Reichskonkordats, in dem das Doyennat zum Gegenstand vertraglicher Regelung zwischen Staat und Kirche gemacht wird. Die Vertragsbestimmung hat folgenden Wortlaut: "Der Apostolische Nuntius beim Deutschen Reich ist entsprechend dem Notenwechsel zwischen der Apostolischen Nuntiatur in Berlin und dem Auswärtigen Amt vom 11. und 27. März 1930 Doyen des dort akkreditierten Diplomatischen Korps."

Die Frage, die sich an den Wortlaut dieser Bestimmung anschließt, ist: Kann sie so ausgelegt werden, daß das Doyennat damit nur dem gegenwärtigen Nuntius zugestanden ist, oder ist damit dem jeweiligen Nuntius für alle Zukunft ein Recht auf das Doyennat einräumt? Oder, in genauerer Formulierung: Ist das Doyennat dem päpstlichen Nuntius nur de facto oder ist es ihm den jure eingeräumt?

Zur Lösung dieser Frage muß selbstverständlich in erster Linie der Schriftwechsel zwischen der Apostolischen Nuntiatur und dem Auswärtigen Amte aus dem Jahre 1930, auf den im Schlußprotokoll Bezug genommen ist, herangezogen werden. Ehe ich aber auf die besonderen deutschen Verhältnisse eingehe, halte ich es für zweckmäßig und notwendig, einiges über den Anspruch des Päpstlichen Nuntius auf das Doyennat im allgemeinen zu sagen, weil die Kenntnis der Argumente der römischen Kurie und der völkerrechtlichen Praxis in dieser Beziehung nicht nur lehrreich, sondern auch die Voraussetzung dafür ist, um in künftigen Fällen etwa zu weitgehende Ansprüche der römischen Kurie zurückweisen zu können.

I. Zur Begründung ihres Anspruches auf das Doyennat pflegt sich die Kurie auf das Wiener Rang-Reglement vom 19. März 1815 zu berufen. Der Wiener Kongreß hatte sich die Aufgabe gestellt, die zahlreichen Rangstreitigkeiten der diplomatischen Vertreter untereinander durch eine einfache und klare Rangordnung zu beseitigen. Die diplomatischen Vertreter wurden in drei Klassen eingeteilt, nämlich Botschafter, Gesandte und Geschäftsträger. Legaten und Nuntien zählten zur ersten Klasse. Ständige Internuntiaturen wurden erst seit dem Jahre 1928 eingerichtet und sind deshalb im Wiener Reglement noch nicht berücksichtigt. Innerhalb der einzelnen Klassen sollte für den Rang die Anciennität entscheiden, d.h. der nach dem Datum der offiziellen Notifikation seiner Ankunft durch den Empfangsstaat früher beglaubigte Vertreter sollte dem später beglaubigten im Range vorgehen. Dieses Anciennitätsprinzip bedeutete gegenüber dem bisherigen System, das den Rang des diplomatischen Vertreters nach dem Rang des Staates, der ihn entsandte, bestimmte, eine grundlegende Neuerung. Es beruht auf den für die liberale Völkerrechtstheorie kennzeichnenden Gedanken der juristischen Gleichheit der Staaten.

Für den päpstlichen Vertreter enthält Art. IV Abs. des Reglements folgende Bestimmung: "Le présent règlement n´apportera aucun innovation relativement aux représentents du Pape", zu deutsch: Diese Regelung bringt keine Neuerung hinsichtlich der päpstlichen Vertreter mit sich. Diese für sich allein wenig besagende Klausel wird erst durch ihre Entstehungsgeschichte voll verständlich, die uns durch die Berichte des päpstlichen Vertreters auf dem Wiener Kongreß, des Kardinals Consalvi an den Kardinals-Staatssekretär, die von der Kurie im Jahre 1899 in einer Druckschrift veröffentlicht wurden [Il congresso di Vienna del 1815 e la Precedenza dei Rappresantanti Pontificii nel Corpo Diplomatico; Roma, tipografia Vaticana 1899], sowie in den Briefen Consalvis an Pacca [P. Ilario Rinieri, La diplomazia pontificia nel secolo XIX. Vol. V, Torino 1903] eingehend geschildert ist.

Danach war im ersten Entwurf, der von den Vertretern der acht Signatarstaaten des Pariser Friedens, nämlich den vier katholischen Mächten Österreich, Spanien, Frankreich, Portugal und den vier nichtkatholischen Mächten Rußland, England, Preußen und Schweden aufgestellt war, für die päpstlichen Vertreter keine Sonderbestimmung vorgesehen, sodaß auch für sie das Anciennitätsprinzip maßgebend geworden wäre. Consalvi hörte eines Tages mit Überraschung, daß der Kongreß sich auch mit der Frage der diplomatischen Vertreter befassen werden und daß bereits ein Ausschuß zur Prüfung der Frage gebildet worden sei. Durch den Berichterstatter des Ausschusses, den französischen Gesandten Graf de la Tour du Pin, wurde er über den Inhalt der geplanten Regelung unterrichtet. In einer Reihe von Unterredungen mit dem französischen Gesandten, dem preußischen Gesandten v. Humboldt und dem englischen Gesandten Castlereagh suchte Consalvi zu erreichen, daß den päpstlichen Vertretern abweichend von der allgemeinen Regelung grundsätzlich der Vorrang eingeräumt werde. An Pacca schreibt er, wie schwierig dies für ihn sei, angesichts der Tatsache, daß Kaiser und Könige bereit seien, auf die bisherige Vorrangstellung ihrer Vertreter zu verzichten, für den Papst, einen Priester, den Vorrang zu beanspruchen. Er habe deshalb vor allem den religiösen Charakter des Papstes im Unterschied von den weltlichen Herrschern betont, wogegen ihn der französische Gesandte auf die Schwierigkeiten hingewiesen habe, die gerade dieser Gesichtspunkt bei den Vertretern der nichtkatholischen

Mächte im Gefolge haben müßte (Rinieri, p. 155 f.). Verschiedene Formulierungen, die Consalvi nacheinander in Vorschlag brachte, scheiterten an dem Widerstand des englischen Vertreters, der erklärt habe, daß die Engländer zwar jederzeit dem Vertreter des Papstes par politesse den Vorrang einräumten, daß er aber nicht einer Vorrangstellung der päpstlichen Vertreter als Prinzip (come principio) zustimmen könne. Auch Rußland, Preußen und Schweden standen im Grunde genommen auf dem gleichen Standpunkt. Humboldt meinte, die katholischen Mächte würden den päpstlichen Vertretern den Vorrang von selbst einräumen; gegenüber den nichtkatholischen Mächten könne sich die Kurie, ehe sie einen Nuntius entsende, durch Sonderabmachungen sichern. Schließlich gelangte die schon erwähnte Formulierung zur Annahme, daß, was die Vertreter des Papstes betreffe, diese Regelung keine Neuerung einführe. Im Protokoll der entscheidenden Sitzung vom 20. Jan. 1815, in der die Einfügung des Zusatzes beschlossen wurde, ist noch bemerkt, daß die Vertreter der Mächte keine Schwierigkeit darin gesehen hätten, daß bezüglich der Vertreter des Papstes nichts geregelt werde.

Die Kurie legt den die Nuntien betreffenden Satz des Wiener Rang-Reglements so aus, daß damit dem Nuntius allgemein das Doyennat innerhalb des Diplomatischen Korps zugestanden worden sei. In Art. 12 Abs. 4 des italienischen Konkordats vom 11. Febr. 1929 heißt es, der päpstliche Nuntius in Italien werde, auf Grund des vom Wiener Kongreß in der Akte vom 9. Juni 1815 anerkannten Gewohnheitsrechts, Doyen des Diplomatischen Korps sein. Restrepo (Concordats, Roma 1934, p.107 [215]) bemerkt hierzu: "Daß der Nuntius des Hl. Stuhls überall Doyen des Diplomatischen Korps sein muß, wurde festgelegt in Art. 118 § 17 Kap. 4 der Wiener Kongreßakte vom 9. Juni 1815." Von Interesse sind in diesem Zusammenhang insbesondere die Ausführungen des in mehr als einer Hinsicht aufschlußreichen Lehrbuchs der päpstlichen Diplomatie, das der frühere Professor an der päpstlichen Diplomatenschule (accademia dei Nobili ecclesiastici), Adolfo Giobbio, im Jahre 1899 herausgegeben hat [Lezioni di Diplomazia Ecclesiastica dettate nella Pont. Acad. dei Nob. Eccl. Roma 1899, 3 Bd.], und in dem der Frage des Vorrangs der Nuntien und Internuntien zwanzig Paragraphen gewidmet sind, ein Beweis, welche Bedeutung dieser Frage in Kreisen der Kurie beigelegt wird. Mit Rücksicht auf die Stellung des Verfassers und die Empfehlung des damaligen Kardinal-Staatssekretärs Rampolla darf es in besonderem Maße als Ausdruck kurialer Gedankengänge gelten. Auch G. vertritt selbstverständlich den Satz, daß der Nuntius Decanus natus des Diplomatischen Korps ist und zwar auch in nichtkatholischen Staaten und auch dann, wenn der betreffende Staat das Wiener Abkommen nicht unterzeichnet hat. Im Einzelnen begründet er diese These folgendermaßen:

1. Er gibt zu, daß Art. 4 den Vorrang nicht ausdrücklich erwähne; mit Hilfe eines bedenklichen Syllogismus folgert er aber aus der Bestimmung, daß in der Stellung der päpstlichen Vertreter keine Veränderung eintrete, daß dann eben das Wiener Reglement den Nuntius de jure als Dekan des Diplomatischen Korps betrachte auf Grund eines ex tunc nicht eines ex nunc, und daß dieser Vorrang schon vor dem Reglement bestanden habe (n. 407).

2. Meint er, der Vorrang der päpstlichen Vertreter gelte auch in solchen Staaten, die das Wiener Reglement nicht unterzeichnet hätten, wenn sie es im übrigen praktisch beachten, weil kein Grund vorhanden sei, allein hinsichtlich der auf die Funktion sich beziehenden Klauseln eine Ausnahme zu machen (n. 411 f.).

3. Gegenüber dem Einwand, daß der Vorrang der päpstlichen Vertreter nur für katholische Staaten gelte, weist er darauf hin, daß das Reglement vollständig und ohne jede Ausnahme auch von den vier nichtkatholischen Mächten unterzeichnet worden sei, woraus folge, daß auch diese den Vorrang des päpstlichen Vertreters bei diplomatischen Funktionen anerkennen wollten (Nr. 415). Ausführlich befaßt er sich sodann noch mit der Frage des Vorrangs der Internuntien, die im Wiener Reglement überhaupt nicht erwähnt sind.

Das kirchenrechtliche und völkerrechtliche Schrifttum, auf das ich hier in allgemeinen hinweisen möchte, behandelt die Doyennatsfrage nur ganz oberflächlich. Das kirchenrechtliche Schrifttum begnügt sich meist mit dem Satze, daß da, wo ein Nuntius vorhanden sei, diesem der Vorrang gegenüber allen übrigen Mitgliedern des Diplomatischen Korps zustehe. Im völkerrechtlichen Schrifttum wird der Vorrang der Nuntien in der Regel auf die katholischen Höfe bzw. die katholischen Staaten und auf die Nuntien, nicht auf die Internuntien beschränkt.

Tatsächlich gab es im Jahre 1815 ständige päpstliche Vertreter nur in den wichtigsten katholischen Ländern und in der Schweiz. In dem noch zu erwähnenden Schweizer Doyennats-Streit von 1920 hat der Nuntius – nach dem Bericht des deutschen Gesandten in Bern (I E 217/22) – Dokumente aus dem 16. und 17. Jahrhundert vorgelegt, aus denen sich ergibt, daß der Nuntius damals seinen Platz rechts von Landmann gehabt habe. Die Kurie weist außerdem darauf hin, daß bei zwei russischen Krönungsfeierlichkeiten im 18. Jahrhundert dem päpstlichen Vertreter der Vorrang eingeräumt worden sei (vergl. Giobbio, S. 468). Dagegen finde ich bei Johann Jacob Moser, dessen Schrift "Der Belgradische Friedensschluß zwischen Ihrer Römisch-Kayserl. Majestät und der Ottomannischen Pforte" mit einer Vorrede über die Gattungen der Gesandten im Jahre 1740 erschien, auf S. 18 folgende Bemerkung: "Denen Ambassadeurs kommen die päpstlichen Nuncii gleich und haben diese an denen Höfen derer katholischen Potenzien den Rang vor allen Ambassadeurs." Die Evangelischen seien nicht so "complaisant". Er erwähnt ein Beispiel von der Frankfurter Königswahl des Jahres 1711, bei der auf Beschluß des aus Katholischen und Evangelischen bestehenden kurfürstlichen Kollegiums der Päpstliche Nuntius nicht einmal den kurfürstlichen Gesandten gleichgestellt worden sei.

Es liegt nicht im Rahmen dieses Referates, der Präzedenzfrage in der Zeit vor 1815 – es gibt darüber aus jener Zeit eine große Anzahl von Traktaten "de jure praecedentiae" – eine eingehende Untersuchung zu widmen. Das bekannte Tatsachenmaterial reicht jedenfalls nicht aus, daraus einen Rechtssatz abzuleiten, wonach das Vorrecht der päpstlichen Vertreter nicht in dem Umfang, in dem es bis 1815 tatsächlich geübt wurde, anzuerkennen ist, sondern untrennbar mir der Einrichtung einer päpstlichen Vertretung verbunden ist, so daß bei der Neubegründung einer päpstlichen Vertretung alle Staaten verpflichtet werden, sowohl als Empfangsstaat den Vorrang des päpstlichen Vertreters anzuerkennen, wie auch in fremden Hauptstädten ihre eigenen Vertreter hinter den päpstlichen zurücktreten zu lassen. Die Entstehungsgeschichte des Art. 4 Abs. 2 des Wiener Reglements läßt klar erkennen, daß ein allgemeiner Rechtssatz, wie ihn die Kurie von jeher behauptet hat, zur Zeit des Wiener Kongresses von den nichtkatholischen Staaten nicht anerkannt worden ist. Die Rechtslage nach dem Wiener Kongreß ist: Anerkennen des de facto-Zustandes und Verneinung eines allgemeinen Rechtssatzes.

Auch in der Folgezeit ist ein allgemeiner Rechtssatz dieser Art nicht anerkannt worden. Wir können bei Prüfung der völkerrechtlichen Praxis seit 1815 die zahlreichen Präzedenzstreitigkeiten der päpstlichen Vertreter in fast allen südamerikanischen Staates während des 19. Jahrhunderts übergehen, da es sich hierbei durchweg um Internuntien und außerdem um katholische Staates handelt. Ich bemerke hier nur, daß dort die Kurie in allen Fällen praktisch durchgedrungen ist, wobei dem päpstlichen Vertreter in der Regel "aus Courtoisie", aber unter Verwahrung hinsichtlich des Rechtsstandpunktes, das Doyennat eingeräumt wurde. Wichtig für uns sind die europäischen Fälle und hier wiederum jene, in denen es sich um nichtkatholische Staaten handelt.

Die Internuntiatur im Haag wurde 1829 errichtet. Ihr erster Inhaber, Capaccini, war während seiner 12jährigen Amtszeit Doyen gewesen. Als 1849 nach 8jähriger Vakanz der neue Nuntius Belgrado eintraf, wurde ihm der Vorrang vom englischen Gesandten bestritten. Dieser erhielt von dem englischen Außenminister Lord Palmerston die Weisung, seinen Anspruch auf das Doyennat aufrecht zu erhalten. Palmerston vertrat die Auffassung, daß nach dem Wiener Reglement die

Nuntien nur in jenen Hauptstädten den Vorrang beanspruchen können, in denen sie ihn bereits vor dem Reglement gehabt hätten.

Im Jahre 1921 wurde die Frage von neuem akut. Der nach der Wiedererrichtung der Internuntiatur neu ernannte Internuntius Vincentini wandte sich an den damaligen Doyen, den portugiesischen Gesandten Sandos Bandeira, mit der Aufforderung ihm das Doyennat zu überlassen. Dieser antwortete, vermutlich auf Betreiben der holländischen Regierung, daß er hierzu weder durch die holländische Regierung noch durch seine Kollegen ermächtigt sei und daher dem Wunsche des Nuntius nicht entsprechen könne. Darauf teilte ihm der Nuntius mit, daß er bei der demnächst stattfindenden Eröffnungssitzung der Generalstaaten den Platz einnehmen werde, der ihm angewiesen werde; falls dieser Platz nicht jener sein sollte, den er glaube beanspruchen zu können, so solle durch die Annahme dieses Platzes in der Frage des Vorrangs kein Präjudiz geschaffen sein (I E 6428/20). Wenn Vincentini schon nach wenigen Monaten als Apostolischer Legat nach Konstantinopel, also auf einen dem Range nach geringeren Posten versetzt wurde, so werden dazu seine wenig glücklichen Versuche, das Doyennat zu erreichen, nicht unwesentlich beigetragen haben (vergl. I E 6224/21). Die Kurie hat dann von einer Besetzung der Internuntiatur im Haag zunächst abgesehen und die Geschäfte durch einen Auditor der Nuntiatur in Brüssel führen lassen. Im Annuario Pontificio von 1939 finde ich (S. 754), daß in Holland seit dem 13. Juni 1935 ein "Nunzio Internunzio Apostolico" beglaubigt ist. Dies entspricht der vom Vatikan in neuerer Zeit konsequent befolgten Politik, in Ländern, in denen dem Internuntius das Doyennat nicht zuerkannt wird, ad hoc einen Nuntius zu ernennen, der dann ohne weiteres allen Gesandten im Rang vorgeht. Estland, das noch im Jahre 1930 den Vorrang des Internuntius nicht anerkannt hatte, hat seit dem Jahre 1935 einen Apostolischen Nuntius.

In der Schweiz wurde die Nuntiatur im Jahre 1920 wieder eingerichtet. Wohl mit Rücksicht auf den Widerspruch, den diese Maßnahme in den Kreisen der protestantischen Bevölkerung auslöste, weigerte sich aber der Bundesrat, den Nuntius als Doyen anzuerkennen und der Vertreter Frankreichs als einziger Botschafter blieb zunächst in diesem Amte. Die Regierung stellte sich auf den Standpunkt, die Schweiz sei kein katholisches Land und deshalb gelte der Grundsatz der Anciennität. Nuntius Maglione, der jetzige Kardinalstaatssekretär, berief sich wie schon erwähnt, darauf, daß der Schweizer Nuntius vor und nach 1815 bis zur Aufhebung der Nuntiatur im Jahre 1874 gegenüber dem französischen Botschafter den Vorrang gehabt habe. Nach einem umfangreichen Notenwechsel zwischen Regierung und Nuntiatur teilte im Januar 1922 der französische Botschafter Allisé dem Politischen Departement mit, seine Regierung habe ihn zu der Erklärung beauftragt, sie sei damit einverstanden, daß der päpstliche Nuntius an Stelle des französischen Botschafters den Vorsitz erhalte. Das Nachgeben der französischen Regierung ist vermutlich auf die Tätigkeit des Pariser Nuntius Ceretti zurückzuführen, der selbst nach der wenige Monate vorher erfolgten Wiederaufnahme der diplomatischen Beziehungen zwischen der französischen Regierung und dem Vatikan sofort das Doyennat über das Diplomatische Korps in Paris übernommen hatte. Das Entgegenkommen der französischen Regierung mag auch mit deren Streben nach dem Protektorat über die Syrischen Christen (Accord von 1924), das Zeitungsnachrichten zufolge erst in diesen Wochen wieder aufgegeben wurde, in Zusammenhang stehen. Der Schweizer Bundesrat beschäftigte sich noch ein volles Jahr mit dieser Frage bis er im Januar 1923 folgenden *Beschluß* faßte: "Der Bundesrat läßt die Frage offen, ob dem Vertreter des Hl. Stuhls als solchem der Vortritt im Diplomatischen Korps zukomme. Er nimmt davon Kenntnis, daß der französische Botschafter, der neben dem Nuntius für den Vortritt einzig in Betracht fällt, den Verzicht erklärt hat. Er betrachtet daher die Frage für einstweilen als gegenstandslos, weil er sich nicht veranlaßt sieht, gegen die Beschlußnahme Einspruch zu erheben." (I E 217/22, 1763/22, 2105/22, 2697/22) Die Frage scheint aber bei dem Nuntiaturwechsel im Jahre 1935, als Maglione nach Paris berufen wurde, nicht wieder aufgegriffen worden zu sein.

Heute bestehen im ganzen 33 Nuntiaturen und 3 Internuntiaturen (Niederlande, Luxemburg und Litauen). Apostolische Delegaturen mit diplomatischem Charakter gibt es seit dem Dekret Benedikts XV. vom 8. Mai 1916 über die päpstlichen diplomatischen Vertretungen (II Vat. 343/27) nicht mehr. Sämtliche Nuntien sind Doyens in dem betreffenden Diplomatischen Korps und zwar auch in den nichtkatholischen Ländern wie Deutschland, Schweiz, Jugoslawien und Rumänien; ebenso sind die Internuntien Doyens mit der Maßgabe, daß in den Niederlanden der Internuntius den Rang eines Nuntius hat. Das Doyennat des italienischen Nuntius ist, wie schon erwähnt, in Art. 12 Abs. 4 des italienischen Konkordats ausdrücklich festgelegt und zwar ohne daß vorher das Diplomatische Korps darüber gefragt wurde; man konnte das Doyennat des päpstlichen Nuntius in diesem Falle als etwas Selbstverständliches betrachten, weil es sich um einen katholischen Staat handelte. Irgendwelche Proteste seitens der diplomatischen Vertreter der übrigen Länder sind nicht erfolgt. In Japan soll, wie ich einem Bericht der Deutschen Botschaft beim Vatikan aus dem Jahre 1927 (II Vat. 398/27) entnehme, die Errichtung einer Nuntiatur bisher an der Doyennatsfrage gescheitert sein. Der japanische Außenminister hatte damals einen japanischen Großindustriellen, der den Papst besuchte, beauftragt, dem Papst mitzuteilen, daß die japanische Regierung nach wie vor den Wunsch hätte, diplomatische Beziehungen zum Hl. Stuhl anzuknüpfen und einen Botschafter beim Vatikan zu ernennen. Die Hauptschwierigkeit sei bei dem schon 1920 der Kammer unterbreiteten und nicht angenommenen Antrag gewesen, daß der Hl. Stuhl für seinen Nuntius das Doyennat im Diplomatischen Korps beanspruche. Auch in London dürfte der Errichtung einer Nuntiatur bis jetzt nicht zuletzt diese Schwierigkeiten entgegenstehen.

Das Ergebnis ist jedenfalls, daß die Kurie dort, wo sie eine diplomatische Vertretung besitzt, praktisch überall mit ihrem Anspruch auf das Doyennat durchgedrungen ist.

II. Die Frage des Doyennats wurde in Deutschland akut, als der Nuntius Pacelli am 9. Dez. 1929 sein Abberufungsschreiben überreichte. Pacelli war bisher unbestritten Doyen gewesen, aber nicht in seiner Eigenschaft als Nuntius, sondern auf Grund der Anciennität. Von allen Diplomaten im Botschafterrang war er der erste, der nach dem Weltkrieg dem Auswärtigen Amt seine Ankunft in Berlin amtlich mitteilte. Eigentlich hatten die Ententemächte, als sie die diplomatischen Beziehungen mit Deutschland wieder aufnahmen, beschlossen, daß der französische Botschafter Doyen werden sollte. Er erschien am 1. Juli, aber Pacelli war ihm – und wohl nicht nur aus Zufall – um einen Tag zuvor gekommen. Obwohl Pacelli mit Rücksicht auf die Konkordatsverhandlungen mit Bayern noch mehrere Jahre in München blieb, wurde seine Ankunft doch am 30. Juni vom Auswärtigen Amt notifiziert und die des französischen Botschafters am 1. Juli. Die Rolle des wirklichen Doyens spielte in dieser Zeit allerdings, soweit es die Fragen der Etikette betraf, der britische Botschafter Lord D'Abernon, der alle schwierigen Fragen des Diplomatischen Korps mit der Autorität erledigte, die man ihm schweigend einräumte, während seine Gemahlin als rangälteste Botschaftersgattin, die Funktionen der Doyenne wahrnahm, die neben gesellschaftlicher Repräsentation vor allem in der Einführung neu angekommener Diplomatengattinnen bei den Gattinnen der Minister und der übrigen Diplomaten bestehen.

Es war zu erwarten, daß die Kurie auch für den kommenden Nuntius den Anspruch auf das Doyennat geltend machen würde. Die Reichsregierung mußte die Frage klären, ob der Päpstliche Stuhl ihr gegenüber einen Rechtsanspruch auf die Einräumung des Doyennats habe und außerdem, ob die Entscheidung über die Frage des Doyennats der Regierung oder dem Diplomatischen Korps selbst zustehe. Trotz mancher Bedenken, die insbesondere auch vom Präsidenten des Evangelischen Oberkirchenrats und des Deutschen Evangelischen Kirchenausschusses zunächst in mündlicher Besprechung gegenüber Reichsaußenminister Stresemann und dann schriftlich gegenüber Reichsaußenminister Curtius vorgebracht wurden (I E 1408/30, Abschr.), war man im Auswärtigen Amt geneigt, den kommenden Nuntius wieder Doyen werden zu lassen und zwar nicht nur aus Rücksicht auf die Persönlichkeit Pacellis, der seines Amtes als Doyen geschickt gewaltet hatte, sondern weil die augenblicklichen politischen Verhältnisse diese Lösung als die günstigste erscheinen ließen. Rangältester Botschafter war nämlich der Botschafter Sowjet-Rußlands Krestinski. Wäre Krestinski Doyen geworden, so wären politische Streitigkeiten zu befürchten gewesen, weil noch nicht alle Staaten die Sowjet-Union anerkannt hatten, so insbesondere die Vereinigten Staaten von Amerika, die Schweiz und Schweden. Die diplomatischen Vertreter dieser Staaten lehnten den Verkehr mit dem russischen Botschafter ab. Schon im Jahre 1926 war der Fall eingetreten, daß nach Abberufung des britischen Botschafters die Gemahlin des russischen Botschafters Frau Krestinski als Doyenne fungieren sollte, und zwar gerade bei der Einführung der Gattin des neuernannten amerikanischen Botschafters, dessen Heimatstaat die Sowjet-Union damals noch nicht anerkannte. Die Schwierigkeit wurde damals in der Weise behoben, daß die Gattin des Staatssekretärs im Auswärtigen Amt, v. Schubert, die Rolle der Doyenne übernahm.

Das Auswärtige Amt, dessen Rechtsabteilung in dieser Frage ein Gutachten erstattete, wollte ohne Anerkennung eines Rechtsanspruchs der Kurie dem Nuntius das Doyennat ad hoc zugestehen. Für eine solche de facto-Lösung war aber die Zustimmung sämtlicher der Anciennität nach im Range vorgehender Botschafter erforderlich, also auch die Zustimmung Sowjetrußlands, das an der Reihe war, den Doyen zu stellen. Der deutsche Botschafter in Moskau, v. Dirksen, wurde beauftragt, mit der russischen Regierung Fühlung zu nehmen. Das Ergebnis der Besprechung Dirksens mit dem Außenkommissar Litwinow vom 21. Dez. 1929 war überraschend (I E 8240/29): Litwinow erklärte, daß die Sowjetregierung an sich der Doyennatsfrage, wie allen Etikett-Fragen, keine übertriebene Bedeutung beimesse; sie könnte sich aber, falls die Frage an sie offiziell gestellt werde, mit der Übergehung Krestinskis nicht einverstanden erklären. Auf keinen Fall dürfe die Einräumung des Doyennats an den Nuntius als eine gegen die Sowjetregierung oder Krestinski gerichtete Maßnahme erscheinen. Die Sowjetregierung wünsche daher, daß die Deutsche Regierung durch einen formellen Akt eine dauernde und allgemein gültige Regelung dahin treffe, daß stets der Vertreter der Kurie Doyen des Berliner Diplomatischen Korps sein solle. Die Sowjetregierung lege Wert darauf, daß – im Gegensatz zu den jetzigen Berliner Absichten – der Nuntius nicht für seine Person de facto, sondern prinzipiell und de jure die Stellung als Doyen erhalte (I E 8240/29).

Wenige Tage später teilte der französische Botschafter De Margerie auf Weisung seiner Regierung dem Auswärtigen Amt mit, daß keinerlei Grund vorliege, die dauernde und anerkannte Tradition zu ändern, dem Nuntius die Stellung als Doyen zu verleihen. (I E 8391/29).

Am 16. Dezember 1929 berief der französische Botschafter, der in der Abwesenheit des russischen Botschafters Krestinski als rangältester Missionschef fungierte und in der ganzen Frage eine große Geschäftigkeit an den Tag legte, eine Diplomatenkonferenz ein, über die er dem Auswärtigen Amt folgendes berichtet (I E 8392/29): Von 53 Vertretern seien 37 erschienen und von diesen 37 hätten sich 34 für den Nuntius als Doyen ausgesprochen. Außerdem hätte ihm der nicht anwesende chinesische Gesandte mitgeteilt, daß er ebenfalls für den Nuntius sei. Von den Anwesenden hätten sich gegen den Nuntius ausgesprochen nur der Engländer, der Türke und der Russe. Von den 15 Abwesenden seien, wie er gehört habe, außerdem noch sicher 10 für den Nuntius, sodaß wohl im ganzen 45 sich in diesem Sinne ausgesprochen hätten. Dagegen würden etwa 40 Missionschefs gegen die Bestellung des russischen Botschafters zum Doyen Einspruch erheben. Der russische Geschäftsträger, der Krestinski in dieser Versammlung vertrat, berichtet dagegen (I E 8393/29), der russische Botschafter würde gegen eine de facto-Entscheidung Einspruch erheben; es sei deshalb nur eine de jure-Entscheidung möglich, die die Deutsche Reichsregierung treffen müßte und der die Diplomaten fügen müßten.

Inzwischen hatten sich auch Reichspräsident v. Hindenburg und der damalige sozialdemokratische Reichskanzler Hermann Müller-Franken, an dessen Kabinett das Zentrum nur mit zwei Beobachtungsposten von untergeordneter Bedeutung beteiligt war, über die Frage besprochen (am

24. Dezember 1929: I E 8420/29). Der Reichskanzler erklärte, daß auch er, abgesehen von der Stellungnahme der Sowjetregierung, für die de jure-Lösung sei, weil der Vatikan als eine im Kriege neutral gebliebene Macht im Interesse der deutschen Außenpolitik besonders geeignet sei, das Doyennat einzunehmen. Reichspräsident v. Hindenburg hat dieser Stellungnahme zugestimmt. Nach einer Mitteilung des Staatssekretärs Dr. Pünder an das Auswärtige Amt vom 30. Jan. 1930 (I E 993/30) bedauerte der Reichskanzler lebhaft, daß die Angelegenheit noch nicht erledigt sei. Von weiteren rechtlichen Erwägungen könne er sich keinerlei Förderung versprechen, die englischen Rechtsbedenken hinsichtlich der Stellung der Katholischen Kirche könnten für Deutschland nicht maßgebend sein. Für Deutschland müsse die ganz nüchterne Erwägung maßgebend sein, daß die Kurie die einzige Macht von großer Weltgeltung sei, mit der wir weder Krieg geführt hätten, noch auch künftig ein Krieg möglich sei und von der wir – nicht zuletzt unter einem Staatssekretariat Pacelli – eine für Deutschland wohlwollende neutrale Haltung in absehbarer Zukunft erwarten dürften (I E 993/30). Der ägyptische Gesandte erklärte, er könne weder aus juristischen noch aus religiösen Gründen das Dekanat des Nuntius grundsätzlich als berechtigt anerkennen, er sei aber ermächtigt, sich mit jeder von der Deutschen Regierung für gut befundenen de facto-Lösung für seine Person abzufinden, ohne indes seine Regierung damit zu binden. (I E 352/30)

Rom war, wie die Deutsche Botschaft beim Vatikan berichtet, über den Verlauf der Diplomatenkonferenz in allen Einzelheiten unterrichtet. Gasparri wollte nunmehr unter Anerkennung der Tatsache, daß die Regelung des Doyennats eine Angelegenheit des Diplomatischen Korps sei, der Reichsregierung die Entscheidung in der Weise zuschieben, daß diese das Diplomatische Korps um eine diesbezügliche Besprechung und Abstimmung ersuchte und selber das Votum der Majorität als für die Regierung entscheidend erklärte (I E 740/30). Am 5. Februar erschien der Geschäftsträger der Nuntiatur Centos im Auswärtigen Amt, um das Agreement für den neuernannten Nuntius Orsenigo zu erbitten. In dem gleichzeitig übergebenen Schreiben vom 4. Februar (Ors. 631/30) erklärte er, er sei beauftragt, darauf zu drängen, daß das Dekanat dem neuen Apostolischen Nuntius zugeteilt werde. Er erlaube sich, zu diesem Zweck ein Aide-Memoire zu überreichen. Das Memoire erinnert die Deutsche Reichsregierung daran, daß die Diplomatenversammlung vom 26. Dez. 1929 in ihrer großen Mehrheit sich zu Gunsten des Dekanats des Apostolischen Nuntius ausgesprochen habe. Es müsse außerdem darauf hingewiesen werden, daß der Apostolische Nuntius de jure ohne Rücksicht auf den Zeitpunkt der Überreichung des Beglaubigungsschreibens als Doyen des Diplomatischen Korps auch bei nichtkatholischen Nationen, wie Rumänien, Jugoslawien ... anerkannt sei. Wenn die Reichsregierung, wie sie bereits zum Ausdruck gebracht habe, ihrerseits im Prinzip geneigt sei, dem Nuntius das Dekanat zuzuerkennen, so werde sie zweifellos die Auffassung teilen, daß es nunmehr Sache des Diplomatischen Korps sei, möglichst ohne weitere Verzögerung eine endgültige Entscheidung herbeizuführen.

Der französische Botschafter, der vom Auswärtigen Amt von diesem Wunsch der Kurie in Kenntnis gesetzt wurde, erklärte, daß er nicht noch einmal eine Zusammenkunft des Diplomatischen Korps herbeiführen wolle, weil sonst wieder unnötig große Reden gehalten würden. Er werde die Missionschefs von der nunmehrigen Regelung einzeln benachrichtigen (I E 861/30). Außerdem erfuhr das Auswärtige Amt, daß der türkische Botschafter seine bisherige ablehnende Haltung aufgebe (I E 913/30).

Am 14. Februar teilte die Reichsregierung dem Geschäftsträger der Nuntiatur, Centoz, die Zustimmung zur Ernennung Orsenigos als Nuntius für Berlin mit. Was die Frage des Doyennats betreffe, werde der Reichsaußenminister nicht verfehlen, der Nuntiatur später eine gesonderte Antwort zukommen zu lassen (Ors. 934/30). Inzwischen hatte sich die Reichsregierung zu folgender Fassung in der Mitteilung ihrer Entscheidung an die Missionschefs entschlossen: "Die Deutsche Regierung hat sich nach Fühlungnahme mit dem Diplomatischen Korps entschlossen, dem bei ihr beglaubigten Nuntius künftig aus Gründen der Courtoisie das Dekanat zuzugestehen." (Vergl. I E 797/30) Der russische Geschäftsträger erklärte am 14. Februar, die russische Regierung würde sich damit abfinden, aber unter der Voraussetzung, daß in geeigneter Form eine Veröffentlichung stattfinde, die klarstelle, daß es sich um eine *dauernde* Regelung der Doyennatsfrage handele. Er wünschte, daß dies durch Einfügung des Wortes "jeweilig" vor Nuntius noch besonders hervorgehoben werde. Inzwischen war auch der Botschafter Krestinski selbst wieder in Berlin eingetroffen, der Wert darauf legte, als rangältester Botschafter die Benachrichtigung des Diplomatischen Korps selbst in die Hand zu nehmen. Am 17. Februar erging eine Zirkularnote der Botschaft der UdSSR an sämtliche in Berlin beglaubigten Missionschefs mit folgendem Wortlaut: "Der Botschafter der Union der Sozialistischen Sowjetrepubliken Krestinski in seiner Eigenschaft als rangältester Missionschef beehrt sich, den Herren Missions-Chefs folgenden Beschluß der Deutschen Reichsregierung zu übermitteln: "Die Deutsche Reichsregierung hat sich nach Fühlungnahme mit dem Diplomatischen Korps entschlossen, dem bei ihr jeweilig beglaubigten Nuntius künftig aus Gründen der Courtoisie das Dekanat zuzugestehen." (I E 1394/30)

Am 28. Februar berichtete Botschafter Bergen aus Rom, die Lösung der Doyennatsfrage sei dort mit Befriedigung aufgenommen worden, doch habe seine Heiligkeit bei Vorlage des diesbezüglichen Berichtes durch Msgr. Centoz es als wünschenswert bezeichnet, den grundsätzlichen Standpunkt des Hl. Stuhls – *rechtlicher* Anspruch auf das Doyennat der Nuntien – gelegentlich der Reichsregierung gegenüber zum Ausdruck zu bringen (I E 1492/30).

Am 11. März schrieb der Reichsaußenminister an den Geschäftsträger Centoz – dies ist das erste der im Schl. Prot. zu Art. 3 RK zitierten Schreiben -: "Im Anschluß an mein Schreiben vom 14. Februar beehre ich mich, sie zu benachrichtigen, daß die Reichsregierung sich nach Fühlungnahme mit dem Diplomatischen Korps entschlossen hat, dem bei ihr jeweilig beglaubigten Nuntius künftig aus *Gründen der Courtoisie* das Dekanat zuzugestehen. Der Botschafter der Union der Sozialistischen Sowjet-Republiken, Herr Krestinski, hat in seiner Eigenschaft als rangältester Missionschef diese Mitteilung den Herren Chefs der in Berlin beglaubigten Missionen zugehen lassen." (Ors. 934/30)

Am 27. März antwortete Geschäftsträger Centoz dem Reichsaußenminister mit einem Schreiben folgenden Wortlauts: "Euer Exzellenz beehrt sich die Apostolische Nuntiatur den Eingang Ihres sehr geschätzten Schreibens vom 11. März d.J. betreffs der Dekanatsfrage des Diplomatischen Korps in Berlin ergebenst zu bestätigen. Ich habe nicht verfehlt, eine Abschrift des oben erwähnten Schreibens alsbald dem Hl. Stuhl zu übermitteln und habe nun den hohen Auftrag, Euer Exzellenz mitzuteilen, daß der Hl. Stuhl mit Genugtuung erfahren hat, daß dem Apostolischen Nuntius in Berlin das Dekanats*recht* zuerkannt worden ist. wofür der Hl. Stuhl Euer Exzellenz seinen besonderen Dank zum Ausdruck bringt." (I E 2006/30) Dies ist das zweite der Schl.Prot. zitierten Schreiben.

Ehe ich auf die rechtliche Bedeutung dieses Schriftwechsels eingehe, trage ich noch nach, daß der britische Botschafter am 6. März (I E 1545) und der ägyptische Botschafter am 20. März (I E 1809/30) formell gegen die Zuerkennung des Doyennats an den Nuntius Rechtsverwahrung eingelegt haben. Der britische Botschafter legte noch einmal den Rechtsstandpunkt seiner Regierung in der Doyennatsfrage dar. Angesichts der Tatsache jedoch, daß die Deutsche Regierung endgültig beschlossen habe, das Doyennat des Diplomatischen Korps dem Nuntius zuzugestehen und angesichts der Tatsache, daß dies in Übereinstimmung stehe mit den Wünschen der meisten Missionschefs in Berlin, sehe sich die Regierung seiner Majestät nicht in der Lage, ihre Einwendungen weiterhin aufrecht zu erhalten und er sei deshalb ermächtigt, es im vorliegenden Falle dabei bewenden zu lassen, daß der Nuntius Dekan werde und zwar als vorübergehende Lösung der Frage und ohne jedes Präjudiz hinsichtlich des von der britischen Regierung festgehaltenen Grundsatzes. Dem Schreiben ist eine Abschrift der Instruktion der Preußischen Regierung an den preußischen Gesandten im Haag vom Jahre 1848 beigefügt, in der sich Preußen gleichfalls zu der strengen Auslegung der Wiener Kongreßakte bekennt. Der ägyptische Botschafter sieht sich veranlaßt zu erklären, daß die ägyptische Regierung sich für die Zukunft in dieser Hinsicht ihre volle Entschließungsfreiheit vorbehalte.

Dieser Bericht über den Ablauf der damaligen Verhandlungen zeigt, daß nicht die Lösung der Rechtsfrage im Vordergrund stand, obgleich sie auch beachtet wurde, daß die Einräumung des Doyennats an den Nuntius auch nicht lediglich eine Geste der Höflichkeit gegenüber der Kurie gewesen ist, daß vielmehr politische und zwar außenpolitische Gesichtspunkte die Entscheidung bestimmt haben: in erster Linie die Schwierigkeiten, die mit einem Doyennat des russischen Botschafters verbunden gewesen wären, und sodann die Ausnahme, daß das Deutsche Reich mit dem Vatikan in absehbarer Zeit nicht in einen Konflikt verwickelt werden könne. Die beiden Gesichtspunkte hätten nur zu einer Einräumung des Doyennats an den Nuntius Orsenigo, nicht aber zu einem Zugeständnis für alle künftigen Fälle zu Gunsten des *jeweiligen* Nuntius führen dürfen. Die Reichsregierung hatte ja auch die Lösung ad hoc beabsichtigt. Die Dauerlösung verdankt der Vatikan dem Bestreben der Sowjetregierung, in der Doyennatsfrage keine Einbuße an ihrem Prestige zu erleiden.

Um die Tragweite der damaligen Erklärungen würdigen zu können, sind zunächst einige begriffliche Klarstellungen erforderlich. Man pflegt in der Doyennatsfrage die de facto-Lösung und die de jure-Lösung zu unterscheiden.

Die de facto-Lösung besteht darin, daß alle nach dem Ancienniätsprinzip dem Nuntius im Range vorgehenden Vertreter auf ihren Vorrang zu Gunsten des Nuntius verzichten. Da die Doyennatsfrage gewöhnlich aktuell wird, wenn ein Nuntius neu ernannt werden soll, muß der Verzicht praktisch von allen Botschaftern ausgesprochen werden. Die Zustimmung der diplomatischen Vertreter anderer Rangklassen, der Gesandten, Geschäftsträger usw. dagegen ist nicht erforderlich, da ihnen der Nuntius auf jeden Fall im Rang vorgeht. Aus diesem Grunde ernennt ja der Päpstliche Stuhl auch in Hauptstädten kleinerer Staaten, in denen das Diplomatische Korps nur aus Gesandten, Geschäftsträgern usw. besteht, und in denen selbst der Päpstliche Stuhl nur eine Internuntiatur besitzt, wenigstens ad hoc einen Nuntius, falls dem Internuntius das Doyennat nicht zugestanden würde.

Für eine de facto-Lösung ist im Diplomatischen Korps grundsätzlich Einstimmigkeit erforderlich; durch Mehrheitsbeschluß können die widersprechenden Botschafter nicht in ihrem Rang zurückgesetzt werden. Die Regierung des Empfangsstaates muß an einer solchen de facto-Lösung nicht notwendig mitwirken. Sie kann sich, wie es der Meinung Bismarcks entsprach, für uninteressiert erklären. Sie kann aber auch, wie das 1930 geschah, ihr Hausherrenrecht geltend machen und sich an dem Zustandekommen der Lösung in entscheidender Weise beteiligen.

Eine solche Regelung gilt in der Regel nur für den einzelnen Fall, in dem die zur Zeit akkreditierten Botschafter auf ihren Vorrang verzichten. In den zahlreichen Fällen, in denen dem Internuntius in den südamerikanischen Staaten das Doyennat aus Courtoisie eingeräumt wurde, geschah dies nur ad hoc. Diese ad hoc-Lösung birgt freilich die Gefahr in sich, daß daraus, wenn sie sich einige Male nacheinander wiederholt, ein Gewohnheitsrecht zu Gunsten des jeweiligen Nuntius entsteht. Dem sucht man in der Regel durch eine ausdrückliche Rechtsverwahrung vorzubeugen. Es ist aber auch möglich, daß die beteiligten Staaten in alle Zukunft auf das Vorrecht ihrer Vertreter dem Nuntius gegenüber verzichten, indem sie erklären, daß sie auch in Zukunft nicht beabsichtigten, den Vorrang ihrer Vertreter geltend zu machen. In diesem Sinne ist z.B. die Erklärung der französischen Regierung im Berner Doyennatsstreit der Jahre 1921/22 aufzufassen. Da in Bern nur ein Botschafter, nämlich der französische beglaubigt war, bedeutet dieser Verzicht der französischen Regierung de facto die dauernde Vorrangseinräumung an den Nuntius trotz der ausdrücklichen Rechtsverwahrung der Berner Bundesregierung.

Eine Lösung *de jure* besteht entweder in der Anerkennung eines schon vorhandenen Rechtssatzes, daß der Nuntius der geborene Doyen des Diplomatischen Korps sei, oder in einem Übereinkommen der beteiligten Mächte, durch das dem Nuntius für die Zukunft (ex nunc) das Recht auf das Doyennat zuerkannt wird. Ein Übereinkommen dieser Art über Rangfragen ist z.B. das Rang-Reglement des Wiener Kongresses vom 19. März 1815, auf das sich die Kurie in Doyennatsstreitigkeiten zu berufen pflegt.

Die Feststellung, daß das Doyennat schon nach bestehendem Recht dem Nuntius gebühre (ex tunc), kann die Regierung des Empfangsstaates allein treffen; an eine Mitwirkung des Diplomatischen Korps ist die hierbei nicht gebunden, denn das Diplomatische Korps muß sich dem im Empfangsstaat bestehenden und anerkannten Recht fügen. So konnte z.B. die italienische Regierung im Konkordat von 1929 dem Nuntius das Doyennat zuerkennen, ohne vorher mit dem Diplomatischen Korps Fühlung zu nehmen, weil von Italien ein Rechtssatz anerkannt wurde, nach dem in katholischen Staaten auf Grund eines schon zur Zeit des Wiener Kongresses bestehenden Gewohnheitsrechtes das Doyennat dem Nuntius zustehe. In zweifelhaften Fällen dagegen, also vor allem in nichtkatholischen Staaten, zweckmäßig aber auch in solchen katholischen Staaten, die das Wiener Abkommen nicht unterzeichnet haben, wird die Regierung das Einvernehmen des Diplomatischen Korps auch hinsichtlich der Rechtsfrage herbeizuführen suchen. Aber auch dann ist es nicht erforderlich, daß die beteiligten Botschafter oder Staaten zustimmen. Es ist durchaus möglich, daß die Regierung für sich allein die Entscheidung trifft, während der eine oder andere der beteiligten Botschafter gegen die Entscheidung Rechtsverwahrung einlegt. Dies ist es, was die Sowjetregierung im Jahre 1930 gegenüber der Reichsregierung wünschte.

Die Frage, ob es sich bei der Lösung des Jahres 1930 um eine de facto- oder um eine de jure-Lösung handele, ist im Schl.Prot. zu Art. 3 RK übergangen. Es wird dort einfach gesagt, der Nuntius sei Doyen des dort akkreditierten Diplomatischen Korps; im übrigen wird auf den Notenwechsel vom 11. und 27. März 1930 Bezug genommen. Vergleicht man die beiden angeführten Noten, so findet man, daß sie gerade in dem entscheidenden Punkt nicht miteinander übereinstimmen. In der Note des Auswärtigen Amtes heißt es, das Dekanat werde dem Nuntius "aus Gründen der Courtoisie" zugestanden. Der Hl. Stuhl dankt am 27. März dafür, daß dem Nuntius in Berlin das Dekanats*recht* zuerkannt worden sei. In dieser Form hat die Kurie ihre Absicht, ihren Rechtsstandpunkt der Deutschen Regierung gegenüber noch eigens zum Ausdruck zu bringen, verwirklicht. Der Vatikan ist sich aber, wie schon aus seiner bereits erwähnten Absicht, seinen Rechtsstandpunkt eigens darzulegen, hervorgeht, nicht im unklaren darüber gewesen, daß die Erklärung der Reichsregierung keine de jure-Lösung darstellen sollte, daß infolgedessen auch keine Rede davon sein kann, daß dem Nuntius das Dekanats*recht* zuerkannt worden sei. Bedauerlich ist allerdings, daß das Auswärtige Amt die Note der Nuntiatur vom 27. März unwidersprochen hingenommen hat. Es läßt sich dagegen nur anführen, daß die Reichsregierung ihren grundsätzlichen Standpunkt in einer offiziellen Mitteilung an die Presse zum Ausdruck gebracht hat, die in mehr oder weniger ausführlicher Form in der gesamten Tagespresse wiedergegeben wurde und die den Satz enthält: "Ein Rechtsanspruch der Kurie auf das Dekanat in Berlin konnte unter diesen Umständen nicht anerkannt werden und auch einige praktische Erwägungen sprechen deutscherseits gegen ein ständiges Dekanat des Nuntius."

Die von der Deutschen Regierung gewählte Formulierung ist aber an sich unklar. Sie ist eine Kompromißlösung zwischen der ursprünglichen Absicht der Reichsregierung, nur eine de facto-Lösung, also ad hoc, herbeizuführen und die Forderung Sowjetrußlands, daß das Doyennat dem Nuntius de jure und dauernd übertragen werden müsse. Für eine wirkliche de facto-Lösung fehlt, wenigstens soweit es die künftigen Fälle betrifft, die die Erklärung der Reichsregierung ja mit einschließt, die Zustimmung sämtlicher Botschafter, da der britische Botschafter sich für künftige Fälle seine Entschließungsfreiheit vorbehalten hat.

Die Tatsache, daß dem jeweiligen Nuntius künftig das Dekanat zuerkannt wird, nähert sich somit einer de jure-Lösung. Von einer de jure-Lösung im eigentlichen Sinne unterscheidet sich aber die Einräumung eines Dekanats in diesem Falle dadurch, daß sie lediglich "aus Courtoisie" erfolgt.

Was bedeutet die Formel "aus Courtoisie", wenn das Zugeständnis gleichzeitig für alle Zukunft gegeben wird? Worin unterscheidet sich die Bindung, die auf solche Weise entsteht, von einer rechtlichen Bindung?

Vom Standpunkt des zurücktretenden Botschafters oder Staates kann es nichts anderes bedeuten, als daß der Zurücktretende sich vorbehält, jederzeit, wenn die Voraussetzungen für einen solchen Höflichkeitsakt in den gegenseitigen Beziehungen nicht mehr gegeben sind, den ihm nach dem Anciennitätsprinzip zukommenden Rang wieder in Anspruch zu nehmen. Als Präzedenzfall kann hier immerhin der Fall des Internuntius Macchi in Rio de Janeiro im Jahre 1900 herangezogen werden, dem der italienische Gesandte aus Höflichkeit das Doyennat überlassen hatte, dann aber im Verlauf eines persönlichen Streites zwischen ihm und dem Internuntius in einem Rundschreiben an seine Kollegen das Doyennat selbst wieder in Anspruch genommen hatte (vergl. Akt. Hof und Et II C 23 Doyennat). Mit dem Widerruf des aus Courtoisie eingeräumten Vorrangs tritt ohne weiteres wieder das Anciennitätsprinzip in Kraft.

Die Formel kann aber auch für den Empfangsstaat, der auf Grund seines Hausherrenrechts in Fühlungnahme mit dem Diplomatischen Korps eine solche Entscheidung trifft, keine andere Bedeutung haben. Der Empfangsstaat, der dem Nuntius das Doyennat "aus Courtoisie" einräumt, behält sich damit vor, für den Fall, daß in seinen Beziehungen zur Kurie, deren Vertreter der Vorrang eingeräumt wird, eine solche Änderung eintritt, daß Höflichkeitserweise dieser Art nicht mehr gerechtfertigt erscheinen, seine Entscheidung zurückzunehmen und zu erklären, daß er an seinem Regierungssitz das Anciennitätsprinzip wieder als allein maßgebend erachte. Das Diplomatische Korps könnte eine solche Entscheidung nur dadurch boykottieren, daß jeder der nach dem Altersprinzip im Range vorgehenden Botschafter erklärt, daß er zu Gunsten des Nuntius zurücktrete. Im gegenwärtigen Augenblick wäre ein Widerruf der Entscheidung des Jahres 1930 jedenfalls aus dem Gesichtspunkt zwecklos, weil der gegenwärtige Nuntius Orsenigo schon seit mehreren Jahren auch auf Grund des Anciennitätsprinzips als längst beglaubigter Vertreter der Botschafterklasse Doyen des Diplomatischen Korps wäre.

Die Tatsache, daß das Doyennat im Schlußprotokoll zum Gegenstand vertraglicher Regelung gemacht wurde und zwar unter Ausschaltung des Diplomatischen Korps, zwingt nicht zu dem Schluß, daß damit die Reichsregierung die Entscheidung dem Diplomatischen Korps vollständig aus der Hand genommen und die bisherige de facto-Lösung zu einer de jure-Lösung umgestaltet habe. Denn es wird ausdrücklich der Notenwechsel aus dem Jahre 1930 für maßgebend erklärt, wobei für die Beurteilung der rechtlichen Tragweite des damaligen Zugeständnisses der Wortlaut der deutschen Note zu Grunde gelegt werden muß, da die Kurie, wie schon erwähnt, darüber damals trotz ihrer Erklärung in der Note vom 27. März keineswegs im unklaren sein konnte. Sieht der Wortlaut der deutschen Note die Einräumung des Doyennats lediglich "aus Courtoisie" und "nach Fühlungnahme mit dem Diplomatischen Korps" vor, so folgt daraus, daß auch weiterhin mit dem Diplomatischen Korps in dieser Frage Fühlung genommen werden kann, mit Rücksicht auf die Rechtsverwahrung des britischen Botschafters sogar genommen werden muß, und daß es, falls die Voraussetzungen für diesen Höflichkeitserweis in den gegenseitigen Beziehungen nicht mehr gegeben sind, widerrufen werden kann. Falls in Zukunft ein Wechsel in der Nuntiatur eintritt, wird es jedenfalls zweckmäßig sein, hinsichtlich der Doyennatsfrage erneut mit dem Diplomatischen Korps Fühlung zu nehmen und falls man sich dann dazu entschließen sollte, auch dem neuen Nuntius das Doyennat einzuräumen, dieses Zugeständnis mit einer ausdrücklichen Verwahrung hinsichtlich der Rechtslage zu versehen.

Anhang:

1. Abschrift von Abschrift: E 0831

Akten Protokoll betr. Cesare Orsenigo, Apostolischer Nuntius
Nunziatura Apostolica Germania – Berlino W. 10. le 4 Février 1930 No. 42891

Excellence.
Le Saint Père, se proposant de confier la succession den S.E. Mgr. E. Pacelli, en qualité de Nonce Apostolique à Berlin à Son *Excellence Monseigneur Cesare Orsenigo*, Archevêque de Ptolémaide, actuellement Nonce Apostolique à Budapest Son Eminence le Cardinal Secrétaire d'Etat m'a chargé de demander en faveur du nouveau Nonce désigné l'agrément du Gouvernement du Reich.

En n'acquittant auprès de Votre Excellence de cette honorable mission, je suis chargé d'insister auprès d'Elle. afin que le décanat soit attribué au nouveau Nonce Apostolique auprès du Gouvernement Allemand. Je me permets de remettre à cette fin à Votre Excellence l'aide-mémoire ci-joint. – Je saisis avec empressement l'occasion qui m' est offerte de renouveler à Votre Excellence l'assurance de ma plus haute considération. sé Mgr. Louis Cenzoz, Chargé d'Affaires a.i. du Saint-Siège. – Au Son Excellence Monsieur le Dr. Curtius, Ministre des Affaires Etrangères du Reich Berlin Wilhemstr. 76.

2. Abschrift von Abschrift: annexé à la Note N. 42891. *Memoire.*

Le Gouvernement du Reich n'ignore pas le Corps Diplomatique accrédité à Berlin, ayant été convoqué en assemblée le 26 Décembre dernier par S.E. Monsieur l'Ambassadeur de France, afin d'examiner la question du décanat, qui a été posée par suite du départ de Son Excellence Monseigneur E. Pacelli, s'est, dans la très grande majorité, prononcé en faveur de l'attribution du décanat au Nonce Apostolique.

Il est aussi à noter que le Nonce Apostolique est reconnu *de jure*, abstraction faite de la date de la présentation des lettres de créance, Doyen du Corps Diplomatique auprès de nations même non catholiques, telles que la Roumanie, la Jougoslavie ...

Si, comme il a bien voulu le déclarer déjà, le Gouvernement du Reich se montre, pour sa part, favorable en principe à l'attribution du décanat au Nonce, il estimera sans doute qu'il y aurait lieu pour le Corps Diplomatique de délibérer à nouveau pour qu'une décision définitive intervienne, ainsi qu'il est à souhaiter, sans délai ultérieur.

Berlin, le 4 Février 1930. (L.S. Apostolische Nuntiatur in Berlin).

3.Abschrift von Abschrift. Cesare Orsenigo, Apostolischer Nuntius I 96 Protokoll-Akten Berlin, den 14. Februar 1930. zu I E 934 I 96 Orsenigo Ang. II. *Sofort!* – Durch Boten abtragen -

Herr Geschäftsträger! Mit Beziehung auf das gefällige Schreiben vom 4. Februar – No. 42891 – beehre ich mich Sie zu benachrichtigen, daß die Deutsche Regierung Seine Excellenz Monsignor Cesare Orsenigo, Erzbischof von Ptolomais als Apostolischen Nuntius in Berlin gern empfangen wird.

Was die andere Frage betrifft, so werde ich nicht verfehlen, Ihnen später eine gesonderte Antwort zukommen zu lassen.

Zugleich benutze ich diesen Anlaß, um Ihnen, Herr Geschäftsträger, die Versicherung meiner vorzüglichsten Hochachtung zu erneuern. (I.R. Name des Herrn R.Min.)

An Monsignor Louis Centoz Geschäftsträger a.i. des Heiligen Stuhles, Berlin W 10, Rauchstr. 21. Nach Abgang: bei II Vat. z.g.Kts.

4. Abschrift von Abschrift.

Auswärtiges Amt Protokoll E Akten betr. Cesare Orsenigo. I 96 I E 934 I 96 Orsenigo Ang. III.
Berlin, den 11. März 1930.
Monsignor Luigi Centoz, Geschäftsträger des Heiligen Stuhles, W. 10, Rauchstr. 21.
Herr Geschäftsträger! Im Anschluß an mein Schreiben vom 14. Februar – gleicher Geschäftsnummer – beehre ich mich Sie zu benachrichtigen, daß die Reichsregierung sich nach Fühlungnahme mit dem Diplomatischen Korps entschlossen hat, dem bei ihr jeweilig beglaubigten Nuntius künftig aus Gründen der Courtoisie das Dekanat zuzugestehen.

Der Botschafter der Union der Sozialistischen Sowjetrepubliken in Deutschland Herr Krestinski hat in seiner Eigenschaft als rangältester Missionschef diese Mitteilung den Herren Chefs der in Berlin beglaubigten Missionen zugehen lassen.

Gern benutze ich diesen Anlaß, um Ihnen, Herr Geschäftsträger, die Versicherung meiner vorzüglichen Hochachtung zu erneuern. – (I.R. Name des Herrn R.Min.)

5. Abschrift.

Auswärtiges Amt, E. Protokoll Doyennat V 55. Abschrift. Apostolische Nuntiatur Deutschland, Nr. 43021 Berlin W 10, den 27. März 1930.
Euer Exzellenz beehrt sich die Apostolische Nuntiatur den Eingang Ihres sehr geschätzten Schreibens vom 11. März d.J. betreffs die Dekanatsfrage des Diplomatischen Korps in Berlin ergebenst zu bestätigen. Ich habe nicht verfehlt, eine Abschrift des obenerwähnten Schreibens alsbald dem Hl. Stuhl zu übermitteln, und habe nun den Auftrag, Euer Exzellenz mitzuteilen, daß der Hl. Stuhl mit Genugtuung erfahren hat, daß dem Apostolischen Nuntius in Berlin das Dekanatsrecht zuerkannt worden ist, wofür der Hl. Stuhl Eurer Exzellenz seinen besonderen Dank zum Ausdruck bringt.

Gern benutze ich diesen Anlaß, um Eurer Exzellenz die Versicherung meiner vorzüglichsten Hochachtung zu erneuern, womit ich die Ehre habe zu verharren als Eurer Exzellenz ganz ergebenster gez. Aloys Centoz, Geschäftsträger a.i. des Hl. Stuhles.

Seiner Exzellenz dem Herrn Reichsminister des Auswärtigen Herrn Dr. Curtius Berlin.

Vorsitzender: Ich danke Herrn Dr. Schröcker für seine sehr interessanten Ausführungen und darf nunmehr die Herren bitten, sich dazu zu äußern.

Weber: Ich möchte eine Frage aufwerfen, die sich an die beiden Schreiben vom 11. und 27. März 1930 anknüpft. Herr Dr. Schröcker hat eingehend die Frage behandelt, wie weit hier das Deutsche Reich eine Bindung eingegangen ist. Er ist davon ausgegangen, daß zunächst in dem Schreiben vom 11. März 1930 die Wendung "par courtoisie" oder "aus Courtoisie" gebraucht ist, allerdings verbunden mit der Jeweiligkeit des jeweiligen Nuntius, also eine Courtoisielösung vorliegt, die auf die Dauer berechnet ist. Diese zaghafte Äußerung der Deutschen Reichsregierung, die doch immerhin auch schon dem Standpunkt der russischen Regierung in etwa entgegenkommen wollte, hat dann der Vatikan in seinem Schreiben vom 27. März 1930 mit der Erklärung übertrumpft: Er nehme dankend zur Kenntnis, daß hier ein Dekanatsrecht zuerkannt sei. Ich habe so den Eindruck, als ob hier eine ähnliche Rechtsfigur vorliegt wie im bürgerlichen Recht eine Offerte, die nicht unverändert angenommen wird. Sie wird nach bürgerlichem Recht bekanntlich als neuer Antrag behandelt. (*Schröcker:* Ich habe an diese Möglichkeit gedacht!) Und dann wäre die Frage die: ob dieser neue Antrag, nämlich Schreiben vom 27. März 1930, dann nicht angenommen worden wäre. Ich glaube allerdings, daß diese Erklärung angenommen worden ist zunächst durch Stillschweigen und dadurch, daß man auf Grund dieser Erklärung vom 27. März 1930 dem inzwischen eintreffenden Nuntius tatsächlich das Dekanat eingeräumt hat und schließlich in aller Feierlichkeit im Schlußprotokoll zum Reichskonkordat dieses Schreiben geschluckt hat. Man hat also da gewisse Modifikationen, die auch schon das Deutsche Reich im Grunde genommen in der ersten Note ins Auge gefaßt hatte, die es aber noch etwas versäumt hatte, einfach geschluckt, so daß es immerhin noch in hohem Grade zweifelhaft erscheint, ob man bei einer nach außen gerichteten Erklärung damit durchkommen würde, wenn man sagte: Nein, maßgebend ist das erste Schreiben der Reichsregierung vom 11. März mit den Worten "aus Courtoisie". Schon dieses Schreiben für sich betrachtet ist zweifelhaft. Es wird dann aber modifiziert angenommen, und diese modifizierte Annahme ist ein neues Angebot nach den Grundsätzen des bürgerlichen Rechts, die ja nur der Niederschlag allgemein logischer Fragen und Rechtsfragen sind. Da könnte man sagen: das ist ohne Zweifel akzeptiert, und zwar in doppelter Hinsicht akzeptiert. So glaube ich, ist es also doch einigermaßen schwierig für die Reichsregierung, sich beim nächsten Erwägensfall auf den Standpunkt zu stellen: jetzt ist für uns kein Grund mehr vorhanden, Courtoisie zu üben, sondern wir verlangen eine gerechte Regelung.

Schröcker: Unter gleichbleibenden Verhältnissen, wenn es so ist wie gegenwärtig und sozusagen keine Aussicht besteht, daß man einen ganz aktuellen Grund hat, um das Doyennat dem nächsten Nuntius zu verweigern, habe ich ja vorgeschlagen, man solle es so machen, daß man dem nächsten Nuntius zwar noch das Doyennat gibt, aber gleichzeitig ausdrücklich eine Rechtsverwahrung beifügt, um wieder für die Zukunft freie Hand zu haben.

Weber: Die wird dann wahrscheinlich oder möglicherweise hohnlachend zurückgewiesen werden, indem man sagt: ihr protestiert gegen eure eigene Erklärung, ihr legt eine Verwahrung ein gegen eure eigene eindeutige Rechtserklärung.

Schröcker: Nein, man muß sich auf den Standpunkt stellen, daß weder jetzt noch damals mit der Einräumung des Doyennats eine Einräumung von Rechts wegen erfolgt ist, daß man der Kurie kein Doyennatsrecht zuerkannt hat. Man muß sagen, es sei auch jetzt noch lediglich eine Frage der Courtoisie. Ich habe ja gerade eingehend dargelegt, ob man sich überhaupt auf diesen Standpunkt noch stellen kann. Ich habe auch hervorgehoben: die Erklärung der Reichsregierung hatte einen Kompromißcharakter zwischen de jure- und de facto-Lösung.

Weber: Diese Möglichkeit ist an sich eigentlich durch die Antwort zerstört, die das Dekanatsrecht zuerkannte.

Schröcker: Nein! Ich habe gesagt: Es ist gleichzeitig diese Mitteilung an die Presse gegangen; in der gesamten deutschen Presse ist das hervorgehoben worden, und man kann dem Vatikan entgegenhalten: Du hast auch dagegen nicht protestiert, daß die ganze deutsche Presse verbreitet hat, daß von einem Doyennatsrecht keine Rede sein kann. Außerdem hat ja damals der Kardinalstaatssekretär, der in einem sehr guten Verhältnis zum deutschen Botschafter beim Heiligen Stuhl stand, diesem auch wieder mitgeteilt, was der Papst gesagt hat, daß der Papst es für notwendig gehalten hat, er müsse seinerseits eine Rechtsverwahrung bei der Deutschen Reichsregierung anbringen, eine Rechtsverwahrung gegenüber dieser de facto-Lösung, indem er ausdrücklich noch bei irgendeiner Gelegenheit betonen wolle, daß er auf dem Standpunkt stehe, das Doyennat gehöre ihm von Rechts wegen. Er hat das also selber nur als eine de facto-Lösung betrachtet und hat seine Rechtsverwahrung in die Form des Schreibens vom 27. März gekleidet.

Weber: Ist denn nicht eine spätere Gelegenheit im Jahre 1933 noch benutzt worden, die Sache paragraphenmäßig und auf die Dauer zu regeln?

Schröcker: Wir müssen uns eben auf den Standpunkt stellen: In dem Schlußprotokoll ist überhaupt nichts Neues bestimmt, ist nichts verschärft und verschlechtert worden. Es ist einfach auf die beiden Schreiben hingewiesen, und maßgebend sind nur diese Schreiben, auch nicht das Schreiben des Vatikans, das Dankschreiben, dem an sich keine rechtliche Bedeutung zukommt, weil es sich um eine einseitige Willenserklärung der Reichsregierung handelt, nicht um einen bürgerlich-rechtlichen Vertrag über das Doyennat zwischen Reichsregierung und Vatikan. Außerdem hat der Vatikan diese Erklärung damals abgegeben, obwohl er wußte, daß auf Seiten der Reichsregierung nicht beabsichtigt war, eine de jure-Lösung herbeizuführen. Also ich glaube, man hat genügend starke Gründe, um einen da jure-Anspruch des Vatikans auch in Zukunft noch zurückzuweisen.

Vorsitzender: Ich muß ja sagen: als Sie das zuerst vorlasen, war es mir kein Zweifel, daß das eine de jure-Lösung sein sollte.

Schröcker: Als ich es zum ersten Mal gelesen habe, war ich auch dieser Meinung und habe gesagt: da ist nichts zu machen.

Vorsitzender: Ob dabeisteht "aus Courtoisie" ist eigentlich ganz egal. Es kann allerdings einen Unterschied im Rechtsleben geben zwischen Billigkeit und Gesetzmäßigkeit. Zum Beispiel passiert es mir jeden Tag, daß ich Entschädigungsansprüche nicht anerkenne, aber aus Billigkeit sage: in diesem Falle kann ich mich damit einverstanden erklären, daß gezahlt wird. Aber etwas ganz anderes ist es, wenn ich allgemein eine ein für allemal bestehende Billigkeit auf die Dauer anerkenne.

Schröcker: Aber dann haben die Worte "aus Courtoisie" keinen Sinn; dann hätte man sie auch weglassen können. Ich habe gerade zu diesem Zwecke, um das klarstellen zu können, einen kleinen Überblick über die völkerrechtliche Praxis gegeben und habe dann in der theoretischen Ausführung die vier Fälle, die möglich sind, unterschieden: 1a) de facto-Lösung ad hoc, 1b) de facto-Lösung für unbestimmte Fälle, für eine unbestimmte Zukunft, 2a) de jure-Lösung ex nunc, 2b) de jure-Lösung ex tunc. Das sind die vier verschiedenen Möglichkeiten, die bestehen. Ich habe nun die Erklärung von damals so analysiert, daß es sich hier um die Lösung 1b) handelt, nämlich um die de facto-Lösung auf die Dauer.

Weber: Es kann sich aber auch um die Lösung handeln, daß man sagt: Wir lassen dahingestellt, was bisher schon rechtens ist; wir kommen aber entgegen und erkennen ex nunc an, daß es so ist, und zwar auf die Dauer.

Forsthoff: Ich muß da, wenn ich so sagen darf, einmal eine logische Frage stellen. Was heißt das: eine de facto-Lösung auf die Dauer? Worin liegt das Moment der Dauer? Liegt es in der rechtlichen Bindung?

Schröcker: Ja, ist aber anderer Art!

Forsthoff: Sonst ist das Moment der Dauer gar nicht herzustellen.

Schröcker: De facto ist mit dem Vorbehalt verbunden, jederzeit wieder auf das Anciennitätsprinzip zurückzukommen. Jeder Botschafter und jeder Staat, der beteiligt ist, behält sich damit vor, seinerzeit wieder den ihm zukommenden Rang zu beanspruchen.

Weber: Das Schlußprotokoll zu Art. 3 sollte aber diesem etwa noch vorhandenen Vorbehalt sicher genügen. (*Barion:* Des Diplomatischen Korps!)

Schröcker: Beim Schlußprotokoll zu Art. 3 war auf Seiten des Vatikans die Meinung die, daß damit das Schreiben vom 27. März endgültig akzeptiert ist und der Fall damit bereinigt ist, so daß man sich auf dieses Schreiben vom 27. März berufen könne. Aber insoweit kann man sagen, liegt ein versteckter Dissens jedenfalls vor.

Forsthoff: Es ist mir noch nicht ganz klar geworden, worauf denn die Stellung des Doyen beruht. Beruht sie darauf, daß die Regierung sagt: "den Vertreter Soundso erkenne ich als Doyen an", oder ist das ein Akt des Diplomatischen Korps? Das ist offenbar Bismarcks Auffassung gewesen. Ich meine jetzt ganz allgemein: Ist der Doyen sozusagen ein Organ des Diplomatischen

Korps, der aus diesem Korps heraus entwickelt wird? Dann könnte die Reichsregierung ja darüber insoweit gar nicht verfügen; dann läge heute noch die Verfügung beim Korps.

Schröcker: Ich habe diese Frage mitbehandelt. Ich habe gesagt: Die Regierung kann sich desinteressiert erklären und kann die Lösung der Frage dem Diplomatischen Korps überlassen. Sie kann sagen: Ich kümmere mich darum weiter nicht; macht ihr, was ihr wollt. Sie kann aber auch ihr Hausherrenrecht geltend machen und sagen: Ich möchte mitreden, und zwar bei einer de facto-Lösung. Dann kann sie das nur im Einvernehmen mit dem Diplomatischen Korps. Denn das Wesen der de facto-Lösung besteht in dem Verzicht aller im Rang vorangehenden. Bei der de jure-Lösung dagegen kann die Regierung sagen: in meinem Gebiet ist das rechtens; ich erkenne diesen Rechtssatz an. Hier ist sie an die Mitwirkung des Diplomatischen Korps nicht gebunden.

Vorsitzender: Also es wäre ihrem Ermessen anheimgegeben, ob sie dem Rangälteren sozusagen ein Mitspracherecht geben will. Sie kann sagen: eine de jure-Lösung mache ich allein.

Barion: Das ist die Frage. Wie ist es denn de facto 1930 gewesen? Hat die Reichsregierung von sich aus entschieden oder ist das eine Sache, bei der also das Diplomatische Korps mitentschieden hat? Das ist mir nicht ganz klar geworden.

Weber: Es hat nicht mitentschieden.

Barion: Hat sie als Hausherr entschieden oder bloß als clearing office für das ganze Diplomatische Korps?

Schröcker: Formell hat die Regierung im Einvernehmen mit dem Diplomatischen Korps entschieden.

Weber: Nein; denn eben hatten Sie die Voraussetzungen für die de facto-Lösung aufgestellt und gesagt, daß nicht alle im Rang Vorgehenden, in Betracht kommenden Stellen zugestimmt haben. Der Viscount d'Abernon hat nicht zugestimmt. Also entfällt diese Möglichkeit für 1930.

Schröcker: Ich habe in meinem Referat hervorgehoben, daß es sich zwar um eine de facto-Lösung auf die Dauer handelt, der Pferdefuß dieser de facto-Lösung aber der Protest des britischen Botschafters ist. Insofern war die de facto-Lösung der Reichsregierung damals überhaupt nicht berechtigt, und darum nähert sich diese Lösung sehr einer de jure-Lösung.

Barion: Ich sehe nicht ganz ein, wie das möglich sein soll.

Schröcker: Man kann sagen: Alle anderen haben einer de facto-Lösung auf die Dauer zugestimmt; der britische Botschafter hat nur ad hoc zugestimmt; die Voraussetzung einer de facto-Lösung war nur in einem einzigen Doyennatsfall, im Falle Orsenigo, gegeben, und sie ist im nächsten Fall nicht mehr gegeben. Hier kommt es darauf an, wie der britische Botschafter sich zu der Sache stellt.

Barion: Wenn der Posten nicht gerade vakant ist.

Vorsitzender: "Britischer Botschafter", "Holländischer Gesandter" usw., d.h. doch immer nur das Land. Die bekommen dann doch ihre Anweisungen.

Schröcker: Ja, die halten sich immer an die Weisungen ihrer Regierung. Für die deutsche Regierung hat die Frage früher manchmal auch schon eine Rolle gespielt, nämlich dann, wenn es sich darum gehandelt hat, ob der deutsche Gesandte den auswärtigen Staaten dem Nuntius gegenüber zurücktreten soll. Der deutsche Gesandte hat da auch schon die Weisung der deutschen Regierung bekommen, vor allem in den südamerikanischen Staaten, und in einem oder zwei Fällen ist die Sache auch wirklich akut geworden, wo an sich der deutsche Gesandte im Range vorgegangen wäre. Da hat der deutsche Gesandte die Weisung bekommen, sich der Meinung des übrigen Diplomatischen Korps anzuschließen und nicht seinerseits auf seinem Rang zu bestehen, falls alle übrigen sonst zurücktreten wollen, und er hat dann einer Lösung aus Courtoisie und ad hoc zugestimmt.

Vorsitzender: Dieser ganze Fragenkomplex taucht aber überhaupt nur auf im Rahmen des Schlußprotokolls, weil die beiden Schreiben im Konkordat verankert sind. Wenn das nicht der

Fall wäre, dann könnte die Regierung einfach zugeben: damals war ich dieser Ansicht; jetzt bin ich anderer Ansicht; es hat sich manches geändert; auch die Struktur der Regierung; das spricht mehr dafür, daß der Vertreter des Vatikans nicht das Doyennat hat; also bin ich jetzt anderer Ansicht. Ist diese meine Auffassung richtig?

Schröcker: Ich wollte eben darlegen, daß die deutsche Regierung rechtlich immer noch sozusagen freie Hand hat, jedenfalls nicht rechtlich gebunden ist an das Doyennat des Nuntius, daß man es aber von den Verhältnissen, die im aktuellen Fall gerade bestehen, abhängig machen kann, ob man dem Nuntius das Doyennat einräumt oder nicht.

Barion: Ich habe immer noch nicht ganz verstanden, wie es 1930 gewesen ist bei diesem Schreiben vom 11. März. Das ist doch wohl das zunächst Wichtige. Ist dieses Schreiben von der Regierung ergangen qua Hausherr oder qua Sprachrohr? Das muß man aus der Formulierung feststellen können.

Schröcker: In dem Schreiben vom 11. März heißt es: "Ich beehre mich, Sie zu benachrichtigen, daß die Reichsregierung sich nach Fühlungnahme mit dem Diplomatischen Korps entschlossen hat, dem bei ihr jeweils beglaubigten Nuntius künftig aus Gründen der Courtoisie das Dekanat zuzugestehen."

Barion: Die Frage ist – und das wollte ich für mich persönlich wissen -: soll das nun so aufgefaßt werden, daß das Diplomatische Korps in Zukunft, wenn die Reichsregierung diesen Entschluß aufrechterhält oder abändern will, jeweils immer wieder befragt werden muß? *(Weber:* Nein! – *Forsthoff:* Offenbar nicht!)

Schröcker: Nach dem Wortlaut des Beschlusses nicht. *(Barion:* Das ist der springende Punkt!) – Der Wortlaut des Briefes setzt einen dauernden Verzicht des Diplomatischen Korps voraus.

Weber: Aber "nach Fühlungnahme" ist zu weich, bedeutet nur: ich habe mich orientiert, ich habe die Stimmen gewogen, die zutage getreten sind, aber ich Reichsregierung habe mich dann entschlossen, das zu tun, habe mich über gewisse Widersprüche hinweggesetzt. Das ist meines Erachtens eine Hausherrenentscheidung.

Schröcker: In erster Linie schon! Das Hauptgewicht beruht auf der Entscheidung der Reichsregierung.

Barion: Sonst hätte sie, ohne einen groben Akt der Uncourtoisie zu begehen, den Einspruch des britischen Botschafters nicht so beiseiteschieben können.

Vorsitzender: Gibt es da eine Mehrheit? Die gibt es doch nicht.

Barion: Das gibt es nur qua Hausherr.

Schröcker: Der britische Botschafter wollte selber eine Zustimmung ad hoc; das wollte England selber. England hatte Rußland erst kurz vorher anerkannt. Das hätte natürlich kein Hindernis gemacht; im Gegenteil hätte man hier freundschaftlich entgegenkommen können; aber mit Rücksicht auf Amerika wollte jedenfalls England hier nicht das Doyennat dem russischen Botschafter zuschieben. Wenn ein anderer als der russische Botschafter herangekommen wäre, dann hätte die englische Regierung wohl sicher darauf bestanden, daß der Nuntius nicht de jure Dekan ist.

Vorsitzender: Ich bin der Auffassung: es ist eine glatte, reine de jure-Entscheidung.

Weber: Selbst wenn also bei den Schreiben vom 11. und 27. März noch zweifeln kann, so wird man doch sagen müssen, daß, wenn dann diese Regelung des Schlußprotokolls in das Konkordat aufgenommen wird, hier jedenfalls die ganze Sache doch nur dann einen Sinn hat, wenn die letzten Reste des Zweifels daran, ob es sich um eine de jure-Entscheidung handelt, wirklich beseitigt werden. Ich will ausdrücklich bemerken: Ich habe gegen das Ergebnis, zu dem Herr Dr. Schröcker gekommen ist, gar nichts, im Gegenteil, ich bin durchaus damit einverstanden. Aber ich sehe doch die Schwierigkeit, im nächsten Fall die Position überzeugend zu begründen. Wir haben die Schreiben vom 11. und 27. März, den Nichtprotest gegen das letztere Schreiben, die unwidersprochene Annahme des Nuntius, dann also als stillschweigende Zustimmungserklärung zu der Antwortnote des Geschäftsträgers und dann vor allen Dingen die erneute Aufnahme in das Konkordat. Im Konkordat werden doch Rechtssätze vereinbart und nicht de facto-Erklärungen.

Schröcker: Dann hätte man in das Konkordat die Bestimmung aufnehmen müssen ähnlich wie im italienischen Konkordat: "Er ist entsprechend dem Wiener Protokoll Doyen des Diplomatischen Korps" und nicht "Entsprechend diesem Schriftwechsel". Dieser Schriftwechsel reißt Probleme auf. Der Wortlaut der deutschen Note ist eine Kompromißlösung mit allen Nachteilen einer solchen Kompromißlösung, nämlich vor allem mit dem Nachteil, daß mehrere Meinungen darüber vertretbar sind, und es ist meines Erachtens selbstverständlich, daß wir die Deutschland günstige Meinung vertreten. Ich glaube, daß wir sehr gewichtige Gründe für diese Meinung anführen können, nämlich alle die, die ich vorgebracht habe. Es ist selbstverständlich: Wenn der Fall eintreten würde, würde der Vatikan alle die Gegengesichtspunkte, die Sie eben vorgetragen haben, Herr Prof. Weber, bringen; aber die könnten wir eben widerlegen. Eine Einigung mit dem Vatikan über diesen Punkt kommt natürlich nicht zustande, und es bleibt zum Schluß bei einer ad hoc-Lösung aus Courtoisie und einer beiderseitigen Rechtsverwahrung. Aber immerhin ist mit einer solchen Rechtsverwahrung für die deutsche Reichsregierung wieder sehr viel gewonnen an Freiheit der Entscheidung für die Zukunft.

Forsthoff: Ich wollte noch einmal zu der Formulierung "aus Courtoisie" etwas sagen. Ich habe sie von vornherein nicht als eine Einschränkung der Rechtsbindung aufgefaßt. Man kann ja auch z.B. – im Geschäftsleben kommt das vor – sagen: "Aus Gefälligkeit verpflichte ich mich, noch die und die Ware zu liefern", obgleich sie knapp ist. Solche Formulierungen kommen vor. Dann erklärt sich meines Erachtens auch wohl daraus, daß die Reichsregierung den Rechtsanspruch schwer zuerkennen konnte, nachdem man ein so langes Hin und Her vorher gemacht hatte, und nachdem auch vorher Preußen sich 1848 oder 1849 verwahrt hatte, auf die englische Regierung verwies, so daß man von daher, von der ganzen Genesis der Geschichte her schwer sagen konnte: "Jawohl, ihr habt ein Recht darauf" und man sich dann mit dieser diplomatischen Wendung herausgezogen hat: Es ist zwar nur Courtoisie, aber wir konzedieren es euch de jure.

Vorsitzender: Aber es ist nun das Wort "künftig" gebraucht. (*Weber:* Und "jeweilig".) "Künftig" steht doch darin!

Schröcker: Der Ausdruck "aus Courtoisie" hat eine ganz feststehende Bedeutung in der völkerrechtlichen Praxis, und zwar ist er der Gegensatz zu de jure. Er besagt ausdrücklich: Wir treten aus Höflichkeit dir gegenüber zwar zurück, aber unser Recht wollen wir wahren; wir haben jederzeit das Recht, wieder vorzutreten, wenn wir wollen.

Vorsitzender: Dann ist es ja ein so umrissener, ganz präziser Begriff.

Schröcker: Es ist ein präziser Begriff, und die Kurie weiß auch genau, was er bedeutet.

Vorsitzender: Es geschieht sozusagen aus Billigkeit.

Schröcker: Es ist viel weniger als Billigkeit. Billigkeit ist immerhin schon ein Begriff, der im Rechtsleben anzuwenden ist.

Vorsitzender: Worin aber sofort liegt: ich erkläre mich aus Billigkeit damit einverstanden. Jeder, der im Kirchenrecht Bescheid weiß, und jeder aus den Ministerien kennt ja diesen Begriff. Sie, Herr Präsident Stalmann, kennen ihn auch. Der Rechtsanspruch wird nicht anerkannt, aber man erklärt sich aus Billigkeit damit einverstanden. Wenn dieses Wort gewählt ist, dann ist die Sache klar. Aber trotzdem könnte es heißen: ein für allemal aus Courtoisie. *(Barion:* So heißt es ja!*)*

Schröcker: Das ist möglich. Man sagt: Ich habe die Absicht, jedesmal den Nuntius Doyen werden zu lassen, aber die Rechtslage soll nicht verändert werden; ich behalte mir vor, jederzeit wieder das andere Rangprinzip geltend zu machen.

Ruppel: Und auch die anderen Botschafter behalten sich ihre Stellungnahme vor.

Schröcker: Die Rechtsstellung der anderen Botschafter bleibt unberührt. Wenn ein anderer Botschafter im Rang vorgeht, kann er sagen: Ich mache meinen Rang geltend.

Vorsitzender: Zumal es anderer sein kann als damals. Er braucht nicht dazuzugehören. Die Vertreter der auswärtigen Länder wechseln ja, sind eine schillernde Masse.

Schröcker: Es könnte ein Botschafter, z.B. der russische Botschafter sagen: Wir stehen mit dem Vatikan auf dem Kriegsfuß; ich mache jetzt meinen Anspruch geltend.

Barion: Er kann das; aber daran braucht sich die Reichsregierung ja nicht zu halten.

Schröcker: Dann müßte die Reichsregierung sagen: Ich erkenne einen Rechtssatz an, nachdem dem Nuntius das Doyennat zusteht. Dann muß sich die Reichsregierung auf den de jure-Standpunkt stellen.

Barion: Das trifft die Probleme nicht genau. Es sind zwei verschiedene Dinge. Es handelt sich um die Frage, ob die Reichsregierung für sich oder als Sprachrohr fungiert, ferner um die Frage, wie die Entscheidung an sich genommen zu beurteilen ist. Die Reichsregierung kann, wenn sie sich auf den Hausherren-Standpunkt stellt, qua Hausherr entscheiden, daß sie nach dem Anciennitätsprinzip vorgeht. Beides ist doch nicht notwendig miteinander verkoppelt.

Schröcker: Es wäre eine grobe Unhöflichkeit, wenn die Reichsregierung einfach den übrigen Botschaftern ihren Rang aberkennen wollte. *(Barion:* Das hat sie praktisch getan!*)* Nein, das hat sie nicht getan. Das setzt einen Verzicht der anderen voraus. *(Weber:* Die haben nicht verzichtet!*)* Sie haben alle dauernd verzichtet und der britische Botschafter ad hoc.

Vorsitzender: Es gilt das immer nur für einen Fall. Bei einer Entscheidung ad hoc verzichten die Vorgehenden. Die Vorgehenden sind aber immer andere. Wenn die Entscheidung heute fällt, ist es so, und morgen kann ein anderer meinetwegen an der Stelle des englischen Botschafters stehen oder der Vertreter eines anderen Landes kann wechseln.

Schröcker: Es ist praktisch ein Verzicht des betreffenden Staates. Ein Botschafter selber könnte immer nur auf seinen eigenen Rang im Einvernehmen mit seiner Regierung verzichten, niemals auf den Rang seines Nachfolgers. Dagegen kann ein Staat auch für alle seine künftigen Vertreter für die Zukunft auf den Vorrang verzichten.

Vorsitzender: Aber doch hängt der Vortritt von der Anciennität der einzelnen Botschafter ab. Es kann also ein anderes Land nunmehr nach einer Entscheidung ad hoc in die Lage versetzt werden: "Jetzt habe ich mitzubestimmen", und dieses Land ist vielleicht nicht bereit, zurückzutreten. Dann würde sofort der Fall anders zu beurteilen sein. *(Zustimmung.)* Es ist also eine schwierige Sache.

Roth: Ich glaube nicht, daß sich damals die Verfasser des Reichskonkordats in der Weise über diese Frage orientiert haben, wie wir das heute getan haben. Aber im allgemeinen dürfte die Sache doch wohl so liegen, daß für den Fall, daß sich die Nuntiatur heute erledigt, wir immerhin die Gelegenheit ergreifen werden, zusammen mit dem Auswärtigen Amt die Frage noch einmal irgendwie zu beraten und nicht einfach von vornherein darauf zu verzichten. Natürlich für die praktische Lösung wird jeweils die allgemeine politische Lage in Frage kommen. Aber ganz unabhängig von der jeweiligen außenpolitischen Lage glaube ich doch, daß wir mit dem Auswärtigen Amt die Frage aufgreifen werden.

Schröcker: Man müßte es so machen, daß man mit dem Diplomatischen Korps in Fühlung tritt und dem Vatikan auch mitteilt, daß man, ehe man über diese Frage entscheiden will, sich mit dem Diplomatischen Korps ins Benehmen setzen will. Dann weiß der Vatikan schon: Aha, die wollen uns das Doyennat nicht ohne weiteres zugestehen; die betrachten das noch nicht als de jure-Lösung. Dann müßte man zunächst einmal beim britischen Botschafter anfragen, bezugnehmen auf die damalige Erklärung und ihn fragen, ob er mit dem Doyennat des Nuntius einverstanden sei. Der britische Botschafter wird ja vermutlich formell wieder seinen Rechtsstandpunkt aufrechterhalten, wie es England überall in dieser Beziehung getan hat, und er wird wieder einer de facto-Lösung ad hoc zustimmen unter Rechtsverwahrung. Diesen Standpunkt kann man dann den übrigen Botschaftern mitteilen und sie befragen. Sie werden dann vielleicht auch wieder zustimmen, und dann kann die deutsche Reichsregierung je nach den Umständen, wie sie gerade liegen, wieder ad hoc und mit Bezugnahme auf das Reichskonkordat meinetwegen auch dem Nuntius das Doyennat zugestehen, gleichzeitig aber sagen: de jure steht es ihm nicht zu.

Stalmann: Wenn nun ein Botschafter nicht zustimmt, geht das nicht. *(Schröcker:* Dann geht es nicht!*)* Darum sagt man: Eine de jure-Lösung für die Zukunft will man nicht.

Schröcker: Dann haben wir die Möglichkeit, zu sagen: Wir bedauern das sehr, aber wir können das nicht gegen den Willen des Botschafters Soundso.

Barion: Da kommt die Courtoisie auch etwas hinein. Es wird damit auf jeden Fall festgelegt, daß das eine Unfreundlichkeit, eine Unhöflichkeit wäre. Insofern ist doch eine gewisse grundsätzliche Bedeutung dieses Schreibens vom 11. März gar nicht aus der Welt zu schaffen, daß hier der Bereich abgesteckt ist, in dem der Vatikan sagen kann: Wenn ihr das nicht tut, so habt ihr dazu zwar das Recht, aber es ist unhöflich. Da wäre es doch wohl gescheiter gewesen, sich von vornherein an den Standpunkt Bismarcks zu halten, bzw. es wäre gescheiter, wenn man das dem Diplomatischen Korps überließe. Warum soll sich die Regierung des betreffenden Landes herumzanken?

Schröcker: Das kann jetzt die Reichsregierung nach der ganzen Sachlage nicht mehr gut ohne weiteres dem Diplomatischen Korps überlassen und sich für uninteressiert erklären, nachdem sie sogar eine vertragliche Erklärung in dieser Beziehung abgegeben hat.

Stalmann: Die Reichsregierung muß versuchen, das Diplomatische Korps dafür zu gewinnen, daß der bisherige Zustand "aus Courtoisie" wiederhergestellt wird. Wenn sie das nicht fertigkriegt, liegt die Unfreundlichkeit nicht bei der Reichsregierung, sondern beim Diplomatischen Korps.

Schröcker: Und wenn das Diplomatische Korps zustimmt, kann man die Rechtsfrage offenlassen. Das heißt also, man kann sagen: Wir wollen jetzt die Rechtsfrage nicht weiter erörtern; eine de jure-Entscheidung ist noch nicht getroffen; ad hoc wird der Nuntius wieder Doyen.

Vorsitzender: Nun könnte es ja sein – ich will einmal sagen, der Fall tritt so ein –, daß die Reichsregierung sehr froh wäre, sagen zu können: Wir haben damals eine de jure-Entscheidung im Konkordat verankert. Ich weiß es nicht.

Schröcker: Das glaube ich nicht recht.

Weber: Diese Situation ist durchaus vorstellbar, wenn z.B. wieder einmal der russische oder vielleicht der polnische Botschafter daran ist oder etwas Ähnliches eintritt.

Vorsitzender: Dann könnte die Regierung froh sein, sagen zu können: wir wollen um Gottes Willen nichts damit zu tun haben.

Roth: Man muß es so machen wie die schweizerische Regierung, die Rechtsfrage offen lassen, weder positiv noch negativ entscheiden, so daß wir jederzeit auf die Rechtsfrage zurückgreifen und sagen können: Wir behalten und die Prüfung der Rechtsfrage vor.

Barion: Die Schwierigkeit liegt eben darin, daß das Konkordat eine ganz bestimmte, wenigstens in gewisser Weise doch sehr bestimmte Lösung nun einmal getroffen hat, so daß eigentlich mit jeder Regelung, sei es, daß man die Regelung des Konkordats übernimmt oder davon abweicht, oder das Diplomatische Korps einschaltet, beim nächsten Mal in irgendeiner Form die Möglichkeiten der rechtlichen Ungebundenheit wieder weiter eingeengt werden. Das braucht bloß noch zweimal so zu kommen, dann ist die ganze Geschichte einfach so genau eingeschoben *(Meyer:* Da nützen auch alle Vorbehalte nichts!*)*, daß die Regierung sich einfach in einer bestimmten Richtung festlegt, meinetwegen des Nichtdekanatswechsels, sich jedenfalls festlegt, auf die Geltendmachung der anderen Möglichkeit einfach verzichtet. Das braucht in concreto zunächst einmal gar nicht zugunsten des Nuntius auszuschlagen; es kann durchaus gegen ihn ausschlagen. Wenn es aber getan worden ist, kann man beim nächsten Mal nicht auf das Konkordat zurück und sagen: Wir wollen jetzt diese Möglichkeit ausschalten.

Schröcker: Die Regierung hat aber jederzeit die Möglichkeit, die de jure-Frage zu umgehen und eine de facto-Regelung herzustellen.

Barion: Damit ist aber zugleich als Auffassung der deutschen Reichsregierung festgelegt, daß in dem Reichskonkordat keine de jure-Lösung enthalten ist. Das kann beim nächsten Mal von Wichtigkeit sein.

Schröcker: Man kann doch diese Frage offenlassen, und wenn man sie offenläßt, kann man sich in Jahrzehnten immer noch auf den Standpunkt stellen: Auf Grund genauer Nachprüfung, auf Grund juristischer Gutachten hat sich ergeben, daß das doch eine de jure-Entscheidung ist.

Vorsitzender: Man kann sagen: Wir wollen es so weiter machen, wie es bisher unter der Herrschaft dieses Konkordats gehandhabt worden ist; aber wir behalten uns eine Nachprüfung vor. Man kann dabei unerwähnt lassen, ob dies eine de facto- oder eine de jure-Lösung sei, indem man sagt: Wir wollen jetzt im Augenblick nichts damit zu tun haben; wir haben Wichtigeres zu tun.

Weber: Ich fürchte – wenn ich das zum taktischen Vorgehen sagen darf –, daß man, wenn man im Moment der Neubesetzung des Postens erst mit diesen Einwendungen kommt, in eine so rasch zu beendigende Situation hineinplatzt, daß man vom Auswärtigen Amt, wenn man nicht sehr bereitwillig diese Gedankengänge aufgreift, die Einwendungen damit abtun wird: Die Sache ist doch zweifelhaft. Wenn Sie etwas erreichen wollen, dann müssen Sie jetzt schon in eventum das Geplänkel mit dem Auswärtigen Amt anfangen. Wenn nachher der Nuntius gegangen ist, wird vielleicht ziemlich schnell das Agrément für einen neuen eingeholt. Erfahrungsgemäß ziehen sich ja solche Sachen lange hin, dann wird man sie damit abtun: Es ist doch immerhin zweifelhaft; vorläufig lassen wir es hierbei. Dann haben Sie einen schwierigen Präzedenzfall, ohne daß Sie eine solche Verwahrung haben anbringen können.

Roth: Daran habe ich auch gedacht. Darum habe ich die Anregung gegeben, es möchte dieses Referat gehalten werden.

Schröcker: Ich halte es nicht für besonders zweckmäßig, jetzt schon mit dem Auswärtigen Amt in dieser Beziehung in Verbindung zu treten. Erstens weiß man nicht, wer dann Vatikanreferent ist; es kann ein Wechsel eintreten; der gegenwärtige hat für diese Frage, wie mir scheint, kein großes Interesse; er kannte den Fall nicht näher. Zweitens wäre es frühzeitig genug, dann vorzugehen, wenn der Fall aktuell wird, dann vorzutreten; denn es dauert immerhin längere Zeit. Die Hauptsache ist ja, wenn ein neuer Nuntius kommt, immerhin die Personalfrage. Frage: Wird der neue Nuntius akkreditiert? Der Vatikan denkt doch nicht daran, daß die Doyennatsfrage eine Rolle spielen könnte, sondern für ihn ist von Wichtigkeit, ob der neue Nuntius akkreditiert wird. Wenn nun ein Nuntius kommt, der tatsächlich akkreditiert wird, so erklärt eben die Reichsregierung ganz harmlos, daß diesem Nuntius aus Courtoisie wieder das Doyennat eingeräumt wird, und es wird in diese Erklärung eine vorsichtige Rechtsverwahrung eingeschoben. Dann wird der Vatikan darauf irgendwie zu erwidern suchen, um zu betonen, daß dem Nuntius de jure das Doyennat zusteht. Darauf kann man dann erwidern. Dann wird eine Zeitlang ein Notenwechsel hin- und hergehen, obwohl der Nuntius schon da ist. Man kann, bevor der Nuntius kommt, ganz inoffiziell mit dem Diplomatischen Korps in der Sache Fühlung nehmen und inoffiziell auch den Vatikan schon in Kenntnis davon setzen, daß man eine Fühlungnahme mit dem Diplomatischen Korps für notwendig und zweckmäßig gehalten hat.

Vorsitzender: Diese ganze Sache war ein sehr appetitlicher Leckerbissen. Ich möchte doch vorschlagen, daß wir trotzdem die Sache noch einmal ruhig auf die Tagesordnung setzen, zumal die beiden Schreiben eine wesentliche Rolle spielen, die wir jetzt erst bekommen werden, daß wir aber die Diskussion heute abbrechen. *(Zustimmung.)* Jedenfalls haben Sie nochmals besten Dank, Herr Dr. Schröcker.

Wir kämen also jetzt zu Punkt 6 der Tagesordnung: *Die politische Klausel in den Konkordaten.* Hierzu liegen *Thesen des Herrn Prof. Weber* vor.

Die Hauptthesen meines Referats lassen sich, soweit das Deutsche Staatskirchenrecht in seinen mehr praktischen Folgerungen in Betracht kommt, wie folgt zusammenfassen:

1. Maßgebend ist im Altreich heute die politische Klausel des Reichskonkordats (Art. 14 Abs. 2 Nr. 2), die die entsprechenden Klauseln der Länderkonkordate verdrängt hat. In den neuen Reichsteilen (Ostmark, Sudetenland, Memelland und Protektorat Böhmen und Mähren) ist nach Wegfall der dort bisher geltenden Konkordate die politische Klausel des Reichskonkordats sinngemäß anzuwenden. Denn die Natur der Sache erfordert es, daß auch dort ein politisches Erinnerungsrecht des Staates besteht. Für seine verfahrensrechtliche Ausgestaltung kann Art. 14 Abs. 2 RK als Grundlage diesen.

2. Die Einschaltung der Reichsstatthalter als Empfänger der Pränotifikation des Bischofskandidaten entspricht nicht mehr der veränderten Verfassungslage des Reichs. Eine Entscheidung über die Geltendmachung politischer Bedenken steht ihnen in keinem Falle mehr zu.

3. Es ist unzulässig, die "politischen Bedenken", deren Vorbringung die politische Klausel ermöglicht, gegenständlich zu beschränken. Sie sind nicht etwa im Sinne von Art. IV des tschechoslowakischen modus vivendi auf Fälle schwerwiegender und betätigter Staatsfeindlichkeit begrenzt. Sie können – wenigstens in Deutschland – auch nicht mehr nach solchen allgemein politischen und solchen parteipolitischen Charakters differenziert werden. Überschneiden sich kirchliche und völkisch-staatliche Interessen in einer konkreten Frage, so wird dadurch deren politische Relevanz nicht neutralisiert. Einen Maßstab für die politischen Unbedenklichkeitsanforderungen an die Bischofskandidaten liefern die konkordatären Eidesformeln, und zwar insofern, als sie im Wandel der staatskirchenrechtlichen Systeme unverändert Treue gegenüber Volk, Staat (und Monarch) vom Bischof fordern. Politisch bedenkenfrei ist der in dieser Treuepflicht bewährte oder doch bewährungswürdige Kandidat. Die Entscheidung über diese Voraussetzung trifft der Staat.

4. Eine Substanziierung der politischen Bedenken ist konkordatsrechtlich nicht zugesichert. Sie ist auch nicht aus dem Gesamtzusammenhang der Regelung herzuleiten. Lediglich aus der "Freundschaftsklausel" (Art. 32 Abs. 2 RK) kann bei in Tatsachen begründeten Verdachtsmomenten die Verpflichtung des Staates gefolgert werden, die Darlegung dieser Tatsachen nicht zu verweigern (vgl. auch Schlußprotokoll zu Art. 7 des evang. Kirchenvertrags Preußens).

5. Das Vorbringen politischer Bedenken begründet trotz der Formel im Schlußprotokoll zu Art. 14 Abs. 2 RK, daß ein staatliches Veto dadurch nicht anerkannt werde, eine zwingende Verpflichtung des Vatikans, den beanstandeten Geistlichen nicht zu ernennen. Im übrigen schließt auch die Exequaturfunktion der Eidesabnahme (Art. 16 RK) den tatsächlichen Amtsantritt eines vom Staat nicht genehm gehaltenen Bischofs aus.

6. Sind politische Bedenken erhoben und auch in nach Art. 32 Abs. 2 RK sich anschließenden Verhandlungen vom Staat nicht fallen gelassen, so hat der Hl. Stuhl in den Diözesen ohne Kapitelswahl einen neuen Kandidaten zu pränotifizieren; in den Gebieten mit Kapitelswahl muß dem Kapitel ein neuer Dreiervorschlag gemacht werden, auf dem der beanstandete Kandidat nicht erscheinen darf, und eine neue Wahl stattfinden. Dieses Verfahren ist solange zu wiederholen, bis ein unbeanstandet bleibender Kandidat ermittelt ist.

Weber: Ich habe mich bemüht, die Hauptthesen, sowie sie das deutsche Konkordatsrecht betreffen und die aktuellen bedeutsamen Fragen in Betracht ziehen, zusammenzufassen. Es sind 6 Thesen. Ich habe die ganzen Momente, die sich aus einer rechtsvergleichenden Betrachtung ergeben, weggelassen und habe auch die Motivation im einzelnen weggelassen, da ich davon ausgehe, daß die Herren mein Referat noch in Erinnerung haben. Ich persönlich würde eine Diskussion über diese Punkte gern sehen, kann aber wohl davon Abstand nehmen, meinerseits über die Punkte nochmals zu referieren.

Roth: Ihr Referat enthält bereits das, was ich heute vormittag gesagt habe, nämlich, daß man erwägt, irgendwie einen Erlaß herauszubringen, der besagt, daß Geistliche, namentlich solche, die eine höhere Jurisdiktionsgewalt haben, bestimmten Bedingungen genügen müssen, wie sie ja in der Hauptsache in Art. 14 des Reichskonkordats und entsprechend auch im preußischen Konkordat usw. niedergelegt sind. Es heißt hier: "In den neuen Reichsteilen ist nach Wegfall der jetzt geltenden Konkordate die politische Klausel des Reichskonkordats sinngemäß anzuwenden." Das wollen wir auch. Natürlich muß das in irgendeiner Form auch den kirchlichen Behörden und überhaupt der Allgemeinheit bekanntgegeben werden, eben in Form eines Erlasses. Dieser Erlaß würde all diese Punkte enthalten.

Über eine Sache können wir noch sprechen, nämlich über die arische Abstammung, ob wir eine dahingehende Bestimmung aufnehmen sollten. Für die Praxis scheint mir das allerdings nicht notwendig zu sein. Damit rührt man jedenfalls an einen Grundsatz, den die katholische Kirche nie anerkennen wird, wenn sie ihn auch praktisch befolgen wird.

Barion: Da sind doch wohl zwei Dinge scharf zu scheiden: die politische Klausel und die arische Abstammung. Die Vorbildung, die Reichsangehörigkeit, das Hochschulstudium sind gewisse Eigenschaften objektiver Art, von denen man sagen kann: sie sind entweder da oder nicht. Sie sind rein formal, während die politische Klausel ausgesprochen in das Ermessensgebiet geht. Das müßte man doch grundsätzlich getrennt behandeln.

Weber: Nach der bisherigen Systematik der Konkordate, und zwar aller Konkordate, sind die Fragen streng auseinandergehalten. Da gibt es auf der einen Seite die objektiven Anstellungsvoraussetzungen für die Geistlichen, die ja in fast allen Konkordaten in gleicher Form wiederkehren, jedenfalls in den deutschen Konkordaten: Reichsangehörigkeit, Hochschulreife, mindestens dreijähriges Studium auf einer deutschen anerkannten Hochschule oder einer Hochschule in Rom. Daneben steht als völlig selbständig die politische Klausel, beschränkt auf die selbständigen Leiter der deutschen Diözesen: Erzbischof, Bischof, praelatus nullius und coadjutor cum jure successionis, während etwas Ähnliches wie eine politische Klausel sich nur noch an zwei Stellen vorfindet, nämlich in Art. 14 § 3 des bayrischen Konkordats und im italienischen Konkordat, mit gewissen Modifikationen in Lettland bezüglich der ausländischen Geistlichen, die man zuziehen mußte. Ich glaube, daß man, was die Anwendung der politischen Klausel auf die genannten Leiter der Diözesen betrifft, in diesen Fällen eines Erlasses nicht bedarf. Der Erlaß könnte ja auch nur Hinweise schaffen; er könnte kein Recht setzen. Auch ist die Form eines Erlasses meines Erachtens diesem Gegenstande eigentlich nicht adäquat. Ich glaube, daß man höchstens diesen Erlaß in Erinnerung zu rufen hätte gegenüber manchen nachgeordneten Behörden; denn, wie sich aus meinen Ausführungen ergibt, liegt die Handhabung der politischen Klausel in der Zentralinstanz. Ich würde einen Erlaß für notwendig halten, in dem Sie das ausdrücklich an sich ziehen, ins Reichskirchenministerium ziehen, aber nicht einen Erlaß, in dem Sie den Reichsstatthaltern etwa Vorschriften darüber machen, was sie zu beobachten hätten. Ich würde von der politischen Klausel also die Frage, wie weit Sie bestimmte Anforderungen an die Geistlichen stellen wollen, doch trennen, und zwar aus praktischen Gründen, aus Gründen der bisher überall beobachteten Systematik und auch deshalb, weil Sie dieses sehr feierliche und ernstzunehmende politische Erinnerungsrecht hinsichtlich der Bischöfe, also der selbständigen Leiter der Diözesen, etwas devalvieren, indem Sie es in ein allgemeineres Erinnerungsrecht gegenüber Pastoren einbuttern [einschränken], wo praktisch der Ortsgruppenleiter und der Kreisleiter der Mann ist, der den letzten Ausschlag gibt, während hier bei dem politischen Erinnerungsrecht, bei der eigentlichen politischen Klausel eben eine hochpolitische Sache vorliegt, eine Entscheidung der Reichsregierung, die im Grunde genommen jeweils herbeigeführt werden muß.

Ich würde, wie gesagt, empfehlen, die Dinge zu trennen. Ich bin der Auffassung – ich habe das näher dargelegt –, daß die politische Klausel auch in den neu erworbenen Landesteilen gilt, weil es ein unverzichtbares Recht des Staates ist, politisch einwandfreie kirchliche Amtsträger von solchem Rang zu haben. Die politische Klausel stellt nur den Minimalmodus dar, in dem eine solche politische Zuverlässigkeit ermittelt und festgestellt wird.

Roth: Es ist aber in Art. 14 des Reichskonkordats doch beides, wenn auch in verschiedenen Nummern, zusammengefaßt.

Weber: Im Reichskonkordat, jawohl! Aber ich darf bemerken, daß der Art. 14 Abs. 2 Nr. 1 ja noch seine detaillierte Ausführung in den Länderkonkordaten hat; nämlich dort ist das noch verbunden mit der jeweiligen Anzeigepflicht, teilweise Pränotifikation, teilweise Postnotifikation. Die eigentliche Regelung dieser Materie ist eigentlich nicht in Art. 14 Abs. 2 Nr. 1, sondern in den Länderkonkordaten enthalten. Nur für die Lückenfälle, für Meißen, Rottenburg, Mainz gilt die Regelung des Art. 14 Abs. 2 Nr. 1. Das ist eine ausgesprochenermaßen subsidiäre Regelung, während die nähere Ausgestaltung in den Länderkonkordaten übrigens noch auf Grund der Erweiterung auf die Lehrer an den betreffenden kirchlichen Hochschulen – wissenschaftliche Eignung mit einer bestimmten Pränotifikation, die unter Umständen sogar zur Geltendmachung eines Einspruchsrechts führen kann wie z.B. bei den Mitgliedern der Kapitel – im einzelnen geregelt ist. Ich weiß nicht, ob Sie das überhaupt in einem Erlaß regeln können.

Roth: Nein! Die Sache ist nur erst im Stadium der ersten allgemeinen Erwägungen, und zwar angeregt durch die Verhältnisse in den konkordatsfreien Gebieten.

Vorsitzender: Was hat eigentlich dazu geführt? Ich sehe ja vollkommen ein: Ein Bischof kann nicht ernannt werden, ohne daß das Land gefragt wird. Ob da ein Konkordat ist oder nicht, ist ganz egal. Warum hat man nun überhaupt diese Frage überall in den Konkordaten geregelt, warum ist nicht einmal ein Land aufgestanden, das gesagt hat: Bei der Bischofsfrage ist das ja vollkommen selbstverständlich, das brauchen wir gar nicht zu regeln?

Stalmann: Weil wir den Art. 137 [Weim. Verf.] hatten!

Weber: Es handelt sich ja in all diesen Fällen darum, daß weitgehende Rechte des Staates reduziert werden. Der Weltkrieg mit seinen Folgen hat einen unsicheren Rechtszustand geschaffen, während dessen die Kirche behauptet hat und immer weiter behauptet: die alten Rechte der Staaten sind erloschen, sei es durch Untergang der Monarchie, sei es durch Untergang des Staates wie in Rußland usw.; hier sind neue Staaten entstanden, neue Regime erwachsen; das Alte gilt nicht mehr. Die Staaten dagegen haben sich durchweg auf den Standpunkt gestellt: Natürlich gilt die alte Regelung noch. Die Tschechoslowakei hat sogar das Konkordat von 1855, das österreichische Konkordat, wieder als der Versenkung hervorgeholt. Wir haben natürlich behauptet: Die Bulle "Pro salute animarum" gilt noch usw. Diese an sich noch teilweise unbestrittene Geltung oder diese Weitergeltung, die Vorschriften, die sich in dieser Weitergeltung durchgesetzt haben, diese teilweise aber auch bestrittenen Regelungen mußten nun irgendwie klargestellt werden in einem der Kurie günstigen Sinne, nämlich in dem Sinne einer gewissen Reduktion auf die politische Klausel. Hätte man eine Regelung darüber nicht getroffen, dann wäre die Unsicherheit bestehen geblieben. Wie gesagt: Keines dieser Länder hat früher tabula rasa gehabt, sondern in all diesen Ländern hat früher eine weitergehende Mitwirkung des Staates bestanden.

Vorsitzender: Und dann wird die politische Klausel auch nur bei Gelegenheit der Regelung der Bischofsernennung bzw. der Bischofswahl eingeführt. Es sind ja Bestimmungen darüber, wie der Bischof gewählt wird, Bestimmungen über die drei Männer usw., und bei der Gelegenheit kann natürlich dieser wichtige Umstand nicht fortgelassen werden; das sehe ich ein.

Ruppel: Zu der Frage der gesetzlichen Regelung wollte ich sagen, daß die gesetzliche Regelung fast ein System ist, das in der ersten Hälfte des vorigen Jahrhunderts eine Rolle gespielt hat. Anläßlich der Frage der Weitergeltung des hannoverschen Konkordats habe ich einmal unsere

Akten durchgelesen. Ein abschließendes Material war nicht zu gewinnen. Aber interessant war mir doch, daß große Berichte des hannoverschen Oberpräsidenten aus den Jahren 1868/70 vorliegen, in denen die staatskirchenrechtliche Lage in Hannover geschildert wird. Darin kommt das hannoversche Konkordat, obwohl da also große Ausführungen gemacht werden, fast kaum vor. Dagegen kommen als maßgebend für die Rechtslage, auch für die Rechtslage hinsichtlich der Einflußnahme und Mitwirkung des Staates bei der Besetzung der Bistumsstühle Osnabrück und Hildesheim, einige hannoversche Kabinettsorders, königliche Erlasse vor. Sie werden als maßgeblich für die Rechtslage hingestellt und werden auch in dem Briefwechsel zwischen dem Oberpräsidenten und dem Bischof von Hildesheim, der abschriftlich wiedergegeben wird, andererseits in dem Briefwechsel zwischen Oberpräsident und Bischof von Osnabrück nicht nur von staatlicher Seite, sondern auch von den betreffenden Bischöfen als sozusagen maßgeblich angesehen. Es ist überhaupt erst eine Entwicklung der Nachkriegszeit gewesen, daß das System der staatlichen Regelung, wie wir es ja bis zu einem gewissen Höhepunkt wieder in der Kulturkampfzeit gehabt haben, durch vertragliche Vereinbarungen abgelöst wird. Es wäre nun sehr interessant festzustellen, wo sich jetzt, sagen wir, 20, 30 Jahre nach dem Kriege, die ersten Ansätze für eine gesetzliche Regelung wieder geltend machen. Nach Herrn Prof. Dr. Heckel sind sie ja sehr stark vorhanden.

Vorsitzender: Aber auch eine gesetzliche Regelung würde doch meines Erachtens eine vorhergehende Regelung mit dem Heiligen Stuhl voraussetzen. Daß ein Land dazu übergehen könnte, ohne die Kurie zu fragen, hier aus unserem Gesichtskreis heraus autoritativ durch Gesetz diesen ganzen Fragenkomplex zu regeln, halte ich nicht für denkbar.

Weber: Nach dem, was Herr MinRat Ruppel ausführte, darf ich bemerken: Die sedes materiae für die politische Klausel oder für das negative Ausschließungsrecht in Hannover ist die Bulle "In mensa Romanorum" anerkanntermaßen bis 1929, bis zum Abschluß des Konkordats, immer gewesen. Diese Kabinettsorders können nur die Entsendung eines Wahlkommissars betreffen.

Ruppel: Nein, das ist nicht der Fall. Es sind auch nicht die Kabinettsorders, die gewissermaßen den materiellen Inhalt der Bulle, des Konkordats nun für den staatlichen Bereich außer Kraft gesetzt haben – ich kann das, weil es schon so lange her ist, nicht mehr genau sagen –, sondern es sind ganz besondere Spezialgesetze von 1820 oder 1823. Es mag sein, daß eine der Kabinettsorders von 1817, 1825 oder dergleichen eine Rolle gespielt haben; aber maßgebend waren auch Kabinettsorders von 1829 oder 1833. Es waren jedenfalls interessanterweise Kabinettsorders, die sich wieder ausdrücklich auf das Konkordat, auf die Bulle "In mensa Romanorum" beriefen, wörtlich ganz übereinstimmend. Das war mir auffällig. Ich erzähle das nur für den Fall, daß den einen oder anderen diese Frage interessiert. Ich habe es damals als ein besonders bemerkenswertes Charakteristikum für die damalige gesamte Zeitsituation empfunden, daß das Bischofsbesetzungsrecht nicht allein durch Kirchenrecht, sondern auch durch bestimmte, in den einzelnen Territorien geltende öffentlich-rechtliche Vorschriften geregelt war. Das wurde offenbar damals als ziemlich maßgeblich angesehen. Vor allem war mir formal sehr interessant, daß auch in dem Schreiben der Bischöfe – ich glaube, in Hildesheim wurde mit dem Generalvikar korrespondiert –, wenn etwas zitiert wurde, merkwürdigerweise nicht die Bulle von kirchlicher Seite zitiert wurde, sondern die eine oder andere Bestimmung aus diesen Kabinettsorders.

Barion: Das war wohl technisch auch nicht gut möglich. Dieses Bullensystem setzt materiell gleichlaufende, aber formell völlig selbständige innerkirchliche und innerstaatliche Regelungen voraus.

Ruppel: Ich möchte aber noch ausdrücklich betonen, daß es sich bei den Kabinettsorders nicht um gleichlaufende staatliche Regelungen handelt, sondern um besondere Regelungen. Das materielle Gesetz kam wohl auch einmal vor; aber es kamen auch andere Kabinettsorders vor. Ganz hervorstechend war – deswegen erwähne ich das auch –, daß nach meiner Erinnerung die ganzen Schreiben nicht aus der Zeit des Erlasses der Bulle, sondern aus der Zeit 10 Jahre vorher oder 10 Jahre nachher stammen. Wenn diese Frage interessiert, kann man das feststellen.

Weber: Es wäre noch die Frage, ob nicht dies durch das Breve "Quod de fideli" abgelöst worden ist, das eine gewisse Zeit später liegt und eine Spezialisierung in der Preußischen Praxis bringt. In der zweiten Hälfte des 19. Jahrhunderts ist es ganz unbestreitbar: Soweit die Stutz bearbeitet hat, wird immer unmittelbar – auch z.B. bei Friedberg: "Bischofswahl" findet sich dasselbe Ergebnis – auf diese Bulle, auf dieses Breve zurückgegriffen.

Ruppel: Ich habe das auch nur in dem Zusammenhang vorgebracht, daß ich eine Bemerkung zu der Ausführung des Herrn Ministerialdirektor Dr. Meyer machen wollte, daß merkwürdigerweise kein Staat sich aufraffte, um die Sache von sich aus zu regeln. Dazu wollte ich ausführen: zeitgeschichtlich, geistesgeschichtlich wandelt sich die Sache. Schematisch gesprochen finden wir in der ersten Hälfte des vorigen Jahrhunderts noch ein starkes Überwiegen der Auffassung, daß auch staatliche Bestimmungen maßgebend seien, dann ein Abklingen dieser Auffassung in der zweiten Hälfte des vorigen Jahrhunderts, allerdings mit gewissen Schwankungen z.B. in der Kulturkampfzeit, dann ein noch weiteres Zurücksinken des staatlichen Einflusses nach dem Kriege. Frage: Wann geht die Entwicklung wieder nach der anderen Richtung?

(Meyer: Die ist doch wohl schon im Gange!*)* Entschieden! Herr Prof. Heckel hat das ja ausgeführt.

Vorsitzender: Aber die sind doch auch der Meinung: Wenn man das täte, würde eine Verständigung vorhergehen? *(Roth:* Mit den Bischöfen ist es anders!*)*

Stalmann: Die Bischöfe mögen mit Rom Fühlung nehmen. Das ist eine innerkirchliche Sache.

Roth: Das sollen sie ihrerseits machen. Sobald mit dem Nuntius oder mit dem Vatikan vorher verhandelt wird, käme das doch mehr oder weniger auf ein Konkordat hinaus.

Vorsitzender: Gewiß; aber das würde dann wahrscheinlich sehr viel anders aussehen. Die Bischöfe sind doch in anderer Richtung interessiert an der Regelung der Beziehungen zwischen Staat und Kirche als der Heilige Stuhl. Es ist doch manches, was gewissermaßen vom Heiligen Stuhl aus deutschem, katholischen Kirchenrecht geopfert wird aus irgendwelchen politisch-diplomatischen Gründen heraus. Ich könnte mit also denken, daß die Bischofswahl anders aussehen würde. Natürlich kommt es darauf an, wieweit der Staat das mitmacht.

Roth: Und inwieweit die Bischöfe schließlich auch eine gewisse Kampfesstellung – das ist vielleicht ein zu starker Ausdruck – einnehmen, inwieweit sie sich gewissermaßen im Gegensatz zu Rom stellen wollen. Im allgemeinen wächst ja die kuriale Einstellung in den letzten Jahrzehnten sehr. Das hängt zusammen mit 1870, auch damit, daß doch vielfach solche Bischöfe auf Bischofssitze kommen, die in Rom studiert haben, die Verbindungen nach Rom haben, ihre Ausbildung in Rom genossen haben usw.

Vorsitzender: Ist zu Ziff. 1 noch etwas zu sagen. – Dann würden wir zu Ziff. 2 kommen.

Weber: Ziff. 2 halte ich für sehr wichtig. Ich darf sie kurz erläutern. In Art. 14 Abs. 2 Nr. 2 heißt es, daß, bevor die Bulle ausgestellt wird, der Name des dazu Ausersehenen dem Reichsstatthalter des zuständigen Landes mitgeteilt und dann festgestellt wird, daß gegen ihn keine Bedenken politischer Art bestehen. Hier wird der Reichsstatthalter eingeschaltet – eine sehr seltsame Regelung, die sich schon im Jahre 1933 nicht als recht passend erwies und die doch wohl davon zeugt, daß die damaligen Unterhändler in Rom sich über die damals gegenwärtige Verfassungslage des Reiches nicht ganz klar waren, die jedenfalls mit der heutigen Verfassungslage nicht mehr übereinstimmt. In Preußen funktioniert die Geschichte noch einigermaßen. In Preußen werden die Funktionen des Reichsstatthalters wahrgenommen vom Ministerpräsidenten im Auftrage des Führers und Reichskanzlers, und das funktioniert auch deshalb, weil hier die Pränotifikation durch die Kapitel erfolgt. Ich bitte, mich zu korrigieren, wenn ich etwas tatsächlich Falsches sage. Danach ist es also in Preußen so: In einem solchen Besetzungsfalle wählt das Kapitel, und der Kapitularvikar notifiziert den Kandidaten dem preußischen Ministerpräsidenten. *(Meyer:* Als Statthalter!*)*

Roth: Die Anzeige bekommen wir vom Nuntius.

Weber: Das ist unstatthaft und konkordatswidrig. Da würde ich sagen: das ist in einem dem Deutschen Reiche schädlichen Sinne konkordatswidrig. *(Meyer:* Das haben Sie schon einmal gesagt!*)* Das halte ich für direkt konkordatswidrig in einer ganz klaren und dem deutschen Interesse günstigen Bestimmung; denn damit bagatellisiert man das Bischofswahlrecht noch viel mehr, indem man den Leuten sogar ihre im preußischen Konkordat verbrieften Rechte aus der Hand nimmt, was übrigens auch Restrepo ausdrücklich anerkennt. Auch Peters ist in Bd. 8 des Handwörterbuchs des Deutschen Rechts derselben Auffassung. Es wäre an sich logisch, daß der Ministerpräsident dem Kapitel nach Beratung mit dem Kirchenminister mitteilt: "Ich habe davon Kenntnis genommen". Das würde also bedeuten: Gut, der Fall ist erledigt; ich erhebe keine politischen Bedenken. Oder er hat dem Kapitel mitzuteilen: Es werden politische Bedenken erhoben. In einem solchen Falle hat dann das Kapitel – ich weiß wohl, daß gleichzeitig der Nuntius auch hinter der Stellungnahme her ist und sich darüber vergewissert; das würde aber hier eine Frage für sich sein; jedenfalls kann man ihn inoffiziell benachrichtigen – keine eigene Verhandlungsvollmacht über diese Frage weiter, sondern es hat die Verpflichtung, dem Vatikan von dieser Beanstandung Mitteilung zu machen. Es tritt sofort automatisch die Klausel des Art. 32 § 2 in Funktion. Es hat eine Verständigung zu erfolgen, sofern die Kurie nicht ohne weiteres diese Beanstandung hinnimmt und den Kandidaten fallenläßt.

Vorsitzender: Sie sagten: auch das Kapitel berichtet direkt dem heiligen Stuhl. Das steht ja nicht darin.

Weber: Es steht nicht darin; aber in diesem Falle besteht kein Grund, Schwierigkeiten zu machen. *(Forsthoff:* Das kann ein kirchliches Internum sein!*)* Man kann es ihnen überlassen, wie sie das machen, ob sie das via Nuntius machen oder nicht. Jedenfalls das Kapitel hat die zuständige kirchliche Stelle darüber zu informieren, und der zur letzten Entscheidung berufene Vatikan steht dann vor der Frage, ob er die Beanstandung schluckt wie im Falle Aachen, oder ob er die Beanstandung nicht schluckt. Wenn die Beanstandung nicht geschluckt wird, dann kommt eine diplomatische Auseinandersetzung zustande im Sinne des Art. 32 § 2, im Sinne der Freundschaftsklausel oder Schiedsklausel. Hierbei muß man nun wieder unterscheiden. Es sind Verhandlungen zwischen den Konkordatspartnern; das steht fest. Es sind Verhandlungen, bei denen sich der Vatikan und die deutsche Reichsregierung gegenüberstehen. *(Meyer:* Auch in Preußen?*)* Auch in Preußen, wobei es aber gleichgültig ist, wer nun mit diesen Verhandlungen beauftragt wird. Regelmäßig wird der Nuntius in Berlin das machen. Es können aber auch nebenherlaufen Verhandlungen des deutschen Botschafters beim Vatikan mit dem Vatikan. Ja, der Vatikan könnte sich auch offiziöser Mittelsmänner bedienen in Gestalt des Kapitularvikars oder des Bischofs, wobei nur die Legitimation der eigentlichen Vertragsunterhändler des Vatikans einerseits und der deutschen Reichsregierung andererseits nicht verdunkelt wird. Das ist der typisch preußische Fall, für den es eine klare Regelung gibt.

Ganz anders ist es in den anderen Ländern, wo die Anzeige an den Reichsstatthalter erfolgen soll. Diesen Fall haben wir in der vorletzten Sitzung kurz gestreift. Ich glaube, daß die Anzeige durch den Nuntius erfolgen muß. Also die Anzeige wird in diesen Fällen vom Heiligen Stuhl erstattet; das steht fest. Der Heilige Stuhl muß sich des diplomatischen Verkehrs bedienen. Der diplomatische Übermittler ist in diesem Falle der Nuntius. Es ist meines Erachtens nicht angängig, und, da es sich hier um eine Auseinandersetzung, um ein quasi völkerrechtliches Rechtsgeschäft zwischen Vatikan und Reichsregierung handelt, nicht angebracht, daß etwa der Vatikan den Kapitularvikar oder das Kapitel oder eine sonstige Persönlichkeit beauftragt, sondern der Weg muß über den Nuntius gewählt werden. Wenn man aber auf dem diplomatischen Wege konsequent weitergeht, muß der Nuntius diese Nachricht dem Auswärtigen Amt übermitteln. Das Auswärtige Amt kann dann aber nicht, um der Vorschrift des Art. 14 § 2 Nr. 2 zu genügen, die Sache unmittelbar dem Reichsstatthalter zuleiten, sondern muß sie wieder dem zuständigen Mitglied der Reichsregierung – das ist der Reichskirchenminister – zuleiten. Das ist der richtige Weg. Dann liegt es schon im Bereich der Reichsregierung, und es ist völlig unsinnig, noch davon zu reden, daß die Anzeige dadurch an den Kirchenminister erstattet werde und der Kirchenminister sie nun an den Reichsstatthalter weiterzuleiten habe. Also die Einschaltung des Reichsstatthalters ist überhaupt völlig unsinnig geworden. Sie war allenfalls noch denkbar in einem bundesstaatlichen System, wie es ungefähr noch das alte Reichsstatthaltergesetz vom 7. April 1933 hatte, wo man immerhin dem Reichsstatthalter eine gewisse Reichsunmittelbarkeit zumaß. Er war ja nur dem Führer und Reichskanzler unterstellt, aber nicht den Reichsministern. Da konnte man evtl. noch davon ausgehen, daß der Nuntius vielleicht dem Reichsstatthalter unmittelbar eine solche Anzeige zugehen lassen konnte. Heute geht das jedenfalls nicht mehr. Die Anzeige wird erstattet durch Übermittlung an die Reichsregierung. Das liegt im Wesen dieser Anzeige als einer diplomatischen Aktion, und in den Machtbereich der Reichsregierung kommt sie durch Übermittlung an das Auswärtige Amt, das dann die Anzeige an den Kirchenminister weiterleitet.

Das ist auch wichtig für den Beginn der 20-Tage-Frist. Die 20-Tage-Frist beginnt mit dem Zugang bei der Reichsregierung. Zuständige Stelle der Reichsregierung ist in diesem Falle das Auswärtige Amt. Eine andere Frage ist dann, ob der Kirchenminister den Reichsstatthalter intern beteiligt, indem er ein Votum von ihm einholt. Aber ich halte es für ausgeschlossen, daß man dem Reichsstatthalter hier noch irgendeine Funktion zuerteilen kann. Daß er über die Erhebung politischer Bedenken nicht entscheiden kann, liegt bei der heutigen Struktur auf der Hand. Die Entscheidung liegt bei der Reichsregierung und dem Reichskirchenminister, der innerhalb der Reichsregierung dafür zuständig ist. Die einzige Frage könnte noch sein, ob der Reichsstatthalter irgendwie noch der legitime Empfänger der vorherigen Notifikation ist. Aber auch das ist abzulehnen; denn die Anzeige muß den Weg über die Reichsregierung gehen. Es ist unsinnig, die Anzeige noch an den Reichsstatthalter gehen zu lassen und dann noch über das Auswärtige Amt und den Kirchenminister zu gehen. Dann ist sie schon längst im Machtbereich der deutschen Reichsregierung angelangt. Die Entscheidungsbefugnis des deutschen Reichsstatthalters kann auch deshalb nicht als gegeben angenommen werden, weil ja sich meist bei der Erhebung politischer Bedenken das Verfahren nach § 32 § 2 anschließen wird und ohnehin die Reichsregierung als Konkordatspartner unmittelbar eingeschaltet ist. Das ist nun keineswegs so leicht. Ich versuche, es in meiner Abhandlung darzustellen. Ich würde also sagen: Die Einschaltung der Reichsstatthalter als Empfänger entspricht nicht mehr der veränderten Verfassungslage des Reiches. In Preußen regelt sich die Sache anders und glatt, weil dort die Kapitel pränotifizieren und weil dort immerhin eine zentrale Instanz vorhanden ist, der Ministerpräsident, der in dieser Funktion vom preußischen Kirchenminister beraten wird. In den anderen Ländern muß man überhaupt über die Einschaltung des Reichsstatthalters hinwegsehen. Da ist eben die Reichsregierung an die Stelle der Reichsstatthalter dadurch getreten, daß der Reichsstatthalter jetzt nur noch nachgeordnete Behörde des Reiches geworden ist. In der selbständigen Funktion des Gesetzes vom 7. April 1933 ist er praktisch und de jure ausgeschaltet. Ich würde aber großen Wert darauf legen, daß gerade die preußische Regelung, die anscheinend in abusum geraten ist, doch mit aller Energie aufrechterhalten wird.

Barion: Indem man also etwa dem Nuntius mitteilt, daß man bereit sein würde, Stellung zu nehmen, sobald das Kapitel ...

Weber: Sobald das Kapitel seine Entscheidung der Reichsregierung pränotifiziert habe.

Roth: Da bin ich dankbar für einen Hinweis. Das habe ich früher verfolgt, bevor wir in Aktion getreten sind beim Bischof von Freiburg (?), beim Bischof Galen und jetzt natürlich wieder in

Aachen. Von vornherein würde ich nichts sagen, weil der Zustand, wie er heute besteht, zunächst einmal bestehen bleiben kann.

Vorsitzender: Das sind die einzigen drei Fälle, die im Dritten Reich vorgekommen sind. *(Schröcker:* Fulda auch noch! – *Stalmann:* Münster!*)*

Roth: Das war schon vor unserer Zeit. Der Bischofssitz in Münster ist besetzt worden nach 1933.

Weber: Das ziemlich vernünftige Wahlrecht der preußischen Kapitel wird dadurch über das in Freiburg und der sonstigen Kapitel hinausgehoben, daß hier wirklich das Kapitel selbst die Anzeige der Staatsregierung erstattet. Das ist ein ganz wesentlicher Punkt.

Vorsitzender: Haben das die Kapitel verbockt? Die Kapitel haben doch ein Interesse daran, ihre Rechte zu wahren, von sich aus direkt, nicht über den Nuntius.

Weber: Früher wohl. – Als Berlin besetzt wurde im Falle Barres, wurde die Anzeige vom Kapitel erstattet. Ich weiß noch, wie Herr Schlüter sich damals sehr aufregte – ich war noch in der geistlichen Abteilung –, weil die Vermutung bestand, daß keine sehr freie Wahl sich da vollzogen haben möchte. Und da verhandelte dauernd der Kapitularvikar, der rief immer an, der war derjenige, mit dem verhandelt wurde, und der Nuntius wurde so inoffiziell auf dem Laufenden gehalten. Dagegen wird man ja nichts einzuwenden haben, sofern klar bleibt, daß zunächst mal das Gespräch mit dem Kapitel stattfindet.

Vorsitzender: Dann wird schließlich derjenige gewählt, der vom Nuntius bezeichnet ist?

Roth: Das sind interne Vorgänge, die wir nicht kennen.

Vorsitzender: Das wäre ja nun doch ungeheuerlich, wo ganz klar im Vertrag steht: freie Wahl. Wenn man das für die Kapitel eben noch gerettet hat, ...

Weber: Wenn die Kapitel ihren Kandidaten erst dem Vatikan mitteilen müssen, und der dann also doch der Reichsregierung gegenüber diesen Kandidaten zu vertreten hat, dann hat der Vatikan noch viel stärker die Hand darauf. Es ergibt sich auch aus allen literarischen Bemerkungen zu dieser Frage, daß dieses unmittelbare Notifikationsrecht der preußischen Kapitel in der Kurie äußerst lästig war, das paßt nicht in ihren Kram.

Vorsitzender: So recht sehe ich die Sache nicht ein. Ich verstehe nicht, warum Rom solchen Wert darauf legt, das anders zu machen. Es ist doch nichts anderes als eine Notifikation.

Weber: Nein, es ist viel mehr.

Vorsitzender: Sie meinen, daß dadurch doch die Möglichkeit einer Wahlbeeinflussung besteht?

Weber: Ja, der Kandidat wird jetzt nur als vatikanischer Kandidat präsentiert und nicht mehr als Kapitelkandidat. Das Kapitel hat in seiner wesentlichen Funktion innerhalb dieses ganzen Ernennungsverfahrens einen bedeutsamen Abstrich erfahren.

Ruppel: Der Nuntius könnte doch sagen: Ich gebe es nicht weiter.

Vorsitzender: Ich meine, die Kapitel müßten von sich aus mit aller Schärfe dieses Recht, das sie wirklich gerettet haben, vertreten.

Weber: Aber wenn der Staat, der noch mehr daran interessiert sein müßte und nicht dem unmittelbaren vatikanischen Druck untersteht, einfach die Anzeige des Nuntius entgegennimmt! Er müßte bei der nächsten Gelegenheit erklären: Interessiert mich sehr, aber ich warte zunächst mal nach Art. 6 des Konkordats die Anzeige des Kapitels ab.

Roth: Der Fall Aachen! Aber ob man den noch einmal aufrollen soll daraufhin? – Man könnte rein formal rechtlich die Sache noch einmal aufgreifen.

Weber: Sie können sich auf den Standpunkt stellen, daß Ihnen noch gar nicht rite ein Bischofskandidat notifiziert worden ist. Aber Sie haben ja schon darüber verhandelt und schon Bedenken erhoben. Sie können höchstens, wenn Sie noch im Gespräch über den Fall sind, noch eine Verwahrung hinterher schicken.

Schröcker: Ein gewisser Hinweis ist ja geschehen.

Vorsitzender: Sie wollen das ruhig so laufen lassen? *(Roth:* Ja.*)* Aber Sie haben gegen den Grundsatz Verwahrung eingelegt, daß das nicht wiederholt werden kann? *(Roth:* Ja.*)* Ja, ist noch zu Ziffer 2 etwas zu sagen? – Dann gehen wir über zu Ziffer 3.

Weber: Von mir aus nichts zu bemerken!

Barion: Es heißt hier: "der bewährungswürdige Kandidat". Das würde, wenn ich das recht verstehe, die Möglichkeit voraussetzen, daß es auch bewährungsunwürdige Kandidaten gibt. Das würde bedeuten, daß es Kandidaten geben kann, die sich zwar noch nicht bewährt haben, bei denen man aber sagt: Obwohl wir nichts gegen sie haben, sind wir doch der Meinung, daß sich in Zukunft etwas ergeben wird. Daß man also insofern gar nicht vom Täter aus die Sache betrachtet, sondern rein von Befürchtungen aus. Ist das gemeint?

Weber: Es soll zum Ausdruck kommen der Unterschied, der auch für die Substantiierung eine Rolle spielt, zwischen einem Kandidaten, aus dessen bereits vorliegenden Taten und Handlungen ich schließen kann, daß er sich nicht bewährt hat in der Treupflicht und deshalb ausscheidet – das ist der Fall, der auch einer Substantiierung an sich zugänglich ist, weil politische Tatsachen in der Vergangenheit zugrunde liegen – und zwischen einem bewährungswürdigen Kandidaten, gegen den der Staat keine allgemeinen Verdachtsgründe hat. Der bewährungsunwürdige Kandidat ist derjenige, gegen den er zwar nicht bestimmte Tatsachen vorbringen kann, die in der Vergangenheit liegen und aus denen seine Unzuverlässigkeit geschlossen werden kann, bei dem aber ein allgemeines Mißtrauen besteht, dem man nicht zutraut, daß er die von ihm zu beschwörende Treuepflicht wirklich erfüllen wird.

Barion: Das würde darauf hinauslaufen, daß man eine gewisse Bewährung in der Zukunft als zusätzlichen Bestandteil der politischen Klausel aufstellt.

Weber: Ich darf bemerken, daß dieser terminus nicht vorkommen würde, sondern nur für diesen internen Gebrauch hier aufgestellt ist. Es ist gemeint der Mann, den man nicht mag, gegen den man aber keine Tatsachen anführen kann.

Forsthoff: Der Kandidat, von dem man die Bewährung erhoffen darf, wäre der bewährungswürdige Kandidat.

Barion: Das ist doch dann nicht communis opinio, indem man es bei allen Kirchenlehrern findet; es ist doch etwas völlig Neues. *(Weber:* Ja.*)* Bei den Theologiedozenten ist es doch anders, da ist es doch so: Der Staat steht auf dem Standpunkt, daß man nur jemand beanstanden kann, gegen den ein Faktum vorliegt. Es ist ein völliger Unterschied.

Weber: Ja. – Es gibt eine durch eine naive Propaganda herbeigeführte herrschende Kirchenrechtslehre, die sagt: Natürlich ist politisch bedenklich nur derjenige, der silberne Löffel gestohlen hat auf politischem Gebiet, also der bereits in der Vergangenheit sich versündigt hat. Diese Lehre würde niemals zulassen, daß der Staat politische Bedenken erhebt, weil ihm, sagen wir, die Nase des Kandidaten nicht paßt, weil er ihm in der allgemeinen stimmungsmäßigen Auffassung nicht vertrauenswürdig erscheint, weil er ihm politische Unzuverlässigkeit zutraut. Deshalb verlangt diese Lehre immer eine Begründung, eine Substantiierung. Insofern liegt eine Erweiterung vor.

Barion: Dann gehört auch Ziffer 4 mit dazu?

Weber: Auch Ziffer 5 gehört dazu. Es ist im Grunde genommen eine Einheit.

Vorsitzender: Irgendwo steht die Ausdrucksweise: begründete Bedenken. Oder ist das im evangelischen Text?

Weber: Nein. Diese Formulierung wird benutzt bei den Hochschullehrern, bei den Professoren. Das liefert ein wirksames argumentum e contrario.

Vorsitzender: Das habe ich auch verwendet?

Weber: Es ergibt sich auch ein argumentum e contrario, wie ich in unserer vorletzten Tagung vorgetragen habe, aus dem Schlußprotokoll zu Artikel 7 des evangelischen Kirchenvertrages, wo sich der preußische Staat, wie man erkennt nachträglich, zu einer gewissen Konzession bereit erklärt hat, indem er zugesagt hat, auf Wunsch Tatsachen anzugeben, auf die sich seine politischen Bedenken gründen.

Vorsitzender: Kamen Sie denn zu dem Schluß, daß einfach erklärt werden kann: Ich will den nicht? *(Weber:* Ja.*)* War da nicht noch irgendwo irgendeine Einschränkung?

Weber: Nur insofern eine Einschränkung, auf die Herr Kollege Heckel noch hinwies: Diese Bedenken müssen wirklich politische Bedenken sein, dürfen nicht verwaltungstechnische Bedenken sein. Der berühmte Fall, den Stutz vorgebracht hat, ist der: Wenn ein Geistlicher zum Bischof präsentiert wird, den der Staat überaus liebt, den er aber gern in der Stelle als Kreisschulinspektor oder als Diasporapfarrer belassen möchte, kann er dann diesen Geistlichen als minder genehm bezeichnen? Und da sagt Stutz: Natürlich kann er das, denn in dem Begriff minder genehm liegt keine Einschränkung. Später, 1914, hat Stutz diese Auffassung fallen lassen, und zwar mit bezug auf eine Veröffentlichung des Kardinalstaatssekretärs Rampolla, die ich noch nachprüfen muß. Er hat sich nämlich davon überzeugen lassen, so sagt er in der 2. Auflage seines Kirchenrechts, daß der Erlaß Rampollas von 1900 hier eine gewisse Rolle spielt für die Auslegung des jus exclusivae, das die Mindergenehmheit einschränken wollte auf politische Bedenken. Also da läßt Stutz diese Auffassung fallen und sagt: Nur wenn dieser Mann aus politisch-persönlichen Gründen nicht genehm ist, kann er beanstandet werden, nicht wenn er aus verwaltungstechnischen Gründen minder genehm ist.

Vorsitzender: Wer bestimmt denn das, was politisch ist?

Weber: Im Konfliktsfalle der Staat.

Vorsitzender: Dann läuft es doch darauf hinaus, daß der Staat sagt: Ich erhebe politische Bedenken. Daß er diese umreißen muß, kommt nicht in Frage.

Weber: Doch, außer mit der Loyalitätsklausel Artikel 33 Abs. 2.

Vorsitzender: Ja, ich bin sehr einverstanden mit Ziffer 3. Es käme dann Ziffer 4.

Weber: Hier ließe sich zu der Freundschaftsklausel noch manches sagen, z.B. zu dem Gesichtspunkt des Rechtsgehörs dem Geistlichen gegenüber. Wenn der Staat einen Geistlichen beanstandet, liegt es auch im Sinne der Freundschaftsklausel und seines loyalen Verhaltens dem Geistlichen gegenüber, daß er die tatsächlichen, sagen wir, Denunziationsunterlagen, die er hat, nicht unbedingt peinlich verheimlicht, sondern bekannt gibt, um schließlich die Aufklärung zu ermöglichen.

Barion: Es kann ja auch gelegentlich an den Zeugen liegen. Ich denke an den Fall Braunsberg, wo von der kirchlichen Seite die Bekanntgabe damit verweigert wurde, daß es für die betreffenden Quellen unangenehme Folgen haben könnte.

Roth: Eine Substantiierung der politischen Bedenken haben wir auch in der Praxis immer abgelehnt, und zwar aus den Gründen, die Sie auch angeführt haben; und auch noch aus einem anderen Grunde: weil umgekehrt der Heilige Stuhl es in einem bestimmten Falle abgelehnt hat, die Bedenken, die er gegen den von der deutschen Reichsregierung genannten und in Aussicht genommenen Feldbischof hatte, näher darzulegen. Darauf können wir uns ja gelegentlich mal berufen.

Weber: Es gibt einen alten Streit, der an das negative Ausschließungsrecht anknüpft. Stutz hat viele Seiten seiner Bücher und Schriften damit füllen müssen, sich mit der Substantiierung der Mindergenehmheit auseinanderzusetzen. Er ist aber ganz unbestritten Sieger geblieben, und ist auch als Sieger von der Praxis aus bestätigt worden. Diese ganze Entwicklung läßt sich auch zur Unterstützung hier verwenden, obwohl hier wiederum die ganze kirchliche Rechtsliteratur auf dem Standpunkt steht, daß selbstverständlich der Staat eine Substantiierungspflicht hat; das ist überhaupt das erste und Einzige, das Vornehmste; und dann wird die Kirche darüber entscheiden, ob die so substantiierten Bedenken auch wirklich stark genug sind.

Vorsitzender: Dann wollen wir zu Ziffer 5 kommen. Das ist ja nun der krasseste Fall eines Widerspruchs innerhalb des Reichskonkordats, und den wollen Sie doch so etwas wie wohlwollend behandelt wissen.

Weber: Für die Kurie wird der zwingende Charakter der politischen Bedenken nicht dadurch ausgeschlossen, daß im Schlußprotokoll gesagt wird, daß durch diese Formulierung des Art. 14 Abs. 2 Ziffer 2 kein Veto begründet sei. Dazu lassen sich eine Reihe von Argumenten zusammentragen. Ich kann das noch einmal präzisieren; ich war damals mit meinem Referat noch nicht soweit gediehen.

Zunächst einmal muß man sich die Situation vorstellen: Das Reichskonkordat ist 1933 abgeschlossen worden, unmittelbar vorher war das badische und das österreichische Konkordat abgeschlossen worden. Das badische und das österreichische Konkordat bringen mit eindeutigen und klaren Wendungen den Standpunkt des Vatikans zur Anerkennung. Es heißt nämlich ausdrücklich schon von vornherein etwas weich: "wird sich vergewissern, ob Bedenken bestehen", nicht: "feststellen, daß keine Bedenken bestehen". Und dann heißt es im Schlußprotokoll: Wenn Bedenken erhoben werden, wird nach der Freundschaftsklausel verfahren, und wenn keine Einstimmigkeit erzielt wird, wird der Vatikan in der Ernennung frei.

Ich sage nun: Wenn man eine entsprechende Regelung im Reichskonkordat hätte treffen wollen, dann hätte man doch Anschluß an diese kurz vorher vereinbarte Formel finden sollen und hätte nicht das Gegenteil gemacht, nämlich die ganz scharfe preußische Formulierung für Art. 14 Abs. 2 gewählt. Demgegenüber bedeutet auch diese Floskel: "Ein Vetorecht wird hierdurch nicht begründet", keine Reduktion dieser ganzen Regelung auf den Zustand des badischen und österreichischen Konkordats. Aber es kommt noch vieles andere hinzu.

Barion: Man muß eben zuerst die Hauptbestimmungen vergleichen.

Weber: Jawohl. Und dann kann man aber doch wohl die These aufstellen, die ich jedenfalls vertrete, daß das Schlußprotokoll nur gewissermaßen einen akzessorischen Charakter hat und sein Sinn nicht darin besteht, den vereinbarten eigentlichen Konkordatstext in sein gerades Gegenteil zu verkehren. Die Formel des Art. 14 Abs. 2, die wörtlich mit der des preußischen Konkordats übereinstimmt, ist an sich und in sich völlig klar und einwandfrei, und die bloß akzessorischen Bestimmungen im Schlußprotokoll können sie nicht in ihr Gegenteil verkehren.

Schließlich kommt hinzu, daß man auch für das ohne Zweifel zwingende Ausschließungsrecht der nicht-katholischen Regierungen beim jus exclusivae, also bei der Mindergenehmheit immer wieder dahin qualifiziert hat, daß es kein Veto bedeutet. Stutz sagt an mehreren Stellen: Das bedeutet kein Veto.

Diese Frage mußte vor allen Dingen wieder aufgegriffen werden, als Art. 137 Abs. 3 der Weimarer Verfassung in Kraft getreten war, und man trotzdem an diesem negativen Ausschließungsrecht festhalten wollte. Da mußte man, um sich vor der Weimarer Verfassung zu rechtfertigen, betonen: Es ist kein echtes Vetorecht. Also insofern läßt es sich auch noch historisch belegen.

Und es kommt schließlich hinzu die bekannte Bestimmung im preußischen Konkordat und im badischen Konkordat, wo dieselbe Formel sich schon findet: Ein staatliches Einspruchsrecht wird hierdurch nicht begründet. Es handelt sich um die Pränotifikation, die Bestellung von Generalvikaren, Domkapitularen, und da heißt es: Angemessene Zeit vor der Bestellung hat er Kenntnis zu geben, und dann weiter: Ein staatliches Einspruchsrecht wird hierdurch nicht begründet. Es kann keinem Zweifel unterliegen, daß dieser Satz nicht das Recht der Regierung ausschließt, auf etwa fehlende Anstellungsvoraussetzungen mit der Wirkung hinzuweisen, daß der so beanstandete Kandidat nicht beanstandet werden kann. Diese Formel kann nur den Sinn haben, ein absolutes

Beanstandungsrecht auszuschließen und das Beanstandungsrecht streng auf die Fälle, die hier gemeint sind, in Art. 9 des preußischen und Art. 3 und 4 des badischen Konkordats zu beschränken.

Auf unseren Fall übertragen, würde es heißen: Ihr habt hier kein generelles Veto, sondern ein Ernennungsrecht, das sich auf politische Bedenken beschränkt, da aber absolut gilt.

Vorsitzender: Ich kann mich nicht so ganz davon überzeugen. – Der Unterschied ist doch, daß im Reichskonkordat einmal steht: Die Ernennung wird erst erfolgen, nachdem festgestellt ist, daß Bedenken politischer Art nicht erhoben werden oder bestehen, – und daß an anderer Stelle steht: Ein Vetorecht wird damit nicht begründet. Diese schlechte Dissonanz, die jedenfalls doch zuerst klafft, fehlt im preußischen Konkordat. Ich kann mich des Eindrucks nicht erwehren: Es ist etwas gekünstelt das Bestreben bemerkbar, die Sache möglichst mit dem Mantel der Liebe zuzudecken. Vergleichen könnte man es doch nur, wenn zu der Bischofswahl im preußischen Konkordat Art. 6 im Schlußprotokoll eine Bemerkung stände: Ein Vetorecht wird hierdurch nicht begründet. Das gibt es nicht.

Barion: Es ist etwas zweideutig ausgedrückt.

Weber: Es ist mit Absicht zweideutig ausgedrückt. Die Kurie wollte ihren im österreichischen und badischen Konkordat verankerten Standpunkt auch hier zum Ausdruck bringen. Die Unterhändler waren gut vorangekommen, indem sie die preußische Formel hineingebracht hatten. Und dann hat die Kurie das noch hinterher hineingeheimnist, ohne ihrem Wunsch so klar Ausdruck geben zu können, daß die Vorschrift zweifellos ist.

Der Sinn der politischen Klausel ist ja, Bischöfe zu bekommen, die nun wirklich politisch unbedenklich sind. Es nützt ihnen nichts, wenn der Staat erklärt: der Bischof ist uns bedenklich, und die Kirche sagt: Ich wäge die Bedenken anders, ich ernenne ihn trotzdem. Dann kommt ein Bischof ins Amt, der insofern nicht dem im Konkordat vorausgesetzten Regime entspricht, als er politisch immer noch stark beanstandet wird, und das Vertrauensverhältnis nicht gegeben ist. Es kommt als der Effekt: Das, was mit der politischen Klausel erzielt werden soll, wird verfehlt, wenn man der Kirche hier eine Entscheidungsbefugnis einräumt.

Vorsitzender: Sie sagen, daß Ziffer 5 das Vorbringen politischer Bedenken begründet trotz der politischen Klausel im Schlußprotokoll. Das beweist doch, daß Sie an sich meinem Gedankengang folgen.

Weber: Für das preußische Konkordat ist ja allgemein anerkannt, daß hier ein einfaches Einspruchsrecht gegeben ist.

Vorsitzender: Ja, ich habe die Bedeutung damals nicht so erkannt wie jetzt. Es ist eigentlich eine kolossale Sache gewesen, daß man das damals erreicht hat in Ziffer 6.

Weber: Ich darf auch noch auf die Exequaturfunktion in Ziffer 5 hinweisen. Ich erkläre, daß ich keineswegs ein Bekenntnis dazu abgeben will, ob das, was der Bischof beschwört, im einzelnen Fall mehr oder weniger ernst zu nehmen ist. Trotzdem messe ich dem Bischofseid doch eine Bedeutung zu, und zwar aus zwei Momenten. Erstens ergibt sich aus dem Eid eindeutig, daß von dem Bischof Treue verlangt wird. Ob diese Treue gehalten wird oder nicht, ist eine andere Frage. Sein Verhältnis zum Staat soll auf der Basis der Treue begründet sein. Daraus ergeben sich doch wichtige Rückschlüsse auf die Qualifikation dessen, was man als politisches Bedenken bezeichnet. Dadurch wird es unmöglich, einen Bischof als politisch unbedenklich zu bezeichnen, der in eine landesverräterische Konspiration verwickelt ist. Und das zweite Moment ist folgendes. Alle Konkordate, die einen Eid vorsehen, mit Ausnahme des portugiesischen, sehen ausdrücklich vor, daß die Besitzergreifung oder Übernahme der Funktion von der Eidesleistung abhängt. Die Eidesleistung kann nicht im Wege eines Windprotestes erfolgen, sondern setzt die Abnahme durch den Staat voraus, und ehe diese Abnahme nicht erfolgt ist, kann der Bischof seine Funktionen nicht übernehmen. Und hier ist eine Sperrmöglichkeit eingeschaltet, eine Rechtsschleuse, bei der

der Staat im Falle eines Konflikts hindern kann, daß der gegen seinen Willen eingesetzte Bischof nun wirklich in sein Amt gelangt. Deshalb messe ich dem doch eine große Bedeutung bei, und ich möchte glauben, daß diese präzise Formulierung: "vor Besitzergreifung oder Übernahme der Funktion", nicht ohne Absicht von der staatlichen Seite gewählt ist. Diese Formulierung geht übrigens auch schon bis auf das französische Konkordat von 1801 zurück, ist also nicht erst in jüngerer Zeit entstanden. Ich habe den Eindruck, als ob man von jeher doch, zum Teil bewußt, zum Teil im Unterbewußtsein, diese Exequaturfunktion mit einkalkuliert hat.

Schröcker: Eine Frage: Wie ist es in dem Fall, daß ein bisheriger Coadjutor cum jure successionis Bischof wird? Er wird automatisch Bischof mit dem Tode des anderen Bischofs. Wann ist er verpflichtet, den Bischofseid abzulegen?

Weber: Ich habe mich auch mit der Frage beschäftigt. Es liegt zunächst die Anwort nahe, daß er dann, sobald der Bischof gestorben ist, wenn er wirklich von seiner Diözese Besitz ergreift, den Eid ablegt.

Roth: Er muß es melden, er muß es uns mitteilen.

Vorsitzender: Den Tod melden? Nun ist er aber doch da schon Bischof.

Barion: Es kommt doch irgendwie eine Sedisvakanz.

Schröcker: In dem Augenblick, in dem der alte Bischof stirbt, ist de jure schon ein neuer Bischof da, nur muß er noch formell Besitz ergreifen, ehe er die Bischofsfunktion ausüben kann, und daher müßte er meines Erachtens dann erst den Eid leisten. *(Weber:* Jawohl.*)* Und wenn er es nicht tut, wenn er einfach den staatlichen Behörden anzeigt, ich habe die Regierung der Diözese übernommen, dann ist das konkordatswidrig?

Weber: Jawohl, das würde ich meinen. Der andere Bischof ist ja auch schon ernannt. Der Bischof wird ernannt, sagen wir, am 1. Mai 1939, er leistet den Eid am 1. Juni. Dann ist er schon einen Monat Bischof, aber kann die Funktion erst am 1. Juni ausüben. Er ist also auch schon Bischof, aber kann die Funktion noch nicht ausüben.

Schröcker: Ich halte gerade unter diesem Gesichtspunkt doch das für wertvoll, was Sie als Exequaturfunktion bezeichnen. Denn in jedem Falle des Coadjutors fällt doch die Ernennung und die Abnahme des Eides sehr weit auseinander. Es vergehen Jahre, und in dieser Zeit könnten sich Bedenken sammeln. Und nun soll er die Bischofsfunktion ausüben. Da hätte der Staat die Möglichkeit, hier einzugreifen und zu erklären: Ich kann hier den Eid nicht abnehmen, du bist für mich politisch unzuverlässig.

Vorsitzender: Was ist dann?

Weber: Dann muß er resignieren.

Vorsitzender: Man kann sagen: Bischof ist er. -

Schröcker: Außerdem kommt hinzu: An wen muß der Coadjutor herantreten?

Weber: In Preußen an den Ministerpräsidenten.

Schröcker: Und solange er die Anzeige an den Ministerpräsidenten nicht gemacht hat, sondern an irgendeine andere Persönlichkeit, sei es auch der Reichsstatthalter?

Barion: In Preußen muß es dem Ministerpräsidenten angezeigt werden.

Vorsitzender: Es heißt hier in dem Gesetz: Bevor der Bischof Besitz ergreift. Das paßt dann auch absolut auf den Coadjutor cum jure successionis. Also auch einer, der mit dem Ableben des bisherigen Bischofs Bischof geworden ist, hat, bevor er von seiner Diözese Besitz ergreift, diesen Eid zu leisten. Und was kommt, wenn er ihn nicht leistet, ist unsere Sache.

Ja, es ist eigentlich eine kollossal weitgehende Sache: Der Heilige Stuhl kann jedem Bischof einen Coadjutor beigeben. Der Bischof braucht nicht besonders hinfällig zu sein. Wenn er 90 Jahre alt geworden ist, dann verstehe ich, daß er infolgedessen einen Coadjutor haben muß. Aber der heilige Stuhl hat da völlig freie Hand. Das ist doch eigentlich eine Umgehung der Bischofswahl.

Weber: Er hat deshalb keine freie Hand, weil ein zwingender Grund vorliegen muß, denn sonst wird ja die Bischofswahl zerstört. *(Vorsitzender:* Nach kanonischem Rechte?*)* Nein, nach Staatskirchenrecht. *(Vorsitzender:* Wo steht das?*)* Das muß man aus dem Sinn der Regelung schließen. Der Normalfall ist die Bischofswahl.

Roth: Sonst würde man jede Bischofswahl hinfällig machen.

Weber: Übrigens hat sich der preußische Staat auch schon gelegentlich, wenn Domkapitulare in Breslau oder ein polnisches Domkapitel mit dem Vatikan konspirierten, und sonst ein Pole geweiht werden würde, mit dem Vatikan verständigt, daß Herr X. Coadjutor würde und das Kapitel damit ausgeschaltet würde. Also wenn sie sich verständigen, ist es gut, aber im allgemeinen würde man sagen: Es muß ein zwingender Grund vorliegen – Hinfälligkeit usw. – sonst wird die Wahlgrundlage zerstört.

Vorsitzender: Ja, wir haben jetzt einen Coadjutor wohl nirgends? *(Roth:* Nein.*)* Eigentlich müßte dann in solchem Falle schon dem Coadjutor der Eid abgenommen werden.

Roth: Das ist hier nicht vorgesehen.

Weber: Er ist ja noch nicht Bischof, solange er Coadjutor ist.

Vorsitzender: Er ist eine Art von Regent, Kronprinz.

Roth: Es ist in Art. 16 auch kein Eid vorgesehen für einen sonstigen Ordinarius.

Weber: Also Generalvikar meinen Sie?

Roth: Ich meine Prälatus nullius und Administrator.

Weber: Ist der Administrator Ordinarius im Sinne des kanonischen Rechts?

Schröcker: Das ist er nicht. Das kommt auf die Vollmachtserteilung im einzelnen Fall an. Es gibt Administratoren, die Ordinarien sind, und solche, die es nicht sind. *(Weitere Unterhaltungen über den Administrator.)*

Schröcker: Ich werde vielleicht doch noch einmal ein Referat über den Administrator halten.

Vorsitzender: Ist noch etwas zu Ziffer 6? *(Zuruf:* Das ist der Aachener Fall.*)*

Weber: Stutz hat in seinen Erörterungen großen Wert darauf gelegt, zu betonen, daß der Staat in keinem Falle der Kirche anheimgeben dürfe, nun neue Kandidaten zu präsentieren, eine neue Liste zu machen, weil das auf eine positive Mitwirkung hinausläuft. Er sei auf negative Mitwirkung beschränkt. Er könne nur ablehnen, das andere müsse er dann der Kirche überlassen. Für das Konkordat liegt die Situation anders, weil da – im Reichskonkordat und in den Länderkonkordaten – die Bischofsverfassung und die Kapitelwahl mit dem Staat vereinbart ist. Insofern kann, wenn dieses System nicht revidiert wird, der Staat noch darauf hinweisen.

Vorsitzender: Wie denken Sie sich den Verlauf? Also der vom Kapitel Gewählte, der eine der drei Männer, wird von der Regierung abgelehnt. Dann wird doch das auch über den Nuntius dem Heiligen Stuhl mitgeteilt. Und nun würde der Heilige Stuhl drei Männer von neuem ernennen, oder wie geschieht das? Ober würde die Regierung schon von sich aus darum bitten? Wie kommt es in Gang?

Roth: Dann wird die Initiative wieder der kirchlichen Seite überlassen.

Vorsitzender: Aber die Diözese ist verwaist.

Roth: Ja, der Leidtragende ist dann in erster Linie die Diözese.

Vorsitzender: Aber auch der Staat hat doch ein Interesse daran, daß alles in Ordnung ist in der Diözese.

Roth: Ich glaube mehr Interesse daran hat die Kirche.

Vorsitzender: Wie kommt es denn zuerst in Gang, wenn ein Bischof stirbt?

Weber: Dann reicht das Kapitel seine Liste ein in Preußen, und dann wird in absehbarer Zeit unter Würdigung dieser Liste ...

Vorsitzender: Wenn nun das Kapitel nichts täte, wenn es vielleicht angewiesen würde: Laßt die Sache laufen? Es geht auch so sehr gut, da ist ein Generalvikar, ein Weihbischof.

Roth: Nach den Vorschriften muß nach einer bestimmten Zeit der Bischofsstuhl besetzt werden.

Vorsitzender: Es könnte doch ein ähnlicher Fall wie in Aachen eintreten, und das auch hingeschleppt werden. Müßte man da nicht eine Einigung herbeiführen?

Weber: Sicherlich.

Roth: Ich glaube, daß diese Fälle kaum vorkommen.

Vorsitzender: Beweis: Der Fall Aachen.

Barion: Der ist aber doch zuerst ganz glatt gelaufen, das kam doch erst bei der Ablehnung.

Vorsitzender: Ja, davon ging ich auch aus. Aber das sich so ein Fall ereignet, ist doch immerhin in der heutigen Zeit denkbar.

Meine Herren! Dann sind wir damit auch fertig. Herr Professor Weber, wann dürfen wir auf Ihr Referat rechnen?

Weber: Es wird im September gedruckt werden.

Vorsitzender: Dann würden wir diesen Punkt bis zum Druck als erledigt ansehen.

Wie sollen wir es nun mit Punkt 7 machen?

Barion: Ich werde die ganze Sache noch einmal durcharbeiten und das vorlegen, was ich dabei noch finde.

Vorsitzender: Das wäre sehr schön.

Schröcker: Darf ich zu meinem Referat über das Doyennat noch eine Frage aufwerfen. Herr Professor Weber hat gemeint, es wäre zweckmäßig, die Sache schon, ehe sie aktuell wird, durch das Auswärtige Amt vorzubereiten. Mir ist noch eingefallen, man könnte es in der Form machen, daß man mit Zustimmung des Auswärtigen Amtes einen Aufsatz in eine Zeitschrift lanciert. Man muß sich natürlich vorher mit dem Auswärtigen Amt darüber ins Benehmen setzen und ihm die Gründe darlegen, warum man das macht. Damit ist dann die Diskussion über den Punkt schon begonnen.

Weber: Das halte ich für das richtigste.

Roth: Sie werden dabei natürlich auf manches verzichten müssen, was Sie aus den Akten nicht an die Öffentlichkeit bringen können.

Schröcker: Ja, ich darf mich nur auf das stützen, was in der allgemeinen Presse dazu seinerzeit schon veröffentlicht ist.

Vorsitzender: Dann schließe ich für heute mit bestem Dank die Sitzung.

(Schluß der Sitzung: 18 Uhr 45 Minuten.)

2. Protokoll der Sitzung vom 1.7.1939 (Ältere Einzelleistungen an Religionsgesellschaften. – Die Widmung zu kirchlichen Zwecken)

Vorsitzender: Meine Herren! Ich eröffne die Sitzung. Herr Präs. Stalmann hatte gebeten, auch einmal kurz auf die gestern erörterte Frage der *Leistungen an Religionsgesellschaften* zurückkommen zu dürfen.

Stalmann: [Aufgrund eines Schreibens vom 28.7.1939 von Stalmann wurde nachträglich folgendes eingefügt:] „In der Anlage übersende ich eine Niederschrift meiner Ausführungen, die ich zu Beginn des zweiten Tages am 1. Juli 1939 gemacht habe."

In der gestrigen Sitzung des Ausschusses wurde festgestellt, daß es den Gerichten nicht gelungen sei, im Wege der Rechtsprechung die älteren Steuerordnungen zu beseitigen, so daß es nunmehr notwendig werde, daß hier die Gesetzgebung einsetze. Es wurde weiter als eine Notwendigkeit bezeichnet, auch unter die Säkularisation einen endgültigen Schlußstrich zu ziehen.

Dasselbe muß aber auch für das Patronatsrecht gelten, insbesondere seine Ausgestaltung, die es durch die Rechtsprechung der ordentlichen Gerichte und auch des Oberverwaltungsgerichts gefunden hat. Als im Jahre 1924 das Gebiet der kirchlichen Baustreitigkeiten den ordentlichen Gerichten entzogen und auf die Verwaltungsgerichte übertragen wurde, hegte man im Kultusministerium die Hoffnung, daß es den Verwaltungsgerichten gelingen werde, das Patronatsrecht in eine Bahn zu lenken, die es möglich mache, den übertriebenen Anforderungen der Kirchengemeinden entgegenzutreten. Leider hat sich diese Hoffnung nicht erfüllt. Es lag vielleicht daran, daß der Übergang auf die Verwaltungsgerichte schon zu spät erfolgt ist, so daß es dem OVG nur schwer noch möglich war, die vom Reichsgericht auf diesem Gebiet festgelegte Rechtsprechung wieder zu verlassen.

Nachdem ich in der letzten Sitzung einige besonders krasse Fälle vorgetragen habe, die ich allein dem letzten Bande der Entscheidungen des Kammergerichts, dem 102. Bande, entnahm, habe ich noch die vier vorhergehenden Bände auf dieses Gebiet hin durchgesehen, und dort zahlreiche Entscheidungen gefunden, die meine Ausführungen nur bestätigen.

Goldene Worte findet das OVG über die Aufgaben der Verwaltungsgerichte in einer Entscheidung vom 7. April 1936 – abgedruckt: Entscheidungen des OVG, Band 98, S. 56 –, bei der es sich um die Frage der Erstreckung der Patronatsbaulast auf ein Pertinenzstück (Orgel) handelt, wenn das OVG folgendes ausspricht: Das Patronat ist in seinem Umfange nichts Starres und Unverständliches, so daß besonderes Gewicht auf die Zustände und Tatsachen zu legen ist, die längere Zeit hindurch unangefochten zwischen den Patronen und den Kirchengemeinden bestanden haben. Das folgt schon aus der Erwähnung der ununterbrochenen Gewohnheit in § 710 II 11 ALR., sodann daraus, daß als Erwerbsgrund für das Patronat auch die Verjährung anerkannt ist. Bei beiden Vorschriften kommt der Gedanke zum Durchbruch, daß *gegenwärtiges, lebendes Recht nicht aus verschütteten Quellen erschlossen werden soll* und daß es dem Rechtsempfinden nicht entspricht, wenn die Entscheidung von Rechtsfragen abhängig sein soll von den Zufälligkeiten, welche mit der Aufklärung von Jahrhunderte alten Rechtsverhältnissen durch archivarische Forschungen verbunden sind.

Leider weicht aber das OVG selbst von diesem Grundsatze ab.

In der Entscheidung vom 5. Februar 1935 (Entscheidungen des OVG, Band 95, S. 100), bei der es sich um die Frage handelt, ob sich die Patronatsbaulast auf ein zweites, drittes usw. Pfarrgebäude ausdehnt, hat der Kommissar des Reichskirchenministeriums zum letzten Male versucht, dem 8. Senat ins Gewissen zu reden.

Er weist hin auf die Entwicklung des Patronats in Preußen aus dem Eigenkirchenrecht, daß der Patron zunächst die Kirche als res sua behandelt, ja auch sämtliche Einkünfte aus der Kirche gezogen habe. Daher habe er auch die Pflicht gehabt, für die Bedürfnisse der kirchlichen Anstalt einzutreten. Von dieser Stellung sei der Patron immer weiter abgeglitten, von dem Eigentümer zum gesetzlichen Vertreter und vom gesetzlichen Vertreter zu einem bedeutungslosen Mitglied des Gemeindekirchenrats. Dieser Entwicklung gerade entgegengesetzt sei die höchstrichterliche Beurteilung der Patronatslasten im Laufe des vergangenen Jahrhunderts. Man habe versucht, die kasuistischen Bestimmungen des Allgemeinen Landerechts durch Interpretation den wachsenden Bedürfnissen anzupassen und sei so zu einer ständigen Ausweitung des Begriffs der kirchlichen Anstalt gekommen. So hätten die Kirchengemeinden unter dem Einfluß dieser Rechtsprechung erhebliche Erweiterungswünsche hinsichtlich der Kirchen und des Ausbaues von Pfarrhäusern für neugegründete Pfarrstellen durchgesetzt und man habe sich damit immer weiter sowohl von der Stiftungsbasis des Patronats wie von dem Begriffe von Treu und Glauben entfernt. Trotzdem die Pfarrstellen im Mittelalter allgemein als Benefizien gegründet worden seien, trotzdem an solchen Benefizien sogar gesonderte Patronate denkbar und gangbar gewesen seien, trotzdem es Patronate an Kirchen mit und ohne Benefizien gegeben habe, seien nicht etwa die an sich naheliegenden

Grundsätze des Zubehörs angewendet, sondern man habe die weiteren Pfarrstellen an einer evang. Kirche als wesentliche Bestandteile der kirchlichen Anstalt bezeichnet und den Patron zu den Baulasten für das Wohnungsbedürfnis der Inhaber dieser Pfarrstellen für haftbar erklärt. Das Fortschreiten dieser Entwicklung sei für die öffentlichen Interessen des Staates und die Fürsorge des Staates für ein den heutigen Begriffen von Treu und Glauben entsprechendes Recht schlechterdings untragbar. Ein durchaus gangbarer und den berechtigten Interessen sowohl der Patronate wie der Kirchengemeinden Rechnung tragender Weg sei in der stärkeren Betonung des Patronats als *Stiftung* gegeben und hinsichtlich der Pfarrhäuser in der Übertragung der für das *Zubehör* in den Kirchen entwickelten Gesichtspunkte. Ginge man diesen Weg und verschließe man sich nicht einer brauchbaren Begrenzung bei Erweiterung anderer Art, dann sei es schließlich nicht mehr nötig, jetzt in der Zeit des Ringens um das Verhältnis von Staat und Kirche an die Patronatsgesetzgebung heranzugehen.

Diese eindringlichen Worte haben jedoch jeden Eindruck auf den erkennenden Senat verfehlt. Das OVG ist der Auffassung, daß die Verwaltungs- und Ehrenrechte des Patrons hinsichtlich ihrer Bedeutung durchaus nicht zu unterschätzen seien und daß das OVG weit entfernt davon sei, uralte und überlebte menschliche Einrichtungen lediglich deshalb aufrecht zu erhalten, weil sie historisch begründet sind, aber es sei ebenso wenig befugt, sich über bestehende Einrichtungen deshalb hinwegzusetzen, weil sie auf eine längere Geschichte zurückblicken. Jedenfalls würden solche Einrichtungen dann aufrecht zu erhalten sein, wenn sie auch jetzt noch *im Bewußtsein der Volksgemeinschaft* wurzeln, also dem *lebenden Rechtsempfinden* entsprechen. Gerade beim Patronat sei dies auch heute noch der Fall. Auch das OVG sei nach wie vor der oft ausgesprochenen Ansicht, daß die Patronatslasten nicht überspannt werden dürfen. Gleichwohl ist dann der Senat im vorliegenden Falle der Ansicht, daß die Grundsätze von Treu und Glauben nicht dadurch verletzt werden, daß der Staat zum Bau eines dritten Pfarrhauses seinen Beitrag leisten soll.

Glaubt das OVG wirklich, daß Verpflichtungen des Patronats in dem Umfange, wie sie vom OVG zuerkannt werden, tatsächlich dem Volksempfinden entsprechen und handelt das OVG nach dem Grundsatz, daß die Patronatslasten nicht überspannt werden dürfen? Hierzu verweise ich auf zwei sehr interessante Entscheidungen im 96. Band der Entscheidungen des OVG, S. 59 und S. 41.

In der Entscheidung vom 14. Juni 1935 handelt es sich um ein Patronat, das der Domänenfiskus im Jahre 1841 durch den Erwerb eines Rittergutes erworben hat. Die alte, nur etwa 60 Sitzplätze erfassende Dorfkirche erwies sich infolge Anwachsens des Ortes schon seit mehreren Jahrzehnten als unzureichend. In den Jahren 1928/29 ist ein Kirchenneubau nebst Pfarrwohnung mit einem Kostenaufwand von rd. 1.460.000 RM ausgeführt. Die Kirchengemeinde fordert von dem Patronatsfiskus als Patronatsbeitrag 2/3 dieser Summe, also fast 1.000.000 RM.

In dem vorliegenden Falle hatte der Patronatsfiskus insofern Glück, als die Dorfkirche nach Groß-Berlin eingemeindet und infolgedessen zu einer Stadtkirche geworden war. Maßgebend für die Pflichten des Patrons war das Märkische Provinzialrecht, wie es sich in Anknüpfung an die Visitations- und Konsistorialordnung von 1573 entwickelt hatte. Die Rechtsprechung, besonders die des Kammergerichts, dessen Rechtsprechung in der Vorkriegszeit gerade auf dem Gebiete des öffentlichen Rechts besondere Anerkennung fand, hatte sich in mehreren Entscheidungen auf den Standpunkt gestellt, daß den Patronen in den Städten die Baulast nur als eine *Ehrenpflicht* und nicht als eine Rechtspflicht obliege. Das OVG glaubt aber, anderer Meinung sein zu müssen und sieht die Baulast des Patrons auch in den Städten als eine Rechtsverpflichtung an, was wieder beweisen dürfte, daß sich in diesen alten Rechtsmaterien das wirkliche *Recht* gar nicht finden läßt, sondern daß es sich mehr oder weniger nur um willkürliche Entscheidungen handeln kann. Über den Einwand des Ministerialkommissars, daß der Stiftungsgedanke bei den Patronaten stärker betont werden müsse, daß es sich hier um die Stiftung einer kleinen Dorfkirche mit 60 Sitzplätzen handele und daß nicht eine Kirche, die einen Baukostenaufwand von über 1.000.000 RM erfordere, gestiftet sei, geht das OVG mit dem Hinweis hinweg, daß der Patron die kirchliche Anstalt als *Ganzes* gestiftet habe und es im Zweifel dem Willen des Stifters entspräche, „als Patron die Kirche auch im Ganzen mit zu unterhalten“. Auch der Einwand, daß die alte Dorfkirche auch heute noch bestehen geblieben sei, greift nicht durch, da die alte Dorfkirche nicht mehr zu dem eigentlichen Gottesdienst verwendet würde, sondern nur für gelegentliche Amtshandlungen und kirchliche Feiern. Anders würde der Fall nur liegen, wenn auch das alte Kirchengebäude zum eigentlichen Gottesdienst weiter verwendet worden sei, was hier nicht der Fall sei. Der Fiskus wird daher verurteilt, seinen Patronatsbeitrag für die Kirche in Höhe von 1/3 der Baukosten zu entrichten, ebenso auch für das Pfarrhaus, obgleich er darauf hingewiesen hatte, daß seit dem 30-jährigen Kriege, währenddessen das ursprüngliche Pfarrhaus abbrannte, ein Pfarrhaus nicht mehr bestanden habe. Dies sollte deshalb bedeutungslos sein, weil die Errichtung eines Pfarrhausneubaues in der Zwischenzeit im Wesentlichen aus zufälligen und besonderen Ursachen, die z.T. mit den persönlichen Verhältnissen der Pfarrer zusammenhingen, unterblieben sei. Ich darf in diesem Zusammenhang daran erinnern, daß in der ersten von mir erwähnten Entscheidung das OVG betont, daß die *tatsächliche* Entwicklung der *Jahrhunderte* maßgebend sei. Hier also soll ein Zustand, der über 300 Jahre bestanden hat, bedeutungslos sein, d.h. der Fiskus als Patron muß für das Pfarrhaus bezahlen, auch wenn 300 Jahre ein Pfarrhaus nicht vorhanden gewesen ist.

Seitens des Ministerialkommissars war weiter geltend gemacht, daß bei der Frage der Suffizienz auch die *Steuerkraft* der Gemeinde berücksichtigt sei. Das OVG lehnt dieses mit der Begründung ab, daß nach § 720 II 11 Allgemeines Landrecht mangels hinreichenden Kirchenvermögens das Fehlende an Baukosten von dem Patron und den Eingepfarrten gemeinschaftlich getragen werden müßte. Im Falle der Insuffizienz des Kirchenvermögens hafteten also Patron und Eingepfarrte gemeinsam, nicht etwa der Patron nach den Eingepfarrten. Die Heranziehung dieser sei früher durch sogenannte Bauumlagen erfolgt, an deren Stelle heute die Kirchensteuern getreten seien. Hier zeigt das OVG, wie wenig es in der Lage ist, im Wege der Rechtsprechung die weitere Ausgestaltung eines Rechtsinstitutes entsprechend der veränderten, tatsächlichen Verhältnisse fortzuentwickeln. Andererseits zeigt das OVG, daß es die kirchenrechtliche Entwicklung nicht genügend übersieht. In meinem Referat über die Entwicklung des Kirchensteuerrechts habe ich mich auch mit den sogen. Bauumlagen beschäftigt. Diese Bauumlagen sind ganz etwas anderes als die Kirchensteuern im modernen Sinn und in keiner Weise mit ihnen identisch. Wie leicht wäre es hier gewesen, die Bestimmung des Allgemeinen Landrechtes dahin zu modernisieren, daß für die Frage der Suffizienz des Kirchenvermögens auch die Kirchensteuerkraft von Bedeutung ist.

In der Entscheidung vom 30. April 1935 handelt es sich um die Kirchengemeinde Dahlem. Das Patronat über Dahlem hat der Domänenfiskus im Jahre 1841 mit dem käuflichen Erwerb des Rittergutes erworben. Dahlem ist bekanntlich die reichste Kirchengemeinde in ganz Deutschland, die nur eine geringe Kirchensteuer zu erheben braucht. Gefordert wurde hier von dem Patronatsfiskus ein Beitrag zu den Kosten der Instandsetzungsarbeiten am Pfarrhaus und an dem zum Pfarrhaus gehörigen Gartenzaun und zwar um den fürstlichen Betrag von 130 RM. In langatmigen Ausführungen wird geprüft, ob sich aus der Visitations- und Konsistorialordnung des Markgrafen Johann Georg von 1573 und verschiedenen Resolutionen aus dem 18. Jahrhundert ergebe, ob der Patron die Hauptmaterialien prinzipal oder nur subsidiär zu leisten habe. Das OVG muß dann aber selbst zugeben, daß es an sich schon bedenklich sei, bei Verordnungen aus einer lange zurückliegenden Zeit, die überdies in einer gegenwärtig nicht mehr geläufigen Sprache abgefaßt sind, einen entscheidenden Wert auf den Wortlaut zu legen. Das OVG kommt zu der Entscheidung, daß die Verpflichtung des Patrons nur subsidär einsetze und daß die Kirchenkasse in Dahlem als leistungsfähig anzusehen sei, einen Betrag von 130 RM aus eigenen Mitteln zu decken, da nur 6% der Reichseinkommensteuer an Kirchensteuer erhoben worden seien, trotzdem aber ein Überschuß aus dem Vorjahre von nicht weniger als 17.200 RM, ferner 2.000 RM Zinseinnahmen aus Bankguthaben vorhanden seien und da auch die Kirchenkasse einen Überschuß von 400 RM habe. Der Fall Dahlem zeigt einmal wieder, mit welcher Rücksichtslosigkeit die Kirchengemeinden geneigt sind, ihre vermeintlichen Rechtsansprüche durchzusetzen selbst, wenn es sich um einen Betrag von 130 RM handelt.

Nun zum Schluß noch eine Entscheidung vom 9. November 1937, Band 101 der Entscheidung des OVG, in der sich das OVG wieder mit der ungeheuer wichtigen Frage befaßt, ob der Patron sich an der Herrichtung eines Baderaums und der Herstellung eines Spülklosetts zu beteiligen habe. Die Kirchengemeinde hatte geltend gemacht, daß die Patronatslast sich nach dem Maße der jeweiligen Bedürfnisse richtet. Badeeinrichtung und Wasserspülklosett seien nach den heutigen Anschauungen aus hygienischen Gründen erforderlich.

In diesem Falle ist jedoch das OVG der Kirchengemeinde nicht beigetreten, da, wenn auch die Patronatsbaulast nach den maßgebenden Bedürfnissen veränderlich sei, nicht das Bedürfnis des jeweiligen Stelleninhabers, sondern das kirchliche Bedürfnis entscheidend sei. Die infolge der neuzeitlich gesteigerten persönlichen Bedürfnisse und des Fortschreitens der Wohnkultur sich ergebende subjektive Notwendigkeit könne wohl in dem Verhältnis zwischen Kirchengemeinde und Pfarrstelleninhaber die Veranlassung bilden, eine Badeeinrichtung zu schaffen oder ein Spülklosett einzubauen, eine Verpflichtung der Patrone hierzu bestehe aber nicht. Das von der Kirchengemeinde beigebrachte Gutachten des zuständigen Hochbauamtes, daß die Anlage eines Spülklosetts aus hygienischen Gründen erforderlich sei, sei durch einen späteren Bericht des Hochbauamtes aus dem Jahre 1933 überholt, aus dem sich einwandfrei ergebe, daß das bisherige Hofklosett nicht als gesundheitsschädlich, sondern nur als *unzweckmäßig* angesehen werde. Ein Spülklosett sei daher nicht notwendig, ebensowenig die Einrichtung einer Badegelegenheit.

Sie werden sich erinnern, daß ich bei meiner ersten Zusammenstellung einiger merkwürdiger Entscheidungen des OVG eine ähnliche Entscheidung vorgetragen habe. Daß das OVG in zwei aufeinanderfolgenden Bänden zweimal seine Entscheidung der Frage zum Ausdruck bringt, ob sich die Patronatsverpflichtung auch auf den Umbau eines Trockenklosetts in ein Spülklosett erstreckt, spricht für sich. Ich kann zum Schluß nur noch einmal hervorheben, daß auch unter das ganz veraltete Patronatsrecht, das seinen Ursprung unter Verhältnissen genommen hat, die heute als völlig wesensfremd empfunden werden, ein Schlußstrich gezogen werden muß.

Vorsitzender: Ich bin Ihnen sehr dankbar dafür, Herr Präs. Stalmann, daß Sie uns das noch vorgetragen haben. Es besteht natürlich ein gewisser Unterschied zwischen richterlichem Denken und dem Denken des Praktikers sowie auch des Mannes der Wissenschaft, der berufen ist, das Recht fortzubilden. Der Richter wird ja immer dazu neigen, ein gewisses Maß konservativen Denkens anzuwenden. Ich weiß das von meinen Altersgenossen, die nun ihr Leben lang in einer richterlichen Tätigkeit verbracht haben, während ich ja frühzeitig erst zur Staatsanwaltschaft und dann zu einer verwaltenden Tätigkeit übergegangen bin. Diese Herren denken auch in ihrem ganzen Leben anders. Der Richter ist enger auf die Einzelfälle eingestellt und ist eben unbewußt konservativ, auch auf die Gefahr hin, lächerlich zu werden. Er sieht gar nicht, daß das lächerlich ist. Ich habe bei diesen Rentenausschüssen, von denen ich erzählt habe, dies täglich erlebt. Aber um so wichtiger ist es, dieses Odium den Gerichten abzunehmen; denn diese Fälle sind nicht geeignet, einem richterlichen Judiz unterworfen zu werden. – Ich glaube, damit können wir den Punkt wohl abschließen. *(Zustimmung.)*

Wir würden jetzt zu Nr. 5 der Tagesordnung kommen: *Die Widmung zu kirchlichen Zwecken.*

Forsthoff: (gibt selbst zu Protokoll. [nicht erfolgt])

Vorsitzender: Herr Prof. Fosthoff, ich bin Ihnen sehr dankbar für Ihre hochinteressanten Ausführungen. Ein Zusammenhang mit Ihrem Referat, Herr MinRat Ruppel, ist wohl nur in dem ersten Teil gegeben, wo es sich um die Entkorporationsmöglichkeit handelt und dann die Frage auftaucht: welche Wirkung hat das auf die res sacrae?

Stalmann: Herr Prof. Forsthoff, Sie gehen davon aus, daß die Widmung grundsätzlich erfolgen muß an irgendeine öffentlich-rechtliche Korporation, nicht an eine private. (*Forsthoff:* Ja, als Grundsatz!) Sie brachten nur ein Beispiel: die Kleinbahnen. Die Kleinbahnen stehen heute unter sehr scharfer Aufsicht und Kontrolle der Reichsbahndirektion. Man kann also deswegen sagen: auch dort ist die Widmung erfolgt für ein öffentlich-rechtliches Gebilde. Zweifellos können Sie Schienen nicht etwa durch den Gerichtsvollzieher pfänden lassen, wo sie in Privateigentum stehen. Sie können natürlich praktisch das ganze Unternehmen der Kleinbahn versteigern oder verkaufen lassen. (*Meyer:* Nur in toto, nicht zerstückelt!) Jawohl! Die Schienen als solche sind, wie man sagt, extra commercium.

Forsthoff: Das kommt ziemlich auf dasselbe hinaus. Das gilt aber, wenn ich so sagen darf, auch für die Zeit, wo die scharfe Aufsicht noch nicht bestand. Ich habe darüber eine Anzahl von Nachweisen nicht da; aber auch in früherer Zeit, als die Kleinbahnen eine viel größere Selbständigkeit hatten, war diese extra-commercium-Eigenschaft schon anerkannt.

Stalmann: Dann gingen Sie darauf ein, daß noch 1830 in Osnabrück abwechselnd ein evangelischer und katholischer Bischof regierte. Das aber doch wohl mit der Unterscheidung, daß der evangelische Bischof für diese Zeit nur der Landesherr war, bischöfliche Funktionen ohne weiteres nicht wahrnahm.

Forsthoff: Das ist richtig. Ich habe das auch nur als Beispiel dafür genommen, daß man sich noch mit ziemlicher Unbefangenheit gegenüberstand.

Stalmann: Dann kamen Sie auf das Simultaneum der Altkatholiken und wiesen hin auf das preußische Gesetz, nach dem in vielen Fällen durch Entscheidung der Staatsregierung das Simultaneum eingeräumt wurde. (*Ruppel:* Der Oberpräsident machte das!) Der Oberpräsident machte das mit dem Ergebnis, daß die Katholiken dann die Kirche räumten. Faktisch hat das dazu geführt, daß in diesen Fällen in der Regel der Staat eingriff und den Altkatholiken eigene Kirchen baute.

Vorsitzender: Weil er die ganze Bewegung förderte!

Stalmann: Weil er sie damals gefördert hat! Er gab ihnen eine Kirche zur Benutzung, die in seinem Eigentum stand. Zum Beispiel in Bonn war es, glaube ich, die Gymnasialkirche. (*Barion:* Inzwischen hat sich das geändert!) Es hat sich erst geändert in der Systemzeit.

Ruppel: Die Kirche, die die Altkatholiken auch zu meiner Zeit noch hatten, die sie 1923 noch hatten, war in Bonn in staatlichem Eigentum.

Forsthoff: In Köln war die Pantaleonskirche Garnisonskirche bis 1935.

Stalmann: Der letzte Fall, den wir hatten, war eine große Kirche in Breslau. Ich weiß im Augenblick nicht, wie sie hieß. Da haben die Katholiken das erst in der Systemzeit erreicht. Damals wurde für die Altkatholiken die Kirche: Am Send...(?) eingerichtet. Da wollte man nicht heran und die römischen Katholiken übernahmen die altkatholische Kirche. Sie liegt in einer großen breiten Straße. Aber dann stellte sich die katholische Kirche auf den Standpunkt, daß die Kirche durch den altkatholischen Gottesdienst profaniert ist, und in feierlicher Form wurde die Kirche durch den Erzbischof von Breslau von neuem geweiht.

Vorsitzender: Würde die katholische Kirche das bei einer evangelischen Kirche auch getan haben? (*Forsthoff:* Ja!) Aus Ihren Ausführungen hatte ich doch den Eindruck, als wenn die katholische Kirche den Altkatholiken gegenüber schroffer gewesen wäre.

Forsthoff: Ich sagte, nach kanonischem Recht bestehe kein Zwang dazu, eine Profanation anzunehmen. (*Schröcker:* Nach kanonischem Recht ist es keine Profanation!)

Weber: Wenn eine ursprünglich evangelische Kirche noch niemals katholisch geweiht ist und dem katholischen Gottesdienst übergeben wird, muß doch eine erstmalige Konsekration erfolgen.

Schröcker: Aber wenn es sich um eine konsekrierte Kirche handelt, die von einer anderen Religionsgesellschaft benutzt wird, ist eine Profanation nicht gegeben.

Vorsitzender: Aber hier ist man davon abgewichen.

Stalmann: Mit Pantaleon war es so: als Köln preußisch wurde und das preußische Militär dort einrückte, also Köln unter dem preußischen Gouverneur stand, fand der Gouverneur den Zustand vor, daß unendlich viele katholische Kirchen in Köln vorhanden waren, aber keine evangelischen. Kraft seiner Staatsgewalt bestimmte er, daß die eine Kirche als Militärkirche dem evangelischen Kultus dienen sollte, und zwar ohne Fühlungnahme. Dementsprechend war es – das ist sehr interessant – in Goslar, als Goslar preußisch wurde. In Goslar, der freien Reichsstadt, konnte es nur evangelische Kirchen geben; nur der evangelische Kultus war gestattet. Goslar hatte sehr viele Kirchen, und als nun Goslar preußisch wurde, bestimmte der preußische Kommissar, daß die Jakobi-Kirche einfach in Zukunft dem katholischen Kultus dienen sollte. Das ist geschehen bis heute. Es ist also genau derselbe Fall wie bei Pantaleon, indem einseitig von Seiten der Staatsgewalt Bestimmungen getroffen wurden.

Forsthoff: Steht diese Kirche auch im Eigentum des Staates? (*Stalmann:* Ja!) Ich würde das ja für ganz unbedenklich halten, weil ich – und es wäre mit interessant zu erfahren, ob man dem zustimmt – die Widmung weiter fasse als „der gemeinchristlichen Gottesverehrung dienend". Damals hat man – ich entnehme das aus der Literatur des 19. Jahrhunderts – tatsächlich darin einen Eingriff in die Widmung gesehen, und davor hat man sich im Kulturkampf gehütet. Diese Fälle, die Sie erwähnten, sind ja aus früherer Zeit.

Stalmann: Das ist typisch. Das 19. Jahrhundert hat in solchen Sachen viel toleranter gedacht.

Vorsitzender: Das war bis nach den Freiheitskriegen.

Stalmann: Nach 1804 schon wurde Goslar preußisch, aber nachher, 1815, wurde es wieder hannoverisch. 1804 ist also ein Akt der preußischen Staatsregierung gewesen. Ein anderes Beispiel ist die Michaeliskirche in Hildesheim. Da besteht wohl kein echtes Simultaneum. Die eigentliche Kirche wird evangelisch benutzt, und die Katholiken haben die Bernhard-Gruft, wo Bischof Bernhard beigesetzt ist. Das ist kein echtes Simultaneum. (*Forsthoff:* Nein!) Hier liegt eine räumliche Trennung vor.

Nun ergibt sich aber eine Frage, die von großer praktischer Bedeutung ist. Das ist der Fall, den Sie eingehend erörtert haben, in dem das Eigentum in der Hand eines Dritten steht, einer privilegierten Korporation, also keiner religiösen Organisation, sondern wie hier des Staates, oder, wie es bei mir der Fall ist, des früheren Klosterfonds und jetzigen Kulturfonds. Da habe ich auch einen praktischen Fall gehabt, der nicht ganz uninteressant ist. Alle diese alten Klosterkirchen stehen nicht im Eigentum der Kirchengemeinde, sondern im Eigentum des Fonds, also des Staates im weiteren Sinne. Sie werden von den Kirchengemeinden als Pfarrkirchen benutzt. Zum Beispiel in der Stadt Hildesheim habe ich die Godehardi-Kirche, die St. Crucis-Kirche, die Magdalenen-Kirche und die St. Moritz-Kirche, also vier große Kirchen. Nun besteht in Mariensee gleichzeitig ein Damenkloster, und es war üblich, daß die Feiern des Klosters, also die Einführung der Äbtissin, die Einführung einer Konventualin und auch die Begräbnisse der Äbtissinnen und Konventualinnen innerhalb der Kirche stattfanden. Daran stieß sich der Pfarrer, der zunächst Jurist gewesen war und der nichts anderes getan hat, als Prozesse zu führen. Wir haben einen Prozeß mit ihm 20 Jahre lang gehabt, aber auch so ist es nicht zu einer Regelung gekommen. Der Pfarrer ist jetzt nicht mehr da. Wir haben schließlich erklärt: der Prozeß wird weitergeführt. Der Pfarrer stieß sich an diesen Feiern und sagte: die Sonderrechte des Konvents, des Damenklosters, kann ich nicht zulassen; nach evangelischer Auffassung steht jeder dem anderen gleich; Standesrechte usw. dulde ich nicht. Er tat das nur, um sich mit der Klosterkirche und dem Konvent ein bißchen zu reiben. Schließlich wurde die Äbtissin, die den jahrzehntelangen Kampf mit ihm geführt hatte, müde und gab eine Erklärung ab zusammen mit allen ihren Damen, daß sie auf das Vorrecht, sich aus der Kirche beerdigen zu lassen, für alle Zeiten verzichte.

Nun kam ich nach Hannover. Die alte Äbtissin starb; es kam eine neue, die wieder die Rechte des Klosters wahrnahm. Es entstand ein Todesfall. Der Nachfolger wußte nicht so recht, was er machen sollte. Zunächst ließ er die Beerdigung aus der Kirche zu. Nachher hatte er Bedenken und sagte, in Zukunft könne er das nicht länger verantworten, zumal die Erklärung des Klosterkonvents vorliege. Ich habe mich damals auf folgenden Standpunkt gestellt. Ich bin Eigentümer der Kirche. Die Kirche dient dem evangelischen Kultus. Als Eigentümer bin ich befugt, meine Kirche auch für andere Zwecke zu benutzen, wenn das nicht in Widerspruch steht zu dem Kult, für den die Kirche da ist. Wenn ich eine Äbtissin im Rahmen einer kirchlichen Feier einführen lassen will, so habe ich das Recht, für diesen Zweck die Kirche zu benutzen, und das Recht nehme ich mir kraft meines Eigentums, jedenfalls, wenn in besonders feierlicher Form eine Dame beerdigt werden soll, wie es dem alten Herkommen entspricht. Fast überall in derartigen Klosterkirchen, die noch mit einem Damenkloster verbunden sind, ist das üblich, nebenbei auch in Kloster Loccum ist es genau dasselbe. Die Kirche in Loccum steht im Eigentum des Klosters als eigener Rechtspersönlichkeit; sie wird von der Pfarrgemeinde nur benutzt. Es ist also genau derselbe Fall wie vorhin, wo sich auch das Eigentum trennt von dem Nutzungsberechtigten. Trotzdem läßt sich jeder Abt des Klosters in Form einer kirchlichen Feier einführen, und wenn ein Abt stirbt, wird er in feierlicher Form aus der Kirche beerdigt. Das ist ganz selbstverständlich. Dasselbe Recht nehme ich auch für mich in Anspruch.

Aber nun die andere Frage: wer soll darüber entscheiden? Ich habe mich nicht der Entscheidung des Landeskirchenamts in dieser Frage unterworfen. Ich habe gesagt: ich bin im Besitz. Tatsächlich bin ich auch im Besitz; ich habe den Schlüssel, ich mache die Reparaturen. Ich hatte also deswegen gar keinen Anlaß, diese Frage dem Landeskirchenamt zur endgültigen Entscheidung zu überlassen. Um festzustellen, was getan werden soll, hatte ich mich an das Reichskirchenministerium gewandt und hatte ihm vorgeschlagen: wir wollen die Streitfrage zur Entscheidung bringen, das Landeskirchenamt aber vorher befragen. Dahin ist es nicht gekommen. Das Landeskirchenamt ist meiner Auffassung beigetreten. Ich hätte mich auch gewehrt und gesagt: die endgültige Entscheidung liegt nicht auf der kirchlichen Seite. Das hätte ich in diesem Falle getan, weil ich Besitzer bin, weil ich die Schlüssel habe.

Nun eine andere Frage, die jeden Tag praktisch werden kann. Da ich annehme, daß die Kirchenbehörden verständig sind, muß ich auch annehmen, daß sie zugeben: meine Auffassung ist die richtige. Daß die Würde der Kirche in keiner Weise gestört werden darf, ist selbstverständlich. Ich halte mich aber für befugt, Kirchenkonzerte in den Kirchen zu gestatten. Selbstverständlich muß bei dem, was da gespielt wird, auf die Würde des Raumes Rücksicht genommen werden. Ich lasse keine Tanzmusik aufführen, sondern ich lasse Bach und dergleichen spielen. Niemand kann mir verwehren, dafür die Kirche zu benutzen.

Eine andere Frage, die jeden Tag von Bedeutung werden kann, ist folgende: Ich habe den Dom von Verden, der auch im Eigentum des preußischen Staates steht, also im Eigentum des Fonds. Der Dom von Verden wird sicher 2000 bis 3000 Menschen fassen. Ich habe die Michaelis-Kirche in Lüneburg, die sicherlich 3000 Menschen faßt. Wenn heute einmal die Partei an mich heranträte und sagte: „Wir haben eine große Parteiveranstaltung; bitte, stelle mir für diese Veranstaltung den Dom in Verden oder die Michaelis-Kirche in Lüneburg zur Verfügung", dann muß ich dem stattgeben. Wenn vor 1933 eine politische Partei mit einem solchen Wunsch gekommen wäre, hätte ich ihn natürlich abgelehnt. Aber wenn heute die Partei, die die Gesamtheit der Volksgenossen umfaßt und von der ich annehmen muß, daß auch in den Reden, die bei der Veranstaltung gehalten werden, die Würde des Kirchenraumes nicht verletzt wird, einen solchen Wunsch hat, dann muß ich diesem Wunsche entsprechen. Selbstverständlich geht an einem

Sonntag vormittag der Gottesdienst vor. Aber warum soll ich denn nicht für eine Veranstaltung der Partei diesen großen Raum, den einzigen, den man in diesen mittleren Städten hat, zur Verfügung stellen? Wenn ich das täte, würde ich auch das als Eigentümer tun. Über diese Frage würde ich mich aber mit der Kirche nicht in Verbindung setzen. Ich bin übrigens schon einmal von einem Gauleiter daraufhin angesprochen worden. Er fragte mich sehr interessanterweise, wie es mit den Rechten der Kirche an einer ganz großen Kirche sei, ob dieses Recht nicht durch einen Erlaß des Ministers beseitigt werden könne. Ich habe damals gesagt, soweit ich die Rechtslage übersähe, sei das nur möglich auf gesetzlicher Grundlage. Er hat vielleicht an den Mitgebrauch für kirchliche Zwecke gedacht. (*Forsthoff*: Das wäre eine Entwidmung gewesen!) Eine Entwidmung! Das ginge, wie Sie sagten, nur auf gesetzlichem Wege.

Forsthoff: Was die gelegentliche Überlassung für Parteizwecke anlangt, würde ich auch sagen: Ihr Standpunkt ist praktisch der richtige. Ich würde das auch so machen, obwohl es vielleicht Leute in der Kirche gibt, die sich darüber ärgern. Tatsächlich erfährt aber die gottesdienstliche Benutzung des Kirchengebäudes durch die Gemeinde dadurch keine wesentliche Beeinträchtigung. Ich habe das auch angedeutet und habe gesagt: Eine gelegentliche Benutzung zu anderen Zwecken, zu denen die Kirche vielleicht ihre innerliche Zustimmung zu geben Bedenken hat, ist ja mehr oder minder unschädlich. Die Frage wird aber sofort eine andere, wenn ein Simultangebrauch auftritt, wie in Braunschweig oder Quedlinburg oder sonst.

Vorsitzender: Sie, Herr Präs. Stalmann, sagten selbst: früher hätte man nicht daran gedacht.

Stalmann: Das konnte ich früher nicht machen; denn früher war genau vorgeschrieben, was geschehen konnte.

Vorsitzender: Früher war es eine Parteisache, wobei ich noch dahingestellt sein lasse, ob nicht die Entscheidung verschieden ausgefallen wäre, je nachdem, ob es sich um die Sozialdemokratische Partei oder um die Deutschnationale Partei gehandelt hätte. Da muß man doch wohl sagen: Wo liegt das Kriterium? Ich weiß sehr wohl: zumal jetzt nimmt die NSDAP eine völlig andere Stellung ein; die NSDAP ist auch nicht Partei im Sinne der Parteien der Systemzeit und eines parlamentarischen Systems. Immerhin ist es doch nicht dahin gekommen, daß sie das ganze Volk ist. Sie ist doch eine Partei geblieben, der nicht alle angehören. (*Weber:* Sie repräsentiert das Volk!)

Barion: Mir ist die Sache nicht ganz klar. Die Frage, von der man hier ausgehen müßte, wäre weitgehend – jedenfalls nach dem Referat des Herrn Forsthoff und auch in gewisser Weise nach den Andeutungen des Herrn Stalmann – die Frage der grundsätzlichen Vereinbarkeit, sagen wir einmal, der christlichen Haltung – oder wie man es nennen will – und der bei der betreffenden Veranstaltung dann propagierten Auffassung über die gleiche Frage. Um festzustellen, ob da ein Gegensatz besteht, braucht man gar nicht erst das kirchliche Recht unbedingt heranzuziehen. Das kann man nach meiner Meinung, wenn es sich z.B. um einen Vortrag des Reichsleiters Rosenberg handeln würde, auch aus seiner eigenen Stellungnahme entnehmen. Es ist doch eine Frage, die zunächst einmal geklärt werden müßte, ob diese Supposition, diese Präsumption, diese Annahme des Herrn Präs. Stalmann tatsächlich so ohne weiteres als selbstverständlich hingestellt werden kann, nämlich daß hier eine weltanschauliche Konformität zwischen der Sonntag-Morgen-Veranstaltung des Gottesdienstes und der Nachmittag-Veranstaltung der Partei besteht. Sie gingen davon aus, wenn ich recht verstanden habe, daß Sie das voraussetzen. Ich halte die Frage von Parteipolitik oder allgemeiner Politik in diesem Falle, in diesem Zusammenhang sozusagen für artfremd. Wovon man ausgehen muß, ist doch – das haben Sie auch gesagt –, daß man als selbstverständlich voraussetzt, daß der Würde des Orts entsprochen wird. Das bedeutet nicht, daß man etwa sagt: die Würde verbietet es, auf den Boden zu spucken. Diese Würde ist nicht gemeint, sondern gemeint ist die Würde der geistigen Haltung. Der Gottesdienst hat eine bestimmte geistige Haltung, und Sie setzen voraus, daß die gleiche geistige Haltung in der Nachmittag-

Veranstaltung gewahrt wird. Insofern möchte ich mit Nachdruck Ihrer Auffassung beitreten, daß, wenn diese Voraussetzung nicht gegeben ist, die Dinge völlig anders liegen. Das halte ich wirklich für eine Frage zweiter Ordnung.

Stalmann: Ganz kraß gedacht: eine Abendversammlung in Form eines Bierabends mit Rauchen gehört in die Kirche nicht hinein.

Barion: Das ist diese Auffassung. Es würde mehr im Sinne von Knigge gemeint sein.

Stalmann: Anders liegt die Sache selbstverständlich etwa bei einer weltanschaulichen Schulung, wenn es sich z.B. darum handelte, daß Rosenberg einen Vortrag im Dom von Verden halten soll.

Vorsitzender: Auch wenn er gegen die Kirche spricht?

Forsthoff: Sie meinen die innere Seite der Würde?

Vorsitzender: Ich will einmal annehmen, die Partei will eine Veranstaltung über Kirchenfragen abhalten; es soll eine Diskussion über Kirchenfragen stattfinden. Sie meint vielleicht: ein Gotteshaus ist besonders geeignet dazu. Die Sache geht sehr gut. Es werden die verschiedensten Ansichten laut. Nun kommt einer, der auch der Partei angehört und fängt an, gegen die Kirchen zu wettern; er sagt: die erste Bedingung wäre, daß die Kirche aufgehoben wird. Es gibt doch solche Leute darunter. Da muß ich doch sagen, daß das eigentlich nicht geht.

Barion: Wenn das als Diskussionsmeinung geäußert wird, würde man der inneren Würde der Kirche damit keinen Abbruch tun. Aber wenn das als Leitmotiv über der ganzen Veranstaltung steht, dann liegt die Sache anders. Es kann so sein, daß man sich durchaus anständig benimmt, den Hut in der Kirche abnimmt, nicht die Hände auf dem Rücken haltend im Dom steht usw., aber trotzdem sachlich in einem absoluten Gegensatz steht. Das ist der Punkt, von dem man ausgehen muß, während die Frage allgemein-politisch und parteipolitisch hier ausgesprochenermaßen sekundär ist. Das ist doch etwas, was in diesem Zusammenhang nicht in erster Linie in Frage steht. Ich könnte mir an sich denken: Einer anderen wirklich nur beschränkt christlichen Gemeinschaft könnte man die Kirche evtl. zur Verfügung stellen, ohne daß sich da irgendwie solche Schwierigkeiten ergeben, weil hier diese allgemeine, diese gemeinchristliche Grundlage gewahrt ist. Hier ist nicht der Gegensatz von allgemein und partikulär das Entscheidende, sondern eben das, was Sie mit der inneren Würde ausdrücken, die Würde von innen gesehen, also eine ganz bestimmte sachliche Haltung zum christlichen Glauben. Ich würde infolgedessen fragen: Wann ist es mit dem Zweck der Widmung vereinbar, daß man eine völlig konträre Veranstaltung in der Kirche zuläßt? Ist es mit der Würde der Kirche vereinbar, daß die Veranstaltung am Sonntagmorgen positiv christlich ist und am Nachmittag antichristlich im selben Raum? Das würde ich für die entscheidende Frage in diesem Zusammenhang halten.

Vorsitzender: Ich würde gefühlsmäßig darauf mit Nein antworten.

Schröcker: Wenn Herr Präs. Stalmann es für zulässig hält, daß z.B. eine Parteiveranstaltung in der Kirche stattfindet, dann müßte nach dem, was vorhin ausgeführt wurde, selbstverständlich die andere Veranstaltung, die für die Kirche genehmigt ist, entweder christliches Gepräge haben oder dürfte wenigstens nicht dem christlichen Charakter widersprechen. Ein Bach-Konzert oder ähnliches wäre natürlich ohne weiteres zuzulassen. Jedenfalls müßte eine Prüfung dessen vorausgehen, was in der Parteiveranstaltung vorgetragen werden soll. Ich kann mir denken: Es kann eine Kundgebung zum Deutschen Muttertag sein, die vom kirchlichen und christlichen Standpunkte aus in die Kirche hineinpaßt, oder es kann irgendeine Feier zum Geburtstag des Führers sein oder Ähnliches; aber es kann auch eine weltanschauliche Kundgebung sein, die sich in sehr scharfer Weise vielleicht gegen die bestehenden Auffassungen der Kirchen richtet, oder es kann auch eine an sich neutrale Kundgebung sein, in der aber eine Reihe von Äußerungen vorkommen, die gegen die Kirchen gerichtet sind.

Vorsitzender: Ich glaube, das ist gar nicht zu verhindern, weil in dieser Beziehung die Partei ja gar nicht einheitlich ist.

Schröcker: Ich glaube, daß die Partei sich eine vorherige Zensur dessen, was vorgetragen werden soll, wahrscheinlich nicht gefallen ließe. Man müßte sich also überlegen, ob man hier nicht von vornherein sagt: das ist nicht möglich.

Vorsitzender: Ich hoffe, daß Sie, Herr Präs. Stalmann, nicht in diese Lage kommen.

Schröcker: Ich glaube, daß im Einzelfall sehr schwierige Lagen entstehen können.

Barion: Das, was Herr Präs. Stalmann gesagt hat, kann ich durchaus unterstreichen. Ich fand es sehr richtig, daß er sagte: man muß das voraussetzen oder man kann wahrscheinlich das voraussetzen. In einer Reihe von Fällen wird man zunächst praktisch von dieser Voraussetzung ausgehen und sich nachher sagen: das hätte ich nicht erwartet und nicht erwarten können.

Schröcker: Praktisch stelle ich mir die Sache so vor, daß in einem solchen Falle, wenn die Genehmigung erteilt wird, an den Veranstalter zugleich das Ersuchen gerichtet wird dafür zu sorgen, daß das, was vorgebracht wird, dem Charakter des gottesdienstlichen Raumes nicht völlig widerspricht, daß das also im Wege gegenseitigen Einvernehmens geregelt wird. Dafür würde man wohl sicher auf der anderen Seite auch das entsprechende Verständnis finden.

Stalmann: Man weist nur noch einmal darauf hin, daß es sich um einen kirchlichen Raum handelt, der dem Kultus einer großen Religionsgemeinschaft dient. In den Augen des Volkes, der Volksgenossen ist es ja ein besonders geweihter Raum.

Vorsitzender: Man weist darauf hin, daß das religiöse Empfinden des Volkes hier geschützt werden muß.

Stalmann: Man weist darauf hin, daß das religiöse Empfinden nicht verletzt werden darf. Darauf wird sicher geantwortet werden: Daran denken wir gar nicht; wir nehmen auf das religiöse Empfinden Rücksicht. Im übrigen kann es sich ja nur um Veranstaltungen in einem größeren Raum handeln, sei es vom Gau oder wenigstens vom Kreis, also um Veranstaltungen, bei denen man ohne weiteres unterstellen kann, daß sie in einer Form stattfinden, an der nichts auszusetzen ist.

Schröcker: Zum Beispiel kann der Fall praktisch werden beim Gautag, wenn eine musikalische Veranstaltung stattfinden soll. Kann ein solches Konzert in der Kirche abgehalten werden? – Also es gibt die Möglichkeiten, die durchaus neutral sind, und andere, die eben heikler Natur sind.

Ruppel: Daß es sich um eine Widmung zum gemeinchristlichen Gebrauch handelt, erscheint mir – ich kann das natürlich heute nicht abschließend beurteilen; dazu habe ich mich zu wenig mit der Sache befaßt – etwas zweifelhaft, und zwar möchte ich dabei davon ausgehen, daß ich stark betone: die Widmung ist rein öffentlich-rechtlicher, sagen wir, staatlich-rechtlicher Art. Daß eine Widmung bei Simultankirchen lediglich zum Gebrauch christlicher Religionsgesellschaften, also der einen oder anderen christlichen Religionsgesellschaft, in Betracht kam und nicht etwa auch eine Widmung zum Gebrauch durch eine nichtchristliche Religionsgesellschaft, war ja auch früher eine staatsrechtliche, öffentlich-rechtliche conditio sine quo non; denn zum öffentlich-rechtlichen Status des alten Reichs gehörte ja eben, daß es nur Katholiken und Lutheraner, bzw. später Katholiken, Lutheraner und Reformierte gab. Die Widmung ist, wenn sie schon eine Widmung zum kirchlichen Gebrauch ist, doch dann auch für das Empfinden der kirchlichen Kreise und für das Empfinden der Bevölkerung nicht – ich unterscheide mich da von Ihnen, Herr Prof. Forsthoff, durchaus – eine Widmung zum gemeinchristlichen Gebrauch, sondern es ist dann eben eine Widmung zum katholischen oder evangelischen Gottesdienst. Das ist von einer gewissen Bedeutung für die uns interessierende Frage: wie kann die Widmung entzogen oder beschränkt werden? Den Fall Mariensee, den Fall der Zur-Verfügung-Stellung der Klosterkirche durch den Eigentümer, die Klosterkammer, für ein Kirchenkonzert, halte ich nicht für eine Entziehung oder

Beschränkung der Widmung, sondern das ist eine Sache, die sich sozusagen neben der Widmung vollzieht. Dasselbe möchte ich auch annehmen im Falle der Zur-Verfügung-Stellung der bestreffenden Klosterkirche für die Einführung der Äbtissin. (*Stalmann:* Das ist eine herkömmliche Einschränkung der Widmung!) Jawohl! Das beeinträchtigt auch die Widmung gar nicht. Ich will aber einmal den Fall nehmen, der doch heute aktuell werden kann: Ein größerer, beachtenswerter Teil der betreffenden evangelischen Gemeinde hat sich von dem Ortspastor abgewandt; die Hälfte dieses Teiles, der sich abgewandt hat, ist sogar schon aus der Kirche ausgetreten; sagen wir, die Deutschen Christen oder Bekenner teilen nicht die Auffassung des Ortspastors. Kann in diesem Falle der Eigentümer, nämlich die Klosterkammer, sagen: „Gut, ihr dürft jetzt jeden Sonntag Nachmittag da Gottesdienst halten"? das würde ich für eine wesentliche Beeinträchtigung der Widmung halten; denn es würde eine Beeinträchtigung des gesamten gottesdienstlichen Lebens der Gemeinde und der betreffenden Landeskirche sein. Es würde sich eben fragen: das ist eine Beeinträchtigung der Widmung, ist sie zulässig?

Damit kommen wir zu der Frage: Bedürfen Beeinträchtigung und Entziehung der Widmung einer gesetzlichen Grundlage? Mir ist das sehr zweifelhaft. Wenn ein Zusammenhang zwischen Widmung und Qualität als Körperschaft öffentlichen Rechts besteht, dann kann man die Frage zu der Frage verlagern: Bedarf die Entziehung der Qualität einer Körperschaft öffentlichen Rechts der gesetzlichen Grundlage? Man kann vielleicht sagen: Wenn ich einer Kirchengemeinde durch Erlaß die Qualität einer Körperschaft öffentlichen Rechts und damit die öffentlich-rechtliche Widmung der betreffenden Kirche entziehen kann, dann kann ich vielleicht auch das im Verhältnis zur Entziehung der Körperschaftsrechte noch Mindere tun und ihr lediglich die öffentlich-rechtliche Widmung entziehen oder beschränken und damit zum Teil entziehen. Ich habe mir neulich, als ich mein Referat vorbereitete, sehr viele Gedanken darüber gemacht, wie es mit der Entziehung der Körperschaftsrechte ist, ob sie durch Gesetz oder auch durch Erlaß oder dergleichen vor sich gehen kann. Zu abschließenden Ergebnissen bin ich nicht gekommen. Bei den Kirchen, die wie z.B. die preußische Kirche, durch Staatsgesetz vom 8. April 1924 ihre Qualität als Körperschaft öffentlichen Rechts in Gesetzesform attestiert bekommen haben, wird man sicher annehmen können, daß die Entziehung der Körperschaftsrechte für die gesamte Kirche und das Gros der Kirchengemeinden auch nur wieder in gesetzlicher Form erfolgen kann. (*Weber:* Durch Führerakt!) Oder durch Führerakt! Das ist aber dasselbe wie ein Gesetz.

Weber: Es kann ein besonderer Erlaß sein, aber das Wichtige ist, daß es ein Führerakt ist.

Ruppel: Jedenfalls kann das für die Gesamtkirche und das Gros der Kirchengemeinden nicht durch Erlaß des Kirchenministeriums geschehen. Dagegen halte ich es für diskutabel, etwa einer bestimmten einzelnen Kirchengemeinde, weil sie zu klein geworden ist oder weil die entsprechenden politischen Voraussetzungen gewissermaßen entfallen sind, durch Ministerialerlaß ihre Körperschaftsrechte zu entziehen.

Forsthoff: Durch Aufteilung auf andere oder durch Auflösung! (*Ruppel:* Sozusagen durch Entkleidung ihrer Rechte!) So daß sie dann nur als rechtsfähiger Verein übrigbleibt!

Ruppel: Mit dieser Frage habe ich mich auch befaßt: was wird aus einer solchen Gemeinde? Bleibt sie als Gemeinde bestehen oder ist ein Nullum vorhanden? (*Weber:* Ein Nullum!) Das ist zweifelhaft. Ich habe mich darüber geäußert. Ich würde das jedenfalls für diskutabel halten, und zwar wegen der Verwandtschaft dieser Fälle mit den bekannten Fällen der Veränderung von Kirchengemeinden. Wenn eine Kirchengemeinde zerfällt, verkleinert, vergrößert oder erweitert wird, findet auch eine Veränderung des öffentlich-rechtlichen Status statt, bei der auch die Mitwirkung des Staates selbstverständlich erfolgen muß, aber bei der die Mitwirkung des Staates in Form von Erlassen erfolgt. Ist das der Fall, dann könnte ich mir denken, daß auch die Widmung durch Ministerialerlaß praktisch gesprochen beeinträchtigt oder gar beseitigt werden kann.

Damit hängt eine Frage zusammen, die uns hier öfter begegnet ist: Ist das, was einmal geschehen ist, nun für alle Zeiten gültig im kirchlichen Raum? Gilt, wenn eine Kirche wirklich einmal gewidmet ist, das für Jahrtausende? Spielt eine Veränderung der Verhältnisse und dergleichen mehr dabei gar keine Rolle? (*Forsthoff:* Dazu haben wir die Gesetzgebung!) Ist dazu lediglich der Weg der Gesetzgebung da?

Forsthoff: Wir wollen dem Gesetzgeber doch etwas vorbehalten. – Zu dem Schluß a majore ad minus wollte ich noch etwas sagen. Ich würde nicht sagen, daß hier die logischen Voraussetzungen eines Schlusses a majore ad minus vorliegen. Nehmen wir ein Beispiel! Eine Kirche liegt im Zuge einer projektierten Reichsautobahn. Hier kann man selbstverständlich das Kirchengebäude inklusive Widmung zur Beseitigung bringen. Das ist kein Eingriff in die Widmung. Man könnte an sich a majore ad minus schließen: Wenn ich das ganze Kirchengebäude durch Verwaltungsakt beseitigen kann, wie es heute geschieht (*Weber:* Auf gesetzlicher Grundlage!) durch ein sehr erleichtertes, rein der Verwaltung überlassenes Verfahren ...

Weber: Aber Sie wollen doch nicht jede einzelne Entwicklung durch Gesetzesakt vornehmen lassen, sondern nur eine gesetzliche Grundlage ist zu schaffen.

Forsthoff: Zum mindesten ist der Schluß a majore ad minus auch in diesem Falle, wo es sich um die gesamten Korporationsrechte und die Einzelkirchen handelt, kaum erlaubt. Es ist da ein Aliud zwischen der Entziehung der einzelnen Widmung und dem Status der Gesamtkirche. Im übrigen bin ich mir nicht ganz klar, warum Sie Bedenken gegen meine Auffassung haben, daß die Widmung dem gemeinchristlichen Gottesdienst überhaupt dient. Ich bin mit allem, was Sie ausführten, eigentlich einverstanden, Herr MinRat Ruppel.

Barion: Das ist praktisch natürlich ein allgemein bestimmter Gebrauch, ein katholischer oder evangelischer. Aber Sie wollten eben das Simultaneum nicht als besonderen Fall, sondern als einen Grenzfall kennzeichnen, daß das insofern Gemeingebrauch ist, daß also hier an sich keine Ausnahme, sondern ein Grenzfall vorliegt. (*Forsthoff:* Ja!)

Ruppel: Ich empfinde das so. Wenn Sie fragen: „Was ist der Inhalt der Widmung?", dann entnehmen Sie das, sagen wir, aus dem staatlichen öffentlichen Recht und dazu aus dem öffentlichen Kirchenrecht. Aus dem öffentlichen Kirchenrecht ergibt sich natürlich – Sie haben das ausgeführt –, daß eine Widmung zu einem Gebrauch für die evangelische Kirche vielleicht tolerabel ist, aber eine Widmung gleichzeitig zum Gebrauch durch eine nichtchristliche Religionsgesellschaft ausgeschlossen ist. (*Forsthoff:* Jawohl!) Ich frage mich, ob man nicht sagen darf: Was der Inhalt der Widmung ist, richtet sich lediglich nach staatlichem, öffentlichem Recht; das kirchliche Recht spielt da keine Rolle. Wenn es früher in der Literatur und nach dem Gesamtempfinden selbstverständlich war, daß ein Gebrauch zur Mitbenutzung durch eine nichtchristliche Religionsgesellschaft nicht in Betracht kam, kann man daraus nicht schließen, daß dabei auch gewisse öffentliche, kirchenrechtliche Grundsätze mitgewirkt haben, sondern das war auch damals schon nach staatlichem, öffentlichem Recht eine Selbstverständlichkeit, weil ja im alten Reich überhaupt niemand Mitglied des deutschen Reiches sein konnte, der nicht in der Kirche war. Es war ja eben der Kampf darum, daß es wenigstens ausreichte, wenn man Lutheraner war; seit dem Westfälischen Frieden wurden auch Reformierte zugelassen. Das ist für mich gewissermaßen der Punkt des Interesses: Bestimmt sich die Widmung nur nach staatlichem Recht oder auch nach staatlichem und kirchlichem Recht? Diese Frage ist für mich deshalb interessant, weil Sie, Herr Prof. Forsthoff, an sich doch in recht scharfer und thesenartiger Form betonen: die Widmung beruht auf staatlicher Grundlage, geht vom politischen Gemeinwesen aus. (*Forsthoff:* Ohne Frage!)

Weber: Ich wollte noch etwas vorbringen, was die Sache erläutert. Während ich noch im Kultusministerium in der Geistlichen Abteilung tätig war, spielte die Entwidmung von Berliner Friedhöfen eine gewisse Rolle. Da handelte es sich nämlich darum, daß gewisse Straßenverbreiterungen im Südwesten Berlins, ich glaube, in der Bergmannstraße usw., notwendig wurden. Im

Fluchtlinien- bzw. Enteignungsverfahren wurde die Entscheidung herbeigeführt. (*Meyer:* Das ist jetzt auch wieder im Gange!) Daraufhin wollte man darangehen, die Gräber einzuebnen. Dann haben wir erklärt – die Kirchengemeinden haben sich auch auf die Hinterbeine gesetzt -: das kommt nicht in Frage; diese Friedhöfe sind zu kirchlichem Gebrauch gewidmet. Wir haben uns im Kultusministerium auf den Standpunkt gestellt: diese Auffassung der Kirchen ist durchaus richtig; die Enteignung läßt die Widmung unberührt; die Entwidmung muß zunächst durch den Begünstigten, nämlich die Kirchengemeinde, erfolgen. Dann habe ich die Sache aus den Augen verloren. Sie ist wieder aufgetaucht und hat den Gesetzgeber wieder beschäftigt jetzt im Zuge der Neugestaltung Berlins. Wenn ich mich recht entsinne, war zunächst ein Gesetzentwurf vorbereitet, der die Grundlage dafür schuf, in solchen Fällen kraft staatlichen Rechts die Entwidmung vorzunehmen. Wenn ich mich nicht ganz irre, ist nicht der Weg eines Gesetzes beschritten worden, sondern der Weg einer Durchführungsverordnung über die Umgestaltung Berlins oder einer Verordnung zur Ausführung des Gesetzes zur Neugestaltung deutscher Städte. (*Meyer:* Das letztere!) Es ist also eine auf gesetzlicher Grundlage ruhende staatliche Rechtsordnung, die die Grundlage dafür schafft, diese Friedhöfe, soweit sie durch die Neugestaltung der Straßen, Plätze usw. in Anspruch genommen werden, zu entwidmen. Ich glaube, daß dieser Fall doch präjudiziell wichtig ist und auch als Beleg erwähnt zu werden verdient. Meines Erinnerns muß diese Verordnung im Jahre 1937 oder Anfang 1938 ergangen sein. Es ist eine Verordnung, die im Reichsgesetzblatt steht. (*Ruppel:* Es sind, glaube ich, zwei Verordnungen!) Jedenfalls im Prinzip ist diese Regelung außerordentlich zu beachten als Beleg für diese Sache. Wir hatten uns damals auf den Standpunkt gestellt, daß die Kirchen entwidmen können, wenn sie wollen. Hier wird aber die Entwidmung durch den Staat vorgenommen, also ungeachtet des kirchlichen Entwidmungswillens, indessen auf gesetzlicher Grundlage. Ohne gesetzliche Grundlage war das nicht möglich.

Was die Korporationsrechtsentziehung anlangt, so möchte ich allerdings glauben, daß sie nach allgemeinem Verfassungs- und Verwaltungsrecht nur durch Führerakt möglich ist. Das ist ja der alte Streit. Im Reich hatte man die Verleihung von Korporationsrechten nur zugelassen auf der Grundlage eines Gesetzes, und diese Praxis ist auch eingehalten worden bis auf das NSFK. Das ist der einzige Ausnahmefall. Da liegt ein Führererlaß vor. Nun sind die Grenzen zwischen Führererlaß und Gesetz überhaupt sehr flüssig. Es genügt für unseren Bedarf, wenn wir feststellen: Es ist auf jeden Fall ein Führererlaß notwendig zur Verleihung der Körperschaftsrechte, entweder unmittelbar oder als Grundlage. Also eine Führerentscheidung, ein Führerakt ist zur Verleihung notwendig, ein Führerakt, der sowohl in der Form eines Gesetzes als auch in der Form eines Erlasses ergehen kann, gleichviel, ob man meint, daß der Führer als Träger des Gesetzgebungsrechts oder als Inhaber der Organisationsgewalt, oder in welcher Eigenschaft immer, diesen Akt vollzieht. Ich möchte aber auf dem Standpunkt stehen, daß auch sofern nicht die Voraussetzungen für die Entziehung der Korporationsrechte gesetzlich geregelt sind und beispielsweise in die Hand von Verwaltungsbehörden gegeben sind wie bei der Auflösung eines Wasser- oder Bodenverbandes oder dergleichen, was ja in der Regel für einen kleinen Verband der Fall ist, die Entziehung durch den entsprechenden actus contrarius erfolgen muß, durch Führerakt, wenn die Sache eine grundsätzliche Bedeutung hat, wenn wirklich einmal verliehene Körperschaftsrechte entzogen werden sollen.

Der Fall der einzelnen Kirchengemeinde ist ein Fall, der nur bei verwaltungsmäßiger Auflösung einer gewissen Aufgabe zu erledigen ist, der aber dem Fall des Bodenverbandes gleichzustellen ist. Ich würde das nicht als Entziehung des Korporationsrechts auffassen, sondern das ist eine Auflösung der Kirchengemeinde. Daß da noch ein Häufchen von Menschen übrigbleibt, die sich als nicht rechtsfähiger Verein auf Grund der religiösen Gemeinsamkeit verbunden fühlen, ist eine Frage für sich. Wenn Sie eine solche Gemeinde aufheben, zerstören Sie die ganze Verfassung, und dann können Sie keine Rechtsnachfolge konstruieren, sondern dann wird diese Gemeinde aufgehoben, liquidiert. Wie Sie im Wege der Liquidation dieser öffentlich-rechtlichen Korporation über das Vermögen verfügen, ist eine andere Sache. Aber das ist dann eine Gemeindeaufhebung, und es ist durchaus im Rahmen verwaltungsmäßiger Handhabung zulässig, Kirchengemeinden aufzuheben, zu verändern und dergleichen. Also ich würde keine Bedenken dagegen sehen, daß die Eigenschaft einer Gemeinde als Körperschaft öffentlichen Rechts durch Verwaltungsakt etwa des Regierungspräsidenten zerstört wird. Darin liegt aber eine Aufhebung der Gemeinde, und die Verfügung über ihr Vermögen ist nicht ein einfacher Akt der Rechtsnachfolge über das verbleibende privatrechtliche Rumpfgebilde, sondern Liquidation kraft obrigkeitlicher Bestimmung.

Forsthoff: Ich wollte noch zu den Ausführungen des Herrn MinRats Ruppel etwas sagen, was die Rechtsnatur der res sacra anlangt. Ich gehe davon aus: entscheidend ist das staatliche Recht. Nun ist ja der ganze Begriff der öffentlichen Sache mehr eine Hülse, in die das hineinkommt, was nun in dem Lebenszusammenhang, in der die öffentliche Sache auftritt, erforderlich ist. So ist die Straße eine öffentliche Sache, und hier sind die Bedürfnisse des Verkehrs, Verkehrsrecht, Straßenrecht usw. das einzelne konkretisierende Merkmal der Sache. Wenn man nun herkömmlicherweise den kirchlichen Gebäuden, den kirchlichen Kultgeräten usw. diese Eigenschaft der res sacra zuerkennt, muß man, selbst wenn man auf dem Standpunkt steht, daß das ein Akt rein staatlichen Rechtes ist, doch das kirchliche Recht zu Hilfe nehmen, um sich überhaupt ein Bild davon machen zu können: was ist gemeint? Man kommt also, wenn man noch so ausschließlich das staatliche Recht betont, nicht darum herum, daß das öffentliche Sachen sind und daß das Nähere darüber, was nun Kirche bedeutet, nur dem Kirchenbereich entnommen werden kann.

Barion: Ich wollte das noch unterstreichen. Es ist doch eigentlich klar: Man kann etwa einer christlichen Religionsgemeinschaft doch nicht einen Begriff der Kirche als den für sie, von innen her betrachtet, maßgebenden Begriff aufzwingen, Begriff des Kultus, oder was es sein mag, und sagen: wenn ihr richtige Christen wäret, müßtet ihr das als den eigentlichen Begriff annehmen. Man kann selbstverständlich sagen: uns ist dieser Begriff egal, wir kümmern uns nicht darum und wir gehen darüber hinweg. Man kann aber nicht auf der einen Seite darüber hinweggehen, was die Kirchen machen, und auf der anderen Seite sagen: wenn ihr nicht den außerkirchlichen Begriff von der Kirche teilt, dann habt ihr euren Glauben, eure eigene Theologie nicht verstanden.

Ruppel: Meine Auffassung, die ich nur disputandi causa erwähne, wird der Kirche in anderer Beziehung noch mehr gerecht. Ich stoße mich etwas an dieser Widmung zum gemeinchristlichen Gebrauch. Die Frage der gesetzlichen Grundlage der Beschränkung oder Entziehung der Widmung ist ja eine andere. Wenn man aber sagt: „Die Widmung ist zu gemeinchristlichem Gebrauch", könnte man hergehen und meinetwegen auf gesetzlicher Grundlage erklären: Der Kölner Dom wird jetzt auch zum protestantischen Gottesdienst eingeräumt, nach eurem Kirchenrecht würde das ja keine violatio bedeuten. Die gesetzliche Grundlage habe ich dazu. Es ist ja nur insoweit christlichem Gebrauch gewidmet. Der protestantische Gottesdienst verläuft in würdigen Formen, also wird es so gemacht.

Forsthoff: Wenn die Voraussetzungen dafür vorliegen, würde ich es nicht für unzulässig halten. Es ist nur eine zweite Frage, ob man es tut.

Barion: Bei Ihrem Beispiel vorhin: Ein Teil der Gemeinde separiert sich, tritt aus der Kirche aus, vielleicht der Pfarrer selbst mit, und sie sagen, wir bilden eine neue Gemeinde, wir wollen ein eigenes religiöses Leben weiterführen, – da kommt es tatsächlich darauf an, ob in diesem Falle die separierte Gemeinde, die sich zwar von der Kirche getrennt hat, aus dem Bereich der gemeinchristlichen Gottesverehrung ausgeschieden ist. Ist dies nicht der Fall, dann wäre kein Hinderungsgrund, ihr den Simultangebrauch einzuräumen. (*Vorsitzender:* Voraussetzung ist, daß sie christlich bleibt!) Ja. – Natürlich wird die Kirche schon aus Animosität sagen: unter keinen Umständen. Ich muß sagen, da bin ich mit meinen Bedenken noch nicht völlig zum Abschluß gekommen. Es wäre die Frage, ob bei zweifellos gemeinchristlicher Gottesverehrung der Eigentümer doch das Recht hat zu sagen: Es liegt keine violatio vor, ich lasse es zu.

Schröcker: Ich wollte noch auf einige Fälle der Praxis aus der letzten Zeit hinweisen, die die Ostmark betreffen. Das eine ist der Fall des Mirabell-Schlosses in Salzburg. Das gehört seit der Säkularisation dem Staat. Es wurde Mitte des 19. Jahrhunderts der Stadtgemeinde Salzburg geschenkt, und die Schloßkapelle wurde der katholischen Pfarrgemeinde zum Gebrauch überlassen, und zwar in widerruflicher Weise. Die Kirche hat das zwar bestritten, aber jedenfalls hat die Stadtgemeinde die Gebrauchsübertragung widerrufen und hat diese Schloßkapelle den Altkatholiken zugewiesen. (*Zuruf:* Wann?) Neuerdings. – Das Inventar gehörte der Pfarrgemeinde, und die hat ihr Inventar abgeholt. Weitere Probleme schlossen sich nicht an, weil eben die Gebrauchsüberlassung von vornherein widerruflich war.

Ein anderer Fall liegt etwas schwieriger. Das ist folgender. Eine größere Kirche in einer österreichischen Stadt steht im Eigentum einer Spitalstiftung. Diese Stadtgemeinde weist diese Kirche den Altkatholiken zu. Wie ist das zu beurteilen? (*Zuruf:* Die politische Gemeinde?) Ja, die politische Gemeinde. Und sie stellt sehr kurze Räumungsfristen für die Katholiken: sie hätten binnen drei Tagen die Kirche zu räumen. (*Weber:* Wer ist Herr der Kirche?) Eigentümer ist die Spitalstiftung, aber die Stiftung steht in der Verwaltung der Stadt. Ich glaube, es ist eine rechtsfähige Stiftung, die aber maßgebend geleitet wird von der politischen Stadtgemeinde.

Forsthoff: Da würde ich sagen: Die Widmung wird hier nicht berührt, sondern die hinzutretenden Umstände entscheiden. Hat die katholische Ortsgemeinde ein vertraglich verbrieftes, dauerndes Recht auf Benutzung, dann würde man im Zweifel sein, ob das verletzt ist. Aber der Widmungscharakter ist meines Erachtens nicht verletzt.

Schröcker: Dann ein Fall aus der Gegend von Berlin. Da handelt es sich darum: Ist es in der evangelischen Kirche gestattet, einer katholischen Kirchengemeinde den Gebrauch einer Kirche oder den Mitgebrauch einzuräumen? (*Forsthoff:* Ohne weiteres.) Es handelt sich auf katholischer Seite um eine Diaspora-Gemeinde, die keine eigene Kirche hat, und der evangelische Pfarrer gestattet dieser katholischen Gemeinde den Gottesdienst in seiner Kirche.

Forsthoff: Das geschieht auch gelegentlich, wenn eine Kirche abbrennt. Wenn die Pfarrer am Orte sich vertragen und kein anderer Raum da ist, dann benutzen sie in solchen Fällen gemeinsam eine Kirche. Das kommt alle Tage vor. Das ist innerkirchenrechtlich völlig unbedenklich.

Weber: Erfahren nun die kirchlichen Oberen davon?

Forsthoff: Gewiß, es geschieht mit Genehmigung des Konsistoriums.

Schröcker: In dem letzten Fall beruht es auf einem Beschluß des Kirchenvorstandes der evangelischen Kirchengemeinde.

Forsthoff: Das muß mindestens genehmigt sein.

Schröcker: Die Gebrauchszuweisung erfolgt aber nur „aus Courtoisie" sozusagen.

Weber: der Simultangebrauch spielt wohl auch gegenüber den orthodoxen Kirchen eine Rolle. Ich entsinne mich, daß einmal der Landesbischof der Landeskirche Mecklenburg eine Kirche für den russisch-orthodoxen Gebrauch zur Verfügung stellen wollte.

Ruppel: Das kommt auch vor, wenn für fürstliche Persönlichkeiten Messen gelesen werden sollen, auch z.B. bei Begräbnisfeiern für Angehörige des diplomatischen Korps, die der orthodoxen Kirche angehören. Die finden gewöhnlich hier in der evangelischen Matthäi-Kirche statt.

Ein anderer Fall ist der Fall Nordhausen. In Nordhausen gibt es eine Kirche, die in den letzten Jahren nur noch alle vier Wochen, glaube ich, zu einer evangelisch-musikalischen Sonnabendabend-Andacht benutzt wurde. Die Kirche ist seit Anfang des vorigen Jahrhunderts schon nur noch sehr sparsam benutzt worden, und in den dreißiger Jahren des vorigen Jahrhunderts haben sich im Zusammenhang mit der Frage der Baulasten Vorgänge abgespielt, im Verlauf deren auf Anregung der Stadt, die auch immer noch zahlen mußte, oder auf Anregung der Regierung – so genau weiß ich das nicht mehr – die betreffende Kirchengemeinde eine Versammlung in der betreffenden Kirche abgehalten hat, und zwar eine Versammlung der Hausväter, und da ist beschlossen worden, die Kirche der Stadt für Schulzwecke zur Verfügung zu stellen. De facto ist es aber dann nicht geschehen, da sich Widerstände geltend machten, und Jahrzehnte lang ist dann überhaupt kein Gottesdienst mehr in der Kirche gewesen. In den letzten Jahrzehnten hat aber wieder Gottesdienst stattgefunden, aber verhältnismäßig selten, zuletzt nur noch alle vier Wochen diese musikalischen Andachten. Und nun ist die Kreisleitung oder die Gauleitung dort an den Oberbürgermeister herangetreten und hat gesagt: Die Kirche gehört der Stadt, die Kirche ist 1830 oder wann durch den bekannten Beschluß entwidmet worden, es ist keine Kirche mehr, du kannst also ohne jedes Bedenken uns, der Kreisleitung, die Kirche zur Verfügung stellen, wir brauchen einen Versammlungsraum, wir sind bereit, auf unsere Kosten den Altar und was da so ist der Kirchengemeinde zur Verfügung zu stellen, die kann in einem Seitenflügel ihrer Hauptkirche das gut unterbringen. Die Einzelheiten mögen nicht genau sein, aber so ungefähr war es. Die Sache ist dann eingeschlafen, wohl nachdem auf dem vorjährigen Parteitag der Führer über den Kultus gesprochen hat.

Eine Pointe bei der rechtlichen Betrachtung der ganzen Sache ist jedenfalls die rechtliche Würdigung der Vorgänge in den dreißiger Jahren des vorigen Jahrhunderts: Ist das eine Entwidmung, oder wie vollzieht sich überhaupt eine Entwidmung durch die zuständige Kirchengemeinde? Würden Sie sagen: Es richtet sich nach Kirchenrecht?

Forsthoff: Der Beschluß allein reicht nicht aus, weil er bestätigt werden muß von den kirchlichen Oberen, also von Konsistorium. Die Ortskirchengemeinde allein kann ja weder eine Kirche bauen ohne Zustimmung der vorgesetzten Behörde, noch kann sie sie entwidmen. Das wäre rein innerkirchlich gesehen nicht in Ordnung. Im übrigen ist die Widmung ein actus contrarius. Entweder die Kirche erklärt in gehöriger Form: Ich stelle diese Kirche außer Funktion, und richtet sich danach; oder die Kirche läßt einen Zustand entstehen, nach dem dauernd die Kirche nicht mehr zu gottesdienstlichem Gebrauch oder für die Casualien, die auch in Frage kommen, benutzt wird. Dann tritt ohne weiteres eine Entwidmung ein, weil nach dem Allgemeinen Landrecht nur die für den gottesdienstlichen Gebrauch bestimmte und benutzte Kirche den Charakter der res sacra hat. Man muß dann also einen Zeitraum abwarten, von dem aus man mit Sicherheit schließen kann, daß diese Kirche nicht mehr im Zusammenhang des kirchlichen Lebens steht, sondern herausgesetzt ist.

Ruppel: die Kirche ist in den dreißiger Jahren geschlossen worden. Die Kirche ist nicht so zu behandeln wie eine Kirche in Stettin, die, glaube ich, mal als Strohlager vermietet wurde. So etwas ist da nicht passiert. Sie ist Jahrzehnte lang außer Gebrauch gewesen, aber sozusagen äußerlich, was die widmungsmäßige Einrichtung anlangt, Kirche geblieben.

Weber: Ich würde sagen, die Entwicklung ist sogar, wenn man wirklich in dem Beschluß der Hausväter eine Entwidmung sehen will, in der Folgezeit wieder rückgängig gemacht worden durch die Wiederingebrauchnahme. Denn wenn in den letzten Jahren da monatlich Gottesdienste stattgefunden haben, so habe ich kein Bedenken, darin eine Rückgängigmachung der Entwicklung, eine Rewidmung zu sehen. Es wäre gar nicht erst zu prüfen, ob der Entwidmungsakt rechtsgültig war oder nicht. Im übrigen würde wahrscheinlich hier schon die 44-jährige Frist des Allgemeinen Landrechts wieder erfüllt sein. (*Zuruf:* Die erwerbende Verjährung!)

Ruppel: Die Sache ist damals auch nicht recht perfekt geworden, glaube ich, da die höhere Genehmigung nicht erfolgte. Die in Frage kommende Stelle wollte zwar genehmigen, aber sie wollte es wohl verbinden mit der Regelung der Schulfrage. Das wurde nicht klar, infolgedessen ist auch nicht eine formelle, abschließende Bestätigung des Beschlusses der Hausväter, die Kirche der Stadt für Schulzwecke zur Verfügung zu stellen, zustande gekommen.

Forsthoff: Ein anderes Beispiel. Eine Gemeinde hat eine Kirche. Die Kirche ist unschön und baufällig geworden, sie baut eine neue. Sie benutzt nun die neue ausschließlich, sagen wir, schon fünf Jahre hindurch. Da würde ich sagen: Hier ist der klare Wille hervorgetreten, die gottesdienstlichen Handlungen sämtlich in die neue Kirche zu verlegen; die alte Kirche ist entwidmet. Da würde ich mich auch gar nicht auf die 44-jährige Frist einlassen.

Ruppel: Wenn aber die Gemeinde wieder anfängt, die alte Kirche in Gebrauch zu nehmen, weil die Zahl der Gemeindemitglieder zugenommen hat und sie nun zwei Kirchen braucht?

Weber: Wenn die Gemeinde zunimmt und zwei Kirchen braucht, also die alte wieder in Gebrauch nimmt, dann tritt die konkludente Widmung wieder ein.

Schröcker: Im übrigen ist es in solchen Fällen erst einmal so, daß die Kirche doch wieder benutzt wird, z.B. für Trauungen.

Forsthoff: Das ist richtig. Ich hatte das Beispiel nur so gebildet; es kommt auf den Zeitablauf an sich nicht an.

Eine Frage müssen wir noch besprechen: die Bezugnahme im Reichskonkordat auf das kanonische Recht. Ich hatte aus folgendem Grund Anlaß genommen, mich auf das österreichische Konkordat zu beziehen. Das österreichische Staatsgesetz ist nun einmal vollzogen. Ich habe mich nicht eingehend damit beschäftigt. Aber es ist mir nicht klar, ob mit dem Reichskonkordat nun das bestehende, geltende Recht in Deutschland tatsächlich aufgegeben werden sollte.

Barion: Ich habe mich mit dieser Frage mit großem Interesse beschäftigt. Ich habe die österreichische Regelung gegenüber dem Reichskonkordat dadurch ausgezeichnet gefunden, daß im österreichischen Konkordat die Regelung ganz klar ist. Man muß da unterscheiden zwischen rein staatlichen Fragen und rein kirchlichen Fragen und gemischten Fragen. Die rein staatlichen Fragen scheiden hier aus. Für die rein kirchlichen Fragen ist es sowohl beim Reichskonkordat wie bei den sonstigen Konkordaten klar, daß die nach rein kanonischem Recht geregelt werden sollen. Für die gemischten Fragen hat das österreichische Konkordat in viel weiserer Erkenntnis der Dinge gesagt: Soweit es sich um Fragen handelt, die den staatlichen Bereich berühren, wird im gemeinsamen Einvernehmen vorgegangen, während das Reichskonkordat diese Unterscheidung nicht macht, sondern ganz schlechthin die gemischten Fragen und die rein kirchlichen Angelegenheiten als eine einzige Gruppe behandelt. Also da ist das österreichische Konkordat erheblich besser als das Reichskonkordat.

Weber: Darf ich noch einen Punkt anschneiden. Ich glaube, die Frage ist noch nicht gelöst: Wer ist für den Entwidmungsakt zuständig? Entweder der Staat oder die Kirche oder der Eigentümer? Oder besteht eine konkurrierende Tätigkeit zwischen diesen dreien?

Forsthoff: Für die Widmung ist nur der Staat zuständig, der dann ein gewisses Blankett auch an die Kirche gegeben hat. Bei der Entwidmung müssen wir unterscheiden: den Verzicht auf Seiten der Kirche und die hoheitliche Regelung, sagen wir ganz einfach den actus contrarius auf Seiten des Staates. Der Eigentümer ist, glaube ich, als solcher an dieser Sache gar nicht beteiligt.

Weber: Und wenn nun irgendein Privatmann Eigentümer einer Kirche ist, wie ist es dann? Wollen Sie da den Eigentümer für völlig belanglos erklären?

Forsthoff: Ich sehe keine Möglichkeit, wie er eingreifen kann.

Ruppel: Wenn ein Rittergutbesitzer oder Fabrikbesitzer ein Gemeinschaftshaus für seine Gefolgschaft baut, dann ist doch selbstverständlich, daß er das abreißen kann, wenn die Gefolgschaft kleiner wird, oder aus dem Grunde, weil er überhaupt kein Gefolgschaftshaus mehr haben will. Dagegen wie ist es auf kirchlicher Seite? Ein Rittergutsbesitzer hat, sagen wir, 1830 für sich und die Gutsgefolgschaft eine Gutskirche, eine Schloßkapelle oder so etwas gebaut. Kann da nun nicht meinetwegen sein Sohn sagen: Die Kapelle paßt mir nicht mehr, die stört mich hier, ich will das Schloß erweitern, ich reiße die Kapelle ab?

Forsthoff: Das ist nicht das Beispiel, das ich eben hatte. Da ist nicht der Schluß a majore ad minus gegeben, sondern da liegt eine ganz andere Frage vor. Wir müssen scharf unterscheiden: Wenn der Gutsbesitzer sagen würde: ich habe eine Scheune zu wenig, ich will die Kirche diesen Sommer als Scheune benutzen, vielleicht auf vier Wochen, dann wird man ihm sagen: Nein, das widerspricht der Widmung. Wenn er aber sagen würde: Ich reiße die Kirche ab, weil ich baulich alles ganz anders gestalten will, dann ist das nicht mehr ein Fall der Widmung, sondern ein aliud. Dann würde die Sache doch anders zu beurteilen sein, d.h. ob er hier nicht die Eigentumssache in der Gesamtsubstanz hat im Sinne des Einreißens.

Ruppel: Wenn er nun überhaupt kein Interesse mehr an der Kirche hat? Er ärgert sich vielleicht, daß er schon wieder ein Dach reparieren muß. Halten Sie es da für möglich, daß er die Kirche einfach abreißt?

Forsthoff: Ich halte es für möglich.

Weber: Wenn der Verfügungsberechtigte und der Widmungsberechtigte nicht ein und dieselbe Person sind, dann wird doch nach Verwaltungsrecht die Widmung als ein nicht einseitiger Akt aufgefaßt, sondern mindestens als ein empfangsberechtigter Akt, d.h. der Begünstigte muß damit einverstanden sein und muß diesen gewidmeten Gegenstand in Gebrauch nehmen, konkludent die Widmung akzeptieren. Darauf gründet sich auch die Konstruktion unserer Verwaltungsrechtler, daß in solchen Fällen die Rücknahme der Widmung immer nur durch übereinstimmenden Akt erfolgen kann, d.h. des Verfügungsberechtigten und des Begünstigten. Es gibt doch auch sonst so harmlose Fälle des Verwaltungsrechts, z.B. bei öffentlichen Wegen, wenn der Weg im Privateigentum steht. Da ist der Fall der doppelseitigen Mitwirkung immer akut und anerkannt. Der Privateigentümer kann nicht eines Tages sagen: Ich sperre der Gemeinde den Weg. *(Das Beispiel des Weges wird weiter erörtert.)*

Stalmann: Ein Privateigentümer kann den Weg nicht ohne weiteres zum öffentlichen machen, es gehört die Mitwirkung irgendeiner übergeordneten Korporation dazu: Wegepolizei, Bauunterhaltungsbehörde. Aber der Kreis kann einen solchen Weg jederzeit wieder aufgeben. Der Weg wird dem Eigentümer wieder zurückgegeben. Dabei wirkt er gar nicht mit, er bekommt sein Eigentum unbeschränkt zurück.

Weber: Das ist bei der Kirche, wenn der Staat einer Kirchengemeinde eine Kirche zur Verfügung stellt, dasselbe. Die Kirchengemeinde kann das, was sie durch die Widmung erlangt hat, wieder aufgeben. Dann ist die Kirche nicht mehr gewidmet. Die bloß einseitige Bestimmung kraft Eigentumsverfügungsberechtigten genügt nicht. Daraus ergibt sich doch eine maßgebliche Einschaltung des Begünstigten. Das ist die kirchliche Gemeinde.

Ruppel: Der Fall des Rittergutsbesitzers ist nicht geklärt. Der Rittergutsbesitzer würde das nicht können.

Forsthoff: Ich will einmal folgendes Beispiel nehmen. Die Stadt ist Eigentümerin einer Kirche. Die Kirche ist also zum dauernden, zeitlich uneingeschränkten Gebrauch einer örtlichen Kirchengemeinde überlassen. Die Stadt möchte nun diese Kirche aus irgendwelchen Gründen beseitigen, weil sie vielleicht Straßenerweiterungen vornehmen will, dort irgend etwas anderes bauen will oder sonst etwas. Sie teilt der Kirchengemeinde mit: Ab 1. Oktober werden wir beginnen mit der Niederlegung der Kirche, seht euch anderweitig vor. Da tritt die Frage auf: Was ist die Widmung? Geht sie darauf, daß die gewidmete öffentliche Sache in ihrem Bestand dauernd erhalten bleibt, oder geht sie darauf, daß, solange diese Kirche da ist, der Gegenstand eine öffentliche Sache ist? Und da sage ich das zweite: Die Gemeinde kann nicht, solange die Kirche steht, aus der Kirche eine Garage oder Scheune machen. Solange die Kirche da steht, ist sie gewidmet. Aber die Gemeinde kann als Eigentümerin sagen: ich reiße sie ab.

Ruppel: Dann kann plötzlich der Wegebesitzer sagen: Ich will da eine Sandgrube anlegen, nunmehr ist der Weg nicht mehr öffentlich. *(Die Wegefrage wird noch weiter erörtert.)*

Weber: Ich glaube, daß bei jedem Widmungsakt die Mitwirkung des Begünstigten entscheidend ist. Beim Widmungsakt hat regelmäßig die Mitwirkung eine positive Seite; er wird das regelmäßig annehmen, was man ihm gewährt, er wird durch sein Handeln zu erkennen geben, daß er es angenommen hat. Bei der Entwidmung wird die Frage kompliziert. Da kann auch eine Entwidmung dadurch erfolgen, daß man die Substanz völlig beseitigt; das ist immer an die Zustimmung des Begünstigten geknüpft; eventuell kann der mangelnde Wille der begünstigten Kirchengemeinde durch den Willen der oberen Kirchenbehörde ersetzt werden.

Stalmann: Im Eigentum meines Fonds stehen zahlreiche Schulhäuser, die gewidmet sind für den katholischen Schulunterricht. Da habe ich in den letzten Jahren erlebt, daß vielfach diese katholischen Schulen aufgehoben worden sind, weil kein Bedürfnis mehr vorhanden war. Ich habe jetzt bereits drei von diesen Schulgebäuden zurückerhalten. Sie waren ja nur gewidmet für den katholischen Schulunterricht. Der ist weggefallen, also gehen die Gebäude an mich zurück.

Nun ein anderer Fall. Nehmen Sie den Dom in Verden, wo ich den Schlüssel habe. Angenommen, ich schließe den Dom ab und sage, ich kümmere mich nicht um die Widmung. Welchen Weg kann da die Gegenseite beschreiten? Kann sie klagen im Rechtsweg, klagen im Verwaltungsstreitverfahren, oder hat sie nur das Recht der Beschwerde an die oberste Stelle, also an den Reichskirchenminister oder an den Reichserziehungsminister? Wie wird da die Widmung geschützt?

Weber: Eine Klage vor dem Verwaltungsgericht kommt wohl nicht in Frage, weil es unter das ...iv-System [?] fällt. (*Verschiedene Zurufe:* Es kommen die ordentlichen Gerichte in Frage! – Das Allgemeinde Landrecht gibt die Klage vor den ordentlichen Gerichten! – Es ist Störung eines Gebrauchsrechts!)

Stalmann: Wenn nun die Widmung auf der anderen Seite etwas mehr wird, also zugleich ein Nutzungsrecht? Wenn die Kirchengemeinde sagt, wir haben nicht nur eine Widmung, sondern ein Nutzungsrecht in irgendeiner Form? Das wird man ja vielfach auch bejahen müssen, gerade wenn der Eigentümer ein Dritter ist. Dann würde man ja natürlich den Schutz der Gerichte haben. In der Praxis habe ich die Sache so gesehen, daß die Kirchengemeinde ein Nutzungsrecht hat, also etwas mehr als die Widmung.

Forsthoff: In Quedlinburg war durch Vertrag von 1854 der Gemeinde die ausschließliche Nutzung am Quedlinburger Dom übertragen worden, und zwar als Ausgleich dafür, daß die Gemeinde das Eigentum auf den König von Preußen übertrug.

Vorsitzender: Aber doch nur ein Benutzungsrecht, kein Nutzungsrecht, kein nießbrauchartiges Recht. Miete ist es nicht, es ist eine Überlassung praecario.

Weber: Wenn man es privatrechtlich konstruiert, ist es eine Art Mietverhältnis. *(Widerspruch des Vorsitzers.)* Der Entgelt liegt ja in der Eigentumsübertragung, es ist nicht unentgeltlich.

Vorsitzender: In Quedlinburg, aber nicht in dem Fall Verden.

Stalmann: Ich fasse es so auf: Die Kirchengemeinde hat das Recht, diese Kirche als eine Pfarrkirche zu benutzen, d.h. sonntäglich und für die üblichen Handlungen: Trauungen usw.

Vorsitzender: Sie können es nicht widerrufen.

Stalmann: Nein, das kann ich nicht, das will ich auch nicht. Aber außerdem will ich die Kirche für meine Zwecke benutzen.

Vorsitzender: Und wenn Sie die Tür abschließen?

Stalmann: Dann hat meiner Ansicht nach die Gemeinde das Recht der Klage auf dem ordentlichen Wege.

Vorsitzender: Es widerstrebt mir, das als ein privatrechtliches Gebilde anzusehen.

Forsthoff: Im Gebiet des Allgemeinen Landrechts ist es so geregelt. Ich erwähnte die Frage, ob ein Simultangebrauch besteht oder nicht. Diese Streitfrage ist der Zuständigkeit der ordentlichen Gerichte zugeführt.

Weber: Das würde im Sinne des GVG wahrscheinlich eine bürgerliche Streitigkeit sein.

Stalmann: Wenn der Fall akut würde, würde ich natürlich den Kompetenzkonflikt erheben.

Vorsitzender: Und wenn die Kirche ihrer Korporationsstellung entäußert würde, ein Verein würde?

Forsthoff: Dann käme es darauf an, ob die Kirche noch den Widmungscharakter behält. Man könnte eine privatrechtliche Berechtigung als Inhaber einer öffentlichen Widmung annehmen.

Weber: Der Rechtsschutz liegt da nur in der polizeilichen Regelung, in der Kirchenaufsichtsregelung usw. Sofern nur eine Widmung vorliegt, ist nur ein öffentlicher Rechtsschutz verwaltungsmäßiger Art gegeben.

Schröcker: Ich möchte noch die Frage aufwerfen: Kann ein Patron oder ein Kircheneigentümer seine Baupflicht dadurch umgehen, daß er die Kirche niederlegt? Also die Kirche ist baufällig, es entstehen große Bauverpflichtungen für ihn, und nun will er die Kirche einfach abreißen.

Forsthoff: Das ist eine Patronatsfrage, keine Widmungsfrage.

Stalmann: Der gewidmete Gegenstand geht unter, dann ist auch die Widmung weg.

Forsthoff: Es ist höchstens die Frage, ob der Eigentümer nicht die Verpflichtung hat, die Sache in einem Zustand zu halten, den der widmungsfähige Gebrauch erfordert.

Stalmann: Wir sind natürlich verpflichtet, den Verdener Dom baulich zu unterhalten. Das hat mit der Widmung nichts zu tun.

Forsthoff: Die Widmung hat ausschließlichen Charakter; sie schließt einen widmungsfremden Gebrauch aus.

Vorsitzender: Ja, meine Herren, wir sehen, es erheben sich doch da noch eine Fülle von Fragen. Es wäre zu überlegen, ob wir nicht speziell einige Themata formulieren, um in der nächsten Sitzung noch einmal auf dieses interessante Gebiet zurückzukommen.

Weber: Ich möchte mir einen Vorschlag zur Geschäftsordnung erlauben. Sowohl das Referat von Herrn Ministerialrat Ruppel wie das Referat von Herrn Kollegen Forsthoff sollten unbedingt veröffentlicht werden. Es ist das ein so wertvolles Material, daß es schade wäre, wenn es sich in diesem Kreise erschöpfte.

Ruppel: Mit der Veröffentlichung meines hier gehaltenen Referats kann vorläufig nicht gerechnet werden. Es muß noch erheblich überarbeitet werden, aber dazu komme ich vorläufig nicht.

Stalmann: Es wäre zweckmäßig, wenn wir das Referat von Herrn Professor Forsthoff erst noch einmal bekämen. Eine Veröffentlichung dauert doch zu lange.

Forsthoff: Ich könnte einen Extrakt von fünf Seiten mit den Thesen zur Vervielfältigung vorlegen. Für die Veröffentlichung würde ich auch noch etwas Zeit brauchen, um noch Erweiterungen einzufügen.

Weber: Dann möchte ich doch zur Erwägung geben, ob wir nicht über den ganzen Komplex – also die öffentlich-rechtliche Stellung der Kirchen, öffentliches und privates Recht in der Kirche, die Korporationsfragen mit verwandten Fragen, auch die Frage der res sacrae und die Widmungsfrage überhaupt – einen sogenannten Arbeitsbericht der Akademie vorlegen.

Vorsitzender: Das ist ein guter Gedanke. Vielleicht könnten wir es auch mit der konkordatsrechtlichen Frage so machen. Denn das ist eine sehr aktuelle Frage, die die Öffentlichkeit noch mehr interessiert als diese.

Roth: Es kann sein, daß in einem Jahre die Konkordatsfrage illusorisch ist, daß sie nur mehr geschichtliches Interesse hat; dieser Komplex dagegen hat ein bleibenderes Interesse.

Vorsitzender: Wollen wir dann einen solchen Arbeitsbericht in Aussicht nehmen? *(Zustimmung.)*

Weber: Mit einer Einleitung des Vorsitzers!

Ruppel: Ich würde empfehlen, Herr Forsthoff, daß Sie Ihr Referat noch einmal diskutieren lassen, und zwar nach zwei Richtungen. Es tauchen einmal in den praktischen Fällen, hauptsächlich bei Braunschweig, die Versionen auf, daß da ein Simultaneum zwischen Kirche und Staat bestanden habe in dem Sinne, daß die Braunschweiger Kirche eine doppelte Bestimmung gehabt habe: einmal Grabeskirche des Herzogs Heinrichs des Löwen, also allgemein politische Aufgaben, und zum andern gleichzeitig Domkirche. (*Forsthoff:* Das ist natürlich kein Simultangebrauch.) Das kommt sehr oft vor. Das spielt auch bei Quedlinburg hinein.

Und dann würde ich schon stark auf die Zukunft blicken. Wenn Sie sich auf den Standpunkt stellen, daß eine gesetzliche Grundlage erforderlich ist, dann würde ich auch die Frage theoretisch erörtern: Was kann, was muß und was darf in einem Gesetze stehen, und zwar stark in der Richtung, daß solche Fälle auch ins Auge gefaßt werden wie Verden, die Schaffung von Simultaneen durch Benutzung von Parteien oder Mitbenutzung durch nichtchristliche Gemeinschaften.

Forsthoff: Es spielt auch bei Quedlinburg die Frage hinein, daß es sich bei solchen Baudenkmälern um Nationalheiligtümer handelt, an denen besondere Nutzungsrechte nicht bestehen können. Aber das fällt aus dem Rahmen unseres gewöhnlichen Denkens doch weit hinaus.

Ruppel: Dann kommt die Konkurrenz der verschiedenen Öffentlichkeiten: die politische Öffentlichkeit, der ein größerer Einfluß zusteht als der kirchlichen, usw.

Vorsitzender: Die Frage des gemeinchristlichen Gebrauchs ist auch noch nicht geklärt.

Ruppel: Da stehe ich auf dem Standpunkt, daß eine gesetzliche Grundlage nötig ist, und daß in dem Gesetz nicht stehen kann: Kirchen können auch an nichtchristliche Religionsgesellschaften zum Mitgebrauch überwiesen werden.

Forsthoff: Doch, das kann natürlich drinstehen; dann würde ich sagen: Dann hört die Widmung auf. –

Vorsitzender: Also wir würden dann so verfahren.

Weber: Auch das Referat von Herrn Kollegen Heckel, entsprechend ausgebaut, würde sich für diesen Komplex eignen.

Wir würden zu vervielfältigen haben die Ausführungen von Herrn Dr. Schröcker zur Frage der Leistungen und den Auszug über die Doyennatsfrage, und dann würden wir das Referat von Herrn Forsthoff haben. Also diese drei Sachen würden am besten an mich gegeben werden, damit ich das Weitere veranlasse.

Vorsitzender: Es steht dann noch aus die Diskussion über das Referat von Herrn Ruppel, wozu Herr Ruppel noch Ergänzungen geben will.

Nach kurzer Geschäftsordnungsdebatte wird beschlossen, dieses Referat (Behandlung der Religionsgesellschaften als Körperschaften des öffentlichen Rechts) als Hauptpunkt auf die Tagesordnung der nächsten Sitzung zu setzen.

Die Tagesordnung wird wie folgt in Aussicht genommen:

1.) Punkt 5 der heutigen Tagesordnung,
2.) Punkt 1 der heutigen Tagesordnung,
3.) Punkt 2 der heutigen Tagesordnung,
4.) Punkt 3 der heutigen Tagesordnung,
5.) Punkt 4 der heutigen Tagesordnung,
6.) Punkt 7 der heutigen Tagesordnung,
7.) Arbeitsbericht des Ausschusses,
8.) Verweserfragen.

Vorsitzender: Ich behalte mir vor, die Reihenfolge noch zu ändern, nur Ziffer 1 soll bleiben.

Meine Herren! Damit wären wir am Ende. Einen bestimmten Termin für die nächste Sitzung kann ich – es ist das erste Mal, das wir so auseinandergehen – diesmal nicht angeben. Es ist damit eine Art von Zäsur in den Arbeiten des Ausschusses eingetreten, und ich möchte nicht unterlassen, Ihnen allen – ich schließe die Herren vom stenographischen Dienst ein – recht herzlich zu danken für ihre mühevolle und, ich glaube sagen zu können, erfolgreiche Arbeit und ebenso auch für die freundliche Kameradschaft, die Sie mir jederzeit erwiesen haben. Ich kann nur betonen, daß es mir von Anfang an ein Genuß gewesen ist, mit Ihnen zusammen zu arbeiten, und daß dieser Gedanke sehr wesentlich dazu beigetragen hat, daß ich nicht, wie ich es zeitweise glaubte tun zu müssen, die Bitte auszusprechen brauchte, einen andern Herrn zum Vorsitzer zu ernennen, weil ich zu sehr mit anderen Arbeiten überlastet bin. Meine wärmsten Wünsche begleiten Sie in die nächste Zukunft. Wir wissen nicht, was sie bringt, aber jedenfalls hoffen wir, daß wir uns in allernächster Zeit, sei es im September oder Oktober, so wiedersehen, wie wir uns jetzt voneinander trennen.

(Schluß der Sitzung: 14 Uhr.)

VII. Sitzungen vom 19. und 20.1.1940

1. Protokoll der Sitzung vom 19.1.1940 (Die Rechtslage der evangelischen Kirche im ehemaligen Polen und in Danzig. – Die institutionellen Änderungen in der Rechtslage der Katholisch- theologischen Hochschulen seit Kriegsbeginn. – Die Ablösung älterer Einzelleistungen an die Religionsgesellschaften)

Vorsitzender Ministerialdirektor Dr. *Mayer:* Meine Herren! Ich eröffne die 7. Tagung des Ausschusses für Religionsrecht. Als ich mich am Schlusse der letzten Tagung am 1. Juli 1939 von Ihnen verabschiedete, fügte ich, wenn ich mich recht erinnere, meinen Abschiedsworten hinzu, es sei das erste Mal, daß der Ausschuß sich vertage, ohne einen Termin für die nächste Tagung in Aussicht genommen zu haben, es sei gewissermaßen eine Zäsur eingetreten. Diese Zäsur ist länger geworden als wir vielleicht damals dachten. Es war wohl die Ungewißheit und das Dunkel der Zukunft, die vor uns lag, die mir damals jene Worte in den Mund legte. Aber ich hatte mir die Sache doch anders gedacht. Sie werden es durchaus verstanden haben, daß ich nach Ausbruch des Krieges, der überdies nicht auf die Abrechnung mit Polen beschränkt blieb, sondern dazu führte, daß auch England und Frankreich in den Krieg eintraten, an eine Tagung des Ausschusses nicht denken konnte. Die Verhältnisse waren nicht danach und der Herr Präsident der Akademie hat ja auch in dem Runderlaß vom 15. September v.Js., den ich den Herren zugeleitet habe, direkt ausgesprochen, daß, abgesehen von zwingenden Fällen, eine Tätigkeit der Ausschüsse nicht stattfinden solle. Diese Lage änderte sich dann allerdings, als Polen niedergerungen war, als eine gewisse Beruhigung eintrat und auch seitens des Herrn Präsidenten der Akademie durch den den Herren ebenfalls mitgeteilten Runderlaß vom 6. November zum Ausdruck gebracht wurde, daß die Wiederaufnahme der Tätigkeit der Ausschüsse gerade in vordringlichen, d.h. durch den Krieg akut gewordenen Fragen erwünscht sei.

Danach hatte ich kein Bedenken, die heutige Sitzung anzukündigen, und ich habe Sie dann dazu eingeladen. Gestern kamen mir allerdings wieder einige Bedenken mit Rücksicht auf die Kälte; aber diese Bedenken sind wieder zerstreut worden. Ich bin sehr froh, daß es zu dieser Tagung gekommen ist; denn dasjenige Land wird schließlich einen Krieg am besten bestehen, das die Kraft aufbringt, in der Heimat friedlichen Beschäftigungen nachzugehen. Daß Sie hierhergekommen sind, um zusammen mit mir eine Arbeit zu verrichten, die hoffentlich im schließlichen Ergebnis zur Befriedung unseres Volkes beitragen wird, rechne ich Ihnen hoch an und spreche Ihnen meinen allerherzlichsten Dank dafür aus.

Wir treten nunmehr in die Tagesordnung ein und kommen zunächst zu Punkt 2: *Die Rechtslage der evangelischen Kirche in Danzig, der deutschen evangelischen Kirchen im ehemaligen Polen und Danzig.*

Referent Oberkonsistorialrat Dr. *Wahl: Vorbemerkung:* Von den 4 als deutsch anzusprechenden evangelischen Kirchen des zusammengebrochenen polnischen Staates, nämlich 1. der Evang.-augsb. Kirche in der Republik Polen, 2. der Evang. Kirche Augsburgischen und Helvetischen Bekenntnisses (A. und H.B.) in Polen, 3. der unierten evangelischen Kirche in Polen, 4. der unierten evangelischen Kirche in Ostoberschlesien behandle ich nur die ersten drei, da die Heranziehung der unierten evang. Kirche in Ostoberschlesien, bei der besondere Probleme vorlagen, das Referat ungebührlich erweitern würden und auf der anderen Seite die rechtlichen Schicksale dieser kleinen Kirche (rund 30 000 Seelen) zur polnischen Zeit für ihre gegenwärtige Rechtsstellung sehr geringe Bedeutung haben. Denn ebenso, wie das Gebiet staatlich an das Land Preußen angeschlossen ist, so ist es kirchlich der schlesischen Kirchenprovinz der Evang. Kirche der altpreußischen Union, zu der es auch bis 1918 (1921) gehört hat, wieder angeschlossen worden.

I. Historisch-statistischer Überblick über die einzelnen Kirchen in Polen.

1. Die Evang.-augsb. Kirche in der Republik Polen.

a) Umfang zur russischen Zeit: Alle lutherischen Gemeinden im Königreich Polen (Kongreßpolen), dazu nach 1918:

aa) Gemeinden aus der evang.-lutherischen Kirche Rußlands, nämlich in der Hauptsache Grodno, Wilna, Bialystok, Lomza – früher zum kurländischen Konsistorium gehörend. Ferner Wolhynien – früher dem Petersburger Konsistorium unterstehend.

bb) Gemeinden im Teschener Schlesien, nämlich Teschen, Ustron und 5 weitere polnische Gemeinden; die deutschen Gemeinden Bielitz, Altbielitz und Kurzwald, sämtlich hervorgegangen aus der österreichischen evang. Kirche. (Schlesische-mährische Superintendenz, die ausschließlich augsburgischer Konfession war.)

cc) Die Gemeinde Krakau, eigentlich zur Evang. Kirche A. und H.B. in Polen gehörend und dieser rechtswidrig entfremdet.

dd) Einige nach 1918 neugegründete polnische Propagandagemeinden in Posen und Westpreußen, z.B. in Posen, Thorn, Bromberg, Graudenz, Gdingen.

ee) Die (polnischen) Gemeinden des Olsagebietes, früher „Evang.-augsb. Kirche in Ostschlesien", in der Tschechoslowakei; vor 1918 ebenfalls zur evang. Kirche in Österreich gehörend. Angeschlossen 1938.

Zu erwähnen sind 2 deutsche Gemeinden in West-Teschen und Oderberg, seit 1938 zu Polen gehörend, die zur Deutschen Evangelischen Kirche in Böhmen und Mähren-Schlesien gehören und Anschluß an die Bursche-Kirche verweigert haben.

Die Kirche ist eingeteilt in 10 Diözesen (Seniorate): Warschau, Plock, Kalisch, Petrikau, Lublin, Lodsch [so die Schreibweise von Lodz im Original], Wolhynien, Wilna, Schlesien, Großpolen. (1936 in 117 Gemeinden und 40 Filialen etwa 126 Pfarrer, 7 Diakone, 3 Adjunkten, 49 Vikare, zusammen 185 Geistliche, spätere Zahl 206).

b) *Nationale Zusammensetzung:* Ursprünglich fast rein deutsch. Der eigentliche polnische Protestantismus, soweit erhalten, in zwei reformierten Kirchen (Wilna und Warschau) fortlebend. Er wird hier nicht behandelt.

Allmählich Polonisierung der Oberschicht. Pastoren, Bischof, Konsistorium. Genuin polnisches Gebiet eigentlich nur Schlesien.

Absolute Zahlen, deutsch: 292 275, polnisch 132 300, insgesamt: 524 757 (Schätzung 1939), in Prozenten deutsch: polnisch = 74,5 zu 25,5%, von den Pfarrern aber 36 zu 64%.

In Schlesien allein 16 900 Deutsche zu 86 800 Polen, in Warschau allein 30 551 Deutsche zu 18 554 Polen.

Bei Schlesien ist noch zu beachten, daß unter den als Polen aufgeführten ein erheblicher Teil, etwa 2/3, sog. Schlonsaken sind, d.h. eine deutsch-polnische Mischbevölkerung, die einen polnischen Dialekt spricht und in ihrer Gesinnung teils polnisch teils deutsch eingestellt sind. Etwa 70% der Schlonsaken in Schlesien sollen deutsch gesonnen sein. Fast rein deutsch Plock, Kalisch, Lodsch, Wolhynien.

Deutsche Gemeinden im Olsagebiet: 3 000 Deutsche, 4 000 Schlonsaken.

c) *Geschichte:* Bis auf Schlesien, das „gewachsenes" evangelisches Gebiet ist, Siedlerkirche aus dem 18. und 19. Jahrhundert. Wesentlich aus der seit dem Warschauer Traktat (Ewiger Frieden) 1768 allmählich zugewanderten deutschen evangelischen Bevölkerung bestehend.

Rechtliche Lage stabilisiert nach Zarenukas vom 8./20.2.1849, der Verfassungs- und Staatskirchenrecht enthält. Ich werde auf den Ukas, der bis 1936 die rechtliche Grundlage für die Evang.-augsb. Kirche abgegeben hat, noch zurückkommen.

Reformversuche 1906 und 1917/18 (Generalgouverneur von Beseler).

d) *Jetzige Lage:* Von Wilna ist jetzt Stadt Wilna an Litauen, Wolhynien ganz und von Wilna Bialystok, Grodno, Lomza, Brest an Rußland gefallen, ferner große Teile an das Reich, nämlich Sulwalki an Ostpreußen, Schlesien an Schlesien, ferner von den Diözesen Warschau, Plock, Kalisch, Lodsch, Großpolen, Petrikau mehr oder weniger große Teile an die preußische Provinz Ostpreußen und an die Reichsgaue Danzig-Westpreußen und Posen.

Immerhin verblieben ca. 23 Gemeinden mit rund 75 000 deutschen Evangelischen auf dem Gebiet des Gouvernements.

2. Die Evangelische Kirche A. und H.B. in Posen, gelegen in Ost- und Westgalizien (Wojewodschaften Krakau, Lemberg, Tarnopol und Stanislau). – Sie ist hervorgegangen aus der galizisch-bukowinischen Superintendentur der evangelischen Kirche in Österreich. – Konfessionell stellt sie eine enge Verwaltungsunion beider Bekenntnisse dar. – Bis auf Lemberg (2/3 deutsch, 1/3 polnisch) und den Sonderfall Krakau nahezu einheitlich deutsch. Deutsche Leitung, nur deutsche Pastoren, ca. 34 000 Seelen, 4 Seniorate (westliches, mittleres, östliches und helvetisches Seniorat). Besonders bekannt geworden durch eine Missionsbewegung unter den griechisch-katholischen (unierten) Ukrainern, deren lutherischer Zweig sich stark an Stanislau anlehnte. – Die Gemeinden teilten im wesentlichen die rechtlichen Schicksale der österreichischen Kirche A. und H.B.: 1781 Toleranzpatent, 1861 Protestantenpatent und Verfassungsgesetz, 1891 revidiert. – Das österreichische Recht gilt heute noch großenteils (Verfassung vom 9.12.1891). – Jetzt ist Ostgalizien umgesiedelt, Westgalizien gehört zum Gouvernement (5 211 Seelen). Die Seelenzahl wächst ständig. Hiala wurde zu Schlesien geschlagen.

3. Die Unierte Evangelische Kirche in Polen umfaßt die evangelischen Gemeinden in den 1919 an Polen abgetretenen preußischen Gebieten Posen, Westpreußens, Ostpreußens (Kreis Soldau, 8 Gemeinden) und (Mittel-)Schlesiens. Aus Altpreußen hervorgegangen. Insgesamt zuletzt 293 052 Seelen, 34 Kirchenkreise, 408 Gemeinden, rund 190 Geistliche und 12 Vikare. Fast rein deutsch. Das Kirchengebiet befindet sich jetzt völlig auf Reichsgebiet, und zwar auf den Gebieten der Reichsgaue Danzig-Westpreußen und Posen.

II. *Die Rechtslage bis September 1939*

Von der gesamten polnischen Literatur war mir nur zugänglich das Werk von Jakub Sawitzki, „Studien zur Rechtslage der religiösen Minderheiten im polnischen Staat", Warschau 1937 (polnisch), für den Dienstgebrauch der deutschen kirchlichen Stellen von einigen deutschen juristischen Fachleuten in Posen sehr gut privat ins Deutsche übersetzt, aber nur in wenigen Exemplaren in vervielfältigter Form vorhanden.

1. *Allgemeines:* Evangelisches Kirchenrecht und Staatskirchenrecht der Vorgängerstaaten Preußen, Rußland und Österreich waren im polnischen Staat zunächst bestehen geblieben. Über diesem natürlich nicht einheitlichen Recht bildete der polnische Staat gewisse allgemeine Prinzipien aus, der die Rechtsstellung der Religionsgesellschaften, ihr Verhältnis zum Staate und das Problem der Parität zwischen römisch-katholischer Kirche einerseits und den nichtrömisch-katholischen Kirchen andererseits betrafen. Die Normen fanden ihren Niederschlag in der Staatsverfassung vom 21.3.1921. Sie wurden in der Verfassung vom 23.4.1935 aufrecht erhalten. Neben dieser staatsrechtlichen Rechtsquelle stehen die im Minderheitenschutzvertrag zwischen den alliierten und assoziierten Hauptmächten und Polen vom 28.6.1919 festgelegten internationalen Normen, die für die Stellung der deutschen evangelischen Kirchen als Kirchen von religiösen und gleichzeitig völkischen Minderheiten von Einfluß waren.

Bei Beurteilung vor allem des Staatskirchenrechts sind in Polen immer zwei Momente zu berücksichtigen, 1. die polnische Geschichte mit ihrer krassen Betonung des Übergewichts der katholischen Kirche, 2. das völkische Problem. Die Geschichte wirft beim Staatskirchenrecht besonderes Licht auf das Problem der Gleichberechtigung der Kirchen untereinander und von der völkischen Seite her spielt das Problem der Autonomie der Kirchen der Minderheiten eine besondere Rolle.

Die Artikel 110 (111) bis 112 der polnischen Verfassung enthalten die individuellen Religionsrechte, die ich hier übergehen möchte. Die kollektiven Rechte finden wir in Artikel 113 – 116.

Die Verfassung geht aus von der Unterscheidung zwischen anerkannten und nicht anerkannten Religionsverbänden, wie sie besonders im österreichischen Staatskirchenrecht ausgebildet worden ist (vergl. Gesetz betreffend die gesetzliche Anerkennung von Religionsgesellschaften vom 20.5.1874). Der vom Staate anerkannte Religionsverband hat das Recht, gemeinschaftliche und öffentliche Gottesdienste abzuhalten. Er kann selbstverständlich seine inneren Angelegenheiten regeln. Er kann bewegliches und unbewegliches Eigentum besitzen und erwerben, es verwalten und darüber verfügen. Er bleibt im Besitze und im Genuß seiner Stiftung und Fonds, ferner seiner Anstalten für Bekenntnis-, Lehr- und Wohlfahrtszwecke. „Kein Religionsverband darf jedoch im Widerspruch zu den Gesetzen des Staates stehen" (Artikel 113). Vorbild für diese Bestimmungen ist der Artikel 15 des österreichischen Staatsgrundgesetzes vom 21.12.1867. Unbestritten gewährt Artikel 113 der polnischen Verfassung: Öffentliche Religionsübung, Juristische Persönlichkeit (des öffentlichen Rechts), Vermögensgarantie (nebst Garantie der Erhaltung der Zweckbestimmung kirchlich-konfessioneller Einrichtungen). Schließlich und hauptsächlich das Selbstordnungsrecht oder wie es im Artikel 115 Absatz 1 besser heißt: „Das sich selbständig nach eigenen Gesetzen regieren", also Autonomie im weitesten Sinne. Darüber hinaus haben die anerkannten Religionsverbände noch einige weitergehende Rechte, die nicht besonders genannt sind. Zum Begriff der „inneren" Angelegenheiten habe ich keine Untersuchung angestellt.

Der Staat beansprucht die Kirchenhoheit. Dies hat besonders der letzte Satz des Artikels 113 im Auge. Sie findet ihre nähere Erläuterung in Artikel 115, wo in Absatz 1 das Plazet für kirchliche Gesetze statuiert ist und wo in Absatz 2 geregelt ist, wie die das Verhältnis von Staat und Kirche betreffenden Rechtsnormen zustande kommen. Die Kirchen haben daher, ähnlich wie im Reich, die Stellung von privilegierten öffentlichen Körperschaften unter staatlicher Kirchenhoheit.

Die Autonomie gilt auch in verfassungsrechtlicher Hinsicht. Die Kirchen erlassen ihre Verfassungen und Grundgesetze durch die nach ihren Gesetzen hierfür zuständigen Organe. Der Staat hat nur das Plazet (d.h. das Recht, von den kirchlichen Gesetzen Einsicht zu nehmen und sie zu genehmigen, hier heißt es „anzuerkennen", oder gegebenenfalls die Genehmigung zu verweigern). Die eigenen Gesetze der Kirchen haben daher jedenfalls für den staatlichen Bereich nur Gültigkeit, wenn sie vom Staate in diesem Sinne anerkannt sind. Aber der Staat arbeitet nicht positiv am kirchlichen Gesetz mit. Die Anerkennung muß erfolgen, wenn die Voraussetzungen hierfür vorliegen, d.h. wenn die Gesetze keine Bestimmungen enthalten, die mit „dem Gesetz" in Widerspruch stehen. Was das heißt, ist nicht ohne weiteres klar. Während hier der Singular gewählt ist, ist in Artikel 113 Satz 2 gesagt, daß kein Religionsverband im Gegensatz zu *„den"* Gesetzen des Staates stehen dürfe. Für die rechtliche Anerkennung eines Religionsverbandes ist in Artikel 116 verlangt, daß seine Einrichtungen, Lehre und Verfassung nicht gegen die öffentliche Ordnung und die guten Sitten verstoßen dürfen. Klar ist, daß die Kirchengesetze von den Staatsorganen nicht nach Zweckmäßigkeitserwägungen geprüft werden durften. Der maßgebende Gesichtspunkt ist vielmehr ein rechtlicher, aber aus der Gegenüberstellung der angeführten Bestimmungen *könnte* gefolgert werden, daß der Staat gerade hier nicht nur positive Rechtsvorschriften zu berücksichtigen brauche (*die* Gesetze, d.h. die positive Rechtsordnung), sondern das Gesetz, d.h. die

Idee des polnischen Rechts oder, wie wir heute sagen würden, seine weltanschaulichen Grundlagen. (Oder vergl. Johannes *Heckel:* „Das für alle geltende Gesetz“ in der Weimarer Verfassung gleich einem Gesetz, das trotz grundsätzlicher Anerkennung der kirchlichen Autonomie vom Standpunkt der Gesamtnation als sachlich notwendige Schranke der kirchlichen Freiheit anerkannt werden muß.) Daß die Bestimmung eher so zu verstehen war, zeigt die spätere Staatspraxis, auf die ich zurückkomme. *Form:* nicht vorgeschrieben. Ein Verwaltungsakt genügt.

Das Verhältnis von Staat und Kirche wird im Wege eines Staatsgesetzes geregelt. Jedoch bedarf es hierzu einer *Verständigung* mit der *rechtlichen Vertretung* der einzelnen Kirche. Das Erfordernis einer Verständigung bedeutete nach der zweifelsfrei richtigen Auslegung, daß ohne eine vorherige Einigung mit der Kirche der Staat kein Gesetz erlassen konnte. Daß der Begriff der Verständigung diesen Sinn hat, beweist eindeutig die Tatsache, daß ursprünglich für die Regelung der Beziehungen zur katholischen Kirche ein Staatsgesetz vorgesehen war, das nach Verständigung mit der katholischen Kirche erlassen werden sollte, wobei man sich darüber einig war, daß ohne Zustimmung der Kurie der Staat nicht vorgehen könne. Auch sonst kommt der Begriff der Verständigung im polnischen Staatsrecht in diesem Sinne vor. Ebenso fest steht aber, daß sowohl die polnische Literatur, wie die Staatspraxis die Bestimmung des Textes auslegten, als ob es hieße „nach Anhörung“ oder wie in Österreich „nach Einvernahme“. Es ist klar, daß diese Interpretation die entscheidende Einbruchstelle in die Autonomie der Kirche schafft. Der Staat bestimmt einseitig die Grenzen, innerhalb deren die Kirche lebt. Eine weitere Handhabe hierzu bietet sich in der Wendung „Verständigung mit der *rechtlichen Vertretung*“. Als Verhandlungspartner hätte man besser genannt die Kirche oder die Kirchenleitung, Oberste Behörde oder so. Offenbar aber ist gerade der Ausdruck „rechtliche Vertretung“ mit Bedacht gewählt. Es steckt in ihm, wie wir an praktischen Beispielen noch sehen werden, der Gedanke der Prüfung der Legitimation durch den Staat und der weitergehende Gedanke, daß eine Vertretung ad hoc bestimmt werde, wobei der Staat ein Wort mitzusprechen habe. Auch hier sehen wir die Gefahr der unzulässigen Einschränkung der Autonomie: Der Staat bestimmt sich selbst den Verhandlungspartner.

In gewisser Hinsicht ist die ganze Regelung trotz scheinbarer Klarheit unklar. Die großen Kirchen der religiösen Minderheiten, insbesondere der Evangelischen, die in den Vorgängerstaaten als anerkannte Kirchen gelten, gelten auch in Polen als anerkannt. Demgemäß wäre in den meisten Fällen höchstens eine Anpassung der in diesen Kirchen und für sie geltenden Rechtsnormen an die polnischen rechtlichen Verhältnisse notwendig gewesen. Das gilt besonders von der Kirche in Kleinpolen und den beiden unierten Kirchen, die ja bereits in gewissem Umfange eine autonome Stellung besaßen. In Wahrheit aber schwebte den Polen eine völlige Erneuerung der Rechtsordnung aller dieser Kirchen vor, die nach Absatz 1 Artikel 115 zu genehmigen war. Zu sämtlichen Kirchen wollte der Staat überdies sein Verhältnis im Wege des Absatz 2 neu regeln. Dabei ergab sich dann eine umfassende Gelegenheit, vor allem aus volkspolitischen Erwägungen heraus, den Kirchen bestimmte Rechtsnormen aufzuzwingen, die ihre Arbeit im Sinne des polnischen Staates sicherstellen sollte. Das neue Schema wurde an der Evang.-augsb. Kirche, deren Recht auch aus kirchlichen Erwägungen zu erneuern war und die ein schwaches eigenes Rechtsleben besaß, erprobt, um dann als Vorbild für alle anderen Kirchen zu dienen. Es verschwomm also für die Kirchen der religiösen Minderheiten die Bedeutung der Artikel 116 und 115 der Verfassung: Die Neuordnung kam einer Neuanerkennung gleich.

Nach Artikel 114 Absatz 1 sind die Bekenntnisse im polnischen Staate untereinander gleichberechtigt. „Das römisch-katholische Bekenntnis, das die Religion der überwiegenden Mehrheit des Volkes ist, nimmt im Staat die erste Stellung unter den gleichberechtigten Bekenntnissen ein.“ Die Verfassung des neuerstandenen polnischen Staates enthielt keine Bestimmung, wonach das Staatsoberhaupt katholischer Konfession sein müßte und die katholische Religion die Staatsreligion sei. Beide Sätze finden wir noch von 1917, letztere Bestimmung allerdings mehr im Sinne des Staatszeremoniells. Jetzt hatte man diese Erfordernisse ganz bewußt fallen lassen. Die erste Stellung statuiert keine rechtliche Bevorzugung, sondern trägt der Tatsache Rechnung, daß die katholische Kirche in Polen die Volkskirche ist. Daß dies die Absicht des Verfassungsgesetzgebers war, geht aus der Vorgeschichte einwandfrei hervor. Die Einschränkungen der Gleichberechtigung, die die Verfassung selbst enthält, bedeuten nur eine Ausnahme, die die Regel bestätigt.

a) „Die römisch-katholische Kirche regiert sich nach eigenen Gesetzen." Der Staat erkennt also die Rechtsordnung der katholischen Kirche in toto und sozusagen blanco an. Er nimmt nicht eine besondere Anerkennung der Kirchengesetze durch sich in Anspruch, wie bei den Kirchen der religiösen Minderheiten. Das Konkordat mit dem Apostolischen Stuhl von 1925 bestätigt diesen Tatbestand.

b) Das Verhältnis des Staates zur katholischen Kirche wird auf Grund eines Abkommens mit dem Apostolischen Stuhl geregelt, das der Ratifizierung durch den Sejm unterliegt. Bei den Kirchen der religiösen Minderheiten ist eine staatsgesetzliche Regelung „nach Verständigung mit der rechtlichen Vertretung" vorgesehen. Wenn man diese Bestimmung so auslegt, wie sie oben zunächst theoretisch gegeben wurde, dann mag der Unterschied in der Regelung bei der katholischen Kirche und den Kirchen der religiösen Minderheiten formal sein: Mit der katholischen Kirche Vertrag, der von der gesetzgebenden Instanz zu ratifizieren ist, für die Kirchen der religiösen Minderheiten Staatsgesetz nach vorhergehender Verständigung. Die spätere Praxis und die Theorie haben jedoch die Unterschiede so unterstrichen, daß hier eine erhebliche Rechtsungleichheit herauskam. So sagt auch Sawitzki am angeführten Orte in – unberechtigter – Anlehnung an Ullrich *Stutz*, Gleichberechtigung sei nicht gleichbedeutend mit der Gewährung derselben Rechte und Privilegien, sondern bedeute „suum cuique". Man könnte dem zustimmen, soweit es sich um Fragen handelt, die mit der tatsächlich überwiegenden Stellung der katholischen Kirche im Volk zusammenhängen. Ich denke an das Staatszeremoniell, Fragen der Feiertage, Ehrenvorrang. Ganz unmöglich ist es aber, wenn der Grundsatz des „suum cuique" in den Grundsatz der einseitigen Meistbegünstigung ausgeweitet wird. Die katholische Kirche könne jeweils zum mindesten dasselbe Maß von Freiheit und Privilegien verlangen, das der Staat irgendeinem in dieser Hinsicht am besten ausgerüsteten Religionsverband zukommen lasse. Die Kirchen der religiösen Minderheiten umgekehrt könnten sich auf Präzedenzfälle bei der katholischen Kirche, z.B. bei den sehr günstigen Konkordatsbestimmungen, nicht berufen.

Bei einer ausführlicheren theoretischen Behandlung des Fragenkomplexes wäre nun noch das sogenannte *Minderheitenrecht*, d.h. die Bestimmungen des Vertrages zwischen den alliierten und assoziierten Hauptmächten mit Polen vom 28.6.1919, soweit sie auf die Rechtsstellung der Kirchen als solche einwirken, d.h., soweit sie, was bezüglich Bestimmungen des Minderheitenrechts aber zweifelhaft ist, überhaupt Kollektivbestimmungen, d.h. einer Ganzheit verliehene Rechte enthalten, zu behandeln. Es wäre hier vor allem auf Artikel 8 Satz 2 des Minderheitenschutzvertrages mit Polen hinzuweisen. Nach ihm sollen völkische und religiöse Minderheiten ein gleiches Recht haben (wie die Mehrheit), auf ihre Kosten Wohlfahrts-, religiöse oder soziale Einrichtungen sowie Schulen und andere Erziehungsanstalten zu errichten, zu leiten und zu beaufsichtigen und in ihnen ihre Sprache frei zu gebrauchen und ihre Religion frei auszuüben. Neben einer Wiederholung der in Artikel 2 II enthaltenen Gewährung der Religionsfreiheit ausdrücklich für die Minderheiten enthält der Satz u.a. das Prinzip der Rechts- und faktischen Gleichheit bei der Schaffung bzw. Erhaltung eigener kirchlicher Einrichtungen der Minderheiten. Er berührt insofern das Staatskirchenrecht und sieht eine starke (schulische und) kirchliche Autonomie gegenüber dem Staate vor. Die Bestimmung hat ihren Niederschlag in der polnischen Staatsverfassung in Artikel 110 gefunden. Ferner wäre heranzuziehen Artikel 2 Absatz 2 des Minderheiten-Schutzvertrages, den wir in Artikel 111 Absatz 2 der Staatsverfassung wiederfinden und der trotz seiner individualistischen Formulierung wegen der Erwähnung der öffentlichen Religionsübung einen kollektiven Einschlag hat: „Alle Einwohner Polens sollen das Recht auf freie private und öffentliche Ausübung jeden Bekenntnisses, jeder Religion oder Weltanschauung haben, deren Betätigung nicht mit der öffentlichen Ordnung und den guten Sitten unvereinbar ist." Zu bemerken ist noch, daß die Artikel 113 bis 116 der Staatsverfassung in gewissem Sinne eine Ausführung des Artikels 8 S. 2 des Minderheitenschutzvertrages darstellen. Die Polnische Regierung war verpflichtet, die gestreiften Bestimmungen als Grundgesetz anzuerkennen mit der Wirkung, daß kein Gesetz, keine Verordnung und keine amtliche Handlung im Gegensatz zu ihnen stehen und kein Gesetz, keine Verordnung und keine amtliche Handlung gegen sie Geltung beanspruchen durfte (Artikel 1). Entgegenstehende Akte waren nichtig. Wie weit aber diese Nichtigkeit in Polen, sei es vor den ordentlichen, sei es vor den Verwaltungsgerichten und sonst wie z.B. im Parlament geltend gemacht werden konnte, ist zweifelhaft. Jedenfalls waren laut polnischer Staatsverfassung die Gerichte nicht berechtigt, die Gültigkeit gehörig verkündeter polnischer Gesetze zu prüfen. Es blieb also nur die Völkerbundsgarantie des Artikels 12, deren Wirksamkeit wir ja kennen. Später hat bekanntlich der polnische Außenminister Beck in der Vollversammlung des Völkerbundes vom 13. September 1934 erklärt, daß die polnische Regierung sich in Zukunft jeder Zusammenarbeit mit den internationalen Organen versagen werde, soweit es sich um die Kontrolle der Anwendung des Systems des Minderheitenschutzes durch Polen handele. Zu erwähnen wäre übrigens die deutsch-polnische Minderheitenerklärung vom 5.11.1937, die einen Absatz über die religiösen Rechte der deutschen Minderheiten enthält.

2. *Die Evang.-augsb. Kirche:* Ihr Grundgesetz war bis 1936 der erwähnte Ukas des Zaren vom 8./20.2.1849 in einer etwas modifizierten Fassung von 1896. 1936 erhielt die Kirche eine neue Rechtsordnung in Gestalt des Dekrets des Staatspräsidenten der polnischen Republik vom 25.November 1936 betreffend das Verhältnis des Staates zur Evang.-augsb. Kirche in der Republik Polen und das sogenannte innere Grundgesetz der Evang.-augsb. Kirche, das durch Verordnung des Ministerrats vom 17.Dezember 1936 anerkannt wurde und am 27. Dezember desselben Jahres in Kraft trat. Vom rechtlichen Standpunkt aus ist die Gültigkeit und Wirksamkeit dieser Rechtsakte und der durch sie beabsichtigten Rechtsordnung unter drei Gesichtspunkten zu prüfen, die gleichzeitig drei Abschnitten der geschichtlichen Entwicklung entsprechen, nämlich A. das formelle Zustandekommen dieser Akte, B. ihr materieller Inhalt und schließlich, C. ihre Durchführung.

Zu A. Die Kirche war zur russischen Zeit Staatskirche in ziemlich reiner Form gewesen. Ihr oberstes Organ war das Konsistorium, eine mit Staatsbeamten besetzte Staatsbehörde, die in allen Angelegenheiten außer den gerichtlichen (Ehesachen) den politischen Staatsbehörden unterstand, denen in zahllosen wichtigen und unwichtigen Angelegenheiten der Kirche die letzte Entscheidung vorbehalten war. Der Versuch einer Unterscheidung zwischen inneren und äußeren Angelegenheiten der Kirche ist nicht zu erkennen. Alle kirchliche Gesetzgebung floß aus der Staatsgewalt. Eine Synode, bestehend aus je einem weltlichen und geistlichen Vertreter der vier, später fünf Diözesen und dem Präsidenten und Vizepräsidenten des Konsistoriums – also 12 Mann! –, gab es nur als gutachtliches Organ. Sie hat übrigens nie getagt. Dahingestellt sei, ob dem Zaren als König von Polen ein landesherrliches Kirchenregiment in unserem Sinne zustand, oder ob hier andere Kategorien anzuwenden wären. Die Kirche besaß jedenfalls 1921 kein Organ, das die in der polnischen Verfassung statuierte Autonomie hätte wahrnehmen können. Der polnische Staat erließ daher unter dem 27.4.1922 ein Gesetz, durch das eine konstituierende Synode geschaffen wurde, die die Aufgabe haben sollte, ein neues Organisationsstatut auszuarbeiten und Vorschläge über die Regelung des Verhältnisses von Staat und Kirche vorzulegen. Es ist interessant, daran zu erinnern, daß 1917 im Weltkrieg der deutsche Generalgouverneur von Beseler in ähnlicher Weise vorgegangen war. Das polnische Gesetz stellt sich als eine Änderung des Zarenukas dar, zu der man den polnischen Staat als damaligen Inhaber der Kirchengewalt als befugt, ja als verpflichtet ansehen mußte. Denn die Kirche mußte ja erst in den Sattel gehoben werden. Auf der einen Seite war nach dem geltenden Kirchenrecht kein Organ der Kirche da, das eine Verfassung hätte beschließen können und auf der anderen Seite keine Vertretung, die man als die „rechtliche Vertretung" im Sinne einer eigenständigen kirchlichen Körperschaft hätte ansehen können, wie sie Artikel 115 Abs. 2 der Staatsverfassung für die Verhandlungen mit dem Staat im Auge hat. Allerdings band der Staat sich damit auch – es sollte der Willkür vorgebeugt werden –, dieses Verfahren nun auch durchzuführen, d.h., die von ihm kraft seiner damaligen Gesetzgebungsgewalt geschaffene Synode nun wirklich als die neue verfassunggebende Instanz der autonomen Kirche zu behandeln und sie für seine Verhandlungen über ein Staatsgesetz als rechtmäßige Vertretung der Kirche anzusehen.

Die konstituierende Synode der Evang.-augsb. Kirche hat in bewegten Verhandlungen in 4 Tagungen bis April 1923 ihre Aufgabe gelöst. Sie beschloß bei drei Stimmenthaltungen eine Verfassung und einstimmig den Vorschlag eines Staatsgesetzentwurfes. Auch die starke polnische Gruppe auf der Synode, geführt von Generalsuperintendent *D. Bursche,* hat zugestimmt.

Nach Art. 115 Abs. 1 der Staatsverfassung war die Kirchenverfassung der Staatsregierung vorzulegen, die lediglich das Recht hatte, zu prüfen, ob sie Bestimmungen enthielt, die mit dem „Gesetz" im Widerspruch stehen. Innerhalb einer angemessenen Frist hätte eine solche Prüfung und Feststellung erfolgen können und müssen. Die Regierung hatte dann die Pflicht, die Anerkennung auszusprechen. Anders lag es mit dem Staatsgesetzentwurf, der ja nur ein Vorschlag der Synode an die Regierung sein konnte, der aber ohne weiteres Staatsgesetz werden konnte, falls die Regierung mit ihm einverstanden war. Zur Führung etwa noch notwendiger Verhandlungen setzte die Synode eine Kommission ein, die aus dem Präsidium von fünf Mann und vier weiteren Abgeordneten bestand. (Vier Polen und vier Deutsche und Generalsuperintendent Bursche als Vorsitzender.)

Weil diese Entwürfe Vorschlag und Wort der Kirche enthalten und einstimmig von dem vom Staate selbst berufenen Organe der Kirche beschlossen worden sind, ist es nötig, bei ihrem Inhalt zu verweilen. Reinlich scheidet das Staatsgesetz zwischen Staatskirchenrecht und Verfassungsrecht. Das *Staatsgesetz* selbst enthält lediglich *staatskirchenrechtliche* Normen. Auf Verfassungsbestimmungen ist nur Bezug genommen. Die Entscheidung über letztere nahm die Synode als ihr Recht in Anspruch. Die Staatsingerenz ist noch weitgehend, aber erträglich. Sie wird teilweise gemildert durch den synodalen Aufbau der Verfassung.

Die Kirche genießt *Autonomie.* Die *Aufsichtsrechte* des Staates werden im *Gesetz (erschöpfend) festgelegt.* Der Staat kann also keine weitergehenden Rechte aus sogenannten allgemeinen Prinzipien ableiten.

Die *Wahl des Bischofs,* der gleichzeitig Präses der Synode und des Konsistoriums war, und die Wahl des Vizepräses des Konsistoriums sollten im Einvernehmen mit der Staatsbehörde erfolgen. Dagegen wird diese von der Wahl der *übrigen Mitglieder des Konsistoriums sowie der Senioren und Pastoren* lediglich in Kenntnis gesetzt. Mitglieder des Konsistoriums, Senioren und Pastoren können nur polnische Staatsbürger sein. Ausnahmen sind zulässig. Die Mitglieder des Konsistoriums, die Senioren und Pastoren haben vor Antritt des Amts bzw. bei der Ordination das Gelübde des Gehorsams gegen die Staatsverfassung und der Treue gegen die polnische Republik abzulegen. Den Staats- und Kommunalbehörden gegenüber sollten sich die kirchlichen Behörden der amtlichen *Sprache* des Staates bzw. der Kommunalbehörde bedienen. Im inneren Verkehr der Kirche sollten alle Landessprachen gleichberechtigt sein. Zur Würdigung der Bedeutung dieser Normen ist aus der *Verfassung* hervorzuheben, daß die Synode Trägerin der Kirchengewalt war. Ihre Zusammensetzung stellte ihre weitgehende innere Unabhängigkeit von fremden Einflüssen sicher und sollte den überwiegend deutschen Charakter der Kirche garantieren.

Eine Bestimmung aus dem Entwurf des Staatsgesetzes ist hervorzuheben, weil sie ein Licht wirft auf die hinter der ganzen Entwicklung liegende Problematik. Sie lautet: „Im Falle einer Teilung der Kirche aus nationalen Gründen wird nachstehendes Gesetz für jede der auf diese Weise entstehenden Evangl.-augsb. Kirchen verpflichtend sein.“ Die Gegensätze, die bei den Beratungen der beiden Entwürfe in der Synode zu Tage traten, waren nahezu ausschließlich durch die völkischen Verhältnisse in der Kirche veranlaßt. Schon seit dem Weltkrieg waren wegen der Unterdrückungsmethoden der herrschenden polnischen Schicht in der Kirche Tendenzen erkennbar, die Kirche national zu gliedern. Diese Tendenzen verschärften sich in den ersten Jahren nach Errichtung des polnischen Staates und bei den Synodalverhandlungen so sehr, daß die deutsche Gruppe die Aufnahme dieser Bestimmung in den Entwurf verlangte. Vielleicht ist es zunächst mehr ein Druckmittel gewesen, um die Polen zum Einlenken zu veranlassen. Aber daß mit solchen Entwicklungen ernstlich zu rechnen war, zeigt die spätere Geschichte. Mit dem Paragraphen sollte von vornherein gesichert sein, daß die sich etwa bildende Deutsche Evang.-augsb. Kirche dieselbe Rechtsstellung erhielte, wie der polnische Rest – ein einzigartiger Fall!

Voraussichtlich hätte diese Gesamtregelung die Grundlage für eine gesunde und friedliche Entwicklung in der evang.-augsburgischen Kirche gelegt. Die Regierung hat aber dem Antrag der Kirche keine Folge gegeben. Die Synodalkommission war zu einer traurigen Rolle verurteilt. Nur einmal wurde sie von ihrem Vorsitzenden einberufen, um den Minister für religiöse Bekenntnisse und öffentliche Aufklärung um beschleunigte Erledigung der beschlossenen Entwürfe zu ersuchen.

Die Regierung hat dann ihrerseits in aller Heimlichkeit Entwürfe ausarbeiten lassen, die zwar, vor allem was die Verfassung anlangt, an die alten Entwürfe anknüpften, sie aber derart veränderten, daß sie etwas vollkommen Neues darstellten.

Die Entwürfe bedeuteten eine einschneidende Verschlechterung.

Im Oktober 1936 erhielten die Mitglieder der Synodalkommission zwei Gesetzentwürfe betr. das Verhältnis des Staates zur Evang.-Augsburgischen Kirche in der Republik Polen und betr. das Innere Grundgesetz übersandt mit der gleichzeitigen Einladung, zu Verhandlungen mit den Vertretern des Staates sich in Warschau einzufinden. Diese Verhandlungen fanden gegen Ende Oktober 1936 statt. An der Sitzung der Kommission nahmen teil Generalsuperintendent D. Bursche, drei Vertreter der polnischen und vier der deutschen Gruppe. Die Beratungen endeten damit, daß die deutschen Mitglieder eine Erklärung abgaben, nach der sie an den Verhandlungen nicht weiter teilnehmen könnten. Die Begründung ging etwa dahin, daß die vorgelegten Entwürfe gegenüber den von der verfassungsgebenden Synode beschlossenen Vorlagen grundsätzlich Neuerungen enthielten, über die die Synodalkommission als solche nicht zu entscheiden ermächtigt sei. Es sei vielmehr notwendig, die verfassunggebende Synode erneut zu einer Stellungnahme einzuberufen. Trotz des Verlassens der Kommission durch die Deutschen wurden die Verhandlungen mit den Vertretern des Ministeriums fortgeführt und beendet. Die vier polnischen Mitglieder stimmten den beiden Gesetzentwürfen zu. Das Staatsgesetz wurde hierauf als Dekret am 25. November vom Staatspräsidenten unterschrieben und am 27. November im amtlichen Gesetzblatt veröffentlicht. Es trat am 27. Dezember 1936 in Kraft. Das Innere Grundgesetz der Evang.-augsb. Kirche in der Republik Polen wurde durch Verordnung des Ministerrats vom 17.12.1936 anerkannt und trat ebenfalls am 27.12.1936 in Kraft. Charakteristisch ist, daß die Verordnung sich auf eine Bestimmung des neuen Staatsgesetzes und nicht auf die Staatsverfassung stützt und daß sie selbst ausdrücklich feststellt, daß die Verfassung von der rechtlichen Vertretung der Kirche eingereicht worden sei. Vom Standpunkt der kirchenpolitischen Bestimmungen der Verfassung dürfte kein Zweifel sein, daß das Verfahren des polnischen Staates nicht ordnungsgemäß war und die Gesetze daher im Widerspruch zur Verfassung stehen. Dies gilt besonders von dem sogenannten Inneren Gesetz.

Aus diesen Vorgängen ergibt sich folgendes: Das Verfassungsgesetz ist nicht ein „eigenes Gesetz" im Sinne des Artikels 115 Abs. 1, das von den zuständigen Organen der Kirche beschlossen und von der Regierung lediglich anerkannt worden war. Es ist vielmehr von der Regierung ausgearbeitet und von einem von der Kirche nicht ermächtigten Organ, das zudem nicht beschlußfähig war, angenommen worden. Das von der Kirche durch ihre verfassungsgebende Synode beschlossene Gesetz ist, ohne daß darüber überhaupt mit der rechtlichen Vertretung verhandelt worden war, einfach beiseite geschoben worden. Mindestens wäre es richtig gewesen, die verfassungsgebende Synode erneut einzuberufen. Über das Staatsgesetz ist von der Regierung mit einem von der Kirche hierzu nicht ermächtigten Organ verhandelt worden. Es liegt daher keine Verständigung mit der rechtmäßigen Vertretung der Kirche vor. Praktisch hat der Staat nicht nur das Staatsgesetz ohne Verständigung mit der Kirche erlassen, er hat ihr auch souverän die Verfassung gegeben. Da hilft es nicht, wenn Artikel 42 Abs. 2 des Dekrets feststellt, daß die Synodalkommission die rechtliche Vertretung der Kirche ist, die gleichzeitig implizite als zum Erlaß der Verfassung befugt behandelt wird. Wie souverän man auch den Schein nicht mehr gewahrt hat, zeigt, daß man das Staatsgesetz zuerst erlassen hat und daß in diesem die Grundzüge der kirchlichen Verfassung bereits enthalten sind, dies übrigens zweifellos wieder in Anlehnung an das österreichische Vorbild aus dem Jahre 1861.

Der Staat hat nicht etwa nur einseitig Grenzen gezogen, sondern hat auch die Grundlagen der inneren Ordnung der Kirche selbständig bestimmt und läßt die solchergestalt gebundene, sozusagen ausgezogene Autonomie dann der Kirche. Sawicki spricht über diese Frage mit Offenheit, aber mit ebenso großer Harmlosigkeit. Daß ihm bei dem Verfahren der Regierung nicht wohl ist, zeigen seine Ausführungen bei der Behandlung der Evang.-Augsburgischen Kirche. Er meint, daß die in den ersten drei Artikeln (auf die ich noch zurückkomme) des Dekrets berührten Fragen durch einen Gesetzgebungsakt und nicht durch autonome Regelung der Kirche geordnet werden mußten. Denn nur so hätte eine gegenüber den anderen evangelischen Kirchen wirksame bekenntnismäßige und verfassungsmäßige Abgrenzung erfolgen können. Die andern Verfassungsangelegenheiten jedoch, die das Dekret regelt, hätten der Natur der Sache nach in das eigene Gesetz der Kirche gehört.

Zu B. Vom Standpunkt des materiellen Rechts der Verfassung aus muß gefragt werden, ob die Erfordernisse der Selbstregierung der Kirchen nach eigenen Gesetzen und die Gleichberechtigung mit der katholischen Kirche eingehalten sind. Es scheint, als ob auch diese Fragen verneint werden müssen.

a) *Die Autonomie*

1. Die Kirche genießt nach dem Dekret volle Freiheit, ihren Glauben zu bekennen und ihren religiösen Kultus auszuüben. Hinsichtlich der übrigen inneren Angelegenheiten aber zieht das Dekret eine enge Grenze. Die Kirche regiert sich nur innerhalb der durch die staatliche Gesetzgebung und das Dekret gezogenen Grenzen. Das Innere Gesetz bildet nur zusammen mit dem Dekret die rechtliche Grundlage für die Organisation der Kirche.

2. *Placet.* Hinsichtlich der Genehmigung kirchlicher Gesetze ist zu unterscheiden: a) Verfassungsgesetze unterliegen der Anerkennung im Sinne von Art. 115 Abs. 1 der Staatsverfassung. Im allgemeinen dürfte der Weg der Verordnung gewählt werden. b) Gewöhnliche Gesetze – im Gesetz bezeichnet als innere kirchliche Gesetze und kirchliche Vorschriften – sind dem Minister für religiöse Aufklärung vorzulegen, der festzustellen hat, daß sie keinerlei Bestimmungen enthalten, die mit den Staatsgesetzen und dem Inneren Grundgesetz der Kirche im Widerspruch stehen. Falls der Minister innerhalb zweier Monate nach Einreichung des betr. Gesetzes dem Konsistorium keinen diesbezüglichen Bescheid hat zugehen lassen, kann das Konsistorium die Veröffentli-

chung des Gesetzes bzw. der Vorschrift im Amtsblatt der Evang.-Augsb. Kirche veranlassen, durch die das Gesetz Rechtskraft erlangt. Zu beachten ist, daß es Gesetze gibt, bezüglich deren eine vorhergehende Verständigung mit der Staatsbehörde notwendig ist. Welche Wirkung die Nichtanerkennung des Gesetzes durch den Staat hat, ist im einzelnen nicht zu erkennen.

3. *Leitende Ämter.* Der Bischof, der zugleich lebenslänglich Präses der Synode und Präsident des Konsistoriums ist, wird im Einvernehmen mit dem zuständigen Minister gewählt. Die Wahl bedarf der Bestätigung durch den Präsidenten der Republik. Der Bischof wird gewählt durch ein Wahlkollegium, das sich zusammensetzt aus dem Vizepräsident des Konsistoriums, den Konsistorialräten, den Senioren, den Mitgliedern des Synodalausschusses sowie aus vier von der Synode gewählten Laiendelegierten. Bei seinem Amtsantritt leistet der Bischof den Treueid zu Händen des Präsidenten der Republik. Das Wahlkollegium setzt sich überwiegend aus staatlicherseits genehmigten Persönlichkeiten zusammen. Die Kirche hatte die Wahl des Bischofs durch die Synode gefordert.

Auch die Wahl des Vizepräsidenten des Konsistoriums erfolgt im Einvernehmen mit dem Minister für religiöse Bekenntnisse durch das Wahlkollegium, in dem nur statt des Vizepräsidenten der Bischof sitzt. Auch der Vizepräsident bedarf der Bestätigung durch den Präsidenten der Republik und leistet den Treueid. Die Konsistorialräte werden durch die Synode gewählt. Auch sie bedürfen der Bestätigung durch den Minister und müssen den Treueid leisten. Zum Senior darf nur eine Persönlichkeit gewählt werden, bezüglich deren sich das Konsistorium durch seinen Präsidenten vorher bei dem Minister für religiöse Bekenntnisse und öffentliche Aufklärung versichert hat, daß gegen sie keine Einwände politischer Natur bestehen.

4. *Geistliches Amt.* Die Wahl der Pfarrer, Diakone und Adjunkten, die dem zuständigen Wojewoden anzuzeigen ist, bedarf dessen Zustimmung. Diese wird angenommen, falls der Wojewode innerhalb von 5 Wochen keine Einwände politischer Natur erhoben hat. Gegen die Entscheidung des Wojewoden hat das Konsistorium – nicht aber der Geistliche – das Recht der Berufung an den Minister. Auch für die Pfarrverweser sind entsprechende Bestimmungen vorgesehen. Das Gleiche gilt für Vikare. Die Geistlichen müssen ein Abgangszeugnis von der Evang.-theol. Fakultät in Warschau vorlegen – eine Bestimmung, von der allerdings Ausnahmen zulässig sind. Bei der Ordination leisten sie unabhängig von dem kirchlichen Gelübde der Republik Polen den Treueid. Besonders gravierend ist die Bestimmung, wonach im Fall einer den Staat schädigenden Tätigkeit eines Geistlichen – übrigens auch eines Mitglieds irgendeines Organs der Evang.-Augsburgischen Kirche – sich der zuständige Wojewode unter Angabe der Gründe an das Konsistorium wenden kann zwecks Erwirkung entsprechender Maßnahmen bzw. Enthebung des Betreffenden von seinem kirchlichen Amt. Auch hier hat das Konsistorium die Möglichkeit, Berufung an den Minister einzulegen, der die Angelegenheit nach Verständigung mit dem Bischof endgültig entscheidet.

5. *Sprachenfrage.* Nach Artikel 37 des Dekretes ist die Amtssprache der kirchlichen Behörden und Ämter die Staatssprache. Nur im Verkehr mit Personen und Institutionen, die sich an kirchlichen Behörden und Ämter nicht in der Staatssprache wenden, können diese Behörden und Ämter sich der Sprache des Gesuchstellers bedienen. D.h. also, daß ein großer Teil des behördlichen Verkehrs, vor allem der Pfarrämter mit den Senioren und dem Bischof sich in polnischer Sprache vollziehen muß. Nicht unter diese Bestimmung fällt die kirchliche Verkündigung und Seelsorge.

6. Einen unmittelbaren Eingriff in die inneren Angelegenheiten der Kirche stellt die Bestimmung dar, wonach der Wortlaut des an Sonntagen und kirchlichen Feiertagen im Gottesdienst zu sprechenden Gebetes für das Wohl der Republik Polen und deren Präsidenten dem zuständigen Minister vorgelegt werden muß. An den Staatsfeiertagen haben Festgottesdienste stattzufinden,

nach welchen die Gebetshymne: „Gott, der du Polen ...“ in Anwesenheit der den Gottesdienst haltenden Geistlichen gespielt oder gesungen werden muß.

Zu 1. bis 6. ist zu sagen, daß gegenüber einigen vorausgegangenen Staatsgesetzen für kleinere Religionsgesellschaften eine immer weiter verfeinerte Kasuistik der Staatsaufsicht zu erkennen ist.

7. Im Ausgleich zu den schweren Bindungen, die übrigens auch das Vermögensrecht umfassen, haben die Kirche und die Geistlichen eine Reihe von Privilegien erhalten, wie sie bei den anerkannten Kirchen in Polen üblich sind.

Anmerkung: Wegen ihrer grundsätzlichen Bedeutung ist noch auf die territoriale Abgrenzung der Evang.-augsb. Kirche hinzuweisen. Es hat in den ersten Jahren des polnischen Staates nicht an Versuchen gefehlt, die Evang.-augsb. Kirche als genuin polnische evangelische Kirche zu behandeln und ihr demgemäß einen möglichst weiten territorialen Wirkungsbereich, sei es unter Aufsaugung der sonstigen evang. Kirchen soweit sie lutherische Gemeinden umfassen, sei es neben diesen zu geben. Diese Tendenzen sind dank des scharfen Widerstandes der übrigen deutschen evangelischen Kirchen im Gesetz von 1936 nur zu einem Teilsieg gelangt. Der Artikel 45 des Staatsgesetzes spricht aus, daß das Dekret auf dem ganzen Gebiet der Republik Polen mit Ausnahme des oberschlesischen Teils der Wojewodschaft Schlesien gelten soll. Obwohl in dem dem Gesetz beigefügten Verzeichnis der Seniorate und Gemeinden der Kirche in dieser Hinsicht nicht alle Konsequenzen gezogen werden, so daß z.B. in Ost- und Westgalizien ein Seniorat der Evang.-augsb. Kirche nicht bestand bzw. dort keine Gemeinden vorhanden waren, während es auf der anderen Seite im sogenannten Großpolen, also in Posen und Pommerellen eine Reihe von Gemeinden und ein besonderes Seniorat gab, so wird man doch sagen müssen, daß die Evang.-augsb. Kirche als im ganzen Staatsgebiet – ohne Oberschlesien – anerkannter Religionsverband anzusehen war. Im Gegensatz hierzu sind die drei anderen deutschen Kirchen streng auf ihr Territorium beschränkt. Für Posen und Pommerellen ergab sich aus diesem besonderen Zustand noch die Folgerung, daß es hier zwei Arten von öffentlich anerkannten Kirchen gleicher Art mit prinzipiell derselben Rechtsstellung nebeneinander gab – eine nach dem deutschen Staatskirchenrecht wohl singuläre Erscheinung. Dieses Ergebnis ist zum Teil die Folge des erfolgreichen Kampfes des Posener Konsistoriums gegen die Eroberungsbestrebungen Bursches, der im wesentlichen damit begründet war, daß man die Union als besonderes Bekenntnis neben das Luthertum stellte. Das Staatsgesetz grenzte nämlich nun in Artikel 3 die Evang.-augsb. Kirche deutlich gegen die Gemeinden der unierten Kirche ab, ebenso wie auf der anderen Seite gegen die Gemeinden der Altlutheraner, deren es in Posen eine Anzahl gibt. Die Evang.-augsb. Kirche wird gebildet von den auf dem gesamten Staatsgebiet befindlichen Evang.-augsb. Pfarrgemeinden. Sie umfaßt auch die mährischen Brüder (Herrenhuter), dies entsprechend der Überlieferung, während die Mennoniten, die früher auch unter der Betreuung des Warschauer Konsistoriums standen, nicht erwähnt sind (vergl. Zarenukas von 1849 Art. I Satz 2). Den Evang.-augsb. Gemeinden gehören diejenigen Personen evangelisch-lutherischen Glaubensbekenntnisses, die auf Grund rechtlicher Vorschriften der Gemeinde einer anderen evang. Kirche auf dem Staatsgebiet angehören, nicht an. Dies besagt Artikel 3 Abs. 2.

In Artikel 16 des Staatsgesetzes sichert der Staat der Kirche eine Dotation für Personalausgaben im Betrage von mindestens 240 000 Zloty und für sachliche Ausgaben von mindestens 57 000 Zloty jährlich zu. Der Haushalt des polnischen Staates für 1939/40 sah für die katholische Kirche über 20 Millionen Zloty vor, für die gesamten evangelischen Kirchen einen Betrag von 354 000 Zloty. Zieht man von diesem Betrag die gesetzlich der Evang.-augsb. Kirche zugesicherten Mindestleistungen ab, so bleiben für die anderen anerkannten evangelischen Religionsverbände genau 57 000 Zloty übrig. Im übrigen ergab ein Vergleich mit der katholischen Kirche, die 75,2 % der Bevölkerung umfaßte, im Gegensatz zu 2,6 % Evangelischen eine nicht paritätische Behandlung dieser Angelegenheit durch den polnischen Staat. Diese wurde zum Teil damit begründet, daß der Staat erhebliche Güter der katholischen Kirche eingezogen habe.

Aus der Verfassung ist vor allem hervorzuheben die Minderung der Bedeutung der Synode und die Verschlechterung ihrer Zusammensetzung gegenüber den Entwürfen der Kirche.

b) *Die Gleichberechtigung:* Ein Vergleich des Modus procedendi und der materiellen Regelung bei der katholischen Kirche und bei der Evang.-augsb. Kirche zeigt die Verletzung der Gleichberechtigung. Hinsichtlich des Modus procedendi braucht hierüber wohl kein Wort mehr verloren zu werden. Aber auch die inhaltliche Regelung zeigt eine inparitätische Behandlung an. Während nach dem Konkordat die Autonomie der katholischen Kirche eine nahezu unbeschränkte ist, genießt die evangelische Kirche volle Freiheit nur bezüglich ihres Bekenntnisses und der Ausübung ihres religiösen Kultus. Die Bischofswahl ist bei der evangelischen Kirche durch eine ganze Reihe von Kautelen gesichert. Demgegenüber steht bei der katholischen Kirche lediglich die Bestimmung, daß der Heilige Stuhl vor der Ernennung der Erzbischöfe und Bischöfe sich an den Präsidenten der Republik wenden wird, um festzustellen, daß keine *politischen* Bedenken gegen den Kandidaten vorliegen. Selbst diese nähere Bestimmung des Einspruchsrechts des Staates ist beim lutherischen Bischof nicht gemacht. Hinsichtlich der sämtlichen übrigen Amtsträger ist die katholische Kirche ungleich freier als die evangelische Kirche. Auch die unerhörte Bestimmung des Artikels 33 des lutherischen Staatsgesetzes, die die Amtsenthebung eines Geistlichen im Falle einer staatsschädigenden Tätigkeit auf Verlangen des Staates zum Zwecke hat, findet bei der katholischen Kirche eine sehr gemilderte Entsprechung, indem hier in letzter Instanz eine vom Staat und von der Kirche in gleicher Zahl zu beschickende Kommission entscheidet (Art. 20 des Konkordats). Dies und zahllose andere Besserstellungen der katholischen Kirche können angesichts des Grundsatzes der Gleichberechtigung doch wohl nur teilweise damit gerechtfertigt werden, daß die katholische Kirche in Polen die Volkskirche ist. Auch von hier aus ergibt sich also ein Zweifel an der Gültigkeit der Rechtsordnung von 1936.

C. *Die Durchführung:* Gegen beide Gesetze hatten weite kirchliche Kreise, besonders die deutschen schwerste Bedenken erhoben, weil die neue Rechtsordnung der polnischen Leitung der Kirche und im Verein mit ihr dem Staat die Möglichkeit gaben, im Rahmen der Kirche mit den Mitteln des Kirchenrechts ihre besonderen volkspolitischen Zwecke zu verfolgen. Die deutschen Kreise in der Kirche hatten sich trotzdem dazu durchgerungen, an der auf Grund der Verfassung erfolgenden Neubesetzung der höheren kirchlichen Organe (Synode, Synodalausschuß, Konsistorium, Wahlkollegium, Bischof, Seniorat) zunächst mitzuwirken und damit implizite auch die Frage der Gültigkeit der neuen Rechtsordnung nicht zu forcieren, wenn in korrekter Durchführung der Verfassung das polnische Kirchenregiment und der polnische Staat die noch bestehenden Möglichkeiten, deutschen Einfluß auf die Leitung der Kirche zu gewinnen, nicht abschnitt. Die deutschen Kreise mußten aber die Enttäuschung erleben, daß der Leiter der Kirche, D. Bursche, zunächst gerade in den 4 Diözesen, in denen die Deutschen die überwiegende Mehrheit besaßen, die Wahl der von den Deutschen in Aussicht genommenen Senioren verhinderte (Kalisch, Wolhynien, Plock und Lodsch, die insgesamt fast die Hälfte der ganzen Seelenzahl der Kirche und mehr als 2/3 der Stimmberechtigten umfaßte). In drei Fällen erklärte Bischof Bursche, der auf den sich konstituierenden Senioratsversammlungen durchweg anwesend war, nach kurzem Telephongespräch mit dem Minister, daß gegen den vorgeschlagenen Kandidaten „Einwendungen politischer Natur" erhoben würden. Eine Begründung wurde nicht gegeben. Ein weiterer Versuch fand dann nicht statt. In Wolhynien verbot Bursche auf Grund desselben Vorgangs bereits die Aufstellung der *Kandidatur* von D. Kleindienst zum Senior. Das Konsistorium hat dann überall zunächst kommissarische Senioren eingesetzt. Desgleichen unterblieben in diesen vier Diözesen die Wahl der Laienvertreter zu der Synode.

Als die polnische Kirchenleitung trotz dieses offensichtlichen Mangels die noch gar nicht ordnungsgemäß gewählte Synode zum ersten Mal einberief (Juni 1937), war diese nicht beschlußfähig, da die der Synode angehörigen deutschen Geistlichen (7) und die weltlichen deutschen Vertreter aus den 6 übrigen deutschen Diözesen den Beratungen fernblieben. (Die Synode hatte 54 Mitglieder, 39 waren gewählt, anwesend waren nur 24.) Es war nach § 6 des neuen Gesetzes mindestens die Anwesenheit der Hälfte zur Beschlußfähigkeit notwendig. Die Synode erklärte sich trotzdem für beschlußfähig, besetzte den größeren Teil der Sitze im Konsistorium (4 von 6) und im Synodalausschuß (3 von 4). Ferner das Wahlkollegium, natürlich nur mit Polen. Am 3. Juli 1937 wurde D. Bursche vom unvollständigen Wahlkollegium (von 25 Mitgliedern nur 18 gewählt bzw. anwesend) zum Bischof gewählt. Er wurde ebenso, wie die Mitglieder des Konsistoriums, von der Regierung auffallend schnell bestätigt.

Die zweite Tagung der Synode im Dezember 1937 war aus den gleichen Gründen nicht beschlußfähig (anwesend von 54 Mitgliedern 26). Trotzdem beschloß die Synode eine Reihe von wichtigen Gesetzen, von denen eins den Zweck verfolgte, die Ausübung des Wahlrechtes in der Kirche einzuschränken, um dadurch die Deutschen ihrer letzten Möglichkeiten, mit verfassungsmäßigen Mitteln ihre Rechte durchzusetzen, zu berauben. Die Deutschen formulierten inzwischen ihre Ansprüche dahin, daß sie die volle Gleichberechtigung, auch zahlenmäßig, in den kirchlichen Organen forderten. In einer Verlautbarung an die Synode klang gleichzeitig die Forderung nach nationaler Teilung der Kirche an. Mindestens forderten die Deutschen von den 8 Sitzen im Konsistorium (einschl. Präsident und Vizepräsident) 4, ferner die Hälfte in den anderen Organen, einen deutschen Bischofsvikar und die Besetzung der 4 erweiterten Seniorate nach den deutschen Vorschlägen. Es fanden noch einmal verschiedene Aussprachen zwischen den beiden Gruppen statt. Ein positives Ergebnis haben sie nicht gehabt. D. Bursche verfolgte mit ihnen wohl auch nur den Zweck, die um ihr gutes Recht kämpfenden Deutschen in der Öffentlichkeit mit der Verantwortung für die kirchlichen Schwierigkeiten zu belasten und sie mürbe zu machen. Als die Deutschen für die 4 Diözesen, in denen noch keine Senioren gewählt waren, erneut Kandidaten vorschlugen, wurden von 8 vorgeschlagenen vom Minister wiederum 7 wegen Einwänden politischer Natur abgelehnt, ohne daß eine nähere Begründung hierfür gegeben worden wäre. Weitere Kandidaten (3. Garnitur) vorzuschlagen, lehnte man deutscherseits ab. Es wurde auch von D. Bursche nichts dazu getan, daß wenigstens die Laienvertreter zur Synode in den 4 genannten Diözesen nachträglich gewählt wurden. So tagte die 3. Synode im Juni 1938 wiederum ohne die deutschen Vertreter. Die noch offen gehaltenen Sitze im Konsistorium und im Synodalausschuß wurden nun endgültig mit Polen besetzt. Die Gültigkeit des Inneren Gesetzes und des Staatsgesetzes wurde durch dies Vorgehen nicht erhöht. Jedenfalls steht jetzt fest, daß die obersten Organe der Kirche nicht rechtsgültig besetzt waren.

Von da ab war eine Verständigung nicht mehr denkbar. Die deutschen Kreise gingen nun in engem Einvernehmen mit den Berliner Stellen daran, die Frage der nationalen Teilung der Kirche und in diesem Zusammenhang die Gründung einer Deutschen Evangelischen Kirche in Polen in die Hand zu nehmen. Zunächst einmal sollten hierfür indessen die Voraussetzungen im einzelnen rechtlich, politisch und wirtschaftlich genau geprüft werden, da man die überaus großen Schwierigkeiten, die darin lagen, eine kirchliche Gründung zu erreichen, die nicht aller Rechte des Staates verlustig gehen würde, nicht verkannte. Nach außen hin, d.h. gegenüber den politischen Stellen und in der Öffentlichkeit blieb man aber auch nicht völlig untätig, indem man die nationale Teilung in der Evang.-augsb. Kirche zwar nicht amtlich betrieb, aber doch propagandistisch vertrat. Hinzuweisen ist vor allem auf einen Aufsatz von Pastor Wagner in Kattowitz, der damals bereits nach Posen ausgewiesen war, im oberschlesischen Gemeindeblatt „Kirche und Heimat" vom 1. Januar 1939 und die sehr mutigen Ausführungen des Senators Hassbach im polnischen Senat am 13.3.1939. Als eine Panne muß es bezeichnet werden, daß Pastor Wagner die Forderungen auf nationale Teilung gerade für Ostoberschlesien, wo die Lage ganz besonders war, auch amtlich schriftlich gegenüber dem polnischen Ministerpräsidenten in einem Schreiben erhob, das er als Vertreter des verstorbenen Kirchenpräsidenten Voß und namens der Synode erhob.

3. *Die Evangelische Kirche A. und H.B. in Polen (Augsburger und Helvetischen Bekenntnisses):* Ich möchte mich hier kurz fassen, da die Rechtsfragen der Kirche im Gesamtproblem der deutschen evangelischen Kirchen keine überragende Rolle gespielt haben und die Kirche heute zwar nicht aufgelöst ist, aber doch durch die Umsiedlung den größten Teil ihres Gebietes eingebüßt hat. Die für das verbliebene westliche Seniorat der Kirche in Westgalizien (Generalgouvernement Polen) zu lösenden Fragen dürften nicht schwierig sein.

Die Evangelische Kirche A. und H.B. in Polen umfaßt, wie schon betont, die evangelischen Gemeinden in den 4 Wojewodschaften Krakau, Lemberg, Tarnopol und Stanislau, welche ehemals zusammen mit den evangelischen Gemeinden in der Bukowina und der nahezu galizischen bukowinischen Superintendenz A. und H.B. einen Teil der ehemaligen Evangelischen Kirche A. und H.B. in Österreich bildeten. Nach dem Anschluß der Bukowiner Gemeinden an Rumänien organisierten sich die übriggebliebenen Gemeinden in Kleinpolen zu einer selbständigen Kirche, wobei sie die konfessionellen Grundlagen und die Verfassung ihrer Mutterkirche beibehielten. Insbesondere galt also weiter und gilt heute noch die Kirchenverfassung vom 9. Dezember 1891 mit Ausnahme derjenigen Bestimmungen, die durch die veränderten politischen Verhältnisse als aufgehoben angesehen werden müssen. Dies gilt insbesondere hinsichtlich der Bestimmungen über die Leitung und Vertretung der Gesamtkirche [durch den] deutsch-evang. Oberkirchenrat Wien und Synode. Das bedeutet, daß der frühere rechtliche Zusammenhang mit Wien aufgegeben werden mußte. Im Dezember 1920 überreichte eine Vertretung der Gemeinden der Regierung eine Denkschrift, in der ausgeführt wurde, daß die Gemeinden sich als selbständige Kirche betrachten, die sich auf Grund der bisher geltenden Kirchenverfassung regiere. Es wurde sozusagen der ganze Verfassungsapparat um eine Stufe heraufgerückt, wodurch eine Stufe (von 4) wegfiel. Superintendent, Superintendentialausschuß und Superintendenturversammlung wurden nunmehr anstatt Oberkirchenrat, Synodalausschuß und Synode die obersten Organe der Kirche, auf die alle Rechte und Pflichten übergingen, die im Sinne der bisherigen Kirchenverfassung dem Oberkirchenrat und dem Ausschuß der Generalsynode zufielen. Mit Erlaß vom 4. September 1923 stellte der Evang. Oberkirchenrat in Wien seine amtliche Tätigkeit in bezug auf die Gemeinden in Kleinpolen ein, indem er gleichzeitig seine Rechte und Pflichten auf den Superintendentialausschuß bzw. auf die Superintendentur als ausführendes Organ des Ausschusses übertrug. Die Superintendialversammlung als oberste Vertretung der Gemeinden nahm auf ihrer Sitzung in Hohenbach am 10. September 1923 die Erklärung des Oberkirchenrats zur Kenntnis. Es fand dann noch eine regelrechte Vermögensauseinandersetzung mit der Evangelischen Kirche in Österreich statt, die den Gemeinden in Kleinpolen ebenso, wie übrigens denen in der Tschechoslowakei, anteilmäßig Teile des gemeinsamen Vermögens der ehemaligen österreichischen Kirche überließ.

Schon unter dem 22. August 1922 hatte der Superintendentialausschuß dem Kultusminister mit Schreiben der Superintendentur das Projekt der „Grundsätzlichen Bestimmungen" für die Evang. Kirche A. und H.B. in Polen, ihren konfessionellen Standpunkt und ihr Verhältnis zum Staate vorgelegt. Gleichzeitig begannen vorbereitende Arbeiten an einer Verfassung, die am 16. September 1927 von einer Superintendentialversammlung angenommen wurde. Die Verfassung wurde 1928 mit einer ausführlichen Denkschrift betreffend die rechtliche „Lage und die inneren Verhältnisse in der Evang. Kirche A. und H.B. in Polen" der Regierung überreicht. Die polnische Regierung hat schriftlich auf den im Vorstehenden vorgetragenen Tatbestand niemals reagiert, hat aber auf der anderen Seite auch keine Verwahrung eingelegt, sondern von 1923 an die Superintendentur als oberste Kirchenbehörde behandelt, alle Angelegenheiten, welche die evangelischen Gemeinden Galiziens betrafen, durch die Superintendentur erledigt und sogar, wie einigen anderen evangelischen Kirchen in Polen, Staatszuschüsse gezahlt. Man muß also annehmen, daß der Staat den neuen Status der Kirche zwar nicht de jure, aber de facto anerkannt hat. Nach dem rezipierten österreichischen Recht war die Kirche jedenfalls aber ein anerkannter Religionsverband.

Das Verfassungssystem der Kirche ist eine Kombination des presbyterial-synodalen Systems mit dem konsistorial-episkopalen System, wobei nach Wegfall der stark staatskirchlich bestimmten Spitze des Evang. Oberkirchenrats in Wien nun das Überwiegen des synodalen Elements hervortrat. Konsequent wurde daher auch die stark staatskirchliche Konstruktion an der Spitze der Kirche ernannter ev. Mitglieder (Staatsbeamte) in den Entwurf nicht aufgenommen.

Die Staatsaufsichtsrechte handhabte der Staat nach den staatskirchenrechtlichen Bestimmungen der alten österreichischen Kirchenverfassung, so u.a. die Bestimmungen bezüglich der Veränderungen der Grenzen der Kirchengemeinden, der Gründung neuer Gemeinden, der Errichtung neuer Predigtstationen, der Umgestaltung bestehender Seniorate usw. Vor der Bestätigung der Wahl der Pfarrer hatte die Superintendentur das Einvernehmen mit der „politischen Landesstelle" zu pflegen, d.h. der Wojewodschaft. Erhob diese innerhalb von 30 Tagen keinen Einspruch, so konnte die Bestätigung durch den Superintendenten erfolgen. In den letzten Jahren zeigte sich die Tendenz der Wojewodschaften, die Frage der Bestätigung der Pfarrer dem Ministerium vorzulegen. Ebenso fanden weiterhin Anwendung die Bestimmungen über die Mitteilung der erfolgten Wahl eines Seniors an das Ministerium, wie über die Bestätigung der Wahl des Superintendenten durch die oberste politische Behörde. [Anmerkung: Diese Frage wurde allerdings nicht ausgepaukt. Der gegenwärtige Superintendent D. Zoeckler ist im Grunde nicht Superintendent. Er ist 1913 als solcher gewählt und vom Kulturministerium Wien bestätigt worden und übernahm 1924 beim Tode des bisherigen Superintendenten die Geschäfte, ohne Widerspruch zu finden. Eine Wahl war nicht durchzuführen, da der alte Wahlmodus ungerecht war und zu Konflikten geführt hätte. Der Staat hat Zoeckler stets als legitimen Leiter der Kirche behandelt.] Auch bedurften gesetzgeberische Beschlüsse der Synode der Bestätigung durch die Regierung. Die Leistungen des Staates an die Kirche mit 30 000 Zloty jährlich durchschnittlich waren gegenüber denen der österreichischen Regierung mit jährlich 250 000 Kronen erheblich gemindert. Der wirkliche Bedarf, der durch Staatszuschuß zu decken gewesen wäre, war ganz erheblich höher, als der Zuschuß des polnischen Staates betrug. Das westgalizische Seniorat allein hat jetzt unter Zugrundelegung der bisherigen Bezüge der Pfarrer einen Zuschußbedarf von 12 000 RM jährlich.

Die oben erwähnte Tendenz der Wojewodschaften, die Frage der Bestätigung der Pfarrer nicht mehr selbst zu erledigen, sondern dem Ministerium vorzulegen, hat, wenn auch nicht ausgesprochen, den Gedanken zum Grund, daß die Rechte des Evang. Oberkirchenrats, der in der Tat eine Staatsbehörde war, auf das polnische Kultusministerium übergegangen seien. Man hat aber polnischerseits diesen Gedanken wohl nicht zu Ende gedacht und daher auch nicht weiter die Konsequenzen gezogen. Entgegenzuhalten waren dieser Theorie vor allem die Bestimmungen der polnischen Staatsverfassung.

Seit Mai letzten Jahres waren Verhandlungen mit der Regierung über eine neue Verfassung und ein Staatsgesetz im Gange, bei denen die polnische Regierung ein auffallendes Entgegenkommen gezeigt haben soll. Es war wohl der Versuch, durch eine relativ günstige, immerhin aber doch die Kirche stark bindende Regelung in Kleinpolen die unierte Kirche in Posen immer weiter einzukreisen. Als Verfahren hatten die Polen vorgeschlagen, daß die Superintenturversammlung als konstituierende Synode zusammentreten und ein Inneres Gesetz beschließen sollte. Hierauf sollte sie eine sechsgliedrige Kommission wählen, die mit der Regierung über das Staatsgesetz verhandeln sollte.

4. *Die Unierte Evang. Kirche in Polen (Posen-Pomerellen):* Die Rechtsentwicklung kann nach zwei Problemkreisen geordnet werden, nämlich A. nach der Frage der rechtlichen Beziehungen der Posener Kirche zur altpreußischen Heimatkirche einerseits und B. nach der Frage der

Gestaltung des Kirchenrechts, insbesondere des Verfassungsrechts der Posener Kirche und des Staatskirchenrechts andererseits. In beiden Punkten ist die polnische Zeit durch einen eigenartigen Schwebezustand charakterisiert, der ein Licht wirft auf die gesamten staatskirchenrechtlichen Verhältnisse in Polen, soweit es sich um die Evang. Kirche handelt und auf die Labilität des polnischen Staates in völkischer Hinsicht.

A. Vom Anfang der Abtretung der preußischen Gebiete an Polen an forderten sowohl die maßgebenden Kreise der Heimatkirche (Evang. Oberkirchenrat, Generalsynodalvorstand und Generalsynode) wie die Gemeinden der abgetrennten Provinzen die Aufrechterhaltung der rechtlichen Verbindung zur angestammten Heimatkirche. In Rechtsakten und in Willenskundgebungen fanden diese Bestrebungen Ausdruck. Mit einer gewissen Vorsicht nach außen, aber doch in deutlich erkennbarer Form bekunden die zuständigen Behörden die Aufrechterhaltung der rechtlichen Verbindung, so z.B. die Bekanntmachung des Ev. Oberkirchenrats Berlin vom 11.5.1920, wonach die konsistorialen Befugnisse über das bisher westpreußische, dem Konsistorium in Danzig unterstehende Gebiet auf das Konsistorium Posen übertragen wurde. Ein weiterer Erlaß des Evang. Oberkirchenrats Berlin vom 10. Februar 1921 übertrug Posen auch die konsistorialen Befugnisse über die an Polen gefallenen Gebietsteile, die bisher Königsberg, Stettin und Breslau unterstanden hatten. Viel deutlicher war schon im August 1919 in einer im kirchlichen Gesetz- und Verordnungsblatt veröffentlichten Denkschrift des Evangelischen Oberkirchenrats Berlin über den Schutz der religiösen Minderheiten evangelischen Bekenntnisses, in dem nach dem Friedensvertrag an Polen abzutretenden Gebieten gesprochen worden. In ihr wurde die Aufrechterhaltung der bisherigen Privilegien der Kirche in den betreffenden Provinzen und ihre weitere Unterordnung unter die landeskirchlichen Verwaltungs- und Verfassungsorgane gefordert, wofür die volle Anerkennung der nach den Grundsätzen der Parität zu handhabenden Kirchenhoheit des polnischen Staates gegenüber den betreffenden Provinzialkirchen anerkannt wurde. Es wurde Bereitschaft erklärt, im bisherigen Umfange für die Provinzen finanzielle Mittel bereit zu stellen. Die Verfassung der altpreußischen Kirche vom 29. September 1922 sah in Artikel 117 Absatz 2 Nr. 6 die Mitgliedschaft von Vertretern aus den außerpreußischen Teilen der Kirche nach näherer Regelung durch den Kirchensenat vor. Diese Bestimmung und der Artikel 165, der besagt, daß, soweit es die kirchlichen Verhältnisse in den außerpreußischen Teilen der Kirche erfordern, der Kirchensenat zu einer Sonderregelung befugt sei, ergibt, daß diese Kirchen an sich Glied der Gesamtkirche sind und daß das Recht der Kirche grundsätzlich auch für diese Gebiete gilt. Auch § 11 des Einführungsgesetzes vom selben Tage, der besagt, daß der Landeskirchenausschuß für außerpreußische Teile der Kirche den Zeitpunkt des Inkrafttretens der Verfassung oder einzelner ihrer Bestimmungen besonders bestimmen kann, steht dem nicht entgegen. Auch er geht von der Zugehörigkeit dieser Provinzialkirchen zur Gesamtkirche und von der grundsätzlichen Geltung ihres Rechts in diesen Gebieten aus. Die Verfassung wurde nun allerdings für Posen (und Oberschlesien) nicht in Kraft gesetzt. Auf Grund eines Beschlusses des Landeskirchenausschusses vom 22.10.1925 gehörten aber der Generalsynode der altpreußischen Kirche aus dem Bereich der unierten evang. Kirche in Posen-Pomerellen an der Generalsuperintendent und der Präses der Landessynode und 6 weitere Mitglieder. Der Kirchensenat behielt sich ferner in einem Beschluß vom 9.12.1925 vor, bei der Erledigung von Angelegenheiten, durch welche die kirchlichen Verhältnisse von Posen-Pomerellen besonders berührt werden, Vertreter dieses Gebietes, und zwar den Vorsitzenden des Posener Konsistoriums und den Präses der Landessynode mit beratender Stimme hinzuzuziehen. Später wurde diese Zuziehung in eine allgemeine umgewandelt.

Auch Polen hat den Willen zur Aufrechterhaltung der Beziehungen in Rechtsakten bekundet, so z.B. in der „Notverfassung für die unierte evang. Kirche in Polen“ vom April 1920, wo gesagt ist, daß die in der Unierten Evang. Kirche in Preußen gültigen Gesetze und Ordnungen auch für die zur unierten Kirche gehörige Gemeinden in Polen Geltung hätten und daß der Zusammenhang der abgetretenen Gebiete mit der Gesamtkirche von der Notverfassung nicht berührt werde. In dem Entwurf einer Verfassungsurkunde für die Unierte Kirche in Polen, angenommen von der Landessynode am 6. und 7.12.1923 – die Verfassung deckt sich fast völlig mit der Verfassung der altpreußischen Gesamtkirche, als deren verkleinerte Ausgabe die Unierte Kirche in Polen, wie die Provinz sich seit 1921 offiziell nennt, erscheint, – steht der Satz: „In bezug auf Bekenntnis, Lehre, Kultus und Union bildet sie mit ihrer Mutterkirche, der Evang. Kirche der altpreußischen Union, eine Religionsgemeinschaft.“ 1928 wird diese Fassung sogar noch verschärft: „Durch diese Verfassung wird die Gemeinschaft mit der Mutterkirche, der Evang. Kirche der altpreußischen Union nicht betroffen.“ Die tatsächliche Verbindung zwischen Heimat und Posen war natürlich eine erheblich viel stärkere, als aus diesen Akten zu erkennen ist. Die Polen haben sich aber stets einer schriftlichen Anerkennung einer guten Verbindung entzogen. Bei Verhandlungen zwischen Auswärtigem Amt und der Polen vom Jahre 1919 waren diese nur bereit, die bisherigen Ansprüche der Geistlichen an die Versorgungskassen der Heimatkirche anzuerkennen. Ferner wollten sie das Studium der Theologen in Deutschland provisorisch gestatten. Eine reine Bekenntnis- und Kultusgemeinschaft wollte man anerkennen. Im übrigen ist aus der Fassung der von den Polen vorgelegten Leitsätze zu erkennen, daß die rechtlichen Beziehungen unterbunden werden sollen. Eine Ministerialverordnung des Ministeriums für die ehemals preußischen Gebiete vom 3.7.1920 besagt, daß infolge der Unterzeichnung und Ratifikation des Vertrages von Versailles jede kirchenrechtliche Verbindung der Unierten Kirche in Posen mit dem Oberkirchenrat Berlin hinfällig geworden sei. Daraus wird dann die Folgerung gezogen, daß für die Unierte Kirche in den ehemals preußischen Teilgebieten anstelle des Evang. Oberkirchenrats in Berlin, das Evang. Konsistorium Posen tritt. Die Zuständigkeit der preußischen Staatsbehörden in kirchlichen Angelegenheiten geht auf die Abteilung für Religion und öffentliche Aufklärung beim Ministerium des ehemals preußischen Teilgebiets oder auf die entsprechenden polnischen Ämter und Behörden über. Die bisher bestehenden Gesetze und Verfügungen, die zur vorliegenden Verordnung oder zu den rechtsgültigen Gesetzen des polnischen Staates im Widerspruch stehen, sollten ihre Gültigkeit verlieren. Hier wird also jeder Zusammenhang rücksichtslos durchgeschnitten.

Im Gegensatz hierzu stehen die Verhandlungen zwischen Vertretern des Evang. Oberkirchenrats und des Konsistoriums Posen einerseits und der polnischen Regierung andererseits, die am 17. und 18.3.1922 in Warschau stattfanden. Bei diesen erklärten sich die polnischen Vertreter mit der Aufrechterhaltung rein kirchlicher Beziehungen zu der Mutterkirche zu gemeinsamen Handeln auf den Gebieten des Bekenntnisses, der Lehre, des Kultus und der Liebestätigkeit einverstanden, einschl. des Rechts, zu den obersten synodalen Körperschaften der Gesamtkirche Vertreter zu entsenden und Gaben aus dem Ausland, insbesondere aus der Mutterkirche in Empfang zu nehmen. Die Belassung der Geistlichen und Kirchenbeamten in ihren Ämtern, auch soweit sie nicht die polnische Staatsangehörigkeit besaßen, wurde zugesagt, ebenso die Gestattung der Ausbildung für den theologischen Nachwuchs auf deutschen Bildungsanstalten und schließlich die Aufrechterhaltung des Anschlusses der Geistlichen und Beamten an die kirchlichen Versorgungseinrichtungen. Auch die weiteren Ausführungen der Niederschrift ergeben, daß die Polen das Bestehen eines rechtlichen Zusammenhangs anerkannten, denn sie erkannten an, daß zu der als notwendig angesehenen Verselbständigung der Evang. Unierten Kirche im polnischen Staatsgebiet zunächst ein kirchengesetzlicher Akt der Mutterkirche notwendig sei. Aus den weiteren Ausführungen wurde deutlich, daß die Verselbständigung der Unierten Kirche in Polen nicht eine völlige Lostrennung von der Heimatkirche bedeuten werde. Allerdings erklärten die polnischen Vertreter ausdrücklich, daß die Gültigkeit der Verordnung vom 3.7.1920 ausdrücklich aufrechterhalten werde. Zu einer Ausführung des Protokolls in dem oben gekennzeichneten Sinn kam es nicht. Aber praktisch haben die Polen in den Folgejahren die Aufrechterhaltung der Beziehungen zu Posen, deren Bestehen ihnen nicht verborgen geblieben sein kann, geduldet.

B. Auch hinsichtlich der Gestaltung der Kirchenverfassung und des kirchlichen Rechtslebens gelang es nicht, die Zustimmung des Staates zu einer endgültigen Ordnung zu erlangen.

Zunächst ist hier vorauszuschicken, daß das bisherige Reichsrecht und das Preußische Recht in Posen und Westpreußen durch das polnische Gesetz über die vorläufige Organisation der Verwaltung des ehemaligen preußischen Teilgebiets vom 1. August 1919 aufrechterhalten blieb. Die bisherigen Gesetze und Verordnungen, die in diesen Gebieten am Tage des Inkrafttretens des Gesetzes in Geltung waren, behielten auch weiterhin ihre Kraft, soweit sie nicht auf Grund dieses oder eines späteren Gesetzes eine Änderung erfuhren. Auch die kirchliche Gesetzgebung fiel unter diese Bestimmung oder wurde unter sie fallend behandelt.

Der polnische Staat wollte aber nun bei der unierten Kirche nicht nur möglichst bald die Beziehungen zur Heimatkirche unterbinden, sondern eine neue polnische kirchliche Ordnung schaffen, wobei er das von ihm ganz staatskirchlich interpretierte preußische Recht als Waffe gegen die Kirche hervorkehrte. Die Kirche wiederum wollte entsprechend ihrer These von dem aufrechterhaltenen Zusammenhang prinzipiell möglichst wenig Neuerungen eintreten lassen, jedenfalls nur diejenigen Änderungen konzedieren, die der Provinzialkirche im neuen Rahmen die Möglichkeit gab, gegenüber der Heimatkirche, und damit auch gegenüber dem polnischen Staat als selbständig zu *erscheinen.* Sie kämpfte daher gegen den polnischen Staat ideologisch hauptsächlich auch mit dem neuen, auf dem polnischen Territorium nicht mehr in Kraft getretenen Weimarer Staatskirchenrecht, dessen Grundgedanken man übrigens in vielen Punkten auch in der polnischen Verfassung finden konnte. Es ergab sich daraus vor allem a) der Wegfall der auf dem Summepiskopat beruhenden Rechte, b) erhebliche Einschränkungen der Staatsaufsicht im Sinne einer modernen kirchlichen Autonomie. In verfassungsrechtlicher Hinsicht ergab sich die Betreuung der Stellung der synodalen Organe.

a) Schon Anfang 1920 hatte, wie erwähnt, eine durch sämtliche beteiligten Kreissynoden beschickte außerordentliche Provinzialsynode eine Notverfassung angenommen, die die Zusammenfassung der an Polen gefallenen Teile Preußens zu einem einheitlichen Kirchengebiet aussprach, die Wahl einer demnächst einzuberufenden Landessynode anordnete und das Weiterarbeiten des Evang. Konsistoriums in seinem damaligen Mitgliederbestand sicherstellte. Das Ministerium der früher preußischen Teilgebiete, dem die Notverfassung übersandt wurde, erklärte, diese nicht anerkennen zu können und erließ dann seinerseits die schon erwähnte Verordnung vom 3.7.1920, die den Zusammenhang zwischen Heimatkirche und Kirchenprovinz durchschnitt und die Bestimmung enthielt, daß das Evang. Konsistorium in Posen nach Bedürfnis sollte erweitert werden können und daß Präsident und Mitglieder vom Staatspräsidenten auf Vorschlag der zuständigen polnischen Behörde ernannt werden sollen. Polen wollte damit den Übergang des landesherrlichen Kirchenregiments auf den polnischen Staat bekunden. Die Leitung der Unierten Kirche erhob gegen diese Verordnung Einspruch, sowohl in formeller wie in materieller Hinsicht. Trotz des Einspruchs verlangte das Ministerium in Posen, daß das Konsistorium ein Verzeichnis seiner Mitglieder zwecks Bestätigung durch das Ministerium einreichen solle. Dieser Aufforderung kam das Konsistorium nicht nach, erklärte aber, daß es die Erteilung eines Plazet zu der Fortführung der Geschäfte beantrage. Erstaunlicherweise hat dann das Ministerium unter dem 26.10.1920 erklärt, daß es sich mit Rücksicht auf die bevorstehende Regelung des Verhältnisses von Staat und Kirche mit der Fortführung der Geschäfte durch das Evang. Konsistorium in der gegenwärtigen Zusammensetzung (mit Ausnahme eines Mitglieds) bis zur endgültigen Entscheidung einverstanden erkläre. Der polnische Staat hat auch später die Anerkennung des Konsistoriums in der betreffenden Zusammensetzung aufrechterhalten. Die auf Grund der Verfassung gebildete Landessynode hat der Staat nicht anerkannt. Die Synode hat aber während der polnischen Zeit siebenmal ohne wesentliche Anfechtung tagen können.

Interessant ist zu erwähnen, daß Posen die Generalsynode gebeten hatte, durch einen besonderen kirchengesetzlichen Akt die Notverordnung zu genehmigen. In ihrer Sitzung vom 15.4.1920 beschloß in der Tat die 7. Generalsynode die Genehmigung auszusprechen und gleichzeitig ein Kirchengesetz betreffend die Ordnung in den evangelisch-unierten Kirchengemeinden der Gebiete, welche durch die Abtretung bisheriger preußischer Landesteile an Polen und an den Freistaat Danzig betroffen werden, zu erlassen. Das Gesetz wurde wegen der damals in Preußen bestehenden Unklarheiten über das Kirchenregiment nicht verkündet. Es ergibt sich aus diesem Vorgehen, daß man Zweifel hegte, ob die in Posen und Pomerellen ohne besagten Akt der Heimatkirche aus Teilen der Provinzialsynoden von 4 Kirchenprovinzen gebildete Provinzialsynode zum Erlaß von Gesetzen zuständig sei.

b) Die Märzverfassung des polnischen Staates änderte die grundsätzliche Stellung der Kirchen im Staate insofern, als sie nun, wie wir sahen, Autonomie erwarben. Damit waren die Grundlagen der Verordnung vom 3.7.1920, die ohnedies anfechtbar war, vollends weggezogen worden. Auf der anderen Seite empfand auch die Kirche den damaligen Zustand nicht als befriedigend, obwohl die Notverfassung rein kirchenrechtlich gesehen von ihr als gültig angesehen und gehandelt wurde. Auf beiden Seiten setzten Bestrebungen ein, den Rechtszustand auf einer neuen Basis zu regeln. Die Phasen im einzelnen interessieren nicht. Posen erklärte sich bereit, eine Verfassung auszuarbeiten und ein Staatsgesetz zu entwerfen bzw. über ein vom Staat zu erlassendes Gesetz mit dem Staat zu verhandeln. Es sah hierzu jedoch die Landessprache bzw. Synodalausschuß und Konsistorium als die zuständigen Verfassungsorgane bzw. als die rechtliche Vertretung im oben gekennzeichneten Sinn an. Der Staat aber, entsprechend seiner anderen Interpretation der Staatsverfassung, vertrat den Standpunkt der Illegalität des bisherigen Rechts und der bisherigen Organe und forderte eine Neukonstituierung, die Annahme einer Verfassung durch eine Konstituierende Synode. Die Kirche erwiderte, ihre bisherige Verfassung bestehe zurecht, die bisherigen Organe seien legal. Die 2. Landessynode nahm demgemäß am 6./7.12.1923 einen Verfassungsentwurf an, der sich übrigens erstens an die Verfassung der Evang. Kirche der altpreußischen Union anschloß und bezüglich der Verbindung zur Heimat den oben angeführten Satz enthielt. Daß man sich allerdings nicht ganz sicher fühlte, zeigt, daß die Synode eventualiter einen Gesetzentwurf zur Einberufung einer konstituierenden Synode annahm und dem Landessynodalvorstand für weitere Verhandlungen mit der Staatsregierung Vollmacht gab.

In den Rahmen des Hin und Her mit dem polnischen Staat fielen jene Besprechungen vom 17. und 18.3.1922 zwischen Vertretern der evang. Behörden, der Gesamtkirche und Posen einerseits und bezeichnenderweise Generalsuperintendent Bursche und Dr. Sahanek vom Ministerium für Posen andererseits, in denen eine weitgehende Annäherung der Standpunkte erzielt zu sein schien, sowohl hinsichtlich des Modus procedendi einer Neuordnung der Dinge in Posen, deren Notwendigkeit auch in Berlin anerkannt wurde, wie hinsichtlich der inhaltlichen Gestaltung, was die Rechtsstellung der Kirche in Posen anlangt, aber auch hinsichtlich ihrer Beziehungen zur Heimatkirche. Weshalb diese Verhandlungen vom polnischen Staat nicht weiter verfolgt wurden, ist nicht zu ersehen. Der entscheidende Punkt mag wohl gewesen sein, daß man in Warschau so weitgehende Beziehungen zwischen Berlin und Posen doch nicht anerkennen wollte.

c) 1926 nahm das Ministerium die Bemühungen um eine Konstituante wieder auf. Die Verordnung des Staatspräsidenten vom 6.3.1928 betreffend die Einberufung einer außerordentlichen Synode der unierten evang. Kirche beruhte im wesentlichen auf einer Einigung mit dem Konsistorium und dem Landessynodalvorstand, die freilich ihren grundsätzlichen Standpunkt damit nicht aufgeben wollten, vielmehr wohl lediglich der praktischen Erwägung folgten, zu einer definitiven Ordnung kommen zu wollen, in möglichster Anlehnung an die bisherige Gesetzgebung. Die Verordnung besagt unter anderem:

Um der unierten evangelischen Kirche eine Verfassung zu geben und eine rechtliche Vertretung im Sinne von Art. 115 Abs. 2 der Staatsverfassung für sie zu bilden, wird eine außerordentliche Synode der unierten evangelischen Kirche nach folgenden Grundsätzen einberufen.

Die außerordentliche Synode der unierten evangelischen Kirche besteht aus geistlichen und weltlichen Mitgliedern, welche von den vereinigten kirchlichen Körperschaften, die auf Grund der durch Allerhöchstes Reskript vom 10. September 1873 bestätigten und verkündeten Kirchengemeinde- und Synodalordnung (Pr. Gesetzsammlung S. 418) gebildet sind, gewählt werden.

Der Minister für religiöse Bekenntnisse und öffentliche Aufklärung kann einen Vertreter zu den Verhandlungen der Synode abordnen.

Aufgabe der außerordentlichen Synode ist es, ein Statut (Verfassung) der unierten evangelischen Kirche zu beschließen.

Dieses Statut erlangt Rechtsgültigkeit, sobald es im Verordnungswege durch den Ministerrat auf Antrag des Ministers für religiöse Bekenntnisse und öffentliche Aufklärung bestätigt worden ist.

Nach Fertigstellung des Status (der Verfassung) wählt die außerordentliche Synode aus ihrer Mitte eine Vertretung der Synode von sechs Mitgliedern, worauf die Verhandlungen geschlossen werden. Mit der Vertretung der Synode als der rechtlichen Vertretung der unierten evangelischen Kirche wird die Regierung sich gemäß Art. 115 Abs. 2 der Staatsverfassung ins Einvernehmen setzen.

Der Vertretung der Synode steht das Recht zu, die Synode erneut einzuberufen, falls es sich mit Rücksicht auf Art. 115 der Staatsverfassung als notwendig erweisen sollte.

Die Mandate der Mitglieder der Synode sowie die Mandate der Vertretung der Synode erlöschen mit dem Augenblick der Bestätigung des Status gemäß Art. 13 Abs. 2.

Hier sieht man also mit absoluter Deutlichkeit das Schema, das der polnische Staat sich für die Handhabung des Art. 115 der Staatsverfassung zurechtgelegt hatte.

Am 27. und 28. November 1928 nahm die Synode ihre Verhandlungen auf. Zugrunde gelegt wurde der Entwurf von 1923, der im Verfassungsausschuß wohl nur kleine Änderungen erfuhr. Die Synode kam zu keinem abschließenden Ergebnis, da vor der zweiten, bereits einberufenen Tagung der Vertreter der Regierung erklärte, daß die Regierung bezüglich einer Reihe von Bestimmungen Bedenken erheben mußte. Die nähere Formulierung der Bedenken unterblieb jedoch. Die Dinge ruhten dann wieder bis 1938.

d) Die Ereignisse in der Evang.-augsb. Kirche 1936 und in Oberschlesien 1937 gaben den Anstoß, die Rechtsstellung der Kirche und ihre Aussichten im polnischen Staate aufs neue zu prüfen. Um etwaigen unannehmbaren Entwürfen des Staates zuvorzukommen, nahm die erneut einberufene verfassungsgebende Synode am 24.2.1938 eine neue Verfassung an, die im wesentlichen auf der Kirchengemeinde- und Synodalordnung vom 10.9.1873 beruht, im Oberbau aber, bei den Kirchenleitungsorganen, ganz neue Wege zu gehen suchte. Ferner nahm die Synode im Sinne der Verordnung vom 6.3.1928 die Wahl der 6 Vertreter der Kirche vor, die die Verhandlungen mit der Regierung über das Verhältnis der unierten evang. Kirche zum Staat zu führen hätten. An der Synode hat ein Delegierter des polnischen Kultusministeriums teilgenommen.

Zu einer Stellungnahme der Regierung zu diesem Entwurf kam es nicht mehr.

Zu einer endgültigen Regelung der verfassungsrechtlichen und staatskirchenrechtlichen Lage der Kirche ist es also nicht gekommen. Immerhin wurde im kirchlichen Raum die Notverfassung vom April 1920 als gültig angesehen. Auf der anderen Seite hielt sich der Staat an die staatskirchenrechtlichen Bestimmungen aus der preußischen Zeit. So fanden u.a. Anwendung die preußischen Staatsgesetze vom 3.6.1876 und 14.7.1905. Insbesondere wurde das preußische Steuergesetz durchgeführt. Allerdings verfuhren die einzelnen Wojewodschaften in der Handhabung der einzelnen Gesetze verschieden.

Bei Anstellung von Geistlichen ist der Staat entsprechend der Autonomie nicht beteiligt worden. Da es aber fraglich war, ob die Polen nicht die Bestätigung der ernannten Superintendenten fordern würden bzw. ob sie sich die Ernennung gegebenenfalls selbst anmaßen würden, hat man in der ganzen Zeit nur kommissarische Superintendenten ernannt. Im Hinblick auf die rechtswidrige Verordnung des Ministeriums des ehemaligen preußischen Teilgebiets vom 3.7.1920 hat man es ferner unterlassen, neue Beamte im Konsistorium fest anzustellen. Auf diese Weise vermied man die Aufwerfung äußerst heikler staatskirchenrechtlicher Fragen.

Staatsleistungen hat der Staat entgegen der Lage in Danzig nicht erbracht. Die Heimatkirche mußte die erforderlichen Mittel aufbringen, wozu sie durch großzügige staatliche Hilfe im Reich instand gesetzt wurde. Bei der Betrachtung dieser rechtlichen Entwicklung wird das Problem der Geltung kirchlichen Rechts unabhängig von einer staatlichen Sanktion besonders deutlich, wie dies überhaupt bei der Betrachtung der volksdeutschen Kirchen sich immer wieder ergibt.

Danzig: Aus der ehemaligen Kirchenprovinz Westpreußen der altpreußischen Kirche befanden sich 1919 65 Gemeinden mit 74 Pfarrstellen und 221 000 Gemeindegliedern auf dem Gebiete der am 15.11.1920 begründeten Freien Stadt Danzig. Ebenso wie im Falle der an Polen gekommenen Abtretungsgebiete war es auch hier der einmütige Wille von Kirchenleitung und Kirchenprovinz, in einer Kirche zusammenzubleiben und nicht nach dem Satz „Staatsgrenzen sind Kirchengrenzen“ in zwei völlig getrennte Kirchenkörper auseinanderzufallen. Entsprechende Beschlüsse der Vertreter der 65 Gemeinden, die schon erwähnte Denkschrift des Evang. Oberkirchenrats aus dem Juli 1919 und das von der 7. Generalsynode 1920 angenommene nicht verkündete Gesetz „betreffend die Ordnung in den evang. Unierten Kirchengemeinden der Gebiete, welche durch Abtretung bisher preußischer Landesteile an Polen und die Freie Stadt Danzig betroffen werden“ bekundeten den Willen zur Aufrechterhaltung der rechtlichen Verbindung zwischen Heimatkirche und Torso der Kirchenprovinz in eindeutiger Weise, wobei gleichzeitig die Forderung auf Gewährung der bisherigen öffentlichen Rechtsstellung erhoben und andererseits die volle Kirchenhoheit des Danziger Staates über die Kirche eingeräumt wurde. Das Gelten der neuen, im Reiche durch die Verfassung von Weimar bekundeten grundsätzlichen Stellung der Kirche im Staate wurde dabei irgendwie zugrunde gelegt. Im Gegensatz zu der dargelegten Haltung des polnischen Staates erkannten die Organe der Freien Stadt diese Gesichtspunkte weitgehend an. Ein erster Akt, in dem die Freistadt die Anerkennung der Beziehungen bekundete, war das Gesetz vom 17.12.1920, mit dem Volkstag und Senat das Kirchliche Gemeindewahlgesetz vom 19.6.1920 „soweit erforderlich“ staatsgesetzlich bestätigten. Nicht bestätigt wurde allerdings zunächst das als 2. Kirchengesetz vom 19.6.1920 verkündete Gesetz betreffend eine außerordentliche Kirchenversammlung zur Feststellung der künftigen Verfassung für die evang. Landeskirche der alten preußischen Provinzen. Dies geschah erst in dem Danziger Staatsgesetz betreffend eine außerordentliche Kirchenversammlung zur Feststellung der künftigen Verfassung der evangelischen Landeskirche vom 7.6.1921. Die Bestätigung erfolgte unter der Bedingung, daß die evang. Kirchengemeinden der Freien Stadt zu einer besonderen Kirchenprovinz mit eigenem Wahlkreis zusammengefaßt würden. Der Ev. Oberkirchenrat hatte schon kurz vorher durch einen Erlaß vom 2.5.1921 das Gebiet der Freien Stadt zu einem eigenen Wahlkreis bestimmt, der 6 Abgeordnete zu wählen hatte; ferner wurde durch einen weiteren Erlaß vom 24.5.1921 die Tätigkeit des Evang. Konsistoriums in Danzig auf das Gebiet der Freien Stadt beschränkt. Schließlich ist zu erwähnen die Notverordnung des Landeskirchenausschusses vom 14.3.1923 über die Errichtung eines Provinzialsynodalverbandes Danzig und die Ausführungsbestimmungen des Ev. Oberkirchenrats dazu vom 22. März 1923.

Ferner sagt das Gesetz des Danziger Staates in Artikel II, daß die von der außerordentlichen Kirchenversammlung festgestellte künftige Verfassung für die evang. Landeskirche der älteren Provinzen Preußens im Gebiete der Freien Stadt Danzig zu dem gleichen Zeitpunkt zur Einführung gelange, in dem die Mitglieder der Vorstände der Kreissynoden des Gebietes der Freien Stadt in gemeinsamer Tagung sich mit der Verfassung durch Mehrheitsbeschluß einverstanden erklärt haben. Diese Bestimmung enthielt einmal eine weitgehende Anerkennung des rechtlichen Zusammenhangs und auf der anderen Seite eine weitgehende Selbstbeschränkung des Staates bei seiner Einflußnahme auf die Kirchenverfassung.

Auch der Hohe Kommissar des Völkerbundes für Danzig hat schließlich gegen den Zusammenhang keinen Einspruch erhoben.

Die für Danzig notwendigen Sondernormen der Verfassung wurden im Einvernehmen zwischen Landeskirchenausschuß, Senat der Freien Stadt und Provinzialkirche ausgearbeitet.

Die Verhandlungen wurden auf Grund einer zwischen Senat und EO [Evang. Oberkirchenrat]. Berlin am 7.7.1921 mündlich getroffenen Vereinbarung geführt, die die Aufrechterhaltung der Beziehungen zwischen Heimatkirche und Kirchenprovinz, die Regelung der besonderen Verfassungsfragen, die Frage der Staatsleistungen und die Kirchenhoheit des Staates zum Gegenstande hatte.

Die Danziger Kirchenversammlung erteilte am 16.7.1924 ihre Zustimmung. Durch Verordnung des Landeskirchenausschusses vom 16.9.1924 trat die Verfassung der Landeskirche am 1.10.1924 auch für das Danziger Gebiet in Kraft. Gegenstand der Sonderregelung war vor allem die kirchliche Gesetzgebung, die Bezeichnung und zum Teil die Zusammensetzung der kirchlichen Organe: Landessynode, Landeskirchenrat und Konsistorium und gewisse Vereinfachungen. In der Generalsynode war der Landessynodalverband durch Präses, Generalsuperintendent und 6 gewählte Mitglieder mit vollem Stimmrecht vertreten, im Kirchensenat durch Präses und Generalsuperintendent als Vorsitzendem des Konsistoriums. Diese Bestimmungen konnten nur mit Zustimmung der Landessynode geändert werden. Der Staat hatte zunächst die Einführung eines Veto der Landessynode gegen alle Kirchengesetze verlangt. Das Verfahren war besonders geregelt, ebenso das Verfahren im Falle einer Änderung der Verfassungsbestimmungen über die Kirchenprovinzen und ihre Organisation (Abschnitt 3 der Verfassungsurkunde), desgleichen bei einer Änderung der Zusammensetzung der Generalsynode.

Das Staatskirchenrecht der Freien Stadt war zunächst einmal das alte preußische, dann gemäß Art. 116 der Danziger Verfassung galt alles spätere Recht nach dem Stande von 18.1.1920 weiter, soweit es nicht durch die Verfassung oder durch Gesetze aufgehoben war. Ausdrücklich ausgenommen wurde davon aber die Weimarer Verfassung. Die Danziger Verfassung enthielt in ihrem zweiten Hauptteil über die Grundrechte und Grundpflichten einen Abschnitt III über Religion und Religionsgesellschaften (Art. 96-100), der in einigen Punkten Übereinstimmung oder Ähnlichkeit mit Weimar aufwies, aber den Art. 137 der Reichsverfassung nicht enthielt, also insbesondere nicht die Sätze: „Es besteht keine Staatskirche“. „Jede Religionsgesellschaft ordnet und verwaltet ihre Angelegenheiten selbständig innerhalb der Schranken des für alle geltenden Gesetze.“ „Sie verwaltet ihre Ämter ohne Mitwirkung des Staates oder der bürgerlichen Gemeinde.“ Auch den Satz, daß die Religionsgesellschaften Körperschaften des öffentlichen Rechts bleiben, soweit sie solche waren, findet man nicht. Art. 97 gibt lediglich den Religionsgesellschaften, die Körperschaften des öffentlichen Rechts sind, die Berechtigung, von ihren Mitgliedern auf Grund der bürgerlichen Steuerlisten Steuern zu erheben (Heranziehung der juristischen Personen war also ausgeschlossen).

Da die für das Verhältnis von Staat und Kirche entscheidenden Sätze der Weimarer Verfassung in Danzig nicht rezipiert worden waren, kann man zweifelhaft sein, welche Stellung die Kirche denn in Danzig eigentlich einnahm. In der ersten Zeit sind Tendenzen des Senats unverkennbar, gewisse Rechte des Summus episcopus zu beanspruchen. Hinsichtlich der Beamten des Danziger Konsistoriums bestand die Tendenz, sie als Staatsbeamte zu behandeln. Auffallend könnte auch sein, daß der Senat das dritte Gesetz der Gesamtkirche vom 19.6.1921 betr. die Ausübung des Kirchenregiments in der evangelischen Landeskirche der älteren preußischen Provinzen, das die Rechte des Königs als Träger des landesherrlichen Kirchenregiments von dem Zusammentritt der verfassungsgebenden Kirchenversammlung ab bis zu der von ihr zu erlassenden Verfassung einem aus dem Evangelischen Oberkirchenrat und dem Generalsynodalvorstand zu bildenden Landeskirchenausschuß übertrug, niemals für Danzig bestätigt hat. In der Praxis hat der Senat den Landeskirchenausschuß stets als Träger des Kirchenregiments behandelt und mit der Verfassungsurkunde der Ev. Kirche der altpreußischen Union galt in Danzig auch deren Art. 1: „Die Kirchengewalt steht ausschließlich der Kirche zu. Die Kirche ordnet und verwaltet ihre Angelegenheiten selbständig innerhalb der Schranken des für alle geltenden Gesetzes“ und galt auch der Artikel 2: „Die Kirchen, ihre Provinzial- und Kreissynodalverbände, ihre Gemeinden und Gemeindeverbände sind Körperschaften des öffentlichen Rechts.“ So muß man, obwohl diese Sätze nicht in einem Staatsgesetz, sondern lediglich in einem durch Staatsgesetz bestätigten Kirchengesetz stehen, doch annehmen, daß sie die Grundlage für das Staatskirchenrecht auch in Danzig bedeuten. Immerhin hat der Staat im ganzen eine erheblich weitergehende Ingerenz behalten, als im Reich. Ein dem preuß. Staatsgesetz vom 8.4.1924 entsprechendes Gesetz hat es in Danzig nicht gegeben. Deshalb galten jedenfalls alle diejenigen staatskirchenrechtlichen Bestimmungen Preußens weiter, die mit der Kirchenverfassung und mit der dort ausgesprochenen Autonomie der Kirche nicht in Widerspruch stehen und die sich aus der Kirchenhoheit ergeben oder ergeben können, so z.B. Art. 13 des Gesetzes vom 3.6.1876; ferner Art. 23 bis Art. 27 desselben Gesetzes. Entsprechend mußte also z.B. bei Kirchengesetzen verfahren werden, wenn sie für Danzig Geltung haben sollten. Als aufgehoben galten aber die Bestimmungen der Kirchengemeinde- und Synodalordnung bzw. des Staatsgesetzes, dazu vom 25.5.1874, ebenso das Staatsgesetz betreffend die Vertretung der Kreis- und Provinzial-Synodalverbände in vermögensrechtlichen Angelegenheiten vom 18.Juni 1895.

Infolge der Übernahme der persönlichen und sächlichen Kosten des Evang. Konsistoriums durch den Staat Danzig (ab 1.10.1921) hat die Kirche in einem Abkommen betr. die kirchliche Verwaltung vom 9.12.1924/27.1.1925 die Verpflichtung übernommen, sich vor der Besetzung der oberen Beamtenstellen im Konsistorium, d.h. Generalsuperintendent, weltlicher Oberkonsistorialrat, nebenamtliche Konsistorialräte und Oberinspektor durch Anfrage beim Senat zu vergewissern, daß gegen die in Aussicht genommene Persönlichkeit vom Standpunkt der staatlichen Interessen nichts einzuwenden ist. Dies entsprach dem Staatsgesetz von 1876. Entsprechend wird auch bei der Ernennung der Superintendenten verfahren, wogegen die Kirche sich heftig gewehrt hatte. Neben den Kosten des Konsistoriums und den staatlichen Baubeiträgen trug die Stadt Danzig einen anteilmäßigen Betrag an den früheren preußischen Staatsrenten an die Evang. Kirche. Diese Staatsleistungen beruhen zum Teil auf einem besonderen Staatsgesetz vom 28. Dezember 1921, durch das sich der Staat vom 1. April 1920 an verpflichtet hatte, bei mangelnder Leistungsfähigkeit der Kirchengemeinden und der Landeskirche die Besoldung und Ruhegehalts- und Hinterbliebenenbezüge ihrer Geistlichen den Dienst- und Versorgungsbezügen derjenigen unmittelbaren Staatsbeamten anzupassen, die ihre erste planmäßige Anstellung in einer Stelle der Besoldungsgruppe 10 (11) der Besoldungsordnung finden. Das gleiche gilt für die ordinierten Hilfsgeistlichen und Lehrvikare. Die Entscheidung über die Leistungsfähigkeit der Kirche war dem Senat nach Anhören der kirchlichen Behörde vorbehalten. Entsprechende Bezüge erhielten die nach dem 10.1.1920 in den Ruhestand getretenen Geistlichen und die Witwen der Geistlichen. Vom 1.4.1927 ab hat die Landeskirche sich an den erforderlichen Aufwendungen mit 1/3 beteiligt.

Der Staat hatte ursprünglich eine zusammenfassende Regelung der Rechtsstellung der Kirche im Gesetzwege vorgehabt und deshalb die Abmachungen von 1924/25 nur als vorläufig angesehen. Nach Abschluß des Staatsvertrages in Preußen hat die Kirche den Abschluß eines entsprechenden Abkommens mit Danzig angeregt, das auch die Bestimmungen des Pr. Staatsgesetzes von 1924 rezipiert hätte. Der Senat wollte jedoch den größten Teil der Materie nur im Wege der Rechtsverordnung regeln, mit Rücksicht auf die Kath. Kirche und den polnischen Staat, und nur einen Teil der Bestimmungen, z.B. die Staatsleistungen, vertraglich geregelt wissen. Das Jahr 1933 löschte diese Bemühungen aus.

III. *Lage und Ausblick.*

A. Kirchenpolitische Vorbemerkungen. Die kirchliche Gestaltung in den betroffenen Gebieten wird künftig etwa so aussehen.

1. Gouvernement: a) Nationale Teilung, d.h. Ausscheidung der Polen aus den Kirchengemeinden, wobei man ihnen Vermögen anteilig überlassen kann. Ob den Gemeinden dieselben Rechte zustehen sollen wie den deutschen Gemeinden, muß der Staat entscheiden.

b) Zusammenfassung der deutschen Gebilde, nämlich aa) Evang.-augsb. Kirche, bb) Westgalizisches Seniorat der Evang. Kirche A. und H.B. in Polen zu einer deutschen evangelischen Kirche, cc) Anschluß an die DEK durch das kirchliche Außenamt.

2. Schlesien: Je nach der endgültigen staatsrechtlichen Entscheidung wohl Anschluß der drei oben erwähnten Teilgebiete an die altpreußische Kirche oder an Gablonz. Letzteres ist der besondere Wunsch des gegenwärtig maßgebenden Mannes in Teschen.

3. Posen, Danzig und Westpreußen: In dieser Hinsicht schienen 3 Möglichkeiten zu bestehen, nämlich entweder Altpreußen behielt sein Territorium von 1918, d.h. die Kirchen in Danzig und Posen-Westpreußen werden wieder als Kirchenprovinzen der altpreußischen Kirche aufgenommen, was sie ja bisher auch praktisch gewesen waren. Es würde sich dann die Folge ergeben, daß die auf dem Reichsgebiet befindlichen Teile der Evang.-augsb. Kirche mit dem Zentrum in Lodsch eine eigene neue Landeskirche oder – andere Variante – eine „Reichskirchenprovinz" bildeten, sei es unter Einbeziehung der Gemeinden, die politisch an Ostpreußen fielen (Gebiet Ziechenau und Suwalki) oder ohne diese oder in den Reichsgauen Danzig, Westpreußen und Posen konstituierte sich eine alle diese Gebiete umfassende neue Landeskirche oder Reichskirchenprovinz oder Altpreußen dehnte sein Territorium auf die neuen Gebiete aus.

Man ging einen Mittelweg. Danzig und Westpreußen wurden als wieder Altpreußen anheimgefallen behandelt. Die verschiedenen Teile der evang.-augsb. Kirche wurden theoretisch zwar als unmittelbar der Reichskirche unterstehende Gebiete angesehen, mit Rücksicht aber auf technische Schwierigkeiten die Verwaltung und Betreuung des Gebietes treuhänderisch von der Reichskirche auf die Evangelische Kirche der altpreußischen Union übertragen.

Es ergaben sich also folgende Akte:

a) Unterstellung der an Ostpreußen gefallenen Gemeinden der unierten Kirche (Soldauer Gebiet) unter das Konsistorium Königsberg und der nach Westpreußen gefallenen Gebiete unter das Konsistorium Danzig.

b) Anschluß der Lodscher Gruppe der Evang.-augsb. Kirche an die DEK., und zwar soweit die Gebiete an Ostpreußen fielen unter treuhänderischer Übernahme der Verwaltung durch das Konsistorium Königsberg, soweit sie an Westpreußen fielen unter treuhänderischer Übernahme der Verwaltung durch das Konsistorium Danzig und soweit sie in den Reichsgau Posen fielen, unter treuhänderischer Übernahme durch das Konsistorium Posen.

Anmerkung: Im einzelnen sind diese Akte ausgeführt worden in der Anordnung des EO. über die Zuständigkeit der Evang. Konsistorien in Posen, Danzig und Königsberg vom 14.11.1939 und in der weiteren Anordnung des EO. über die Zuständigkeit der Evang. Konsistorien in Danzig und Königsberg vom 21. November 1939 (Ges.Bl. d. DEK. 1939, S. 127). Ferner durch die Anordnung des Präsidenten des EOK. über die deutschen Evang.-augsb. Gemeinden im Reiche vom 6. Dezember 1939 (Ges.Bl. d. DEK., S. 129) und durch die Verordnung des Präsidenten des EO. über das Kirchengebiet Danzig-Westpreußen vom 2. Januar 1940 (Ges.Bl. d. DEK. 1940, S. 1).

B. Schwierig wird die Frage, welches Recht, Kirchenrecht und Staatskirchenrecht für die betroffenen Gebiete gilt. Es ergibt sich da ein buntes, zum Teil ein verworrenes Bild.

Staatsrechtlich gilt sowohl im Gouvernement wie in den Reichsgauen – das Gebiet der ehemaligen Freien Stadt Danzig ausgenommen – das bisherige Recht weiter, soweit es nicht der Eingliederung bzw. beim Gouvernement der Übernahme der Verwaltung durch das Deutsche Reich widerspricht oder ausdrücklich aufgehoben ist. Ähnliche Bestimmungen sind von der Kirche getroffen worden. Eine andere Regelung ist mit Danzig getroffen, wohl weil dort die Angleichung an das Reichsrecht immer eine verhältnismäßig große geblieben ist. In Danzig ist am 1. Januar 1940 das gesamte Reichsrecht und das Preußische Landesrecht in Kraft getreten. Es konnte aber bestimmt werden, daß gewisse Bestimmungen nicht in Kraft treten oder erst zu einem späteren Zeitpunkt oder mit besonderen Maßgaben. Von dieser Ermächtigung hat der Reichsminister für Wissenschaft, Erziehung und Volksbildung unter anderem Gebrauch gemacht für das Gesetz über die Trennung dauernd vereinigter Schul- und Kirchenämter vom 7.9.1938. Dieses Gesetz gilt also in Danzig nicht. In kirchlicher Hinsicht gelten die Bestimmungen der oben zitierten Verordnung des Präsidenten des EO. über das Kirchengebiet Danzig-Westpreußen vom 2. Januar 1940 (Ges.Bl. d. DEK. 1940, S.1). Danach gelten für Kirchengebiet Danzig-Westpreußen bis auf weiteres sinngemäß diejenigen Vorschriften, die für die Kirchenprovinzen gelten mit Ausnahme von § 1 der Verordnung betreffend den Vorsitz in den Konsistorien und Gemeindekirchenräten vom 23. September 1937 (Ges.Bl. d. DEK., S. 61) und des § 1 der Verordnung über Leitung der Konsistorien vom 20. März 1939 (Ges.Bl. d. DEK., S. 17). Die in der Kirche geltenden Rechts- und Verwaltungsvorschriften treten am 1. Januar 1940 im Kirchengebiet Danzig-Westpreußen in Kraft, soweit nicht etwas anderes ausdrücklich bestimmt wird. Das Konsistorium kann mit Zustimmung des EO. abweichende Vorschriften erlassen, die der Überleitung des kirchlichen Rechts oder seiner Anpassung an das im Reichsgau Danzig-Westpreußen geltende allgemeine Recht dienen. Im Kirchenkreis Lipno, dessen lutherischer Bekenntnisstand unberührt bleiben soll, bleibt das bisherige kirchliche Recht in Kraft, soweit es nicht der Zugehörigkeit des Kirchenkreises zum Kirchengebiet Danzig-Westpreußen widerspricht oder etwas anderes ausdrücklich bestimmt wird. Der bisherige Landessynodalverband wird unter Einbeziehung der im Reichsgau Danzig-Westpreußen gelegenen Teile der anderen Synodalverbände zum Gebietssynodalverband Danzig-Westpreußen vereinigt, der vom Konsistorium unter Mitwirkung des Gebietssynodalrats verwaltet und vertreten wird. Die Verordnung zur Einführung der Verfassung der Evangelischen Kirche der altpreußischen Union in der Freien Stadt Danzig vom 15. September 1924 (KGVBl., S. 248) und die Verordnung betreffend die kirchliche Betreuung der Danziger evangelischen Kirche vom 19. Februar 1936 (Ges.Bl. d. DEK., S. 86) treten außer Kraft.

C. Schwierig ist nun aber das geltende Recht im einzelnen festzustellen, da das bisherige Recht teilweise angefochten ist. Andererseits gelten in den einzelnen Gebieten mehrere Rechte.

1. Für das Gouvernement: Die Evang.-augsb. Kirche ist, obwohl geteilt oder durch Absprengung erheblich verkleinert als Rechtssubjekt noch da, jedenfalls im Gouvernement. Sie hat die Stellung einer privilegierten öffentlichen Körperschaft, besitzt Autonomie, steht aber unter Staatsaufsicht. Die ihr zugesicherten Staatsleistungen bestehen als Verpflichtung fort. Die Kirche hat grundsätzlich das Steuerrecht. Ihr Vermögen ist garantiert. Man wird auch nicht unbedingt sagen können, daß das mehrfach erwähnte Staatsgesetz schlechthin ungültig sei. Anders steht es wohl mit dem Verfassungsrecht, das auf einwandfrei illegale Weise zustande gekommen ist und dem auch durch die Art der Durchführung jeder Kredit entzogen wurde. Die obersten Organe sind nicht mehr besetzt. Man braucht sie auch nicht mehr, da der Apparat jetzt viel zu groß ist, und hat um so eher die Möglichkeit, etwas Neues zu schaffen. Schwierig ist, welches Recht man hinsichtlich der Gemeindeverfassung, der Pfarrwahl und des Steuerrechts (Kirchenbeiträge) als geltend ansehen soll. Gerade in letzter Hinsicht ist ein starkes Vakuum da, weil das Beitrags- und

Zwangsbeitreibungsrecht zwar im Staatsgesetz grundsätzlich gewährt ist, aber die in Aussicht gestellten Ausführungsbestimmungen nicht mehr ergangen sind. Es muß deshalb unter Umständen auf das alte russische Recht zurückgegriffen werden.

Schwierig ist, jetzt Wahlen durchzuführen, um etwa eine Synode zu bilden und Senioren zu wählen. An sich ist der Wahlgedanke in der Kirche tief verwurzelt, schon als historische Überlieferung aus der ersten evangelischen Zeit. Man muß dieser Sache als einer weithin bestehenden Rechtsüberzeugung Rechnung tragen. Man wird diese Frage aber jetzt offenlassen müssen, deshalb a) Anerkennung der gegenwärtigen Kirchenräte, die auf Grund des Burschegesetzes gewählt wurden, als legal. b) Soweit nötig Einsetzung kommissarischer Pfarrer. c) Gleichfalls kommissarische Superintendenten (Senioren).

In Westgalizien kann für die Gemeinden und das Seniorat das bisherige Recht weitergelten. Die Evangelische Kirche A. und H.B. in der bisherigen Form müßte sich wohl auflösen. Krakau wurde, als der Kirche widerrechtlich entfremdet, einfach wieder zur Kirche gehörend betrachtet und die daraus sich ergebenden Konsequenzen wurden gezogen.

Die neue DEK. wird eine provisorische Ordnung von oben erhalten müssen unter Beteiligung der maßgebenden Männer. Vielleicht wird man, falls nicht die Umsiedlung einen Strich durch die Rechnung macht, die Entwürfe von 1923 wieder verwenden können.

2. Das Reichsgebiet: Hier ergibt sich ein noch sehr viel bunteres Bild.

a) Posen. Kirchenrechtlich:

Im Reichsgau Posen gilt hinsichtlich der unierten Kirche das bisherige Recht weiter. Ein schwieriges Problem sind die synodalen Organe, die zur polnischen Zeit immer maßgebend waren und die Rechtsstellung des Konsistoriums. Man wird aber hier, ähnlich wie bei der schon angegebenen Danziger Lösung an das bisherige Recht anknüpfen müssen.

Hinsichtlich Lodsch ist das Recht der Evang.-augsb. Kirche aufrechterhalten, aber man weiß nicht recht, welches dieses Recht ist. Gewisse Normen des altpreußischen Kirchenrechts werden unter schonender Behandlung bisher überlieferter Einrichtungen eingeführt werden müssen.

Staatskirchenrechtlich: Es gilt in Posen zunächst das Recht weiter, wie es zuletzt zu polnischer Zeit war. Ganz besonders zu unterstreichen ist, daß die preußischen Kirchensteuergesetze von 1905 in Geltung sind.

Was Lodsch anlangt, so besteht hier die gleiche Unklarheit wie im Gouvernement. Jedenfalls ist aber nicht zu bezweifeln, daß diese Kirche oder dieser Kirchenteil ein anerkannter Religionsverband und Körperschaft des öffentlichen Rechts ist.

b) Danzig-Westpreußen: In diesem Konsistorialbezirk gilt ein 3- bis 4faches Recht. In kirchenrechtlicher Hinsicht haben wir zunächst die in Westpreußen geltenden Normen, ferner das Danziger Sonderrecht und das Recht derjenigen Gebiete, die von Ostpreußen neu hinzugekommen sind. Schließlich das für die 5 Evang.-augsb. Gemeinden geltende und aufrechterhaltene Recht.

Staatskirchenrechtlich gilt im Gebiet der ehemals Freien Stadt Danzig und in den ehemals ostpreußischen Teilen das preußische Recht, in Westpreußen das alte preußische Recht in etwaiger Modifizierung durch das polnische Recht.

Soweit nicht in den neuen Reichsgauen das preußische Staatskirchenrecht eingeführt ist oder eingeführt wird, insbesondere die grundlegenden Bestimmungen des Staatsgesetzes von 1924 und des Staatsvertrages, wird man noch lange nach einem eindeutigen Recht suchen müssen, da es ein Reichsstaatskirchenrecht nur in beschränktem Umfange gibt.

Vorsitzender: Ich danke Ihnen, Herr Oberkonsistorialrat, für den außerordentlich erschöpfenden und lehrreichen Vortrag, den Sie gehalten haben, vor allen Dingen auch für den Versuch, nun in der Verwirrtheit der Lage und in der Gestaltung des Zukünftigen klar zu sehen.

Stahn: Falls eine Veröffentlichung des Berichts in Frage kommt, würde es sich doch empfehlen, den Teil über das, was kommen soll, wegzulassen, weil es sich dabei doch sehr stark um politische Fragen handelt. Das ergibt sich schon aus der Stellungnahme des Gauleiters für Posen/Warthegau. Man kann wohl sagen: das und das hat damals gegolten. Aber ob das heute noch gilt, welche Feststellungen aus der völlig neuen Gebietsgestaltung zu ziehen sind, ob es überhaupt ein ganz neues Gebiet ist, das da entstanden ist, ob zwei Gebiete zusammengelegt sind, die vorher nicht zusammengehörten, wie es mit der Körperschaftsnatur völlig zerstückelter und neu zusammengefaßter Stücke ist, alles das sind höchst schwierige Fragen. Die Gauleiter erklären: Aus allgemeinen Staatsaufsichtsgründen und aus staatspolitischen Gründen können wir das Staatskirchenrecht nicht immer gelten lassen. Das kann man auch verstehen. Sie sagen: Es ist genau dieselbe Situation wie in Österreich und im Sudetenland; es wird eine Kirchenbeitragsordnung erlassen und damit Schluß; das ist die Auffassung der Partei. Alles andere erkennt man nicht an. Also die Sache wird sehr schwierig werden. Darum bin ich nicht dafür, diese Auspizien für die Zukunft zu geben. Aber das, was Herr Oberkonsistorialrat Dr. Wahl über die geschichtliche Entwicklung vorgetragen hat, ist auch für unsere weitere Arbeit sehr wertvoll, da z.B. die Frage der Staatsleistungen, die neuerdings wieder akut wird, auch damit zusammenhängt.

Vorsitzender: Wollen wir jetzt zur Diskussion über den Vortrag des Herrn Oberkonsistorialrats Dr. Wahl schreiten oder wollen wir diese Diskussion verschieben?

Heckel: Ich glaube, man kann vom Standpunkt des Staatskirchenrechts aus, den wir ja hier vertreten, über diese Sache erst dann eine tiefere Diskussion führen, wenn man auch den katholischen Sektor mit in Betracht gezogen hat. Wir haben von Herrn Wahl in seinem wertvollen und stoffreichen Referat gehört, daß in Polen verfassungsmäßig eigentlich galt eine Kopie des deutschen Staatskirchenrechts des Spätliberalismus. In der Ausführung wurde die Sache weithin zu einem System des absolutistischen Staatskirchenrechts des Josephinismus, in anderen Gebieten wiederum zu einer Fortführung der Tradition der preußisch-deutschen Kirchenhoheit des 19. Jahrhunderts. Um nun zu sehen, wie weit das auf katholischer Seite praktiziert worden ist, müßte man wohl die katholische Seite auch dazu nehmen, um ein vollständiges Bild über die Lage zu erhalten. Man kann natürlich heute schon über gewisse Dringlichkeiten einer Neuordnung etwas sagen; aber um wirklich mit Sicherheit etwas feststellen zu können, brauchte man den Einblick in die andere Seite der Sache auch.

Vorsitzender: Ich bin auch sehr dafür, wenn ich die Sache rein sachlich ins Auge fasse, den Bericht über die katholische Seite zunächst abzuwarten und überhaupt die Diskussion zu verschieben, bis wir die Berichte schriftlich in Händen haben, soweit nicht einige Herren den Wunsch haben, sich jetzt schon zu äußern.

Weber: Meinen Sie nicht, Herrn MinDirektor, daß wir über einige besonders aktuelle Fragen, die sich aus den unmittelbaren Aufgaben, wie sie augenblicklich gestellt sind, ergeben, doch schon in dieser Sitzung sprechen könnten?

Stahn: Allerdings sind auch diese Dinge augenblicklich derart undurchsichtig, daß man kaum etwas Vernünftiges sagen kann. Augenblicklich ist alles in Bewegung und Gärung. Es liegen Schreiben von den verschiedensten Seiten vor. Für uns war es sehr wertvoll, diese sorgfältige Darstellung der ganzen bisherigen Entwicklung zu hören. Ich habe mir auch eine ganze Menge von Notizen gemacht, die für unsere Besprechungen eine gute Unterlage geben werden und die uns Hinweise dafür liefern, wie wir die Schreiben zu werten haben, die wir bekommen haben. Augenblicklich ist es tatsächlich sehr schwer, etwas dazu zu sagen. Das Problem ist ohne weiteres gegeben. Auf der einen Seite lautet das Problem: Gibt es eine Gau- bzw. Landeskirche oder gibt es eine deutsch-evangelische Kirche mit eigenem Kirchengebiet; soll die deutsche evangelische Kirche zum ersten Mal eine eigene Mitgliedschaft haben? Das andere Problem ist: Sollen die Kirchen, die da sind, nur neue Typen bilden, wie sie in Österreich und im Sudetenland gegeben sind, im Verhältnis zum Staat, im wesentlichen ohne Staatsleistung, ohne Kirchensteuerrecht? Diese beiden Sachen sind augenblicklich in der Schwebe. Gibt es eine deutsche evangelische Kirche mit eigenem Kirchengebiet oder gibt es eine stärkere Vereinskirche, von der sich der Staat immer mehr distanziert? Hierüber liegen verschiedene Wünsche, Äußerungen und Schreiben vor, und in dieser Richtung gehen auch die Einsprüche aus dem Gau Posen/Warthegau vom Reichsstatthalter Greiser, der einen solchen Anschluß, eine solche Bildung eines deutsch-evangelischen Kirchenlandes öffentlich-rechtlicher Struktur nicht haben will, während im Gegensatz dazu der Reichsstatthalter von Danzig fast wörtlich betontermaßen gegenteilige Ausführungen macht, und es sogar aus politischen Gründen zur Stärkung der deutschen Situation für erwünscht hält, eine anständige deutsch-evangelische Kirche zu haben. Alles das sind Dinge, die nur vertraulich besprochen werden dürfen, und die auch noch völlig unausgegoren sind. Man weiß nicht, wie es weitergeht. Inzwischen hat auch der Hauptkirchenreferent in Danzig vor zwei Tagen gewechselt, was ja auch eine gewisse Rolle spielt.

Heckel: Darf ich noch etwas über die Vorstellung sagen, die in dem Dissensus der beiden Gauleiter zutage treten, soweit das eben von staatlicher Seite aus möglich ist. Sie, Herr MinDirigent Stahn, sprachen eben davon, daß von Posen aus die Vorstellung eines reichsunmittelbaren Kirchengebiets abgelehnt wird – wenn ich recht verstanden habe – und eine mehr vereinskirchliche Lösung propagiert wird. Ich wollte mich nur versichern, ob ich Sie richtig verstanden habe.

Stahn: Ja, das ist richtig. Die Sache ist auch verfassungsrechtlich so, daß da, wo diese neuen Reichsgaue entstanden sind wie in Posen, Warthegau und Westpreußen, auch die Ansätze zu einer ganz neuen deutschen Verfassung herauskommen, weil wir da eine Vereinigung in einer Instanz zwischen oberster Parteileitung und oberster Verwaltung haben. Das führt dazu, daß schließlich sogar, wenn die Ministerien an diese Gaue, an diese Reichsstatthalter schreiben, die Reichsstatthalter mündlich oder schriftlich erwidern: „Ja, von euch können wir solche Weisungen nicht annehmen; denn ihr seid ja gar nicht mehr eine Instanz, die zu uns paßt; im Altreich gibt es nur den alten richtigen Staat mit einer Staatsverfassung und daneben den Stellvertreter des Führers als Aufsichtsinstanz, während das alles bei uns zusammen ist; also wenn an uns ein Ministerium aus dem Reich in einer ganz anderen verfassungsrechtlichen Lage schreiben will, kann es das überhaupt nur über München tun." Solche Antworten bekommen wir schon. Genauso ist es natürlich auf dem Gebiete des Staatskirchenrechts. Da wird auch schon gesagt: In diesen neuen Gebieten, in diesem völlig neuen Verfassungsraum, der sich hier bildet, muß es eben auch ein völlig neues staatskirchenrechtliches Verfassungssystem geben; das alte paßt nicht mehr; darum wollen wir gar nicht, daß erst eine staatskirchenrechtlich geheiligte Verbindung, eine vom Kirchenministerium genehmigte Verbindung zwischen Reich und Kirche, die sich in diesen neuen Gebieten bildet, entsteht, sondern wir erklären von vornherein – so sagt der Reichsstatthalter in Posen -: dies ist eine Sache, die völlig neu aufgebaut wird. Das hängt mit der ganzen übrigen Verfassungsgestaltung zusammen. Dagegen hat Danzig sich vorläufig freundlicher gestellt. In Danzig hat man nichts dagegen, daß die Sache als vorläufige Maßnahme geregelt wird, obwohl eine derartige Verordnung über Patronate, Patenschaften und DEK noch gar nicht herausgegangen ist. Aber die Danziger stellen sich etwas positiver. Die ganze Sache ist noch sehr dunkel. Eine ausgesprochene Stellungnahme liegt vorläufig nur vom Reichsstatthalter Posen/Warthegau vor, und die ist negativ.

Barion: Würde der Generalbevollmächtigte für die Verwaltung auch in diesem Reichsgebiet nichts zu sagen haben?

Stahn: Das ist eine Art Kombination; aber es ist nicht so, daß die Ministerien alle über den GBV schreiben.

Barion: Ich frage aus reiner Neugierde. Wird der Generalbevollmächtigte für die Verwaltung auch solche Antworten bekommen, wenn er an die Gaue schreibt? (*Stahn*: Das glaube ich nicht.)

Weber: Der Beauftragte für den Vierjahresplan würde solche Antworten nicht bekommen, auch nicht der Vorsitzende des Ministerrats für die Landesverteidigung. Das ist auch verfassungsrechtlich in keiner Weise begründet; denn der Reichsstatthalter untersteht der Fachaufsicht der Minister, der Dienstaufsicht usw.

Barion: Solche Antworten stehen völlig im Widerspruch zu allem, was bisher geschrieben worden ist.

Weber: Sie sind verfassungswidrig auf der ganzen Linie.

Stahn: Das sind so die Einwände, die gemacht werden, Alles das muß noch ausgepaukt werden.

Weber: Was das Verhältnis von Partei und Staat angeht, so ist vor einigen Tagen eine Anordnung von Göring erschienen über das Verhältnis zur Kreisinstanz, in der mit aller Schärfe, mit aller im Reichsgesetzblatt denkbaren Schärfe die Befugnis der Partei auf die „bloße Menschenführung“ beschränkt wird und jeglicher Übergriff in die Verwaltung untersagt wird. Die Anordnung ist gegengezeichnet von Heß.

Stahn: Die Situation ist dadurch etwas anders, daß die Kreisleiter zugleich Landräte sind.

Weber: Diese Verordnung gilt für den Gau nicht. Aber das Verhältnis von Partei und Staat im gesamten Reichsgebiet wird dadurch beleuchtet.

Heckel: Das Interessante ist, daß hier der Statthalter, das staatliche Organ dagegen protestiert. Das staatliche Organ protestiert dagegen und verlangt, daß die Partei das tut, was in dem Erlaß von Göring als nicht möglich hingestellt wird.

Stahn: Es mag sein, daß das eine besondere Erscheinung ist, aber es ist eben sehr schwer, über diese Sache zu diskutieren, weil alles unklar ist.

Heckel: Darf ich, um das Bild, das ich habe, noch etwa zu färben, folgende Frage stellen! Ist die Vorstellung dort die, daß die deutsche evangelische Kirche pro futuro sich auf das Altreich beschränken und sich nicht auf die neuen Gebiete ausdehnen soll, daß dort nun aber eine neue evangelisch-kirchliche Organisation aufgezogen werden soll, die vorbildlich für das Ganze wird, so wie die mageren Kühe in Ägypten die fetten gefressen haben?

Stahn: Das ist die Idee, die in Posen/Warthegau zugrunde liegt: also Gaukirche, d.h. Vereinskirche in den Gauen unter Aufsicht der Reichsstatthalter und Gauleiter.

Heckel: Das zu wissen ist wichtig mit Rücksicht auf das, was Herr Wahl über die treuhänderischen Verfügungen und über die intensiven preußischen Anschlußbestrebungen gesagt hat. Schließlich kommen wir dazu, daß sich Altpreußen durchsetzt unter der stillschweigenden Voraussetzung, daß dort ungefähr dieselben Rechtszustände Platz greifen wie in Altpreußen. In Wirklichkeit entsteht ein System des Vereinskirchenrechts, bei dem der Anschluß ganz in der Luft hängt.

Wahl: Auf diese Bedenken habe ich stark hingewiesen. Ich habe auch gesagt: Nach der finanziellen Seite ist es besser, man stellt die Leute nicht auf einen solchen Apparat um. Die Gemeinde Lodsch ist z.B. in stärkerem Maße auf sich selbst gestellt gewesen, und diese Leute bringen auch Opfer. Diesen Gedanken dadurch zu vernichten, daß man Gehälter anbietet und sie nachher nicht bezahlen kann, ist nicht gerade sehr klug.

Heckel: Wenn man den Gedanken verfolgt, etwas Neues zu machen – was damit zusammenhängt, ob das großdeutsche Staatskirchensystem sich der Trennung von Kirche und Staat immer mehr nähert –, dann ist es sinnlos, diese Anschlußbestrebungen zu fördern. Es ist auch etwas rückständig, die Sache ins Landeskirchliche umzulegen. Wenn die Volksgruppen selbständig auf sich gestellt waren und man will das im ganzen Reich, so muß man ihnen das erhalten und sie nicht künstlich ans Gängelband nehmen, um sie wieder laufen zu lassen, wenn sie das Laufen verlernt haben.

Stahn: Unser Minister will keine neuen Landeskirchen. Die anderen wollen zwar auch keine neuen Landeskirchen, wohl aber Gauvereinskirchen.

Weber: Betrachten Sie die österreichische Kirche auch schon als eine Gauvereinskirche, und ebenso die im Sudetenland?

Stahn: Der praktische Zustand geht schon dahin. Deshalb sind schon stärkere Anschlußbestrebungen an die DEK eingeleitet. Bis jetzt führen die Kirchen dort das Dasein einer Vereinskirche.

Vorsitzender: Das war eine Verordnung, die sich als Eingliederungsverordnung bezeichnet.

Haugg: In der Ostmark besteht zweifellos ein verfassungsmäßiger Zusammenhang mit der Deutschen Evangelischen Kirche, und im Sudetengau wird er vorbereitet. Aber im Warthegau will man noch weitergehen und etwas Neues machen. Man will gar keinen verfassungsmäßigen Zusammenhang zu irgendeiner Kirche im Altreich, sei es altpreußische evangelische Landeskirche, sei es Deutsche Evangelische Kirche. Man will im Gegenteil den verfassungsmäßigen Zusammenhang, der eigentlich rein juristisch noch besteht, negieren und sagen, der ist weggefallen.

Forsthoff: Ein extremer Föderalismus auf kirchlichem Gebiet und ein extremer Unitarismus auf politischem Gebiet.

Weber: Zeichnet sich schon ab, welches die Gründe für diesen Ausschluß sind? Wenn man die Tendenzen von 1933 verfolgt – eine deutsche Kirche in einem Deutschen Reich –, würde man es aufs äußerste begrüßen, daß sich diese volksdeutschen Brüder mit ihrer Kirche – gerade der Kirche, die sie in ihrem Volksdeutschtum erhalten hat – einbezogen werden in die DEK. Das ist ein ganz anderes Problem als die Übernahme der Landeskirchen. Wenn sogar diese Eingliederung in die DEK verneint wird, kann dahinter nur die Absicht stecken, die ganze Sache als Bagatelle zu behandeln und schließlich versacken zu lassen.

Heckel: Ich glaube nicht, daß es gelingen wird, diese Volksgruppenkirchen davon zurückzuhalten, mit der deutschen Gesamtkirche eine Einheit zu bilden. Wenn es ihnen geglückt ist, gegen die Polen diesen Zusammenhalt zu wahren, so werden sie ihn erst recht durchsetzen, wenn sie mit dem deutschen Volk zusammen in einer einheitlichen politischen Organisation leben. Ich hielte es ja für einen Treppenwitz der Weltgeschichte, wenn man versuchen wollte, das, was die Polen vorhatten, nämlich die absolute Trennung des Kirchentums vom Altreich, jetzt durchzuführen, wo wir uns politisch zusammengefunden haben.

Stahn: Uns leuchtet nicht ein, weshalb man den Anschluß verhindern will. Es könnte nur eintreten, daß es eine Vereinskirche mit Anschluß an Berlin ist.

Forsthoff: Das hängt davon ab, ob ein staatsrechtliches Vakuum in Posen-Warthegau besteht. Ist das der Fall, so kann man jede Beziehung zwischen Staat und Kirche ad hoc setzen.

Stahn: Man kann nicht darüber befinden, ob sich diese Kirche an die Deutsche Evangelische Kirche anschließt. Das ist eine so interne Sache.

Forsthoff: Ich würde auch Ihrer Meinung sein. Aber was ist dann noch intern, wenn dort ein völliges Neuland ist, in dem die Gauleiter aufbauen?

Stahn: Mögen die dort auf- und abbauen, so kann das Vereinskirchlein doch sagen: Wir rechnen uns zur Deutschen Evangelischen Kirche. Die können nach Berlin fahren, können sich geistlich beraten lassen usw. Das ist doch eine rein innerkirchliche Sache.

Forsthoff: Der Begriff innerkirchlich gilt doch nur unter der Voraussetzung eines bestimmten Verfassungsstatus.

Stahn: Selbst bei einem weitgehenden Verfassungsstatus würde dieser innerkirchliche Teil übrig bleiben. Darum ist die ganze Geschichte noch nicht klar.

Heckel: Ich fürchte nur, das Staatskirchenrecht wird immer mehr eine Geheimwissenschaft nicht nur für die Theorie, sondern viel mehr noch für die Praxis, wenn das so weitergeht. Aus meiner Tätigkeit beim Oberkommando der Wehrmacht weiß ich, daß auch das Militärrecht eine solche Geheimwissenschaft ist und immer mehr wird, weil immer mehr Typen auftauchen, die ungeahnte Möglichkeiten hervorzaubern. Was aber dort ein Kriegszustand ist, scheint sich hier auf die Dauer einzubürgern. Sie müssen dann gewappnete Spezialisten bei sich anstellen, und Nachwuchs kriegen Sie überhaupt nicht.

Stahn: Der Krieg ist hier eine weltanschauliche Auseinandersetzung, eine Scheidung oder Umwandlung der Geister, die die alten Hüllen sprengt, und die Trümmer, die dabei entstehen, behandeln wir noch als Stücke des Staatskirchenrechts.

Weber: Aber das Volk nimmt an diesem Kampf der Geister keinen Anteil.

Stahn: Das weiß ich nicht, das wird die Zeit zeigen.

Weber: Aber es erfährt doch nichts davon, weiß nichts davon.

Stahn: Wenn die erlauchten Geister dieses Ausschusses sich damit befassen, ist das auch schon etwas wert. Die ganze Frage der Staatsleistungen für das neue Haushaltsjahr ist im Gange, der Kirchenminister sagt: Schön, dann machen wir die Übergangsleistungen wie in Österreich und im Sudetengau. Rechtlich geordnet werden muß es. Daß allein im neuen Gau Danzig-Westpreußen 4 bis 5 verschiedene Staatskirchensteuerrechte gelten, kann man nicht lassen. Da besteht eine zwingende Notwendigkeit zur Vereinheitlichung. Das Kirchensteuerrecht, das dort gilt, ist auch das alte, während wir Novellen auf dem Gebiet gehabt haben. Das paßt alles so wenig zueinander, daß man vor der Notwendigkeit einer Neuordnung steht. Das sind letztlich politische Erwägungen.

Heckel: Ich bin ganz derselben Meinung wie Sie, Herr Ministerialdirigent, einmal über die Anlässe dieses gegenwärtigen – Chaos will ich es nicht nennen, aber, wie ein süddeutscher Landsmann das Wort ausgesprochen hat: Schoas, und dann auch über die Notwendigkeit einer Neuordnung der Dinge. Aber wie man es auch macht, es muß eine einheitliche und klare Sache werden.

Dann wollte ich noch auf einen zweiten Punkt hinweisen, nämlich auf die Frage, wie weit ein deutsches kirchliches Volksrecht, das dort entstanden ist und sich im Gegensatz zu den polnischen Gesetzen behauptet hat, nun heute, nachdem dieser feindliche polnische Staat weggefallen ist, von den deutschen Behörden als deutsches Recht, als Volksrecht anerkannt werden wird oder nicht. Da wäre ich sehr dankbar, zu wissen, ob auch auf katholischer Seite sich so etwas gebildet hat, nämlich eine Rechtsübung in katholischen Organisationen, die rein deutscher, volkskirchlicher Natur waren, die nicht vom polnischen Staat aus anerkannt, sondern die im Gegensatz zu ihm gewachsen sind.

Roth: Es hat im alten Polen nur ganz wenige deutsche katholische Gemeinden gegeben. Das habe ich bei meiner Polenreise bestätigt gefunden. Ich fragte gelegentlich: Was ist das für eine Kirche? Das ist die deutsche Kirche, die andere ist die polnische. Es war immer deutsch gleich evangelisch und polnisch gleich katholisch, so daß sich innerhalb der deutschen katholischen Volkskreise kaum etwas Besonderes hätte bilden können. Es war schon wegen der kleinen Zahl der deutschen Katholiken ausgeschlossen. Danzig ist ein Sonderfall, aber in Westpreußen und Posen ist alles, was katholisch ist, auch polnisch.

Barion: In Marienwerder haben sich aber in den Gebieten, die bei der Abstimmung bei Deutschland geblieben sind, die Abstimmungszahlen für Polen und Deutschland nicht mit den Volkszahlen gedeckt. Die Zahl der Polnischsprechenden, die zum polnischen Volkstum gehören, war größer als die Zahl derer, die sich bei der Abstimmung zu Polen bekannt haben, so daß eine Reihe von katholischen Polen für Deutschland gestimmt hat.

Roth: Das mag in dem Gebiet gewesen sein, das zu Deutschland herüberkam. Aber in dem Gebiet, das endgültig polnisch war, haben die Bevölkerungskreise, die sich entweder als polnisch oder deutsch erklären mußten, schnell auf die polnische Seite herübergefunden. Wir haben es jetzt auch von Ost-Oberschlesien erfahren. Da hat eine Art Abstimmung stattgefunden, und dabei haben sich 80% der Bevölkerung nun zu Deutschland bekannt, obwohl sicherlich volksmäßig der größere Teil polnisch ist. Es war dies nicht eine offizielle Abstimmung, sondern eine Erklärung, wozu sie sich bekennen. Es sind lange keine 80% Deutsche. Man sieht daraus: auf welche Seite sich die Bevölkerung schlägt, ist vielfach eine politische Frage. Das Bekenntnis ist nicht ein tatsächliches.

Schröcker: Bei der Gleichsetzung von katholisch mit polnisch und evangelisch mit deutsch wird man noch eine Unterscheidung machen müssen. Der deutsche Katholik in dem Gebiet, das 1919 an Polen kam, hatte eine besonders schwierige Stellung. Diese Leute konnten nach außen hin viel schwerer zeigen, daß sie deutsch sind als die Evangelischen, die an ihrer Kirche einen Rückhalt hatten. Die katholischen Deutschen hatten an ihrer Kirche keinen Rückhalt. Die Organisation war polnisch. Die katholischen Deutschen hatten einen sehr schweren Kampf. Aus unseren Akten geht hervor, daß sie eigentlich 20 Jahre hindurch diesen Kampf gekämpft haben. Sie sind innerhalb ihrer Kirche selbst nicht als rechte Katholiken und auch nicht als Deutsche anerkannt worden. Bekannte sich ein Katholik zum Deutschtum, so galt er innerhalb der Kirche als schlechter Katholik, und war einer guter Katholik, so galt er gleichzeitig auch irgendwie als polnisch.

Barion: Diese Gleichsetzung ist weitgehend ein Trick der Polen gewesen. Es fragt sich, ob man diese Gleichsetzung für unsere deutschen Zwecke übernehmen kann.

Schröcker: Die Bevölkerung kann vielfach gar nicht so dafür, und man darf ihr diese nicht zum Vorwurf machen. Die Gleichsetzung wurde von Polen, zum Teil von den Kirchenbehörden vorgenommen. Der Staat hatte eine weitgehende Einflußmöglichkeit auf die Besetzung aller kirchlichen Stellen, sowohl der Bischofssitze als auch der Pfarrstellen. Es war ziemlich gut dafür gesorgt, daß an die Pfarrstellen nur Polen herankamen. Ein deutscher Pfarrer konnte sich auf die Dauer nicht halten. So war eigentlich über das ganze katholische Deutschtum in Polen ein polnischer Firnis gestrichen, so daß es nicht mehr als deutsch erschien.

Roth: Aber die Zahl war verhältnismäßig klein.

Barion: So klein war die Zahl nicht. In der Gegend um Konitz waren verhältnismäßig viele deutsche Katholiken. In Braunsberg hatten wir drei Fälle von Theologen, die vom Bischof von Kulm gewippt wurden, angeblich weil sie nicht genügten, in Wirklichkeit, weil sie deutsch waren. Das hat sich aber nie zu rechtlichen Formen ausgebildet. Die deutschen Katholiken waren dazu nicht im Stande; sie haben passive Resistenz üben müssen.

Schröcker: Die einzige rechtliche Form war der Verband der katholischen Deutschen in Polen.

Barion: War der vorhin genannte Bursche ein Deutscher?

Wahl: Er war Pole; er stammt aus einer deutschen Familie, die sich polonisiert hatte. Es ist merkwürdig, daß unter der russischen Herrschaft in Polen die Deutschen polonisiert worden sind. Die herrschende Schicht hatte so viel Bedeutung und die geheimnisvolle Anziehungskraft des polnischen Volkes auf das deutsche war so stark, daß die akademischen Kreise leicht in das Polentum übergegangen sind. Es war 1917 schon so, daß die maßgebenden Geistlichen dem Generalgouverneur Beseler schärfsten Widerstand entgegengesetzt haben, als er eine neue Verfassung einführen wollte, und zwar nur, weil sie aus deutscher Hand kam, nicht aus sachlichen Gründen, denn sie haben sie später wieder aufgenommen.

Barion: Man kann dann auch nicht unbedingt sagen: evangelisch gleich deutsch.

Wahl: Aber die Polen wollten das nicht wahrhaben. Die ganzen Leute wie Bursche waren innerlich gebrochene Menschen. Den Polen wollten sie beweisen, daß es auch evangelische Polen gibt, und den andern wollten sie beweisen, daß sie in einer Kirche zusammen sein können.

Barion: Diese Gleichsetzung ist etwas brüchig von beiden Seiten her.

Wahl: In der Vorstellung des polnischen Volkes spielt sie eine große Rolle.

Schröcker: Man muß bedenken, den katholischen Deutschen wurde von Polen aus dauernd gepredigt: Ihr seid in Wirklichkeit nur germanisierte Polen, eure Voreltern waren Polen, und ihr seid unter preußischer Herrschaft germanisiert worden. Dadurch wurde vielleicht bei einem Teil von ihnen auch das Nationalbewußtsein irgendwie erschüttert.

(Mittagspause.)

(Nachmittagssitzung.)

Vorsitzender: Wir kommen zu Punkt 6 der Tagesordnung: *Die institutionellen Änderungen in der Rechtslage der katholisch-theologischen Universitätsfakultäten bzw. der staatlichen philosophisch-theologischen Hochschulen seit Kriegsbeginn.*

Referent Prof. Dr. *Barion: I. Vorbemerkungen.* Die Regelung der Hochschulöffnung im Trimester September-Dezember 1939 gestattete unter den staatlichen katholisch-theologischen Fakultäten bzw. philosophisch-theologischen Hochschulen nur den Fakultäten Wien und Breslau die Fortführung der Lehrtätigkeit. Das zwang bei der großen Zahl zunächst noch nicht eingezogener Theologen und bei der straffen Bindung des theologischen Studiums an die in den einzelnen Diözesen bestehenden (staatlichen oder kirchlichen) Bildungsstätten zu Ersatzlösungen: Freigabe der kirchlichen Hochschulen Paderborn, Fulda, Eichstätt, Weidenau durch das Reichskirchenministerium; selbständige Öffnung (z.B. Trier) oder provisorische Neueinrichtung (z.B. Bonn) kirchlicher Anstalten durch die kirchlichen Behörden.

Die rechtliche Bedeutung dieser Ersatzlösungen, besonders wenn sie fortdauern, hängt zusammen mit der Chiaroscuro-Atmosphäre, die in den einschlägigen Konkordatsbestimmungen (RK Art. 19,20 und die dort angezogenen, bei Weber notierten Parallelbestimmungen der Länderkonkordate) die staatlichen Rechte enthält. Fast jede der Selbständigkeit und Vorherrschaft der staatlichen Fakultäten bzw. Hochschulen günstige Bestimmung läßt auch eine ihnen abträgliche Auslegung zu, und die angedeuteten Ersatzmaßnahmen stellen ebenso viele Präzedenzfälle für die Anwendung der ungünstigen Auslegungen dar. Insofern tragen die in der konkreten Organisation des katholisch-theologischen Studiums seit Kriegsbeginn vollzogenen Änderungen den Keim zu institutionellen Änderungen der Rechtslage der staatlichen Fakultäten und Hochschulen in sich.

II. Die einzelnen Änderungen.

1. Preuß. Konkordat Art. 12 Abs. 2 Satz 1. In der genannten Bestimmung werden die von Köln bzw. Breslau abgetrennten Bistümer Aachen und Berlin von der Errichtung eines Seminars zur wissenschaftlichen Vorbildung der Geistlichen ausgeschlossen. Der Sinn der Bestimmung ist, den katholisch-theologischen Fakultäten Bonn und Breslau das gesamte bisher von ihnen betreute Gebiet der alten Diözesen Köln und Breslau zu sichern, eine Absicht, die gleichzeitig voraussetzt, daß die zugelassenen bischöflichen Seminare sich, wie es auch aus anderen Erwägungen wünschenswert ist, in der Regel auf die Aufnahme von Studenten aus der eigenen Diözese beschränken.

Durch die staatlichen Maßnahmen zu Beginn des Krieges ist diese Absicht in ihr Gegenteil verkehrt und sind die Aachener Theologen mit Billigung der staatlichen Stellen von Bonn nach Paderborn abgedrängt worden. Gleichzeitig ist dadurch das bisherige Verhalten des Bischofs von Aachen, der seine Theologen statt an die theologische Fakultät nach Bonn mit Vorliebe in das der Gesellschaft Jesu unterstellte Bischöfliche Seminar in Frankfurt schickte, offiziell als rechtlich unbedenklich anerkannt worden.

Zahlenmäßig sieht der Erfolg für die Erzbischöfliche Akademie in Paderborn so aus, daß die Hörerzahl von 428 im S.S. 1939 auf 895 im W.S. 1939/40 stieg und daß von diesen 895 Hörern nur 346 Paderborner Diözesanen waren, während die restlichen 549 Hörer anderen Diözesen und (zu einem kleinen Teil) Ordensgenossenschaften angehörten.

Das gleiche gilt mutatis mutandis für Bayern, wo alle staatlichen philosophisch-theologischen Hochschulen und die Fakultät in Würzburg geschlossen blieben und nur die Bischöfliche Hochschule in Eichstätt weitergeführt werden durfte, die infolgedessen ebenfalls völlig überfüllt ist. Die staatlichen Hochschulen sind auch heute noch geschlossen und die nichtbeamteten Dozenten an ihnen vom Bayerischen Kultusministerium aufgefordert worden, in den kirchlichen Dienst zurückzukehren, da ihnen die Diäten ab 1. Januar 1940 nicht mehr gezahlt würden.

2. Reichskonkordat Art. 20 Abs. 1. Diese Bestimmung stand bisher nur auf dem Papier. Durch die staatlichen Maßnahmen zu Beginn des Krieges wurden die bischöflichen Behörden gezwungen, von sich aus Ersatz für die geschlossen bleibenden Fakultäten und Hochschulen zu schaffen. So entstanden unter Heranziehung von vielfach in keiner Weise wissenschaftlich qualifizierten Hilfskräften, in Bayern aber auch durch Übernahme der vom Staat abgeschobenen nichtbeamteten Dozenten der phil.-theol. Hochschulen eine Reihe von nur von der Kirche unterhaltenen Anstalten teils für einzelne Jahrgänge (Bonn), teils für das ganze Studium (z.B. Bamberg, Dillingen). Art. 20 Abs. 1 des Reichskonkordats ist nunmehr geltendes Recht.

3. Reichskonkordat Art. 14 Abs. 2 Ziffer 1 Buchstabe c und Nebenbestimmungen (vgl. Weber): Das in den angezogenen Bestimmungen geforderte dreijährige philosophisch-theologische Studium ist nach Wortlaut und Sinn als Mindestforderung zu verstehen. Schon immer haben sich jedoch einzelne kirchliche Stellen geneigt gezeigt, in dieser Zeitbestimmung eine Höchstfrist für die Geltendmachung der konkordatären Anforderungen an die theologische Ausbildung zu sehen und für das über drei Jahre hinausgehende phil.-theol. Studium eine Bindung an die anerkannten Hochschulen oder überhaupt an die konkordatären Anforderungen abzulehnen. Durch die staatlichen Maßnahmen seit Kriegsbeginn sind die bischöflichen Behörden in weitem Umfang dazu gedrängt worden, diese Auslegung sich anzueignen und auch das wissenschaftliche Studium vom 7. Semester ab als in den Konkordaten nicht geregelt zu betrachten. Sie können nunmehr etwaige Hinweise darauf, daß Art. 20 Abs. 1 nicht die Erlaubnis enthalte, die überkommene Organisation des theologischen Studiums zugunsten neuer kirchlicher Anstalten beiseite zu schieben, mit der Feststellung beantworten, daß das höchstens für die ersten drei Jahre des Studiums gelte und daß sie wegen der staatlichen Maßnahmen gezwungen seien, von der mit dem 7. Semester eintretenden Freiheit der kirchlichen Behörden in der Organisation des theologischen Studiums Gebrauch zu machen.

III. Parallele Vorgänge innerhalb der Universitäten. Der unter II. gekennzeichneten tatsächlichen und in manchem anscheinend auch beabsichtigten Wirkung einer Abdrängung des theologischen Studiums auf kirchliche Anstalten entspricht und muß darum hier kurz erwähnt werden das seit Kriegsbeginn deutlich sichtbare Bestreben, die theologischen Fakultäten innerhalb der Universitäten als Fremdkörper zu kennzeichnen. Dem dienen vor allem die Neuordnung der Reihenfolge der einzelnen Fakultäten und die Anordnung des Vorlesungsverzeichnisses.

1. Der bisherige Vortritt der theologischen Fakultäten ist an einzelnen Universitäten schon beseitigt (Tübingen, anscheinend auch Jena) und soll an anderen (z.B. Bonn) beseitigt werden. Die Neuordnung beschränkt sich jedoch nicht auf die Abschaffung des nur noch historisch begründbaren und wohl auch überlebten Rechtes auf Vortritt vor allen anderen Fakultäten, sondern erstrebt eine Ordnung, bei der die theologischen Fakultäten nicht zur geisteswissenschaftlichen Gruppe gezogen, sondern hinter dieser und der naturwissenschaftlichen als eigene Gruppe aufgeführt werden. Damit soll die angebliche Unmöglichkeit ihrer Eingliederung in die Universität nach außen kundgetan werden.

2. In die gleiche Richtung geht die Anordnung einzelner Vorlesungsverzeichnisse, die in einer im einzelnen wechselnden, aber stets auf Proskribierung zielenden Form die theologischen

oder „konkordatären" Vorlesungen von den „wissenschaftlichen" Vorlesungen trennen (Beispiel: Breslau, München, Tübingen).

Schröcker: Ich darf, da Herr MinDirigent Roth noch nicht hier ist, zu dem Stellung nehmen, was Herr Prof. Barion über die katholisch-theologischen Fakultäten seit Kriegsbeginn gesagt hat. Seine Darlegung ist ja in faktischer Richtung richtig; aber wenn man die genetische Entwicklung dieser Dinge betrachtet, kann man sie leichter verstehen. Erstens muß man bedenken: Für die staatlichen theologischen Fakultäten und die staatlichen Hochschulen ist das Reichswissenschaftsministerium federführend, für die kirchlichen Anstalten das Reichskirchenministerium. Auf Seiten des Reichswissenschaftsministeriums hat immerhin die Tendenz bestanden, die theologischen Anstalten und theologischen Fakultäten möglichst nicht zu begünstigen; auf Seiten des Reichskirchenministeriums war man entgegenkommender und hat, nachdem die staatlichen Anstalten dieser Art weitgehend geschlossen waren, ein gewisses Entgegenkommen gezeigt, hat einige der kirchlichen Anstalten zugelassen, so daß dann tatsächlich als Endergebnis herausgekommen ist, daß eine Reihe von kirchlichen Anstalten geöffnet waren, während die staatlichen geschlossen blieben, daß die kirchlichen Anstalten gewuchert haben, wie Sie, Herr Prof. Barion das vortrugen, und es vorgekommen ist, daß Paderborn 900 Studenten hatte, Eichstädt ebenfalls ungefähr diese Zahl erreichte. In Eichstädt waren kaum noch Privatzimmer zu haben; die ganze Stadt war mit Theologen besetzt, alle Klöster usw. Von den staatlichen theologischen Fakultäten hatte nur Wien einen Höchststand zu verzeichnen, aber sie konnten ihre Leute auch nicht mehr alle unterbringen.

Barion: Ich habe Herrn Roth immer unterrichtet. Natürlich bin ich mir im Klaren darüber, daß das Kirchenministerium nicht daran schuld ist, sondern sich im Gegenteil bemüht hat, alles zu tun, was es nur tun konnte, um diese – man muß schon sagen – Ignoranz des Reichswissenschaftsministeriums etwas zu durchbrechen.

Schröcker: Es ist also ein Ergebnis herausgekommen, das an sich auch vom Reichskirchenministerium nicht gewünscht war, das Ergebnis, daß diese kirchlichen Anstalten mehr bevorzugt waren als die staatlichen, obwohl das Kirchenministerium bisher die umgekehrte Politik vertreten hatte.

Nun zur Frage des Monopolcharakters der staatlich anerkannten Anstalten, der staatlichen theologischen Fakultäten! Da möchte ich zu dem, was Herr Prof. Barion gesagt hat, noch etwas hinzufügen. Nach dem Wortlaut des preußischen Konkordats läßt es sich kaum durchführen, daß diese Anstalten auf Angehörige ihrer Diözesen beschränkt werden; denn nach der früheren Gesetzgebung vor dem Kulturkampf und im Kulturkampf war es festgelegt, daß diese staatlich zugelassenen Anstalten nur für die Diözesen bestimmt sind, und im Jahre 1876 bereits wurde ein Gesetz erlassen beim Abbau des Kulturkampfes, wonach die Klausel „für die Diözesen" ausdrücklich fallengelassen wurde. Die Bestimmung des Art. 12 des preußischen Konkordats ist ziemlich wörtlich der Bestimmung des Gesetzes von 1876 entnommen; d.h. es ist die Klausel des Gesetzes von 1875 unter Weglassung der Formel „für die Diözesen" entsprechend dem Gesetz von 1876. Es ist also der Zustand des Gesetzes von 1876 übernommen, und man kann jetzt schwerlich behaupten, daß diese Anstalten nur für die Diözesen bestimmt seien. Wir hätten das an sich schon gern getan. Wir hatten z.B. einmal den Zustand mit der Jesuitenschule in Frankfurt, die staatlich als Diözesanlehranstalt für Limburg anerkannt ist, aber nur zu einem verhältnismäßig geringen Bruchteil Leute aus der Diözese Limburg hat, sondern ihre Leute vom ganzen Reichsgebiet bezieht. (*Barion*: Speziell von Aachen!) Die Hochschule in Frankfurt hatte erstens die Theologen von Limburg; sie hatte zweitens die Theologen von Aachen, sie hatte drittens die Theologen von Schneidemühl, und sie hatte außerdem noch ...

Barion: Zu meiner Zeit nicht mehr! Die hatte ich.

Schröcker: Sie waren lange Zeit da; aber dann kamen sie weg. Aber sie kamen nicht alle nach Braunsberg. Ein Teil war in Fulda.

Barion: Nein, das waren nur die höchsten Semester. Es waren keine Konzessionsschulzen mehr da, und die zwei Konzessionsschulzen sind auch nicht mehr geblieben; die waren alle bei uns.

Schröcker: Dann hatte sie eine Reihe von Ordenstheologen, vor allem Jesuiten, ferner aber auch Angehörige anderer Orden, so daß man sie eigentlich nicht mehr als Diözesanseminar bezeichnen konnte.

Im preußischen Konkordat heißt es wörtlich in Art. 12 Abs. 2: „ Der Erzbischof von Paderborn und die Bischöfe von Trier, Limburg, Hildesheim und Osnabrück sind berechtigt, in ihren Bistümern ein Seminar zur wissenschaftlichen Vorbildung der Geistlichen zu besitzen." Mehr steht nicht darin. Man kann sich höchstens darauf berufen, daß diese Seminarien eben Diözesanseminarien sind, wenigstens überwiegend Leute aus der Diözese haben müssen. Wenn das nicht der Fall ist, fehlen alle Voraussetzungen für die staatliche Anerkennung.

Barion: Ich war davon ausgegangen – und insofern glaube ich, stimmen meine Deduktionen doch -: Aachen und Berlin sind dabei nicht genannt, sie haben nicht das Recht, solche Seminare zu errichten. Warum haben sie das Recht nicht? Der Sinn ist ohne Zweifel: sie haben das Recht nicht, weil ihre jetzigen Gebiete gebildet sind durch Abzweigung von Köln bzw. Breslau und für die theologische Ausbildung nach wie vor Bonn bzw. Breslau eintreten können.

Schröcker: Das war auch damals die Absicht, und vor allem hatten die Bischöfe, von deren Diözesen die neuen Diözesen abgezweigt wurden, das Bestreben, die Theologen in ihrer Ausbildungsstätte zu behalten, um ihre Ausbildungsstätte wirtschaftlich, finanziell mehr sicherzustellen.

Vorsitzender: Ich erinnere mich übrigens auch aus den Konkordatsverhandlungen, daß man diese Bischöfe bewußt nicht mitaufgenommen hat, um die Restgebiete nicht zu schädigen. So ungefähr war der Gedanke.

Schröcker: Dann haben wir noch ein Beispiel aus früherer Zeit, wo es ja auch schon ähnlich war, daß die staatliche theologische Fakultät sozusagen im luftleeren Raum hing, während eine zwar staatliche Hochschule, aber immerhin ausschließlich theologische Hochschule und darum mit bischöflich-kirchlichem Charakter vorhanden war, nämlich München und Freising. Wir hatten in München eine staatliche theologische Fakultät, die an sich für keine Diözese bestimmt war, weil die Diözese auch eine eigene Hochschule, ein eigenes Seminar hatte. Für die Erzdiözese München-Freising bestand in Freising ein volles theologisches Studium. Die Münchner theologische Fakultät wurde vom Erzbischof von München immer in der Versorgung mit Theologen sehr knapp gehalten. Sie hatte immer mehr Theologen aus anderen Diözesen als aus München. Ungefähr die Hälfte der Theologiestudenten gehörte meistens vor allem Augsburg an. Also vom Diözesanbischof wurde die Münchner theologische Fakultät immer sozusagen ausgehungert.

Vorsitzender: Eine Zwischenfrage! Diese im preußischen Konkordat vorgesehenen, zugelassenen Diözesanhochschulen haben ja dann eigentlich hinsichtlich der Ausbildung der Geistlichen dieselbe Kraft wie die Universitäten! (*Schröcker*: Ja! – *Weber*: Aber kein Promotionsrecht!)

Barion: Für die Anstellungsvoraussetzungen sind sie gleichberechtigt.

Schröcker: Die Anstellungsvoraussetzungen sind im Reichskonkordat und im preußischen Konkordat formuliert. Im preußischen Konkordat heißt es in Art. 9: „Angesichts der in diesem Vertrag zugesicherten Dotation der Diözesen und Diözesananstalten wird ein Geistlicher zum Ordinarius eines Erzbistums oder Bistums ... oder zum Leiter oder Lehrer an einer Diözesanbildungsanstalt nur bestellt werden, wenn er ...- c) ein mindestens dreijähriges philosophisch-theologisches Studium an einer deutschen staatlichen Hochschule oder an einer der gemäß Art. 12 hierfür bestimmten bischöflichen Seminare oder an einer päpstlichen Hochschule in Rom zurückgelegt hat."

Vorsitzender: Er kann aber nicht Universitätsprofessor werden! (*Schröcker*: Nein!)

Barion: Doch, das kann er bei uns jetzt auch. Das ist ein Gebiet, wo das Reichswissenschaftsministerium nach gelegentlichen Anläufen neuerdings wieder alles vergessen hat. (*Weber*: Das ist ja aktenmäßig festgelegt!) In Würzburg hatte man vor einiger Zeit auf eine Liste einen Dozenten einer kirchlichen Lehranstalt gesetzt, der nur auf einer kirchlichen Lehranstalt vorgebildet war und nicht richtig habilitiert war. Da hat das Ministerium in einem erstaunlichen Anfall von Erleuchtung nach Würzburg geschrieben, das gehe nicht, man müsse ordnungsmäßig vorgebildete Leute für die Professur vorschlagen; wenn sie das nicht täten, gefährdeten sie das Vorschlagsrecht. Das ist jetzt wieder vergessen. In Freiburg hat man neuerdings bei einer Professur auch einen derartigen Dozenten aus einer kirchlichen Lehranstalt vorgeschlagen, und diese Liste ist zur Kenntnis genommen worden; kein Mensch ist im Ministerium für Wissenschaft und Erziehung aufgestanden und hat gesagt, daß da in flagrantem Widerspruch zu dem Erlaß in Würzburg gehandelt wurde. Die Fakultäten sind ohne Zweifel wie die Schafe, die keinen Hirten haben. Das ist der einzig richtige Ausdruck dafür.

Vorsitzender: Das scheint mir demnach auch der Fall zu sein. Wenn nun ein Bischof von Art. 20 des Reichskonkordats Gebrauch macht und eine Anstalt ins Leben ruft, dann hat sie natürlich zunächst die Kraft wie eines der staatlich anerkannten wissenschaftlichen Diözesanseminare.

Barion: Daran habe ich nicht gedacht.

Weber: Natürlich nur über das Minimum der 6 Semester hinaus!

Schröcker: Hier handelt es sich um Art. 14 des Reichskonkordats.

Barion: Diese Anstalten fallen aber in Art. 20 mit darunter.

Schröcker: Ich vertrete indessen hier die Auffassung – und ich würde damit auch in der Praxis durchdringen können –, daß Art. 20 des Reichskonkordats nicht verhindert, daß auch diese Anstalten eine staatliche Anerkennung haben müssen.

Weber: Nein! Da können Sie mit besserem Recht die Auffassung vertreten, daß die Diözesanseminarien auf ihre Diözese beschränkt werden. Das kann man eher beweisen, als Sie beweisen können, daß sie einer staatlichen Anerkennung bedürfen.

Schröcker: Man kann hier ausnahmsweise einmal die österreichischen Verhältnisse zum Vergleich heranziehen. An sich könnten doch die Österreicher genau so gut Winkelseminare oder Winkelhochschulen aufmachen wie die im Reich, aufgrund des Art. 20; denn sie stehen sozusagen extra legem. Es ist auch keine konkordatsmäßige Einschränkung für Österreich vorhanden. Wenn ihre Anstalten geschlossen werden, sagen sie: Ja, irgendwo müssen wir unsere Leute ausbilden; wir bilden sie eben rein innerkirchlich aus. Wir haben das – wenigstens in der Praxis – auch von unserer Genehmigung abhängig gemacht. Wir genehmigen für diese und jene Diözese eine rein kirchliche Anstalt, die staatlich in keiner Weise unterstützt wird, und wo eine nicht genehmigte Anstalt geführt würde, würde sie eben tatsächlich geschlossen. Nachdem uns solche Winkelhochschulen im allgemeinen nicht erwünscht sind, bei denen wir ja auch keinen Lehrplan kennen, bei denen uns die Lehrkräfte unbekannt sind usw., mußten wir uns doch auch das Recht vorbehalten, eine Hochschule zu schließen, wenn sie uns nicht in geeigneter Form zur Kenntnis gebracht wurde, wenn wir über den Betrieb nicht unterrichtet wurden.

Barion: Aber in Deutschland, im Altreich, gibt es konkordatsmäßig eingeschränkte Möglichkeiten.

Schröcker: Das wohl! Die Kirche wird die Konkordatsbestimmungen auch sicherlich in dem Sinne auslegen, daß der Staat sich nicht einmischen kann.

Weber: Wir haben auch sehr schlecht die Möglichkeit dazu.

Schröcker: Aber es wären dann die kirchlichen Hochschulen Privatschulen im Sinne des staatlichen Rechts, nämlich im Sinne der staatlichen Gesetzgebung über die Privatschulen.

Weber: Nein, es steht doch ausdrücklich in Art. 20 des Reichskonkordats, daß die Kirche das Recht hat, Lehranstalten zu errichten, die ausschließlich von der kirchlichen Behörde abhängen.

Schröcker: Wir stehen auf dem Standpunkt, daß Art. 1 hier vorgeht, wo es heißt: „...innerhalb der Grenzen des für alle geltenden Gesetzes."

Heckel: Ich dachte, Sie würden vielleicht sagen: das sind keine akademischen Lehranstalten; was eine akademische Lehranstalt ist, bestimmt der Staat; der Staat muß eine gewisse Norm dafür haben, was akademische Lehranstalt ist.

Schröcker: Im Rahmen des Privatschulrechts ergibt sich das ja dann auch; denn der Staat bestimmt doch, welcher Stufe eine Privatschule angehört.

Weber: Die Privatschulen für Erwachsene hat der Staat ja nicht unter seine Privatschulhoheit genommen, hat er ja frei gelassen. Da gibt es kein Gesetz.

Schröcker: Es gibt eine ziemlich weitgehende Einschränkung auch für die Erwachsenen.

Weber: Nein, es ist nur Streit darüber, wieweit der Begriff „Jugendlicher" geht, ob der Jugendliche bis zu 21 Jahren geht, oder ob er schon bei 18 Jahren aufhört. Herr Präs. Stalmann wird sich vielleicht entsinnen, daß das in der preußischen Privatgesetzschulgebung eine Rolle spielt. Aber das ist beschränkt auf Jugendliche. Darüber hinaus wird eine Privatschulhoheit nicht ausgeübt. Dann kommt nur noch der Satz des Allgemeinen Landrechts in Frage: Hochschulen sind Veranstaltungen des Staates. Der Staat hat ein Hochschulmonopol; aber dieses Hochschulmonopols hat er sich konkordatsmäßig entäußert.

Heckel: Da würde ich schon glauben, daß man doch mit dem Begriff der akademischen Lehranstalt etwas arbeiten kann. Das Reichskonkordat ist dem badischen Konkordat nachgebildet, in dem steht: „an einer deutschen kirchlichen Hochschule", und was eine Hochschule ist, bestimmt nicht allein die Kirche und kann die Kirche nicht allein bestimmen.

Weber: Es ist nur die Frage, ob man sich dabei wohlfühlt. (*Heckel*: Davon kann keine Rede sein!)

Barion: Ich wollte ja mit meinen Invektiven – wenn ich mich so ausdrücken darf – in keiner Weise in die gesetzgeberische Sphäre eingreifen, sondern nur feststellen, wie es konkret geworden ist und wie es konkret ist. In dem Zusammenhang möchte ich sagen, daß die Voraussetzung, jetzt diesen Wildwuchs wieder zu veredeln, die ist, daß man tatsächlich der Kirche eine Möglichkeit zur Verfügung stellt, ihre Studenten auszubilden. Man kann unmöglich sagen: „Was Hochschule ist, bestimme ich, und darum schließe ich die Anstalt", und dann erklären: „Sehen Sie zu, wo Sie Ihre Studenten ausbilden." Man kann nicht einfach eine Lücke schaffen, sondern man wird der Kirche die faktische Möglichkeit, ihre Studenten selbst auszubilden, geben müssen. Ich stehe auf dem Standpunkt, daß unsere Ausbildung in Bonn und in Braunsberg auch eine kirchliche Ausbildung gewesen ist. Man könnte dankbar sein, wenn sie überall so wäre. Das Problem ist im Grunde mehr ein gesetzgeberisches Problem. Diese ganzen Schutzmaßnahmen zugunsten einer staatlich kontrollierten theologischen Ausbildung greifen überhaupt erst dann ein, wenn eine theologische Ausbildung da ist. Ich sehe den Krebsschaden darin, daß hier mächtige Tendenzen am Werk sind, die auch sehr geschickt die ganze Kriegslage ausgenutzt haben, um überhaupt die theologische Ausbildung völlig zu annullieren. Darauf müßte man den Finger legen. Mit Polizeimaßnahmen und auch mit Überlegungen der höheren Jurisprudenz darüber, wie das und das in seinem Charakter aufzufassen ist, kommt man dem eigentlichen Problem nicht bei.

Weber: Wie ist augenblicklich der Stand der Ausbildungsstätten? Die bayerischen sind noch nicht geöffnet?

Barion: Sie sind beschlagnahmt. Infolgedessen ist keine Möglichkeit da, sie aufzumachen. Das gilt auch weitgehend für die evangelisch-theologischen Fakultäten. In Leipzig hat Reichsstatthalter Mutschmann bei der Wiedereröffnung der Hochschule die theologische Fakultät geschlossen gehalten.

Haugg: Jetzt ist sie wieder offen. Auch alle anderen evangelisch-theologischen Fakultäten sind wieder geöffnet. Leipzig wäre auch wieder geöffnet worden, wenn man alle andern nicht geöffnet hätte.

Weber: Aber die fünf bayerischen katholisch-theologischen Hochschulen fallen aus. Wo lassen sich die ausbilden?

Barion: Die machen nun Privatsachen [Privatschulen?] auf, z.B. in Bamberg.

Vorsitzender: In Art. 20 steht „zur Ausbildung". Liegt darin, daß solche, die nach Art. 20 ausgebildet werden, denselben Rang haben wie die staatlich Anerkannten?

Schröcker: So weit es Art. 14 betrifft, ja.

Barion: Das ist, konkret gesprochen, auch gleichgültig. Der Kirche wird es verhältnismäßig egal sein, ob der Staat erklärt: Du kannst in Bamberg eine Berlitzschule aufmachen, wenn aber die Leute so weit sind, stelle ich sie nicht ein. Die Kirche wird dann sagen: das ist noch 6 Jahre Zeit, bis dahin kann ich die Leute zunächst einmal studieren lassen.

Schröcker: Bei der Anstellung als Pfarrer setzt die Kirche dann die Betreffenden als Pfarrverweser ein.

Heckel: Wir haben dieselben Verhältnisse praktisch auf evangelischer Seite, wo die Wirren dazu geführt haben, daß zahlreiche Theologen auf Anstalten, die nicht staatlich anerkannt sind, ausgebildet wurden und von Behörden geprüft wurden, die auch nicht staatlich anerkannt sind. Also die normalen Voraussetzungen sind nicht gegeben. Weil man nun keine andern Leute hat und auf dieser Seite ein massenhaftes Angebot ist, so ist bei zunehmender Friedensneigung bei beiden Teilen die Lage dahin gediehen, daß eine ganze Menge von Leuten nachträglich sozusagen begnadigt und doch angestellt worden ist. Das kommt auf katholischer Seite genau so.

Barion: Und was man preisgibt, kriegt man nicht mehr zurück. Davon bin ich überzeugt.

Schröcker: Zur Auslegung von Art. 20 Abs. 1 des Reichskonkordats möchte ich auf die Praxis bezüglich Art. 20 Abs. 2 hinweisen, der die kirchlichen Konvikte betrifft. Darunter fallen auch die Knabenkonvikte, die auch kirchliche Konvikte sind. Diese werden aber den Anordnungen über die privaten Schülerheime unterstellt nach der ausdrücklichen Erklärung des Reichserziehungsministers.

Barion: Dann können die Insassen des Konvikts nicht auf die Schule gehen. Juristisch spricht das für meine Auslegung. Man hütet sich, glattweg zu sagen, daß Art. 20 das Recht gibt, in die kirchlichen Konvikte einzugreifen, sondern man versucht, das so zu erreichen, daß man eine Zwangslage schafft, so daß die Konvikte entweder Schluß machen oder sich dem staatlichen Zwang fügen müssen.

Weber: Das „für alle geltende Gesetz" erstreckt sich nicht auf die Gemeinschaftserziehung an den Konvikten, sondern das sind die Schulgesetze.

Barion: Ihre Erwägungen, Herr Schröcker, sind an sich richtig und wichtig. Aber das greift alles nur Platz in einem normalen System. Wenn alles in die Brüche geht, kann man es mit diesen Mitteln nicht mehr halten. Wenn die theologischen Fakultäten überhaupt aufgehoben werden, kann man es mit Art. 20 nicht mehr halten.

Vorsitzender: Ist München geschlossen geblieben? (*Barion*: Ja!)

Weber: Könnte man nicht die nur kurze Zeit zurückliegenden Ursachen dieser Fehlentwicklung beheben?

Schröcker: Die Maßnahmen waren alle etwas überstürzt.

Barion: Was ich eigentlich nicht sagen wollte, aber für wichtig halte, wäre, daß man schleunigst eingreift und die Dinge auf ein anderes Geleise schiebt. Ich glaube nicht, daß man an der Analyse der konkreten Lage, die ich gegeben habe, etwas ändern kann. Wenn man das weiterlaufen läßt, wenn die zarten Pflänzchen so weiter begossen werden, wie das von einigen Seiten geschieht, so werden sie zu kräftigen Bäumen werden, in deren Schatten die theologischen Fakultäten rettungslos verdorren.

Vorsitzender: Die theologischen Anstalten in Bayern sind ein zweites Braunsberg, sind Universitäten?

Barion: Nein, sie sind zwar staatlich, aber man kann dort nicht promovieren. Sie haben auch nicht die Fakultätsverfassung.

Vorsitzender: Wie kommt es, daß sie staatlich sind?

Schröcker: Das beruht auf dem alten bayerischen Konkordatsrecht. Da wurden sie zunächst als Lyzeen gebildet und standen nicht auf der Hochschulstufe.

Vorsitzender: Manche anderen Anstalten sind auch aus Lyzeen entstanden.

Schröcker: Sie sind eine Bildung aus der Zeit des Staatskirchentums, wo der Staat es als seine Aufgabe betrachtete, Theologen zu erziehen. Nach 1919 wurden sie zu Hochschulen erhoben unter Fortlassung des Ausdrucks Lyzeum, und die Lyzealprofessoren, die ursprünglich den Oberstudienräten an den Gymnasien gleichgestellt waren, wurden zu wirklichen Hochschulprofessoren.

Vorsitzender: Dann kann man sie als verstaatlichte Anstalten vergleichen mit Paderborn, Fulda usw.

Barion: Jawohl. Bei Braunsberg liegt es jedoch anders.

Vorsitzender: Natürlich, Braunsberg ist eine halbe Universität.

Barion: Es ist wichtig, daß die preußische Regierung in Braunsberg das korrekt festgehalten hat. Sie hat ohne Zweifel Braunsberg vor dem Abgleiten auf das Niveau der bayerischen Hochschulen, die eigentlich staatlich bezahlte Privatschulen der Bischöfe sind, bewahrt.

Vorsitzender: Für den Ausschuß ist es besonders schwierig, da etwas zu unternehmen.

Weber: Soll man das stöhnend und ächzend über sich ergehen lassen oder warnend die Stimme erheben?

Vorsitzender: Ich bin an sich sehr für Warnungen, aber ich glaube, sie verpuffen im Augenblick jedenfalls auf diesem Gebiet.

Barion: Herr Roth hat sich kolossal bemüht. Aber wenn die Warnungen nach wie vor vom Kirchenministerium kommen, werden sie schon etwas verpuffen. Diese Stelle allein würde nicht ausreichen, aber wenn man das von anderen Stellen her etwas unterstützen könnte, würde das vielleicht helfen. Sollte der Ausschuß nicht die Möglichkeit haben, an ausgewählte Freunde dieser Frage einmal heranzutreten, um in Preußen die Dinge in Ordnung zu halten? In Preußen ist es noch möglich, in Bayern ist augenblicklich alles zertrümmert.

Vorsitzender: Gerade von der Politik des heutigen Staates aus ist der Schritt, die Münchner Fakultät zu schließen, überhaupt nicht zu verstehen. Damit gibt der Staat alles aus der Hand. Nehmen wir an, es würden überall die staatlichen Anstalten geschlossen, dann macht die Kirche, was sie Lust hat. Das sehen die gar nicht.

Schröcker: Das Endergebnis wäre die Durchführung des Tridentinums in Deutschland.

Barion: Ja, mit Hilfe des Braunen Hauses. Das Geld, das der preußische Staat für die theologische Fakultät in Bonn auswirft, gibt er unter der Voraussetzung, daß sie von den Bistümern Köln und Aachen ausgenutzt wird. Die Sache mit Aachen ist schon zerrissen. In Aachen wird auch noch Exegese getrieben. Von kirchlicher Seite arbeitet man darauf hin, die theologische Ausbildung auf 12 Semester zu erstrecken, davon 8 für den Staat und 4 für die Kirche. Die Priesterseminare müssen sich auf die praktische Ausbildung, auf die Pastoraltheologie beschränken. Wenn man aber z.B. die gesamte praktische Ausbildung in Bensberg macht und außerdem noch die wissenschaftliche, dann hat man dort zu viel zu tun. Dann streichen die dort aber nicht die Wissenschaft, sondern die Pastoraltheologie und schieben die zu uns herüber.

Heckel: Der Universität werden da Gebiete zugewiesen, die allmählich Restgebiete werden. Das praktische Gebiet, das Hauptexamen und allmählich auch der wissenschaftliche Schwerpunkt liegt da drüben, und das andere wird theologische Propädeutik.

Haugg: Wir haben auch die Tatsache zu beobachten, daß die neue deutsche Universität, die in Posen entsteht, gar keine theologische Fakultät bekommt. In Posen gibt es an sich eine evangelisch-theologische Schule, an der die Theologen für die unierte Kirche in Polen ausgebildet wurden. Denn die Theologen der unierten Kirche benutzten nicht die Warschauer Fakultät, weil die polnisch war. Diese freie kirchliche Hochschule besteht zur Zeit noch und wird in aller Stille noch dadurch etwas ausgebaut werden, daß man einzelne Dozenten, die von der Luther-Akademie in Dorpat und eventuell vom Herder-Institut in Riga kommen, dorthin übernimmt.

Barion: Da ist das Ideal verwirklicht: a) politische Vorlesungen, b) wissenschaftliche, c) theologische.

Weber: Zu der grundsätzlichen Behandlung dieser Frage will ich folgendes bemerken. Wenn wir hier Religionsrechtsausschuß sind, so finde ich, daß wir auch dann, wenn vielleicht auch im Augenblick geringe Aussicht besteht, daß unsere Stimme gehört wird, trotzdem die Stimme erheben müßten, schon zur Rechtfertigung unserer eigenen Existenz. Hier handelt es sich um einen Fall, der wirklich dringend ist und den man auch nicht dem weiteren Zeitablauf überlassen kann. Wir können die zuständigen Stellen nicht zwingen, einer solchen Denkschrift zu folgen, haben aber dann unsererseits unsere Stimme erhoben und können später sagen: das war unsere Stellungnahme. Ich glaube im übrigen, wenn beispielsweise einmal Herr Reichsminister Rust Gelegenheit fände, selbst in ein solches Dokument Einblick zu nehmen, so würden seine Referenten vielleicht doch etwas andere Direktiven bekommen. (*Barion*: Haben sie welche?) – Oder überhaupt Direktiven bekommen.

Vorsitzender: Wir werden das betonen. Ich will auch Gelegenheit nehmen, das in meinem Ministerium zum Vortrag zu bringen.

Barion: Was hat es für einen Sinn, dafür Geld auszugeben, wenn man es so laufen läßt? Man kann der Kirche ihr jetziges Verfahren gar nicht zum Vorwurf machen. Ich konnte dem Bischof von Aachen nichts erwidern, als er sagte, ihm erscheine die theologische Ausbildung in Paderborn gesicherter als in Bonn. Da kann ich nur sagen: Sie haben recht.

Vorsitzender: Wenn wir ein Schreiben von uns aus an den Kultusminister und Kirchenminister richten, so könnte das wohl nicht unmittelbar, sondern nur über den Präsidenten der Akademie geschehen. – Wir wollen so verbleiben, daß wir das Referat von Herrn Barion bekommen und es noch einmal zur Sprache bringen.

Vorsitzender: Wir kommen nunmehr zu Punkt 5 der Tagesordnung: *Die Ablösung älterer Einzelleistungen an die Religionsgesellschaften.*

Referent *Präs. Stalmann* (wird schriftlich eingereicht [nicht überliefert]) ...

Vorsitzender: Vielen Dank, Herr Stalmann, für den ausgezeichneten Vortrag und die fleißige Zusammentragung des Materials. Das Ganze war gewürzt durch die persönliche Note, die Sie den Fragen auf Grund Ihrer Vergangenheit und Ihrer Erfahrungen abgewonnen haben. Ich bin auch dankbar für die Formulierung. Es wird ja nun sehr wesentlich sein, daß wir uns mit dieser Formulierung einmal beschäftigen.

Korreferent Dr. *Schröcker*: Ich möchte kurz noch einiges zu dem Referat des Herrn Präsidenten Stalmann hinzufügen. Herr Präs. Stalmann ging am Anfang seines Referates davon aus, daß wir uns grundsätzlich auf das öffentliche Recht beschränken wollen und daß privatrechtliche Titel bestehen bleiben sollen. Nun dürfen wir, wenn es zu einem Gesetz kommen soll, vor allen Dingen zu einem Reichsgesetz, nicht nur die Verhältnisse im Lande Preußen betrachten, sondern wir müssen die Verhältnisse in allen deutschen Ländern berücksichtigen. Hier ist darauf hinzuweisen, daß das, was privatrechtlich ist und was öffentlich-rechtlich ist, in den einzelnen deutschen Ländern sehr verschieden ist, vor allem bei diesen Leistungen an die Kirche oder für kirchliche Zwecke. Als Grundsatz gilt für die Abgrenzung öffentlichen und privaten Rechtes, daß hier in erster Linie das positive Gesetz maßgebend ist, und zwar bestimmt in der Regel das Landesrecht, was dem öffentlichen Recht und was dem Privatrecht zuzuweisen ist. Im Landesrecht sind vor allem enthalten die verschiedenen Ausführungsgesetze zum Gerichtsverfassungsgesetz, zum BGB, zur ZPO usw., eine Reihe von Normen über die Zuweisung bestimmter Rechtsverhältnisse an das öffentliche oder private Recht gerade auf dem Gebiete des Staatskirchenrechts.

Forsthoff: Das ist wahrscheinlich nur eine Unterscheidung für die Zuständigkeit der Gerichte; denn die Unterscheidung zwischen öffentlichem und privatem Recht ist doch wohl eine allgemeine. Nur in der Zweckzurichtung auf den ordentlichen Rechtsweg halte ich diese Unterscheidung für gegeben.

Schröcker: Nein, diese Ausführungsgesetze bestimmen vielfach nichts über den Rechtsweg, sondern sie enthalten Bestimmungen über die Frage, ob etwas öffentlich-rechtlich oder privatrechtlich ist. Ich habe mir darüber Aufzeichnungen gemacht. So z.B. stellt das Braunschweigische Ausführungsgesetz zum BGB in § 38 eine Vermutung dafür auf, daß die an einen öffentlichen Verband zu entrichtenden Leistungen in dem Verband wurzeln, daß diese also öffentlich-rechtlicher Art sind. In Preußen sind die als sogenannte gemeine Lasten begründeten Grundlasten öffentlich-rechtlich. Dann finden sich in verschiedenen Ausführungsgesetzen Aufzählungen für Leistungen, die öffentlich-rechtlicher Art sind, z.B. im badischen Ausführungsgesetz zum Zwangsversteigerungsgesetz in Art. 3, dann im hessischen Ausführungsgesetz zum ZVG Art. 1, im oldenburgischen Ausführungsgesetz Art. 14/15, im meiningenschen Ausführungsgesetz Art. 1, im Ausführungsgesetz zum ZVG für Reuß jüngere Linie Art. 1. Alle diese Länder haben genaue Aufzählungen darüber, was öffentlich-rechtlicher Art ist und was nicht.

Forsthoff: Also nicht in die aus der Versteigerung zu verwertende Masse fällt! (*Schröcker*: Ja!) Das sind alles doch, glaube ich, Zweckdefinitionen entweder auf Versteigerung oder auf Zwangsvollstreckung oder auf Zulässigkeit des Rechtsweges usw. (*Schröcker*: Jawohl!) Man müßte dann also einmal feststellen, was in den einzelnen Ländern der Zulässigkeit des Rechtsweges unterworfen ist. Anders wird es nicht gehen.

Schröcker: Es ist wiederholt so – ich habe das für einzelne Fälle festgestellt –, daß dieselbe Verpflichtung in dem einen Lande öffentlich-rechtlicher Art ist, im anderen Lande privatrechtlicher Art.

Stalmann: Können Sie einmal ein Beispiel angeben?

Schröcker: Ich habe augenblicklich keines im Kopf. Aber bis zur nächsten Sitzung würde ich solche Fälle feststellen können.

Stalmann: Ich kann mir nicht denken, daß irgendwo die Verpflichtung eines Nichtgemeindemitgliedes, zu den Kirchensteuern beizutragen, privatrechtlicher Natur sein kann. Warum soll nicht der Kommerzienrat soundso sagen: „Ich verpflichte mich privatrechtlich, durch Privatvertrag, der Kirchengemeinde alle Jahre 10 000 Mark zu geben"? Das kann er tun; das wollen wir ihm auch nicht bestreiten.

Schröcker: Die Kirchensteuerpflicht würde wohl überall als öffentlich-rechtlich zu betrachten sein. Dagegen liegt es etwas anders bei der Reichsnispflicht, bei den Abgaben, die man als Reichnisse oder Kirchentrachten oder dergleichen bezeichnet – Naturalleistungspflicht könnte man allgemeiner sagen –, die aber zum Teil auch Geldleistungen sind.

Stalmann: Bei den Reallasten werden wir ja auch in Preußen eine ganze Reihe privatrechtlicher Lasten finden. Um sie brauchen wir uns nicht zu kümmern. Wir wollen nur aufheben die öffentlich-rechtlichen Lasten und hier sagen: Nur dann, wenn sie schon vor 1850 oder irgendwie bestanden, gilt die Vermutung dafür – fast immer sind die Reallasten älter –, daß sie öffentlich-rechtlich sind. Es gibt auch privatrechtliche Lasten; die wollen wir nicht antasten. Wenn Streit darüber entsteht, entscheiden die Verwaltungsgerichte.

Heckel: Ich glaube, da liegt ein Mißverständnis vor. Es gibt sogenannte Praestationes. Das sind Reichnisse, die bei uns in Süddeutschland bis in die jüngste Zeit hinein gang und gäbe gewesen sind. Der Pfarrer zog mit dem Küster herum und nahm die Reichnisse in Empfang. Ich weiß, daß mein Vater auch so mit dem Waschkorb herumziehen mußte, um den sogenannten Blökel einzuholen. Er mußte von Bauernhof zu Bauernhof gehen. In dem einen Bauernhof bekam er 2 Eier, in dem anderen 3 Eier. An einer anderen Stelle bekam er noch ein Stück Rauchfleisch dazu. Das waren Rechtsverpflichtungen. Wenn der Bauer wohlwollend war, war er zu Hause, wenn er dem Pfarrer nicht wohlgesinnt war, war er nicht zu Hause und hatte seinen Hofhund losgelassen. Der Küster schob den Wagen, der Pfarrer ging in jeden Bauernhof hinein, und das Reichnis wurde abgegeben. Der Pfarrer bekam auch hier und da eine Tasse Kaffee, und er kam womöglich als kranker Mann nach Hause, weil er mit soundsovielen Tassen Kaffee bewirtet worden war. Also diese Reichnisse sind in einzelnen Ländern öffentlich-rechtlicher Natur, in anderen privatrechtlicher Natur. (*Stalmann*: Das gebe ich zu!) Sie können nicht sagen: Wir wollen die privatrechtlichen lassen und die öffentlich-rechtlichen aufheben; denn das sind dieselben Dinge.

Schröcker: Vielfach ist das eben gerade streitig. Dann gibt es auch Fälle, in denen man das überhaupt nicht mehr recht feststellen kann, wenn z.B. die Naturalreichnisse längst durch Geldleistungen abgelöst sind. Bei diesen Geldleistungen ist es nun wieder streitig: sind das ehemalige Reichnisse oder sind es dingliche Kirchensteuern oder was sind sie?

Vorsitzender: Es schien mir auch schon bedenklich zu sein, die privatrechtlichen Leistungen auszuschließen.

Schröcker: Wir können eben die Schwierigkeit durch eine solche Vermutung de jure umgehen.

Vorsitzender: Ich habe das allerdings wohl selbst einmal vorgeschlagen, aber ohne Kenntnis der wahren Lage.

Schröcker: Man müßte allerdings noch prüfen, ob man wirklich damit der Schwierigkeit aus dem Wege geht, ob nicht neue Streitigkeiten sich an eine solche Bestimmung knüpfen.

Vorsitzender: Oder man könnte sagen: die öffentlich-rechtlichen werden aufgehoben, die privatrechtlichen, deren Charakter nachzuweisen ist – da könnte man gerade wegen der Beweislast noch etwas sagen –, gegen Entschädigung.

Dieckmann: Ich nehme an, daß die Fälle, in denen man nicht weiß, ob eine privatrechtliche Grundlage vorliegt oder eine öffentlich-rechtliche, sehr viel zahlreicher sind als diejenigen Fälle, in denen sich eine solche Feststellung treffen läßt. In allen Prozessen, die schweben, kann diese Frage gar nicht geklärt werden.

Vorsitzender: Ich glaube, wir kommen nur weiter, wenn wir alles aufheben.

Forsthoff: Darf man nicht vielleicht versuchen, einmal den umgekehrten Weg zu gehen und sich zu fragen: Welche Leistungen an Kirchen sollen noch fortbestehen und erscheinen als angemessen? Würde es sich nicht empfehlen, bei den Steuern anzufangen und dann weiterzugehen?

Vorsitzender: Es erscheint mir sehr gut, nach dem Charakter der Leistung eine Feststellung zu treffen ohne Rücksicht darauf, ob man die Leistung als privatrechtlich oder als öffentlich-rechtlich empfindet. Wie könnten wir das genauer regeln?

Dieckmann: Da müßte man vielleicht einen Zeiteinschnitt machen.

Schröcker: Ja! Wir hatten neulich schon gesagt, daß man z.B. Leistungen, die durch Privatvertrag, also durch letztwillige Zuwendung und Schenkung nach 1850 begründet wurden, bei denen also keine Schwierigkeit im Beweise entsteht und die irgendwie privatrechtlicher Art sind, bestehen lassen kann.

Vorsitzender: Herr LGR Dieckmann, diese ganzen Leistungen stehen doch in dem sogenannten Kataster?

Dieckmann: Soweit sie Staatsleistungen sind.

Weber: Sollen die Staatsleistungen auch mit abgelöst werden oder nur die Leistungen Dritter im Sinne solcher Personen, die den Staat ausschließen? (*Stalmann*: Auch des Staates!) Dann ist aber die Konkordatsvorschrift in Art. 18 des Reichskonkordats zu berücksichtigen: „Falls die auf Gesetz, Vertrag oder besonderen Rechtstiteln beruhenden Staatsleistungen an die katholische Kirche abgelöst werden sollten, wird vor der Ausarbeitung der für die Ablösung aufzustellenden Grundsätze rechtzeitig zwischen dem Heiligen Stuhl und dem Reich ein freundschaftliches Einvernehmen herbeigeführt werden. – Zu den besonderen Rechtstiteln zählt auch das rechtsbegründete Herkommen."

Schröcker: Wir haben über diesen Artikel bereits Auseinandersetzungen mit der Kurie für einzelne Fälle, an die wir eigentlich nicht recht heranwollen.

Vorsitzender: Da sind auch öffentlich-rechtliche darunter?

Schröcker: Jawohl! Aber hier heißt es ja nur: wenn es sich um die Ablösung handelt. Man müßte es jesuitisch nennen, wenn man etwa sagte: soweit es sich um die Aufhebung handelt ...

Dieckmann: Als ich das neulich irgendwo von Ihnen gelesen habe, Herr Schöcker, habe ich still gelächelt und habe mir gesagt: man könne auch wohl den Standpunkt vertreten, daß die Zitierung der Ablösung besagen soll, daß eine Aufhebung ohne Ablösung nicht in Betracht kommt, sondern daß nur diese Leistungen eben im Wege der Ablösung aufgehoben werden können.

Schröcker: Es ist so. Art. 18 setzt eben die entsprechenden Artikel der Reichsverfassung, also die Art. 138 und 173 voraus oder knüpft vielmehr daran an. In der Reichsverfassung ist gesagt: Die Länder dürfen die Staatsleistungen nicht ablösen, ehe das Reichsrahmengesetz dazu ergangen ist. Also den Ländern wurde damals ein Riegel vorgeschoben, von sich aus vorzugehen. Einzelne Länder hatten das bereits getan, wenn ich nicht irre, z.B. Braunschweig. (*Zustimmung.*) Dieses Reichsgesetz kommt ja nun nie. Praktisch waren durch diesen Artikel der Reichsverfassung die Kirchen vor jedem Abbau irgendwelcher Staatsleistungen geschützt. Wir haben nun eine Reihe von Staatsleistungen, die, geschichtlich gesehen, längst völlig überholt sind, die in früheren Verhältnissen beruhen und heutzutage eigentlich keine Rechtfertigung mehr haben. Wir haben den Fall gehabt, daß z.B. im Lande Sachsen der Staat immer noch die Beamten für die bischöfliche Verwaltungsbehörde gestellt hat. Also, da wurden staatliche Beamte dorthin abgeordnet, sie wurden vom Staate ernannt und bezahlt. Der Staat hat auch noch das Papier für die Beschwerden des Ordinariats an die staatlichen Stellen bezahlt. Alles das war verständlich in einer Zeit des Staatskirchentums vor 200 Jahren. Ob es heute noch aufrechterhalten werden kann, ist eine andere Frage. Nun kann man sich natürlich auf die Weimarer Reichsverfassung berufen und sagen: Das Land Sachsen ist nicht berechtigt, eine solche Leistung einzustellen. Das Land Sachsen sagt z.B.: es sind viele Leute einberufen; ich brauche jetzt meine Kräfte selber; ich hole mir den Verwaltungsinspektor, der dort ist, und versetze ihn in eine andere Stelle; einen neuen gebe ich nicht. Die Kurie erklärt: Nach Art. 18 des Reichskonkordats ist das Land Sachsen verpflichtet, den Verwaltungsinspektor dort zu belassen oder einen ähnlich qualifizierten Beamten dorthin zu schicken.

Vorsitzender: Ich dachte, wir hätten schon irgendeinen Ausweg gefunden.

Weber: Wir hatten ein Sofortprogramm in bezug auf die Reform des § 30 des Kirchensteuergesetzes aufgestellt. Diese Sache sollte vorweggenommen werden. Meines Erachtens ist es doch nur nötig, einen Satz dieses Paragraphen aufzuheben, nämlich den Satz, der die älteren Kirchensteuerordnungen weiter bestehen läßt. Das ist doch an sich eine ganz unproblematische Geschichte und würde uns einen billigen Triumph einbringen oder eine vernünftige Regelung ermöglichen, ohne daß große Zweifel entstehen könnten.

Schröcker: Es würde nur ein Zweifel wieder mit dieser sächsischen Ordnung entstehen, die ich schon erwähnte; denn da geht die überwiegende Meinung dahin, daß es sich nicht um eine dingliche Kirchensteuerordnung nach § 30 handelt, sondern um einen speziellen Rechtstitel im Sinne des § 6 oder § 7 des preußischen Kirchensteuergesetzes.

Weber: Dann könnte man das vielleicht mit aufnehmen.

Schröcker: Das könnte man mit einem Satz auch erledigen.

Vorsitzender: Es fällt mir jetzt wieder ein, daß wir uns schon einmal darauf zurückgezogen hatten. Mit einer solchen Regelung würde schon viel geschafft werden können.

Schröcker: Es würde damit viel Grund zur Unzufriedenheit aus dem Wege geräumt werden. (*Zustimmung*.) Der Staat wird ja zur Zeit nicht mehr herangezogen. Die Kirchen haben auf Drängen des Ministeriums freiwillig darauf verzichtet, Staat und Partei heranzuziehen. Es handelt sich eigentlich nur noch um die Heranziehung der Andersgläubigen und der aus der Kirche Ausgetretenen zu den Kirchensteuern. Das wird immer noch gemacht, vor allem in der Form der Heranziehung der juristischen Personen, der Aktiengesellschaften usw., z.B. in Schleswig-Holstein. Das spielt auch vor allem in der Provinz Sachsen eine ziemlich große Rolle, indem die ganze Industrie zu den kirchlichen Leistungen beiträgt.

Vorsitzender: Diese Aktiengesellschaften werden eben als evangelisch und katholisch angesehen. (*Schröcker*: Ja!) Diese Heranziehung der Anonymen und der Andersgläubigen ist völlig unzeitgemäß.

Dieckmann: Das steht allerdings auch noch in den neuen bayerischen Kirchensteuerordnungen. Zum Beispiel stand es noch in dem bayerischen Kirchensteuergesetz von 1935.

Schröcker: Dies ist aber jetzt beseitigt. Dagegen ist noch eine Reihe von Landeskirchensteuergesetzen vorhanden, die diese Bestimmung aufweisen. Ich habe in meinem Referat neulich darauf hingewiesen.

Dieckmann: Die Sache wird folgendermaßen begründet. Wenn eine Fabrik in eine Gegend kommt, führt die Errichtung dieser Fabrik meistens die Leute herbei, und das führt schließlich dazu, daß dort eine Kirche gebaut werden muß. Wenn nun die Fabrik herangezogen wird, leistet sie schließlich die Lasten nicht so sehr für die Kirche und für sich, sondern für die Arbeiter, die ihretwegen in diese Gegend gekommen sind und ein erhöhtes kirchliches Bedürfnis herbeigeführt haben.

Schröcker: Es spielt ja auch der Gesichtspunkt eine Rolle, der in folgender Erwägung begründet liegt. In einem bestimmten Ort befindet sich die Kirchengemeinde X. Nun entsteht da eine Fabrik. Die Kirchengemeinde hat bisher keine besonderen kirchlichen Bedürfnisse gehabt; ihre Kirche hat ausgereicht, und die Leistungen der Pfarrangehörigen haben ebenfalls ausgereicht. Durch die Errichtung der Fabrik werden nun viele Arbeiter herangezogen. Es entsteht ein erhöhtes gottesdienstliches Bedürfnis. Es muß ein zweiter Geistlicher dort hinkommen; die Lasten für die Kirchengemeinde wachsen auch; vielleicht muß auch noch eine zweite Kirche gebaut werden, oder die vorhandene muß erweitert werden. Die neu hinzuziehenden Arbeiter zahlen nur geringe Kirchensteuern; ihr Einkommen befindet sich oder befand sich vor 1933 vielfach beim Existenzminimum oder ging nicht viel darüber hinaus; sie haben nahezu keine Kirchensteuern gezahlt. Die Kirchensteuern tragen die Alteingesessenen. Also diejenigen, die schon da waren, tragen die Erhöhung der Lasten, vor allem die Bauern, die Grundbesitz haben. Bis dahin war das natürlich auch in gewisser Weise gerechtfertigt.

Vorsitzender: Herr LGR Dieckmann, Sie sagten eben, der Staat würde durch eine solche Regelung keine Erleichterung bekommen. (*Schröcker*: In Preußen jedenfalls nicht!)

Barion: Die Kirchensteuern sind auch Staatsleistungen. Natürlich ist die Lage des Staates erleichtert, wenn sie wegfallen.

Stalmann: Die Staatsleistungen trägt der Staat nicht als Staat, sondern als Grundeigentümer wie jeder andere. Das ist doch keine Staatsleistung.

Weber: Darüber kann kein Zweifel bestehen, daß der Art. 18 oder andere Bestimmungen den Staat nicht hindern, das Steuersystem anders zu organisieren. Ich entsinne mich übrigens, daß wir damals schon dahin verblieben waren, Herr Dr. Schröcker solle eine Denkschrift formulieren mit einem ausdrücklichen Antrag an das Kirchenministerium und an das Preußische Finanzministerium, so daß also schon ein formulierter Vorschlag für die Aufhebung dieses Satzes in § 30 ausgearbeitet werden sollte. Vom Standpunkt des Ausschusses aus ist das alles schon res judicata.

Schröcker: Gewiß, für den Ausschuß ist es eine res judicata. Es sollte zunächst eine Besprechung stattfinden, in der diese Dinge festgelegt werden sollten und die unter dem Vorsitz des Herrn Präs. Stalmann sowie unter Beteiligung einiger anderer Herren stattfinden sollte. Diese Besprechung hat nicht stattgefunden, weil zunächst die Weiterarbeit der Akademie und des Ausschusses überhaupt in Frage gestellt war. So erklärt sich diese Verzögerung. Aber der Vorschlag wird bestimmt noch kommen.

Dieckmann: Die älteren Kirchensteuerordnungen spielen eine große Rolle in Schleswig-Holstein und in Hannover. In Schleswig-Holstein hat man intern bestimmt, daß diese alten Lasten von Andersgläubigen nicht mehr erhoben werden, sondern nur noch von juristischen Personen. Darauf will Schleswig-Holstein nicht verzichten, weil geltendgemacht wird: andernfalls bekommen wir ungeheure Ausfälle und müssen die armen Leute zum Teil zu stark heranziehen. Wenn da z.B. ein großer Gutsbesitzer ist, so trägt er auf Grund dieser dinglichen Kirchensteuer einen erheblichen Teil der Kosten. Wenn diese dingliche Kirchensteuer nun aufgehoben wird, dann werden alle die kleinen Besitzer, die da sind, die kleinen Häusler usw., herangezogen. In Hannover ist uns das noch nicht so gut gelungen. Da kommen auch ab und zu Fälle dinglicher Kirchensteuern von Andersgläubigen an uns. Das Oberlandesgericht in Celle verurteilt in solchen Fällen immer auf Leistung und dann versuchen wir, auf gütlichem Wege, weil es nicht anders zu machen ist, die Kirchengemeinde zu veranlassen, doch ihren Anspruch gegen Andersgläubige fallen zu lassen. Generell ist das in Hannover noch nicht gelungen, während Schleswig-Holstein bereits eine dahingehende Bestimmung getroffen hat, eine interne Bestimmung.

Stalmann: Ich glaube, die Finanzabteilung hat längst angeordnet: Kirchensteuern dürfen nur noch von Evangelischen erhoben werden.

Dieckmann: Dann ist das vielleicht auf Grund des Falles, den ich vor etwa 4 Monaten heruntergegeben habe, geschehen. Berichtet wurde darüber nicht.

Stalmann: Wenn es so formuliert worden ist: „Kirchensteuern dürfen nur von Evangelischen erhoben werden", dann ist die Sache klar. Der Fiskus ist doch nicht evangelisch. Ich versuche jetzt, einen Kirchensteuerstreit zu lösen. Den bringe ich im Beschwerdegang an den Regierungspräsidenten und behaupte auch: nach diesem Erlaß der Finanzabteilung dürfen nur Evangelische herangezogen werden. Wir wollen sehen, was der Regierungspräsident sagt. Er hat vielleicht etwas anderes gewollt. Dann muß er sich aber anders ausdrücken. Der Staat ist doch nicht evangelisch.

Vorsitzender: Der Staat ist zu behandeln wie jede anonyme Gesellschaft.

Stalmann: Ich erinnere an Schleswig-Holstein. Schleswig-Holstein ist aber nicht konsequent. Sie können überzeugt sein: man wagt es dort nicht, von dem Grundbesitz der Partei Kirchensteuern zu erheben; das riskiert man nicht. (*Schröcker*: Darauf wurde ausdrücklich verzichtet!) Nun kann man aber geltend machen: jede Steuer muß gleichmäßig erhoben werden. Wenn ich als Nichtgemeindemitglied zur Kirchensteuer verpflichtet bin, ist die Gleichmäßigkeit nicht mehr gewahrt, falls man die Katholiken und Andersgläubigen und die Partei als juristische Person herausläßt. Der oberste Grundsatz ist die Gleichmäßigkeit. Das ist doch aber reine Willkür.

Vorsitzender: Da sieht man eben, daß es überhaupt nur noch eine Machtfrage ist. Es wird gemacht, wenn es geht. Wenn es nicht geht, läßt man es.

Schröcker: Ich darf übrigens noch hinzufügen, daß auch bezüglich der Steuererhebung bei Andersgläubigen sich in diesem Erlaß der evangelischen Landeskirche Schleswig-Holsteins noch ein Pferdefuß befindet, wonach gerade die Grundbesitzer noch herangezogen werden sollen, um die es sich hier ja hauptsächlich handelt, und zwar haben diese Grundbesitzer vielfach einen Sitz im Kirchenvorstand, jedenfalls irgendwelche Rechte in der Kirchengemeinde. (*Vorsitzender*: Als Patrone oder dergleichen!) Ja! Nun weiß ich nicht mehr, wie das formuliert ist. Entweder heißt es: „Wenn sie solche Rechte haben, müssen sie auch noch Steuern zahlen", oder die Bestimmung geht dahin, daß sie die Möglichkeit haben, auf dieses Recht zu verzichten und dann auch keine Kirchensteuern mehr zu zahlen brauchen. Irgend so etwas findet sich darin, so daß die praktisch wichtigen Fälle noch in für die Kirche günstiger Weise entschieden werden.

Vorsitzender: Es wundert mich, daß das überhaupt so viel bringt.

Schröcker: Es macht sehr viel aus. Bei Schleswig-Holstein handelt es sich vor allem um die Vororte von Hamburg, um Altona usw. Hier befinden sich – es ist eine Industriegegend – viele Aktiengesellschaften. Früher war es auch noch viel jüdischer Besitz. Diesen Besitz der Aktiengesellschaften und den jüdischen Besitz wollte man heranziehen; denn der hat am meisten getragen.

Vorsitzender: Wie wollen wir nun verbleiben, Herr Präs. Stalmann?

Stalmann: Sie meinen: wir wollen die Regelung nur für Preußen machen, Herr Dr. Schröcker?

Schröcker: Nein, ich würde vorschlagen, daß wir den ersten Schritt für Preußen machen, weil das noch der einfachste Weg ist.

Barion: Es ist ja keine Beschränkung, sondern es wird eben nur einmal der Anfang gemacht.

Stalmann: Im Kirchensteuergesetz haben wir einmal den § 30 und dann den § 6, ferner die Verpflichtung, zu den Kirchensteuern beizutragen auf Grund eines speziellen Rechtstitels.

Schröcker: Was dingliche Kirchensteuern und spezieller Rechtstitel ist, ist auch wieder streitig.

Stalmann: Wollen Sie nun § 30 aufheben oder § 6?

Schröcker: § 6 könnte man nicht ohne weiteres aufheben. Man müßte aber gewisse Fälle in die Aufhebung des § 30 mit einbeziehen.

Weber: Warum kann man § 6 nicht einfach aufheben?

Schröcker: Man kann ihn natürlich auch aufheben.

Stalmann: Es liegt doch keine Garantie der Reichsverfassung vor. Von einer Verpflichtung zur Zahlung von Kirchensteuern steht in der Reichsverfassung nichts.

Dieckmann: Ich verspreche mir von dieser Maßnahme eigentlich für uns keinen großen praktischen Erfolg. Wie ich schon sagte, der Staat wird dadurch nicht sonderlich getroffen. Man sieht – dieses Gefühl habe ich – den § 30 immer unter dem Gesichtspunkt: es werden auf diese Weise nun Andersgläubige und juristische Personen herangezogen. Die Heranziehung Andersgläubiger läßt sich intern beseitigen, wenn man da einen Druck ausübt. Bezüglich der juristischen Person ist das vielleicht auch möglich; das weiß ich nicht. Aber man muß berücksichtigen, daß die Andersgläubigen, die bei dieser Heranziehung in Frage kommen, meiner Schätzung nach nur 2% ausmachen, während die anderen 98%, die auf diese Art und Weise herangezogen werden können, Kirchenmitglieder sind. In dem Augenblick also, in dem man § 30 aufhebt, tritt eine vollständige Verlagerung der Kirchensteuerbelastung in diesen Gebieten ein; das ist sicher. Ich kann natürlich nicht übersehen, wie sich das auswirkt. Jedenfalls machen das die Kirchen immer dagegen geltend.

Schröcker: Es tritt gewiß eine starke Verlagerung ein, aber nur des gemeinen preußischen Kirchensteuerrechtes. Ich finde darin nichts Ungerechtes. Für einzelne Kirchen macht das viel aus. In Vorpommern ist fast der gesamte Grundbesitz in öffentlicher Hand bzw. [in der Hand] juristischer Personen. Wenn das wegfällt, bleibt für die Kirche in der Hauptsache die Besteuerung der Landarbeiter und Wanderarbeiter, von denen die Kirche überhaupt keine Steuern erheben soll. Das gibt erhebliche Einnahmeausfälle. Aber das ist eine Frage des innerkirchlichen Finanzausgleichs. Es ist Sache der Kirche, diesen Finanzausgleich irgendwie zu schaffen.

Stalmann: Dann müssen sie sich anders organisieren; sie können dann nicht für jedes kleine Dorf mit 200 Einwohnern weiter eine Kirchengemeinde aufrecht erhalten.

Weber: Wir hatten im Hinblick darauf schon in Aussicht genommen, das Inkrafttreten der Ausführungsgesetze längere Zeit, etwa auf Jahresfrist, auszusetzen, damit die Anpassungen in der Zwischenzeit vollzogen werden können.

Schröcker: Man könnte dabei das kirchliche Etatjahr beachten.

Forsthoff: Es gibt vielleicht die Möglichkeit einer Verbindung. Hier läuft durcheinander die persönliche Steuerpflicht und die dingliche. Man müßte auf jeden Fall auf eine rein persönliche Steuerpflicht kommen, aber man könnte dann doch vielleicht erlauben, innerhalb dieser persönlichen Steuerpflicht eine Abstufung zu machen, die gerade, sagen wir, den Eigentumsverhältnissen an Grund und Boden folgt.

Weber: Das gibt es schon. Sie kann anschließen an die Grundsteuer.

Stalmann: Wir machen die Kirchensteuern immer unter Zugrundelegung der Grundvermögensteuer und der Einkommensteuer.

Weber: Diese Anpassungsmöglichkeit besteht also schon.

Forsthoff: Dann würden doch auch viele Bedenken wegfallen, die Schleswig-Holstein erhebt.

Weber: Der Sinn der Regelung war doch der, einen immer wieder auch in der Öffentlichkeit zum Gegenstand der Kritik genommenen und als überholt erkannten Zustand zu beseitigen und diesen Anstoß im Interesse der Kirche auszuräumen. Auch § 6 könnte man mit beseitigen. Denn der Tendenz nach kann es sich nur darum handeln, das gemeine preußische Kirchensteuerrecht uneingeschränkt zur Anwendung zu bringen. Ich kann mir nicht denken, daß das Recht, das in den vielgestaltigen und sehr unterschiedlichen Gebieten des preußischen Staates – in agrarischen Gegenden, Industriegegenden usw. – sich ordnungsmäßig bewährt hat, sich nicht auch in diesen Gegenden nach einer gewissen Anpassungszeit sollte bewähren können. Ich glaube, daß auch unsere Behörden ein gewisses Interesse daran haben, diese Einheitlichkeit zu bekommen. Wenn jetzt der Steuerdezernent des Regierungspräsidenten von Arnsberg nach Magdeburg versetzt wird, findet er wieder eine ganz neue Materie vor. Vielleicht kann man auch die damals von uns noch nicht berücksichtigte kursächsische Regelung mit erledigen. Ich weiß aber nicht, um welchen Tatbestand es sich dabei handelt.

Schröcker: Ich würde das nächste Mal vielleicht darüber vortragen können. Es gibt für die großen Gebiete mit dinglichem Steuerrecht einen einfacheren Weg, nämlich die Weisung des Kirchenministers an die Oberpräsidenten, und zwar handelt es sich bei der zwangsweisen Durchführung der Kirchensteuer um die Genehmigung des Oberpräsidenten. So genau habe ich das Verfahren nicht im Kopf, aber es könnte die Weisung erteilt werden, daß solche Genehmigungen grundsätzlich zu versagen sind.

Stalmann: Das nützt nicht viel, weil für die dinglichen Kirchensteuern der Rechtsweg zulässig ist. Sie können eingeklagt und durch den Gerichtsvollzieher beigetrieben werden.

Schröcker: Das habe ich mir wohl auch gedacht. Aber ich meinte, die Kirchengemeinden würden vor der Einklagung in jedem Falle und vor der Betreibung durch den Gerichtsvollzieher zurückschrecken. Es ist ein für die Kirchengemeinden sehr umständlicher und unter Umständen auch kostspieliger Weg. Wenn die Verwaltungsbehörden die Steuern beitreiben, ist der Weg viel kürzer. Sind die Kirchen in jedem Fall darauf angewiesen, den Prozeß zu machen, ist es erheblich schwieriger. (*Weber*: Zahlungsbefehl!) – Sobald Widerspruch erhoben wird und ein Prozeß entsteht, ist es umständlich.

Weber: Das ist aber eigentlich ein Grund mehr, die Sache zu beseitigen. Gewiß mag es Wege geben, das im Verwaltungswege durch Druckausübung und gutes Zureden zu inhibieren. Aber diese Möglichkeiten hatten wir alle damals schon erwogen und verworfen, indem wir sagten, wir wollten den anständigen und ehrlichen Weg beschreiten. Warum muß alles durch die Hintertür gemacht werden? Warum soll sich der preußische Gesetzgeber nicht zu einem Gesetz aufraffen? Hier kann man eine vernünftige Regelung treffen, wenn man sich nur entschließt, den noch sehr beweglichen preußischen Gesetzgeber zu bemühen.

Dieckmann: Ich habe gar keine Bedenken dagegen, sondern wollte nur auf den Gesichtspunkt hinweisen, daß wir vom Staate aus uns davon nicht zu viel versprechen können.

Weber: Wir waren uns darüber klar, daß es nur ein kleiner Teil ist, der aber vorweggenommen werden könnte.

Vorsitzender: Ich bin mir nicht ganz klar darüber, ob mein Minister dazu geneigt sein wird.

Schröcker: Der leitende Gesichtspunkt in dieser Frage ist bei uns nicht so sehr die Entlastung der preußischen Staatsfinanzen gewesen, sondern die Beseitigung dieser allgemeinen Unzufriedenheit, speziell über diesen Gesichtspunkt. Es waren Literaturstreitigkeiten entstanden, und das Ansehen der Rechtspflege war durch die verschiedenen Entscheidungen der Gerichte gefährdet.

Vorsitzender: Ich wundere mich beinahe, daß die Andersgläubigen und die Anonymen das überhaupt noch zahlen.

Dieckmann: Daß die Andersgläubigen noch zahlen, glaube ich nicht.

Schröcker: Die Praxis war bisher die, daß die Andersgläubigen in der Regel bezahlt haben, und zwar Katholiken an die protestantische Kirche und Protestanten an die katholische Kirche. Meist ist es so, daß die Katholiken noch an protestantische Kirchen zahlen mußten. Da hat es meistens keine Schwierigkeiten in dieser Richtung gegeben. Die haben das als etwas Selbstverständliches und aus alten Zeiten Überkommenes hingenommen. Dagegen haben die aus der Kirche Ausgetretenen, vor allen Dingen Anhänger der Ludendorf-Bewegung sich dagegen gewehrt. Sie haben es einheitlich gemacht und es zum Prozeß kommen lassen. Die Gerichte haben da nicht einheitlich entschieden. Das erste war ein schleswig-holsteinisches Amtsgericht, das die Erhebung dinglicher Kirchensteuern für unzulässig erklärt hat. Die höheren Gerichte waren in ihren Entscheidungen im allgemeinen konservativer.

Weber: Ich würde meinen, daß wir in dieser Frage den damals gefaßten Beschluß reaktivieren könnten, daß die Ausarbeitung der Formulierung durch die in Berlin Ortsanwesenden erfolgt. Alles, was nach 1850 begründet ist, sollte ja aufrecht erhalten werden, weil das privatrechtliche Vereinbarungen sein werden.

Vorsitzender: Es ist äußerst erwünscht, daß da etwas geschieht, im Interesse der Kirchen, im Interesse der Gerichte, im Interesse der Bürokratie, wenn ich so sagen darf. Denn wo so etwas vorkommt, wird es von Leuten ausgenutzt, die in der Richtung schwimmen: es muß Schluß gemacht werden mit allen möglichen Einrichtungen. Wir sind dann diejenigen – die Kirchen und die Gerichte –, die den Nachteil haben. Das müßten eigentlich auch die Kirchen einsehen, selbst wenn sie dadurch Verluste haben. Sie werden wohl sagen, es trete eine Verlagerung ein; statt eines Großen, der bisher gut hat zahlen können, werden Kleine herangezogen.

Schröcker: Wir haben heute schon die Naturalleistungen erwähnt. Diese Naturalleistungen lasten vielfach auch auf Grund und Boden; sie werden ebenfalls von Andersgläubigen erhoben und führen zu Schwierigkeiten. Ich denke an Eingaben des Reichsnährstandes, der sie an Behörden weiterleitet usw. Gerade diese Naturalleistungen werden von den Pfarrern jetzt vielfach besonders hoch geschätzt, weil sie sicherer sind als Geld. Durch die neueren Vorschriften über die Lebensmittelversorgung sind schon weitgehende Einschränkungen erfolgt, weil die Geistlichen nicht besser behandelt werden sollen als andere. Aber es besteht vielleicht vielfach noch die Möglichkeit, daß die, welche das freiwillig geben wollen, es noch geben, so daß dadurch die Pfarrer besser behandelt sind als übrige Bevölkerungskreise. Gerade von diesen Naturalleistungen werden die Kirchen ungern abgehen wollen.

Dieckmann: Die treffen wir auch gar nicht, wenn wir § 30 ändern.

Schröcker: Nach den Kommentaren zum Kirchensteuergesetz werden auch die Patronatsleistungen zu den Leistungen auf Grund spezieller Rechtstitel gerechnet.

Stalmann: Wenn wir nur § 30 aufheben, tauchen auf einmal unendlich viele Schwierigkeiten anderer Art auf. Wir müssen mindestens § 6 mit aufheben. In einer Klage einer katholischen Kirchengemeinde gegen eine Stadtgemeinde auf Grund des Gewohnheitsrechts wurde geltend gemacht, daß die politische Gemeinde das Kirchendefizit zu tragen hat. Damit muß auch Schluß gemacht werden. Das fassen Sie nicht mit § 30.

Weber: Ich habe gehört, daß über die Prozesse, die ich damals bearbeitet habe, noch in den letzten Jahren für den Staat außerordentlich günstige, aber ganz moderne Vergleiche geschlossen worden sind. Wollen Sie diese Leistungen auch alle austilgen?

Stalmann: Ja. Auch ein Vergleich ändert die Grundlage nicht. Er bleibt ein öffentlich-rechtlicher Vergleich, und die Grundlage ist ein öffentlich-rechtlicher Titel.

Weber: Das gebe ich gern zu. Ich wollte nur wissen, ob Sie das als verhältnismäßig moderne Fälle bestehen lassen wollen.

Schröcker: Nein. Wir wollten auch, wenn ein Gericht befaßt wurde, diese Sache einbeziehen, wenn nur die Grundlage vor 1850 liegt.

Vorsitzender: In Österreich ist doch das Patronat verschwunden?

Schröcker: Da ist das Kirchenbeitragsgesetz erlassen worden, und § 5 räumt mit allen diesen Leistungen auf. Das Gesetz unterscheidet allerdings zwischen öffentlich-rechtlichen und privatrechtlichen Leistungen. Privatrechtliche werden hierdurch nicht berührt. Aber das Wiener Ministerium hat eine Reihe von Durchführungsverordnungen zu diesem § 5 erlassen. Die Naturalleistungen waren durch den Wortlaut des Gesetzes nicht betroffen, werden aber in der Durchführungsverordnung mit behandelt. Solche Leistungen sind von den Agrarbehörden nicht mehr abzulösen. Die Leistungspflichtigen hatten bestimmte Beträge an die Agrarbehörden zu zahlen, die als Treuhänder die Abfindung der Kirchengemeinden übernommen haben, wobei der Staat erhebliche Zuschüsse geleistet hat. In Bayern war es ähnlich. Da hat der Staat alle Jahre eine Summe zur Ablösung dieser Leistungen zur Verfügung gestellt. Daraus soll ein Fonds gebildet werden, aus dem die Leistungen abgelöst werden. Die einzelnen hatten an den Staat zu zahlen. Das war günstig, nur für den Staat ungünstig.

Stalmann: Sie hatten einen Gesetzentwurf, aber der widerspricht dem Konkordat.

Vorsitzender: Das gilt alles, soweit es sich um Staatsleistungen handelt. Aber so weit es sich nicht um Staatsleistungen handelt?

Weber: Da ist die Garantie des Art. 18 nicht mehr wirksam.

Schröcker: Schon nicht einmal bei Leistungen der politischen Gemeinden. Sie sind dann geschützt, wenn es sich um staatliche Grundsteuern handelt, nicht bei gemeindlichen Grundsteuern.

Vorsitzender: Im Sinne der ja nicht mehr bestehenden Reichsverfassung Art. 138 und 173 sind es nur Leistungen des Reichs und der Länder.

Schröcker: Reichsleistungen waren ja damals nicht vorhanden. Aber diese Artikel bestehen ja noch als einfache Reichsgesetze.

Stalmann: Schreiben wir dazu: Unberührt bleibt Art. 18 des Konkordats.

Schröcker: Das könnte man ja ruhig der Auseinandersetzung zwischen Reichsregierung und Kurie überlassen.

Stalmann: Gewiß. Wenn die römische Kirche an den Staat herantritt und weiter die Leistungen verlangt, wird man zu der Frage Stellung nehmen, ob der Artikel durch das allgemeine Gesetz aufgenommen ist. Die Prozesse für kirchliche Zwecke gegen die politischen Gemeinden machen heute unendlich viel böses Blut. Das wird dann alles beseitigt. Die Frage, ob das Konkordat noch weiter gilt, kann nachher ausgetragen werden.

Vorsitzender: Ich weiß nicht, ob man das machen kann. Das ist doch auch schon ein Affront gegen die Kirchen.

Forsthoff: Man braucht das Konkordat gar nicht zu erwähnen. Man könnte einfach sagen: Die auf Gesetz, Vertrag, besonderen Titeln beruhenden Staatsleistungen bleiben unberührt. Dann hat man den Art. 18 drin, ohne das Konkordat zu erwähnen.

Schröcker: Ich würde einen solchen Satz lieber weglassen.

Vorsitzender: Könnten wir diese beiden Formulierungen einmal machen? Herr Stalmann würde seinen Vorschlag formulieren und in ausreichenden Exemplaren herstellen und uns schicken, und Herr Schröcker würde dasselbe machen für die Formulierung der Aufhebung von § 30.

Schröcker: Ich werde morgen eine Formulierung vorlesen, die ich vor einigen Monaten einmal gemacht habe.

Stalmann: Über das Patronat haben wir heute nicht gesprochen. Wir waren an sich darüber einig, daß auch da etwas geschehen muß. Interessant ist eine ganz neue Entscheidung des OVG gegen einen Privatpatron. Dieser wird von der Kirche in Anspruch genommen auf Grund einer Patronatsverpflichtung gegenüber einer Kirche auf seinem Rittergut. Von dem Beklagten wurde hier geltend gemacht, daß die Patronatsverpflichtungen mit der nationalsozialistischen Rechtsanschauung nicht mehr vereinbar sind. Das Gericht sagt demgegenüber, daß die Patronatspflichten nicht offensichtlich der nationalsozialistischen Anschauung widersprechen, weil sonst der Staat sie nach 1933 schon aufgehoben hätte. Das Gericht zitiert für seine Anschauungen einige Sätze aus dem Handbuch des allgemeinen öffentlichen Grundstücksrechts von Scholz.

Vorsitzender: Würden Sie als Richter Bedenken habe, zu entscheiden, daß die Leistung eines Katholiken an die evangelische Kirche durch die Zeit hinfällig geworden ist? – Ich hätte keine Bedenken.

Dieckmann: Ich würde geneigt sein, zu sagen: sie sind hinfällig geworden; aber bei den höheren Gerichten würde ich damit nicht durchkommen.

Vorsitzender: Früher war es etwas ganz anderes. Nach Ostpreußen zog einmal der erste Katholik hin, nachdem alles protestantisch erklärt war; er wurde dort nur geduldet und mochte dafür auch bezahlen. Nun ist das alles jetzt doch völlig anders.

Dieckmann: § 30 ist nur ein ganz kleiner Ausschnitt.

Weber: Das wissen wir. Aber das alles ist doch Vereinfachung der Verwaltung.

Schröcker: Als Endergebnis wollen wir die Bereinigung dieser Dinge für das gesamte Reich, als erste Stufe den § 30 des preußischen Kirchensteuergesetzes. Dann wäre zu prüfen, ob man nicht als zweite Stufe eine preußische Gesamtregelung durch preußisches Gesetz anstreben sollte, weil eine Gesamtregelung für das Reich wegen der einzelnen Länder schwierig ist.

Vorsitzender: Das preußische Konkordat ist aber immerhin da.

Weber: Das stört dabei nicht viel. Aber ohne Reichsgesetz geht es nicht. Es bestehen die Vorschriften von Art. 138 und 173 der Reichsverfassung als einfaches Reichsgesetz weiter.

Schröcker: Art. 5 des preußischen Konkordats wäre zu berücksichtigen: „Eigentum und andere Rechte", was sehr weit ausgelegt wird.

Vorsitzender: Damit können wir die heutige Sitzung schließen.

(Schluß gegen 18 Uhr.)

2. Protokoll der Sitzung vom 20.1.1940 (Die Rechtslage der kath. Kirche in Danzig, Marienwerder und im früheren Polen)

(Beginn: 10 Uhr.)

Vorsitzender: Meine Herren! Ich eröffne die zweite Sitzung der 7. Tagung des Ausschusses für Religionsrecht.

Wir kämen nunmehr zu dem auf der Tagesordnung unter Nr. 1 aufgeführten Punkt: *Die Rechtslage der katholischen Kirche in Danzig.*

Referent MinDirigent *Roth:* I. Bei Darstellung der Rechtslage der katholischen Kirche im ehemaligen Freistaat und im heutigen Reichsgau Danzig braucht man nicht weit in die Geschichte zurückzugreifen. Durch das Diktat von Versailles wurde ein Freistaat Danzig geschaffen, in dessen Gebiet 18 katholische Pfarrgemeinden (darunter die Danziger) der vor 1919 deutschen, von da ab polnischen Diözese Kulm-Pelplin und 17 Pfarrgemeinden der deutschen Diözese Ermland fielen. Diese katholischen Pfarrgemeinden des Freistaates waren fast ausnahmslos deutsch und waren auch mit deutschen Geistlichen besetzt. Nach der Volkszählung des Jahres 1910 waren z.B. von der Bevölkerung der Stadt Danzig 97478 Bewohner katholisch, davon bekannten sich 86690 zum Deutschtum, 8673 zum Polentum und 2115 waren Kaschuben.

Die katholischen Deutschen Danzigs baten schon 1919 die Preußische Staatsregierung, sie möchte durch ihre Gesandtschaft beim Hl. Stuhl den Antrag stellen, daß die im neuen Freistaat gelegenen, noch zur Diözese Kulm-Pelplin gehörenden Pfarrgemeinden von dieser getrennt und dem Bischof von Ermland unterstellt werden, wenn auch unter einem eigenen Kommissar, dem die Regelung der äußeren kirchlichen Angelegenheiten (Patronatswesen, Dotationen usw.) mit der Regierung Danzigs obliegen sollte. In diesem Sinne richtete auch der Danziger Senat 1921 eine Note an den Hl. Stuhl. Die Polen dagegen und insbesondere das stark polonisierende und seit der Vertreibung der deutschen Domkapitulare Schröter und Treder 1920 fast vollständig polonisierte Pelpliner Domkapitel waren für die Aufrechterhaltung des ihnen günstigen Status quo; dabei setzten sie große Hoffnungen auf den damals eben gewählten neuen Papst Pius XI., der als ehemaliger Nuntius und Visitator in Polen nicht nur besondere Beziehungen zu Polen, sondern auch besondere Sympathien für Polen hatte.

Die Aktion der deutschen katholischen Kreise Danzigs und des Danziger Senats auf Eingliederung des gesamten Freistaatgebietes in das Bistum Ermland mußte bald, weil aussichtslos, aufgegeben werden, da einerseits die Aktivität der Polen für den Status quo sehr groß war, und da andererseits Bischof Bludau von Ermland der Eingliederung Danzigs in seine Diözese leider widerstrebte. Von den katholischen Danzigern sowohl wie von den beteiligten Diözesanbischöfen wurde dann die Errichtung einer selbständigen Apostolischen Administratur Danzig betrieben, die denn auch durch den Hl. Stuhl bereits am 21.4.1922 erfolgte (A.A.S.XIV, S. 312); dadurch wurde das Gebiet der Freien Stadt Danzig der Jurisdiktion der Nachbarbischöfe entzogen.

Apostolischer Administrator wurde (nach Fühlungnahme des damaligen Münchener Nuntius Pacelli mit der Preußischen Staatsregierung) Bischof O'Rourke. (Dieser entstammte einer baltischen, früher aus Irland eingewanderten Adelsfamilie, hatte in Freiburg/Schweiz und in Innsbruck bei den Jesuiten studiert, war in der Folgezeit u.a. Pfarrer in Petersburg und während des Weltkrieges Generalvikar der Diözese Minsk. Nach seiner Wahl zum Bischof von Riga 1918 hatte er mit der Lettischen Regierung solche Schwierigkeiten, daß er 1920 auf seinen Bischofsstuhl verzichtete und nach Rom ging. Von dort wurde er nach Danzig berufen.) Auf Grund der can. 423-428 CJC schuf der Bischof zur Verwaltung der Administratur ein vierköpfiges Konsistorium, das die Stelle eines Domkapitels vertreten sollte; die erste personelle Zusammensetzung dieses Konsistoriums konnte den Danziger deutschen Katholiken genehm sein. Die Theologen sollten in der Hauptsache in Braunsberg-Frauenburg herangebildet werden.

1924 wollten die polnischen Bischöfe die Apostolische Administratur Danzig der Kirchenprovinz Posen zuteilen. Kardinal-Staatssekretär Gasparri ging nicht darauf ein, weil sich auch Bischof O'Rourke dem Ansinnen der polnischen Bischöfe widersetzte, wobei er die Hilfe des deutschen Auswärtigen Amtes erbeten hatte. Doch gelang es den Polen, in Art. 3 des polnischen Konkordats vom 10.2.1925 Danzig ohne dessen Zustimmung oder Wissen der Warschauer Nuntiatur zu unterstellen. (Darüber weiter unten.) Der Danziger Senat und die deutsche katholische Bevölkerung Danzigs betrieben daraufhin die Errichtung eines selbständigen exemten Bistums Danzig. Dagegen machten die Polen Propaganda mit dem Hinweis, daß es Danzig zur Bedeutung und Würde eines eigenen Bistums sowohl an der dazu erforderlichen katholischen Bevölkerungszahl wie auch an den erforderlichen Mitteln fehle. Trotzdem wurde mit der Bulle „Universa Christi fidelium cura" vom 30.12.1925 (A.A.S.XVIII, S. 38) ein exemtes Bistum Danzig errichtet. O'Rourke wurde Danzigs erster Bischof; die ehemalige Zisterzienserkirche in Oliva, einem Vorort Danzigs, wurde zur Kathedralkirche unter Beibehaltung ihres Charakters als Pfarrkirche erhoben. Das deutsche Danzig hatte damit zweifellos einen bedeutsamen Sieg über die Machenschaften Polens davongetragen.

Am 4.6.1928 wurde dann zwischen dem Senat der Freien Stadt Danzig und dem Bischof von Danzig ein Übereinkommen über das Verhältnis von Kirche und Staat geschlossen (siehe weiter unten).

In den Jahren 1933-1935 wurden durch den Gauleiter der NSDAP Bestrebungen in Gang gebracht, im Zuge der Gleichschaltung Danzigs mit dem Reich (in Anlehnung an das Reichskonkordat von 1933) den Staatsvertrag von 1928 durch ein Konkordat zu ersetzen; dadurch sollte vor allem dem Zentrum der Entschluß zur Selbstauflösung erleichtert werden. Die Verwirklichung des Konkordats scheiterte vor allem daran, daß ein Konkordat der Vermittlung des Warschauer Nuntius bedurft hätte, die aber für das deutsche Danzig nicht tragbar gewesen wäre. Andererseits behandelte der Hl. Stuhl die Danziger Konkordatsfrage sehr dilatorisch, weil er mit dem Reichskonkordat, insbesondere in Schul- und Erziehungsfragen, nicht die besten Erfahrungen gemacht hatte. Seit 1935 war auch eine polen-freundlichere Haltung des Bischofs O'Rourke zu beobachten, verursacht sowohl durch die kirchenpolitischen Verhältnisse im Reich wie namentlich auch durch die erhöhte Aktivität der Polen. 1937 erhielt der Danziger Bischof vom Hl. Stuhl auf Drängen der Polen zwar nicht den Auftrag, aber die Ermächtigung zur Errichtung polnischer Personalpfarreien. Als dann im Oktober 1937 auf den Druck der Polen hin tatsächlich die Errichtung zweier polnischer Personalpfarreien in Danzig vorgenommen und die Errichtung zweier weiterer vom Bischof in Aussicht gestellt wurde, mußte der durch den Nationalitätenkampf und durch den kirchenpolitischen Kampf zermürbte Bischof den Protesten des Danziger Senats, der deutschen Geistlichkeit und der deutschen Bevölkerung weichen: er bot dem Hl. Stuhl seinen Rücktritt an, der im Juni 1938 auch genehmigt wurde.

(O'Rourke ging als Ehrendomherr von Danzig weg in das Kapitel des Primas von Polen, des Erzbischofs Hlond, nach Posen, war während des polnischen Feldzuges 1939 in seiner Heimat Litauen und ging im Oktober 1939 von da nach Rom.)

In dem Wechsel von Erfolg und Mißerfolg im Kampf zwischen Deutschen und Polen um Danzig bedeutete es einen verdienten Erfolg der Deutschen, wenn noch im Juni 1938 der volksdeutsche Pfarrer von Danzig-Oliva, Splett, zum neuen Bischof von Danzig ernannt wurde.

Im Gebiete der Diözese waren 1936 neben 250110 Nichtkatholiken 157407 Katholiken in 46 Seelsorgebezirken mit 73 Seelsorgsgeistlichen und 21 anderen Weltgeistlichen.

II. 1. Die Rechtslage der katholischen Kirche im Freistaat Danzig gründete sich a) auf verschiedene preußische Gesetze aus der Zeit vor 1918, b) allgemein auf die Verfassung der Freien

Stadt Danzig vom 4.7.1930 und c) im besonderen auf das von Danzig geschaffene Staatskirchenrecht, z.B. auf das Gesetz vom 28.12.1921 und auf den in der Öffentlichkeit bisher nicht bekannten Vertrag zwischen dem Danziger Senat und dem Danziger Bischof vom 4.1.1928.

Die *Verfassung Danzigs* lehnte sich in dem Abschnitt III (Religion und Religionsgesellschaften) Art. 96-100 eng an die Bestimmungen der Weimarer Verfassung an, sprach sich also weder für eine praktische Trennung von Staat und Kirche noch für ein Staatskirchentum aus, enthielt aber im übrigen Bestimmungen, die eine positive Beziehung des Staates zur Kirche festlegten. Nach Art. 96 bestand volle Glaubens- und Gewissensfreiheit, die ungestörte Religionsübung wurde gewährleistet und stand unter staatlichem Schutz. Art. 97 gab den Religionsgesellschaften das Recht, von ihren Mitgliedern Steuern zu erheben und Art. 98 schützte das Eigentum der Religionsgesellschaften. Nach Art. 99 stand den Religionsgesellschaften das Recht zu, in öffentlichen Anstalten religiöse Handlungen vorzunehmen. Art. 100 stellte den Sonntag und die staatlich anerkannten kirchlichen Feiertage unter den Schutz des Gesetzes. Art. 85 sicherte die Freiheit der religiösen Vereine. Art. 106 sicherte den Religionsunterricht als ordentliches Lehrfach der Schule; er mußte in Übereinstimmung mit den Grundsätzen der Religionsgesellschaften unbeschadet des staatlichen Aufsichtsrechts erteilt werden.

Der Vertrag von 1928, also schon vor Erlaß der Verfassung abgeschlossen, lehnte sich materiell an die Nachkriegskonkordate an, wich aber formell davon hauptsächlich insofern ab, als der kirchliche Vertragspartner der Landesbischof war, wenngleich natürlich im Hintergrund Rom stand. Denn schon 1924 hatte Bischof O'Rourke in Rom den Vertragsentwurf zur Überprüfung und innerkirchlichen Genehmigung vorgelegt. Erst 3 Jahre später kam es zum Vertragsabschluß.

Zu den Gesetzen, die aus der preußischen Zeit Danzigs im Freistaate in Geltung blieben, zählen z.B. Allgemeines Landrecht,

Pr. Gesetz v. 20.6.1875 (Vermögensverwaltung in den katholischen Kirchengemeinden),

Pr. Gesetz v. 7.6.1876 (Aufsichtsrechte des Staates bei der Vermögensverwaltung der katholischen Diözesen),

Pr. Gesetz v. 29.5.1903 Bildung von Gesamtverbänden der katholischen Kirche,

Pr. Gesetz v. 14.7.1905 Erhebung von Kirchensteuern in den katholischen Kirchengemeinden und Gesamtverbänden.

Wortlaut des Vertrages vom 4. Januar 1928. Geschehen zu Danzig, den 4. Januar 1928.

Zwischen dem Senat der Freien Stadt Danzig, vertreten durch den Herrn Präsidenten des Senats, Dr. Ing. h.c. Sahm und Herrn Senator Dr. Schwartz und dem Bischof von Danzig, ist ein Übereinkommen nach Maßgabe der diesem Protokoll beigefügten Anlage getroffen worden, welches beide Parteien hierdurch als für sich verbindlich anerkennen.

Soweit in der Anlage Bestimmungen enthalten sind, welche über die dem Herrn Bischof von Danzig seitens des Heiligen Stuhls erteilten Vollmachten hinausgehen, wird deren Wirksamkeit einer Bestätigung durch den Heiligen Stuhl vorbehalten, um deren Herbeiführung der Herr Bischof von Danzig besorgt sein wird.

Der Inhalt der Abmachungen, nach welchen schon seit dem Bestehen der Apostolischen Administratur und des Bistums Danzig verfahren worden ist, tritt sofort in Kraft.

Dieses Protokoll nebst Anlage wird doppelt ausgefertigt. Von den Ausfertigungen erhält die eine der Senat der Freien Stadt Danzig, die andere der Bischöfliche Stuhl von Danzig. Der Senat der Freien Stadt Danzig. – Der Bischof gez. Eduard Graf O'Rourke, – gez. Heinrich Sahm, Dr. Hubertus Schwartz.

Auf Grund der zum Abschluß gelangten Verhandlungen wird über die rechtlichen Verhältnisse der katholischen Kirche in der Freien Stadt Danzig zwischen dem Senat der Freien Stadt Danzig und dem Bischof von Danzig folgendes festgestellt:

§ 1. Die freie Stadt Danzig gewährleistet die ungestörte freie und öffentliche Ausübung der katholischen Religion, das Recht der Kirche, im Rahmen ihrer Zuständigkeit Anordnungen zu erlassen, die ihre Mitglieder binden, sowie das Eigentumsrecht der Kirche an ihren für Kultus-, Unterrichts- und Wohltätigkeitszwecke bestimmten Anstalten, Stiftungen und sonstigem Vermögen.

§ 2. Das für das Gebiet der Freien Stadt Danzig durch die Bulle „Universa Christi fidelium cura" vom 30. Dezember 1925 errichtete Bistum ist dem Apostolischen Stuhle unmittelbar unterstellt.

§ 3. Die Ernennung des Bischofs erfolgt durch den Apostolischen Stuhl. Bei Sedisvakanz wird der von den Konsultoren gewählte Kapitularvikar als Vermittler zwischen der Staatsregierung und der Kirche in Erfahrung bringen, ob von der Staatsregierung gegen den von der Kirche als Bischof oder bischöflicher Administrator in Aussicht genommenen Kandidaten irgendwelche Bedenken bestehen. Es genügt die Mitteilung dieser Tatsachen ohne Begründung. Die Kirche wird diesen Bedenken Rechnung tragen, auch bei Auswahl des Kandidaten darauf achten, daß er *grundsätzlich die Danziger Staatsangehörigkeit besitzt und der Nationalität angehört, welche die Mehrheit der Katholiken, die Danziger Staatsangehörige sind, vertritt. [Die gekennzeichneten Stellen wurden 1924 von der römischen Kurie beanstandet. Auf sie bezieht sich wohl auch Abs. 2 der Präambel.]*

Der zur Würde eines Bischofs von Danzig Erhobene legt vor dem Präsidenten des Senats den Treueid ab. Mit der Eidesleistung wird die staatliche Anerkennung perfekt. Die Eidesformel hat folgenden Wortlaut: Eidesformel: ich, N.N. Bischof von Danzig, schwöre zu Gott, dem Allmächtigen und Allwissenden, und auf das Heilige Evangelium, daß ich die Verfassung und Gesetze der Freien Stadt Danzig gewissenhaft beobachten und nach meinem besten Vermögen das Wohl des Staates fördern werde. – So wahr mir Gott helfe und sein Heiliges Evangelium. Amen!

Der Bischof, der zugleich Pfarrer von Danzig-Oliva ist, hat die Einkünfte der Pfarrstelle an der Kathedralkirche in Danzig-Oliva, einschließlich des Nießbrauchs der bisherigen Pfarrwohnung. Es steht ihm ein entsprechender staatlicher Besoldungszuschuß in der Höhe zu, daß die Bezüge des Bischofs insgesamt *denen eines Staats*beamten im Einzelgehalt der Gruppe II gleichkommen.

Zur Verwaltung der Pfarrgeschäfte in Oliva ernennt der Bischof einen Pfarradministrator, der eingeschlossen ist in der vom Staate festgelegten Zahl der Hilfsgeistlichen, die vom Staate Zuschüsse zu ihrer Besoldung erhalten. Vor seiner Ernennung wird der Bischof in Erfahrung bringen, ob gegen den Betreffenden von der Staatsregierung Einwendungen zu machen sind, und etwaigen Bedenken Rechnung tragen.

§ 4. Der Bischof ernennt aus der Zahl der zum Klerus der Diözese Danzig gehörigen Geistlichen jedesmal auf 3 Jahre die für die kirchliche Verwaltung erforderliche Zahl von Konsultoren, welche unter dem Vorsitz des Bischofs das Konsistorium bilden. Vor der Ernennung wird der Bischof in Erfahrung bringen, ob von der Staatsregierung Einwendungen politischer Natur gegen die Kandidaten zu machen sind, und wird etwaigen Bedenken Rechnung tragen.

Die Staatsregierung stellt für das katholische Konsistorium angemessene Räume bereit, desgleichen durch den Staatshaushalt eine Vergütung für die Konsultoren, das Büropersonal und die Geschäftsbedürfnisse des Konsistoriums.

§ 5. Bei Sedisvakanz wählen die Konsultoren aus ihrer Mitte einen Kapitularvikar zur Erledigung der laufenden Geschäfte der Diözese. Der Kapitularvikar führt während seiner Amtsdauer den Vorsitz im Konsistorium.

§ 6. Der Bischöfliche Stuhl erhält die Rechte einer juristischen Person.

§ 7. Zur Bekleidung eines geistlichen Amts ist das vom Staate anerkannte Reifezeugnis eines 9-stufigen humanistischen Danziger Gymnasiums oder einer deutschen gleichwertigen Anstalt,

sowie ein durch Bestehen der vorgeschriebenen Prüfung abgeschlossenes, mindestens 3-jähriges Studium an einer theologischen Fakultät einer Hochschule des deutschen Sprachgebiets (Deutschland, Österreich, Danzig) oder in Rom und die erforderliche Ableistung mindestens eines Seminarjahres erforderlich. Ausnahmen sind mit vorher einzuholender Zustimmung des Senats möglich. Im übrigen gelten für das theologische Studium sinngemäß dieselben Voraussetzungen und Bedingungen, wie sie für andere akademische Studien nach bestehendem Danziger Recht Gültigkeit haben.

Die Anstellung von Geistlichen obliegt dem Bischof, soweit nicht Rechte des Staates berührt werden. Die Anstellung von Geistlichen, die nicht Danziger Staatsangehörige sind, und die Vornahme von Amtshandlungen durch solche Geistliche, die nicht zur Diözese Danzig gehören, bedürfen der Genehmigung der Staatsregierung, sofern es sich nicht um eine Amtshandlung oder eine Ausübung der Seelsorge nur vorübergehender Art handelt.

§ 8. Die Freie Stadt Danzig wird *unbeschadet der bisherigen Rechte des Staates* der Tätigkeit von katholischen religiösen Genossenschaften keine Hindernisse entgegenstellen. Diese Genossenschaften sind dem Bischof und der bischöflichen Verwaltung unterstellt.

§ 9. Die Freie Stadt Danzig wird in derselben Weise wie bisher den Bedürfnissen der katholischen Kirche nach Maßgabe der Verfassung und der gesetzlichen Bestimmungen Rechnung tragen, und zwar :

a) für die religiöse Bildung und Erziehung der katholischen Jugend in den Schulen;

b) für eine für die verfassungsmäßige Erteilung des katholischen Religionsunterrichts geeignete Ausbildung der Lehrer, die zur Erteilung des Religionsunterrichts der Genehmigung der Kirchenbehörde bedürfen gem. Art. 106, 1 der Verfassung.

Ferner wird die Freie Stadt das Recht der Kirchen anerkennen, unbeschadet der Aufsichtsrechte des Staates festzustellen, ob und inwieweit der Religionsunterricht in Übereinstimmung mit den Grundsätzen der katholischen Kirche in Volks-, Mittel- und höheren Schulen erteilt wird.

§ 10. Dem Bischof oder seinem Beauftragten steht das Recht zu, Mißstände im religiössittlichen Leben der katholischen Schüler sowie nachteilige Beeinflussung derselben in der Schule, insbesondere etwaige Verletzungen ihrer Glaubensüberzeugung oder religiösen Empfindung im Unterricht bei der staatlichen Unterrichtsbehörde anzuzeigen, die nötigenfalls für entsprechende Abhilfe Sorge tragen wird.

§ 11. Die auf dem Kirchenpatronat und auf sonstigen Rechtstiteln des Staates beruhenden Rechte und Pflichten bleiben ipso jure unverändert. Auch bei den Pfarreien, bei denen dem Staate das Präsentationsrecht nach der Regel der *alternativa mensium zusteht, verbleibt es bei dem bisherigen Rechtszustand.*

In allen Fällen, in denen der Bischof das Besetzungsrecht hat, wird er vor der Ernennung in Erfahrung bringen, ob gegen den Kandidaten von der Staatsregierung Einwendungen in politischer Hinsicht zu machen sind und diesen Bedenken Rechnung tragen. Etwaige Bedenken sind von der Staatsregierung innerhalb eines Zeitraums von 30 Tagen zu erheben.

§ 12. Bei der Kathedralkirche und bei den kirchlichen Gebäuden in Oliva bleibt es hinsichtlich der Baulasten bei dem bestehenden Recht. Bei neuen Einrichtungen, Erweiterungen und Verpflichtungen, die sich aus der Stellung der Kirche in Oliva als Kathedralkirche und der ehemaligen Pfarrwohnung als Bischofssitz ergeben, werden besondere Vereinbarungen getroffen.

§ 13. Kirchliche Stellen können neu errichtet oder umgewandelt werden *unbeschadet der bisher geltenden Rechte des Staates.* Eine Mehrbelastung des Staates kann daraus nicht hergeleitet werden.

§ 14. Soweit das Bedürfnis nach Gottesdienst und Seelsorge in Krankenhäusern, Straf- und Pflegeanstalten und sonstigen öffentlichen Anstalten besteht, wird die Verwaltung in zweckmäßi-

ger Weise auf ihre Kosten eine entsprechende Seelsorge einrichten. Die Seelsorger für diese Anstalten werden im Benehmen mit dem Bischof ernannt.

§ 15. Die für die staatlichen Leistungen an die Kirche und für kirchliche Zwecke erforderlichen Mittel werden durch den Haushaltsplan beim Parlament angefordert.

Sollte die Kirche einseitig eine Änderung der kirchlichen Verhältnisse in der Freien Stadt Danzig vornehmen wollen, so bedarf diese des vorherigen Einverständnisses der Regierung der Freien Stadt Danzig.

Danzig, den 4. Januar 1928. Für den Senat der Freien Stadt Danzig. Der Bischof von Danzig.

Der Haushaltsplan des Freistaates Danzig, auf den sich § 15 des Vertrags von 1928 beruft, stützte sich bei Feststellung der staatlichen Leistungen an die Kirche im wesentlichen auf das *Danziger Gesetz vom 28.12.1921,* betreffend die Bereitstellung von Mitteln zur Aufbesserung des Diensteinkommens der katholischen Geistlichen.

Art. 1. Soweit die eigene Leistungsfähigkeit der katholischen Kirchengemeinden und Diözesen nicht ausreicht, die Besoldungsbezüge der Pfarrer den Dienstbezügen derjenigen unmittelbaren Staatsbeamten anzupassen, die ihre erste planmäßige Anstellung in einer Stelle der Besoldungsgruppe 10 der staatlichen Besoldungsordnung finden, werden ab 1. April 1920 seitens der Freien Stadt Danzig durch den Staatshaushaltsplan alljährlich diejenigen Mittel zur Verfügung gestellt, die erforderlich werden, um die Bezüge der Pfarrer auf die erwähnte Höhe zu bringen und ihnen die Aufrückung in höheren Besoldungsgruppen nach den gleichen Grundsätzen wie den Staatsbeamten zu ermöglichen.

Unter den gleichen Voraussetzungen werden durch den Haushaltsplan Mittel zur Verfügung gestellt, um die Ruhegehaltsbezüge der Pfarrer entsprechend zu erhöhen. Die Festsetzung der hierfür zu gewährenden Leistungen erfolgt von Fall zu Fall durch den Senat nach Anhörung der bischöflichen Behörde.

Art. 2. Unter den gleichen Voraussetzungen werden alljährlich durch den Haushaltsplan ferner diejenigen Mittel zur Verfügung gestellt, die erforderlich sind, um den ordinierten Hilfsgeistlichen eine angemessene Besoldung zuteil werden zu lassen. Die Höhe dieser Besoldung wird durch den Senat nach Anhörung der bischöflichen Behörde festgestellt.

Art. 3. Den katholischen Kirchengemeinden, welche nicht imstande sind, eine Neuregelung der Besoldung ihrer Organisten, Küster und ähnlicher Angestellten durchzuführen, werden angemessene Beihilfen gewährt, um die Bezüge dieser Angestellten auf die erforderliche Höhe zu bringen. Die hierfür nötigen Mittel werden alljährlich durch den Staatshaushaltsplan bereitgestellt.

Art. 4. Die Entscheidung über die Leistungsfähigkeit der Diözese und Kirchengemeinden steht dem Senat nach Anhörung der bischöflichen Behörde zu.

Art. 5. Die Ausführung erfolgt durch den Senat, im Benehmen mit den bischöflichen Behörden.

Art. 6. Dieses Gesetz tritt mit Wirkung vom 1. April 1920 in Kraft.

Danzig, den 28. Dezember 1921. Der Senat der Freien Stadt Danzig: Sahm. – Dr. Schwartz

Im Rechnungsjahre 1939 hatte der Danziger Haushaltsplan (für die evangelische Kirche 535.780 Gulden = etwa 375.000 RM und) für die katholische Kirche 339.960 Gulden = etwa 238.000 RM vorgesehen. Von den Leistungen an die katholische Kirche entfielen etwa 204.000 RM auf die Besoldung der Geistlichen und der kirchlichen Angestellten, etwa 30.000 RM waren staatliche Baukostenbeiträge auf Grund staatlichen Patronats an 32 Gemeinden und freiwillige Bauzuschüsse, etwa 3.600 RM sachliche Verwaltungsausgaben.

Der Vertrag von 1928 enthielt allerdings in seiner Präambel, im 2. Absatz eine vielsagende Klausel. Es ist nicht bekannt geworden, ob und mit welchem Erfolg der Danziger Bischof bemüht war, die Herbeiführung der Zustimmung der römischen Kurie zu jenen Bestimmungen herbeizuführen, welche über die dem Danziger Bischof von der Kurie erteilten Vollmachten hinausgingen, also besonders bezüglich § 11 (Patronatsrecht). Insofern wurde dieser Vertrag überhaupt wohl nur formal rechtskräftig; er gibt aber ein anschauliches Bild von der kirchenpolitischen Situation im ehemaligen Freistaate.

2. Eine kirchenrechtlich interessante und kirchenpolitisch umstrittene Angelegenheit muß bei der Darstellung der Rechtslage der katholischen Kirche im früheren Freistaat Danzig besondere Erwähnung finden. Senat und Bevölkerung Danzigs wurden im Februar 1925 überrascht durch den Wortlaut des *Art. 3 des polnischen Konkordats,* der lautet: „Zwecks Aufrechterhaltung freundschaftlicher Beziehungen zwischen dem Hl. Stuhl und der Republik Polen werden in Polen ein Apostolischer Nuntius und beim Hl. Stuhl ein Botschafter der polnischen Republik residieren. *Die Vollmachten des Apostolischen Nuntius in Polen werden sich auf das Gebiet der Freien Stadt Danzig erstrecken.*"

Schon bei der Errichtung der Apostolischen Administratur Danzig 1922 hatte der Hl. Stuhl von sich aus – wie er selbst zugab – beschlossen, Danzig der Warschauer Nuntiatur zu unterstellen. Diese Unterstellung hatte 3 Jahre gedauert, ohne daß – wie der Hl. Stuhl in einem Schreiben vom 21.3.1925 an Bischof O'Rourke angab – dieser Regelung vom Danziger Senat oder von der deutschen katholischen Bevölkerung Danzigs Widerstand entgegen gesetzt wurde, so daß der Hl. Stuhl angeblich glauben konnte, den tatsächlichen Zustand im polnischen Konkordat ohne weiteres auch rechtlich festlegen zu können. Als Danzig dann gegen den Art. 3 Satz 2 des polnischen Konkordats sofort und heftig protestierte, erklärte der Hl. Stuhl, daß die Regelung des polnischen Konkordats in keiner Weise bedeute, daß Danzig kirchlich unter Polen stehe; der Nuntius in Warschau sei keine polnische Obrigkeit, sondern Vertreter des Papstes; gewiß sei es richtig, daß ein solcher Vertreter außer seiner kirchlichen Jurisdiktion auch eine diplomatische Eigenschaft habe, da er bei einer Regierung beglaubigt sei; man müsse sich aber gegenwärtig halten, daß der Nuntius in Warschau seine kirchliche Jurisdiktion über Danzig ausübe nicht als bei der polnischen Regierung beglaubigter Diplomat, sondern lediglich als Vertreter des Hl. Vaters bei den Gläubigen von Danzig; bekanntlich hätten die Nuntien nach Maßgabe des can. 267 CJC zwei Eigenschaften, eine als Diplomaten und Gläubigen eines Gebiets und sie hätten zu diesem Zweck besondere Vollmachten zur Erledigung innerkirchlicher Angelegenheiten; diese Vollmachten beträfen beispielsweise Ehedispensen, Veräußerung kirchlicher Güter, besondere Vollmachten für Beichtväter, kurz alles was nötig sei für die Gläubigen in dringenden Fällen, wo keine Möglichkeit sei, sich nach Rom zu wenden; im übrigen sei der Hl. Stuhl in der Ausdehnung der kirchlichen Vollmachten seiner Organe auf verschiedene Länder vollkommen frei.

Der Danziger Senat erklärte daraufhin in einem Schreiben vom 25.5.1925 an Bischof O'Rourke, daß die Entscheidung des Hl. Stuhls vom Jahre 1922 – Unterstellung Danzigs unter die Warschauer Nuntiatur – weder dem Senat noch der katholischen Bevölkerung Danzigs jemals mitgeteilt worden oder sonstwie bekannt geworden sei; auch das Dekret über die Errichtung der Apostolischen Administratur Danzig habe nichts über die Befugnisse des Warschauer Nuntius enthalten; die Regierung Danzigs sei daher gar nicht in der Lage gewesen, gegen die Befugnisse des Nuntius damals und seitdem Einspruch zu erheben, sie sei vielmehr ebenso wie die Danziger Bevölkerung durch den Wortlaut des polnischen Konkordats vollkommen überrascht worden; wenn aber die Befugnisse des Warschauer Nuntius im Danziger Gebiet nur religiöser Art seien, so gehörten diese rein innerkirchlichen Angelegenheiten der Danziger Katholiken nicht in einen Staatsvertrag mit Polen; mit der Fassung des Konkordats-Art. 3 sei es Polen gelungen, vor dem Ausland in Bezug auf die katholische Kirche eine gewisse Oberhoheit über Danzig zu dokumentieren und es sei zu befürchten, daß Polen versuchen werde, durch den Apostolischen Nuntius auf die äußeren Angelegenheiten der katholischen Kirche Danzigs, besonders auf die Wahl des Apostolischen Administrators oder bei Konkordatsverhandlungen Einfluß zu gewinnen; beides aber müsse der Senat in Übereinstimmung mit der deutschen Bevölkerung ablehnen, er müsse vielmehr nun nicht nur die Änderung des Konkordats-Art. 3, sondern auch die Errichtung eines selbständigen exemten Bistums Danzig fordern, mit dem er dann von sich aus die Verhältnisse zwischen Staat und Kirche in Danzig regeln könne.

Das polnische Konkordat wurde zuvor nicht mehr abgeändert, aber die Errichtung eines exemten Bistums noch im Jahre 1925 erreicht. Wie richtig der Danziger Senat die dem Warschauer Nuntius durch das polnische Konkordat zugedachte Rolle beurteilte, wurde ersichtlich in den Jahren 1933-35, als Konkordatsverhandlungen zwischen Danzig und dem Hl. Stuhl – wie schon oben erwähnt – deswegen nicht in Gang kamen, weil der Warschauer Nuntius dabei nicht übergangen, aber von Danzig nicht eingeschaltet werden konnte. Bei späteren Verhandlungen mit dem Danziger Senat wollte der Danziger Bischof immer wieder den Warschauer Nuntius hineinziehen und als im Frühjahr 1938 der Bischofswechsel in Danzig spruchreif geworden war, hatte der Warschauer Nuntius Cortesi tatsächlich seine Hand im Spiel; er fuhr nach Danzig und führte Verhandlungen, wobei er zuerst für das Verbleiben des Bischofs O'Rourke und schließlich für eine Bischofskandidatur Sawitzki's, eines Pelpliner Theologieprofessors, sich einsetzte. Auch über den Religionsunterricht an den Danziger Schulen suchte er zu verhandeln – alles Fragen, die über die angeblich vorgesehene rein innerkirchliche Zuständigkeit des Warschauer Nuntius in Danzig hinausgingen.

Um die formale Seite der rechtswidrigen Unterstellung Danzigs unter die Warschauer Nuntiatur voll würdigen zu können, muß auch noch erwähnt werden, daß nach dem zwischen Danzig und Polen damals bestehenden Vertrage (Art. 6 der Danzig-polnischen Pariser Konvention) die Übernahme irgendeiner Bestimmung, die die Freie Stadt betraf, in den Vertrag Polens mit dem Hl. Stuhl wie in jeden Vertrag, den Polen mit einer auswärtigen Macht abschloß, unzulässig war. Es sei denn, daß die Freie Stadt diese gewünscht und Polen sich zur Vertretung dieses Wunsches bereitgefunden hätte oder Polen die Freie Stadt um ihr Einverständnis gebeten und Danzig ausdrücklich zugestimmt hätte. Polen sollte die auswärtigen Angelegenheiten der Freien Stadt nur in technischer Hinsicht führen, die außenpolitische Initiative aber sollte bei Danzig selbst liegen. Die Aufnahme des Danzig betreffenden Passus in das polnische Konkordat kam aber für die Freie Stadt Danzig völlig überraschend. Polen hatte sich eines offenkundigen Vertragsbruches gegenüber der Freien Stadt schuldig gemacht, einerlei, ob nun dieser Passus von Polen gewünscht worden war oder ob Polen ihn nur gebilligt hatte. Sollten aber mit Art. 3 Satz 2 des polnischen Konkordats nur innerkirchliche Zuständigkeiten für die Danziger Katholiken geregelt werden, dann bedeutete die Einfügung jener Bestimmung in das polnische Konkordat einen Eingriff in die innere Politik der Freien Stadt, einen Eingriff in ihre ursprünglichen innerstaatlichen Hoheitsrechte.

Polen selbst dachte bei der Festlegung des Konkordatstextes auch gar nicht an innerkirchliche Vollmachten des Nuntius für Danzig. Art.3 behandelt äußere Angelegenheiten, er regelt die Gesandtschaftsfrage, nicht aber lediglich innerkirchliche Befugnisse des Apostolischen Nuntius. Der Hl. Stuhl aber ging auf die Forderung Polens – denn von Polen stammte die Fassung des Artikels – deswegen ein, weil er die Polen, denen er die von diesen beanspruchte diplomatische Vertretung Danzigs durch den polnischen Botschafter beim Hl. Stuhl schon hatte abschlagen müssen, wenigstens hierdurch einigermaßen zufriedenstellen wollte.

Danzig betrachtete Satz 2 des Art. 3 des polnischen Konkordats als unwirksam. Mit der Eingliederung Danzigs in das Reich und mit dem Untergang Polens ist die ganze Frage der Unterstellung Danzigs unter die Warschauer Nuntiatur ohnehin hinfällig geworden.

III. Bei der Eingliederung Danzigs in das Reich, September 1939, änderte sich zunächst an der tatsächlichen Lage der katholischen Kirche dort nichts.

Der neue Reichsgau, dem Danzig seinen Namen gab, setzt sich – kirchlich und staatskirchenrechtlich gesehen – aus vollkommen verschiedenen Gebieten zusammen:

1. aus dem ehemaligen *Freistaat Danzig*, für den bis auf weiteres noch das Danziger Staatskirchenrecht gilt;

2. aus dem bis dahin *preußischen Gebiete*, das ist der zum Bistum Ermland gehörende Regierungsbezirk Marienwerder. Für dieses Gebiet galt bisher das preußische und das Reichskonkordat, sowie das preußische Staatskirchenrecht;

3. Aus den *bisher polnischen Gebieten*, das sind die bisher polnische Diözese Kulm-Pelplin (deren Bischof September 1939 geflohen ist und deren Domkapitel nicht mehr besteht), sowie ein Teil der bisher polnischen Diözese Gnesen (Gebiet um Bromberg) und der bisher polnischen Diözese Leslau-Wlodlawek (Gebiet um Liyno). Für diese Gebiete galt bisher das polnische Konkordat und Staatskirchenrecht.

Es ergeben sich nunmehr verschiedene kirchenpolitische und kirchenrechtliche Probleme.

1. Die Frage, ob der Danziger Kirchenvertrag von 1928 durch die Eingliederung Danzigs in das Reich weiter rechtswirksam bleibt, wenn er es je war, dürfte zu verneinen sein, aus ungefähr denselben Gründen, die für das automatische Erlöschen des Österreichischen Konkordats bei der Eingliederung der Ostmark in das Reich anzuführen sind. Und wie auf die Ostmark das Reichskonkordat nicht übergriff, ebensowenig greift es auf Danzig über. Das Preußische Konkordat kommt für Danzig überhaupt nicht in Betracht, da Danzig nicht preußische Provinz, sondern eigener Reichsgau wurde. Das Danziger Staatskirchenrecht, wie z.B. das Gesetz von 1921 wird aber materiell in Geltung bleiben, solange nicht ausdrücklich eine neue Rechtslage geschaffen wird.

2. Gilt für das bisher preußische Gebiet des neuen Reichsgaues Danzig-Westpreußen, also den Regierungsbezirk Marienwerder das Preußische und das Reichskonkordat? Das genannte Gebiet ist aus dem Lande Preußen ausgeschieden; somit ist dafür (nach den Grundsätzen, die bezüglich der Geltung eines Konkordats im Ausschuß für Religionsrecht vertreten werden) das Preußische Konkordat erloschen. Schwieriger ist die Frage zu beantworten, ob auch das Reichskonkordat für dieses Gebiet hinfällig ist und ob nicht auf dem Wege über das Reichskonkordat Art. 2 das Preußenkonkordat für dieses Gebiet doch in Kraft bleibt. Diese Frage wäre noch genauer zu prüfen und es wäre wünschenswert, wenn das Kirchenrecht zur Unterstützung kirchenpolitischer Ziele Gründe beibringen würde, die das Erlöschen des preußischen und Reichskonkordats für das früher preußische Gebiet des Reichsgaues Danzig plausibel machen könnten.

3. Daß das polnische Konkordat und Staatskirchenrecht für die ehedem polnischen Gebiete erloschen ist und daß auch das Reichskonkordat nicht auf die ehemals polnischen Gebiete übergreifen kann, bedarf keiner weiteren Ausführung.

Für die kirchlich so verschiedenartigen Gebiete des Reichsgaues Danzig eine *gemeinsame* staatskirchenrechtliche Grundlage zu finden, wird schwerer sein als in jedem anderen Reichsgau, da zu den rechtlichen und organisatorischen noch die völkischen Schwierigkeiten mit dem bisher polnischen Gebiet hinzukommen. Dazu ist mit 1. Januar 1940 für das Gebiet des ehemaligen Freistaates Danzig nicht nur das Reichsrecht, sondern eigenartigerweise auch das preußische Landesrecht eingeführt worden. Dies bedeutet auf staatskirchenrechtlichem Gebiet die vorläufige Angleichung eines Teiles des Reichsgaues an Preußen, insbesondere z.B. auch die Übernahme des preußischen Gesetzes über die Verwaltung des katholischen Kirchenvermögens vom 24. Juli 1924, nicht jedoch die Übernahme des Reichs- und des Preußenkonkordats, wie intern ausdrücklich festgestellt wurde. Wahrscheinlich wird aber letzten Endes doch der *Sudetengau* wie auf dem Gebiet der allgemeinen Verwaltung so auch in staatskirchenrechtlichen Fragen (z.B. auf dem Gebiet der finanziellen Versorgung der Kirchen) das endgültige Modell abgeben für die Neuordnung der Verhältnisse im neuen Reichsgau Danzig. Dabei wird die Diözese Danzig von dem bisherigen Staatskirchentum frei und in ein System des Verhältnisses von Staat und Kirche gebracht werden, das mehr eine Trennung der beiden Gewalten, aber doch auch wieder eine starke Staatsaufsicht über die Kirche vorsieht. Angestrebt wird eine Vereinigung der Diözese Danzig mit der alten verwaisten Diözese Kulm, wie diese Gebiete ja auch früher nur *ein* Bistum waren, nur daß es in Zukunft nicht mehr eine Diözese Kulm-Pelplin, sondern eine Diözese Danzig geben soll. (Bischof Splett von Danzig ist denn auch bereits zum Apostolischen Administrator für Kulm-Pelplin mit allen Rechten und Pflichten eines Residenzialbischofs ernannt worden.) Damit würde das katholische Danzig etwas entschädigt für das, was es mit der Eingliederung in das Reich wird aufgeben müssen. Dieser Verzicht wird ein beachtlicher Beitrag der Danziger katholischen Kirche zur Einigung aller Deutschen im nationalsozialistischen Reiche sein.

Vorsitzender: Ich danke Herrn Ministerialdirigenten Roth für den klaren und hochinteressanten Vortrag. Ich muß sagen: Ich hatte mir doch kein richtiges Bild von der Sache gemacht und dachte, es würde so ziemlich damit abgetan sein, wenn wir dieselben Fragen, die wir ja auch schon hinsichtlich Österreichs und hinsichtlich des Sudetengaues geprüft haben, hier behandeln würden. Aber es ist hier doch sehr verwickelter, vor allem hinsichtlich der ersten Frage, die Sie zum Schluß noch einmal anführten und die Sie ebenso entschieden haben wie wir bezüglich Österreichs, wo wir auch dahin gekommen sind, einen konkordatslosen Zustand anzunehmen. Da habe ich nun – zunächst rein gefühlsmäßig – gewisse Hemmungen, weil – allerdings kann man das auch für Österreich sagen – alles in bester Freundschaft vor sich gegangen ist. Danzig war viel länger, als es in Österreich der Fall gewesen ist, vollkommen d'accord mit uns; es war doch immer eine einwandfreie deutsche Mehrheit vorhanden, und nun zu sagen, daß ein Vertrag – unter der Voraussetzung, daß er gültig gewesen ist – durch die Einverleibung hinweggefegt ist, will mir zunächst nicht so recht sympathisch erscheinen.

Roth: Das ist ja zunächst überhaupt die Frage. Meines Erachtens ist der Vertrag nie gültig gewesen.

Vorsitzender: Das ist eine Frage für sich. Aber wir haben doch den Zustand, der bestand, sei es nun, daß der Vertrag gültig war oder daß er in der Schwebe war, so übernommen, wie er war. Oder ist das alles wie in Österreich eliminiert?

Roth: Nein, es ist übernommen worden, wie es war. Es handelt sich vor allem um die Frage der Klausel: „Soweit in diesem Vertrage Bestimmungen enthalten sind, welche über die dem Bischof von Danzig seitens des Heiligen Stuhles erteilten Vollmachten hinausgehen, wird deren Wirksamkeit einer Bestätigung des Heiligen Stuhles vorbehalten, um deren Herbeiführung der Herr Bischof von Danzig besorgt sein soll." (*Vorsitzender:* Das könnte doch noch erfolgen!) Das wird aber nicht geschehen. Überall da, wo wie in § 3 der Vertrag zugunsten des Staates irgendeine Klausel enthält, z.B. die, daß der Bischof Danziger Staatsangehöriger sein muß und der Nationalität angehören muß, welche die Mehrheit der Katholiken, die Danziger Staatsangehörige sind, vertritt, wollte der Heilige Stuhl schon 1924 gestrichen haben, und weil der Danziger Bischof diese Frage nicht vorwärtsbrachte, haben nun von sich aus der Danziger Bischof und der Senat diesen Vertrag geschlossen. Der Danziger Bischof hatte eben ein Ventil in dieser Klausel.

Heckel: Ich möchte Herrn MinDirigenten Roth darin durchaus beistimmen, daß dieses Abkommen mit dem Bischof in Danzig nach dem Belieben der neuen Regierung als erloschen erklärt werden kann. Es handelt ja hier nach meinem Gefühl – und das ist ausschlaggebend – nicht um einen Vertrag mit einer auswärtigen Macht, sondern um einen Verwaltungsvertrag zwischen einer innerkirchlichen Instanz und der Staatsregierung, bei dem die Überzeugung der Staatsregierung selbstverständlich gewahrt bleibt und damit auch alle Befugnisse gegenüber solchen innerkirchlichen Abmachungen gewahrt bleiben. Wir haben ja derartige Dinge im preußischen Staatskirchenrecht des 19. Jahrhunderts massenhaft. Da gibt es z.B. über die Ausübung von Patronatsrechten fast in jeder Diözese des heutigen Preußen eine derartige Vereinbarung mit den Bischöfen, die natürlich auch mit Vorwissen des Heiligen Stuhles abgeschlossen worden ist, aber bei der es auch weithin auf ein sehr großes Tolerieren des Heiligen Stuhles ankam. Ich kann mich sogar an Fälle erinnern, in denen der Heilige Stuhl hinterher gesagt hat: mir ist davon offiziell nichts bekannt; wenn ihr da unter der Hand miteinander gemauschelt habt, ist das eure Sache; jetzt erfahre ich zum ersten Mal davon, und das ist selbstverständlich ganz ungültig. Also ich meine, man kann hier die Schwierigkeiten, die bei der Auslegung von Konkordaten dadurch auftreten, daß es sich um Verhältnisse zwischen der deutschen Macht und einer auswärtigen Macht handelt, daß also ein außenpolitisches Moment mit hineinspielt, das untrennbar mit der kirchlichen Regelung verbunden ist, außer Acht lassen. Dieser Vertrag ist geschlossen unter dem selbstverständlichen Vorbehalt der staatlichen Souveränität, weil er eben mit einer innerdeutschen oder innerdanziger kirchlichen Stelle abgeschlossen worden ist.

Vorsitzender: Und dieses Souveränität ist fortgefallen!

Heckel: Die ist ja weg. Ich bin selbst der Meinung, daß der Danziger Senat aus schwerwiegenden Gründen in der Lage gewesen wäre, wegen gänzlich veränderter innerpolitischer Lage zu sagen: dieses Abkommen ist nicht mehr tragbar; also wir müssen uns darüber hinwegsetzen.

Barion: Soviel ich aus meinen Danziger Erlebnissen noch weiß, ist dieser Vertrag immer ein Gegenstand des Streites gewesen. Es war immer so, daß der Senat sich auf die Bestimmungen stützte, die ihm günstig waren, und der Bischof auf die, die ihm günstig waren. Jeder erklärte die ihm ungünstigen Bestimmungen für eigentlich nicht gültig. Man kann doch nicht so ganz, wie es nach dem Referat des Herrn Roth den Anschein haben könnte, sagen, daß da ein ungetrübtes Verhältnis bestanden hätte. Das Verhältnis läßt sich vielleicht besonders mit Bezug auf die letzten Jahre am besten mit den Worten des Bischofs O'Rourke charakterisieren, die er mir gegenüber einmal ausgesprochen hat. Der Streit ging zwischen dem Generalvikar Bruski und dem Landgerichtsrat Hawranke als dem Beauftragten des Senats. Bischof O'Rourke hat einmal gesagt, das seien eigentlich innerkaschubische Streitigkeiten. (*Heiterkeit.*) Ich möchte daran anknüpfend – es hat zwar an sich für das Rechtliche weniger Bedeutung – mit einigen Worten eine etwas andere Nuancierung der Urteile über O'Rourke und Splett versuchen anzuregen. Was den Bischof O'Rourke angeht, so wird man doch folgendes berücksichtigen müssen. Man kann nicht sagen, daß er formell so sehr dem Druck der Polen in den letzten Jahren gewichen ist. Der Druck der Polen kam in der Hauptsache aus dem Danziger Klerus. Der Bischof O'Rourke ist immer mehr, und zwar durch die Politik des Senats, in die Situation hineingekommen, daß er nur die Möglichkeit hatte, mit dem Senat zu gehen, wenn er gleichzeitig sich nicht mit seinem gesamten Klerus vollständig verfeinden wollte. Das ist im wesentlichen das Druckmittel gewesen, mit dem man gelegentlich, z.B. bei den Personalpfarreien, manövriert hat.

Mit Interesse habe ich gehört, daß Herr MinDirigent Roth auf Grund der Akten hervorgehoben hat den steten Kampf des Danziger Senats gegen den Nuntius, den ich doch sozusagen als einen Kampf gegen Windmühlen immer angesehen habe. Daß dieser Kampf seit 1925 mit großer Courage und Energie geführt wurde, stimmt bis auf einen einzigen Fall, wo der Nuntius wirklich einmal eine Rolle gespielt hat. Es handelt sich um die Neubesetzung des Danziger Bischofsstuhls, wo das erste Mal die Geschichte wirklich praktisch geworden ist, und da haben der Danziger Senat und der Nuntius Cortesi zusammengearbeitet. Der Effekt ist der gewesen, daß O'Rourke, der in Rom, weil er nicht genügend willfährig gegenüber den Polen war, durchaus nicht persona grata war und dem auch bei seiner Verabschiedung nach außen der Stempel aufgedrückt wurde, daß er ein Bischof sei, der nicht reüssiert habe, weil er nur Titularbischof wurde, abgesägt worden ist. An seine Stelle kam der Vikar von Oliva, von dem jeder in Danzig weiß, daß er zwar Volksdeutscher ist, aber mit einer seltenen Gewissenhaftigkeit und Treue für die 2% Polen in Oliva, die ohne Zweifel alle fließend deutsch konnten, polnischen Gottesdienst abgehalten hat. Er ist der Kandidat des Nuntius Cortesi gewesen, und er hat sich den Segen für seinen Bischofsstuhl bei dem damaligen Präsidenten Moscicki in Warschau und beim Kardinal Krakowski geholt. Dieser ganze Kampf ist mit großem Temperament auf dem Papier geführt worden. In dem Augenblick, wo die

Sache in der ganzen Zeit wirklich einmal akut geworden ist, hat man genau das Gegenteil dessen gemacht, was man hätte tun sollen. Man hätte vorher den Nuntius viel höflicher behandeln können und hätte ihn dann in dem Punkte ausschalten sollen. Das wäre viel gescheiter gewesen.

Schröcker: Zu dem, was Herr MinDirigent Roth vorgetragen hat, hätte ich eine Frage: Gibt es über die Auslegung des Art. 3 des polnischen Konkordats, zu der Frage, ob und inwieweit sich die Befugnisse des Nuntius in Warschau auch auf die Freie Stadt Danzig erstrecken, eine unmittelbare Korrespondenz mit dem Senat der Freien Stadt Danzig und dem Apostolischen Stuhl?

Roth: Nein, wenigstens nicht in unseren Akten. Wir haben nur die Korrespondenz zwischen dem Danziger Senat und dem Bischof O'Rourke.

Schröcker: Und wir haben jetzt auch noch den Brief des Unterstaatssekretärs Borgoncini an den Bischof O'Rourke sowie die Erklärung gegenüber der deutschen Reichsregierung.

Roth: Diesen Brief haben wir; aber eine unmittelbare Korrespondenz zwischen Danzig und Rom haben wir nicht.

Schröcker: Die hat Rom absichtlich mit Rücksicht auf Polen vermieden.

Barion: Aber ich meine doch, daß Greiser als Senatspräsident mehrfach in Rom persönlich verhandelt hat. Die Römer haben nachher aus politischen Gründen eine unmittelbare Fühlung mit dem Senat abgelehnt. Es ist allerdings niemals in das Stadium gekommen, daß das in einer irgendwie offiziellen Form aktenkundig greifbar wurde.

Schröcker: Rom hat eine formelle Festlegung dieser Vereinbarung vermieden, wenigstens eine formelle Festlegung gegenüber der Freien Stadt Danzig. Rom hat den Weg über eine innerkirchliche Instanz gewählt.

Vorsitzender: Von wann ist der Danziger Vertrag? (*Roth:* Von 1928!) Dieser Vertrag ist nie veröffentlicht worden.

Roth: Er ist nie veröffentlicht worden. Niemand wußte etwas davon. Jetzt haben wir ihn bei der Eingliederung bekommen.

Vorsitzender: Wir kommen nunmehr zu Punkt 3 der Tagesordnung: *Die Rechtslage der katholischen Kirche im früheren Polen.*

Referent *Dr. Schröcker:* Über die Rechtslage der römisch-katholischen Kirche in Polen nach dem Konkordat vom 10. Februar 1925 gibt eine Leipziger juristische Dissertation aus dem Jahre 1930 von Fritz Grübel (erschienen als Heft 59 der Leipziger Rechtswissenschaftlichen Studien, Leipzig 1930) einen im ganzen guten Überblick.

Durch die politischen Ereignisse der letzten Monate wurde der Rechtsstellung der katholischen Kirche in Polen, soweit sie mit dem Bestand des polnischen Staatswesens verknüpft war und auf der polnischen Verfassung und dem Konkordat beruhte, die Grundlage entzogen. Mein Referat wendet sich in erster Linie den durch die neue politische Grenzziehung für die deutsche Staatsführung neu entstandenen staatskirchenrechtlichen Fragen zu. Weil aber die gegenwärtige Rechtslage der katholischen Kirche in den ehemals polnischen Gebieten ohne Kenntnis dessen, was vorher war, nicht verstanden werden kann und eine rechtliche Neuordnung der kirchlichen Verhältnisse noch nicht vorliegt, schicke ich einen Überblick über die Rechtslage bis zum Herbst 1939 voraus.

I. Überblick über die Rechtslage der katholischen Kirche im ehemaligen Polen, insbesondere nach dem Konkordat von 1925

Drei geschichtliche Tatsachen sind zu beachten, wenn man die Rechtslage der katholischen Kirche in Polen bis zum Jahre 1939 würdigen will:

1. Die Aufteilung Polens unter die Nachbarmächte seit der zweiten Hälfte des 18. Jahrhunderts,

2. der Vorgang der Wiedererstehung Polens in und nach dem Weltkrieg mit der Eingliederung zahlreicher nationaler und religiöser Minderheiten,

3. der Abschluß des polnischen Konkordats vom 10. Februar 1925.

Die lange politische Unselbständigkeit der Polen und das Fehlschlagen aller Versuche, die Selbständigkeit wieder zu erlangen, hatte vor dem Weltkriege bewirkt, daß das polnische Nationalbewußtsein sich in die Kirche flüchtete und daß der polnische Klerus, vor allem der dem Volke am nächsten stehende niedere Klerus, zum Träger des polnischen Nationalgedankens wurde. Die katholische Kirche ersetzte den Polen in dieser Zeit den fehlenden Nationalstaat. Diese Tatsache erklärt es, neben der konfessionellen Einheitlichkeit des polnischen Volkes, daß nach der Wiedererstehung Polens die katholische Religion zwar nicht formell, aber doch praktisch die Staatsreligion wurde. Artikel 114 der polnischen Verfassung vom 17. März 1921 räumte dem römisch-katholischen Bekenntnis unter den gleichberechtigten Bekenntnissen die Vorrangstellung ein.

Noch in anderer Hinsicht ist die Teilungszeit für die Entwicklung des Staatskirchenrechts von Bedeutung geworden: Unter der Herrschaft der Teilungsmächte Preußen, Österreich und Rußland hat sich das Staatskirchenrecht in den einzelnen Gebieten verschieden entwickelt, so daß nach dem Weltkrieg das neue polnische Staatswesen aus drei verschiedenen Rechtsgebieten bestand. Bei der Bedeutung, die der Religion im Leben des polnischen Volkes wie auch der nationalen Minderheiten zukam, war der polnische Staat selbstverständlich bestrebt, auf staatskirchenrechtlichem Gebiet ebenso wie auf anderen Gebieten die Rechtseinheit herzustellen. Gelungen ist dies nur zum Teil. In vielen Beziehungen blieb Polen ein Mosaikstaat aus altpreußischen, österreichischen und russischen Stücken und noch heute sind in den ehemals preußischen, nunmehr wieder zum Reich gekommenen Gebieten preußische Gesetze aus der früheren Zeit in Geltung, während wir in Kongreßpolen und Galizien noch napoleonisches, russisches und österreichisches Recht vorfinden.

In den ersten Jahren ihres Bestehens war die polnische Republik durch außenpolitische Fragen übermäßig in Anspruch genommen. Es dauerte nahezu 6 Jahre, bis ihre Grenzen gegen die Nachbarstaaten Deutschland, Rußland, Litauen und Tschechoslowakei feststanden (Abstimmung in Oberschlesien, Wegnahme Wilnas, Vordringen nach Weißrußland und in die Ukraine usw.). Erst dann konnte es unternommen werden, das neue Staatsgebiet auch in kirchlicher Hinsicht zu einem homogenen Ganzen zusammenzuschließen. Aus politischen Gründen war Polen vor allem daran interessiert, daß die Kirchengrenzen mit den neuen Staatsgrenzen in Einklang gebracht wurden. Der Weg zur Neuordnung des Verhältnisses von Staat und katholischer Kirche war der bereits in der Verfassung vom 17. März 1921 vorgesehene Abschluß eines Konkordats (vergl. Art. 114 Abs. 2). Durch das Konkordat wollte Polen das Ergebnis des Versailler Friedens und seine nachfolgenden Erwerbungen kirchenpolitisch verankern und die Gefahr beseitigen, die den polnischen Nationalisierungsansprüchen durch die kirchlich-religiöse Stellung der Minderheiten, namentlich in Oberschlesien, im Wilna-Gebiet und in der Ukraine entstehen konnte. Das Konkordat sollte auch deutlich nach außen hin dokumentieren, daß Polen sich als die katholische Nation „kat'exochen“ betrachtete. Die Kurie andererseits hatte ein Interesse an der vollen Wiederaufrichtung der kirchlichen Hierarchie in Polen, an der festen Besoldung der Bischöfe und Geistlichen und schließlich konnte das katholische Polen das Bollwerk gegen den russischen Bolschewismus im Osten, gegen das überwiegend protestantische Deutschland im Westen und der geeignete Ausgangspunkt für die von Rom erstrebte Union mit der orthodoxen Kirche Rußlands werden.

Das polnische Konkordat vom 10. Februar 1925 (A.A.S. XVII, p. 273 ss.) ist unter der persönlichen Anteilnahme und Förderung Pius XI., des ehemaligen Nuntius in Warschau, verhandelt und abgeschlossen worden. Die Besprechungen wurden, wohl vor allem mit Rücksicht auf Deutschland, mit größter Heimlichkeit geführt und dauerten nur wenige Monate. Es umfaßt 27 Artikel und einen Anhang und ist in französischer Sprache redigiert.

Aus dem Inhalt des polnischen Konkordats greife ich nur jene Bestimmungen heraus, die für uns heute noch von Interesse sind, weil sie im deutschen Hoheitsgebiet auch dann noch Wirkungen äußern, wenn das Konkordat selbst nicht mehr besteht.

1. Hierzu gehören in erster Linie die Bestimmungen über die *Organisation der katholischen Kirche in Polen.*

Von den drei in Polen vertretenen katholischen Riten, dem römisch-katholischen oder lateinischen, dem griechisch-katholischen oder ruthenischen und dem armenisch-unierten Ritus behauptete der lateinische selbstverständlich den Vorrang. In der polnischen Geschichte und im Nationalitätenstaat Polen galt römisch-katholisch als gleichbedeutend mit Polentum, griechisch-katholisch als gleichbedeutend mit ukrainisch, orthodox als gleichbedeutend mit russisch und protestantisch als gleichbedeutend mit deutsch. Die Tatsache, daß es im polnischen Staatsgebiet auch eine erhebliche Anzahl deutscher und litauischer Katholiken gab, versuchte man zu ignorieren. Wie gefährlich die Gleichung katholisch-polnisch dem Deutschtum werden kann, zeigt das Beispiel der „Bamberger", die in der zweiten Hälfte des 18. Jahrhunderts aus Süddeutschland in der Gegend von Posen angesiedelt worden waren und noch unter preußischer Herrschaft, unter den Augen der preußischen Verwaltung, allmählich polonisiert wurden. Während die Protestanten an ihrer Kirche auch einen volkstumsmäßigen Rückhalt hatten, diente den Katholiken gegenüber gerade die Kirche als Mittel der Polonisierung.

Für die katholische Kirche des lateinischen Ritus bestanden vor dem Konkordat drei Kirchenprovinzen: die 1818 errichtete Kirchenprovinz Warschau für Kongreßpolen, die 1821 errichtete Kirchenprovinz Gnesen in Posen für die ehemals preußischen Gebiete und die alte Kirchenprovinz Lemberg für das ehemals österreichische Galizien; ferner das exemte Bistum Krakau, ein Teil des Bistums Breslau und die litauischen Bistümer Wilna und Lomza und Teile der Erzdiözese Pinsk und Mohilew.

In Artikel IX des Konkordats wurden 5 Kirchenprovinzen mit 20 Bistümern vorgesehen: Es waren dies die Kirchenprovinz Gnesen-Posen mit den Bistümern Kulm und Wloclawek, die Kirchenprovinz Warschau mit den Bistümern Plock, Sandomierz, Lublin, Podlachie, Lodz, die Kirchenprovinz Wilna mit den Bistümern Lomza und Pinsk, die Kirchenprovinz Lemberg mit den Bistümern Przemysl, Luck und die Kirchenprovinz Krakau mit den Bistümern Tarnow, Kielce, Czenstochau und „Schlesien", wie das Bistum Kattowitz im Konkordat zunächst bezeichnet wurde.

Bei der Abgrenzung der Kirchenprovinzen versuchte man die Grenzen der früheren Teilgebiete zu verwischen. Die Kirchenprovinz Krakau z.B. umfaßte österreichisches, preußisches und kongreßpolnisches Gebiet (ähnlich die Kirchenprovinz Lemberg).

Die griechisch-unierte und die armenisch-unierte Kirchenprovinz Lemberg wurden nicht verändert. Zur griechisch-unierten Kirchenprovinz gehörten die Bistümer Przemysl und Stanisla. Lemberg war somit Sitz dreier katholischer Metropoliten.

Für den sogenannten ostslawischen Ritus, der die russisch-orthodoxe Liturgie fast vollständig übernahm und eigens geschaffen wurde, um die Orthodoxie in Ostpolen und Rußland für die Union mit Rußland zu gewinnen, enthält das Konkordat keine Bestimmungen, da dieser Ritus erst wenige Pfarreien und Klöster besaß; diese waren vorläufig den Jesuiten des ostslawischen Ritus anvertraut.

Die eigentliche Diözesan-Circumscription wurde wenige Monate nach Inkrafttreten des Konkordats durch die Konstitution Pius XI. „Vixdum Poloniae unitas" vom 28. Oktober 1925 (A.A.S. XVII, 521) vorgenommen. – Diese Neugliederung der katholischen Hierarchie in Polen hat starken Widerspruch hervorgerufen.

Mit der Errichtung der Kirchenprovinz Wilna anerkannte der Papst die Annektion der litauischen Hauptstadt durch Polen. Der litauische Bischof wurde zur Abdankung gezwungen und durch einen polnischen Erzbischof ersetzt. Litauen antwortete darauf mit dem Abbruch der diplomatischen Beziehungen zum Vatikan, nachdem ein Attentat gegen den Nuntius in Litauen vorausgegangen war.

Die Katholiken des griechisch-katholischen Ritus, also die Ukrainer, fühlten sich im Konkordat wie auch später von der Kurie stiefmütterlich behandelt. Die unierten Katholiken außerhalb der Kirchenprovinz Lemberg waren den lateinischen Bischöfen unterstellt. Später erreichten sie, daß ein apostolischer Visitator mit Bischofsweihe für die Griechisch-Unierten außerhalb der Kirchenprovinz Lemberg aufgestellt wurde. Da die Polen gegen die Bildung eines ukrainischen Personalbistums waren, wurde er kirchenrechtlich den betreffenden lateinischen Bischöfen als deren Hilfsbischof unterstellt. Vom Bistum Przemysl wurde auf Drängen der polnischen Regierung eine Apostolische Administratur für das Lemken-Gebiet mit dem Sitz in Rymanow, später in Sanock, errichtet, um die der Assimilation mit den Polen zugänglicheren Lemken der Jurisdiktion des ukrainischen Bischofs in Przemysl zu entziehen.

Das Deutsche Reich und Preußen waren mit der endgültigen Abtrennung Ostoberschlesiens vom Bistum Breslau selbstverständlich nicht einverstanden. Preußen berief sich vergeblich darauf, daß der Hl. Stuhl durch die der Bulle: De salute animarum zu Grunde liegende Vereinbarung von 1821 an die damals vorgenommene Bistumsumschreibung gebunden sei. Vor allem aber protestierte man gegen die Bezeichnung des neuen Bistums als Bistum „Schlesien", auf die Polen besonderen Wert legte, weil dadurch die polnischen Ansprüche auf ganz Schlesien zum Ausdruck kommen sollten. Es wurde auch erreicht, daß in der schon erwähnten Konstitution „Vixdum Poloniae unitas" der Ausdruck „Bistum Schlesien" durch die Bezeichnung „Bistum Kattowitz" ersetzt wurde. Die Bischöfe von Kattowitz konnten es allerdings bis in die jüngste Zeit nicht völlig lassen, sich als Bischöfe von Schlesien zu bezeichnen.

Die Frage des Primats für Polen wurde trotz des Drängens der polnischen Regierung im Konkordat nicht geregelt. Rom wollte national-kirchlichen Tendenzen, die mit der Einrichtung des Primats verbunden sein konnten, keinen Raum geben. Der Papst bestätigte aber wenige Wochen nach Abschluß des Konkordats den beiden sich um die Primatialwürde streitenden Erzbischöfen von Gnesen-Posen und Warschau den Primatentitel und zwar dem Erzbischof von Gnesen den Titel des „Primas von Polen" und dem Erzbischof von Warschau den Titel des „Primas des Königreichs Polen". Damit waren beide Titel zwar in ihrer geschichtlichen Berechtigung anerkannt, aber gleichzeitig als rechtlich bedeutungslos bezeichnet.

Für die Bistumsumschreibung enthält Art. IX des Polenkonkordats den allgemeinen Grundsatz, daß kein Teil der Republik Polen einem Bischof unterstehen werde, dessen Amtssitz sich außerhalb der Grenzen des polnischen Staates befinde. Für Ostoberschlesien, das formell bis 1925 unter der Jurisdiktion des Bischofs von Breslau stand, wurde dieser Grundsatz durch die Errichtung des Bistums Kattowitz verwirklicht. In Art. XXVI P.K. ist noch einmal betont, daß die Grenzen der Kirchenprovinzen und der Diözesen mit den Grenzen des polnischen Staates übereinstimmen werden, so daß auch kein außerpolnisches Gebiet einem polnischen Bischof unterstehen dürfte. Es ist in Art. IX ferner gesagt, daß der Hl. Stuhl ohne Einverständnis mit der polnischen Regierung an der im Konkordat festgelegten Hierarchie oder den Umschreibungen der Provinzen und Diözesen keine Änderung vornehmen werde, ausgenommen kleine Grenzregulierungen, die im Interesse der Seelsorge erfordert werden. Es ist damit zu rechnen, daß die Kurie bis zum endgültigen Ausgang des gegenwärtigen Krieges Schwierigkeiten, die sich aus Verhandlungen mit der deutschen Regierung über die kirchlichen Verhältnisse in den ehemals polnischen Gebieten für seine Stellung gegenüber der sog. polnischen Regierung in Angers ergeben könnten, vermeiden möchte.

2. Die Bestimmungen des P.K. über die *Besetzung der Bischofstühle und Pfarreien* sind deshalb wichtig, weil auf ihrer Grundlage in den vergangenen Jahren in Polen eine Personalpolitik betrieben wurde, deren Auswirkungen heute noch vorhanden sind.

Die Bestimmungen über die Bistumsbesetzung und den Treueid der Bischöfe (Art. XI und XII P.K.) sind hier schon aus anderen Referaten bekannt geworden. Die Ernennung der Bischöfe, der Hilfsbischöfe mit dem Recht der Nachfolge und des Armeebischofs war Sache des Hl. Stuhles; der Präsident der polnischen Republik hatte ein politisches Erinnerungsrecht, wie es ähnlich aus anderen Konkordaten bekannt ist.

Wichtiger sind die Bestimmungen über die Besetzung der Pfarrstellen, da gerade der niedere Klerus von jeher der eigentliche Träger des polnischen Chauvinismus gewesen ist. Die preußische Regierung hatte früher in ihren Gebieten darauf gesehen, daß die Bischofstühle und die Domkapitel mit staatstreuen Persönlichkeiten besetzt waren. Auf die Besetzung der Pfarrstellen hatte man dagegen weniger geachtet, obwohl gerade der niedere Klerus die nächste Verbindung zum Volke hat und auf dieses größeren Einfluß besitzt als die höhere Geistlichkeit. Art. XIX bestimmte, daß nichtnaturalisierte Fremde und Personen, die ihre theologische Bildung nicht in den polnischen theologischen Instituten oder den päpstlichen Anstalten erhalten haben, und Personen, deren Tätigkeit die Sicherheit des Staates gefährdet („dont l'activité est contraire à la securité de l'Etat"), im Bereich der Republik Polen keine Pfarrbenefizien erlangen konnten. Davon waren betroffen alle reichsdeutschen Geistlichen, alle schlesischen Geistlichen, die für Deutschland optiert hatten, alle jene, die an deutschen Universitäten, etwa an der Universität Breslau, oder an deutschen Priesterseminaren ihre Ausbildung erhalten hatten. Eine staatsgefährdende Tätigkeit konnte unter Umständen auch schon in der Zugehörigkeit zu deutschen Organisationen und im Gebrauch der deutschen Sprache in Predigt und Unterricht erblickt werden. Die staatlichen Behörden waren bei der Ernennung von Pfarreien zu beteiligen und konnten innerhalb Monatsfrist Einspruch erheben. Die Beteiligung der staatlichen Behörden am Ernennungsverfahren erstreckte sich auch auf die Patronatspfarreien (Art. XXI P.K.), um zu verhindern, daß etwa ein deutscher Gutsherr einen den polnischen Behörden nicht genehmen Geistlichen präsentierte. Für die Beanstandung eines Geistlichen aus politischen Gründen war ein besonderes Verfahren vorgesehen (Art. XX).

Wenn auch durch die Intervention der Reichs- und der Preußischen Regierung erreicht wurde, daß die Kurie diesen Bestimmungen eine mildernde Auslegung gab, so war das Ergebnis doch, daß es zuletzt kaum noch einen deutschgesinnten Pfarrer gab, der sein Deutschtum irgendwie betätigte. Soweit volksdeutsche Geistliche in der Seelsorge tätig sein konnten, handelte es sich um Leute, die politisch in keiner Weise hervortraten und sich um volle Loyalität gegenüber den polnischen Behörden und den polnischen Kirchenoberen bemühten.

3. In diesem Zusammenhang möchte ich auf die Verhandlungen hinweisen, die zwischen der deutschen Reichsregierung und der Kurie über die Ausführung des polnischen Konkordats geführt wurden, weil sie einen interessanten Einblick in die Konkordatspolitik der Kurie in den letzten Jahrzehnten geben. Als die Reichsregierung und die Preußische Regierung von dem bevorstehenden Abschluß eines polnischen Konkordats hörten, mußten sie befürchten, daß dieses Konkordat Bestimmungen enthalten würde, die den deutschen Interessen zuwiderlaufen würden. Eine Einflußnahme auf die Konkordatsverhandlungen selbst war wegen der Heimlichkeit, mit der die Verhandlungen geführt wurden und wegen der persönlichen Haltung des um Polen besorgten Papstes schwierig. Der deutsche Botschafter mußte sich darauf beschränken, während der Konkordatsverhandlungen der Kurie die Punkte schriftlich und mündlich zu präzisieren, die in erster Linie für die deutschen Interessen bei einem Konkordatsabschluß mit Polen wesentlich sein konnten, und von Zeit zu Zeit im Staatssekretariat die verschiedenen Probleme zu erörtern, um einer etwaigen Unkenntnis des deutschen Standpunktes vorzubeugen. Die deutschen Befürchtun-

gen haben sich nach Bekanntwerden des Inhalts des polnischen Konkordats trotzdem als zutreffend erwiesen. Polen hatte Zugeständnisse von der Kurie erhalten, die diese bei objektiver Einstellung und genauer Kenntnis der Verhältnisse nicht hätte geben dürfen. Die „Gravamina nationis Germanicae“ betrafen hauptsächlich folgende Punkte:

1. die Ausdehnung der Befugnisse des Nuntius in Polen auf das Gebiet der Freien Stadt Danzig (Art. III);
2. die Benennung der in dem ostoberschlesischen Gebiet zu bildenden Diözese mit dem Namen „Schlesien“ (Art. IX Ziff. 5);
3. die Vorbedingungen für die Erlangung einer Pfarrstelle und zwar sowohl das Verlangen eines polnischen Studiums als auch das Fehlen einer genauen Festlegung des Begriffs der Gefährdung der Sicherheit des Staates (Art. XIX Ziff. 1 u. 2);
4. die Berechtigung zur Entfernung jedes Geistlichen aus seinem Amte wegen angeblicher die Sicherheit des Staates gefährdender Tätigkeit ohne Festlegung dieses Begriffs (Art. XX);
5. das Schiedsverfahren über die Entfernung politisch beanstandeter Geistlicher, das auf die Interessen der deutschen Minderheit keine Rücksicht nahm (Art. XX);
6. die Bestimmungen über die Besetzung der Patronatsstellen (Art. XXI);
7. mangelnde Präzision der Bestimmungen über die Beibehaltung der deutschen Sprache (Art. XXIII);
8. die Breslauer Domgüterfrage.

Die Kurie stellte sich gegenüber den deutschen Forderungen zunächst auf den Standpunkt, daß es sich bei den in Frage kommenden deutschen Minderheiten in Polen um polnische Staatsangehörige handele, zu deren Gunsten sie keine Abmachungen mit einem dritten Staate treffen könnte. Sie konnte deshalb auch nicht die Aktivlegitimation Deutschlands zur Aufstellung von Forderungen anerkennen. Die Kurie wollte Komplikationen mit Polen vermeiden und auch nicht den Anschein erwecken, als ob sie über das Konkordat mit Polen neue konkordatsähnliche Abmachungen mit einem dritten Staate treffen würde. Sie wollte sich deshalb nur in einen mündlichen Gedankenaustausch einlassen, aber keinerlei schriftliche Bindungen eingehen. Als Ergebnis der monatelangen Besprechungen gab die Kurie schließlich die Zusage, bei Auslegung des polnischen Konkordats einen Standpunkt zu vertreten, der den deutschen Wünschen in bestimmtem Umfange Rechnung trug.

4. Zu den Materien des Polnischen Konkordats, die für die deutsche Kirchenpolitik noch von aktuellem Interesse sind, gehört die *Regelung der finanziellen Beziehungen zwischen Staat und Kirche.*

In Art. XXIV Ziff. 3 wurde die Auseinandersetzung über das Vermögen, das der Kirche durch Rußland, Österreich und Preußen entrissen worden sei und sich augenblicklich im Besitze des polnischen Staates befinde, einer späteren Vereinbarung vorbehalten. Bis zu dieser endgültigen Auseinandersetzung versprach der polnische Staat, der Kirche wenigstens die gleichen finanziellen Leistungen zu gewähren wie die Teilungsmächte. Um eine gerechte Verteilung dieser Dotationen zu bewirken, wurde im Anhang A zum Konkordat ein Punktsystem aufgestellt, das die Einkommen der verschiedenen Rangstufen der Geistlichen in ein bestimmtes Verhältnis bringt. So trafen z.B. auf einen Kardinal 2.500 Punkte, auf einen Erzbischof 2.000, auf einen Diözesanbischof 1.700, auf einen Pfarrer 270 Punkte usw. Auch die Seminaristen und die Religiosen waren mit Punkten bedacht; ein Seminarist erhielt z.B. 125 Punkte. Das Gehalt der betreffenden Geistlichen konnte dann mit Hilfe einer aus dem Gesamtbetrag der für sie ausgeworfenen staatlichen Dotation sich ergebenden Indexzahl ermittelt werden. Die Pensionen und die verschiedenen Sachdotationen sind mit Gesamtbeträgen (in Zloty) angegeben. Um eine ungefähre Vorstellung von den Einkommensverhältnissen der polnischen Geistlichkeit zu vermitteln, gebe ich für einige Gruppen von Geistlichen das Monatseinkommen an, das sich unter Zugrundelegung des Staatshaushalts 1929/30 und des erwähnten Punktsystems ergibt. Ein Kardinal erhielt danach monatlich 1.875 Zl., das sind nach dem heutigen Umrechnungskurs rd. 940 RM; auf einen Erzbischof trafen nach der gleichen Berechnung monatlich rd. 730 RM, auf einen Bischof 680 RM, auf einen Domherrn oder Seminarprofessor 129 RM, auf einen Pfarrer rd. 58 RM, auf einen Kaplan 43 RM und auf einen Seminaristen rd. 27 RM. Die Beträge wurden an die Diözese gezahlt, die die Unterverteilung an die Geistlichen vornahm. Einkommen aus Grundbesitz wurde von der Staatsdotation für die Diözese abgezogen und zwar pro Hektar des nach der Agrarreform-Gesetzgebung der Kirche zugeteilten Bodens je 50 Zl. Die Einkommen der einzelnen kirchlichen Würdenträger und Pfarrer aus Grundbesitz waren bei der Unterverteilung durch die Diözese zu berücksichtigen. Das Pfarrergehalt wurde von Fall zu Fall durch Sondervereinbarung zwischen Finanzministerium und Ordinariat auf der Basis des Durchschnittsgehalts von 116 Zl. = 58 RM festgestellt.

Für unsere Verhältnisse scheint das Einkommen der einfachen Seelsorgsgeistlichen, das sich aus solchen Berechnungen ergibt, unter dem Existenzminimum zu liegen. Tatsächlich hatten die Pfarrer ein gutes Auskommen. Abgesehen davon, daß die Lebenshaltung in Polen an sich schon viel niedriger ist als in Deutschland, hatten die Pfarrer noch Einkommen aus Stolgebühren. Ein geistlicher Abgeordneter gab im Sejm einmal eine Aufstellung über das Durchschnittseinkommen eines Pfarrers einer Durchschnittspfarrei, die im Sejm unwidersprochen blieb (vergl. *Grübel*, Rechtslage der römisch-katholischen Kirche in Polen, S. 90 f.). Es ergab sich dabei aus der Zusammenstellung von Normaljahresgehalt und Einkommen aus Stolgebühren (Meßstipendien, Begräbnis, Hochzeiten, Haussegen, Kirchenbucheintragungen) ein Jahreseinkommen von nahezu 1.000 Zl., das einem Monatseinkommen von rd. 400 RM entspricht. Das Höchsteinkommen eines polnischen Gymnasiallehrers erreichte ungefähr 1/3 dieses Betrages. Dazu kommt noch, was der Landpfarrer an Naturalleistungen erhält – solche Naturalreichnisse spielen in dem bäuerlichen Polen noch eine große Rolle – und was er bei geschickter Wirtschaftsführung aus dem Pfarrgut herauswirtschaftet.

Ungerecht war, daß der Anhang A zum Konkordat weder auf das Dienstalter noch auf den Familienstand Rücksicht nahm. Ein verheirateter ukrainischer Pfarrer mit großer Familie, der schon Jahrzehnte in Dienst stand, erhielt genau so viel wie der jüngste römisch-katholische Pfarrer. Diese Zurücksetzung der unierten Geistlichen entsprach sowohl der polnischen Ukrainepolitik, die im ukrainischen Pfarrhaus den Nährboden der ukrainischen Unabhängigkeitsbewegung erblickte, und den Bestrebungen Roms, auch für die unierten Geistlichen den Zölibat einzuführen. Die Ukrainer wehrten sich gegen die Einführung des Zölibats, weil sich gerade aus den Pfarrerfamilien die ukrainische Intelligenz rekrutierte. Die Durchführung des Zölibats hätte bedeutet, daß dem ukrainischen Volk seine geistigen Führer weggenommen würden, um es der Polonisierung leichter zugänglich zu machen. Der unierte Bischof von Przemysl führte vor etwa 20 Jahren für seine Geistlichen den Zölibat ein.

Ein polnisches Gesetz vom 17. März 1932, das zur Ausführung des Art. IV des Konkordats erging, gab der katholischen Kirche die Möglichkeit, unter dem Namen „Kollekten zugunsten der katholischen Kirche" eine Art von *Kirchensteuer* zu erheben. Bis dahin hatten in den ehemals preußischen Gebieten die Kirchensteuergesetze von 1905 und 1906 und die alten Vermögensverwaltungsgesetze von 1875 und 1876 gegolten; in den Gebieten österreichischen Rechts konnten nur von Fall zu Fall Baubeiträge erhoben werden, in Kongreßpolen gab es überhaupt keine Beiträge mit Zwangscharakter, weil das früher maßgebende russische Gesetz von 1896 durch das Konkordat Art. XXV aufgehoben worden war.

In welchem Umfang von dem polnischen Kirchensteuergesetz von 1932 Gebrauch gemacht wurde, ist mir nicht bekannt. In einem Hirtenbrief vom Oktober 1935 hat Kardinal Hlond für seine beiden Erzdiözesen Gnesen und Posen auf die Erhebung von Kirchensteuer ausdrücklich verzichtet und die Gläubigen zu einer freiwilligen Pfarrspende aufgefordert. In diesem Hirtenbrief heißt es: „Es schmerzte mich die bisherige Art der Abgabeneinziehung. Ich konnte mich mit ihrem äußeren Zwang nicht befreunden. Es verletzte mich die Drohung der staatlichen Intervention und das Eindringen des Gerichtsvollziehers in ein Gebiet, in dem allein das religiöse Empfinden entscheidend sein sollte. In der Praxis bildeten die Kirchensteuern einen Stein des Anstoßes und trugen in das Leben der Pfarrgemeinde Unruhe und Zwietracht hinein. – Darum hebe ich die Abgaben auf, die unter dem Zwang des Gesetzes eingetrieben wurden. Es wird keine Steuern mehr geben, keinen gesetzlichen Druck und keinen moralischen Zwang, keine Berufung und keine Zwangseinziehung.“

Kurz vorher, am 23. September 1935, hatte Hlond eine umfangreiche Verordnung über die Verwaltung des Kirchenvermögens erlassen, die an die Stelle der aufgehobenen preußischen Gesetze über die Vermögensverwaltung in den katholischen Kirchengemeinden und Diözesen trat und in möglichst genauer Übereinstimmung mit dem kanonischen Recht für die Verwaltung des Pfarrvermögens einen vom Bischof berufenen Pfarrbeirat vorsah.

Der eigentliche Grund, weshalb der Erzbischof von Gnesen und Posen auf die Erhebung von Kirchensteuern verzichtete, scheint jedoch nicht der von ihm angegebene gewesen zu sein. Über das polnische Kirchensteuergesetz von 1932 waren nämlich zwischen Regierung und Vatikan Meinungsverschiedenheiten entstanden. Der Vatikan war der Meinung, daß es mit den im Konkordat von 1925 aufgestellten Grundsätzen nicht übereinstimme. Es hatte deshalb noch keine Ausführungsvorschriften erhalten, so daß nach Aufhebung des noch auf der alten preußischen Regelung beruhenden Gesetzes über die Einziehung der Kirchensteuer in der Erzdiözese Gnesen und Posen ein Vakuum entstanden war. Die Pfarrer hatten sich deshalb schon vor Erlaß des Hirtenbriefes an ihre Gemeindemitglieder mit der Bitte um finanzielle Unterstützung gewandt. Durch seine Verordnung vom 23. September 1935 hat Kardinal Hlond das in der Praxis entstandene Verfahren geordnet und legalisiert. Die Neuregelung soll sich bewährt und ein besseres finanzielles Ergebnis gezeitigt haben als die früheren Kirchensteuern.

Auf die für die finanzielle Lage der katholischen Kirche in Polen bedeutsame Agrarreform, in die gemäß Art. 24 P.K. auch das Kirchengut einbezogen wurde, vermag ich in diesem Zusammenhang nicht näher einzugehen; es entzieht sich auch meiner Kenntnis, in welchem Umfang diese Agrarreform bereits tatsächlich durchgeführt ist. Ich deute von dieser Regelung nur an, daß den größeren kirchlichen Wirtschaftseinheiten wie bischöflichen Stühlen, Domkapiteln, Seminarien, Klöstern ein Grundbesitz von je 180 ha belassen werden sollte. Die Pfarreien sollten je 15 bis 30 ha Ackerland behalten dürfen, was ungefähr der Größe einer Siedlerstelle entspricht. Kirchliche Institute und Pfarreien, deren Grundbesitz sich unter dieser Normalgröße hält, sollten bis zu dieser Normalgröße mit Grundbesitz ausgestattet werden. Es wurde berechnet, daß das Entgegenkommen der Kurie bei der Gestattung der Säkularisierung von Kirchengut nur ein scheinbares war, da die Kirche bei Durchführung der Agrarreform im Endergebnis mehr Grundbesitz gehabt hätte als vorher.

5. Eherecht und Schulrecht, die im Konkordat gleichfalls behandelt sind, haben m.E. nicht die gleiche aktuelle Bedeutung wie die organisatorischen und vermögensrechtlichen Bestimmungen. Die Regelung des Wehrdienstes der katholischen Geistlichen und andere Konkordatsartikel haben nur noch historisches Interesse, so daß ich sie hier übergehen darf, um mich den durch die neuesten Ereignisse im Osten aufgeworfenen kirchenrechtlichen und kirchenpolitischen Fragen zuwenden zu können.

II. Die politische und kirchliche Gliederung der neuen Ostgebiete.

Wie bei der Tschechoslowakei diente auch bei Polen die Angleichung der Kirchengrenzen an die Staatsgrenzen neben dem Vorteil, die eine solche Regelung für die Kirche bot, auch dazu, den Zusammenhalt eines an sich uneinheitlichen Staatsgebildes zu sichern. Auch bei Polen ist in einem für kirchliches Denken unverhältnismäßig kurzen Zeitraum der kirchlichen Organisation die

Grundlage einer entsprechenden staatlichen Organisation verloren gegangen. Die ehemals polnischen Gebiete sind in vier neue Hoheitsgebiete aufgeteilt. Ein großer Teil befindet sich im deutschen Interessenbereich, ein ebenfalls sehr großer Teil steht unter russischer Hoheit, das Wilna-Gebiet fiel an Litauen zurück und ein kleines Gebiet in der Gegend von Neu-Sandez erhielt die Slowakei.

Das im deutschen Interessenbereich liegende Gebiet ist teils dem Reiche eingegliedert, teils steht es unter Verwaltung des deutschen Generalgouverneurs in Krakau.

Kirchenpolitische Fragen und Aufgaben ergeben sich vor allem für die neuen Ostgebiete. Es ist zweckmäßig, sie nach ihrer geschichtlichen, politischen und kirchlichen Gliederung näher zu betrachten.

Verwaltungsmäßig sind sie nach dem Erlaß des Führers über Gliederung und Verwaltung der Ostgebiete vom 8. Oktober 1939 (RGBl. I, S. 2042) verteilt auf den Reichsgau Danzig-Westpreußen, den Reichsgau Posen, die Provinz Ostpreußen und die Provinz Schlesien. (Vgl. hierzu *Hubrich*, Das Recht in den Ostgebieten, RVBl. Bd. 61, 1940, S. 1 ff.)

1. Der *Reichsgau Danzig-Westpreußen* umfaßt die Regierungsbezirke Danzig, Marienwerder und Bromberg. Er besteht aus dem Gebiet des ehemaligen Freistaates Danzig, aus den 1919 an Polen abgetretenen Teilen der Provinz Westpreußen – in der Hauptsache der Korridor und das Gebiet um Bromberg –, aus dem nach dem Weltkrieg zu Ostpreußen gekommenen Teil der Provinz Westpreußen (Marienwerder) und aus kongreßpolnischem Gebiet (südöstlicher Teil des Regierungsbezirks Marienwerder). Der neue Reichsgau besteht also zum größten Teil aus altpreußischem und zu einem geringen Teile aus kongreßpolnischem Gebiet. Die Gebiete, die nach 1919 dem Reich und bei Preußen verblieben sind, die polnischen Gebiete und das Gebiet des Freistaates Danzig haben eine verschiedene Rechtsentwicklung genommen, so daß in diesem Reichsgau vier Rechtsgebiete unterschieden werden können, was besonders für das Staatskirchenrecht von Bedeutung ist, weil dieses außerordentlich konservativ zu sein pflegt und häufig – wir brauchen nur an die staatskirchlichen Verhältnisse im Altreich zu denken – noch die politische Landkarte vergangener Jahrzehnte und Jahrhunderte getreulich widerspiegelt.

In kirchlicher Hinsicht besteht der Reichsgau

1. aus dem 1925 aus Teilen von Kulm und Ermland gebildeten exemten Bistum Danzig,

2. aus dem Bistum Kulm-Pelplin, dem alten Bistum Pomesanien, dessen Umschreibung im allgemeinen noch derjenigen der Bulle De salute animarum entspricht, aber einige Gebiete an das Bistum Danzig und an die Prälatur Schneidemühl eingebüßt hat. Auf das Jahr 1821 geht auch die Verlegung des Bischofssitzes von Kulm nach Pelplin zurück;

3. aus einem Reil des Erzbistums Gnesen, dem Gebiet um Bromberg, jedoch ohne den Bischofssitz;

4. aus einem Teil des zur Kirchenprovinz Gnesen-Posen gehörigen Bistums Leslau (Wloclawek) ohne den Bischofssitz;

5. aus einem Teil des zur Kirchenprovinz Warschau gehörigen Bistums Plock, jedoch ohne den Bischofssitz;

6. aus einem Teil des zur Kirchenprovinz Breslau gehörigen Bistums Ermland, nämlich dem bisher ostpreußischen Teil des Regierungsbezirks Marienwerder.

Innerhalb des Reichsgaues befinden sich 2 Bischofssitze, nämlich Danzig-Oliva und Pelplin. Der bisherige Bischof von Pelplin Okoniewski ist vor dem Einmarsch der deutschen Truppen geflohen; im Einverständnis mit der deutschen Reichsregierung wurde der Bischof Splett von Danzig zum Apostolischen Administrator des Bistums Kulm-Pelplin ernannt.

2. Der *Reichsgau Posen* mit den Regierungsbezirken Posen, Hohensalza und Kalisch besteht teils aus ehemals preußischem Gebiet, nämlich dem größten Teil der ehemaligen Provinz Posen,

einigen Kreisen, die bis zur Abtretung an Polen zur Provinz Schlesien gehörten, und aus kongreßpolnischem Gebiet.

In kirchlicher Hinsicht wird der neue Reichgau umfassen:

1. den größten Teil der vereinigten Erzbistümer Gnesen und Posen. Gnesen, das einen eigenen Weihbischof und ein eigenes Domkapitel hat, liegt im Regierungsbezirk Hohensalza;

2. den größten Teil des zur Kirchenprovinz Gnesen-Posen gehörigen Bistums Leslau (Wloclawek) mit dem Bischofssitz;

3. den größten Teil des zur Kirchenprovinz Warschau gehörigen Bistum Lodz mit dem Bischofssitz;

4. in der Gegend von Wielun einen Teil des zur Kirchenprovinz Krakau gehörigen Bistums Czenstochau.

Der Reichsgau reicht also in das Gebiet von 5 Bistümern hinein. Es befinden sich in ihm ein Erzbischofssitz (wenn man Gnesen und Posen als eines betrachtet) und 2 Bischofssitze (Leslau und Lodz).

Der 1919 bei Deutschland verbliebene Teil der Provinz Posen wurde zusammen mit dem bei Deutschland verbliebenen westlichen Teil der Provinz Westpreußen zur Grenzmark. 1938 wurde der posensche Anteil der Provinz Brandenburg, der westpreußische Anteil der Provinz Pommern einverleibt. Die Prälatur Schneidemühl, die räumlich der ehemaligen Grenzmark entspricht, blieb hier jedoch bestehen. Im Falle einer Bereinigung der Kirchengrenzen im Osten würde jedoch die Prälatur entweder auf die benachbarten westlichen (Berlin, Breslau) oder auf die benachbarten östlichen Bistümer (Posen, Danzig-Pelplin) verteilt werden müssen.

3. Die *Provinz Ostpreußen* hat Gebietszuwachs bekommen und Gebietsverluste erlitten. Hinzu gekommen ist der Regierungsbezirk Zichenau im Süden. Der Regierungsbezirk Gumbinnen wurde vergrößert um das Gebiet von Suwalki. Verloren hat die Provinz den ehemals westpreußischen Teil um Marienwerder, der dem neuen Reichsgau Danzig-Westpreußen zugeteilt ist. Somit besteht die Provinz aus dem bisher ostpreußischen Gebiet, ohne Marienwerder, aber einschließlich Memel, aus dem Kreis Soldau, der bis zur Abtretung an Polen schon zu Ostpreußen gehört hatte und aus kongreßpolnischem Gebiet im Regierungsbezirk Zichenau und im neuen Teil des Regierungsbezirks Gumbinnen.

Kirchlich besteht die Provinz Ostpreußen

1. aus dem Bistum Ermland, das mit der freien Prälatur Memel in Personalunion verbunden ist,

2. aus dem größten Teil des zur Kirchenprovinz Warschau gehörigen Bistums Plock, einschließlich des Bischofssitzes,

3. aus 2 getrennten Teilen des zur Kirchenprovinz Wilna gehörigen Bistum Lomza, jedoch ohne den Bischofssitz, der an Rußland gefallen ist.

Ostpreußen reicht also in seiner heutigen Gestalt in das Gebiet von drei Kirchenprovinzen und vier kirchlichen Sprengeln hinein, wobei ich voraussetze, daß die freie Prälatur Memel durch die Übertragung an den Bischof von Ermland aus der litauischen Kirchenprovinz ausgeschieden ist.

4. Die *Provinz Schlesien* hat in den Regierungsbezirken Oppeln und Kattowitz ebenfalls einen erheblichen Gebietszuwachs erhalten. Die neuen Gebiete sind teils ehemals preußisches Gebiet (Ostoberschlesien), teils kongreßpolnisches Gebiet (vor allem um Czenstochau), teils ehemals österreichisches Gebiet, das 1919 teils an Polen, teils an die Tschechoslowakei, 1938 ganz an Polen gefallen ist (Olsa-Gebiet).

Die neuen Gebiete umfassen folgende kirchliche Sprengel:

1. das 1925 aus deutschen und österreichischen Teilen des Bistums Breslau gebildete und der Kirchenprovinz Krakau zugeteilte Bistum Kattowitz ganz; 2. einen Teil des Erzbistums Krakau; 3. einen Teil des zur Kirchenprovinz Krakau gehörigen Bistums Czenstochau; 4. einen Teil des

ebenfalls zum Erzbistum Krakau gehörigen Bistums Kielce. 5. Auf den ersten Blick unübersichtlicher sind die kirchlichen Verhältnisse des Olsa-Gebiets. Das Olsa-Gebiet ist ein Teil des ehemaligen österreichischen Schlesien und gehörte formell bis 1925 ganz zur Diözese Breslau. Bis nach dem Ende des Weltkrieges unterstand dieses Gebiet einem in Teschen residierenden Breslauer Generalvikar. Der nordöstliche Teil des Olsa-Gebietes fiel nach dem Weltkrieg an Polen, der südwestliche an die Tschechoslowakei. Das Gebiet östlich der Olsa mit der Hauptstadt Teschen des ehemaligen Fürstentums Teschen wurde durch die Konstitution „Vixdum Poloniae unitas" vom 28. Oktober 1925 der Diözese Kattowitz eingegliedert. In dem tschechisch gebliebenen Teil des Olsa-Gebietes errichtete der Erzbischof von Breslau ein eigenes Kommissariat in Carwin. Im Oktober 1938 besetzte Polen den größeren Teil des tschechischen Olsa-Gebietes. Der erzbischöfliche Kommissär, der in dem nunmehr zu Polen gekommenen Teile seinen Sitz hatte, mußte – wie eine Reihe von Pfarrern und Kaplänen – seine Pfarrei verlassen. Von der Kurie wurde der Bischof von Kattowitz zum Administrator des polnisch gewordenen Teiles ernannt. Auf Bitten des Erzbischofs von Breslau übernahm der Erzbischof von Olmütz die Verwaltung der tschechisch gebliebenen Pfarreien des Olsa-Gebiets. Dieser tschechisch gebliebene Teil des Olsa-Gebiets kam nach Schaffung des Protektorats Böhmen und Mähren an das Protektorat und steht heute noch unter der kirchlichen Verwaltung des Erzbischofs von Olmütz. Der Bischof von Kattowitz hat nach dem Einmarsch der deutschen Truppen die Verwaltung des im Herbst 1938 an Polen gefallenen Teiles des Olsa-Gebietes wieder auf den Erzbischof von Breslau zurückübertragen.

5. Das *Generalgouvernement*, dessen künftige politische Form noch unbekannt ist, das aber jedenfalls gegenwärtig deutsches Hoheitsgebiet ist, besteht teils aus kongreßpolnischem, teils aus ehemals österreichischem Gebiet.

In kirchlicher Hinsicht umfaßt es 1. von der katholischen Kirche des lateinischen Ritus den größten Teil des Erzbistums Warschau mit den Bistümern Siedelce, Lublin und Sandomir und Teilen von Lomza, Plock und Lodz, den größten Teil des Erzbistums Krakau mit dem Bistum Tarnow und den Hauptteilen der Bistümer Czenstochau und Kielce, einen Teil des zum Erbistum Lemberg gehörigen Bistums Przemysl, jedoch ohne den Bischofssitz, der auf dem östlichen San-Ufer, also im russischen Gebiet, liegt;

2. von der katholischen Kirche des griechischen Ritus ebenfalls einen Teil des Bistums Przemysl und die Apostolische Administratur für das Lemken-Gebiet mit dem Sitz des Administrators in Sanock. Der Erzbischof Szeptickij von Lemberg hat wohl im Einvernehmen mit dem Bischof von Przemysl den bisherigen Weihbischof von Przemysl, Lakota, in den im Generalgouvernement liegenden Teil des Bistums Przemysl entsandt. Er hat seinen Sitz in Jaroslaw.

Diese Übersicht über die politische und kirchliche Gliederung der neuen Ostgebiete und des Generalgouvernements zeigt, daß die kirchliche Organisation im Osten nach der endgültigen Klärung und Festigung der politischen Verhältnisse einer grundlegenden Neuordnung bedarf. Es wäre verfrüht, heute schon Meinungen darüber zu äußern, wie denn die kirchliche Organisation im Osten aussehen soll; denn gegenwärtig steht die endgültige Abgrenzung des Reichsgebiets vom Gouvernement noch nicht fest und es muß abgewartet werden, in welcher Weise sich die Umsiedlungsmaßnahmen auf die völkische und konfessionelle Zusammensetzung der Bevölkerung in diesen Gebieten auswirken wird. Falls die Deutschen, die in diesem Gebiet angesiedelt werden, überwiegend nicht dem katholischen Bekenntnis angehören, kommt eine Beibehaltung sämtlicher bisher bestehender Bischofssitze kaum in Betracht.

Einstweilen kommen jedoch nur vorläufige Maßnahmen in Frage, wie die Einsetzung bischöflicher Delegaten oder päpstlicher Administratoren oder, wo im Reichsgebiet noch die Tätigkeit eines polnischen Bischofs geduldet wird, wenigstens die Einsetzung eines deutschen Generalvikars. Im Generalgouvernement wird sich eine Einflußnahme auf die kirchlichen Verhältnisse nur ausnahmsweise aus besonderen politischen Gründen empfehlen.

Solange der Krieg nicht beendet ist, würde sich auch die Kurie kaum an anderen als nur provisorischen Maßnahmen beteiligen.

III. Die Rechtslage der katholischen Kirche in den dem Reich zugefallenen Gebieten.

1. Die Geltung der Konkordate: Die territorialen Veränderungen im Osten haben wiederum die Fragen grundsätzlicher Art nach der Fortgeltung von Konkordaten bei Fortfall eines Vertragspartners aufgeworfen. Wendet man die bisherigen Ergebnisse unserer Ausschußberatungen zu dieser Frage, die trotz verschiedener theoretischer Begründungen praktisch zum gleichen Endergebnis, dem Prinzip der festen Vertragsgrenzen für Konkordate, führten, auf das polnische Konkordat an, so besteht kein Zweifel, daß es für Deutschland eine res inter alios acta und darum ohne jede verbindliche Kraft ist. Es ist möglich und sogar wahrscheinlich, daß die sogenannte polnische Regierung in Angers an dem Konkordat festhält und daß auch die Kurie das Konkordat noch nicht als endgültig weggefallen, sondern als nur in der Schwebe befindlich betrachtet. Die Eingliederung bisher polnischer Gebiete in das Deutsche Reich und die Errichtung des Generalgouvernements ist vom Vatikan bisher weder de iure noch de facto anerkannt.

Die bisher polnischen Gebiete sind für Deutschland „konkordatsfreier Raum". Daß auch das Reichskonkordat und, soweit die neuen Gebiete nach Preußen eingegliedert wurden, das Preußische Konkordat nicht in den neuen Gebieten gelten, bedarf nach dem, was hier bisher darüber vorgetragen wurde, keiner weiteren Erörterung.

An sich könnte an die Behauptung eines Wiederauflebens bzw. der Fortgeltung der der Bulle De salute animarum zugrundeliegenden Vereinbarung von 1821 gedacht werden. An geschichtlichen Präzedenzfällen für eine solche Behauptung würde es nicht fehlen. In der Frage der Diözesanzirkumskription hätte dies sogar gewisse Vorteile. Ich möchte jedoch auf diesen Gesichtspunkt nur hinweisen. Praktisch kommt seine Geltendmachung kaum in Frage, weil es der Tendenz der deutschen Kirchenpolitik nach Einengung kirchenpolitischer Bindungen widersprechen würde.

2. Unabhängig von der Frage der Geltung von Konkordaten ist die Frage, ob sich die Befugnisse des Päpstlichen Nuntius in Berlin auch auf die neuen Gebiete erstrecken. Auszugehen ist von der Unterscheidung diplomatischer und innerkirchlicher Befugnisse der Nuntien.

Die räumliche Erstreckung der diplomatischen Befugnisse ist von der dem Nuntius von seinem Auftraggeber erteilten Vollmacht und von der Anerkennung des Empfangsstaates abhängig. An einer Ausschließung der Ostgebiete von der diplomatischen Tätigkeit des Nuntius hat das Deutsche Reich kein Interesse, da im Gegenteil in einer solchen Betätigung eine faktische Anerkennung der zwischen Deutschland und Rußland vereinbarten Interessengrenze liegen kann, ganz abgesehen davon, daß die Stellungnahme des Reiches gegenüber allen Diplomaten einheitlich sein müßte. Auch die Ostmark und den Sudetengau hat der Nuntius ohne Widerspruch des Reiches in den Bereich seiner diplomatischen Tätigkeit einbezogen.

Kirchenpolitisch wichtiger ist es, wenn dem Nuntius in Berlin besondere Vollmachten auf innerkirchlichem Gebiet für den Ostraum übertragen wurden. Daß dies geschehen ist, ist anzunehmen, da die Nuntiatur in Warschau faktisch nicht mehr besteht und die katholische Kirche in den ehemals polnischen Gebieten, vom Standpunkt der Kirche aus gesehen, einer zentralen Leitung gegenwärtig in besonderem Maße bedarf; doch entzieht sich eine solche im innerkirchlichen Bereich vollzogene Vollmachtserteilung der staatlichen Kenntnis. Sache des Nuntius wird es vor allem sein, in Diözesen, die zur Zeit keinen Bischof haben, kirchliche Persönlichkeiten mit den nötigen Vollmachten zur Leitung der Diözesen auszustatten oder dem Hl. Stuhl diesbezügliche Vorschläge zu unterbreiten.

3. Wichtig ist ferner die Frage der Besetzung der Bischofsstühle in den neuen Ostgebieten. Die Frage, ob dem Deutschen Reich ein politisches Erinnerungsrecht zusteht, ist bereits von Pro-

fessor *Weber* in seinem neuen Werk über „Die politische Klausel in den Konkordaten", Hamburg 1940, S. 36 dahin beantwortet worden, daß ein solches politisches Erinnerungsrecht des Staates sich aus dem Gesamtzusammenhang der staatskirchenrechtlichen Verhältnisse des Deutschen Reiches ergebe. Es ist nicht anzunehmen, daß die Kurie schon in nächster Zeit zur Ernennung neuer Bischöfe schreiten wird. Sie wird sich vielmehr bis zur Beendigung des Krieges mit Notmaßnahmen behelfen. Soweit polnische Bischöfe, deren Bischofssitze zum Deutschen Reich gehören, geflohen sind, liegt noch keine Erledigung dieser Bischofsstühle vor, sondern lediglich ein Fall der sedes impedita; die Leitung der Diözese obliegt nach c. 429 CJC dem Generalvikar oder einer anderen vom Bischof beauftragten kirchlichen Persönlichkeit, wenn nicht der Hl Stuhl in anderer Weise, etwa durch Einsetzung eines apostolischen Administrators, Vorsorge getroffen hat. Eine Fühlungnahme der Kurie mit der polnischen Regierung in Angers und der kirchlichen Personalpolitik im ehemals polnischen Gebiet könnte von der deutschen Regierung, falls ihr ein solcher Vorgang bekannt würde, nicht hingenommen werden.

Mit dem Wegfall des polnischen Konkordats in den nunmehr deutschen Gebieten ist keineswegs jede Sonderbestimmung für die Besetzung der Bischofsstühle im ehemaligen Polen in Wegfall gekommen. Es besteht noch das Dekret der Konsistorialkongregation vom 20. August 1921 über die Besetzung der Bischofsstühle in Polen „Circa proponendos ad episcopale ministerium pro dioecesibus ritus latini in Polonia" (A.A.S. XIII, p. 430). Diese Anordnung ist durch das Konkordat nicht aufgehoben worden und besteht als innerkirchliche Anordnung fort. Sie legt das sogenannte Triennal-Listenverfahren für Polen in der Weise fest, daß sämtliche lateinischen Bischöfe alle drei Jahre die personae episcopabiles dem Erzbischof von Gnesen und Posen benennen, worauf in einer Bischofskonferenz über die Zusammensetzung der nach Rom zu sendenden Triennallisten abgestimmt wird. Eine Mitwirkung des Staates ist darin nicht erwähnt. Auch die Domkapitel sind bei diesem Listenverfahren nicht beteiligt, so daß die ehemals preußischen Kapitel ihre früheren Rechte vollständig eingebüßt haben. Eine Bischofskonferenz sämtlicher polnischer Bischöfe wird sich allerdings praktisch nicht mehr durchführen lassen, so daß anzunehmen ist, daß die Kurie sich auf andere Weise, etwa durch Befragung einzelner Bischöfe und vor allem durch die Informationen des Päpstlichen Nuntius in Berlin Kenntnis über die geeigneten Persönlichkeiten beschaffen wird.

4. In der letzten Frage der Staatsleistungen an Kirchen werden im Gegensatz zu der im Schrifttum herrschenden Auffassung (vergl. darüber *Sanders*, Der Einfluß der Staatensukzession auf die Rechtslage der katholischen Kirche im Sukzessionsgebiet, Abh. u. Mitt. a.d. Sem. f. Öff. Recht Heft 19, Hamburg 1927, S. 130 ff.) sowohl das Deutsche Reich wie das Land Preußen eine Rechtsnachfolge hinsichtlich der finanziellen Verpflichtungen des polnischen Staates gegenüber der katholischen Kirche in den zum Reich bzw. zu Preußen gekommenen Gebieten ablehnen, unabhängig davon, ob die finanziellen Verpflichtungen des polnischen Staates auf Konkordat oder Gesetz oder einem sonstigen Rechtstitel beruhten. Allgemeine völkerrechtliche Grundsätze der Rechtsnachfolge bei Staatessukzession finden auf das Verhältnis von Staat und Kirche als einer innerstaatlichen Angelegenheit keine Anwendung. Soweit es sich um Rechte und Lasten handelt, die mit dem Eigentum an Grund und Boden verbunden sind (z.B. Realpatronate bei Staatsdomänen), bedarf die Frage des Eigentumsübergangs und der Rechtsnachfolge einer besonderen gesetzlichen Regelung. Die Übernahme der bisher polnischen Patronate (die in der Mehrzahl früher Patronate des preußischen Staates waren) würde jedoch der heutigen kirchenpolitischen Linie des Reiches nicht entsprechen (vergl. die Aufgabe der staatlichen Patronate in der Ostmark und im Sudetengau).

5. Der deutschen Staatsführung ist in den neuen Ostgebieten auch die Aufgabe der Rechtsangleichung gestellt.

Die Zersplitterung der Rechtsgebiete im Osten, die Zusammensetzung aus altpreußischen, russischen und österreichischen sowie polnischen und tschechoslowakischen Teilen ist auf die Dauer nicht tragbar. Unter den verschiedenen Materien, in denen die Rechtseinheit hergestellt werden muß, dürfte das Staatskirchenrecht allerdings zu den am wenigsten vordringlichen gehören. Eherecht (in Polen galt bisher für Katholiken die kirchliche Eheschließung, allerdings nach der Konkordatsauslegung der polnischen Gerichte nur bei freiwilliger Unterwerfung der Betreffenden unter die kirchlichen Vorschriften), Schulrecht, Führung der Kirchenbücher werden vielleicht am ehesten in die Neuregelung einbezogen, gehören aber nicht zum Staatskirchenrecht im eigentlichen Sinne.

Im Gebiete des Staatskirchenrechts kommen für eine Vereinheitlichung vor allem das Recht der Kirchensteuer und des Kirchenaustritts in Betracht, die allerdings auch im Altreich noch nicht einheitlich geregelt sind. Da das Deutsche Reich finanzielle Verpflichtungen des polnischen Staates zugunsten der katholischen Kirche nicht übernehmen wird, ist die Frage wichtig, ob in den neuen Reichgauen die bisherigen preußischen Kirchensteuergesetze eingeführt oder die für Ostmark und Sudetengau getroffene Regelung zum Vorbild genommen werden soll. Grundsätzlich ist für die neuen Reichsgaue die Einführung nicht nur des Reichsrechts, sondern auch des Preußischen Landesrechts vorgesehen. Es fällt hierbei die Erwägung ins Gewicht, daß im größten Teil der eingegliederten Ostgebiete das Preußische Recht in Geltung geblieben war, daß andererseits bei dem Fehlen landesrechtlicher Vorschriften auf verschiedensten Gebieten Lücken entstehen würden. Wird preußisches Landesrecht in den Reichsgauen eingeführt, so hat es hier selbstverständlich nicht als Landesrecht, sondern als regionales Reichsrecht Geltung. Auf staatskirchenrechtlichem Gebiet treffen die für die Einführung Preußischen Landesrechts in den Reichsgauen maßgeblichen Gesichtspunkte im allgemeinen nicht zu. Die meisten staatskirchenrechtlichen Gesetze Preußens wurden in den zu Polen gekommenen Gebieten als im Widerspruch mit dem polnischen Konkordat stehend teils unmittelbar nach Inkrafttreten dieses Konkordats, teils später außer Kraft gesetzt. Für die katholische Kirche wurde, wie schon erwähnt, auch die preußische Kirchensteuergesetzgebung im Jahre 1932 beseitigt und dafür eine auf dem Freiwilligkeitsprinzip aufbauende kirchliche Regelung der Beitragsleistung der Gläubigen eingeführt. Soweit eine staatliche Regelung des Kirchenbeitragsrechts erforderlich ist, liegt es deshalb näher, eine dem Kirchenbeitragsrecht der Ostmark entsprechende Regelung zu treffen, als das alte Preußische Recht wiederherzustellen. Da es sich nach dem augenblicklichen Bestand um ein nahezu ausschließliches katholisches Gebiet handelt, kommt der Tatsache, daß für die evangelische Kirche in den ehemals preußischen Gebieten Polens die frühere preußische Kirchensteuergesetzgebung noch bis zuletzt zu Recht bestand, keine erhebliche Bedeutung zu.

IV. Die Rechtslage im Generalgouvernement: kann nur mit wenigen Worten gestreift werden, weil die endgültige politische Form dieses Gebietes noch nicht feststeht. Maßgebend ist der Erlaß des Führers und Reichskanzlers über die Verwaltung der besetzten polnischen Gebiete vom 12. Oktober 1939 (RGBl. I, S. 2077). Das Interesse des Reiches in diesen Gebieten beschränkt sich auf die Aufrechterhaltung der öffentlichen Ordnung und, für die Dauer des Krieges, auf eine wenigstens teilweise Einbeziehung in den deutschen Lebens- und Wirtschaftsraum. Entsprechend dem Grundsatz, daß gesetztes Recht nicht erlischt, wenn die Rechtsquelle, die es gesetzt hat, fortgefallen ist, wird das bisherige polnische Staatskirchenrecht, abgesehen vom Konkordat und von etwaigen der Übernahme der Verwaltung durch das Reich widersprechenden Bestimmungen der polnischen Verfassung und sonstiger polnischer Gesetze, weiter bestehen bleiben. Das kirchenpolitische Interesse beschränkt sich auf die Verhinderung staatsfeindlicher Betätigung kirchlicher Kreise und auf die Person und Tätigkeit der an leitender Stelle stehenden kirchlichen Persönlichkeiten. Die Haltung des deutschen Generalgouvernements in Warschau im Weltkriege in kirchenpolitischen Fragen kann für das gegenwärtige Generalgouvernement deshalb nicht vorbildlich sein, weil damals das Reich es war, das die Selbständigkeitsbestrebungen Polens gegenüber Rußland förderte, während heute polnische Selbständigkeitsbestrebungen gegen das Reich gerichtet sein würden. Allerdings hat sich auch das deutsche Generalgouvernement im Weltkrieg mit kirchlichen Fragen nur in ganz geringem Maße befaßt und ist mit kirchlichen Instanzen nur in der Frage der Bischofsernennungen in Fühlung getreten.

Die Lösung der meisten durch die politische Neuordnung im Osten entstandenen Fragen kirchenrechtlicher Art kann nicht auf dem Wege juristischer Überlegungen gewonnen werden, sondern hat politischen Charakter und ist von der endgültigen Gestaltung der politischen und insbesondere der Bevölkerungsverhältnisse in den neuen Gebieten abhängig.

Abschrift. Konkordat zwischen dem Apostolischen Stuhl und der Republik Polen vom 10. Februar 1925. Acta Apostolicae Sedis XVII (1925), p. 273 ss.

Art. 9: Kein Teil der Republik Polen wird einem Bischof unterstehen, dessen Amtssitz sich außerhalb der Grenzen des polnischen Staates befindet. Die katholische Hierarchie in der Republik Polen ist in folgender Weise organisiert:

A. Lateinischer Ritus

1. Kirchenprovinz Gnesen und Posen: Erzbistum Gnesen-Posen, Bistum Kulm, Bistum Wloclawek.

2. Kirchenprovinz Warschau: Erzbistum Warschau, Bistümer Plock, Sandomierz, Lublin, Podlachie, Lodz.

3. Kirchenprovinz Wilna: Erzbistum Wilna, Bistümer Lomza, Pinsk.

4. Kirchenprovinz Lemberg: Erzbistum Lemberg. Bistümer Przemysl, Luck.

5. Kirchenprovinz Krakau: Erzbistum Krakau, Bistümer Tarnow, Kielce, Czenstochau, Schlesien.

B. Griechisch-ruthenischer Ritus. Kirchenprovinz Lemberg: Erzbistum Lemberg, Bistum Przemysl, Bistum Stanislau.

C. Armenischer Ritus. Erzbistum Lemberg.

Der Heilige Stuhl wird ohne Einverständnis mit der polnischen Regierung an der obigen Hierarchie oder den Umschreibungen der Provinzen und Diözesen keine Änderungen vornehmen, ausgenommen kleine Grenzregulierungen, die im Interesse der Seelsorge erfordert werden.

Art. 11. Die Wahl der Erzbischöfe und Bischöfe steht dem Heiligen Stuhle zu. Seine Heiligkeit ist bereit, vor der Ernennung von Erzbischöfen, Bischöfen, Koadjutoren mit dem Rechte der Nachfolge sowie des Armeebischofs sich an den Präsidenten der Republik zu wenden, um sich zu vergewissern, daß der Präsident gegen diese Ernennung keine Einwände politischer Natur vorzubringen hat.

Art. 19. Die Republik gewährleistet das Recht der zuständigen Behörden, gemäß den Bestimmungen des kanonischen Rechts die kirchlichen Funktionen, Ämter und Benefizien zu übertragen. Auf die Verleihung von Pfarrbenefizien finden folgende Regeln Anwendung:

Ohne vorhergehende Genehmigung der polnischen Regierung können im Bereiche der Republik Polen Pfarrbenefizien nicht erlangen:

1. nicht-naturalisierte Fremde sowie Personen, die ihre theologische Bildung nicht in den polnischen theologischen Instituten oder in den päpstlichen Anstalten genossen haben;

2. Personen, deren Tätigkeit die Sicherheit des Staats gefährdet.

Vor den Ernennungen zu diesen Benefizien wird die kirchliche Behörde beim zuständigen Minister der Republik Erkundigungen einziehen, um sich zu vergewissern, daß keiner der unter 1 und 2 aufgezählten Gründe im Wege steht. Erhebt der vorerwähnte Minister nicht innerhalb einer Frist von 30 Tagen Einwände gegen die für die Ernennung in Aussicht genommene Persönlichkeit, so schreitet die kirchliche Behörde zur Ernennung.

Art. 20: Wenn die Behörden der Republik gegen eine kirchliche Persönlichkeit wegen ihrer die Sicherheit des Landes gefährdenden Tätigkeit Klage zu führen haben, so unterbreitet der zuständige Minister diese Klage dem Diözesanbischof, der im Einvernehmen mit dem Minister innerhalb dreier Monate eine den Umständen entsprechende Entscheidung trifft. Kommt zwischen dem Bischof und dem Minister keine Übereinstimmung zustande, so überträgt der Heilige Stuhl die Lösung der Streitfrage zweien von ihm ernannten kirchlichen Personen, die zusammen mit zwei Delegierten des Präsidenten der Republik eine endgültige Entscheidung zu fällen haben.

Art. 21: Das Patronatsrecht sowohl des Staates als der Privatperson bleibt bis zu einer neuen Vereinbarung in Kraft. Der Patronatsherr präsentiert innerhalb einer Frist von 30 Tagen einen würdigen Geistlichen für die freie Stelle auf Grund einer vom Bischof aufgestellten Liste mit drei Namen. Erfolgt die Präsentation nicht binnen 30 Tagen, so wird das Benefizium frei verfügbar. Für Pfarrbenefizien hat der Bischof, bevor er die Ernennung vollzieht, gemäß Artikel 19 die Ansicht des zuständigen Ministers einzuholen.

Art. 24: 1. Die Republik Polen anerkennt die Eigentumsrechte der juristischen Personen kirchlichen und regularen Charakters auf alle beweglichen und unbeweglichen Güter, Kapitalien, Einkünfte und andere Titel, die diese juristischen Personen gegenwärtig im Gebiete des polnischen Staates besitzen.

2. Die Republik Polen ist damit einverstanden, daß die oben erwähnten Eigentumsrechte, falls sie in die Hypothekarregister noch nicht auf die Namen der sie besitzenden juristischen Personen (Bistümer, Kapitel, Kongregationen, Orden, Seminarien, Pfarrbenefizien, andere Benefizien usw.) eingetragen sind, dort eingetragen werden, und zwar auf Grund einer Erklärung des zuständigen Bischofs, die von der zuständigen Zivilbehörde beglaubigt ist.

3. Durch eine spätere Abmachung wird die Frage jener Güter geregelt, die der Kirche durch Rußland, Österreich und Preußen entzogen worden sind, und die sich heute im Besitze des polnischen Staates befinden. Bis dahin gewährleistet der polnische Staat der Kirche Jahreseinkünfte, die nach ihrem reellen Werte nicht geringer sind als die Einkünfte, die die russische, österreichische und preußische Regierung der Kirche in den Gebieten, die gegenwärtig zur Republik Polen gehören, bereitstellten. Die erwähnten Einkünfte werden berechnet und verteilt nach den Angaben des Anhanges A. Für den Fall einer Zerstückelung der genannten Güter werden die bischöflichen Mensen, die Seminarien und die Pfarrbenefizien, die gegenwärtig über keinen oder nur ungenügenden Grundbesitz verfügen, im Rahmen des Vorhandenen als Eigentum erhalten: bis zu 180 Hektar eine bischöfliche Mensa, bis zu 180 Hektar ein Seminar, von 15 bis 30 Hektar, je nach der Qualität des Bodens, ein Pfarrbenefizium. Die Gesamtsumme der Einkünfte in Geld, die im Anhang A festgesetzt ist, wird für jene Diözesen, in denen die Zuteilung der Grundstücke stattfindet, um 50 Zloty für jeden zugeteilten Hektar im Jahre verringert.

4. Die Bestimmung jener Güter wird aufrechterhalten werden, die die Republik Polen von den ehemaligen Teilungsmächten als Nachfolgerin der Rechte zurückgewinnen wird, die diesen Staaten aus ihren gesetzlichen Beziehungen zu den juristischen Personen kirchlichen und regularen Charakters in Polen zukamen, und die sich entweder auf die von diesen Staaten zugunsten der juristischen Personen kirchlichen oder regularen Charakters zugestandenen Einkommen oder auf die Verwaltung von Immobilien und Kapitalien mit kirchlicher Bestimmung beziehen.

5. Um die wirtschaftliche und soziale Lage der ackerbautreibenden Bevölkerung zu verbessern und so den christlichen Frieden im Lande zu fördern, gestattet der Heilige Stuhl, daß die Republik von den mit Grundbesitz versehenen Benefizien der Bistümer, Kapitel, Pfarreien sowie den einfachen Benefizien den anbaufähigen Boden zurückkauft, der für die einzelnen Einheiten das folgende Maß übersteigt: 15 bis 30 Hektar, je nach der Qualität des Bodens, für eine Pfarrei und ein einfaches Benefizium, 180 Hektar für ein Kapitel, 180 Hektar für eine bischöfliche Mensa und 180 Hektar für ein Seminar. In den Diözesen, in denen die Seminarien keinen anbaufähigen

Boden besitzen, der vom Grundbesitz des Bistums getrennt ist, werden den Seminarien 180 Hektar unablösbaren Bodens zugeteilt, unabhängig von den 180 Hektar, die für die bischöfliche Mensa bestimmt sind.

6. Die genannten juristischen kirchlichen Personen haben das Recht, aus dem ihnen gehörenden Grundbesitz sich selbst jene Teile im vorgenannten Umfang auszuwählen, die in ihrem Besitze verbleiben sollen.

7. Der Rückkaufpreis für den oben bezeichneten Boden richtet sich nach den Vorschriften, die für den Rückkauf von in Privateigentum stehenden Boden gelten, und verbleibt der Kirche zur Verfügung.

8. Der Heilige Stuhl gestattet ferner, daß der anbaufähige Grundbesitz der Häuser von Kongregationen und religiösen Orden sowie deren Wohltätigkeitsanstalten, von denen jede als eine landwirtschaftliche Einheit zu betrachten ist, durch den Staat gemäß den Vorschriften zurückgekauft wird, die für den Rückkauf von Gütern gelten, die im Besitze der von Laien gebildeten juristischen Personen sind, mit dem Rechte, daß jedes der obengenannten Häuser sowie jede ihrer Wohltätigkeitsanstalten mindestens 180 Hektar anbaufähigen Bodens behält.

9. die juristischen Personen kirchlichen und regularen Charakters haben gleich den von Laien gebildeten juristischen Personen das Recht, eine direkte Zerteilung des ihnen gehörenden anbaufähigen Grundbesitzes vorzunehmen.

Art. 26: Innerhalb einer Frist von drei Monaten, vom Tage der Geltung dieses Kontraktes an gerechnet, wird der Heilige Stuhl im Einvernehmen mit der Regierung die Errichtung und Abgrenzung der im Artikel 9 vorgesehenen Kirchenprovinzen und Diözesen vollziehen. Die Grenzen der Kirchenprovinzen und der Diözesen werden mit den Grenzen des polnischen Staates übereinstimmen.

Die in Polen gelegenen Kirchengüter, die juristischen Personen geistlichen oder regularen Charakters gehören, die ihren Sitz außerhalb der Grenzen des polnischen Staates haben, und umgekehrt, werden den Gegenstand eines besonderen Übereinkommens bilden.

Vorsitzender: Ich danke Ihnen sehr, Herr Dr. Schröcker, für Ihren außerordentlich interessanten Vortrag, der wohl alle Anwesenden ebenso interessiert hat wie die beiden vorhergegangenen Berichte des Herrn MinDirigenten Roth und des Herrn Oberkonsistorialrats Wahl. Ich muß ja nun sagen: wir haben eine so ungeheure Fülle von Anregungen bekommen, daß ich es doch vorziehen würde, die schriftliche Niederlegung der Berichte abzuwarten.

Barion: Eine Anregung möchte ich gleich hinzufügen, und zwar bezieht sie sich auf das Theologiestudium, das mir immer besonders am Herzen liegt. Könnte man nicht unter den Punkten, die man jetzt für regelungsbedürftig in irgendeiner Form hält, eine klare Zuweisung des Studiums auf Breslau und Braunsberg treffen, so daß für den ganzen Raum geklärt wird, wo die Theologen hingehören und damit radikal allen Bestrebungen, nun wieder irgendwelche kirchlichen Zweiganstalten ins Leben zu rufen, von vornherein das Wasser abgegraben wird, indem also gesagt wird: soweit es sich um Danzig und Westpreußen handelt, gehen die Theologiestudenten nach Braunsberg, die anderen aus Gnesen, Posen sollen nach Breslau gehen. Ich wäre dafür, daß diese Sache endgültig erledigt wird.

Vorsitzender: Sie meinen, die Theologiestudenten aus den neuen Gebieten?

Barion: Jawohl! Soweit ich weiß, ist schon verschiedenes im Gange. Ein Bischof ist ja nicht so klein, daß er nicht gern eine eigene Universität hätte.

Vorsitzender: Und was machen die im Generalgouvernement?

Barion: Die interessieren uns in diesem Zusammenhang nicht.

Roth: Im Anschluß an das, was Herr Dr. Schröcker zuletzt sagte, möchte ich vorschlagen, daß, wenn in nicht allzu ferner Zeit wieder eine Sitzung des Ausschusses anberaumt wird, vielleicht ein Referat über die Rechtslage der Kirchen im Bezirk Marienwerder, über die konkordatäre Lage, über die Leistungen usw. gehalten wird.

Vorsitzender: Das würde sich, glaube ich, lohnen. Das ist doch wohl der einzige Bezirk, der bis jetzt preußisch gewesen ist und nun zum Reich tritt.

Roth: Es handelt sich hier auch um eine Frage der Geltung des preußischen Konkordats und der Geltung des Reichskonkordats, um die Frage der Patronate. Es würde sich doch empfehlen, alles das in einem Referat eingehend zu behandeln. Die Entwicklung geht natürlich weiter, und im allgemeinen wird es wohl so sein, daß große, grundlegend neue Entscheidungen – man mag jetzt darüber sprechen, wie man will – erst nach Kriegsende fallen werden, wo die ganze Frage der Konkordate aufgeworfen werden wird. Aber trotzdem wäre eine solche Arbeit nicht vergebens, und man könnte auf diese grundsätzlichen Ausführungen gegebenenfalls zurückgreifen.

Vorsitzender: Als Referenten würden wohl in Frage kommen die Herren Schröcker und Dieckmann. (*Zustimmung.*)

Roth: Ich darf dann noch kurz einiges Interessante zu dem sagen, was Herr Prof. Barion vorhin ausführte. Es handelt sich natürlich bei den Theologiestudenten in den neu zu uns gekommenen Gebieten darum, ob es Deutsche, Volksdeutsche oder Polen sind. Polnische Volkszugehörige werden wir nicht studieren lassen, weder Theologie noch etwas anderes. Wie es im Generalgouvernement werden wird, wissen wir nicht. Jedenfalls wird es, wenn z.B. im Protektorat jetzt auf drei Jahre sämtliche tschechischen Hochschulen geschlossen sind, ohne weites auch im Gouvernement so sein. In betreff der volksdeutschen katholischen Theologiestudenten wird sich meines Erachtens eine solche ausdrückliche Regelung, wie sie Herr Prof. Barion anführte, von selber ergeben. Die einen werden nach Braunsberg und die anderen nach Breslau gehen.

Barion: Ich glaube, den Herren in Danzig, Westpreußen ist das in keiner Weise klar. Es müßte doch, wie man zu sagen pflegt, den Kindern gesagt werden. Die merken das sonst gar nicht.

Roth: Das werden wir wohl auch machen, und zwar ohne irgendeine Anordnung. Das können wir unter Hand machen. Normalerweise werden die Theologiestudenten sich schon sowieso verteilen; es bleibt ihnen gar nichts anderes übrig. Sie können vielleicht noch nach Fulda oder irgend woanders hingehen; aber das werden die wenigsten sein; denn schon räumlich näher und auch sonst in der Atmosphäre günstiger ist für alle sie doch wohl Braunsberg auf der einen Seite und Breslau auf der anderen Seite.

Vorsitzender: Eine Zwischenfrage! Das haben wir doch aber gar nicht, daß Studenten eines gewissen geographischen Bezirks gehalten sind, eine bestimmte Universität zu besuchen.

Barion: Nein! Es handelt sich hauptsächlich darum, daß das in irgendeiner Form jetzt wirklich klargestellt wird, und zwar nach der Richtung hin, daß irgendwelche Versuche auf Wiedereröffnung von Anstalten in Pelplin oder sonstwie im ehemaligen Polen ausgeschlossen sind.

Roth: Was für Versuche da gemacht werden, kann uns gleich sein. Pelplin wird nie wieder aufgemacht werden, solange wir ein Wort darüber zu sagen haben. Wir haben auch die polnischen Anstalten geschlossen. Eine polnische klerikale Erziehungsstätte gibt es nicht.

Forsthoff: Wie wird es denn mit den evangelischen Seminarien in Polen werden?

Roth: Das ist eine andere Frage. Es gibt im übrigen im ganzen neuen Reichsgebiet jetzt keine katholisch-theologische Lehranstalt; denn alle die, die da bestanden haben, waren polnisch, und was polnisch war, haben wir geschlossen und wird nicht wieder eröffnet werden; denn der Klerus gehört ja in Polen mit zur tragenden Intelligenzschicht. Diese Intelligenzschicht zurückzudrängen, hat sich die Regierung zur notwendigen politischen Aufgabe gemacht.

Vorsitzender: An der neu zu gründenden Universität zu Posen wird keine theologische Fakultät eröffnet?

Roth: Soviel ich vom Wissenschaftsministerium erfahren habe, kommt eine katholisch-theologische Fakultät unter keinen Umständen in Frage. Ob eine evangelische in Frage kommt, weiß ich nicht. Das ließe sich eventuell machen.

Haugg: Soweit ich gehört habe, soll diese Frage vor einigen Tagen entschieden worden sein. Posen wird Universität, und es kommen keine theologischen Fakultäten hin.

Roth: Ich möchte nun noch einiges zu dem Referat des Herrn Dr. Schröcker hinzufügen. In der ganzen Kirchenprovinz Posen haben wir – aus kirchenpolitischen Gründen können wir sagen: Gott sei Dank – keine Residenzialbischöfe mehr; denn alle drei sind geflohen. Geflohen ist der Bischof Okoniewski von Kulm/Pelplin in den ersten Tagen. Er war ein Hauptbannerträger des Polentums. Schon in der früheren deutschen Zeit, also vor 1918, war er als Pfarrer von Knien zu 6 Monaten Gefängnis verurteilt worden wegen Inszenierung eines Schulstreiks. Augenblicklich sitzt er in Rom. Wie wir gehört haben, ist er dort auch sehr ungnädig aufgenommen worden, weil er seine Diözese verlassen hat. Es sind auch, glaube ich, keine Versuche gemacht worden, die Einreisegenehmigung für ihn zu erwirken, weil man ohne weiteres angenommen hat, daß die deutsche Regierung diesen Bischof auf keinen Fall mehr in seinen früheren Wirkungskreis hereinlassen will.

Geflohen ist auch der Erzbischof Kardinal Hlond, Mitglied des Salesianerordens von Posen. Hlond war der erste Bischof von Kattowitz und ist bald nach seiner Ernennung zum Bischof von Kattowitz Erzbischof geworden. Er hatte alle Fäden nicht bloß der Kirchenpolitik, sondern auch viele Fäden der übrigen polnischen Politik in seiner Hand. Interessant ist folgendes. Auf seiner Flucht nach Warschau ist Erzbischof Hlond dem Hungerzuge der Volksdeutschen begegnet, unter denen auch der Franziskanerpater, der Deutsche Breitinger war. Kardinal Hlond erkannte den Breitinger, hat aber nichts getan, um ihn etwa herauszunehmen. Er hätte nur ein Wort zu den polnischen Offizieren zu sagen brauchen oder sonst etwas zu tun brauchen, dann wäre zugunsten Breitingers ohne weiteres etwas geschehen. Breitinger wurde nicht aus dem Zuge herausgenommen, obwohl er kenntlich war; er hatte seine Franziskanerkutte an. Hlond ist weitergefahren. Breitinger hat das in einem Protokoll, das er der deutschen Regierung übergeben hat, niedergelegt. Vorher hatte ihn der Nuntius zu sich rufen lassen und hatte ihn gebeten, Breitinger möchte doch diesen Satz über Hlond aus seinem Bericht herausnehmen. Das hat aber Breitinger abgelehnt.

Vorsitzender: An wen ist dieser Bericht gegangen?

Roth: Es war ein Bericht, den Breitinger für die deutsche Behörden gemacht hat, den Breitinger aber auch an die kirchlichen Behörden gegeben hat. Es war eine Darstellung der Erlebnisse und Schicksale der Volksdeutschen auf ihrem Hungerzuge.

Aber es befindet sich noch in Posen der Weihbischof Dymek, der vor dem Weggang des Kardinals Hlond alle Vollmachten zur Regierung der Diözese von Hlond erhalten hat. Dieser Dymek war mit führend in dem polnischen Westmarkenverband. Er ist ein fanatischer Pole, der, als ich Anfang Oktober da war, Arrest hatte; er durfte sein Zimmer und sein Haus nicht verlassen. Die Geheime Staatspolizei hatte ihn dort festgesetzt. Er kann natürlich infolgedessen auch seine Diözese nicht regieren.

Der Sitz des Weihbischofs in Gnesen ist schon seit mehreren Monaten vakant, und der dortige Generalvikar van Blerig, auch ein ziemlich fanatischer Pole, regiert die Diözese. Er hat auch Hausarrest. Er hat es aber zu der Zeit, als die deutsche Militärbehörde dort noch regierte, ziemlich gut gehabt. Er hat es meisterhaft verstanden, mit den Militärbehörden umzugehen, weil er erstens meisterhaft die deutsche Sprache spricht, und zweitens das EK I anhängen hat. Er war nämlich während des Weltkrieges im deutschen Heere, und zwar nicht als Geistlicher, sondern als Frontsoldat.

Also praktisch sind jetzt diese beiden Diözesen ohne Hirten, und nun hat der Nuntius unter der Hand anfragen lassen, ob es denn nicht gehe, daß man dem Weihbischof Dymek wenigstens Bewegungsfreiheit gebe, ob wir damit einverstanden seien, daß er seine Funktionen als Weihbischof ausübe. Wir haben sagen lassen: nein.

Vorsitzender: Ist er noch Generalvikar?

Roth: Er ist Generalvikar und Weihbischof.

Der dritte Bischof, der geflohen ist, der Bischof der dritten Diözese, die zur Kirchenprovinz gehört, ist der Bischof Radomski in Leslau. Er ist nach Ungarn geflohen und betreut jetzt in Ungarn die dorthin geflüchteten Polen. An seiner Stelle ist der Weihbischof und Generalvikar Kocal dort, der mir, als ich hinkam – ich wollte ihn ursprünglich nicht besuchen; aber ich bin dann doch hingegangen –, als erstes gesagt hat: „Wissen Sie, ich bin Pole und bleibe Pole."

Ferner haben wir als Residenzialbischöfe in das Reichsgebiet übernommen den Bischof Adamski in Kattowitz, der leider nicht geflohen ist, sondern dasitzt, und dem auch weiter nichts passiert ist. Er ist schon aus der deutschen Zeit. Er stammt aus Posen und ist damals schon bekannt gewesen als Organisator polnischer Genossenschaften und Banken. Er war ein sehr rühriger Mann, der im Mai auch noch bekannt wurde durch das Verbot aller deutschen Gottesdienste. Als Antwort darauf hat dann der Kardinal Bertram von Breslau zwar nicht ein Verbot des polnischen Gottesdienstes erlassen, aber doch darauf hingewirkt, daß der polnische Gottesdienst damals deutscherseits sehr eingeschränkt wurde.

Vorsitzender: Er ist nicht festgesetzt?

Roth: Er ist nicht festgesetzt, aber er hat keine Fühlungnahme mit irgendwelchen deutschen Behörden, auch nicht mit dem Regierungspräsidenten in Kattowitz, dem früheren Ministerialrat Springorum. Er hat aber, um wenigstens eine Fühlungnahme mit den staatlichen Behörden anzubahnen, seinen bisherigen Generalvikar, der auch ein Pole ist, beseitigt und hat einen volksdeutschen Generalvikar aus seiner Diözese bestellt. Auf diese Weise wird er allmählich durch seinen deutschen Generalvikar in Fühlung mit den Behörden kommen.

Als zweiten Residenzialbischof haben wir übernommen den Bischof von Plock im Regierungsbezirk Cichenau, und als dritten den Bischof von Lodz im Reichsgau Posen. Der Bischof von Lodz ist auch tätig. Politisch ist er bisher nicht in Erscheinung getreten.

Was die Bischöfe im Generalgouvernement anlangt, so habe ich schon erwähnt, daß der Bischof von Lublin Fulmann zunächst, weil man ein großes Waffenlager in seinem Palais gefunden hatte, festgenommen werden mußte, und daß er dann Anfang November wirklich erschossen werden sollte. Es hat sich dann der Nuntius eingeschaltet. Der Bischof wurde abgeführt und ist heute in irgendeinem Lager in Deutschland.

Der Bischofssitz von Tarnow ist schon seit längerer Zeit verwaist, und es ist wohl zunächst auch nicht daran zu denken, daß der Bischofssitz von Rom aus irgendwie in dieser Schwebezeit neu besetzt wird, wie Herr Dr. Schröcker schon sagte. Ebenso ist der Erzbischofssitz in Warschau, der durch den Tod des Kardinals Kakowski schon vor mehr als einem Jahr frei wurde, nicht wieder besetzt worden. In Warschau war ich auch beim Nuntius Cortesi, den die Kurie nach der Eroberung Polens wieder nach Warschau zu karitativer Tätigkeit zurückschicken wollte. Wie aber diese karitative Tätigkeit ausgesehen hätte, kann man sich vorstellen. Darum haben wir auch diesen Wunsch der Kurie abgelehnt. Er ist nicht wieder zurückgekehrt. Das Nuntiusgebäude selbst ist von deutschen Bomben ziemlich stark mitgenommen worden; aber die Akten wurden gerettet.

Von den übrigen, weniger bedeutenden Bischofssitzen ist nicht viel zu sagen, soweit sie im Generalgouvernement liegen. Wilna hatte einen polnischen Erzbischof bekommen, nachdem Polen sich Wilna einverleibt hatte, und zwar im Jahre 1920 oder wann es war. Nachdem nun dieses Gebiet wieder an Litauen zurückgefallen ist, hat die litauische Regierung auch dem polnischen

Erzbischof von Wilna bedeutet, er könne nicht anerkannt werden. Der Erzbischof ist daraufhin, wenn auch nicht abgesetzt, so doch beseitigt worden; er hat auf sein Bistum verzichtet.

Was die Staatsleistungen an die nunmehr zum Reich gekommenen Gebiete anlangt, so haben wir zunächst für den Etat 1940/41 ganz grob irgendwelche Summen festgesetzt, weil natürlich irgend etwas getan werden muß, wobei von vornherein feststeht, daß Staatsleistungen nur für deutsche Geistliche, nicht für polnische in Betracht kommen können. Wie die Sache in Zukunft geregelt werden wird, steht noch nicht fest. Es wird natürlich ein großer Teil vor allem auch für die deutschen Geistlichen usw. eingesetzt werden müssen; denn irgendwelche Kirchengemeinden sind da kaum noch. Aber wir tappen da vollkommen im Dunkeln. Wir wissen ja gar nicht, wie viele Geistliche da sind. Zum Beispiel sagte mir Bischof Splett, von den 668 katholischen, zum großen Teil polnischen Geistlichen der Diözese Kulm/Pelplin seien ungefähr 150 noch da.

Vorsitzender: Wovon leben die nun?

Roth: Wir haben schon gehört, daß sich diese Geistlichen notdürftig über die Zeit hinweghelfen können, sei es aus dem Ertrag der kleinen Pfründen, sei es aus den Stolgebühren und dann aus den milden Gaben der Kirchengemeindemitglieder. Wie in Zukunft die ganze Rechtslage werden wird, liegt im Dunkeln, hängt natürlich von dem großen politischen Ereignissen ab, davon, wie der Krieg ausgeht und wie sich das alles entwickeln wird. Einen Überbrückungsetat haben wir für das nächste Jahr in Aussicht gestellt. Grundsätzlich gehen wir davon aus, daß volkspolnischen Geistlichen nichts mehr gezahlt wird. Die Mittel werden natürlich im Reichsetat zur Verfügung gestellt; denn es handelt sich ja um Reichsgaue, und zwar werden diese Mittel im Etat des Kirchenministeriums ausgeworfen.

Vorsitzender: Ich danke Ihnen für Ihre Mitteilungen, Herr Ministerialdirigent. Was die weitere Behandlung dieser Dinge anlangt, so vertrat ich schon vorhin die Auffassung, daß wir mit Rücksicht auf die Fülle des Materials guttun, die schriftlichen Berichte abzuwarten. (*Zustimmung.*)

Heckel: Ich glaube auch, daß man zu einer durchgreifenden Erörterung der sehr instruktiven Referate, die wir über den ganzen Ostraum gehört haben, nicht kommen kann, bevor die Berichte schriftlich vorliegen. Das Referat des Herrn Oberkonsistorialrats Wahl war ja derartig instruktiv und ging so in Einzelheiten, daß man, nachdem wir heute von einem anderen Blickpunkt aus neue Referate gehört haben, im Augenblick nicht mehr recht weiß, zu welchem dieser beiden Bilder man sprechen soll.

Ich hätte nur gern zwei Gedanken noch für heute zum Ausdruck gebracht. Herr Dr. Schröcker hat sich u.a. über die Frage des Überganges von Staatsleistungspflichten aus dem polnischen Konkordat ausgesprochen und hat dabei die Schrift von Sanders benützt. Ich glaube, daß diese Schrift, wenn ich mich recht erinnere, einen Gedanken nicht genügend würdigt, den wir in unserer Diskussion herausgestellt haben, nämlich den Gedanken, daß man diese Verpflichtung zu Staatsleistungen nicht als etwas Isoliertes aus einem Konkordat herausnehmen kann, sondern daß man sie nur im Gesamtzusammenhang der ganzen Regelung betrachten darf. Es ist doch undenkbar, daß eine Staatsleistungsverpflichtung, die sich in einem Konkordat findet, das auf eine enge Verbindung von Staat und Kirche ausgeht, und zwar in unserem Falle in einem bestimmten nationalpolnischen Interesse, als solche auf ein ganz anderes System übergeht, auf einen Staat, der das System der Trennungskirche in diesen Ostgebieten hat, also nicht die Verbindung von Staat und Kirche, und der außerdem nicht dulden kann, daß Dotationen von ihm gezahlt werden, damit sie dann von einer kirchlichen Organisation gegen den deutschen Staat zur Stärkung der Reste des polnischen Volkstums und zu einer versteckten Bekämpfung des Deutschtums benutzt werden. Hier liegt die Sache so, daß man mit dem Wegfall des polnischen Konkordats grundsätzlich auch diese Staatsleistungen als erledigt ansehen muß.

Die zweite Sache ist die Frage, wie weit der preußische Kirchenvertrag in dem Gebiet von Marienwerder gilt und inwieweit das Reichskonkordat gilt. Ich glaube, die Sache ist sehr delikat, und jede Argumentation steht sehr auf Spitzen. Aber ich möchte einmal den Gedanken in die Diskussion werfen, ob man nicht vielleicht mit der Idee etwas arbeiten kann, die clausula rebus sic stantibus hier anzuwenden. Wenn man diese Klausel, die bisher ja nur auf die äußeren Beziehungen zwischen zwei völkerrechtlichen Partnern bezogen worden ist, nun in einer etwas anderen Weise verwendet, indem man den vorwiegend innenpolitischen Charakter der Konkordate betont, so wäre das vielleicht möglich. Wir hatten in unseren früheren Unterhaltungen ja gesehen, die Konkordate regeln innere Lebenssphären eines Volkes im Gegensatz zu den völkerrechtlichen Verträgen, die die außenpolitischen Lebensformen regeln. Wenn man diesen innerstaatlichen, innerpolitischen Charakter eines Konkordats besonders heraushebt, entsteht die Frage, ob nicht auch da der Grundgedanke der clausula rebus sic stantibus anwendbar ist, daß nämlich, wenn sich die innere Struktur eines Gemeinwesens völlig verändert hat, auch ein solches Konkordat wegfallen kann. Dabei entsteht allerdings die Frage, ob eine Vertragsverletzung und nicht eine clausula rebus sic stantibus anzuwenden ist, wenn nämlich der eine Partner, der Staat, diese innenpolitische Lage in rein polemischer Richtung gegen die Kirche so geändert hat. Ich könnte mir aber denken, daß man mit diesem Gedanken der clausula rebus sic stantibus etwas anfangen kann, indem man etwa sagt: Das großdeutsche Reich hat eine ganz andere Struktur als das frühere, wir haben nicht mehr die alten Länder, sondern kriegen die Gaue, haben auch veränderte Beziehungen zwischen Staat und Kirche in diesen verschiedenen Gebieten, es kommen neue Gebiete im Osten des Reichs dazu, bei denen das System der Trennungskirche eingeführt wird, nicht mehr das alte der Verbindung von Staat und Kirche, – das ist eine solche neue Struktur des Ganzen, daß man in den Gebieten, in denen das neue System heute schon Platz greift, nicht mehr mit dem alten Recht in alter Weise weiter fahren kann, sondern da tritt das Neue ein und schneidet die Geltung des Kirchenvertrages ab.

Ich gestehe, daß dieser Gedanke mir nur im Augenblick durch den Kopf geht. Er ist sehr zu überlegen. Aber es ist auch denkbar, daß diese Erwägung nicht als ganz unsinnig von vornherein bezeichnet werden kann. Sie läßt sich vielleicht auch vertreten, wenn man berücksichtigt, daß bei Konkordaten nicht bloß der staatliche, sondern auch der kirchliche Partner da ist. Auch dieser wird gelegentlich bei einer wesentlichen Veränderung des politischen Systems in einem Lande sagen: Ich kann mit diesem Konkordat nicht mehr arbeiten. Nehmen wir an, es besteht ein Konkordat wie das polnische, in dem jede Besetzung einer geistlichen Stelle von der Erhebung politischer Bedenken oder ihrer Nichterhebung seitens eines Ministeriums abhängig gemacht wird. Nun ändert sich die Struktur der Regierungspolitik so sehr, daß die Regierung ausgesprochen kirchenfeindliche Grundsätze verficht – nehmen wir an, bolschewistische Grundsätze – und nur solche Kandidaten allenfalls zulassen würde auf Grund dieser Bestimmung, die sich als Zersetzungskeime in die kirchliche Organisation hineinbegeben. Ich könnte mir denken, daß dann die Kurie sagt: Hier hat sich die innere Struktur so verlagert, da kann dieser Vertrag im Ganzen oder in diesem Stück nicht mehr angewandt werden. Ich möchte anregen, daß dieser Gedanke durchdacht wird.

Vorsitzender: Das ist eigentlich das Ergebnis, zu dem wir in Österreich gekommen sind, daß alles durch die Veränderung der innerstaatlichen Struktur weggefallen ist. Ich hatte seinerzeit die Frage aufgeworfen: Würde angesichts der Erwägungen, die wir damals angestellt hatten, der Fall Hannover-Preußen nicht anders zu entscheiden sein? Dort hat ein König den anderen verdrängt, aber die ganze Struktur, die Monarchie, die Anerkennung gewisser aus der geschichtlichen Entwicklung hervorgegangener Stände usw., – das alles wurde übernommen. Es stand nichts im Wege, daß der neue König sich auch an das Konkordat hielt. Die innerstaatliche Struktur hatte sich nicht in einem grundlegenden Maße geändert. Würden Sie in dem Falle zu dem Ergebnis kommen, daß da das Konkordat bestehen bleibt?

Heckel: Jawohl. Für diesen Fall Hannover würde das gerade gelten: Es ist ungefähr dasselbe Verhältnis zwischen Staat und Kirche geblieben.

Vorsitzender: Dann würde man auch dazu kommen, daß es in einem Lande, das gar nicht übergeschluckt ist, das nur sich selbst eine völlig neue Regierung gibt, wegfällt.

Heckel: Unserem nationalsozialistischen Denken liegt es nahe, daß das Volk innerlich sich so umändert, daß diese Dinge nicht mehr gehen. Die Kurie wird natürlich immer sagen: Ihr habt diesen Zustand in kirchenfeindlicher Beziehung absichtlich herbeigeführt. Eine Grenze wird man sicher ziehen müssen. Wenn der Staat einen Kirchenvertrag schließt, wird er nicht anfangen können, in diesem kirchenpolitischen Sektor das Gegenteil zu tun. Wenn aber die Gesamtstruktur sich so ändert wie bei uns, daß Osten und Westen nicht mehr zusammenstimmen und etwas Neues gemacht werden muß – und dabei muß eine Regierung freie Hand haben, da kann sie nicht durch ältere Zugeständnisse eines Teilgebietes gebunden bleiben –, so läßt sich hier dieser Gedanke vielleicht verwerten. Aber man müßte ihn sehr prüfen.

Vorsitzender: Allerdings bedenklich, wenn, wie im Falle Marienwerder, ein Land nur einen kleinen Teil seines eigenen Territoriums in diesen neuen Zustand überführt.

Heckel: Das würde ich nicht für sehr bedenklich halten, weil man sagen kann: Dort fängt das Neue an, es taucht ein Stück alten Landes in das neue ein.

Vorsitzender: Immerhin, eine solche Zäsur zu ziehen – ? Wenn man beim Werden des Dritten Reiches gesagt hätte, es ist alles geändert! Aber es ist langsam gekommen.

Heckel: Gewiß. Aber ein solcher Prozeß einer Volkwerdung spielt sich etappenweise ab. Man muß es natürlich vorsichtig prüfen.

Herr Schröcker meinte, man könnte sagen: Das Reichskonkordat gilt weiter, die Länderkonkordate sind weggefallen. Da würde ich mich lieber auf den Standpunkt von Herrn Roth stellen: Entweder gelten sie alle zwei, oder sie gelten alle zwei nicht. Wenn man das eine ausschließt, das andere nicht, wird man nicht ganz durchdringen. Man muß ganz elementare Erwägungen anstellen. Die Feinheiten mit der ehemaligen Staatsqualität der Länder werden kaum durchdringen.

Forsthoff: Ich halte für wichtig, was der Herr Kollege Heckel angeregt hat, und möchte es als Anregung an Herrn Schröcker weitergeben. Ich habe bisher bei der Erörterung dieser Frage den Eindruck gewonnen, daß es sich darum handelt, eine territoriale Verschiebung, die hier stattfindet, zum Anlaß zu nehmen, um ein staatskirchenrechtlich anderes Prinzip hier einzuführen, während ja doch die clausula rebus sic stantibus wesentlich von den praktischen Unzuträglichkeiten abhängt, die sich bei einem Festhalten an der clausula ergeben müßten. Wir würden deshalb bei der Erörterung dieser Frage noch erfahren müssen, welche unerträgliche Situation praktisch eintreten würde. Das wäre die Voraussetzung für die Anwendung der clausula.

Schröcker: Darauf habe ich hingewiesen.

Forsthoff: Aber entschuldigen Sie, wenn ich an meinem Eindruck festhalte, daß das nur ein Anlaß ist.

Weber: Ich wollte das ergänzen mit einer Vorbemerkung über das Recht in Danzig. Herr Roth hat uns vorgetragen, daß bekanntlich das preußische und Reichsrecht mit Wirkung vom 1. Januar 1940 en bloc in Danzig eingeführt worden ist, ich glaube, mit Ausnahme der Hauszinssteuer; jedenfalls ist irgendeine verhältnismäßig nebensächliche Vorschrift ausdrücklich ausgenommen. Im übrigen ist die Rechtseinführung en bloc wirksam geworden. Nun hat Herr Roth mitgeteilt, daß intern ein Vorbehalt zugunsten des Reichskonkordats und des preußischen Konkordats gemacht worden sei. Die sind ausgenommen. Der interne Vorbehalt könnte aber die Rechtseinführung in Danzig nicht hindern. Denn der Vorbehalt müßte dann schon ausdrücklich ausgesprochen sein. Trotzdem glaube ich, daß Reichs- und preußisches Konkordat nicht in Danzig eingeführt worden sind und dieser interne Vorbehalt mehr deklaratorische, nicht konstitutionelle Bedeutung hat, weil eine einseitige Ausdehnung des Geltungsgebietes von solchen zweiseitigen Vereinbarungen kaum ohne den Vereinbarungsweg möglich ist. Die Rechtseinführungsbestimmung des Wiedervereinigungsgesetzes Danzigs konnte sich von vornherein als eine einseitige staatsgesetzliche Bestimmung gar nicht auf Reichskonkordat und preußisches Konkordat dem Wesen nach erstrecken, und der interne Vorbehalt bringt das nur deklaratorisch noch einmal zum Ausdruck.

Roth: Wir haben das nur zum Ausdruck gebracht, weil von anderer Seite gesagt wurde, preußisches Konkordat und Reichskonkordat seien auch Landes- bzw. Reichsgesetz. Um für alle Fälle gesichert zu sein, haben wir das dem Innenministerium mitgeteilt.

Haugg: Es ist auch kein Vorbehalt, sondern eine tatsächliche Feststellung, die schon einen Parallelvorgang am Saarland hat, wo die Frage des Reichskonkordats schon exerziert worden ist. Da ist das Reichsrecht en bloc eingeführt worden, und dort gilt das Reichskonkordat nicht.

Weber: Ja, ganz zum Schluß, nachdem man vorher Einzeleinführungen vorgenommen hatte.

Was den Rechtszustand in Marienwerder angeht, so scheinen mir doch die Momente und gerade der sehr wichtige Gedanke der Anwendung der clausula rebus sic stantibus ziemlich eindeutig darauf zuzusteuern, daß die Weitergeltung des preußischen und des Reichskonkordats bejaht werden muß. Ich fürchte, daß Herr Schröcker, wenn er es unternimmt, nachzuweisen, daß das Reichs- und das preußische Konkordat in Marienwerder künftig nicht mehr gelten, einen sehr schweren Stand haben wird.

Was zunächst die clausula rebus sic stantibus angeht, deren Anwendungsmöglichkeit der Herr Kollege Heckel hier erwogen hat, so möchte ich doch betonen, daß er, was die Seite der Kirche angeht, den Fall ins Auge gefaßt hat, daß sich vielleicht die Kirche auf die clausula berufen könnte wegen Änderungen innerhalb des staatlichen politischen Sektors. Wenn man die clausula rebus sic stantibus so anwendet, kann sich die Kirche aber auch einseitig auf diese Klausel berufen im Hinblick auf Änderungen, die sie selbst innerhalb ihres eigenen Sektors vollzogen hat. Das ist das Entscheidende, wenn eine grundlegende Verfassungsänderung der Kirche erfolgt.

Schröcker: Ich darf auf einen praktischen Fall hinweisen, auf den Erlaß der Constitutio Deus scientiarum Dominus, der auf die Bestimmungen des bayerischen und des preußischen Konkordats von Einfluß gewesen ist. Da ist die Frage entstanden, inwieweit sich die katholisch-theologischen Fakultäten hiernach umzuändern hätten.

Weber: Ich wollte nur andeuten, wenn man dem Staate diese Anwendung einräumt, muß man darauf gefaßt sein, daß einmal in einem bestimmten Momente auch von kirchlicher Seite Einwendungen entgegengehalten werden. Hier scheint mir auch zu beachten zu sein, daß schließlich ein Reichsgau deutsches Territorium ist und eine der vorherrschenden Tendenzen unseres ganzen Verfassungsrechts dahin geht, die Reichseinheit und Reichseinheitlichkeit zu betonen. Der Regierungsbezirk Marienwerder ist ja auch nicht aus dem Reiche ausgegliedert worden, sondern es ist, vom Standpunkt des ganzen aus gesehen, nur eine verhältnismäßig nebensächliche und vorwiegend rein organisatorische Umgliederung vorgenommen worden. Daß hier keine wesentliche Änderung des Status in diesem Regierungsbezirks erfolgt ist, ergibt sich auch unzweifelhaft daraus, daß dieser Regierungsbezirk mit voller Absicht und kraft ausdrücklicher gesetzlicher Bestimmung sein altes preußisches Recht weiter trägt. Es wird auch nicht für unvereinbar mit der Verfassung der neuen Reichsgaue gehalten, daß das Gebiet der freien Stadt Danzig schon jetzt preußisches und Reichsrecht en bloc hat und daß Marienwerder das ganze alte Reichs- und preußische Landesrecht weiterführt. Ich glaube, es wird sehr schwierig sein, nachzuweisen, daß dies ausgerechnet bei dem Kirchenrecht nicht mehr funktionieren kann. Darauf hat auch Herr Forsthoff schon hingewiesen. Wenn man diesen Standpunkt vertritt, nähert man sich sehr der von Herrn Kollegen Heckel schon als unberechtigt dargelegten Auffassung, als ob man eigens, um einen kirchenrechtlich erwünschten neuen Zustand herbeizuführen, hier eine Veränderung vertritt, die von der clausula rebus sic stantibus nicht getragen wird.

Was nun die Tatsache angeht, daß, formal betrachtet, der Regierungsbezirk Marienwerder aus dem Lande Preußen ausgegliedert worden ist, so wird man doch nicht ganz an der Tatsache vorbeigehen dürfen, daß beim Abschluß des Reichskonkordats ein gewisses Fortschreiten der Reichsreform schon ohne Zweifel ins Auge gefaßt war und daß die Rezeption der Landeskonkordate im Reichskonkordat wenigstens bis zu einem gewissen Grade das Schicksal der Landeskonkordate von solchen Veränderungen freigestellt hat, ich sage nicht, von allen Veränderungen, aber doch von gewissen Veränderungen. Ich glaube, wenn man die Sache durchdenkt, könnte man nur zu folgendem Ergebnis kommen. Alle diejenigen Bestimmungen des preußischen Konkordats, die noch das Vorhandensein einer spezifisch preußischen Staatsgewalt in Berlin voraussetzen, welche aber, ausgeübt in der Hand eines Reichsstatthalters von Danzig-Westpreußen, eine ganz andere Gestalt gewinnen würde, – alle diese Befugnisse würden allerdings mit der Ausgliederung aus Ostpreußen und der Eingliederung in den Reichsgau vielleicht weggefallen sein. Dagegen möchte ich nicht glauben, daß man den Wegfall des preußischen Konkordats überhaupt und erst recht nicht den des Reichskonkordats vertreten kann. Der Wegfall des Reichskonkordats läßt sich m.E. überhaupt nicht begründen. Dann müßte man nämlich verfassungsrechtlich zu Feststellungen gelangen, die das Deutsche Reich in zwei ganz verschiedene Territorien zerreißen. Die Einteilung in Reichsgaue bedeutet zwar gegenüber der alten Landeseinteilung etwas Neues, aber nachdrücklich und entschiedener drängt sich doch der Gedanke der Reichseinheit und der Einheitlichkeit des gesamten Staatswesens innerhalb der Reichsgrenzen in den Vordergrund. Ich fürchte also, das wird schwer gehen, und ich sehe auch gerade darin einen wesentlichen Grund, der gegen den Wegfall des preußischen Konkordates spricht, daß man auf anderen Gebieten gar kein Bedenken hat, das preußische Recht zu übernehmen. Das Konkordatsrecht ist doch, soweit es sich um in das Staatsrecht übernommenes Staatskirchenrecht handelt, nicht in so ausgesprochenem Maße etwa von den verschiedenen Stufen Preußens im Rahmen der Reichsreform abhängig, wie das österreichische Konkordat von der Existenz eines in bestimmter Weise strukturierten Bundesstaates Österreich und das polnische Konkordat von der Existenz eines so strukturierten polnischen und antideutschen Staates abhängig war. Das wollte ich nur zur Vorbereitung sagen.

Vositzender: Zumal wir doch seit 1933 dieselbe Regierung haben.

Weber: Ja, und auch im übrigen ein durchgängiges System.

Barion: Und das Reichskonkordat in seinen Formulierungen ohne Zweifel sehr viel weniger voraussah, als die Regierung selbst vorausgesehen hat. Die Reichsregierung kann sich eigentlich unmöglich jetzt auf die Unzulänglichkeit der Redaktoren des Reichskonkordats berufen und sagen: Wir haben auch nicht gewußt, daß die deutsche Reichsregierung schon viel weitergehende Pläne gehabt hat.

Schröcker: Ich hatte noch einen Gesichtspunkt für die Frage der Fortgeltung der Konkordate im Regierungsbezirk Marienwerder hervorgehoben, der Beachtung verdient. Man darf die Frage nicht isoliert für den Regierungsbezirk Marienwerder betrachten, sondern muß berücksichtigen, wie sich das beim Fortgang der Reichsreform allmählich auswirken wird, und zwar bis zu dem extremen Fall, daß alle Länder ganz verschwinden und nur noch Reichsgaue übrig bleiben.

Vorsitzender: Dies ist bisher eine nicht so geplante Diskussion. Ich weiß nicht, ob es von besonderem Wert ist, in dieser Weise weiter zu diskutieren.

Haugg: In tatsächlicher Hinsicht wurde zwischen der Kurie und dem alten polnischen Staate im Jahre 1937, glaube ich, noch ein Nachtragskonkordat geschlossen, und um dieses Nachtragskonkordat ergab sich nachher eine große innerpolnische Auseinandersetzung. Da war vorgesehen, daß der katholischen Kirche bestimmte Güter zurückerstattet werden sollten. Es wurde ein sogenanntes Revendikationsverfahren eingeleitet. Soweit der polnische Staat die Güter, die er da zurückerstatten sollte, selbst hatte, war es gut. Hatte er sie aber nicht und nahm er sie infolgedessen der orthodoxen Kirche fort, so erhob sich eine lebhafte Auseinandersetzung. Das ging teils auf dem Verwaltungswege vor sich, teils auch mit sehr brachialer Gewalt. In dem Kulmer und Lubliner Bezirk betätigte sich dann ein Militärkommando, das unter der Leitung der Marschalls Rydz-Smigly stand. Dieses nahm durch tatsächliche Gewalt die Güter weg, teilweise Güter, teilweise Kirchengebäude; selbst diejenigen Kirchengebäude, die für die römisch-katholische Kirche gar nicht brauchbar waren, weil an den betreffenden Orten schon längst andere römisch-katholische Kirchen errichtet worden waren, wurden der orthodoxen Kirche weggenommen. Weil sie nicht brauchbar waren, wurden sie einfach kurzerhand zerstört, selbst solche Kirchen, die zum Teil alte und sehr gute Fresken und Mosaiken hatten. Diese Sache erregte in der Öffentlichkeit so großes Aufsehen, daß z.B. der serbische Patriarch in Belgrad und der rumänische Patriarch Christea, der gleichzeitig rumänischer Ministerpräsident war, ihre polnischen Orden an die polnische Regierung zurückschickten. Darauf wurde die betreffende Kultusabteilung dieses Ministeriums in Warschau umbesetzt, und der polnische Staat lenkte gegenüber der orthodoxen Kirche ein. Ich erwähne das nur deshalb, weil diese Güterfrage heute auch schon wieder im Gouvernement etwas praktisch wird, da die orthodoxe Kirche bereits diese Güter und die Kirchengebäude, soweit sie noch vorhanden und ihr entzogen sind, wieder zurückverlangt.

Schröcker: Interessant war auch, daß der katholisch-unierte Erzbischof von Lemberg damals sehr scharf gegen die Wegnahme des orthodoxen Kirchengutes protestiert hat.

Vorsitzender: Meine Herren, ich weiß nicht, ob es genügt, wenn wir jetzt die Referate schriftlich bekommen und dann wieder zusammentreten, oder ob nicht geradezu ein Unterausschuß Fragen formulieren sollte.

Wahl: Ich hätte auch den Gedanken, daß einige Fragen, die ins Praktische hineinführen, vorbereitet werden müßten.

Vorsitzender: Ich glaube, es muß eine Zwischenvorbereitung stattfinden, und ich bin gern bereit, bei ihr mitzuwirken. Vielleicht ginge es, daß je zwei Herren von der evangelischen und der katholischen Seite, die hier sind, das vorbereiten, damit die Diskussion planmäßig erfolgt und nicht wild.

Barion: Ein Unterausschuß aus ortsanwesenden Herren würde die Beratung fördern.

Vorsitzender: Die Fragen würden dann sämtlichen Herren zugeleitet werden, nicht nur den Mitgliedern des Ausschusses, sondern allen beteiligten Herren, die Lust haben. Etwa eintretende Verzögerungen bei der technischen Herstellung müssen wir in Kauf nehmen.

(Der Ausschuß beschließt die Einsetzung eines Unterausschusses, dessen Zusammensetzung dem Vorsitzenden überlassen wird mit der Maßgabe, daß die Referenten in ihm vertreten sind.)

Dann hätten wir noch die Formulierungen im Anschluß an das Referat von Herrn Stahlmann. Die Niederschrift der letzten Sitzung liegt infolge der Kriegsverhältnisse noch nicht vor. Wie wollen wir da verfahren? Wir haben die Formulierung von Herrn Stalmann und sollen noch eine von Herrn Schröcker bekommen.

Schröcker: Ich habe meine Formulierung hier. Sie ist schon mehrere Monate alt, und ich habe eine Reihe stenographischer Notizen dazu gemacht. Die Formulierung heißt: (*Die Formulierung wird verlesen und soll vom Redner schriftlich eingereicht werden.*)

Vorsitzender: Ist das als Reichsgesetz gedacht?

Schröcker: Es korrespondiert etwa mit dem Vorschlag von Herrn Stahlmann, hat aber auch erhebliche Abweichungen.

Stalmann: Ich werde mir erlauben, von meiner Formulierung sämtlichen Herren einen Durchschlag zu schicken.

Schröcker: Dann werde ich es auch so machen. Gestern war in Aussicht genommen, daß ich noch einige Ergänzungen zu dem Referat von Herrn Stalmann als Korreferat bringen sollte. Es besteht die Möglichkeit, daß ich als Ergänzung dieses Korreferat schriftlich der noch ausstehenden Niederschrift des Referats von Herrn Stalmann beifüge, so daß alles beisammen ist, wenn ich auch das Korreferat nicht vorgetragen habe.

Weber: Herr Dr. Schröcker hat die Frage des berühmten preußischen Kirchensteuerrechtes in seinen Reichsgesetzentwurf einbezogen. Im ganzen hat der Entwurf, wenn ich das vorläufig sagen darf, einen etwas kirchenfeindlichen Ton, wenn er es auch nicht der Sache nach ist. Außerdem handelt es sich um ein Reichsgesetz von umfassender Regelung, und wir können voraussehen, daß die Erörterungen über dieses Reichsgesetz für lange Zeit theoretisch bleiben werden. Ich möchte deshalb noch einmal anregen, ob nicht die sogenannte kleine Sofortreform vorausgenommen werden könnte, die eine völlig neutrale Regelung anstrebt und in einer glatten Aufhebung der wenigen Bestimmungen bestehen könnte.

Schröcker: Die kleine Reform kann ja trotzdem nebenher gehen.

Barion: Darf ich vorschlagen, daß Professor Weber einen dritten formulierten Vorschlag vorlegt. Dann haben wir sie alle zum Vergleich.

Weber: Ich will keine Störung in der bisherigen Aufgabenteilung verursachen. Es hatte schon jemand eine Formulierung übernommen.

Stalmann: Herr Dr. Schröcker und ich wollten einmal zusammenkommen, um eine Formulierung zu versuchen. Das ist bisher u.a. auch durch die Kriegsverhältnisse unterblieben.

Vorsitzender: Es wäre nichts im Wege, Herr Professor Weber, daß Sie auch einen Vorschlag machen.

Weber: Ich würde mich auf das preußische Recht beschränken, weil man die kleine bescheidene Regelung vorwegnehmen könnte. Mein bisheriger Eindruck ist der, daß es ganz harmlos geht, zumal die Kirchensteuern älterer Ordnung durch den § 37 derart in Geltung gehalten sind, daß die Kirchen wahlweise schon seit 1905 das andere Recht anwenden konnten und es in weitem Umfang getan haben werden. Ich bin gern bereit, einen Gesetzesvorschlag mit Begründung anzufertigen, aber beschränkt auf das preußische Gesetz. Um das Ganze kann ich mich nicht kümmern; ich kann dafür die Verantwortung nicht übernehmen.

Barion: Aber es wäre gut, wenn alle Mitglieder diese drei Vorschläge haben.

Der Ausschuß erörtert dann den Zeitpunkt der nächsten Sitzung. Seine Anberaumung wird dem Vorsitzenden überlassen mit der Anregung von Prof. Weber, die Sitzung möglichst noch vor Schluß des Wintersemesters (21. März) stattfinden zu lassen.

Dann erörtert der Ausschuß die *Tagesordnung der nächsten Sitzung*.

Weber: Wir exemplifizieren immer häufiger auf die Neuregelung in Österreich und im Sudetenland, auf die Kirchenbeitragsregelung. Es wäre von größtem Nutzen, da ja die Ausdehnung dieser Prinzipien auf andere Gebiete erwogen wird, etwas über die praktischen Erfahrungen mit dieser Regelung zu hören, z.B. wie die Beitragsleistungen der Gläubigen in Österreich und im Sudetenland funktionieren.

Roth: Die ganze Sache ist noch etwas im Fluß. Im Sudetengau werden praktisch zur Zeit noch keine Kirchenbeiträge eingehen, sondern das wird erst in diesen Tagen anlaufen. Ab 1.4. soll alles laufen. In Österreich laufen sie bereits. Nach Mitteilung der österreichischen Bischöfe gehen sie dort, namentlich auf dem Lande, sehr gut ein, weniger gut in Wien. In Wien muß etwas nachgeholfen werden. Wenn man mit einem Referat darüber vielleicht noch ein halbes Jahr warten würde, sieht man schon etwas klarer.

Vorsitzender: Tut die Kirche etwas, wenn die Beiträge nicht eingehen? Betreibt sie die Zwangsvollstreckung?

Roth: Um das zu übersehen, ist die Zeit noch zu kurz.

Schröcker: Ich hatte an sich im Sinn, ein Referat über die Kirchenbeiträge anzumelden. Es gibt da eine Reihe rechtstheoretischer Fragen, z.B. über die Rechtsnatur der Kirchenbeiträge usw.

Das Kirchenbeitragsrecht ist ein neues System, das eigentlich nur bisher in der Praxis ausgearbeitet wurde, aber theoretisch noch nicht verarbeitet worden ist. Nur in gelegentlichen Zeitungsnotizen findet man die Bemerkung, daß es sich um privatrechtliche Beiträge handelt. Darüber kann man natürlich auch streiten.

Vorsitzender: Ich glaube, damit wollen wir noch etwas warten.

Roth: Theoretische Darlegungen können ja jederzeit gemacht werden, aber Nutzanwendungen aus den tatsächlichen Verhältnissen wird man vor einem halben Jahr nicht ziehen können.

Weber: Uns ist praktisch das, was auf Grund dieser Kirchenbeitragsordnung gemacht worden ist, ganz unzugänglich. Die erste Durchführungsverordnung des Reichsstatthalters in Österreich habe ich mir besorgt. Inzwischen sind mehrere erlassen, die man nirgends bekommt.

Schröcker: Es sind bis jetzt zwei da, daneben aber eine Reihe von Durchführungserlassen, die nicht veröffentlicht sind.

Weber: Andererseits hört aber die Tätigkeit des Reichsstatthalters auf diesem Gebiet auf. Schon die Mitteilung dieses Materials wäre nützlich, weil dies das Muster darstellt für die Regelung, die wir für die Gebiete im Osten ins Auge fassen müssen.

Vorsitzender: Herr Roth, Sie behalten die Sache im Auge und sagen es auch der evangelischen Seite? (*Roth*: Jawohl!) Meine Herren! Wir wissen nicht, was die Zukunft in ihrem Schoße birgt, vor allen Dingen nicht, wie der große Fragenkomplex, den wir auch heute wieder behandelt haben, entschieden werden wird. Aber wie es auch geschehen mag, es wird nie geschehen können ohne eine gewisse Verständigung mit den Kirchen. Wenn erst einmal ruhige Verhältnisse eingetreten sind, wird sich das sehr bald zeigen. Wie die Sache dann auch beurteilt wird, man wird, glaube ich, auf die Arbeit unseres Ausschusses zurückgreifen.

Damit darf ich die 7. Tagung des Ausschusses für Religionsrecht schließen und den Herren herzlich danken für das große Interesse, das sie diesmal in ganz besonders hohem Maße den akuten Fragen entgegengebracht haben.

(Schluß: 14 Uhr 20 Minuten.)

3. Referat von Albrecht Stalmann: Was sind bürgerliche Rechtsstreitigkeiten im Sinne des § 13 des Gerichtsverfassungsgesetzes

Bei der Besprechung im Ausschuß im Juni v.Js. über die älteren Leistungen an die Religionsgesellschaften bestand Übereinstimmung darüber, daß es sich nur um solche Leistungen handeln könne, die auf dem öffentlichen Recht beruhen. Ich hatte dabei darauf hingewiesen, daß gleichwohl für einen Teil dieser Leistungen der ordentliche Rechtsweg zulässig sei, da sich der Begriff bürgerlicher Rechtsstreitigkeiten im Sinne des § 13 des Gerichtsverfassungsgesetzes nicht mit privatrechtlicher Rechtsstreitigkeit decke. Herr Ministerialdirektor Dr. Meyer hatte damals angeregt, den Begriff „bürgerliche Rechtsstreitigkeit" im Sinne des § 13 GVG näher darzulegen. Ich komme dieser Anregung nach und führe hierzu folgendes aus:

Nach § 13 GVG gehören vor die ordentlichen Gerichte alle bürgerlichen Rechtsstreitigkeiten, für welche nicht entweder die Zuständigkeit von Verwaltungsbehörden oder Verwaltungsgerichten begründet ist. Es gibt kaum eine Materie, die im einzelnen Falle so streitig sein kann, als die: was sind bürgerliche Rechtsstreitigkeiten im Sinne des § 13 GVG? Unbestritten ist wohl, daß die Grenzen hinsichtlich der Zuständigkeit für bürgerliche Rechtsstreitigkeiten zwischen Verwaltungsbehörden, Verwaltungsgerichten und ordentlichen Gerichten nicht aus den Vorschriften des GVG zu entnehmen sind, sondern aus sonstigen speziellen Gesetzen. In Ermangelung positiver Bestimmungen des einzelnen in Betracht kommenden Gesetzes ist seiner Gesamtheit und der darin zum Ausdruck kommenden Rechtsauffassung sowie der z.Zt. seines Erlasses herrschenden Rechtsübung zu entnehmen, ob die Streitigkeiten, zu denen die Anwendung des Gesetzes führen kann, der Entscheidung im ordentlichen Rechtswege unterliegen, oder in anderer Weise durch Entscheidungen der Verwaltungsbehörden oder Verwaltungsgerichte geschlichtet werden sollen. Was nach der z.Zt. der Erlassung des GVG bestehenden Rechtsauffassung für bürgerliche Rechtsstreitigkeit galt und deshalb durch die ordentlichen Gerichte zu entscheiden war, gehört auch fernerhin als bürgerliche Rechtsstreitigkeit vor die ordentlichen Gerichte. In zahlreichen Entscheidungen hat sich das Reichsgericht über die Frage der Zulässigkeit des Rechtsweges ausgesprochen, ohne daß es auch dort zu einer einheitlichen Klärung der Frage gekommen ist.

So sollen bürgerliche Rechtsstreitigkeiten im Sinne des § 13 im allgemeinen zur Voraussetzung haben, daß sie nach der maßgebenden Natur des Rechtsverhältnisses, aus dem der Anspruch hergeleitet wird, nicht Ansprüche zum Gegenstand haben, die sich auf ein durch die Unterwerfung unter eine öffentliche Gewalt ausgestaltetes Verhältnis gründen. So folge aus der öffentlichrechtlichen Natur des Beamtenverhältnisses in allen seinen Beziehungen, insbesondere auch, soweit es vermögensrechtliche Wirkungen habe, für alle daraus abgeleiteten Ansprüche die Unzulässigkeit des Rechtsweges, insoweit er nicht durch besondere gesetzliche Bestimmungen zugelassen sei.

Andere Grundsätze, die vom Reichsgericht aufgestellt sind, sind folgende:

Bürgerliche Rechtsstreitigkeiten sind keineswegs nur solche Streitigkeiten, die ausschließlich die Anwendung privatrechtlicher Normen betreffen, und ihr Begriff schließt nicht schlechthin solche Ansprüche aus, welche nach heutiger Auffassung als öffentlich-rechtliche angesehen werden.

Eine bürgerliche Rechtsstreitigkeit soll immer dann vorliegen, wenn der Anspruch auf einem privatrechtlichen Titel oder sonst auf privatrechtlicher Grundlage beruht, selbst wenn eine öffentlich-rechtliche Leistung in Frage steht oder über Rechtsfragen, die dem öffentlichen Recht angehören, zu befinden ist, ja auch dann, wenn die Grundlage ein zwischen juristischen Personen des öffentlichen Rechts geschlossener Vertrag bildet, sofern nur der behandelnde Gegenstand seiner Natur nach der privaten Vereinbarung zugängig ist.

Ferner soll auch die Verfolgung eines auf einem öffentlich-rechtlichen Titel beruhenden Anspruches eine bürgerliche Rechtsstreitigkeit darstellen, wobei nicht der Umstand maßgebend sei, ob die Verpflichtung, zu deren Erfüllung der Beklagte angehalten werden solle, in einer Norm des öffentlichen Rechts wurzele, sondern die Frage, ob es sich dabei lediglich um einen Gegenstand des öffentlichen Interesses des Gemeinwohls oder um das Rechtsgut und die individuelle Rechtssphäre einer einzelnen Person handele.

Daher unterliegen auch subjektive Berechtigungen, die im öffentlichen Recht ihren Ursprung haben, sofern sie vermögensrechtlicher Natur sind, in Ermangelung besonderer Vorschriften dem ordentlichen Rechtsweg, z.B. die durch staatliche Verleihung erworbenen Nutzungsrechte und Gerechtigkeiten, wie Fischereiberechtigung, Mühlen-, Apothekenberechtigung usw. Dagegen sind Verwaltungsakte, d.i. Anordnung von Verwaltungsbehörden oder Verwaltungsbeamten auf Grund öffentlicher Gewalt der Beurteilung der bürgerlichen Rechte entzogen, aber nicht Verwaltungsanordnungen, die nicht Ausfluß des staatlichen Hoheitswillens sind, sondern bei der Verwaltung öffentlichen Gutes im Rechtsverkehr von den zuständigen Organen, wie von jedem Privaten vorgenommen werden, die Zuständigkeit der ordentlichen Gerichte nicht eingeschränkt.

Andererseits gehören Streitigkeiten über Heranziehung zu öffentlich-rechtlichen Lasten oder Streitigkeiten auf Grund eines öffentlich-rechtlichen Aktes nicht darum vor die ordentlichen Gerichte, weil Klage auf Zurückgabe des Empfangenen wegen Zahlung aus Irrtum oder wegen eines sonstigen Anspruches aus ungerechtfertigter Bereicherung oder wegen späteren Wegfalls der Verpflichtung erhoben ist, wie denn überhaupt die Versuche zurückzuweisen sind, öffentlich-rechtliche, dem Rechtsweg entzogene Ansprüche als vermeintliche Vorfragen für einen privatrechtlichen Anspruch, sei es in der Form der Schadensersatzforderung wegen unerlaubter Handlung oder eines Anspruches aus ungerechtfertigter Bereicherung, vor die Gerichte zu bringen.

Durch den Umstand allein, daß der Anspruch dem öffentlichen Recht entspringt und bei der Entscheidung über ihn auch über Fragen des öffentlichen Rechts erkannt werden muß, wird keine Einschränkung der Gerichte bezüglich einzelner bei der Entscheidung bedeutsamer Fragen, seien sie auch öffentlich-rechtlicher Natur, begründet.

Tritt der Staat den seiner Herrschaft unterworfenen Personen kraft obrigkeitlicher Gewalt im Wege des Gebotes oder des Verbotes gegenüber, so handelt er öffentlich-rechtlich, so daß eine Zuständigkeit der ordentlichen Gerichte nicht gegeben sein würde. Stellt sich dagegen der Staat gleichberechtigt neben diese Person, so handelt er privatrechtlich.

Den vorstehend entwickelten Grundsätzen kann nicht unbeschränkt beigetreten werden.

Was die allgemeine Frage der Auslegung des § 13 anbetrifft, so gehen Judikatur und Wissenschaft fast einstimmig davon aus, daß diese Gesetzesvorschrift den Begriff der bürgerlichen Rechtsstreitigkeiten nicht absolut definiert. Gleichwohl ist nach der geschichtlichen Entwicklung des Zivilprozesses der Zweck jener Vorschrift darauf abgestellt, daß die ordentlichen Gerichte für strittige private Rechtsverhältnisse geschaffen waren und bleiben sollten, jedoch konnte die Zuständigkeit der ordentlichen Gerichte nicht auf die privatrechtliche Natur strittiger Verhältnisse ganz und gar beschränkt sein, weil dadurch ein unmöglicher Zustand herbeigeführt worden wäre. In gewissem Umfange mußten auch aus Materien, die ihrer Natur nach öffentlich-rechtlich sind, abgeleitete strittige Rechtsverhältnisse zu den bürgerlichen Rechtsstreitigkeiten gerechnet werden und daher vor die ordentlichen Gerichte gehören. Hier mußte man aber für diese Abgrenzung der bürgerlichen Rechtsstreitigkeiten besondere Grundsätze haben. Sie sind, soweit sie überall anerkannt, folgende:

Es gibt zweierlei Möglichkeiten, daß ein seiner Natur nach dem öffentlichen Recht angehöriges Rechtsverhältnis vor die ordentlichen Gerichte gehört, also Streitigkeiten darüber als bürgerliche Rechtsstreitigkeiten im Sinne des § 13 GVG angesehen werden müssen.

Das sind: 1. solche, die durch eine gesetzliche Sondervorschrift den ordentlichen Gerichten zugewiesen sind, d.h. Zivilprozeßsachen kraft Zuweisung; 2. solche, die nach der z.Zt des Erlasses des GVG herrschenden Rechtsauffassung als bürgerliche Rechtsstreitigkeiten galten und von den ordentlichen Gerichten zu entscheiden waren. Diese Entscheidung stellt nicht auf vermögenswerte Rechte und solche anderer Art ab, sondern nur auf die Natur des Rechtsverhältnisses selbst.

Zu den Materien, die öffentlich-rechtlicher Art sind, aber den Zivilgerichten durch ausdrückliche Zuweisung überwiesen sind, gehören z.B. die Streitigkeiten über die Zuständigkeit des Patronatsrechtes, die durch § 577 Teil II Titel 11 des Allgemeinen Landrechts den ordentlichen Gerichten zugewiesen sind.

Baustreitigkeiten, die sich aus dem Patronat ergeben, sind dann durch die spätere Gesetzgebung (Art. 17, 18 des Staatsgesetzes betr. die Kirchenverfassung vom 8. April 1924 und Art. 1 des Staatsgesetzes betr. Anordnung kirchlicher Neubauten in den katholischen Diözesen vom 24.11.1925) den ordentlichen Gerichten wieder entzogen. Ebenfalls ist eine Zuständigkeit der ordentlichen Gerichte für die Einziehung der Kirchen- und Pfarrabgaben im Rahmen des § 15 des Preußischen Gesetzes über die Erweiterung des Rechtsweges vom 24.5.1861 begründet. Soweit es sich sonst um das kirchenrechtliche Gebiet handelt, besteht im wesentlichen kein Streit über die Zuständigkeit, soweit es sich um das Kirchensteuerrecht handelt. Hier ist durch ausdrückliche gesetzliche Bestimmung die Zulässigkeit des Rechtsweges geregelt, im allgemeinen analog der durch das Kommunalabgabengesetz erfolgten Regelung. Auch für die sogenannten älteren Kirchensteuerordnungen ist der ordentliche Rechtsweg kraft positiver Bestimmung zulässig. Bestehen geblieben ist, wie oben erwähnt, die Zuständigkeit der ordentlichen Gerichte für das Patronatsrecht, abgesehen von den Baustreitigkeiten. So gehört nach Auffassung des Reichsgerichts die Frage, ob ein Patronatsrecht besteht, vor die ordentlichen Gerichte.

Dagegen fehlt es an ausdrücklichen Bestimmungen über die Zulässigkeit des Rechtsweges, bzw. über die Zuständigkeit der Verwaltungsgerichte gegenüber sonstigen Verpflichtungen gegenüber Kirchengemeinden, soweit sie auf dem öffentlichen Recht beruhen, z.B. für die Ansprüche auf die Bestreitung der persönlichen und sachlichen Kultuskosten, insbesondere für Ansprüche der Kirchengemeinden gegen den Staat oder die politischen Gemeinden, die sich auf die Säkularisation des Kirchengutes gründen oder auf Akte der Staatsgewalt, die sich nur aus dem Verhältnis zwischen Staat und Kirche der Vergangenheit bzw. der Fürsorge des Staates und der bürgerlichen Gemeinden für die Kirchen erklären lassen.

Die Praxis der ordentlichen Gerichte, insbesondere die des Reichsgerichts ist stets die gewesen, daß auch diese Ansprüche zu den bürgerlich-rechtlichen Ansprüchen im Sinne des § 13 GVG gehören, so daß der ordentliche Weg zulässig ist. Soweit in früheren Entscheidungen des Reichsgerichts, die in der Vorkriegszeit liegen, überhaupt auf die Frage der Zulässigkeit des Rechtsweges eingegangen wird, geschieht es ganz kurz ohne nähere Begründung, fast als etwas Selbstverständliches. Zunächst sah man in derartigen Ansprüchen privatrechtliche Ansprüche, insbesondere dann, wenn als Entstehungsgrund die unvordenkliche Verjährung angegeben wurde, die namentlich für das gemeinrechtliche Gebiet gern privatrechtlich angesehen wurde.

Hätte man die vorstehend von mir entwickelten Grundsätze des Reichsgerichts auch auf diese kirchenrechtlichen Streitigkeiten angewendet, so wäre man möglicherweise auch zu einer Klärung der Zuständigkeitsfrage gekommen. Dies müßte z.B. von dem Grundsatz des Reichsgerichts gelten, daß eine bürgerliche Rechtsstreitigkeit dann nicht vorliegt, wenn diese nach der Natur des Rechtsverhältnisses, aus dem der Anspruch hergeleitet wird, sich auf ein durch die Unterwerfung unter eine öffentliche Gewalt ausgestaltetes Verhältnis gründet oder wenn der Staat den seiner Herrschaft unterworfenen Personen kraft obrigkeitlicher Gewalt gegenübertritt. Stand tatsächlich der Staat, als er den Kirchengemeinden gegenüber die Folgen der Säkularisation regelte, diesen gleichberechtigt gegenüber? Hat er hierbei nicht kraft seiner Landeshoheit gehandelt, so daß auch hierbei die Kirchengemeinde seiner Herrschaft unterworden war? Stand etwa der Staat z.B. auch dann einer Kirchengemeinde als Gleichberechtigter gegenüber, wenn er ihr aus dem ihm zur Verfügung stehenden Fonds zur Erleichterung ihrer wirtschaftlichen Lage Zuwendungen machte? In der Praxis haben sich die Gerichte über diese Fragen keine Gedanken gemacht, sondern unbeschränkt den Rechtsweg zugelassen, z.B. auch dann, wenn es sich lediglich um eine Zuwendung handelte, die der Staat einer Kirchengemeinde mit Rücksicht auf ihre Notlage einmal vor Jahren gemacht hatte, ohne daß hier irgendwelche Beziehungen zu einem vom Staat eingezogenen Kirchenvermögen bestanden.

Auch von seiten der Sachbearbeiter für Patronatsstreitigkeiten im Kultusministerium wurde zunächst die Frage, ob es sich hierbei um bürgerliche Rechtsstreitigkeiten im Sinne des § 13 handele, kein besonderes Gewicht beigelegt. Dies änderte sich, seitdem 1913 das Referat von Herrn Geheimrat Dr. Lezius übernommen wurde. Dieser griff die Frage besonders im Zusammenhang mit einer Entscheidung des Reichsgerichts vom 22.11.1920 in Sachen der Kirchengemeinde Bonndorf, abgedruckt im Pfarrarchiv Band 12, S. 116 [RGZ 101,10], auf, in der das Reichsgericht die Auffassung vertrat, daß die den Kirchengemeinden gegen die aufgehobenen Klöster zustehenden Ansprüche, die auf den Staat als Rechtsnachfolger der säkularisierten Klöster übergegangen seien, privatrechtliche Verbindlichkeiten des Staates seien. Diese Entscheidung nahm Lezius zum Anlaß, daß in verschiedenen gegen den Preußischen Staat anhängigen Prozessen der Kompetenzkonflikt erhoben wurde. Dies geschah zunächst in einem Rechtsstreit der Kirchengemeinde Oldenstadt, Krs. Uelzen, gegen den preuß. Staatsfiskus. Hier hatte die Kirchengemeinde

Klage mit dem Antrage erhoben, daß der Fiskus die gesamte Pfarrbesoldung zu tragen habe. Zur Begründung hatte sie geltend gemacht, daß in Oldenstadt ein im 10. Jahrhundert errichtetes Kloster bestanden habe, das nach Einführung der Reformation etwa 1531 aufgehoben sei. Der Fiskus sei Rechtsnachfolger des Klosters und habe als solcher die vom Kloster bis zu dessen Einziehung bestrittenen Kultuskosten der Gemeinde zu tragen. Die Klage wurde zweitens auf unvordenkliche Verjährung gestützt, da der Fiskus diese Kosten tatsächlich von alters her getragen habe.

Der Fiskus machte die Einrede der Unzulässigkeit des Rechtsweges geltend und brachte insoweit folgendes vor: Soweit der Klageanspruch auf die landesherrliche Einziehung der Klostergüter gestützt werde, handele es sich um einen Akt der Staatsgewalt, dem nur öffentlichrechtliche Beziehungen der Parteien entsprungen seien. Der Streit verliere damit die Bedeutung einer bürgerlichen Rechtsstreitigkeit.

Gleichwohl erklärte das Landgericht den Rechtsweg für zulässig und verurteilte den Fiskus. Dieser erhob in der Berufungsinstanz den Kompetenzkonflikt.

Der Kompetenz-Gerichtshof stellte sich auf den Standpunkt, daß der Rechtsweg dann unzulässig sei, wenn auf Grund des Vorbringens der Klägerin der erhobene Anspruch sich als öffentlich-rechtlicher darstelle. Maßgebend für die Beurteilung der Natur eines Anspruches als einen dem bürgerlichen oder dem öffentlichen Recht angehörender sei der sich aus der Gesamtheit der Behauptungen des Klägers ergebende Sachverhalt. Unter diese Behauptungen fielen aber nur solche tatsächlichen Inhaltes, nicht Rechtsfolgerungen.

In der Klage werde behauptet, daß es sich bei den verlangten Leistungen um Lasten handle, die auf dem Kloster geruht hätten und infolge der Säkularisation auf den Nachfolger im Eigentum der Klostergüter übergegangen sei. Die Klägerin bleibe aber jede Darlegung des Sachverhalts schuldig, aus dem die Eigenschaft der Last als einer privatrechtlichen entstandenen entnommen werden könne. Der Umstand allein, daß das Kloster für die Belange des Gottesdienstes in einer mit ihm verbundenen Pfarrkirche Sorge getragen haben solle, vermöge solche Darlegungen nicht zu ersetzen. Dieser Umstand beweise nicht, daß das Kloster sich hierzu aus anderen als auf irgendwelche kirchliche Verwaltungsakte zurückzuführenden Gründen verbunden gehalten habe. In Ermangelung von Anhaltspunkten nach diesen Richtungen könne davon ausgegangen werden, daß, wie es der Auffassung in der Zeit der Einziehung des Klosters entsprach, der von der Seelsorge betroffene Personenkreis nur unter dem Gesichtspunkt des Bestehens eines passiven kirchlichen Verwaltungsbezirkes in Betracht kam, und daß das Kloster, wenn es den religiösen Bedürfnissen dieses Bezirks unter Aufwendung von Kosten gerecht geworden sei, hiermit nur einer auf rein kirchlichem, also öffentlich-rechtlichem Gebiete sich erschöpfenden Verbindlichkeit Genüge getan habe. Ohne Darlegung irgend eines Titels für einen privatrechtlichen Anspruch könne bei Verhältnissen, die an sich wie die Sorge für den Gottesdienst dem kirchlichen, also öffentlichrechtlichen Gebiete zuzurechnen seien, die Zulassung des Anspruches im ordentlichen Rechtswege nicht begehrt werden.

Dasselbe gelte aber auch, soweit die Klage auf unvordenkliche Verjährung gestützt werde.

Die allgemeine Begründung der Klage unter dem Gesichtspunkt der unvordenklichen Verjährung gehe dahin, daß der Beklagte und dessen Rechtsvorgänger tatsächlich von alters her die gesamten Kultuskosten getragen hätten. Auch diese Begründung reiche nicht aus, um die Annahme zu rechtfertigen, daß der Anspruch im ordentlichen Rechtswege verfolgbar sei. Wenn auch die gemeinrechtliche unvordenkliche Verjährung auf Rechte aller Art bezogen werden könne, so sei nach der geschichtlichen Entwicklung jedenfalls nicht zu bezweifeln, daß die gemeinrechtliche unvordenkliche Verjährung auch oder sogar vorzugsweise öffentlich-rechtliche Verhältnisse ergriffe. Wer aber im Prozeßwege einen Anspruch auf unvordenkliche Verjährung verfolge, müsse nicht nur darlegen, daß er dieses Recht seit Menschengedenken ausgeübt habe, sondern er müsse weiter mit tatsächlichen Anführungen erkennbar machen, daß die Rechtsausübung im Bewußtsein des Bestehens eines dem bürgerlichrechtlichen Gebiet angehörenden Rechtes erfolgt sei. In dieser Hinsicht könnten die Angaben, daß die Kultuslasten vom Kloster getragen seien, nicht genügen, ebensowenig die Angaben, daß im Laufe der Jahrhunderte der Landesherr und später der Staat die Bestreitung der Kultusbedürfnisse auf sich genommen haben. In den evangelisch gewordenen Ländern sei die evangelische Kirche zunächst als staatliche Veranstaltung der Fürsorge des Landesherrn unterlegen, so daß der Landesherr, wenn er für diese Kirche Aufwendungen machte, damit eine staatliche Aufgabe gleich jeder anderen zum Besten seiner Untertanen erfüllt habe. Diese Fürsorge habe sich im Bereich rein öffentlich-rechtlicher Beziehungen entwickelt.

Wenn die Klägerin den Standpunkt einnehme, daß der Staat nicht in Betätigung seines allgemeinen Interesses an der Erfüllung der kirchlichen Aufgaben, also im Bereich seiner öffentlich-rechtlichen Wirksamkeit, sondern auf Grund einer im Rechtswege erzwingbaren privatrechtlichen Verpflichtung geleistet habe, so verkenne sie die Notwendigkeit zur Angabe von Tatsachen, aus denen geschlossen werden könne, daß die Leistung sich auf eine aus bürgerlich-rechtlicher Beziehung abzuleitende Verbindlichkeit zurückführen lasse. Die Klägerin führe zur Begründung des Anspruches nur die Säkularisation des Klosters an. Lediglich auf diese Tatsache in Verbindung mit derjenigen der dauernden Bestreitung der Kultuskosten werde der Klagegrund der unvordenklichen Verjährung gestützt. Danach müsse angenommen werden, daß die Klägerin bei einer Anforderung und Entgegennahme staatlicher Leistungen sich als Rechtsgrund nur denjenigen der Säkularisation vorgestellt habe, so daß sich nicht sagen lasse, daß sie den Willen oder das Bewußtsein hatte, ihr vermeintliches Recht auf Grund einer privatrechtlichen Verpflichtung des Leistenden auszuüben.

Nach alledem erweise sich für den einen wie den anderen Klagegrund mangels Erkennbarkeit des Bestehens eines privatrechtlichen Anspruches der Rechtsweg als unzulässig und demgemäß der Kompetenzkonflikt als begründet.

Schon in einer früheren Entscheidung vom 20.10.1923 – Pfarrarchiv Bd. 13, S. 175 – hatte der Gerichtshof zur Entscheidung der Kompetenzkonflikte in dem Prozeß der Schulgemeinde Harsefeld/Reg.-Bezirk Stade gegen den Fiskus, in dem die Schulgemeinde gegen den Staat auf Grund der Säkularisation der Klosterkirche den Anspruch auf Unterhaltung der Schule herleitete, den Rechtsweg für ausgeschlossen erklärt. In Harsefeld hatte zunächst eine Abtei, die mit einem Benediktinerkloster verbunden war, bestanden. Abtei und Kloster wurden säkularisiert und durch den westfälischen Frieden der Krone von Schweden überwiesen und waren dann nacheinander in dänischen, hannoverschen und preußischen Besitz übergegangen. Aus dem Vermögen der Abtei nebst Kloster wurden zunächst die gesamten Kosten für die Kirche und Schule bestritten. Später kam es zu Streitigkeiten über den Umfang der Leistungen für die Schule. Ein im Jahre 1847 anhängig gemachter Prozeß wurde durch einen Vergleich erledigt und es wurden die Schullasten auch später vom Staate getragen. Als dann durch das Gesetz vom 27.12.1920 betr. das Diensteinkommen der Lehrer die Verpflichtung des Fiskus usw., die Schulunterhaltungskosten auf Grund besonderer Rechtstitel zu tragen, aufgehoben wurde, kam es im Jahre 1922 erneut zu einem Prozeß. Die Schulgemeinde war der Auffassung, daß der § 53 des Gesetzes vom 17.12.1920 rechtsungültig sei, da es sich im Falle Harsefeld um die Enteignung von Privatrechten handle, die nach Art. 153 der Reichsverfassung nur gegen Entschädigung erfolgen könne. Das Gericht 1. Instanz verurteilte den Fiskus; in der Berufungsinstanz wird Kompetenzkonflikt erhoben.

Der Gerichtshof ist der Auffassung, daß die Klosterkirche damals den Elementarunterricht als ihre Aufgabe betrachtet habe, als ein Annex der Religionsübung. Wenn daher die Klosterkirche der Abtei Harsefeld für ihre Bezirkseingesessenen neben der eigentlichen Seelsorge auch den Volksschulunterricht betrieben habe, so sei hierin im Verhältnis zwischen der Kirche und ihren Angehörigen ein privates Element im heutigen Sinne nicht zu finden. Auch soweit man sich in späterer Zeit mit der Schulgemeinde über die Verpflichtungen, zu den Schullasten beizutragen, verglichen habe, komme diesem Vergleich die Eigenschaft eines selbständigen Titels des Privatrechts nicht zu, er teile vielmehr die Natur des ursprünglichen Verpflichtungsgrundes, der aber öffentlichen Rechtes ist.

Auch in einem ähnlich liegenden Schulprozeß, und zwar handelt es sich um den Schulverband Scharnebeck, Reg.-Bezirk Lüneburg, vertritt der Gerichtshof zur Entscheidung der Kompetenzkonflikte in dem Urteil vom 24.5.1924, abgedruckt: Pfarrarchiv Band 13, S. 76, die Auffassung, daß der Rechtsweg nicht zulässig sei. Auch hier wird die Klage nur darauf gestützt, daß in Scharnebeck ein Zisterzienserkloster bestanden habe, das im Jahre 1528 reformiert und drei Jahre später säkularisiert worden sei. Das Kloster habe sämtliche Bedürfnisse der Schule bestritten und diese Leistungen seien mit der Säkularisation vom Fiskus übernommen worden. In Scharnebeck war der Fiskus bereits in einem Vorprozeß im Jahre 1874 rechtskräftig verurteilt. Er stellt sich im Jahre 1920 auf den Standpunkt, daß durch § 53 des oben erwähnten Gesetzes diese Verpflichtung aufgehoben sei. Das Landgericht verurteilt den Fiskus. In der Berufungsinstanz wird der Kompetenzkonflikt erhoben. In dem Gutachten, welches das Oberlandesgericht Celle zu dem erhobenen Kompetenzkonflikt erstattet, wird geprüft, ob auf Grund besonderer Rechtsverhältnisse sich die Parteien als gleichberechtigte Träger von Vermögensrechten derart gegenüberständen, daß auf Grund dieser besonderen Verhältnisse ein Ausgleich der Vermögensinteressen stattfinden müsse, bei dem der Fiskus verpflichtet sei, dem Kläger einen Teil der diesem gesetzlich obliegenden Verpflichtungen abzunehmen. Dieses wird bejaht, da der Kläger eine besondere individuelle Befreiung von einer öffentlich-rechtlichen Verpflichtung kraft eines besonderen vermögensrechtlichen Verhältnisses geltend macht. Diese Befreiungen werden beansprucht, nicht, weil der Schulverband Mitglied des staatlichen Gemeinwesens sei, sondern obwohl er es sei. Sein Recht sei daher privatrechtlicher Natur.

Der Kompetenz-Gerichtshof weist darauf hin, daß vermögensrechtliche Ansprüche nicht notwendig privatrechtliche sind. Vielmehr seien die vermögensrechtlichen Ansprüche, die ihrem Wesen nach auf dem öffentlichen Recht beruhen, grundsätzlich auch ihrerseits als öffentlich-rechtliche anzusehen. Ähnlich wie im Falle Harsefeld wird dann der Rechtsweg für unzulässig erklärt, da die Unterhaltungspflicht des Klosters hinsichtlich der Schule eine kirchliche Verpflichtung, also eine öffentlich-rechtliche Verpflichtung gewesen sei, die auf Grund der Säkularisation auf den Staat übergegangen sei. Auch hierdurch habe sie ihren Charakter als öffentlich-rechtliche nicht verloren. Auch soweit die Verpflichtung des Fiskus auf unvordenklicher Verjährung beruhe, sei keine Tatsache dafür vorgebracht, daß sie der Fiskus in dem Bewußtsein geleistet habe, eine bürgerrechtliche Verpflichtung der Schule gegenüber zu erfüllen. Der Fiskus könne die Bedürfnisse der Schule bestritten haben, weil er angenommen habe, daß die Verbindlichkeiten, die früher dem Kloster der Schule gegenüber obgelegen haben sollen, als ursprünglich kirchliche und daher dem öffentlichen Recht angehörige infolge der Säkularisation auf ihn übergegangen seien und daß er sie als solche zu erfüllen habe, und in demselben Bewußtsein könne die Schule die Leistungen des Fiskus entgegengenommen haben.

Das Reichsgericht sollte bald Gelegenheit finden, sich mit diesen Entscheidungen des Kompetenzgerichtshofes auseinanderzusetzen und zwar in dem berühmten Prozeß der Kirchengemeinde Groß Ammensleben gegen den Fiskus, Entscheidung des Reichsgerichts vom 2.7.1925, abgedruckt: Pfarrarchiv Band 14, S. 155 [RGZ 111,211].

Hier nimmt das Reichsgericht nochmals eingehend zu dem § 13 GVG Stellung und prüft die Frage, ob der anhängige Prozeß als eine bürgerliche Rechtsstreitigkeit im Sinne des § 13 GVG anzusehen sei. Der § 13 GVG sehe den Begriff bürgerliche Rechtsstreitigkeit als etwas Feststehendes an. Was nach der z.Zt. der Erlassung des Gerichtsverfassungsgesetzes bestehenden Rechtsauffassung als bürgerliche Rechtsstreitigkeit anzusehen und deshalb durch die ordentlichen

Gerichte zu entscheiden war, sollte auch ferner als bürgerliche Rechtsstreitigkeit vor die ordentlichen Gerichte gehören.

Der Begriff decke deshalb nicht nur Streitigkeiten aus einem privaten Rechtsverhältnis, schließe vielmehr solche Ansprüche nicht schlechthin aus, welche nach heutiger Auffassung auf öffentlichen Rechten beruhten. Vermögensrechtliche Ansprüche seien zwar nicht notwendigerweise privatrechtliche und es sei auch diesen Ansprüchen, wenn sie ihrem Wesen nach sich auf öffentliches Recht gründen, der öffentlich-rechtliche Charakter zuerkannt, aber doch nur mit der Maßgabe, daß diese Ansprüche zum Teil nach der geschichtlichen Entwicklung unter den Begriff der bürgerlichen Rechtsstreitigkeiten unter den § 13 GVG fallen. Für rechtliche wenn auch wenigstens nach heutiger Anschauung im öffentlichen Recht begründete Ansprüche auf vermögenswerte Leistungen zu kirchlichen Zwecken sei in bestimmter und ständiger Rechtsprechung wie des vormaligen preußischen Obertribunals so auch des Reichsgerichts der ordentliche Rechtsweg zugelassen. Die von dieser Rechtsauffassung abweichende Umgrenzung des Begriffs der bürgerlichen Rechtsstreitigkeit, die der Preuß. Gerichtshof zur Entscheidung der Kompetenzkonflikte vorgenommen habe, würde dazu führen, daß bisher des Rechtsschutzes durch die ordentlichen Gerichte teilhaftige, im Rechte begründeten Ansprüche insbesondere Ausstattungsansprüchen von Kirchengemeinden gegen den Staat ohne eine Änderung der Gesetzgebung der Rechtsschutz entzogen würde. Das erscheine als ein unannehmbares Ergebnis.

Der Senat bejaht hiernach die Zulässigkeit des Rechtsweges.

Das Reichsgericht nimmt in dieser Entscheidung dann auch zu der berühmten, hier nicht weiter interessierenden Frage Stellung, ob die Kabinettsorder vom 25.9.1834, die vom König nur dem Kultusminister und dem Finanzminister bekanntgegeben ist, Gesetzeskraft habe und bejaht dies im Gegensatz zum Gerichtshof zur Entscheidung der Kompetenzkonflikte und im Widerspruch zu der Entscheidung des Obertribunals, des Kammergerichts und den wissenschaftlichen Untersuchungen über diese Frage durch Triepel und Fürstenau.

Diese Entscheidung ist im Pfarrarchiv Band 14, S. 150 einer scharfen Kritik unterzogen, die m.W. von Professor Fürstenau stammt. Die Kritik stellt zunächst fest, daß in dem obigen Urteil des Reichsgerichts dem preußischen Gerichtshof zur Entscheidung der Kompetenzkonflikte der Vorwurf gemacht wird, daß er durch eine von der z.Zt. des Erlasses des GVG herrschenden Rechtsauffassung abweichende Umgrenzung des Begriffs der bürgerlichen Rechtsstreitigkeiten in die gesetzliche Kompetenz der ordentlichen Gerichte eingegriffen habe. Die Kritik geht dann von den oben bereits hervorgehobenen beiden Möglichkeiten aus, daß ein seiner Natur nach dem öffentlichen Recht angehöriges Rechtsverhältnis vor die ordentlichen Gerichte gehöre, also Streitigkeiten darüber als bürgerliche Rechtsstreitigkeiten im Sinne des § 13 GVG angesehen werden müßten, nämlich entweder von einer gesetzlichen Sonderregelung der Zuweisung an die ordentlichen Gerichte oder von einer bereits beim Erlaß des GVG bestehenden Zuständigkeit dieser.

Hiernach sei, wie auch vom Reichsgericht hervorgehoben, eine Zuständigkeit der ordentlichen Gerichte gegeben, z.B. bei Patronatsstreitigkeiten, bei Streitigkeiten über Privatrechte an Kirchenstühlen, selbst bei einem durch Herkommen entstandenen Vertrage zwischen Ortsgemeinde und der politischen Gemeinde u.a.m. Um so erstaunlicher sei es aber, wenn das Reichsgericht in Ansehung des in diesem Prozeß erhobenen Anspruches weit über seine vorherige Stellungnahme hinausgreift, um rundweg zu erklären, daß für alle rechtlichen, wenn auch im öffentlichen Recht begründeten Ansprüche auf vermögenswerte Leistungen zu kirchlichen Zwecken in bestimmter und ständiger Rechtsprechung wie des vormaligen preußischen Obertribunals, so auch das Reichsgericht der ordentliche Rechtsweg gegeben sei. Das Reichsgericht nehme also hier auf einmal ein ganzes öffentlich-rechtliches Rechtsgebiet im Gegensatz zu den Grundsätzen, die es kurz vorher für das gesamte öffentliche Recht anerkannt habe, ohne Untersuchung des speziellen Rechtsverhältnisses und ohne Feststellung der einzelnen Fundamente unterschiedslos für bürgerliche Rechtsstreitigkeiten in Anspruch. Es sei aber unbestreitbar, daß Ansprüche, die aus den Akten der Landeshoheit ebenso, wie solche, die aus ehemaligen, in historischer Zeit vorgenommenen Akten der Kirchengewalt abgeleitet werden, niemals und auch nicht nach der z.Zt. des Erlasses des GVG herrschenden Rechtsauffassung für bürgerliche Rechtsstreitigkeit gegolten haben.

Gegenüber dem Vorwurf, daß der Gerichtshof für Kompetenzkonflikte durch seine Entscheidungen, den bisher des Rechtsschutzes durch die ordentlichen Gerichte teilhaftigen, im Recht begründeten Ansprüche, insbesondere Ausstattungsansprüchen von Kirchengemeinden gegen den Staat, ohne eine Änderung der Gesetzgebung der Rechtsschutz entzogen würde, wird darauf hingewiesen, daß nicht ersichtlich sei, worauf dieser Vorwurf begründet sein solle. Die Bedeutung des § 13 GVG liege in der Anerkennung gleichberechtigten Nebeneinanderbestehens der ordentlichen Gerichte, Verwaltungsbehörden, Verwaltungsgerichte und besonderen Gerichten im Gegensatz zur Alleinherrschaft der Gerichte. Die in älterer Zeit geltend gemachte Anschauung „Recht herrsche nur bei der Justiz, Rechtsschutz sei nur im ordentlichen Rechtswege zu finden", sei durch das GVG beseitigt. Darüber, ob der Rechtsschutz durch die Verwaltungsbehörden überall ausreiche, könne man allerdings streiten.

In der Kritik wird dann weiter ausgeführt, daß der Souverän bei Erlaß der Kabinettsorder vom 25.9.1834 in Ausübung seiner Hoheitsrechte nicht als Fiskus gehandelt habe, daß es sich also um eine Angelegenheit der Landeshoheit gehandelt habe, so daß sich schon hieraus ergebe, daß es sich um eine bürgerliche Rechtsstreitigkeit im Sinne des § 13 nicht handeln könne.

Zu dieser Kritik, der weitgehend beigetreten werden muß, und zu der Rechtsprechung des Gerichtshofes zur Entscheidung der Kompetenzkonflikte kann folgendes gesagt werden:

Richtig ist zweifellos, daß eine Inkorporation als solche oder auch die Säkularisation eine bürgerliche Rechtsstreitigkeit nicht begründen kann und daß auch aus der Kabinettsorder von 1834, selbst wenn diese Gesetz sein sollte, mit gutem Grund abgeleitet werden könnte, daß es sich hier um einen Hoheitsakt gehandelt hat, der den ordentlichen Rechtsweg nicht begründet. Zweifelhaft aber kann es sein, ob dies auch bei der unvordenklichen Verjährung der Fall ist, da, wenn man diese überhaupt gegen den Staat zulassen will, sich dann wohl der Staat und der Dritte als gleichberechtigt gegenüberstehen dürften, so daß insoweit das Bestehen einer bürgerlichen Rechtsstreitigkeit wohl bejaht werden könnte. Feststehen dürfte aber weiter, daß jahrzehntelang derartige Rechtsstreitigkeiten vor die ordentlichen Gerichte gebracht sind und die Unzulässigkeit des Rechtsweges früher nicht mit dieser Schärfe verfochten wurde, wie Herr Geheimrat Lezius es getan hat.

Es wäre zweifellos richtiger gewesen, nach Einführung des Landesverwaltungsgesetzes vom 13.7.1883 auch für das kirchenrechtliche Gebiet eine Regelung zu treffen, wie sie damals für das Schulrecht getroffen ist (vergl. §§ 46 u. 47 des Zuständigkeitsgesetzes vom 3.7.1875), zumal damals das öffentliche Schulrecht vielfach auf derselben Grundlage beruhte wie das Kirchenrecht. Aber auch hier zeigt es sich wieder, daß man sich auf dem kirchenrechtlichen Gebiet große Zurückhaltung auferlegte und Bedenken hatte, die aus der weiteren Entwicklung des Verhältnisses zwischen Staat und Kirche folgenden Konsequenzen auch zu ziehen.

Die einheitliche Rechtsprechung des Gerichtshofes zur Entscheidung der Kompetenzkonflikte über die Zulässigkeit des Rechtsweges, wie sie den Entscheidungen aus den Jahren 1923/24 zu Grunde lag, hätte dem Kultusministerium eine sehr starke Position einräumen können, da dieses es nunmehr in der Hand hatte, durch Erhebung des Kompetenzkonfliktes eigentlich sämtliche Prozesse auf diesem Gebiet den ordentlichen Gerichten zu entziehen. Die Kirchengemeinden hätten dann allerdings, da eine Zuständigkeit der Verwaltungsgerichte nicht gegeben war, lediglich die Verwaltungsbehörden, also in letzter Instanz das Kultusministerium anrufen müssen, um ihre vermeintlichen Rechtsansprüche durchzusetzen. Sie hätten jedenfalls hierin einen genügenden Rechtsschutz nicht gesehen. Die Kirchengemeinden fanden in dieser Lage Unterstützung durch das Zentrum. Der preußische Zentrumsführer Dr. Hess ging damals so weit, daß er dem Kultusminister verbot, von der Erhebung des Kompetenzkonfliktes Gebrauch zu machen. Das Zentrum versuchte weiter, durch das ihm politisch nahestehende Justizministerium eine gesetzliche Änderung des Gesetzes über die Erhebung der Kompetenzkonflikte zu erreichen und zwar dahin, daß praktisch das ganze Gesetz zugunsten der ordentlichen Gerichte lahmgelegt worden wäre; hierzu ist es allerdings nicht gekommen. Jedoch galt seitdem im Kultusministerium der Grundsatz, daß aus politischen Gründen in derartigen Prozessen von der Erhebung der Kompetenzkonflikte möglichst abgesehen werden solle.

Das Reichsgericht hat die scharfe Kritik seiner Entscheidung von 1924 lediglich zur Kenntnis genommen. Es hat sich, soweit mir bekannt ist, mit dieser Kritik nicht näher auseinandergesetzt, sondern seitdem konsequent an seiner bisherigen Rechtsprechung festgehalten, so noch im Urteil vom 17.12.1928, abgedruckt im Pfarrarchiv 1929, Seite 261, wo es wieder feststellt, daß für rechtliche, wenn auch wenigstens nach heutiger Auffassung im öffentlichen Recht begründete Ansprüche auf vermögenswerte Leistungen zu kirchlichen Zwecken insbesondere für Ausstattungsansprüche einer Kirchengemeinde gegen den Staat aus Anlaß der Säkularisation der ordentliche Rechtsweg zulässig ist. In seiner Entscheidung vom 12.3.1929 hebt das Reichsgericht nochmals hervor, daß bürgerliche Rechtsstreitigkeiten im Sinne des § 13 keineswegs nur solche Streitigkeiten sind, die ausschließlich die Anwendung privatrechtlicher Normen betreffen; vielmehr eine bürgerliche Rechtsstreitigkeit immer dann vorliege, wenn der geltend gemachte Anspruch auf privatrechtlicher Grundlage beruhte, möge es auch erforderlich sein, darüber über Rechtsnormen zu befinden, die dem öffentlichen Recht angehören. Werde z.B. ein Anspruch aus einem Vertrag insbesondere aus einem Vergleich geltend gemacht, so handele es sich auch dann, wenn der Vergleich zur Beilegung einer öffentlich-rechtlichen Streitigkeit geschlossen ist, regelmäßig um eine bürgerliche Rechtsstreitigkeit, denn eine solche liege immer dann vor, wenn der Anspruch auf einem privatrechtlichen Titel beruhte.

Also auch hier weicht das Reichsgericht völlig von der oben zitierten Entscheidung des Kompetenzgerichtshofes ab, nach der auch der Vergleich das Schicksal des ursprünglichen Rechtsverhältnisses teilt, also dem öffentlichen Recht unterworfen bleibt.

Zum Schluß noch eine Entscheidung des Reichsgerichts vom 9.10.1930 (Pfarrarchiv Bd. 20, S. 73), in der es sich um die Klage einer katholischen Kirchengemeinde gegen eine Stadtgemeinde auf Grund eines angeblichen Gewohnheitsrechtes im Gebiet des ehem. Fürstbistums Paderborn des Inhaltes handelt, daß die politische Gemeinde dasjenige Defizit zu tragen habe, das sich ergibt, wenn sie ihre Kultuskosten nicht aus eigenen Einnahmen decken könne. Auch hier wird der ordentliche Rechtsweg für zulässig erklärt und zwar mit folgender Begründung: Es handelte sich mangels privatrechtlicher Grundlage um einen dem öffentlichen Recht angehörigen Anspruch, der wie alle öffentlich-rechtlichen Ansprüche auf vermögenswerte Leistungen zu kirchlichen Zwekken nach feststehender Rechtsprechung vor den ordentlichen Gerichten verfolgt werden könne.

Im Endergebnis also ein völliges Auseinanderklaffen zwischen der Auffassung des Gerichtshofes zur Entscheidung der Kompetenzkonflikte und der vom Kultusministerium vertretenen Auffassung von der Auffassung des Reichsgerichtes. Hieraus dürfte sich ergeben, daß sich aus dem Begriff einer „bürgerlichrechtlichen Streitigkeit“ im Sinne des § 13 GVG kein Kriterium dafür ergibt, ob eine ältere Leistung an eine Religionsgesellschaft auf dem öffentlichen Recht beruht oder nicht.

Bei der Besprechung dieser Materie im Ausschuß im Juni v.Js. war man sich daher darüber einig, daß es das Richtigste wäre, durch alle diese Rechtsverhältnisse, die sämtlich auf überaltete Institutionen und Einrichtungen zurückzuführen sind und dem heutigen Rechtsempfinden nicht mehr entsprechen, eine Strich zu machen, sie also aufzuheben und zwar ohne Entschädigung.

Für die Formulierung eines derartigen Gesetzentwurfes möchte ich zum Schluß etwa folgenden Vorschlag machen:

§ 1. Die bisher auf allgemeiner Rechtsnorm (Gesetz, Provinzialrecht, Ortsverfassung, Gewohnheitsrecht oder Herkommen) beruhenden Verpflichtungen Dritter, zu den Lasten einer Religionsgesellschaft ganz oder teilweise beizutragen, ohne Mitglied dieser Religionsgesellschaft zu sein, werden aufgehoben.

Dasselbe gilt von derartigen Verpflichtungen Dritter, die auf einem besonderen Rechtstitel beruhen, soweit dieser dem öffentlichen Recht angehört.

Verpflichtungen Dritter, die auf der Säkularisation früheren Kirchengutes beruhen, gehören dem öffentlichen Recht an. Dasselbe gilt von Verträgen, Vergleichen und rechtskräftigen Urteilen, die Ansprüche betreffen, welche auf die Säkularisation von Kirchenvermögen zurückgehen.

Ist ein spezieller Rechtstitel im Sinne des Absatzes 2 schon vor dem Jahre 1850 vorhanden, so besteht die Vermutung, daß er dem öffentlichen Recht angehört.

§ 2. Entsteht Streit darüber, ob eine Verpflichtung auf einer allgemeinen Rechtsnorm im Sinne des Absatzes 1 oder auf einem besonderen Rechtstitel im Sinne des Absatzes 2 beruht, so entscheiden darüber die Verwaltungsgerichte und zwar in 1. Instanz in Preußen das Bezirksverwaltungsgericht, in den anderen Ländern das diesem Gericht entsprechende Verwaltungsgericht. Gegen die Entscheidung des Bezirksverwaltungsgerichts ist die Revision an das Reichsverwaltungsgericht und, solange dieses nicht eingerichtet ist, in Preußen an das Oberverwaltungsgericht – in den übrigen Ländern an das oberste Verwaltungsgericht – zulässig und zwar ohne Rücksicht auf den Wert des Streitgegenstandes. Der ordentliche Rechtsweg ist ausgeschlossen.

VIII. Sonstige Materialien zu den Beratungen des Religionsrechtsausschusses

1. Landgerichtsrat Dr. Keith: Das österreichische Konkordat (Nationalsozialistische Monatshefte 1939, S. 613-619)

I. Mit der Heimkehr der Ostmark ins Reich erhob sich die Frage nach der Gültigkeit des Konkordates, das *Dollfuß* und *Schuschnigg* im Jahre 1934 mit der Kurie geschlossen hatten.

Um den Abschluß dieses Konkordates hatte sich die Kurie längere Zeit vergeblich bemühen müssen, da im österreichischen Volk auf Grund alter Erfahrungen wenig Neigung zu derartigen Bindungen bestand. Schon das kaiserliche Österreich hatte im Jahre 1855 ein Konkordat abgeschlossen und der Kirche darin weitgehende Rechte auf schulpolitischem und eherechtlichem Gebiet zugestanden. Die starken Machtpositionen der Kirche riefen aber den Unwillen des Volkes hervor, der im Jahre 1868 in der Forderung des Abgeordnetenhauses nach Aufhebung des Konkordates seinen Ausdruck fand. Als sodann die Unfehlbarkeit des Papstes zum kirchlichen Dogma erhoben wurde, nahm Kaiser Franz Josef, ein Mann von tiefer kirchlicher Frömmigkeit, dies zum Anlaß, das Konkordat wegen grundlegender Änderung des anderen Kontrahenten zu kündigen. Die kirchlichen Fragen wurden im Wege der Staatsgesetzgebung neu geregelt und die Rechte der Kirche auf ein dem Staate erträgliches Maß zurückgeführt. *Papst Pius IX.* sprach zwar eine feierliche Verdammung dieser Gesetze aus, ohne aber ihre Aufhebung zu erreichen.

Nach dem Zusammenbruch des kaiserlichen Österreich hielt der Vatikan die Zeit für gekommen, Österreich erneut in die gewünschte Abhängigkeit zu bekommen. Die Koalitionsverhältnisse verhinderten jedoch zunächst einen Erfolg dieser Bestrebungen. Selbst Bundeskanzler Prälat Seipel zeigte in diesen Fragen keinen besonderen Eifer. Erst die christlich-soziale Regierung *Dollfuß/Schuschnigg* ließ sich in nähere Erörterungen mit dem Hl. Stuhl ein. Nach der Machtergreifung des Nationalsozialismus im Reich erfuhren die Vorarbeiten dann eine Beschleunigung. Schon am 5. Juni 1933 wurde das Konkordat durch den Bundeskanzler *Dollfuß* und den Unterrichtsminister *Schuschnigg* sowie den damaligen Kardinalstaatssekretär *Pacelli* in der Vatikanstadt unterzeichnet.

Nach Artikel 50 des österreichischen Bundesverfassungsgesetzes von 1929 hätte das Konkordat nunmehr der Genehmigung durch den Nationalrat bedurft. Da es sich um einen verfassungsändernden Staatsvertrag handelte, hätte diese Genehmigung gemäß Art. 44 Abs. I des Bundesverfassungsgesetzes wirksam nur erteilt werden können, wenn bei Anwesenheit von mindestens der Hälfte der Mitglieder des Nationalrates mindestens zwei Drittel der abgegebenen Stimmen das Konkordat gebilligt hätten.

Die damaligen österreichischen Machthaber hatten durch das Konkordat der katholischen Kirche Zugeständnisse gemacht, die zwar ihren Plänen, nicht aber dem Willen des österreichischen Volkes entsprachen. Sie konnte daher nicht hoffen, sich auf legale Weise die Billigung der Volksvertretung zu verschaffen. Hinzu kam, daß der Nationalrat durch die Amtsniederlegung seiner drei Präsidenten nach der bis dahin ständig vertretenen Auffassung der Bundesregierung sich „selbst ausgeschaltet" hatte. Die Vorlage an den Nationalrat und die außerdem verfassungsmäßig vorgesehene Vorlage an den Bundesrat unterblieb daher.

Statt dessen sannen die Machthaber auf Mittel und Wege, wie sie sich wenigstens den Schein eines Rechtstitels verschaffen konnten, um dem Volke ihren Willen aufzuzwingen. Obwohl die

Möglichkeit bestanden hätte, den Nationalrat durch eine Notverordnung des Bundespräsidenten wieder zusammenzurufen, hatte man in der Zwischenzeit mit Hilfe eines rein auf kriegswirtschaftliche Zwecke zugeschnittenen Ermächtigungsgesetzes regiert. Man verfiel nun darauf, dieses Ermächtigungsgesetz aus dem Jahre 1917 unter abermaliger völliger Mißachtung seines Zweckes dazu zu benutzen, eine Verordnung zu schaffen, die den Zusammentritt des Nationalrates ermöglichte. Da der Nationalrat in der Zusammensetzung, die den letzten Wahlen entsprach, dem Vorhaben der Regierung seine Billigung versagt hätte, änderte man durch eine zweite Verfassungswidrigkeit seine Majoritätsverhältnisse. Eine wiederum auf das kriegswirtschaftliche Ermächtigungsgesetz gestützte Verordnung vom 16. Februar 1934 erklärte alle Mandate der sozialdemokratischen Partei für erloschen.

In der auf den 30. April 1934 einberufenen Sitzung dieses Rumpfparlaments erhoben die Abgeordneten der großdeutschen Volkspartei und des Landbundes feierlich Protest gegen diesen Bruch der Verfassung, erklärten, hieran keinen Teil haben zu wollen und verließen geschlossen die Sitzung. Nunmehr hatte die Regierung erreicht, was sie wollte. Der Nationalrat bestand nur mehr aus den Abgeordneten der christlich-sozialen Partei und des Heimatschutzes und einem zurückgebliebenen Vertreter des Landbundes, der ein hohes staatliches Amt bekleidete. Dieser Überrest des Nationalrats beschloß das sogenannte Bundesverfassungsgesetz über außerordentliche Maßnahmen im Bereich der Verfassung. Artikel I dieses Gesetzes richtete sich gegen den Nationalrat selbst, indem er seine Mitwirkung beim Abschluß von Staatsverträgen beseitigte. Der Nationalrat bestand aus 165 Abgeordneten. Zur Wirksamkeit dieses verfassungsändernden Beschlusses wäre also gemäß Art. 44 Abs. I des Bundesverfassungsgesetzes die Anwesenheit von mindestens 83 Abgeordneten erforderlich gewesen. Anwesend aber waren nur 76. Trotz dieser dritten und gröbsten Verfassungswidrigkeit wurde das Konkordat, nachdem es dem ebenfalls nur als Rumpfkörperschaft zusammengetretenen Bundesrat vorgelegt war, am 30.4.1934 – fast ein Jahr nach seiner Unterzeichnung – im Bundesgesetzblatt bekanntgegeben. Noch in der Nacht zum 1. Mai 1934 fand der schon vorbereitete Austausch der Ratifikationsurkunden mit dem päpstlichen Nuntius Sibilia statt. Die Hast und Überstürzung, mit der das Konkordat verabschiedet wurde, zeigt das schlechte Gewissen der „österreichischen" Machthaber über ihr verfassungswidriges Vorgehen zur Genüge. Es konnte nicht ausbleiben, daß das Konkordat nicht nur bei den Nationalsozialisten, sondern bei allen nationalen Österreichern, insbesondere auch bei allen namhaften Juristen Österreichs auf schärfste Ablehnung stieß.

II. Durch den Anschluß der Ostmark an das Reich wurde die bestehende politische Einheit der „Republik Österreich" zerstört. An ihre Stelle trat die im Großdeutschen Reich neu konstituierte Ordnung, die die Ostmark zu einem Glied des Reiches machte. Völkerrechtlich betrachtet bedeutet dieser Vorgang, daß eine Kontinuität zwischen der Republik Österreich und dem Deutschen Reich nicht bestrebt, daß die *Republik Österreich untergegangen* ist.

Das von der untergegangenen Republik Österreich mit der Kurie geschlossene *Konkordat* teilt das Schicksal Österreichs. Es ist ebenfalls *erloschen.*

Eine rechtliche Darstellung dieser selbstverständlich erscheinenden Tatsache hat zunächst einen Blick auf die Rechtsnatur des Konkordates zu werfen. Das Konkordat als Vertrag zwischen dem Vatikan und einem Staat schafft Rechtspflichten nur unter diesen beiden Vertrags*parteien.* Es bedarf, um innerstaatlich, also für den einzelnen Volksgenossen Geltung zu erlangen, der Umformung durch einen innerstaatlichen Akt (Gesetz oder Verwaltungsanordnung). Das ist bei dem österreichischen Konkordat in der üblichen Form erfolgt, indem es durch den Bundespräsidenten im Gesetzblatt als sogenanntes Vertragsgesetz verkündet worden ist. Außerdem hat die Republik Österreich verschiedene von ihr übernommene Verpflichtungen in selbständig erlassene Gesetze eingearbeitet.

Die heute interessierenden Fragen lauten nun, ist das Deutsche Reich in den beiderseitig *„völkerrechtlich verpflichtenden Teil" des Konkordats eingetreten*, oder besitzt das *Vertragsgesetz heute noch Gültigkeit*, oder hat sich etwa das *Reichskonkordat* auf die jetzige *Ostmark ausgedehnt*? Diese Fragen sind in jeder Hinsicht zu *verneinen*.

Die bisher in der Wissenschaft als herrschend angesprochene Lehrmeinung über das Konkordat geht bei der Beurteilung dieser Frage von den völkerrechtlichen Grundsätzen über die *Staatensukzession bei Verträgen* aus. Eine Auffassung hält den von einem untergegangenen Staat geschlossenen völkerrechtlichen Vertrag und in analoger Beurteilung auch das von ihm geschlossene Konkordat ohne weiteres für *erloschen*. Der wohl überwiegende Teil unterscheidet die Verträge inhaltsgemäß aber in *jura personalia*, bei denen er eine selbsttätige Nachfolge verneint, und in die auf ein bestimmtes Gebiet radizierten *jura realia*, bei denen er eine selbsttätige Nachfolge bejaht. Zu den jura realia sind nach dieser Auffassung solche Verträge zu rechnen, die wie die Staatsservitut „mit absoluter Wirkung auf dem einverleibten Gebietsteil lokalisiert sind". Da dies bei den Konkordaten nicht zutrifft und sie von der Person des Kontrahenten nicht völlig abstrahiert werden können, werden sie allgemein zu den jura personalia gerechnet. Eine selbsttätige Nachfolge in das von dem untergegangenen Staat geschlossene Konkordat wird daher verneint.

Gegen diese Lehre ist mit Recht der Einwand erhoben worden, die völkerrechtlichen Rechtssätze könnten auf Konkordate wegen ihrer wesentlichen Unterschiede zu völkerrechtlichen Verträgen nicht angewandt werden. In der Tat bestehen hier grundlegende Unterschiede.

Der völkerrechtliche Vertrag wird von *politischen* Mächten im Namen von *räumlich getrennten* Völkern geschlossen. Beim Konkordat hingegen treten sich im wesentlichen *ungleichartige* Mächte gegenüber. Die staatliche Macht richtet ihr ganzes Handeln an einem politischen, die kirchliche Macht an einem religiösen Ziel aus, das allerdings gemäß den dogmatischen Prinzipien und der politischen Bedeutung des katholischen Konfessionsverbandes eines starken politischen Einschlages nicht entbehrt. Sodann werden die Vereinbarungen des Konkordats über geistige Einwirkungsmöglichkeiten auf *ein und dieselbe* Bevölkerung *desselben* Gebietes geschlossen. Diese Verträge haben nach ihrem sachlich regulativen Effekt wesentlich *innerpolitische* Bedeutung. Sie beziehen sich auf Fragen, die in hervorragendem Maße die innere Souveränität des Staates angeben. Nicht das Verhältnis von Volk und Staat nach außen – die auswärtigen Beziehungen –, sondern die innerpolitische Gestaltung der Nation ist ihr Gegenstand. Jedoch ist es das Eigentümliche des Konkordates, daß die vereinbarten Leitgedanken der *inneren* Gestaltung des Volkes zugleich Gegenstand einer *außerpolitischen* Vereinbarung sind. Diese Vereinbarung steht aber naturgemäß *in unlöslichem Zusammenhang mit der allgemeinen innerpolitischen* Ordnung des Staates, welche bei Abschluß des Konkordates bestand. Sie ist infolge ihrer innerpolitischen Zweckrichtung ein Teil dieser Gesamtordnung und als solcher in ihrer Gültigkeit von deren Bestand abhängig. Wird die allgemeine innerpolitische Ordnung des Staates wesentlich geändert – so daß z.B. eine Kontinuität zwischen der alten und neuen Ordnung nicht besteht –, so fällt auch die von ihr abhängige Vereinbarung des Konkordats über die Gestaltung des kirchenpolitischen Lebens der Nation ohne weiteres hin.

Zeigt schon diese *innerpolitische* Betrachtung das Ende des Konkordates, so ergibt auch eine an Hand der völkerrechtlichen Theorien geführte *außenpolitische* Untersuchung das gleiche Ergebnis.

Das Konkordat kann nicht in Analogie zu den völkerrechtlichen Rechtssätzen unter die Alternative personell *oder* lokal gestellt werden, da es Elemente von beiden enthält.

Der *lokalisierte* Charakter des Konkordates ergibt sich aus der Tatsache, daß es für ein ganz bestimmtes, wie z.B. im Reichskonkordat limitativ aufgezähltes Gebiet geschlossen wird, dessen kirchliche Grenzen festlegt und mit ihm daher eine innige Verbindung herstellt.

Der sehr starke *persönliche* Wesenszug des Konkordates zeigt sich darin, daß es eine außenpolitische Bindung des paktierenden Staates über die von ihm freiwillig eingegangene Beschränkung seiner inneren Souveränität enthält. Hier begibt sich der Staat der Ausübung eines Teiles des zu seinem Wesen gehörenden Grundrechtes. Der Umfang dieser Beschränkung ist von Vertrag zu Vertrag, namentlich aber von Staat zu Staat verschieden. Hieraus ergibt sich das Prinzip einer streng *individuellen Betrachtungsweise des Konkordates,* die es verbietet, aus der Konkordatspraxis verschiedener Staaten allgemein gültige Rechtssätze zu entwickeln. Für den einzelnen Staat handelt es sich insofern um ein res inter alios acta. Deshalb kann zwar ein Staat vertraglich sich eines Teiles seiner eigenen Souveränität begeben, nicht aber kann die von einem anderen Staat eingegangene Beschränkung ihm für seinen Teil angerechnet werden, und zwar auch dann nicht, wenn er sich dessen Staatsgebiet einverleibt hat.

Hiernach ist das *Konkordat* zu definieren als *ein zwar auf ein genau umschriebenes Gebiet radizierter, aber zwischen der Kurie und einem bestimmten politischen Willensträger abgeschlossener Vertrag, der von der politischen Kontinuität des staatlichen Partners abhängig ist.*

Aus diesen Betrachtungen ergeben sich für die konkordatsrechtliche Lage Österreichs drei bedeutsame Schlußfolgerungen.

1. Das Reich ist in den verpflichtenden Teil des österreichischen Konkordats nicht eingetreten. *Das Konkordat ist erloschen.*

2. Das von der Republik Österreich zur innerstaatlichen Einführung des Konkordats erlassene *Vertragsgesetz* ist ebenfalls *erloschen.*

Im Völkerrecht kommt die herrschende Auffassung zu dem zutreffenden Ergebnis, das Ende des völkerrechtlichen Vertrages bewirke unmittelbar auch die Beendigung des Vertragsgesetzes. Dieser Grundsatz gilt in gleicher Weise für das zur innerstaatlichen Einführung eines Konkordats erlassene Vertragsgesetz. In beiden Fällen läßt der enge Zusammenhang des Vertragsgesetzes mit dem Vertrage den Willen des Gesetzgebers deutlich erkennen, daß das Gesetz nur so lange wie der Vertrag selbst gelten soll.

Soweit in Ausführung des Konkordats selbständige Ausführungsgesetze ergangen sind, sind sie durch den Untergang der Republik Österreich nicht berührt worden. Da eine vertragliche Bindung des Reiches zur Aufrechterhaltung des konkordatsmäßigen Zustandes aber nicht gegeben ist, steht das Reich oder der heutige österreichische Gesetzgeber diesen Gesetzen ebenso frei gegenüber, wie jedem anderen österreichischen Gesetz.

3. Das *Reichskonkordat* ist wegen seines örtlich begrenzten Charakters – mit Ausnahme der Bestimmungen über die Militärseelsorge, welche einen ausgesprochenen Personalverband betreffen – *nicht* auf die Ostmark *auszudehnen.*

Die Ostmark ist somit ein konkordatsfreier Raum.

III. Dieses Ergebnis steht im Einklang mit der Auffassung, die die *Kurie* bisher selbst vertreten hat.

Ihre Ansicht ist der Konsistorialansprache *Benedikts XV.* vom 21. November 1921 (AAS. 13, 1921, 521/522) zu entnehmen. Die Frage einer Nachfolge eines neuen Staates in das Konkordat des untergegangenen Staates ist zwar nicht ausdrücklich behandelt. Man muß ihre Beantwortung daher dem Prinzip entnehmen, das den aufgezählten Einzelfällen zugrunde liegt: „... res inter alios acta neque emolumentum neque praejudicum ceteris affert." Hiermit ist zum Ausdruck gebracht, daß ein Konkordat von der Kirche primär nicht als ein auf das Staatsgebiet radizierter Vertrag, sondern als ein mit einem bestimmten Staat als politischem Subjekt geschlossener Vertrag angesehen wird, bei dessen Wegfall auch das Konkordat erlischt.

Diese Bestimmung wird in der maßgebenden kirchlichen Literatur bestätigt. *Ottaviani* (Institutiones juris publici ecclesiastici, Rom 1936, S. 357 bis 359) erklärt unter Berufung auf die obigen Richtlinien Benedikts XV. und auf die völkerrechtlichen Sätze über die Nachfolge in Verträgen bei Untergang eines Staates das mit ihm geschlossene Konkordat für hinfällig. Den gleichen Standpunkt vertritt *Henry Wagnon* (Concordats et droit international, Gembloux 1935, S. 349-361) unter Berufung auf dieselben Gründe.

Dem Vernehmen nach hat auch der *heutige Papst,* als er noch Nuntius in Berlin war, bei Verhandlungen mit dem preußischen Staat verschiedentlich im *selben* Sinne gedroht, die Kirche könne erklären, daß die Abmachungen über die Bischofswahl nur mit dem König von Preußen, nicht aber mit dem Freistaat Preußen geschlossen seien.

Diese heute erstaunlich anmutende Stellungnahme der Kurie findet ihre Erklärung in den kirchenpolitischen Erfahrungen des 19. Jahrhunderts. Die Kirche rechnete damals damit, daß nach dem Untergang eines Staates die Regierung des neuen Staates über kurz oder lang diplomatische Verhandlungen über die Gestaltung des künftigen Staatskirchenrechtes beginnen werde. Als Verhandlungsbasis war für sie das kanonische jus commune mit seiner stark zentralistischen Tendenz am günstigsten. Die Kirche wandte daher nach Untergang eines Staates ihr jus commune an und schaffte alsbald einen ihrem Standpunkt günstigen Präzedenzfall. Die Staaten waren damals zu erheblichen Konzessionen gezwungen, um eine mehr nationale Gestaltung des für ihr Gebiet geltenden Kirchenrechts zu erreichen.

Heute sind die Machtverhältnisse zwischen dem Reich und der Kurie anders gelagert. Die Kirche möchte daher allem Vernehmen nach die Auffassung vertreten, daß zwar das Konkordat nicht mehr bestehe, daß sie aber durch das Konkordat auf österreichischem Boden *ein genau umgeschriebenes und gesetzlich anerkanntes Recht erworben habe.* Eine solche Auffassung würde für die Kurie allerdings neu sein. Sie würde auch mit der Rechtslage nicht im Einklang stehen. *Die Ostmark unterliegt als konkordatsfreier Raum der freien, ungebundenen Gesetzgebung des Reiches.* In Ausnutzung dieser rechtlichen Freiheit hat das Reich das neue Ehegesetz vom 6. Juli 1938 erlassen, ohne auf den Art. VII des österreichischen Konkordats Rücksicht zu nehmen, der die Teilnahme der Kirche an der Eheschließung sichern sollte. So hat es ferner die theologische Fakultät der Universität Innsbruck und die päpstliche Ersatzfakultät dortselbst aufgelöst, ohne daß es an die in Artikel V des österreichischen Konkordats gegebene Garantie gebunden war. Schließlich wurde auch das „Gesetz über die Erhebung von Kirchenbeiträgen im Lande Österreich“ vom 28. April 1939 erlassen ohne Berücksichtigung des Artikels XV des ehemaligen Konkordats, welcher den Finanzbedarf der Kirche in der Hauptsache auf die Staatsleistungen abstellt.

IV. Das Konkordat Österreichs sollte nach den Absichten der Vertragsparteien in erster Linie *machtpolitischen* Zwecken dienen. Das der großen Mehrzahl des österreichischen Volkes verhaßte Gewaltsystem der Herren Dollfuß und Schuschnigg wollte sich unter mehrfachem Bruch der bestehenden Verfassung die *politische Unterstützung des Vatikans* zur weiteren Unterdrükkung des Volkes dadurch erkaufen, daß es ihm zahlreiche Staatsrechte übertrug. Der Vatikan beabsichtigte, diesen Machtzuwachs in Österreich zur Errichtung eines *Bollwerks gegen das übrige Deutschland* auszunutzen. *Das politische Instrument dieser Politik ist durch die zielbewußte und kraftvolle Staatskunst des Führers zerschlagen,* so daß es der Gesetzgebung des Reiches freisteht, in der Ostmark selbst das Verhältnis der katholischen Kirche zum Staat zur Förderung eines wahren religiösen Lebens und zum Wohl unseres großdeutschen Vaterlandes zu regeln.

2. Rezension des Werkes von Wilhelm Weber: Die politische Klausel in den Konkordaten. Staat und Bischofsamt durch Hans Barion (Deutsche Literaturzeitung 1942, Sp. 178-183.)

1. Das kritische Echo des Weberschen Buches kehrt das in seinem Vorwort hervorgehobene Verhältnis zwischen der kirchlich und der staatlich eingestellten Behandlung des Themas weitgehend

um. Die Literatur zur politischen Klausel der Nachkriegskonkordate, d. h. zu der vertragsmäßigen Regelung eines auf politische Bedenken gegründeten staatlichen Einspruchsrechtes bei der Besetzung der bischöflichen Stühle, steht nach Weber i. w. unter dem Einfluß der kirchlichen Auffassung der Klausel, während es an einer wissenschaftlichen Vertretung des staatlichen Standpunktes insbesondere in Deutschland bisher fast völlig gefehlt habe. Nachdem das Buch nunmehr fast zwei Jahre vorliegt, sind zwar eine Reihe von Besprechungen zu verzeichnen, die vom staatlichen Standpunkt aus zu ihm Stellung nehmen (vgl. Forsthoff, Arch. f. evgl. Kirchenrecht 4, 1940, S. 137-138; Frankfurter Zeitung Nr. 378/379 v. 27.7.1940; Giese, Reichsverwaltungsblatt 61, 1940, S. 340; Grewe, Monatshefte f. auswärt. Politik 7, 1940, S. 435-437; Helfritz, Deutsche Verwaltung 17, 1940, S. 303; Huber, Deutsche Rechtswiss. 4, 1940, S. 162-167; Liermann, Arch. d. öff. Rechts N.F. 32, 1940, S. 177-179; Scheuner, Z. f. d. ges. Staatswiss. 101, 1940, S. 199-205; Walz, Z. f. Völkerrecht 24, 1940, S. 371-372), aber vom kirchlichen Standpunkt aus sind neben mehr oder weniger kurzen Anzeigen (Azione, Focina Nr. 22 v. 23.6.1940; Bierbaum, Missionswiss. u. Religionswiss. 4, 1940, S. 83-84; Lammeyer, Kölnische Volkszeitung Nr. 83/84 v. 24.3.1940; Theologie und Glaube 32, 1940, S. 234; Z. f. kath. Theologie 64, 1940, S. 229) bisher nur zwei auf die Sache eingehende Äußerungen erschienen, von Hilling, Arch. f. kath. Kirchenrecht 120, 1940, S. 136-137, und von Kurtscheid, Apollinaris 16, 1940, S. 335-337. Webers von ihm so ausführlich behandelte Vorgänger dagegen, insbesondere Ciprotti, Mörsdorf, Ottaviani, Perugini, Petroncelli, Restrepo, haben bisher geschwiegen, so daß es fast den Anschein hat, als ob nunmehr Webers Buch zu einem Monolog werden soll.

2. Das wäre wissenschaftlich darum zu bedauern, weil Weber gerade den Gegensatz der kirchlichen und der staatlichen Auffassung zum methodischen Angelpunkt seines Buches gemacht hat. Zwar ist nichts versäumt, um es auch in stofflicher Hinsicht zu einer ausgezeichneten Leistung zu gestalten: alle wesentliche Literatur ist verarbeitet (nur der thematisch verwandte Aufsatz von L. Bruggaier, Die Besetzung der Bischöfl. Stühle in Deutschland auf Grund der Konkordate für Reich und Länder = Miscellanea Vermeersch I, Rom 1935, S. 355-375 hätte vielleicht noch eine Erwähnung verdient gehabt), und das historische Material ist ausgiebig herangezogen. Man kann sich von Webers Buch daher auch unabhängig von seinen Ergebnissen über die Entwicklungslinien des jetzigen Konkordatsrechts, sowohl für die deutschen wie für die ausländischen Konkordate, über die rechtliche Beurteilung der politischen Klausel in der bisherigen Literatur und über ihre verwaltungsmäßige Handhabung seitens der Kirche und des Staates unterrichten. Aber die eigentliche Leistung ist doch die meisterhaft geformte Verarbeitung dieses umfangreichen Stoffes in einer Darstellung, die ihre Durchsichtigkeit und Wirkungskraft dem bewußten Ausgang von ihren Voraussetzungen verdankt. Die Entscheidung für den staatlichen Standpunkt steht nicht am Ende, sondern am Anfang dieses Buches; von da aus gewinnen seine Argumente ihre Bezogenheit aufeinander und vereinigen sich zu einer logisch fortschreitenden Darstellung, von da aus gelingt es Weber auch, den inneren Zusammenhang zwischen seinen vordergründig betrachtet oft verschieden argumentierenden gegnerischen Vorläufern klarzulegen und an die Stelle der Einzelpolemik eine tief eindringende Zergliederung des kirchlichen Standpunktes im ganzen zu setzen. Die beiden gegensätzlichen Auffassungen der politischen Klausel erscheinen so nicht mehr als einander ausschließende Auslegungen eines grundsätzlich nur in einem Sinne deutbaren und für beide Partner gemeinsam konkreten Ordnungszusammenhanges, sondern als das, was sie sind, als die notwendige Folge zweier verschiedener Grundhaltungen. In dieser Scheidung von Dezision und Deduktion liegt der wesentliche Fortschritt Webers über die früheren Bearbeitungen des Themas hinaus.

Voraussetzung dieser Behandlung der politischen Klausel ist die Ambivalenz ihrer verschiedenen konkreten Formulierungen. Wo in einem Konkordat schon durch die Fassung des Textes die Wahl zwischen der kirchlichen und der staatlichen Idealklausel präzise vollzogen ist, bleibt dem Juristen als einzige Aufgabe die Feststellung dieser Präzision und die Explizierung der dadurch geschaffenen Bindungen. Tatsächlich kann er sich kaum jemals auf diese Aufgabe zurückziehen, weil Eindeutigkeit der politischen Klausel eine Ausnahme ist. Mit Recht bildet daher der Nachweis, daß die politischen Klauseln durchweg mehrdeutig sind, die systematische Mitte des Buches. Er wird erbracht durch eine Analyse der beiden Voraussetzungen, von denen die rechtliche Tragweite der einzelnen Klauseln abhängt: des Begriffes der politischen Bedenken und der Rechtswirkung der staatlichen Erinnerungen.

3. Wie Weber selbst feststellt und wie die kürzlich erschienene, sehr praktische Synopse der Konkordate Pius'XI. und M. Nasalli Rocca di Corneliano, Concordatorum Pii XI. P.M. Concordantiae, Rom 1940, auf den ersten Blick bestätigt, stimmen sämtliche Konkordate in der Umschreibung des Begriffs "politische Bedenken" insofern überein, als sie sich auf den Terminus "politische" oder "allgemeinpolitische" (im Unterschied zu "parteipolitischen") Bedenken beschränken. Indem Weber in den beiden systematisch betrachtet zusammengehörenden Abschnitten über die politischen Bedenken und ihre Begründung diese Terminologie und den alleinstehenden Versuch des tschechischen Modus vivendi, eine tatbestandsmäßige Aufgliederung der politischen Bedenken zu geben, mit den Erkenntnissen Carl Schmitts über das Politische konfrontiert, zeigt er schlagend, daß die solchergestalt formulierten politischen Klauseln ganz verschiedene Bedeutungen annehmen können, je nachdem nämlich, ob sie dem liberalen oder dem totalitären Begriff des Politischen zugeordnet werden und auf einen liberalen oder totalitären Staat bezogen sind. Insoweit ist daher die übliche politische Klausel eine sinnvariierende Formel, die einen positiven, eindeutig festgelegten Begriff des Politischen nicht in sich selbst trägt, sondern von außen empfangen muß. Weber zieht für diese Sinnfüllung den Treueid der Bischöfe heran und gewinnt so eine in sich geschlossene Theorie der politischen Bedenken, die in der Feststellung gipfelt (S. 75): "Politische Bedenken gegen einen Bischofskandidaten im Sinne der hier erörterten politischen Klausel können daher alle die Einwendungen sein, die aus dem Bereich der Lebensvorgänge (und zwar sämtlicher Lebensvorgänge) in Volk und Staat erhoben werden, und die daran anknüpfen, daß der beanstandete Bischofskandidat diesen Lebensvorgängen gegenüber nicht mit Sicherheit eine Haltung beobachten wird, wie sie von der Treuepflicht gegenüber Staat und Volk gefordert wird."

Der zweite sachliche Brennpunkt der Weberschen Gedankenführung ist die Frage nach der Rechtswirkung eines etwaigen staatlichen Einspruchs. Es möchte zunächst scheinen, als ob deren Festlegung nur entweder im kirchlichen oder staatlichen Sinne erfolgen könne. Tatsächlich zeigt Weber in sehr interessanten Darlegungen, daß in der Mehrzahl der Nachkriegskonkordate diese Frage ebenfalls nicht eindeutig beantwortet worden ist. Sie kann daher nicht mit dem Positivismus der exegetischen Methode allein, sondern nur durch eine Entscheidung gelöst werden. Weber tritt auch hier für den staatlichen Standpunkt ein und begründet das, indem er sich auf die souveräne Geltung des politischen Anspruchs beruft und indem er der Abnahme des Bischofseides durch den Staat Exequaturfunktion zuspricht, wodurch auf dem Umwege über die Nichtzulassung zum Eide die Beachtung der staatlichen Erinnerung doch erreicht werden kann.

Nach Webers Urteil sind also die politischen Klauseln durchweg mehrdeutig, sowohl wegen des zu ihrer Formulierung verwandten Begriffs des Politischen wie auch wegen ihrer unklaren Haltung hinsichtlich der Rechtsverbindlichkeit etwaiger staatlicher Erinnerungen; sie lassen darum genügend Raum für eine Begründung der staatlichen Auffassung, wie sie Weber bietet, und die aus ihnen entwickelt wird, ohne in ihnen aufzugehen.

4. Die Kritik an seinem Buche wird sich nur auf die exegetische Behandlung der politischen Klauseln und auf die Auseinandersetzung mit seinen kirchenpolitischen Anschauungen im allgemeinen richten können. Die Erörterung der übrigen, teils juristisch-technischen, teils verwaltungsmäßigen Fragen (Terminologie der politischen Klausel; ihre Rechtsquellen im deutschen

Staatskirchenrecht; die kirchliche Anzeigepflicht; Verfahren bei Erhebung politischer Bedenken) ist durch die Quellen schon soweit festgelegt, daß man sich darauf beschränken muß, die überaus sorgfältig gewonnenen Antworten Webers zur Kenntnis zu nehmen. Das Urteil über seine oben wiedergegebenen Hauptthesen aber wird je nach dem eigenen Standpunkt des Kritikers verschieden ausfallen.

Wer Webers grundsätzliche Auffassung über das Verhältnis von Staat und Kirche teilt, wird seine Leistung vor allem danach bewerten, ob sie als erschöpfende wissenschaftliche Erörterung des staatlichen Standpunktes gelten kann. Wenn man den Maßstab des logisch einwandfreien Zusammenhangs zwischen Vorentscheidungen und Folgerungen anlegt, also immanente Kritik treibt, muß man diese Frage wohl bejahen; auch die bis jetzt vorliegenden und eingangs genannten Besprechungen vom staatlichen Standpunkt aus sind sich darüber im wesentlichen einig. Dagegen hat Weber diese Vorentscheidungen selbst wohl noch nicht in allen den Gedankengang tragenden Teilen genügend sichtbar gemacht und so wenigstens den Anschein eines Widerspruchs in seiner Darstellung bewirkt. Im allgemeinen nämlich stützt er das staatliche Erinnerungsrecht auf die politische Klausel und läßt es entsprechend ihrer jeweiligen Fassung verengert oder erweitert sein. Für die konkordatsfreien Räume des Großdeutschen Reiches, d.h. die außerhalb des Altreichs liegenden Gebiete hingegen stellt er die Behauptung auf, "daß, solange im Deutschen Reiche eine einigermaßen gefügte Ordnung im Verhältnis von Staat und katholischer Kirche vorhanden ist, das politische Erinnerungsrecht des Staates deren integrierenden Bestandteil bildet" (S. 38). Auch Huber und Scheuner haben an diesem Punkte Kritik geübt. Huber deckt die hier versteckte Unausgeglichenheit der Weberschen Voraussetzungen auf, indem er die Frage stellt, ob Weber in den konkordatsfreien Gebieten des Großdeutschen Reiches ein politisches Erinnerungsrecht Platz greifen lassen wolle, das gar nicht auf Vereinbarung beruhe, sondern einseitig aus der Kirchenhoheit des Reiches stamme. Die staatskirchenrechtliche Problematik der politischen Klausel mündet in der Tat in die Frage, ob sie als Begründung oder als Umschreibung des staatlichen Erinnerungsrechtes aufgefaßt werden soll. Wenn Weber, wie es scheint, den zweiten Standpunkt vertritt, wird er das nicht nur beiläufig sagen dürfen, sondern seine ganze Behandlung der politischen Klausel darauf abstimmen müssen. Damit erst würde die von ihm unternommene Darstellung des staatlichen Standpunktes völlig bruchlos sein.

Die von Kurtscheid vom kirchlichen Standpunkt aus gegen Weber gerichteten Einwände (Hilling beschränkt sich mehr auf wohlabgewogene kirchenpolitische Bemerkungen) bestätigen die vorstehend vertretene Würdigung des ganzen Problems, indem sie für die politische Klausel den Auslegungsgrundsatz aufstellen, daß sie als "concessio in materia ecclesiastica guberniis facta" verstanden und "iuxta intentionem concedentis" interpretiert werden müsse. Damit ist die einzig mögliche Grundlage für eine Webers Leistung an Großzügigkeit und Einheitlichkeit der Gedankenführung entsprechenden Darlegung des kirchlichen Standpunktes bezeichnet. Kurtscheid selbst allerdings bringt diesen Grundsatz nur als einen Einwand unter vielen, wie seine Kritik überhaupt auf die auch in einer bloßen Skizze erreichbare systematische Besinnung verzichtet. Insbesondere hat er die Frage nach der Mehrdeutigkeit der politischen Klauseln nicht berücksichtigt; daher geht seine Polemik von vornherein an Webers Standpunkt vorbei. Der Betrachter hat hier zwar nur ein Amt und keine Meinung; trotzdem darf er wohl mit der Bemerkung schließen, daß eine Vertiefung des Problems der politischen Klausel auf dem Wege der Gegenrede nur erreicht werden kann, wenn alle Ausführungen Webers mit dem sachlichen Ernst aufgenommen werden, der einer so glänzenden wissenschaftlichen Leistung gebührt.

Bonn. Hans Barion.

3. Nachtrag: Beratungen des Ausschusses über: Das nihil obstat am 3.12.1938

Es folgt Punkt 3 der Tagesordnung: *Das nihil obstat.* Referent *Professor Dr. Weber.* (Das Referat liegt vor [nicht überliefert.])

An das Referat schließt sich die folgende Aussprache.

Roth: Die Ausführungen von Professor Weber sind hochinteressant und sehr bedeutungsvoll, und auch wohl erstmalig. Denn so viel ich absehe, wird damit zum erstenmal zu diesem an sich ja kleinen Ausschnitt aus dem Konkordat von berufener Seite Stellung genommen. Es ist erfreulich, daß die Darlegungen demnächst in die Öffentlichkeit kommen und der kirchlichen Seite wohl manche Nuß zu knacken geben werden.

Bei Art. 7 wird wohl die kirchliche Seite sofort einhaken und sich nicht auf den Standpunkt des Herrn Prof. Weber stellen. Die Frage ist die: Kann man von einer Konkordatsverletzung sprechen, wenn der Staat einen Geistlichen, der das nihil obstat nicht erhalten hat, anstellt? Ich darf aus der Praxis dazu folgendes sagen. Die betreffenden Diözesanordinarien sprechen wohl von Konkordatsverletzungen, aber es scheint, daß die Kurie dem nicht ohne weiteres beipflichtet. Wenigstens hat die Kurie in der Praxis solche Fälle nicht zum Anlaß genommen, Noten zu schikken oder Vorstellungen durch den Nuntius zu erheben, so daß man – ich weiß nicht, ob ich da recht denke – annehmen könnte, daß jedenfalls die kirchliche Praxis sich der Auffassung des Herrn Professor Weber über diesen Artikel nähert.

Die Fälle, wo Geistliche abgesehen von den Theologieprofessoren und Geistlichen im Staat als Beamte fungieren, sind an sich sehr selten. Viel häufiger sind die anderen Fälle, am häufigsten die Fälle, die die Theologieprofessoren betreffen. Aber vielleicht können die anderen Herren, die unmittelbar davon betroffen sind, einiges zu den Ausführungen von Prof. Weber sagen.

Barion: Vielleicht darf ich einen Punkt herausgreifen, über den ich schon in der vorigen Woche ein Kolleg bekommen habe, und zwar von dem bayerischen Korreferenten von Herrn Regierungsrat Dr. Schwarz. Ich bedaure, daß Herr Mayer [vgl. Anhang] nicht dabei war, denn er hat mir in längeren Ausführungen das Verhältnis von Artikel 19 und Artikel 2 klargemacht. Er hat mir in wohlerwogener Rede auseinandergesetzt, daß man bei der ganzen Frage ausgehen müsse von Art. 2, der besage, daß in den einzelnen Ländern die Länderkonkordate völlig unverändert mit allen Rechten der Kirche in Kraft blieben. Das hat insofern eine besondere Bedeutung, als das bayerische Konkordat, rein für sich genommen, nicht mit der Deutlichkeit, die der betroffene Theologiedozent wünschen möchte, erkennen läßt, daß Einwendungen des Bischofs begründet sein müssen. Die Deduktion, die Herr Meyer mir vorführte, ging dahin: 1. Im Art. 3 Abs. 1 des bayerischen Konkordats ist jede Erinnerung als ausreichend erklärt worden. Das ist ein Privileg der Kirche; sie braucht es nicht zu begründen. 2. Dieses Privileg ist ausdrücklich aufrechterhalten worden durch Art. 2 des Reichskonkordats. 3. Also genügt das Faktum; ich erhebe eine Erinnerung, und damit ist die Sache vollständig ex. Das einzige, was überhaupt von staatlicher Seite geprüft werden könnte, wäre die Frage, ob in dem Schreiben der Terminus „Erinnerung" steht. Wenn der drinsteht, ist es vollständig aus.

Soweit ich das verfolgt habe, war Prof. Weber der völlig entgegengesetzten Meinung. Es war mir allerdings völlig neu, daß Art. 19 sich aus der Struktur des Reichskonkordats als eines Rahmen- und subsidiären Vertragswerkes völlig heraushebt und eine Sonderstellung insofern einnimmt, als hier in einem und anscheinend – das wird man sich ja sagen müssen – dem einzigen Punkt das Reichskonkordat, auch inhaltlich gesehen, an die Stelle der Länderkonkordate tritt. Das sind zwei völlig entgegengesetzte Auffassungen. Ich würde es praktisch gesehen für äußerst wichtig halten, daß die Diskussion über diesen Punkt zu einer gewissen Klarstellung darüber führte, ob wir uns für den Regierungsrat Dr. Meyer oder den Prof. Weber entscheiden.

In diesem Zusammenhang möchte ich noch eine andere Frage anschneiden – das ist in dem Referat nicht eigens behandelt worden –, die auch im Verwaltungsverfahren und in solchen Dingen eine Rolle spielt. Wenn der Bischof nun einmal unter großmütigem Verzicht auf sein Privileg, die Erinnerung nicht begründen zu müssen, sie trotzdem begründet hat und den Eindruck gewinnt, daß die Begründung nicht ganz durchschlagend ist, kann er sich dann zurückziehen und sagen. Was ich gesagt habe, nehme ich zurück, Sie haben das aber nicht zu prüfen, Sie haben sich nur mit der Erinnerung als solcher zu befassen?

Das wären die beiden Punkte, die mir praktisch als die vordringlichsten erscheinen.

Vorsitzender: Herr Professor Weber, sagten Sie, daß die Bestimmung im preußischen Konkordat, daß der Bischof begründete Einwendungen erheben kann, nur heißt, er muß sie irgendwie begründen, und dann ist es gut, dann hat er der Vorschrift genügt, oder waren Sie der Meinung, daß das heißt, es müssen auch stichhaltige Gründe sein, und dem Staat ist das Recht einzuräumen, daß er die Gründe nachprüft, er kann anderer Ansicht sein, dann kommt es dazu, daß Art. 14 angewendet wird, wonach die Parteien bei Meinungsverschiedenheiten sich ins freundschaftliche Benehmen setzen sollten, daß man sich also darüber unterhält, oder wie hatten Sie das gedacht?

Weber: Er muß begründete Einwendungen erheben, heißt nach meiner Auffassung, er kann nicht bloß nackte Einwendungen erheben, also bloß erklären: Ich erhebe Einwendungen gegen den Kandidaten, sondern er muß die Tatsachen darlegen, aus denen sich seine Einwendungen ergeben und aus denen der Staat entnehmen kann, daß diese Einwendungen dem Bereich Reinheit der Lehre und Erfordernisse des priesterlichen Lebenswandels zuzurechnen sind. Natürlich können diese Einwendungen so dünn sein, daß man auf den ersten Blick erkennt, sie sind nur Vorwand, und der Staat kann zu der Überzeugung kommen: Das ist doch wirklich nichts, das ist Unsinn, diese Verfehlungen, die gegen den priesterlichen Lebenswandel angezeigt werden, sind zu dürftig. Diese Aufdeckungspflicht als solche wird schon viel auf dem Wege erreichen, daß der Bischof keine Quisquilien aufbringt und daß er vor allen Dingen keine bloßen Vorwände vorschiebt. Wenn er auch noch andere Motive im Hintergrund und hinreichende Tatsachen bezüglich Reinheit der Lehre und Erfordernisse des priesterlichen Lebenswandels daneben hat, dann ist nichts zu machen. In der Regel wird der Bischof durch die Verpflichtung, den Tatbestand aufzudecken – und das ist eine Garantie –, schon dazu gebracht werden, Einwendungen nur da zu erheben, wo er sich wirklich mit Anstand mit seinen Einwendungen zu Gehör bringen kann. Unter Umständen kann darüber eine Meinungsverschiedenheit entstehen, die dann im Wege des Art. 14 des preußischen oder des Art. 33 des Reichskonkordats bereinigt werden müßte.

Es ist eine nicht sehr einfache Frage, ob die Subsumtion der dargelegten Tatsachen und der Reinheit der Lehre und Erfordernisse priesterlichen Lebenswandels lediglich Sache des Bischofs ist, oder ob sie im Einvernehmen zwischen Staat und Bischof geprüft werden kann. Es gibt ja Fälle, in denen solche Tatbestände – man denke an die preußischen Kirchenverträge – durch eine Schlichtungskommission geprüft werden. Es gibt solche Beispiele auch im italienischen Konkordat, wo diese Tatbestände durch eine gemeinsame Kommission festgestellt und nachgeprüft werden können. Darüber sagt unser Konkordatsrecht nichts aus. Jedenfalls ist es schon ein wesentlicher Fortschritt, daß der Bischof die Tatsachen darlegen muß. Schon darin liegt eine starke Garantie gegen bloß vorgeschützte Einwendungen.

Vorsitzender: Wenn er in der Lage ist zu sagen: Sechs Seiten lang habe ich begründet, daß mir der Mann nicht genehm ist, dann wird es schwer sein, dagegen anzugehen. Das Vorhandensein des Wörtchens „begründete" im preußischen Konkordat schwächt vielleicht etwas die Lage der Kirche vom Gesichtspunkt des bayerischen Konkordates aus, wo nur das Wort „Erinnerung" steht.

Roth: Es ist sehr die Frage: Was versteht man unter Lebenswandel und Reinheit der Lehre? Wie kann es beurteilt werden, wenn ein Bischof an Aussetzungen, die er am priesterlichen Lebenswandel hat, meinetwegen vorbringt, der Betreffende bete sein tägliches Breviergebet nicht? Das Beten des Breviergebetes ist eine rein interne Angelegenheit, die nach außen auch von kirchlicher Seite nicht kontrolliert werden kann, höchstens in der Beichte oder so ähnlich. Gehört das Beten des täglichen Breviergebetes zu den Essentialien des priesterlichen Lebenswandels, die den Bischof berechtigen, auf Grund der Unterlassung des Breviergebetes dem Staate gegenüber Einwendungen gegen den Betreffenden zu erheben? Das Breviergebet ist natürlich etwas anderes als Zölibat. Wenn ein Geistlicher nach außen hin offen irgendwie gegen die Zölibatgesetze verstößt, ist das natürlich etwas anderes, als wenn er im rein innerkirchlichen Bereich sein tägliches Breviergebet nicht betet.

Ein Bischof könnte beim Lebenswandel auch verschiedenes vorbringen, was einmal vor Jahren war, könnte es, nachdem es bereinigt ist, noch nach Jahren zum Einspruch gegen den Betreffenden heranziehen.

Vorsitzender: Ich muß sagen, es ist schwer für den Staat, nun zu sagen, was den priesterlichen Lebenswandel ausmacht. Ich bin eigentlich zu gerecht eingestellt, um nicht anerkennen zu müssen, daß dies nur von der Kirche entschieden werden kann. Wenn die Kirche der Meinung ist: ich verlange von meinem Geistlichen Zölibat usw., und zum priesterlichen Lebenswandel gehört auch dieses Gebet, und wenn man anerkennen muß, daß die Kirche einheitlich danach verfährt, wird es schwer sein für den Staat, zu sagen: Ich bin anderer Ansicht.

Roth: Wenn man aber von staatlicher Seite das Gefühl hat, daß das gar nicht die wirklichen Gründe sind?

Vorsitzender: Es ist eine schwierige Lage, ich sehe das ein.

Heckel: Bei dem Lebenswandel kann es sich nur um Dinge handeln, die nach dem normalen Typ des Priesters in die Öffentlichkeit treten. Es heißt: sanctior prae laicis vita, und das Breviergebet gehört zu solchen Äußerungen nicht. Es steht nirgends, daß der Priester sein Brevier in der Öffentlichkeit, meinetwegen auf dem Kurfürstendamm, lesen muß. Gemeint sind solche Äußerungen des Lebenswandels, die in die Öffentlichkeit hinaus wirken, die den übrigen Laien bekannt werden. Es wäre auch eine große Ungerechtigkeit, wenn es anders wäre. Der eine Kleriker sagt z.B. in seiner Gutmütigkeit seinem Bischof: Mit meinem Breviergebet komme ich nicht so ganz zurecht infolge meiner vielen Arbeit, der andere sagt es nur in der Beichte, und dem passiert nichts, während dem anderen ein Strick daraus gedreht wird. Das wäre eine Beförderung der Heuchelei und der Unanständigkeit, die mit dem deutschen Sittlichkeitsgefühl nicht übereinstimmen würde. Bei dem Lebenswandel ist wichtig die Wirkung des Lebenswandels auf die Öffentlichkeit, nach außen. Denn das ist die Sphäre, die in dem Verhältnis von Staat und Kirche den Staat interessieren kann. Der Bischof sagt dem Staat: Das ist ein Mensch, der in der Öffentlichkeit nicht ertragen werden kann, der in der katholischen Bevölkerung kein Ansehen genießt, und solche Menschen kannst Du dort nicht hinsetzen.

Barion: Das würde sich auch etwas schlüsseln mit der Begründbarkeit. Die Kehrseite ist, daß das, falls es nicht von dem Betreffenden eingestanden wird, nach außen hin gar nicht begründet und erfaßt werden kann. Der Einwand muß pro foro externo eingestanden worden, erfaßbar sein. Wenn der Bischof nicht vor seinem eigenen Official ein Verfahren anstrengen kann, kann er auch nicht verlangen, daß der Staat davon Notiz nimmt.

Vorsitzender: Die Sache ist immer die: Da eine entscheidende Instanz nicht vorhanden ist und die Kontrahenten des Vertrages immer darauf angewiesen sind, sich irgendwo freundschaftlich ins Benehmen zu setzen, ist eigentlich die Sache schwierig.

Heckel: Man kann doch auf diese Norm des Codex [c. 120] zurückkommen, in der steht: sanctio prae laicis vita, worauf hier Bezug genommen ist, und das ist ein Lebenswandel, der sich irgendwie in der Öffentlichkeit auswirkt.

Vorsitzender: Natürlich, man muß es irgendwo sehen können.

Forsthoff: Was die Begründungsnotwendigkeit angeht, so bin ich der Auffassung, daß man aus einer ganz allgemeinen Erwägung zu dieser Notwendigkeit kommen muß. Denn die Begründung müssen wir auch da haben, wo das, was zur Begründung gesagt wird, nicht verpflichtend ist. Wir haben bei den Rechtsmitteln im Privatrecht eine Begründungspflicht, aber die nachprüfende Instanz ist an diese Art der Begründung nicht gebunden. Das hat einmal den Zweck, die mutwillige Einlegung von Rechtsmitteln oder Vorbringen von Erinnerungen auszuschließen und ganz allgemein die Möglichkeit zu eröffnen, die Dinge zu bereinigen. Das hängt immer damit zusammen; das ist der rechtspolitische Zweck. Der wäre auch hier m.E. ganz ausgesprochenermaßen da. Ich gebe anheim, zu erwägen, ob man nicht differenzieren könnte zwischen solchen Fällen, wo es sich um die erste Anstellung handelt, also die Anfrage hinsichtlich eines Geistlichen, der noch nicht im Staatsdienst ist, und solchen Fällen, wo er sich bereits im Beamtenverhältnis befindet, wo es m.E. aus dem Beamtenverhältnis, wie wir es heute verstehen, auf Grund der ganzen Schutz-, Treue- und Sicherungspflichten, die der Dienstherr hat, unerläßlich ist, daß er erfährt, was gegen einen Beamten geltend gemacht wird. Von da aus kann sich vielleicht die Möglichkeit einer Differenzierung ergeben. Wird jemand in diese Lage gestellt, der bereits Beamter ist, so hat der Staat von seiner eigenen Struktur her ganz andere Schutzpflichten und auch einen durchaus legitimen Anspruch darauf, daß er erfährt, was gegen seinen Beamten geltend gemacht wird. Denn das kann unter Umständen für den Staat auch disziplinarisch von Bedeutung werden.

Weber: Ich habe diese Differenzierung schon versucht. Sogar die Konkordate differenzieren hier. Ich erwähnte schon die Einschränkung, daß die Erteilung des nihil obstat dem freien Ermessen des Bischofs überlassen ist, und dies gilt nur für die erstmalige Anstellung, nicht für eine spätere. Ich glaube, daß das bei den preußischen Konkordatsverhandlungen eine Rolle gespielt hat. In Baden gilt es auch, in Bayern nicht.

Barion: Mit der Beschränkung in der Begründung wollte man den Geistlichen Beschämungen ersparen. Es ist ja möglich, daß der Geistliche sagt, der Bischof kann das ruhig sagen, und diese Begründung schlägt dann nicht mehr durch.

Weber: Die offizielle Begründung ist die: Die Kirche soll nicht verpflichtet sein, ihre Geistlichen in der Öffentlichkeit bloßzustellen.

Vorsitzender: Es ist eigentlich eine komische Fassung: Wie weit der Bischof gehen will, bleibt seinem pflichtmäßigen Ermessen überlassen. Wie ist es, wenn der Satz fehlt? Er ist eigentlich ein Superfluum.

Weber: Eine gewisse Einschränkung ist es doch. Der Konkordatstext differenziert zwischen der erstmaligen Hineinnahme in ein Lehramt und der nachträglichen Beanstandung. Die nachträgliche Beanstandung im Sinne der von Herrn Forsthoff eben gemachten Ausführungen ist unter ganz besondere Kautelen gestellt. Nicht so stark sind die Kautelen bei der erstmaligen Anstellung. Dieses pflichtmäßige Ermessen darf aber nach meiner Ansicht nie so weit gehandhabt werden, daß die Ausgangsthese – begründete Einwendungen – wieder völlig umgestoßen wird.

Schröcker: Ich möchte etwas nachtragen zur Frage des sittlichen Lebenswandels. Da gibt es zwei sehr stark ins Gewicht fallende Gesichtspunkte, einmal das kanonische Recht selber und dann das Konkordatsrecht. Beide sprechen eindeutig dafür, daß hier nur der äußere Lebenswandel gemeint sein kann, der nach außen hervortritt.

Das kanonische Recht unterscheidet in einer ganz seltenen Schärfe zwischen forum externum und forum internum. Das forum internum spielt sich nur vor dem Beichtvater ab. Nur was nach außen in erkennbarer Weise hervorgetreten ist, kann zum Gegenstand eines verwaltungsmäßigen oder gerichtlichen Verfahrens im Kirchenrecht selber gemacht werden. Dann haben wir auch einen Hinweis in dem Zusatzprotokoll zum preußischen Konkordat, wo es heißt: schwere oder ärgerliche Verstöße gegen den sittlichen Lebenswandel usw. Darauf müßte man m.E. auch noch besonderes Gewicht legen; denn ärgerliche Vorstöße sind nur solche, die nach außen hin hervortreten, wie es z.B. eine offene Verletzung des Zölibatsgebotes ist.

Dann aber noch eine andere Frage. Was ist eigentlich sittlicher Lebenswandel? M.E. ist heutzutage eine Differenz zwischen der deutschen Auffassung von einem sittlichen Lebenswandel und der kirchlichen Auffassung nicht ganz ausgeschlossen. In kirchlichen Kreisen bestehen über manche Dinge andere Auffassungen, als wir sie heute als aufrechte deutsche Gesinnung bezeichnen. Wenn nun hier in einem solchen Punkte sich eine Divergenz zeigt, muß dann der Staat sich dem Urteil der Kirche in dem Falle anschließen? Muß er das Urteil darüber, was in einem solchen Falle sittlich ist, ausschließlich der Kirche überlassen, oder hat er ein selbständiges Urteil darüber? M.E. ist das Konkordat für deutsche Verhältnisse und auch von deutschen Staaten abgeschlossen worden, so daß auch die deutsche Auffassung von dem, was sittlich ist, mit bestimmend sein muß.

Zu der Frage, wie weit der Bischof in seinem pflichtmäßigen Ermessen zu gehen vermag, muß man m.E. besonderes Gewicht legen auf das Wort „pflichtmäßig". Wir haben im deutschen Verwaltungsrecht eine sehr ausgedehnte Literatur über die Frage des Ermessens und des pflichtmäßigen Ermessens und des Ermessensmißbrauchs, wo das Ermessen aufhört und die Willkür anfängt. Das muß man m.E. auch auf die Auslegung dieser Bestimmung übertragen. Die Beurteilung der Frage indessen, was zu einem Ermessen gehört und was nicht, bleibt nicht dem Bischof überlassen, sondern es gibt einen Punkt, wo der Staat sagt: Hier liegt eine Willkür vor. Dieser Punkt ist m.E. dann gegeben, wenn der Staat nicht mehr zu beurteilen vermag, ob die Einwendungen begründet sind oder nicht.

Dann wäre die andere Frage zu erwägen: Wie ist es, wenn der Bischof einen Grund vorbringt, von dem man genau weiß, daß er in Wirklichkeit gar nicht der maßgebende Grund ist, sondern maßgebend ist ein anderer, z.B. die politische Haltung des Betreffenden, aber aus gewissen Gründen bringt der Bischof den eigentlich maßgebenden Grund nicht vor? M.E. ist der Bischof verpflichtet – das folgt aus dem Grundsatz der Vertragstreue –, den echten Grund und nicht einen Vorwand vorzulegen.

Barion: Ich weiß nicht, ob die Vertragstreue verlangt, daß der Bischof seine sämtlichen Gründe vorbringt.

Schröcker: Nicht seine sämtlichen, sondern wenn er einen vorbringt, der offensichtlich nicht der wahre Grund ist, sondern der an den Haaren herbeigezogen ist, und wenn sich aus allen Umständen deutlich ergibt, daß er einen anderen Grund hat, den er aber nicht nennen will. In diesem Fall muß der Staat das Recht haben, den nichtigen Grund als nichtmaßgeblich zurückzuweisen.

Barion: Aber nur insoweit, als der andere Grund kein tatsächlicher Grund ist, die Sache also nicht begründet werden kann. Wenn also ein Bischof einen Mann aus politischen Gründen ablehnt und sagt: Er verletzt die Zölibatspflicht, und dies ist tatsächlich der Fall, dann kann man ihn nicht beiseite schieben. Der entscheidende Punkt ist, ob der Grund, den er angibt, tatsächlich stichhaltig ist.

Schröcker: Die Zölibatspflicht ist ein Grund, auf den die Kirche immer großes Gewicht legt. Anders ist es, wenn er einen Grund herbeizieht, von dem man weiß, daß er der Kirche völlig gleichgültig ist.

Barion: Ich halte das für bedenklich. Der Zwang für den Bischof, eine Begründung zu geben, übt doch einen sehr heilsamen Einfluß auf das Loslassen von Erinnerungen aus. Der Punkt, von dem aus man die Frage, im ganzen gesehen – der einzelne Fall ist eine Frage für sich –, überhaupt nur manipulieren kann, wird ganz ausgesprochen zunächst einmal die faktische Stichhaltigkeit der Gründe sein. Ich würde insofern meinen, daß der Punkt, um den es sich zunächst dreht, die Pflicht zur Begründung ist.

Vorsitzender: Einmal der formellen Begründung. Die Frage der Stichhaltigkeit ist ja eine zweite Frage.

Barion: Man kann an die Stichhaltigkeit nicht herankommen, wenn der Bischof der Stichhaltigkeit ausweichen könnte. Ich sehe von dem bayerischen Konkordat ab, bei dem der Bischof seine Erinnerung gar nicht begründen muß. Es ist aber überhaupt ein Umkehren der Gedankengänge, daß in diesem Punkte formell nicht mehr das bayerische oder preußische oder sonst ein Konkordat gilt, sondern daß hier eine Gesamtregelung geschaffen worden ist, die auch das Prinzip des Art. 2 völlig aus dem Sattel hebt. Ich bin da erleuchtet worden durch Regierungsrat Dr. Meyer, der auch über diesen Punkt Ausführungen gemacht hat. Das ist augenblicklich der Punkt, bei dem nach meiner Meinung eine Klärung am dringendsten ist.

Vorsitzender: Das ist aber nur de lege ferenda. Im Art. 19 des Reichskonkordats ist das noch nicht ausgesprochen.

Weber: Das ist gerade die Frage.

Vorsitzender: Dann müssen wir erst prüfen, was im Art. 19 drinsteht.

Barion: Um das noch einmal in einer etwas banalen Form auszudrücken: Die eine These würde sagen: in dem Falle München gilt das bayerische Konkordat, in dem Falle Bonn gilt das preußische Konkordat, in dem Falle Freiburg gilt das badische Konkordat, und soweit sich das aus der Zusammenmanschung der ganzen Vorschriften ergibt, kann man außerdem noch für München, Freiburg und Bonn gewisse allgemeine Vorschriften anziehen, während die These des Herrn Prof. Weber, soweit ich verstanden habe, besagt, daß für München, Freiburg und Bonn man sich nicht nur auf die Länderkonkordate nicht berufen kann, sondern eben nur auf die Gesamtregelung, die in Art. 19 – in einer sehr rudimentären Form, aber eindeutig erkennbar – enthalten ist, daß z.B. der Erzbischof von München gar nicht mit dem Art. 3 für sich genommen kommen kann, sondern, wenn er anfängt zu parlamentieren, seine Diskussion mit Art. 19 erschöpfen muß und daß man jeden Versuch einer Diskussion über Art. 3 als solchen und den Versuch, aus der Geltung des Art. 3 für sich genommen eine Konkordatsfrage zu machen, einfach damit abschneiden kann, daß man sagt: bitte schön, hier gilt nicht mehr Art. 3 formell genommen, sondern es gilt nur noch der Inhalt des Art. 3, soweit er in die einheitliche Regelung aufgeht. Das halte ich für einen ganz fundamentalen Punkt, bei dem auch innerhalb der einzelnen Kultusministerien, wie ich habe feststellen können, verschiedene Meinungen bestehen. Das bayerische Ministerium steht auf dem Standpunkt, daß Art. 3 gilt. Das müßte unbedingt geklärt werden.

Vorsitzender: Ich muß ja zunächst sagen, daß das, was Herr Prof. Weber ausgeführt hat, mir neu war, weil eben Art. 19 doch direkt auch die einschlägigen Konkordate nennt, dann allerdings fortfährt (S.3). aber. Ich meine, daß sich darauf doch offenbar diese Auffassung stützt. Vielleicht äußert sich Herr Schwarz dazu.

Schwarz: Herr MinDirektor, ich bin sehr dankbar dafür, daß ich zu der heutigen Sitzung eingeladen worden bin und zu dieser Frage sprechen kann, weil in der Tat, wie Herr Prof. Barion sagte, das Thema für mich in meinem Referat im Kultusministerium von dringendem Interesse ist. (*Meyer:* Auch dienstlich!) Ja, dienstlich von außerordentlich dringendem Interesse, wobei wir als Verwaltungsstelle allerdings in der glücklichen Lage sind, ein mehr theoretisches Interesse an der Klärung dieser Frage zu haben, weil wir mit der augenblicklichen Konstellation zwischen Staat und Kirche auskommen werden, ganz gleich, wie die Klärung dieser Frage ausfallen sollte. Trotzdem wäre es natürlich sehr schön, wenn auch sofort, also direkt gesehen, dem staatlichen Verwaltungsgesichtspunkt bei der wissenschaftlichen Klärung dieser Frage Rechnung getragen werden könnte. Da kommt es, glaube ich, in der Tat, wie Herr Prof. Barion sagte, zunächst auf die Streitfrage meines Kollegen im Münchener Ministerium gegenüber Herrn Prof. Weber an. In München nimmt man, da man dort von der kirchlichen Atmosphäre etwas stärker beeinflußt ist als in Berlin, tatsächlich an, daß jedenfalls, soweit Bayern betroffen ist, weil von einer Begründung im bayerischen Konkordat nichts gesagt wird, eine Begründung nicht notwendig ist, wenn der Bischof eine Erinnerung gegen einen Professor erheben will.

Vorsitzender: Er sagt also einfach: ich erhebe Erinnerung?

Schwarz: Er sagt: ich erinnere. Dann ist es nur noch eine Loyalität, wenn er sagt: aus den und den Gründen. Nachprüfbar sind diese Gründe aber auf alle Fälle nicht.

Es ist also tatsächlich nach meiner Meinung in diesem Gremium zunächst die Frage zu klären: Welcher von diesen beiden Standpunkten ist der richtige; wirkt sich tatsächlich Art. 19 dahin aus, daß eine neue Gesamtsituation geschaffen wird, in der der Gesichtspunkt des intensivsten Länderkonkordats, des preußischen Konkordats, nämlich mit der Begründung, Platz griffe, oder ist tatsächlich eine Diskussion über die Erinnerung überhaupt nicht notwendig? Sicher scheint mir zu sein, daß es auf das Wort „Erinnerung" in dem Schreiben nicht ankommt. Ich habe einen Fall, in dem eine formelle Erinnerung nicht erhoben worden ist, in dem nämlich gesagt wurde: die und die Sachen haben einmal vorgelegen; sie sind zwar bereinigt; aber ich halte es doch für möglich, daß daraus nach außen Schwierigkeiten entstehen, wenn der Professor liest, und diese Schwierigkeiten möchte ich doch gern vermieden wissen. Ein solcher Fall ist zweifellos keine Erinnerung. Das ist das Anschlagen eines praktisch-taktischen Gesichtspunktes, der keine Erinnerung gegen Lehre oder Lebenswandel ist. Ein solcher Fall scheidet formell, glaube ich, als Erinnerung aus.

Jetzt kann man sich aber einen anderen Fall denken, nämlich den Fall, daß gesagt wird: Ich erhebe Erinnerung aus den und den Gründen. Erste formelle Vorfrage: Ist jetzt der Bischof tatsächlich an diese angegebenen Gründe gekettet, oder kann er, falls diese Gründe ihm selbst nicht mehr plausibel erscheinen oder ihm aus irgendeinem Grunde entkräftet worden sind oder irgendwelche politischen Druckmaßnahmen Veranlassung geben, daß er es für richtig hält, andere Gründe anzugeben, andere Gründe unterschieben? Ich glaube, da muß man sagen: Ein Mann, ein Wort, wie Herr Schröcker sagte. Das ist also eine Frage der Vertragsloyalität. Bei den Gründen, die er angibt, muß er schon bleiben.

Dann kommt die Frage: Sind sie nachprüfbar? Stellt man sich auf den Weberschen Standpunkt, dann sind nicht nur für Preußen, sondern für das ganze Reich diese Gründe nachprüfbar. Welcher Maßstab muß der Nachprüfung durch den Staat unterstellt werden, der staatliche oder der kirchliche? Ich glaube, da muß man sagen: Der kirchliche, denn nach unseren heutigen staatlichen Gesichtspunkten ist einer der fundamentalsten Grundsätze des katholischen Priestertums, nämlich der Zölibat, ja durchaus fragwürdig in seiner sittlichen Tiefe. Auf eine Diskussion darüber, wie das mit dem Zölibat ist, können wir uns natürlich vom Staat her nicht einlassen, braucht sich aber auch meiner Ansicht nach die Kirche nicht einzulassen. Dieser Grundsatz ist vom Staat einfach anzuerkennen. Es ist einer der Fundamentalsätze, und wenn mir nachgewiesen wird: Dieser Mann hat Verkehr mit einer Frau, für den ich (Staat) durchaus Verständnis habe, muß ich trotzdem sagen: Mein Verständnis dafür spielt gar keine Rolle; ich muß mich hier auf den kirchlichen Standpunkt stellen, daß das verboten ist. Wenn aber z.B. der Bruch des Zölibats als Grund bei einem Manne angegeben wird, der bereits Beamter ist, der also an derselben Stelle bleibt und nur vielleicht eine andere Funktion erhält, und wenn dann der Bischof eine nochmalige Erinnerung anmeldet, der Mann sei nicht tragbar, oder wenn der betreffende Beamte von einer Stelle in eine andere Stelle versetzt wird und der neue Diözesanbischof erklärt: „der Mann hat den Zölibat gebrochen", und wenn ich dann diesen Mann, der der staatlichen Disziplinargewalt untersteht, amtlich vernehme und er sagt: „Das stimmt nicht; man soll mir nachweisen, wann und wo; es ist vollkommen unmöglich; ich erkläre unter Berufung auf meinen Diensteid, der Bruch des Zölibats hat gar nicht stattgefunden", dann ist in einem solchen Falle, wenn man sich auf den Weberschen Standpunkt stellt, eine Diskussion sehr einfach, indem man dem Bischof schreibt: du behauptest das; wir haben den Mann dienstlich vernommen, er bestreitet das; bitte, wann und wo soll das geschehen sein?

Nun kommen die weiteren Fragen, die sich auf den Fall beziehen, in dem Gründe angegeben werden, die tief in die Materie einführen, so z.B. das Breviergebet. Da glaube ich, ist das richtig, was Herr Prof. Heckel sagte, daß man tatsächlich darauf abstellen muß: forum internum und forum externum; welches Verhalten des Priesters gilt nach der Ansicht des streng katholisch gläubigen, einfachen Mannes als tragbar und welches Verhalten als nicht tragbar? Da wird man also gewissermaßen wie überhaupt im Recht stark auf die Wirkung der Volksmeinung abkommen, wobei nur die Spezialität des streng katholisch gläubigen Volksteiles dazukommen würde. Also eine Sache mit dem Breviergebiet könnte die Kirche, auch wenn man sich auf ihren Standpunkt stellte, meines Erachtens nicht hervorbringen, weil das typisch eine Angelegenheit des stillen Kämmerleins, also des forum internum ist. Wohl aber würde man all die Pflichten, die der gläubige Katholik in einem Dorf im Bayerischen Wald von seinem Dorfpriester verlangt, daß er den Zölibat hält, daß er sich nicht in den Kneipen besäuft, daß er nicht lügt, nicht betrügt, nicht stiehlt – um es einmal primitiv auszudrücken –, als Gründe anerkennen. Alle weitergehenden Sachen aber könnte der Staat, glaube ich, der Kirche abschneiden, indem er sagt: Du begründest das damit, das ist kein Grund, weil es keine Angelegenheit ist, die im Auge des einfachen katholisch gläubigen Menschen irgendwie von Belang ist.

Also die Vorfrage – ich möchte sie einmal kurz so benennen –, wer Recht hat, ob Herr Weber oder Herr Meyer, wobei ich meinen Kollegen Mayer vom Münchener Ministerium meine (*Heiterkeit*), wäre zunächst zu klären. Es ist ja tatsächlich so, daß ich jetzt ein bißchen die Ansicht meines Münchener Kollegen Mayer persifliert habe. An sich ist es zweifellos der Standpunkt der Kurie, und es ist ein Standpunkt, der sich rein formaljuristisch unter Berufung auf das bayerische Konkordat für den bayerischen Raum theoretisch durchaus hören läßt.

Vorsitzender: Zumal ja auch im bayerischen Konkordat von Lehre und Lebenswandel gar nicht einmal die Rede ist!

Weber: Wohl bei nachträglicher Beanstandung!

Barion: In der italienischen Übersetzung des bayerischen Konkordats ist sogar bei der Erinnerung noch erläuternd eingefügt: jede Erinnerung, irgendeine, ein Ausdruck mit dem Sinn von qualiscumque.

Vorsitzender: Es ist dann doch unzweifelhaft, daß nach dem bayerischen Konkordat, auch wenn man die Auffassung vertreten will, daß die Kurie ihre Erinnerung begründen muß, es nicht Taten zu sein brauchen, die die Lehre oder den Lebenswandel betreffen.

Barion: Ohne Zweifel wollte man das, und mein verehrungswürdiger Vorgänger, GehRat Eichmann, hat ja gesagt, daß er gar keinen Grund sehe, warum man sich darüber aufrege, daß es nicht eine Erinnerung gegen Lehre und Lebenswandel sei; das sei eine Meisterfrage. Ihm hat die Sache vorgelegen, und er hat von sich aus votiert, daß man das nicht einmal konkretisieren solle. Also es ist ohne Zweifel so gemeint gewesen, und der italienische Text hat das ja auch mit seinem qualiscumque ausgesprochen. Damit ist klar, daß man sagen wollte: Voraussetzung ist, daß nicht erhoben werden, wie es in dem italienischen Text heißt, „alcune obbiezioni", irgendeine, im Deutschen, keine Erinnerung. Das ist die im italienischen Text ausgesprochene Ansicht. Es ist die Befreiung von der Bindung an Lehre und Lebenswandel. Ohne Zweifel ist das die Absicht gewesen, die man dabei gehabt hat. Jetzt ist der springende Punkt ganz richtig dahin zu formulieren, ob man nicht auf dem Wege über Art. 19 auf Lehre und Lebenswandel abstellen kann, also diese Einschränkung noch nachträglich hineinkorrigieren kann. Ich würde das nach meiner Meinung erst einmal rein theoretisch behaupten. Die weiteren Darlegungen des Herrn Weber über Art. 19 waren insofern theoretisch und praktisch wertvoll, als die einheitliche Praxis in diesem Punkte, so viel ich weiß, seit einigen Jahren schon vorliegt. Man hat in den letzten Jahren – daß müßten Herr Prof. Weber und Herr RegRat Schwarz wissen – auch in Bayern, soviel ich weiß, immer beim Bischof angefragt, ob er Bedenken gegen Lehre und Lebenswandel habe. Wenn der Kardinal Faulhaber in den letzten vier Jahren seit dem Abschluß des Reichskonkordats bei Berufungen diese Formel stillschweigend geschluckt hat, dann hat er sich damit auf jeden Fall mit der Praxis der Reichsregierung einverstanden erklärt und kann jetzt, ganz unabhängig davon, was Art. 19 und Art. 2 im einzelnen bestimmen, schon mit Rücksicht auf die in Art. 19 unzweideutig verankerte Möglichkeit der Berufung auf das Gewohnheitsrecht in einem konkreten Falle gar nicht mehr von Lehre und Lebenswandel abkommen, vorausgesetzt, daß er diese Formel bisher geschluckt hat.

Weber: Sie haben eben die gewohnheitsrechtliche Seite beleuchtet. Als ich die Fakultäten im Kultusministerium übernahm – es war, glaube ich, Ende 1934 –, habe ich einen Erlaß vorgelegt, der dann auch hinausging, der Bezug nimmt auf die Verpflichtung der Reichsregierung, für eine einheitliche Praxis zu sorgen und der im Sinne des Neuaufbaugesetzes die Erledigung dieser Sache an das Reichserziehungsministerium zog. Ich habe dann von da aus im Sinne der einheitlichen Praxis nach einem bestimmten, aktenmäßig festgelegten Schema diese Anfrage gerichtet an sämtliche Fakultäten, auch an die Fakultät in Freiburg. Damals handelte es sich um eine Besetzung in Freiburg und um mehrere Besetzungen in München, in denen die Klausel, ob hinsichtlich Lehre und Lebenswandel der Genannten begründete Einwendungen zu erheben seien, vorkommt, wörtlich so formuliert: ob hinsichtlich Lehre und Lebenswandel des Genannten begründete Einwendungen zu erheben seien. Sowohl der Erzbischof von Freiburg als auch der Erzbischof von München haben diese Formel in mehreren Fällen unbeanstandet hingenommen.

Vorsitzender: Das ist ja sehr interessant. – Ich wollte nur noch die Frage stellen – allerdings weiß ich nicht, ob sie von Wert ist -: Wie wird denn bei dem Gegenstück der politischen Klausel in Preußen und in Bayern verfahren? Wenn die Staatsregierung Bedenken erhebt, werden diese Bedenken begründet?

Roth: Nein! Es ist folgendes interessant. Ich kenne die Praxis ja nur seit 1935. Der erste Fall war, daß die Kurie Einwendungen gegen den von uns damals benannten Militärbischof Rakowski erhoben hat, Einwendungen, die sich allerdings nicht auf Lehre und Lebenswandel bezogen haben, sondern auf andere Dinge, auf die politische Einstellung. Wir haben dann gefordert, die Kurie möchte das näher begründen. Das hat sie abgelehnt. Aber wir haben uns dann doch durchgesetzt, und Herr Rakowski ist Militärbischof geworden. Einige Zeit später kam die Anfrage der Kurie wegen eines Zivilbischofs. Wir haben abgelehnt ohne Angabe der Gründe. Daraufhin kam zurück, wir möchten die Sache näher begründen.

Vorsitzender: Aber Sie haben das bewußt getan, nur weil sie nicht begründet hatte!

Roth: Nicht deswegen, sondern weil der Fall für uns viel häufiger ist. Zivilbischöfe haben wir etwa 26, aber wir haben nur einen Militärbischof, wo die Sache anders geht. – Also wir haben die Begründung abgelehnt. Daraufhin wollte die Kurie die näheren Gründe wissen, und wir haben dann gesagt: nein, das kommt nicht in Frage. Damit hat sich die Kurie schließlich begnügt, und seitdem werden bei Bischöfen usw. keine Gründe angegeben.

Forsthoff: Ich wollte noch zu dem Verhältnis von Art. 2 und Art. 19 einiges sagen. Ich bin da nämlich, so gern ich der Lösung des Herrn Kollegen Weber prinzipiell zustimmen möchte, etwas bedenklich. Wenn ich die prinzipielle Fragestellung noch einmal rekapitulieren darf, dann ist es so: Herr Weber sagt: Die Landeskonkordate, die in Art. 2 genannt sind, bleiben an sich völlig unverändert in Kraft; in einem Falle ist eine Ausnahme gemacht, nämlich in Art. 19; da wird für einen bestimmten Sachverhalt diese Regelung modifiziert, und die Regelungen der einzelnen Konkordate gleichen sich einer allgemeinen Regelung an. Ich habe kein Bedenken, anzunehmen, daß der letzte Satz des Art. 19: „Die Reichsregierung wird sich angelegen sein lassen ..." trotz der futuristischen Formulierung geltendes Rechts ist. Aber wenn wir den Wortlaut des Satzes genau nehmen, stoße ich mich an der Formulierung: „Die Reichsregierung wird sich angelegen sein lassen, für sämtliche in Frage kommenden katholischen Fakultäten Deutschlands ...". Wenn dort stände: „für sämtliche Fakultäten", dann schiene mir die Sache im Sinne des Herrn Weber klar zu sein: Das wäre für das ganze Reich. Wenn da stände „für sämtliche katholischen Fakultäten", dann würde ich mich auch in dem Sinne entscheiden. Hier steht aber „für sämtliche in Frage kommenden katholischen Fakultäten", und das legt doch die Vermutung nahe, daß es eben nur diejenigen sind, die bisher von der Konkordatsregelung nicht erfaßt sind. (*Weber:* Es ist nur eine!) Tübingen! Da ein Konkordat ja immer für die Zukunft geschlossen wird, bezieht sich dieser Satz auch auf die noch entstehenden Fakultäten. Deshalb kann man die Pluralfassung durchaus in dem Sinne für möglich halten.

Vorsitzender: Korrekt hätte es dann heißen müssen: für die Fakultät Tübingen.

Forsthoff: Ja, dann hätte man sich aber auf den damaligen status quo festgelegt, was ein Konkordat ja nicht tut, weil es sich auf eine prinzipiell lange Dauer einstellt. Man ist wohl berechtigt, derartige Bestimmungen sehr genau zu lesen. Ich bitte, dazu Stellung zu nehmen. Ich will nichts entscheiden. Prinzipiell wäre mir die Lösung des Herrn Weber lieber; aber ich muß diesen Einwand machen.

Heckel: Ich möchte zunächst einmal zu Art. 19 folgendes sagen. Ich weiche vielleicht in einer kleinen Nuance von Herrn Weber ab. Bei der Auslegung des Art. 19 ist davon auszugehen, daß man es damals mit einem quasi föderalistischen Aufbau des Reiches zu tun hatte. Die Konkordate waren mit den Ländern abgeschlossen. Nun heißt es: Die Reichsregierung wird sich angelegen sein lassen, eine einheitliche Praxis zu sichern. Daraus geht erstens hervor: Solange die Reichsregierung eine solche einheitliche Praxis nicht herstellt, bleibt es bei den Länderkonkordaten. Die Reichsregierung umgekehrt ist verpflichtet, eine einheitliche Praxis herbeizuführen, selbst wenn die Länder vorhanden sind. Es wird also hier eine unitarische Regelung des Stellenbesetzungsrechts gegenüber dem bisherigen förderalistischen Stellenbesetzungsrecht von beiden Seiten als erwünscht erklärt. Nun, was bekommt die Reichsregierung daraus? Erstens die Pflicht, in dieser Richtung mit den ihr zustehenden Machtmitteln zu wirken, zweitens aber auch eine Vollmacht seitens der Kirche oder das kirchliche Einverständnis zu einer einheitlichen Regelung unter Berücksichtigung, wie es heißt, einer die Gesamtheit der einschlägigen Bestimmungen entsprechenden Praxis. Nun ist die Praxis so gewesen, daß die einzelnen Konkordate in gewissen Punkten Varianten aufgewiesen haben. Hier wird nun der Reichsregierung die Möglichkeit gegeben, unter diesen Varianten eine herauszusuchen und als die maßgebende hinzustellen. Es wird also diesen Varianten keine grundsätzliche Bedeutung seitens der Kurie beigemessen, sondern es wird gesagt, daß das eine Frage der Praktikabilität des deutschen Verwaltungsermessens in den Beziehungen zwischen Staat und Kirche ist. Welche dieser Varianten der Staat nimmt, damit ist die Kirche einverstanden, so daß die Praxis, von der Sie, Herr Weber, berichteten, daß die Bischöfe nichts gemacht haben, wenn Sie nach Lehre und Lebenswandel fragten, durchaus damit übereinstimmt, weil nämlich die Frage, welche dieser Varianten von der Reichsregierung herausgesucht wird, eine Frage ihres Verwaltungsermessens ist.

Nun weiter die Frage, ob die in Frage kommenden Fakultäten nur diejenigen sind, die konkordatär irgendwie schon betroffen sind. Da heißt es im italienischen Text, der doch die Grundlage für den Vertragsentwurf, der bei der Kurie ausgearbeitet wurde, gebildet hat – das hat Herr Weber ganz richtig gesehen – und der dann von Herrn Kaas usw. übersetzt worden ist: „Die Reichsregierung wird Eile haben (avrà premura), für alle vorher erwähnten katholischen Fakultäten Deutschlands eine einheitliche Praxis zu sichern (di assicurare per tutte le anzidette facultà cattoliche della Germania una pratica uniforme ...). Was die „vorhergenannten" betrifft, so bezieht sich das zunächst einmal auf den zweiten Satz des Artikels, in dem es heißt: „Il loro rapporte con l'autorità ecclesiastica sono regulati", dieses „loro" bezieht sich auf den ersten Satz, und dort heißt es: „Die Fakultäten der katholischen Theologie an den Universitäten des Deutschen Reiches bleiben erhalten". Also kann man sehr wohl den Satz: „Die in Frage stehenden Fakultäten ..." dahin ausdeuten, daß das auf den zweiten Satz geht und der zweite Satz wieder auf den ersten. Mit anderen Worten: Auch die Universität Tübingen sollte in diese Gesamtregelung einbezogen werden können.

Barion: Es bezog sich, wie Herr Forsthoff ganz richtig dargelegt hat, nicht nur auf die schon vorhandenen Fakultäten, sondern auch auf etwa noch entstehende.

Heckel: Es bezog sich nicht nur auf die schon vorhandenen Fakultäten. Negativ muß man das richtig auslegen.

Barion: Also nicht nur die Fakultät Tübingen ist gemeint. Es besteht die Gefahr, daß man sagt: hier ist bloß eine Fakultät, und zwar die von Tübingen gemeint.

Heckel: Nein, alle Staatsfakultäten.

Vorsitzender: Wenn an anderen Stellen nur von einer Fakultät die Rede ist, nämlich von Meißen, dann wird sie erwähnt.

Forsthoff: Es handelt sich um die bisher nicht durch Konkordat erfaßten Fakultäten.

Heckel: Es ist also nicht so, daß durch Art. 19 automatisch ein Vorrang des Reichskonkordats vor den Länderkonkordaten eintritt – da unterscheide ich mich etwas von Ihnen –, sondern es ist so, daß die Regierung in der Lage ist, durch die Umwandlung der föderalistischen Regelung in eine unitarische ein neues Gesamtrecht zu schaffen. Dieses Gesamtrecht geht dann den Länderkonkordaten tatsächlich vor. Im praktischen Ergebnis komme ich also auf dasselbe hinaus.

Weber: Ich glaube, auch theoretisch; denn ich meine auch nicht, daß Art. 19 als solcher diese Gestaltungsmöglichkeit der Reichsregierung umschließt, sondern die in Art. 19 enthaltene Regelung.

Barion: Es ist natürlich dringend erforderlich, diese Frage mit absoluter Präzision zu behandeln. Es ist sehr gut, daß Sie das gemerkt haben.

Heckel: Dann wollte ich noch etwas sagen zu der Frage der Erinnerungen, die erhoben werden können. Wir sind darin einig, daß es jedenfalls nur Tatsachen sein können, die im forum externum hervorgetreten sind. Nun kann man nicht sagen: Es gibt gewisse Tatbestände, die nur im forum internum hervortreten; andere können nur pro foro externo hervortreten. Ich würde also nicht ganz so vorgehen, wie Herr RegRat Schwarz das vielleicht gemeint hat. Oder ich habe ihn möglicherweise mißverstanden. Ich würde also nicht sagen: Wir beschränken uns darauf festzustellen, daß Einwendungen des forum internum uns nicht berühren. Das ist selbstverständlich. So wird aber auch kein Bischof vorgehen, daß er sagt: „Ich habe das in foro interno erfahren"; das tut er ja niemals. Gerade damals, als das preußische Konkordat gemacht wurde und es auf die Frage ankam: „Dem Bischof bleibt es seinem pflichtmäßigen Ermessen überlassen, wie weit er da gehen kann", hat, wie ich mich erinnere, in den Unterhaltungen Paccelli gesagt: „Erstens einmal kann ich den Geistlichen nicht bloßstellen; ich kann gewisse Dinge, die mir von ihm anvertraut sind, nicht sagen." Er hat aber, wenn ich mich recht erinnere, darüber hinaus auch gesagt: „Es handelt sich nicht nur um den Geistlichen, sondern auch um die Wirkung einer solchen Offenlegung auf das Seelenheil der mir anvertrauten Herde überhaupt. Er hat also auch diesen mehr institutionellen Grund vorgebracht. Also kein Bischof wird sagen. „Ich habe pro foro interno das und das erfahren, und darum weiß ich das". Er wird immer sagen: „Das ist eine Sache des forum externum." Aber das genügt, glaube ich, für den Staat noch nicht, sondern der Staat muß erklären: es muß ein solches Verhalten sein, das sich zwar im forum externum abspielt, aber innerhalb dieses forum externum auch eine gewisse Publizitätswirkung entfaltet hat oder typischerweise entfaltet. Das wären die beiden Dinge. Irgendwie in diesem Sinne müssen es öffentliche Tatsachen sein.

Barion: Das würde ich auch sagen.

Vorsitzender: Ich kann mich dem ziemlich anschließen. Darf ich zu dem Ausdruck „Praxis sichern" noch etwas sagen. Ich bin darüber gestolpert, als ich früher zuerst den Art. 19 las. Was heißt „Praxis sichern"? Das kann doch nur heißen: sich im Rahmen der bestehenden Konkordate, soweit sie das zulassen, bemühen, daß überall einheitlich verfahren wird und daß dann auch noch da, wo kein Konkordat besteht, es so gemacht wird. Aber es kann nie heißen – das ist ein Punkt, den ich einmal in die Debatte werfen wollte; ich denke jetzt einmal laut –, daß da, wo etwa das Konkordat anders lautet, dagegen angegangen werden soll. Das geht nicht. Wenn man also der Meinung sein sollte – ich bin es nicht; aber ich werfe das einmal hin –, daß der bayerische Text so auszulegen ist: „Der Bischof zieht [erhebt] die Erinnerung; dann ist die Sache aus", daß das darinsteht und daß das keine andere Auslegung zuläßt, dann könnte man hiermit nicht weiterkommen.

Heckel: Aber indem die Kurie der staatlichen Regierung eine solche Regelung im Verwaltungswege überläßt, sagt sie: „Welche dieser verschiedenen Varianten, die ich in den verschiedenen Ländern bisher durchgesetzt habe, du willst, ich erkläre: es ist mir zumutbar; denn ich habe vom kirchlichen Standpunkt aus gesagt: die eine Sache ist tolerabel, die andere ist auch tolerabel, die dritte auch, welche du heraussuchst, ist gleich, prinzipielle, dogmatische oder sonstige Bedenken der Kirchenpolitik bestehen nicht; mit jeder dieser Regelungen finde ich mich ab."

Vorsitzender: Das läßt sich hören.

Weber: Ich wollte ergänzend sagen: Allerdings muß diese Regelung der Gesamtheit der einschlägigen Vorschriften entsprechen. Nicht läßt sich daraus herleiten eine Meistbegünstigungsklausel zugunsten der Kirche, wonach sämtliche der Kirche günstigen Momente kumuliert werden müssen. Die konkordatäre Regelung in den drei Konkordaten stimmt überein bis auf zwei Punkte. Der eine ist Art. 3 des bayerischen Konkordats, wo nicht ausdrücklich von begründeter Erinnerung die Rede ist, und der zweite ist die Lehrbefähigung im badischen Konkordat.

Vorsitzender: Drittens der Punkt, daß im bayerischen Konkordat die Worte „Lebenswandel und Leben" fehlen.

Weber: Das entspricht der Begründung. Nur diese beiden Abweichungen bereiten überhaupt Schwierigkeiten. Da taucht die Frage auf: Müssen wir das in das gesamte Konkordatsrecht aufnehmen im Sinne einer Meistbegünstigungsklausel zugunsten der Kirche, oder brauchen wir es nicht aufzunehmen? Müssen wir es aber in Bayern und Baden jeweils aufrecht erhalten, oder aber wird es überhaupt in Bayern und Baden abgestoßen? Ich vertrete den letzten Standpunkt, weil nur auf diese Weise die einheitliche Regelung zustande kommt.

Schröcker: Ich bin der Meinung, nachdem es heißt „eine der Gesamtheit der einschlägigen Vorschriften entsprechende Regelung", daß das bayerische und das badische Konkordat nicht ohne weiteres eliminiert werden dürfen und etwa nur das preußische Konkordat zur Auslegung dieser Frage herangezogen werden darf, wenngleich dem preußischen Konkordat natürlich das entscheidende Gewicht zukommt, weil es die meisten Fakultäten erfaßt. Aber es wird in diesen Auseinandersetzungen eigentlich immer schon vorausgesetzt, daß Art. 3 des bayerischen Konkordats in dem Sinne auszulegen ist, daß der kirchlichen Behörde ein absolutes Veto zusteht, und das möchte ich eigentlich ganz entschieden bestreiten. Das hat bisher auch nicht der Auffassung der kirchlichen Behörden in München entsprochen. Das ergibt sich daraus, daß die Kirche das so hingenommen hat. Erst neuerdings vertritt die kirchliche Behörde in München die Variation, daß sie ein absolutes Veto hätte. Aus der Geschichte der Bestimmung geht hervor, daß der Vatikan ursprünglich ein absolutes Veto wollte. In dem Entwurf des Vatikans zum bayerischen Konkordat steht, daß kein Dozent an staatlichen Hochschulen und Fakultäten zugelassen wird, der nicht die missio canonica des zuständigen Bischofs erhalten hat. Im Gegenentwurf der bayerischen Regierung war das in eine farblose Formulierung des jetzigen Art. 3 umgewandelt, und zwar mit Grund. Man wollte bei der bisherigen Übung bleiben. Wenn man die Landtagsverhandlungen durchsieht, so hat der damalige Berichterstatter des Landtagsausschusses zwar immer wieder betont, daß zwischen Art. 3 und Art. 4, der die Weltanschauungsprofessuren an den philosophischen Fakultäten behandelt – für Philosophie und Geschichte –, ein wesentlicher Unterschied bestehe. Er sagt aber nur an einer Stelle, worin der Unterschied eigentlich bestehen soll. Das ist insofern eigenartig, als sich aus seinen Darlegungen ergibt, daß in Wirklichkeit kein Unterschied besteht beim Berufungsverfahren, weil in beiden Fällen begründet werden muß.

Wichtig ist vor allem die Erklärung des damaligen Regierungsvertreters auf eine Anfrage. Da hat Ministerpräsident Held im Landtag erklärt, daß es bei der bisherigen bayerischen Praxis verbleibe und daß darüber kein weiteres Wort zu verlieren sei. Die bisherige bayerische Praxis war aber alles andere als ein absolutes Veto zugunsten der kirchlichen Behörde. Erst etwa 1878 haben die Bischöfe erstmalig erreicht, daß sie überhaupt bei der Berufung der Theologieprofessoren gehört worden sind. Da hat die staatliche Behörde dann ein positives Gutachten des Bischofs verlangt. Der mußte sich positiv über den Kandidaten aussprechen, es war aber der staatlichen Behörde überlassen, wie sie es dann würdigt. Die staatliche Behörde war also an dieses Gutachten des Bischofs in keiner Weise gebunden. Das war damals auch nur ein staatlicher Erlaß. Die Änderung, die durch das bayerische Konkordat eingetreten ist, ist die, daß aus dem positiven Gutachten des Bischofs ein negatives Gutachten geworden ist. Er konnte Erinnerungen einlegen. Er mußte sich also nicht positiv äußern. Aber daran, daß er es begründen mußte, ist nichts geändert worden, und das entspricht auch der seitherigen Praxis. Es ist einmal ein Fall akut geworden, wo diese Frage diskutiert worden ist, nämlich bei der Besetzung einer Weltanschauungsprofessur, einer Professur für Geschichte in Würzburg. Da hat der bayerische Kultusminister allerdings erklärt, daß hier der kirchliche Standpunkt begründet werden müßte. Der Bischof von Würzburg hatte den Kandidaten der Regierung abgelehnt und gesagt, er brauche das nicht zu begründen. Daraufhin hat der Kultusminister erklärt: An eine unbegründete Erinnerung sind wir nicht gebunden.

Das ist die bisherige Entwicklung dieses Artikels. Ich glaube, man braucht gar nicht so sehr Gewicht darauf zu legen, daß Art. 19 den Art. 3 des bayerischen Konkordates ausschließt, weil gerade diese neueste kirchliche Auslegung des Art. 3 der bisherigen Entwicklung in keiner Weise entspricht.

Barion: So daß also der Standpunkt, es komme nur auf das Wort Erinnerung an, auch der bisherigen Praxis des bayerischen Kultusministeriums widersprechen würde. (*Schröcker:* Ja!) – Das ist mir aus dem bayerischen Kolleg nicht klargeworden.

Schröcker: Ob es in der bayerischen Ministerialpraxis akut geworden ist, daß ein Bischof Erinnerung eingelegt hat, ohne das Wort Erinnerung zu gebrauchen, weiß ich nicht. Vor dem bayerischen Konkordat hat man jedenfalls das Wort Erinnerung formell nie gebraucht, weil man ein positives Gutachten gefordert hat. Klarer war zweifellos der kirchliche Vorschlag, es einfach von der missio canonica abhängig sein zu lassen, und die Kirche hat es verstanden, in den italienischen Text eine Formulierung hineinzubringen, die ihrem Standpunkt etwas mehr angeglichen ist. Die bayerische Regierung hat aber immerhin vor dem Landtag erklärt, daß für die Auslegung der deutsche Text maßgebend ist. Danach ist auch gehandelt worden.

Ruppel: Das Wort „Gesamtheit" in Art. 19 ist auch ein wichtiger Punkt, mit dem sich Ihre Argumentation auseinandersetzen muß. Ich weiß nicht, was im italienischen Text steht; vielleicht ist es auch von Bedeutung. Regierungsrat Meyer versteht unter der Gesamtheit der Bestimmungen sämtliche Bestimmungen untereinandergeschrieben und addiert, kumulativ, während Herr Professor Heckel zugespitzt sagt: eine von ihnen nach Wahl der Reichsregierung auf Grund der ihr erteilten Ermächtigung, wogegen Herr Professor Weber sagen würde: Die drei Hauptbestimmungen addiert, dividiert durch 3.

Wenn man nun sagen könnte, einen anderen vernünftigen Sinn als den von Herrn Professor Weber kann die ganze Bestimmung nicht haben, dann würde das schlagend sein. Sie sind ja schon auf dem Wege, zu sagen: Es kann sich nur darum handeln, hier einen gemeinsamen Sinn der Bestimmungen herauszubringen. Ich fürchte, man kann vielleicht noch anders argumentieren. Man kann auch sagen, die Bestimmungen sind kumulativ zu nehmen im Sinne Meyers, und im Rahmen dieser kumulativ maßgebenden Bestimmungen wird nun die Praxis vereinheitlicht.

Eine Differenz ist auch noch in folgendem Punkte. Soviel ich weiß, kann in Preußen das Berufungsverfahren in Gang gebracht werden; es wird nur noch nicht veröffentlicht, daß eine Berufung erfolgt. Jetzt sehe ich zufällig im Schlußprotokoll zum badischen Konkordat, daß da das ganze Berufungsverfahren überhaupt nicht in Gang gesetzt werden kann, bevor man sich mit dem Ordinarius einig ist. Das ist auch noch eine Differenz.

Nun könnte man sagen: Vereinheitlichung nur in der praktischen Handhabung, und zwar nur in solchen Bestimmungen, die man nicht kumulieren kann. Dies kann man aber nicht kumulieren. Man kann nicht berufen und dann anfragen oder anfragen und dann erst mit der Berufung so lange warten. Das schließt sich aus. Da muß in der Tat auf eine einheitliche Praxis hingewirkt werden. Im übrigen kann man aber im Interesse der Kirche – das steht natürlich dahinter – kumulativ vorgehen, die ganzen Bestimmungen addieren, und dann kommt unter Umständen die Argumentation von Herrn Meyer in München bis zu einem gewissen Grade zum Zuge.

Forsthoff: Was Herr Ministerialrat Ruppel sagt, berührt sich sehr eng mit dem, was ich vortragen wollte. Aber ich kann es vielleicht einmal im Zusammenhang sagen. Ich hatte vor allen Dingen gefußt auf der sehr stark kumulativen Fassung „für sämtliche in Frage kommenden katholischen Fakultäten" und hatte daraus als Möglichkeit erhoben, daß Art. 19 folgendes sagt: Im S. 1 stellt er prinzipiell für alle katholischen theologischen Fakultäten an staatlichen Hochschulen etwas fest, nämlich, sie bleiben erhalten. Mit S. 2 begibt er sich in den bisher schon konkordatsrechtlich geregelten Bereich und sagt: Da bleibt alles bei den bisherigen Konkordaten. Im Satz 3 – so war eben meine Argumentation – sagt das Konkordat dann vielleicht: Für die übrigen nicht erfaßten – das ist allerdings bisher nur Tübingen – müßte sich dann eine Generalregelung aus den getroffenen Konkordaten entwickeln lassen.

Nun habe ich mir das inzwischen noch einmal überlegt. Es läßt sich dagegen wohl sagen, daß diese Fassung „für sämtliche in Frage kommenden katholischen Fakultäten Deutschlands", was über den zweiten auf den ersten Satz zurückzubeziehen ist, vielleicht bedeuten soll, daß diejenigen katholischen Fakultäten, die nicht an staatlichen Hochschulen sind, wie Eichstädt usw., hier ausgenommen sein sollen und daß darum von den in Frage kommenden katholischen Fakultäten die Rede ist.

Wir müssen wohl weiter fragen, was heißt Satz 2: Das Verhältnis der Fakultäten zur kirchlichen Behörde richtet sich nach den bisherigen Bestimmungen? Fällt darunter auch ohne weiteres und selbstverständlich das Anfrageverfahren usw., was man m.E. immerhin noch prüfen muß, oder betrifft das nur die direkten Beziehungen der Mitglieder der Fakultät zu ihren kirchlichen Oberen?

Drittens müssen wir uns wohl auch noch darüber unterhalten: Was ist eigentlich eine einheitliche Praxis? Fällt nämlich, was wir eben erörterten, das Zustimmungsverfahren usw. unter das, was im Satz 2 als Verhältnis zur kirchlichen Behörde bezeichnet wird, und wird das in diesem Satz 2 noch einmal expressis verbis völlig unter den Schutz des Konkordats gestellt? Dann fällt es schwer, anzunehmen, daß im dritten Satz das Konkordat nun die Möglichkeit eröffnet, von dieser im Abs. 2 noch einmal für verbindlich erklärten Regelung abzugehen. Von da aus legt sich die von Herrn Ruppel sehr richtig aufgeworfene Frage nahe: Ist nicht mit Praxis etwas viel Engeres gemeint, etwa die Modalitäten der Einleitung eines Berufungsverfahrens?

Weber: Herr Schröcker hat eben auf die bayerische Praxis hingewiesen. Man kann im übrigen auch aus Abs. 2 des Art. 3 gewisse Rückschlüsse auf § 1 des Art. 3 ziehen und das unterstützen, was Sie ausgeführt haben, wie es übrigens bei Koeninger in dem Sinne angedeutet ist.

Nun hat Herr Schröcker aber weiter eine Feststellung getroffen, der ich widersprechen möchte. Er hat gesagt, es soll hier das bayerische und badische Konkordat vom preußischen her vergewaltigt werden. Das trifft nicht ganz zu. Das bayerische wird vom preußischen und badischen und das badische vom preußischen und bayerischen vergewaltigt. Die Abweichungen des bayerischen

Konkordats sind nicht nur ein Abweichen vom preußischen, sondern auch vom badischen, und die Abweichung des badischen ist eine solche vom preußischen und vom bayerischen. Es steht also eine starke Minderheit einer Mehrheit gegenüber. Diese Minderheit äußert sich beispielsweise im badischen Konkordat darin, daß eine Fakultät zwölf anderen zuzüglich zwei österreichischen Fakultäten gegenübersteht, 1:14, wenn ich es in Zahlen ausdrücken darf.

Was die Frage des Berufungsverfahrens, seine Geheimhaltung, Geheimhaltung des Planes, keine Mitteilung an den Kandidaten usw. angeht, so halte ich den Ausdruck im preußischen und im badischen Konkordat nicht für präzis. Auch im badischen Konkordat heißt es: Vor dem Berufungs- und Zulassungsverfahren ist der Bischof zu befragen. Auch da ist selbstverständliche Voraussetzung, daß ein Benehmen mit dem Kandidaten stattfindet. Denn man wird den Bischof nie fragen, wenn man nicht schon festgestellt hat, daß der Betreffende geneigt ist, den Ruf anzunehmen. Dem entspricht auch die Praxis. Daraus ergibt sich nur – im preußischen Konkordat ist es klarer formuliert als im badischen –, daß die Absicht noch nicht nach außen kundgegeben werden darf, daß der Staat sich noch nicht festgelegt haben darf, daß er noch keine verbindliche Erklärung abgegeben haben darf, so daß die volle Entschließung des Staates nach außen, gegenüber der Öffentlichkeit wie auch im Rahmen seiner beamtenrechtlichen Maßnahmen noch gegeben bleibt, wenn der Bischof seine Erklärung abgibt.

Ruppel: Dazu würde ich eben als Vertreter dieser Auffassung sagen: Nur um diese erfreuliche Vereinfachung in der Praxis handelt es sich ja.

Weber: Dazu darf ich aber folgendes bemerken. Diese Vereinheitlichungsverpflichtung der Reichsregierung erstreckt sich, was wir bisher übergehen durften, ja nicht nur auf das Länderkonkordatsrecht, sondern auch auf die einschlägigen kirchlichen Vorschriften. Die spielen für unseren Anstellungs- und Berufungsfall keine Rolle; denn hierfür scheiden die kirchlichen Vorschriften aus, weil das Konkordatsrecht eine erschöpfende Regelung darstellt. Aber wenn im Reichskonkordat der Art. 19 berücksichtigt wird, so ergibt sich sofort, daß da verschiedene Elemente gemischt werden müssen. Auch die kirchlichen Vorschriften müssen berücksichtigt werden. Die Vereinheitlichungsverpflichtung der Reichsregierung erstreckt sich nicht nur auf das Zusammenwerfen und Zusammenmischen der Länderkonkordate, sondern auch auf die kirchlichen Vorschriften. Erst daraus ergibt sich die neue Einheit, – in der Tat ein starker und großer Zwang, für eine solche Vereinheitlichung Vorsorge zu treffen, weil man auch die kirchenrechtlichen Vorschriften einbeziehen mußte; in welchem Umfange, steht hier nicht zur Erörterung. Daraus ergibt sich, daß diese Vereinheitlichungsverpflichtung der Reichsregierung nicht bloß auf solche technischen Dinge, sondern auch auf die ganze Hereinnahme des kirchlichen Rechts mit erstreckt, eine sehr schwierige Frage, die dem Vatikan zweifellos vordringlich war. Ich gebe zu, es ist mir unverständlich, wie der Vatikan hier von seinem Standpunkt aus der Reichsregierung diese weitgehende Vollmacht geben konnte. Denn die Vollmacht der Reichsregierung gerade im Hinblick auf die Sichtung des kirchlichen Rechts bezüglich seiner Übernahmefähigkeit ist außerordentlich ausgedehnt.

Schließlich darf ich Herrn Forsthoff entgegnen, der meinte, ob nicht diese Beziehungen der kirchlichen Fakultäten zur kirchlichen Behörde gar nichts mit den Anstellungsverhältnissen zu tun haben. Ich darf da auf Art. 12 des preußischen Konkordats hinweisen. Dieses Verhältnis zur kirchlichen Behörde regelt sich entsprechend den für die katholischen Fakultäten Breslau und Bonn geltenden Statuten. Im Schlußprotokoll wird erläutert, was darunter zu verstehen ist. Da wird gerade das Anstellungsverfahren geregelt. Diesen Wortlaut übernimmt das Konkordat.

Forsthoff: Dann wirkt Art. 19 außerordentlich verwunderlich, wenn er seine Bekräftigung in Satz 2 wieder in Satz 3 zurücknimmt.

Weber: Bei den Konkordatstexten, die von Kurialjuristen ausgearbeitet sind, darf man diese Akribie nicht voraussetzen. In meiner Vorstellung hat sich der Ruhm der Kurialjuristen durch das

Studium der Konkordatstexte auf ein Minimum reduziert. Man darf nicht in jedem Falle annehmen, daß jedes Wort dort abgewogen ist. Gerade bei der Eile, in der das Reichskonkordat zusammengebacken wurde, sind Unebenheiten in großer Zahl vorhanden. Es sind geradezu haarsträubende Fehler in dem Konkordat, Übersetzungsfehler. Da ist von höheren Lehranstalten die Rede statt von Hochschulen. Erst die Gesamtheit gibt eigentlich die richtige Voraussetzung für das Ansetzen von Interpretationsversuchen.

Barion: Darf ich einen Gesichtspunkt zur Geltung bringen, der noch nicht richtig berührt worden ist, nämlich die ganze Frage unter den Gesichtspunkt der Rechte der Kirche bzw. des Staates zu stellen. Die pièce de résistance in der Argumentation bei Regierungsrat Dr. Meyer ging doch darauf hinaus, daß Bezugspunkt die unveränderte Erhaltung der Rechte der Kirche sein müsse, daß dies der das gesamte Reichskonkordat absolut durchwirkende Gesichtspunkt sei. Wenn man das als Leitmotiv des ganzen Reichskonkordats hinstellt, dann rutscht man damit auf eine Ebene, der gegenüber sowohl Art. 2 wie Art. 19 eine sekundäre Rolle spielen. Damit kommt man in gewisse Schwierigkeiten. Nun würde man diesen Gesichtspunkt parieren können mit dem Bemerken, daß auch die Pflichten des Staates den Rechten der Kirche entsprechen, daß der Staat sich verpflichtet habe, unter allen Umständen – z.B. auch in Preußen – größere Pflichten auf sich zu nehmen. Das ist aber nicht gesagt. Normiert sind nur die Rechte des Staates. Man müßte davon ausgehen, daß im Mittelpunkt steht das Verhältnis der staatlichen Fakultäten zur kirchlichen Behörde als eine in sich ruhende Aufgabe juristischer Formgebung, bei der Gesichtspunkte von Rechten und Pflichten überhaupt in keiner Weise in Frage kommen. Sonst kommt man leicht in eine dumme Diskussion über Privilegien und Pflichten. Das müßte als Ergänzung hinein.

Die Auffassung von Herrn Ruppel stößt sich wohl daran, daß man Tübingen völlig in der Luft hängen läßt. Mit der Einschränkung der Praxis auf die Quisquilien ist der Sitz für Tübingen im Konkordat ins Leere gerückt. (*Ruppel:* Nicht ganz!) Ich würde sagen, daß Tübingen eine geradezu providentielle Rolle spielt, daß man in einem ganz besonderen Maße von der Fakultät Tübingen aus an das ganze Problem herangehen und die ganzen Auslegungsversuche des Art. 19 daran orientieren muß, wie weit kann man damit etwas anfangen, um Tübingen unter das Konkordatsjoch zu beugen.

Ruppel: Ich verstehe das so: Wenn man die kumulative Auffassung nimmt, kann man auch Tübingen gerecht werden. (*Barion:* Tübingen ist nicht im Konkordat!) – Die Anwendung der Bestimmungen wird auf Tübingen in sinnvoller Weise ausgedehnt, auf die übrigen Fakultäten auch.

Weber: Wollen Sie die bayerische Bestimmung, daß nicht begründet werden muß? Die können Sie nicht mit der preußischen addieren, auch nicht die badische, daß die Lehrbefähigung der Einwirkung des Bischofs unterliegt. Wie wollen Sie es mit Tübingen machen?

Ruppel: Da haben Sie recht.

Forsthoff: Man wird sagen: Bei Tübingen wird in irgendeiner Weise verfahren, der Staat darf sich das aussuchen, das ist dann eben Praxis. Ich begebe mich auf einen Rechtsboden, den ich im übrigen nicht teile, aber um eben alle Argumente heranzuziehen, kann man sagen: Da bewegt sich der Staat in einem rechtsleeren Raum, den er durch seine Praxis ausfüllt. Praxis kann aber nicht bedeuten, daß irgendwo anders in ausdrücklich verbriefte Rechte eingegriffen werden kann. Wenn Herr Weber noch sagt, daß das Verhältnis der Fakultät zur kirchlichen Behörde diese Dinge in Abs. 2 umfaßt, was ich für völlig richtig halte, dann ist das in Satz 2 ausdrücklich verbrieft, und dann kommt man nicht darum herum.

Barion: Ich meine, man kann das Problem etwa so stellen: Ist die Fakultät Tübingen schon in Satz 2 oder erst mit Satz 3 ergriffen? (*Forsthoff:* Erst mit Satz 3!) Ich bin der Meinung, daß das der Kernpunkt ist, daß das im Mittelpunkt der Diskussion stehen müßte. Satz 2 bildet die Grundlage für die Gesamtregelung. Satz 3 gibt bloß gewisse Richtlinien dafür, wie es in der Praxis gemacht werden soll. Es handelt sich ausgesprochenermaßen insofern um die Frage, ob Tübingen schon in Satz 2 mit gemeint ist. Das ist eine ganz entscheidende Frage.

Forsthoff: Das halte ich nicht für möglich.

Vorsitzender: Ich muß sagen, ich bin jetzt auch wieder schwankend geworden.

Barion: Wir ersparen der anderen Seite die Arbeit, diese Argumente selber auszudenken, wenn wir sie schon aussuchen.

Vorsitzender: Wenn ich nur den Satz 3 nehme, kann ich doch nur eine Praxis sichern für Länder, in denen ein Konkordat schon besteht? (*Heckel:* Nein!) Das ist ein Gedanke, der mir kommt. Das Reichskonkordat spricht überall aus: Die Länderkonkordate bleiben bestehen, soweit es Länder gibt; wo keine bestehen, gilt folgendes. Zum Beispiel wird Meißen direkt erwähnt. Wenn das Konkordat nun hier sagt, es werde eine Praxis sichern, wenn es sich nicht dafür entscheidet zu sagen, daß in den Ländern, in denen kein Konkordat besteht, also z.B. für Tübingen, das preußische Recht oder das badische Recht gelten soll, wenn es an anderer Stelle den Ausdruck wählt, es werde eine Praxis sichern, so hat man doch unwillkürlich das Gefühl, daß der Verfasser davon ausgegangen ist, daß in Satz 3 überhaupt nur die Länder gemeint sind, in denen Konkordate bestehen. Man hat, meine ich, Satz 3 unabhängig von Satz 1 und Satz 2 ins Auge gefaßt.

Heckel: Das ist aus der damaligen Situation heraus verständlich. In den Ländern sind die damaligen neu an die Macht gekommenen nationalsozialistischen Regierungen viel schärfer mit den Bischöfen zusammengerückt als das Reich, bei dem ja Herr Kaas als gemeinsamer Verbindungsmann zwischen Staat und Kirche fungiert hat. Die Kurie hat damals gedacht – Sie erinnern sich an die Photographie, die uns gezeigt wurde -: ihre außenpolitische Macht ist so bedeutsam für den Nationalsozialismus, daß die Reichsregierung einen anderen Kurs einschlagen wird. Sie hat jedenfalls geglaubt, mit den Formulierungen des Konkordats den größten Teil ihres Weimarer Heiratsgutes unversehrt in das neue Reich mit hereinbringen zu können, während in Württemberg und in anderen Ländern die Beziehungen zwischen den neuen Gauleitern, Staatspräsidenten oder Ministerpräsidenten und den Bischöfen zuweilen etwas herb waren. Also aus dieser Situation erklärt sich ganz genau, daß die Kurie keinen Wert darauf gelegt hat, in Württemberg mit Herrn Mergenthaler und mit Herrn Dürr zu einem Konkordat zu kommen. Da hatte sie keine Aussichten. Wenn sie dagegen hier in einer solchen Generalklausel Tübingen unter eine für sie immerhin günstige Regelung untergebracht hat, so war das von ihr aus gesehen ein politischer Erfolg. Es ist infolgedessen nicht so, als ob sie dem Staate nur große Möglichkeiten gegeben hätte, sondern sie hat sich in der damaligen Lage auch einiges gesichert.

Vorsitzender: Immerhin, wenn man berücksichtigt, wie das Konkordat überall, z.B. in der Frage der politischen Klausel das badische Recht für anwendbar erklärt und überall die Lücken expresse ausfüllt, muß ich doch auch als advocatus diaboli (*Heckel:* ecclesiae) einmal sagen: Faßt man den letzten Satz des Art. 19 ins Auge, dann kommt man zu dem Ergebnis: es können nur Länder gemeint sein, in denen schon Konkordate gelten; ganz formell gesehen. Also das, was Sie, Herr Professor, über die Entstehungsgeschichte sagen, leuchtet mir ein; es mag auch so gewesen sein. Aber wenn man, anstatt eine Bestimmung zu formulieren, sagt: „Die Reichsregierung wird bemüht sein, eine einheitliche Praxis zu sichern", dann wählt man den Weg, daß sie nicht etwas bestimmt, sondern nur im Wege der Auslegung auf eine einheitliche Handhabung hinwirken will, und das hat in einem Lande, in dem ein Konkordat gar nicht besteht, keinen Rechtsboden.

Forsthoff: Ich wollte nur noch darauf hinweisen, daß der Ausdruck: „eine Praxis zu sichern" auch wohl beachtet werden muß aus der damaligen verfassungsrechtlichen Lage heraus. Offenbar hat das Reich hier noch davon Abstand genommen, eine eigene gesetzgeberische, unmittelbar verwaltungsmäßige Zuständigkeit ins Spiel zu bringen. Die Sache vollzieht sich ja noch zunächst auf dem Boden der Relikte einer bundesstaatlichen Ordnung. Es steht daher auch nicht da: „eine

Praxis durchzuführen" oder „eine Praxis selbst zu beobachten", sondern es steht da „eine Praxis zu sichern", wobei offenbar daran gedacht ist, daß auf die damals noch bei den Ländern liegende Hochschulverwaltung im Sinne einer solchen Sicherung hingewirkt werden soll. Ich würde trotzdem doch meinen, daß man den Satz 3 zu erwägen hat, wie ich eben schon tat, daß es sich hier eben um die Länder handelt, die vom Konkordat nicht erfaßt sind.

Vorsitzender: Ich verstehe absolut das, was Herr Forsthoff gesagt hat. Diese Sache scheint mir doch sehr wichtig zu sein. Wenn wir alle Angriffe, die denkbar sind, jetzt schon erörtern, kann das nur gut sein. Da müssen Sie doch sagen: Für eine einheitliche Handhabung ist in einem Lande, in dem ein Konkordat nicht besteht, kein Rechtsboden gegeben. Oder sehe ich irgend etwas falsch? Argumentiere ich falsch oder ist es logisch?

Barion: Sie haben vorhin selbst in einem Nebensatz einfließen lassen: „... wenn man den Satz 3 für sich betrachtet", und das würde ich nicht machen, (*Meyer:* Das würden Sie für verkehrt halten!) weil der Satz 3 – davon müssen Sie ausgehen – überhaupt nicht differenziert zwischen Konkordatsfakultäten und anderen Fakultäten, sondern nur ganz einfach die katholisch-theologischen Fakultäten an den staatlichen Hochschulen als eine geschlossene Einheit hinnimmt. Von da aus gibt es nach meiner Meinung, besonders wenn man diese italienischen Verzahnungen berücksichtigt, rein sprachlich gesehen, kaum eine Möglichkeit, nun im Sinne des Herrn Forsthoff in Satz 2 zu differenzieren zwischen Konkordatsfakultäten und anderen Fakultäten oder umgekehrt. Daß das nicht gut geht, ersieht man daraus, daß, wenn man die Klammer in Satz 1 wegläßt, man sich plötzlich zwei gegensätzlichen Auffassungen – Satz 1 Konkordatsfakultäten und Satz 3 andere Fakultäten – gegenübersieht. Das ist ein Zeichen dafür, daß die ganze Geschichte in der Luft hängt, wenn man nicht von der Klammer in Satz 1 ausgeht.

Vorsitzender: Sind eigentlich Motive für das Reichskonkordat vorhanden oder irgendwelche Verhandlungsprotokolle?

Weber: Nur in Gestalt des Aufsatzes des Herrn MinDirektors Buttmann. (*Roth:* Unter Ausschaltung aller Sachverständigen!)

Vorsitzender: Das Wort „in Frage kommend" ist jedenfalls eine ganz kuriose Ausdrucksweise. (*Heckel:* Das ist eine schlampige Übersetzung!) Es hätte nur noch gefehlt, daß man „fraglich" geschrieben hätte, ein Wort, das ich bei meinen Herren immer durchstreiche, weil ich es hasse.

Forsthoff: In Frage kommend sind meines Erachtens die an den staatlichen Hochschulen bestehenden katholisch-theologischen Fakultäten zum Unterschied von katholisch-theologischen Fakultäten, die an irgendwelchen kirchlichen Anstalten bestehen, wie in Eichstätt, Regensburg, Passau usw. Das sind die in Frage kommenden, und zwar in ganz Deutschland.

Vorsitzender: Gibt es in Bayern auch noch kirchliche Anstalten?

Barion: Ja, z.B. in Eichstätt, Regensburg usw.

Vorsitzender: Die Anstalten in Paderborn, Tübingen, Frankfurt sind andere Anstalten. Diese sogenannten philosophisch-theologischen Hochschulen in Bayern à la Regensburg haben sich doch auch wohl aus kirchlichen Anstalten entwickelt? (*Barion:* Das will ich nicht sagen!) Aber es sind Universitäten? (*Barion:* Ja!) Könnten die überhaupt gemeint sein, Herr Prof. Forsthoff?

Forsthoff: Nein, Herr MinDirektor; die kirchlichen Anstalten sind ausgeschlossen; d.h. es steht im ersten Satz, daß die ausgeschlossen sind. Nun ist nachher noch einmal im dritten Satz von katholischen Fakultäten die Rede, und damit nicht etwa die an den kirchlichen Anstalten hier als einbezogen gelten können, ist von den in Frage kommenden die Rede. In Frage kommend sind die, die in Satz 1 näher beschrieben sind, nämlich die der staatlichen Hochschulen. So ist mein erster Anstoß an dem Wort „in Frage kommend" völlig geklärt.

Vorsitzender: Also es ist hier gesprochen von katholisch-theologischen Fakultäten in Satz 1; dann von den einschlägigen Konkordaten in Satz 2 und von den in Frage kommenden Fakultäten in Satz 3.

Heckel: Es heißt im Konkordat: „... richtet sich nach den einschlägigen Konkordaten und den dazugehörigen Bestimmungen“, und dann bekommt die Reichsregierung in einem letzten Satz eine gewisse Vollmacht zu einer einheitlichen Praxis. Umgekehrt hat die Reichsregierung aber auch der Kurie eine gewisse Freiheit eingeräumt, indem es heißt: „unter Beachtung der einschlägigen kirchlichen Bestimmungen“.

Vorsitzender: Jawohl! Ich muß jetzt auch sagen: Man kann doch in einem Lande, in dem kein Konkordat besteht, auf eine gewisse Praxis hinwirken. Das muß ich einsehen. (*Zustimmung.*) Daß die nun so sein soll, daß sie mit der Praxis in den Ländern, in denen Konkordate bestehen, zusammenstimmt und einheitlich ist, ist auch logisch. – Hat noch einer der Herren irgendwelche Ausführungen hierzu zu machen?

Schwarz: Ich hätte noch eine Frage an Herrn Prof. Weber, wie das Verhältnis des Art. 7 zu Art. 19 ist. Sie haben gesagt, Herr Prof. Weber, daß Art. 19 die lex specialis zur lex generalis des Art. 7 darstellt und infolgedessen ausschließlich zur Anwendung kommt, soweit es sich um Theologieprofessoren handelt. Auf der anderen Seite haben Sie aber dargelegt, daß die ratio legis bei Art. 7 für die Kurie die gewesen ist, auf alle Fälle die kirchliche Disziplin über diese Geistlichen aufrechtzuerhalten. Sie haben noch dazu die Auslegung des Art. 19 vorgetragen, daß die kirchliche Behörde in allen Fällen ihr Veto mit einem der beiden Gründe begründen muß. Nun kann ich mir den Fall denken, daß die kirchliche Behörde aus irgendeinem sachlichen Grunde einen Geistlichen an einer bestimmten Stelle haben will, an einer kirchlichen Stelle, z.B. auf Grund der großen Erfahrung, die er auf diesem Gebiete besitzt, etwa einen Pfarrer usw., daß sie nicht will, daß er etwas anderes übernimmt. Das kann aber den Betreffenden nicht verhindern, wenn sie keine Einwendungen gegen Lehre und Lebenswandel zu erheben hat, ein anderes Amt anzunehmen. Es kann also jeder, der die erforderlichen wissenschaftlichen Voraussetzungen besitzt und vom Staate angenommen wird, dem Bischof weggehen; der Bischof kann nichts dagegen machen. Oder es ist z.B. der Fall, daß es sich um einen bischöflichen Sekretär handelt, der verschiedenes weiß, und der Bischof haben will, daß er immer in seiner Unterordnung bleibt, daß er nicht unabhängig wird von ihm. Nach der ratio legis des Art. 7 müßte eigentlich Art. 7 auch auf die Theologieprofessoren Anwendung finden. Kann man hiergegen etwas Erhebliches einwenden? Nein! Sie haben dem Art. 7 allerdings eine Auslegung bereits gegeben, die die Bedeutung des Art. 7 für die kirchliche Behörde so einschränkt, daß er für den Bischof keinen allzu großen Wert mehr hat.

Weber: Ich würdige die Bedeutung dieses Argumentes durchaus. Es ist in der Tat so, daß ein Bischof unter Umständen auf einen geistlichen Mitarbeiter im Pfarramt oder in einem höheren Amt nicht verzichten will, weil er ihn ganz besonders schätzt und weil er ihn unbedingt in seiner Verwaltung braucht. Dieser Fall kommt übrigens auf staatlicher Seite dauernd vor. Gerade jetzt jammert der Staat in zunehmendem Maße darüber, daß ihm die tüchtigen Leute abspringen. Der Staat seinerseits hat bislang nicht die Möglichkeit, diese Leute aus ihrem Beamtenverhältnis heraus festzuhalten. Unser Beamtengesetz sagt ausdrücklich: Wer die Entlassung aus dem Beamtenverhältnis begehrt, muß entlassen werden. Also man könnte sagen: Man braucht der Kirche keine größere Einwirkungsbefugnis auf ihre Geistlichen einzuräumen, als sie der Staat ohnehin für seine Beamten in Anspruch nimmt. Im übrigen aber bleibt es ja unbenommen, daß der Bischof solche Gesichtspunkte der Staatsbehörde gegenüber geltend macht. Der Art. 19 und die Regelung des Fakultätenrechts schließen nicht aus, daß über solche Punkte neben dem Wortlaut des Konkordatstextes eine Verständigung stattfindet, und zwar darüber, daß der Bischof solche Punkte geltend macht. Ich habe an sich gar nichts dagegen. Ich kann ein Urteil nicht gut abgeben, möchte es jedenfalls nicht abgeben. Wenn ich der Referent wäre, würde ich einen solchen Einwand ernsthaft prüfen und würde in diesem Falle ein Entgegenkommen an den Tag legen, ohne rechtlich daran gebunden zu sein, dieses Entgegenkommen zu erweisen. Ich würde aber ein Entgegenkommen hier durchaus als gegeben erscheinen lassen, möchte trotzdem dabei verbleiben, daß Art. 19 im strengsten Sinne eine Spezialvorschrift gegenüber Art. 7 ist. Auch in dem preußischen Konkordat, solange es noch kein Reichskonkordat gab, stand dem damaligen Art. 12 kein entsprechender Art. 7 gegenüber. Also, es ist durchaus möglich, eine Regelung wie die des Art. 19 und des Art. 12 des preußischen Konkordats zu vereinen mit einem nicht vorhandenen nihil obstat. Wenn man hier die Möglichkeit eines Nebeneinanders anerkennt, kommt man in der Tat zu außerordentlichen Schwierigkeiten. Dann wird die ganze Regelung sehr verwirrt, und sie entspricht dann ohne Zweifel auch nicht dem, was im Konkordat Ausdruck gefunden hat. Ebensowenig wie die Kirche unter dem preußischen Konkordatsregime die Möglichkeit hatte, außer der Einwirkungsmöglichkeit des Art. 12 noch weitere Möglichkeiten geltend zu machen, ebensowenig hat sie jetzt unter dem Regime des Art. 19 eine solche Möglichkeit.

Barion: Nehmen wir an, es handelt sich um den von Ihnen, Herr RegRat Schwarz, zitierten Geistlichen, den die kirchliche Behörde gern behalten möchte, und nehmen wir weiter an, der Staat will ihn als Professor haben. Nun sagt der Geistliche: „Ich ziehe die Professorenstelle vor, ich will zum Staat". Der Staat fragt wegen Lehre und Lebenswandel an. Kann jetzt der Bischof als Einwand gegen seinen Lebenswandel angeben, daß der Betreffende ohne seine Erlaubnis diese staatliche Stelle bezieht?

Weber: Das habe ich auch schon kurz berührt. Diese Frage möchte ich verneinen. Die Regelung des Art. 19 etc. ist insofern erschöpfend. Ein Rückgriff auf andere kirchliche Gebote oder Verbote, die nebenherlaufen und deren Verletzung etwa zu einer Anwendung des Art. 19 Anlaß geben soll, scheint mir nicht vorzuliegen.

Barion: Das weiß ich nicht. Ich würde doch meinen, das hängt etwas mit der Frage zusammen, wie weit die missio canonica in dem ganzen Art. 19 untergeht. Ich möchte differenzieren und sagen: Wenn ein Geistlicher einmal in dieses Getriebe des Beamtentums, in diese Position hineingekommen ist, dann allerdings ist der Bischof aus Loyalitätsgründen daran gehalten, nun mit einer konkordatsrechtlichen Möglichkeit zu arbeiten und kann sich nicht gewissermaßen einen solchen Tatbestand erschleichen, indem er die missio canonica entzieht und dann sagt: Er liest ohne missio canonica, und damit haben wir den Tatbestand gegen den Lebenswandel, den man als solchen dann gar nicht bestreiten könnte. Aber wenn der Betreffende überhaupt noch gar nicht eingetreten ist, sondern unmittelbar davorsteht, ist mir die Sache doch nicht so ganz klar; denn an sich, rein formal gesehen, ist z.B. die Zölibatspflicht genau so eine kirchliche Vorschrift, wie etwa das servitium dioecesis. Wenn der Bischof sagt: „Die Verletzung der Diözesandienstpflicht liegt vor" – das kann man natürlich gar nicht bestreiten; da ist die Sache ohne weiteres als quaestio facti gegeben; es ist eine Verletzung einer auch ins externum gehenden kirchlichen Vorschrift, und der Staat muß es als gegeben ansehen, ob ich als Kirche so etwas für wichtig halte oder nicht –, dann würde ich in dem Punkte, solange der Betreffende noch nicht erstmalig hingekommen ist, sondern noch davorsteht, doch glauben, daß es nicht so leicht ist, in einem eingeschränkten sittlichen Sinne diffamierende Tatbestände als die allein möglichen hinzustellen.

Weber: Nach der Richtung hin möchte ich meine eben gemachten Ausführungen ergänzen. Der Geistliche ist ja auf jeden Fall nicht nur Geistlicher, sondern er ist auch deutscher Reichsbürger, Volksgenosse usw. Also er ist von vornherein auch mit dazu bestimmt, für staatliche Ämter zur Verfügung zu stehen. Er muß eine gewisse Entschließungsmöglichkeit behalten können, sich für ein geistliches Amt oder für ein staatliches Amt zu entscheiden. Ich erwähnte eben schon: umgekehrt ist es ja auch nicht anders. Es besteht zwar nicht ein servitium dioecesis für Beamte oder eine Entsprechung für das servitium dioecesis insofern, als der Beamte immer die Möglichkeit hat, nach § 60 des Deutschen Beamtengesetzes seine Entlassung zu fordern. Also es ist keine auf die Dauer berechnete Verpflichtung des Beamten gegeben. Der Beamte kann sein Beamtenverhältnis lösen. Aber ich glaube, daß der Staat von seinem Standpunkte aus davon ausgehen muß, daß über die Regelung des Art. 19 hinaus dem Geistlichen keine Verpflichtungen und Bindungen auferlegt sind und daß ihm auch nicht von der innerkirchlichen Disziplin her Schwierigkeiten bereitet werden können. Er muß, da er gleichzeitig deutscher Volksgenosse, deutscher Reichsbürger ist, auch, soweit nicht Art. 19 Schranken auferlegt, die Möglichkeit haben, sich für ein staatliches Amt zu entscheiden.

Barion: Wenn man die Frage jetzt so stellt, würde das nach Ihrer Auslegung des Art. 7 bedeuten: Der konkordatspolitische Sinn des Art. 7 geht im Grunde dahin, für den Geistlichen die sonst dem Staatsbürger, dem Volksgenossen nicht ohne weiteres, jedenfalls nicht schrankenlos gegebene Möglichkeit, auf staatliche Dienstangebote nicht einzugehen, dahin zu erweitern, daß er die Möglichkeit hat, unter Berufung auf einen innerkirchlichen Vorgesetzten (Ordinarius) den Eintritt in den staatlichen Dienst abzulehnen. Das ist auch der Sinn des Art. 7. Ihre Auffassung würde besagen, daß etwa ein Geistlicher, der irgendwo eine Stellung annimmt, den Art. 7 für sich in Anspruch nehmen kann, wenn sein Ordinarius nicht will, daß er die Stelle antritt, während der staatliche Dozent diese Möglichkeit nicht hätte.

Weber: Sicher hat er die Möglichkeit. Er hat auf jeden Fall die Möglichkeit, davon Abstand zu nehmen.

Barion: Wenn der Ordinarius etwa sagt: „Ich habe nichts gegen seinen Lebenswandel in diesem etwas pejorativen Sinne, sondern ich muß bloß feststellen, daß er das servitium dioecesis verletzen will, und aus dem Grunde muß ich eine Beanstandung zum Ausdruck bringen", und wenn der Staat dann sagt: „Das erkenne ich nicht an" und der Geistliche jetzt erklärt: „Es ist jetzt egal; ich will auch nicht mehr" ... (*Weber:* Dann kann er natürlich zurücktreten), muß der Staat ihn ziehen lassen?

Weber: Der Staat muß ihn ziehen lassen schon nach dem geltenden deutschen Beamtenrecht. Er kann ihn nicht dazu zwingen, das Amt anzunehmen. Er kann ihn auch nicht, wenn er das Amt verlassen will, halten.

Barion: Verletzt der Geistliche die Konkordatskonstruktion mit seinem Verhalten, wenn er nachher sagt: er will auch nicht? (*Weber:* Nein, die verletzt er nicht!) Insofern würde der Gedanke des Art. 7 auch in diesem Falle in Art. 19 hineinspielen.

Weber: Der Gedanke des Art. 7 bedarf keiner besonderen Verwirklichung, weil ihm ohnehin entsprochen werden kann.

Barion: Das würde dann in Ihre Kerbe schlagen. Man müßte irgendwie sagen: Der Gedanke als solcher hat eine Reihe von Besonderungen gefunden. Bei Art. 7 steht es ebenso wie bei Art. 19 und Art. 22. Hier handelt es sich um eine Reihe von Fällen, in denen der dahintersteckende Gedanke immer wieder aufklingt und sich spiegelt. Es spiegelt sich eben nicht Art. 7, sondern es spiegelt sich der Gedanke.

Vorsitzender: Er beherrscht die Atmosphäre! – Nun noch eine Frage! Was hatten Sie vorhin gesagt, Herr Prof. Weber: Erklärt der Bischof das nihil obstat der Regierung gegenüber oder dem Geistlichen gegenüber? (*Weber:* Dem Geistlichen gegenüber!) Also dem Geistlichen wird das überlassen. Dazu paßt auch der Wortlaut. Es wird alles fertiggemacht; nur die Annahme ist nicht möglich, ohne daß der Geistliche das nihil obstat beschafft. (*Weber:* Ja!)

Schröcker: Wenn es sich um einen Geistlichen handelt, den der Bischof schätzt und den er behalten will, hat er indirekt die Mittel, den Betreffenden irgendwie zu zwingen, indem er ihm nicht die missio canonica erteilt – das wäre allerdings hier noch zu überlegen – und den Besuch der Vorlesungen verbietet. Das wäre also eine Frage, die besonders zu prüfen wäre, in welchem Verhältnis das Nichterheben einer Erinnerung oder das Erheben einer Erinnerung und die Erteilung der missio canonica zueinander stehen. Meine Meinung geht dahin: Es ist ein innerkirchlicher Vorgang, der auf die staatliche Berufung gar nicht einwirken kann.

Weber: Dazu hatte ich mich schon geäußert, allerdings vielleicht zu kurz und zu summarisch. Ich bin der Auffassung, daß der Geistliche, der dem Regime des Art. 19 unterworfen ist, einer missio canonica nicht mehr bedarf und daß der Bischof – ich hatte das an einem Beispiel exemplifiziert – in der Lage ist, zwar die ganzen Beziehungen zur staatlichen Behörde in der Schwebe zu lassen, um sich darauf zu beschränken, dem Geistlichen die missio canonica zu entziehen und gleichzeitig also diesen Akt etwa mit einem Verbot an die Studenten zu begleiten, diesen Mann zu hören – solche Versuche sind ja gelegentlich unternommen worden –, daß aber der Geistliche einer missio canonica neben den Abreden, Vereinbarungen und Feststellungen, die hier zwischen Staat und Kirche zu treffen sind, nicht bedarf. Ich will nur darauf hinweisen, daß die Instruktion vom 7. Juli 1932 zwar von der missio canonica spricht, aber erklärt, daß diese missio canonica nach Maßgabe der Vorschriften des Konkordats – es werden ausdrücklich genannt Art. 5 des preußischen Konkordats und Art. 11 des bayerischen Konkordats – zu erteilen sei. Also auch aus dieser Bemerkung der Instruktion ergibt sich, daß selbst nach der Auffassung der Kurie die Erteilung der missio canonica und das im Konkordat vorgesehene Verfahren zusammenfallen. Wenn man das auseinanderreißen würde, wenn man also eine Doppelgleisigkeit eines kirchlichen Verfahrens und eines konkordatären Verfahrens aufrechterhalten würde, würde damit allerdings das staatskirchenrechtliche Verfahren seine Bedeutung weitgehend verlieren. Die Situation ist, juristisch ausgedrückt, so: Das Konkordatsrecht hat hier auch partikuläres Kirchenrecht geschaffen, hat das Kirchenrecht partikulär modifiziert.

Vorsitzender: Ebenso wie es auch partikuläres Staatsrecht schafft!

Weber: Ebenso wie auch beispielsweise das Bischofsernennungsrecht durch die Konkordate modifiziert worden ist. Es ist nicht nur Staatskirchenrecht, sondern gleichzeitig auch für den kirchlichen Bereich in Geltung.

Heckel: So ganz bis zum letzten bin ich noch nicht in der Lage, dem zuzustimmen. Ich gebe zu, daß die Beauftragung mit einer theologischen Professur durch die staatliche Behörde, nachdem das Verfahren vorher abgelaufen ist, als Erteilung der missio canonica oder als Zwang zur Erteilung der missio canonica behandelt wird, wenn der Bischof keine Einwendungen erhoben hat. Es würde also so sein – das steht jedenfalls fest -: Wenn der Bischof keine Einwendungen erhoben hat, wird die Betrauung eines Professors mit der Professur so behandelt wie die Erteilung der missio canonica durch die Übertragung eines geistlichen Amtes nach den Vorschriften des Codex. (*Barion:* Ja!) Nun entsteht aber doch die andere Frage: Wie ist es, wenn der Bischof nach seiner Meinung begründete Einwendungen erhoben hat und der Staat sich jetzt darüber hinwegsetzt? Hat auch für diesen Fall eines Widerstreites zwischen der staatlichen und der kirchlichen Ansicht durch das Konkordat der Bischof von vornherein darauf verzichtet, sein sonstiges Hirtenamt auszuüben, indem er auch dann, wenn er nach seiner Meinung die triftigsten Einwendungen hat, nunmehr gezwungen ist, die missio canonica herzugeben? Es gibt doch gewisse Anschauungen über das germanische Sittlichkeitsgefühl, die vielleicht – ich nehme nicht die Gegenwart, ich nehme aber mal eine Zukunft an –, mit gewissen kirchlichen Auffassungen nicht zusammenstimmen. Angenommen, es macht sich da eine starke Divergenz der beiderseitigen ethischen Auffassungen in einem Punkte geltend. Der Bischof sagt: Das sind Einwendungen gegen den Lebenswandel, die ich von der kirchlichen Seite aus nicht einfach übergehen kann; sie sind sehr triftig; auch die Kurie hat meine Haltung bekräftigt. Angenommen weiter, der Betreffende wird trotzdem ernannt. Es ist ja auch gar nicht ausgeschlossen, daß einmal eine Staatsregierung einen faux pas macht, daß sie sich irrt; genauso gut, wie sich die Kurie und der Bischof irren können, kann sich auch die Staatsregierung einmal irren. Angenommen, sie irrt in der Beurteilung, fällt eine objektiv gesehen unrichtige Entscheidung, indem sie die Einwendungen zu leicht nimmt, und der Mann wird nun zum Professor ernannt. Was nun? Muß ihm nun der Bischof die missio canonica erteilen, oder ist diese Frage offen gelassen in der Hoffnung seitens der Kirche, daß ihr dann noch genügend andere Mittel bleiben, um eine ersprießliche Lehrtätigkeit zu verhindern?

Barion: Das ist schon ein sehr interessanter Punkt. Ich würde meinen: Soweit beide Instanzen, beide Parteien, beide Partner übereinstimmen, geht die missio canonica in dieses Verfahren auf. Wenn trotzdem noch, wie es merkwürdigerweise in Bayern noch der Fall ist, der Theologieprofessor, der Theologiedozent die missio canonica erbitten muß, ist das ein Verstoß gegen die konkordatäre Regelung, den man eigentlich von Staats wegen inhibieren müßte. Wenn dann der Bischof nach einer gewissen Zeit von sich aus, indem er so tut, als wenn ein Gesuch eingelaufen wäre, großzügig das Gesuch genehmigt und dem Betreffenden die nicht erbetene missio canonica ins Haus schickt ... (*Heiterkeit*). Das geschieht. Mir hat der Dekan der theologischen Fakultät in München erzählt, daß er das damals, als er Professor wurde, nicht getan habe und daß er nach einem Vierteljahr ein Schreiben bekommen habe, in dem die nicht erbetene missio canonica bewilligt wurde.

Vorsitzender: Was hat er damit gemacht?

Barion: Dieses Schreiben hat er aufbewahrt. Er findet es bloß nicht wieder. (*Erneute Heiterkeit*). Davon ausgehend würde ich sagen: Wenn eine Differenz entsteht, kann der Bischof nach meiner Meinung auch nicht mit der missio canonica kommen, sondern dann bleibt immer nur der Weg über die Besprechungsklausel. Er darf nicht etwa versuchen, seinen Einspruch dadurch auszudrücken, daß er dem Betreffenden die missio canonica nicht gibt, sondern er muß die Diskussionsklausel anrufen.

Eine völlig andere Frage ist es dann, was inzwischen mit dem Geistlichen geschehen soll. Es gibt dafür zwei Lösungen. Die eine wäre die: Wenn ein solcher Disput schwebt, muß die Maßnahme bis zur Lösung zurückgestellt werden. Die andere wäre die: Wenn der Geistliche ernannt ist, wird durch die Anrufung der Diskussionsklausel bewirkt, daß der Staat, wenn er bei der Diskussion geschlagen wird, den Geistlichen zurückgibt, daß aber, solange die Sache schwebt, der Geistliche lesen kann. Andere Möglichkeiten halte ich für ein Abgehen vom Konkordatssystem. Durch diese Regelung ist nicht nur die missio canonica ersetzt und absorbiert, sondern sie ist auch das Mittel, das der Bischof hat, um dieselben Wirkungen zu erzielen wie mit der missio canonica.

Weber: Ich würde nicht sagen: Die Einsetzung als Professor ersetzt die missio canonica, wie die Einsetzung in ein geistliches Amt die missio canonica in sich schließt, sondern: Die zustimmende oder jedenfalls nicht negative Antwort des vom Staate befragten Bischofs ersetzt die Erteilung der missio canonica.

Barion: Rein kirchenrechtlich hat für die Geistlichen eine missio canonica vor der Konstitution nicht bestanden. Die entsprechenden canones haben mit den Theologiedozenten gar nichts zu tun. Auch bei den Religionslehrern liegt die missio canonica nicht vor, sondern nur – abgesehen von dem Amtsbegriff – bei der praedicatio als Predigt oder kirchlicher Religionsunterricht. Sonst spielt sie gar keine Rolle. Die deutschen Kanonisten haben sich in einer merkwürdigen Weise bemüht, überall zu sagen, daß selbstverständlich diese canones über die praedicatio analog anzuwenden seien auf die Religionslehrer und Dozenten.

Weber: In den Codexausgaben von Gaspari findet sich in dem Sachverzeichnis der Ausdruck missio canonica nicht.

Schröcker: In der Übertragung eines Pfarramtes ist die missio canonica schon enthalten. Sie wird zum Predigen nicht ausdrücklich erteilt.

Barion: Der Bischof würde, ohne den Ausdruck missio canonica zu benutzen, zu einem Pfarrer, den er anstellt, sagen: Sie können ja predigen. Der Ausdruck wird also nicht angewandt, wo der Codex ihn hat, er wird aber dauernd angewandt, wo der Codex ihn unterschlägt.

Schröcker: Wie ist es in folgendem Fall: Ein Theologieprofessor wird ordnungsmäßig beanstandet, der Staat sorgt für Abhilfe, dem Professor bleiben seine staatdienerischen Rechte erhalten. Nun soll er an eine andere Fakultät oder in die Verwaltung übernommen werden. Braucht er für die neue Beschäftigung das nihil obstat? Er bekommt ein Minus gegenüber dem, was er vorher hatte. Ich würde das verneinen.

Barion: Die Kirche hat ihm konkordatsmäßig zugesichert, daß er von den staatsdienerlichen Rechten Gebrauch machen kann.

Weber: Das ist der entscheidende Punkt. Die Aktionen, die im Rahmen der Erhaltung der staatsdienerlichen Rechte vorgenommen werden, unterliegen nicht dem nihil obstat. Das kann man belegen durch das österreichische Konkordat. Dieses sagt: Ersatz schaffen und den Beanstandeten entweder in den Ruhestand versetzen oder in einem anderen Staatsamte unterbringen. Das österreichische Konkordat läßt also nicht offen, was mit dem Mann geschieht.

Vorsitzender: Er kann in den Ruhestand versetzt werden.

Weber: Nach unserem Beamtenrecht aber nur dann, wenn er es begehrt und die sonstigen Voraussetzungen vorliegen. In der Regel wird er es nicht können. Da bleibt die Entlassung oder die Verwendung in einer anderen Stelle.

Barion: Wenn er aber an die andere Stelle kommt, kann der Bischof nicht sagen: Hier habe ich noch mitzureden; sondern das muß er einfach hinnehmen, und diese Ernennung kann er auch nicht zum Anlaß nehmen, den Geistlichen innerkirchlich zu maßregeln, ohne daß er damit das Konkordat verletzt.

Weber: Nein, das ist schon durch die vorhergehenden Maßnahmen gedeckt.

Vorsitzender: Ist damit die Frage entschieden, die Herr Schröcker aufgeworfen hatte, daß, wenn ein Theologieprofessor, der mit Erfolg beanstandet ist, in der Verwaltung untergebracht werden soll, wenn der Art. 7 Anwendung findet.

Schröcker: Da kann m. E. kein Unterschied gemacht werden zwischen einer Beschäftigung an seiner anderen Fakultät oder an einer anderen Stelle.

Barion: In einer Fakultät anderer Branche, das ist der springende Punkt.

Weber: Philosophische oder juristische Fakultät oder ein sonstiges Staatsamt kämen in Frage. An der Art der Unterbringung hat sich die Kurie konkordatsmäßig für desinteressiert erklärt.

Vorsitzender: Kann der Staat den beanstandeten Professor einfach versetzen.

Weber: Nein, versetzen nicht. Ein Professor kann bekanntlich nicht versetzt werden. Er kündigt dann eben an, bekommt keine Hörer, oder kündigt auch nicht an.

Vorsitzender: Der Bischof hat keine andere Möglichkeit, als ihn auszutrocknen, die Studenten anzuweisen, bei dem Nachfolger zu hören.

Barion: Das ist ein Punkt, bei dem ich Widerspruch anmelden würde. Herr Weber hat die Versagung der missio canonica in diesen Fällen in Parallele gestellt zu dem Verbot an die Studenten, den Betreffenden zu hören, und hat dies im Vorübergehen als konkordatswidrig erklärt. Diesen zweiten Punkt halte ich für durch das Konkordat überhaupt nicht erfaßt, sondern ich bin der Meinung, daß gerade hier die große Lücke dieser Regelung insofern vorliegt, als man zwar die staatlichen Fakultäten hat anerkennen lassen und das überall verkündet hat, aber völlig vergessen hat, in irgendeiner Form eine solche pflichtmäßige Inanspruchnahme durch die Kirche zu erreichen. Konkordatsrechtlich hat die Kirche eigentlich die Möglichkeit, die ganzen staatlichen Fakultäten von den Normalhörern zu entblößen, ohne daß man sagen könnte, sie verletzt damit eine Konkordatspflicht, die unmittelbar greifbar ist. Irgendeine Inanspruchnahme ist nicht erfolgt. Man ist so weit gegangen, daß man das Prinzip der absoluten Gleichberechtigung der staatlichen mit den kirchlichen Fakultäten aufgestellt hat, was für die staatlichen eine Herabsetzung bedeutet. Aber ich würde meinen, daß man diesen Fragenkomplex zurückstellt. Nur sollte man es heute nicht damit abgeschlossen sein lassen.

Vorsitzender: ich habe das Gefühl, daß diese Frage heute nicht zu Ende kommt. – Wann wollen Sie Ihren Aufsatz veröffentlichen, Herr Professor Weber?

Weber: Er soll in dem Heft der Zeitschrift für die gesamten Staatswissenschaften erscheinen, das Mitte Januar herauskommt.

Forsthoff: Ich würde kein Bedenken tragen, daß der Ausschuß sich hinter die von Herrn Weber vorgetragene Lösung stellt.

Barion: Wir haben immer wieder Dinge aus anderen Fragenkomplexen angeschnitten. Was wir heute von Herrn Weber gehört haben, ist im wesentlichen geklärt.

Vorsitzender: In diesem Falle könnte man sagen, der Ausschuß nimmt zu folgenden Fragen die und die Stellung ein, so daß man einen gewissen Abschluß hätte, wie ich es an sich überall bei unseren Erörterungen möchte, damit man später die abschließende Stellungnahme des Ausschusses sofort erkennen, sich aber auch leicht wieder in die Erörterungen hineinfinden kann.

Barion: Vielleicht könnten die in Berlin anwesenden Herren des Ausschusses kurz vor Weihnachten zusammenkommen und in einem Unterausschuß die abschließenden Formulierungen festlegen.

Vorsitzender: Ich weiß nicht, Herr Professor Weber, ob ich Ihnen die Arbeit zumuten kann, in Form von Thesen eine Art Beweisbeschluß auszuarbeiten.

Ruppel: Würde nicht ausreichen, wenn wir sagen: Der Ausschuß tritt in den wesentlichen Punkten den Ausführungen von Herrn Weber bei? Wir müssen es auf die wesentlichen Punkte einschränken, weil wir nicht alles wissen, was er in dem Aufsatz veröffentlichen wird.

Forsthoff: Ich hätte in Übereinstimmung mit dem Herrn Vorsitzenden gern ein Dokument, worin die Stellungnahme des Ausschusses als Ergebnis unserer heutigen Aussprache festgelegt wird.

Weber: Mein Aufsatz wird wahrscheinlich bis zur nächsten Sitzung vorliegen; ich würde mir erlauben, jedem Mitglied ein Exemplar zu überreichen. Könnte man dann nicht vielleicht für den Gebrauch des Kirchenministeriums und des Erziehungsministeriums eine solche zusammenfassende Stellungnahme des Ausschusses herbeiführen, die auf bestimmte Stellen des Aufsatzes Bezug nimmt? Das könnte durchaus in einer gewissen Distanzierung von dem Aufsatz geschehen, wodurch die Wirkung dieser oder jener These des Aufsatzes besser hervortritt. Der Aufsatz soll ja nicht die Stellungnahme des Ausschusses geben, sondern ist eine wissenschaftliche Arbeit. Nur gewisse Dinge sind darin thesenhaft formuliert, um eine Diskussion darüber in Gang zu bringen, und ich würde mir die letzte Entscheidung nach der Diskussion vorbehalten. Ich möchte nicht, daß sozusagen in Bausch und Bogen eine Zustimmung zu dem ganzen Aufsatz erfolgt. Die Diskussion muß auch unter den Gelehrten weitergehen.

Forsthoff: Ich meinte nur etwas Praktisches. Wenn in dem jetzt aktuellen Fall ein Bedürfnis entsteht, daß die Formulierung des Ausschusses zu einer früheren Zeit vorliegt, dann würde ich doch anregen, daß dem Rechnung getragen wird.

Roth: Ich nehme an, daß wir heute nicht zum letztenmal über die Frage diskutiert haben. Sobald der Aufsatz von Herrn Professor Weber erscheint, wird man von kirchlicher Seite ja versuchen, in der einen oder anderen Form seiner Auffassung entgegenzutreten. Ich weiß nicht, ob nicht erst dann für uns eine fruchtbare Diskussionsgrundlage gegeben sein wird, wenn wir auch die Meinung der gegnerischen Seite hören. Wir sollten in diesem Zwischenstadium nicht allzuviel von uns aus veranlassen, sondern erst die Entgegnungen auf den Aufsatz von Professor Weber abwarten.

Vorsitzender: Das hat nur den Nachteil, daß sich das gewonnene Ergebnis – zum mindesten bei mir – verwischt. Darum hätte ich gern eine Zusammenfassung gehabt, auf die man nachher zurückgreifen kann und die einem die eventuell notwendig werdende Weiterarbeit erleichtert.

Weber: Man kann durchaus zu einigen Thesen gelangen, in denen das Ergebnis der Diskussion zusammengefaßt wird: Es sind drei Punkte: Verhältnis von Art. 2 zu Art. 19, Verhältnis der konkordatsrechtlichen Regelung zur innerkirchlichen Regelung und Verhältnis des Art. 7 zu den Spezialregelungen und eventuell die von mir vorgeschlagene Auslegung des Art. 7.

Vorsitzender: Herr Professor Weber, könnten Sie das kurz formulieren und der Akademie übersenden?

Barion: Könnte man es nicht so machen, daß Herr Professor Weber seine Ansichten zusammenfaßt, daß dann die Berliner Herren die Zusammenfassung seiner Ergebnisse kurz durchgehen und daß dann vor dem gedruckten Aufsatz eine solche Zusammenstellung gemacht wird?

Weber: Mein Aufsatz ist so angelegt, daß immer noch der Schluß fehlt. Ich hatte es dem Ergebnis der Diskussion überlassen, ob ich zum Schluß eine Aufgliederung des Stoffes gebe oder einige Thesen formuliere, was sich ja übrigens nicht ausschließt. Das wäre durchaus möglich.

Vorsitzender: Könnten Sie das auch vorher den Berliner Herren übersenden? (*Weber:* Jawohl!) Dann könnten wir diesen Punkt als abgeschlossen erklären.

Es folgt Punkt 4 der Tagesordnung: Aussprache über Sichtung des Stoffes und die Niederschrift der ersten Arbeitstagung.

Vorsitzender: Haben die Herren zu der Niederschrift irgendwelche Wünsche?

Stahn: Ich hatte für die evangelische Seite an Thesen vorgeschlagen: Die Rückwirkung der sogenannten kleinen Reichsreform auf die landeskirchlichen Grenzen und das Verhältnis der Landeskirchen zum Staate. Als beide Teile zunächst besonders interessierend habe ich angegeben: Die Stellung der Kirche als Körperschaft des öffentlichen Rechts in der neueren Gesetzgebung. Ferner: Staatsleistungen an Körperschaften des öffentlichen Rechts für Kulturzwecke.

Forsthoff: Ich glaube, eine wichtige und beide Kirchen interessierende Frage wäre die Frage der Widmung und des Simultangebrauchs kirchlicher Gebäude. Dieses Thema würde dazu beitragen, weitere Arbeitsgrundlagen insofern zu schaffen, als wir uns dabei über die weitere Arbeit verständigen würden.

Vorsitzender: Wir setzen das auf eine Liste, aus der man schöpfen kann.

Stahn: Mir wäre es lieber, wenn es als Referat für eine der nächsten Sitzungen in Aussicht genommen wird.

Forsthoff: Ich würde mit referieren.

Vorsitzender: Ich dachte, daß wir die nächste Sitzung um den 26. bis 28. Januar abhalten. In Aussicht genommen ist zunächst die Körperschaftsfrage. Hierzu hatte Herr Professor Heckel es als zweckmäßig bezeichnet, wenn er eine Art Präludium gäbe. Ist es erwünscht, auf derselben Tagung über die eigentliche Körperschaftsfrage zu referieren, oder sollte man einen Zwischenraum lassen?

Weber: Ich möchte empfehlen, daß in der nächsten Sitzung zunächst das Referat des Herrn Kollegen Heckel abläuft und weitere Referate erst in der übernächsten Sitzung. Ich glaube annehmen zu dürfen, daß das Referat von Professor Heckel so viel Material, Hinweise, Anregungen für uns bringt, daß es sehr viel fruchtbarer ist, wenn wir darauf fußen könnten. Es wäre sehr wünschenswert, wenn der Herr Kollege Heckel sich entschließen könnte, inzwischen die Veröffentlichung in die Wege zu leiten.

Heckel: Es ist nur die Frage, ob ich es in der Zeit fertigmachen kann. Wenn ich das Thema übernehme, bitte ich, es mir nicht übelzunehmen, wenn ich in angemessener Frist sage, ich kann es nicht. Das Thema würde ungefähr heißen: Die Geschichte des Begriffs „Körperschaft des öffentlichen Rechts“ mit besonderer Berücksichtigung der Religionsverbände.

Vorsitzender: Wie wäre es dann mit dem Referat über die sprachliche Seite der Konkordate, auf das ich sehr gespannt bin?

Barion: Von Januar ab würde es mir gleich sein, wann man dieses Referat ansetzt.

Vorsitzender: Dann die Frage: „Konkordat und Weimarer Verfassung“? (*Roth:* Noch nicht!) Herr Prof. Heckel, Sie hatten noch die Frage der Nuntiaturen zur Behandlung übernommen.

Heckel: Das kann erst in einem späteren Zeitpunkt geschehen. Auf Grund der Verhandlungen der letzten beiden Tage haben wir wohl den Eindruck gewonnen, die Themen, die sich mit der katholischen Kirche befassen, sind wissenschaftlich erheblich fruchtbarer als die Themen, die sich mit Fragen der evangelischen Kirche beschäftigen, weil die evangelische Kirche sich eben heute in einem kaum faßbaren Zustande der Rechtsorganisation befindet. Was wir hier auf evangelischer Seite erörtern, ist eigentlich alles Abbruch. Das löst ein gewisses niederschlagendes Gefühl bei mir aus, weil man gar nicht weiß: vor welchen Dingen steht man da? Das wichtigste auf der evangelischen Seite ist das Procedere des Herrn Reichskirchenministers, ist die Frage, wieweit seine Maßnahmen vorankommen; dann können wir ihm irgendwie wissenschaftlich Hilfe leisten. Dagegen auf katholischer Seite ist die Sache völlig anders. Da haben wir ein festes Recht vor uns, und wir befinden uns auf staatlicher Seite in der Neubildung. Wenn wir diese neuen Begriffe umdenken, kommt sofort etwas heraus, was befruchtend wirkt. Ich hatte den Eindruck, daß unsere Diskussion über das Konkordat und über das nihil obstat wissenschaftlich befruchtender ist als die Erörterung der Frage, was in den evangelischen Kirchenverträgen im einzelnen noch gilt oder nicht, so sehr das für die praktische Anwendung bedeutsam sein kann. Also solche Themen, die sich mit der katholischen Kirche oder mit anderen gewissermaßen interkonfessionellen Fragen befassen, würde ich als hauptsächlich zu berücksichtigende Punkte der Tagesordnung ansehen.

Vorsitzender: Da wäre das Nächstliegende, daß man das täte, was wir uns gestern vorgenommen hatten, daß man daranginge, den evangelischen Kirchenvertrag in Preußen Paragraph für Paragraph durchzugehen. Das würde also schon ein Tagesordnungspunkt für die nächste Sitzung sein. Ich würde gern irgendwie bahnbrechend vorgehen und eine größere Klarheit schaffen.

Weber: Die Körperschaftsfrage ist ein Zentralproblem. Wenn nach dem historischen Referat des Herrn Prof. Heckel eine Darlegung über den gegenwärtigen Abbruchszustand folgt, und wenn ich den Versuch mache, das in Beziehung zu setzen zu der allgemeinen Lage des Begriffes des Körperschaftsrechts in der Gegenwart, ergeben sich daraus so viele staatsrechtliche Gesichtspunkte für die gegenwärtige Lage, daß das ein sehr fruchbarer interkonfessioneller Komplex, insbesondere auch für das evangelische Staatskirchenrecht ist.

Stahn: Wissenschaftlich fruchtbar wäre auch die Erörterung der Widmungsfrage.

Vorsitzender: Es wäre sehr dankenswert, wenn von den Herren im Kirchenministerium dem Ausschusse einmal eine Geschichte der Ereignisse seit dem Kirchenvertrag vom 11. Mai 1931 vorgelegt würde.

Stahn: Herr Weber hat darüber schon in seinem Buch gehandelt. Im einzelnen habe ich eine Reihe von Punkten zusammengestellt. Aber wenn die Herren am Ende dieser Darlegungen sind, wird ihnen schwindelig.

Vorsitzender: Immerhin wäre eine solche Zusammenstellung als Vorbedingung für unsere weitere Arbeit nützlich.

Stahn: Ich wäre dazu bereit.

Weber: En passant ergibt sich diese Übersicht schon bei der Betrachtung des heute noch geltenden Textes der Kirchenverträge. Dabei wird man auf die ganze Entwicklung eingehen müssen.

Stahn: Darf ich vorschlagen, daß der Arbeit, der Herr Prof. Forsthoff und ich zusammen uns unterziehen werden, ein kurzes Vorwort vorausgeschickt wird, in dem eine solche Übersicht enthalten ist! Entweder könnte das in einem Vorwort ganz allgemein geschehen oder bei den einzelnen Artikeln.

Forsthoff: Ich dachte auch einiges hineinzunehmen in die allgemeine Einleitung, vor allem was die Differenzierung der evangelisch-kirchlichen Verträge von der bisherigen Lehre, insbesondere von der clausula betrifft. Sonst wird die Sache ganz unverständlich. Man muß sich ja über die Maximen äußern, nach denen man den Vertrag analysiert.

Heckel: Ich würde einen kleinen Geschichtskalender der Ereignisse aufs äußerste begrüßen. Ich sitze in München und bekomme nicht täglich die preußischen Gesetzblätter; ich weiß infolgedessen nicht, wie die Dinge liegen.

Vorsitzender: Also Herr MinDirigent Stahn hat bereits eine Zusammenstellung gegeben und Herr Prof. Weber hat sie ergänzt. Herr Prof. Heckel hat eben dem Gefühl Ausdruck verliehen, daß wir gerade auf evangelischer Seite nicht recht wissen, wohin die ganze Entwicklung steuert, daß wir gern Hilfestellung geben möchten, aber unsere Arbeit doch nach den Entwicklungslinien, die in Frage kommen, ausrichten müssen. Ich weiß nicht, ob es vermessen wäre, an Herrn Minister Kerrl mit der Bitte heranzutreten, in unserem Kreise seine Gedanken über die künftige Entwicklung darzulegen. Das wäre eine wichtige Ergänzung und Unterstützung unserer Arbeit.

Stahn: Im Augenblick wäre die Möglichkeit dazu gegeben, wenn auch viele Dinge so politisch sind, daß man schwer etwas sagen kann.

Vorsitzender: Also die nächste Tagesordnung soll lauten:

1. Fortsetzung des Stahnschen Referats in dem besprochenen Sinne; Vertiefung nach der wissenschaftlichen Seite durch Herrn Prof. Forsthoff und eine teilweise vorhergehende Übersicht über die verwickelten kirchlich-rechtshistorischen Ereignisse der letzten fünf Jahre.
2. Frage des Körperschaftsbegriffs.

Roth: Ich würde als zweiten Punkt vorschlagen das Referat des Herrn Prof. Barion, weil ich annehme, daß sich daran keine allzu große Diskussion anschließen wird. (*Zustimmung.*) Es besteht ein gewisses Interesse daran, etwas in die Öffentlichkeit zu bringen und das Reichskonkordat, soweit es möglich ist, nach außenhin zu unterhöhlen.

Vorsitzender: Ihr Referat, Herr Prof. Barion, beschränkt sich nicht auf das deutsche Reichskonkordat, sondern behandelt die Konkordate im allgemeinen?

Barion: Ich kam darauf durch die Annahme der Gleichberechtigung des deutschen und des italienischen Textes, die solange nett und schön ist, solange missio canonica und Berufungsverfahren übereinstimmen. Aber da, wo im italienischen und im deutschen Text etwas Verschiedenes steht, ergeben sich Schwierigkeiten. Daher habe ich eine Statistik darüber aufgestellt, wo sich Diskrepanzen finden. Nachher müßte man die Sprachpraxis der neueren Konkordate überhaupt etwas einbeziehen.

Vorsitzender: Wäre das schon genug?

Weber: Nein, das Referat des Herrn Kollegen Heckel müßte unter allen Umständen schon in der nächsten Sitzung stattfinden, weil es die Grundlage für alle weiteren Erörterungen gibt, namentlich über die Stellung zur Kirche und ihr Verhältnis zum Staat. Ich glaube, die drei Referate können durchaus in einer Sitzung erledigt werden.

Vorsitzender: Wir werden dann die drei Sachen nehmen. Sollte sich noch etwas im Laufe der Zeit ergeben, können wir es erweitern.

Nun hätte ich noch eine Frage: Wie wollen wir das österreichische Konkordat und den modus vivendi in der Tschechoslowakei, die gestern ausführlich erörtert worden sind, abschließen?

Weber: Da möchte ich mir den praktischen Vorschlag erlauben, daß wir einmal versuchen, einen Gesetzentwurf zu formulieren, der die dringendsten staatskirchenrechtlichen Verhältnisse in Österreich und im Sudetenland zusammenfaßt, teilweise, um einem praktischen Bedürfnis zu genügen, aber auch, um ein konkretes Substrat zu haben.

Vorsitzender: Letzteres möchte ich in den Vordergrund rücken; lediglich um in unserem Ausschuß eine Grundlage zu haben, auf der man aufbauen kann.

Weber: Über alle Fragen müßte man dann zu Formulierungen kommen.

Roth: Diese ganze Geschichte müßte ich mir erst überlegen.

Heckel: Soweit wir als auswärts wohnende Theoretiker in Betracht kommen, bin ich etwas bedenklich dagegen. Einen Gesetzentwurf zu machen, ist in erster Linie Sache der verantwortlichen Praxis, die die Bedürfnisse kennt. Ich kann in München gar nicht wissen, was in Österreich oder im Sudetenland inzwischen notwendig geworden ist und was man besser nicht regeln sollte. Anders ist die Lage für die Herren in Berlin, die häufig im Kirchenministerium Informationen erfahren. Natürlicher wäre es, wenn die Herren aus der Praxis einen Entwurf machen, und man würde dann erörtern, was von der Theorie dazu zu sagen wäre.

Weber: So wollte ich meinen Vorschlag auch verstanden wissen. Wir waren uns vor der Konstituierung des Ausschusses darüber klargeworden, daß wir im Endergebnis zu einem Schema der angestrebten staatsgesetzlichen Regelung der staatskirchenrechtlichen Beziehungen kommen müßten. Hier ist nun eine aus der konkreten Lage sich ergebende Notwendigkeit, diese Frage in Angriff zu nehmen. Ich könnte mir denken, daß Herr Ministerialrat Roth es übernehmen würde, einen Entwurf aufzustellen, den wir als Diskussionsgrundlage verwenden, nicht um dem Kirchenministerium einen maßgeblichen Vorschlag zu machen, sondern um die zum Teil sehr ins Vage gleitenden Erörterungen dieser Frage auf die realen Notwendigkeiten zurückzuzwingen.

Roth: Ohne weiteres kann ich mich jetzt dazu nicht äußern.

Vorsitzender: Mir lag im Augenblick wesentlich daran, die interessante Frage der Lage in Österreich und im Sudetenland noch mehr festzuhalten, als es durch die Niederschrift geschieht. Kann man da in irgendeiner Form einen Schlußstrich ziehen?

Roth: Ich möchte auf meinen früheren Vorschlag zurückkommen, ein Manuskript fertigzustellen, daß die Hinfälligkeit des österreichischen Konkordats behandelt, ein Manuskript, das jederzeit aus der Schublade gezogen und in die Öffentlichkeit gebracht werden kann.

Barion: Herr Landgerichtsrat Keith war doch auch bereit, die ganzen Erörterungen in diesem Sinne zusammenzufassen.

Vorsitzender: Jawohl, und an Hand dieser Niederschrift werden wir dann sehen, ob noch etwas dazu zu ergänzen ist. Ich würde diese Niederschrift dann zur Diskussion stellen.

Roth: Aus der Schwierigkeit, wie man die Hinfälligkeit des österreichischen Konkordats begründen soll, ist ja die lange Diskussion entstanden.

Barion: Eine fruchtbare Diskussion wird erst dann wieder möglich sein, wenn irgend jemand das Fazit daraus zieht.

Vorsitzender: Wir würden dann folgende Tagesordnung haben:

1. Fortsetzung der Stahn-Forsthoffschen Debatte.
2. Die sprachliche Seite der Konkordate, von Barion.
3. Heckel: Geschichte der Körperschaftsfrage.
4. Diskussion auf Grund der Niederschrift über die gestrige Besprechung der Lage in Österreich und im Sudetengebiet.

Außerdem wären für später vorgemerkt: Die Widmung, die Nuntiaturen, die Körperschaftsfrage und die Frage Konkordat und Weimarer Verfassung.

Forsthoff: Ist es vielleicht möglich, schon mehr um die Mitte des Januar und dann vielleicht wieder am 10. bis 15. Februar zusammenzukommen?

Vorsitzender: Das würden wir in Aussicht nehmen können.

Dann sind wir am Ende. Ich habe einen so guten Eindruck von unserer Arbeit, daß ich eigentlich hoffen möchte, daß wir Ersprießliches leisten werden und daß früher oder später die Zeit kommen wird, in der man sagen kann, daß sich unsere Arbeit auch gelohnt hat.

DAS NIHIL OBSTAT

Beiträge zum Verhältnis von Staat und katholischer Kirche

Von

WERNER WEBER

I.

Allgemeines

Mit dem *Nihil obstat* hat eine neuartige Klausel in das deutsche Konkordatsrecht Eingang gefunden. Während die übrigen Bestimmungen des Reichskonkordats durchweg schon durch Präzedenzfälle im älteren Konkordatsrecht oder doch in den Grundrechten der liberalen Verfassungen vorgezeichnet sind, hat die in seinem Artikel 7 enthaltene Regelung des *Nihil obstat* keine derartigen Vorläufer. Auch unter den fremdländischen Konkordaten findet sie nur in Art. 5 des italienischen Konkordats vom 11. Februar 1929 ein Gegenstück. Es beruht kaum auf einem Zufall, daß diese Rechtsfigur gerade in den Konkordaten mit den beiden autoritären Staaten auftaucht.

Mit der Erteilung oder Versagung des *Nihil obstat* vermag die katholische Kirche den Eintritt von Geistlichen in weltliche Ämter (im Staat sowie in den Gemeinden und in anderen Körperschaften des öffentlichen Rechts) zu regulieren. In bestimmten Fällen, wie vor allem bei der Bestellung eines Geistlichen zum Professor in einer katholisch-theologischen Fakultät, konnte sie das schon früher, wenn auch andere, nicht der Sprache des Kirchenrechts entlehnte Termini dabei Verwendung fanden. Art. 7 des Reichskonkordats hat diese Möglichkeit generalisiert. Man erkennt unschwer, daß hier ein Punkt des Verhältnisses von Staat und Kirche berührt wird, der leicht und in intensiver Form kritisch werden kann. Der Einwand, daß die Fälle einer Übernahme von katholischen Geistlichen in staatliche Ämter an Zahl unerheblich seien, kann das Gewicht dieser Feststellung nicht verringern. Denn nicht die Zahl ist hier entscheidend (obwohl sie nicht einmal sehr klein ist), sondern die grundsätzliche Bedeutung, die sich schon an einem einzigen Konfliktsfalle in ihrer ganzen praktischen und politischen Tragweite offenbaren kann.

Art. 7 des Reichskonkordats hat folgenden Wortlaut:

»Zur Annahme einer Anstellung oder eines Amtes im Staat oder bei einer von ihm abhängigen Körperschaft des öffentlichen Rechtes bedürfen Geistliche des Nihil obstat ihres Diözesanordinarius sowie des Ordinarius des Sitzes der öffentlich-rechtlichen Körperschaft. Das Nihil obstat ist jederzeit aus wichtigen Gründen kirchlichen Interesses widerrufbar.«

Der italienische Text, der nach Art. 34 RK. mit dem deutschen gleiche Kraft hat, zeigt verschiedene Abweichungen:

»Per assumere un impiego od ufficio dello Stato o di enti pubblici dipendenti dal medesimo, si richiede per gli ecclesiastici il *nulla osta* del loro Ordinario diocesano, come pure dell' Ordinario del luogo; il *nulla osta* rimane sempre revocabile per gravi motivi d'interesse ecclesiastico.«

Man entdeckt sogleich im deutschen Text einige Schwächen, die bei der Übersetzung aus dem anscheinend vorher niedergelegten italienischen Wortlaut unterlaufen sein müssen. Dabei soll übergangen werden, daß man für den lateinisch-kirchenrechtlichen Terminus *Nihil obstat* im italienischen Text eine Übersetzung gefunden hat, während man im deutschen Wortlaut zu einer entsprechenden Übersetzung oder zu einer eigenen Wortprägung nicht gelangt ist [1]). Sachlich bedeutsamer ist das Mißverständnis bei der Übertragung des Terminus *Ordinario del luogo*, der in der kanonistischen Fachsprache als *Ordinarius loci* und im Deutschen als »Ortsordinarius« bekannt ist. Diesen Ordinarius loci hat man im deutschen Text des Reichskonkordats als »Ordinarius des Sitzes der öffentlich-rechtlichen Körperschaft« wiedergegeben. Schon dadurch entstehen — unabhängig von den eigentlichen Problemen dieses Konkordatsartikels — gewisse Schwierigkeiten. Soll etwa bei einer Anstellung im *Staat* das Nihil obstat des Diözesanordinarius genügen? Oder will man den Staat auch als »Körperschaft des öffentlichen Rechts« begreifen? Wenn ja, soll dann immer der für die Hauptstadt des Reiches (oder des Landes) zuständige Bischof als der Ordinarius des »Sitzes« von Reich (oder Land) zur Erteilung des Nihil obstat berufen sein? Das würde zu widersin-

---

1) Über die Verwendung von Begriffen des kirchlichen Rechts in den Konkordaten im allgemeinen vgl. *Hans Barion*, Konkordat und Codex, Festschrift für Ulrich Stutz, Heft 117/118 der Kirchenrechtlichen Abhandlungen, Stuttgart 1938, S. 376 f.

nigen Ergebnissen führen, die nicht beabsichtigt sein können. Indessen handelt es sich hier um Schwierigkeiten, die zwar peinlich sind, aber doch durch eine sinnentsprechende Auslegung beseitigt werden können. Der Begriff des *Ordinarius loci* ist zu bekannt, als daß er durch die mangelhafte Übersetzung im deutschen Text des Reichskonkordats verwischt werden könnte. Da sich von hier aus, wie unten noch zu berühren sein wird, der eigentliche Sinn finden läßt, mögen die erwähnten Unstimmigkeiten der Texte auf sich beruhen bleiben.

Art. 7 des Reichskonkordats kennzeichnet sich von vornherein als eine Vorschrift, die auf Betreiben des Vatikans und vom Standpunkte kirchlicher Interessen aus in die Konkordatsverhandlungen eingeführt worden ist. Die Frage ist, welche kirchlichen Belange hier auf dem Spiele stehen. Sie sind nicht ohne weiteres erkennbar. *Roedel-Paulus* [1]) meinen, Art. 7 zu Can. 139 C.J.C. in Beziehung setzen zu sollen. Nach diesem Canon [2]) sollen Kleriker alles meiden, was ihrem Stande nicht gemäß ist (§ 1). Insonderheit sollen sie keine öffentlichen Ämter übernehmen, die die Ausübung weltlicher Gerichtsbarkeit oder Verwaltung mit sich bringen (§ 2), ferner weltliche Ämter, die die Verpflichtung zur Rechnungslegung in sich schließen, und die Anwaltstätigkeit, weiter sollen sie sich nicht an der mit schweren Fällen befaßten weltlichen Strafgerichtsbarkeit beteiligen (§ 3). Schließlich ist ihnen auch die Übernahme eines Abgeordnetenmandats ohne Erlaubnis des Diözesanordinarius und des Ordinarius loci des Wahlbezirks untersagt; wo

---

1) *August Roedel und Rudolf Paulus*, Reichskirchenrecht und neues bayerisches Kirchenrecht, München und Berlin 1934, S. 15.

2) Can. 139 C.J.C. hat folgenden Wortlaut:

§ 1. Ea etiam quae, licet non indecora, a clericali tamen statu aliena sunt, vitent.

§ 2. Sine apostolico indulto medicinam vel chirurgiam ne exerceant; tabelliones seu publicos notarios, nisi in curia ecclesiastica, ne agant; officia publica, quae exercitium laicalis iurisdictionis vel administrationis secumferunt, ne assumant.

§ 3. Sine licentia sui Ordinarii ne ineant gestiones bonorum ad laicos pertinentium aut officia saecularia quae secumferant onus reddendarum rationum; procuratoris aut advocati munus ne exerceant, nisi in tribunali ecclesiastico, aut in civili quando agitur de causa propria aut suae ecclesiae; in laicali iudicio criminali, gravem personalem poenam prosequente, nullam partem habeant, ne testimonium quidem sine necessitate ferentes.

§ 4. Senatorum aut oratorum legibus ferendis, quos deputatos vocant, munus ne sollicitent neve acceptent sine licentia Sanctae Sedis in locis ubi pontificia prohibitio intercesserit; idem ne attentent aliis in locis sine licentia tum sui Ordinarii, tum Ordinarii loci in quo electio facienda est.

ein päpstliches Verbot besteht, bedarf es dazu sogar der Genehmigung des Hl. Stuhles (§ 4). In den gleichen Zusammenhang gehört auch das in Can. 141 § 1 niedergelegte Verbot, freiwillig in den Militärdienst einzutreten, und die in Can. 121 vorgesehene Befreiung *(immunitas)* vom Militärdienst überhaupt sowie von öffentlichen Ämtern und Tätigkeiten, die mit dem geistlichen Stande unvereinbar sind. Allen diesen Vorschriften trägt aber, soweit es dabei auf die staatliche Gesetzgebung ankommt, in der Hauptsache schon Art. 6 RK. Rechnung. Dort heißt es, daß Kleriker und Ordensleute von der Verpflichtung zur Übernahme öffentlicher Ämter und solcher Obliegenheiten frei sind, die nach den Vorschriften des kanonischen Rechts mit dem geistlichen Stande bzw. dem Ordensstande nicht vereinbar sind. Als Beispiele werden hierfür die Ämter eines Schöffen, eines Geschworenen und eines Mitglieds der Steuerausschüsse oder der Finanzgerichte aufgezählt [1]). Das kanonische Recht entwickelt also bestimmte Regeln für die Übernahme weltlicher Ämter durch Geistliche, die für die Geistlichen ohnehin bindend sind, und Art. 6 RK. trifft dafür Vorsorge, daß kein staatlicher Zwang auf die Geistlichen ausgeübt wird, der sie zu diesen Regeln in Widerspruch setzt. Es kann deshalb nur bedingt *Roedel-Paulus* darin gefolgt werden, daß Art. 7 RK. den Grundsätzen des Can. 139 C.J.C. für den staatlichen Bereich Anerkennung verschaffen wolle. Diese Funktion füllt vielmehr in erster Linie Art. 6 RK. aus. Allerdings gibt es im Rahmen der Can. 121, 139 und 141 § 1 C.J.C. Grenzfälle und Ausnahmen, in denen die Kirche ihren Geistlichen die Übernahme weltlicher Ämter unter Umständen freistellen kann, wofern sie im Einzelfalle durch Erteilung oder Versagung ihres Einverständnisses eine Kontrolle auszuüben vermag. Dafür aber bietet ihr Art. 6 RK. keine Handhabe; vielmehr ist sie alsdann eben auf die Regulierungsmöglichkeit des Art. 7 RK. angewiesen. Diese entfaltet ihre ganze Bedeutung vor allem dann, wenn der Eintritt von Geistlichen in solche weltlichen Ämter in Frage steht, die nicht im Sinne der vorerwähnten Canones mit dem geistlichen Stande unvereinbar sind. Die Erwägungen, die es der Kirche nahelegen, in tunlichst allen diesen Fällen bei der Übernahme von Geistlichen

---

1) Die staatliche Gesetzgebung hat dieses »Immunitätsprivileg« im einzelnen geregelt. Vgl. § 1784 BGB., § 34 Nr. 7, § 84 GVG., §§ 34, 50 RAO., § 23 Nr. 1 DGO., § 14 des Wehrgesetzes, § 29 Abs. 1 Nr. 2 des Wehrleistungsgesetzes, § 68 Abs. 6 des preuß. Kommunalabgabengesetzes.

in den Dienst eines weltlichen öffentlichen Dienstherrn mitzuwirken, sind zum Teil kirchenrechtlich, zum anderen Teile politisch bestimmt.

Nach der kirchenrechtlichen Seite führen sie zurück auf die Gehorsamspflicht der Geistlichen gegenüber ihren Oberen (Can. 127 und 2331 § 1), die besonders in der Dienstpflicht gegenüber ihrem Ordinarius (Can. 128 und 2399) und der Pflicht der Diözesanresidenz (Can. 143 und 2381) zutage tritt. Die Bindungen, denen der Geistliche nach dieser Richtung unterliegt, treten bei den der Zahl nach ganz überwiegenden Geistlichen besonders hervor, die auf den »*titulus servitii dioecesis*« ordiniert sind, »*ita tamen ut ordinatus, iureiurando interposito, se devoveat perpetuo dioecesis . . . servitio, sub Ordinarii loci pro tempore auctoritate*« (Can. 981 § 1). Es ist unverkennbar, daß ein Geistlicher, der eine Anstellung oder ein Amt im Staate oder einer Körperschaft des öffentlichen Rechts übernimmt, dadurch zwangsläufig an der vollen Erfüllung jener Pflichten des geistlichen Standes gehindert wird. Wenn nämlich der Staat oder eine Körperschaft des öffentlichen Rechts einem Geistlichen ein Amt überträgt, so müssen Dienstherr und Dienstverpflichteter davon ausgehen, daß die kirchlichen Bindungen des Geistlichen die Pflichten in seinem weltlichen Amte in keiner Weise beeinträchtigen dürfen. Mit anderen Worten, die Treuebindungen in dem weltlichen Amte gehen vor, die Pflichten des geistlichen Standes treten zurück. Das ist die Formel, nach der der Geistliche, der ein öffentliches Amt bekleidet, seine kirchlichen Standespflichten mit seinen weltlichen Amtspflichten in Einklang zu bringen hat. Praktisch bedeutet das — mindestens potentiell — eine Relativierung und Lockerung der kirchenrechtlichen Bindungen. Es ist nicht verwunderlich, daß die Kirche Wert darauf legt, durch Erteilung oder Verweigerung des *Nihil obstat* darüber zu entscheiden, ob ihr in jedem einzelnen dieser Fälle der Verzicht auf die uneingeschränkte Geltendmachung der angedeuteten kirchlichen Vorschriften gegenüber ihren Geistlichen tragbar erscheint oder nicht. Wenn und solange aber das *Nihil obstat* erteilt ist, hat damit die kirchliche Behörde den Geistlichen »freigegeben«. Alsdann muß sie auch darauf verzichten, die kirchliche Disziplin gegenüber dem betroffenen Geistlichen in einer Weise geltend zu machen, daß Kollisionen mit seinen Pflichten aus seinem weltlichen Amt entstehen könnten. In diesem Punkte trifft sich mit dem kirchlichen auch ein gewisses staatliches Interesse an der in

Art. 7 RK. enthaltenen Regelung. Denn soweit der Staat und weltliche Körperschaften des öffentlichen Rechts katholische Geistliche in Dienst nehmen, die das Nihil obstat gemäß Art. 7 RK. besitzen, bietet diese Konkordatsklausel eine Gewähr dafür, daß dem Geistlichen von der kirchlichen Disziplin her Schwierigkeiten in der Erfüllung seines weltlichen Amtes nicht bereitet werden.

So liegt in der Forderung des Nihil obstat für die Kirche ein Mittel, die Verpflichtung eines Geistlichen auf ein weltliches Amt und die damit verbundene Überschneidung zweier (nicht selten gegensätzlicher) Pflichtenkreise zu regulieren. Aber darin erschöpft sich für die Kirche die Bedeutung dieser Konkordatsvorschrift nicht. Man muß vielmehr dabei noch folgenden politischen Tatbestand in Betracht ziehen, den der Vatikan anscheinend besonders in seinen Beziehungen mit den autoritären Staaten als bedeutsam einschätzt: Er hat häufig die Erfahrung machen müssen, daß die materielle und innere Unabhängigkeit, die ein staatliches Amt seinem geistlichen Träger gegenüber der Kirche verleiht, der Aufrechterhaltung einer straffen kirchlichen Disziplin nicht zuträglich war. Die Anwendung kirchlicher Zwangsmittel pflegt gegenüber den Geistlichen, die ein staatliches Amt bekleiden, nicht die gleiche Wirksamkeit zu entfalten wie bei denjenigen, deren Brotherr die Kirche selbst ist. Kurz, die materielle Unabhängigstellung des Geistlichen durch die Sicherungen eines dem kirchlichen Einfluß entzogenen staatlichen Amtes ist für die ungehemmte Entfaltung der kirchlichen Disziplin etwas durchaus Unerwünschtes. Es darf deshalb nicht verwundern, daß dem Vatikan daran liegt, seine Geistlichen hinsichtlich der materiellen Lebensgrundlage möglichst nicht aus der Hand zu geben und sie nicht zu stark der Fürsorge des Staates zu überlassen. Infolgedessen richten sich seine Wünsche darauf, den Eintritt eines Geistlichen in ein staatliches Amt entweder überhaupt zu verhindern [1]) oder ihn doch mindestens von einer ausdrücklichen kirchenbehördlichen Genehmigung abhängig zu machen und diese Genehmigung

---

1) Diese Forderung stellt denn auch das Dekret der Konzilskongregation »*De sacerdotibus magisterii munus gerentibus in publicis scholis*« vom 22. Februar 1927 (Acta Apost. Sedis XIX/1927, S. 99) für die Geistlichen, die ein Lehramt übernehmen wollen, voran. Es heißt dort unter III: »*Curent Ordinarii ut hi sacerdotes docendi munus obeant in sua dioecesi, praesertim in sacris clericorum Seminariis vel in privatis scholis.*«

auch nur auf jederzeitigen Widerruf zu erteilen [1]). Mit voller Deutlichkeit hat *J. M. Restrepo Restrepo S. J.* in seiner autorisierten Konkordatsausgabe das Kernmotiv für die Nihil obstat-Klausel aufgedeckt, indem er den Sinn des Art. 5 des italienischen Konkordats und des Art. 7 des Reichskonkordats mit dem Satz erläutert: »*Par cet article on veille efficacement à la dépendance due par les ecclésiastiques aux Ordinaires*« [2]).

Diese Interessenlage hat bei den öffentlichen Erörterungen über das italienische Konkordat nach der Unterzeichnung im Jahre 1929 einen sehr betonten Ausdruck gefunden. Der Papst hatte in einem Brief an Kardinalstaatssekretär Gasparri vom 30. Mai 1929 (Acta Apost. Sedis XXI/1929, S. 304) auf der rückwirkenden Kraft des Art. 5 des Konkordats bestanden. Über die staatliche Stellungnahme hierzu und ihre Gründe teilt *Mario Missiroli*, der damalige Pressechef Mussolinis, Näheres mit [3]). Besonders interessant ist die von ihm veröffentlichte Petition, in der die im Schuldienst tätigen Exgeistlichen Siziliens gegen die Forderung der Kurie bei Mussolini protestierten. Die italienische Regierung hatte, wie unten noch zu erörtern sein wird, den Grundgedanken dieses Protestes, die Sicherung solcher Geistlicher gegen wirtschaftliche Vernichtung, schon von sich aus in der endgültigen Fassung des Art. 5 berücksichtigt und demgemäß den Wünschen des Vatikans nur teilweise nachgegeben. Im übrigen handelt es sich hier nicht um einen spezifisch italienischen Fall. Auch aus der Geschichte des Verhältnisses von Staat und katholischer Kirche in Deutschland sind ähnliche Präzedenzfälle bekannt, wenn sie auch nicht in einer derartigen Häufung akut geworden sind. Charakteristisch ist dabei, daß die Fragen, die die betroffenen Geistlichen in einen Konflikt mit der Kirche brachten, in Deutschland meist gleichzeitig einen — mindestens latenten — Konflikt zwischen Staat und Kirche zum Gegenstand hatten. In jedem Falle aber kann man davon ausgehen, daß der Staat einem im Widerstreit mit seiner

1) Das in der vorigen Anmerkung erwähnte Dekret bestimmt demgemäß (freilich nur mit innerkirchlicher Wirkung und jetzt für das Deutsche Reich durch Art. 7 RK. modifiziert) unter IV: »*Sacerdos, huiusmodi munus atque officium in publicis scholis ne petat neque acceptet sine explicito Ordinarii sui consensu; qui quidem consensus est natura sua revocabilis.*« Für Religionslehrer gelten andere Grundsätze. Hierüber vgl. unten S. 233 ff.

2) *J. M. Restrepo Restrepo S.J., Concordata Regnante Sanctissimo Domino Pio PP. XI inita. Romae 1934, S. 271 Anm. 251, S. 559 Anm. 470.*

3) *Mario Missiroli, Date a Cesare. La politica religiosa di Mussolini con documenti inediti. Roma 1929, S. 381—391.*

Kirche lebenden Geistlichen immer nur dann in einem öffentlichen Amte Schutz gewährt, wenn er den Grund der Beanstandung des Geistlichen durch die Kirche nicht teilt. Gerade dadurch gewinnen die Fälle, in denen die Kirche mit dem *Nihil obstat* ansetzen möchte, regelmäßig eine weit über das persönliche Schicksal des Betroffenen hinausgehende kirchenpolitische Bedeutung. Und hier liegt auch der Grund, weshalb dem Problem des *Nihil obstat* ein so großes staatskirchenrechtliches Interesse gebührt.

Die bisher mit dem allgemeinen Hinweis auf das *Nihil obstat* gekennzeichnete Frage spitzt sich nach dem Gesagten darauf zu, mit welchen Mitteln und unter welchen Voraussetzungen die Behörden der katholischen Kirche ihren Geistlichen mit vom Staat anerkannter Wirkung die Annahme und die Beibehaltung weltlicher öffentlicher Ämter untersagen können. Art. 7 RK. scheint hierauf eine erschöpfende Antwort zu geben. In Wirklichkeit aber regelt diese Vorschrift nur einen Ausschnitt aus dem ganzen Fragenkomplex.

Zunächst scheint sich aus dem Text dieser Konkordatsbestimmung zu ergeben, daß praktisch nur der Weltklerus von ihr erfaßt wird. Die Klostergeistlichen (die Angehörigen des *clerus religiosus*) sind nämlich durchweg nicht einer Diözese, sondern einer religiösen Genossenschaft inkardiniert, haben also keinen Diözesanordinarius. Da aber dessen Mitwirkung von der Regelung des Art. 7 RK. vorausgesetzt wird, ist diese Vorschrift auf Klostergeistliche scheinbar nicht anzuwenden. Ein solches Ergebnis kann kaum gewollt sein und muß wohl darauf zurückgeführt werden, daß den Kanonisten des Vatikans bei der Formulierung des Art. 7 RK. eine juristisch korrekte Mitberücksichtigung der Klostergeistlichen nicht gelungen ist, die an sich bei Ersatz des Ausdrucks *Diözesanordinarius* durch den allgemeineren *Ordinarius proprius* leicht möglich gewesen wäre. Indessen mag diese Frage dahingestellt bleiben, da die Übernahme von Klostergeistlichen in staatliche Ämter kaum mehr praktische Bedeutung hat.

Von großer sachlicher Bedeutung dagegen ist folgendes:

Es gibt verschiedene Fälle, in denen die Berufung eines Geistlichen in ein staatliches Amt nicht mehr oder weniger zufällig erfolgt, sondern in denen gerade Geistlichen als solchen ein staatliches Amt übertragen wird, das sie nur in ihrer Eigenschaft als Geistliche wahrnehmen können. Die staatlichen Dozenten und Professoren der katholischen Theologie beispielsweise sind immer Geistliche, ferner sind die Militär- und Anstaltsgeistlichen notwendigerweise Träger eines staatlichen Amtes und Geistliche zugleich, und schließlich werden häufig auch Geistliche als solche mit den Funktionen eines Religionslehrers an staatlichen und kommunalen Unterrichtsanstalten betraut.

Hier handelt es sich um eine besondere Kategorie, die dadurch gekennzeichnet wird, daß die zu ihr gehörigen Geistlichen nicht eigentlich ihre geistlichen Funktionen zugunsten eines weltlichen Amtes aufgeben, sondern in einem weltlichen Amte und zur Erfüllung der in diesem Amte beschlossenen Pflichten ihre geistlichen Funktionen weiterführen. Auch in diesen Fällen hat freilich die Kirche ein entscheidendes Interesse daran, bei der Übernahme ihrer Geistlichen in die bezeichneten Ämter mitzuwirken. Aber für diese Mitwirkung ergeben sich doch andere Bedingungen als in den Fällen, in denen ein Geistlicher ein rein weltliches Amt übernimmt. Die kirchenrechtlichen Elemente der zu wahrenden Disziplin *(Oboedienz, Diözesanresidenz, Servitium dioecesis)* beispielsweise treten hier stärker zurück (weil es nämlich gerade zu den kirchlichen Aufgaben der Geistlichen gehört, solche weltlichen Ämter wahrzunehmen), um dafür einem größeren kirchlichen Interesse an dem Inhalt des weltlichen Amtes Platz zu machen. Das geltende Konkordatsrecht trägt diesen Unterschieden dadurch Rechnung, daß es die Regelung des Art. 7 RK. nicht auf die Theologieprofessoren, die Militär- und Anstaltsgeistlichen sowie auf die geistlichen Religionslehrer erstreckt. Hierfür gelten vielmehr auf einen früheren Ursprung zurückgehende Sonderbestimmungen, die für ihren Bereich die lex generalis des Art. 7 RK. ausschließen. Für die Theologieprofessoren finden wir die Grundlage dieser Sonderregelung in Art. 19, für die Religionslehrer in Art. 22, für die Militärgeistlichen in Art. 27 und für die Anstaltsgeistlichen in Art. 28 des Reichskonkordats.

Das Problem ist freilich, wie erneut betont sei, überall insofern das gleiche, als es sich darum handelt, welche Mitwirkung den kirchlichen Behörden bei der Übernahme von Geistlichen in öffentliche Ämter des Staates oder von Körperschaften des öffentlichen Rechts eingeräumt wird. Die rechtstechnische Durchführung dieser Mitwirkung aber teilt sich in die erwähnten Sonderfälle, für die Spezialregelungen vorliegen, und die dann noch verbleibenden übrigen Fälle, für welche die Regelung in Art. 7 RK. gilt. Nur in Art. 7 RK. wird das *Nihil obstat* als Terminus technicus verwendet. Aber wenn man von dem *Nihil obstat* handelt, dürfen die von ihm rechtstechnisch — nicht grundsätzlich — eximierten Spezialfälle naturgemäß nicht außer acht gelassen werden. Die vorliegende Untersuchung bezieht deshalb das Problem in seiner Gesamtheit ein.

II.

Bedeutung und Tragweite des Nihil obstat nach Artikel 7 des Reichskonkordats

1. Artikel 7 des Reichskonkordats macht die Annahme einer Anstellung oder eines Amtes im Staat oder bei einer ihm eingeordneten Körperschaft des öffentlichen Rechts durch einen Geistlichen abhängig von der Erteilung des *Nihil obstat* des Diözesanordinarius und des Ordinarius loci. Die weltlichen Dienstherren, denen gegenüber die Kontrollfunktion des Nihil obstat durchgreift, sind hierdurch ausreichend deutlich umschrieben; es handelt sich bei ihnen in erster Linie um Reich, Länder und Gemeinden. Aus dem Wortlaut der Bestimmung ergibt sich ferner unmißverständlich, daß es keinen Unterschied macht, ob der Geistliche im Rahmen eines Angestellten- oder Beamtenverhältnisses in den öffentlichen Dienst tritt. Aber es genügt hierzu nicht eine nur flüchtige Berührung mit irgendwelchen öffentlichen Funktionen. »Anstellung« und »Amt« im Sinne dieses Artikels sind als vollberufliche Tätigkeiten zu verstehen; ehrenamtliche Nebentätigkeiten für den Staat oder für Körperschaften des öffentlichen Rechts, die dem Geistlichen eine Existenzgrundlage nicht gewähren und ihn nicht überwiegend in Anspruch nehmen, und unter diesen vor allem sämtliche Betätigungen, die sich in den Rahmen der allgemeinen Mitwirkungspflichten des Reichsbürgers einfügen, werden von Art. 7 nicht erfaßt. Eines erneuten Nihil obstat bedarf es auch dann nicht, wenn der Geistliche, der schon in öffentlichen Diensten steht, in derselben Laufbahn befördert oder wenn er in ein anderes Amt gleicher Art versetzt werden soll. Nur wenn durch die Versetzung oder Beförderung ein ganz neuartiger Tätigkeitsbereich geschaffen wird, kann man im Sinne des Art. 7 von der Annahme einer neuen Anstellung oder eines neuen Amtes sprechen und hieraus die wiederholte Einholung des Nihil obstat rechtfertigen. Über Inhalt und Aufgabenkreis der in Betracht kommenden weltlichen Dienstverhältnisse sagt Art. 7 nichts aus. Hier sollen in der Tat keine Unterschiede gemacht werden. Nur muß man sich immer gegenwärtig halten, daß die wichtigsten Fälle (Theologie-

professoren, Religionslehrer und Militär- und Anstaltsgeistliche) von der Regelung des Art. 7 nicht erfaßt werden.

2. Um die Erteilung des Nihil obstat ist der Diözesanordinarius des Geistlichen anzugehen, d. h. der Bischof derjenigen Diözese, welcher der Geistliche inkardiniert ist, und daneben der »Ordinarius des Sitzes der öffentlich-rechtlichen Körperschaft«. Art. 5 des italienischen Konkordats begnügt sich demgegenüber mit der Zustimmung des Diözesanordinarius. Überdies ist die Prägung »Ordinarius des Sitzes der öffentlich-rechtlichen Körperschaft«, wie oben (S. 194 f.) schon bemerkt wurde, wenig geglückt. Sie kann nur als Mißgriff bei der Übersetzung aus dem offensichtlich früher konzipierten italienischen Text verstanden werden. Dort wird neben dem *Ordinario diocesano* der *Ordinario del luogo* genannt. Das ist eine klare Wendung. Sie bezeichnet den Bischof der Diözese, innerhalb deren die weltlichen Funktionen ausgeübt werden sollen, wo also der Geistliche seinen »dienstlichen Wohnsitz« erhält. Dieser Ordinarius loci kann mit dem Diözesanordinarius identisch sein (dann ist, wie im italienischen Konkordat, nur das Nihil obstat eines Bischofs erforderlich), doch sind sie beide häufig genug voneinander verschieden, wenn nämlich der Geistliche eine weltliche Funktion in einer anderen Diözese übernimmt als in derjenigen, der er inkardiniert ist. Nur in einem Teil der Fälle aber ist der *Ordinario del luogo (Ordinarius loci)* auch der »Ordinarius des Sitzes der öffentlich-rechtlichen Körperschaft«, dort nämlich, wo der Sitz der Körperschaft und der »dienstliche Wohnsitz« des in ihren Diensten stehenden Geistlichen in derselben Diözese liegen. Bei den Gemeinden und anderen gebietsmäßig wenig ausgedehnten Körperschaften mag dies regelmäßig zutreffen, bei den praktisch wichtigsten Dienstherren, dem Reich und den Ländern, aber durchweg nicht. Abgesehen davon, daß Reich und Länder keine »Körperschaften des öffentlichen Rechts« sind und die Hauptstädte nur sehr bedingt als ihr »Sitz« angesehen werden können, hat der im Staatsdienst stehende Geistliche eben oft in einer anderen Diözese seinen dienstlichen Wohnsitz (und damit auch einen anderen Ordinarius loci) als in der Diözese der Reichs- oder Landeshauptstadt. Hier ergeben sich aus der mangelhaften Redaktion des deutschen Konkordatswortlauts Unstimmigkeiten, die aus dem deutschen Text selbst gar nicht gelöst werden können. Sie lassen sich nur durch die Heranziehung des italienischen Textes beseitigen, der allerdings eindeutig lehrt, daß

man unter »Ordinarius des Sitzes der öffentlich-rechtlichen Körperschaft« nichts anderes als den Ordinarius loci zu verstehen hat. Bemerkt sei im übrigen, daß es sich bei der Erteilung des Nihil obstat um eine ausgesprochen bischöfliche Funktion handelt. Wollte etwa der Vatikan diese Zuständigkeit generell oder im Einzelfall an sich ziehen, so würde dies den Konkordatsabreden widersprechen [1]).

3. Eine der wichtigsten Fragen, die bei der Anwendung des Art. 7 auftauchen, ist die, ob der Geistliche oder der weltliche Dienstherr sich des Nihil obstat der zuständigen Bischöfe zu vergewissern hat. Die Antwort ergibt sich mit voller Deutlichkeit aus dem Konkordatstext selbst: Nicht die weltliche Behörde, sondern der Geistliche muß sich um das Nihil obstat bemühen. »*Geistliche bedürfen* des Nihil obstat usw.«, so führt Art. 7 hierzu aus; und zwar brauchen sie es zur Annahme einer Anstellung oder eines Amtes bei den bezeichneten weltlichen Dienstherren. Der Konkordatswortlaut macht also die Einholung des Nihil obstat zu einer eigenen Handlung des Geistlichen, bei der die weltliche Behörde nicht beteiligt ist. Das wird besonders dadurch verdeutlicht, daß das Nihil obstat nicht etwa Voraussetzung für die Anstellung des Geistlichen durch den Staat, also für den eigentlichen Akt der weltlichen Behörde ist, sondern daß nur die *Annahme* der Anstellung oder des Amtes durch den Geistlichen an das Vorliegen des Nihil obstat geknüpft wird. In diesem Punkte hebt sich der Wortlaut des Art. 7 RK. deutlich von Art. 5 Abs. 1 des italienischen Konkordats ab. Dort heißt es nämlich: »*Nessun ecclesiastico può essere assunto o rimanere in un impiego od' ufficio dello stato italiano . . . senza il nulla osta* . . .« [2]). Hier steht der Anstellungsakt als solcher im Mittelpunkt (freilich, wie später zu zeigen sein wird, abgeschwächt durch Abs. 3 des gleichen Artikels), während das Reichskonkordat das Nihil obstat eindeutig auf die Annahme des weltlichen Amtes durch den Geistlichen ausrichtet.

4. Wenn es so nach Art. 7 RK. Sache des Geistlichen ist, sich des Nihil obstat zu vergewissern, so taucht weiter die Frage auf, wie denn der Staat bzw. die Körperschaft des öffentlichen Rechts

---

1) Siehe auch unten S. 218 (besonders Anm. 2).

2) In der autorisierten deutschen Übersetzung (Die Lateran-Verträge zwischen dem Heiligen Stuhl und Italien. Autorisierte Ausgabe. Freiburg, Herder, 1929) lautet dieser Passus: »Kein Geistlicher kann zu einer Anstellung oder zu einem Amte des italienischen Staates . . . angenommen werden ohne das Nihil obstat des Diözesanordinarius.«

an diesem Vorgang beteiligt ist. Niemals ist es deren Aufgabe, das Nihil obstat für den Geistlichen bei den zuständigen Bischöfen einzuholen; sie sollen und dürfen nicht einmal dem Geistlichen hierin vorgreifen. Eine andere Frage ist, ob sie sich davon überzeugen müssen, daß der Geistliche das Nihil obstat erlangt hat, ob sie also etwa von dem Geistlichen die Vorlage der Bescheinigung über das erteilte Nihil obstat verlangen müssen. Auch diese Frage ist zu verneinen. Der Staat kann den Nachweis verlangen, er braucht es aber nicht. Denn Art. 7 RK. statuiert die Einholung des Nihil obstat, wie erwähnt, als eine Verpflichtung des Geistlichen, nicht aber als eine solche der weltlichen Behörde. Diese kann unterstellen, daß der Geistliche sich des Nihil obstat versichert hat, und kann es sogar ganz dahingestellt sein lassen, ob das Nihil obstat erteilt ist oder nicht. Die Tatsache, daß der Geistliche die Anstellung oder das Amt annimmt, reicht für den Staat aus, um seine Anstellung oder seine Berufung in ein Amt zu vollziehen. Auf der anderen Seite ist es dem Staat aber nicht verwehrt, von dem Geistlichen den Nachweis des Nihil obstat zu fordern. Denn es kann für ihn im Einzelfalle durchaus wichtig sein, einen Geistlichen in vollem Einvernehmen mit den kirchlichen Behörden in eines seiner Ämter zu berufen und sich mithin auch darüber Gewißheit zu verschaffen, ob das Nihil obstat tatsächlich erteilt ist. Kurz, es steht im Ermessen des Staates, ob er sich von dem Geistlichen das Vorliegen des Nihil obstat nachweisen lassen will oder nicht.

5. Damit ist schon die Kernfrage berührt, welche Folgen eintreten, wenn einem Geistlichen das Nihil obstat von dem Diözesanordinarius oder gegebenenfalls dem Ordinarius loci oder von beiden versagt wird. Art. 7 RK. scheint hierfür als Regelfall anzunehmen, daß der Geistliche alsdann die Anstellung oder das Amt im Dienste des Staates oder der Körperschaft des öffentlichen Rechts nicht annimmt. Trifft diese Erwartung zu, so entstehen keine weiteren rechtlichen Schwierigkeiten. Denn der Staat ist — soweit sich das gleiche Ergebnis nicht schon aus dem Arbeitsrecht und dem Beamtenrecht ergeben sollte — jedenfalls durch Art. 7 RK. gebunden, die auf das nicht erteilte Nihil obstat gestützte Weigerung des Geistlichen, in den Staatsdienst einzutreten, zu respektieren. Schwierigkeiten treten nur dann ein, wenn der Geistliche trotz des verweigerten Nihil obstat bereit bleibt, die Anstellung oder das Amt anzunehmen, oder wenn er überhaupt davon absieht,

sich um das Nihil obstat zu bemühen. Daß der Staat in diesem Falle von der Übernahme des Geistlichen in seine Dienste Abstand nehmen *kann*, liegt auf der Hand; ob er dazu konkordatsrechtlich verpflichtet ist, erscheint dagegen zweifelhaft. Diese Zweifel werden durch verschiedenartige Erwägungen gestützt:

Auch das italienische Konkordat begründet eine derartige Verpflichtung nicht. Freilich hatte der kuriale Vorentwurf des Konkordats, dessen Text *Mario Missiroli* mitgeteilt hat [1]), offensichtlich die Tendenz verfolgt, dem Staat die konkordatsrechtliche Verpflichtung aufzuerlegen, daß er keinen Geistlichen ohne das Nihil obstat in seine Dienste nehme. In Art. 43 dieses Vorentwurfs heißt es nämlich: »*Nessun ecclesiastico sarà chiamato ad insegnare nelle scuole pubbliche, comprese le Università, o comunque ad un ufficio di nomina governativa, senza il nulla osta del proprio Ordinario.*« Zwar weicht der Text des Art. 5 Abs. 1 des italienischen Konkordats hiervon nicht wesentlich ab; ihm wurde aber dadurch ein ganz anderer Sinn verliehen, daß ein neuer Abs. 3 in den endgültigen Text des Art. 5 Eingang fand [2]). Hier wird die Verpflichtung des Staates dahin abgeschwächt, in jedem Falle abgefallene oder mit einer kirchlichen Zensur belegte Priester nicht in ein Lehramt oder eine Beschäftigung zu bringen, bei der sie in unmittelbare Berührung mit dem Publikum kommen. Man erkennt deutlich, wie hier die weitergehende ursprüngliche Forderung des Vatikans mit dem entgegengesetzten Standpunkt des italienischen Staates zu einem Kompromiß vereinigt ist, der von der Schärfe der vatikanischen Forderung nicht viel übrig gelassen hat, und es ist nicht schwer, den äußeren Zusammenhang mit den Erwägungen herzustellen, mit denen die der Kirche entfremdeten ehemaligen Geistlichen auf die Forderungen des Vatikans nach rückwirkender Anwendung des Art. 5 des italienischen Konkordats geantwortet hatten [3]). Die Gegenüberstellung der Absätze 1

---

1) *Missiroli*, a. a. O. S. 456.

2) Art. 5 des italienischen Konkordats hat folgenden Wortlaut:

Nessun ecclesiastico può essere assunto o rimanere in un impiego od' ufficio dello stato italiano o di enti pubblici dipendenti dal medesimo senza il nulla osta dell' Ordinario diocesano.

La revoca del nulla osta priva l'ecclesiastico della capacità di continuare ad esercitare l'impiegc o l'ufficio assunto.

In ogni caso i sacerdoti apostati o irretiti da censura non potranno essere assunti ne conservati in un insegnamento, in un ufficio od in un impiego, nei quali siano a contatto immediato col pubblico.

3) Siehe oben S. 199.

und 3 in Art. 5 des italienischen Konkordats liefert folgendes Ergebnis: Eine Verpflichtung des italienischen Staates, Geistliche, die das Nihil obstat nicht erlangt haben, nicht in seine Dienste zu nehmen, hat keine konkordatsrechtliche Anerkennung gefunden. Vielmehr hat sich der italienische Staat nur daran gebunden, »abgefallene oder mit einer kirchlichen Zensur belegte Priester« (also Geistliche, bei denen besonders gewichtige Gründe für die Verweigerung des Nihil obstat vorliegen) nicht in einem Lehramt oder in Stellen zu beschäftigen, in denen sie mit dem Publikum in Berührung kommen. Das ist eine bemerkenswerte Einschränkung, die die Wirkung des verweigerten Nihil obstat für den Regelfall auf die Entschließung des betroffenen Geistlichen reduziert. Zeigt der Geistliche die Bereitschaft, auch ohne Nihil obstat in Staatsdienste einzutreten, so ist der Staat konkordatsrechtlich nicht gehindert, ihn zu übernehmen, und nur soweit es sich um »abgefallene oder mit einer kirchlichen Zensur belegte Priester« handelt, darf er sie in bestimmten Stellen nicht beschäftigen.

Erst recht läßt sich aus der Fassung des Art. 7 des Reichskonkordats eine Verpflichtung des Staates, Geistliche nur nach Erteilung des Nihil obstat in seine Dienste zu übernehmen, nicht herleiten. Denn der Text des Art. 7 ist nach dieser Richtung noch viel schwächer als der des Art. 5 Abs. 1 des italienischen Konkordats. Das italienische Konkordat weist dem Nihil obstat immerhin (wenn auch durch Abs. 3 des Art. 5 wieder abgeschwächt) die Bedeutung einer Anstellungsvoraussetzung zu. Nach Art. 7 RK. dagegen hat die Einholung des Nihil obstat lediglich den Charakter einer gegenüber der kirchlichen Behörde bestehenden Verpflichtung des Geistlichen. Ohne das Nihil obstat soll der Geistliche — darauf spitzt sich die kirchliche Verpflichtung zu — das weltliche Amt nicht »annehmen«. Es ist aber nicht die Aufgabe der weltlichen Behörde, darüber zu wachen, daß der Geistliche diesen kirchlichen Pflichten genügt. Für sie reicht die Feststellung aus, daß der Geistliche das ihm zugedachte Amt anzunehmen bereit ist. Zeigt er diese Bereitschaft, ohne das Nihil obstat erlangt zu haben, so verstößt er zwar gegen die kirchliche Disziplin, aber der weltliche Dienstherr verletzt keine ihm obliegende Konkordatspflicht, wenn er in diesem Falle den Geistlichen anstellt. Der staatliche Anstellungsakt ist fehlerfrei und rechtsgültig und enthält keine Konkordatsverletzung.

Dieses schon durch den klaren Wortlaut des Art. 7 gewiesene

Ergebnis wird durch den typischen weiteren Verlauf derartiger Fälle erhärtet. Der Geistliche, der ohne Nihil obstat ein weltliches Amt übernimmt, gerät dadurch regelmäßig mit seiner Kirche in Konflikt. Die Zuspitzung dieses Konflikts wird vielfach dahin verlaufen, daß der Geistliche sich vom geistlichen Stande lossagt oder gar aus der Kirche austritt. Zwar bleibt er dann nach kanonischem Recht Glied der Kirche, ebenso wie die Wirkung der Priesterweihe fortdauert (Can. 211 § 1 C.J.C.). Aber vom staatskirchenrechtlichen Standpunkt aus ist er dann nicht mehr Geistlicher im Sinne der Art. 6 und 7 RK. und gehört er — nach erfolgtem Kirchenaustritt — der katholischen Kirche nicht mehr an. In diesem Stadium des Konflikts würde auf jeden Fall die Berufung der Kirche auf den Art. 7 RK. versagen. Hier entfällt — vom Staatskirchenrecht des Reichskonkordats her betrachtet — auch für den ehemaligen Geistlichen die Pflicht, sich um das Nihil obstat zu bemühen, ebenso wie für ihn dann die Immunitätsprivilegien des Art. 6 RK. wegfallen. Der Geistliche hat es also in jedem Falle in der Hand, sich den Bindungen des Art. 7 RK. zu entziehen, wenn er ein Amt eines weltlichen Hoheitsträgers übernehmen will.

6. Das Nihil obstat ist nicht nur Voraussetzung für die Annahme, sondern auch für die Beibehaltung eines weltlichen Amtes. So wird man die Klausel in Satz 2 des Art. 7 RK. verstehen müssen, die besagt, daß das Nihil obstat jederzeit aus wichtigen Gründen kirchlichen Interesses widerrufbar sei. Über die Wirkungen dieses Widerrufs trifft das Reichskonkordat keine näheren Bestimmungen. Das italienische Konkordat (Art. 5 Abs. 2) ist in diesem Punkte scheinbar deutlicher, wenn es erklärt, daß der Widerruf des Nihil obstat dem Geistlichen die Fähigkeit nehme, die übernommene Anstellung oder das übernommene Amt weiter zu versehen. Das klingt so, als ob der Geistliche durch den Widerruf auch für den staatlichen Bereich unfähig werde, weiter in seinem Amt zu bleiben. *Restrepo Restrepo* spitzt diese Schlußfolgerung sogar dahin zu, daß mit dem Widerruf des Nihil obstat das weltliche Amt automatisch verlorengehe: »*Ce nihil obstat révoqué, l'emploi est perdu*« [1]. In Wahrheit berücksichtigt diese Auslegung die bedeutsame Einschränkung nicht, die Abs. 3 des Art. 5 auch für den Fall des Widerrufs zur Vorschrift erhebt. Die Wirkung des Widerrufs wird danach für den *Staat* dahin abgeschwächt, daß die abgefallenen oder mit einer kirchlichen Zensur belegten Geistlichen

1) *J. M. Restrepo Restrepo S. J.*, a. a. O. S. 273 Anm. 251.

nicht in einem Lehramte sowie einem Amte oder einer Anstellung, bei denen sie in unmittelbare Berührung mit dem Publikum kommen, gehalten werden können. Von einem automatischen Verlust des Amtes oder der Anstellung oder von einer Verpflichtung der weltlichen Behörde, den Geistlichen bei Widerruf des Nihil obstat schlechtweg zu entlassen, kann somit auch nach dem italienischen Konkordat nicht die Rede sein.

Die Wirkungen des Widerrufs sind im deutschen Konkordatsrecht ähnliche; sie müssen nach denselben Grundsätzen beurteilt werden, die auch für die Einholung des Nihil obstat bei der Begründung des weltlichen Amtes gelten. Danach hat der Widerruf keinen unmittelbaren Einfluß auf den Bestand des weltlichen Dienstverhältnisses und auf das Verhalten der vorgesetzten weltlichen Behörde des Geistlichen, sondern nur auf den betroffenen Geistlichen selbst. Für diesen löst er die kirchliche Verpflichtung aus, sein weltliches Dienstverhältnis zu lösen. Kommt er der Verpflichtung nach, so muß der weltliche Dienstherr seinem Begehren nach Freistellung von dem weltlichen Amt entsprechen. War der Geistliche bis dahin Beamter, so wird er hierzu regelmäßig den Antrag auf Entlassung nach § 60 DBG. wählen müssen; daneben kommt für ältere Geistliche noch der Antrag auf Versetzung in den Ruhestand (§ 70 DBG.) in Betracht. Befand sich der Geistliche in einem Angestelltenverhältnis, so muß bei der Lösung dieses Verhältnisses den arbeitsrechtlichen Vorschriften Genüge geschehen.

Schwieriger gestaltet sich die Sachlage, wenn der betroffene Geistliche den Widerruf des Nihil obstat ignoriert und keine Neigung zeigt, der kirchlichen Disziplin zu folgen und sein weltliches Dienstverhältnis zu lösen. Dann treten Folgen nur für den Geistlichen ein, nicht aber für den weltlichen Dienstherrn. Denn das Nihil obstat bildet, wie hier in Erinnerung gebracht werden muß, keine in den staatlichen Bereich übernommene Anstellungsvoraussetzung, sondern den Gegenstand einer kirchlichen Verpflichtung des Geistlichen, nach der dieser seine Bereitschaft, ein weltliches Amt zu übernehmen oder beizubehalten, bestimmen soll. Nur wenn der Geistliche nach dem Widerruf des Nihil obstat um die Entlassung aus seinem weltlichen Dienstverhältnis einkommt, löst Art. 7 RK. die Verpflichtung des weltlichen Dienstherrn aus, die Lösung zu vollziehen. Wenn aber der Geistliche dem Widerruf nicht gehorcht, bietet sich dem weltlichen Dienstherrn kein Anlaß, eine Änderung des Dienstverhältnisses eintreten zu lassen.

Freilich muß der Geistliche dann in Kauf nehmen, daß sein Ungehorsam kirchliche Disziplinarmaßnahmen auslöst, aber der weltliche Dienstherr ist nicht verpflichtet, seinen kirchlichen Ungehorsam zu brechen und den Geistlichen gegen seinen Willen aus seinem bisherigen Amt zu entfernen. Hierzu bietet sich ihm nicht einmal eine Möglichkeit. Denn bei der Begründung des weltlichen Dienstverhältnisses steht es dem Dienstherrn zwar frei, bei fehlendem Nihil obstat auf die Übernahme des an sich zum Diensteintritt bereiten Geistlichen zu verzichten. Das ergibt sich aus dem allgemeinen Grundsatz, daß niemand einen Anspruch auf eine Anstellung in öffentlichen Diensten hat. Der Geistliche indessen, der sich schon als Beamter oder Angestellter im öffentlichen Dienst befindet, genießt auch die Rechte aus diesen Dienstverhältnissen; insbesondere gebühren ihm wie allen anderen Fürsorge und Schutz, die zu den vornehmsten Pflichten des Dienstherrn gehören [1]). Von diesen Pflichten wird der Dienstherr gegenüber dem Geistlichen nicht dadurch frei, daß dieser im Widerspruch zu den Weisungen seiner kirchlichen Behörden weiter dem Staat (bzw. der öffentlich-rechtlichen Körperschaft) dienen will. Deshalb kann der weltliche Dienstherr aus dem Widerruf des Nihil obstat nur dann eine Folgerung ziehen, wenn der betroffene Geistliche sie mit dem Antrag auf Entlassung aus seinem Dienstverhältnis selbst begehrt.

Gegen diese Auslegung könnte eingewandt werden, daß sie die Bedeutung des Art. 7 als einer staatskirchenrechtlichen Vorschrift aufhebe, weil sie ihre Wirkungen lediglich auf das Verhältnis des Geistlichen zu seiner kirchlichen Behörde beschränke und für den Staat keine bindenden Rechtsfolgen begründe. Ein solcher Einwand aber würde übersehen, daß die Aufnahme des Nihil obstat in das Konkordat, wie *Rudolf Buttmann* mit Recht betont hat [2]), eine »weitreichende Beschränkung der staatsbürgerlichen Rechte von Volksgenossen« in sich schließt. Überdies begründet erst die Übernahme der Vorschrift aus dem inneren Kirchenrecht in das Staatskirchenrecht für den Staat die Verpflichtung, einen Geistlichen mit der Heranziehung zu öffentlichen Ämtern wider seinen auf Weisungen der kirchlichen Vorgesetzten gestützten Willen

---

1) Vgl. dazu §§ 3 Abs. 1 Satz 3, 36 DBG.

2) *Rudolf Buttmann*, Das Konkordat des Deutschen Reichs mit der römisch-katholischen Kirche, bei *Hans Frank*, Nationalsozialistisches Handbuch für Recht und Gesetzgebung, 2. Aufl. München 1935, S. 413.

unbedingt zu verschonen und ihn auf ein entsprechend begründetes Begehren hin ohne Vorbehalte wieder aus öffentlichen Diensten zu entlassen.

III.

Die staatlichen Hochschullehrer der katholischen Theologie

1. In verschiedener Hinsicht spitzt sich das Problem des Nihil obstat bei den staatlichen katholisch-theologischen Fakultäten und Hochschulen besonders zu. Seine praktische Bedeutung liegt hier am klarsten zutage, und seine Lösung muß den Bedingungen einer Sach- und Rechtslage von bemerkenswerter Eigenart genügen. Der Mitwirkung der kirchlichen Behörden bei der Bestellung von Geistlichen zu Dozenten an den genannten Hochschulen widmen denn auch die Konkordate eine ausführliche Sonderregelung.

Freilich gilt dies nur für die Verhältnisse in Deutschland. Denn bei einem Vergleich zeigt sich, daß die Regelung der erwähnten Frage im Reichskonkordat und in den deutschen Länderkonkordaten, wenn auch nicht überall juristisch klar durchgebildet, so doch von den Vertragspartnern offenbar mit besonderer Liebe behandelt ist, daß sie dagegen in den Konkordaten mit anderen Staaten nur an zwei Stellen, im polnischen und litauischen Konkordat, auftaucht. Überdies wird sie dort summarisch abgetan. Der Grund für diese differenzielle Behandlung mag einmal darin liegen, daß im Deutschen Reich ein besonders großer Teil der akademischen Ausbildungsstätten für Theologen nicht kirchliche Anstalten, sondern eben staatliche Einrichtungen sind [1]), während beispielsweise in Italien nicht einmal die katholische Herz-Jesu-Universität in Mailand eine theologische Fakultät besitzt. Zum andern aber wird man hinter der besonderen Anteilnahme des Vatikans an den staatlichen Theologenausbildungsstätten in Deutschland, wie sie sich in den Konkordaten ausprägt, auch das Bestreben vermuten dürfen, gerade auf den deutschen Zweig der katholischen Theologie, der sich durch seine geistige Überlegenheit von anderen

---

1) Es handelt sich um die Universitätsfakultäten in Bonn, Braunsberg (Staatliche Akademie), Breslau, Freiburg i. Br., München, Münster, Tübingen und Würzburg, ferner um die (bayerischen) staatlichen Philosophisch-theologischen Hochschulen in Bamberg, Dillingen, Freising, Passau und Regensburg. Zu diesen treten nach der Eingliederung Österreichs noch die Universitätsfakultäten in Graz und Wien hinzu, während die Fakultäten in Innsbruck und Salzburg im Sommer 1938 aufgelöst worden sind.

Ländern abhebt, einen zielbewußt verstärkten personalpolitischen Einfluß zu gewinnen.

2. Das polnische und das litauische Konkordat regeln die Frage in ihren Artikeln 13 Nr. 1 übereinstimmend dahin, daß Professoren und sonstige Lehrer an die katholisch-theologischen Universitätsfakultäten nur berufen werden dürfen, wenn sie für ihre Lehrtätigkeit von dem zuständigen Ordinarius autorisiert sind. Ihre Lehrbefugnis erlischt automatisch, sobald ihnen der Ordinarius die Autorisation wieder entzieht. Diese Grundsätze bedeuten im Ergebnis die volle Übernahme des kirchlichen Standpunktes in das Staatskirchenrecht. Die Regelung für die deutschen Theologieprofessoren fußt auf anderen Grundlagen. Hier ist in wesentlich stärkerem Maße anerkannt geblieben, daß die staatlichen Fakultäten und Hochschulen Anstalten des Staates und die an ihnen tätigen Lehrer und Forscher staatliche Amtsträger sind[1]).

Freilich ist die deutsche Regelung so verwickelt, daß sie nicht mit einem Blick übersehen werden kann. Den Ausgangspunkt bildet heute Art. 19 des Reichskonkordats. Dort wird zunächst festgestellt, daß für das Verhältnis der katholisch-theologischen Fakultäten an den staatlichen Hochschulen zur kirchlichen Behörde die Bestimmungen maßgebend bleiben, die in den einschlägigen Länderkonkordaten einschließlich ihrer Schlußprotokolle enthalten sind. Dabei sollen freilich auch die einschlägigen kirchlichen Vorschriften »beachtet« werden, zu denen das Schlußprotokoll zu Art. 19 bemerkt, daß ihre Grundlage zur Zeit des Konkordatsabschlusses besonders die Apostolische Konstitution *Deus scientiarum Dominus* vom 24. Mai 1931 [2]) und die *Instruktion* vom 7. Juli 1932 [3]) böten. Weiter aber macht das Reichskonkordat

---

1) Den staatlichen Charakter des Amtes eines katholischen Theologieprofessors an den deutschen staatlichen Fakultäten und Hochschulen hat — unter steuerrechtlichen Gesichtspunkten — auch das Preußische Oberverwaltungsgericht in seinem Urteil vom 12. Juli 1927 (OVG. Bd. 82 S. 246 ff.) scharf herausgearbeitet.

2) »*Constitutio Apostolica* <*Deus scientiarum Dominus*> *de Universitatibus et Facultatibus studiorum ecclesiasticorum*« vom 24. Mai 1931 (Acta Apost. Sedis Bd. XXIII/1931 S. 241 ff.) nebst den dazugehörigen »*Ordinationes Sacrae Congregationis de Seminariis et Studiorum Universitatibus ad Constitutionem Apostolicam* <*Deus scientiarum Dominus*> *de Universitatibus et Facultatibus Studiorum ecclesiasticorum rite exsequendam*« vom 12. Juni 1931 (Acta Apost. Sedis Bd. XXIII 1931, S. 263 ff.).

3) Die Instruktion vom 7. Juli 1932 ist von der *Congregatio de Seminariis et Studiorum Universitatibus* erlassen worden. Sie enthält kirchliche Ausführungs- und Anpassungsbestimmungen zu der Konstitution und den Ordinationes für die deutschen Hochschuleinrichtungen. Obwohl die Instruktion durch das Reichs-

einen Ansatz, über die kleinen Verschiedenheiten der Länderkonkordate hinaus zu einer einheitlichen Regelung des Fakultätenwesens für das ganze Reich zu gelangen. Dies bewirkt Art. 19 RK. in der Weise, daß er der Reichsregierung die Verpflichtung auferlegt, »für sämtliche in Frage kommenden katholischen Fakultäten Deutschlands eine der Gesamtheit der einschlägigen Bestimmungen entsprechende einheitliche Praxis zu sichern«. Die so gewonnene allgemeine Regelung soll dann — über die Varianten der Länderkonkordate hinweg — für alle deutschen Fakultäten und Hochschulen maßgebend sein, einschließlich der katholisch-theologischen Fakultät in Tübingen, deren Verhältnisse bislang noch nicht in einem Landeskonkordat geregelt worden waren.

Um zu einer Darstellung der gegenwärtigen Rechtslage der katholisch-theologischen Fakultäten zu gelangen, müssen danach zwei Vorfragen geklärt werden: Erstens: Wie weit werden die in den deutschen Konkordaten enthaltenen Bestimmungen über das Verhältnis der Fakultäten zu den kirchlichen Behörden durch die in Art. 19 RK. enthaltene Bezugnahme auf die »einschlägigen kirchlichen Vorschriften« modifiziert? Zweitens: Von welchen Besonderheiten in einzelnen Länderkonkordaten muß abstrahiert werden und wo muß gegebenenfalls eine Ergänzung erfolgen, um die von Art. 19 RK. geforderte reichseinheitliche Praxis zu sichern? Beide Fragen sind jedoch im Rahmen dieser Untersuchung nur soweit zu erörtern, als es sich um die Anstellungsverhältnisse der katholisch-theologischen Hochschullehrer, um ihre Berufung und Entlassung handelt.

a) Die erste Frage ist dahin zu beantworten, daß die erwähnten kirchlichen Vorschriften in das geltende Länderkonkordatsrecht, soweit es sich mit den Anstellungsverhältnissen der Hochschullehrer befaßt, nicht umgestaltend eingreifen. Schon die Formulierung des Art. 19 läßt erkennen, daß die kirchlichen Vorschriften nur subsidiär zum Zuge kommen sollen, daß sie also nur insoweit »Beachtung« verdienen, als die Länderkonkordate ihrerseits auf eine Regelung verzichtet und ausfüllungsbedürftige Lücken offengelassen haben. Das ist in der Frage der Anstellung und Entlassung der Hochschullehrer nicht der Fall, die vielmehr in den Konkordaten abschließend geregelt ist. Sollte hierüber noch ein Zweifel bestehen, so genügt es, auf die entsprechenden Bestimmungen im

---

konkordat allgemeine Bedeutung gewonnen hat, ist sie an keiner Stelle veröffentlicht worden.

bayerischen (Art. 3 und 4), badischen (Art. 9 und 10) und österreichischen Konkordat (Art. 5) [1]) hinzuweisen. Dort war der Vatikan ebenfalls bestrebt, die einschlägigen kirchlichen Bestimmungen in das für die deutschen Fakultäten maßgebende Recht einzuführen, und der Sinn dieser Einführung wurde dabei klarer und ausführlicher dargelegt, als es in der summarischen Formel des Art. 19 RK. geschehen ist. So schreibt auch das badische Konkordat vor, daß der Konstitution *Deus scientiarum Dominus* mit den dazu ergangenen Ausführungsbestimmungen Beachtung zu schenken sei, aber das geschieht nur in Art. 9, wo von der Lage der theologischen Fakultät in Freiburg im allgemeinen und von der Studienordnung die Rede ist. Daneben regelt es die Anstellungsverhältnisse der Professoren in Art. 10 abschließend und ohne in irgendeiner Weise auf das kirchliche Recht Bezug zu nehmen. Noch deutlicher differenziert das österreichische Konkordat. Sein Art. 5 § 1 Abs. 3 erklärt, daß »die innere Einrichtung sowie der Lehrbetrieb der vom Staate erhaltenen katholisch-theologischen Fakultäten« grundsätzlich nach Maßgabe der Konstitution *Deus scientiarum Dominus* und der jeweiligen kirchlichen Vorschriften geregelt werden solle. Die Regelung der Anstellungsverhältnisse der Professoren dagegen behandelt es davon getrennt in den §§ 3 und 4 des Art. 5, wobei ebenfalls jeder Hinweis auf das kirchliche Recht fehlt. Ganz ähnlich verfährt auch das bayerische Konkordat, indem es die Anstellungsverhältnisse der Theologieprofessoren in Art. 3 ordnet und die Bezugnahme auf die »kirchlichen Vorschriften« (damals war die Konstitution noch nicht erlassen) in Art. 4 § 1 nur mit der Frage der Ausgestaltung des Unterrichts verbindet. Hieraus ist zu ersehen, wie etwa die Heranziehung des kirchlichen Rechts in Art. 19 RK. gemeint ist, und es bestätigt sich, daß sie jedenfalls für die Beurteilung der Anstellungsverhältnisse der Hochschullehrer keinerlei Bedeutung hat.

Das gleiche Ergebnis liefern übrigens die kirchlichen Vorschriften selbst. Es ist selbstverständlich, daß die im Jahre 1931 erlassene Konstitution nicht das damals geltende Konkordatsrecht einseitig modifizieren konnte. Infolgedessen nimmt sie in Art. 11 für ihre Vorschriften auch keine Geltung in Anspruch, soweit

---

1) Die Bezugnahme auf das österreichische Konkordat von 1934 dient hier wie an anderen Stellen nur der theoretischen Illustration. Wegen des Schicksals dieses Konkordats vgl. *Weber*, Neues Staatskirchenrecht, München und Berlin 1938, S. 69 und ZAkDR. 1938, S. 534.

konkordatäre Abmachungen vorliegen [1]). Schon wegen dieser, ebenfalls durch die Bezugnahme in Art. 19 RK. gedeckten und nun gegenüber dem Reich nicht mehr einseitig vom Vatikan abänderbaren Bestimmung können die mit der Konstitution in das deutsche Staatskirchenrecht aufgenommenen kirchlichen Rechtsgrundsätze niemals eine Geltung entfalten, die sich als Abänderung des bestehenden Konkordatsrechts auswirken würde. Folgerichtig bemerkt denn auch die im Schlußprotokoll zu Art. 19 RK. gleichfalls angezogene Instruktion vom 7. Juli 1932, daß der Bischof seine Erlaubnis *(missio canonica)* an die Geistlichen zur Übernahme eines Lehramts in einer katholisch-theologischen Fakultät nach den konkordatsrechtlichen Vorschriften zu erteilen und zurückzunehmen habe. Dabei wird auf das Schlußprotokoll zu Art. 12 des preußischen Konkordats und auf Art. 3 §§ 1 und 2 des bayerischen Konkordats verwiesen [2]).

b) Bei der Frage, wieweit die für die Fakultäten geltenden Vorschriften dem Reichskonkordat oder den Länderkonkordaten zu entnehmen sind, muß man sich die eigenartige Stellung vor Augen halten, die Art. 19 RK. im Gesamtzusammenhang des Reichskonkordats einnimmt. Im allgemeinen legt Art. 2 RK. dem Reichskonkordat im Verhältnis zu den Länderkonkordaten nur subsidiäre Bedeutung bei. Dieser Grundsatz wird von Art. 19 — und nur von ihm — durchbrochen. Hier ist eine Regelung des Fakultätenwesens getroffen, die das Länderkonkordatsrecht verdrängt und es durch eine reichseinheitliche, ebenso für das bisher konkordatsfreie Land Württemberg mit der katholisch-theologischen Fakultät in Tübingen wie für Preußen, Bayern und Baden geltende Neuordnung ersetzt. Freilich werden deren Grundzüge von Art. 19 nur durch Andeutung und Bezugnahme formuliert, während ihre Ausführung der von der Reichsregierung einzuschlagenden Praxis überlassen ist. Die Neuregelung ist in Art. 19 RK. gleichwohl hin-

---

1) Art. 11 der Konstitution lautet: »*Ad hanc Constitutionem accomodandae sunt etiam Facultates studiorum ecclesiasticorum in civilibus Universitatibus erectae, ratione habita Conventionum quae a Sancta Sede cum variis nationibus initae sunt et adhuc vigent.*« Die Fakultätsstatuten sollen also nur unter Berücksichtigung der bestehenden konkordatären Abmachungen an die Konstitution angepaßt werden.

2) Der einschlägige Abschnitt findet sich in den Bemerkungen »*Ad II: De Magno Cancellario*«, die über das Verhältnis der Bischöfe zu den Fakultäten handeln. Dort heißt es unter Nr. 3:

»*Missio canonica (Ord. art. 5 § 5) datur et retrahitur ab Episcopo ad normas Concordatis statutas (Conc. Boruss. fin. art. 12; Conc. Bav. art. 3 §§ 1, 2).*«

reichend präzisiert; sie besteht darin, daß die partikulären Besonderheiten im Fakultätenrecht der drei Länderkonkordate abgestoßen, deren im wesentlichen übereinstimmenden Grundsätze dagegen zusammengefaßt werden. Dabei ergibt sich ein einheitliches Fakultätenrecht, demgegenüber die Berufung auf einzelne abweichende Besonderheiten in den verdrängten Bestimmungen der Länderkonkordate nicht mehr möglich ist.

Die hiermit gestellte Aufgabe, die Bestimmungen der Konkordate Preußens, Bayerns und Badens auf den gemeinsamen Nenner einer reichseinheitlichen Regelung der staatskirchenrechtlichen Lage der Fakultäten zu bringen, bietet sachlich keine allzu großen Schwierigkeiten. Man könnte geneigt sein, bei der Zusammenfassung der drei Konkordate den Vorschriften des preußischen ein Übergewicht einzuräumen [1]). Seine Regelung ist die sorgfältigste, und sie war schon bisher für die bedeutendsten Fakultäten maßgebend. Aber diese Bevorzugung ist nicht einmal nötig, weil die Regelung des bayerischen und des badischen Konkordats bei einigen terminologischen Unterschieden ohne Schwierigkeit in der des preußischen Konkordats aufgeht. Die inhaltliche Übereinstimmung zwischen Art. 12 des preußischen Konkordats (nebst Schlußprotokoll), Art. 3 des bayerischen Konkordats und Art. 10 des badischen Konkordats (nebst Schlußprotokoll) ist in der Tat nahezu vollständig. Nur in einem Punkte weicht das badische Konkordat wesentlich von den beiden anderen Konkordaten ab. Es räumt dem Erzbischof von Freiburg i. Br. die Befugnis ein, sich auch maßgebend zu der *Lehrbefähigung* der an die Freiburger Theologische Fakultät zu berufenden und an ihr tätigen Hochschullehrer zu äußern, während die Bischöfe sonst ihre Bemerkungen nur auf die Lehre und den Lebenswandel der Dozenten abstellen können. Das ist freilich eine Anomalie, die im Zuge der Vereinheitlichung des Fakultätenrechts nicht von der Freiburger Fakultät auf die zwölf anderen Fakultäten und Hochschulen (außer Wien und Graz) übernommen werden kann und die sich der Aufnahme in das in Art. 19 Satz 3 RK. geforderte reichseinheitliche Fakultätenrecht widersetzt. Das aber führt nach dem dargelegten Sinn dieser Bestimmung des Reichskonkordats zu dem Ergebnis, daß sie, als nicht zum allgemeinen Fakultätenrecht gehörig, auch nicht mehr für Freiburg i. Br. Beachtung finden kann und somit durch Art. 19 RK. aus dem deutschen Konkordats-

---

1) Davon gehen auch *Roedel-Paulus* (a. a. O. S. 55) aus.

recht überhaupt eliminiert worden ist. Diese Korrektur mußte das Reichskonkordat im übrigen auch deshalb vornehmen, weil das badische Konkordat sich hier in einen unlöslichen Widerspruch zu dem für die katholisch-theologischen Fakultäten im ganzen herrschenden System setzte. Diese Fakultäten sind staatliche Lehr- und Forschungseinrichtungen. Ihr Status verträgt es zwar, daß dem zuständigen Bischof eine Mitbestimmung hinsichtlich der Lehre und des priesterlichen Lebenswandels der an ihnen mit der Theologenausbildung befaßten Hochschullehrer eingeräumt wird. Deren wissenschaftliche und pädagogische Eignung aber maßgebend zu beurteilen, kann nur Sache der staatlichen Wissenschaftsverwaltung sein, wofern nicht der in Art. 19 RK. auch von der Kirche ausdrücklich bekräftigte staatliche Charakter der Fakultäten der Auflösung preisgegeben werden soll [1]).

3. Das aus der Zusammenfassung der drei Länderkonkordate sich ergebende allgemeine konkordatäre Fakultätenrecht stellt für die Heranziehung von Hochschullehrern an den katholisch-theologischen Fakultäten des Reiches (außer Österreich) und an den philosophisch-theologischen Hochschulen Bayerns im einzelnen folgende Grundsätze auf:

a) Bevor einer dieser Hochschullehrer erstmalig in eine Fakultät (Hochschule) aufgenommen wird, ist ein Benehmen zwischen der staatlichen Behörde und dem zuständigen Bischof erforderlich. Anders als bei der Regelung des Art. 7 RK. ist es hier nicht Sache des Geistlichen, die Stellungnahme des Bischofs herbeizuführen, sondern der staatlichen Behörde selbst. Nach dem gegenwärtigen Aufbau der Hochschulverwaltung des Reichs fällt diese Aufgabe der Zentralbehörde für das Hochschulwesen, d. h. dem Reichsminister für Wissenschaft, Erziehung und Volksbildung zu. Auf kirchlicher Seite ist der Bischof (Erzbischof) die zur Mitwirkung berufene Stelle, und zwar in jedem Falle nur *ein* Bischof, während Art. 7 RK. das Nihil obstat des Diözesanordinarius und des Ordi-

---

1) Bemerkt sei hierzu im übrigen, daß Art. 38 des italienischen Konkordats selbst für die Professoren an der katholischen Herz-Jesu-Universität und der dazugehörigen Bildungsanstalt für den Lehrberuf Maria Immaculata in Mailand dem Hl. Stuhl nur ein auf »Anstände in sittlicher und religiöser Beziehung« beschränktes Nihil obstat einräumt. Bezeichnend ist in diesem Zusammenhang ferner Art. 12 Abs. 2 Satz 4 des preußischen Konkordats, wo der Maßstab für die wissenschaftlichen Anforderungen an die Lehrer der bischöflichen Hochschulen (wissenschaftlichen Seminare) den vom Staat an seinen Hochschulen angewandten Grundsätzen entnommen wird.

narius loci nebeneinander für notwendig erklärt. Obwohl die im Schlußprotokoll zu Art. 12 des preußischen und in Art. 3 des bayerischen Konkordats verwendeten Begriffe nicht sehr klar gefaßt sind (dort ist nebeneinander vom »zuständigen Bischof« und vom »Diözesanbischof« die Rede), herrscht in der Praxis kein Zweifel darüber, daß hier der Bischof (Erzbischof) gemeint ist, in dessen Diözese die Fakultät oder Hochschule gelegen ist, im Sinne der kirchlichen Terminologie also der Ordinarius loci [1]). Andere kirchliche Behörden sind an dem Verfahren nicht beteiligt. Soweit etwa der Hl. Stuhl unmittelbar gegenüber der staatlichen Behörde oder durch Anweisung an die Bischöfe, ihn intern zu beteiligen, eine Mitwirkung bei den Personalien der deutschen Hochschullehrer in Anspruch nehmen sollte, würde dies in dem geltenden Konkordatsrecht keine Anerkennung finden. Das gilt besonders für die Fakultät in Freiburg, bei der der Vatikan zu Unrecht und mit fehlerhafter Begründung diesen Anspruch geltend gemacht hat [2]).

1) *Albert M. Koeniger* (Die neuen deutschen Konkordate und Kirchenverträge, Bonn und Köln 1932, S. 176, Erl. 39 b) meint zwar, daß, wenn einer Fakultät die Theologen mehrerer Diözesen zum Studium allgemein zugewiesen seien, der Ordinarius jeder dieser Diözesen zur Äußerung zuständig sei. Diese Auffassung findet im Konkordatstext jedoch keine ausreichende Stütze. Ihr entspricht auch nicht die Praxis. Wegen des übereinstimmenden kirchlichen Standpunktes vgl. Art. 14 § 2 der Konstitution *Deus scientiarum Dominus*.

2) In der amtlichen Bekanntmachung des badischen Konkordats in den Acta Apost. Sedis Bd. XXV/1933 findet sich auf S. 187 unter Anm. 1 folgende Bemerkung zu Art. 10 Abs. 1 Satz 2 des Konkordats: »*Antequam Missio canonica professoribus in facultatibus theologicis impertiatur, oportet Ordinarius eis ab Apostolica Sede Nihil obstat obtinuerit (cfr. ,Begründung in rogatione ad Conventionem inter Rempublicam Badensem et Apostolicam Sedem ratam habendam.' Badischer Landtag, Sitzungsperiode 1932/33 Nr. 4, pag. 31).*« Nach dieser offiziellen Erläuterung, wie sie übrigens in gleicher Form häufiger zu den amtlichen Konkordatstexten des Vatikans wiederkehrt und einen Versuch einseitiger Konkordatserweiterung darstellt, sollte man schließen, daß die dem Badischen Landtag vorgelegte Begründung zum badischen Konkordat es als konkordatsrechtlich begründet hingestellt hätte, daß der Erzbischof vor Abgabe seiner Äußerung nach Art. 10 des Konkordats das *Nihil obstat* des Hl. Stuhles für den Kandidaten einholen muß. Hier ist aber der Verfasser jener Anmerkung offensichtlich einem Irrtum anheimgefallen. Die angezogene Stelle in der Landtagsdrucksache enthält den völlig unsinnigen Satz, daß in das Professorenkollegium wirksam nur aufgenommen werden kann, wer »5. die ,Missio canonica' zur Ausübung der Lehrtätigkeit nach der Vorschrift ,Nihil obstat' des Hl. Stuhles erhalten hat«. Hier hat ein der lateinischen Sprache nicht genügend Kundiger sich vergeblich darum bemüht, folgende Klausel des Art. 21 der Konstitution *Deus scientiarum Dominus* wiederzugeben: »*Ut quis in Professorum Collegium legitime cooptetur, requiritur ut : . . . . 5. missionem canonicam docendi, post impetratum Nihil obstat Sanctae Sedis a Magno Cancellario acceperit.*« Entscheidend ist, in welchem Zusammenhang die

b) Ein Geistlicher kann auf verschiedene Weise als Hochschullehrer in eine katholisch-theologische Fakultät (Hochschule) aufgenommen werden. Die frühere Zulassung als Privatdozent, von der die Länderkonkordate noch ausgehen, hat einem zweistufigen Akt, dem Erwerb des akademischen Grades eines *Dr. habil.* und der »Verleihung der Dozentur« Platz gemacht [1]). Erst die Verleihung der Dozentur begründet ein Lehramt in der Fakultät und unterliegt infolgedessen den hier erörterten Regeln über die Beteiligung der kirchlichen Behörden, während das beim Erwerb des *Dr. theol. habil.* noch nicht der Fall ist. Die beamteten Professoren werden durch Anstellung in die Fakultät aufgenommen (wenn sie nämlich vorher an anderer Stelle als nichtbeamtete Lehrkräfte oder überhaupt noch nicht als Hochschullehrer beschäftigt waren) oder, sofern sie schon eine beamtete Professur an einer anderen Hochschule innehatten, durch Berufung. Daneben kommt noch die bei den katholisch-theologischen Fakultäten seltene Erteilung eines bloßen Lehrauftrages und die Ernennung zum Honorarprofessor in Betracht. Die drei Länderkonkordate schreiben die Beteiligung des Bischofs bei sämtlichen Arten des Eintritts in die Fakultät vor. Das Schlußprotokoll zum preußischen Konkordat faßt sie als »Anstellung oder Zulassung« zur »Ausübung des Lehramts« zusammen. Den Fällen der Anstellung und Zulassung zur Ausübung des Lehramts fügt Art. 10 des badischen Konkor-

---

Begründung diese verunglückte Übersetzung bringt. Sie befindet sich zunächst nicht unter den Erläuterungen zu dem über die Anstellungsverhältnisse handelnden Art. 10 des Konkordats, sondern unter denen zu Art. 9. In dem Bestreben, ein Bild von den kirchlichen Vorschriften über das theologische Hochschulwesen zu entwerfen, die in Art. 9 des Konkordats angezogen sind, teilt die Begründung dort wahllos eine Reihe der Regeln mit, die der Codex, die Konstitution und die Instruktion darbieten. Wie wenig es hierbei darauf ankam, authentisch diejenigen Grundsätze zu nennen, die der Übernahme in das deutsche Fakultätenrecht fähig sind, zeigt sich z. B. daran, daß hier auch über die Knabenseminare und die Dauer des Studiums am Päpstlichen Bibelinstitut sowie an den Päpstlichen Instituten für orientalische Sprachen, für christliche Archäologie, für Kirchenmusik usw. referiert wird. Dieses illustrierende Referat über die kirchlichen Grundsätze für das Hochschulwesen ist keine Rechtsquelle. Es ist im übrigen für die Schwäche des vatikanischen Anspruchs, hier ein zwischengeschaltetes Nihil obstat des Hl. Stuhles zur Geltung zu bringen, kennzeichnend, daß die Bemerkung in den Acta Apost. Sedis es nicht wagt, sich unmittelbar auf Art. 21 der Konstitution zu berufen (der nämlich für den staatskirchenrechtlichen Bereich keine Geltung gewonnen hat), sondern sich die Legitimation aus der falschen Übersetzung des Art. 21 in der badischen Landtagsdrucksache zu entleihen sucht.

1) Siehe die Reichshabilitationsordnung vom 13. Dezember 1934 (RMin.-AmtsBl. DtschWiss. 1935, S. 12).

dats korrekterweise noch die »Berufung« hinzu. Es kann aber kein Zweifel daran bestehen, daß auch in Art. 3 des bayerischen Konkordats mit der Erwähnung der »Ernennung oder Zulassung der Professoren oder Dozenten« das gleiche gemeint ist. Jeder erstmalige Eintritt eines Geistlichen in eine katholisch-theologische Fakultät (oder philosophisch-theologische Hochschule) zur Ausübung des Lehramts daselbst macht die vorherige Beteiligung des Bischofs erforderlich, gleichviel in welcher Stellung dieses Lehramt ausgeübt werden soll. In diesem Punkte ist *J. M. Restrepo Restrepo* unbedenklich beizustimmen, wenn er bemerkt: »*Ce n'est pas sans motif que les mots ‚qu'il soit appelé, admis ou nommé' sont souvent répétés pour signifier que personne ne peut enseigner à aucun titre à la Faculté de Théologie de l'Université Catholique de Fribourg, à moins qu'il n'ait obtenu l'agrément de l'Archevêque*« [1]).

Übt dagegen ein Geistlicher das Lehramt in einer Fakultät einmal aus, so ist bei späteren Veränderungen seines beamtenrechtlichen Status innerhalb derselben Fakultät eine erneute Beteiligung des Bischofs weder erforderlich noch angängig. Wird also der Dozent in derselben Fakultät zum beamteten Extraordinarius oder Ordinarius oder der Extraordinarius zum Ordinarius ernannt oder erhält der Dozent die Dienstbezeichnung eines nichtbeamteten außerordentlichen Professors usf., so vollziehen sich diese Akte als allein dem staatlichen Bereich zugehörig ohne jede Mitwirkung der kirchlichen Behörde. Daß die kirchlichen Stellen auch hierbei beteiligt sein möchten, ist verständlich, wenn man sich vergegenwärtigt, daß für sie dadurch ein außerordentlich weitgehender Einfluß auf Stellung und Existenz der theologischen Hochschullehrer erschlossen werden würde. Das geltende Konkordatsrecht aber weist begründetermaßen derartige Ansprüche als mit dem staatlichen Charakter der Fakultäten und Hochschulen nicht vereinbar zurück. Es erkennt lediglich an, daß der Bischof ein berechtigtes Interesse daran hat, Einwendungen geltend zu machen, wenn Lehre und Lebenswandel des zu einem Lehramt Ausersehenen den kirchlichen Anforderungen nicht entsprechen. Die Gesichtspunkte, nach denen Lehre und Lebenswandel sich be-

---

1) *J. M. Restrepo Restrepo S.J.* a. a. O. S. 527 Anm. 450 (zu Art. 10 des badischen Konkordats). Ob die unzutreffende Bezeichnung »*Université Catholique de Fribourg* auf einem Irrtum oder auf einer Verwechslung mit der allerdings katholischen Universität in Freiburg *in der Schweiz* beruht, bleibe dahingestellt.

urteilen, sind aber bei allen zur Ausübung des Lehramts in einer Fakultät Berufenen die gleichen. Sie wechseln nicht danach, ob der Hochschullehrer Dozent, Extraordinarius oder Ordinarius ist, und sie verändern sich nicht, wenn der Dozent zum beamteten Extraordinarius ernannt wird usf. Der kirchlichen Einflußnahme ist daher nur die Aufnahme der Tätigkeit als »Lehrer« in einer katholisch-theologischen Fakultät, die »Ausübung des Lehramts« daselbst zugängig, während die beamtenrechtlichen Modifikationen der Lehrtätigkeit sich als ausschließlich staatliche Angelegenheit ihrer Einwirkung verschließen. Diese Feststellung ergibt sich einmal aus der Verfassung der katholisch-theologischen Fakultäten (und philosophisch-theologischen Hochschulen), die nur im Hinblick auf Lehre und Lebenswandel der Hochschullehrer eine Beteiligung des Bischofs an den Anstellungsverhältnissen der Hochschullehrer vorsieht. Sie wird aber auch durch den Wortlaut der einschlägigen Konkordatsbestimmungen erhärtet. So sprechen das preußische (Abs. 3 im Schlußprotokoll zu Art. 12) und das bayerische Konkordat (Art. 3 § 2) unmißverständlich aus, daß die nachträgliche Beanstandung eines Hochschullehrers durch den Bischof keinerlei Einfluß auf die »staatsdienerlichen Rechte« des Betroffenen, d. h. auf seine beamtenrechtliche Stellung hat; hier wird dem Bischof mit klaren Worten der Einfluß auf die rein beamtenrechtlichen Vorgänge innerhalb des Personalbestandes der Fakultät sogar für einen Fall verwehrt, in dem man noch am ehesten Rückwirkungen der bischöflichen Stellungnahme auf das Beamtenverhältnis erwarten könnte. Wenn ferner im preußischen wie im badischen Konkordat zwar bemerkt wird, daß der Bischof vor der Anstellung *oder* Zulassung *oder* (wie das badische Konkordat hinzufügt) Berufung eines Hochschullehrers zu hören sei, so ist — ganz im Sinne der oben wiedergegebenen Bemerkung von *J. M. Restrepo Restrepo* — doch erkennbar, daß damit nur alle Formen erfaßt werden sollten, unter denen jemand erstmalig als Lehrer in eine Fakultät eintreten kann. Nicht dagegen sollte hierdurch eine erneute Befragung des Bischofs vorgeschrieben werden, wenn etwa der bereits »zugelassene« (Privat-) Dozent später in derselben Fakultät zur »Anstellung« als beamteter Professor ausersehen ist. Das tritt besonders deutlich etwa am Text des badischen Konkordats (Art. 10 Abs. 1) hervor, dessen hintereinander aufgeführte Formen des Eintritts in eine Fakultät (»berufen, zugelassen oder angestellt«) gar nicht als nacheinander ablaufende Beförderungsstufen innerhalb derselben Fakultät, sondern eben mit *Restrepo* nur als Aufzählung der denkbaren, durch keinen gemeinsamen Oberbegriff anders zu verdeutlichenden Eintrittsmodalitäten verstanden werden können. Überdies fassen das preußische wie das badische Konkordat nicht ohne Absicht die verschiedenen beamtenrechtlichen Stellungen, in denen ein Hochschullehrer in seiner Fakultät tätig sein kann, mit dem neutralen Ausdruck »Ausübung des Lehramts in der Fakultät« zusammen, um keinen Zweifel darüber zu lassen, daß allein dieser nichtdifferenzierende Begriff den Tatbestand bezeichnet, dessen Begründung das Beteiligungsrecht des Bischofs auslöst. Schließlich mag — lediglich erläuternd — bemerkt sein, daß die hier im übrigen nicht anwendbare Konstitution *Deus scientiarum Dominus* vom 24. Mai 1931 in ihrem Art. 21 ebenfalls die Befragung der kirchlichen Behörde (des *Magnus Cancellarius*) nur für den Eintritt in das Professorenkollegium überhaupt und nicht für Veränderungen in den einzelnen Professorenkategorien vorsieht, die in den Art. 19 und 20 der Konstitution aufgeführt sind.

Daß eine Befragung auch dann nicht stattfindet, wenn die staatliche Hochschulverwaltung einem Hochschullehrer die Lehrbefugnis entziehen oder wenn sie ihn entpflichten, entlassen oder in den Ruhestand versetzen will, begegnet keinem Zweifel. Anders ist die Sachlage bei einer positiven *Veränderung der Lehrbefugnis* des Hochschullehrers zu beurteilen. Jeder, der das Lehramt in einer Fakultät ausübt, hat eine auf ein abgeschlossenes Gesamtgebiet (z. B. Kirchengeschichte mit allen Unterdisziplinen) sich erstreckende Lehrbefugnis, die vielfach von der staatlichen Lehrverpflichtung nicht voll ausgefüllt wird, sondern diese als Teil in sich begreift. Änderungen der Lehrverpflichtung innerhalb der Lehrbefugnis kann die staatliche Hochschulverwaltung ohne weiteres vornehmen. Wird dagegen die Lehrbefugnis eines Hochschullehrers auf grundlegend andere Fächer erweitert oder umgestellt als diejenigen, die der Bischof beim Eintritt des Hochschullehrers in die Fakultät in Betracht ziehen konnte, so wird eine erneute Anhörung des Bischofs notwendig. Das neu abgegrenzte Lehramt (etwa Fundamentaltheologie) ist dann nicht mehr mit dem ursprünglichen Lehramt (etwa Kirchenrecht) so weit identisch, daß nicht die Eignung des Hochschullehrers für dieses Fach im Hinblick auf seine Lehre vom kirchlichen Standpunkt aus eine andere Beurteilung finden könnte als für den Bereich der früheren Lehrbefugnis. Hier muß infolgedessen der Veränderung der Lehrbefugnis eine erneute Befragung des Bischofs vorangehen.

Die Länderkonkordate sehen keine Mitwirkung der kirchlichen Stellen vor bei der Bestellung des *Dekans* der katholisch-theologischen Fakultäten oder des *Rektors* der bayerischen philosophisch-theologischen Hochschulen [1]). Sie rechnen Dekanat und Rektorat zu den staatlichen Ämtern, auf die der Kirche vom Standpunkt ihrer spezifischen Anliegen ein Einfluß nicht zusteht. Die Konstitution *Deus scientiarum Dominus* möchte freilich eine derartige Einflußnahme zur Anerkennung bringen, sie muß jedoch in dieser Frage bei ihrer bloß subsidiären Geltung vor der ablehnenden Haltung des Konkordatsrechts und der darin involvierten Ordnung des deutschen Hochschulwesens zurückweichen. Das hat — wenngleich in der Motivation eigenartig verklausuliert — auch die Instruktion vom 7. Juli 1932 anerkannt [2]).

c) Über das *Verfahren*, in welchem die Beteiligung des Bischofs bei der Amtseinsetzung katholisch-theologischer Hochschullehrer zu erfolgen hat, enthält Art. 3 des bayerischen Konkordats nur eine Andeutung. Dagegen widmet ihm das preußische Konkordat im Schlußprotokoll (zu Art. 12 Abs. 1 Satz 2) eine ausführliche Regelung, die, wie die Begründung zum preußischen Konkordat bemerkt [3]), die seit anderthalb Jahrhundert erprobte und in den Fakultätsstatuten von Bonn und Breslau niedergelegte Ordnung kodifiziert und interpretiert. Das badische Konkordat bemüht sich, insoweit dem Vorbilde des preußischen möglichst zu folgen.

Beabsichtigt die staatliche Hochschulverwaltung, einen Geist-

---

1) Bei der Staatlichen Akademie in Braunsberg sind nur die Beziehungen der theologischen Fakultät zur kirchlichen Behörde konkordatsrechtlich geschützt (Art. 12 Abs. 1 des preußischen Konkordats), so daß bei ihr ohnehin die Frage nur für den Dekan dieser Fakultät, nicht für den Rektor aufgeworfen werden kann.

2) Art. 16 der Konstitution sieht vor, daß die Ernennung des Rektors und des Präses (d. i. nach deutschen Verhältnissen der Dekan) dort, wo sie ihr nicht selbst zusteht, mindestens der Bestätigung der *Congregatio de Seminariis et Studiorum Universitatibus* bedarf. Nach Art. 5 Nr. 3 der Ordinationes hat der Großkanzler (d. i. der Bischof) von der Studienkongregation diese Bestätigung zu erwirken. Dazu bemerkt nun die Instruktion unter »*Ad II: De Magno Cancellario*«:

»*2. Quae Ord. art. 5, § 3 praescribuntur de confirmatione Decani (qui ad mentem Const. Apost. Art. 15 considerandus est ut ‚Praeses' Facultatis), fortasse non adeo urgenda sunt, cum Decani tantum ad annum nominentur, nullam iurisdictionem habeant et omnes Professores ordinarii secundum certum et determinatum ordinem ad hoc munus assumantur. Tamen Episcopus singulis annis ad S. Congregationem referat quis ex professoribus nominatim sit Decanus Facultatis.*«

3) Preußischer Landtag, 3. Wahlperiode, 1. Tagung 1928/29, Drucksache Nr. 2732; auch abgedruckt bei *Albert M. Koeniger*, a. a. O. S. 19 ff.

lichen erstmalig als Dozenten, beamteten Professor oder Lehrbeauftragten in eine katholisch-theologische Fakultät (Hochschule) aufzunehmen, so muß sie vorher den für die Fakultät (Hochschule) zuständigen Bischof hiervon unterrichten und ihm Gelegenheit zur Äußerung geben. Diese Mitteilung kann sowohl nach dem preußischen wie dem badischen Konkordat mit einer *Fristsetzung* verbunden sein, für die beide Konkordate die Forderung aufstellen, daß sie »ausreichend« sei (preußisches Konkordat Abs. 2 im Schlußprotokoll zu Art. 12; badisches Konkordat Schlußprotokoll zu Art. 10). Hierbei handelt es sich um eine Verfahrensbestimmung, die im Sinne von Art. 19 Satz 3 RK. jetzt auch für Bayern (und Württemberg) anwendbar ist. Die gesetzte Frist braucht nicht in jedem Falle gleich zu sein, sie kann je nach der Sachlage länger oder kürzer bemessen werden. Jedoch liefert das Schlußprotokoll zu Art. 14 Abs. 2 Ziff. 2 des Reichskonkordats insofern eine gewisse Norm, als dort die Vertragschließenden für die Äußerung des Staates zu den Bischofskandidaten im Regelfalle eine Frist von zwanzig Tagen als angemessen festgesetzt haben. Diese Frist kann bei der Äußerung des Bischofs zu den theologischen Hochschullehrern um so eher eingehalten werden, als die Person der hier in Betracht kommenden Kandidaten regelmäßig bei den kirchlichen Behörden wohl bekannt ist, während dem Staat als Bischofskandidaten häufig Persönlichkeiten präsentiert werden, über die er sich eine nähere Kenntnis erst neu verschaffen muß. Die Frage ist, ob die staatliche Hochschulverwaltung ihren Kandidaten schon vor Abgabe der Äußerung des Bischofs von der beabsichtigten Zulassung, Anstellung oder Berufung unterrichten und (was für den Fall der Anstellung und Berufung wichtig ist) nach seiner Bereitschaft, den ihm zugedachten Ruf anzunehmen, fragen kann. Das preußische und das badische Konkordat antworten hierauf mit nicht ganz eindeutigen Wendungen. Aus ihnen ergibt sich aber soviel, daß derartige Mitteilungen an den Kandidaten zulässig sind. Sie lassen sich auch gar nicht vermeiden. Nur müssen sie vertraulich erfolgen und dem Vorbehalt der noch ausstehenden Erklärung des Bischofs Ausdruck geben.

Stimmt der Bischof dem ihm genannten Kandidaten der staatlichen Hochschulverwaltung zu, so kann dessen Einsetzung in das Lehramt erfolgen und veröffentlicht werden. Das gleiche gilt, wenn der Bischof ihm die zur Äußerung gesetzte Frist ungenützt verstreichen läßt. Alsdann ist nämlich — wiederum in Analogie zu der Vorschrift im Schlußprotokoll des Reichskonkordats zu Art. 14 Abs. 2 Ziff. 2 — anzunehmen, daß von der Seite des Bischofs »Bedenken gegen den Kandidaten nicht bestehen«. Schwieriger ist die Rechtslage für den Fall, daß der Bischof innerhalb der gesetzten Frist Bedenken erhebt. Hier gilt nun der schon in langer Zeit vor der Schaffung des heutigen Konkordatsrechts erprobte Satz, daß der Bischof nur Bedenken (Einwendungen, Erinnerung) geltend machen kann, die sich gegen die *Reinheit der Lehre* (im Sinne der Rechtgläubigkeit) oder den *Lebenswandel des Kandidaten* richten. Vor allem Einwendungen politischer Art sind damit ausgeschlossen. Diesen Grundsatz hat das Schlußprotokoll zum preußischen Konkordat aus den Fakultätsstatuten für Bonn und Breslau übernommen; ihm hat auch das bayerische Konkordat (Art. 3 § 2) Anerkennung verliehen, wobei es keinen Unterschied bedeutet, daß hier statt vom »Lebenswandel« von »sittlichem Verhalten« die Rede ist[1]), und die gleiche Beschränkung enthält schließlich das badische Konkordat. Freilich wurde oben (S. 216f.) schon erwähnt, daß das badische Konkordat dem Erzbischof in Freiburg auch eine maßgebliche Stellungnahme zur Lehrbefähigung des Kandidaten einräumen möchte; doch muß diese regelwidrige Erweiterung, wie gleichfalls dargelegt, hier außer Betracht bleiben, weil sie der Eingliederung in das von Art. 19 RK. geforderte reichseinheitliche Fakultätenrecht nicht fähig ist.

Wenn dem Bischof nur das Recht zusteht, eine etwaige Ablehnung auf Beanstandungen der Lehre und des Lebenswandels des staatlichen Kandidaten zu stützen, so muß seine Äußerung naturgemäß nachprüfbar erkennen lassen, daß sein Widerstand sich in der Tat auf Beanstandungen dieser Art gründet. Das preußische und das badische Konkordat unterstreichen denn auch diese Notwendigkeit. Der Bischof kann nur »begründete Einwendungen« erheben, und er hat in seiner Äußerung »die gegen die Lehre oder den Lebenswandel des Vorgeschlagenen bestehenden Bedenken

---

1) Art. 3 § 1 des bayerischen Konkordats spricht freilich bei der Neuaufnahme eines akademischen Lehrers in eine Fakultät oder Hochschule schlechthin von der Befugnis des Bischofs, »Erinnerung« zu erheben, ohne in diesem Falle die Beschränkung auf Lehre und Lebenswandel ausdrücklich zu erwähnen. Abgesehen davon aber, daß schon die frühere bayerische Praxis (vgl. *Albert M. Koeniger*, a. a. O. S. 209 f. Erl. 120; *Roedel-Paulus*, a. a. O. S. 54 f.) und der Gesamtzusammenhang des Art. 3 diese Beschränkung notwendig machen, kann sie vollends im Hinblick auf Art. 19 Satz 3 RK. jetzt nicht mehr in Zweifel gezogen werden. Ebenso *Roedel-Paulus*, a. a. O. S. 55.

darzulegen«, führt das Schlußprotokoll zum preußischen Konkordat (zu Art. 12 Abs. 1 Satz 2) aus. Fast die gleichen Wendungen kehren im badischen Konkordat wieder, nur daß hier statt von »begründeten Einwendungen« noch deutlicher davon die Rede ist, die Einwendungen seien »unter Angabe des Grundes« zu erheben (Art. 10 Abs. 1). Beide Konkordate enthalten freilich ferner den Satz: »Wie weit der Bischof in dieser Darlegung zu gehen vermag, bleibt seinem pflichtmäßigen Ermessen überlassen.« Aus dieser Einschränkung folgt, daß der Bischof der staatlichen Hochschulverwaltung nicht über alle Einzelheiten seiner Erwägungen über den Kandidaten zur Rechenschaft verpflichtet ist. Auf der anderen Seite kann dieser Zusatz natürlich nicht so ausgelegt werden, daß der Bischof sein »pflichtmäßiges Ermessen« dahin anwendet, überhaupt keine Gründe anzugeben und damit die von den Konkordaten in aller Deutlichkeit erhobene Forderung nach Darlegung der Gründe völlig zu ignorieren. Der dem Bischof hier eingeräumte Ermessensspielraum findet seine Grenze an der unabdingbaren Vorschrift, daß er die tatsächlichen Grundlagen seiner Bedenken darlegen muß, und zwar auf Anfordern wenigstens in solcher Ausführlichkeit, daß die staatliche Hochschulverwaltung sie unzweideutig erkennen und dahin würdigen kann, ob sie den mit »Lehre« und »Lebenswandel« gekennzeichneten Bereichen zuzurechnen sind. Die Ablehnung eines Kandidaten durch den Bischof kann also niemals das bloße Fazit der Ablehnung zur Geltung bringen, sondern sie muß eine mit bestimmten Tatsachen über Lehre oder Lebenswandel des Vorgeschlagenen motivierte sein. Hierauf gründet sich wiederum eine weitere Feststellung: Begründbar im dargelegten Sinne sind in Fragen des Lebenswandels regelmäßig nur solche Einwendungen, die *pro foro externo* Bedeutung gewonnen haben, nicht aber Angelegenheiten des *forum internum.* Jedenfalls können daher zur Rechtfertigung von Beanstandungen des Lebenswandels des Geistlichen nur Tatbestände herangezogen werden, die typischerweise eine gewisse Publizitätswirkung entfalten oder sie im konkreten Falle geäußert haben.

d) Hat der Bischof (wenn eine Frist zur Äußerung gesetzt wurde, innerhalb dieser) ordnungsmäßig begründete Einwendungen gegen den Kandidaten erhoben, so kann der Beanstandete in ein Lehramt in dieser Fakultät oder Hochschule nicht eingesetzt werden. Das sprechen die drei Länderkonkordate übereinstimmend und klar aus. Die Beanstandung hat nicht etwa zur Folge, daß der

Betroffene überhaupt die Fähigkeit verliert, als theologischer Hochschullehrer tätig zu sein. Die Praxis kennt in der Tat Fälle, in denen Kandidaten beanstandet wurden, die schon an anderer Stelle eine Hochschullehrertätigkeit versahen und diese dort auch unbehelligt weiterführen durften. Diese, freilich mit den Vorstellungen eines einheitlichen und gerechten Verfahrens der kirchlichen Behörden nur schwer in Einklang zu bringenden und deshalb kaum einer Wiederholung fähigen Beispiele zeigen immerhin deutlich, daß nur die Aufnahme in eben die Fakultät (oder Hochschule), für die der zuständige Bischof zur Äußerung berufen war, durch die Einwendungen des Bischofs unmöglich gemacht wird.

4. Lehre und Lebenswandel kann der Bischof auch bei den Geistlichen beanstanden, die als Dozenten, Professoren oder Lehrbeauftragte schon in einem Lehramt tätig sind, wenn sie nachträglich Anlaß zur Kritik geben.

Die drei Länderkonkordate behandeln diesen Punkt mit besonderer Sorgfalt. Es liegt auf der Hand, daß ein Geistlicher, der bereits ein staatliches Hochschullehreramt innehat, nur unter verstärkten Kautelen in diesem Besitzstand erschüttert werden kann. Die nachträgliche Beanstandung ist deshalb in allen drei Konkordaten an erschwerte Voraussetzungen gebunden. Nach Art. 3 § 2 des bayerischen Konkordats müssen es »triftige Gründe« sein, die Lehre und sittliches Verhalten des Hochschullehrers als beanstandenswert erscheinen lassen. Art. 10 Abs. 2 des badischen Konkordats fordert eine »ernstliche Beanstandung« der Lehre oder des Lebenswandels. Besonders ausführlich ist die Frage im preußischen Konkordat geregelt, und es empfiehlt sich deshalb, seinen Text zur Grundlage der reichseinheitlichen Gesamtregelung zu machen. Es heißt dort in Abs. 3 der Bemerkung des Schlußprotokolls zu Art. 12 Abs. 1 Satz 2 wie folgt: »Sollte ein einer katholisch-theologischen Fakultät angehöriger Lehrer in seiner Lehrtätigkeit oder in Schriften der katholischen Kirche zu nahe treten oder einen schweren oder ärgerlichen Verstoß gegen die Erfordernisse des priesterlichen Lebenswandels begehen, so ist der zuständige Bischof berechtigt, dem Minister für Wissenschaft, Kunst und Volksbildung hiervon Anzeige zu machen.« In dieser Formulierung wie in den erwähnten Klauseln der beiden anderen Konkordate gelangt zum Ausdruck, daß nur ernste Unstimmigkeiten mit der Lehre der katholischen Kirche und schwere Verstöße gegen die

Gebote des priesterlichen Lebenswandels dem Bischof einen Grund zur Beanstandung liefern können. Vor allem auch ist es unumgänglich, daß die Tatsachen, die zu der Beanstandung geführt haben, der staatlichen Hochschulverwaltung vom Bischof in aller Ausführlichkeit dargelegt werden. Zwar wird der Staat in seinem Urteil darüber, was im Einklang mit der katholischen Lehre steht oder nicht, zurückhalten; er wird auch die Beurteilung eines bestimmten Verhaltens des Geistlichen nach den Erfordernissen des priesterlichen Lebenswandels in erster Linie der Kirche überlassen. Aber er muß in der Lage sein zu prüfen, ob die von dem Bischof vorgebrachte Ablehnung des Hochschullehrers tatsächlich in gewichtigen Fragen der Lehre oder ernsten Tatbeständen des Lebenswandels beschlossen liegt. Vor allem: Da von ihm hier erwartet wird, daß er im staatlichen Bereich den Status eines seiner Amtsträger entscheidenden Veränderungen aussetzt, und um ermessen zu können, wie er ihn zu verändern hat, muß er die Tatsachen kennen, die diese Veränderung tragen sollen. Das preußische und das badische Konkordat haben dieser Notwendigkeit in der Weise entsprochen, daß sie es bei der nachträglichen Beanstandung eines Hochschullehrers anders als bei der vorherigen Ablehnung nicht dem pflichtmäßigen Ermessen des Bischofs überlassen, wieweit er im konkreten Falle in der Darlegung der gegen Lehre oder Lebenswandel bestehenden Bedenken gehen will. Auch hierin bestätigt sich, daß die nachträgliche Beanstandung von der vollen Aufdeckung des diskriminierenden Tatbestandes begleitet sein muß.

Der für die Fakultät zuständige Bischof soll seine Beanstandung nach dem Wortlaut der drei Länderkonkordate an die »Staatsregierung« bzw. an den (preußischen) Minister für Wissenschaft, Kunst und Volksbildung richten. Heute liegt die Leitung der deutschen Hochschulverwaltung in der Hand des Reichsministers für Wissenschaft, Erziehung und Volksbildung, und dieser ist mithin jetzt der allein für derartige Beanstandungen legitimierte Adressat. Die entscheidende Frage ist, welche Verpflichtungen das bischöfliche Vorgehen auf staatlicher Seite auslöst. Die Folgen sind in den drei Konkordaten mit kleinen Varianten umrissen: Das preußische Konkordat sagt für diesen Fall zu, daß der Staat »Abhilfe leisten, insbesondere für einen dem Lehrbedürfnis entsprechenden Ersatz sorgen« werde; nach dem bayerischen Konkordat soll »alsbald auf andere Weise für einen entsprechenden Ersatz«

und nach dem badischen Konkordat »im Einvernehmen mit dem Erzbischof für einen den Lehrbedürfnissen entsprechenden Ersatz« gesorgt werden. Bei näherem Zusehen erweisen sich die drei Klauseln als völlig gleichbedeutend, und auch das im badischen Konkordat eingeschaltete »Einvernehmen mit dem Erzbischof« begründet insofern keine Besonderheit, als auch nach preußischem und bayerischem Recht die Heranziehung eines Ersatzmannes von einer anderen Fakultät oder Hochschule nach allgemeinen Regeln die vorherige Anhörung des Bischofs voraussetzt. Die Verpflichtung des Staates beschränkt sich also darauf, für einen den Lehrbedürfnissen entsprechenden Ersatz zu sorgen.

Diese Beschränkung der durch die Beanstandung ausgelösten Folgen wird besonders dadurch unterstrichen, daß, wie das preußische und bayerische Konkordat ausdrücklich hervorheben, die Bereitstellung eines den Lehrbedürfnissen entsprechenden Ersatzes »unbeschadet der dem Staatsdienstverhältnis des Betreffenden (d. h. des Beanstandeten) entspringenden Rechte« geschieht. Eine konkordatsrechtliche Verpflichtung, den Status des betroffenen Hochschullehrers innerhalb der Fakultät oder sonst in beamtenrechtlicher Hinsicht *unmittelbar* zu verändern, ist mithin aus der Beanstandung durch den Bischof nicht herzuleiten. Diese verpflichtet den Staat unmittelbar vielmehr lediglich dazu, für das von dem beanstandeten Hochschullehrer bislang versehene, in der ordnungsmäßigen Theologenausbildung nicht entbehrliche Fach einen anderen Hochschullehrer heranzuziehen und so einen den Lehrbedürfnissen genügenden Ersatz zu schaffen [1]).

Natürlich kann man die Augen nicht davor verschließen, daß der beanstandete Hochschullehrer mit der Heranziehung eines Ersatzmannes doch in eine ganz andere Lage gerät und sich sein Status innerhalb der Fakultät oder Hochschule unter der Hand verändert. Selbst wenn nämlich die staatliche Hochschulverwaltung nichts weiter gegen ihn veranlaßt, verliert er doch zwangsläufig den größten Teil seiner eigentlichen Schüler. Denn neben der Beanstandung und der Heranziehung des Ersatzmannes pflegt das ausdrückliche oder stillschweigende kirchliche Gebot an die Theologiestudenten einherzugehen, daß sie den beanstandeten Lehrer

1) Das österreichische Konkordat von 1934 (Schlußprot. zu Art. 5 § 4) ging in diesem Punkt weiter. Der Staat mußte danach sowohl Ersatz stellen, als auch den Beanstandeten entweder anderweitig im Staatsdienst unterbringen oder ihn in den Ruhestand versetzen.

zu meiden und statt seiner den Ersatzmann zu hören hätten [1]). Damit reduzieren sich die Aufgaben des Beanstandeten auf die eines Forschers, der zwar sein Lehramt und seine *venia legendi* in der katholisch-theologischen Fakultät (Hochschule) noch innehat, beides aber wegen des Ausbleibens seiner Hörer nur unzulänglich betätigen kann [2]).

Da dieser Zustand nicht für jeden etwas Anziehendes hat, kann es dahin kommen, daß die derart mattgesetzten Hochschullehrer selbst den Staat um eine Veränderung ihres Status angehen. Die vom Bischof mit Erfolg und endgültig beanstandeten Hochschullehrer verbleiben deshalb nur verhältnismäßig selten in ihrer praktisch weitgehend entleerten bisherigen Stellung in der katholisch-theologischen Fakultät. Soweit es sich bei ihnen um beamtete Professoren handelt, können sie ihre Entlassung aus dem Beamtenverhältnis (§ 60 DBG.) oder, wenn die sonstigen Voraussetzungen hierfür erfüllt sind, ihre Entpflichtung nach dem Gesetz über die besonderen Rechtsverhältnisse der beamteten Lehrer an den wissenschaftlichen Hochschulen vom 9. April 1938 (RGBl. I S. 377) beantragen. In der Regel aber werden sie sich — und das gilt auch für die nichtbeamteten Hochschullehrer — um die Übernahme in eine andere Fakultät bemühen, um dort ihre bisherige wissenschaftliche Forschungs- und Lehrtätigkeit in derselben Rechtsstellung, wenn auch mit gewissen Abwandlungen ihres Faches, fortzusetzen. Aus der Fürsorgepflicht des Staates (§§ 3 Abs. 1 Satz 3, 36 DBG.) ergibt sich, daß er ihnen hierbei Entgegenkommen gewährt. Die Beanstandung eines Hochschullehrers durch den Bischof an sich kann dem Staat weder Recht noch Vorwand liefern, nun auch seinerseits den Hochschullehrer sich selbst zu überlassen oder gar mit positiven Maßnahmen seinen Status weiter zu schmälern. Das gilt besonders für die Fälle, in denen ein Hochschullehrer wegen seiner Lehre abgelehnt wurde; denn hier muß sich die Neutralität des Staates gegenüber den innerkirchlich-dogmatischen Fragen bewähren. Der Einholung des Nihil

---

1) Gelegentlich ist auch der Versuch gemacht worden, eine derartige Sperre für die Theologiestudenten über Hochschullehrer zu verhängen, die der Bischof nicht förmlich oder nicht mit Erfolg beanstandet hatte. Hierin liegt nicht nur eine Mißachtung der betroffenen Fakultät und ihrer Lehrer, sondern auch eine Verletzung des durch Art. 19 RK. anerkannten Status der Fakultäten und der unzulässige Versuch, die konkordatären Bestimmungen über die Anstellung und Entlassung der Hochschullehrer zu umgehen.

2) Vgl. zu dieser Lage auch *Albert M. Koeniger*, a. a. O. S. 178 Erl. 39 c.

obstat nach Art. 7 RK. bedarf es in diesen Fällen einer anderweitigen Unterbringung im Staatsdienst nicht, weil hier nur eine selbstverständliche Folge der bischöflichen Beanstandung vollzogen wird. Im übrigen mag, wenn der Bischof einen Verstoß gegen die Erfordernisse des priesterlichen Lebenswandels rügt, dieser Verstoß in manchen Fällen durchaus auch eine Verletzung der Beamtenpflichten bedeuten. Alsdann sind auf staatlicher Seite die hieraus sich ergebenden Folgerungen für den betroffenen Hochschullehrer ohne Rücksicht auf die Bedingungen der kirchlichen Disziplin zu ziehen.

5. Schließlich bleiben in diesem Zusammenhang noch Zweifel nach folgender Richtung zu klären: Schon oben (S. 213 f.) wurde festgestellt, daß die in Art. 19 RK. enthaltene Bezugnahme auf die »einschlägigen kirchlichen Vorschriften« für die hier erörterte staatskirchenrechtliche Regelung der Anstellungsverhältnisse der Theologiedozenten keinerlei Bedeutung hat. Eine andere Frage ist, ob die kirchlichen Behörden die innerkirchlichen Vorschriften unabhängig von den Vorschriften des Konkordatsrechts wenigstens im internen Dienstverkehr der Kirche gegenüber den Geistlichen zur Geltung bringen können. Konkret betrachtet spitzt sich diese Frage darauf zu, ob der Geistliche, abgesehen von den konkordatsrechtlich vorgesehenen Erklärungen des Bischofs gegenüber der staatlichen Hochschulverwaltung, innerkirchlich noch der in Art. 21 Nr. 5 der Konstitution *Deus scientiarum Dominus* vorgesehenen *Missio canonica* bedarf und ob diese gemäß Art. 22 der Konstitution als Ersatz für eine erfolglose Beanstandung des Geistlichen gegenüber der Staatsbehörde zurückgenommen werden kann. Die Frage ist zu verneinen, weil die konkordatsrechtlichen Vorschriften auch für den innerkirchlichen Bereich in Deutschland ein Sonderrecht geschaffen haben. Der Vatikan selbst hat dies in dem oben (S. 215 Anm. 2) zitierten Abschnitt der Instruktion vom 7. Juli 1932 anerkannt, wo ausgeführt ist, daß Erteilung und Rücknahme der in der Konstitution und den Ordinationes vorgesehenen *Missio canonica* nach den Vorschriften der Konkordate zu erfolgen habe. Selbst nach der Auffassung der Kirche werden danach die erwähnten kirchlichen Genehmigungsakte auch für den innerkirchlichen Bereich durch die konkordatsrechtlich geregelte Beteiligung des Bischofs ersetzt. In der Tat ist eine andere Beurteilung nicht denkbar. Sonst würde nämlich die konkordatsrechtliche Regelung immer wieder durch unkontrollier-

bare innerkirchliche Einwirkungen auf die betroffenen Geistlichen aus den Angeln gehoben und bedeutungslos gemacht werden können[1]). Auch hier ist der extreme Fall geeignet, das Absurde einer solchen Auffassung zu offenbaren. Danach könnte beispielsweise der Bischof einem ihm nicht genehmen Geistlichen intern die *Missio canonica* versagen oder entziehen und, wenn der Geistliche hierauf nicht sein staatliches Lehramt niederlegt oder die Absicht, es zu erlangen, aufgibt, allein schon darin eine Disziplinwidrigkeit erblicken, die ihn nunmehr berechtigt, den Geistlichen wegen Verstoßes gegen die Erfordernisse des priesterlichen Lebenswandels auch gegenüber dem Staat zu beanstanden.

6. Über die Bestellung von *Dozenten der katholischen Theologie an den Hochschulen für Lehrerbildung* trifft das geltende Konkordatsrecht keine Bestimmung. Art. 24 Abs. 2 des Reichskonkordats beschränkt sich auf die allgemeine Verpflichtung des Staates, im Rahmen der allgemeinen Berufsausbildung der Lehrer Einrichtungen zu schaffen, die eine Ausbildung der Lehrer entsprechend den besonderen Erfordernissen der katholischen Bekenntnisschule gewährleisten. Hieraus läßt sich für den Besetzungsmodus bei den Dozenturen für katholische Theologie an den Lehrerbildungshochschulen nichts entnehmen. Das Reichskonkordat begründet also für die Besetzung dieser Stellen keine Beschränkung der staatlichen Hochschulbehörde zugunsten einer Beteiligung der kirchlichen Instanzen, wenn man sie nicht der Nihil obstat-Klausel des Art. 7 RK. unterwerfen will. Diese Vorschrift aber paßt sich den Bedingungen der hier gegebenen Sachlage weder vom kirchlichen noch vom staatlichen Standpunkt aus glatt an. Die Kirche wird gegen sie einwenden, daß die Versagung des Nihil obstat mangels einer unmittelbaren Bindung für den Staat keine genügende Sicherheit biete, ihr ungeeignet erscheinende Geistliche wirksam von der Tätigkeit als Religionsdozent fernzuhalten, und der Staat könnte daran beanstanden, daß der Kirche eine über die Beurteilung von Lehre und Lebenswandel des Geistlichen hinausgehende Mitwirkung hier ebensowenig zukomme wie bei den Theologieprofessoren der wissenschaftlichen Hochschulen. In der Tat liegt

---

1) Die Frage hat auch schon *Paul Hinschius* (Das Kirchenrecht der Katholiken und Protestanten, Bd. IV, Berlin 1888, S. 677 f.) beschäftigt. Er verwirft es gleichfalls unter näherer Begründung als unzulässig, neben der staatskirchenrechtlich vorgesehenen Beteiligung der kirchlichen Behörden noch mit der Erteilung, Versagung und Rücknahme der *missio canonica* zu operieren.

es näher, die vom Reichskonkordat gelassene Lücke durch entsprechende Anwendung der für die Theologieprofessoren (und nach Art. 22 RK. in ähnlicher Weise auch für die Religionslehrer) geltenden Bestimmungen als durch Heranziehung der Nihil obstat-Klausel zu füllen. Man würde also für die Behandlung der Religionsdozenten an den Hochschulen für Lehrerbildung der Regelung den Vorzug zu geben haben, die Art. 19 RK. durch Bezugnahme auf die Länderkonkordate für die Berufung der Theologieprofessoren an den Universitätsfakultäten getroffen hat. Es besteht kein Zweifel darüber, daß damit den Interessen beider Konkordatspartner am meisten gedient ist. Freilich wird der Staat hierbei zur Voraussetzung machen müssen, daß der Vatikan den im Vorstehenden dargelegten Sinn des Art. 19 RK. als maßgeblich anerkennt.

IV.

Geistliche als Religionslehrer an öffentlichen Schulen

Ähnlich wie bei den theologischen Fakultäten liegen die Verhältnisse dort, wo Geistliche an den öffentlichen Volksschulen, Mittelschulen und Höheren Schulen (seltener auch an Berufsschulen) als Religionslehrer Verwendung finden. Auch der Religionsunterricht ist eine *res mixta;* in ihm verbinden sich die Merkmale eines in das staatliche Schulwesen einbezogenen Unterrichtsfachs mit kirchlich bestimmter Lehre und Verkündigung. In den konkret vorhandenen Schulsystemen liegt der Akzent bald mehr auf dem staatlichen, bald auf dem kirchlichen Element.

Die extreme Forderung, den Religionsunterricht an den öffentlichen Schulen entsprechend Can. 1381 C.J.C. vollkommen in die eigene Regie der Kirche (wenn auch nicht in eigene Finanzierung) zu übernehmen, hat der Vatikan dem Grundsatz nach nur im badischen (Art. 11 und Schlußprotokoll) [1]), rumänischen (Art. 20 § 1) und österreichischen Konkordat (Art. 6 § 1) zur Anerkennung bringen können. Soweit dieser Grundsatz auch tatsächlich durchgeführt ist, scheiden jene Fälle für das hier erörterte Problem aus, weil die den Religionsunterricht erteilenden Geistlichen bei einem

1) Formal beschränkt sich das Schlußprotokoll zu Art. 11 des badischen Konkordats darauf, den Status quo zu garantieren. Der Status quo des Jahres 1932 besteht aber darin, daß »der Religionsunterricht durch die betreffenden Kirchen- und Religionsgemeinschaften besorgt und überwacht wird.« Vgl. die Begründung zu Art. 11 des Konkordats in Nr. 4 der Drucksachen des Badischen Landtags, Sitzungsperiode 1932/33 S. 32.

solchen System nur im Auftrage der Kirche tätig werden und zu den weltlichen Behörden nicht in ein Dienstverhältnis treten [1]). Die Konkordate mit dem Reich, mit Bayern, Italien, Polen und Litauen dagegen treten den Religionsunterricht nicht oder wenigstens nicht völlig an die Kirche ab, sondern behandeln ihn grundsätzlich als integrierenden Bestandteil des staatlichen Unterrichtswesens. Dabei besteht für die weltliche Unterrichtsverwaltung regelmäßig die Möglichkeit, sowohl Geistliche als auch Lehrer aus dem Laienstande zum Religionsunterricht heranzuziehen. Nur das italienische Konkordat (Art. 36 Abs. 2) sieht vorzugsweise die Wahl von Geistlichen und Ordensleuten vor, ebenso das rumänische Konkordat für die Höheren Schulen (Art 20 § 3), während sich die Konkordate mit dem Reich (Art 22), mit Bayern (Art. 3), Polen (Art. 13 Nr. 1) und Litauen (Art. 13 Nr. 1) zu dieser Frage neutral verhalten. In der vorliegenden Arbeit steht nur die Beschäftigung von Geistlichen als Religionslehrer zur Erörterung, wenngleich sie sich in Deutschland in einer rückläufigen Bewegung befindet [2]).

Die Anerkennung des Religionsunterrichts als einer *res mixta* hat dazu geführt, daß die Konkordate der Kirche durchweg einen wirksamen Einfluß auf die Auswahl der Religionslehrer einräumen. So ist beispielsweise in Art. 36 des italienischen Konkordats in inhaltlicher Übereinstimmung mit Can. 1381 § 3 C.J.C. vorgeschrieben, daß die von der Unterrichtsverwaltung für den Religionsunterricht herangezogenen Religionslehrer von der kirchlichen Behörde approbiert sein müssen und daß sie mit dem Entzug der Approbation ohne weiteres die Lehrfähigkeit wieder verlieren. Ganz ähnlich ist die Regelung in den schon vorher abgeschlossenen Konkordaten mit Polen (Art. 13 Nr. 1) und Litauen (Art 13 Nr. 1) sowie im rumänischen Konkordat (Art. 20 § 2—4) [3]).

---

1) Freilich traf das österreichische Konkordat in Art. 5 § 4 Abs. 3 nebst Schlußprotokoll und in Art. 6 § 1 Abs. 4 auch für diejenigen Fälle Vorsorge, in denen die Kirche den Religionsunterricht noch nicht in eigene Regie übernommen hatte. Die Regelung glich der in den Konkordaten Italiens, Polens und Litauens getroffenen. Ebenso wie das österreichische verfährt das rumänische Konkordat in Art. 20 §§ 2—4.

2) Nach einem bei *Kurt Krüger*, Kommentar zum Reichskonkordat, Berlin 1938, zitierten Runderlaß des Reichsministers für Wissenschaft, Erziehung und Volksbildung vom 1. Juli 1937 (E II a 1194) sollen zur Erteilung des schulplanmäßigen Religionsunterrichts in erster Linie Lehrer, und nur wo diese fehlen, Geistliche herangezogen werden.

3) Zu dieser Stelle des rumänischen Konkordats, wie übrigens auch für einige

Hiervon hebt sich das im deutschen Konkordatsrecht zur Ordnung erhobene System nicht unwesentlich ab. Der Unterschied besteht vor allem darin, daß hier die Einflußnahme der kirchlichen Behörden bei der Berufung von Geistlichen (und Laien) zur Erteilung des Religionsunterrichts und bei ihrer etwaigen Wiederentlassung insofern gegenständlich beschränkt ist, als sie sich nur auf Einwendungen gegen die Lehre und die sittliche Führung des Religionslehrers erstrecken kann. Die Parallele mit der konkordatsrechtlichen Behandlung der Theologiedozenten an den Universitäten, die oben (S. 225 f.) erörtert wurde, ist unverkennbar. Übrigens findet sich diese Besonderheit auch in Art. 20 § 4 des Konkordats mit Rumänien vorgezeichnet, wonach der Ordinarius den Religionslehrer nur beanstanden kann, wenn die mangelnde Übereinstimmung des von dem Lehrer Dargebotenen mit den Lehren der katholischen Kirche oder sein sittliches Verhalten hierzu einen Grund liefern.

Im einzelnen muß man für die Beurteilung der Verhältnisse im Deutschen Reich (außer Österreich, wo eine konkordatäre Regelung nach dem Wegfall des Konkordats von 1934 nicht mehr besteht) verschiedene Vorschriften in Betracht ziehen. Art. 11 des badischen Konkordats mit der Bemerkung des Schlußprotokolls begründet für Baden eine eigene und für Deutschland einzigartige Regelung, die hier keiner weiteren Erörterung bedarf. Das bayerische Konkordat behandelt in Art. 3 die Religionslehrer an höheren Schulen ebenso wie die Theologieprofessoren an den Universitätsfakultäten. Daneben widmet es in Art. 5 § 2 einige Ausführungen den Religionslehrern an den Volksschulen, die aber hier außer Betracht bleiben können, weil sie erkennbar nur auf die Erteilung des Religionsunterrichts durch Laienlehrer abgestellt sind. Nach den Grundsätzen, die allgemein das Verhältnis des Reichskonkordats zu den Länderkonkordaten bestimmen

---

andere Stellen, hat der rumänische Außenminister, um die Annahme des Konkordats durch das Parlament zu sichern, seine Auffassung von der Tragweite des Konkordatstextes in einem Schreiben an den Apostolischen Nuntius in Bukarest vom 20. Juli 1928 (Acta Apost. Sedis XXI/1929, S. 453) niedergelegt, die inhaltlich besagt, daß die Beanstandung dem (Religions-) Lehrer nur die Fähigkeit nimmt, den Religionsunterricht zu erteilen, seine Lehrtätigkeit im übrigen aber nicht berührt. Diese Auffassung hat der Nuntius in einem Antwortschreiben vom 22. Oktober 1928 (ebenda S. 455) anerkannt. Diese Auslegung trifft auch für die ähnlich lautenden Bestimmungen der übrigen zitierten Konkordate zu. Der Notenwechsel ist als integrierender Bestandteil des Konkordats auch bei *Restrepo Restrepo* (a. a. O. S. 411 ff.) mitgeteilt.

(Art. 2 Abs. 1 RK.), ist heute für die Heranziehung von Geistlichen als Religionslehrer im ganzen Reichsgebiet außer Baden, Österreich und dem Sudetenland die Regelung in Art. 22 des Reichskonkordats maßgebend. Allerdings muß dabei für die Beschäftigung von Religionslehrern an den höheren Schulen Bayerns formal noch auf Art. 3 des bayerischen Konkordats zurückgegriffen werden. Doch stimmen die darin zum Ausdruck gebrachten Grundsätze mit denen des Art. 22 RK. inhaltlich überein, so daß sie neben der Erörterung der im Reichskonkordat enthaltenen Regelung hier keine besondere Aufmerksamkeit verdienen.

Die in Art. 22 des Reichskonkordats vereinbarten Grundsätze sind einfach. Sie sehen zunächst vor, daß bei der Anstellung von katholischen Religionslehrern zwischen dem Bischof und der Landesregierung Verständigung stattfindet. Wenn hier die »Landesregierung« als der staatliche Partner dieser Verständigung bezeichnet wird, so darf das nicht wörtlich genommen werden. Das Konkordat legt in diesem Punkte wie an manchen anderen Stellen noch die föderalistische Struktur des Reiches zugrunde, die inzwischen durch die Reichsreformgesetzgebung, besonders durch das Gesetz über den Neuaufbau des Reichs vom 30. Januar 1934 beseitigt worden ist. Heute sind die Landesregierungen nicht mehr selbständige Träger der staatlichen Schulhoheit, als welche sie Art. 22 RK. noch behandelt. An ihre Stelle ist als Verhandlungspartner der Bischöfe der Reichsminister für Wissenschaft, Erziehung und Volksbildung getreten, der freilich den Landesregierungen und weiter nachgeordneten Schulaufsichtsbehörden die Verhandlungsbefugnis delegieren kann [1]).

Art. 22 RK. fordert eine Verständigung zwischen den staatlichen Behörden und dem Bischof. Das ist mehr als eine bloße Anhörung der kirchlichen Behörden. Der Staat kann einen Geistlichen nur dann als Religionslehrer berufen, wenn der Bischof seiner Heranziehung zustimmt. Ob die Berufung hauptamtlich oder nebenamtlich, in beamteter Stellung oder in einem anderen Beschäftigungsverhältnis erfolgt, ist gleichgültig. Weder die Verwendung des Begriffs »Anstellung« (*assunzione*) in Art. 22 noch der Sinn dieser Bestimmung würden es rechtfertigen, ihr nur die hauptberufliche Bestellung beamteter Lehrkräfte zu unterwerfen. Freilich kann der Bischof seine Zustimmung nicht aus beliebigen

1) Vgl. auch *Weber*, Das Reichskonkordat in der deutschen Rechtsentwicklung, ZAkDR. 1938, S. 533.

Gründen versagen; es ist ihm nicht erlaubt, nach seinem freien Ermessen den einen Geistlichen durch Erteilung seines Einverständnisses auszuzeichnen und den anderen durch Fernhaltung vom Religionsunterricht zu disqualifizieren. Die verweigerte Zustimmung des Bischofs ist vielmehr für die staatliche Schulbehörde nur dann beachtlich, wenn sie sich darauf stützt, daß der Geistliche nach seiner Lehre und seiner sittlichen Führung zur Erteilung des Religionsunterrichts ungeeignet sei, und wenn gleichzeitig die hierfür maßgebenden Tatsachen mitgeteilt werden. Das ergibt sich aus Satz 2 des Art. 22 RK. (Abs. 2 des italienischen Textes), der die Einwirkungsbefugnis des Bischofs ausdrücklich auf diese beiden Momente festlegt, während die Beurteilung der Qualifikation des Geistlichen im übrigen Sache der staatlichen Behörde ist. Man kann hiergegen nicht einwenden, daß Satz 2 des Art. 22 nur von der Wiederentlassung des Religionslehrers handele, während in dem die Anstellung regelnden Satz 1 für die Entschließung des Bischofs keine Beschränkung enthalten sei. Die Einwirkungsbefugnis des Bischofs kann bei der Anstellung des Religionslehrers keine andere sein als bei seiner Entlassung. Im übrigen läßt aber auch der Aufbau des Art. 22 selbst erkennen, daß in Satz 1 im Zusammenhang mit der Frage der Anstellung der übergeordnete Grundsatz für den ganzen Artikel (Verständigung zwischen staatlicher und kirchlicher Behörde) und in Satz 2 bei Gelegenheit der Regelung der Wiederentlassung die nähere Präzisierung dieses Grundsatzes — wiederum für den ganzen Artikel — zum Ausdruck gebracht werden sollte.

Hiernach kann kraft des geltenden deutschen Konkordatsrechts der Bischof, und zwar der Ordinarius loci, bei der beabsichtigten Heranziehung eines Geistlichen als Religionslehrer an einer öffentlichen Schule auf die Mitteilung dieser Absicht durch die staatliche Behörde hin erklären, daß er den ins Auge gefaßten Geistlichen wegen seiner Lehre oder seiner sittlichen Führung für die ihm zugedachte Tätigkeit nicht für geeignet halte. Alsdann ist es der staatlichen Behörde verwehrt, dem ausersehenen Geistlichen Religionsunterricht zu übertragen. Bezeichnet der Bischof einen schon als Religionslehrer tätigen Geistlichen nach Lehre oder sittlicher Führung als für diese Aufgabe nicht mehr geeignet, so löst diese Erklärung für die staatliche Behörde die Verpflichtung aus, den Geistlichen nicht weiter als Religionslehrer zu verwenden, und zwar so lange nicht, als der Bischof seine Disqualifikation aufrechterhält. In beiden Fällen muß der Bischof — ebenso wie bei den Theologieprofessoren — die Tatsachen bezeichnen, die seiner Beanstandung zugrunde liegen.

Weitere Verpflichtungen als die hier genannten entstehen aber für den Staat nicht. Er braucht nicht etwa auch das Lehrauftrags-, Anstellungs- oder Beamtenverhältnis zu lösen, in dem er den Geistlichen beschäftigt hatte. Er mag sich vielmehr gerade für veranlaßt halten, dem Geistlichen Schutz zu gewähren und ihn in seiner staatlichen Amtsstellung — gegebenenfalls mit anderen Aufgaben — zu belassen. Die konkordatären Abmachungen stehen dem nicht entgegen; nur die weitere Beschäftigung als Religionslehrer schließen sie zwingend aus [1]).

Gewisse Schwierigkeiten könnten — zwar nicht für den Staat, aber für den einzelnen Geistlichen im Verhältnis zu seinen kirchlichen Behörden — daraus entstehen, daß neben den konkordatsrechtlichen Bestimmungen auch noch innerkirchliche Vorschriften über den Eintritt von Geistlichen in das Lehramt einherlaufen. Es handelt sich hier neben partikulären Regelungen in den einzelnen Diözesen vor allem um das schon zitierte Dekret der Konzilskongregation *De sacerdotibus magisterii munus gerentibus in publicis scholis* vom 22. Februar 1927 [2]), das an sich auch auf die Religionslehrertätigkeit anwendbar ist. Dieses Dekret geht insofern über Art. 22 RK. hinaus, als es verlangt, daß der Geistliche für die Übernahme eines Lehramts die ausdrückliche, übrigens jederzeit widerrufliche Genehmigung seines Bischofs einholt (IV). Soweit der Geistliche ein Lehramt außerhalb seiner Heimatdiözese ausüben will, bedarf er außerdem der gleichfalls jederzeit widerruflichen Zustimmung des Ordinarius loci (VI). Art. 22 des Reichskonkordats selbst sagt über das Verhältnis seiner eigenen Regelung zu diesen innerkirchlichen Vorschriften nichts aus. Die Dinge liegen aber hier nicht anders als bei der Frage der Parallelität der konkordatsrechtlichen und der innerkirchlichen Bestimmungen über die Anstellungsverhältnisse der Theologieprofessoren. Auf die früheren Ausführungen dazu (oben S. 231) kann hier Bezug genommen werden. Im Ergebnis löst sich das Nebeneinander von konkordatsrechtlichen und innerkirchlichen Vorschriften für

1) Siehe auch die oben S. 234 Anm. 3 mitgeteilten Erörterungen zum rumänischen Konkordat.

2) Acta Apost. Sedis XIX/1927, S. 99.

die Religionslehrer ebenfalls dahin, daß die Regelung des Konkordatsrechts die des inneren Kirchenrechts auch für den innerkirchlichen Bereich ausschließt und ersetzt.

V.

Militär- und Anstaltsgeistliche

Bei den Militär- und Anstaltsgeistlichen ist das Problem des Nihil obstat insofern besonders gelagert, als hier die Ausübung spezifisch priesterlicher Funktionen den Inhalt des staatlichen Amtes bildet. Die Militär- und Anstaltsseelsorge ist dadurch gekennzeichnet, daß bei ihr die Stelle für die Verrichtung von Pfarrfunktionen in der Form eines staatlichen Amtes bereitgestellt wird. Damit aber macht sich der Staat nicht zum eigentlichen Träger der Seelsorgetätigkeit, die er vielmehr in der Hand der Kirche beläßt. Er vereinigt nur mit dem kirchlichen Auftrag, innerhalb einer bestimmten Anstaltsordnung eine Seelsorgertätigkeit auszuüben, den entsprechenden staatlichen Akt, durch den der Geistliche mit seinen priesterlichen Funktionen in die Anstaltsordnung aufgenommen, dort mit der wirtschaftlichen Existenzgrundlage und, soweit erforderlich, auch mit staatlichen Befugnissen ausgestattet wird. Bei dieser Sachlage sind, um einen Militär- oder Anstaltsgeistlichen in sein volles Amt einzusetzen, zwei Akte erforderlich: Zu der Einsetzung in die Pfarrfunktionen durch die Kirche muß die Einweisung in das staatliche Amt hinzutreten, das für die Ausübung jener Pfarrfunktionen bereitgestellt ist, oder umgekehrt. In jedem Falle müssen die beiden Akte hinsichtlich der Person des zu berufenden Geistlichen übereinstimmen. Insofern ist ein gegenseitiges Benehmen der kirchlichen und staatlichen Behörden unumgänglich.

1. Die konkordatsrechtliche Regelung der deutschen Militärseelsorge trägt dieser Sachlage Rechnung [1]). Dabei können die Bestimmungen des österreichischen Konkordats von 1934 (Art. 8) schon deshalb außer acht gelassen werden, weil heute auch für die im Lande Österreich stationierten Wehrmachtsteile die im Reichskonkordat und seinen Ausführungsbestimmungen nieder-

1) Die Regelung in den ausländischen Konkordaten, soweit sie ebenfalls eine exemte Militärseelsorge vorsehen, bietet keine wesentlichen Besonderheiten. Vgl. Polen Art. 7, Italien Art. 13 ff., Tschecho-Slowakei Modus vivendi Art. 4.

gelegte Ordnung der Militärseelsorge maßgebend ist [1]). Das Reichskonkordat unterscheidet zwischen der kirchlichen und der staatlichen Ernennung der Militärgeistlichen. Die kirchliche Ernennung des Armeebischofs [2]) weist es dem Hl. Stuhl zu (Art. 27 Abs. 2), während diejenige der übrigen Militärgeistlichen durch den Armeebischof erfolgt (Art. 27 Abs. 3). Dieselben Grundsätze wiederholt auch das zur Ausführung des Art. 27 ergangene Apostolische Breve *Decessores Nostros* vom 19. September 1935 [3]) in den Abschnitten II und XI. Von der Entlassung der Militärgeistlichen, unter der aber nur die *kirchliche* Entlassung verstanden werden kann, handelt das Breve in Abschnitt XIII. Aus dieser Bestimmung ist zu entnehmen, daß für die kirchliche Entlassung der Feldbischof [2]) zuständig ist, und daß der Geistliche mit diesem Akt wieder unter die Jurisdiktion des Bischofs zurückfällt, von dem er vorher die Erlaubnis zum Eintritt in den Militärklerus erhalten hatte.

Die staatliche Seite des Amtes der Militärgeistlichen wird im Reichskonkordat und im Breve nur andeutungsweise berührt. Art. 27 Abs. 4 Satz 2 des Reichskonkordats erklärt hierzu, daß die Regelung der beamtenrechtlichen Verhältnisse durch die Reichsregierung erfolge. Diese Andeutung wird in Abschnitt VII des Breve dahin weitergeführt, daß der Feldbischof und die planmäßigen Militärpfarrer von der Reichsregierung die im Reichsbesoldungsgesetz für sie vorgesehenen Bezüge und nach ehrenvoller Entlassung ein Ruhegeld erhalten, soweit ihnen dies nach den reichsgesetzlichen Bestimmungen zusteht. Wie hieraus zu ersehen ist, geht auch das Reichskonkordat davon aus, daß der Feldbischof und die planmäßigen Militärgeistlichen für den staatlichen Bereich Beamte, und zwar Wehrmachtbeamte sind.

Unter den Gesichtspunkten, die sich mit dem Problem des *Nihil*

---

1) Siehe *Weber*, Das Reichskonkordat in der deutschen Rechtsentwicklung, ZAkDR. 1938, S. 534, Anm. 10.

2) Während Art. 27 des Reichskonkordats den Militärordinarius im deutschen Text als »Armeebischof« und im italienischen Wortlaut als »*Vescovo militare*« bezeichnet, verwendet das Breve vom 19. September 1935 für ihn die Bezeichnung »*Episcopus castrensis*« (deutsch: Feldbischof). Da das Breve im Einvernehmen mit der Reichsregierung ergangen ist, wird man annehmen dürfen, daß beide Konkordatspartner hier in Anlehnung an den früheren Titel Feldpropst nachträglich eine für die deutsche Wehrverfassung geeignetere Bezeichnung finden wollten.

3) Acta Apost. Sedis Bd. XXVII (1935), S. 467 ff.; auch abgedruckt bei *Weber*, Neues Staatskirchenrecht, München und Berlin 1938, S. 39 ff.

obstat verbinden, verdient an dieser Stelle die Frage Aufmerksamkeit, wie kirchliche und staatliche Ernennung und Entlassung der Militärgeistlichen zu einer Einheit verbunden sind und wo sie sich gegebenenfalls teilen können.

Die Regelung ist einfach für den Fall der Ernennung. Nach Art. 27 Abs. 2 RK. erfolgt die kirchliche Ernennung des Armeebischofs durch den Hl. Stuhl, nachdem letzterer sich mit der Reichsregierung in Verbindung gesetzt hat, um *im Einvernehmen mit ihr* eine geeignete Persönlichkeit zu bestimmen. Ähnlich wird bei den übrigen Militärgeistlichen verfahren. Ihre kirchliche Ernennung geschieht durch den Armeebischof »nach vorgängigem Benehmen mit der zuständigen Reichsbehörde« (Art. 27 Abs. 3 RK.) oder, wie Abschnitt XI des Breve es formuliert, nachdem der Feldbischof »mit den hierbei beteiligten staatlichen Behörden Rücksprache genommen hat« (wobei er sich übrigens an die personellen Vorschläge und Empfehlungen der Diözesanbischöfe halten soll [Breve Abschnitt X] und ihm ferner eine Beteiligung des Ordinarius loci anheimgestellt wird). Die kirchlichen und staatlichen Behörden müssen sich also zunächst über die Person des zu bestellenden Armeebischofs oder Militärgeistlichen einigen. Ohne diese Einigung kann keiner der Partner ordnungsgemäß einen Armeebischof oder Militärgeistlichen einseitig ins Amt setzen. Ist aber eine Übereinstimmung über die Person erzielt, so wird in der Regel der Erlaß der beiderseitigen, sich ergänzenden Ernennungsakte keine Schwierigkeiten machen.

Über die Entlassung der Militärgeistlichen enthält das Konkordatsrecht keine Regelung außer der, daß der vom Feldbischof entlassene Militärgeistliche unter die Jurisdiktion seines früheren Bischofs zurückfällt (Breve Abschnitt VIII) und daß eine Dienstentlassung mit und ohne Ruhegehaltsanspruch gegen das Reich als möglich bezeichnet wird (Breve Abschnitt VII). Die maßgebenden Grundsätze müssen demnach aus dem Wesen der Sache entwickelt werden. Auch bei der Entlassung muß zunächst versucht werden, eine übereinstimmende Entschließung der kirchlichen und staatlichen Behörden herbeizuführen. Das gilt besonders für den Feldbischof, aber auch für die anderen Militärgeistlichen. Hinsichtlich der Militärgeistlichen wird regelmäßig ein Einvernehmen zu erzielen sein, weil der Partner des Reiches hier der Feldbischof selbst ist. Aber man muß auch mit der Möglichkeit rechnen, daß sich eine Übereinstimmung nicht herstellen läßt und schließlich dann einer der Partner von sich aus handelt. Dabei genügt in jedem Falle schon der Entlassungsakt eines Partners, um dem Betroffenen die weitere Ausübung der bisherigen Funktionen unmöglich zu machen. Denn wenn der Feldbischof oder der Militärgeistliche seinen kirchlichen Auftrag zur Ausübung des Bischofsamts oder seiner Seelsorgerfunktionen verloren hat, so kann nicht der Staat diesen Auftrag ersetzen oder ihn in der staatlichen Beamteneigenschaft des Bischofs oder des Geistlichen als fortbestehend ansehen. Umgekehrt fällt die Grundlage für die Ausübung beider Ämter auch dann weg, wenn das Reich den Armeebischof oder einen Militärgeistlichen seines Amtes enthebt, ohne daß gleichzeitig der kirchliche Auftrag zurückgezogen wird. Dieser allein genügt nicht, den Betroffenen im Amt des Feldbischofs oder Militärgeistlichen zu halten. Die Frage ist, was mit den Geistlichen weiter geschehen soll, die sich in einer solchen eigenartigen Zwischenstellung befinden. Hat der Staat die Entlassung einseitig ausgesprochen, so mag die Kirche über den Geistlichen im Rahmen ihrer allgemeinen Zuständigkeiten verfügen. Wurde dem Geistlichen der kirchliche Auftrag einseitig entzogen, so *kann* der Staat ihn aus dem Beamtenverhältnis entlassen; er ist hierzu aber nur dann genötigt, wenn der Geistliche selbst seine Entlassung aus dem Beamtenverhältnis begehrt, sonst ist er in seiner Entschließung frei. Er ist also konkordatsrechtlich nicht gehindert, dem Geistlichen Schutz zu gewähren und ihn im staatlichen Beamtenverhältnis zu belassen, wenn er Anlaß hat, dies zu tun, und wenn es mit den Wünschen des Geistlichen nicht in Widerspruch steht. Nur als Militärgeistlichen kann er ihn nicht mehr verwenden.

2. Bei den *Anstaltsgeistlichen* liegen die Verhältnisse ganz ähnlich. Die Modifikationen, die sich daraus ergeben, daß die Anstaltsseelsorge nicht exemt ist und keinen eigenen Bischof hat, fallen für die vorliegende Frage nicht ins Gewicht.

Die Übereinstimmung der Lage der Anstaltsgeistlichen mit der der Militärgeistlichen wird ohne weiteres durch die Wendungen verdeutlicht, mit denen Art. 28 des Reichskonkordats das Wesen der Anstaltsseelsorge beschreibt. Um Anstaltsgeistliche im Sinne dieser Bestimmung handelt es sich nämlich dann, wenn in Krankenhäusern, Strafanstalten und sonstigen Häusern der öffentlichen Hand eine regelmäßige Seelsorge eingerichtet wird und hierfür Geistliche als Staats- oder sonstige öffentliche Beamte eingestellt werden müssen. Das Entscheidende ist, daß hier wie in der Militärseelsorge ein Geistlicher in einem staatlichen oder kommunalen Amt zur Ausübung von Seelsorgefunktionen angestellt wird. Die Doppelzügigkeit einer kirchlichen Bestellung und einer staatlichen Ernennung ist in dieser Sachlage ebenso notwendig begründet wie bei den Militärgeistlichen, und sie führt hier zu den gleichen Folgerungen.

Freilich trifft das Reichskonkordat zur Verkoppelung jenes Doppelaktes nur eine lakonische Bestimmung: Art. 28 Satz 2 macht zur Vorschrift, daß die staatliche (oder kommunale) Beamtenernennung der Anstaltsgeistlichen im Einvernehmen mit der kirchlichen Oberbehörde geschieht. Die gleiche knappe Klausel findet sich auch im bayerischen (Art. 11 Abs. 1) und im österreichischen Konkordat (Art. 16 Abs. 2). Es bedurfte aber auch keiner näheren Ausführung, da der Sachverhalt ohnehin klarliegt. Dabei ist es nur scheinbar auffallend, daß bei den Militärgeistlichen in Art. 27 Abs. 3 des Reichskonkordats nur von der kirchlichen Ernennung die Rede ist (die an das vorgängige Benehmen mit der zuständigen Reichsbehörde geknüpft wird), während das Reichskonkordat bei den Anstaltsgeistlichen umgekehrt verfährt. Es erörtert nämlich hier nur die staatliche Ernennung der Geistlichen und setzt bei dieser Einvernehmen mit der kirchlichen Oberbehörde, d. h. dem Ordinarius loci, voraus. In Wahrheit begründet diese formulierungstechnische Verschiedenheit, die durch das Vorhandensein einer kirchlichen Zentralinstanz für die Militärgeistlichen in der Person des Feldbischofs und ihr Fehlen im anderen Falle in etwa bedingt ist, keinen sachlichen Unterschied. Bei der Ernennung der Anstaltsgeistlichen muß in der gleichen Weise verfahren werden wie bei der Bestellung der Militärgeistlichen, und ihre Entlassung vollzieht sich unter den gleichen Modalitäten, wie sie oben für die Militärgeistlichen gekennzeichnet wurden. Es erübrigt sich, die Einzelheiten an dieser Stelle zu wiederholen. Nur sei eins noch besonders hervorgehoben. Weder genügt bei der Einsetzung der Militärgeistlichen das Placet (oder wie man es nennen will) der Reichsbehörde noch bei der Einsetzung von Anstaltsgeistlichen das Einverständnis, Nihil obstat oder dgl. der zuständigen kirchlichen Stelle. Beide Partner müssen vielmehr den Geistlichen für ihren Bereich zu seinem Amt regelrecht bestellen oder ernennen. Wenn das Konkordatsrecht das eine Mal nur die Zustimmung des Staates und das andere Mal die der Kirche erwähnt, so ist das lediglich ein fragmentarischer Hinweis darauf, daß Staat und Kirche ihre beiderseitigen Akte durch gemeinsame Erörterung aufeinander abzustimmen haben.

Die hier gegebene Übersicht zeigt, daß das Problem des *Nihil obstat* im geltenden deutschen Staatskirchenrecht eine sehr vielgestaltige Lösung gefunden hat. Für jeden seiner Anwendungsfälle prägt es sich in anderen Formen aus, wobei eine bemerkenswerte Anpassung an die Bedingungen der jeweils gegebenen Sachlage hervortritt. Diese den konkreten Ordnungen sich anpassende Vielfältigkeit ist indessen kaum den Partnern des Reichskonkordats bei ihren Verhandlungen voll ins Bewußtsein getreten oder gar von ihnen in klarer Einsicht angestrebt worden. Sie hat sich vielmehr als das Ergebnis einer während mehr als hundert Jahren erprobten und schließlich durch die Länderkonkordate sanktionierten Entwicklung durchgesetzt. Hinter der Nihil obstat-Klausel des Art. 7 RK. ist der erste große Versuch des Vatikans erkennbar, diesen überkommenen Rechtszustand anzugreifen und ihn, wie es einer verbreiteten Neigung der Kurie entspricht, in eine nichtdifferenzierende Generalklausel zu überführen, die einer Entfaltung der kirchlichen Rechte mehr Spielraum bietet. Der Versuch ist mißlungen. Es ist hier nicht der Ort, die Gründe zu untersuchen, die zu seinem Scheitern führten. Jedenfalls kann der vereinbarten Fassung des Art. 7 RK. keine Regelung entnommen werden, die das Problem des *Nihil obstat* unter Beseitigung der hergebrachten Differenzierungen auf einen völlig neuen Generalnenner gebracht hätte. Vielmehr tritt diese Bestimmung, so wie sie heute gilt, nur mit bescheidener Subsidiarität den unberührt gebliebenen Sonderregelungen älterer Herkunft zur Seite.

Res sacrae[1].

Von

Von Dr. iur. **Ernst Forsthoff,** ord. Professor der Rechte an der Universität Königsberg (Pr.).

In allen Rechtskulturen findet man den res sacrae (den heiligen Gebäuden, Stätten und Geräten) eine Sonderstellung zugewiesen. Es ist für die innere Werthaltigkeit einer Rechtsordnung überaus aufschlußreich, wie sie sich in ihrem Sakralrecht zur Religion und den ewigen Dingen formuliert. Das Interesse an der Beschäftigung mit dem Sakralrecht greift darum über seinen engeren Gegenstand weit hinaus. In den Abwandlungen, welche das Sakralrecht im Laufe der Geschichte durchlaufen hat, lassen sich wesentliche Strukturwandlungen der Rechtsordnung erkennen. Dem frühen, von magischen und religiösen Vorstellungen durchwalteten Rechtsbewußtsein war es ein natürlicher Gedanke, den Göttern ein Eigentum an den ihrem Kult gewidmeten Tempeln, Altären und Hainen, den abgeschiedenen Seelen ein Eigentum an ihrer Begräbnisstätte zuzuerkennen. Darüber hinaus wurden Gegenstände von besonderer, magisch verstandener Würdigkeit, wie Zäune, Mauern,

[1] Der Aufsatz stellt die erweiterte Fassung eines Referates dar, das ich im Sommer 1939 vor dem Ausschuß für Religionsrecht der Akademie für Deutsches Recht erstattet habe. Die Veröffentlichung ist von dem Ausschuß angeregt worden.

Hecken, die vom Blitz getroffenen Bäume, der Herd und der Acker einem besonderen Rechtsfrieden unterstellt und in die religiöse Sphäre erhoben. Mit der fortschreitenden Rationalisierung der Lebensformen und damit auch des Rechts kamen diese Vorstellungen in Wegfall. Aber eine natürliche Scheu hielt davon zurück, nunmehr die kultischen Gegenstände der Rechtsordnung schlechthin zu unterstellen. Wie sich überhaupt allgemein beobachten läßt, daß die Rechtsordnung in dem Maße, in dem sie in dem Rechtsverkehr und seiner Gestaltung ihren Mittelpunkt findet, vor den hohen und edlen Gütern und Werten des Menschen und des Soziallebens Halt zu machen genötigt ist. Ehre, Treue, Liebe und Frömmigkeit hören auf, Gegenstände des Rechts und seiner Ordnungen zu sein und sehen sich in eine höhere Sphäre verwiesen, während sie in der Sitte und im Brauchtum nach wie vor ihre feste Stelle und Ordnung haben.

So zeichnen sich die späteren Rechtsgestaltungen dadurch aus, daß sie sich vor den tragenden und entscheidenden Werten Zurückhaltung auferlegen. Die von ihnen gewährte Privilegierung besteht im Grundsatz darin, daß diese Werte in ihrer sachlichen Vergegenständlichung — etwa als res sacrae — nicht der allgemeinen Ordnung des Rechtsverkehrs unterstellt werden. Sie werden als res nullius aus der Eigentumsordnung ausgesondert oder mindestens als res extra commercium dem Rechtsverkehr entzogen. Die besondere Dignität der res sacrae findet ihren positiven Ausdruck im Recht in dem erhöhten Schutz, welchen die Rechtsordnung ihnen zuteil werden läßt.

Erst die scharfe Herausbildung der Unterscheidung des öffentlichen und privaten Rechts und die Verfeinerung der Gestaltungsformen des öffentlichen Rechts hat den res sacrae eine fest umrissene Stellung innerhalb des öffentlichen Rechts gegeben.

Von je war die Bestimmung der res sacrae Sache der politischen Gemeinwesen. Nur ein publizistischer Akt oder eine publizistische Anerkennung brachte die res sacra als solche zur Entstehung. Das war im römischen Recht so [2] und das gilt auch für die deutsche

[2] Vgl. MEURER, Der Begriff und Eigentümer der heiligen Sachen, Bd. I (o. J.), S. 159 ff.

Rechtsentwicklung der neueren Zeit. So hatte die katholische Kirche in Mecklenburg bis zur Verordnung vom 5. Januar 1903 nur die Rechtsstellung einer privatrechtsfähigen Gesellschaft, ihr stand lediglich die devotio domestica zu; dementsprechend wurden ihr bis zu diesem Zeitpunkt auch keine res sacrae zuerkannt. Darauf hinzuweisen ist aus dem Grund nützlich, weil hier ersichtlich wird, daß die res sacra nicht aus psychologischen Voraussetzungen — der von den Gläubigen dargebrachten Verehrung und dem dieser Verehrung gewährten Schutz —, sondern aus einem hoheitlichen Verhalten hervorgeht[3], daß die Qualität der res sacra eine Eigenschaft der Sache selbst ist. Die entscheidende Beteiligung des Staates an der Entstehung und dem Bestande der res sacra als solcher rechtfertigt es, den damit bezeichneten Fragenbereich angesichts der in vielem gewandelten Rechts- und Verfassungslage einer Prüfung zu unterziehen.

Die Rechtsquellen.

Die res sacrae folgen in erster Linie dem staatlichen Recht. Es ist dies die natürliche Konsequenz der Tatsache, daß die Qualität einer Sache als res sacra zum status publicus des politischen Gemeinwesens gehört, über den sich die staatliche Gesetzgebung die Verfügung ausschließlich vorbehält. Ist dieser Vorrang des staatlichen Rechts auch wohl allgemein anerkannt, so sind doch die daraus resultierenden Folgerungen nicht allen Zweifeln entrückt. Davon wird noch zu handeln sein.

Die neuere deutsche Gesetzgebung hat sich mit den res sacrae nicht beschäftigt. Das Einführungsgesetz zum BGB. tut ihrer keine Erwähnung. Gemäß dem im Art. 55 a. a. O. niedergelegten Grundsatz gehört das Recht der res sacrae nach wie vor der Landesgesetzgebung an. Daran ist heute noch, mit den im Neuaufbaugesetz vom 30. Januar 1934 und Reichsstatthaltergesetz vom 30. Januar 1935 gegebenen Modifikationen festzuhalten.

Die Frage ist allerdings, ob die Konkordate der Gesetzgebung

[3] Im Unterschied zu § 166 StGB., welcher nicht Gott, sondern die religiösen Gefühle der Menschen schützen soll.

nicht Schranken ziehen, mindestens insoweit, als die Beseitigung der Rechtsqualität der res sacra ausgeschlossen wird. In den Konkordaten sind die res sacrae nicht ausdrücklich genannt.

Allen Konkordaten ist die Garantie des Eigentums gemeinsam (vgl. Art. 17 des Reichskonkordats vom 20. Juli 1933, Art. 5 des preußischen Konkordats vom 14. Juni 1929, Art. 2, Abs. 2 des bayrischen Konkordats vom 29. März 1924 und Art. V des badischen Konkordats vom 12. Oktober 1932). Die für das Reich, Preußen und Baden (mit unwesentlichen Abwandlungen) typische Formel lautet: „Das Eigentum und andere Rechte der öffentlichrechtlichen Körperschaften, der Anstalten, Stiftungen und Verbände der katholischen Kirche an ihrem Vermögen werden nach Maßgabe der allgemeinen Staatsgesetze gewährleistet" (so Art. 17, Abs. 1 des Reichskonkordats). Daß die Eigentumsgarantie nichts besagt, braucht hier nur festgestellt zu werden. Die Qualität der res sacra ist, wie noch im einzelnen darzulegen sein wird, vom Eigentum unabhängig. Auch unter die „anderen Rechte am Vermögen" wird man die Rechtsqualität der res sacrae nicht rechnen dürfen. Darum wird man dem Art. 17 des Reichskonkordats und den inhaltlich gleichlautenden Bestimmungen der übrigen Konkordate nichts entnehmen können.

Der Art. 1 des Reichskonkordats gewährleistet der katholischen Kirche die Freiheit der öffentlichen Ausübung der katholischen Religion (ebenso der bayrische Art. 1; nicht aber das preußische [Art. 1] und badische [Art. 1], welche lediglich die Ausübung der katholischen Religion unter staatlichen Schutz stellen). Es ließe sich denken, die res sacra, welche eine öffentliche Sache ist, als ein wesentliches Element der öffentlichen Religionsübung anzusprechen und damit in die Gewährleistung des Art. 1 des Reichskonkordats eingeschlossen zu finden. Dafür scheint das soeben herangezogene mecklenburgische Beispiel zu sprechen. Aber das würde voraussetzen, daß die öffentliche Religionsübung einen fest umschriebenen Begriff darstellt, dem sich die res sacra mit Sicherheit und regelmäßig einordnet. Davon kann jedoch keine Rede sein. Die „öffentliche Religions- oder Kultusübung" findet sich bis zum Reichskonkordat lediglich im Landesrecht vor und hier hat sie, worauf bereits KAHL[4] hinweist, in den einzelnen Gliedstaaten eine jeweils verschiedene Bedeutung. Unter diesen Umständen kann die „öffentliche Ausübung der Religion“ im Sinne der Konkordate und der evangelischen Verträge lediglich in dem Sinne verstanden werden, daß sie von den Bindungen und Beschränkungen frei ist, welchen die privaten Religionsgesellschaften unterworfen sind (z. B. Verbot des Läutens von Glocken, der Anlage eigener Begräbnisplätze usw.). Für das Recht der res sacrae lassen sich aus der öffentlichen Religionsübung keine Folgerungen ableiten. Man wird — dies insbesondere auf Grund des mecklenburgischen Beispiels — sagen dürfen, daß dort, wo die öffentliche Religionsübung fehlt, auch die res sacra nicht zu vermuten ist, aber der umgekehrte Schluß von der öffentlichen Religionsübung auf die res sacra ist nicht statthaft.

Enthalten die speziellen Bestimmungen der Konkordate keinen Hinweis auf die res sacrae, so sind diese in die Generalverweisung auf das kanonische Recht im Art. 33 des Reichskonkordats eingeschlossen. Der Art. 33 lautet: „Die auf kirchliche Personen oder kirchliche Dinge bezüglichen Materien, die in den vorstehenden Artikeln nicht behandelt wurden, werden für den kirchlichen Bereich dem geltenden kanonischen Recht gemäß geregelt.“ Der Artikel ist seinem Wortlaut nach auf den „kirchlichen Bereich“ beschränkt. Daraus ließe sich folgern, daß er eine Bindung des Reiches nur in dem Sinne enthält, daß er der katholischen Kirche im Anwendungsbereich des Art. 33 freie Hand lassen muß. Tatsächlich geht jedoch die Bindung des Reiches weiter. BARION[5] hat zutreffend darauf aufmerksam gemacht, daß die hier gemeinten kirchlichen Regelungen nur unter der Voraussetzung wirksam werden können, daß auch das staatliche Recht sie anerkennt und mindestens keine zuwiderlaufenden Bestimmungen ergehen läßt. Darin liegt eine konkordatäre Bindung der staatlichen Gesetzgebung inhaltlicher Art.

---

[4] Lehrsystem des Kirchenrechts und der Kirchenpolitik, Bd. 1. 1894, S. 328 f.

[5] HANS BARION, Konkordat und Codex, Festschrift für Ulrich Stutz (= Kirchenrechtliche Abhandlungen, Heft 117/118), 1938, S. 371 ff., insbesondere S. 382 f.

Der an sich schon nicht allen Auslegungszweifeln entrückte Art. 33 wird in Ansehung der res sacra besonders problematisch. Denn auf diesem Gebiet hat, mindestens in der neueren Zeit, keine Übereinstimmung zwischen dem kanonischen und dem staatlichen Recht obgewaltet. Entspricht dem Gebot des c. 1150 (Res consecratae vel bendictae constitutiva benedictione, reverenter tractentur neque ad usum profanum vel non proprium adhibeantur, etiamsi in dominio privatorum sint) die Rechtsqualität der öffentlichen Sache im staatlichen Recht, so hat die staatliche Gesetzgebung einzelnen Vorrechten, mit welchen das kanonische Recht die res sacrae ausgestattet hat, die Anerkennung verweigert. Das gilt z. B. für die Exemption der loca sacra von der iurisdictio auctoritatis civilis (c. 1160) und das Asylrecht (c. 1179). Die Kirche hat sich damit ohne Preisgabe ihres prinzipiellen Vorbehalts zugunsten der kanonischen Regelung abgefunden. Denn immerhin ist im staatlichen Recht dem wesentlichen Anliegen des kanonischen Rechts, die res sacrae aus dem allgemeinen Sachenrecht herauszunehmen und ihre kultische Verwendung geschützt zu wissen, Genüge geschehen. Unter diesen Umständen darf man von einem modus vivendi sprechen, welcher sich in Ansehung der res sacrae zwischen Staat und Kirche in der neueren Rechtsentwicklung hergestellt hat.

Der Art. 33 des Reichskonkordats legt die Frage nahe, ob dieser modus vivendi nunmehr ersetzt sein soll durch eine völlige Rechtsangleichung, welche durch das Zurückweichen des staatlichen Rechts hinter das kanonische hergestellt wäre. Daß in diesem Sinne eine Verständigung der Vertragspartner stattgefunden hat, darf im vorhinein bezweifelt werden. Eine solche Auslegung würde, von staatlichem Gesichtspunkt aus betrachtet, das Reichskonkordat hinter das österreichische Konkordat stellen, welches dem Staate in den Staat und Kirche gemeinsam berührenden Angelegenheiten wenigstens ein Mitspracherecht pari passu sichert[6].

[6] Der im Grundsätzlichen entsprechende Art. XXII des österreichischen Konkordats vom 5. Juni 1933 war insofern besser gefaßt, als er für diejenigen Regelungsgegenstände, welche das kirchliche und staatliche Recht berühren, auf den Weg gemeinsamer Verständigung verwies, während eine Parallelbestimmung dem Reichskonkordat fehlt.

Es darf ferner vermutet werden, daß ein so einschneidender Vorgang wie die Beseitigung geltenden staatlichen Rechts zugunsten des kanonischen, der mit der Tradition staatskirchenrechtlicher Ordnung gebrochen hätte, in einer speziellen Bestimmung des Reichskonkordats seinen Niederschlag gefunden hätte. Einen solchen Inhalt der abschließenden Generalklausel zu geben, muß von vornherein als gewagt erscheinen, selbst wenn man die gelegentliche diplomatische Übung in Rechnung stellt, gerade den prekären Dingen eine harmlose sprachliche Fassung zu geben.

Diese Vermutung wird durch den Umstand bekräftigt, daß es im Bereich der res sacrae Abweichungen des staatlichen und kirchlichen Rechts gibt, mit denen sich die Kirche abfinden konnte und auch abgefunden hat. Dafür ist das im folgenden eingehender zu würdigende Simultaneum ein besonders sprechendes Beispiel. Ist es der Kirche auch verwehrt, einer anderen Religionsgemeinschaft ein Recht auf dauernden Mitgebrauch an einem Kirchengebäude oder Friedhof einzuräumen, so kann sie doch diesen Mitgebrauch, wenn er ihr von staatlichem Recht her aufgenötigt wird, in Kauf nehmen und dulden. Wollte man dem Art. 33 die angedeutete, rigorose Auslegung geben, so müßten die bestehenden Simultanverhältnisse als den Absichten des kanonischen Rechts widersprechend verschwinden. Eine Folgerung, welche die katholische Kirche selbst nicht erwogen hat und welche wohl auch kaum ihren Interessen und ihrem im Konkordat bekundeten Willen entspricht.

Unter diesen Umständen erscheint — mindestens für das Gebiet der res sacrae — eine Auslegung des Art. 33 als dem Willen der Vertragspartner entsprechend und geboten, welche es bei dem hier eingespielten modus vivendi zwischen staatlichem und kirchlichem Recht beläßt. Die von BARION aus dem Art. 33 zutreffend entnommene Anforderung, das staatliche Recht müßte das seinige dazu tun, um das kanonische Recht auch wirklich wirksam werden zu lassen, darf bei dieser Interpretation als grundsätzlich erfüllt gelten. Die staatlich gewährleistete Wirksamkeit bleibt lediglich denjenigen Vorschriften des kanonischen Rechts vorenthalten, deren Anerkennung das staatliche Recht von je verweigert hat.

Aber dafür, daß mit dem Reichskonkordat diese Weigerung zurückgenommen werden soll, fehlt jeder greifbare Anhalt.

Eine völlig andere Lage würde jedoch dann eintreten, wenn den res sacrae im Wege der staatlichen Gesetzgebung der Charakter der öffentlichen Sache entzogen würde. Denn in diesem Falle würde in der Tat das einschlägige kanonische Sachenrecht um die Möglichkeit gebracht, wirksam zu werden. Der Rechtsbereich würde in jedem Sinne aufhören, dem kanonischen Recht gemäß geregelt zu werden. Denn unter dem Geregeltsein im Sinne des Art. 33 des Reichskonkordats kann vernünftigerweise nur eine effektive, d. h. auch zur Anwendung kommende, nicht aber eine bloß hypothetische Regelung verstanden werden. Der Art. 33 wäre darum in diesem Falle verletzt. Unter diesen Umständen ist das Ergebnis unausweichlich, die besondere Rechtsstellung der res sacra als öffentliche Sache in dem Art. 33 gewährleistet zu finden.

Die res sacra gewinnt ihre Dignität aus dem kirchlichen Kultus. Die staatliche Gesetzgebung über die res sacrae hat darum unmittelbaren Anschluß an das kirchliche Leben und das Kirchenrecht. So bestimmt es sich nach kirchlichem Kultus und Kirchenrecht, welche Gefäße und Geräte als dem unmittelbaren gottesdienstlichen Gebrauch gewidnet res sacrae sind.

Die katholische Kirche hat ein ausgebreitetes Sakralrecht ausgebildet. Die res sacrae entstehen durch einen rituellen Akt: die consecratio oder benedicto (CIC cc. 1144 ff.). Für sie gilt der schon erwähnte Grundsatz des c. 1150. Zu den res sacrae gehören nur diejenigen, welche unmittelbar den Zwecken des Gottesdienstes dienen, nicht also die lediglich zum frommen Gebrauch der Kirchenglieder geweihten Gegenstände. Die loca sacra sind in den cc. 1154—1160 ausführlicher geregelt. Der c. 1160 nimmt für die loca sacra die exceptio a iurisdictione auctoritatis civilis in Anspruch. Diese Bestimmung weist darauf hin, daß das kanonische Recht insoweit die res sacrae als eine ausschließlich der Kompetenz der Kirche zufallende Materie betrachtet.

Eine entsprechende evangelisch-kirchliche Regelung fehlt. Auch das evangelische Kirchenrecht erkennt die res sacra an. Die Qualität der res sacra wird aus der Dignität des Gegenstandes abgeleitet. Sie ist ein Gebot der Pietät. Aber es fehlt hier die sakramentale Einkleidung. Die res sacra gelangt mit der Aufnahme des Gottesdienstes zur Entstehung. Die Einweihung, mit welcher die Ingebrauchnahme der evangelischen Kirchen feierlich eingeleitet wird, hat keine rechtliche Bedeutung. Ersichtlich hat sich die evangelische Kirche dem bisher auch gewährten Schutz der staatlichen Gesetzgebung anvertraut und auf die Entfaltung einer speziellen Lehre verzichtet, für die ein praktisches Bedürfnis nicht vorlag.

Das in Deutschland geltende Recht.

Nicht alle Landesgesetzgebungen haben sich mit den res sacrae beschäftigt. Mit KORMANN[7] unterscheiden wir drei Rechtsgebiete: 1. Preußen und Bayern, wo die res sacrae gesetzlich geregelt sind, 2. das Gebiet des gemeinen Rechts, wo eine positive Rechtsnorm fehlt und der Rechtszustand aus Begriff und Wesen der res sacra und den überkommenen Rechtsgrundsätzen ermittelt werden muß und 3. das französische Recht.

Das preußische Allgemeine Landrecht hat in §§ 160 ff., II, 11 eine eingehende Regelung des Rechtes der res sacrae getroffen, welche ausschließlich gilt und insbesondere das kirchliche Recht verdrängt. Zu den res sacrae gehören: die Kirchengebäude, soweit sie zur Feier des Gottesdienstes und zu gottesdienstlichen Handlungen bestimmt sind (§ 173), Friedhöfe und Begräbnisplätze, welche zu den Kirchen gehören; sie gelten auch im Rechtssinne als Pertinenzen der Kirchen (§ 183); schließlich die Kirchengefäße und andere zum unmittelbaren gottesdienstlichen Gebrauch gewidmete Sachen, die der Regel nach mit dem Kirchengebäude gleiche Rechte haben sollen (§ 179).

Die Qualität der res sacra ist bereits hier von den Eigentumsverhältnissen gelöst. Das Allgemeine Landrecht behandelt die res sacrae nicht als res nullius, sondern spricht das Eigentum der

[7] Die kirchenrechtlichen Veräußerungsbeschränkungen beim katholischen Kirchengut und das bürgerliche Recht (Kirchenrechtliche Abhandlungen, Heft 42), 1907, S. 18.

Kirchengesellschaft (und zwar im Sinne der Ortsgemeinde) zu, deren Gebrauch sie dienen. Die Qualität der res sacra wird also in der Verwendungsbeschränkung wirksam. Damit sind bereits im ALR. jene Elemente vorhanden, welche das Wesen der erst später zum Begriff erhobenen öffentlichen Sachen ausmachen. Entscheidend für die Entstehung der res sacra ist die Ingebrauchnahme, also ein tatsächlicher Umstand. Kirchliche Weihehandlungen, welche nicht ausgeschlossen oder gar verboten sind, haben auf die Entstehung keinen Einfluß. Dem Staate ist hinsichtlich der Entstehung neuer res sacrae insofern eine Kontrolle eingeräumt, als die Erbauung neuer Kirchen der Genehmigung des Staates unterstellt ist (§ 176).

Von dem preußischen unterscheidet sich das bayerische Recht insofern in einem prinzipiellen Sinne, als es schlechthin auf das kirchliche Recht verweist und es damit sozusagen als staatliches Recht rezipiert: Codex Maximilianeus, Teil II, Kap. 1, § 2: „Geweyhte und zum Gottesdienst unmittelbar gewidmete Sachen, z. B. Kirchen, Altäre, Kelch, Monstranzen und andere dergleichen Gottes-Geräth werden res sacrae genannt, was aber nur mittelbar dahin gewidmet . . . das heißt res ecclesiastica. In beeden soll man sich zwar nach geistlichen Rechten, jedoch allerwegen den Concordatis oder dem Herkommen gemäß richten."

Im Bereiche des gemeinen Rechtes sind die res sacrae auf Grund traditionaler, dem römischen Recht entstammender Rechtsgrundsätze anerkannt. Freilich hat hier noch die Vorstellung des dominium divinum länger nachgewirkt, um jedoch schließlich, zumal nachdem das Reichsgericht die Veräußerbarkeit des Eigentums bejahte, zu verschwinden. Die Rechtsnatur der res sacra nach gemeinem Recht ist die gleiche wie im preußischen Landrecht und auch in Bayern: die res sacra ist zwar eigentumsfähig, aber dem allgemeinen Rechtsverkehr vermöge ihrer Verwendungsgebundenheit entzogen [8]. [9].

---

[8] Dazu etwa HINSCHIUS, Kirchenrecht Bd. IV, S. 167 ff., KORMANN, a. a. O. S. 14 ff., HOLSTEIN, Enteignungsrecht an Friedhöfen? in Verwaltungsarchiv, Bd. XXXV, S. 105 ff.

Es ist nicht die Absicht, in der Darstellung der res sacrae die allgemeinen Lehren von den öffentlichen Sachen zu wiederholen. Sie seien als bekannt vorausgesetzt. Die Rechtsstruktur der öffentlichen Sache ist dadurch ausgezeichnet, daß die öffentliche Sache dem Privatrecht grundsätzlich untersteht, daß aber die privatrechtliche Verfügung über die öffentliche Sache nur insoweit möglich ist, als der öffentliche Verwendungszweck derselben nicht beeinträchtigt wird. Es steht insbesondere außer Zweifel, daß die öffentlichen Sachen im privatrechtlichen Sinne eigentumsfähig und übertragbar sind. Belege dafür zu geben erübrigt sich. Die Theorie OTTO MAYERS, welche den öffentlichen Sachen ein besonderes, publizistisches Eigentum nach französischem Vorbild zusprechen wollte, der sich unter anderen MAX LAYER angeschlossen hat, ist von der deutschen Theorie und Praxis nicht übernommen worden.

Im folgenden sollen lediglich die Besonderheiten erörtert werden, welche den res sacrae in ihrer Eigenschaft als öffentliche Sachen eigentümlich sind. Zu diesem Zwecke ist es geboten, die Entstehung der öffentlichen Sache zunächst in Kürze zu würdigen.

Die öffentliche Sache entsteht durch die Widmung. Wie die Widmung aufzufassen sei, darüber gehen die Meinungen auseinander. Sicher bedeutet sie die Indienststellung. Gegenstand der Auseinandersetzung ist jedoch die Frage, ob sie als Verwaltungsakt[10] oder rechtsgeschäftlicher Akt oder — wie man es auch formuliert hat — als Stiftung[11] anzusehen sei, während die Gegenmeinung unter Führung OTTO MAYERS[12] die Widmung lediglich in der Tatsache der Indienststellung erkennt: „Sie ist keine obrigkeitliche Anordnung, kein Verwaltungsakt, enthält keinen bin-

---

[9] Das in manchem andere französische Recht, das vor allem für Elsaß-Lothringen galt, soll nicht besonders dargestellt werden.

[10] FLEINER, Institutionen des deutschen Verwaltungsrechts, 8. Aufl., 1928, S. 351 f.

[11] BRINZ, Pandekten § 128 und REGELSBERGER, Pandekten, Bd. 1, S. 420.

[12] Deutsches Verwaltungsrecht, 3. Aufl. 2. Bd., 1924, S. 57 f.

denden Ausspruch dessen, was Rechtens sein soll, und bedarf keiner Form." Die Ansicht OTTO MAYERS dürfte, mindestens für den staatskirchlichen Bereich, den Vorzug verdienen. Sie entspricht sowohl dem gemeinen wie dem preußischen Allgemeinen Landrecht (§ 173, II, 11: „Kirchengebäude, soweit sie zur Feier des Gottesdienstes und zu gottesdienstlichen Handlungen bestimmt sind"); so hat das preußische Obertribunal entschieden: „Die Bestimmung zum Gottesdienste macht das Gebäude nicht zur res sacra (öffentlichen Sache); es muß auch die tatsächliche Verwendung hinzutreten" [13]. Bei der Widmung braucht also kein ausdrücklich erklärter Willen mitzuwirken. Immerhin hält OTTO MAYER den Willen der Verwaltung trotzdem für wesentlich, da nur die mit dem Willen der Verwaltung erfolgte Indienststellung den Charakter der Widmung besitze. Die Teilhabe des Willens an der Widmung wird in späterem Zusammenhang bedeutsam bleiben.

Die res sacrae nehmen im Zusammenhang des Rechts der öffentlichen Sachen eine Sonderstellung ein, wie man sich überhaupt nicht darüber täuschen soll, daß das sogenannte öffentliche Sachenrecht disparate Rechtserscheinungen umfaßt und jener durchgängigen Systematik ermangelt, die das bürgerliche Sachenrecht auszeichnet. Tatsächlich ist das öffentliche Sachenrecht im hohen Grade von den besonderen Eigentümlichkeiten des Wegerechts her entwickelt, wie besonders deutlich das Buch von MAUNZ [14] erkennen läßt. Die Bewidmung im Interesse des Gemeingebrauchs stellt in aller Regel, ob ausgesprochen oder unausgesprochen, den Normalfall dar.

Mit den auf dieser Grundlage vorgeformten Begriffen und Anschauungsweisen ist den res sacrae nicht befriedigend beizukommen. Denn hier steht, wie OTTO MAYER [15] gegen GIERKE [16] richtig bemerkt, der Gemeingebrauch nicht in Frage. OTTO MAYER hat auch richtig erkannt, daß die Sonderstellung der res sacrae ihre

---

[13] Striethorsts Archiv. Bd. 69, S. 73 (Entsch. vom 12. November 1867).

[14] Hauptprobleme des öffentlichen Sachenrechts, 1933.

[15] Deutsches Verwaltungsrecht, Bd. II, 3. Aufl., 1924, S. 56, Anm. 37.

[16] Deutsches Privatrecht, Bd. II, S. 32 ff.

eigenen Wurzeln hat: die historische in der Entwickelung von dem dominium divinum her, die andere in dem religiösen Gefühl, welches den res sacrae eine besondere Rechtsstellung zuweist. Er bezeichnet die Kirchen auch als die einzigen Gebäude, welche als solche, um ihrer Sachbeschaffenheit willen, öffentliche Sachen sind, während sonst die Gebäude erst durch Vermittelung der öffentlichen Anstalt, der sie als Obdach dienen, zu öffentlichen Sachen werden.

Es mag hier dahingestellt bleiben, ob dieser Ansicht MAYERS in jeder Hinsicht beizupflichten ist. Jedenfalls ist ihm darin recht zu geben, daß die res sacrae innerhalb der öffentlichen Sachen eine Materie sui generis darstellen, welche von dem allgemeinen Recht der öffentlichen Sachen nur bedingt eine Förderung erhoffen darf. Unter allen Umständen ist es geboten, die Besonderheiten, welche die res sacrae auszeichnen, klar zu erfassen und von vornherein unangebrachte Parallelisierungen mit anderen Erscheinungsformen der öffentlichen Sache auszuschließen.

Zu diesem Zweck ist vorab folgendes festzustellen. Die res sacra als öffentliche Sache hat ihre eigene, sakralrechtliche Geschichte. Die besondere Rechtsstellung der res sacrae leitet sich nicht aus Verkehrs- oder Gebrauchsbedürfnissen der öffentlichen Verwaltung ab. Sie ist zunächst ohne Zusammenhang mit der öffentlichen Verwaltung im modernen Sinne, sondern kommt dadurch zustande, daß die staatliche Gesetzgebung den res sacrae um ihrer Dignität willen eine Sonderstellung zuweist. Die Herausnahme aus dem allgemeinen Rechtsverkehr und die Beschränkung des Gebrauchs auf kultische Zwecke erscheint hier als Gebot guter staatlicher Ordnung. Darauf ist in späterem Zusammenhang noch einmal einzugehen, um das Verhältnis der res sacra als öffentliche Sache zur Kirche als Körperschaft des öffentlichen Rechts zu klären.

Erst die Entwickelung der Organisationsform der öffentlichen Körperschaft einerseits und die Entstehung des allgemeinen Gattungsbegriffs der öffentlichen Sache [17] andererseits — welche beide

---

[17] Gemeint sind hier nicht die res publicae oder publici iuris, die auf das römische Recht zurückgehen, sondern die öffentlichen Sachen im Sinne eines spezifischen Begriffs des Verwaltungsrechts.

mit der technischen Struktur der Rechtsordnung des 19. Jahrhunderts auf das engste zusammenhängen — hat die res sacrae in das öffentliche Sachenrecht einbezogen. Diese haben damit ihre besonderen Eigentümlichkeiten nicht eingebüßt.

Erst jetzt ist die Widmung zum konstitutiven Akt wie der übrigen öffentlichen Sachen so auch der res sacrae geworden, ein Institut, das der Dogmatik des Allgeneinen Landrechts noch fremd ist, welches ausschließlich auf die Eröffnung des bestimmungsgemäßen Gebrauchs abstellt. Die Widmung stellt die Bindung der Sache an ihre öffentlich-rechtliche Zweckbestimmung dar [18]. Mit dieser allgemeinen Kennzeichnung ist jedoch das Wesen der Bewidmung noch keineswegs eindeutig bestimmt. Es leuchtet ein, daß die Rechtsverhältnisse der öffentlichen Sachen im Gemeingebrauch und derer ohne Gemeingebrauch außerordentlich verschieden sind. Aus diesem Grunde geht es auch nicht an, den Widmungsbegriff, einer allgemeinen Gepflogenheit des neueren verwaltungsrechtlichen Schrifttums folgend [19], am Beispiel des Wegerechts zu entwickeln und dann auf die öffentlichen Sachen zu verallgemeinern. Hier ist FLEINER genauer, wenn er die öffentlichen Sachen scheidet in solche, die im Gemeingebrauch stehen und solche, bei denen ein Gemeingebrauch nicht stattfindet. Aber indem er die zweite Gruppe in dem Verwaltungsvermögen der öffentlichen Verwaltungsträger zusammenfaßt, zwängt er die res sacrae in ein ihnen durchaus ungemäßes dogmatisches Schema.

---

[18] In diesem Sinne auch FLEINER, Institutionen des deutschen Verwaltungsrechts, 8. Aufl., 1928, S. 353.

[19] Vgl. statt aller W. JELLINEK, Deutsches Verwaltungsrecht, 3. Aufl. 1931, S. 509 f. Wie wenig der dem Wegerecht entnommene Widmungsbegriff auf die res sacrae paßt, mag dem Resumé LASSARS, Grundbegriffe des preußischen Wegerechts entnommen werden: „Das Ergebnis ist also, daß die Widmung ein Verwaltungsakt auf Unterwerfung ist, und zwar auf Unterwerfung notwendig des Eigentümers, bei Schaffung eines im Verkehrsinteresse nicht erforderlichen Weges auch auf Unterwerfung des Trägers der für diesen Weg zu begründenden Wegebaupflicht.“ Für den Normalfall einer kirchlichen Ordnung, in welchem die Kirche Eigentümerin der res sacra ist, treffen diese Feststellungen in keiner Weise zu. Sie werden überhaupt der kirchlichen Widmung nicht gerecht.

Es entspricht gewiß den im gewaltenteilenden Rechtsstaat obwaltenden rechtspolitischen Tendenzen, den Begriff der Verwaltung auf alle Funktionen öffentlicher Art — sofern sie nicht Gesetzgebung oder Justiz sind — auszudehnen. So hat man nicht nur die Armee, sondern auch das Begnadigungsrecht und den religiösen Kultus der Verwaltung zugerechnet. Die betroffenen öffentlichen Funktionsbereiche waren hier exakter: die Armee unterschied und unterscheidet die Angelegenheiten des militärischen Dienstes von der Heeresverwaltung, die Kirchen trennten und trennen die Verwaltung vom Kultus. Es ist heute gewiß keine Nötigung vorhanden, an dem extensiven Verwaltungsbegriff des 19. Jahrhunderts festzuhalten.

Aus diesem Grunde besteht auch kein Anlaß, an der Einordnung der res sacrae in das Verwaltungsvermögen und ihrer damit bedingten Gleichstellung mit Schulhäusern, Kasernen, Festungswerken, Krankenhäusern usw. festzuhalten. Inwieweit in Ansehung der res sacrae ein Sonderrecht vorliegt, muß freilich der Prüfung vorbehalten bleiben. Es soll hier lediglich im Grundsatz festgestellt werden, daß die Einordnung der res sacrae in das allgemeine Verwaltungsrecht nicht mehr unkritisch hingenommen werden kann.

Den res sacrae ist freilich mit den übrigen öffentlichen Sachen ohne Gemeingebrauch gemeinsam, daß sie im Dienste eines Berechtigten — der Kirche — stehen, welcher über die bestimmungsgemäße Verwendung verfügt. An der öffentlich-rechtlichen Verwendungsbindung der res sacrae sind demnach beteiligt: der Staat, kraft dessen Recht die Qualität der öffentlichen Sache entsteht, der Verwendungsberechtigte, also die zuständige kirchliche Organisation und der Eigentümer. Der Eigentümer ist überwiegend identisch mit der zuständigen kirchlichen Organisation, aber vielfach steht das Eigentum auch dem Staat, einem dem Staate eingeordneten Verband (etwa einer politischen Gemeinde) oder auch einer Privatperson zu. Versucht man, die Rechtswirkungen der mit der Widmung hergestellten besonderen Qualität der öffentlichen Sache unter diesen Beteiligten zu ermitteln, so bieten sich im Grundsätzlichen zwei Möglichkeiten an:

1. Die Widmung beschränkt sich darauf, durch Ausschluß ungemäßer Verwendungsarten und den widmungsgemäßen Zweck störender oder vereitelnder Verfügungen und Rechtsgeschäfte rein abwehrend die Voraussetzungen für einen gesicherten ordnungsgemäßen Gebrauch der öffentlichen Sache herzustellen.

2. Die Widmung ist darauf gerichtet, den Bestand und die ordnungsgemäße Verwendung der öffentlichen Sache durch mit ihr entstehende positive Pflichtigkeiten der Beteiligten sicherzustellen.

Der Unterschied dieser beiden Auffassungen läßt sich am besten durch ein Beispiel veranschaulichen. Eine politische Gemeinde ist Eigentümerin eines Kirchengebäudes, das von je herkömmlich, ohne bestehende Vertragsbindung, einer Kirchengemeinde zum gottesdienstlichen Gebrauch überlassen ist. Da das Gebäude in hohem Maße reparaturbedürftig ist, zieht es die Eigentümerin vor, es niederzulegen und das Grundstück zum Zwecke der Straßenverbreiterung zu verwenden. Die erste Auslegung würde das gestatten. Die zweite würde dem widersprechen. Der ersten Auslegung wäre genügt, weil das Kirchengebäude, solange es besteht, widmungsgemäß verwandt wird. Folgt man der zweiten Auslegung, so wäre die Widmung verletzt, welche hier die Verpflichtung in sich schließt, die öffentliche Sache auch so zu erhalten, wie es von der widmungsgemäßen Verwendung her zu fordern ist.

Um sich für die eine oder andere Auslegung schlüssig zu machen, wird man von der allgemeinen Natur der Widmung, insbesondere ihrer rechtstechnischen Struktur im gesamten System des Rechts ausgehen müssen. Es ist gerade in diesem Zusammenhang aufschlußreich, daß es nicht gelungen ist, die Widmung und die sonstigen Rechtsverhältnisse der öffentlichen Sache nach der Forderung EISELES und OTTO MAYERS in einem einheitlichen Rechtsbegriff des öffentlichen Eigentums zu verbinden. Die mit der Widmung hergestellte öffentlich-rechtliche Lage ist vielmehr der privatrechtlichen Rechtslage übergelegt. Die privatrechtlichen Beziehungen zur Sache weichen nur insoweit, als es die widmungsgemäße Verwendung erfordert. Öffentliches Recht und Privatrecht treten hier einander unvermittelt gegenüber, ohne daß eine Verschmelzung in einem gemeinsamen Rechtsbegriff stattfände. Man wird daraus folgern dürfen, daß der Widmung tatsächlich nur eine negative, ausschließende, nicht aber eine positiv-gestaltende Bedeutung zukommt. Eine andere, bereits am Eingang der Erörterungen gestreifte Erwägung tritt hinzu. Die Widmung ist in einer Rechtsordnung zur Entstehung gelangt, welcher die Regelung des Rechtsverkehrs zentrales Anliegen war. Eine Rechtsordnung dieses Typus erteilt naturgemäß ihre Privilegierungen im Wege des Ausschlusses vom allgemeinen Rechtsverkehr. So darf man, ohne in die Einzelheiten des weitläufigen verwaltungsrechtlichen Schrifttums einzutreten, die Widmung in dem negativen, d. h. also ungemäße Verwendungsarten ausschließenden Sinne verstehen und sich zu der ersten der beiden oben unterschiedenen Auslegungen bekennen.

Das bedeutet: Die Widmung stellt die zweckrichtige Verwendung öffentlicher Sachen durch Ausschluß aller zweckwidrigen Benutzung sicher. Sie hat ausschließende Wirkungen, legt aber den Beteiligten darüber hinaus keine positiven Pflichten auf.

Gewiß bestehen solche positiven Pflichten — wie die Unterhaltung — an allen öffentlichen Sachen. Ihre Verteilung ist jedoch nicht Gegenstand und Inhalt der Widmung, sondern der begleitenden Rechtsverhältnisse (Eigentum, Patronat, Vertrag usw.). Diese sind auch im positiven Recht außer Zusammenhang mit der Widmung jeweils für sich geregelt.

Zu erwägen bliebe lediglich, ob diese für die Widmung im allgemeinen zutreffende Feststellung für die res sacrae etwa eine Einschränkung in dem Sinne erleidet, daß hier positive Pflichten des Eigentümers im Sinne der Erhaltung der Sache bestehen. Doch bietet dafür weder das positive Recht noch die hier stattfindende besondere Art der Bewidmung einen Anhalt. Normalerweise gewähren hier die begleitenden Rechtsverhältnisse einen Schutz. Aber wo ein solcher nicht besteht, wird es im Ermessen des Eigentümers stehen, ob er die res sacra untergehen läßt oder nicht. Ausgeschlossen ist selbstverständlich die Entfremdung der Sache von ihrem Widmungszweck. Er hat also, sofern es sich um ein Kirchengebäude handelt, lediglich die Möglichkeit der Sachvernichtung durch Niederlegung. In diesem Falle geht die Widmung ebenso unter wie bei der Zerstörung durch Naturgewalten.

Bei Kirchengebäuden und Friedhöfen von besonderem geschichtlichen oder baulichen Wert dürfte der staatliche Denkmalsschutz dem Bestande der Widmung zu Hilfe kommen. Hinzu treten die vertraglichen Zusicherungen in den Verträgen zwischen dem Staat und den einzelnen evangelischen Landeskirchen. So ist im Vertrag des Freistaates Preußen mit den evangelischen Landeskirchen vom 11. Mai 1931 (Pr. GS. S. 107) in Art. 6 Abs. 2 vereinbart: „Soweit staatliche Gebäude oder Grundstücke Zwecken der evangelischen Kirche gewidmet sind, bleiben sie diesen, unbeschadet etwa bestehender Verträge, nach wie vor überlasssn." Der Art. 18 des Vertrages des Freistaats Bayern mit der Evangelisch-Lutherischen Kirche vom 15. November 1924 (Bayr. GVBl. S. 61) lautet ähnlich, ist nur noch weiter gefaßt. In dem bayrischen Vertrag gleichen Datums mit der Pfälzischen Kirche fehlt eine entsprechende Bestimmung. Der Vertrag des Freistaates Baden vom 14. November 1932 (GVBl. vom 10. März 1933, S. 31) enthält im Art. III Abs. 2 eine dem Art. 6 Abs. 2 des preußischen Vertrages entsprechende Abrede; jedoch hat sich der Staat vorbehalten, Gebäude oder Grundstücke im Benehmen mit der Kirchenregierung gegen andere, gleichwertige umtauschen zu dürfen. An der Fortgeltung dieser Vertragszusicherungen ist nicht zu zweifeln [20]. Der Ausdruck „gewidmet sind" im preußischen Vertrage ist gewiß nicht im Sinne des verwaltungsrechtlichen technischen Begriffs Widmung zu verstehen. Der bayrische Vertrag lautet im Art. 18: „Die staatlichen Gebäude und Grundstücke, die zur Zeit unmittelbar oder mittelbar Zwecken der Kirche ... dienen" und meint offenbar dasselbe. Trotzdem haben die Artikel in diesem Zusammenhang Bedeutung. Indem nämlich der kirchliche Gebrauch staatlicher Gebäude und Grundstücke garantiert wird, ist auch, soweit dieser Gebrauch ein widmungsmäßig festgelegter ist, die Widmung in die Gewährleistung eingeschlossen. Möglich bleibt freilich ein Wechsel der kirchlichen Verwendungsart im Einver-

[20] Dazu ausführlich: FORSTHOFF, Die Verträge zwischen Staat und evangelischer Kirche in Deutsche Rechtswissenschaft, 4. Bd., S. 141 ff.

nehmen der Beteiligten, welche eine Entwidmung in sich schließt; dieser Fall tritt ein, wenn etwa ein Kirchengebäude im staatlichen Eigentum nicht mehr für den Gottesdienst und die Kasualien, sondern für andere kirchliche Veranstaltungen benutzt wird. Zu einer Ausklammerung der res sacrae aus den wiedergegebenen Bestimmungen der Verträge fehlt jeder Anlaß.

Zum Abschluß der allgemeinen Erörterung der res sacrae als öffentliche Sachen bedarf die Rechtsbeständigkeit des Widmungsakts noch einer wenigstens kurzen Würdigung. In Hinsicht ihrer formalen Qualitäten ist die Widmung dem Verwaltungsakt gleichzustellen und teilt damit auch die Verbindlichkeit der Verwaltungsakte im allgemeinen. Damit ist die Überlegenheit der Widmung über alle rechtsgeschäftlichen und Verfügungsakte des Privatrechts ohne weiteres klar. Als prüfungswürdig erweist sich lediglich, inwieweit sich die widmungsmäßige Verwendungsbindung gegenüber den Akten der staatlichen Verwaltung behauptet.

Gerade in dieser Frage wird man sich nicht auf die formale Betrachtung zurückziehen und sich damit begnügen dürfen, eine Entscheidung lediglich aus den allgemeinen Grundsätzen des Verwaltungsrechts über die Verbindlichkeit von Verwaltungsakten und die Behördenbindung zu entnehmen. Denn hier greift das allgemeine Prinzip der Regelung des Verhältnisses von Staat und Kirche unmittelbar ein. Es handelt sich also nicht um bloße verwaltungsrechtliche Interna, die damit zur Erörterung stehen.

Staatskirchenrechtlich sind die res sacrae den res mixtae zuzurechnen, also denjenigen Materien, an welchen Staat und Kirche notwendig zugleich teilhaben. Mag auch die Rechtsstellung der res sacrae als öffentliche Sachen ausschließlich im staatlichen Recht beheimatet sein, so sind die res sacrae doch als solche nur darum anzusprechen, weil sie im Dienste des kirchlichen Kultus stehen, der ihnen die Sazertät mitteilt. Auf der Seite der Kirche ist es primär die kultische Funktion, nicht die verwaltende, welche an den res sacrae wirksam wird, es sind also die iura in sacra beteiligt, welche nach der herkömmlichen — auch in der neuesten Zeit beibehaltenen [21] — Gestaltung des Verhältnisses

[21] Vgl. die Anmerkungen von STAHN, Zum Gesetz zur Sicherung der

von Staat und Kirche der ausschließenden Wahrnehmung durch die Kirchen überlassen sind.

Damit soll freilich nicht behauptet werden, daß die mit der Widmung hergestellte Qualität der öffentlichen Sache unabdingbare Voraussetzung für die Ausübung der iura in sacra sei und daß darum die Entziehung dieser Rechtsqualität durch den Staat unter allen Umständen einen Einbruch in die iura in sacra darstelle. Es wäre das nur dann der Fall, wenn die unmittelbare Ausübung des kirchlichen Kultus durch eine solche Maßnahme tatsächlich lahmgelegt oder auch nur beeinträchtigt würde. Das trifft jedoch nicht notwendig zu. Für den kirchlichen Kultus ist es allein entscheidend, daß ihm die res sacrae tatsächlich ohne profanierende Einwirkung Dritter zur Verfügung stehen. Ob der Gebrauch den Regeln des privaten oder öffentlichen Rechts folgt, das mag für die Gesamtstellung der Kirche innerhalb des politischen Gemeinwesens von Bedeutung sein, der Vollzug der iura in sacra wird dadurch nicht berührt. Immerhin aber wird man davon ausgehen dürfen, daß diese wichtige staatskirchenrechtliche und sakralrechtliche Frage, welche für die gesamte Rechtsordnung von nicht geringer Bedeutung ist, als allein der gesetzlichen Regelung vorbehalten gelten kann, wie sie auch bisher bereits gesetzlich oder gewohnheitsrechtlich geregelt war.

Die Feststellung, daß ein Wegfall der Widmung und damit der Qualität der res sacra als öffentliche Sache die Ausübung der iura in sacra nicht zu berühren braucht, gilt jedoch nur im Hinblick auf eine allgemeine Änderung des Sakralrechts, einen Wechsel der Rechtsform, in welcher sich der Gebrauch der res sacrae vollzieht. Sie kann nicht im Rahmen des heutigen Rechts auf den Einzelfall des Eingriffs in die Widmung zur Anwendung gebracht werden. Denn hier stellt sich die Aufhebung der Widmung in zwei Fällen unter allen Umständen als Eingriff in den innerkirchlichen Kultus dar: erstens, wenn die res sacra nicht im Eigentum der sie benutzenden kirchlichen Organisation steht und zwei-

---

Deutschen Evangelischen Kirche vom 24. September 1935 in Pfundtner-Neubert, Das neue Deutsche Reichsrecht und Werner Weber, Staatskirchenrecht, 1936, S. 5 f.

tens, wenn sich die Aufhebung der Widmung mit der Entziehung des Eigentums im Wege der Enteignung verbindet. Denn in beiden Fällen wird die res sacra dem Kultgebrauch effektiv entfremdet.

Die Notwendigkeit zu solchen Eingriffen wird sich öfter ergeben. Es kann nicht im Sinne der Widmung sein, daß die res sacra, etwa ein Kirchengebäude oder Friedhof, allen Planungen der Verwaltung als unüberwindliches Hindernis entgegensteht. Hat ein Dorf der Anlegung einer Talsperre zu weichen, so muß auch die Kirche verschwinden, der Bau einer Reichsautobahn in einer bestimmten, technisch und verkehrsmäßig gebotenen Linienführung darf nicht an einem Friedhof scheitern, der im Wege liegt. Man darf es als den normalen Gang der Abwickelung ansehen, daß sich hier die staatliche Verwaltung und die Kirche einigen und durch Entwidmung die res sacra als öffentliche Sache untergehen lassen.

Kommt jedoch eine solche Einigung nicht zustande, so wird man der Verwaltung nicht ohne weiteres den Zugriff gestatten können. Denn die Beseitigung der res sacra stellt sich als Durchbrechung einer gesetzlich oder gewohnheitsrechtlich festgelegten Ordnung dar. Eine solche Durchbrechung aber ist nur auf Grund einer besonderen gesetzlichen Ermächtigung zulässig. So ist auch in der Praxis bis in die jüngste Zeit verfahren worden. Als in den Jahren 1928/29 die Stadt Berlin zur Anlage und Verbreiterung von Straßen kirchliche Friedhöfe enteignen wollte, trat dem GÜNTER HOLSTEIN mit einem Gutachten entgegen [22] und die Enteignung unterblieb wegen der entgegenstehenden Rechtsbedenken. Für die Neugestaltung Berlins, wie sie eben im Gange ist, hat man durch eine besondere, gesetzlich gedeckte Verordnung vom 23. April 1938 (RGBl. I, S. 410) entsprechende Vorsorge getroffen [23]. Da-

---

[22] Abgedruckt im Verwaltungsarchiv, Bd. XXXV, S. 105 ff.

[23] Die Verordnung hat die Inanspruchnahme von Friedhöfen und Friedhofteilen für die Neugestaltung der Reichshauptstadt Berlin zum Gegenstand. Sie unterstellt die Friedhöfe nicht schlechthin dem im Gesetz über die Neugestaltung deutscher Städte vom 4. Oktober 1937 (RGBl. I, S. 1054) festgelegten Enteignungsrecht, sondern bestimmt, daß der Polizeipräsident von Berlin die Zweckbestimmung — also die Widmung — aufzuheben berechtigt

mit hat sich die Praxis auch zu der hier vertretenen Ansicht bekannt, daß die widmungsmäßige Bindung der res sacrae eine gesetzlich gesicherte ist, in welche nur mit ausdrücklicher gesetzlicher Gestattung eingegriffen werden kann [24].

Im folgenden soll die Rechtsnatur der verwendungsgebundenen res sacrae als öffentlicher Sache lediglich unter zwei spezielleren Gesichtspunkten erörtert werden:

1. Es soll geprüft werden, ob ein zwingender, unlösbarer Zusammenhang besteht zwischen der res sacra als öffentlicher Sache und der öffentlichen Korporationsqualität der Kirchen.
2. Es soll die Verwendungsgebundenheit der res sacra am Beispiel des Simultaneums erörtert werden.

Beide Untersuchungen greifen in praktische staatskirchenrechtliche Fragen hinein.

Die res sacra und die öffentliche Korporationsqualität der Kirchen.

Bei erster Erwägung wird man zu der Feststellung geneigt sein, daß selbstverständlich nur öffentlich-rechtliche Gemeinwesen öffentliche Sachen hervorbringen und haben können. Dafür würde auch das bereits früher herangezogene Beispiel Mecklenburgs sprechen, wo erst mit der Verordnung vom 5. Januar 1903 über der in ihr verliehenen Rechtsstellung einer Körperschaft des öffentlichen Rechts die gottesdienstlichen Gebäude und Kultgeräte der katholischen Kirche den Rechtscharakter der res sacrae

---

ist. Die Verordnung ist durch das erwähnte Gesetz gedeckt. Der Eingriff in die Widmung hat also eine gesetzliche Grundlage. Man darf der Tatsache, daß hier eine besondere Regelung für notwendig erachtet wurde, entnehmen, daß auch heute noch die Widmung gegenüber den Akten der Verwaltung Bestand hat, es sei denn, daß diese Akte auf einer *besonderen* gesetzlichen oder gesetzlich gedeckten Ermächtigung beruhen.

[24] In diesem Fall bilden auch die Verträge zwischen Staat und Kirche (Art. 6 Abs. 2 des preußischen und Art. 18 des bayrischen Vertrags mit der Evangelisch-Lutherischen Kirche) kein Hindernis. Über die Grenzen der Vertragsbindung vgl. FORSTHOFF, Verträge zwischen Staat und evangelischer Kirche, in Deutsche Rechtswissenschaft, 4. Bd., S. 141 ff.

gewannen. Und gemeinhin pflegt man in den Definitionen der öffentlichen Sachen mit Selbstverständlichkeit hervorzuheben, daß nur im Dienste des Staates oder eines sonstigen Rechtssubjekts des öffentlichen Rechts befindliche Gegenstände öffentliche Sachen sein können. Als Beispiel sei FLEINER zitiert: „Die Sachen, deren sich der Staat oder ein anderer öffentlich-rechtlicher Verband zur Erfüllung seiner Aufgaben bedient, nennt man öffentliche Sachen.“ Wäre das ohne Einschränkung richtig, so wäre damit endlich ein inhaltliches Kriterium des öffentlichen Körperschaftscharakters der Kirchen entdeckt: die gottesdienstlichen und kultischen Zwecken dienenden Gebäude und Geräte sind juris publici, sind öffentliche Sachen. Doch bei näherem Zusehen erweist sich dieser Schluß als übereilt. Denn es gibt öffentliche Sachen, welche nicht im Dienste eines öffentlichen Verbandes stehen. Dazu sind z. B. die Anlagen von konzessionierten Privateisenbahnen zu rechnen.

In der Tat ist es bei unbefangener Prüfung nicht von vornherein ausgeschlossen, die öffentliche Sache von der öffentlichen Verwaltung zu trennen. Es wäre das unter der Voraussetzung möglich, daß die Rechtsnatur der öffentlichen Sachen ihren Ursprung nicht in der Hoheit eines Verwaltungsträgers, sondern in der Dignität ihres Gegenstandes hat. Dem stünde die Art der Entstehung öffentlicher Sachen nicht entgegen, denn es ist für diese Entstehung, wie gezeigt wurde, nicht ein hoheitlicher Akt, sondern die Tatsache der Indienststellung entscheidend. Auch die staatskirchenpolitische Linie der neueren Gesetzgebung würde eine solche Auslegung nicht ausschließen. Sie hat, wie die Einleitung zum Sicherungsgesetz vom 24. September 1935 (RGBl. I, S. 1178) besonders deutlich zu erkennen gibt, die Trennung von Verwaltung und Kultus scharf betont. Insofern wäre es denkbar, daß die Entziehung der Rechtsstellung einer öffentlichen Körperschaft unbeschadet der Rechtsverhältnisse auf dem Gebiete des Kultus erfolgte. Denn daß die res-sacra-Eigenschaft der Kirchengebäude und kultischen Geräte dem Bereich des Kultus angehört, kann füglich nicht bestritten werden. In diesem Fall würde also eine hoheitliche Privilegierung innerhalb einer Sphäre stattfinden, welche im übrigen den Regeln des Privatrechts untersteht. Auch das wäre nicht ohne Vorbild. Eine gewisse Parallele dazu würde die Verleihung des Enteignungsrechts an Rechtssubjekte des Privatrechts darstellen, welche heute nicht einmal als ungewöhnlich empfunden wird.

Es läßt sich also die Möglichkeit, daß die Kirchengebäude und kultischen Geräte auch dann den Rechtscharakter öffentlicher Sachen haben, wenn die Kirchen die Rechte einer Körperschaft des öffentlichen Rechts nicht besitzen, nicht a limine bestreiten. Andererseits sind die angedeuteten Gesichtspunkte keinesfalls geeignet, den Fortbestand der res sacrae zu begründen.

Ein praktischer Anlaß zur Prüfung dieser Fragen ist insofern gegeben, als in Österreich und im Sudetengau die Rechtsstellung der Kirchen eine Veränderung erfahren hat, die sich als eine starke Reduzierung der öffentlichen Körperschaftsrechte darstellt. Während das Gesetz vom 8. Mai 1939 (GBl. für das Land Österreich, 116. Stück vom 8. Mai 1939, S. 1899) mit der Umwandlung des Evangelischen Oberkirchenrats in Wien aus einer Staatsbehörde in die „Dienststelle der evangelischen Kirche des Augsburgischen und Helvetischen Bekenntnisses in Österreich" die Trennung von Kirche und Staat unter Aufhebung des Protestantenedikts vom 8. April 1861 auf einen Stand brachte, der im Altreich bereits mit der Weimarer Verfassung (Art. 137) erreicht war, griff das Gesetz über die Erhebung von Kirchenbeiträgen im Lande Österreich (GBl. für das Land Österreich, 111. Stück vom 28. April 1939) ebenso wie die im wesentlichen übereinstimmende Verordnung des Reichsstatthalters für den Sudetengau über die Erhebung von Kirchenbeiträgen im Reichsgau Sudetenland vom 2. Mai 1939 (VOBl. für den Reichsgau Sudetenland, S. 1) in den herkömmlichen Bestand öffentlicher kirchlicher Rechte ein, indem sie den Kirchen das Besteuerungsrecht nahm und sie auf Beitragsleistungen ihrer Mitglieder verwies. Für die Einbringung der Beiträge ist nicht mehr der Verwaltungsweg, sondern lediglich der ordentliche Rechtsweg eröffnet. Die staatliche Aufsicht über das kirchliche Beitragswesen, bisher das Korrelat des den Kirchen zugestandenen Besteuerungsrechts, kommt nicht in Wegfall, sondern bleibt unverkürzt bestehen. WERNER WEBER [25] schließt daraus, „daß von einer Privatisierung der Kirchen und ihres Beitragsrechts keine Rede sein könne". Aber auch er kommt zu dem Ergebnis: „Gleichwohl ist hier ein praktisch wie grundsätzlich bedeutsamer erster Schritt zur Verwirklichung eines konsequenten Trennungsprinzips getan." Verwirklichung eines konsequenten Trennungsprinzips kann hier nur die Privatisierung der Kirche im Sinne der Aufhebung ihrer Rechtsqualität der öffentlichen Körperschaft bedeuten. Sowohl das österreichische Gesetz wie die Verordnung des Reichsstatthalters sind „vorbehaltlich späterer reichsrechtlicher Regelung" ergangen. Unter diesen Umständen wird man die Klärung des Zusammenhangs der res sacrae mit der Rechtsstellung der Körperschaft des öffentlichen Rechts kaum für inaktuell halten können.

Vergegenwärtigt man sich die Regelung der res sacrae im preußischen Allgemeinen Landrecht im Zusammenhang mit der späteren Entwicklung, so findet man den Anteil des Staates an dem Recht der res sacrae hier ungleich stärker als später. Das drückt sich schon darin aus, daß hier dieses Rechtsgebiet unter Ausschluß des kirchlichen Rechts rein staatlich geregelt wird. Der zwar nirgends ausgesprochene, aber doch spürbare Grundgedanke ist der: die Sonderstellung der res sacrae findet statt, weil sie guter staatlicher Ordnung entspricht. Eine solche Vorstellung befindet sich in völliger Übereinstimmung mit dem aufgeklärt-absolutistischen Grundcharakter des ganzen Gesetzes. Mit der Vergesellschaftung der Kirchen in der öffentlich-rechtlichen Körperschaft mußte sich hier eine Wandlung ergeben. Die öffentlich-rechtliche Stellung der Kirche wurde nunmehr als eine selbständige verstanden, welche durch die Verleihung gewisser staatlicher Hoheitsrechte besonders hervorgehoben war. So kam man dazu, auch die res sacrae den staatlich verliehenen Hoheitsrechten zuzuordnen, welche in der Gesamtheit den status der öffentlich-rechtlichen Körperschaft ausmachen. Alle Darstellungen des Staatskirchenrechts dieser Zeit gehen, wenn sie auch keinen Anlaß haben, sich

[25] Neues Staatskirchenrecht in der Ostmark und im Sudetenland, Ztschr. der Akademie für Deutsches Recht, 1939, S. 450.

mit diesen Fragen in extenso zu beschäftigen, von dieser Auffassung aus. Auch die Gesetzgebung einzelner Staaten läßt sich zur Unterstützung dieser Ansicht heranziehen. So hatten Hessen[26], Oldenburg[27] und Sachsen-Koburg-Gotha[28] die Bildung neuer religiöser Gemeinschaften freigegeben und nicht nur den Kirchen, sondern auch den übrigen religiösen Gemeinschaften die öffentliche Religionsübung gewährleistet. Ungeachtet dessen aber wurde nur den Kirchen das Recht auf res sacrae zugestanden bzw. es wurden die gemeinrechtlichen Grundsätze über die res sacrae nur auf die Kirchen zur Anwendung gebracht. Daraus folgt zunächst, daß die Tatsache der Zulassung zur öffentlichen Religionsübung für die res sacrae nichts besagt. Die Zulassung zur öffentlichen Ausübung des Kultus bedeutet im wesentlichen das Recht, öffentlich zum Gottesdienste zu laden, den Gottesdienst für jedermann zu öffnen, Glocken zu läuten, an öffentlichen Orten wie auf Friedhöfen religiöse Handlungen vorzunehmen und überhaupt von allen Gepflogenheiten Gebrauch zu machen, welche sich herkömmlich mit der öffentlichen Kultübung verbinden. Es geht aber weiter aus diesen Gesetzen hervor, daß offensichtlich die res sacra mit der gesamten Rechtsnatur der Religionsgemeinschaft auf das engste zusammenhängt.

Und das kann nicht anders sein. Die im Vorigen zunächst *rein arbeitshypothetisch* vollzogene Trennung zwischen der Dignität der res sacra in ihrem Gegenstand und der Rechtsnatur des kirchlichen Verwaltungsträgers erweist sich bei näherer Prüfung als unvollziehbar. Denn der Gegenstand, welcher als res sacra öffentliche Sache ist, gewinnt seine Dignität erst im Zusammenhang mit dem religiösen Kultus, dem er dient. Deshalb genügt nicht etwa die bloße Herstellung eines Kirchengebäudes, um es zur res sacra zu machen, sondern es muß tatsächlich die Verwendung zu gottesdienstlichen Zwecken erfolgen. Der funktionale Zusammenhang mit dem gottesdienstlichen Leben ist unerläßlich. So kommt es doch entscheidend weniger auf die Sachbeschaffenheit als auf

---

[26] Gesetz vom 23. April 1875, Art. 2.

[27] Revidiertes Staatsgrundgesetz vom 12. November 1852, Art. 36.

[28] Staatsgrundgesetz vom 3. Mai 1852, § 32 ff.

den Kultus an. Die rechtliche Bedeutung des Kultus aber ist abhängig von der Rechtsgestalt des Kultträgers. Damit ist man doch auf die rechtliche Natur der Kirche selbst verwiesen. Von daher rechtfertigt sich der Schluß, daß mit der Aufhebung der Qualität einer öffentlichen Körperschaft in der Regel auch die res sacrae ihren Charakter als öffentliche Sachen verlieren. Das bedeutet, es tritt das Eigentum im Sinne der allgemeinen bürgerlichen Gesetze voll in Rechtswirksamkeit. Dieses Eigentum steht normalerweise, aber nicht notwendigerweise und immer, der Kirche selbst zu, welche damit die Freiheit der Verfügung über das Eigentum in dem Umfange erhält, den das bürgerliche Recht gewährt.

Eine Fülle von Zweifelsfragen wird jedoch dort ausgelöst, wo Kultträger und Eigentümer nicht identisch sind. Im Altreich gibt es eine Anzahl wichtiger und ehrwürdiger Kirchen, welche im Eigentum des Staates stehen und den Kirchen für gottesdienstliche Zwecke überlassen sind. Gelegentlich hat das bereits Anlaß zu Differenzen zwischen Staat und Kirche gegeben. In allen diesen Fällen wird zu prüfen sein, ob nach dem Wegfall der Qualität einer öffentlichen Sache das kirchliche Benutzungsrecht in einer neuen, zivilrechtlichen Form fortbesteht. Doch soll in diesem Zusammenhang von einer Erörterung dieser wesentlich zivilrechtlichen Frage Abstand genommen werden.

Das Ergebnis dieser Erwägungen läßt sich dahin zusammenfassen: Mit der Aufhebung der Rechtsnatur einer öffentlichen Körperschaft werden auch die res sacrae ihrer Bevorrechtigung als öffentliche Sachen entkleidet. Sie werden zu verkehrsfähigen Sachen im Sinne des bürgerlichen Rechts. Für diese Auslegung spricht bei Schweigen des Gesetzes die Vermutung. Andererseits ist es nicht so, daß die Sonderstellung der res sacrae mit der Entziehung der Rechtsstellung einer öffentlich-rechtlichen Körperschaft unter allen Umständen untergehen müßte. Eine abweichende Regelung wäre nicht unlogisch und deshalb denkbar.

Die Rechtsnatur der res sacrae als öffentliche Sachen tritt in dem Simultangebrauch von Kirchengebäuden und Friedhöfen besonders deutlich in die Erscheinung. Da im übrigen das Simultaneum gegenwärtig, wie ich noch zu zeigen gedenke, wieder in den Bereich aktueller kirchenrechtlicher Erwägungen eingetreten ist, erscheint das Recht des Simultangebrauchs einer erneuten Prüfung wert, wobei es vor allem auch darauf ankommt, die Grenzen der Verwendungsgebundenheit der res sacrae an diesem konkreten Beispiel zu entwickeln.

Unter dem Simultangebrauch versteht man — jedenfalls in dem überkommenen Sinne — die durch Rechtsansprüche der Beteiligten gesicherte, gemeinsame Benutzung einer Kirche, der Kirchenglocken oder eines Friedhofes durch mehrere Religionsgemeinschaften zu gottesdienstlichen und sonstigen religiösen Zwekken [29]. Nicht zum Simultangebrauch ist also die lediglich bittweise, auf Zeit oder für die Dauer gewährte Mitbenutzung zu rechnen.

Vom Simultangebrauch ist auch die Einräumung von Kirchen zu nicht oder nicht unmittelbar kirchlichen Zwecken und Veranstaltungen zu scheiden. Es soll dieser außergewöhnlichen Benutzung der res sacra kurz gedacht werden, da sie das Wesen der Widmung in einer bestimmten Hinsicht kennzeichnet.

Daß die Kirchengebäude und Kirchenglocken gelegentlich nicht kirchlichen Zwecken dienstbar gemacht werden dürfen, erkennt sowohl das evangelische [30] wie das katholische [31] Kirchenrecht an. Diese Art der Benutzung ist an zwei Voraussetzungen geknüpft: erstens darf sie ihrer ganzen Art nach nicht profanierend sein, zweitens muß sie von der zuständigen kirchlichen Instanz genehmigt sein. Es entscheiden also die Kirchen. Eine Verpflichtung zur

[29] Die nachfolgenden Ausführungen bleiben auf den Simultangebrauch kirchlicher Gebäude beschränkt.

[30] Nachweise für das ältere Recht bei HERRMANN, Ztschr. für Kirchenrecht, Bd. 5, S. 234 ff.

[31] Dazu HINSCHIUS, Kirchenrecht, Bd. 4, S. 354 ff.

Überlassung der Kirche ist der Regel nach auch dann zu verneinen, wenn der begehrte Gebrauch kein profanierender ist. Doch gibt es hier Ausnahmen, welche durch das Herkommen entstanden sind. Der wichtigste Fall ist die Inanspruchnahme des kirchlichen Geläutes bei Notlagen (Feuersbrunst, Hochwasser), wie sie vor allem auf dem Lande von je in Übung ist. Das katholische Kirchenrecht überläßt es dem Ordinarius und den örtlichen Synoden, diese Art der Überlassung von Kirchengebäuden nach den besonderen örtlichen Verhältnissen zu regeln. Die evangelischen Kirchenordnungen sehen in der Regel die Mitsprache eines höheren kirchlichen Verwaltungsorgans (Superintendent, Dekan, Konsistorium usw.) vor. Es ist nicht ohne Interesse, daß bis zur Mitte des vorigen Jahrhunderts — jedenfalls gilt das für Preußen — der Staat unmittelbaren Anteil an dieser Überlassungspraxis genommen und durch Erlaß von Verordnungen dafür Vorsorge getroffen hat, daß eine dem religiösen Empfinden zuwiderlaufende Überlassung von Kirchengebäuden unterblieb [32]. Es ist das eine weitere Stütze der im Vorigen vorgetragenen Ansicht, daß die besondere Rechtsqualität der res sacrae im Allgemeinen Landrecht als Gebot guter staatlicher Ordnung und nicht als Privilegierung der Kirchen als Religionsgesellschaften verstanden worden ist. Seit der Mitte des vorigen Jahrhunderts geht dieses Interesse des Staates mehr und mehr verloren. Heute dürfte diese Art der Gebrauchsüberlassung ein reines Internum der Kirchen darstellen.

Die Beziehung dieser Gebrauchsüberlassung zu Widmung und Kultus bedarf noch in einer Hinsicht der Klärung. Es bleibt nämlich zu erörtern, ob die Gebrauchsüberlassung zur Vermögensverwaltung oder zur Kultusverwaltung gehört. Die Entscheidung im einen oder anderen Sinne hat praktische Konsequenzen vor allem dort, wo Eigentümer und Kultträger personenverschieden sind. Handelt es sich um Vermögensverwaltung, so bestimmt der Eigentümer, im anderen Falle die kirchliche Organisation, welcher die

---

[32] Vgl. z. B. die Verordnungen vom 29. September 1809, 11. März 1834, 15. September 1848; KabO. vom 18. März 1806; KabO. vom 31. Juli 1841. Weitere Belege: HINSCHIUS (KOCH), Das Preußische Kirchenrecht im Gebiete des Allgemeinen Landrechts, 1884, S. 274 f.

res sacra zur Verfügung steht. Eine dritte Möglichkeit wäre noch die, daß beide, Eigentümer und Kultusverwaltung, zusammenwirken, etwa so, daß der Eigentümer die Gebrauchsüberlassung erteilt, aber die zuständige kirchliche Organisation ihre Zustimmung zu erteilen hat.

Jede dieser Lösungen erscheint logisch als möglich. In der Tat berührt die Gebrauchsüberlassung beides, Eigentum und Kultus. Fragt man aber, welche Berechtigung hier als die näherliegende zu gelten hat, so wird man sich für die aus dem Eigentum zu entscheiden haben. Denn die hier in Rede stehende Benutzung fällt nicht in die widmungsmäßige Verwendung, sie ist lediglich solcher Art, daß sie durch die Widmung nicht ausgeschlossen wird. Nun reicht aber die Verfügungsberechtigung des Eigentümers so weit, als ihr nicht durch die Widmung Schranken gezogen sind. Man wird deshalb annehmen müssen, daß der Eigentümer der res sacra über die Gebrauchsüberlassung befindet. So verfährt auch die Praxis, übrigens mit Billigung der Theorie [33], die sich dieser Frage nur gelegentlich angenommen hat. Selbstverständlich ist es hier Pflicht des Eigentümers, die Widmung zu beachten und einen profanierenden Gebrauch von der Kirche fernzuhalten. Dabei können sich gelegentlich Meinungsverschiedenheiten zwischen dem Eigentümer und der zuständigen kirchlichen Organisation ergeben. Herrmann geht über diese mögliche Schwierigkeit allzuleicht hinweg, weil er den Umstand nicht in Erwägung stellt, daß sich eine Anzahl ehrwürdiger Kirchen nicht im Eigentum der kultusmäßig zuständigen kirchlichen Organisation befinden. Doch bietet das geltende Recht keine Handhabe dafür, etwa auftretende Konflikte durch Anrufung der Verwaltungsgerichte oder einer Schiedsstelle einer Entscheidung zuzuführen. Es ist dem Takt des Eigentümers und seiner Einsicht in die Erfordernisse des kirchlichen Kultus überlassen, solche Konflikte von vornherein zu vermeiden.

Es versteht sich von selbst, daß die Gebrauchsüberlassung, welche unter dem Vorbehalt der widmungsmäßigen Verwendung der res sacra steht, die Abhaltung des Gottesdienstes und der Kasualien, soweit sie auf eine feste Zeit gelegt sind und deshalb

[33] Insbesondere Herrmann, a. a. O. S. 248 ff.

im vorhinein zeitlich feststehen, nicht behindern darf. Die damit bezeichneten Zeiten scheiden deshalb für eine Gebrauchsüberlassung von vornherein aus, wie es überhaupt als Rechtspflicht des Eigentümers anzusprechen ist, sich vor der Gebrauchsüberlassung dessen zu verlässigen, daß eine Kollision mit den Veranstaltungen der kirchlichen Organisation nicht stattfindet. Einem Versuch der kirchlichen Organisation, die Gebrauchsüberlassung böswillig durch Ansetzung von Sonderveranstaltungen [34] unmöglich zu machen, braucht sich freilich der Eigentümer nicht zu fügen.

Die Gebrauchsüberlassung, wie sie hier erörtert wird, ist ihrem Wesen nach eine gelegentliche. Es würde der Widmung widersprechen, wenn sie sich zu einem dauernden, festen Recht verdichten würde. Rechtsgeschäftliche Verfügungen, welche dauernd die Benutzung der res sacra zu ändern bestimmt sind, entbehren der Wirksamkeit, weil sie der Widmung widersprechen [35]. Sie würden auch nach den für das Simultaneum geltenden Rechtssätzen zu verurteilen sein und demgemäß nicht in diesen Zusammenhang gehören. Die Einräumung des Gebrauchs im Einzelfall unterliegt den Regeln des Rechts und stellt sich nicht lediglich als ein Liberalitätsakt dar. Überläßt beispielsweise der Eigentümer einer Kirche zur Veranstaltung eines Konzerts geistlichen Charakters und trifft der Veranstalter die erforderlichen Vorbereitungen, macht auch finanzielle Aufwendungen, so wäre es in höchstem Grade befremdend, wenn ihm Schadenersatzansprüche gegen den Eigentümer versagt blieben, der in letzter Stunde grundlos die Gebrauchsüberlassung widerruft. Da der Gebrauch dieser Art im Einzelfall aus dem Rahmen der Widmung herausfällt, ist er nach den Regeln des bürgerlichen Rechts zu beurteilen [36].

Die geschichtlichen Anfänge des Simultaneums reichen bis in das Reformationsjahrhundert zurück. Die vorläufige Stabilisierung der konfessionellen Verhältnisse im Augsburger Religionsfrieden von 1555 hatte zur Folge, daß der Simultangebrauch ver-

---

[34] Was solche Sonderveranstaltungen sind, muß vor allem nach dem örtlichen Herkommen beurteilt werden.

[35] S. auch HERRMANN, a. a. O.

[36] A. M. hier HERRMANN, a. a. O.

hältnismäßig in weitem Umfang in Übung kam. Dabei war die Auffassung stark beteiligt, daß die Glaubensspaltung nur eine vorläufige sei. Aus diesem Grunde sah sich keine der Religionsparteien geneigt, aus dem Gebrauch am gottesdienstlichen Gebäude und Friedhof zu weichen. Zumal wenn zu dieser Zeit in einzelnen Bistümern, wie Osnabrück, alternierend evangelische und katholische Bischöfe gewählt wurden, wenn einzelne Domkapitel, wie in Köln, Osnabrück und Straßburg sich je zur Hälfte aus Katholiken und Protestanten zusammensetzten, dann konnte man um so weniger daran Anstand nehmen, sich in den Gebrauch eines Kirchengebäudes oder Friedhofes zu teilen. Erst als über der Gegenreformation und der Versteifung der konfessionellen Gegensätze die Erwartung einer Wiedervereinigung zunichte wurde, verschwand auch die beiderseitige kirchliche Bereitschaft, sich mit den Simultanverhältnissen abzufinden, so daß sie später vielfach Anlaß zu erbittertem Streit wurden.

Neue Simultanverhältnisse schuf der Westfälische Frieden. Für den Westen des Reiches stellte schließlich der Ryswicker Frieden vom 30. Oktober 1697 eine große Zahl Simultanverhältnisse her. Die im Art. IV dieses Friedens erfolgte Wiedereinführung des katholischen Bekenntnisses in zahlreichen, vor allem mittelrheinischen Orten wurde im einzelnen spezifiziert in der sogenannten Chamoischen Liste, welche der französische Gesandte Chamois auf dem Reichstag zu Regensburg überreichte und die 1922 Kirchen benannte, welche dem Mitgebrauch durch die katholische Kirche zur Verfügung zu stellen waren. Die evangelischen Reichsstände haben immer wieder versucht, die Verbindlichkeit des Art. IV und der Chamoischen Liste in Zweifel zu stellen, jedoch ohne praktischen Erfolg. Aber wie auch die Rechtslage im 18. Jahrhundert gewesen sein mag: sicher hat die Ryswicker Klausel den Frieden von Lüneville (1801) nicht überlebt. Mit der Abtretung des linken Rheinufers an Frankreich wurde sie ipso iure gegenstandslos. Sie ist auch mit dem Rückerwerb dieser Gebiete nicht wieder aufgelebt [37].

---

[37] Dazu DIETRICH BECK, Die kirchlichen Simultanverhältnisse in der Rheinprovinz unter besonderer Berücksichtigung des Ryswicker Friedens

Während des Kulturkampfs haben die Auseinandersetzungen zwischen der katholischen Kirche und den Altkatholiken den Gesetzgeber zu dem Versuch veranlaßt, neue Simultanverhältnisse zu schaffen. Das preußische Gesetz betreffend die Rechte der altkatholischen Kirchengemeinschaften an dem kirchlichen Vermögen vom 4. Juli 1875 (GS. S. 333) bestimmte im § 2: „Der altkatholischen Gemeinschaft wird der Mitgebrauch der Kirche und des Kirchhofs eingeräumt. Sind mehrere Kirchen (Kapellen usw.) vorhanden, so kann eine Gebrauchsaufteilung nach bestimmten Objekten verfügt werden. Die nämliche Gebrauchsteilung findet bezüglich der kirchlichen Gerätschaften statt. Ist der altkatholischen Gemeinschaft die Mehrheit der Gemeindemitglieder beigetreten, so steht der Gemeinschaft der Mitgebrauch der Kirche in den zur Abhaltung des Hauptgottesdienstes herkömmlich bestimmten Stunden, bei mehreren Kirchen der Gebrauch der Hauptkirche zu." Die Durchführung dieser Vorschriften hatte schwere Verwickelungen im Gefolge, auf welche im späteren Zusammenhang zurückzukommen ist.

Damit wären die bedeutsameren historischen Ereignisse bezeichnet, welche auf die Simultanverhältnisse in Deutschland eingewirkt haben. Daneben sind Simultanverhältnisse aus besonderen Anlässen entstanden. Sie entstehen gelegentlich auch heute noch. So ging vor einiger Zeit die Nachricht durch die Presse, daß der Reichsluftfahrtminister und preußische Ministerpräsident für eine im Zusammenhang mit der Aufrüstung neu entstandene Gemeinde eine Kirche zum gemeinsamen Gebrauch beider Konfessionen gestiftet habe. Denkbar ist weiter die Entstehung von Simultanverhältnissen durch Vereinbarungen der Kirchen untereinander, wenn sie auch nicht eben häufig sein mögen.

Eine Übersicht über die Simultaneen im Gebiete des Reiches ist erst in neuerer Zeit geschaffen worden. Während SEHLING für das Ende des vorigen Jahrhunderts — freilich auf Grund von

(Theologische Arbeiten aus dem Rheinischen Wissenschaftlichen Prediger-verein, 3. Folge, 1. Heft) 1935, insbesondere S. 32 ff. gegen HIRSCHEL, Die rechtlichen Verhältnisse bezüglich der Simultankirchen, Arch f. kath. KR. Bd. 46, S. 329 ff.

Unterlagen aus zweiter Hand — ohne Anspruch auf Vollständigkeit 367 Simultaneen (ohne die Reichslande mit 111) verzeichnete hat SAMBETH (in dem materialreichen Artikel „Simultaneum" in Herders Staatslexikon) durch Anfrage bei den Diözesen ihre Zahl mit 165 für das Jahr 1931 festgestellt.

Die Literatur über das Simultaneum, welche verhältnismäßig umfangreich ist, braucht hier nicht im einzelnen herangezogen zu werden. Sie findet sich vollständig verzeichnet in den bereits erwähnten Arbeiten von BECK und SAMBETH. Es ist mit den folgenden Ausführungen keine Darstellung des Simultanrechts im allgemeinen beabsichtigt. Es soll vielmehr der Zusammenhang zwischen Simultaneum und Widmung in gewisser Hinsicht verdeutlicht und geprüft werden, ob das Simultaneum nur zwischen christlichen Religionsgemeinschaften möglich ist oder auch zwischen einer christlichen Religionsgemeinschaft und einer Gemeinschaft nicht religiöser oder mindestens nicht christlicher Art stattfinden kann.

Das gesetzliche Material ist dürftig. Lediglich Preußen (ALR. Tit. 11, Th. II, §§ 309—317) und Bayern (Religionsedikt vom 26. Mai 1818, §§ 90 ff.) haben dem Simultaneum eine Regelung zuteil werden lassen. In allen übrigen Gebieten muß nach den Verträgen und dem Herkommen entschieden werden. Es erübrigt sich, die Vorschriften des preußischen und des im wesentlichen wörtlich übereinstimmenden bayerischen Rechts im einzelnen zu erörtern. Sie verweisen auf den bestehenden Zustand und das Herkommen. Da die Interpretation des bestehenden Zustandes vielfach zweifelhaft sein konnte, stellen sie Vermutungen auf, nach denen diese Zweifel entschieden werden sollen. Der Streit, ob eine Kirchengemeinde überhaupt ein Anrecht auf die Mitbenutzung hat, soll durch die ordentlichen Gerichte entschieden werden. Diese Bestimmung ist in Ermangelung einer späteren abweichenden Regelung auch heute noch in Kraft.

Die kirchenrechtliche Lage ist folgende. Von je verbietet es das katholische Kirchenrecht, eine Kirche zu gottesdienstlichen Handlungen einer anderen Religionsgemeinschaft zu überlassen. Das ergibt sich ohne weiteres aus dem Anspruch der katholischen

Kirche als der alleinigen und wahren Kirche. Nicht ausgeschlossen ist dagegen die Überlassung der Kirche zu Veranstaltungen, welche die Sazertät des Ortes nicht verletzen, wie Konzerten geistlichen Charakters, Aufführungen religiöser Stücke, charitativen oder wissenschaftlichen Zwecken dienenden Versammlungen. Die Benutzung einer Kirche durch eine andere Religionsgemeinschaft zu gottesdienstlichen Zwecken hat jedoch nicht die violatio ecclesiae zur Folge, welche die Kirche nach c. 1173 C. I. C. für den gottesdienstlichen Gebrauch ungeeignet macht. Diese violatio tritt nur in den c. 1172 C. I. C. einzeln bezeichneten Fällen ein. Der c. 1172 folgt übrigens dem bisherigen Recht. Aus diesem Grunde sah sich die katholische Kirche nicht genötigt, auf die Fortbenutzung einer Kirche zu verzichten, in welcher auch eine andere Religionsgemeinschaft Gottesdienst abhielt. Lediglich gegenüber den Altkatholiken ist die katholische Kirche anders verfahren. Durch eine an den Nuntius in München adressierte, aber an alle deutschen Bischöfe gerichtete interne kirchliche Verwaltungsanweisung Pius IX. vom 13. März 1873 wurde die Einstellung der katholischen Kulthandlungen in allen von den Altkatholiken benutzten Kirchen für den Fall befohlen, daß die bei den Regierungen vorzubringenden Ersuchen um Abhilfe und gerichtliche Klagen erfolglos bleiben sollten. Den Altkatholiken wurde damit das Simultaneum, im Unterschiede zu den protestantischen Religionsgemeinschaften verweigert. Eine kirchenrechtliche Nötigung dazu lag nicht vor. Andererseits kann die kirchliche Befugnis, religiöse Gemeinschaften vom Simultangebrauch auszuschließen, nicht bestritten werden. So hat ein Simultaneum zwischen katholischer Kirche und altkatholischen Gemeinschaften nicht stattgefunden. Wo — wie in Preußen und Baden — auf Grund der ergangenen Gesetze (der bereits zitierten preußischen und des badischen vom 15. Juni 1874 die Rechtsverhältnisse der Altkatholiken betreffend) die Altkatholiken in den Mitgebrauch der Kirche eingewiesen wurden, stellte die katholische Kirche die gottesdienstlichen Handlungen ein. Eine Einweisung lediglich durch Verwaltungsakt ohne eine besondere gesetzliche Ermächtigung hat übrigens, von bestimmt gelagerten Sonderfällen abgesehen, nicht stattgefunden. Ich hebe diese bemerkenswerte Tatsache an dieser Stelle hervor und komme auf die Sonderfälle später zurück.

Dem evangelischen Kirchenrecht ist eine entsprechende, spezifizierte Lehre fremd. Sie kann sich hier schon darum nicht entwickeln, weil die Kirchengebäude des sakramentalen Charakters ermangeln. Lediglich in dem Grundgedanken stimmt das evangelische mit dem katholischen Kirchenrecht überein, daß das Kirchengebäude nicht durch einen bestimmungswidrigen Gebrauch profaniert werden dürfe [38]. Dabei ist im vorhinein feststehend, daß ein gottesdienstlicher Gebrauch durch eine andere der großen christlichen Religionsgemeinschaften kein profanierender sein kann. Auch ein der Exekration entsprechender Rechtsbegriff ist dem evangelischen Kirchenrecht fremd. Die evangelische Kirche ist darum von ihrem eigenen Recht her in der gemeinsamen Benutzung einer Kirche mit einer anderen christlichen Religionsgemeinschaft nicht behindert.

Das besondere Interesse, welches das Simultaneum im Zusammenhang mit den res sacrae als öffentliche Sachen auf sich lenkt, ist in der Tatsache begründet, daß hier der widmungsgemäße Gebrauch der öffentlichen Sache auf eine eigentümliche Weise modifiziert ist: die widmungsgemäße Bindung gestattet es, daß sich der res sacra nicht nur eine, sondern mehrere religiöse Gemeinschaften bedienen. Praktisch handelt es sich in allen meiner Kenntnis zugänglich gewordenen Fällen um den Simultangebrauch entweder zwischen der katholischen und einer evangelischen Kirchengemeinde, oder auch zwischen bekenntnismäßig geschiedenen evangelischen Kirchengemeinden; beteiligt sind also hier Rechtssubjekte des öffentlichen Rechts. Aber auch ein Simultaneum zwischen einer Kirchengemeinde öffentlich-rechtlichen Charakters und einer nicht privilegierten sonstigen Religionsgemeinschaft wie den Herrnhutern oder Mennoniten wäre wohl nicht ausgeschlossen [39],

---

[38] Dazu ausführlich: E. Herrmann, a. a. O.

[39] Denn in diesem Falle kommt es auf die Rechtsform der beteiligten Gemeinschaften — ob Körperschaft des öffentlichen Rechts, eingetragener oder nicht eingetragener Verein — nicht an. Unerläßlich ist allerdings, wie sich aus

ein Beispiel dieser Art ist mir jedoch nicht bekanntgeworden; es sprechen auch die äußeren Umstände nicht dafür, daß es zu einer solchen Gemeinsamkeit der Kirchenbenutzung kommt.

Das Simultaneum läßt auf die Art und den Umfang der Verwendungsbindung, welche der res sacra als öffentlicher Sache auferlegt ist, einen wichtigen Schluß zu. Offenbar ist nämlich, diese Bindung nicht in dem Sinne zu verstehen, daß der gottesdienstliche Gebrauch, dem das Kirchengebäude neben den sogenannten Kasualien dienen soll, nur im Sinne des Verständnisses einer bestimmten Religionsgemeinschaft bzw. Kirche gemeint ist. Es liegt hier vielmehr ein, ich will nicht sagen höherer, aber doch allgemeinerer Begriff des christlichen Gottesdienstes und Kultus zugrunde, den man am besten als den gemeinchristlichen bezeichnet. Er umfaßt die Spielarten christlicher Gottesverehrung.

Wollte man sich dieser Auffassung nicht anschließen, so käme man mit der Widmung des Kirchengebäudes als öffentliche Sache in Konflikt. Man müßte dann bei den Simultankirchen eine Art doppelter Widmung anerkennen, die sozusagen für jeden Simultanpartner gesondert bestünde. Das aber widerspräche zunächst der natürlichen Anschauung, welche sich einer solchen doppelten Widmung widersetzt und geneigt ist, die Widmung als etwas Einheitliches und Unteilbares anzusehen. Auch mit der Geschichte des Simultangebrauches wäre eine solche doppelte Widmung unvereinbar. HIRSCHEL [40] hat zur Geschichte und Theorie des Simultaneums die Meinung vertreten, „daß die betreffenden Religionsgemeinschaften bezüglich der Simultankirche nicht als voneinander getrennte Gesellschaften, sondern so angesehen werden, als ob hinsichtlich dieser Kirche die alte Gemeinschaft und Einheit der Religion und Kirche noch fortdauere".

Er hat mit dieser Ansicht mit Recht keinen Beifall gefunden [41].

den vorangegangenen Ausführungen ergibt, daß wenigstens ein Beteiligter die Rechtsstellung einer Körperschaft des öffentlichen Rechts einnimmt, weil es sonst, jedenfalls nach geltendem Recht, an der res sacra mangeln würde.

[40] A. a. O. S. 365 ff.

[41] Vgl. etwa HINSCHIUS, a. a. O. S. 364, Anm. 2 und neuerdings NOTTARP

Aber unverkennbar hat die Ansicht HIRSCHELS einen ernst zu nehmenden Kern. Der Simultangebrauch zwischen dem evangelischen und katholischen Bekenntnis ist nur möglich, weil die Glaubensspaltung nicht alle Gemeinsamkeiten zwischen den Konfessionen aufgehoben hat. Diese Gemeinsamkeiten bestehen nicht nur im gemeinsamen Bekenntnis zur Offenbarung, sondern auch im spezifisch kirchlich-sakramentalen Bereich, wie die beiderseitige Anerkennung des Taufsakraments beweist. Diese im Glauben und Kultus liegende Gemeinsamkeit darf man als Voraussetzung des Simultangebrauchs ansprechen. Auf sie bezieht sich auch die Widmung des Kirchengebäudes als öffentliche Sache. Aus diesem Grunde ist die Auffassung abzulehnen, daß im Falle des Simultangebrauches eine doppelte Widmung stattgefunden hat. Der Inhalt der Widmung ist ein einheitlicher: Mit der Widmung wird das Kirchengebäude christlichen gottesdienstlichen Handlungen vorbehalten. Wer zur Vornahme dieser Handlungen berechtigt ist, kann nicht allein aus der Widmung geschlossen werden. Es richtet sich das nach den Berechtigungen, welche den sonstigen Umständen zu entnehmen sind.

Dieses Ergebnis scheint in einem gewissen Widerspruch mit den vorigen Ausführungen zu stehen, in welchen ein fester Zusammenhang zwischen der res-sacra-Eigenschaft und der Rechtsnatur der öffentlich-rechtlichen Körperschaft aufgewiesen wurde. Folgt daraus nicht, so ließe sich einwenden, daß die Widmung nur auf *einen* privilegierten Kultträger bezogen werden kann, so daß die Inanspruchnahme einer res sacra durch mehrere privilegierte Kultträger notwendig eine doppelte Widmung in sich schließt? Diese Folgerung ist nicht zwingend. Denn der Tatsache, die durch die Entwickelung des Verhältnisses von Kirche und Staat in der neueren Rechtsgeschichte geschaffen ist, daß die res sacra nur im Funktionszusammenhange eines öffentlich-rechtlichen Kultträgers entstehen können, steht es nicht entgegen, daß die Widmung der res sacra als öffentliche Sache sich nicht auf die gottesdienstlichen und sonstigen religiösen Handlungen dieses einen Kultträgers

in der Rezension der Schrift von BECK in Ztschr. Sav.-Stiftung, Kan. Abt., Bd. 56, S. 555 ff.

beschränkt. So urteilt auch das allgemeine Bewußtsein, welches eine Kirche ohne Rücksicht auf die konfessionelle Zugehörigkeit als Kirche achtet.

Die Widmung, als notwendig einheitlich und unteilbar verstanden, gilt also, wie der Simultangebrauch beweist, der Kirche als dem Ort gemeinchristlicher Gottesverehrung. Nur wenn man davon ausgeht, ist es möglich, den Simultangebrauch mit dem Wesen der Widmung in Einklang zu setzen.

Der Begriff der gemeinchristlichen Gottesverehrung, wie er der Auslegung der Widmung zugrunde gelegt werden soll, schließt nicht alle religiösen Gemeinschaftsbildungen auf christlicher Grundlage in sich. Von ihm erfaßt werden vielmehr nur solche, unter denen eine gewisse Gemeinsamkeit des Glaubens obwaltet und die sich auch in der Pflege des Kultus wenigstens in einem gewissen Grade anerkennen, wie das im Verhältnis der großen Kirchen untereinander der Fall ist. Die Anerkennung des Sakraments der Taufe dürfte als unerläßliche Vorbedingung zu gelten haben, und zwar der Taufe, wie sie von den Kirchen herkömmlich vollzogen wird. Inhaltlich wäre also der Begriff der gemeinchristlichen Gottesverehrung wesentlich traditional zu fassen, so daß er das deutsche christlich-religiöse Leben in seiner herkömmlichen Gestalt und in seinen herkömmlichen Spielarten umgreift. Wiedertäufer und Sekten, die sich in einen ausgesprochenen Gegensatz zu den Lehren der Kirchen stellen, sind somit ausgeschlossen. Die Benutzung von Kirchengebäuden durch sie könnte sogar profanierend sein. Von der Profanation ist in späterem Zusammenhang noch kurz zu handeln. Zu einer genauen Eingrenzung des Begriffs der gemeinchristlichen Gottesverehrung ist hier nicht der Ort. Es dürfte für die Zwecke dieser Abhandlung genügen, seinen Inhalt, wie es geschehen ist, im allgemeinen zu kennzeichnen.

Die damit bezeichnete Rechtslage wird zu praktischen Zweifeln dort weniger Anlaß geben, wo die lokalen kirchlichen Organisationen, welchen die Benutzung des Kirchengebäudes zusteht, zugleich deren Eigentümer sind. Sind jedoch Nutzungsberechtigter und Eigentümer nicht identisch, so sind Meinungsverschiedenheiten und Konflikte zwischen den Beteiligten nicht ausgeschlossen. Es bedarf deshalb der Prüfung, ob und in welchem Umfange der Eigentümer berechtigt ist, einer weiteren Gemeinschaft oder Organisation das Recht auf die *dauernde* Mitbenutzung des Kirchengebäudes einzuräumen. Offensichtlich können hier die Erwägungen nicht Platz greifen, mit denen oben das Recht des Eigentümers begrenzt wurde, Dritten die *gelegentliche* Benutzung eines Kirchengebäudes einzuräumen.

Unbezweifelbar wird durch die ständige Überlassung eines Kirchengebäudes zur Mitbenutzung das ausschließliche, alleinige Recht des bisherigen Benutzers substanziell eingeschränkt, was bei einmaligem oder gelegentlichem Gebrauch nicht der Fall ist. Infolgedessen ist hier die Zustimmung des Nutzungsberechtigten unerläßlich. Ein Simultaneum braucht in diesem Falle nicht zu entstehen. Es liegt z. B. nicht vor, wenn ein in staatlichem Eigentum stehendes Kirchengebäude, dessen alleinige Benutzung einer örtlichen Kirchengemeinde zusteht, auch der Universität zur Abhaltung ihrer akademischen Gottesdienste zur Verfügung gestellt wird, sofern der Gottesdienst in der gleichen Konfession stattfindet. Hier wird auch in die Widmung nicht eingegriffen.

Eine Modifikation der Widmung ist auch dann nicht anzunehmen, wenn unter den Mitbenutzern eine Verschiedenheit des Bekenntnisses obwaltet, sofern sich diese Verschiedenheit in den Grenzen des gemeinchristlichen Glaubens hält, da die Widmung der gemeinchristlichen Gottesverehrung gilt. Hier käme es also auf die Ausgestaltung des Benutzungsrechts in concreto und die Bereitschaft an, sich mit einer anderen religiösen Gemeinschaft in die Benutzung des Kirchengebäudes zu teilen. Es gibt jedenfalls keine Möglichkeit, eine religiöse Gemeinschaft zur Einwilligung in den Simultangebrauch zu zwingen oder ihre fehlende Einwilligung zu ersetzen, außer im Wege der Gesetzgebung, was im Kulturkampf vergeblich versucht worden ist. Der kirchliche Partner ist damit in der Lage, innerkirchliche Hinderungsgründe die einem Simultaneum entgegenstehen, voll zur Geltung zu bringen.

Das unumgängliche Mitspracherecht der kirchlichen Gemeinschaft bei der Begründung eines dauernden Mitgebrauchs Dritter an dem Kirchengebäude sichert dieses gegen eine Profanation. Der Begriff der Profanation ist nicht dem staatlichen, sondern dem innerkirchlichen Recht angehörig. Er konkretisiert sich nur im Zusammenhang mit dem kirchlichen Kultus. Wenn deshalb ein Schutz gegen die Profanation bestehen soll, so kann es nur die Kirche sein, welche darüber entscheidet, welcher Gebrauch ein Kirchengebäude profaniert. Daß aber ein solcher Schutz stattfinden soll, ist der wesentliche Sinn der privilegierten Stellung, welche die Kirchengebäude und die übrigen res sacrae einnehmen. Kann man bei der gelegentlichen Überlassung der Kirchengebäude an Dritte die Möglichkeit in Kauf nehmen, daß das Kirchengebäude vielleicht einmal zum Schauplatz von Vorgängen wird, die das religiöse Empfinden der Gläubigen verletzen und mit der Würde des Ortes nicht verträglich sind, so darf doch für die dauernde Überlassung des Gebrauchs nicht das gleiche gelten, wenn nicht der mit der Widmung verfolgte Zweck gefährdet oder gar illusorisch werden soll.

Die Profanation hat eine äußere und eine innere Seite. Eine äußere Profanation wäre z. B. die Veranstaltung weltlicher Lustbarkeiten in der Kirche. Die Würde des Ortes wird aber auch verletzt durch Veranstaltungen, welche, ohne in ihrem äußeren Verlauf Anstoß zu geben, einen Gegensatz zum gemeinchristlichen Glauben und seinem Kultus bekunden. Denn die Weihe und Würde des gottesdienstlichen Ortes liegt nicht in seiner Eigenschaft als Baudenkmal von mehr oder minder großem geschichtlichen oder künstlerischen Rang, sondern ausschließlich in seiner kultischen Bestimmung.

Bei den bisherigen Ausführungen wurde unterstellt, daß sich in die ständige Benutzung eines Kirchengebäudes mehrere christliche Religionsgesellschaften teilen. Zu fragen bleibt allerdings, ob nicht auch eine solche gemeinsame Benutzung einer christlichen Religionsgemeinschaft einerseits und eines nichtchristlichen Verbandes andererseits stattfinden kann und ob nicht auch eine solche Art der Benutzung mit unter das Simultaneum rubriziert werden kann. Es soll, um in diesem Punkte Klarheit zu gewinnen, der Umstand bewußt außer acht gelassen werden, daß die christlichen Religionsgesellschaften das Zustandekommen eines derartigen Mitbenutzungsrechts durch Vorenthaltung ihrer Einwilligung verhindern können [42].

Das Simultaneum wird in allen bisherigen Darstellungen als ein gemeinsames Benutzungsrecht der Anhänger mehrerer christlicher Religonsparteien bezeichnet. Die Beschränkung des Simultangebrauchs auf christliche Religionsgemeinschaften in den bisher vorliegenden Definitionen kann, rein äußerlich betrachtet, zwei Gründe haben: es ist möglich, daß an eine weitere Fassung des Simultangebrauchs darum nicht gedacht wurde, weil ein solcher Fall nicht gegeben war und auch damals außerhalb der praktischen Erwägung lag; es kann aber auch sein, daß die Beschränkung auf die christlichen Religionsgemeinschaften aus dem Wesen der Sache geboten ist und darum ein unabdingbares Begriffselement des Simultaneums darstellt.

Ein Überblick über die Literatur ergibt, daß die maßgebenden Autoren sich darauf beschränken, ein Simultaneum mit nichtchristlichen Religionsgemeinschaften von vornherein auszuschließen. So bemerkt Hinschius [43]: „Von der Einräumung an nichtchristliche Religionsgesellschaften zu ihrem Gottesdienste kann keine Rede sein, weil dies eine dem Zwecke der christlichen Kirche widersprechende Profanation sein würde.“ Diese Feststellung bezieht sich nur auf die katholische Kirche, sie gilt aber ebenso für die evangelische, da dem evangelischen Kirchenrecht in gleicher Weise die Profanation des Kirchengebäudes widerspricht. Bei Sehling [44] findet sich der Satz: „Beiden Konfessionen ist also der Satz gemeinsam, daß eine Benutzung ihrer Kirchen durch andere christliche Konfessionen (nichtchristliche Religionsgesellschaften sind natürlich ausgeschlossen) nicht zulässig ist.“

Hinschius begründet die Ablehnung des Mitgebrauches durch nichtchristliche Religionsgemeinschaften mit dem Hinweis auf die Profanation, also aus dem Kirchenrecht. Das ist angesichts der

---

[42] Die katholische Kirche wäre mit Rücksicht auf c. 1150 CIC. nicht in der Lage, diese Einwilligung zu geben.

[43] A. a. O. S. 358 Anm.

[44] „Über kirchliche Simultanverhältnisse“, Arch. öff. R. Bd. VII, S. 1 ff.

starken Beteiligung der öffentlichen Gewalt an dem Rechtsinstitut des Simultaneums nicht zulänglich. Darum muß auch hier von der Widmung ausgegangen werden, in welcher die Beteiligung des öffentlich-staatlichen Rechts ihren juristischen Ausdruck findet. Es wurde bereits dargelegt, daß die Widmung den Gebrauch des Kirchengebäudes im Sinne einer gemeinchristlichen Gottesverehrung festlegt. Sie beschränkt sich also nicht auf den Kultus einer besonderen Kirchengemeinschaft. Aber daß sie darüber hinaus erstreckt werden kann, muß verneint werden. Denn wenn die Widmung auch eine gewisse Unabhängigkeit gegenüber dem Kultus der einzelnen Kirchen wahrt, indem sie darüber hinausgreift und sich in die gemeinchristliche Gottesverehrung erweitert, so ist sie doch nicht ohne jeden Zusammenhang mit dem Kirchenrecht. Die Widmung gilt dem Kirchengebäude im Zusammenhang des kirchlich-kultischen Lebens, es sind ja die christlichen Kirchengebäude, welchen sie zuteil wird. Der Widmung kann darum kein Inhalt gegeben werden, welcher sich mit dem Kirchenrecht in Widerspruch setzt. Das wäre gegen die Logik. Darum verbietet es sich, die Widmung so zu erstrecken, daß sie einen Simultangebrauch zwischen einer christlichen und nichtchristlichen Religionsgemeinschaft deckt. Ebensowenig wäre es möglich, in einem solchen Fall eine zweite zusätzliche Widmung anzunehmen, denn die Widmung ist, wie ebenfalls bereits in früherem Zusammenhang dargelegt wurde, eine den Gesamtstatus des Kirchengebäudes treffende Kennzeichnung, sie ist ihrem Wesen nach total und unteilbar.

Ein Simultaneum mit nichtchristlichen Religionsgemeinschaften ist darum ihrem Wesen nach unmöglich und auch durch die Widmung ausgeschlossen. Eine nichtchristliche Religionsgemeinschaft ist jede Gemeinschaft, die über die Verfolgung weltlicher, insbesondere politischer Ziele hinaus sich in der Pflege des Kultes einer supranaturalen Wesenheit vereinigt. Es kommt jedoch nicht darauf an, ob gerade die Veranstaltung, welche innerhalb eines Kirchengebäudes stattfindet, kultischen Charakter hat. Denn die Inanspruchnahme der Kirche durch eine nichtchristliche Religionsgemeinschaft schlechthin steht mit der Bestimmung des Kirchengebäudes in einem nicht behebbaren Widerspruch.

Diese Folgerungen ergeben sich nicht nur aus dem kirchlichen, sondern vor allem aus dem staatlichen Recht. Sie bezeichnen den öffentlich-rechtlichen Besitzstand, welchen die Kirchen kraft staatlichen Rechts innehaben. Dieser öffentlich-rechtliche Besitzstand ist gesichert sowohl gegen privatrechtliche Verfügungen wie gegen Akte der Verwaltung, da er auf Gesetz oder dem Gesetze gleich zu achtenden Gewohnheitsrecht beruht. Insoweit ist die Praxis in Ansehung der altkatholischen Kirche von besonderem Interesse. Wie bereits in früherem Zusammenhang betont wurde, kam es zum Simultangebrauch zwischen katholischer Kirche und Altkatholiken darum nicht, weil die katholische Kirche die den Altkatholiken zum Mitgebrauch eingeräumten Kirchengebäude mit einem dem Interdikt ähnlichen Verbot belegte. Hier kommt es jedoch vor allem auf das Vorgehen des Staates an. Preußen und Baden erließen Gesetze, welche die altkatholischen Religionsgemeinschaften als gleichberechtigt anerkannten und die Handhabe zur Einführung des Simultangebrauchs zugunsten der Altkatholiken schufen. An der Gültigkeit dieser Gesetze ist nicht zu zweifeln, und sie ist auch von allen aufrichtigen Beurteilern bejaht worden [45]. Denn der mit der Widmung hergestellte öffentliche status des Kirchengebäudes kann natürlich im Wege der Gesetzgebung geändert werden. Es ist aber in keinem Falle geschehen, daß den Altkatholiken der Mitgebrauch an Kirchengebäuden durch bloßen Verwaltungsakt ohne spezielle Gesetzesgrundlage eingeräumt worden wäre. Eine Ausnahme scheint lediglich in Ansehung der Kirchengebäude vorgekommen zu sein, welche im Eigentum des Staates, einer Gemeinde oder sonstigen nicht kirchlichen Rechtspersönlichkeit des öffentlichen Rechts standen und bestimmungsgemäß von vornherein den verschiedenen Konfessionen zur Verfügung waren, wie Garnisonkirchen [46], Krankenhauskirchen usw. Hier hat man keine Bedenken getragen, sie auch den Alt-

[45] Vgl. statt aller HINSCHIUS, a. a. O. S. 378.

[46] So ist die Panthaleonskirche in Köln den Altkatholiken zur Verfügung gestellt worden. Der gesetzlichen Ermächtigung in dem Gesetz vom 4. Juli 1875 bedurfte es dazu nicht, da der Staat hier angesichts der Besonderheit der Widmung ohne weiteres verfügen konnte.

katholiken — gelegentlich sogar ausschließlich — zur Verfügung zu stellen. Auch das läßt sich nicht beanstanden, weil hier eine Widmung spezieller Art die Verfügungsrechte des Eigentümers nicht einschränkt. Im übrigen wäre aber die Verwaltung nicht in der Lage gewesen, ohne besondere gesetzliche Ermächtigung in die widmungsmäßig festgelegte Verwendung des Kirchengebäudes einzugreifen. Indem die Verwaltung sich dieser Eingriffe enthielt, wahrte sie die ihr gezogenen Rechtsschranken.

Diese Vorgänge haben auch heute noch den Wert eines wichtigen Präjudizes. Die Gesetzmäßigkeit der Verwaltung ist seit 1933 nicht beseitigt worden, da sie sich für einen geordneten Gang der Verwaltung als unentbehrlich erwiesen hat. Infolgedessen hat auch die Rechtsnatur der Widmung einer öffentlichen Sache keine Änderung erfahren. Der Eingriff in die widmungsmäßige Verwendung einer öffentlichen Sache bedarf darum nach wie vor der gesetzlichen Grundlage.

Die gleichen Schranken, welche für die Verwaltung in Ansehung der Widmung bestehen, gelten auch für den Eigentümer und seine Verfügungsberechtigung über die res sacra als öffentliche Sache. Die Ergebnisse lassen sich in folgenden Sätzen zusammenfassen:

1. Die res sacrae sind öffentliche Sachen, welche ausschließlich in den Grenzen der Widmung verwendet werden dürfen.
2. Diese Rechtslage ist durch das staatliche Recht, nicht durch das Kirchenrecht geschaffen.
3. Sie ist eine Teilwirkung der Privilegierung, welche die christlichen Kirchen als Körperschaften des öffentlichen Rechts genießen.
4. Wird den Kirchen die Qualität einer Körperschaft des öffentlichen Rechts entzogen, so steht zu vermuten, daß damit die res sacrae zugleich ihres öffentlich-rechtlichen status entkleidet sind. Eine abweichende Regelung im Gesetz oder den Durchführungsbestimmungen wäre jedoch nicht unmöglich.
5. Die Widmung der res sacrae gilt, wie der Simultangebrauch beweist, der gemeinchristlichen Gottesverehrung. Eine mehrfache Bewidmung beim Simultangebrauch ist abzulehnen. Denn:

6. Die Widmung ist einheitlich, weil umfassend und unteilbar.
7. Ein Simultangebrauch zwischen christlichen und nichtchristlichen Kultgemeinschaften verbietet sich nicht nur vom Kirchenrecht her, er ist auch vom Wesen der Sache her undenkbar und widerspricht dem geltenden staatlichen Recht.
8. Der Eingriff in die Widmung und die widmungsgemäße Verwendung ist nur auf der Grundlage einer speziellen Ermächtigung oder durch Gesetz selbst zulässig.

XI. Nachtrag zu Band XIV zu den Beratungen des Ausschusses für Völkerrecht

1. Bericht über die Sitzung vom 28.10.1935 (Stellung Deutschlands zum Völkerbund. Kollektive Sicherheit. Freiheit der Meere. USA und Neutralität.)

Der *Vorsitzende* eröffnete die Sitzung um 10 Uhr 15 Minuten. Prof. *v. Freytagh-Loringhoven:* Er erinnerte zunächst daran, dass das Deutsche Reich vor einigen Tagen – am 21. Oktober – aus dem Völkerbunde ausgeschieden sei und dass damit endlich ein Zwischenstand beendet sei, der zwar wegen der Bestimmung des Artikels 1 der Satzung unvermeidlich gewesen sei, aber viele Unzuträglichkeiten mit sich gebracht habe.

Der Berichterstatter gab sodann einen Überblick über die Vorgänge in dieser und der vorhergehenden Zeit. Bereits während der Friedensverhandlungen habe Deutschland seine Bereitschaft erklärt, dem zu begründenden Völkerbunde anzugehören; es sei jedoch auf Ablehnung gestoßen. Nicht anders sei es den Anregungen und Anträgen von Argentinien, dem Schweizer Bundesrat Motta und dem englischen Delegationsmitglied Burns auf der ersten Bundesversammlung ergangen. Der Anregung des Bundesrats Motta habe der französische Delegierte Viviani sogar aufs schärfste widersprochen. Dabei sei es sehr bezeichnend, dass Nitti damals geschrieben habe, er verstehe Frankreichs Widerstand nicht; erst wenn das Reich im Völkerbund sei, habe es doch die volle Möglichkeit, Deutschland zu beherrschen.

Wegen der Besetzung von Düsseldorf und des Ruhrgebiets habe Deutschland an den Völkerbund appelliert, von dort aber nur eine Empfangsbestätigung erhalten, ohne dass auf die Sache selbst eingegangen worden sei. Infolgedessen habe es sich später ähnlicher Schritte enthalten. Untätig habe der Völkerbund dem Ruhreinfall zugesehen. Zur selben Zeit habe aber Deutschland bereits an Konferenzen und Ausschüssen wirtschaftlichen und kulturellen Charakters teilgenommen, die vom Völkerbund eingesetzt worden seien.

Diese Einstellung zum Reich habe sich erst nach der Annahme des Dawes-Paktes geändert. MacDonald und Herriot hätten auf der fünften Völkerbundsversammlung 1924 die Abwesenheit Deutschlands bedauert; damals sei von den „leeren Stühlen" in Genf gesprochen worden. Das sei für das Kabinett Marx-Stresemann der Grund gewesen, am 29. September 1924 an die zehn Ratsmächte jene Note über den Eintritt Deutschlands zu richten, für den zugleich vier Bedingungen aufgestellt seien: 1. ständiger Ratssitz, 2. Nichtbeteiligung an Völkerbundsexekutionen, 3. Beteiligung am Mandatssystem zu gegebener Zeit, 4. erneute Anerkennung der Satzung bedeutet nicht erneute Anerkennung der Kriegsschuld-Lüge.

Die Antwort der Ratsmächte habe Punkt 3 und 4 unberührt gelassen; Punkt 1 sei zugestanden – mit einem Vorbehalt, den Brasilien machte; dagegen sei Widerspruch in Punkt 2 erfolgt. Die Verhandlungen seien schließlich an der Satzungsfrage gescheitert. Die Sanktionenfrage – das sei besonders interessant – habe sich damals nach allgemeiner Auffassung, und sicher auch im Sinne der derzeitigen deutschen Regierung, auf Russland bezogen; denn das Reich wollte sich gegen die Gefahr sichern, in einen Konflikt mit dem – damals befreundeten – Sowjet-Russland zu geraten. Schließlich seien dann die Locarno-Verhandlungen aufgenommen worden, die am 15. und 16. Oktober 1925 zum Abschluss der Locarno-Verträge geführt hätten.

In diesen Vorträgen trat – so führte der Berichterstatter weiter aus – der völlige Wandel zutage, der sich bereits in jenem Wort von den leeren Stühlen angedeutet hatte. Nicht mehr Deutschland wirbt um den Eintritt in den Völkerbund, sondern die Westmächte fordern ihn jetzt als Bedingung für das Inkrafttreten der Locarno-Verträge. Zugleich wird jene bekannte Anlage F vereinbart, die die Teilnahme an den Sanktionen betrifft und deren Formulierung die Möglichkeit zu sehr verschiedenen Auffassungen gibt. Von deutscher Seite wird der Schluss gezogen, dass Deutschland an Exekutionen nicht teilnehmen müsse, dass überhaupt kein Staat dazu verpflichtet sei, soweit seine eigenen Interessen dadurch gefährdet würden. Ein Staat, wie es Deutschland damals war, war gar nicht in der Lage, an militärischen Sanktionen teilzunehmen. Soweit die Anlage F die geographische Lage betraf, blieben Zweifelspunkte übrig: Jeder Nachbarstaat des Staates, gegen den sich Exekutionen richten, ist natürlich gefährdet, wenn er an Sanktionen teilnimmt. Aber wenn sich aus diesem Grund alle Nachbarstaaten einer Exekution entziehen sollten, wäre eine Exekution überhaupt nicht möglich, da sie nur mit Hilfe der Nachbarstaaten vor sich gehen könnte. Im Reichstag stellte sich die nationale Opposition auf den Standpunkt, dass die Verträge eine Verfassungsänderung bedeuteten, weil die deutsche Souveränität durch den Eintritt eingeschränkt würde. Die Regierung und die damalige Mehrheit nehmen den entgegengesetzten Standpunkt ein, sicher schon deshalb, weil eine verfassungsändernde Mehrheit beim Widerstande der nationalen Opposition nicht zu erreichen gewesen wäre. Die Regierung wird mit einfacher Mehrheit ermächtigt, den Eintritt zu vollziehen. Das Kabinett Luther-Stresemann reicht das Aufnahmegesuch am 8. Februar 1926 ein. Hierbei kommt es zu einem unerfreulichen Intermezzo. Brasilien widerspricht – wie man aus seinem Vorbehalt hätte voraussehen können – der Aufnahme Deutschlands, da man ihm keinen ständigen Ratssitz zubilligen will. Sir Austin Chamberlain erklärt darauf, die Aufnahme Deutschlands müsse wegen der Schwierigkeiten vertagt werden, die hinsichtlich der Verleihung des Ratssitzes entstanden seien; denn dieser Ratssitz sei eine Voraussetzung für den Eintritt des Reiches. Die deutsche Delegation, die – vielleicht etwas voreilig – unter Teilnahme des Kanzlers und des Außenministers nach Genf gefahren war, muss unverrichteter Dinge zurückkehren. Verhandlungen über die weitere Reform des Rates liefen darauf hinaus, dass das Präsidium gleich blieb, im übrigen die Zahl der Sitze vermehrt wurde und dass die Idee der halbständigen Sitze auftauchte. Das Reich wurde dann schließlich am 8. September 1926 in den Bund aufgenommen.

Deutschland hat während seiner Mitgliedschaft sehr viel, gelegentlich vielleicht allzu viel guten Willen zur Mitarbeit gezeigt. Aber der Völkerbund war nicht gesonnen, seine Rolle als Vollstrecker der Friedensdiktate aufzugeben. Es sei nur an drei Punkte aus der reichen Fülle des Materials erinnert: 1. an den Kampf Deutschlands um den Schutz der Minderheiten, der nur selten fruchtbare Ergebnisse gezeitigt hat; 2. an die Frage der deutsch-österreichischen Zollunion; und schließlich 3. an den Abrüstungskampf, der dann die Veranlassung zu Deutschlands Austritt geworden ist.

Wegen des Artikels 8 der Satzung gab es Meinungsverschiedenheiten schon vor deren endgültiger Formulierung. Namentlich ein Antrag Japans gab diesem Artikel einen veränderten Inhalt. Dabei ist es überhaupt sehr zweifelhaft, ob die Idee der Abrüstung, so wie man sie sich ursprünglich gedacht hatte, ausführbar ist. Nachdem der Bund sich konstituiert hatte, begannen Verhandlungen und Besprechungen über die Verwirklichung dieses Artikels 9. Jedoch ist bei all dem nicht mehr als eine Unzahl verschiedener Entwürfe zustande gekommen: Ricci, Lord Asher, Lord Cecil – um nur einige Namen zu nennen. Nach vielen Diskussionen trat im Dezember 1926 die vorbereitende Abrüstungskommission zusammen. Sie hat in ihrer fünfjährigen Arbeitsperiode nur jenen Konventionsentwurf zustandegebracht, aus dem für Deutschland der § 53 hervorzuheben ist. Hiernach soll für diejenigen Staaten, deren Heeresverhältnisse durch andere Verträge geregelt sind, diese frühere Regelung gelten. Die Mittelmächte müssen also bei ihrer Waffenlosigkeit verbleiben. Das war das Ergebnis der fünfjährigen Arbeit der vorbereitenden Abrüstungskommission.

Am 2. Februar [1932] tritt endlich die Konferenz zusammen. Im Juli 1932, bevor sich die Konferenz vertagen will, wird von Deutschland der Antrag gestellt, in die Vertagungsformel eine Anerkennung der deutschen Gleichberechtigung als Grundlage der weiteren Arbeiten aufzunehmen. Der Antrag wurde abgelehnt. Deutschland zieht sich aus der Mitarbeit an der Abrüstungskonferenz zurück. Verhandlungen folgen, die schließlich in dem Genfer Abkommen vom 11. Dezember 1932 ausmünden, das kaum als ein großer Erfolg von Deutschland angesehen werden kann. Es erkennt zwar die deutsche Gleichberechtigung an, jedoch mit dem sehr durchsichtigen, von Frankreich ausgehenden Vorbehalt: „Im Rahmen der allgemeinen Sicherheit". Deutschland schließt sich im Frühjahr 1933 dem MacDonald-Abrüstungsplan an. Aber immer klarer tritt die französische Absicht zutage, wobei England und die übrigen Mächte Gefolgschaft leisten, die allgemeine Sicherheit in den Vordergrund zu stellen und die deutsche Gleichberechtigung nicht zur Geltung kommen zu lassen. Da erfolgt am 14. Oktober 1933 die deutsche Erklärung über den Austritt. Am 21. läuft sie in Genf ein. Schon während der zweijährigen Frist verhält sich das Reich völlig passiv. Vom Standpunkt des Satzungsausschusses kann es fraglich sein, wie weit ein solches praktisches Sichzurückziehen rechtlich begründet ist. Aber die internationale Praxis hat das jedenfalls anerkannt. Es ist von verschiedenen Staaten so verfahren worden, so von Japan und Brasilien. Costa Rica ist als erster Staat, der kündigte, mit dieser Praxis vorausgegangen; sie ist niemals beanstandet worden. Die anderen Verpflichtungen dagegen laufen weiter. Die Satzung drückt sich nicht ganz klar aus: Der Staat kann ausscheiden – sagt sie –, nachdem er seinen internationalen Verpflichtungen nachgekommen ist. In einem Punkt ist man sich einig: Zu diesen Verpflichtungen gehört die Zahlung der Mitgliedschaftsbeiträge. Ihr ist das Reich vor einigen Wochen nachgekommen.

Für das weitere Verhältnis liegt vor allem ein Vergleich Japan-Deutschland auf der Hand. Die schon sehr bekannt gewordene Formel hierfür ist sehr klar: Japan ist so wenig wie möglich, Deutschland dagegen so viel wie möglich ausgetreten. Für Japan gab es nur politische Gründe. Es lässt sich im Rat nicht vertreten, schickt auch keine Delegierten in die Versammlung, es bleibt aber in allen wirtschaftlichen, humanitären, kulturellen Organisationen des Völkerbundes. Es befindet sich zudem in einer gewissen Zwangslage, da es seine Kolonialmandate behält. Um einen offenen Konflikt zu vermeiden, muss es weiter an den Mandatsausschuss berichten, bleibt also schon dadurch in ständiger Berührung mit dem Völkerbund. Ebenso verbleibt es in der Gerichtsgemeinschaft des Ständigen Internationalen Gerichtshofes. Ein Beispiel hierfür gab der im Dezember 1934 erfolgte Tod des japanischen Richters Adatci. Der für die Neuwahl aufgestellte japanische Kandidat wurde mit der großen Mehrheit von 35 zu 51 gewählt. Im Gegensatz dazu zieht sich Deutschland aus allen Organen des Völkerbundes zurück; es steht vollkommen abseits.

Es ist natürlich sehr schwer, für diesen oder jenen Gesichtspunkt Stellung zu nehmen. Grundsätzlich ist jedenfalls der deutsche Standpunkt der richtige. Ob der japanische nicht vielleicht praktischer ist, ist eine Frage, die man a priori nicht entscheiden kann. Man wird sich erst rückblickend ein Urteil darüber gestatten dürfen.

Ganz besonders wirkt sich der Austritt jetzt angesichts der Sanktionspolitik des Völkerbundes aus. Man glaubte ursprünglich, dass der Art. 16 zum täglichen Brot gehören würde, und es ist sehr interessant, zu sehen, wie schon vor der Konstituierung des Bundes wie auch auf den beiden ersten Bundesversammlungen und den dazu gehörigen Kommissionen in erster Reihe von Artikel 16 gesprochen wurde; es wurde geradezu ein Strom von Ergänzungs- und Abänderungsanträgen dazu eingebracht in der an sich richtigen Vorstellung, dass hier der kritische Punkt des Völkerbundes liege, an dem er einmal die Rechtfertigung seines Daseins oder seinen Zusammenbruch erleben würde. Auf der zweiten Völkerbundsversammlung wurden sodann Richtlinien beschlossen, die allerdings jetzt eine sehr geringe Rolle spielen, an sich aber immer noch den offiziellen Kommentar oder – wenn man so will – die Ausführungsbestimmungen zu Art. 16 enthalten. Mit dieser zweiten Völkerbundsversammlung von 1921 erlosch dann das Interesse an Art. 16. Man ging diesem als äußerst gefährlich erkannten Thema lieber aus dem Weg. Oder hielt man die Völkerbunds- und Satzungstreue der Mitglieder für so über jeden Zweifel erhaben, dass Art. 16 nicht mehr in Betracht komme? In der ersten Zeit wurde nur in zwei Streitfällen auf ihn Bezug genommen. Einmal in dem polnisch-litauischen Wilnastreit. In ihm erklärte der litauische Ministerpräsident Woldemaras in einer Ratssitzung – wenn auch ohne förmlichen Antrag -, dass Art. 16 Anwendung finden müsse. Kein anderes Ratsmitglied ist auf diese Woldemaras'sche Ansicht zurückgekommen; er selbst hat schließlich wohl darauf verzichtet, weil er die völlige Aussichtslosigkeit einsah. Der andere Fall war der Korfu-Streit Italien-Griechenland. Hier vertrat der griechische Vertreter Politis in einer Sitzung die Ansicht, es seien die Voraussetzungen für die Anwendung des Art. 16 gegeben, er wolle aber von einem solchen Antrage absehen; auch hier ging niemand auch nur mit einem Wort darauf ein. In neuerer Zeit erinnert man sich an den chinesisch-japanischen Streit, sodann an die beiden Kriege in Südamerika um Leticia und Chaco.

In allen diesen Fällen ist mit keinem Ton von Art. 16 gesprochen worden. Nur die Presse und einige idealistische Juristen haben ihn gelegentlich erwähnt. Die ernsthaften Männer, die im Völkerbunde saßen, waren sich jedoch von vornherein darüber klar, dass seine Anwendung nicht in Betracht kam. Gerade die deutschen Zeitungen haben in der Zeit, in der sich der italienisch-abessinische Streitfall entwickelte, auf den Art. 16 hingewiesen und gefragt, ob der Völkerbund Sanktionen gegen diese Großmacht beschließen würde. Man hatte das Gefühl, dass Mussolini sein Ziel mit einer solchen Rücksichtslosigkeit verfolgte, dass er sich durchsetzen würde, und man rechnete natürlich damit, dass letzten Endes Frankreich hinter ihm stand. Die Texte der doch augenscheinlich vorhandenen Geheimabkommen, die mit den römischen Vereinbarungen vom 7. Januar diesen Jahres verknüpft sind, sind heute noch nicht bekannt und werden auch nicht so bald bekannt werden. Es handelt sich dabei doch darum, dass Italien seine revisionistische Haltung preisgibt und ins französische Lager hinüberwechselt. Dafür muss es doch Kompensationen bekommen haben. Die 114.000 qkm Sandwüste im Hinterlande von Libyen genügen ebenso wenig wie die sehr unbedeutenden Konzessionen in Tunis zugunsten der italienischen Schule. Es geht wohl auch nicht über die Grenze der erlaubten Kombination hinaus, wenn man annimmt, dass Frankreich vielleicht als Schüler einer anderen europäischen Großmacht es fertiggebracht hat, mit fremder Münze zu bezahlen, m.a.W., dass Frankreich Italien die Anweisung auf Abessinien ausgestellt und stillschweigend oder ausdrücklich Garantien dafür übernommen hat, dass Italien diese Zahlung auch wirklich wird einkassieren können. Frankreich handelt ja auch in der ganzen Sanktionsfrage sehr zweideutig. Andererseits hat England tatsächlich die Führung im Völkerbunde übernommen und die Sanktionsbeschlüsse mindestens inspiriert.

Dass England nicht ganz so uneigennützig Politik zu treiben pflegt, wie seine Staatsbürger und seine Presse es behaupten, ist bekannt. Es ist dabei imstande, ganz ehrlich seine Interessen mit den Interessen der göttlichen Weltordnung zu identifizieren. Wenn um die Jahrhundertwende die Unterwerfung der Burenrepubliken ein göttliches Gebot war, so ist auch heute für England die Aufrechterhaltung Abessiniens – und damit verbunden die Unberührtheit des Tana-Beckens – gleichfalls ein Gebot der göttlichen Weltordnung.

England hat im Völkerbunde erreicht, dass sich die überwältigende Mehrheit für die vorgeschlagenen Sanktionen ausgesprochen hat. Hierbei handelt es sich jedoch nicht nur um ein Ringen zwischen italienischen Interessen und der Aufrechterhaltung des letzten afrikanischen Negerstaates. Es geht hier vielmehr um den Zusammenprall des geltenden und des werdenden Rechts. Schon im Mandschurei-Streifall fragte man sich, ob die Aufrechterhaltung dieses brodelnden Chaos, das China trotz mancher Konsolidationserscheinungen darstellt, wirklich so wertvoll ist, dass man das Recht einer starken aufstrebenden Nation wie Japan – man denke an seine Notwendigkeit, Siedlungsgebiete zu haben, seinen Wunsch, Absatzgebiete zu finden, sein Bestreben, die Verhältnisse in Ostasien zu regeln und die Zügel fest in die Hand zu nehmen – hinter jenem status quo eines quasi-chinesischen Reiches zurückstellen könnte; oder ob da nicht wirklich trotz verbotener Gewaltanwendung das werdende Recht im Gegensatz zum Recht des status quo auf Seiten Japans ist.

Genau dieselbe Frage muss in diesem abessinisch-italienischen Streit gestellt werden, wenngleich nicht übersehen werden soll, dass Italien, juristisch und diplomatisch ziemlich schlecht beraten, nicht diesen Gedanken des neuen Rechts in den Vordergrund gestellt hat, sondern sich vielmehr, vielleicht mit Rücksicht auf Frankreich oder auf den Völkerbund, auf das geltende Recht berufen hat.

Absurd geradezu ist Italiens ständiger Hinweis auf die furchtbare Bedrohung seiner Sicherheit durch Abessinien. In den italienischen Vorschlägen im Fünfer-Ausschuss heißt es unter anderem: Ganz unannehmbar ist für Italien der von England vorgeschlagene Ausweg, Abessinien einen Korridor nach der See mit dem englischen Hafen Zaila zu geben; denn dadurch würde Abessinien zur Seemacht werden, und die Bedrohung, die es heute schon für Italien darstellt, würde die furchtbarsten Dimensionen annehmen. – Italien beruft sich also stets auf Artikel 10. Nur zwischendurch wird Artikel 19 – Notwendigkeit der Revision – vorgebracht. Das ist also ein Hinweis auf *werdendes* Recht. Aber im Vordergrunde steht immer die angebliche Bedrohung der Sicherheit Italiens. Sie ist auch für das Telegramm vom 3.10. an den Völkerbund entscheidend, in dem Italien bekannt gibt, dass es zu Feindseligkeiten schreitet. Das ist übrigens eine sehr interessante Form der Kriegserklärung: Dem Gegner, den es nicht als gleichberechtigt anerkennt, zeigt Italien den Ausbruch des Krieges nicht an, aber es teilt dem Völkerbunde mit, dass es nun zu Maßnahmen geschritten ist. Rechtlich gesehen ist die Frage von größter Wichtigkeit, ob hier nämlich zum ersten Male in das Völkerrecht die Erzwingbarkeit hineingetragen wird. Allerdings sehen wir, dass dieser Versuch zu Gunsten des Rechts des status quo gemacht wird.

Deutschland ist nun politisch in einer ausgezeichneten Lage; es gehört zu den vier Großmächten, die außerhalb des Völkerbundes stehen; neben ihm sind dies noch Japan, die Vereinigten Staaten und Brasilien. Das Völkerbundsrecht, und damit das Sanktionsrecht, ist nicht allgemeines, sondern partikuläres Völkerrecht; denn das Sanktionsrecht beruht auf dem Vertrage, den die Satzung darstellt; es bindet infolgedessen nur die Vertragsparteien. Kein Staat außerhalb des Bundes ist verpflichtet, sich irgendwie an Sanktionen zu beteiligen. Der Ständige Internationale Gerichtshof hat diesen Gedanken im Ostkarelischen Streit, in dem der Rat um ein Gutachten ersuchte, ganz unzweideutig zum Ausdruck gebracht. So heißt es auch in den schon oben erwähnten Ausführungsbestimmungen zum Art. 16 in Form einer Empfehlung, und ohne dass den Nichtmitgliedstaaten eine Verpflichtung aufoktroyiert wird: Es muss versucht werden, mit den Nichtmitgliedstaaten in Verbindung zu kommen und sie zu einer Beteiligung an den Sanktionsmaßnahmen zu veranlassen.

Die vier Staaten stehen also außerhalb dieser Vorgänge. Deutschland hat darüber hinaus durch den Mund des Führers und Reichskanzlers in der Reichstagsrede vom 15. September [1935] – allerdings ohne Abessinien ausdrücklich zu erwähnen – erklärt, dass es nicht wünsche, in Streitfälle hineingezogen zu werden, die es nichts angehen. Ähnliche Erklärungen sind auch von japanischer Seite amtlich, offiziös und durch die Presse abgegeben worden. Und von den Vereinigten Staaten ist die Neutralitätsentschließung des Kongresses vom 31. August bekannt: auch Amerika will außerhalb bleiben.

Aus diesem Standpunkt ergeben sich aber große Schwierigkeiten. Unter dem 21. Oktober hat der Völkerbund die Sanktionsbeschlüsse auf Grund einer Anregung des Präsidenten des Achtzehner-Ausschusses *de Vasconcellos* mit einem Schreiben an Deutschland geleitet, das nach seinem

Inhalt die Anregungen des Ausschusses den Nichtmitgliedstaaten zunächst nur mitteilen sollte in der Hoffnung, daraus Boden für weitere Erörterungen zu gewinnen mit dem Ziel, auf eine gemeinsame Aktion herauszukommen. Ein Interesse an einer solchen hat schließlich keiner dieser vier außerhalb des Bundes stehenden Staaten im Gegensatz zum Bunde selbst. Wie schon die wiederholten, namentlich auch von England unterstrichenen Erklärungen zeigen, liegt eine merkwürdige Halbheit in dem Vorgehen des Bundes: Nur wirtschaftliche Sanktionen – nichts liegt ferner als der Gedanke an eine militärische Aktion. Es war Baldwin, der darauf hingewiesen hat, dass eine militärische Exekution schon deshalb nicht infrage komme, weil es schwer genug gewesen sei, die Mitglieder zu wirtschaftlichen Sanktionen zu bewegen; bei militärischen würden sie absolut versagen. Militärische Sanktionen werden wahrscheinlich nicht möglich sein, wenn es nicht durch Zusammenstöße gegen den Willen der beiden Parteien zu militärischen Handlungen kommt. - Andererseits wird es ohne krasse Maßnahmen, wie etwa Sperrung des Roten Meeres von beiden Seiten, vor allem Sperrung des Suez-Kanals, nicht möglich sein, Italien den Wünschen des Völkerbundes unterzuordnen.

Diese Halbheit ergibt sich ferner auch aus der Nichtbeteiligung von vier Großmächten. Ein Wirtschaftsboykott, der etwa auf der Tagung des Arbeitsausschusses und der Sanktionskonferenz am 31. Oktober in die Wege geleitet werden sollte, ist aber ohne Beteiligung Deutschlands, der Vereinigten Staaten, Japans und Brasiliens nicht durchzuführen, es sei denn, dass die Entente wie im Weltkriege die Freiheit der Meere streicht. Das würde jedoch zu Konflikten mit diesen vier großen Mächten führen. Es stimmt auch nicht mit der lauen und vorsichtigen Haltung Englands zusammen. Man muss sich hier wirklich fragen, ob noch von Lücken in diesem Sanktionssystem die Rede sein kann. Dabei soll die besondere Lage Amerikas außer acht gelassen werden. Amerika hat seine Verbotsliste auf Grund der Proklamation des Kriegszustandes am 5. Oktober veröffentlicht. Die Sanktionskonferenz hat sich in ihrem Vorschlag Nr. 1 vom 11. Oktober an die amerikanische Liste gehalten. Am 16. Oktober hat sie dann eine Ergänzung gegeben, die über den amerikanischen Vorschlag hinausreicht. Ob Amerika diesen Vorschlag anerkennen wird, erscheint bei dem erheblichen Widerspruch der amerikanischen Wirtschaft gegen die Neutralitätsaktion Roosevelts sehr fraglich. Es ergeben sich dieselben Streitigkeiten, die aus dem Weltkrieg bekannt sind. Wenn heute England und Frankreich – noch dazu bei der lauen Haltung Frankreichs – gegen Amerika und Japan vorgehen und ihnen ein Handelsregime aufzwingen wollten, so würden sie den Kürzeren ziehen. Bei ihrer vorsichtigen und kühlen Politik ist das jedoch nicht zu erwarten.

Hinzu kommen die Erklärungen mehrerer Mitgliedstaaten – Österreichs, Ungarns, Albaniens –, dass sie sich an Maßnahmen gegen Italien nicht beteiligen können. Der Völkerbund erntet hier die Früchte seiner eigenen satzungswidrigen Haltung, nach der er Blockbildungen und sogar Bündnisse seinen einzelnen Mitgliedern gestattet in Widerspruch zu den Artikeln 20 und 21 der Satzung. Bezeichnenderweise beruft sich Albanien in einer Erklärung direkt auf die Allianz, die zwischen ihm und Italien besteht, während Ungarn von dem Bande der Freundschaft und Österreich von der unauslöschlichen Dankbarkeit spricht. In diesem Unglück fällt diese Äußerung etwas auf; man denke an das treffende Wort des Fürsten Schwarzenberg aus dem Jahre 1849. Nachdem Zar Nikolaus I. den ungarischen Aufstand ohne Gegenleistung niedergeworfen hatte, sprach Schwarzenberg das bekannte Wort: „Wir werden die Welt in Erstaunen setzen durch unsere Undankbarkeit". Der Krimkrieg rechtfertigte das. Nun hört man das Gegenteil. Aber schon in der ersten Sitzung, in der ein Sanktionsbeschluss gefasst wurde, stimmte Österreich mit Ja, da ein starker Druck auf es ausgeübt war. Erst wieder bei den Verhandlungen über die Kreditsperre erklärten Österreich und Ungarn übereinstimmend, das ginge nur die Gläubigerstaaten an, Länder, die nichts als Schulden besäßen, könnten sich an der Kreditsperre nicht beteiligen. Diese Auffassung wurde anerkannt, so dass das österreichische Prestige in gewissem Sinne wieder hergestellt wurde.

Daneben steht die Schweiz, deren Auffassung dahin geht: Treue gegenüber der Satzung und strikte Befolgung der Beschlüsse des Völkerbundes, aber nichts gegen die eigene Neutralität. Daraus ergibt sich ein tragischer Konflikt. Die Schweiz hat als einziger Mitgliedstaat eine Volksabstimmung veranstaltet, die eine nur verhältnismäßig geringe Mehrheit für den Eintritt brachte. Man hat der Schweiz durch Ratsbeschluss vom 13.2.1920 konzediert, dass sie sich in Anbetracht der besonderen historisch begründeten Stellung an militärischen Exekutionen nicht zu beteiligen brauche; sie solle auch ihr Land nicht dem Durchmarsch von Exekutionstruppen öffnen dürfen, aber sie müsse an den wirtschaftlichen Sanktionen teilnehmen. Das ist keine Neutralität. Wenn die Schweiz die Grenze sperrt, dann kann Italien rechtlich gesehen Repressalien ergreifen. Damit ist die schweizerische Neutralität verloren. Das empfindet man heute in der Schweiz sehr stark. Nach ihrer Presse zu urteilen, geht eine starke Strömung durch das Land, aus dem Völkerbunde auszutreten und die absolute Neutralität wieder herzustellen. Dieser Gedanke ist nicht durchführbar, denn angesichts der zweijährigen Kündigungsfrist würde der heutige Zeitpunkt schon zu spät sein.

Die ganze Frage der Sanktionen wird also offensichtlich nicht so scharf genommen, wie es geschehen würde, wenn ausschließlich Juristen die Leitung der Staaten in der Hand hätten. Aber da dieser zweifellos ideale Zustand bis heute noch nicht erreicht ist und schwerlich jemals erreicht werden wird, ist es möglich, dass auch zwischen der Schweiz und Italien keine Reibungen entstehen werden.

Es sind aber ganz große und ernsthafte Probleme, die dort angeregt werden. Das größte Problem ist wohl der Zusammenprall zwischen geltendem und werdendem Recht, sowie die Frage der Erzwingbarkeit der Völkerrechtsnormen. All diese Dinge hängen mit politischen Fragen zusammen, und gerade deshalb sind sie von so brennendem Interesse gerade für Deutschland, das es sich nicht nehmen lässt, als Vorkämpfer eines werdenden, besseren Völkerrechts betrachtet zu werden. Diese Rolle kann Deutschland deshalb so gut durchführen, weil es nicht mehr Mitglied des Völkerbundes ist und daher außerhalb dieses Streites steht.

Prof. Wolgast berichtete, um die allgemeine Auffassung zu charakterisieren, von einem Gespräch, das er mit einem der Völkerbundsvertreter der kleineren Staaten gehabt habe. Dieser sei gerade von der Ratssitzung, die Italien zum Angreifer erklärt hatte, gekommen und sei auch bei dem Sanktionsbeschluss zugegen gewesen. Auf die Frage, ob alle Staaten hinter England stünden und wie ein solcher Beschluss von 50 Mitgliedern ungefähr zustande gekommen sei, habe er geantwortet: Man müsse bedenken, dass von den Großmächten nur noch England, Italien, Frankreich und Russland im Völkerbund seien. Der Beschluss ginge gegen Italien, das zudem nicht gefragt würde; Russland halte es aus bestimmten Gründen mit England, Frankreich müsse auch mit England gehen, da England für die Erhaltung der Satzung eintrete, auf die sich Frankreich festgelegt habe.

Besonders interessant seien die Ausführungen über die Kleinstaaten gewesen: England träte für die Erhaltung eines kleinen Staates ein; was hätten die Kleinstaaten, die alle durch die Großstaaten bedroht seien, anderes tun sollen, als sich jetzt hinter die Macht zu stellen, die für das Recht eines kleinen Staates eintrete; für sie sei es zugleich ein Kampf für die Erhaltung des geltenden Rechts, also für die Durchsetzung der Rechtsidee.

„Die wichtigste Tatsache", so fuhr *Prof. Wolgast* fort, „in der gegenwärtigen Lage ist, dass Deutschland beginnt, wieder da zu sein. Gerade in Skandinavien tritt deutlich zutage, dass Deutschland auf dem Wege über das englische Flottenabkommen am englischen Kredit wieder teilzunehmen beginnt. Man kann ferner den Fall von heute erläutern an der Lage von 1856 nach dem Krimkriege. Damals hatten Frankreich und England den Kontinentalkrieg gegen Russland geführt, und es war eine öffentliche Meinung entstanden, ähnlich der Völkerbundsmeinung von heute und von 1919; England war so abhängig von Frankreich, dass es auf sein altes Seerecht, Kapern, Conterbande, Blockade usw., verzichten und die Londoner Seerechtsdeklaration eingehen musste. Infolgedessen tobte die englische Admiralität. Die englische Diplomatie trat nach und nach an ihre Seite; aber die Engländer selbst zeigten nicht, dass sich ihre Gesinnung gewandelt hatte. Dies trat erst 1864 in Erscheinung, als die ganze Meinung Europas erwartete, dass England wieder gegen die Kontinentalmächte, Preußen und Österreich, zum Schutze Dänemarks gehen würde. Aber England hatte erkannt, dass ein solcher Krieg eine Stärkung Frankreichs sein würde und ließ Dänemark fallen, so dass auch Frankreich darauf verzichten musste, ihm zu Hilfe zu kommen. Dasselbe spielt sich jetzt wieder ab, d.h. die deutsche Wiederaufrüstung ist England wie gerufen gekommen, eben in dem Augenblick, als es sich über die Bedeutung klar wurde, wenn Italien sich in Abessinien festsetzen würde; man hat sich wohl in England vergegenwärtigt, was es heißen würde, wenn Italien an der Küste des Roten Meeres, ebenso wie England und Indien, eine Garnison von 150.000 Mann unterhalten und außerdem Abessinien militarisieren würde, so dass man im Laufe von vielleicht 10 bis 20 Jahren auf ein stehendes abessinisches Heer von 400.000 Mann rechnen könnte; dann wäre Abessinien eine uneinnehmbare Festung für jede Großmacht und würde Englands wichtigsten Reichsweg beherrschen. Mit dieser Erkenntnis hängt auch die leichte Art zusammen, in der das Flottenabkommen zustande gekommen ist, ganz davon abgesehen, dass England damit eine äußerst wertvolle Gabe erhielt.

In das Gesamtgewebe spielt aber noch die Verabredung zwischen Frankreich und Italien hinein. Der Schlüssel zu dieser Frage liegt in der afrikanischen Situation. Italien erstrebt das große Reich bis zum Tschadsee hinunter; England unterstützt es dabei durch die Verträge von 1925 und 1934, durch die es Land abtrat, so dass Italien die starke Verhandlungsbasis gegen Frankreich bekam und Frankreich sich nicht mehr mit dem Hinweis weigern konnte, dass die südlibysche Grenze kein Ausgangspunkt für den Weg nach dem Tschadsee sei. Frankreich aber wünschte Italien auf keinen Fall am Tschadsee, es drängte also Italien ab und war auch tatsächlich stark genug dazu geworden. Zwischen diesen Dingen aber liegt ein großer politischer Fehler Mussolinis: Mussolinis Verhandlungsposition war noch im Juli 1934 sehr stark, da Italien durch England gefördert wurde und in Freundschaft mit Deutschland lebte. So stand es damals Frankreich gegenüber. Von England wurde es besonders deswegen gefördert, weil England bisher als Gegner in Afrika nur eine Großmacht hatte, aber notwendig zwei braucht, die sich gegenseitig kompensieren; andererseits musste Frankreich Italien entgegenkommen, weil es Italien gegen Deutschland brauchte. In diesem Augenblick wurde Dollfuß ermordet. Die italienischen Truppen marschierten am Brenner auf, Mussolinis Presse eiferte gegen Deutschland. Jetzt ändert sich die Auffassung von der Verhandlungsstärke Italiens. Die französischen Politiker sagen sich: Nachdem Italien sein Pulver gegen Deutschland verschossen hat, muss es ohnehin mit uns gehen, und es wird jetzt nicht schwer fallen, Italien nach Abessinien abzudrängen.

Sodann ist wichtig, ob England für das Versprechen Frankreichs, die zurückzuziehende englische Tonnage im Mittelmeer durch französische zu ersetzen, neue Verpflichtungen übernommen hat. Die Antwort von allen amtlichen englischen Seiten lautet: nein. Dieses Nein verdient vollen Glauben, denn England hat es nicht mehr nötig, weil Deutschland anfängt, wieder da zu sein. Was die Sanktionen anbetrifft, so werden diese wohl nur angewendet werden, wenn der Konflikt weiterläuft; das erscheint aber zweifelhaft. England steht auf dem Standpunkt, dass Abessinien unter seiner Obhut steht und dass es zuschlagen muss, wenn die Italiener dort bleiben; es wird aber einem ernsten Konflikt ausweichen müssen und eine möglichst gute Brücke bauen. Daher darf man wohl annehmen, dass die Idee der kollektiven Friedenssicherung jetzt in einer neuen Form in Erscheinung treten muss. Von allen Seiten, in England und Frankreich, ist das Naturrecht Italiens auf Expansion anerkannt worden; es kann sich aber nur in Afrika ausdehnen; so darf man eine Art neuer Kongokonferenz erwarten, allerdings nicht als Interessenkonferenz der Staaten, sondern als Raubopfer der kollektiven Idee, verwirklicht durch den Völkerbund; und dabei würde man genau so verfahren, wie jetzt im englischen Unterhause ein konservativer Abgeordneter gegenüber Deutschland im Hinblick auf Memel erklärt hat: Bitte, die Völkerbundstür steht für Euch offen, wollt Ihr Mandate?

Im Gegensatz hierzu sieht *Prof. von Freytagh-Loringhoven* die Schwenkung Italiens nicht so sehr in der österreichischen Frage; aus ihr sei auch nicht der Verzicht auf den Revisionismus im Balkan entstanden, sondern aus der Erkenntnis, gegen Frankreich könne es seine Ziele auf dem Balkan nicht erreichen. Das Signal sei vielmehr die Flottendemonstration von Durazzo im Juni 1935 gewesen. In diesem Zwang, sein Verhältnis mit dem von ihnen beherrschten Albanien nur durch eine solche Demonstration regeln zu können, müsse das eigentliche Scheitern der Balkanpolitik Italiens und sein Hinüberwechseln in das antirevisionistische Lager gesehen werden.

Geheimrat Woermann: Von den fünf Propositionen, die in Genf beschlossen worden sind, betrifft eine indirekt auch die Nichtmitgliedstaaten insofern, als die in der Liste enthaltenen Waren auch für den Transit durch einen Mitgliedstaat des Völkerbundes verboten werden, und zwar in Zusammenhang mit Art. 16, der es den Mitgliedstaaten zur Pflicht macht, den Verkehr zwischen dem Rechtsbrecher und den anderen Staaten zu verhindern, seien sie Mitgliedstaaten oder nicht. Das Reich kann sich nun auf den Standpunkt stellen, dass das Völkerbundsrecht als solches es nichts angeht, dass daher die Frage, ob eine Transitsperre für deutsche Waren kommen kann, sich nach den Verträgen mit den Transitstaaten zu richten habe. In den Handelsverträgen mit der Schweiz und Österreich, die als Transitländer nach Italien in Frage kommen, ist die übliche Klausel von der Durchgangsfreiheit enthalten, allerdings entsprechend dem Barcelona-Statut die Klausel, dass „unter außerordentlichen Umständen“ jeder Staat das Recht hat, die Durchfuhr von Kriegsmaterial oder von Kriegsbedarf zu sperren. Was im einzelnen Fall als Kriegsbedarf anzusehen ist, wird gegebenenfalls in einem Streit zwischen Deutschland und dem betreffenden Transitstaate geklärt werden müssen. In der jetzigen ersten Liste ist die Kohle nicht enthalten. Es zeigt sich jedoch in Genf eine Tendenz, die dahin geht, die Kohle insoweit als Kriegsbedarf zu bezeichnen, als sie über den normalen Bedarf Italiens im Durchschnitt der letzten Friedensjahre hinausgeht. Vielleicht würde eine solche Formel der deutschen Handelsvertragslage mit diesen beiden Ländern entsprechen.

Noch einige andere Punkte aus den Genfer Dokumenten verlangen allgemeineres Interesse, die man zu der Frage zusammenfassen könnte, wie die Staaten Rechtsformen benutzen, um ihre Interessen in der konkreten Lage wahrzunehmen.

Besonders deutlich tritt das bei den Beschlüssen des Völkerbundes vom 4. Okt. 1921 hervor, die ein System des Funktionierens der Sanktionen schon vorgesehen haben. In dem Koordinationskomitee und dessen Unterausschuss trat bei der Frage, ob diese Beschlüsse noch in Geltung sind oder nicht, eine Auffassung zutage, die dahin ging: sie gelten als Direktiven, bis die – damals gleichzeitig beschlossenen – Amendements in Kraft treten würden. Nachdem sich im Laufe der Jahre herausgestellt hat, dass diese Amendements niemals in Kraft treten würden, kamen einige Staaten zu dem Schluss, dass damit auch diese Direktiven nicht mehr wirksam seien. In dem Koordinationskomitee stellten sich verschiedene Länder, und zwar lediglich aus ihrer Interessenlage heraus, auf den Standpunkt, die Direktiven seien noch voll wirksames Recht. Besonders der Schweizer Motta war aus sehr naheliegenden Gründen der Vorkämpfer dieser These. Denn nach Punkt 9 der Beschlüsse von 1921 kann sich ein Mitgliedstaat bis zu einem gewissen Grad der Beteiligung an wirtschaftlichen Sanktionen entziehen. Andere Staaten haben die Gültigkeit bestritten. Charakteristisch ist Englands Aufforderung: Streitet nicht um solche juristischen Dinge, wir wollen praktisch arbeiten.

Eine andere interessante Frage ist die Technik der Inkraftsetzung der Sanktionen, und zwar weniger vom Standpunkt dieses Konfliktes, als vielmehr von dem einer möglichen Anwendung in anderen Fällen. Entgegen den Presseberichten hat weder der Rat noch die Bundesversammlung einen formellen Beschluss darüber gefasst, wer der Rechtsbrecher ist; sondern der Präsident hat nur festgestellt, dass 14 Mitglieder des Rates der Ansicht sind, dass Italien gegen Art. 12 der Bundessatzung zum Krieg geschritten sei. Noch weniger weit ist die Bundesversammlung gegangen, die zum Schluss den Text einer Resolution vorliegen hatte und diese schließlich nicht à résolution, sondern à Text angenommen hat. Die Gründe hierfür liegen in dem Fehlen eines Artikels der Völkerbundssatzung, nach dem der Rat oder gar die Bundesversammlung den Rechtsbrecher feststellen solle. Man hat damit vermieden, etwas zu tun, was nicht ausdrücklich in der Satzung steht. Hinzu traten aber auch die technischen Schwierigkeiten. Es ist bestritten, ob nicht Art. 16 die Einstimmigkeit der Mitglieder einschließlich des Rechtsbrechers erfordert. Diese These ist natürlich dem konkreten Ordnungsdenken nicht gemäß. Sie ist aber aus einem grundsätzlich interessanten Gesichtspunkt aufgestellt worden; denn man sagt, man dürfe aus der Völkerbundssatzung nicht Analogieschlüsse für Situationen ziehen, für die sie nicht gemeint war. Nun dürfen nach Art. 15 die beteiligten Staaten nicht mitstimmen, die Gefahr, Analogieschlüsse aus der Völkerbundssatzung zuzulassen, ist natürlich auf der anderen Seite sehr groß, weil das Prinzip der Einstimmigkeit vorherrscht. Der dritte und Hauptgrund ist aber der, dass kein Staat ein imperatives Mandat in dieser Hinsicht bekommen will. Es ist Sache jedes einzelnen Staates, darüber zu entscheiden, wer der Rechtsbrecher ist.

Das Juristenkomitee hat sich sodann mit einer Reihe von rein juristischen Fragen beschäftigt. Die eine geht dahin: Was geschieht, wenn ein Italiener einen Engländer, mit dem er einen laufenden Lieferungsvertrag hat, a) in England, oder b) in Italien verklagt? Die Juristen haben die Frage dahin entschieden: Wenn es in England geschieht, muss der Kläger abgewiesen werden, denn die Sanktionsmaßnahmen sind in England in dem gegebenen Zeitpunkt ordnungsmäßig als englisches Recht verkündet. Wenn es in Italien geschieht, ist dem Kläger in England die Vollstreckungsklausel zu versagen. Unglück hat der Engländer, wenn er in Italien Vermögen hat, in das vollstreckt werden kann.

Der andere Fall betrifft die Meistbegünstigungsklausel. Ein Beispiel: Italien hat einem bestimmten Lande handelspolitische Konzessionen gemacht; diese fallen weg, weil eine Einfuhr Italiens nicht mehr stattfindet. Wie steht es mit den meistbegünstigten Staaten, die diese italienischen Konzessionen in Anspruch nehmen wollten? Die Völkerbundsjuristen vertreten hierzu die Auffassung, dass die betreffenden Länder juristisch die Vorteile nicht in Anspruch nehmen können, aber aus Art. 16 Abs. 3 sei doch richtig, dass sie die Meistbegünstigung trotzdem aufrecht erhielten. Ähnlich liegt der zweite Fall der Meistbegünstigung. Es ist nämlich vorgesehen, dass zu dem Lastenausgleich des Art. 16 Abs. 3 unter Umständen bestimmten Staaten Präferenzen gegeben werden; wenn ein Staat einen Vorzugszoll dafür bekommt, können dann alle meistbegünstigten Staaten diesen Zoll auch für sich in Anspruch nehmen? Die Völkerbundsjuristen sind hier zu dem Ergebnis gekommen, dass sie das nicht können, dass es aber, wenn sie selbst ebenfalls unter den Völkerbundsmaßnahmen leiden, im Sinne und Geist des Ganzen liege, ihnen diesen Vorzug auch zu geben.

Prof. von Freytagh-Loringhoven: In Art. 16 sei eine Form des Vorgehens nicht festgelegt, sondern nur von der führenden Rolle des Rates die Rede. Die Form sei von Seiten des Rates sehr geschickt gewählt, der nur die assemblées aufziehe und nun die Konferenz bilde, die tatsächlich nur ein Gremium darstelle, wo unverbindliche Besprechungen mit Versuchen zu gütlicher Einigung stattfinden sollten. Vom Völkerbunds-Gesichtspunkt aus gesehen habe der Mangel an einer straffen Leitung bisher zu Schädigungen nicht geführt. Das Charakteristischste für das ganze internationale Leben sei vor allem die Tatsache, wie stark sich alles in rechtlicher Form abspiele. Es sei sodann an die Probeabstimmung zu erinnern, die Lord Cecil vor kurzer Zeit über den Völkerbund abgehalten habe, aus ihrem Ergebnis müsse man schließen, dass die Völkerbundsidee in England stark lebendig sei. Dennoch sei anzunehmen, dass England ein Misslingen des jetzigen Experiments wünsche. Es sei nicht unmöglich, dass die englischen führenden Staatsmänner mit einem bewaffneten Zusammenstoß rechneten. Andererseits müsse sich England klar sein, dass ein wirkliches Niederzwingen Italiens nur durch eine vollständige Blockade herbeigeführt werden könne; diese Blockade aber ergebe den Gegensatz zu den vier Großmächten. Die Transitfrage sei ein sehr wichtiger Prüfstein, aber sie brauche praktisch nicht so stark in den Vordergrund zu treten.

Geheimrat Schwendemann weist auf die Folgen des Sanktionssystems angesichts der gegenwärtigen Lage der Weltwirtschaft hin. Freihandel gäbe es infolge der allenthalben bestehenden Kontingentsabkommen nicht mehr. Die Weltwirtschaft sei mit ihren Verrechnungsabkommen, den dadurch bedingten monatlichen Berechnungen pp. ein so komplexes und vielseitiges Gebilde, dass ein Herausschneiden Italiens aus diesem Apparat das Gleichgewicht dieser Regelung ins Wanken brächte. Noch verwickelter würde es, wenn man durch Kompensation und Lastenausgleich nach Art. 16 Abs. 3 das wieder in Ordnung bringen wolle. Für das römische communiqué vom 7. Jan. 1935 sei die Entstehung der französisch-englischen Entente im Jahre 1904 beispielhaft. Sowohl damals als auch jetzt sei von dem Boden eines Kolonialabkommens eine große politische Bereinigung zwischen den beteiligten Staaten erfolgt. Im Jahre 1904 habe Frankreich auf den Vorstoß in die Nilebene und auf seine alten Rechte in Ägypten verzichtet und dafür die freie Hand in Marokko, also auf der anderen Seite des Kontinents, bekommen. Diesmal habe die Gegenleistung für Italien gefehlt, und es sei zweifelsfrei damit Abessinien gemeint.

Eine zweite historische Parallele, die sich auf Frankreich beziehe, sei die Konferenz zwischen Iswolsky und Ährenthal [russ. u. österr. Außenminister] aus dem Jahre 1908 in Buchlau. Ährenthal habe ähnlich gehandelt wie jetzt Laval gegenüber Mussolini: Er habe dem Partner freie Hand in einer Frage gegeben, in der das führende Interesse, jedenfalls aber die Entscheidung, ob der Partner zu seinem Teil kommen könne, in der Hand eines anderen gelegen habe. Damals wie jetzt sei England dieser andere gewesen.

Zur Frage des Revisionismus und Antirevisionismus sei bemerkenswert, dass sich Italien in Genf nie auf das werdende Völkerrecht (Art. 19) berufen habe mit Ausnahme einer vorübergehenden Anspielung. Das liege an dem Strukturfehler, den die ganze italienische Politik in dieser Frage aufweise. Italien sei immer revisionistisch gesonnen gewesen. In der Frage der Gleichberechtigung auf dem Rüstungsgebiete habe es die revisionistische These konsequent auf der Abrüstungskonferenz und auch noch später in den diplomatischen Verhandlungen vertreten. Der Sinn der römischen Abkommen liege darin, dass Italien hinsichtlich Europas in die antirevisionistische Front einschwenke – eine Folge davon seien die Schwierigkeiten Italiens auf dem Balkan -, gleichzeitig versuche es den Revisionismus in Afrika praktisch zu betätigen. Daraus ergebe sich der innere Zwiespalt in der italienischen Politik, der es Aloisi natürlich unmöglich gemacht habe, sich auf Art. 19 usw. zu beziehen, denn Art. 19 berühre in erster Linie die territoriale Gestaltung Europas durch die Friedensverträge von 1919, und wenn Aloisi auf dieser Linie in Genf operiert hätte, dann wäre er selber auf diese innere Divergenz seiner alten Politik gestoßen.

Prof. Bilfinger unterstreicht die Formulierungen von Geheimrat Woermann: Benutzung der Rechtsformen durch die Staaten, um ihre Interessen zu wahren. Als den Meister dieser Praxis bezeichnet er England.

Dr. Rogge weist darauf hin, dass das, was über werdendes und geltendes Völkerrecht gesagt sei, im Grunde auf eine Bejahung des Völkerbundsgedankens hinausliefe. Er hält es für gut und erforderlich, sich darüber klar zu werden, wie weit sich das Reich in der theoretischen Behandlung des Völkerbundsgedankens die Rückzugslinie auf einen Völkerbund offen halten solle, der einmal unter englischer Führung geriete und dann ganz anders aussehen würde als der heutige Völkerbund.

Die Berechtigung dieses Problems wird auch von *Prof. von Freytagh-Loringhoven* betont, der die Frage, ob das Reich einen völligen Zusammenbruch des Völkerbundes wünschen solle, bejahte – soweit es sich um den Zusammenbruch des heutigen Völkerbundes handele. Man könne aber nicht mehr zu einem Zustande der Organisationslosigkeit im internationalen Leben zurückkehren. Es sei eine Organisation notwendig, die äußerlich gesehen, vielleicht dem Völkerbund nicht unähnlich sei, die aber vor allem von den Friedensdiktaten des Jahres 1919 gelöst sein müsse. Vielleicht sei es möglich, eine solche Organisation auf der Arbeit der Haager Konferenzen von 1899 und 1907 aufzubauen, die kein Sanktionsschema habe, also auf die Idee der Erzwingbarkeit des Völkerrechts verzichte.

Prof. Jahrreiss verneint eine Verpflichtung des Reichs, sich an den Sanktionen zu beteiligen – nach geltendem Recht -. Das Reich habe das Recht, wirtschaftlich weiter mit Italien zu verkehren, es stehe heute – im Gegensatz zu 1919 – nicht nur zur Diskussion, wie man eine materiell gute internationale Ordnung hinstelle; es handele sich vielmehr darum, wie man am besten diese vielleicht einmal herbeizuführende gute Ordnung gut sichere. Obwohl die Engländer nach den Erklärungen ihrer Staatsmänner über das, was sein sollte, noch nicht ganz einig seien, so wollten sie doch offenbar ganz bewusst jenseits der abessinischen Frage die Völkerbundsfrage, überhaupt die Methoden der internationalen Sicherung als großes Experiment durchführen. Englands Stellung sei heute ganz anders als in den letzten 14 Jahren. Der Alpdruck des weltbeherrschenden Amerika sei z.Zt. behoben; im Inneren stehe es in England besser, die Dominiens hätten in diesem Augenblick Interesse an einem scharfen Vorgehen Englands. Es habe sich mit Erfolg aus der Pariser Führung losgemacht und sogar Frankreich von Position zu Position zu sich gezogen. Das Reich müsse prüfen, ob dieses englische Experiment von den deutschen Interessen aus zu unterstützen sei oder nicht. Ob England auf alle Fälle wolle, dass der Völkerbund – vielleicht um den Preis, dass er auf Grund der Erfahrungen reformiert werde – doch durchdringe, oder ob ihm auch ein Misslingen des Experiments recht sei, so dass es freie Hand habe, sei nicht ganz klar. Nach englischen Meldungen wüssten die Engländer selber nicht, was an die Stelle treten solle. Die Parole von der splendid isolation sei nicht brauchbar, das Bündnissystem in England diskreditiert. Der Völkerbund müsse sich daher bewähren.

Eine vierte Möglichkeit zeige die Reichsregierung: Schlussstrich unter die Dinge, europäische Arbeitsgemeinschaft, Verständigung durch zweiseitige Verträge unter den Ländern! Wenn England auch einen ersten Versuch mit dem Reich gemacht habe, so habe es doch noch viel Misstrauen gegen Deutschland. Wenn das Reich Nichtbeteiligung an den Sanktionen beschlossen habe, so bedeute das für den konkreten Konflikt mit Italien wohl nicht viel. Dass dagegen England diesen Konflikt so bereinige, dass weder Italien noch Abessinien siege, also im ganzen die Regelung so werde, wie England das wolle, scheine sicher, schon um die Gefahr der Erhebung der farbigen Rassen hintan zu halten.

Was die Frage des englischen Völkerbundsexperiments selbst anbetreffe, so könne Deutschland dies durch seine Nichtbeteiligung ohne Zweifel zum Scheitern bringen; durch seine Beteiligung könne es das Scheitern vielleicht verhindern. Im ersteren Fall könne Deutschland mit England vielleicht zu anderen Methoden kommen, es bestünde aber auch die Möglichkeit, dass sich England enttäuscht abwende. Es scheine zweifelhaft, ob das Reich dieses Risiko eingehen dürfe. Die Franzosen seien jetzt 13 Jahre lang in einer Situation, die sich raumpolitisch beinahe völlig decke mit der Situation Ludwigs XIV. auf dem höchsten Punkte seiner Macht. In diesem Europa sei Frankreich in der Mitte des Kreuzes zwischen Spanien, Deutschland – England, Italien. Es habe seinen Willen jetzt sogar noch besser durchsetzen können als zur Zeit Ludwigs XIV. Die Verständigung Frankreichs mit Russland seit 1932 bedeute vor allem, dass dieses halbasiatische

Stück in Europa hineingenommen, das größere Europa geschaffen und damit Deutschland in den Mittelpunkt gerückt sei. Dadurch würde England auf das Reich zwangsweise hingewiesen. Auch aus diesem Grunde wäre es notwendig, sich mit dem englischen Völkerbundsexperiment zu befassen.

Prof. Sensheimer wirft die Frage auf, ob die Tatsache, dass Deutschland Signatarmacht des Kellogg-Paktes sei, auf die gegenwärtige Lage im Konflikt Italien – Abessinien einen Einfluss habe. Er wies darauf hin, dass bei der Tagung der International Law Association in Budapest versucht worden sei, die juristischen völkerrechtlichen Konsequenzen aus dem Kellogg-Pakt für das Verhalten der Signatarmächte zu ziehen. In der Deklaration, die man zur Auslegung des Kellogg-Paktes für nötig gehalten habe, hätten gewisse Sanktionsmaßnahmen als Mussvorschriften für die Mitgliedstaaten ausgesprochen werden sollen. Es sei jedoch gelungen, diese Mussvorschrift in eine Kannvorschrift umzuwandeln. Dem souveränen Entschluss der einzelnen Mitgliedstaaten bliebe es danach überlassen, ob sie im Falle eines Paktbruches Sanktionsmaßnahmen ergreifen wollen oder nicht. Auch in den Vereinigten Staaten habe es nicht an Stimmen von Vertretern der Außenpolitik Amerikas gefehlt, die eine Neutralität Amerikas nach dem Kellogg-Pakt in solchem Fall für unmöglich erklärt hätten, da eine moralische und rechtliche Verpflichtung bestünde, sich an Sanktionen gegen den Paktbrecher zu beteiligen. Diese Stimmen seien allerdings im amerikanischen Senat auf erheblichen Widerstand gestoßen.

Prof. von Freytagh-Loringhoven bemerkt hierzu, dass der Kellogg-Pakt zwar Verpflichtungen enthielte, aber die Versuche, Sanktionen an diese Bestimmungen zu knüpfen, seien misslungen. Ob für Deutschland eine Verpflichtung gefolgert werden könne, sich zu beteiligen, komme auf die Gläubigkeit an, die man dem Pakt von Paris entgegenbringe. Dem Völkerrecht fehle die Erzwingbarkeit; man könne daher nicht ohne weiteres behaupten, dass aus jeder übernommenen Verpflichtung auch die Pflicht, entsprechend zu handeln, folge. Das würde sonst Erzwingbarkeit bedeuten.

Ein *Vertreter des Auswärtigen Amtes* stellte zunächst fest, dass alles, was man in den 16 Jahren nach Ende des Krieges Sanktionspolitik und Sicherheitspolitik genannt habe, bislang nur eine diplomatische Vorbereitung gewesen sei. Es werde nicht mehr allein mit Verträgen und Thesen gearbeitet, sondern zum ersten Mal sei der vielerörterte Art. 16 eine nicht wegzuleugnende Realität geworden. Man müsse genau beobachten, in welchen Formen, Methoden und in welcher Konstruktion diese Dinge jetzt Wirklichkeit gewännen. Besonders wichtig hierbei sei ein Punkt, der auf dem Gebiet der militärischen Maßnahmen liege.

Frankreich habe seit Ende des Krieges die ganze Sanktionspolitik, die der Kernpunkt seiner Völkerbundspolitik sei, unter dem Gesichtspunkt seines Verhältnisses zu Deutschland betrieben; sein ganzes Bündnissystem habe es – in einer bestimmten Konstruktion – rechtlich auf dem Art. 16 aufgebaut. Das ehemalige Bündnis mit Polen und das mit der Kleinen Entente beruhten auf dem Art. 16 und zwar fußend nicht mehr auf alten Vorbildern, sondern auf der Erfüllung einer völkerbundlichen Verpflichtung. Frankreich habe daher von Anfang an die These vertreten, dass ein Vorgehen im Falle des Art. 16 nicht unbedingt die Form eines Völkerbundsverfahrens zu haben brauche, sondern dass jedes Völkerbundsmitglied, wenn es glaubt, dass die Voraussetzungen für die Anwendung des Art. 16 gegeben seien, die Form einer action isolée für die Erfüllung seiner Verpflichtung wählen könne. Es sei nicht gerade ein Glück für Frankreich, dass sich die Realisierung des Art. 16 nicht in einem Falle bemerkbar gemacht habe, in dem es ein Interesse im Sinne seiner Thesen vertreten könne. Aus dem Notenwechsel zwischen England und Frankreich, von dem bisher die englische Note von Hoare bekannt sei, könne man die Frage entnehmen, ob Frankreich bereit sei, in allen Fällen seine Sanktionsverpflichtungen zu erfüllen. Von dem späteren Notenaustausch, dessen plötzlicher Tonwechsel auffallend und nicht ganz geklärt sei, knüpfe die Antwortnote Frankreichs an die Frage der Entsendung von Kriegsschiffen ins Mittelmeer an.

Diese Frage könne kaum anders gelautet haben, als zu ermitteln, ob Frankreich bei einem Angriff Italiens in England den Vollstrecker des Völkerbundswillens sehen und diesem auf Grund des Art. 16 zu Hilfe kommen würde, dies auch in einem Zeitpunkt, in dem die Voraussetzungen des Art. noch nicht geklärt seien. Frankreich habe darauf – ein Ablenkungsmanöver – direkt von den Fällen gesprochen, in denen ein Nichtmitgliedstaat an einem solchen Konflikt beteiligt sei, und auf die Erfüllung des Locarno-Paktes hingewiesen. Es scheine, daß die Franzosen ihre alte These vom Recht zur action isolée zwar zu retten suchten, soweit das ihr Interesse an etwaigen anderen Eventualitäten erfordere, dass sie andererseits aber im jetzigen Fall doch anders spielen wollten, da sie, wenn sie England das Recht zur action isolée zugestünden, unentrinnbar in ein nicht zu beseitigendes Dilemma kämen. Das französische Interesse, die Sanktionen sich nicht zu einem europäischen Konflikt ausweiten zu lassen, der das französisch-italienische Verhältnis endgültig zerstören würde, gehe deshalb dahin, England nur zu solchen Aktionen zu ermächtigen, die genau das Gegenteil von dem bedeuteten, was Frankreich prinzipiell vertrete, nämlich der action isolée. Immer sei es jedoch wichtig, sich Deutschlands juristische Lage nach dem Locarno-Vertrag klarzumachen. In der französischen Presse sei ganz eindeutig im Falle eines deutsch-tschechoslowakischen Konfliktes – von einem deutsch-polnischen Konflikt habe man nach dem deutsch-polnischen Vertrage nicht mehr zu sprechen gewagt – an England die Frage gerichtet worden, wie es sich verhalten würde, wenn Frankreich angesichts einer deutsch-tschechoslowakischen Spannung am Rhein aufmarschiere und Gewehr bei Fuß dort stehen bliebe, ohne die Klärung des Verhältnisses zur Tschechoslowakei abzuwarten.

Die ganze Haltung der Mächte werde zu einem sehr wesentlichen Teil von den Interessen getragen, die sie, in erster Linie aber Frankreich, an einem anderweitigen Konflikt zwischen anderen Ländern haben würden.

Dr. Rogge wies auf den Begriff des „provozierenden Angriffs" hin, der als neues Moment in das Völkerbundsystem hineingebracht würde. Er sieht in diesem Fall eine Wendung der Ideologie, die sich gegen Frankreich zuspitzt, und zwar im englischen wie im deutschen Interesse; vor allem sei keine automatische Feststellung des Angriffs mehr möglich, so wie sie Frankreich wünsche.

Den *zweiten Punkt der Tagesordnung* bildete der *Bericht* von Landgerichtsrat *Berber* über die *achte Internationale Studienkonferenz vom Juni 1935* in *London,* die dem Thema *„Kollektive Sicherheit"* gewidmet war. Auf der Konferenz seien anwesend gewesen offizielle Delegationen von Großbritannien, Kanada, Australien, Neuseeland, den Vereinigten Staaten, Frankreich, Italien, den Niederlanden, Dänemark, Spanien, Österreich, Polen, Rumänien und der Tschechoslowakei, als Gäste der Konferenz außer Deutschland, Vertreter von Norwegen, der Schweiz, Südafrika und Sowjetrussland.

Die mündlichen Verhandlungen der Konferenz seien sehr eingehend vorbereitet gewesen und hätten im allgemeinen auf einem sehr hohen wissenschaftlichen Niveau gestanden. Auffallend sei die stark positivistisch-scholastische Grundhaltung insbesondere der Völkerrechtler gewesen. Das Thema sei in zwei Teilen behandelt worden, in einem grundsätzlichen Teil über den Begriff der kollektiven Sicherheit, ihre historische Entwicklung, ihr politischer, historischer und moralischer Wert – und in einem technisch-organisatorischen Teil über die Prinzipien und Methoden eines Systems der Friedensorganisation.

Die Behandlung der grundsätzlichen Fragen sei vollkommen von dem Gegensatz zwischen der Konferenzmehrheit und den Italienern beherrscht worden.

Prof. Coppola habe in grundsätzlichen Ausführungen die Idee der kollektiven Sicherheit als falsch angegriffen; ihr Grundgedanke erscheine unhistorisch, unmenschlich und daher unmöglich aus *drei Gründen:* 1. weil man den Völkern verbiete, für ihre nationalen Interessen Krieg zu führen, und sie zwinge, für ihnen fremde Interessen zum Kriege bereit zu sein; 2. weil man damit aus jedem Konflikt einen Weltkrieg mache, 3. weil man damit für immer das internationale Gleichgewicht versteinern würde. Man könne den Krieg nur seltener machen, aber nicht durch die Unterdrückung des Krieges durch einen größeren Krieg, sondern durch die Beseitigung der Ursachen des Krieges, indem man den Völkern die Möglichkeit gebe, ihre vitalen Bedürfnisse auf friedliche Weise zu befriedigen. Die Genfer Sicherheitsmythologie aber sei wiederholt gescheitert, so insbesondere im Sommer 1934, als die von einer fremden Macht ernstliche bedrohte Unabhängigkeit Österreichs nicht durch irgend ein internationales Statut gerettet worden sei, sondern durch die sofortige Mobilisierung italienischer Divisionen am Brenner. Coppola habe hieraus folgende Feststellungen gezogen:

1. Der vitale Instinkt der Völker sei stärker als alle internationalen Statute und deshalb jedes Volk bereit, Krieg zu führen, wenn seine vitalen historischen Interessen es verlangten.

2. Kein Volk sei geneigt, Krieg für eine abstrakte Idee zu führen, die es nicht direkt berühre.

3. Nur die Idee der partikulären und subjektiv gewerteten Sicherheit sei wirksam und verwirkliche sich stets durch die direkte oder indirekte Vermehrung der Stärke.

4. Die Idee der kollektiven Sicherheit bleibe bei den Völkern völlig unwirksam, wenn man unter „kollektiv“ universell und automatisch verstehe.

5. Diese falsche Idee sei auch eine gefährliche Idee, weil sie die Regierungen und die Völker in den falschen Glauben an eine falsche Sicherheit einhüllten; das plötzliche Erwachen daraus würde um so entsetzlicher und nicht wieder gutzumachen sein.

Diese italienische These sei am schärfsten von englischer Seite, *Prof. Toynbee,* kritisiert worden. Nach ihm sei der totale Staat die logische Endkonsequenz des absolutistischen Staates, die entweder aus der Trägheit oder der List der Geschichte heraus erst in unseren Tagen gezogen worden sei; dieses Nebeneinander mehrerer totaler Staaten stelle aber nur einen Übergangszustand dar, da entweder die Staaten ihre Souveränität zugunsten eines Systems kollektiver Sicherheit beschränken würden, um ihre Existenz überhaupt retten zu können, oder sonst ein allgemeiner Zusammenstoß der totalen souveränen Staaten erfolgen müsse, aus dem dann wohl ein Überstaat als Sieger hervorgehen würde, der sicher nicht ein europäischer, kaum ein der weißen Rasse zugehöriger sein würde.

Coppola habe in seiner Erwiderung diesen Groß-Staat als nicht unwünschenswert hingestellt und auf das römische Reich, das mehrere Jahrhunderte lang den Frieden der Welt garantiert habe, als das große Vorbild für einen solchen Staat hingewiesen. Der Franzose *René Cassin* habe eine Rettung nur in einem systematischen Ausbau aller drei Gewalten, der richterlichen, gesetzgebenden und exekutiven, zugunsten des Völkerbundes gesehen, sowie in der Schaffung einer internationalen Polizeimacht.

Die Verhandlungen über „Kriegsverhütung“ hätten zum größten Teil dem Problem der Organisierung friedlicher Methoden als Ersatz für die Gewaltanwendung gedient. Hier hätten sich eine antirevisionistische und eine revisionsfreundliche Front gegenüber gestanden.

Die antirevisionistische Front, geführt von Rumänen und Polen, habe die Heiligkeit der Verträge damit begründet, dass Friedensverträge heutzutage nicht mehr nur die Überlegenheit einer Armee anerkennten, sondern auch die einer Idee; der Art. 19 organisiere nur ein Prüfungsverfahren für die nach Art. 18 eingetragenen Verträge daraufhin, ob sie nicht durch eine Unvereinbarkeit mit dem Pakt nach Art. 20 unanwendbar geworden seien, und beziehe sich nie auf territoriale Bestimmungen, die im Gegenteil durch Art. 10 völlig unangreifbar gemacht seien. – Bei der revisionsfreundlichen Gruppe seien die größten Differenzen über das Verfahren einer Revision zutage getreten. Eine große Überraschung sei die französische Stellungnahme der beiden Professoren *Le Fur* und *La Pradelle* gewesen. Nach ihrer Ansicht müsse es gerade, weil die Friedensverträge besonders gefährlich für den Frieden der Welt seien, eine Revisionsmöglichkeit für sie geben, wenn dies wirklich notwendig sei; der status quo müsse geändert werden, wenn nachgewiesen würde, dass er nicht richtig durch geeignete Mittel zustande gekommen sei; kollektive Sicherheit sei nur gültig, wenn sie den Schutz der „Menschenrechte" sichere; das müsse die Richtschnur für die weitere Abwicklung des Rechts sein, die besser in die Hände unabhängiger Richter als in die des politischen Völkerbundes zu legen sei.

Die offensichtliche und bei der Art der Themenstellung zunächst nicht zu erwartende Konzentrierung der Konferenzarbeit auf diesen Aspekt der Kriegsverhütung sei von allen Seiten der Konferenz als ein hoffnungsvolles Zeichen einer Durchbrechung der friedensgefährdenden statischen Front von Versailles aufgefasst worden.

Über das Problem der Sanktionen hätten insbesondere die Engländer eine sehr umfängliche Denkschrift vorgelegt. Diese sei von der These ausgegangen, dass das Recht zu seiner Wirksamkeit der Sanktionen bedürfe, und dass moralische Sanktionen zwar ein wertvolles Hilfsmittel, ohne materiell wirksame Sanktionen aber unzureichend seien. Die Denkschrift habe nach gründlichen Untersuchungen in sechs Folgerungen gegipfelt:

1. Es gäbe nur zwei Arten wirksamer Sanktionen, die wirtschaftlichen und militärischen.
2. Die wirtschaftlichen Sanktionen erzeugten wirtschaftliche Rückwirkungen in den sie anwendenden Staaten und zwängen einige von ihnen zu teilweise militärischen Operationen, besonders zur See.
3. Falls alle Staaten sich an den wirtschaftlichen Sanktionen beteiligten, würde die Aktion des Angreifers so schwierig, dass sie nicht mehr lohne. Diese Wirkung trete aber nicht notwendig sofort ein.
4. Bis zum Eintreten dieser Wirkung könne ein Angriff dem Opfer so viel Schaden zufügen, dass die Nationen kein genügendes Zutrauen zu dem kollektiven Sicherheitssystem hätten, es sei denn, dass auch militärische Sanktionen verfügbar seien.
5. Eine wirksame militärische Sanktion müsse sofort verfügbar sein.
6. Wirksame Sanktionen seien bei der gegenwärtigen internationalen Organisation nur im Rahmen von Regionalpakten möglich.

In der Aussprache sei darauf hingewiesen worden, dass heute eine klare technische Überlegenheit der Verteidigung über den Angriff bestehe, so dass ein Angreifer nur mit Überraschungsmomenten einer ungeheuer schnellen Aktion einen Erfolg erhoffen könne; alle wirksamen Entscheidungen kollektiver Aktion müssten daher künftig in wenigen Stunden gefasst werden.

Darüber, ob eine internationale Polizeiarmee geschaffen werden sollte oder ob man sich im Falle militärischer Sanktionen auf nationale Kontingente verlassen sollte, gingen die Meinungen auseinander. Im allgemeinen habe es in diesem Zusammenhange fast völlig an der Einsicht gefehlt, dass Pakte zur gegenseitigen Hilfeleistung und Regionalpakte bei der heutigen politischen Lage eine große Ähnlichkeit mit Militärallianzen alten Stiles hätten.

Das Kapitel über die Definition des Angreifers sei meist allzu abstrakt und unrealistisch behandelt worden. Man habe ihm im allgemeinen die Definition Litwinows vom Sommer 1933, wenn auch nicht als Grundlage, so doch als Ausgangspunkt der Diskussion zugrunde gelegt.

Das letzte Kapitel habe die Bedeutung der Neutralität in einem System der Kriegsunterdrükkung behandelt. Die Denkschriften seien hier zu verschiedensten Ergebnissen gelangt. Prof. *Scelle* sei der Meinung gewesen, dass das völlige Verschwinden des Begriffs der Neutralität im Zuge der Völkerbundsentwicklung liege. Ebenso habe *La Pradelle* die Auffassung vertreten, dass im Zuge der Entwicklung von Völkerbundssatzung und Kellogg-Pakt Neutralität aufhören werde, eine Politik der Indifferenz zu sein, und zu einer völkerrechtlichen Sanktion werde. Prof. *Lauterpakt* sei nach einer eingehenden historisch-systematischen Untersuchung zu dem Ergebnis gekommen, dass die Völkerbundssatzung den herkömmlichen Begriff der Neutralität abgeschafft und sie in eine „Qualifizierte Neutralität" verwandelt habe. Der Schweizer *Schindler* habe dagegen die Aufrechterhaltung der Neutralität auch weiterhin in zwei Fällen für gerechtfertigt erklärt.

Erstens, wenn die Teilnahme eines Staates an einem Kriege ihn der Gefahr der Vernichtung aussetzen würde. Dadurch, dass ein einer Großmacht benachbarter Kleinstaat neutral bleibe, verlange er keine vorzugsweise Behandlung, sondern nur eine Verteilung der Kriegslasten. Zweitens, wenn sie ein wesentliches Element eines Befriedungssystems in einem bestimmten Teile der Welt sei – dabei habe Schindler sich mit gutem Grunde auf die Erklärung des Völkerbundes anlässlich des Eintritts der Schweiz in den Völkerbund im Frühjahr 1920 berufen können.

Prof. Jesupp sei davon ausgegangen, dass die Neutralitätspolitik im amerikanischen Denken und Handeln fest verwurzelt sei. Statt des üblichen Begriffs der Neutralität als einer bloßen Methode, die Beteiligung am Kriege zu vermeiden, könne sie ein Glied in einem System kollektiver Sicherheit sein und zur Beendigung oder Begrenzung des Krieges beitragen. Jesupp sei in weitgehender Anlehnung an die Erklärungen von Norman Davis vom 24.5.1933 der Auffassung gewesen, man könne im Interesse eines Systems kollektiver Sicherheit vielleicht auf folgender Basis zu einer vertraglichen Einigung mit den USA kommen: a) wenn die Völkerbundsglieder einstimmig den Angreifer bezeichnen und die USA diese Bezeichnung teilen: Entziehung des Regierungsschutzes gegenüber amerikanischen Bürgern, die an den Angreifer liefern; b) wenn die Völkerbundsglieder einstimmig sind, die USA aber dissentieren: Embargo auf Lieferungen an beide Seiten.

Resolutionen seien auf der Konferenz nicht gefasst worden. So hätten sich die Konferenzarbeiten mehr in einer Art Revue über sämtliche das Gebiet der kollektiven Sicherheit betreffenden Streitfragen und Standpunkte erschöpft. Leider sei es nicht gelungen, die kritische Position Coppolas für die Konferenzarbeit in einem anderen Sinne als dem bloß formalen der Gewissensschärfung fruchtbar zu machen, wie es auch ein Mangel gewesen sei, dass die von einer Reihe hervorragender Gelehrter vertretene qualifizierte Neutralitätsthese fremd und unvermittelt neben der „klassischen" Sicherheitskonstruktion stehen gelassen worden sei. Dagegen habe die Behandlung der Revisionsfragen aufs deutlichste gezeigt, dass die öffentliche Meinung – zumindest der wissenschaftlichen Welt – in diesem Punkte in den letzten 15 Jahren zu einer reiferen Fragestellung auf diesem Gebiet gelangt sei. In diesem Sinne sei auch die Wahl des Themas der nächsten Tagung zu werten: „Friedliche Lösung bestimmter internationaler Probleme (friedliche Veränderung)", dessen Bearbeitung auch von deutscher Seite, schon wegen der internationalen Diskussion dieses Problems, aber auch wegen der in dieser Richtung liegenden deutschen Interessen in die Wege geleitet werden sollte. Das Fehlen einer deutschen Delegation sei auf der Konferenz allenthalben, namentlich in einer offiziellen Rede von Prof. Toynbee, sehr bedauert worden.

Das dritte Referat hielt Reichsgerichtspräsident i.R. *Prof. Simons* über die *Freiheit der Meere* [vgl. auch Bd. XIV, S. 63 ff.] in engem Zusammenhang in ihrer Beurteilung und Behandlung mit der Frage der Sanktionen, den Beschlüssen des Völkerbundes und der Stellung, die die anderen Staaten dazu nehmen.

In seinem historischen Überblick wies er nach, dass die Theorie von der Freiheit der Meere dogmengeschichtlich auf die römischen Juristen zurückgeführt werden müsse, die zur Begründung ihrer Regeln von der Tatsache ausgegangen seien, dass sich das offene Meer nicht so beherrschen lasse wie das Landgebiet oder ein Binnengewässer. Daraus hätten sich mit der Zeit Sonderrechte auf die Vornahme von Nutzungs- und Hoheitsakten zur Abgrenzung von dem natürlichen Gemeingebrauch entwickelt, die sich teils aus uralten Nutzungsgebräuchen der uferbewohnenden Bevölkerung, teils aus der tatsächlichen Herrschaft einzelner Seemächte über bestimmte Meeresgebiete ergeben hätten, aber nur selten unbestritten geblieben seien. Einer der ältesten historisch überlieferten Handelsverträge sei der zwischen Rom und Karthago vor den punischen Kriegen geschlossene Vertrag, der die Grenzen der Seeherrschaft zwischen den beiden Teilen absteckte; er habe den fast hundertjährigen Kampf um die Alleinherrschaft zur See nicht hindern können, aus dem Rom als Sieger hervorgegangen sei. Seit der Seeschlacht bei Actium sei das Mittelmeer eine von der pax Romana beherrschte See gewesen. Im Atlantischen Ozean habe das Kaiserliche Rom es verstanden, durch seine Methode des „divide et impera“ die Küstenvölker gegeneinander zu hetzen und ihnen auch zur See ihren Willen eine Zeitlang aufzuzwingen.

Nach den Zeiten der Völkerwanderung mit ihren Wikinger- und Normannenfahrten habe das Römische Reich Deutscher Nation die alten Ansprüche des Kaiserlichen Rom auf Meeresherrschaft wieder aufgenommen. Der deutsche Kaiser habe sich offiziell „Gebieter des Meeres“ genannt, jedoch sei ihm dieser Titel vom Papst streitig gemacht worden. Durch die steigende Macht der Landesherren sei das weltliche Imperium der Kaiser, durch die Ausbreitung der reformatorischen Bewegung das geistliche Imperium der Päpste an der Wurzel getroffen worden. Es sei sehr merkwürdig, dass gerade Elisabeth I. den spanischen Ansprüchen auf ausschließliche Besegelung der Neuen Welt mit allem Nachdruck den Grundsatz der Meeresfreiheit entgegengestellt habe, für den sie sich auf den naturrechtlichen Gemeingebrauch der hohen See und ihrer Ufer berufen habe. Weite Meeresstrecken zwischen den Vorgebirgen Englands seien allerdings trotzdem von ihr als „Königskammer“ der territorialen Jurisdiktion unterworfen worden.

Den Begriff des „mare nostro“ habe das italienische Regno aus der Erbschaft Venedigs übernommen, wie der Begriff des Mittelländischen Meeres als einer italienischen See für das Impero Mussolinis aus der Erbschaft des Kaiserlichen Rom der Antike stamme.

Man müsse, wenn man den Begriff der Meeresfreiheit untersuche, seine Bedeutung für Kriegs- und Friedenszeiten unterscheiden. Aus dem Friedensbegriff der Meeresfreiheit müsse von vornherein die Kategorie der sogenannten Eigengewässer ausgeschieden werden. Dazu gehörten nicht nur die künstlichen Verbindungen freier Meeresteile, die im vollen Herrschaftsbereich des von ihnen durchschnittenen Staates liegen, sondern nach neuerer Rechtsentwicklung auch die Häfen und diejenigen größeren Meeresteile, die ganz von Ufern eines und desselben Staates umgeben und nur durch relativ schmale, marinetechnisch leicht abzuriegelnde Meeresarme mit der hohen See verbunden seien. Über solche Eigengewässer habe der Uferstaat eine stärkere Jurisdiktion als über Küstengewässer, in denen er nach Völkerrecht den friedlichen unschädlichen Durchzug fremder Schiffe dulden müsse; zu Eigengewässern könne er den Zugang überhaupt verbieten. Bei den Territorialgewässern stünden zwei Grundsätze fest: einmal, dass sich die Landeshoheit des Uferstaats in beschränktem Umfang auf diese Meeresteile erstrecke, sodann, dass deren Gemeingebrauch dadurch nicht völlig ausgeschlossen werden darf. Aber die Frage, wie weit nun sachlich und geographisch die Landeshoheit erstreckt werden könne und wie weit entsprechend der Gemeingebrauch beschränkt werden dürfe, gehöre zu den umstrittensten Fragen des Völkerrechts. Die Ansprüche auf Nutzung der Küstengewässer seien nicht einheitlich, sondern setzten sich aus verschiedenen Nutzungsarten und Hoheitsakten zusammen (Ausschluss fremder Seefahrzeuge von der Cabotage, Ausübung der Fischerei, Zollkontrolle, Hafen- und Seepolizei, Kampf gegen überseeischen Schmuggel u.a.).

Hinzu komme, dass es nicht nur so verschiedene nationale Systeme betreffend die allgemeine Ausdehnung der Küstengewässer gebe, sondern dass bisweilen derselbe Staat für verschiedene Hoheitsrechte verschiedene Hoheitsgrenzen angenommen habe. Deutschland habe mehrfach Verträge über diese Probleme abgeschlossen. Es handele sich dabei meist um multilaterale und plurilaterale Abkommen; durch solche Verträge erhielten gewisse Kontroll- und Zwangsmaßnahmen auf hoher See durch nationale Schiffe eines Kontrahenten gegenüber Schiffen eines anderen, sogar gegenüber Schiffen eines Nichtkontrahenten ihre völkerrechtliche Begründung.

Ohne jeden Vertrag sei es jedem seefahrenden Staat nach altem Völkergewohnheitsrecht erlaubt, auf hoher See mit Zwangsgewalt gegen Piraten vorzugehen. Eine ähnliche völkerrechtliche Befugnis zu Zwangsmaßnahmen auf hoher See gäben zwei andere gewohnheitsrechtlich entstandene Regeln, das sogenannte *droit de suite* des kontinentalen Europa und die *one-hour-rule* Nordamerikas.

Der Völkerbund habe sich unter den ersten Gegenständen seiner völkerrechtlichen Kodifikationsarbeit die Lehre von den Territorialgewässern ausgewählt; jedoch sei die Haager Kodifikationskonferenz von 1930 nicht in der Lage gewesen, die eigentlichen Streitpunkte zu erledigen. Die Gründe für diesen Misserfolg hätten hauptsächlich an den Gegensätzen gelegen, die sich bei der Behandlung der Meeresfreiheit im Kriege seit mehr als hundert Jahren herausgestellt hätten. Im Kriege seien die Kriegführenden aus dem Drang ihrer Lage heraus den Neutralen überlegen, die Anwälte der Meeresfreiheit hätten sich nur dann gegen Übergriffe der Kriegführenden helfen können, wenn sie sich zu der sogenannten „bewaffneten Neutralität“ verbunden hätten. Eine solche bewaffnete Neutralität sei die von 1780 zwischen Friedrich dem Großen, Katharina II. und Skandinavien gewesen gegen die rücksichtslose Seekriegsführung der Westmächte. Auch der Freundschafts- und Handelsvertrag, den Friedrich 1785 als einer der ersten Monarchen mit dem jungen nordamerikanischen Gemeinwesen abgeschlossen habe, beruhe auf den Grundsätzen der Handels- und Meeresfreiheit. Die Vereinigten Staaten seien überhaupt immer die entschlossensten Verfechter der Freiheit der Meere auch im Seekrieg gewesen. Für Preußen und das Bismarcksche Reich seien sie ein anerkanntes Vorbild gewesen. Solange Deutschland keine Seemacht gewesen sei, hätten bei ihm die praktischen und theoretischen Interessen des Neutralen und der Landmacht an der Meeresfreiheit zusammengetroffen.

Diese Interessen bestünden in der ungehinderten Fortführung des überseeischen Handels nicht nur mit den anderen Neutralen, sondern auch mit den Kriegführenden, Unterlassen jeder kriegerischen Handlung innerhalb des neutralen Seehoheitsgebiets. Ihnen gegenüber stünden die Interessen der Kriegführenden: völlige Unterbindung jeden Handelsverkehrs mit dem Feinde, Benutzung neutraler Häfen und Schiffe als Stützpunkte für Seekriegsoperationen. Hieraus habe sich im Laufe der Zeit eine Art Kompromiss entwickelt, nach dem die Kriegführenden den Neutralen den Handelsverkehr mit dem Feinde – Kriegskonterbande ausgenommen - sowie das Anlaufen der offenen feindlichen Häfen gestatteten, während die Neutralen das Recht der Kriegführenden auf Durchsuchung ihrer Handelsschiffe und auf wirksame Schließung feindlicher Häfen anerkannten. Streitig sei geblieben der Anspruch Englands, feindliches Privateigentum auf hoher See zu konfiszieren, während es damals zu Lande außerhalb der Operationszone völkerrechtlichen Schutz genossen habe.

Bismarck habe stets am Grundsatz der Meeresfreiheit festgehalten. Als aber mit den Tirpitzschen Flottenvorlagen der Wettkampf mit der britischen Seemacht begonnen worden sei, sei bald eine Schwenkung in der deutschen Regierung zur Meeresfreiheit bemerkbar gewesen. Ganz einheitlich sei diese Haltung nicht gewesen; die verschiedenen Ressorts des Reiches seien nicht einer Meinung gewesen. Das Auswärtige Amt habe an der neutralen Interessenvertretung festgehalten. Das gehe aus dem Art. 7 der Haager Neutralitätsabkommen hervor. Aber schon 1909 auf der Londoner Seekonferenz sei der deutsch-russische Vorschlag, Prisen unter Umständen versenken zu dürfen (wenn sie nicht in einen heimischen Hafen gebracht werden könnten), nur vom Standpunkt eines seemächtigen Kriegführenden zu verstehen gewesen, dem überseeische Stützpunkte fehlten.

Nach der offenen Kriegsdrohung, die Lloyd George im Winter 1911 im englischen Parlament gegen Deutschland geschleudert habe, habe Deutschland begonnen, eine umfassende Verproviantierung auf dem Wege über die holländischen Häfen vorzubereiten. Großbritannien habe jedoch rücksichtslos die völlige Lahmlegung des feindlichen Außenhandels gewünscht und erreicht. Da sich die britischen Rechtsbrüche zum großen Teil gegen die Vereinigten Staaten gewandt hätten, habe Deutschland gehofft, dass sich Amerika an die Spitze einer bewaffneten Neutralität stellen würde. Zeitweise sei der Gegensatz zwischen den beiden angelsächsischen Mächten sehr groß gewesen, aber zum Bruch sei es dann doch nicht gekommen. Das habe vornehmlich an dem deutschen U-Boot-Krieg gelegen, dessen Hauptzweck darin gelegen habe, England auf die Knie zu zwingen, in Wirklichkeit aber Amerika mit England erst ausgesöhnt und dann zu Kriegsgefährten gemacht habe. Nach damaligem Völkerrecht sei eine Analogie des Minenkrieges für den U-Boot-Krieg nicht in Betracht gekommen. Dagegen sei es vielleicht möglich gewesen, dass sich die neue Waffe ihr eigenes Recht erkämpft haben würde – wenn sie mit durchschlagendem Erfolg angewandt worden wäre. Dagegen habe die Reichsregierung zwischen U-Boot-Krieg und Völkerrecht hin- und hergeschwankt, so dass eine große Anzahl Schadensersatzansprüche von Neutralen zu befriedigen gewesen seien, da die U-Boote immer wieder neutrale Schiffe versenkt hätten. Fälle wie die der „Lusitania" und der „Sussex" hätten viel dazu beigetragen, den Kriegseintritt der Vereinigten Staaten, den Wilson lange zu vermeiden bestrebt gewesen sei, zum Schluss unvermeidlich zu machen.

Der Völkerbundspakt sei zurückgekehrt zu der alten Lehre vom bellum justum und bellum injustum, eine Lehre, mit der sich echte Neutralität nicht vertrüge. Lediglich nach Art. 15 bestünde noch eine Möglichkeit echter Neutralität.

Für das Reich bestünden Bindungen nur durch den Kellogg-Pakt. In amtlichen Denkschriften der amerikanischen Regierung sei die Auffassung vertreten worden, dass durch diesen Pakt der Begriff der Neutralität gegenstandslos geworden sei. Die gleiche Auffassung sei auch von der International Law Association geteilt worden. So scheine es, als ob die Union die meisten ihrer Neutralitätsansprüche fallen lassen wolle. Dagegen sei die Meinung des amerikanischen Völkerrechtlers *John B. Moore* vorzuziehen, nach der die Lehre von dem Aufhören der Neutralität auf Grund des Kellogg-Paktes theoretisch ungesund und praktisch unzweckmäßig sei.

England sei seit dem Ausbruch des italienisch-abessinischen Krieges wieder der Protagonist kollektiver Sanktionen, und damit wieder der Hauptgegner der Meeresfreiheit. Der Präsident der Vereinigten Staaten habe mit dem Waffenembargo gegen beide Kriegsparteien den Schein der Neutralität gewahrt. Ein Ausgleich zwischen diesen beiden Auffassungen und ihrer Meerespolitik bleibe abzuwarten.

Um sich die Auswirkungen der Situation der Meeresfreiheit auf Deutschland klarzumachen, müsse man unterscheiden: Deutschland als möglichen Neutralen und Deutschland als mögliches Objekt eines Sanktionsbeschlusses des Völkerbundes, oder einer gemeinschaftlichen Aktion der Unterzeichner des Kellogg-Paktes. Als Neutraler habe Deutschland naturgemäß ein Interesse daran, nach eigenem Belieben Waren zu einer oder zu beiden Kriegsmächten zur See zu schaffen. Hier bereite jedoch England als entschlossener Anhänger der Sanktionen große Schwierigkeiten und Gefahrenquellen. Als Gegenstand eines Sanktionsbeschlusses sei Deutschland erst recht an der Meeresfreiheit interessiert. Wieweit hier aber das amerikanische Beispiel der Embargogesetze Nachahmer finden werde, sei ungewiss und insoweit die Haltung der Vereinigten Staaten maßgebend. Ihre entscheidende Stellungnahme fehle bisher. Soviel jedoch stehe fest, dass die Union die Folgerung aus dem Kellogg-Pakt ablehne, dass jede Signatarmacht eo ipso verpflichtet sei, an Kollektivschritten gegen einen Paktbrecher teilzunehmen.

Die deutsche Übersetzung des dann folgenden *Referates* von *Spencer* über *„Die Vereinigten Staaten von Amerika und die Rechte der Neutralen im Seekriege"* liegt im Umdruck vor.

Geheimrat Woermann: Das amerikanische Verbot des Waffenembargos beziehe sich auf den Konflikt zwischen Italien und Abessinien und nicht auf einen Konflikt zwischen Sanktionsmächten und Italien. Aber die Warnung, Transactions mit den Kriegführenden vorzunehmen, bedeute, dass die Vereinigten Staaten zugunsten ihrer Staatsangehörigen, die solche Transactionen unternehmen und dabei Schaden erleiden, nicht intervenieren würden. Diese allgemeine Fassung beziehe sich aber auch darauf, wenn Amerika durch die Sanktionsmächte Schaden erlitte. Die deutsche Rechtsposition – soweit sie die Landseite betreffe – werde durch die Verträge bestimmt, die das Reich mit den Transitstaaten habe. Wenn die Transitstaaten auf Grund von Verträgen das Recht hätten, die Durchfuhr von Kriegsmaterial zu verhindern, dann könnten sie die deutsche

Durchfuhr sperren. Für den Seeverkehr bestehe jedoch kein Rechtssatz dafür, dass die Grundsätze der Kriegführung gegen den neutralen Handel, die einen Kriegszustand voraussetzten, so lange von den Sanktionsmächten gegen deutsche Handelsschiffe angewendet werden könnten, als sich die Sanktionsmächte nicht im Kriege mit Italien befänden. Hier gäbe es nur eine, aber außerordentlich wichtige Ausnahme: die Friedensblockade, die von dem Deutschen Reich immer als ein Rechtsmittel anerkannt worden sei. Falls die Sanktionsmächte eine Blockade der italienischen Küste verhängen würden, müsste das Reich diese Blockade voraussichtlich unter rechtlichem Gesichtspunkt gegen sich gelten lassen.

Graf Mandelsloh machte darauf aufmerksam, dass die Unterschrift des Deutschen Reiches unter den Versailler Vertrag unter Umständen als Anerkennung der Satzung des Völkerbundes (und damit des Art. 16) gedeutet werden könnte.

Dieser *Auffassung* wurde jedoch *widersprochen* und darauf hingewiesen, dass die Unterschrift zwar Kenntnisnahme der Satzung bedeute, dass dadurch aber niemals die Pflichten oder Rechte der Mitglieder übernommen sein könnten. Die Satzung sei für das Reich res inter alios acta.

Dr. Rogge ist der Auffassung, dass der Begriff der kollektiven Neutralität verloren gegangen sei. Es widerspreche der Ideologie vom Genfer Völkerbund, wenn man annehme, dass das Prinzip der Neutralität und das [Prinzip] der kollektiven [Neutralität] unvereinbar sei. Seitdem im Jahre 1916 die Union die Aufforderung Schwedens missachtet habe, dass sich die Neutralen zu einem Bund zur Wahrung der Rechte der Neutralen zusammentun sollten, der gleichzeitig ein Bund der Friedenssicherung sein solle, sei in Amerika der Begriff der kollektiven Neutralität besonders stark verloren gegangen. Man denke dort immer nur an die isolierte Neutralität, ohne sich vorzustellen, dass es auch eine kollektive Neutralität gäbe. Wenn man in einem Weltkrieg einen Krieg sehe, in dem die Macht der Neutralen verdrängt werde, dann dürften gerade die Neutralen sich nicht gehindert fühlen, ihre Macht tatsächlich in die Waagschale zu werfen und sich ihrer Friedensmission bewusst zu werden.

Prof. Winterstein weist auf die verschiedenen theoretischen Untersuchungen hin, die die Frage der Zulässigkeit der Neutralität als einer Einrichtung des Völkerrechts in der Zukunft zum Gegenstand hätten, und darauf hinausliefen, ob ein außenstehender Staat sich gegenüber Sanktionsmaßnahmen der Völkerbundsgemeinschaft auf seine Neutralität berufen dürfe. Das sei auch heute noch zu bejahen. Jedoch scheine die amerikanische Haltung bedeutsam zu sein, nach der die Neutralität nicht ohne weiteres mit dem Kellogg-Pakt vereinbar sei. Falls einmal die Sanktionen in einem anderen Fall angewendet würden, als dem abessinischen, würde es, wenn ein wirklich großer Konflikt in Europa entstehen würde, außerordentlich schwer für einen Staat sein, auch für die Vereinigten Staaten, die Neutralität aufrecht zu erhalten.

Geheimrat Woermann teilte hierzu aus den vertraulichen Sitzungen dieser Ausschüsse in Genf mit, dass dort die Ansicht vorherrschend zu sein scheine, im jetzigen Stadium die Nichtmitglieder so schonend wie möglich zu behandeln, und dass man doch glaube, dass die wirtschaftlichen Sanktionsmaßnahmen auch dann wirksam sein könnten, wenn die Nichtmitglieder nicht daran teilnehmen. Auch sei die Gefahr eines moralischen Verfemungsfeldzuges vorhanden und sehr ernst zu nehmen, wenn Deutschland an den Sanktionen nicht teilnehme, die wirklich einen großen und ernsten Umfang annähmen.

Reichsgerichtspräsident i.R. Prof. Simons sieht in Art. 16 den eigentlichen Krebsschaden des Völkerbundes, weil er eine Praxis in das Völkerrechtsleben hineinzuführen suche, die nur bei der Existenz einer wirklich unparteiischen Weltmacht denkbar sei, die ohne eigene Interessen die Interessen des Friedens gegenüber jedem vertrete. Sanktionen des Völkerbundes bedeuteten aber in der gegenwärtigen Zeit und in jeder Zeit, auf die man rechnen dürfe, nichts anderes als das Pressen der nicht am Streit Beteiligten in die Verbündung mit den Beteiligten hinein. Das sei juristisch dasselbe, was die Alliierten im Weltkriege durch die schwarze Liste und die Blockierung getan hätten. Die Sanktionen seien eine nachträgliche Rechtfertigung eines völkerrechtswidrigen Vorgangs; es liege nicht im Interesse der Entwicklung des Völkerrechts, dass man auf diesen Sanktionen ein neues Gebäude des Völkerrechts aufbaue. Ein gesunder Völkerbund sollte nichts anderes sein als eine Gelegenheit für alle Staaten der Welt, sich periodisch in ihren maßgebenden Vertretern zusammenzufinden, um die schwierigen Fragen der gegenwärtigen Weltpolitik miteinander zu besprechen, vorhandene Spannungen nach Möglichkeit auszugleichen und gewaltsame Entladungen nach Möglichkeit zu lokalisieren. Sanktionen verwandelten aber einen lokalen Krieg in einen Weltkrieg. Wer den Krieg lokalisieren wolle, müsse dafür sorgen, dass möglichst viele Neutrale übrig blieben, und zu diesem Zweck müssten sich die Neutralen zusammentun. Deshalb sei der Begriff der kollektiven Neutralität das richtige Gegenmittel gegen das falsche Prinzip der kollektiven Sicherheit.

Admiral von Freyberg weist auf die Stellungnahme hin, die die Union seit 16 Jahren eingenommen habe. In Versailles habe Wilson das Prinzip der Freiheit der Meere fallen gelassen, lediglich um seinen Völkerbund zu retten, und weil der Gegensatz zwischen England und den Vereinigten Staaten in diesem Punkte so scharf gewesen sei, dass die ganze Friedenskonferenz in Gefahr gekommen sei, wegen dieses Gegensatzes zu platzen. Nach ihrer Weigerung, dem Völkerbunde beizutreten, habe die Union mit der Begründung zur See aufgerüstet, es müsse in einem künftigen Kriege die Freiheit zur See schützen. Auf der Washingtoner Flottenkonferenz habe sie dann die englisch-amerikanische Parität feststellen können – für Schlachtschiffe und Flugzeugträger. Nach der Konferenz habe das Wettrüsten für Kreuzer – mit der gleichen Begründung – stattgefunden, das schließlich zu der Dreimächtekonferenz 1927 in Genf geführt habe. Eine Einigung sei hier aber nicht zustande gekommen, letzten Endes, weil die Möglichkeit eines Krieges auf Grund des Art. 16 bestanden habe (Blockade durch England und Nichtdulden der Blockade durch die Vereinigten Staaten).

Auch der Kellogg-Pakt sei letzten Endes auf die Freiheit der Meere zurückzuführen; denn Frankreich habe sich durch ihn davor sichern wollen, dass die Vereinigten Staaten, falls Art. 16 angewendet würde, einen Grund hätten, durch Vertretung des Prinzips der Freiheit der Meere mit Frankreich in einen Krieg einzutreten. Noch die Londoner Konferenz von 1930, vorbereitet durch den Besuch MacDonalds bei Hoover im Oktober 1929, habe ein für die Vereinigten Staaten günstiges Ergebnis gehabt. Umso weniger sei das plötzliche Fallenlassen dieses Prinzips durch die Vereinigten Staaten zu verstehen. Zu einem Zeitpunkt, in dem sie nach 150jährigem Kampf und mehreren Kriegen sowie ungeheurem Kostenaufwand ihr Ziel erreicht hätten.

Reichsgerichtspräsident i.R. Prof. Simons glaubt, dass das jetzige Aufgeben einer alten traditionellen Politik der Vereinigten Staaten nicht auf eine Sorge der Amerikaner vor einer Spannung mit England zurückzuführen sei. Die Amerikaner hätten vielmehr erkannt, dass man vor einer Generalprobe zu anderen Sanktionen stehe, die evtl. gegen eine andere der europäischen Mächte angewendet werden könnte. Aus diesem Grunde suche sich Amerika vor den Folgen dieser Sanktionen im voraus zu sichern.

Am Schluss der Sitzung besprach der Vorsitzende noch einige geschäftliche Dinge, die sich auf die künftigen Arbeiten des Ausschusses bezogen.

(Schluss der Sitzung: 18 Uhr)

2. Bericht über die Sitzung vom 19.6.1936 (Völkerbundsatzung und Versailler Vertrag. Franz. Friedensplan.)

Der *Vorsitzende* eröffnet die Sitzung um 10.15 Uhr.

Geheimrat Woermann referiert über das Thema: *Trennung der Völkerbundssatzung vom Vertrag von Versailles und den anderen Friedensverträgen.* Er gibt zunächst einen historischen Überblick. Die Verbindung der Völkerbundssatzung mit dem Vertrag von Versailles sei Wilson erst nach langen Kämpfen, vor allem gegen den französischen Widerstand gelungen. Die Frage der Trennung habe erst wieder durch den Austritt des Deutschen Reiches aus dem Völkerbund neues Leben gewonnen. So habe der Reichs-Außenminister in seiner Rede vom 6.9.1933 zum ersten Male diese Frage in die Diskussion geworfen. Der Große Faschistische Rat habe dann in seiner etwas überraschenden Entschließung vom 5.12.1933 für das Thema der Völkerbundsreform die Frage der Loslösung der Satzung von den verschiedenen Friedensverträgen an die erste Stelle gesetzt. Ebenso überraschend sei das Memorandum der niederländischen Regierung gewesen, das sich sehr skeptisch über die Trennung geäußert habe und als Haupthinderungsgrund angeführt habe, dass der Völkerbund sich dadurch von seiner historischen Grundlage entfernen würde – eine Begründung, mit der das Deutsche Reich zu genau entgegengesetztem Ergebnis komme. Im Anschluss an diese verschiedenen Äußerungen habe dann ein vertraulicher Gedankenaustausch zwischen Italien und dem Reich stattgefunden, in der alle in Betracht kommenden Probleme erörtert worden seien. Das letzte Stadium sei gekennzeichnet durch die Rede des Führers vom 7.3.1936 und dem am 11.3.1936 folgenden Interview des Führers, nachdem die Loslösung der Satzung vom Versailler Vertrag angemessene Zeit nach dem Wiedereintritt des Reichs in den Völkerbund erfolgen müsse. Auch das französische Memorandum vom 8.4.1936 streife dieses Problem.

Bei dessen Behandlung müsse man verschiedene Punkte beachten. Es handele sich dabei um die Trennung des Wortlautes der Satzung von den Friedensverträgen, ferner darum, inwieweit in der Satzung selbst diese Verbindung zu den Friedensverträgen herzustellen sei, schließlich um die allgemeine grundsätzliche Verbindung des Geistes von Versailles mit der Institution des Bundes (und damit auch seiner Satzung). Auch die Bestimmungen des Versailler Vertrages (und der anderen Verträge) seien zu prüfen.

Die formale Verbindung der verschiedenen Friedensverträge mit der Satzung des Völkerbundes bestünde nur für die Signatarmächte (soweit sie die Verträge ratifiziert hätten), nicht dagegen für die Neutralen. Dies Problem bereite jedoch wenig Schwierigkeiten; doch die formale Trennung könne ohne Satzungsänderung nicht durchgeführt werden, da gleichzeitig im Text selbst Änderungen vorgenommen werden müssten. Das treffe schon für die Präambel zu, die ganz im statischen Sinne abgefasst sei; der darin umschriebene Aufgabenkreis beziehe sich in erster Linie auf die Friedensverträge.

Hierher gehöre ferner der Art. 1, der die diskriminierende Dreiteilung: Siegermächte, anständige Neutrale und ehemalige Kriegsgegner zur Voraussetzung habe. Geändert werden müssten Art. 4 und Art. 5, deren Formulierung und Inhalt auf den Zusammenhang mit dem Versailler Vertrag hinwiesen. Von besonderer Wichtigkeit sei Art. 10, dessen Vorhandensein eigentlich eine Mitarbeit des Reiches am Völkerbund von Anfang an als sehr bedenklich hätte erscheinen lassen. Die lange Vorgeschichte dieses Artikels zeige, dass ein Völkerbund auch ohne eine solche Bestimmung denkbar wäre. Eine gewisse Dynamik müsse dem Völkerrecht immanent sein, während man andererseits nicht verkennen dürfe, dass es ein rein dynamisches Völkerrecht nicht geben könne. Denn sowie eine Ordnung vorhanden sei, die dem Reich genehm wäre, könnte diese nicht die Theorie der reinen Dynamik vertreten. Die Wirklichkeit liege in dem Ausgleich zwischen Statik und Dynamik. Dass dennoch aus propagandistischen Gründen dieses Schlagwort in den

Vordergrund gestellt werden solle, liege auf einer anderen Ebene. Der Art. 10 versinnbildliche besonders deutlich die Verbindung zwischen dem Völkerbund und Versailles. Der ursprüngliche Zusammenhang mit Art. 19 habe gezeigt, dass die Revision sich auf das territoriale Statut beziehen sollte. Erst in den späteren Beratungen sei die allgemeinere Fassung des Art. 19 entstanden. Durch diese Revisionsmöglichkeit habe Wilson dem Reich die Annahme der territorialen und sonstigen Bestimmungen schmackhaft machen wollen. Insoweit liege auch hier eine Verbindung des Versailler Vertrages mit der Völkerbundssatzung vor. Heute bedeute der Art. 19 für das Deutsche Reich so gut wie nichts, denn durch eine Bestimmung nur über das Verfahren könne eine Revision von Verträgen schwerlich herbeigeführt werden. Auf die Gemeinsamkeit der Willensrichtung der Beteiligten käme es in erster Linie an.

Weiterhin sei noch durch Art. 8 (Abrüstung) und Art. 22 (Mandatssystem) eine enge Verbindung mit dem Versailler Vertrag gegeben. Gerade die letzte Bestimmung sei wohl der scheinheiligste Artikel des Versailler Vertrages. Besonders zu beachten sei hier der Abs. 5, der, solange die Mandate in den Händen anderer Mächte seien, nicht zu beanstanden wäre. Aber für den (extremen) Fall der Rückgabe aller Kolonien an das Reich würde sich daraus ergeben, dass der deutsche Überseebesitz als einziger dem Verbot unterliegen würde, Befestigungen oder Flottenstützpunkte pp. zu errichten. Schließlich bestehe eine gewisse Verbindung auch mit Teil 13 des Versailler Vertrages: Organisation der Arbeit. Auch hier müsse eine (rein formale) Trennung vorgenommen werden.

Sodann sei eine enge ideelle Bindung zwischen Satzung und Friedensvertrag vorhanden. Der Geist, in dem der Völkerbund arbeite, sei ganz von dem des Versailler Vertrages durchdrungen.

Ein weiteres Problem sei die Frage, welche Aufgaben dem Völkerbund in den verschiedenen Friedensverträgen überwiesen seien und das Reich heute noch bänden und behinderten. Hierbei müsse stets bedacht werden, ob die Betreuung des Völkerbundes mit bestimmten Aufgaben als eine Belastung für das Reich gedacht sei oder als Schutz. Art. 213, Eupen-Malmedy, die Saarfrage seien die bisherigen Etappen gewesen, in denen der Völkerbund erhebliche Aufgaben zu erfüllen gehabt habe. Von den heute noch bestehenden Pflichten seien an erster Stelle die Aufgaben zu nennen, die der Völkerbund gegenüber Danzig habe: Er sei Schutzmacht der Freien Stadt Danzig und Garant ihrer Verfassung. Da auch die Danziger Verfassung eine Bestimmung enthalte, nach der eine Änderung ohne Zustimmung des Völkerbundes nicht erfolgen könne, sei Danzig heute nicht in der Lage, sich die Verfassung zu geben, die es sich geben möchte. Der Völkerbund habe ferner noch gewisse Aufgaben hinsichtlich des Oberkommissars. Im ganzen gesehen, habe das Reich wenig Interesse daran, dem Völkerbunde diese Aufgaben zu entziehen, da er sich bis 1933 – ebenso wie der Haager Gerichtshof – gegenüber polnischen Ansprüchen immerhin als Schutzwall erwiesen habe.

Das treffe auch für die Mandatsbestimmungen zu. Solange die Mandate von anderen Mächten als dem Deutschen Reich ausgeübt würden, könne der Völkerbund – trotz aller Schwächen, die er in der Vergangenheit gezeigt habe, - im großen doch nützlich wirken.

Ein weiterer wichtiger Punkt sei die Garantie, die der Völkerbund für die Unabhängigkeit Österreichs trage und die sowohl im Versailler Vertrag (Art. 80) wie im Vertrag von Saint-Germain (Art. 88) verankert sei. – Merkwürdigerweise sei die gleichgeartete Bestimmung für Ungarn im Vertrag von Trianon (Art. 73) nicht allgemein bekannt. – Zum Teil sei auch in den verschiedenen Genfer Protokollen, die Österreich und Ungarn für ihren sogenannten Wiederaufbau hätten unterzeichnen müssen, dem Völkerbunde noch weitergehende Befugnis eingeräumt. Auch hier müsse untersucht werden, ob es sich um eine Be- oder Entlastung des Reichs handle. Die Belastung liege darin, dass die Unabhängigkeit Österreichs als unabänderlich festgelegt sei. Die Fortsetzung „es sei denn, dass der Völkerbundsrat einstimmig zustimmt" sehe zwar so aus, als ob Ausnahmen von dem generell aufgestellten Grundsatz stattfinden könnten. Aber im Hinblick auf die politische Realität könne einer solchen, zumal etwas spitzfindigen Argumentation nicht zugestimmt werden. Denn auf Grund dieser Bestimmung erscheine der Völkerbund auf dem Plan, sobald irgendetwas geschehe, was nach der Verletzung der Unabhängigkeit Österreichs aussehe; das habe die Zollunion und das spätere Urteil des Haager Gerichtshofes gezeigt.

Über die Probleme, die sich aus den Minderheitenbestimmungen der verschiedenen Friedensverträge ergäben, ließe sich heute umso weniger etwas Programmatisches sagen, als die Umgestaltung des liberalen Individual-Minderheitenrechts von Versailles in ein neues Minderheitenrecht noch völlig im Fluss sei. Immerhin wäre es sehr zweifelhaft, welche Instanz man an die Stelle des Völkerbundes für diese Aufgaben setzen solle.

In der *Aussprache* betont zunächst *Prof. Jahrreiss,* dass der Gegenstand des Referates mit zwei Unbekannten belastet sei: Einmal sei es ungewiss, wie der Völkerbund in Zukunft aussehen würde, ferner: wie viele und welche von den Punkten, bei denen der Referent die Beibehaltung des Völkerbundes für nicht ungünstig gehalten habe, jetzt im Sinne einer Revision, bereinigt werden könnten.

Prof. Rühland vertritt die gleiche Auffassung: Es sei erforderlich, dass der Völkerbund aufhöre, Exekutor des Versailler Vertrages zu sein. Damit sei noch nicht gesagt, dass an seine Stelle zur Sicherung der deutschen Belange nicht ein anderes Gremium, das vielleicht mehr auf der Grundlage der Gleichberechtigung arbeite, treten solle. Das sei z.B. für Danzig denkbar; anstelle des Völkerbundes könne hier eine Kommission Danzig – Deutsches Reich – Polen unter neutralen Vorsitz gesetzt werden. Dasselbe gelte für die internationalisierten deutschen Ströme. Hier müsse eine Regelung getroffen werden, die die Gleichberechtigung zur Grundlage habe. Schwierigkeiten gebe es lediglich bei den Mandaten, da diese allzu sehr mit dem Völkerbunde zusammenhängen, und bei den Minderheiten. Die letzte Frage könne aber bei der Diskussion ausgeschaltet werden, da die Völkerbundssatzung über die Minderheiten nichts enthielte.

Geheimrat Woermann vertritt hiergegen die Auffassung, dass nicht überall dort, wo im Versailler Vertrag dem Völkerbund Funktionen übertragen seien, diese beseitigt werden sollten. Der Führer habe an mehreren Stellen betont, dass es nichts schlimmeres gebe, als eine Ordnung zu beseitigen, ohne eine andere an ihre Stelle zu setzen. Insoweit hinge das Thema stets mit der Frage zusammen, wie ein künftiger Völkerbund auszusehen habe.

Prof. Bilfinger weist auf Parallelen in der Geschichte hin, die eine gleichgeartete Konnexität von Vertragsinstrumenten allgemeiner und konkret-spezieller Art böten. – Der Völkerbundsvertrag habe nur dann einen Sinn, wenn alle Diskriminierungen beseitigt würden; das könne nur durch eine völlige Trennung erreicht werden. Die Frage, wie weit er dann noch für bestimmte Fragen nützlich sei, könne man dadurch lösen, dass in das neue Statut allgemeine Bestimmungen aufgenommen würden, die geeignet seien, in diesen konkreten Punkten einzuspringen. Dabei brauche man dann das Problem der Revisionen noch nicht zu behandeln.

Prof. Schoenborn hält eine Trennung der Satzung von dem Wortlaut des Vertrages in der Mandatsfrage für das Deutsche Reich für besonders fruchtbar. So belastend das Mandatssystem für das Reich gewesen sei, so sei dieser Weg doch noch vorteilhafter gewesen als die Annexion dieser Gebiete. Bei einer formalen Trennung des Art. 22 von dem Versailler Vertrag könnte das Mandatssystem unter Umständen fortdauern, aber nicht mehr lediglich für die ehemaligen deutschen Schutzgebiete. Falls das Reich alle Kolonien zurückbekäme, würde die Möglichkeit gegeben sein, Mandatsverträge abzuschließen, wie Frankreich das getan habe. – Im übrigen halte er die Bedeutung des Art. 10 namentlich nach der Annexion Abessiniens für erschüttert. Sie liege eigentlich nur noch auf moralischem Gebiet.

Prof. Scheuner erinnert an die Eupen-Malmedy-Verhandlungen mit Belgien (1925 in Berlin), in denen Frankreich mit dem Hinweis interveniert habe, dass das Gesamtstatut nicht einseitig geändert werden dürfe. Das sei der einzig praktische Fall gewesen, der gezeigt habe, dass mindestens die territorialen Bestimmungen des Versailler Vertrages – wegen dessen enger Verbindung mit dem Völkerbunde – ohne Zustimmungen aller beteiligten Mächte nicht abgeändert werden könnten. Man könne daher die Trennung der Satzung vom Vertrage als eine revisionistische bezeichnen.

Die deutsche Krise müsse dahingehen, eine Lösung für die Zukunft durch Abkommen der Interessenten vorzubereiten, und nicht durch allgemeine Entscheidung eines Gremiums, in dem auch Nichtbeteiligte säßen; dabei müsse man allerdings die Schwierigkeiten bedenken, die der Völkerbund bei einer Einigung der Beteiligten bereiten würde.

Ministerialdirektor Ruppel berichtet von den Arbeiten der Mandatskommission: Sie habe sich mit Erfolg den Bestrebungen der Mandatsfrage entgegengeworfen, die Mandate als Bestandteile ihrer Länder zu behandeln. Bei der jetzt erstrebten Loslösung müsse man von der zukünftigen Gestaltung der Mandate ausgehen. Wenn die jetzige Verteilung beibehalten würde, so könne schwerlich an der Zustimmung des Völkerbundes etwas geändert werden. Auch eine Loslösung der Mandatskommission sei wenig erstrebenswert, da diese sich nur durchsetzen könne, wenn eine entscheidende Gestalt hinter ihr säße. Wenn dagegen sämtliche Kolonien an das Reich zurückgegeben würden, dann würde das Mandatssystem erhebliche Beschränkungen bedeuten. – Das Reich müsse daher danach streben, das Mandatssystem unter dem Gesichtspunkt der Gleichberechtigung loszuwerden. Ob das auch dann erreicht werden könne, wenn nur ein Teil der Kolonien zurückgegeben würde, sei zweifelhaft.

Reichsgerichtspräsident i.R. Prof. Simons erinnert daran, dass die Politik des Reichs durch die programmatischen Erklärungen des Führers eindeutig festgelegt seien: 1. Bereitschaft Deutschlands, in den Völkerbund wieder einzutreten, 2. Voraussetzung eine Reform des Völkerbundes, 3. Trennung des Völkerbundpaktes vom Versailler Vertrag. Es sei wenig fruchtbar, sich über die Einwirkungen des Völkerbundes auf die durch den Versailler Vertrag geschaffenen Tatsachen zu unterhalten. Es komme vielmehr darauf an, dass der Völkerbund dem deutschen Souveränitätsbereich gegenüber nicht weitergehende Rechte in Anspruch nehmen könne, als jedem Mitgliedstaat gegenüber. Insoweit sei auch der Vergleich mit früheren deutschen kombinierten, generellen und speziellen Verträgen gegenüber. So habe z.B. der Staatsgerichtshof über die Garantien zu entscheiden gehabt, die die Unterzeichner der Wiener Schlussakte für gewisse Autonomien gegeben hätten, die sie den ehemals reichsunmittelbaren Reichsfreiherrlichen Familien zugebilligt hätten. In einem Streit solcher Familien mit dem preuß. Staat habe der Staatsgerichtshof solche Garantien auf Grund der historischen Entwicklung abgelehnt. Tatsächlich habe der Völkerbund heute noch eine solche internationale Einwirkung innerhalb des Deutschen Reiches, die unter allen Umständen beseitigt werden müsse, ehe die volle Souveränität wieder hergestellt sei.

Geheimrat Woermann betont, dass außer dem Problem seines Referates der Völkerbund nicht nennenswerten Einfluss auf innerdeutsche Angelegenheiten habe. Die Funktionen, die sich aus der Internationalisierung der Ströme ergeben hätten, habe der Völkerbund durch das Barcelona-Statut erledigt. In Wirklichkeit sei die Revision der Bestimmungen über diese Frage in vollem Gange.

Ministerialdirektor Gaus glaubt, dass die programmatischen Erklärungen des Führers ein politisches Programm seien. Ihr Inhalt sei nicht der, dass an Stelle des Völkerbundes in allen Fragen - Danzig, österreichische Unabhängigkeit usw. – ein anderes internationales Gremium trete, sondern es sei für das Reich nicht möglich, einen Völkerbund anzunehmen, dessen Aufgabe lediglich darin bestehe, die territorialen und sonstigen Lösungen aus Versailles zu exekutieren und zu garantieren und den Mächten, die daran interessiert seien, die Möglichkeit zu geben, unter dem Mantel des Völkerbundes ihre Politik weiter zu verfolgen. Die Hauptfälle der Verbindung zwischen Vertrag und Versailles bezögen sich auf ungelöste politische Probleme. Eine Diskussion hierüber sei von außerordentlichem Wert.

Prof. Wolgast regt an, internationale Systemwirkungen überhaupt zu untersuchen und das Versailler System als ein solches aufzufassen. Die Weltgeschichte kenne ungefähr zehn große Systeme. Man müsse dabei die langsamen Änderungen solcher Systeme besonders beachten. Es sei daher nicht zu raten, allzu früh mit einem Pronunciamento vor die Öffentlichkeit zu treten, da darin eine unerwünschte Festlegung zu erblicken sei.

Geheimrat Woermann erinnert hierzu an das Führer-Interview von Ward Price, wonach es feststünde, dass die Trennung eine angemessene Zeit nach dem Wiedereintritt des Reiches in den Völkerbund erörtert werden solle. Die Frage sei daher heute nicht schon absolut zu beantworten.

Dr. Rogge glaubt, dass das Sanktionssystem des Art. 10 im wesentlichen als Fortsetzung des Koalitionskrieges gegen das Reich gedacht sei. Daher stünde das Prinzip der Trennung der Völkerbundssatzung vom Versailler Vertrag im engsten Zusammenhang mit dem Kampf gegen den Völkerbund als Allianzsystem.

Staatsrat Prof. C. Schmitt: Trennung der Völkerbundssatzung vom Versailler Vertrag könne bedeuten: Trennung des Völkerbundes von seiner politischen Substanz. Darunter könne man zunächst an seine Entpolitisierung denken – z.B. die Versuche, eine Verwaltungsgemeinschaft humanitärer Angelegenheiten zu schaffen -; sodann sei aber daran zu denken, dass ein anderes politisches Gebilde dem Völkerbunde entgegen gesetzt werden solle. Dabei gelange man in die ganze Problematik des neuen politischen Systems. Denn einen Bund ohne festes politisches System gäbe es nicht. Im übrigen müsse man sich von der Vorstellung, der jetzige Völkerbund sei eine einheitliche Größe, freimachen; tatsächlich sei er eine Kombination heterogenster Gebilde (Verwaltungsgemeinschaft, Ausschuss zur Ausführung der Friedensverträge, in ihm stecke der Plan einer umfassenden Weltgemeinschaft, der Plan eines hegemonialen europäischen Systems usw.). Durch diese Analyse des jetzigen Bundes könne man schon jetzt an seiner Zerstörung arbeiten, ohne auf das schwierige neue System einzugehen.

Prof. Bilfinger weist darauf hin, dass der Art. 10 fast wörtlich dem Schema des Staatenbundes abgelesen sei (Deutscher Bund usw.). Für einen Völkerbund ohne Versailles sei das unmöglich. Art. 10 sei eine Formel für einen territorialen Schutz nach außen unter Bundesmitgliedern; das setze eine konsolidierte Konstruktion voraus, die der Völkerbund nicht sein könne. Im übrigen könne eine historische Untersuchung des Art. 10 wertvolle Vorarbeiten leisten.

Ministerialdirektor Gaus: Es sei außerordentlich nützlich, bei den Erörterungen auf die Antinomie hinzuweisen, die darin läge, dass sowohl in der Gesamtstruktur des Völkerbundes als Garant der territorialen Lage, wie auch in den Einzelbestimmungen die Neutralen, die nicht Versailler Vertragsmächte seien, auf diesem Umweg gezwungen worden seien, sich mit zum Garanten von Vertragsbestimmungen zu machen, die sie gar nichts angingen und die sie sich als solche nicht zu eigen machten. Das letztere habe sich gerade bei den Erörterungen in London über die Entmilitarisierung der Rheinlandzone gezeigt und treffe ebenso für die österreichische und die Danziger Frage zu.

Nolda (Korvettenkapitän) berichtet von einem Gespräch mit dem Völkerbundsjuristen *Girod,* der die Trennung der Völkerbundssatzung vom Versailler Vertrag als die leichteste Frage bezeichnet habe; sie sei viel leichter als eine Änderung des Art. 16. Die Erörterungen über das Thema könnten ferner auf eine breitere Basis gestellt werden: Sprachenfrage, Sitz des Völkerbundes, das französisch-englische System in der Verwaltung.

Geheimrat Woermann weist zum Schluss der Aussprache darauf hin, dass es weniger auf diese technischen Einzelheiten ankomme, die er deshalb so ausführlich vorgetragen habe, um zu zeigen, was technisch darin stecke. Wichtiger sei, dass eine Fahne gehisst sei, und zwar im Sinne einer politischen Loslösung des ganzen Systems, unabhängig von dem Bestehen oder Nichtbestehen der Völkerbundssatzung. Es sei überhaupt nicht zu bezweifeln, dass der Völkerbund durch den Eintritt Sowjet-Russlands und durch dessen Stellung als permanentes Ratsmitglied ein ganz anderes Gesicht als vorher bekommen habe.

Das zweite Referat hielt *Prof. Jahrreiss* über den *„Französischen Friedensplan und die Reform des Völkerbundes“:*

Der französische Friedensplan ist in der Denkschrift und in der Erklärung vom 8.4.1936 enthalten. Nach ihm sieht die französische Regierung die Lage so an: Das Reich hat nach einem Vorwand gesucht, das Locarnostatut zu beseitigen und diesen in dem Hilfeleistungspakt Moskau-Paris gefunden. Damit hat es den festen Unterbau für den Frieden im Westen zerstört. Und nicht nur diesen, denn der europäische Friede ist unteilbar.

Die neuen Einigungsmöglichkeiten des französischen Planes liegen nicht in der Richtung einer einfachen Wiederherstellung; es soll vielmehr ein neues Statut für das Rheinland geschaffen werden, das die mit der Sicherheit Westeuropas verbundenen Probleme löst; das sind aber nur Teilprobleme des unteilbaren europäischen Friedens und laufen stets auf eine Sicherung des territorialen Status quo vor Krieg hinaus. Grundlage der neu zu schaffenden Regelung soll die vorbehaltlose Anerkennung des territorialen und politischen Statuts des heutigen Europa durch das Reich sein; Änderungen können frühestens nach 25 Jahren mit Zustimmung aller beschlossen werden. Den Rahmen für alle Regelungen bildet der Völkerbund, zu dessen Ergänzung ein regionaler Pakt für Europa geschaffen werden soll. Ihren Schutz findet die Regelung einmal in einem lückenlosen Güteverfahren vor einem internationalen, unparteiischen, souveränen Gericht, dessen Rechtspruch durch den Einsatz der Streitkräfte aller Mitglieder garantiert werden soll. Sodann soll ein lückenloses Angriffsverbot eingerichtet werden, so dass das Reich mit allen Nachbarn und auch mit der UdSSR Nichtangriffsverträge zu schließen hat. Garantiert wird dieses Angriffsverbot durch ein System des wirksamen und sofortigen kollektiven Vorgehens auf Grund von Beistandspakten. Nach der Errichtung dieses Statuts werden die Rüstungen begrenzt mit dem Ziele der Abrüstung. Der französische Plan sieht sodann noch einen Europa-Ausschuss im Rahmen des Völkerbundes vor und gibt ihm bestimmte Aufsichts- und Entscheidungsbefugnisse.

Ohne einen Rückblick auf die französische Position in den vergangenen 17 Jahren ist die Aufstellung des Planes kaum zu begreifen: Im Nachkriegseuropa ohne Russland hat Frankreich eine ähnliche Stellung gehabt wie zu Zeiten Ludwigs XIV.; obwohl sie 1919 sogar größer gewesen ist, wird sie von Anfang an nur zur starren Erhaltung des Gewonnenen eingesetzt. Die Auflehnung gegen die endgültigen Grundgesetze Europas, die Pariser Vorortverträge von 1919, sieht Frankreich nicht als Folge des Bruchs der 14 Punkte, sondern beruht auf der Böswilligkeit der Revisionisten. Es will daher eine Ordnung finden, die den Verzicht auf Revision bringt oder sie mechanisch unmöglich macht. Frankreich hat eine vierfache Verfestigung des Status im Sieg, in der Gerechtigkeit, im Vertrag und im Völkerbund versucht. Keine hat sich als fest genug erwiesen. Und so lebt es in echter Angst vor Revisionen, da es nichts preisgeben will. Da das Reich kaum zum Verzicht auf Revision gebracht werden wird, soll ein Apparat geschaffen werden, der sie automatisch unmöglich macht. Alle Verträge, die Frankreich abschließt, sind gegen das Reich gerichtet. Irgendeine kriegerische Auseinandersetzung wird nur mit dem Reich erwartet – so soll dieses auch allein verpflichtet sein, sich selbst in schwachem Zustande zu halten, um einem jederzeitigen Zugriff offen zu stehen.

Für Frankreich sind die Aussichten auf eine Verwirklichung des Planes äußerst gering, denn jeder Vertrag, der Ordnung schaffen will, braucht einen tragfähigen Boden. Aber im Umkreise des deutsch-französischen Konfliktes gibt es heute keine politischen Verträge, die auf Gemeinschaft zielen und von allen Partnern aus vollkommen gleicher, „verträglicher“ geistiger Lage geschlossen werden könnten. Diese geistige Lage ist heute noch völlig chaotisch. Man ist sich weder über die geschichtlichen Wurzeln des jetzigen Zustandes einig (Kriegs- und Friedens-

Schuldfrage), noch über die politischen Zielsetzungen für Europa. Eine Gemeinschaft kann nicht entstehen, solange nicht dieses Chaos in exakter, sich selbst nicht schonender, den Gegner als geistigen Mitarbeiter ehrender Art unter den Führenden soweit entwirrt ist, dass nur noch übersehbare Differenzen vorliegen.

Hinzu kommt, dass von Jahr zu Jahr der Misskredit völkerrechtlicher Verträge größer geworden ist. Man traut ihnen nicht mehr zu, dass sie das Elend vermindern können. Das liegt u.a. an der Paktomanie, durch die eine Besserung der Lage nicht eingetreten ist; die kompliziertesten Vertragstypen wurden erfunden und der jeweils letzte als unerlässliche Voraussetzung des Friedens gefordert, um nach kurzer Zeit vom nächsten als nicht genügend disqualifiziert zu werden. Das Misstrauen liegt ferner in dem Bruch des Friedensvorvertrages begründet, den auch der französische Plan noch immer nicht gutmachen will.

Bei solcher Lage wird man heute nicht mehr als einen modus vivendi erwarten dürfen. Durch Vertragsverhandlungen, die trotz alledem gepflogen werden, kann die Atmosphäre wenigstens entgiftet werden. Es könnte dabei untersucht werden, ob die Auffassung berechtigt ist, dass neue Verträge zur Verhinderung des Krieges unerlässlich sind. Diese Vorstellung, die allgemein verbreitet ist, wirkt fast wie eine politische Tatsache. Einig sind sich die Regierungen, dass Nichtangriffspakte geschlossen werden sollen; ihre Einhaltung würde praktisch bedeuten, dass der Friede im Sinn von Nicht-Krieg mechanisch erhalten bliebe. Man sollte jedoch auch heute schon nach einem Frieden suchen, der entweder jetzt sofort gewisse Unerträglichkeiten von Versailles abschafft oder mildert, oder wenigstens eine Methode zu gewaltloser Revision sichern. Dies ist der Punkt, wo zwischen Berlin und London die Verständigung am ehesten erreichbar scheint, eine Verständigung aber zwischen Berlin und Paris leider noch immer wie eine Utopie anmutet.

In dem französischen Plan wird der Völkerbund als Welteinrichtung beibehalten. Dabei räumt Frankreich ein, dass eine gewisse Reform des Völkerbundes stattfinden könne. Das sieht zunächst nach Übereinstimmung zwischen Berlin-London-Paris aus. Jedoch in der Würdigung des Völkerbundes bestehen große Unterschiede. In seiner Praxis hat er sich von Anfang an als eine Institution der beiden Großmächte Großbritannien und Frankreich erwiesen. Sie aber gerade haben den Völkerbund nur für die anderen als eine entscheidende Stelle wahrhaben und pflegen wollen, niemals für sich. Dabei besteht ein grundlegender Unterschied zwischen der Stellungnahme dieser beiden Mächte. Für Frankreich soll er eine Institution sein, die seine Herrschaft aufrichtet und sichert. Frankreich - Europa (so kann man ihn wohl nach dem Fernbleiben Amerikas und dem Austritt Japans nennen) wird den Feind Europas, das Deutsche Reich, sicherhalten. Der französische Plan ist daher beherrscht von der clausula antigermanica, nach der sich das Deutsche Reich exekutierbar zu halten hat (Ziff. 4 und 5 des Entwurfes). England dagegen begrüßte den Völkerbund als das Mittel, seinen britischen „Völkerbund" zu umfangen und dessen Zentrifugaltendenzen, die sich seit der Jahrhundertwende zeigten, zu paralysieren. Dabei hat England übersehen, dass sein Völkerbund als Auflockerung eines großen Herrschaftsverbandes in Teilherrschaftsverbände entstanden ist, während umgekehrt der Genfer Völkerbund als Dachkonstruktion über bisher bloß völkerrechtlich verbundene Herrschaftsverbände entstand. Jeder dieser beiden Bünde wird bei Krisen in den vorherigen Zustand zurückgehen.

Die vorgeschlagenen allgemeinen Beistandsverträge sind nichts anderes als ein neuer Einfall, das Reich in Fesseln zu halten. Frankreich und Europa sind darin gleichgesetzt – auch anderwärts beginnt man jedoch einzusehen, dass diese Gleichsetzung auf eine solche von III. Internationalen und Europa hinauszulaufen droht. – Nach englischer Auffassung sind dagegen diese Beistandsverträge eine psychologische Unmöglichkeit, da sich in diesem Europa, in dem es jeden Augenblick Freundschaften und Feindschaften gibt, die Staaten kaum darauf einigen werden, dass jeder jeden Tag bereit ist, gegen Jedermann sich einzusetzen.

Der Mangel des französischen Planes liegt hauptsächlich darin, dass Paris nur den Gegensatz zu dem Deutschen Reich sieht. Krieg in diesem Bereich trifft aber nicht nur diese beiden Staaten, sondern alle vier in Europa verwurzelten Großmächte. Insoweit ist der Friede unteilbar, da der deutsch-französische Konflikt sich nicht aus dem Interessenbereich Londons und Moskaus herauslösen lässt.

Nach dem Bruch der vierzehn Punkte hätten Frankreich und England alle Ursache gehabt, über das deutsche Anerbieten froh zu sein, auf Grund einer neuen Übereinkunft eine bessere Zukunft zu bauen. Denn auf den Kredit der Verträge kommt es in Zukunft an – und dabei sollte jedes Angebot erwünscht sein, das den bisherigen Misskredit aus dem Wege zu räumen vermag.

[Originalwortlaut des Referates von *H. Jahrreiss:*

I. Der französische Friedensplan

Der französische Friedensplan ist enthalten in der Denkschrift (D) und in der Erklärung (E) vom 8. April 1936. Die Erklärung wurde an Großbritannien, Belgien und Italien gerichtet, die Denkschrift an Großbritannien, den anderen beiden aber mitgeteilt. Die Kritik an beiden Schriftstücken ist selbst in Frankreich-freundlichen Kreisen Europas, ja selbst in Frankreich im allgemeinen wie für Einzelheiten sehr herb gewesen. Ihre inhaltliche Mangelhaftigkeit und formale Erstaunlichkeit werden ja, wie wir schon wissen, noch 1973 [?] Jean Jacques Dubois zu einer Verzweiflungsaktion mobilisieren.

Dennoch: Diese Schriftstücke sind leider keine Fälschungen, sondern politische Tatsachen und Symptome für andere politische Tatsachen. Insbesondere ist ja der britische Fragebogen in manchen Punkten eng mit ihnen verknüpft. – Nach der Meinung der französischen Regierung ist die Lage so:

Deutschland hat nach einem Vorwand gesucht, das Locarno-Statut zu beseitigen. Der Abschluss des Hilfeleistungspakts Moskau-Paris ist ihm dieser Vorwand (D VI), damit hat Deutschland den festesten Unterbau für den Frieden im Westen (das war eben der Vertrag von Locarno) bedenkenlos zerstört (D II); ja nicht nur den Frieden im Westen, denn der europäische Frieden ist unteilbar (D VI). Die Entmilitarisierung der Rheinlande bedeutete nichts anderes als eine Sicherheitsgarantie für Europa gegen neue Unternehmungen Deutschlands (D II); sie betrafen das politische Statut Europas (D V). – Immerhin scheint der Augenblick für Europa trotz seines Ernstes eine neue Einigungsmöglichkeit zu bieten (E Eingang).

Was soll nun erreicht werden? Einfache Wiederherstellung wird nicht betrieben. Geschaffen werden soll ein neues Statut für das Rheinland, das die mit der Sicherheit Westeuropas verbundenen Probleme löst. Die sind aber eben nur Teilprobleme des unteilbaren europäischen Friedensproblems. Der europäische Friede, der aber nichts anderes ist als das territoriale und politische Statut Europas (D VIII), muss gegen die Gefahr eines Krieges absolut gesichert werden (D IV). Der Krieg ist unmöglich zu machen (D VIII, E Eingang). Wie soll das erreicht werden? – Der Völkerbund bildet den umfassenden Rahmen für alle Regelung; sein gegebenenfalls an die neue Lage anzupassendes Statut ist oberstes Gesetz (D VII, E 22, 24). Zu seiner Ergänzung wird ein regionaler Pakt für Europa geschaffen (E 7). Denn Europa ist eine typische regionale Einheit, deren Eigenentwicklung die Organisierung nach dem hier aufgestellten Muster erleichtert (E 8). Sollte freilich die Erfahrung Europa als zu weit gefasst erweisen, dann müssen mehrere europäische Regionen durch besondere Pakte organisiert werden (E 9).

Grundlage der ganzen neuen Regelung muss sein: Vorbehaltlose Anerkennung des territorialen und politischen Statuts des heutigen Europa durch Deutschland (D VIII); Änderungen dieses Statuts dürfen nicht vor 25 Jahren begehrt und können dann nur mit Zustimmung aller beschlossen werden (E 11).

Diese Grundlage-Regelung wird so geschützt: 1. Es besteht ein lückenloses Güteverfahrensgebot. Alle Konflikte sind nach dem Völkerrecht zu entscheiden, das ein internationales, unparteiisches und souveränes Gericht auszulegen hat. Die Garantie dieser Garantie ist der Einsatz der Streitkräfte aller Mitglieder zur Durchsetzung des Rechtsanspruchs (E 5). – 2. Es besteht ein lükkenloses Angriffsverbot. Deutschland muss mit allen seinen Nachbarn und mit der Sowjetunion Nicht-Angriffs-Verträge schließen (D VI). Die Garantie dieser Garantie ist ein über ganz Europa erstrecktes System des wirksamen und sofortigen kollektiven Vorgehens auf Grund von Beistandspakten (D VI, VIII, E 6, 11), worin der Fortschritt gegenüber dem Kellogg-Pakt besteht (D V). Damit diese Beistandsgarantie nicht gegenüber den schwächeren Nachbarn Deutschlands eingeschränkt wird, ist es beim gegenwärtigen Zustand Europas überragend wichtig, dass zu Lasten Deutschlands ein Verbot oder wenigstens eine Beschränkung der künftigen Anlegung von Befestigungen in einer zu bestimmenden Zone gilt (D V, E 4, 5). – 3. Nach der Errichtung dieses Statuts werden die Rüstungen begrenzt mit dem Ziele der Abrüstung.

Ein Europa-Ausschuss wird im Rahmen des Völkerbundes geschaffen, er besorgt die neue Organisation (E 10), befindet mit 2/3-Mehrheit über die Vereinbarkeit der jetzigen oder späteren Verträge mit dem Europa-Statut (E 15), hat die ständige Kontrolle über die Einhaltung der Bestimmungen (E 13). Er entscheidet mit 2/3-Mehrheit über die Abrüstung der einzelnen Staaten, sofern der Völkerbundsrat nicht ein anderes Organ mit dieser 2/3-Mehrheitsgewalt betraut (E 14). Er hat die Verfügung über die besonderen und ständigen Streitkräfte zur Durchführung der Beistandsverträge (E 12). – Daneben schafft der Völkerbundsrat einen ständigen Schiedsgerichtshof für die Streitigkeiten aus Abrüstungsfragen (E 14).

II. Die Voraussetzungen der Aufstellung des französischen Plans: die französische Position

Man hat diesem französischen Plan sofort nachgesagt, er sei nichts anderes als ein Zusammenrühren von Gedanken und Plänen, deren Unvermögen, den Frieden zu organisieren, spätestens seit dem Konflikt um Abessinien aller Welt klar geworden sei; ja das Vorbringen eines solchen Planes in diesem Augenblick wirke grotesk, wenn nicht spukhaft. Und doch weiß man zugleich, dass hinter diesem Plan eine durch 17 Jahre nur immer mehr versteifte Hartnäckigkeit mit fast dem Gewicht eines unentrinnbaren Schicksals steht, eine Hartnäckigkeit, die überdies heute durch die innenpolitische Entwicklung Frankreichs um den letzten Rest der Fähigkeit zu eigener Revision gebracht zu sein scheint. – Aus dieser Position folgt die Aufstellung des französischen Planes. Sie müssen wir vorerst prüfen.

Das Ende des Weltkriegs sieht ein Europa ohne Russland, also Klein-Europa. Die größten Staaten dieses Bereichs liegen im Kreuze England-Italien und Spanien-Deutschland um den Kern: Frankreich. Dessen Machtlage ähnelt somit grundsätzlich der Position des Frankreichs Ludwigs XIV. bis zum Eingreifen Russlands in den europäischen Bereich. Die Macht Frankreichs ist aber 1919 relativ viel größer. Dennoch wird sie von Anfang an nur zur starren Erhaltung des Gewonnenen eingesetzt. Der Geschichte wird Stillstand befohlen. Die Pariser Vorort-Diktate sind nach dem Willen der Pariser Regierung das endgültige Grundgesetz Europas.

Paris will nicht wahrhaben, dass dieses Gesetz nicht gut ist. Ja, es will nicht wahrhaben, dass selbst ein gutes Gesetz vergänglich ist. Nur Böswilligkeit kann, so meint es, dieses Gesetz nicht für weise halten, nur Böswilligkeit kann sich auflehnen und Änderungen verlangen; die Unruhe Europas ist nicht Ergebnis des Bruchs der 14 Punkte, die einen innerlich guten, gut zustande gebrachten und dann gut geschützten Frieden wollten, sondern die Unruhe kommt von den Revisionisten. Man muss also eine Ordnung finden, die den Verzicht auf Revision bringt oder notfalls Revision einfach mechanisch unmöglich macht. Man wollte schon 1919 eine physische Bürgschaft, die einzig mögliche, wie man glaubte: Verlegung der deutschen Westgrenze an den Rhein (französische Denkschrift an die Bundesgenossen vom 25.2.1919). Und zwar verlangte man schon damals, dass Deutschland im Westen nicht nur angriffsunfähig, sondern zu Gunsten der östlichen und südöstlichen Bundesgenossen Frankreichs für den französischen Exekutionszugriff offen sei.

Dabei hat Frankreich aber nicht einfach die Stellung jedes Besitzenden, die man so gern die glücklichere nennt. Der Stellung Frankreichs droht nämlich nicht nur, dass das Heute zum Sklaven des Gestern und nicht zum Meister des Morgen wird, dass das Heute also von vornherein, wenn eine weitere Steigerung nicht möglich ist, nur Verteidigung bedeutet. Die Stellung Frankreichs ist vielmehr in besonderer Weise geschwächt. Die vierfache Verfestigung des Status im Sieg, in der Gerechtigkeit, im Vertrag und im Völkerbund erweist sich als eine Häufung von Versuchen, eine Regelung als gerechtfertigt erscheinen zu lassen, die sich vor dem Leben nicht rechtfertigen kann. Denn es ist eine vierfache Unwahrhaftigkeit.

Der große Krieg war als ein europäischer Krieg entstanden und, solange nur die europäischen Großmächte gegeneinander standen, war Deutschland jedenfalls nicht besiegt. Erst der Beitritt der Vereinigten Staaten und damit die Ausweitung des europäischen Kriegs in den Weltkrieg schuf eine Siegeskoalition gegen Deutschland. Aber die Vereinigten Staaten entzogen sich schließlich der Verantwortung für den Friedensschluss; es wurde ein europäischer Friedensschluss, und die Regierungen von Paris und London, eben noch knapp Gerettete, sahen sich in der Stellung der allmächtigen Diktatoren. Frankreich hat Deutschland nicht besiegt. Der Rechtstitel wirklicher Sieger ist zwar immer eine Fiktion gewesen, aber Frankreich und England waren eben nicht einmal die Sieger. Der Sieg, aus dem Poincaré bei der Eröffnung der Pariser Präliminarkonferenz von den Alliierten und Assoziierten unter offener Beiseiteschiebung der 14 Punkte die totale Konsequenz gezogen wissen wollte, war der Sieg einer schon 1919 um ihren Weltschützer gebrachten Koalition. Er konnte nicht eine europäische Hegemonie Frankreichs stützen.

Aber wenn der *Sieg* die Lösung nicht trug, dann sollte es die *Gerechtigkeit* sein. Dass Versailles nach Grund, Ziel und Maß des Diktats einem Zusammenleben der Völker nicht gerecht wird und somit ungerecht ist, ist das wirklich nur eine deutsche Behauptung? – Nun denn! Mögen Sieg und Gerechtigkeit versagen, jedenfalls ist die Regelung *Vertrag*. Aber auch der Glaube daran kam trotz allen Pochens auf die Heiligkeit der Verträge mehr und mehr ins Wanken; Frankreich strebte sehr bald nach einer nochmaligen, nunmehr freiwilligen Unterschrift Deutschlands. Die erzwungene hatte wohl doch keine organisierende Kraft?! - Schließlich: Die Verkoppelung des Diktats mit dem Völkerbund konnte das Diktat nicht heiligen, sondern musste den Völkerbund um die Existenz bringen.

So haben wir die Angst Frankreichs, diese ganz wirkliche Angst. Nur Revision könnte sie bannen. Lord Lothian hat nur zu sehr recht. Aber man will nichts preisgeben. Und so bleibt nichts anderes als die gewaltsame Abriegelung der Revision. Am besten ist es, wenn Deutschland zum Verzicht auf Revision gebracht wird; wenn nicht, so muss ein Apparat geschaffen werden, der automatisch-mechanisch jede Revision unmöglich macht. – Revision durch Verständigung wird Deutschland verweigert. Revision durch Gewalt muss Deutschland unmöglich gemacht werden. – Gebietsgarantie und Sanktionsapparat der Völkerbundssatzung werden nur im Hinblick auf Deutschland ernst genommen; der Revisionsartikel 19 wird im Hinblick auf Deutschland um jede Auswirkung gebracht. Die Ergänzung der Satzung im Genfer Protokoll wird nur im Hinblick auf Deutschland erstrebt; Bündnisse, Garantieverträge, Schirmherrschaft über Blöcke werden unmittelbar oder mittelbar gegen Deutschland geschaffen. Nichtangriffsverträge mit Deutschland rechnen von vornherein nur mit *deutschem* Angriff. Beistandspakte werden, wenn überhaupt je, nur gegen Deutschland gebraucht werden; nur Deutschland ist darum auch verpflichtet, sich selbst dauernd in einem Zustand zu halten, der den anderen die Vollstreckung erlaubt.

III. Die Voraussetzungen der Verwirklichung des französischen Plans

Der Wille Frankreichs, das sich durch alle die Jahre gleich geblieben ist, steht hinter dem neuen Plan. Also prüfen wir: Wie steht es mit der Chance seiner Verwirklichung?

1. Neue Verträge?

a) Die Ausgangsvorstellung. Die meisten, die sich heute an verantwortlichter oder nicht verantwortlicher Stelle Gedanken zur sorgenvollen Lage machen, lassen sich von dieser Ausgangsvorstellung leiten: Der gegenwärtige Zustand des Abendlandes ist zwar nicht Krieg, aber auch nicht Friede. Es droht ein europäischer Krieg. Das wäre unvermeidlich ein allgemeiner und brächte, da für die modernen Kriegsmittel Europa einfach zu klein geworden ist, die allgemeine Niederlage. Wenn überhaupt etwas aus dieser Lage helfen kann, so nur ein planmäßiges Neuordnen Europas. Und dazu sind unerlässlich Verträge ganz bestimmten Inhalts. Um diese Inhalte nur kann praktisch der Streit gehen. - Die Kritik am Heute wendet sich nämlich immer mindestens auch gegen bestimmte Verträge von gestern; und auf bestimmte Verträge von morgen setzt man die Hoffnung für die Zukunft des Erdteils.

b) Der Glaube an Verträge. Darin liegt ein tiefer Glaube an die menschliche Fähigkeit, mit Verträgen zwischen Staaten neue Ordnung zu schaffen. – Durch Befehl oder Versprechen einzelne Lebensverhältnisse zu gestalten, scheint keine verwunderliche Macht. Normen aber zu setzen, das ist eine erstaunliche Macht des Menschen. Die europäische Menschheitsgruppe, die sich in der überquellenden Aktivität der letzten welterobernden und die technischen Himmel stürmenden Jahrhunderte daran gewöhnt hat, alles, schlechterdings alles planmäßig machen zu können, hat das Staunen vor dieser Macht, damit aber auch ein gut Stück Einsicht in ihre Grenzen verloren. Die Einsicht, dass Normsetzung in bewusstem Akt nie mehr sein kann als ein Experiment, über dessen Gelingen das Leben entscheidet, ist vielfach verloren gegangen.

Das Gesetz des Staates, eingespannt zwischen die Ordnung, die ihm die Chance der Entstehung und der Einbürgerung gibt, und die Ordnung von morgen, an deren Entstehung es vielleicht glückhaft mithilft, wurde gedanklich isoliert. Solange der Erfolg im großen und ganzen treu blieb, möchte es nicht viel schaden. Mit den Staatsverträgen ging es nicht anders. Was sollte man denn *nicht* mit Verträgen ordnen können? Also ordnen wir! Aber jeder Vertrag, der Ordnung schaffen will, braucht einen tragfähigen geistigen Boden. – Und wie steht es damit im Umkreis der Staaten, deren Beteiligung an den gewünschten Verträgen auf alle Fälle gebraucht wird, d.h. im Umkreis des deutsch-französischen Konflikts? – Ich scheue mich nicht zu sagen: Es gibt heute einfach keine politischen Verträge, keine Verträge, die auf Gemeinschaft zielen, im Umkreis des deutsch-französischen Konflikts, die von allen Partnern aus vollkommen gleicher, „verträglicher" geistiger Lage geschlossen werden könnten. Diese geistige Lage ist heute noch trostlos chaotisch.

Die Ansichten über die Gegebenheiten und ihre geschichtliche Wurzel gehen in tausend Punkten auseinander: Nicht nur die Kriegsschuld- oder die Friedensschuldfrage sind eben weiterhin aufwühlende Fragen; in der gegenwärtigen Phase der Verhandlungen schwankt vor allem das Bild von Locarno in der Geschichte. – Für die Wertungen aber schwirren zahllose und allermeist ungeeichte Maßstabe umher. – Und die politischen Zielsetzungen? Wo hätten wir in Europa zwei Regierungen, die sich über die Ziele und das Raumverhältnis der Gleichordnung, Unterordnung, Nacheinanderordnung dieser Ziele, über die Mittel zur Erreichung der Ziele einig wären, ja einig sein könnten! Und für wen will man denn überhaupt Ziele so oder so erreichen? Für die Menschheit, für die europäische Menschheit (was ist das?), für die einzelnen Staaten oder die einzelnen Völker?

Die Perspektiven, Preis und Tadel, die Forderungen sind abgründig verschieden. – Dabei gibt es bei manchen Regierungen nicht bloß eine und gar eine unwandelbare Sachverhaltsvorstellung, Werteinstellung und Planaufstellung.

Denken wir weiter daran, wieviel Regierungen, auch wenn sich in sich einig sind, in ihren Ländern nicht jenes Maß von Einigkeit hinter sich haben, das in glücklichen Augenblicken der Geschichte möglich ist; denken wir an den Gegensatz der Generationen in den Ländern; denken wir an das Aufeinanderwirken innen- und außenpolitischer Feststellungen, Wertungen, Absichten in einer Zeit, in der diejenigen Mächte, auf die es hier auf alle Fälle ankommt, grob ausgedrückt, mit der leistungsfähigsten, aber auch kompliziertesten Organisationsmethode, nämlich mit der Herrschaft nach ihrem Grund, ihrer Grenze und ihrem Gebaren sehr verschieden umgehen und in der diese Unterschiede oft noch doktrinär vertieft werden.

Schließlich: Denken wir an die Gefahren für die geistige Lage, die daraus entstehen, dass vielfach ein vereinfachender oder entgegenkommender oder unzugänglicher Sprachgebrauch geistige Differenzen versteckt, andererseits nicht sorgfältiger Sprachgebrauch Scheinprobleme aufwirft. – Das Bewusstsein von dieser Trostlosigkeit der geistigen Lage ist nun selbst eine politische, gestaltende Tatsache. Sie ist fast einhellig bewusst und fast einhellig ist ihre Bewertung: ihre Gefährlichkeit für irgend einen Versuch, Europa zu einer europäischen Gemeinschaft zu organisieren. Eine solche Gemeinschaft kann nicht entstehen, solange nicht dieses Chaos der Ansichten, Wertungen, Forderungen in peinlich exakter, sich selbst nicht schonender, den Gegner als geistigen Mitstreiter ehrender Art unter den Führenden soweit entwirrt ist, dass nur noch übersehbare Differenzen vorliegen. Ich bin fest überzeugt, dass die Stunde nicht da ist, in der Europa aufgebaut werden könnte.

Alle, die unter einem Frieden in Europa mehr als Nichtkrieg, ja auch mehr als eine bis zur Tragbarkeit, bis zur Erträglichkeit revidierte Ordnung verstehen, nämlich eine tragende Ordnung, nicht bloß Ruhe, sondern Leistungsgemeinschaft, müssen erkennen, dass dieses Ziel *heute* auf gar keine Weise erlangt werden kann. Man muss sich mit weniger begnügen. Der französische Plan leidet tödlich daran, dass er für Europa das bescheidenste Ziel will, den Frieden als Nichtkrieg, und dafür einsetzen will einen Apparat, der nicht bei jedem Gemeinschaftsfrieden nötig, aber sicher nur bei einem Gemeinschaftsfrieden möglich ist.

c) Der Unglaube an Verträge. Der Optimismus, dass Verträge das Elend in mehr als mechanischer und bloß aufschiebender Weise abhalten könnten, ist denn auch von Jahr zu Jahr geringer geworden. – Der Misskredit, die Kreditdefensive, in der sich heute die Staatsverträge befinden, entmutigt dann manchen, der dennoch glauben wollte. Die Gründe für diesen Misskredit sind sehr verschiedener Natur. – Zunächst geht es eben mit den Staatsverträgen, wie es vielfach mit den Gesetzen geht. Man hat sie überschätzt, von ihrer Grundlage gelöst und verfällt nun in der Krise leicht in die Unterschätzung. Man hat sich wieder ernsthaft auf die Möglichkeiten vertraglichen Organisierens besinnen müssen. Die Paktomanie ist eine schwere Gefahr. – Sodann steht für die Deutschen, die Österreicher und Ungarn und die Bulgaren am Anfang allen Nachdenkens der Bruch des Friedensvorvertrags, für den wir keine stärkeren Ausdrücke des Ekels kennen, die nicht auch jenseits unserer Grenzen, selbst aus den Reihen der Friedensmacher von 1919 laut geworden wären. Wenn es überhaupt eine Reparation zu leisten gilt, dann sind die Geprellten von 1919 die Gläubiger dieser Schuld. Wie seltsam mutet das Moralisieren aus Paris und London an!

Weiter: Dass man zwischen Diktaten und Verträgen soziologisch-politisch, aber nicht rechtlich einen Unterschied wahrhaben wollte, hat jedenfalls dem Rechtsgedanken geschadet. Wie will man heiligen, was man in einer Stunde der Geschichte, in der die Völker bereit waren, auf das Wilsonsche Stichwort hin gemeinsam einen neuen Tag zu beginnen, so zukunftszerstörend entheiligte?

Schliesslich: Diejenige Regierung in Europa, die *alles* auf Verträge gesetzt hat, konnte sich nicht genug tun in dem Erfinden immer neuer und immer komplizierterer Vertragstypen, wobei der jeweils letzte als unerlässliche Voraussetzung des Friedens gefordert wurde, um dann vom nächsten als nicht genügend ganz kurze Zeit danach disqualifiziert zu werden. Für Frankreich ist in all diesen Jahren das Misstrauen geradezu Voraussetzung und Inhalt aller Verträge geworden.

Die französische Denkschrift und die französischen Gegenvorschläge vom 8. April 1936 nicht weniger als das Londoner Memorandum der sog. Locarno-Mächte zeigen, dass man sich noch nicht auf die immanenten Grenzen vertraglicher Organisationsmacht besonnen hat, dass man den

Bruch des Friedensvorvertrags noch immer nicht gutmachen will, dass man, um das Versailler Diktat zu retten, vergessen machen will, dass die alte Irrlehre von der *rechtlichen* Gleichsetzung von Diktat und Vertrag nicht nur von Deutschland und nicht zuerst von Deutschland, sondern von den alliierten und assoziierten Regierungen in Paris bekämpft worden ist und dass sich Frankreich durch viele Jahre um eine nochmalige, freiwillige Unterschrift des Reichs unter das Diktat bemüht hat und sich jetzt wieder darum bemüht.

d) Wozu also Vertragsverhandlungen? Ich wiederhole: Man wird sich dabei bescheiden müssen, dass *zur Zeit* die Bildung einer europäischen Leistungsgemeinschaft noch nicht möglich ist; und wenn es noch so dringlich ist, dass Europa sich gleicherweise von Asien wie von Amerika absetzt, sich in sich selbst konstituiert und dann seine ungeheuren geistigen und physischen Kräfte daransetzt, den ganzen Raum vom Nordkap bis zum Kap der guten Hoffnung zu organisieren und sich den Erdsektor als Wohn- und Werkstatt einzurichten, der es ihm gestatten würde, jeden Ansturm von außen abzuschlagen und seinen jetzigen Standard zu erhalten und künftigen Anforderungen anzupassen. – Nein, man wird heute von vornherein nicht mehr erwarten dürfen als einen modus vivendi. Die Verhandlungen über Verträge, die darauf zielen, können immerhin manche Anregung bringen und damit das Risiko der geplanten Verträge verringern, ihre Chancen also um ebensoviel vergrößern. Man kann versuchen, auf diese Weise eine Atmosphäre zu schaffen, in der Vorurteile überwunden, Perspektiven ergänzt, Wertungen angenähert, gemeinschaftsbildende Ziele gefunden werden.

Es könnte m.E. zunächst einmal sehr die Frage sein, wie weit jene Ausgangsvorstellung, dass neue Verträge unerlässlich seien, um den Krieg zu verhindern, richtig ist. Es wäre möglich, dass man nicht zu den gewünschten Verträgen kommt, der Erdteil aber dennoch nicht in den Krieg taumelt. Und es wäre möglich, dass alle Verträge den Ausbruch eines Krieges nicht hindern könnten. In vielen, vielleicht *zunehmend* vielen Köpfen ist aber einmal diese Vorstellung lebendig; das ist selbst eine politisch wirkende Tatsache. Käme es zum Abschluss eines Vertrags auch sehr begrenzten Inhalts zwischen Deutschland und Frankreich, so wäre allein diese Tatsache des Abschlusses in der augenblicklichen seelischen Lage der Wirrungen fähig, Entspannung zu bringen. – Einig sind sich die Regierungen, dass Nichtangriffspakte geschlossen werden sollen. Ihre Einhaltung würde praktisch bedeuten, dass der Friede im Sinn von Nicht-Krieg mechanisch erhalten bleibe. – Die Frage ist aber, ob, wenn auch heute kein gemeinschaftstragender Friede erreicht werden kann, nicht doch mehr als ein Friede, der bloßer Nicht-Krieg ist, ausgehandelt werden könnte, nämlich ein tragbarer Friede. Um es vorwegzunehmen: Ein Friede, der entweder jetzt sofort gewisse Unerträglichkeiten von Versailles abschafft oder mildert oder wenigstens eine Methode zu gewaltloser Revision sichert. Dies ist der Punkt, wo zwischen Berlin und London die Verständigung am ehesten erreichbar scheint, eine Verständigung aber zwischen Berlin und Paris leider noch immer wie eine Utopie anmutet. Denn Frankreich will jetzt aus ganz Europa einen solchen Lähmungsblock machen, wie er im geringeren Maßstab in der Kleinen Entente und im Balkanbund gegeben ist. Es will die politische Unfruchtbarkeit in sich selbst versichern. Im Kampf um starre Ordnung riskiert es die Anarchie.

2. Kritik am Plan

Wie steht es also um den französischen Plan? Der Völkerbund soll weiterhin Welteinrichtung bleiben; sein Statut ist oberstes Gesetz für alle Mitglieder. Europa wird begriffen als eine typische regionale Einheit, die sich als Untergruppe des Völkerbundes organisieren lässt und zwar gerade auf die französische Weise einer kollektiven Sicherheit unter der majorisierenden Leitung von Organen, die der Völkerbund schafft. Es wird dabei eingeräumt, dass eine gewisse Reform des Völkerbundes Voraussetzung sein könnte.

Zunächst scheint also zwischen dem französischen, britischen und deutschen Standpunkt eine sehr wichtige Einigkeit hergestellt zu sein. Die Franzosen wollen den vielleicht reformierten Völkerbund als die oberste Staatengemeinschaft. Die Briten wollen nichts anderes. Und Deutschland hat sich bereit erklärt, in den Völkerbund wiedereinzutreten, hat dabei Reformen nicht zur Voraussetzung gemacht, aber alle Welt kennt die Kritik Deutschlands am Bund, alle Welt weiß also, dass wir ihn reformbedürftig finden. – In Wahrheit bestehen aber offen und versteckt sehr große Verschiedenheiten in der Würdigung der Gegenwart und in der Planung der Zukunft. Schon der Völkerbund der Satzung war ein Kompromiss der Worte bei mehr oder weniger offener Uneinigkeit der gründenden Großmächte. Wilson hatte einen Frieden vor sich gesehen, der die gegenwärtigen Konflikte ohne Rücksicht auf die Ergebnisse des Kriegsglücks und ohne das Mittel des Diktats, d.h. also ohne das Mittel der bloßen Vertragskulisse löste. Dann sollte eine neuartige, grundsätzlich andersartige Organisation der Staatengemeinschaft den gerechten Frieden schützen und für seine stetige gewaltlose Anpassung an das Leben sorgen. Sollte die Organisation wirklich ganz neuartig sein, müsste sie zur Herrschaft als Ordnungsmethode greifen. – Das Ergebnis von Paris war die diktatmäßige, Siegerwillkür verwirklichende, lebensunfähige Regelung der gegenwärtigen Konflikte und ein Völkerbund, der verurteilt war, diese ihn selbst schändende Regelung vor der Anpassung an das Leben zu bewahren. Herrschaft wurde allerdings errichtet; in Versammlung und Rat schafft die Einstimmigkeit der vertretenen Mitglieder (nicht also erst die Einstimmigkeit der Bundesmitglieder) Verbindlichkeit für alle; darüber hinaus kennen Versammlung und Rat sogar Beschlüsse, die mit der Mehrheit der vertretenen Mitglieder Geltung für alle gewinnen; und *alle* Ratsbeschlüsse sind für die erdrückende Mehrheit der Mitglieder Fremdanweisung. Wenn man also nicht mit dem Wort Souveränität um der Zukunft willen kämpfen will, nämlich um einer weiteren Verstärkung der neugegründeten, übergeordneten Herrschaft vorzubeugen (wir erinnern uns der Geschichte des Deutschen Bundes), dann sollte man nicht verschweigen wollen, dass nach der *Satzung* des Bundes die souveränen, d.h. einer auswärtigen Herrschaft nach geltender Ordnung nicht unterworfenen politischen Gemeinwesen mit ihrem Eintritt in den Bund aus dem bisherigen bloß völkerrechtlichen Verband in einen wenn auch kompetenzschwachen und verfahrenskomplizierten Herrschaftsverband hinüberschritten.

Ohne solchen grundsätzlichen Wandel wäre auch die Gebietsgarantie einer Weltgemeinschaft, zumal in der Form der militärischen Vollstreckung, gar nicht vorstellbar gewesen. – Die Großmächte im Bund jedenfalls haben von Anfang an diesen grundsätzlichen Wandel der Struktur nicht wahrhaben wollen. Im Abessinien-Konflikt zuletzt und am deutlichsten hat sich erwiesen, wie sehr alle diejenigen recht gehabt haben, die da meinten, es bliebe nur die Wahl, entweder den Völkerbund offen jedes herrschaftlichen Charakters zu entkleiden (dann konnte es freilich keine verbindlichen Beschlüsse und keine Machtentfaltung des Bundes geben, sondern man wich, gleichviel unter welcher Formel, auf das Vorkriegs-Völkerrecht zurück) oder aber den Völkerbund nach der anderen Seite aus der Halbheit herauszuführen und wirklich zu einer befehlenden und durchsetzenden Macht zu erheben.

Im Grunde ist dieser Völkerbund in seiner Praxis von Anfang an eine Angelegenheit der beiden europäischen Großmächte Großbritannien und Frankreich gewesen. Sie aber gerade haben den Völkerbund nur für die *anderen* als eine entscheidende Stelle wahrhaben und pflegen wollen, niemals für sich. – Dabei bestehen aber und besteht noch heute m.E. ein grundlegender Unterschied zwischen der englischen und französischen Stellung zum Bund. Die Franzosen haben den Völkerbund erst begrüßt, als das Fernbleiben der Vereinigten Staaten gestattete, im Rahmen einer Theorie, die eine Normenordnung für alle denkbaren Fälle weltweit formulierte, eine Praxis zu machen, die sich auf Europa beschränkte und nur zwei bestimmte einzelne Fälle ins Auge fasste, nämlich alles abstellte auf die bolschewistische Gefährdung des westlichen Kapitalismus (Art. 17) und auf die Rebellion Deutschlands gegen die Versailler Beutegemeinschaft unter französischer Führung (das ist ja jene Verknüpfung des Bundes mit dem Diktat, gegen die sich im Interesse des Bundes seit 1920 kleinere Mächte gewandt haben). Heute, nach dem wohl endgültigen Fernbleiben der Vereinigten Staaten von diesem Völkerbund und angesichts der Gefahr eines selbständigen panamerikanischen Völkerbundes, weiter: nach dem Ausscheiden Japans und damit doch wohl praktisch des ganzen ostasiatischen Bereichs hat es kaum mehr als einen Schein der Möglichkeit für sich, wenn die französischen Vorschläge von einem Völkerbund sprechen, *innerhalb* dessen Europa als Region auftritt. Die Anpassung des Völkerbundes an das geplante Europa-Statut dürfte, so gesehen, keine *Welt*schwierigkeiten bringen; in Wahrheit wird der Völkerbund eben nichts anderes sein als die ihn angeblich nur ergänzende Europa-Regelung. Die aber richtet Herrschaft auf für Frankreich, das selbstverständlich nie angreifen wird, gegen Deutschland, das selbstverständlich angreifen will und daran eben mechanisch verhindert werden muss. Praktisch also wird Frankreich souverän sein, Deutschland nicht souverän. Frankreich-Europa wird den Feind Europas, Deutschland, sicherhalten. Die allgemeinen Beistandsverträge werden gar nicht allgemein gedacht. Nachdem es nur noch den Fall Deutschland gibt, ist nur für ihn vorzusorgen. Die Allgemeinheit der Formulierung macht sich gut. Die Ziffern 4 und 5 des Entwurfs bergen aber hinter der allgemeinen Formulierung nichts anderes als die clausula antigermanica, wonach sich Deutschland exekutierbar zu halten hat.

Anders Großbritannien. Für die Londoner Regierung gibt es *drei* Bühnen politischen Wirkens: die Heimat, das Reich, die Welt. – Auf allen drei Bühnen kommt es um die Jahrhundertwende (völlige Klarheit darüber erwacht freilich erst während des Weltkriegs) zu einem grundlegenden und seltsam gleichgerichteten Wandel. In der Heimat tritt an Stelle des klassischen Zweiparteien-Systems, eines Regiments zweier annähernd gleichstarker Parteien aus derselben Führerschicht, die Notwendigkeit zu Koalitionen, zu Kompromissen, d.h. zu Bindung für ungewisse künftige Fälle. Das Reich ist aus einem Empire ein britischer Staatenbund geworden; London muss sich verständigen, muss zu Kompromissen die Hand bieten, muss sich binden für ungewisse künftige Fälle. Und in der Welt ist man zwar immer noch wortwörtlich die einzige Weltmacht, die einzige, die auf allen Meeren und auf allen Kontinenten als Großmacht zur Stelle ist; aber man muss Bündnisse schließen, sich also auch für ungewisse, künftige Fälle binden. Das Ende des Weltkriegs nun sieht zwar das Weltreich auf der größten territorialen Besitzhöhe seiner Geschichte und der Weltgeschichte überhaupt, aber London ist im Reich und in der Welt in der Verteidigung. Es hängt jetzt das Schicksal des Reichs nach innen und außen am guten Willen anderer. Was lag näher, als dass die Briten den Völkerbund, den Weltstaatenbund, als das Mittel begrüßten, ihren britischen Völkerbund zu umfangen und dessen Zentrifugaltendenzen zu paralysieren. Man kann doch ein Weltreich statt in zentralistischer Herrschaft in dezentralistischer Verträglichkeit steuern; warum nicht die ganze Welt? Und equality of status ist nicht dasselbe wie equality of functions, wie es der Novemberbericht des Verfassungsausschusses der Reichskonferenz von 1926 so unnachahmlich elastisch-fest formulierte. Was die Briten dabei übersahen, war dies: Der britische Völkerbund entstand sozusagen als Auflockerung eines riesigen Herrschaftsverbandes in Teilherrschaftsverbände; käme es zur Krise der Reichsverteidigung nach außen, dann war darauf zu rechnen (wie heute noch), dass die britisch geleiteten Teile unter Londoner Führung zusammenstünden – *innere* Kriegskrise aber erschien völlig undenkbar, so ungebärdig sich auch etwa Kapstadt zeigte. Der Genfer Bund aber entstand als Dachkonstruktion über bisher bloß völkerrechtlich, d.h. herrschaftslos verbundenen Herrschaftsverbänden; käme es aber zur Krise, zur ultima irratio zwischen Großen des Bundes oder zwischen Bund und Großen außerhalb, dann müsste alles zurückfallen in den Vorbundeszustand, wonach jeder auf eigene Faust nach eigenem Rezept die Welt zu befriedigen unternahm. Aber wie dem auch sei, *für London jedenfalls war die weltweite allgemeine Formulierung Richtschnur der Praxis, oder der Bund war nicht.*

Für Großbritannien waren der japanische Fall und der italienische Proben aufs Exempel. Für Frankreich fiel der japanische in die Sphäre der gar nicht gemeinten räumlichen Reichweite, und auf den italienischen war jedenfalls Art. 16 gar nicht gemünzt; Art. 16, evtl. mit Art. 17 kann doch ohne Missbrauch gegen niemand anders spielen als gegen Deutschland. Folgt man der französischen Auffassung, so sind die geplanten allgemeinen Beistandsverträge nur formell allgemein und eben darum praktisch-psychologisch als verwirklichungsfähig denkbar. Es kommt nur darauf an, dass sich eben alles auf den deutschen Fall einspannen lässt. Im heutigen Europa scheint diese Voraussetzung freilich nicht erfüllbar, und immer weniger, je mehr sich auch anderwärts die Augen dafür öffnen, dass die Gleichsetzung von Frankreich und Europa Gefahr läuft, auf eine Gleichsetzung von dritter Internationale und Europa hinauszukommen.

Folgt man dagegen der britischen Einstellung, dann sind die allgemeinen Beistandsverträge, weil sie wirklich allgemein gedacht sind, im heutigen Europa einfach eine psychologische Unmöglichkeit. Dieses Europa kennt zwar keine völlig wetterbeständigen Freundschaften und auch trotz der Meinung der Franzosen über den deutsch-französischen Gegensatz keine unbehebbaren Feindschaften, aber eben doch in jedem Augenblick Freundschaften und Feindschaften. Es ist einfach unvorstellbar, dass in diesem Europa kraft eines europäischen Polizei-Verwaltungsgesetzes (sozusagen) jeder jeden Tag bereit ist, gegen jedermann sein Leben einzusetzen. Die europäischen Staaten können sich nicht ehrlich darauf einigen, dass jeder mit jedem je nach Abruf einig oder uneinig ist.

Der jüngste britische Versuchsballon: Europa in Zonen aufzuteilen, für die dann allgemeine Beistandspflicht gälte, könnte sich formell an jene Stellen der französischen Stellen anschließen, die bereit sind, Europa notfalls in Regionen mit besonderen Statuten aufzugliedern. Aber abgesehen davon, dass dieser Teil der französischen Vorschläge bei der tragenden Bedeutung des Bündnisses mit Moskau gar nicht ernsthaft zur Wahl gestellt sein kann, ist diese ganze Vorstellung unhaltbar. Wie die Dinge heute liegen, fielen die militärischen Sanktionen, zu denen man bereit sein muss, wenn man überhaupt an Sanktionen denkt, den Nachbarn des Angreifers zur Last, und gerade sie sind am wenigsten ipso jure Feind oder Freund. Und wie die Dinge heute liegen, ist in der Tat der Friede in dem Sinn unteilbar, dass jeder bewaffnete Konflikt in Europa, auch wenn er zwischen kleinen Staaten ausbräche, mindestens zwei der fünf Großmächte gegeneinander stellte. Nach bestimmten Spielregeln ausgetragene Duellkriege bewaffneter Regierungen bei friedlichem Weiterleben ihrer Völker und abwartender Neutralität der übrigen gibt es aber im Bereich der fünf Großmächte nicht mehr. Jedenfalls kann keine der Großmächte neutral bleiben, da selbst die militärische Neutralität eben Parteinahme ist in einer Zeit, in der der Krieg von den Völkern geführt wird und die Friedensfrage auf die Völker übergegangen ist, in einer Zeit, in der die Kriege eben deshalb den Charakter von Vernichtungskriegen annehmen und Regionen oder Blöcke, jedenfalls ganze Gruppen von Staaten, d.h. Völkern gegeneinander in Front gehen. Europa lässt sich für Krieg und Frieden nicht mehr zerlegen.

Alles in allem: Der französische Standpunkt ist dem englischen zweifellos darin überlegen, dass er ein Bündnis will, also etwas unter Umständen zu Verwirklichendes; der Bund ist nur Schleier. Dafür aber ist der französische Plan dem englischen darin unterlegen, dass er eine Trennung des europäischen und asiatischen Schicksals für möglich hält. Paris sieht nur den deutsch-französischen Gegensatz; Krieg oder Friede in diesem Bereich trifft aber nicht nur die rein europäische Großmacht Deutschland, sondern eben vier kontinentüberschreitende, in Europa verwurzelte Großmächte. Dabei könnte man ja im Sinn jener Vision eines eurafrikanischen Erdsektors der Zukunft Italien mit Deutschland zusammennehmen, ja allenfalls sogar Frankreich, wenn man die amerikanischen Besitzungen für neutralisiert hält und meint, dass Frankreich wegen der asiatischen die Lebensfrage nicht stellen wird. Aber Moskau? Das heißt eben doch ebenso gut Stiller Ozean und Indischer Ozean wie Ostsee und Mittelmeer. Und London? Gewiss: wegen der amerikanischen Besitzungen wird das Britische Reich annehmbar nicht mehr den letzten Appell wagen. Aber das Riesenreich Kapstadt/Kairo/Kalkutta/Canberra will der Brite halten; Europas Ruhe ist nur Voraussetzung für diese Politik; London will sie mit dem geringst möglichen Risiko für sich garantieren; dazu ist aber nach britischer Auffassung die Rheinlandbefriedung unerlässlich. Zusammengefasst: Der deutsch-französische Konflikt lässt sich heute nicht aus dem Interessenbereich Londons und Moskaus herauslösen. Es gibt für seinen Umkreis keine politische Region Europas. Vielleicht kommt einmal die Zeit, wo die Ostgrenze Europas den russischen Raum draußen lässt, wo das Britische Reich in Asien liquidiert ist, England also nach Europa heimkehrt, wo das Mittelmeer wieder Mittelmeer ist, nur aber in dem Riesenreich Nordkap – Kap der guten Hoffnung. Dann mag diese Menschheitsgruppe für ihre innere Ordnung und ihre gemeinsame Wehr nach außen ein besonderes Statut erhalten können. Heute ist das Utopie.

Man kann heute nicht mehr tun, als im Bereich der fünf Großmächte auf alle Verhaltensweisen verzichten, die unter einen vielleicht sehr weit, aber präzis gefassten und von Fiktionen befreiten Angriffsbegriff fallen. In der Tat kommt dabei alles auf den Kredit der Verträge an. Aber ich glaube, eine spätere Zeit wird einmal feststellen: Der Bruch der 14 Punkte und die Erzwingung einer Vertragskomödie für die Verdeckung dieses Bruchs unter der gleichzeitigen Beteuerung, es sei eine neue Zeit gekommen, in der Diktate keine Kraft haben könnten, das war die große Lüge, die erste Lüge. Und Paris und London hätten alle Ursache gehabt, froh zu sein, wenn die Deutschen nicht Rechthaberei trieben, sondern vorschlugen: Strich drunter, Schwamm drüber! Und nun ein gemeinsamer Absprung in ein besseres Neues, das aus einverständlicher Revision der Versailler Fehlgriffe erwächst. Bloßes Nicht-Angreifen ist ein Stehenbleiben auf halbem Weg. Ist der Mut zur Revision wirklich schwerer aufzubringen als der Mut zur doch aussichtslosen, rechthaberischen Auflehnung gegen die unabhandelbaren Erfordernisse der Völkerschicksale?]

In der *Aussprache* weist *Ministerialdirektor Gaus* auf die Unmöglichkeit hin, dass der Rüstungszustand der europäischen Länder von einem Gremium mit einfacher oder qualifizierter Mehrheit beschlossen werden solle. Von dem vorgeschlagenen Plan habe die deutsche Regierung offiziell keine Notiz genommen. Juristisch ließe sich das Ziel der französischen Politik auf die kurze Formel bringen: Welches würde in einem neuen Westpakt, der die endgültige Befriedigung unter den Westmächten bringen solle, die Ausnahme sein, in der Frankreich gegen das Reich zum Kriege schreiten könne. Für das Reich dagegen drehe es sich juristisch um die Frage, welche Ausnahmen für Frankreich gemacht werden müssten, wenn ein Westpakt geschlossen würde.

Reichsgerichtsrat Froelich berichtet von persönlichen Eindrücken. Die Franzosen hätten nicht Angst, sondern das starke Bedürfnis nach Ruhe. Bei der Wiederherstellung der Wehrfreiheit sei die Erregung nicht übermäßig groß gewesen, dagegen sei die Rheinlandbesetzung außerordentlich unruhig aufgenommen worden. – Die ganze Streitfrage sei von der psychologischen Seite her zu lösen.

Im übrigen wurde in der Aussprache von allen Beteiligten betont, dass der französische Plan als Grundlage von Verhandlungen nicht mehr in Betracht kommen würde.

Prof. Jahrreiss vertrat den gleichen Standpunkt in seinem Schlusswort. Es sei aber doch anzunehmen, dass der französische Plan in dem deutsch-englischen Gespräch immer noch herangezogen werden würde.

(Schluss der Sitzung 13.30 Uhr)

Behrens, Hermann: 1933 zweites jur. Staatsexamen, Leiter des SD (Berlin), Juli 1934 SS-Obersturmbannführer, 1935 SS-Standartenführer, 1937 SS-Oberführer, 1941 SS-Brigadeführer, 1941 bei der Waffen-SS (Generalleutnant), Führer der „Polizeikampftruppe Behrens". Stellvertretender Präsident der „Vereinigung zwischenstaatlicher Verbände"; 1945 Höherer SS- und Polizeiführer Serbien und Montenegro. Nach Kriegsende Internierungshaft, Auslieferung an Jugoslawien, hier Verurteilung zum Tode. Hinrichtung am 4.12.1948. – *Quelle:* Bernd *Diroll,* Personenlexikon der NSDAP, Bd. 1: SS-Führer, Bd. 1 (A-B), 1998, S. 176 f.

Donnedieu de Vabres, Henri (geb. 8.7.1880 in Nîmes; gest. 14.2.1952 in Paris). Studium an den Universitäten Montpellier und Paris, hier 1905 thèse de doctorat über: L'évolution de la jurisprudence française en matière de conflict des lois. 1910 Agrégé des Facultés de droit war er zunächst Dozent an der Universität Montpellier. 1922 erhielt er einen Ruf an die Sorbonne auf einen der beiden strafrechtlichen Lehrstühle. Sein Hauptarbeitsgebiet betraf das internationale Strafrecht (1920: Principes modernes du droit pénal international; 1921: Introduction à l'étude du droit pénal international). Begründer der Revue de science criminelle. 1937 erschien sein Traité de législation pénale comparée, 1939 La crise moderne du droit pénal und: La politique criminelle des Etats autoritaires. 1945 Berufung als Richter am Internationalen Militärgerichtshof in Nürnberg. 1950 Präsident des zweiten kriminologischen Weltkongresses. – *Quelle:* A. *Chevaller,* in: Dictionaire de Biographie française, Bd. 11, 1967, Sp. 533.

Register der Redner und Referenten

Sach- und Personenverzeichnis

Quellennachweis und biographischer Nachtrag

I. Die Protokolle sind entnommen den Akten des BA Berlin, Akademie für Deutsches Recht, R 61 (Koblenzer Bestand), Nr. 265 u. 273 (28.9.1938), Nr. 266 u. 274 (2./3.12.1938), 267 u. 275 (17. u. 18.2.1939), 268 u. 276 (28. u. 29.4.1939), 269 u. 277 (22.5. 1939), 270 u. 278 (30.6. u. 1.7.1939) und 271 u. 279 (19. u.20.1. 1940). – Nachtrag: R 61 (Potsdamer Bestand) Nr. 5 u. 28.

II. Zu Prot. S. 103: *Kurzbiographie von Paul Wienecke* (geb. 7.1. 1892 in Berlin-Zehlendorf; gest. 5.8.1957 in Alt-Töplitz). Sohn eines Landwirts und späteren Redakteurs. Studium der Theologie in Berlin (1911-1914; 1916 erstes Examen, 1919 zweites Examen). 1914-1918 Militärdienst im Osten. 1919 Ordination in der Nikolaikirche in Berlin; 1920 Versetzung nach Soldin/Neumark (hier 1921 Pfarrer). 1924 Übertritt von der DNVP in die NSDAP. 1927 Promotion. 1929 Stadtverordnetenvorsteher in Soldin. 1930 Veröffentlichung von: Christentum und Nationalsozialismus. Mitaufbau der Glaubensbewegung „Deutsche Christen" (1931/32). Juni 1933 beim Evangelischen Oberkirchenrat (Oktober 1933 Oberkirchenrat und hauptamtliches Mitglied seit 1.11.1933; zuständig für das Schulreferat). Hier arbeitete er als Sachverständiger für Weltanschauungsfragen. W. wird weiter berufenes Mitglied der Brandenburgischen Provinzialsynode, der Generalsynode der Altpreußischen Union, des Kirchensenats der DEK und der Nationalsynode. März 1934 Versetzung an das Konsistorium nach Magdeburg; ab März 1935 wieder in Berlin (hier Übernahme [als „Theologischer Referent"] der Redaktion der Wochenschrift „Des Deutschen Volkes Kirche"). 1939 Distanzierung von der Hossenfelder Gruppe der Deutschen Christen. März 1945 Pfarrstelle in Steinbrücken/Hain in der Grafschaft Stolberg/Harz. Februar 1946 Versetzung in den Wartestand. Trotz eines im wesentlichen kritischen Gutachtens eines evangelischen Gutachterausschusses beschloß die Landeskirchenleitung im September 1947 vor Prüfung der pfarramtlichen Eignung im September 1947, W. grundsätzlich weiter zu beschäftigen. 1951 kommissarische Übertragung der Pfarrstelle in Alt-Töplitz bei Potsdam. Beisetzung in Berlin-Nikolassee. Sein Biograph Noss schreibt, daß die Position von W. „ingesamt in ihrer völkisch-rassischen Grundausrichtung gesehen werden" müsse, „er gehörte jedoch nicht zu den radikalsten Antisemiten der Zeit. Ein wesentlicher Aspekt seiner Tätigkeiten ist der Wunsch nach Karriere und Anerkennung." (Sp. 1101). - Quellen: Biographisch-bibliographisches Kirchenlexikon, Bd. 13, Herzberg 1998, Sp. 1090-1103 m.w.N.

III. Kurzbiographie zu *Friedrich Riehm* (Einleitung S. XX), (geb. 20.5.1890; gest. 20.10.1950 in Aszlar/Kreis Wetzlar). 1913 erste, 1922 zweite jur. Staatsprüfung. 1922-1924 jur. Hilfsreferent beim ev. Konsistorium in Magdeburg; 1.4.1924-24.7.1924 beim Amtsgericht Halle; Juli 1924-Sept. 1924 jur. Hilfsreferent beim ev. Konsistorium in Schneidemühl; Okt. 1924-Ende März 1925 jur. Hilfsreferent beim ev. Konsistorium in Breslau; April 1925 Konsistorialrat beim ev. Konsistorium in Breslau; 1934 Sonderauftrag in der Deutschen ev. Kirchenkanzlei. Ende 1935-Ende Febr. 1936 Vertreter beim ev. Konsistorium in Berlin; Hilfsreferent beim Vorsitzenden des Reichskirchenausschusses. 1.3.1936-30.4.1936 Konsistorialrat beim ev. Konsistorium in Berlin. - Quellen: Auskunft des Evangelischen Zentralarchivs in Berlin (7/P 1156).

IV. Das Referat von Joseph Roth S. 5 ff. ist auch wiedergegeben von Alfred Rinnerthaler in: 60 Jahre Österreichisches Konkordat, hrsg. von Hans Paarhammer, München 1994, S. 187 ff.; das Referat von Barion findet sich ebd. S. 192 ff.; der Beitrag von Johannes Heckel [S. 91] ebd., S. 199 f.; der Zeitschriftenartikel von Keith (oben S. 460 ff.), ebd. S. 203 ff.

V. Kurzbiographie von Joseph Mayer (geb. 24.2.1895 in Zweibrücken; gest. 8.1.1976 in München): Nach Assesorexamen Regierungsassesor 1923 bei der Regierung Unterfranken und Aschaffenburg, anschließend bis 1926 im Bayr. Staatsministerium für Unterricht und Kultus. 1927 Bezirksamtmann beim Bezirksamt Landau/Pfalz. 1929-1941 erneut im Kultusministerium (zuletzt wohl Regierungsrat). 1941-1945 im Ruhestand (unter dem Druck, sich im nationalsozialistischen Sinne "bewähren" zu müssen. 1945-1963 erneut im Kultusministerium tätig (1948 Ministerialdirektor). Wegen seiner Verdienste um die Wiedereröffnung der Münchener Theologischen Fakultät verlieh ihm diese 1962 den Ehrendoktor (Quellen: Auskunft des Bayr. Hautstaatsarchivs). – Über den Regierungsrat Dr. Schwarz ließen sich keine Unterlagen auffinden.

Danksagung

Für das Korrekturlesen der Bände XIV und XV danke ich Frau Dr. Elsbeth Lehmann-Jessen aus Wedel, für die Manuskriptbetreuung meiner langjährigen Lehrstuhlsekretärin Annegret Niejahr, Frau Inge Baumann, Frau Christine Röthlin und Frau Barbara Wichert sowie Frau Nora Lutze und Katja Prestin, meinen letzten Lehrstuhlmitarbeiterinnen, sehr herzlich.

Gesamtpersonenregister für die Bände I - XV

Name	Band																
	I	II	III 2	III 3	III 6	III 7	III 8	IV	V	VI	VII	VIII	X	XI	XII	XIII	XIV	XV
Abele																XIII		
Acker, A.															XII			
Adami												VIII (1.)						
Adler, Hans	I	II																
Adler, Waldemar																XIII		
Adrian, Heinz								IV										
Albert, Heinrich Friedrich	I																	
Albrecht, Erich																	XIV	
Allmers																XIII		
Althaus, Hermann			III 2															
Altstötter, Josef										VI								
Alzheimer, Alois	I																	
Anders, Alfred													X					
Antoni, Hans			III 2							VI								
Anz, Heinrich			III 2									VIII (4.)						
Arnold, Hermann Oskar Alexander				III 3														
Arnwaldt						III 7												
Asmis, Rudolf Alb. Aug. Wilhelm															XII			
Assmann																	XIV	
Autenrieth, Karl																XIII		
Avieny, Wilhelm		II																
Axmann, Artur														XI				
Bachmann, Werner	I																	
Backs, Adolf					III 6	III 7	III 8											
Ballarin, Hans-Georg			III 2									VIII (4.)		XI				
Balzer, Albrecht																XIII		
Barandon, Paul																	XIV	
Barion, Hans																	XIV	XV
Barloff									V									
Bärmann, Hans	I																	
Barth, Heinrich			III 2									VIII (1.)						
Bartholomeyczik, Host							III 8											

Name	Band																	
	I	II	III 2	III 3	III 6	III 7	III 8	IV	V	VI	VII	VIII	X	XI	XII	XIII	XIV	XV
Bartsch, Heinrich						III 7												
Bartsch, Robert			III 2															
Basch, Franz Anton																	XIV	
Battaglini, Giuglio											VII							
Bauer, Max														XI				
Baumgart					III 6	III 7												
Baumgarten																XIII		
Bauszus															XII			
Bechert, Rudolf			III 2							VI								
Becker										VI								
Behm, Max Richard								IV										
Behrends, Hermann																	XIV	
Beinzger, Walter																XIII		
Benninghaus																	XIV	
Berber, Friedrich																	XIV	
Berckemeyer, Hans	I																	
Bergemann, Walter														XI				
Bergmann																	XIV	
Bernhard, Karl	I																	
Berthold, Gerhard												VIII (2.)						
Bertram, Otto			III 2															
Best, Werner												VIII (3.)						
Betram, Wilhelm																	XIV	
Bezold, Otto							III 8											
Bialoruski, Hans						III 7												
Bieberitz, Erich								IV										
Bilfinger, Carl																	XIV	
Bistritschan, Wilhelm									V	VI								
Blank				III 3														
Blase, Heinrich																XIII		
Bloedorn, Willi								IV										
Blomeyer, Arved					III 6	III 7												
Blomeyer, Karl					III 6	III 7												
Blötz, Ferdinand										VI								
Blume																XIII		
Blunk, Otto														XI				
Blust, Max		II																
Boehm, Max Hildebert																	XIV	
Boehmer, Gustav			III 2				III 8											

Name	Band																	
	I	II	III 2	III 3	III 6	III 7	III 8	IV	V	VI	VII	VIII	X	XI	XII	XIII	XIV	XV
Boesebeck, Ernst		II																
Böhme, Hermann												VIII (2.)						
Böhmert, Victor																	XIV	
Böhne														XI				
Bökenkamp, Heinrich Otto																XIII		
Boldt, Gottfried												VIII (1.u.2.)		XI				
Boldt, Heinz												VIII (4.)		XI				
Bombiero von Kremenacz				III 3														
Bonfert, Alfred																	XIV	
Borchhardt, Erwin														XI				
Bötticher, Eduard										VI								
Bramstedt, Paul		II																
Brandis, Ernst			III 2	III 3			III 8											
Brandt, Ascan Hugo																XIII		
Brandt, Hans				III 3	III 6	III 7												
Brass, Andreas																XIII		
Braun, Karl			III 2															
Braune, Werner			III 2															
Braunias, Karl																	XIV	
Bredenbreuker, Heinrich								IV										
Breidenstein, Wilhelm		II																
Breitenfeld, Wilh. Joh. Gfrd.												VIII (4.)						
Breithaupt, Walter				III 3		III 7										XIII		
Brendler														XI				
Brenken								IV										
Breska, Herbert	I	II		III 3														
Brucker, Ludwig													X					
Brückner, Heinz																	XIV	
Brugger, Hermann																XIII		
Bruhn, Jürgen Wilhelm										VI								
Brunn, Johann Heinrich				III 3														
Bruns, Victor																	XIV	
Buch, Walter			III 2															
Buchholz, Paul			III 2															
Buchholz, Paul-Ludwig		II																

Name	Band																	
	I	II	III 2	III 3	III 6	III 7	III 8	IV	V	VI	VII	VIII	X	XI	XII	XIII	XIV	XV
Büchner, Franz																XIII		
Buchner, Hans	I								V									
Buddeberg, Karl Theodor				III 3														
Bukowitsch								IV										
Bülow, Arthur										VI								
Burgdörfer, Friedrich			III 2															
Burmeister, Heinr. Max Elias					III 6													
Busse, Martin				III 3	III 6	III 7												
Caemmerer, Ernst				III 3	III 6	III 7	III 8											
Calker, Fritz			III 2															
Christians, Börken Rudolf												VIII (1.)						
Cieplick							III 8											
Clodius, Carl																	XIV	
Clostermann, Ludwig														XI				
Cnyrin, H.													X					
Cornelius, Friedrich			III 2															
Coste, Carl-Wolfgang								IV										
Creifelds, Carl										VI								
Crusen, Georg															XII		XIV	
Daeschner, Leon	I																	
Dahm, Georg												VIII (3.)		XI				
Dallinger, Wilhelm												VIII (1.)						
Damköhler, Ernst						III 7												
Damrau, Hans												VIII (4.)						
Danckwerts, Justus												VIII (3.)						
Daniel, Kurt																XIII		
David, Herbert											VII							
de la Camp, Hans Otto																XIII		
Decken, Melchior Christoph Kuno Hermann				III 3													XIV	
Deinhardt, Richard										VI								
Demelius, Heinrich						III 7			V									
Denecke, Johannes									V									
Dersch, Hermann									V				X					
Dettmer														XI				
Deumer, Robert						III 7		IV	V									
Deynet, August										VI								

Name	Band																	
	I	II	III 2	III 3	III 6	III 7	III 8	IV	V	VI	VII	VIII	X	XI	XII	XIII	XIV	XV
Dickertmann														XI				
Dieckhoff, Albert		II																
Dieckhoff, Hans Heinrich																	XIV	
Dietz, Heinrich												VIII (2.)						
Dietz, Rolf			III 2	III 3					V									
Dietzel, Karl															XII			
Dinkelbach, Heinrich	I																	
Doering, Hermann				III 3														
Dölle, Hans							III 8											
Dorn, Hanns																XIII		
Dötsch, Matthäus								IV										
Draeger, Waldemar								IV										
Drechsler, Wolfgang						III 7												
Drescher, Friedrich				III 3														
Drost, Heinrich						III 7		IV										
Dürr, Alfred											VII	VIII (1.)						
Düsel, Heinrich									V									
Ebbecke, Julius Max	I	II		III 3						VI								
Eben-Servaes, Ilse			III 2									VIII (4.)		XI				
Eckardt, Karl		II																
Eckhardt, Curt																	XIV	
Eglseer, Karl				III 3														
Ehaus, Heinz												VIII (4.)						
Eichhorn, Wilhelm								IV										
Eichler, Johannes												VIII (1.)		XI				
Eickhoff												VIII (3.)						
Einhauser, Rudolf			III 2															
Ellscheid, Robert					III 6	III 7												
Emge, Carl August				III 3	III 6	III 7								XI			XIV	
Engel (ReichsArbMin.)												VIII (4.)						
Engel, Hans A.													X					
Engelmann										VI								
Engelsmann, Eberhard			III 2															
Engert, Karl												VIII (1.)						
Enke, Paul	I									VI				XI				
Enzlmüller, Otto																XIII		
Epping, Karl Hermann				III 3														
Epping, Wilhelm Friedrich Karl					III 6	III 7												

Name	Band																
	I	II	III 2	III 3	III 6	III 7	III 8	IV	V	VI	VII	VIII	X	XI	XII	XIII	XIV	XV
Erdmann, Gerhard													X					
Erkelens, Carl Felix Franz									V									
Erman, Adolf																XIII		
Ernst, Friedrich									V									
Eschstruth, Georg	I																	
Essen																	XIV	
Estl											VII							
Exner, Franz														XI				
Fabricius						III 7												
Fähnrich, Alexander									V									
Falkensammer, Ferdinand		II																
Féaux de la Croix, Ernst																	XIV	
Fechner, Fritz										VI					XII			
Feith, Hans									V									
Feldmann, Gustav								IV										
Felgentraeger, Wilhelm			III 2		III 6	III 7												
Fesenmeyer, Franz	I																	
Ficker, Hans G.			III 2									VIII (4.)						
Finck, August	I								V									
Fischer, Hans Albrecht					III 6	III 7	III 8											
Fischer, Otto Christian	I																	
Fischer, Walther										VI								
Flad, Friedrich				III 3			III 8											
Flöther														XI				
Flotow, Hans	I																	
Foag, Anton						III 7		IV										
Fokken																	XIV	
Forsthoff, Ernst																		XV
Forstreuther, Walter																XIII		
Fox, Julius									V									
Fraeb, Walter Martin			III 2															
Frank, Hans	I	II	III 2					IV	V			VIII (1.)		XI		XIII	XIV	
Franke		II																
Freisler, Oswald			III 2															
Freisler, Roland				III 3							VII	VIII (1.)		XI				
Freyberg-Eisenberg-Allmendingen, Albrecht																	XIV	
Freytagh-Loringhoven, Alexander															XII		XIV	

Name	Band																
	I	II	III 2	III 3	III 6	III 7	III 8	IV	V	VI	VII	VIII	X	XI	XII	XIII	XIV	XV
Friedrich, Wilhelm		II						IV										
Froböse		II																
Froböß, Hellmuth				III 3								VIII (3.)						
Froelich, Walther																	XIV	
Fromm, Gerhard Erich																XIII		
Funke													X					
Furler, Hans										VI								
Gabriel, Helmuth											VII	VIII (1.)						
Gadow, Leo Reinhold Wilhelm					III 6	III 7												
Gaedechens, Cipriano Francisco						III 7												
Gaertner, Willy							III 8											
Gallas, Wilhelm														XI				
Gardow, Leo Reinhold Wilh.									V									
Gaus, Friedrich																	XIV	
Gebhardt, Josef	I																	
Geldmacher, Erwin	I	II																
Gelpcke, Karl W. A.	I					III 7			V	VI								
Genzmer, Erich		II																
Gerber, Hans																	XIV	
Gerstmeyer															XII			
Geßler, Ernst				III 3														
Geßwagner														XI				
Gförer, Friedrich							III 8											
Gieseke, Paul						III 7			V									
Ginther, Karl																XIII		
Gladisch, Walter																	XIV	
Gleispach, Wenzeslaus (Wenzel)											VII	VIII (1.)		XI			XIV	
Globke, Hans																	XIV	
Goebbels, Hans																XIII		
Goedicke, Friedrich		II																
Goeken, Ferdinand																	XIV	
Goltz, Rüdiger	I	II																
Gonnella, Robert	I		III 2							VI								
Gottschick, Konrad Wilhelm Julius				III 3														
Goudefroy, Hans																XIII		

Name	Band																
	I	II	III 2	III 3	III 6	III 7	III 8	IV	V	VI	VII	VIII	X	XI	XII	XIII	XIV	XV
Gramsch																	XIV	
Granow, Hans Ulrich																	XIV	
Granzow, Walter				III 3		III 7		IV										
Grassel, Georg																	XIV	
Graßhoff									V									
Grassl, Hermann													X					
Grau, Fritz																		
Grau, Fritz										VI		VIII (1.u.2.)			XII			
Grauert, Ludwig												VIII (3.)						
Graupe, Paul									V							XIII		
Greiner, Karl														XI				
Greven, Ludwig			III 2															
Grewe, Wilh. Gg. Karl																	XIV	
Grimm, Friedrich Wilhelm											VII							
Grimm, Wilhelm			III 2															
Groeben, Hans						III 7												
Grosse, Walter																XIII		
Großmann-Doerth, Hans		II																
Grützemann, Karl													X					
Günther, Friedrich			III 2	III 3														
Günther, Walter									V									
Güntzel					III 6	III 7												
Günzel, Max									V									
Gunzert, Theodor															XII			
Gürich																	XIV	
Gürtner, Franz										VI				XI				
Güssefeld, Wilhelm Adolph Robert						III 7												
Gutbrod, Wilhelm		II																
Gutjahr			III 2															
Gütt, Arthur			III 2															
Haack, L.																XIII		
Haag, Ferdinand										VI								
Haastert		II																
Haedke										VI								
Haff, Karl			III 2															
Hafner, Otto																XIII		
Hagemann, Heinz																XIII		

Name	Band																	
	I	II	III 2	III 3	III 6	III 7	III 8	IV	V	VI	VII	VIII	X	XI	XII	XIII	XIV	XV
Hagenguth, Joachim				III 3														
Hahl, Albert															XII			
Hahn, Joachim																XIII		
Hallstein, Walter		II			III 6	III 7		IV										
Hamann, Kurt																XIII		
Hansen																XIII		
Harnack																	XIV	
Hartung, Fritz										VI								
Haselmayr, Fritz																	XIV	
Hasselblatt, Werner Richard Karl																	XIV	
Haugg, Werner																		XV
Haupt, Günter				III 3					V									
Haus, Karl																XIII		
Heckel, Joh. Wilh. Otto																		XV
Hecker, Ewald Otto Emil	I																	
Hedemann, Wilhelm			III 2	III 3	III 6	III 7	III 8											
Hefermehl, Wolfgang									V									
Hegewald, Alfred									V									
Heichlinger, Otto Bruno								IV										
Heilmann						III 7												
Heinsch, Joachim		II																
Heinze													X				XIV	
Heldrich, Karl Ferdinand				III 3														
Helferich, Hans								IV										
Heltge, Wilhelm							III 8											
Hempfing, Werner		II																
Hendler																	XIV	
Henkel, Heinrich												VIII (4.)						
Hennig																XIII		
Hennig, Werner								IV										
Henning, A. Ernst														XI				
Hensel, Fritz																XIII		
Henzler, Reinhold								IV										
Herbig, Gustav		II																
Hering														XI				

Name	Band																
	I	II	III 2	III 3	III 6	III 7	III 8	IV	V	VI	VII	VIII	X	XI	XII	XIII	XIV	XV
Hermann														XI				
Herold									V									
Hesse, William			III 2		III 6	III 7	III 8								XII			
Heydtmann, Otto										VI								
Heyl zu Herrnsheim, Corn. Wilh. Bruno	I																	
Heymann, Ernst	I	II							V									
Hiersemann							III 8											
Hilgard, Eduard																XIII		
Hilgenfeldt, Erich												VIII (4.)						
Himpel, Willy																XIII		
Hinrichs, Bernhard										VI								
Hoche, Werner						III 7												
Hoffmann														XI				
Hoffmann, Robert					III 6	III 7												
Hoffmeier																	XIV	
Hoffmeister, Manfred													X					
Höger														XI				
Höhn, Richard												VIII (3.)						
Holland, Fritz						III 7												
Homma, Joseph																XIII		
Hornung, Hugo															XII			
Horstmann, Horst					III 6	III 7												
Höver, Karl							III 8											
Hoyer, Johann (Karl)										VI	VII	VIII (1.)						
Hueck, Alfred				III 3	III 6	III 7			V									
Hugelmann, Karl Gottfried																	XIV	
Hühnlein																XIII		
Hülle, Werner												VIII (2.)						
Hummel																XIII		
Hüring, Gerhard														XI				
Hüssy, Oskar										VI								
Imberg, Paul																XIII		
Ipsen, Hans Peter										VI								
Isele, Hellmut Georg			III 2	III 3														
Jahrreiß, Hermann																	XIV	
Jander, Walter													X					
Jannott, Kurt																XIII		
Janzen				III 3														

Name	Band																	
	I	II	III 2	III 3	III 6	III 7	III 8	IV	V	VI	VII	VIII	X	XI	XII	XIII	XIV	XV
Jena, Chlodwig																XIII		
John, Edgar																XIII		
Jonas, Martin			III 2							VI								
Kadecka, Ferdinand											VII	VIII (1.)		XI				
Kadelbach, Hans				III 3														
Kaempf							III 8											
Kaercher, Friedrich Wilhelm						III 7												
Kaesser, I.									V									
Kahlke, Walter										VI								
Kaiser, Robert													X					
Kaps, Franz						III 7												
Karl, Magnus						III 7												
Karlowa, Rudolf															XII			
Karmasin, Franz																	XIV	
Karpe, Heinz							III 8											
Karstedt															XII			
Kasper, Arthur				III 3														
Kastner, Walter		II																
Kauer, Robert											VII	VIII (1.)		XI				
Kaulbach, Günter						III 7												
Keith, Rudolf																		XV
Keppler, Wilhelm	I	II														XIII		
Kerrl, Hanns														XI				
Kersting, Albert																XIII		
Keßler, Edmund														XI				
Kier, Herbert																	XIV	
Kiesewetter, Anton								IV										
Kiesow, Wilhelm									V									
Kilian, Wilhelm													X					
Kipp, Karl Theodor						III 7												
Kisch, Wilhelm	I		III 2	III 3						VI						XIII		
Kißkalt, Wilhelm	I								V							XIII		
Klaiber, Rudolf											VII	VIII (1.)						
Klausing, Friedrich	I	II		III 3				IV	V									
Kleemeyer														XI				
Kleiner, Ernst						III 7												
Klemm, Herbert										VI		VIII (3.)						
Klopfer												VIII (3.)						

Name	Band																
	I	II	III 2	III 3	III 6	III 7	III 8	IV	V	VI	VII	VIII	X	XI	XII	XIII	XIV	XV
Klug, Georg										VI								
Knieriem, August	I	II																
Koch																XIII		
Koch II														XI				
Koehler							III 8											
Koellreuther, Otto																	XIV	
Koepchen														XI				
Koffka, Johannes																XIII		
Kohlbrügge, Werner								IV										
Köhler								IV										
Köhler, Bernhard		II																
Kohler, Ernst									V									
Köhler, Friedrich		II																
Kohlrausch, Eduard												VIII (1.)						
Kohnert, Hans Joachim Peter																	XIV	
Kokotkiewicz, Gerhard						III 7												
Kolb, Eugen	I	II																
Köllinger, Anton											VII							
König, Paul								IV										
Kopsch, Johannes						III 7												
Kraemer, Carl						III 7												
Kramer				III 3														
Kraneck																	XIV	
Krauel, Wolfgang															XII			
Krause, Hermann				III 3	III 6	III 7												
Krauss II, Georg										VI								
Krebs, Werner		II																
Kreißl, Anton																	XIV	
Kreller, Hans						III 7												
Kremer														XI				
Krieg										VI							XIV	
Kriege, Walter Ad. Hermann															XII		XIV	
Krieger, Karl Siegfried									V							XIII		
Krimpen, Hendrik				III 3														
Kröger, Wilhelm L. C.									V									
Krohn, Johannes													X					
Krug v. Nidda														XI				
Krüger, Ernst-Günther			III 2															

Name	Band																	
	I	II	III 2	III 3	III 6	III 7	III 8	IV	V	VI	VII	VIII	X	XI	XII	XIII	XIV	XV
Krüger, Wolfgang E.				III 3														
Krusch, Carl					III 6	III 7												
Kubel														XI				
Küch, Otto									V									
Kuhbier, Kurt Heinz										VI								
Kuhn						III 7												
Kühne, Bruno													X					
Kühne, Walter							III 8											
Kümmerlein, Heinz														XI				
Kunkel, Wolfgang					III 6	III 7												
Kunze, Walter								IV										
Küpper																XIII		
Kurth													X					
Kuttig									V									
Landthaler		II																
Lang, Johann								IV										
Lange, Heinrich			III 2	III 3	III 6	III 7	III 8		V	VI								
Lange, Richard												VIII (1.)						
Lange, Wolfgang Kurt				III 3	III 6			IV										
Langer, Gottfried																	XIV	
Larenz, Karl				III 3														
Lasch, Karl	I	II											X					
Laufke, Franz		II							V									
Lauterbach													X					
Lautz, Ernst											VII							
Leese, Ernst									V									
Lehmann (Ass. bei RWiK)		II							V									
Lehmann, Heinrich		II		III 3	III 6	III 7			V									
Lehmann, Rudolf												VIII (2.)						
Lehnich, Oswald	I																	
Leibbrandt, Georg																	XIV	
Lemmel			III 2															
Lencer, Rudolf								IV								XIII		
Lent, Friedrich						III 7				VI								
Lentz, Baptist										VI								
Lenz, Fritz			III 2															
Lenz, Otto									V									
Lenzmann, Wilhelm	I																	

Name	Band																
	I	II	III 2	III 3	III 6	III 7	III 8	IV	V	VI	VII	VIII	X	XI	XII	XIII	XIV	XV
Lersch, Emil				III 3														
Letschert, Reinhold								IV										
Letz, Rudolf										VI								
Letzgus, Ernst					III 6	III 7												
Leyers																XIII		
Liebermann von Sonnenfels											VII							
Liese, Fritz										VI								
Linden, Herbert												VIII (4.)						
Lindenmeier, Fritz Heinrich Karl Paul									V									
Lindequist, Friedrich															XII			
Lindner, Anton									V									
Lingg, Anton		II																
Lippert, Heinrich																XIII		
Lißbauer, Karl		II						IV										
Löbe								IV										
Locher, Eugen					III 6	III 7												
Loesch, Karl Christian																	XIV	
Loest								IV										
Löning, George Anton				III 3														
Lösener, Bernhard																	XIV	
Löwisch, Günther										VI								
Loyal, Walter								IV										
Lübkes, Fritz								IV										
Lüer, Carl	I	II																
Luetgebrune, Walter	I																	
Lutterloh																	XIV	
Lützeler, Wilhelm							III 8											
Maasch, Karl Theodor								IV										
Mackensen, Hans-Georg von																	XIV	
Mager, Hermann									V									
Mailänder, Karl												VIII (4.)						
Malisch, Friedrich																XIII		
Mandelsloh, A.																	XIV	
Mantke, Max									V									
Marcik, Eduard										VI								
Maresch, Otto								IV										
Märklin, Rudolf																XIII		
Martin, Hans																XIII		

Name	Band																	
	I	II	III 2	III 3	III 6	III 7	III 8	IV	V	VI	VII	VIII	X	XI	XII	XIII	XIV	XV
Martin, Peter													X					
Martini, Carl Herbert		II																
Martini, Oskar												VIII (4.)						
Marx, Rudolf												VIII (1.)						
Maßfeller, Franz												VIII (4.)		XI				
Mattern					III 6													
Matthes, Gottfried	I															XIII		
Mayer								IV										
Mayer, Helmuth												VIII (1.)						
Mehlhorn, Herbert												VIII (3.)						
Meidinger, Karl	I																	
Meißner, Johannes											VII			XI				
Merkel, Hans		II			III 6			IV	V									
Merten, Max						III 7				VI								
Messarius														XI				
Mettgenberg, Wolfgang												VIII (1.)					XIV	
Mey, Gustav								IV										
Meyer, Emil Heinrich								IV										
Meyer, Hans										VI								
Meyer, Karl Heinrich																		XV
Meyer, Walter							III 8											
Mezger, Edmund											VII	VIII (1.)						
Michlmayr, Eduard				III 3														
Michon																	XIV	
Mittendorf																		
Mittendorf											VII	VIII (1.)						
Mitzschke, Gustav				III 3														
Möller														XI				
Möller, Hans																XIII		
Moltke, James																	XIV	
Mönckmeier, Otto, Dr. rer. pol.		II																
Mößmer, Ferdinand			III 2				III 8				VII							
Müller									V									
Müller, Franz Erich								IV										
Müller, Gerhard																XIII		
Müller, Heinrich												VIII (3.)						
Müller-Erzbach, Rudolf									V									
Muthesius														XI				

Name	Band																
	I	II	III 2	III 3	III 6	III 7	III 8	IV	V	VI	VII	VIII	X	XI	XII	XIII	XIV	XV
Mutius, Wilhelm				III 3														
Nagler, Johannes											VII							
Nebe, Arthur												VIII (3.)						
Neithardt, Georg			III 2															
Neugebauer, Julius															XII			
Neumerkel, Hans								IV										
Nikisch, Arthur				III 3					V									
Nipperdey, Hans Carl				III 3					V									
Nitzsche, Paul				III 3														
Noack, Erwin												VIII (1.)						
Nolda, Mark																	XIV	
Nörpel, Clemens									V									
Oberlindober, Hanns													X					
Odenbreit, Max																XIII		
Oertel, Christian																XIII		
Oesterheld, Richard						III 7												
Oesterlink, Hans						III 7												
Oestrovsky, Paul																XIII		
Oetker, Friedrich											VII	VIII (1.)						
Ohr, G.							III 8											
Olczewski, Helmuth			III 2															
Opitz, Georg				III 3					V									
Oppikofer, Hans				III 3												XIII		
Orlowski												VIII (1.)						
Ostermeyer, Willy										VI								
Otto, Maria			III 2															
Paetzold, Fritz Erwin				III 3		III 7												
Pagendam														XI				
Pagenstecher, Max										VI								
Pankow		II						IV										
Papen, Franz																	XIV	
Paul, Willy		II																
Pelletier, Walter								IV										
Peplinski, Josef									V									
Peter, Rudolf			III 2															
Petersen														XI				
Petersen, Adolf																XIII		
Pfeifle, Karl				III 3														
Pichler-Drexler, Erwin											VII	VIII (1.)		XI				

Pietzker, Wolfgang				III 3														
Pietzsch, Albert		II																
Pinckernelle, Hans		II																
Plass																XIII		
Plischke, R.												VIII (1.)						
Pohl														XI				
Pohle, Rudolf										VI								
Potjan											VII	VIII (1.)						
Potthoff, Heinrich						III 7												
Pritsch, Erich				III 3	III 6	III 7												
Quassowski, Leo	I	II						IV	V							XIII		
Quassowski, William								IV										
Querfeld, Hanns																XIII		
Quincke						III 7												
Raape, Leo				III 3														
Rabl, Kurt																	XIV	
Raiser, Rolf					III 6													
Raschhofer, Hermann																	XIV	
Rauch														XI				
Rausche, E.																XIII		
Rebsamen																XIII		
Reichel																	XIV	
Reif							III 8											
Reiner, Jacob Hermann								IV										
Reinhardt, David									V									
Reinhardt, Rudolf				III 3	III 6	III 7												
Reinhart, Friedrich									V									
Reining														XI				
Reisner												VIII (1.)						
Reiter, Hans														XI				
Reuß, Erich									V									
Reuss, Hermann																	XIV	
Reuther, Bruno																XIII		
Rexroth, Ernst Ludwig			III 2															
Richter, Arthur		II																
Richter, Lutz													X					
Richter, Reinhold		II																
Richter-Brohm, Heinrich		II																
Riebesell, Paul																XIII		
Riede																XIII		

Name	Band																	
	I	II	III 2	III 3	III 6	III 7	III 8	IV	V	VI	VII	VIII	X	XI	XII	XIII	XIV	XV
Riedel														XI				
Riegel														XI				
Riegler, Hans		II																
Riehle, Joachim						III 7												
Riese, Otto											VII							
Rietzsch, Otto														XI				
Rittau, Martin												VIII (2.)						
Ritter, Robert														XI				
Ritterbusch, Paul												VIII (3.)						
Röder															XII			
Roediger, Conrad																	XIV	
Roestel												VIII (4.)						
Rogge, Heinrich																	XIV	
Röhm															XII			
Rohrbeck, Walter																XIII		
Röhrig, Herbert Wilhelm									V									
Roselius											VII							
Rosenberg												VIII (4.)						
Roth, Joseph																		XV
Rothenberger, Curt																	XIV	
Rühland																	XIV	
Rühmann														XI				
Ruppel, Erich																	XIV	XV
Ruppert, Fritz												VIII (4.)		XI				
Russy														XI				
Ruth, Rudolf		II						IV										
Ruttmann, Heinrich						III 7												
Ruttge, Falk Alfred			III 2															
Samwer, Adolf F.																XIII		
Sauer, Ernst				III 3														
Sauerborn, Maximilian													X					
Saure, Wilhelm				III 3														
Savigny, Friedrich Carl			III 2															
Scanzoni, Gustav			III 2															
Schack, Friedrich															XII			
Schäfer													X					
Schäfer, Ernst											VII	VIII (1.)		XI				
Schäfer, Leopold											VII	VIII (1.)						

Name	Band																	
	I	II	III 2	III 3	III 6	III 7	III 8	IV	V	VI	VII	VIII	X	XI	XII	XIII	XIV	XV
Schäfer, Wilhelm								IV										
Schaffstein, Friedrich														XI				
Schanz, Arnold		II																
Scharaut, Rudolf						III 7												
Schätzel, Walter																	XIV	
Schenck, Eberhard									V									
Scheuner, Ulrich															XII		XIV	
Schieck, Helmut							III 8											
Schinkel, Julius								IV										
Schirach, Baldur														XI				
Schirdewahn, Günther						III 7												
Schirer, Leopold								IV										
Schlegel, Karl										VI								
Schlegelberger, Franz	I	II					III 8	IV	V									
Schlesier									V									
Schleyer										VI								
Schlinke														XI				
Schlizer													X					
Schlüter					III 6	III 7											XIV	
Schmid																	XIV	
Schmidhäuser, Hermann														XI				
Schmidt, Eberhard												VIII (2.)						
Schmidt, Johann																XIII		
Schmidt, Paul												VIII (1.)						
Schmidt, Richard										VI								
Schmidt-Klevenow, Kurt			III 2															
Schmidt-Leichner, Erich										VI								
Schmidt-Rimpler, Walter				III 3	III 6	III 7	III 8		V						XII			
Schmilinski														XI				
Schmitt, Carl																	XIV	
Schmitt, Kurt	I																	
Schmitz, Ernst																	XIV	
Schmölder, Karl	I					III 7												
Schnee, Heinrich																	XIV	
Schneemelcher										VI								
Schneidenbach, Hans											VII							
Schneider, August																XIII		
Schnell, Edgar																XIII		
Schniewind, Otto									V									

Name	Band																
	I	II	III 2	III 3	III 6	III 7	III 8	IV	V	VI	VII	VIII	X	XI	XII	XIII	XIV	XV
Schoenborn, Walther																	XIV	
Schoetensack, August											VII	VIII (1.)						
Scholtz-Klink, Gertrud			III 2															
Scholz							III 8											
Schönke, Adolf										VI		VIII (1.)						
Schrader, Rudolph Friedrich															XII			
Schramm, Karl				III 3														
Schraut, Rudolf								IV										
Schreitter-Schwarzenberg, Karl		II																
Schreyer, Joseph	I								V									
Schröcker, Sebastian																		XV
Schröder, Georg								IV	V									
Schröder, Kurt									V									
Schrutka										VI								
Schuhmann, Walter													X					
Schultze, Friedrich										VI								
Schultze, Walter			III 2															
Schulz													X					
Schulz, Rudolf						III 7												
Schulze von Lasaulx, Heinrich					III 6	III 7												
Schulze, Werner				III 3														
Schumann, Paul										VI								
Schupain				III 3														
Schuster, Ernst				III 3														
Schütz, Wilhelm					III 6	III 7				VI								
Schwandt, Johannes	I																	
Schwartz																XIII		
Schwartz, Gustav	I	II			III 6	III 7			V	VI								
Schwartzkoppen, Eduard				III 3														
Schwarz, Otto Gg. Alexander											VII	VIII (1.)						
Schwede, Rudolf																XIII		
Schwendemann, Karl																	XIV	
Segelken, Hans										VI								
Seldte, Franz														XI				
Semler, Johannes	I																	
Senftleben, Otto												VIII (2.)						

Name	Band																	
	I	II	III 2	III 3	III 6	III 7	III 8	IV	V	VI	VII	VIII	X	XI	XII	XIII	XIV	XV
Sense														XI				
Seybold, Karl		II																
Seydel, Ulrich												VIII (1.)						
Siber, Heinrich					III 6	III 7	III 8											
Siebert, Wolfgang				III 3										XI				
Siefert, Josef							III 8											
Siemens, Carl Friedrich	I																	
Sieverts, Rudolf														XI				
Simon, Hans-Alfons	I								V								XIV	
Simonis, Georg					III 6	III 7												
Simonis, Hans-Ludwig				III 3														
Simons, Walter																	XIV	
Singer, Albert										VI								
Singer, Josef										VI								
Sittenberger																XIII		
Sitzler, Friedrich Georg														XI				
Smolla, Georg					III 6	III 7	III 8											
Söhngen							III 8											
Söller, Karl			III 2															
Sontheimer, J. Sebastian									V									
Specht, Reinhold	I																	
Spencer, John H.																	XIV	
Sprenger, Jakob		II																
Stagel, Friedrich										VI	VII							
Stahn, Julius																		XV
Stalmann, Albrecht																		XV
Staud, Eberhard										VI					XII			
Stauffenberg, Berthold																	XIV	
Stauß									V									
Steckhan, Willy		II			III 6			IV										
Steffen, Fritz				III 3														
Steigertahl, Georg												VIII (1.u.4.)						
Steinle, Richard									V									
Stelzner, Edgar												VIII (1.)						
Stets														XI				
Steyrer, Fritz						III 7												

Name	Band																	
	I	II	III 2	III 3	III 6	III 7	III 8	IV	V	VI	VII	VIII	X	XI	XII	XIII	XIV	XV
Stich, Johann											VII	VIII (1.)						
Stock, Erwin												VIII (2.)						
Stödter, Rolf																	XIV	
Stoll, Heinrich				III 3			III 8											
Stölting, Gustav										VI								
Straube, Karl																XIII		
Strauß, Friedrich											VII	VIII (1.)						
Stritzl, Oskar											VII	VIII (1.)						
Stroinski, Johannes		II																
Strub, Heinz Bernhard								IV										
Strube, Walter												VIII (1.)						
Struck								IV										
Stumpf, Gottfried									V									
Stumpfl, Friedrich												VIII (1.)						
Sturm									V									
Suchomel, Hugo											VII	VIII (1.)		XI				
Sülwald														XI				
Surén														XI				
Swoboda, Ernst		II		III 3							VII							
Sydow				III 3										XI				
Tafel																	XIV	
Tegtmeyer, Werner												VIII (1.)		XI				
Teichmann, Max																XIII		
Tengelmann, Herbert		II																
Tenschert, Karl					III 6	III 7												
Tetzlaff														XI				
Tewaag, Karl Wilhelm		II																
Thees, Hans																XIII		
Theiss																	XIV	
Thierack, Otto											VII	VIII (1.)						
Thoma																	XIV	
Thurnwald, Richard															XII			
Tiedke, Johannes																XIII		
Tischbein	I																	
Tönnesmann, Paul August								IV										
Töwe, Wilhelm											VII							
Toynbee, Arnold Joseph																	XIV	
Traube																XIII		

Name	Band																	
	I	II	III 2	III 3	III 6	III 7	III 8	IV	V	VI	VII	VIII	X	XI	XII	XIII	XIV	XV
Traudes, Franz		II																
Trendel																XIII		
Troitzsch, Wilhelm																	XIV	
Trost														XI				
Trumpf, Arnold W.								IV										
Tscherning, Marie			III 2															
Ullrich, Hans																XIII		
Ulmer, Eugen				III 3	III 6	III 7			V									
Ungewitter, Arthur		II																
Vabres, Donnedieu																	XIV	
Vagt														XI				
Veesenmayer, Edmund								IV										
Veith, Werner									V									
Vellguth, Leopold			III 2															
Velte, Karl Wilhelm		II																
Vieweg																	XIV	
Villinger, Werner												VIII (4.)						
Vogel, Hermann										VI								
Vogels, Werner				III 3			III 8			VI								
Vögler, Albert	I																	
Voigt																	XIV	
Voigtländer, Else												VIII (1.)						
Volkmar, Erich			III 2	III 3						VI								
Vornefeld, Herbert														XI				
Voss, Wilhelm	I																	
Wackermann, Kurt		II																
Wagner														XI				
Wahl, Eduard				III 3														
Walb, Ernst									V									
Waldmann										VI								
Waltzog																	XIV	
Walz, Gustav Adolf																	XIV	
Wangenheim, H. U.															XII			
Warncke, Konrad		II																
Weber (Volkswohlfahrt)														XI				
Weber, Hellmuth												VIII (1.)						
Weber, Otto																XIII		
Weber, Werner				III 3		III 7									XII			XV
Weber, Wilhelm										VI								

Name	Band																
	I	II	III 2	III 3	III 6	III 7	III 8	IV	V	VI	VII	VIII	X	XI	XII	XIII	XIV	XV
Webler, Heinrich			III 2									VIII (4.)		XI				
Wegerdt, Alfred				III 3												XIII		
Wegner, Richard				III 3														
Wehrle, Emil		II																
Weidmüller, Ludwig								IV	V									
Weigelt, Kurt															XII			
Weinczierl, Johann Eder		II																
Weipert, Otto								IV										
Weisser, Hans				III 3		III 7												
Weizsäcker, Ernst																	XIV	
Wellenstein		II																
Welzel, F.																XIII		
Wengler, Wilhelm															XII			
Werne						III 7												
Werner, Paul														XI				
Werner-Meier, Joh. Rud. Werner								IV										
Westermann, Diedrich Heinrich															XII			
Westphal, Karl												VIII (1.)						
Wetzel, Erhard			III 2									VIII (4.)						
Wichtermann, Gustav				III 3				IV										
Widmann, Rudolf																XIII		
Wieacker, Franz			III 2		III 6	III 7								XI				
Wiedemann, Alfred																XIII		
Wiegand																	XIV	
Wieking, Friederike														XI				
Wiese		II																
Wilburg, Walter				III 3														
Wildermuth, Eberhard						III 7			V									
Wilke, Gustav		II		III 3														
Willers, Hans Christoph										VI								
Winkelmann, Günter Arth. Camillo Emil															XII			
Wirth, Kurt		II																
Wirtz, Carl		II																
Wischer, Franz													X					
Wisser, August		II																
Witte, Otto																XIII		

Wittland Hermann										VI								
Wobbe, Gotha																XIII		
Woermann, Ernst																	XIV	
Wogatzky, Hans August Ferd.										VI								
Wolf																	XIV	
Wolf, Norbert								IV										
Wolferstätter, Karl				III 3														
Wolgast, Ernst															XII		XIV	
Wolter									V									
Wunderlich, Carl									V									
Würdinger, Hans	I	II		III 3	III 6	III 7	III 8		V							XIII		
Wurzel, Richard							III 8											
Wüstendörfer, Hans									V									
Zahn, Edler von ,Josef								IV										
Zahn, Johannes C. D.	I																	
Zastrow, Berengar Moritz				III 3														
Zee-Heraeus, Carl Bernhard								IV										
Zeleny													X					
Zeller, Friedrich										VI								
Zieger, Walther			III 2	III 3												XIII		
Zirwas, Reinhold								IV										
Zitzlaff, Franz		II																
Zoepke, K.															XII			
Zülow, Kurt		II																

Akademie für deutsches Recht 1933-1945
Protokolle der Ausschüsse

Herausgegeben von Werner Schubert

Band 1-4 sind erschienen im de Gruyter Verlag, Berlin

Band 5 Werner Schubert (Hrsg.): Ausschuß für das Recht des Handelsstandes und der Handelsgeschäfte (1937-1942). Ausschuß für Bank- und Börsenrecht. Unterausschuß für Depotrecht (1934/1935). Herausgegeben und mit einer Einleitung versehen von Werner Schubert. 1997.

Band 6 Werner Schubert (Hrsg.): Zivilprozeß und Gerichtsverfassung. Ausschüsse der Akademie für Deutsches Recht und „Ämter" des Reichsjustizministeriums von 1934-1944. Herausgegeben und mit einer Einleitung versehen von Werner Schubert. 1997.

Band 7 Werner Schubert (Hrsg.): Ausschüsse für Strafprozeßrecht und Strafrechtsangleichung (1934-1941). Herausgegeben und mit einer Einleitung versehen von Werner Schubert. 1998.

Band 8 Werner Schubert (Hrsg.): Ausschüsse für Strafrecht, Strafvollstreckungsrecht, Wehrstrafrecht, Strafgerichtsbarkeit der SS und des Reichsarbeitsdienstes, Polizeirecht sowie für Wohlfahrts- und Fürsorgerecht (Bewahrungsrecht). Herausgegeben und mit einer Einleitung versehen von Werner Schubert. 1999.

Band 9 Werner Schubert (Hrsg.): Ausschüsse für den gewerblichen Rechtsschutz (Patent-, Warenzeichen-, Geschmacksmusterrecht, Wettbwerbsrecht), für Urheber- und Verlagsrecht sowie für Kartellrecht (1934-1943). Herausgegeben von Werner Schubert. 1999.

Band 10 Werner Schubert (Hrsg.). Ausschuß für die Reform der Sozialversicherung/für Sozialversicherung (1934-1944). Versorgungswerk und Gesundheitswerk des Deutschen Volkes (1940-1942). Herausgegeben und mit einer Einleitung versehen von Werner Schubert. 2000.

Band 11 Werner Schubert (Hrsg.): Ausschuß für Jugendrecht, Arbeitsgemeinschaften für Jugendarbeitsrecht und Jugendstrafrecht (1934-1941). Herausgegeben und mit einer Einleitung versehen von Werner Schubert. 2001.

Band 12 Werner Schubert (Hrsg.): Ausschuß für Rechtsfragen der Bevölkerungspolitik (1934-1940) und Ausschuß für Kolonialrecht zusammen mit den Entwürfen des Kolonialpolitischen Amts (1937-1941). Sachverständigenbeirat für Bevölkerungs- und Rassenpolitik im Reichsministerium des Innern (1933-1939). Herausgegeben und mit einer Einleitung versehen von Werner Schubert. 2001.

Band 13 Werner Schubert (Hrsg.): Ausschüsse für Versicherungswesen/-recht und für Versicherungsagenten- und Versicherungsmaklerrecht (1934-1943). Herausgegeben und mit einer Einleitung versehen von Werner Schubert. 2002.

Band 14 Werner Schubert (Hrsg.): Ausschüsse für Völkerrecht und für Nationalitätenrecht (1934-1942). Herausgegeben und mit einer Einleitung versehen von Werner Schubert. 2002.

Band 15 Werner Schubert (Hrsg.): Ausschuß für Relegionsrecht. Herausgegeben und mit einer Einleitung versehen von Werner Schubert. 2003.

Werner Schubert (Hrsg.)

Ausschuß für Rechtsfragen der Bevölkerungspolitik (1934–1940) und Ausschuß für Kolonialrecht zusammen mit den Entwürfen des Kolonialpolitischen Amts (1937–1941) Sachverständigenbeirat für Bevölkerungs- und Rassenpolitik im Reichsministerium des Innern (1933–1939)

Herausgegeben und mit einer Einleitung versehen von Werner Schubert

Frankfurt/M., Berlin, Bern, Bruxelles, New York, Oxford, Wien, 2001. XXXIX, 657 S.
Akademie für Deutsches Recht 1933-1945. Protokolle der Ausschüsse. Bd. 12
Herausgegeben von Werner Schubert
ISBN 3-631-37729-0 · geb. € 101.20*

Unter dem Vorsitz des Münchener Professors Fritz van Calkar befaßte sich der Ausschuß für Rechtsfragen der Bevölkerungspolitik zunächst mit der Reform des Geschlechtskrankheitengesetzes von 1927, anschließend mit Fragen des Ehescheidungsrechts, der Eheanbahnung, des Familienlastenausgleichs und des Mutterschutzes. In dem für die Zeit von 1933 bis 1935 einflußreichen Sachverständigenbeirat im Reichsinnenministerium kamen zur Sprache: familiengerechte Beamtenbesoldung, Familienlastenausgleich, Verbot empfängnisverhütender Mittel, Schicksal der rheinischen Bastarde, Erweiterung der sterilisationspflichten Krankheiten, Probleme des unehelichen Kindes und Kinderaufzucht als staatliche Pflicht. Die Quellen vermitteln einen umfassenden Überblick sowohl über die spezifisch nationalsozialistische, rassenpolitisch ausgerichtete Radikalisierung als auch über die epochenübergreifenden Entwicklungen auf dem Gebiet der Bevölkerungs- und Familienpolitik. Der Kolonialrechtsausschuß und anschließend das Kolonialpolitische Amt der NSDAP bereiteten für den Fall der Wiedererlangung der Kolonien die kolonialen Grundgesetze vor, deren Texte in der jeweils letzten Fassung wiedergegeben werden.

Frankfurt/M · Berlin · Bern · Bruxelles · New York · Oxford · Wien
Auslieferung: Verlag Peter Lang AG
Moosstr. 1, CH-2542 Pieterlen
Telefax 00 41 (0) 32 / 376 17 27

*inklusive der in Deutschland gültigen Mehrwertsteuer
Preisänderungen vorbehalten

Homepage http://www.peterlang.de

FSC
www.fsc.org
MIX
Papier | Fördert gute Waldnutzung
FSC® C083411

Kolibri 360 GmbH
Ferdinand-Jühlke-Straße 7
99095 Erfurt, Deutschland
produktsicherheit@kolibri360.de

Druck:
CPI Druckdienstleistungen GmbH
im Auftrag der
Kolibri 360 GmbH
Ferdinand-Jühlke-Str. 7
99095 Erfurt